Bank-Informationssysteme

Hermann Meyer zu Selhausen

# Bank-Informationssysteme

*Eine Bankbetriebswirtschaftslehre mit IT-Schwerpunkt*

unter Mitwirkung von

Oliver Krautwurst
Marcus Riekeberg
Karin Stenke

2000
Schäffer-Poeschel Verlag Stuttgart

Die Deutsche Bibliothek – CIP-Einheitsaufnahme

**Meyer zu Selhausen, Hermann:**
Bank-Informationssysteme : eine Bankbetriebswirtschaftslehre mit IT-Schwerpunkt /
Hermann Meyer zu Selhausen.
– Stuttgart : Schäffer-Poeschel, 2000
  ISBN 3–7910–1651-2


Gedruckt auf chlorfrei gebleichtem, säurefreiem und alterungsbeständigem Papier

ISBN 3–7910–1651–2

Dieses Werk einschließlich aller seiner Teile ist urheberrechtlich geschützt. Jede Verwertung außerhalb der engen Grenzen des Urheberrechtsgesetzes ist ohne Zustimmung des Verlages unzulässig und strafbar. Das gilt insbesondere für Vervielfältigungen, Übersetzungen, Mikroverfilmungen und die Einspeicherung und Verarbeitung in elektronischen Systemen.

© 2000 Schäffer-Poeschel Verlag für Wirtschaft · Steuern · Recht GmbH & Co. KG
www.schaeffer-poeschel.de
info@schaeffer-poeschel.de

Einbandgestaltung: Willy Löffelhardt
Satz: Johanna Boy, Brennberg
Druck: Franz Spiegel Buch GmbH, Ulm

Printed in Germany

Schäffer-Poeschel Verlag Stuttgart
Ein Unternehmen der Verlagsgruppe Handelsblatt

# Vorwort

Banken zählten von Anfang an zu den Vorreitern für den Einsatz der Informationstechnologie (IT) in der Wirtschaft. Sie haben die Anwendung dieser Technik im Laufe der Zeit konsequent vorangetrieben, so daß jetzt nahezu alle Bereiche einer Bank, mehr oder weniger intensiv, vom IT-Einsatz durchdrungen sind. Es gibt kaum ein Arbeitsgebiet in einer Bank, in dem man von der IT überhaupt keinen Gebrauch macht. Dies war sehr naheliegend, denn die Produkte der Banken bestehen aus Informationen und die Produktions- und Vertriebsprozesse der Banken sind primär Informationsverarbeitungsprozesse.

Man kann die Kreditinstitute aus ganz verschiedenen Perspektiven betrachten, die jeweils auf ihre Weise reizvoll sein können. Für das vorliegende Buch wurde die Informationstechnologie als dominierende Betrachtungsperspektive gewählt. Dies bedarf aber einer Akzentuierung. Es ist nicht die Perspektive eines Informatikers, der sich der Bankbetriebswirtschaftslehre nähert, sondern die Perspektive eines Betriebswirts, der sich der Bankinformatik nähert und deren Auswirkungen auf die Bank und auf die Bankbetriebswirtschaftslehre behandelt.

Der IT-Einsatz hat das Bankwesen von Grund auf verändert. Es ist das Anliegen dieses Buches, aus der Perspektive der Bankbetriebswirtschaftslehre die Auswirkungen herauszuarbeiten, die der IT-Einsatz auf Produkte, Kundenverhalten, Finanzmärkte und die Wettbewerbsposition der Institute gehabt hat und weiter haben wird. In dem grundlegenden Kap. 1 wird nicht nur das Gesamtgebiet der Bank-Informationssysteme strukturiert, sondern es werden auch, um die Auswirkungen der Systeme zu erfassen, Effizienzkriterien entwickelt, die an strategischen Erfolgsfaktoren orientiert sind. Die Kap. 2 bis 6 sind so strukturiert, daß jeweils zuerst die Funktionsweise von IT-Systemen für ein bestimmtes Systemeinsatzgebiet dargestellt wird. Es folgt dann jeweils ein Kapitel, das der Bewertung dieser Systeme bezüglich der Effizienzkriterien Kundennutzen, Managementnutzen, Wirtschaftlichkeit und Wettbewerbsvorteile dient. Dabei zeigt sich eine Fülle von Beziehungen und wechselseitigen Abhängigkeiten, die durch Querverweise dokumentiert sind. Dadurch wird der Leser angeregt, dieser vernetzten Struktur des Gegenstandes zu folgen und bei Bedarf zu bestimmten Kapiteln »vorzuspringen«, diese durchzuarbeiten und dann zum Ausgangspunkt »zurückzuspringen«. Anhang 1 (Analyseverfahren) und Anhang 2 (I&K-Grundlagen) enthalten Kapitel, die nur schwer in den Hauptteil zu integrieren sind, auf die aber teilweise in mehreren Kapiteln des Hauptteils Bezug genommen wird.

Eine Bankbetriebswirtschaftslehre mit IT-Schwerpunkt, die die Gegenstände der Bankbetriebswirtschaftslehre anhand der im Bankbetrieb eingesetzten IT-Systeme darstellen soll, kann nicht alle Teilgebiete der Bankbetriebswirtschaftslehre abdecken, weil der Systemeinsatz nicht flächendeckend erfolgt. Entsprechendes gilt für Teilgebiete der Bankbetriebswirtschaftslehre wie z. B. die institutionellen Gegebenheiten der Bankwirtschaft, für die ein Systemeinsatz nicht in Betracht kommt, und die daher, entsprechend der Konzeption dieses Buches, anhand des Systemeinsatzes auch nicht erschlossen werden können. Aus diesen Gründen kann die vorliegende Schrift keine Gesamtdarstellung der Bankbetriebswirtschaftslehre sein, sondern sie kann diese nur ergänzen. Im Gegenteil, sie baut darauf auf, daß es Gesamtdarstellungen gibt, so daß sie sich auf den IT-

Einsatz beschränken kann und Grundlagenstoff nicht bereithalten muß. Dieses Buch enthält lediglich einige grundlegende Kapitel über Zahlungsverkehr, Marketing-Instrumente, Controlling, Gesamtbanksteuerung und strategisches Bankmanagement, die in besonders wichtigen Teilbereichen dem Mangel an nicht flächendeckender Darstellung entgegenwirken sollen.

Angesichts der Breite muß die Tiefe der Darstellungen in der vorliegenden Schrift eingeschränkt sein: Die IT-Systeme werden so dargestellt, daß ihre grundsätzliche Funktionsweise sichtbar wird. So können wichtige Inhalte der Bankbetriebswirtschaftslehre anhand von Bank-Informationssystemen herausgearbeitet werden. Im Einzelfall können dabei aber erhebliche Vorkenntnisse erforderlich sein. Beispielsweise werden bei der Darstellung der Derivat-Handelssysteme nicht die Grundlagen der Derivate behandelt. Diese müßten bei Bedarf zuvor anhand von Speziallliteratur erarbeitet werden.

Bankbetriebliche IT-Systeme befinden sich in einem ständigen Prozeß der Weiterentwicklung und Verbesserung. Immer wieder werden technologische Neuentwicklungen aufgegriffen und in bankbetriebliche EDV-Anwendungssysteme umgesetzt. In dieser Hinsicht besteht also ein erhebliches Maß an technologischer Unsicherheit. Daher werden in der vorliegenden Schrift nur solche Systeme behandelt, die in der Praxis eingeführt und durch Veröffentlichungen dokumentiert sind. Es werden konkrete Systeme behandelt, weil nur daran die hier im Mittelpunkt stehenden Auswirkungen des IT-Einsatzes auf die Kreditinstitute klar herausgearbeitet werden können. Dabei werden gelegentlich auch Hersteller und Software-Häuser genannt. Die Auswahl der hier betrachteten Anwendungssysteme erfolgt so, daß die besonders interessierenden Auswirkungen dargestellt werden können. Ein Urteil über Wert oder Bedeutung dieser als Beispiel herangezogenen Systeme ist damit aber nicht verbunden.

In unmittelbarem Zusammenhang mit der hohen Geschwindigkeit des Wandels, der sich im IT-Bereich insgesamt vollzieht, besteht auch die Gefahr der Veraltung, einerseits bezogen auf die Systeme selbst und andererseits auf die dem vorliegenden Buch zugrunde liegende Bestandsaufnahme. Daher sollte man diese Bestandsaufnahme als Momentaufnahme eines dynamischen Entwicklungsprozesses betrachten, die in zeitlicher Hinsicht bezüglich konkreter Anwendungssysteme nur eine begrenzte Gültigkeit beanspruchen kann. Die grundsätzlichen Funktionsweisen und Auswirkungen sind jedoch von konkreten Anwendungssystemen weitgehend unabhängig und daher längerfristig gültig.

Abschließend habe ich das Bedürfnis, meinen Mitarbeitern zu danken, die nicht nur mit wichtigen fachlichen Anregungen, Diskussionen und Beiträgen, sondern auch mit Beharrlichkeit und Geduld, schließlich auch mit produktiver Ungeduld, den langen Entstehungsprozeß dieses Buches begleitet haben. Besonders hervorheben möchte ich dabei Dr. Karin Stenke, Dr. Marcus Riekeberg und Dr. Oliver Krautwurst, die nicht nur Beiträge zum Manuskript geleistet haben, sondern die mir auch ständig bei Fachdiskussionen mit gutem Rat und konstruktiver Kritik zur Seite gestanden haben. Dr. Christoph Schnurr verdanke ich Beiträge zum Anhang, und Dr. Christoph Meyer hat in der Frühphase die Entstehung des Manuskripts redaktionell betreut und einen Teil der Abbildungen erstellt. Frau Stenke hat eine Vielzahl weiterer Abbildungen gestaltet und sämtliche Abbildungen schließlich für die Veröffentlichung aufbereitet.

Ein Manuskript, das eine lange Entstehungsgeschichte hat, und das einem Gegenstand gewidmet ist, der einem starken Wandel unterliegt, macht am Ende umfangreiche Aktualisierungen notwendig. Kleinere Teile wurden dabei von Dipl.-Kfm. Reinhard Lahusen und Dipl.-Math. Oec. Ursula Theiler bearbeitet; ein großer Block des Manuskripts wurde jeweils von Frau Stenke, Herrn Riekeberg, Dr. Götz Kühne, Herrn Krautwurst und Dipl.-Hdl. Markus Geier aktualisiert. Herr Geier hat darüber hinaus die redaktionelle Betreuung des gesamten Manuskripts und die Aufbereitung für die Veröffentlichung übernommen. Allen genannten Mitarbeitern danke ich sehr für ihre Mitwirkung. Mein Dank gilt auch Frau Edith Schäfer, die das Manuskript geschrieben, und die mit großer Sorgfalt die umfangreichen Korrekturen, Aktualisierungen und Umstellungen vorgenommen hat.

Meine Frau hat die Entstehung dieses Buches mit großer Geduld begleitet. Auch ihr verdanke ich zahlreiche Anregungen und Hinweise.

Angesichts der Tatsache, daß der Gegenstand des Buches nicht nur komplex ist, sondern auch noch einem ständigen Wandel unterliegt, möchte ich die Leser auffordern, daß sie mir Anregungen und Kritik als E-Mail an die Adresse

selhausen@bwl.uni-muenchen.de

zukommen lassen. Ich werde diese Beiträge dankbar aufgreifen.

München, im Februar 2000                    Hermann Meyer zu Selhausen

# Inhaltsverzeichnis

**Vorwort** .................................................................. V

**1 Grundlagen** ............................................................ 1
  1.1  Aspekte des Banksektors .............................................. 1
  1.2  Konzeption einer informationssystemorientierten Bankbetriebswirtschaftslehre ........................................................... 6
       1.2.1  Grundbegriffe des Systemansatzes ............................... 7
       1.2.2  Die Unternehmung als System ................................... 13
       1.2.3  Die Bank als Spezialfall des Systems »Unternehmung« ......... 15
             1.2.3.1    Besonderheiten der Kreditinstitute in bezug auf die Produkte .......................................... 15
             1.2.3.2    Besonderheiten der Kreditinstitute in bezug auf die Prozesse .......................................... 18
             1.2.3.3    Besonderheiten der Kreditinstitute in bezug auf die Bewertung von Positionen und Steuerung von Prozessen .......................... 21
       1.2.4  Bankbetriebswirtschaftslehre mit einer Informatik-Perspektive ........................................ 22
  1.3  Systemintegration, ihre Auswirkungen und ihre Wirkungsvoraussetzungen  24
  1.4  Zur Struktur der vorliegenden Schrift: Aufgabenebenen, Bezugseinheiten und Einsatzgebiete für EDV-Anwendungssysteme ..................... 29
  1.5  Zielsystem, Grundauftrag und strategische Vorentscheidungen von Kreditinstituten ................................................. 34
       1.5.1  Grundauftrag .................................................. 35
       1.5.2  Strategische Vorentscheidungen ................................ 37
       1.5.3  Bankbetriebliche Unternehmensziele ........................... 38
  1.6  Sachfunktionen, Grundfunktionen und Effizienzkriterien für EDV-Anwendungssysteme ............................................ 44
       1.6.1  Sachfunktionen und Grundfunktionen ........................... 44
       1.6.2  Effizienzkriterien für EDV-Anwendungssysteme ................. 46
             1.6.2.1    Kundennutzen ......................................... 52
             1.6.2.2    Managementnutzen .................................... 57
             1.6.2.3    Wirtschaftlichkeit ...................................... 63
             1.6.2.4    Wettbewerbsvorteile ................................... 68

**2 Systeme auf der Basisebene** ........................................... 73
  2.1  Produktbezogene Systeme auf der Basisebene ........................ 74
       2.1.1  Abwicklung von Basisprozessen mit Hilfe von Schalterterminals  .  74
             2.1.1.1    Funktionsweise von Schalterterminalsystemen ......... 74
             2.1.1.2    Bewertung von Schalterterminalsystemen bezüglich der Effizienzkriterien ................................ 77

| | | | |
|---|---|---|---|
| 2.1.2 | \multicolumn{2}{l}{Abwicklung von Basisprozessen mit Hilfe von kundenbedienten Automaten} | 78 |

- 2.1.2 Abwicklung von Basisprozessen mit Hilfe von kundenbedienten Automaten .................................................. 78
  - 2.1.2.1 Karten als Zugangsmedien für kundenbediente Automaten .................................................. 79
  - 2.1.2.2 Funktionsweise von kundenbedienten Automaten ... 82
    - 2.1.2.2.1 Geldausgabeautomaten ....................... 82
    - 2.1.2.2.2 Multifunktions-Terminals.................... 83
    - 2.1.2.2.3 Sonstige Transaktionsautomaten ............. 84
    - 2.1.2.2.4 Kontoauszugsdrucker ........................ 85
  - 2.1.2.3 Bewertung von kundenbedienten Automaten bezüglich der Effizienzkriterien ................ 85
- 2.1.3 Abwicklung von Basisprozessen mit Hilfe von bankbetrieblich nutzbaren Kommunikationssystemen...................... 88
  - 2.1.3.1 Funktionsweise von bankbetrieblich nutzbaren Kommunikationssystemen ....................... 88
    - 2.1.3.1.1 Telephone Banking-Systeme .................. 89
    - 2.1.3.1.2 T-Online Banking........................... 93
    - 2.1.3.1.3 Internet Banking .......................... 99
  - 2.1.3.2 Bewertung der bankbetrieblich nutzbaren Kommunikationssysteme bezüglich der Effizienzkriterien.......................... 101
- 2.1.4 Abwicklung des bargeldlosen Zahlungsverkehrs............. 105
  - 2.1.4.1 Zahlungsverkehrsabwicklung im Überblick ....... 106
  - 2.1.4.2 Überweisungs-, Lastschrift- und Scheckverkehr.... 108
  - 2.1.4.3 Funktionsweise der Zahlungsverkehrssysteme ..... 111
    - 2.1.4.3.1 Systeme der Deutschen Bundesbank für den Inlandszahlungsverkehr ..................... 111
    - 2.1.4.3.2 Systeme für den Auslandszahlungsverkehr........ 112
      - 2.1.4.3.2.1 Das TARGET-System für grenzüberschreitende Euro-Zahlungen..................... 114
      - 2.1.4.3.2.2 Das S.W.I.F.T.-System als Gemeinschaftssystem ... 117
      - 2.1.4.3.2.3 Gruppeneigene Systeme im internationalen Massenzahlungsverkehr.................. 121
    - 2.1.4.3.3 Das Electronic Cash-System und das System GeldKarte ................................. 124
    - 2.1.4.3.4 Kreditkartensysteme ....................... 130
    - 2.1.4.3.5 Electronic Business, Internet-Zahlungen und Internet-Geld ......................... 134
  - 2.1.4.4 Bewertung der Zahlungsverkehrssysteme bezüglich der Effizienzkriterien....................... 143
- 2.1.5 Basisprozesse im Kreditgeschäft ........................ 148
  - 2.1.5.1 Funktionsweise von Systemen im Kreditgeschäft... 148
  - 2.1.5.2 Bewertung von Systemen im Kreditgeschäft bezüglich der Effizienzkriterien ............... 153
- 2.1.6 Basisprozesse im Wertpapiergeschäft...................... 154
  - 2.1.6.1 Funktionsweise von Systemen im Wertpapiergeschäft ..................................... 156
    - 2.1.6.1.1 Systeme für die Wertpapierverwaltung........... 156
    - 2.1.6.1.2 Börsensysteme ............................ 160
      - 2.1.6.1.2.1 Börsensysteme für den Kassamarkt ............. 163

|  |  | 2.1.6.1.2.2 | Börsensysteme für den Terminmarkt . . . . . . . . . . . . | 167 |
|---|---|---|---|---|

                 2.1.6.1.3    Wertpapierhandel im Internet . . . . . . . . . . . . . . . . . . 170

        2.1.6.2    Systemeinsatz im Wertpapiergeschäft: Bewertung bezüglich der Effizienzkriterien sowie Auswirkungen auf Börsen und Kapitalmarkt . . . . . . . . . . . . . . . . . . . . . 174

2.2   Kundenbezogene Systeme für Stammdaten-Administration auf der Basisebene . . . . . . . . . . . . . . . . . . . . . . . . . . . . . . . . . . . . . . . . . . . . . . . . . . 179

2.3   Gesamtbankbezogene Basisprozesse: Data Warehouse und externes Meldewesen . . . . . . . . . . . . . . . . . . . . . . . . . . . . . . . . . . . . . . . . . . . . . . . . . . 182

        2.3.1   Funktionsweise der Systeme zur Erstellung externer Meldungen . 183

        2.3.2   Bewertung der Systeme zur Erstellung externer Meldungen bezüglich der Effizienzkriterien . . . . . . . . . . . . . . . . . . . . . . . . . . . . 187

2.4   Unternehmensverbund-bezogene Systeme auf der Basisebene . . . . . . . . . 188

        2.4.1   Funktionsweise von unternehmensverbund-bezogenen Systemen . 189

        2.4.2   Bewertung von unternehmensverbund-bezogenen Systemen bezüglich der Effizienzkriterien . . . . . . . . . . . . . . . . . . . . . . . . . . . . 193

# 3 Systeme in den Einzeldimensionen mit Schwerpunkt auf der operativen Ebene . . . . . . . . . . . . . . . . . . . . . . . . . . . . . . . . . . . . 195

3.1   Produktbezogene Systeme für die Analyse von Anlageobjekten . . . . . . . . 195

        3.1.1   Funktionsweise der Systeme für die Analyse von Anlageobjekten . . . . . . . . . . . . . . . . . . . . . . . . . . . . . . . . . . . . . . 196

                3.1.1.1       Systeme für die Wertpapieranalyse . . . . . . . . . . . . . 196

                3.1.1.2       Systeme zur Unterstützung der Zinsprognose . . . . . 201

                3.1.1.3       Systeme für die Immobilienbewertung . . . . . . . . . . 206

        3.1.2   Bewertung der Systeme für die Analyse von Anlageobjekten bezüglich der Effizienzkriterien . . . . . . . . . . . . . . . . . . . . . . . . . . . . 209

3.2   Regionsbezogene Systeme für die Marktpotential- und Konkurrenzanalyse . . . . . . . . . . . . . . . . . . . . . . . . . . . . . . . . . . . . . . . . . . . . . . . . . . . . . . . 211

        3.2.1   Funktionsweise von Systemen für die regionale Marktpotential- und Konkurrenzanalyse . . . . . . . . . . . . . . . . . . . . . . . . . 212

        3.2.2   Bewertung von Systemen für die Marktpotential- und Konkurrenzanalyse bezüglich der Effizienzkriterien . . . . . . . . . . . 218

3.3   Unternehmensverbund-bezogene Systeme ur Unterstützung des Betriebsvergleichs . . . . . . . . . . . . . . . . . . . . . . . . . . . . . . . . . . . . . . . . . . 219

        3.3.1   Funktionsweise von Systemen zur Unterstützung des Betriebsvergleichs . . . . . . . . . . . . . . . . . . . . . . . . . . . . . . . . . . . 219

        3.3.2   Bewertung von Systemen zur Unterstützung des Betriebsvergleichs bezüglich der Effizienzkriterien . . . . . . . . . 222

# 4 Systeme für die strategischen Geschäftseinheiten . . . . . . . . . . . 223

4.1   Systeme für kundenbezogene strategische Geschäftseinheiten . . . . . . . . . 224

        4.1.1   Systeme für die strategische Geschäftseinheit Mengenkunden . . . 224

                4.1.1.1       Funktionsweise der Systeme für die Kreditwürdigkeitsprüfung bei Mengenkunden . . . . . . . . . . 225

                4.1.1.2       Funktionsweise der Systeme für die Beratung der Mengenkunden . . . . . . . . . . . . . . . . . . . . . . . . . . . 231

| | | | |
|---|---|---|---|
| | 4.1.1.3 | Bewertung von Systemen für die strategische Geschäftseinheit Mengenkunden bezüglich der Effizienzkriterien................... | 232 |
| 4.1.2 | Systeme für die strategische Geschäftseinheit gehobene Privatkunden............................................ | | 234 |
| | 4.1.2.1 | Funktionsweise der Systeme für die Beratung der gehobenen Privatkunden................ | 234 |
| | 4.1.2.2 | Bewertung der Systeme für die Beratung der gehobenen Privatkunden bezüglich der Effizienzkriterien................... | 237 |
| 4.1.3 | Systeme für die strategische Geschäftseinheit Geschäftskunden und mittlere Firmenkunden............................ | | 239 |
| | 4.1.3.1 | Funktionsweise der Systeme zur Kreditwürdigkeitsprüfung bei Geschäftskunden und mittleren Firmenkunden...................... | 239 |
| | 4.1.3.2 | Funktionsweise der Systeme für die Beratung von Geschäftskunden und mittleren Firmenkunden. | 258 |
| | 4.1.3.3 | Bewertung der Systeme für Kreditwürdigkeitsprüfung und Beratung der Geschäftskunden und mittleren Firmenkunden bezüglich der Effizienzkriterien................... | 263 |
| 4.1.4 | Systeme für die strategische Geschäftseinheit große Firmenkunden............................................ | | 264 |
| | 4.1.4.1 | Funktionsweise von Systemen für den Auslandszahlungsverkehr von großen Firmenkunden, dargestellt am Beispiel des IBOS-Systems....... | 266 |
| | 4.1.4.2 | Funktionsweise von Cash Management-Systemen.. | 267 |
| | 4.1.4.3 | Funktionsweise von Systemen für die Beratung von großen Firmenkunden................ | 274 |
| | 4.1.4.4 | Bewertung der Systeme für große Firmenkunden bezüglich der Effizienzkriterien............... | 277 |
| 4.2 Systeme für die strategische Geschäftseinheit Treasury............ | | | 280 |
| 4.2.1 | Systeme für den Handel............................. | | 283 |
| | 4.2.1.1 | Funktionsweise von Systemen für derivative Instrumente............................. | 286 |
| | 4.2.1.1.1 | Einsatzgebiete und Grundfunktionen von Systemen für derivative Instrumente im Überblick......... | 286 |
| | 4.2.1.1.2 | Systeme für derivative Instrumente, dargestellt an einem konkreten Beispiel................. | 290 |
| | 4.2.1.2 | Bewertung der Systeme für derivative Instrumente bezüglich der Effizienzkriterien................ | 299 |
| 4.2.2 | Systeme für die Gesamtbanksteuerung.................. | | 304 |
| | 4.2.2.1 | Funktionsweise der Systeme für die Gesamtbanksteuerung................................ | 312 |
| | 4.2.2.1.1 | Grundstruktur eines Systems für die Gesamtbanksteuerung................................ | 312 |
| | 4.2.2.1.2 | Systeme für Risikoanalyse und Bilanzstrukturmanagement............................. | 315 |
| | 4.2.2.1.2.1 | Grundlagen des Systems «Industry Solution Bank». | 315 |
| | 4.2.2.1.2.2 | Teilsystem Gap-Analyse...................... | 318 |

|  |  |  |  |
|---|---|---|---|
| | 4.2.2.1.2.3 | Teilsystem Bilanzstruktur-Simulation | 327 |
| | 4.2.2.1.2.4 | Teilsystem Barwertanalyse | 331 |
| | 4.2.2.1.2.5 | Teilsystem Value-at-Risk | 332 |
| | 4.2.2.2 | Bewertung der Systeme für die Gesamtbanksteuerung bezüglich der Effizienzkriterien | 339 |

# 5 Systeme für die Funktionalbereiche ... 343

## 5.1 Systeme für den Funktionalbereich Produktion ... 344
## 5.2 Systeme für die Funktionalbereiche Marketing und Vertrieb ... 346

- 5.2.1 Systematik der Marketing-Instrumente ... 346
  - 5.2.1.1 Instrumente der Leistungsbereitschaft ... 346
    - 5.2.1.1.1 Gestaltung der Vertriebswege ... 346
      - 5.2.1.1.1.1 Bankeigene Vertriebswege ... 346
      - 5.2.1.1.1.2 Bankfremde Vertriebswege ... 349
    - 5.2.1.1.2 Standortwahl ... 349
      - 5.2.1.1.2.1 Selbstbestimmte Standortwahl ... 350
      - 5.2.1.1.2.2 Fremdbestimmte Standortwahl ... 350
    - 5.2.1.1.3 Betriebsbereitschaft ... 351
    - 5.2.1.1.4 Lieferbereitschaft ... 351
  - 5.2.1.2 Instrumente der Leistungssubstanz ... 352
    - 5.2.1.2.1 Leistungsgestaltung ... 352
    - 5.2.1.2.2 Sortimentsgestaltung ... 352
  - 5.2.1.3 Instrumente der Preispolitik ... 353
    - 5.2.1.3.1 Preistaktische Mittel ... 353
    - 5.2.1.3.2 Preispolitische Mittel ... 354
  - 5.2.1.4 Instrumente der Kommunikation ... 354
    - 5.2.1.4.1 Gestaltung der Corporate Identity ... 354
    - 5.2.1.4.2 Öffentlichkeitsarbeit ... 355
    - 5.2.1.4.3 Institutswerbung und Markengestaltung ... 355
    - 5.2.1.4.4 Marktleistungswerbung ... 356
    - 5.2.1.4.5 Verkaufsförderung ... 356
    - 5.2.1.4.6 Verkaufskommunikation ... 357
- 5.2.2 Funktionsweise der Systeme für Marketing und Vertrieb ... 358
  - 5.2.2.1 Systeme als Grundlage von Vertriebswegen ... 359
    - 5.2.2.1.1 Auf Systemen beruhende Vertriebswege im Überblick ... 359
    - 5.2.2.1.2 Branchenübergreifende Gemeinschaftslösung für die Gestaltung der elektronischen Vertriebswege ... 360
  - 5.2.2.2 Systeme als Grundlage der Marketing-Kommunikation ... 361
    - 5.2.2.2.1 Informations- und Kommunikationsangebot im Internet ... 361
    - 5.2.2.2.2 Web-Site-Besuche als Ausgangspunkt für die Kundenansprache ... 365
    - 5.2.2.2.3 Einsatz von Beschwerdemanagementsystemen im Rahmen einer Qualitätsmanagement-Konzeption ... 366
  - 5.2.2.3 Systeme für Marketing-Maßnahmenplanung und Vertrieb ... 373
    - 5.2.2.3.1 Media-Selektion ... 373

| | | | |
|---|---|---|---|
| | 5.2.2.3.2 | Database Marketing und Vertrieb im Retail Banking | 373 |
| | 5.2.2.3.2.1 | Konzeption des Database Marketing | 373 |
| | 5.2.2.3.2.2 | Der Database Marketing-Prozeß als Kreislauf | 375 |
| | 5.2.2.3.2.3 | Der Datenbestand des DBM-Systems | 375 |
| | 5.2.2.3.2.4 | Database Marketing und Datenschutzrecht | 377 |
| | 5.2.2.3.2.5 | Kundenbewertung | 378 |
| | 5.2.2.3.2.6 | Kundenanalyse und Kundenselektion | 379 |
| | 5.2.2.3.2.7 | Planung und Durchführung von Database Marketing-Aktionen | 380 |
| | 5.2.2.3.2.8 | Nutzung der Marketing-Datenbank für die laufende Kundenbetreuung | 381 |
| | 5.2.2.3.3 | Team-basierte Betreuung anspruchsvollster Großkunden | 382 |
| 5.2.3 | | Bewertung der Systeme für Marketing und Vertrieb bezüglich der Effizienzkriterien | 384 |
| | 5.2.3.1 | Bewertung der Systeme als Grundlage von Vertriebswegen | 384 |
| | 5.2.3.2 | Bewertung der Systeme als Grundlage der Marketing-Kommunikation | 385 |
| | 5.2.3.3 | Bewertung der Systeme für Marketing-Maßnahmenplanung und Vertrieb | 387 |
| 5.3 Systeme für den Funktionalbereich Controlling | | | 389 |
| 5.3.1 | | Grundlagen des Bank-Controlling | 389 |
| | 5.3.1.1 | Aufgabe der Unternehmenssteuerung | 389 |
| | 5.3.1.2 | Controlling und Entscheidungsprozeß | 390 |
| | 5.3.1.3 | Steuerungsrelationen | 392 |
| | 5.3.1.4 | Grundsätzliche Anforderungen an Controlling-Systeme | 393 |
| | 5.3.1.4.1 | Kompatibilität der Steuerungssysteme mit der Führungskonzeption der jeweiligen Bank | 393 |
| | 5.3.1.4.2 | Unterstützung der vertikalen Zielabstimmung | 395 |
| | 5.3.1.4.3 | Kompetenzbezogenheit | 395 |
| | 5.3.1.4.4 | Informationsbedarf, Wirtschaftlichkeit und Benutzungskomfort | 395 |
| | 5.3.1.5 | Systemeinsatzgebiete für die Controlling-Systeme | 396 |
| 5.3.2 | | Funktionsweise der Systeme für den Funktionalbereich Controlling | 399 |
| | 5.3.2.1 | Standard-Software für das Erfolgs-Controlling | 401 |
| | 5.3.2.2 | Eigenentwickelte Systeme für das Erfolgs-Controlling | 401 |
| | 5.3.2.2.1 | Systemeinsatzgebiete der Steuerung | 402 |
| | 5.3.2.2.2 | Funktions- und Datenmodell für das Data Warehouse | 404 |
| | 5.3.2.2.3 | Funktionen und Berichte des Anwendungssystems Verkaufs-Controlling | 404 |
| 5.3.3 | | Bewertung der Systeme für den Funktionalbereich Controlling bezüglich der Effizienzkriterien | 405 |
| 5.4 Systeme für den Funktionalbereich Personal | | | 407 |
| 5.4.1 | | Funktionsweise von Personalinformationssystemen | 407 |
| 5.4.2 | | Bewertung von Personalinformationssystemen bezüglich der Effizienzkriterien | 411 |

## 6 Systeme mit Schwerpunkt auf der strategischen Ebene ..... 413

6.1 Grundlagen des strategischen Bankmanagement .................. 414
    6.1.1 Einführung ........................................... 414
        6.1.1.1 Operative und strategische Planung ............. 414
        6.1.1.2 Wesen der Strategie ........................... 415
        6.1.1.3 Grundlegende Begriffe ......................... 417
        6.1.1.4 Phasenmodell der strategischen Führung ......... 422
    6.1.2 Analyse und Prognose der Ausgangssituation einer Bank ...... 425
        6.1.2.1 Leitbild ...................................... 425
        6.1.2.2 Chancen/Risiken-Analyse ...................... 425
        6.1.2.3 Stärken/Schwächen-Analyse .................... 429
        6.1.2.4 Status Quo-Prognose und Anspruchsniveau ....... 431
    6.1.3 Formulierung von Bankstrategien ........................ 432
        6.1.3.1 Festlegung von strategischen Geschäftsfeldern .... 433
        6.1.3.2 Geschäftsfeldstrategien ........................ 435
        6.1.3.3 Gesamtbankstrategie .......................... 435

6.2 Systeme für die strategische Analyse .............................. 436
    6.2.1 Funktionsweise der Systeme für die strategische Analyse ...... 436
        6.2.1.1 Identifizierung attraktiver Kundengruppen
                    im Rahmen der Geschäftsfeldanalyse ............ 436
        6.2.1.2 Kundenwanderungsanalyse im Retail Banking ..... 438
        6.2.1.2.1 Problemstellung .............................. 438
        6.2.1.2.2 Kundenwanderung als Markov-Modell .......... 439
        6.2.1.2.3 Anwendung des Markov-Modells in der Praxis ... 442
        6.2.1.2.4 Analyse der Ergebnisse ........................ 444
        6.2.1.2.5 Unterstützung bei der Abgrenzung strategischer
                    Geschäftsfelder ............................... 445
    6.2.2 Bewertung der Systeme für die strategische Analyse
        bezüglich der Effizienzkriterien .......................... 446

6.3 Systeme als Grundlage für neue Geschäftskonzeptionen ............. 448
    6.3.1 Stützpunkte mit »Bedienter Selbstbedienung« ............... 449
        6.3.1.1 Systemeinsatz für Stützpunkte mit »Bedienter
                    Selbstbedienung« ............................. 450
        6.3.1.2 Bewertung des Systemeinsatzes für Stützpunkte
                    mit »Bedienter Selbstbedienung« bezüglich
                    der Effizienzkriterien .......................... 454
    6.3.2 Geschäftskonzeptionen von Direktbanken .................. 455
        6.3.2.1 Direkter und indirekter Vertrieb ................. 455
        6.3.2.2 Funktionsumfang von Direktvertriebseinheiten
                    im Überblick ................................. 456
        6.3.2.3 Geschäftskonzeptionen von Direktbanken
                    auf der Grundlage von I&K-Systemen ........... 457
        6.3.2.3.1 Breite des Leistungsprogramms von Direktbanken .. 457
        6.3.2.3.2 Telekommunikationstechnik als Determinante
                    für Leistungsbereitschaft und Zielgruppen
                    der Direktbanken ............................. 458
        6.3.2.3.3 Leistungsangebot der Direktbanken ............. 460
        6.3.2.3.4 Preispolitik der Direktbanken .................. 462
        6.3.2.3.5 Erstellung der durch Direktbanken vertriebenen
                    Bankleistungen ............................... 464

|  |  | 6.3.2.3.6 | Marketing-Kommunikation der Direktbanken | 465 |
|  |  | 6.3.2.3.7 | Strategische Aspekte des Direktbankgeschäfts | 467 |
|  | 6.3.2.4 | | Bewertung des Systemeinsatzes von Direktbanken bezüglich der Effizienzkriterien | 469 |
| 6.4 | Virtuelle Bank | | | 470 |
|  | 6.4.1 | Aspekte der Virtualität | | 470 |
|  | 6.4.2 | Virtuelle Unternehmen | | 471 |
|  | 6.4.3 | Gibt es Kreditinstitute als virtuelle Unternehmen? | | 478 |
|  |  | 6.4.3.1 | Vertriebsbank als Netzkoordinator | 478 |
|  |  | 6.4.3.2 | Markt-Intermediär als Netzkoordinator | 479 |

# 7 Die Ambivalenz der Auswirkungen von I&K-Systemen auf die Kreditwirtschaft ... 481

# Anhang ... 487

1 Analyseverfahren ... 487
 1.1 Diskriminanzanalyse ... 487
 1.2 Neuronale Netze ... 489
 1.3 Expertensysteme ... 494
 1.4 Cluster-Analyse ... 499
 1.5 Markov-Prozesse ... 505

2 I&K-Grundlagen ... 513
 2.1 EDIFACT ... 513
 2.2 Internet-Kommunikation ... 515
 2.3 Digitale Signatur ... 520
 2.4 HBCI- und SET-Standard ... 521
 2.5 Data Warehouse ... 524

3 Abkommen und Richtlinien ... 531

4 Cash Management-Systeme ... 540

5 Derivativ-Systeme ... 543

# Abkürzungsverzeichnis ... 545

# Literaturverzeichnis ... 551

# Stichwortverzeichnis ... 569

# 1 Grundlagen

## 1.1 Aspekte des Banksektors

Der Banksektor kann unter verschiedenen Perspektiven betrachtet werden, wobei traditionell der juristischen, der volkswirtschaftlichen und der betriebswirtschaftlichen Perspektive und seit einiger Zeit auch der Informatik-Perspektive besondere Bedeutung zukommt. Diese Perspektiven stehen nicht in Konkurrenzbeziehung, sondern sie ergänzen einander.

**a) Juristische Perspektive**
Die Tätigkeit von Kreditinstituten ist in umfassender Weise durch rechtliche Regelungen determiniert. Bankleistungen sind immateriell; sie entstehen durch Abschluß von Verträgen zwischen Bankleistungsanbietern und -nachfragern. Für diese Verträge gilt Vertragsrecht, das teilweise in Form von Allgemeinen Geschäftsbedingungen und Bankprodukten, z.B. bestimmten Sparverträgen, standardisiert worden ist. Gewisse Verträge wie z.B. Kreditverträge und die Verträge über die Stellung von Kreditsicherheiten werden aber auch individuell ausgehandelt.

Neben den privatrechtlichen Beziehungen zwischen Anbietern und Nachfragern, die in gewissen Grenzen frei gestaltet werden können, gelten für Kreditinstitute aber auch öffentlich-rechtliche Vorschriften wie z.B. das Kreditwesengesetz. Mehr oder weniger betroffen sind sie auch vom Börsen- und Wertpapierrecht, Kapitalverkehrsvorschriften etc. Neben diesen spezifischen Rechtsvorschriften haben Kreditinstitute natürlich noch eine Vielzahl weiterer Rechtsvorschriften zu beachten, die für alle Unternehmen gelten wie z.B. das Arbeitsrecht.

Die Fülle und Komplexität der für den Banksektor relevanten Rechtsvorschriften ist so groß, daß sich im rechtswissenschaftlichen Schrifttum eine eigene Sparte für das Bankrecht gebildet hat.

**b) Volkswirtschaftliche Perspektive**
Banken sind aus volkswirtschaftlicher Sicht als Institutionen interessant, die bestimmte Funktionen innerhalb der Volkswirtschaft übernehmen. Besonders wichtige Funktionen der Kreditinstitute werden durch die *Theorie der Finanzintermediation* erklärt (vgl. Süchting/Paul 1998). Diese Theorie unterscheidet zwischen direkter und indirekter Finanzierung innerhalb einer Volkswirtschaft. Wenn jede Wirtschaftseinheit ihre Auszahlungen vollständig und synchron durch ihre Einzahlungen finanzieren könnte, gäbe es keine Kreditinstitute, Finanztitel und Finanzmärkte. Haben die einzelnen Wirtschaftseinheiten aber Überschüsse oder Defizite, dann können diese angelegt bzw. müssen diese extern finanziert werden.

*Direkte externe Finanzierung* liegt vor, wenn Finanzmittel unmittelbar zwischen Überschuß- und Defizit-Wirtschaftseinheiten transferiert werden. Bei *indirekter externer Finanzierung* schalten sich Finanzintermediäre zwischen Überschuß- und Defizit-Wirtschaftseinheiten: Sie erwerben die von den Defizit-Wirtschaftseinheiten emittierten Finanztitel, verbrieft oder nicht, und sie bieten den Überschuß-Wirtschaftseinheiten *eigene* Finanztitel zur Anlage an. Die Finanztitel, die die Intermediäre begeben, unterscheiden sich bezüglich Rendite, Risiko, Liquidität etc. von den Titeln, die sie von den Defizit-Wirtschaftseinheiten erworben haben.

Bei der Finanzintermediation treten *Divergenzen und Inkongruenzen* auf:

- *Örtliche Divergenz*
  Finanzmittel-Überschüsse können an anderen Orten entstehen als die Defizite.
- *Losgrößendivergenz*
  Viele kleine Überschuß-Wirtschaftseinheiten (z.B. Sparer) können indirekt unter Einschaltung eines Finanzintermediärs eine große Defizit-Wirtschaftseinheit (z.B. Unternehmen) finanzieren.
- *Risikodivergenz*
  Überschuß-Wirtschaftseinheiten sind oft risikoscheu, während Defizit-Wirtschaftseinheiten regelmäßig mit erheblichem Risiko behaftete Geschäfte tätigen.
- *Inkongruenz der Kapitalüberlassungsfristen*
  Das Finanzmittelangebot der Überschuß-Wirtschaftseinheiten unterscheidet sich regelmäßig bezüglich Laufzeit und Rückzahlungsmodalitäten von der Nachfrage der Defizit-Wirtschaftseinheiten.
- *Inkongruenz der Zinsbindungsfristen*
  Die von Überschuß- und Defizit-Wirtschaftseinheiten gewünschten Zinsbindungsfristen stimmen häufig nicht überein.

Die obigen Divergenzen und Inkongruenzen können grundsätzlich auf zweierlei Weise vermindert oder eliminiert werden, durch Organisation von Finanzmärkten zum Transfer von Finanztiteln oder durch Transformation von direkten in indirekte Finanztitel durch Finanzintermediäre. In beiden Fällen sind Kreditinstitute beteiligt.

Bei der *direkten externen Finanzierung* tragen Kreditinstitute durch ihr Effektengeschäft und die Organisation der Börsen zu einem effizienten Transfer von Finanzmitteln bei. Hier findet keine Finanzintermediation, sondern nur eine Intermediations-Substitution auf dem Effektenmarkt statt. Auf dem *Emissionsmarkt (Primärmarkt)* werden örtliche Divergenzen überbrückt und Losgrößenprobleme vermindert. Bezüglich der Risikodivergenz gilt, daß die Verkaufskurse der Finanztitel als Risikoindikatoren betrachtet werden können, und daß die Marktpartner am Effektenmarkt Diversifizierungsmöglichkeiten vorfinden. Die Inkongruenz der Kapitalüberlassungsfristen und der Zinsbindungsfristen ist auf dem Emissionsmarkt aber nicht zu überwinden.

Auf dem *Zirkulationsmarkt (Sekundärmarkt)* ergeben sich für die örtliche Divergenz, die Losgrößen- und die Risikodivergenz die gleichen Lösungen wie auf dem Emissionsmarkt. Zusätzlich wird auf dem Zirkulationsmarkt auch das Problem der Inkongruenz von Kapitalüberlassungs- und Zinsbindungsfristen gelöst.

Bei der *indirekten externen Finanzierung* transformieren die Finanzintermediäre primäre in sekundäre Finanztitel, so daß den Präferenzen der Überschuß- und Defizit-Wirtschaftseinheiten entsprochen werden kann. Hierdurch wird die Allokation der verfügbaren Zahlungsmittelüberschüsse auf die potentiellen Investitionsprojekte verbessert. Gegenüber dem Fall, daß es keinen organisierten Finanzmarkt und keine Finanzintermediäre gibt, führt dies zu einer Steigerung der Nettorendite für die Sparer und zu einer Senkung der Kapitalkosten für die Investoren.

Durch Finanzintermediation werden auch die örtlichen Divergenzen und die Losgrößendivergenzen überbrückt. Das Bonitätsrisiko wird den Überschuß-Wirtschaftseinheiten abgenommen, und bei Laufzeiten und Zinsbindungsfristen kommen die Intermediäre den Präferenzen von Sparern und Investoren entgegen. Diese Transformationsvorgänge sind auf den in der Realität anzutreffenden unvollkommenen Märkten mit Transformationskosten verbunden, weil die Wirtschaftssubjekte Informationskosten tragen müssen, weil die Informationen zwischen Anbietern und Nachfragern von Finanztiteln asymmetrisch verteilt sind, weil der Abschluß von Finanzierungsgeschäften Transaktionskosten verursacht und weil schließlich die Finanztitel unteilbar sind. Die *Kostenvorteile*, die Finanzintermediäre bei Wahrnehmung ihrer Transformationsfunktion haben, beruhen darauf, daß sie sich auf den Handel mit Finanztiteln und auf das Risikomanagement von Portefeuilles *spezialisiert* haben.

Die Theorie der Finanzintermediation erklärt aus volkswirtschaftlicher Sicht, weshalb sich Kreditinstitute als Wirtschaftssubjekte besonderer Art gebildet haben und welche Funktionen sie übernehmen. Gleichzeitig kann vor diesem theoretischen Hintergrund erklärt werden, weshalb sich vereinzelt in großen Unternehmen die Finanzabteilungen zu sogenannten Corporate Banks weiterentwickelt haben, die versuchen, in möglichst großem Umfang die Bankfunktionen für das Unternehmen intern auszuüben (In-House-Banking). Die Corporate Banks (vgl. Rossa 1991) sind bestrebt, Bankleistungen, die das Unternehmen sonst von Kreditinstituten beziehen müßte, zu niedrigeren Transformationskosten zu erstellen als die Kreditinstitute. Dies ist jedoch nur bei Vorliegen von Sonderbedingungen realisierbar.

Aus volkswirtschaftlicher Sicht sind die Kreditinstitute unter weiteren Einzelperspektiven wie z.B. der Giralgeldschöpfung und der Transmission der Notenbankpolitik interessant. Diese sollen hier jedoch nicht behandelt werden.

### c) Betriebswirtschaftliche Perspektive

Im Gegensatz zur Volkswirtschaftslehre beschäftigt sich die Bankbetriebswirtschaftslehre mit mikroökonomischen Fragestellungen in bezug auf den einzelnen Bankbetrieb. Zu den *Grundlagen* der Bankbetriebswirtschaftslehre gehören traditionell die Bankgeschäfte, das Banksystem, die Notenbank mit ihren geldpolitischen Instrumenten und die Bankenaufsicht. Weite Teile dieser Grundlagen sind in starkem Maße rechtlich prädeterminiert. Sie erhalten ihre Bedeutung allein schon dadurch, daß diese Rechtsvorschriften in der Bankpraxis ständig beachtet werden müssen. Diese Grundlagen haben große Bedeutung, auch wenn sie in der Bankbetriebswirtschaftslehre deskriptiv behandelt werden, und sie müssen sogar fortentwickelt werden, wenn grundlegende Sachverhalte sich ändern, wenn beispielsweise neue Leistungsarten entwickelt werden, wenn aufsichtsrechtliche Vorschriften sich ändern oder wenn im Bankensystem Änderungen eintreten.

Durch *Veränderungen im Umfeld* wie die Herstellung der vollen Konvertibilität der DM im Jahre 1957, die Gewährung der Niederlassungsfreiheit im Jahre 1958, die Abschaffung des Zins- und des Wettbewerbsabkommens im Jahre 1967 und zahlreiche weitere Deregulierungsmaßnahmen wurde der *Handlungsspielraum* der Kreditinstitute sehr stark erweitert, was zugleich eine Herausforderung für das Bankmanagement darstellte. Es überrascht nicht, daß seit Anfang der 70er Jahre sowohl die Bankpraxis als auch die Bankbetriebswirtschaftslehre die Konzepte des Marketing, des Controlling und des strategischen Management aufgegriffen haben, um sie auf den Bankbereich zu adaptieren und so den Herausforderungen des Bankmanagement zu begegnen. Diese Entwicklung ist weiterhin ungebrochen: Die Internationalisierung der Finanzmärkte hat in Teilbereichen zu einer Globalisierung geführt. Der internationale Handel von Devisen, Wertpapieren und derivativen Instrumenten unter Verwendung einer hochleistungsfähigen Informations- und Kommunikationstechnik hat eine hohe und tendenziell immer noch weiter steigende Volatilität der Finanzmärkte mit sich gebracht. Insbesondere die derivativen Finanzinstrumente stellen so hohe Ansprüche an die Risikosteuerung als

Teilgebiet des Bank-Controlling, daß komplexe Theorien wie Kapitalmarkt-, Zins- und Währungskurstheorien zugrunde gelegt und anspruchsvolle Teilgebiete der Mathematik, z.B. die Theorie der Differentialgleichungen bei der Optionsbewertung, genutzt werden, um diesen Herausforderungen zu begegnen. Zusammenfassend kann festgestellt werden, daß in der Bankpraxis in den vergangenen Jahrzehnten eine Professionalisierung bisher ungekannten Ausmaßes stattgefunden hat.

Etwa seit 1970 hat sich die Bankbetriebswirtschaftslehre also so stürmisch entwickelt, daß dieses Fach heute praktisch nicht mehr als Ganzes und in voller Tiefe durch ein Lehrbuch dargestellt werden kann. Werke, die sich offensichtlich als Gesamtdarstellung verstehen, können nicht mehr in allen Teilbereichen das Niveau realisieren, auf dem in vielen Banken in den jeweils zuständigen Fachabteilungen heute schon gearbeitet wird.

Die Bankbetriebswirtschaftslehre ist im Schrifttum bisher unter zwei komplementären, sich also ergänzenden Perspektiven abgehandelt worden: Einer *institutionellen Perspektive,* die die Grundlagen wie Bankleistungen, Banksystem, Notenbank und Bankenaufsicht behandelt, und einer *Perspektive des Bankmanagements,* die Organisation, Rechnungswesen, Marketing, Controlling und Strategie des Bankbetriebes in den Vordergrund rückt. Einige Publikationen beschränken sich ausdrücklich auf die institutionelle Perspektive wie z.B. Hahn (1991) und Schierenbeck (1987), oder behandeln nur einen Teil hiervon, wie z.B. Bitz (1999). Viele Publikationen versuchen beide Perspektiven miteinander zu verbinden, z.B. Büschgen (1998), Eilenberger (1997), Priewasser (1998), Süchting/Paul (1998). Große Beachtung haben in der jüngeren Vergangenheit die *neoinstitutionalistischen Theorien* gefunden, insbesondere die Principal-Agent-Theorie und die Transaktionskostentheorie. Diese Theorien, die nicht speziell für Banken entwickelt worden sind, die aber auf Banken sehr gut angewandt werden können, ermöglichen eine Erklärung der in der Realität anzutreffenden institutionellen Gegebenheiten, was mit Hilfe von neoklassischen Theorieansätzen nicht möglich war. Hartmann-Wendels, Pfingsten und Weber (1999) haben die neoinstitutionalistischen Theorieansätze sogar zur Grundlage ihrer auf theoretische Fundierung ausgerichteten Bankbetriebslehre gemacht.

Der Bankbetriebswirtschaftslehre ist es bisher aber nicht gelungen, eine umfassende und aussagekräftige *explikative Theorie* der Bankunternehmung zu entwickeln. Es gibt lediglich eine ganze Anzahl von empirisch begründeten Hypothesen über Wirkungszusammenhänge, von denen nur ein Teil empirisch getestet worden ist.

In der Betriebswirtschaftslehre haben sich im Laufe der Entwicklung verschiedene *Wissenschaftsprogramme* herausgebildet, die sich in bezug auf die Problemsicht, die untersuchten Fragestellungen und die dabei verwendeten Forschungsmethoden unterscheiden (vgl. Schanz 1997). Sieht man von Wissenschaftsprogrammen, die in der Frühzeit der Betriebswirtschaftslehre von Eugen Schmalenbach, Wilhelm Rieger und Heinrich Nicklisch entwickelt worden sind, einmal ab, dann rücken Programme ins Blickfeld, die nach dem zweiten Weltkrieg entstanden sind:

- Die Lehre vom Kombinationsprozeß der Produktionsfaktoren
  (vgl. Gutenberg 1983),
- das entscheidungsorientierte Programm
  (vgl. Heinen 1991),
- das systemorientierte Programm
  (vgl. Ulrich 1978),
- die arbeitsorientierte Einzelwirtschaftslehre
  (vgl. Projektgruppe am WSI 1974) und
- das verhaltenstheoretische Programm
  (vgl. Schanz 1977).

Die *gegenwärtige Betriebswirtschaftslehre* läßt sich wohl am ehesten als *entscheidungs- und systemorientiert* charakterisieren. Damit sind zwei Wissenschaftsprogramme angesprochen, zwischen denen es gewisse Verbindungen gibt und die von zahlreichen Fachvertretern als komplementär angesehen werden. Von ihnen hat die entscheidungsorientierte Betriebswirtschaftslehre bisher aber einen vergleichsweise höheren Entwicklungsstand erreicht, und das Potential der systemorientierten Betriebswirtschaftslehre scheint noch in erheblichem Umfang ungenutzt zu sein. Die Bankbetriebswirtschaftslehre, soweit sie unter der Perspektive des Bankmanagement abgehandelt wird, läßt sich, wenn auch mit Einschränkungen, dem entscheidungsorientierten Wissenschaftsprogramm zuordnen. Allerdings muß hervorgehoben werden, daß im Schrifttum zum Bankmanagement eine systematische Einordnung in den größeren Kontext der entscheidungsorientierten Betriebswirtschaftslehre zumeist nicht vorgenommen wird. In der Bankbetriebswirtschaftslehre ist das Potential des systemorientierten Wissenschaftsprogramms praktisch überhaupt noch nicht genutzt worden.

### d) Informatik-Perspektive

Seit dem Aufkommen der elektronischen Datenverarbeitung (EDV) gehören Finanzdienstleistungsunternehmen wie Banken und Versicherungen zu den intensivsten Nutzern dieser neuen und sich rasant weiterentwickelnden Technik, die auch als Informations- und Kommunikationstechnik (I&K-Technik) bezeichnet wird. Eine der *Voraussetzungen* dafür, daß die Finanzdienstleistungsbranche so ausgiebig von der I&K-Technik Gebrauch macht, ist darin zu sehen, daß *Finanzdienstleistungen* – und damit auch Bankleistungen – *unstofflich* und deshalb *nicht* lagerfähig sind, und daß insbesondere die Leistungserstellung in ihrem Kern als Informationsverarbeitung aufzufassen ist.

Am Anfang der Entwicklung hat man, was natürlich naheliegend war, die manuellen Leistungserstellungs- und damit Informationsverarbeitungsprozesse direkt, also strukturgleich, in EDV-Programme umgesetzt. Die manuellen Prozesse wurden praktisch »abprogrammiert«. Später erkannte man, daß man diesen Weg verlassen mußte, wenn man das Leistungspotential, über das die I&K-Technik verfügt, voll ausschöpfen wollte. Diese Entwicklung hatte vielfältige Konsequenzen. Laufend wurden neue Anwendungsgebiete für die I&K-Technik erschlossen, und man verfolgte mit dem Technikeinsatz zunächst schwerpunktartig *Rationalisierungsziele*. Das hat sich unmittelbar auf die Betriebskosten von Bankleistungen und die Kostenstruktur, mittelbar aber auch auf die Anforderungsprofile der Bankmitarbeiter, auf die Zusammensetzung der Belegschaft nach Qualifikationsgruppen und auf die Beschäftigung insgesamt ausgewirkt. Später zeigten sich weitere Anwendungsgebiete für die I&K-Technik: Es wurden *neue Bankleistungen*, aber auch *neue Prozesse* mit Kunden, mit Banken und Börsen entwickelt, die ohne die neue Technik gar nicht realisierbar gewesen wären. Gleichzeitig trug die I&K-Technik zu einer Verbesserung der Markttransparenz bei. Insgesamt hatte dies erheblichen Einfluß auf das Kundenverhalten, die Struktur der Finanzmärkte und die Erfolgsposition der Kreditinstitute.

Der Einsatz der I&K-Technik hat den Banksektor von Grund auf verändert. Die vorliegende Schrift soll dazu beitragen, daß dieser Wandel in vollem Umfang auch in der Bankbetriebswirtschaftslehre zur Geltung kommt. Ganz konkret werden die Gegenstände der Bankbetriebswirtschaftslehre, soweit in der Bankpraxis in den einzelnen Teilgebieten die I&K-Technik eingesetzt wird, anhand der Funktionen der verwendeten EDV-Anwendungsprogramme erarbeitet. Außerdem werden, insbesondere anhand von Effizienzkriterien, die wichtigsten Auswirkungen des Technikeinsatzes auf die Kunden und die Bank selbst analysiert. Bankbetriebswirtschaftslehre und Bankinformatik werden zusammengeführt, so daß sich eine Bankbetriebswirtschaftslehre mit Informatik-Perspektive ergibt. Der Schwerpunkt liegt dabei eindeutig auf der Bankbetriebswirtschaftslehre, der Brückenschlag zur Bankinformatik ist aber unverkennbar.

## 1.2 Konzeption einer informationssystemorientierten Bankbetriebswirtschaftslehre

Seit Anfang der 60er Jahre hat Edmund Heinen in verschiedenen Beiträgen das *entscheidungsorientierte Wissenschaftsprogramm* der Betriebswirtschaftslehre umrissen. Er betrachtet die Unternehmung als äußerst komplexes, offenes, soziales System mit funktionalen Subsystemen. Die Besonderheit des entscheidungsorientierten Forschungsansatzes besteht nach Heinen darin, daß versucht wird, die Phänomene und Tatbestände der Unternehmenspraxis aus der Perspektive betrieblicher Entscheidungen zu systematisieren, zu erklären und zu gestalten. Von der Vielzahl von Perspektiven, unter denen man die Unternehmung betrachten kann, hebt der entscheidungsorientierte Ansatz die Entscheidungsprozesse hervor, die in Unternehmungen ablaufen. Dabei werden sämtliche mit einer Entscheidung verbundenen Aktivitäten einbezogen: Problemerkennung, Alternativensuche und -auswahl, Durchsetzung und Kontrolle. Unternehmen haben als sozio-technische Systeme nicht nur eine Vielzahl von Beziehungen zu ihrer Umwelt, sondern es bestehen aufgrund der Arbeitsteilung auch innerhalb der Unternehmen vielfältige Beziehungen zwischen ihren Subsystemen, beispielsweise den Funktionalbereichen für Beschaffung, Produktion, Absatz etc. (vgl. Heinen 1991). Es liegt nahe, auch eine Unternehmung als System zu begreifen, das von der Unternehmensleitung zielorientiert gelenkt wird. Heinen bezieht sich zwar auf Systemtheorie und Kybernetik, aber dabei wird nur ein Zusammenhang zwischen dem entscheidungsorientierten Forschungsansatz und der Kybernetik hergestellt. Eine tiefgreifende und alle Teilbereiche der entscheidungsorientierten Betriebswirtschaftslehre durchziehende Integration der Kybernetik findet jedoch nicht statt.

Im deutschen Sprachraum hat Hans Ulrich das *systemorientierte Wissenschaftsprogramm* der Betriebswirtschaftslehre begründet. In seiner 1970 in 2. Aufl. erschienen Schrift »Die Unternehmung als produktives soziales System« entwickelt er zunächst die Grundbegriffe des Systemansatzes in allgemeiner und leicht verständlicher Form, und er projiziert dann die systemtheoretischen Grundbegriffe auf die Unternehmung, um zu zeigen, daß es sich hierbei um ein System mit ganz bestimmten Eigenschaften handelt, und daß die systemtheoretische Betrachtungsweise zu einem neuen Verständnis der Unternehmung führt, was nicht nur für die Ausbildung in der Betriebswirtschaftslehre, sondern auch für die Unternehmensführung in der Praxis fruchtbar gemacht werden kann.

Zunächst erfolgt in Anlehnung an Ulrich (1970) eine Darstellung der systemtheoretischen Grundbegriffe und Konzepte, und es wird dann gezeigt, daß speziell auch Kreditinstitute als Systeme begriffen werden können. Dies setzt voraus, daß die einzelnen systemtheoretischen Grundtatbestände im System Bank identifiziert und konkretisiert werden, so daß in der realen Welt der Kreditinstitute die Systemelemente mit ihren Beziehungen zueinander, die Aktivitäten der Systemelemente und die zielorientierte Systemsteuerung durch Entscheidungsinstanzen durchschaubar werden. So ergibt sich auf einem hohen Abstraktionsniveau ein spezifisch systemorientiertes Verständnis von Strukturen und Aktivitäten in der Bank.

## 1.2.1 Grundbegriffe des Systemansatzes

Unter einem *System* versteht man ganz allgemein eine geordnete Gesamtheit von Elementen, zwischen denen irgendwelche Beziehungen bestehen oder hergestellt werden können. Welche Einheiten hierbei als Systemelemente betrachtet werden, und welche Beziehungen dieser Elemente zueinander untersucht werden sollen, hängt jeweils vom konkreten Untersuchungszweck ab. Ulrich (1978) hebt ganz allgemein drei *Ansatzpunkte für eine Systembetrachtung* der Unternehmung hervor: Menschen, materielle Betriebsmittel und finanzwirtschaftliche Sachverhalte. Zwischen den Elementen können verschiedenartige *Beziehungen* bestehen, insbesondere Kommunikationsbeziehungen zwischen Menschen und materielle Beziehungen, z.B. Lieferbeziehungen zwischen Personen und Organisationseinheiten etc.

Jedes System ist in eine bestimmte *Umwelt* eingebettet. Schon die begriffliche Unterscheidung von System und Umwelt deutet an, daß das System von seiner Umwelt abgegrenzt werden muß, wollte man nicht das ganze Universum als System betrachten. Zusammen mit seiner Umwelt bildet das betrachtete System ein sog. *Supersystem*. Teile des Systems können als *Subsystem* aufgefaßt werden, wobei aber vorausgesetzt wird, daß auf alle drei Bereiche, Supersystem, System und Subsystem die allgemeinen Merkmale des Systembegriffs zutreffen. Das Element wird dann als der Teil des Systems verstanden, den man nicht weiter aufgliedern kann oder will. Die Abgrenzung des zu betrachtenden Systems ist schwierig aufgrund der Tatsache, daß im ganzen Supersystem vielfältige Beziehungen zwischen den Systemelementen bestehen können. Als *Abgrenzungskriterium* nennt Ulrich (1970) das *Ausmaß der Interaktionen* zwischen den Systemelementen. Ein System bzw. Subsystem liegt dann vor, wenn innerhalb der jeweiligen Gesamtheit von Elementen ein größeres Maß von Interaktionen oder Beziehungen zwischen den Elementen besteht als von der Gesamtheit aus nach außen. Dieser Sachverhalt wird gern durch konzentrische Kreise o.ä. dargestellt: Im inneren Kreis befindet sich das System, zwischen dessen Elementen vielfältige und intensive Beziehungen bestehen, und der äußere Kreisring stellt die Umwelt des Systems dar, die mit dem System durch vergleichsweise weniger zahlreiche und intensive Beziehungen verbunden ist.

Den *Beziehungen zwischen den Elementen* eines Systems kommt grundlegende Bedeutung zu. Welche Elemente mit welchen anderen Elementen eines Systems in einer Beziehung stehen, hängt vom Einzelfall ab. Es gibt also nicht zwangsläufig Beziehungen eines jeden Elements mit jedem anderen Element. Betrachtet man das *Verhalten eines Systems*, dann können einzelne Elemente aktiv oder nicht aktiv sein. Die Aktivität eines Elementes, z.B. eines Mitarbeiters, kann die Folge des Verhaltens eines anderen Elementes, z.B. einer Führungskraft, sein und wiederum die Aktivität eines dritten Elements beeinflussen. In diesem Sinne ist das Verhalten des Systems als Ganzes vom Verhalten seiner Elemente abhängig. Die Beziehungen zwischen den Elementen, z.B. zwischen den Mitgliedern einer Organisation, können einseitig sein, wenn z.B. ein Element Führungskraft einem Element Mitarbeiter eine Anweisung gibt. Von gegenseitigen Beziehungen oder auch Abhängigkeiten spricht man, wenn Elemente Informationen, Materialien oder Finanzmittel austauschen. Wenn sich Elemente oder Subsysteme in dieser Weise gegenseitig beeinflussen, spricht man auch von *Interdependenzen*.

Stellt man die Elemente eines Systems als Punkte und die Beziehungen zwischen ihnen als Linien dar, dann läßt diese Abbildung ein Anordnungsmuster erkennen, das auch als *Systemstruktur* bezeichnet wird. Dieses Anordnungsmuster kann unterschiedlich orientiert sein, räumlich, zeitlich, hierarchisch o.ä. Betrachtet man beispielsweise eine Unternehmung, die an verschiedenen Standorten eines Landes jeweils eine Produktionsstätte betreibt, die als Subsystem des Systems Unternehmung aufgefaßt werden kann, dann ergibt sich das *räumliche Anordnungsmuster* der Subsysteme durch die in einer Landkarte verzeichneten Standorte, die untereinander und mit der Zentrale in Beziehung stehen, in Lieferbeziehungen, in Kommunikationsbeziehungen etc. Das *hierarchische Anordnungsmuster* von Elementen, beispielsweise Organisationsmitgliedern, wird üblicherweise als Organigramm dargestellt und zeigt Organisationsmitglieder und Organisationseinheiten mit ihren Unterstellungsverhältnissen. Die Beziehungen zwischen einem übergeordneten und einem unterstellten Element konkretisieren sich nicht nur in den Anordnungsbefugnissen der übergeordneten Einheit, sondern auch in der Kommunikation zwischen diesen Einheiten und ggf. weiteren Austauschbeziehungen.

Die Struktur eines Systems übt einen maßgeblichen Einfluß auf das *Systemverhalten* aus, das in der Aktivität der Elemente und Subsysteme zum Ausdruck kommt. Darüber hinaus wird das Systemverhalten von *Systemeigenschaften* geprägt, von denen hier die folgenden betrachtet werden sollen:

- die Offenheit,
- die Dynamik,
- die Zweck- und Zielorientiertheit,
- die Komplexität und
- der Determinismus.

Systeme werden als *offen* bezeichnet, wenn zwischen ihnen und der Systemumwelt Beziehungen bestehen. Diese Beziehungen konkretisieren sich durch einen Austausch von Material, Finanzmitteln, Informationen etc. zwischen dem System und seiner Umwelt. Aus der Perspektive des Systems selbst kann man von Input und Output von Material, Finanzmitteln, Informationen etc. sprechen. Material, Finanzmittel, Informationen etc. gehen also von außen als Input in das System hinein, werden innerhalb des Systems in einem Transformationsprozeß in Output umgewandelt, und dieser wird dann an die Umwelt abgegeben. Durch Inputs und Outputs verändert sich der Systemzustand, ausgedrückt durch Zustandsvariable wie z.B. Materialbestände, und es ändert sich auch der Zustand der Umwelt. Grundsätzlich kann sich das System *aktiv gegenüber der Umwelt* verhalten, also darauf gerichtet sein, diese zu verändern; es kann aber auch sein, daß nur eine *passive Anpassung* des Systems an Einwirkungen aus der Umwelt vorliegt. Jedes offene System wird also von seiner Umwelt beeinflußt, und in bestimmten Fällen üben Systeme auch Einfluß auf ihre Umwelt aus. Dabei ist das Maß der Offenheit um so größer, je zahlreicher und intensiver diese Beziehungen zwischen System und Umwelt sind. Von einem *geschlossenen System* würde man dagegen sprechen, wenn keinerlei Beziehungen zwischen System und Umwelt vorliegen.

Ein System wird als *dynamisch* bezeichnet, wenn Ereignisse im System stattfinden, die zu Zustandsänderungen führen. Die Gesamtheit dieser Ereignisse, die im Zeitablauf auftreten, wird auch als Systemverhalten bezeichnet. Diese Ereignisse beziehen sich nicht nur auf den Transformationsprozeß im System, sondern auch auf Input und Output, also die Beziehungen des Systems zu seiner Umwelt. Im Innern des Systems zeigt sich die Dynamik in Form von Aktivität der Elemente und Subsysteme. Da die Elemente miteinander in Beziehung stehen und einander beeinflussen können, ergeben sich *strukturierte Folgen von Einzelaktivitäten*, die auch als *Prozesse* bezeichnet werden. Solche Prozesse sind nicht nur Verknüpfungen oder Strukturen von Elementen im Raum, sondern auch zeitbeanspruchende Folgen von einzelnen Vorgängen, die früher, gleichzeitig oder später ablaufen. Dies ist der *Ansatzpunkt für die Kybernetik*, die ihr Augenmerk auf die zielorientierte Steuerung der Prozesse richtet. Im Gegensatz hierzu sind *statische Systeme* dadurch gekennzeichnet, daß in ihrem Innern keine Ereignisse und damit auch keine Zustandsänderungen eintreten.

Die *Zweck- und Zielorientiertheit* von Systemen ist unter dem Gesichtspunkt der Beeinflussung des Systemverhaltens von Bedeutung. Ulrich (1970) unterscheidet ganz bewußt begrifflich zwischen Zweck und Ziel: Unter *Zweck* versteht er die Funktionen, die ein System in seiner Umwelt ausübt, und unter *Ziel* die vom System selbst angestrebten Verhaltensweisen oder Zustände. So kann der Zweck eines Unternehmens darin bestehen, bestimmte Güter und Dienstleistungen für die Umwelt, hier also die Volkswirtschaft, repräsentiert durch die Märkte, auf denen die Güter und Dienstleistungen angeboten werden, bereitzustellen. Der Zweck des Systems ergibt sich also aus der Außenperspektive. Dagegen richten sich die Ziele des Systems auf Verhaltensweisen oder Zustände der Output-Größen, die vom System selbst angestrebt werden. Hierbei ist zu berücksichtigen, daß im System Unternehmung einzelne Elemente wie z.B. Organisationsmitglieder, einzelne Subsysteme wie z.B. Abteilungen und auch das ganze System Ziele haben können, die möglicherweise untereinander in konfliktärer Beziehung stehen. Die allgemeine Systemtheorie und die Kybernetik sind formale Wissenschaften, die Zweck- und Zielsetzungen einfach nur voraussetzen. Die Realwissenschaften wie z.B. die Betriebswirtschaftslehre müssen sich dagegen mit dem Inhalt und dem Zustandekommen von Zweck- und Zielsetzungen beschäftigen, denn sonst wäre ein Verstehen der Wirklichkeit nicht möglich.

Die *Komplexität* ist eine Eigenschaft von Systemen, die nicht von der Anzahl der Elemente, sondern vom Reichtum der Beziehungen zwischen den Elementen und mit der Umwelt abhängt. Sie äußert sich durch eine große Zahl möglicher Zustände, die das System annehmen kann. Der *Determinismus* eines Systems bezieht sich auf die Voraussagbarkeit von Zustandsänderungen des Systems. Ein System ist *deterministisch*, wenn vollständig voraussagbar ist, wie die einzelnen Elemente aufeinander einwirken. *Stochastisch* ist ein System dagegen, wenn das System keine eindeutige Voraussage des Systemverhaltens zuläßt, sondern bei dem das Verhalten nur noch mit Wahrscheinlichkeiten vorausgesagt werden kann. Die Vorgänge in stochastischen Systemen müssen also als stochastische Prozesse betrachtet werden. In dem realen System Unternehmung muß damit gerechnet werden, daß die Auswirkungen zahlreicher Prozesse nicht deterministisch vorausgesagt werden können, und daß auch die Eintrittswahrscheinlichkeiten der betrachteten Ereignisse nicht bekannt sind. Realistischerweise sollten solche Systeme als *verteilungsfrei* bezeichnet werden: Die Auswirkungen der Aktivitäten von Systemelementen lassen sich nicht eindeutig voraussagen, und es gibt auch praktisch keine Wahrscheinlichkeitsverteilungen für diese Auswirkungen.

Schon jetzt zeichnet sich ab, und Ulrich (1970) weist dies auch im einzelnen nach, daß *Unternehmungen* offene, dynamische, zweck- und zielorientierte, komplexe und verteilungsfreie Systeme sind. Die Gestaltung derartiger Systeme und die Lenkung der sich darin abspielenden Prozesse gehört zu den zentralen Problemstellungen der Betriebswirtschaftslehre. Im folgenden soll gezeigt werden, daß die Kybernetik, wenn auch auf hoher Abstraktionsebene, wichtige Beiträge zur Lösung dieser Probleme leisten kann.

*Kybernetik* ist eine formale Wissenschaft von der Struktur, den Relationen und dem Verhalten dynamischer Systeme, die nicht auf bestimmte realwissenschaftliche Anwendungsgebiete und auch nicht auf Zweck- und Zielsetzungen festgelegt ist. Das Hauptinteresse der Kybernetik gilt den in den dynamischen Systemen ablaufenden Steuerungs- und Regelungsvorgängen, und daher spricht man von einem kybernetischen System, wenn die von der Kybernetik besonders hervorgehobenen Verhaltensmuster zielorientierter dynamischer Systeme, *Steuerung, Regelung und Anpassung*, darin vorkommen. Dynamische Systeme, die bestrebt sind, sich zweck- und zielorientiert zu verhalten, sind im Zeitablauf immer wieder *Störeinflüssen* ausgesetzt. Die genannten

Verhaltensmuster können nun eingesetzt werden, um die Störeinflüsse zu kompensieren und um möglichst schnell und mit möglichst kleinen Abweichungen von den gegebenen Zwecken und Zielen zu arbeiten. Eine *steuernde Instanz* muß daher vorausgesetzt werden, die Entscheidungen trifft und die zur Störungskompensation erforderlich erscheinende Maßnahmen einleitet. Folgt diese Instanz dem Verhaltensmuster der *Steuerung*, dann gibt sie dem System sowohl das Ziel (einen Sollwert) als auch das Verhalten von außen vor. Dabei versucht die Entscheidungsinstanz, die Störungen frühzeitig, insbesondere bevor sie sich auf die Output-Größen ausgewirkt haben, zu erkennen und direkt in Maßnahmen zur Stabilisierung des System-Outputs umzusetzen. Das Prinzip, nachdem die Entscheidungsinstanz hier vorgeht, wird als *Vorwärtskopplung* (Feed-Forward) bezeichnet. Dies wird durch Abbildung 1.2.1-1 noch einmal verdeutlicht.

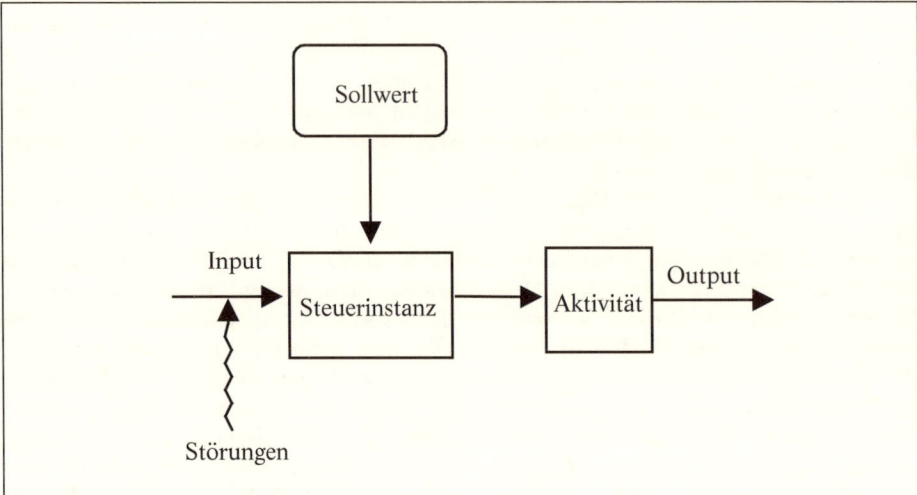

Abb. 1.2.1-1: Grundprinzip der Steuerung
nach: Ulrich (1970)

Reale Systeme wie Unternehmungen können nicht allein nach dem Verhaltensmuster der Steuerung gelenkt werden, weil nicht einmal die Wahrscheinlichkeiten für das Auftreten von Störungen und für die Auswirkungen auf die Systemaktivitäten bekannt sind. Daher müssen in der Praxis, auch wenn das Verhaltensmuster der Steuerung bevorzugt wird, nicht kompensierte Auswirkungen von Störungen durch *Regelung* beseitigt werden. Dieses Verhaltensmuster setzt auch wieder die Existenz einer Entscheidungsinstanz voraus; diese gibt bei diesem Verhaltensmuster aber nur das Ziel (Sollwert) vor und überläßt es dem System, das Verhalten auf die Erreichung dieses Ziels auszurichten. Dabei kommt eine Technik zur Anwendung, die als Selbstregulierung von Systemen bezeichnet werden kann, und die auch bei dem dritten Verhaltensmuster, der *Anpassung*, anzutreffen ist. Der *Ablauf des Regelungsprozesses* gestaltet sich folgendermaßen:

- Die Entscheidungsinstanz hat einen Sollwert für den System-Output festgelegt.
- Istwert-Erfasser, also Meßgeräte, erfassen laufend die Output-Istwerte.
- Ein Regler vergleicht laufend die Istwerte mit dem Sollwert und stellt Abweichungen fest.
- Die Entscheidungsinstanz löst Korrekturmaßnahmen aus: Sie beeinflußt die zu regelnden Prozesse oder Aktivitäten des Systems.

Bei der Regelung folgt man dem Prinzip der *Rückkopplung* (Feed-Back). Hierbei handelt es sich um einen Vorgang, der nach Abschluß der Transformation und nach Entstehung des Outputs zum Input zurückführt und damit das System lenkt. Man spricht von Selbstregelung, weil dieser Vorgang innerhalb des Systems stattfindet. Die Rückkopplung verhindert dabei nicht das Eintreten von Störungen, sondern sie beseitigt nur ihre Einwirkungen auf den System-Output nachträglich. Bei der Regelung kann ein vorgegebener Sollwert also nicht ständig eingehalten werden: Der tatsächliche Zustand des Systems (Istwert) schwankt um den Sollwert.

Die Handlungen laufen im Regelungssubsystem als *geschlossene Wirkungskette* ab: Die Entscheidungsinstanz löst aufgrund von Soll-Ist-Abweichungen Gegenmaßnahmen aus, die als zusätzliche Inputs die zu regelnden Aktivitäten so beeinflussen, daß die Abweichungen vermindert oder sogar beseitigt werden. Den Aufbau eines Regelungssubsystems verdeutlicht Abb. 1.2.1-2.

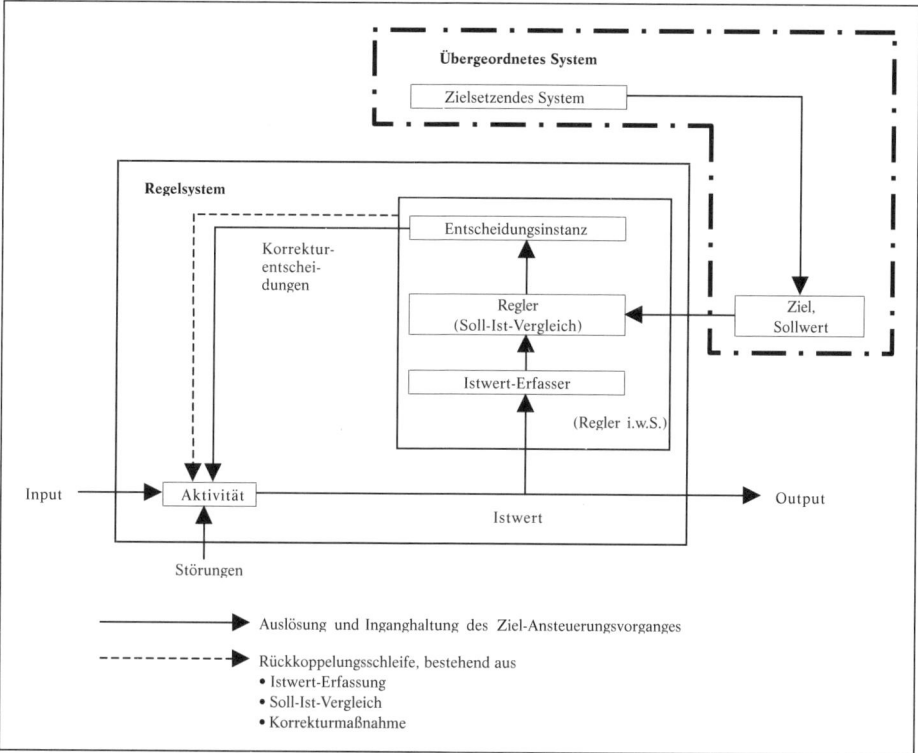

Abb. 1.2.1-2: Aufbau eines Regelungssystems
nach: Ulrich (1970)

Regelungssubsysteme sind häufig nicht leicht zu stabilisieren: Die Output-Istwerte pendeln um die Sollwerte, und es können daraufhin *Schwingungen* auftreten, die das System instabil machen. Je größer also die Schwingungen sind, desto geringer ist definitionsgemäß die Stabilität. Tendenziell werden die Schwingungen um so geringer sein, je schneller die Feed-Back-Vorgänge ablaufen und je feiner die Feed-Back-Schleifen gestaltet sind.

Die *Anpassung* ist ein Verhaltensmuster des Systems, das zur Geltung kommt, wenn Änderungen in den Beziehungen zwischen dem System und seiner Umwelt eintreten. Es folgt eine Neuabstimmung von Input- und Output-Beziehungen des Systems mit seiner Umwelt. Diese Anpassungsvorgänge sind gegenseitig: Das System stellt sich auf neue Umweltbedingungen ein, und hierdurch beeinflußt es seinerseits wiederum seine Umwelt.

Die Subsysteme, durch die ein System die Verhaltensmuster Steuerung und Regelung realisiert, können miteinander verknüpft sein. Eine Verknüpfung von Regel-Subsystemen liegt z.B. vor, wenn der Output eines oder mehrerer Subsysteme zugleich wieder der Input für andere Subsysteme ist. Bei solchen Systemstrukturen spricht man auch von *Vernetzung der Regelungs-Subsysteme*.

Die *Beziehungen* zwischen Systemelementen, Subsystemen, dem System selbst und seiner Umwelt sind primär *Kommunikationsbeziehungen*. Das Verhalten von Elementen, Subsystemen und auch des Systems selbst wird durch Kommunikationsvorgänge ausgelöst, gelenkt und auch beendet. Die Verhaltensmuster Steuerung, Regelung und Anpassung beruhen auf Kommunikationsvorgängen, durch die ein »Sender« ein bestimmtes Verhalten des »Empfängers« bewirkt. So ist *Steuerung* nur möglich, wenn zwischen dem zielsetzenden und dem zu steuernden Subsystem Kommunikation stattfindet. Bei der *Regelung* werden laufend Istwert-Messungen vom zu steuernden Subsystem an den Regler übermittelt, der sie mit dem Sollwert vergleicht und die Entscheidungsinstanz veranlaßt, dem Subsystem eine zusätzliche Input-Vorgabe zu machen, was auch wieder als Kommunikation zu verstehen ist. Beim Verhaltensmuster der *Anpassung* schließlich nimmt das System laufend Informationen über Veränderungen der für das System relevanten Parameter in der Umwelt auf, und die Entscheidungsinstanz setzt diese in Steuerungs- oder Regelungsmaßnahmen um, die systeminterne Kommunikation darstellen. Als Reaktion auf die veränderten Parameter in der Systemumwelt ändert sich auch der System-Output, wodurch wiederum die Parameter in der Systemumwelt beeinflußt werden; auch dies kann ein Kommunikationsvorgang sein.

*Gegenstand der Kommunikation* sind Informationen, also zweck- und kontextbezogene Daten, die zwischen Systemelementen oder Subsystemen ausgetauscht werden. Ein Beispiel hierzu ist die Übermittlung von Istwert-Messungen an die Entscheidungsinstanz eines Regelungssubsystems. Kommunikation wird dabei nicht nur verstanden als gegenseitiger Informationsaustausch, sondern es wird auch dann von Kommunikation gesprochen, wenn dieser Austausch einseitig ist. Eine Sonderform der Information liegt vor, wenn ein Element, z.B. eine Führungskraft, einem hierarchisch unterstellten Element, z.B. einem Mitarbeiter, eine Anweisung erteilt. Der Mitarbeiter erhält von seinem Vorgesetzten also Information, die dadurch speziell qualifiziert ist, daß sie eine verbindliche Vorgabe für eine Aktivität enthält.

Bei den Steuerungs- und Regelungssubsystemen wurde schon deutlich, daß es zweckmäßig ist, innerhalb des betrachteten Systems mindestens zwei Subsysteme zu unterscheiden, eine Entscheidungsinstanz und ein operatives Subsystem. Das *operative Subsystem* führt den Transformationsprozeß durch, der darin besteht, daß System-Input in System-Output umgewandelt wird. Die *Entscheidungsinstanz* erhält z.B. im Fall der Regelung Abweichungen, die sie in Maßnahmen zur Beeinflussung des operativen Subsystems umsetzt. Bei Steuerung oder Anpassung wartet sie die Entstehung von Abweichungen gar nicht erst ab. Sie nimmt die Auswirkungen von Störungen und Umwelteinflüssen, die auf das operative Subsystem einwirken, vorweg, setzt sie in kompensierende Maßnahmen um und veranlaßt das operative Subsystem, diese Maßnahmen durchzuführen.

Es ist deutlich geworden, daß die Kommunikationsbeziehungen zwischen den Systemelementen überragende Bedeutung haben. Darüber hinaus kommen in Systemen der realen Welt noch materielle und finanzwirtschaftliche Beziehungen vor. Materielle Beziehungen bestehen primär zwischen Elementen des operativen Subsystems, und sie zeigen sich als Materiallieferungen, die bestimmte Transportmittel erfordern. Finanzielle Beziehungen können sich konkretisieren in Zahlungen (Flußgrößen) und Forderungen und Verbindlichkeiten (Bestandsgrößen).

Nachdem nun einige wichtige Grundbegriffe der Systemtheorie und der Kybernetik erläutert worden sind, soll im nächsten Kapitel die Funktionsweise von Unternehmungen auf der Grundlage des Systemansatzes transparent gemacht werden. Dabei werden Unternehmungen nicht nur als Systeme beschrieben, die aus einer Vielzahl von Elementen und Subsystemen bestehen, sondern es soll auch gezeigt werden, daß eine systemorientierte Betrachtung der operativen Subsysteme und der Führungs-Subsysteme die Möglichkeit gibt, die in den Unternehmen ablaufenden Prozesse zunächst besser zu verstehen und dann auch in Hinsicht auf die Zielsetzungen besser zu steuern.

## 1.2.2 Die Unternehmung als System

Die systemorientierte Betriebswirtschaftslehre beschreibt die Unternehmung als reales System mit Eigenschaften wie offen, dynamisch, zweckorientiert und komplex. Außerdem wird die Unternehmung als sozio-technisches System bezeichnet, weil als Systemelemente primär Menschen und Betriebsmittel betrachtet werden (vgl. Ulrich 1978).

Als offenes System ist die Unternehmung in ein Supersystem eingebettet, das auch als *Unternehmung/Umweltsystem* bezeichnet wird. Zwischen der Unternehmung und ihrer Umwelt besteht eine Vielzahl von Beziehungen: Die Unternehmung bezieht Input-Faktoren aus ihrer Umwelt, insbesondere menschliche Arbeitsleistung, Betriebsmittel, Werkstoffe, Halbfabrikate, Kapital und Informationen, und sie gibt Output-Faktoren in Form von Gütern und Dienstleistungen an ihre Umwelt ab. Die Gesellschaft konfrontiert die Unternehmung darüber hinaus mit Anforderungen, die den Zweck der Unternehmung betreffen. Hierbei handelt es sich nicht nur um Anforderungen bezüglich Art und Umfang der bereitzustellenden Güter und Dienstleistungen, sondern auch um Anforderungen in bezug auf das Verhalten der Unternehmung, z.B. hinsichtlich der Ökologie oder der Beschäftigung von Mitarbeitern.

Um eine systemorientierte Beschreibung von Aufbau und Funktionsweise der Unternehmung vornehmen zu können, empfiehlt sich eine *Zerlegung der Unternehmung in Subsysteme*, z.B. funktionale Subsysteme, die jeweils bestimmte Teilfunktionen zur Erreichung der Unternehmensziele erfüllen. So können *operative Subsysteme* für Beschaffung, Produktion, Absatz etc. festgelegt werden, die offen und relativ autonom sind, und die durch Güter-, Geld- und Informationsströme miteinander verbunden sind. Diese operativen Subsysteme einer Unternehmung werden überlagert durch das *Führungssubsystem*.

Aus der Sicht der Kybernetik kommt den Informationsströmen ganz besondere Bedeutung für das Systemverhalten zu. Ein zweckorientiertes Systemverhalten wird nur erreicht, wenn Steuerungs- und Regelungsvorgänge ablaufen, die jeweils auf einem Informationsfluß beruhen. Die Subsysteme der Unternehmung, die sich mit Erfassung, Aufbereitung und Weitergabe von Informationen befassen, insbesondere die Bereiche für Controlling und für Informatik, haben daher für Steuerungs- und Regelungsprozesse zentrale Bedeutung.

Um das Unternehmungsgeschehen und die zugehörigen Gestaltungs- und Lenkungsprobleme herausarbeiten zu können, erscheint es sinnvoll, *Dimensionen der Unterneh-*

*mung* in sozialer, materieller, wertmäßiger und kommunikativer Hinsicht zu unterscheiden. In der *sozialen Dimension* der Unternehmung stehen die Mitarbeiter, individuell und auch als Gruppen, mit ihren Interaktionen im Vordergrund der Betrachtung. Auch die Prozesse der Menschenführung gehören zur sozialen Dimension.

In der *materiellen Dimension* werden Betriebsmittel sowie Werkstoffe und Halbfabrikate betrachtet. Die Unternehmung erscheint hier als ein Komplex von Transformationsprozessen, die durch Verarbeitung von Input-Faktoren zu Output-Faktoren führen. In der *wertmäßigen Dimension* wird die Unternehmung als System verstanden, in dem finanzielle Ströme fließen. Beschaffung und Produktion erscheinen unter diesem Aspekt als Bereiche, in denen Kapitalbindung stattfindet, der erst durch den Absatz, genau genommen durch die Bezahlung der Rechnungen seitens der Abnehmerschaft, die Kapitalfreisetzung folgt.

Die sozialen, materiellen und wertmäßigen Prozesse sind immer von Informationsnetzwerken (*kommunikative Dimension*) überlagert. Mitarbeiter stehen untereinander und mit ihren Vorgesetzten ständig in Kommunikationsbeziehungen. Materielle Prozesse werden durch Planungs-, Steuerungs- und Kontrollsubsysteme, die primär *Informationssubsysteme* sind, gestaltet. Wertmäßige Prozesse, z.B. Kapitalbindungs- und -freisetzungsvorgänge, werden schon in Form von Informationen erfaßt und weiterverarbeitet.

Ulrich (1978) unterscheidet für Führungskräfte drei verschiedene *Kategorien von Gestaltungs- und Lenkungsproblemen*:

- *Bestimmung der Ziele*
  Die Ziele der Unternehmung werden nicht als gegeben betrachtet, sondern die Festlegung der Ziele gehört zu den Aufgaben der Führungskräfte.
- *Gestaltung eines zielentsprechend handlungsfähigen Systems*
  Das System Unternehmung, insbesondere Systemstruktur und System-Verhaltensweisen sind durch die Führungskräfte so zu gestalten, daß das System die gesetzten Ziele erreicht.
- *Abwicklung der zielorientierten Handlungen*
  In dem System Unternehmung, dessen Ziele, Struktur und Verhaltensweisen festliegen, sind die laufenden Geschäftsprozesse durchzuführen und zu kontrollieren.

Diese drei Kategorien von Gestaltungs- und Lenkungsproblemen stellen sich den Führungskräften für die Unternehmung als Ganzes und auch für beliebige Subsysteme.

Bei den Gestaltungsaufgaben der Führungskräfte stehen insbesondere die Gestaltung der Systemstruktur und der System-Verhaltensweisen im Vordergrund. Die *Struktur des Systems Unternehmung* manifestiert sich u.a. in der *Aufbauorganisation*. Die Gliederung in funktionale Subsysteme wurde schon angesprochen. Sie ist aber keineswegs zwingend. Andere Strukturierungen, z.B. nach Produktgruppen und strategischen Geschäftsfeldern, können auch vorgenommen werden. Unterscheidet man repetitive und novative Aufgaben der Unternehmung, dann wird deutlich, daß die bisher genannten Systemstrukturen primär für repetitive Aufgaben geeignet sind. Novative Aufgaben erfordern dagegen eher eine Strukturierung in Form der Projekt-Organisation. Das Systemverhalten äußert sich primär in betrieblichen Prozessen, die im Rahmen der *Ablauforganisation* vorstrukturiert sind und laufend durch Entscheidungsinstanzen beeinflußt werden, die Steuerungs- und Regelungsfunktionen wahrnehmen.

Die Erforschung von Struktur und Verhalten dynamischer Systeme ist ein Grundanliegen der Kybernetik. Reale Organisationsstrukturen institutionalisieren die Führungsprozesse und -subsysteme. Entscheidungsprozesse sind nachrichtenverarbeitende Prozesse, die innerhalb der institutionalisierten Führungsprozesse ablaufen. Daher ist Ulrich (1978) zuzustimmen, der feststellt, daß zwischen dem entscheidungsorientierten Ansatz und dem Systemansatz der Betriebswirtschaftslehre nicht nur kein Gegensatz besteht, sondern daß der *entscheidungsorientierte Ansatz im Systemansatz enthalten* ist. Der entscheidungsorientierte Ansatz geht im Prinzip von der logischen Struktur von Entscheidungssituationen aus. Dagegen ist der systemorientierte Ansatz umfassender, weil er auf kybernetischen Vorstellungen über den Ablauf von nachrichtenverarbeitenden Prozessen in dynamischen Systemen beruht. In Hinsicht auf die Detaillierung der Betrachtung kann man feststellen, daß der Systemansatz es ermöglicht, von einer groben Skizze von Gesamtprozessen durch sukzessive Auflösung von Black Boxes beliebig tief ins Detail vorzudringen. Von der Entscheidungstheorie kommt man dagegen kaum über logische Phasengliederungen hinaus zu miteinander verknüpften Prozessen, wie dies mit Hilfe von kybernetischen Ansätzen möglich ist. Es ist also gerade die *Vernetzung von Teilprozessen in der Unternehmung*, die durch den systemtheoretischen Ansatz erschlossen werden kann.

## 1.2.3  Die Bank als Spezialfall des Systems »Unternehmung«

Gegenüber den Unternehmen der verarbeitenden Industrie weisen Kreditinstitute zahlreiche *Besonderheiten* auf, die sich insbesondere auf die Produkte, die Prozesse und die Bedeutung der Informationen beziehen.

### 1.2.3.1  Besonderheiten der Kreditinstitute in bezug auf die Produkte

**a) Traditionelle Charakterisierung der Produkte**
Bankleistungen sind Dienstleistungen, die mehr oder weniger standardisiert sein können. Standardisierte Bankleistungen werden auch als *Bankprodukte* bezeichnet. Im Vergleich mit den Produkten der verarbeitenden Industrie weisen Bankleistungen einige *Besonderheiten* auf (vgl. Süchting/Paul 1998):

- *Abstraktheit*
  Bankleistungen sind grundsätzlich abstrakt, also unstofflich und daher nicht lagerfähig. Sie können den Kunden nicht so eindrucksvoll präsentiert werden wie Sachgüter; sie bieten selbst kaum einen eigenen Geltungsnutzen, höchstens in Verbindung mit den gekauften Sachgütern, und eine Produktwerbung im strengen Sinne ist schwierig oder sogar unmöglich.
- *Gegenstand der Bankleistungen*
  Im Unterschied zu Sachgütern werden bei Bankleistungen nicht konkrete Produkte zur Verfügung gestellt, deponiert, transportiert oder umgetauscht, sondern der Gegenstand der Bankleistung ist Geld in unterschiedlichen Formen und Qualitäten.
- *Produktgestaltung als Vertragsgestaltung*
  Bankleistungen entstehen dadurch, daß eine Bank mit ihren Kunden Verträge abschließt. Um den Aufwand, der mit Aushandlung und Abschluß von Verträgen verbunden ist, so niedrig wie möglich zu halten, wurden Allgemeine Geschäftsbedingungen (AGB) geschaffen, die insbesondere den Vertragsabschluß für eine Vielzahl von Basisleistungen regeln. Für Bankprodukte, die durch die AGB nicht hinreichend vertraglich geformt sind, entwickeln Kreditinstitute nach Möglichkeit Standardverträge, z.B. für ein bestimmtes Sparprodukt, die sie ihren Kunden zum Abschluß anbieten. In diesem Fall können die Kunden nicht mit ihrer Bank über den Vertragsin-

halt verhandeln, sondern sie können das Angebot zum Abschluß des Vertrages (Abnahme einer Bankleistung) nur annehmen oder nicht. Es gibt aber auch Bankdienstleistungen, die durch einen Vertrag festgelegt werden, der von Bank und Kunde frei ausgehandelt wird. Als Beispiel hierzu sei die Finanzierung eines Firmenkunden genannt, die in bezug auf Zins- und Tilgungsmodalitäten frei gestaltet und mit einer Absicherung gegenüber dem Zinsrisiko des Kunden durch ein derivatives Instrument verbunden ist.

- *Stabilität der Geschäftsverbindung*
  Viele Bankleistungen, z.B. Einlagen- und Kreditleistungen, haben nicht nur eine Geld-, sondern auch eine Zeitdimension. Die Geschäftsverbindung zwischen Kunden und Bank besteht daher nicht nur zur Zeit der Geschäftsabschlüsse, sondern mindestens für die Laufzeit der Verträge, die den Bankleistungen zugrunde liegen. Schon hierdurch erfährt die Geschäftsverbindung eine Stabilisierung. Hinzu kommt noch, daß der Wechsel einer Bankverbindung für die Kunden mit erheblicher Mühe verbunden ist, so daß ein sehr großer Teil von ihnen die Verbindungen fortbestehen läßt und nur bei Abschluß von neuen Geschäften über die Zuweisung der Geschäfte zu den einzelnen Bankverbindungen neu entscheidet.

Die Abstraktheit der Bankleistungen und ihre Gestaltbarkeit durch vertragliche Regelungen führen dazu, daß viele Bankleistungen erklärungsbedürftig sind, der Kundschaft vor Vertragsabschluß also im Detail erläutert werden müssen. Hinzu kommt, daß Bankleistungen vertrauensempfindlich sind, weil der Kapitalgeber, der Kunde im Fall der Einlage und die Bank im Fall des Kredits, darauf vertraut, daß der Kapitalnehmer seinen vertragsgemäßen Verpflichtungen zeitgerecht nachkommt. Kapitalgeber reagieren daher sehr empfindlich auf Informationen, die die Bonität des Kapitalnehmers, auf die sie vertraut haben, in Zweifel ziehen, auch dann, wenn diese Informationen objektiv gegenstandslos sind.

**b) Bankleistungen als Property Rights-Konfigurationen**
Die Property Rights Theory (Theorie der Verfügungsrechte) ist allgemein angelegt, also mit ihrem Anwendungsbereich nicht auf die Bankbetriebswirtschaftslehre oder die Finanzierungstheorie eingeschränkt (vgl. Furubotn/Pejovich 1974; Budäus/Gerum/Zimmermann 1988); und auch die *Verfügungsrechte* selbst werden sehr allgemein definiert als von anderen Menschen akzeptierte Ansprüche einer Person auf Sachen und Dienste. Diese Ansprüche beziehen sich auf künftige und daher unsichere Herrschaft über Sachen und Dienstleistungen (vgl. Schneider 1994). Schmidt (1988) hat gezeigt, daß die Property Rights-Theorie für die Finanzierungstheorie nutzbar gemacht werden kann. Der Property Rights-Ansatz ist eine Konzeption, mit der Entstehung, Ausgestaltung, Zuordnung und Übertragung von Rechten beurteilt und erklärt werden kann. Hierbei handelt es sich um Rechte, etwas zu tun, zu fordern, zu unterlassen oder zu verhindern. Auch durch Finanzierungsvorgänge werden solche Rechte geschaffen und/oder übertragen. Verfügungsrechte können auf Märkten gehandelt werden, und finanzwirtschaftliche Institutionen, vom Kreditvertrag bis zur Universalbank, können als Konfiguration von Verfügungsrechten betrachtet werden.

Eine *Bankleistung* ist typischerweise ein Bündel von Verfügungsrechten, das auch als Property Rights-Konfiguration bezeichnet wird. Anlageleistungen wie z.B. eine Termineinlage geben dem Anleger das Recht, bei Fälligkeit von seiner Bank den Kapitalbetrag einschließlich Zinsen zurückzufordern. Gleichzeitig erwirbt die Bank das Recht, über den angelegten Betrag zu verfügen. Auch ein Kreditvertrag beinhaltet eine Konfiguration von Verfügungsrechten: Der Kreditnehmer hat aufgrund des Kontokorrent-Kreditvertrages z.B. das Recht, jederzeit während der Laufzeit des Vertrages Kredit bis zur Höhe der Kreditlinie in Anspruch zu nehmen und Teilbeträge auch wieder zurückzuführen. Die Bank erhält nicht nur das Recht, zu bestimmten Zeitpunkten Zinsen für die Kreditinanspruchnahme zu fordern, sondern ihr werden vom Kreditnehmer möglicherweise auch Sicherheiten gestellt, aus denen sie sich gemäß Kreditvertrag und AGB bei Leistungsstörungen des Kreditnehmers befriedigen kann.

Schon bei diesen Beispielen treten unbedingte und bedingte Ansprüche, hier Verfügungsrechte in Erscheinung: *Bedingte Verfügungsrechte* sind dadurch gekennzeichnet, daß sie vom Inhaber des Rechts nur ausgeübt werden können, wenn eine bestimmte Bedingung eingetreten ist. So kann eine Bank die im Rahmen eines Kreditvertrages bereitgestellten Sicherheiten nur verwerten, wenn die Bedingung der Leistungsstörung des Kreditnehmers eingetreten ist. Auch Optionsrechte können als bedingte Verfügungsrechte aufgefaßt werden: Der Käufer einer Cap, also einer Zinsbegrenzungszusage, hat das Recht, vom Verkäufer der Cap Zinsausgleichszahlungen zu verlangen, wenn die Bedingung eintritt, daß ein vereinbarter Referenzzins eine vorher festgelegte Marke überschreitet. Der Käufer einer Aktien-Kaufoption wird von seinem Optionsrecht nur dann Gebrauch machen, wenn der Börsenkurs der Aktien über dem vereinbarten Basispreis liegt, zu dem der Verkäufer der Option die Aktien liefern muß. Bei Swaps, z.B. beim einfachen Zins-Swap, hängt das Verfügungsrecht des Partners, der variable Zinszahlungen empfängt, von der Entwicklung des vereinbarten Referenzzinssatzes ab, während der Empfänger der Festsatzzahlungen ein *unbedingtes Verfügungsrecht* hat. Bei Futures ist die Bedingung, von der das Verfügungsrecht abhängt, typischerweise an das Underlying gebunden: Bei Zins-Futures hängt das Recht des Käufers, während der Laufzeit Mittel von seinem Margin Account, das vom Clearing House der Terminbörse geführt wird, abzudisponieren, von der Wertentwicklung des Future ab, und dies gilt ganz entsprechend auch für die Abrechnung des Future bei Fälligkeit des Kontrakts. Nach demselben Prinzip entstehen auch bedingte Ansprüche für Käufer oder Verkäufer von Aktienindex-Futures und Währungs-Futures. Man kann nun die ganze Palette von Bankleistungen durchgehen und prüfen, welcher Marktpartner, Bank oder Kunde, unter welchen Bedingungen einfache Property Rights oder Property Rights-Konfigurationen erwirbt. Es zeigt sich, daß jede Bankdienstleistung solche Property Rights zum Gegenstand hat.

Property Rights können auf andere Wirtschaftsobjekte übertragen werden. Dieser *Transfer* wird dadurch bewirkt, daß Property Rights auf Märkten gehandelt werden. Durch einen Geschäftsabschluß an der Börse, im Telefonhandel oder im elektronischen Handelssystem überträgt der Verkäufer dem Käufer das Verfügungsrecht über Wertpapiere, Aktien, Renten, Optionsscheine etc., und der Käufer überträgt dem Verkäufer das Verfügungsrecht über Bankguthaben in Höhe des Kaufpreises. Entsprechendes gilt für den Devisenhandel. Auch die derivativen Instrumente, insbesondere Optionen, Futures und Swaps, werden laufend gehandelt, wodurch jeweils ein Transfer von Verfügungsrechten stattfindet. Einige Objekte, die ursprünglich nicht handelbar waren, sind handelbar gemacht worden, z.B. Schuldscheindarlehen und Depositenzertifikate (Certificates of Deposit), und andere Objekte wie z.B. Kreditrisiken sind unter bestimmten Bedingungen handelbar geworden.

*Verfügungsrechte* sind einerseits Gegenstand des Rechtsverkehrs zwischen Banken und auch zwischen Banken und Kunden, und sie können gleichzeitig *informationswirtschaftlich interpretiert* werden als Informationen über Rechtsbeziehungen. Beim Transfer von Verfügungsrechten kommt es aber nicht nur auf Informationen über das grundsätzliche Bestehen dieser Verfügungsrechte an, sondern auch auf Informationen zur Bewertung dieser Verfügungsrechte. Handelbare Verfügungsrechte haben einen

*Marktwert*, der nicht nur von der Bonität der Zahlungsverpflichteten, sondern auch von der Ausgestaltung der Verfügungsrechte abhängt. Ist die *Bonität* von Zahlungsverpflichteten nicht einwandfrei, dann werden die Verfügungsrechte entwertet, also teilweise oder sogar ganz ausfallen. Als Beispiel hierzu sei der Ausfall einer Forderung genannt, die eine Bank gegenüber einem Kunden besitzt. Die Forderung besteht zwar auch nach dem Eintritt der Zahlungsunfähigkeit des Kreditkunden weiter, sie ist jedoch wertlos geworden, weil sie nicht mehr durchgesetzt werden kann; sie muß daher abgeschrieben werden. Außer von der Bonität hängt der Marktwert eines Verfügungsrechts auch noch von seiner Ausgestaltung ab. Ist in diesem Verfügungsrecht die *Ausgestaltung* für eine bestimmte Laufzeit fixiert worden, und ändern sich während der Laufzeit die für die Bewertung relevanten Marktbedingungen, dann ändert sich auch der Marktwert des Verfügungsrechts. Betrachtet man z.B. eine Anleihe, die ab Emissionszeitpunkt für 10 Jahre mit 6 % verzinst wird, dann sinkt der Kurs und damit der Marktwert dieser Anleihe, wenn der Marktzinssatz ansteigt, der für die jeweilige Restlaufzeit dieser Anleihe bis zur Fälligkeit gilt. Die Verfügungsrechte, im Beispiel also über die Anleihe, entsprechend aber auch über Aktien, Devisen und Derivate, werden laufend an den Finanzmärkten bewertet. Neben den *Informationen* über das *Bestehen* der Verfügungsrechte sind also auch die Informationen über die marktliche *Bewertung* der Verfügungsrechte, insbesondere über die Bonität der Zahlungsverpflichteten und über den Wert der Verfügungsrechte bei gegebener Bonität, von großer Bedeutung.

### 1.2.3.2 Besonderheiten der Kreditinstitute in bezug auf die Prozesse

Kreditinstitute setzen, wie alle Unternehmungen, Produktionsfaktoren als Input-Faktoren ein, um in einem Transformationsprozeß Bankleistungen als Output zu erstellen, die dann an Kunden und andere Kreditinstitute abgesetzt werden. Für Kreditinstitute eignet sich das folgende *System von Produktionsfaktoren*, das teilweise auf Deppe (1978) zurückgeht:

- Menschliche Arbeitskraft
  - leitend
  - ausführend
- Sachmittel
  - Betriebsmittel
  - Werkstoffe
- Kapital
  - haftendes Eigenkapital
  - Zahlungsmittel
- Informationen
  - selbsterstellt
  - fremdbezogen

Der Anteil der Personalkosten an den gesamten Betriebskosten ist bei Kreditinstituten mit ca. 70 % sehr viel höher als in der verarbeitenden Industrie. Kreditinstitute setzen zwar auch Betriebsmittel ein, also Grundstücke, Gebäude, Ausstattung wie Maschinen, Geräte, EDV-Anlagen etc.; der hierauf entfallende Betriebskostenanteil ist aber deutlich niedriger als in der verarbeitenden Industrie. Hinzu kommt, daß Werkstoffe in Kreditinstituten praktisch keine Bedeutung haben, sieht man von Formularen, Dokumenten, Datenträgern etc. einmal ab. Kreditinstitute setzen also den *Produktionsfaktor Menschliche Arbeitskraft*, verglichen mit dem *Produktionsfaktor Sachmittel*, in relativ großem

Umfang ein. Die Bedeutung dieses Produktionsfaktors wird zusätzlich dadurch unterstrichen, daß die Anforderungen, die von Geschäftsleitern erfüllt werden müssen, in § 1, Abs. 2 i.V.m. § 33 Abs. 2 Kreditwesengesetz (KWG) gesetzlich besonders geregelt sind.

Unternehmen ganz allgemein, nicht nur Kreditinstitute, setzen Eigen- und Fremdkapital ein. Außer der Zahlungsfunktion übernimmt Eigenkapital auch die Haftungsfunktion, während Fremdkapital auf die Zahlungsfunktion beschränkt ist. Für Kreditinstitute ergeben sich aber in bezug auf den *Produktionsfaktor Kapital* zwei *Besonderheiten*: Der Anteil des Eigenkapitals an der Bilanzsumme von Kreditinstituten ist mit ca. 5 % relativ gering. Außerdem gehen flüssige Mittel, die Kreditinstitute durch Kapitalaufnahme erhalten, direkt und ohne weitere Transformationsprozesse in absatzreife Bankleistungen wie z.B. Kreditleistungen ein, während in der verarbeitenden Industrie mit flüssigen Mitteln zunächst Werkstoffe, Komponenten und Betriebsmittel beschafft werden, so daß dann unter Einsatz menschlicher Arbeitskraft Sachgüter hergestellt werden können, die an Abnehmer ausgeliefert werden. In beiden Fällen, also bei der Kreditgewährung ebenso wie bei der Produktion von Sachgütern, findet zunächst eine Kapitalbindung statt, der am Ende, also bei Rückzahlung des Kredits bzw. bei Bezahlung der Sachgüter durch die Abnehmer, eine Kapitalfreisetzung gegenübersteht. Im Kreditgeschäft gehen die flüssigen Mittel aber direkt und untransformiert in die Bankleistung ein, während die flüssigen Mittel in die Produkte der verarbeitenden Industrie indirekt eingehen, also in Form der Produktionsfaktoren, die das Unternehmen mit diesen flüssigen Mitteln erworben hat und im Produktionsprozeß einsetzt. Entsprechendes gilt für Anlageleistungen, die Kreditinstitute als Finanzintermediäre ihren Kunden anbieten. Bei diesen Beispielen handelt es sich um *indirekte externe Finanzierung*: Banken schalten sich als Finanzintermediäre zwischen Überschuß- und Defizit-Wirtschaftseinheiten, indem sie den Überschuß-Wirtschaftseinheiten eigene Finanztitel zur Kapitalanlage anbieten, um die auf diese Weise erhaltenen Mittel den Defizit-Wirtschaftseinheiten zur Verfügung stellen zu können. Bei der *direkten externen Finanzierung*, wenn Defizit-Wirtschaftseinheiten Finanztitel, z.B. Commercial Paper, emittieren, die dann von Überschuß-Wirtschaftseinheiten, z.B. Kapitalsammelstellen wie Versicherungen, gekauft werden, setzen Kreditinstitute nicht dauerhaft flüssige Mittel ein, sondern höchstens für die Durchführung der Transaktion. Durch diese Bezugnahme auf die *Theorie der Finanzintermediation* (vgl. Kap. 1.1, Abschn. (b)) wird noch einmal deutlich, daß für den Produktionsfaktor Kapital bei Kreditinstituten im Vergleich zur verarbeitenden Industrie einige Besonderheiten gelten.

Informationen können ebenso wie Werkstoffe bei der Leistungserstellung in die Produkte eingehen. Es erscheint jedoch sinnvoll, *Informationen als eigenen Produktionsfaktor* auszuweisen, weil sich im Vergleich zu den Werkstoffen zahlreiche Besonderheiten ergeben. Bei der *Entwicklung neuer Bankleistungen* sind nicht nur Marktforschungsinformationen zu berücksichtigen, die anzeigen, wie die Leistungsart gestaltet werden muß, damit sie den Bedürfnissen der Zielgruppe bestmöglich entspricht; gleichzeitig muß das instrumentelle Rechnungswesen, insbesondere die Kostenrechnung, Informationen bereitstellen, so daß man schon bei der Produktgestaltung die Produktionskosten, einen kostendeckenden Preis und die Marktchancen des Produkts abschätzen kann. Bei der Konstruktion eines Produkts in der verarbeitenden Industrie sind zusätzlich technische Informationen zu berücksichtigen.

Auch *während des Produktionsprozesses* gehen laufend Informationen in das Produkt ein. In der verarbeitenden Industrie ist der Kundenauftrag häufig das Ergebnis von Verhandlungen, die als Kommunikation zwischen Anbieter und Abnehmer zu verstehen sind. Diese Informationen sind nun die Grundlage für den Produktionsprozeß, der, je nach Fertigungsverfahren, mit der Beschaffung von Werkstoffen und Komponenten beginnen kann. Wenn das erforderliche Material verfügbar und Kapazität frei ist, wird dieser Auftrag in die Fertigung eingesteuert und ggf. sogar durch ein EDV-gestütztes Produktionsplanungs- und -steuerungssystem (PPS) begleitet, das, gestützt auf ein Betriebsdatenerfassungssystem, jederzeit den Status des Auftrages in der Fertigung erkennen läßt, bis er schließlich durch Bereitstellung des Produktes für die Auslieferung seinen Abschluß findet. Der dann folgende Prozeß, insbesondere die Auslieferung, Fakturierung und Bezahlung, ist wiederum durch Informationsprozesse begleitet. Daß während des gesamten Leistungserstellungs- und -verwertungsprozesses Informationen wie Werkstoffe in Produkte eingehen, wird auch dadurch plausibel, daß die parallel hierzu ablaufenden Informationsprozesse Kosten verursachen, die ebenso wie die Einstandskosten für die Werkstoffe dem Produkt zugerechnet werden können.

In Kap. 1.2.3.1, Abschn. (b) hat sich gezeigt, daß Bankgeschäfte als Property Rights-Konfiguration betrachtet werden können, wobei die Verfügungsrechte durch Banken geschaffen, bewertet und transferiert werden. Da Bankleistungen unstofflich sind, finden bei Schaffung, Bewertung und Transfer von Verfügungsrechten ausschließlich Informationsverarbeitungsprozesse statt, also die Sammlung, Verarbeitung, Weitergabe und Speicherung von Informationen über Verfügungsrechte. Ob es sich nun um Kredit-, Anlage- oder Zahlungsverkehrsleistungen handelt – in jedem Fall werden Verfügungsrechte zwischen Kunden und Bank oder zwischen Banken transferiert. Der bankbetriebliche Leistungserstellungs- und -verwertungsprozeß ist also ein Informationsprozeß, an dem Kunden und Banken beteiligt sind. Kunden erteilen dabei ihre Aufträge, ggf. nach Beratung durch Bankmitarbeiter, und dann beginnt die Auftragsabwicklung.

Aus dieser Perspektive gesehen ist das *Bankgeschäft* in seinem Kern *Informationsverarbeitung*. Dies ist natürlich nicht neu. Bankgeschäft war immer schon Informationsverarbeitung, die vor dem Aufkommen der elektronischen Datenverarbeitung mit konventionellen Mitteln vollzogen wurde, also bei intensivem Personaleinsatz mit Rechen- und Schreibmaschinen, Belegen, Akten, Karteien, Kontokarten etc. Die moderne Informations- und Kommunikationstechnik (I&K-Technik) hat aber nicht nur die Bankleistungen und ihre Erstellung, sondern auch Finanzmarktstrukturen, Kundenverhalten und die Wettbewerbssituation der Kreditinstitute von Grund auf verändert. Dies sind wichtige Gründe dafür, daß die Informatik-Perspektive der Bankbetriebswirtschaftslehre (vgl. Kap. 1.1, Abschn. (d)) große Bedeutung gewonnen hat.

Für die Abwicklung der Informationsprozesse betreiben die Kreditinstitute in ihren Rechenzentren Großrechner, die mit dezentral aufgestellten Personal Computers, Knotenrechnern, Bankautomaten etc. vernetzt sind. In den einzelnen bankbetrieblichen Anwendungsgebieten (auch: Systemeinsatzgebiete, vgl. Kap. 1.4) setzen sie *Informationssysteme* ein, die eine Vielzahl von Grundfunktionen ausüben (vgl. Kap. 1.6). Die I&K-Technik hat es den Kreditinstituten ermöglicht, große Rationalisierungspotentiale zu nutzen. Praktisch das gesamte Bankgeschäft beruht auf dieser Technik. In einer Vielzahl von Anwendungsgebieten stellen EDV-Anwendungsprogramme und die zugehörige Hardware, die hier aber nicht weiter betrachtet werden soll, die technische Grundlage für die bankbetrieblichen Informationsprozesse dar, die sich als Kern der bankbetrieblichen Leistungserstellungs- und -verwertungsprozesse herausgestellt haben. In einem viel größeren Maße, als es in der verarbeitenden Industrie der Fall ist, dominieren in den Kreditinstituten die EDV-Anwendungsprogramme die operativen Prozesse der Leistungserstellung und -verwertung. Bei den Führungsprozessen sind die Unterschiede hinsichtlich des EDV-Einsatzes dagegen sehr viel geringer.

## 1.2.3.3 Besonderheiten der Kreditinstitute in bezug auf die Bewertung von Positionen und Steuerung von Prozessen

**a) Bewertung von Positionen**

Wenn Kreditinstitute Bankleistungen erbringen, dann bewerten und erwerben oder veräußern sie Verfügungsrechte (vgl. Kap. 1.2.3.1, Abschn. (b)). Verfügungsrechte gleicher Art können dann zu *Positionen* zusammengefaßt werden. So werden z.B. die Aktien einer Bank zur Aktienposition, die Renten zur Rentenposition, die Devisen zur Devisenposition etc. aggregiert. Jede derartige Position umfaßt also ein Bündel gleichartiger Verfügungsrechte, die die Bank erworben hat. Diese Positionen werden zugleich, möglicherweise nach speziellen Kriterien gegliedert und bewertet, in Bilanzpositionen der Aktivseite abgebildet. Gleichartige Verfügungsrechte, die die Bank abgegeben hat, z.B. durch Eingehung von Verbindlichkeiten gegenüber Kunden und Banken oder durch Emission von Wertpapieren, werden ebenfalls zu Positionen zusammengefaßt und entsprechend den Rechnungslegungsvorschriften in Bilanzpositionen der Passivseite abgebildet. Bei den Verfügungsrechten aus derivativen Instrumenten, z.B. Optionen, Futures und Swaps, die die Bank erworben und/oder abgegeben hat, werden Positionen aus gleichartigen Verfügungsrechten gebildet, die in der Bilanz aber nicht erscheinen, weil es sich hier um schwebende Geschäfte handelt. Es wurde oben schon darauf hingewiesen, daß der *Marktwert* eines Verfügungsrechts und damit auch einer Position von Verfügungsrechten aufgrund von Bonitätsveränderungen bei den Zahlungsverpflichteten und auch aufgrund von Veränderungen der Marktdaten, insbesondere der Aktien-, Renten- und Devisenkurse, im Zeitablauf erheblichen Schwankungen unterliegen kann, die sich direkt auf den Erfolg des Kreditinstituts auswirken.

Grundsätzlich unterliegen zwar auch die Verfügungsrechte, die Unternehmen der verarbeitenden Industrie erwerben und abgeben, gewissen Marktwertschwankungen aufgrund von Schwankungen der relevanten Marktrisikofaktoren wie z.B. Zinssätze und Kurse. Insbesondere bei den Rohstoffbeständen, die an Warenbörsen gehandelt werden, ergeben sich in Hinsicht auf Marktwertschwankungen enge Parallelen zu den erworbenen Verfügungsrechtspositionen der Kreditinstitute. Der Marktwert anderer Positionen, die von Industrieunternehmen gehalten werden, z.B. Anlagevermögen und Halbfabrikate, ist keinen nennenswerten Schwankungen unterworfen, weil diese Positionen nicht gehandelt werden, so daß eine marktliche Bewertung nicht laufend stattfindet. Bei Kreditinstituten ist dagegen ein sehr viel größerer Anteil am Gesamtvolumen der erworbenen und auch der vergebenen Verfügungsrechte *auf Finanzmärkten handelbar*. Diese Märkte sind durch ein hohes Maß an Markttransparenz, durch hohe Informationsverarbeitungsgeschwindigkeit und durch ein erhebliches Ausmaß an Volatilität gekennzeichnet. Darüber hinaus können die Akteure, die an den verschiedenen Finanzmärkten der Erde tätig sind, mit Hilfe von I&K-Systemen Arbitragegeschäfte tätigen, so daß sich Preisänderungen, wenn auch durch Arbitrage gedämpft, von einem Finanzmarkt ausgehend, auf anderen Finanzmärkten auswirken. Kreditinstitute müssen daher laufend ihre Positionen neu bewerten und bei Fehlentwicklungen Gegenmaßnahmen ergreifen. Dabei müssen sie nicht nur die Positionen, die in Form von Informationen über Verfügungsrechte vorliegen, erfassen, sondern sie müssen auch eine *Bewertung* jeweils in bezug auf die aktuellen Werte der Marktrisikofaktoren vornehmen. Da diese Bearbeitungsvorgänge angesichts des Umfangs der zu bewertenden Positionen und angesichts der Kürze der hierfür zur Verfügung stehenden Zeit manuell nicht bewältigt werden können, sind wiederum EDV-Anwendungsprogramme erforderlich.

Damit ist deutlich geworden, daß Kreditinstitute die I&K-Technik, ganz konkret EDV-Anwendungsprogramme, einsetzen, um auf der *Ebene der Produkte* die erworbenen und vergebenen Verfügungsrechte bestandsorientiert zu erfassen. Auf der *Ebene der Prozesse* werden mit Hilfe von Anwendungsprogrammen Bankgeschäfte abgewickelt, die mit Zu- und Abgängen bei den Verfügungsrechten verbunden sind. Schließlich werden auch Anwendungsprogramme eingesetzt, um Verfügungsrechte, einzeln oder nach Zusammenfassung zu *Positionen*, zu *bewerten*.

**b) Steuerung von Prozessen**
Ebenso wie in der verarbeitenden Industrie tragen auch zahlreiche Prozesse, die in Kreditinstituten ablaufen, die grundlegenden Merkmale von Steuerungs- und Regelungsprozessen. Diesen liegen insbesondere die Basisprozesse (vgl. Kap. 2) zugrunde, die die Geschäftsabwicklung zum Gegenstand haben. Wenn diese *Basisprozesse* in bezug auf Ziele der Bank, insbesondere Erfolg und Sicherheit (vgl. Kap. 1.5.3), gelenkt werden sollen, dann muß für jeden Prozeß dieser Art zunächst zielbezogen ein *Sollwert* ermittelt werden, an dem sich die Steuerung oder Regelung orientieren kann. Werden Soll-Ist-Abweichungen erwartet, dann kann im Wege des Feed-Forward durch *Steuerungsmaßnahmen* eingegriffen werden. Wenn die Abweichungen schon eingetreten sind, können im Wege des Feed-Back nur noch *Regelungsmaßnahmen* durchgeführt werden. Derartige *Lenkungsvorgänge* realisieren sich beispielsweise bei der Überwachung von Händlern, z.B. Aktien-, Renten- oder Devisenhändlern, denen als Sollwert eine Obergrenze für das Marktwertrisiko der von ihnen zu verantwortenden Position vorgegeben wird, und die eigenverantwortlich im Wege der Steuerung oder Regelung Gegenmaßnahmen ergreifen können, wenn ihre Position eine unerwartet negative Marktwertentwicklung durchmacht.

Als Oberbegriff für Steuerung und Regelung verwendet Ulrich (1978) den *Begriff der Lenkung*; in der Bankpraxis wird dagegen ausschließlich der Begriff der Steuerung verwendet, auch wenn es sich im Einzelfall um Regelung handelt. In der vorliegenden Schrift wird *nur der Begriff* der *Steuerung* verwendet.

## 1.2.4 Bankbetriebswirtschaftslehre mit einer Informatik-Perspektive

In Kap. 1.2 wurde schon angemerkt, daß der systemtheoretische Ansatz von Ulrich (1970), der den entscheidungstheoretischen Ansatz mit umfaßt, nur der theoretische Hintergrund für die vorliegende Schrift ist. In den Kap. 1.2.1 und 1.2.2 hat sich gezeigt, daß die systemtheoretischen Begriffe und Konzeptionen so angelegt sind, daß die *systemtheoretische Analyse eines Unternehmens* nur auf einem sehr *hohen Abstraktionsniveau* stattfindet, so daß zwar wertvolle Einsichten und Erkenntnisse über das System «Unternehmung» gewonnen werden können, die eine breite Verallgemeinerung erlauben. Wendet man die systemtheoretische Analyse aber nicht auf abstrakt definierte Unternehmen an, sondern auf konkrete Banken mit vielen Spezifika, nicht nur bezüglich der Produkte und Prozesse (vgl. Kap. 1.2.3), sondern auch bezüglich der Kunden und Märkte sowie der rechtlichen, wirtschaftlichen und gesellschaftlichen Rahmenbedingungen, dann kann man zwar auch im Prinzip die für die systemtheoretische Analyse typischen Regelkreise in einer Bank identifizieren, es sind aber, bedingt durch das hohe Abstraktionsniveau der systemtheoretischen Analyse, *keine differenzierten Ergebnisse* zu erwarten, die den Spezifika des konkreten Untersuchungsobjektes «Bank» gerecht werden. Ob die systemtheoretische Analyse im Einzelfall fruchtbar gemacht werden kann, hängt offensichtlich entscheidend davon ab, auf welchem Abstraktionsniveau das Untersuchungsobjekt definiert wird, das der systemtheoretischen Analyse unterzogen werden soll.

*Branchenbezogene Betriebswirtschaftslehren*, nicht nur die des Handels und der Versicherungen, sondern auch die Bankbetriebswirtschaftslehre, haben Unternehmen der jeweiligen Branche mit all ihren Spezifika als Untersuchungsobjekt, und sie bewegen sich daher traditionell – verglichen mit der Systemtheorie – auf einem sehr viel niedrigeren Abstraktionsniveau. Für sie kommt auch eine systemorientierte Analyse in Betracht, allerdings ohne den universellen Anspruch der Systemtheorie und nur für Teilbereiche des jeweiligen Untersuchungsobjektes. Ein derart systemorientierter Ansatz kann eine branchenbezogene Betriebswirtschaftslehre zwar nicht mehr in voller Breite und Tiefe abdecken, aufgrund seiner speziellen Perspektive bietet er aber einen neuen Zugang zum jeweiligen Untersuchungsobjekt, einerseits bei der Analyse und Erklärung von Phänomenen und andererseits bei der Begründung von Gestaltungsempfehlungen.

Bei der Betrachtung der Bank als Spezialfall des Systems «Unternehmung» (vgl. Kap. 1.2.3) haben sich bankspezifische *Besonderheiten* primär bezüglich der *Produkte* und *Prozesse* ergeben. Bankprodukte haben sich als Konfiguration von Property Rights gezeigt, die gestaltet, bewertet und zwischen Wirtschaftssubjekten übertragen werden können. Diese Property Rights sind einerseits Gegenstand des Rechtsverkehrs, andererseits können sie aber als Informationen über Rechtsbeziehungen interpretiert und der Informationsverarbeitung unterworfen werden (vgl. Kap. 1.2.3.1). Die Untersuchung der *Besonderheiten* bezüglich bankbetrieblicher *Prozesse* ergab schon hinsichtlich der Produktionsfaktoren, daß bei Kreditinstituten im Vergleich zur verarbeitenden Industrie die Sachmittel eine relativ geringere und die Informationen eine relativ größere Bedeutung haben (vgl. Kap. 1.2.3.2). Für die Kombination der Produktionsfaktoren, also für die Prozesse der Leistungserstellung und -verwertung, und darüber hinaus auch für die Führungsprozesse (vgl. Kap. 1.2.3.3) erwies sich die *I&K-Technik* als die vorherrschende und alle Bankbereiche und -aktivitäten durchdringende Technik. Im Verlauf weniger Jahrzehnte hat sie das Banking weltweit völlig verändert, nicht nur hinsichtlich der bankbetrieblichen Prozesse, des Kundenverhaltens und des Wettbewerbs, sondern auch hinsichtlich der Erfolgspotentiale und Überlebenschancen von Banken und hinsichtlich der Funktionsweise und Effizienz der Kapitalmärkte.

*Gegenstand der Bankbetriebswirtschaftslehre* waren traditionell die Bankgeschäfte und -institutionen, Bankmanagement und Bankenaufsicht sowie bankrechtliche und volkswirtschaftliche Aspekte des Bankwesens. Eine *Schwerpunktsetzung* bei der Behandlung traditioneller Inhalte der Bankbetriebswirtschaftslehre wird, offensichtlich erstmals, von Hartmann-Wendels, Pfingsten und Weber (1999) vorgenommen, die die *theoretischen Grundlagen* der verschiedenen Teilbereiche der Bankbetriebswirtschaftslehre besonders zur Geltung bringen. Damit haben sie eine Perspektive gewählt, die durch die Zusammenführung von theoretischen Modellen und konkreten praktischen Problemstellungen neue Erkenntnismöglichkeiten bietet.

Angesichts der überragenden Bedeutung, die die I&K-Technik für das Bankwesen hat, erscheint es angebracht, in entsprechender Weise hier einen Schwerpunkt zu setzen und die *Bankbetriebswirtschaftslehre* unter der *Perspektive der Informatik* zu behandeln und dabei insbesondere die für Banken relevanten I&K-Anwendungssysteme, ihre Einsatzgebiete und ihre vielfältigen Auswirkungen zu betrachten. Dabei kann eine vollkommene *inhaltliche Abdeckung* der gesamten Bankbetriebswirtschaftslehre nicht erreicht werden, weil in manchen Teilgebieten der Einsatz von I&K-Systemen nicht oder nur eingeschränkt in Betracht kommt. Das ist die zwangsläufige Folge der Festlegung auf die Informatik-Perspektive. Dennoch ist es überraschend, wieviele Teilgebiete der Bankbetriebswirtschaftslehre aus der Informatik-Perspektive tiefgreifend und spezifisch behandelt werden können.

In der vorliegenden Schrift stehen bankbezogene EDV-Anwendungsprogramme im Vordergrund, Betriebssysteme, Datenbanksysteme, Netz-Software etc. jedoch nicht. Diese EDV-Anwendungsprogramme werden üblicherweise auch als EDV-Anwendungssysteme, I&K-Systeme, Information Technology-Systeme (IT-Systeme) oder Informationssysteme bezeichnet. Diese *Bezeichnungen* werden auch in der vorliegenden Schrift *synonym* verwendet.

Es fällt auf, daß in nahezu alle diese Bezeichnungen der *Systembegriff* Eingang gefunden hat. Dies ist aber durchaus plausibel, denn auch ein I&K-System besteht aus einer Menge von Systemelementen, die untereinander in bestimmten Beziehungen stehen. Es läßt sich in Subsysteme zerlegen, die miteinander interagieren (vgl. Kap. 1.2.1). Zusammen mit seiner Umwelt, insbesondere seiner Systemumwelt, bildet es ein Supersystem, wobei Schnittstellen zwischen dem betrachteten I&K-System und seiner Systemumwelt bestehen, so daß man es als offenes System bezeichnen kann. I&K-Systeme sind typischerweise zugleich auch dynamisch, weil Ereignisse im System stattfinden, die zu Zustandsänderungen wie z.B. gebuchten Bestandsänderungen führen. Wenn man diesen Prozeß der Zustandsänderungen als Gesamtheit betrachtet, bringt er ein bestimmtes Systemverhalten zum Ausdruck, das sich z.B. durch Verarbeitungsgeschwindigkeiten, Warteschlangen und Antwortzeitverhalten äußert. In Einzelfällen, wenn Verfahren (Algorithmen) Teil eines I&K-Systems sind, die selbsttätig nach guten oder sogar optimalen Lösungen suchen, arbeiten Systeme sogar zielorientiert. Wenn sich bei einem I&K-System Schwingungsphänomene bei den Zustandsgrößen zeigen, kann man im Sinne der Kybernetik sogar Feed-Forward- oder Feed-Back-Mechanismen einbauen, um das Systemverhalten zielorientiert zu stabilisieren.

Es sei noch einmal hervorgehoben, daß bankbetriebliche Prozesse Informationsverarbeitungsprozesse sind, denen EDV-Anwendungsprogramme zugrunde liegen, die alle wichtigen Systemmerkmale aufweisen (vgl. Kap. 1.2.1), und die daher zutreffend auch als I&K-Systeme, IT-Systeme o.ä. bezeichnet werden. Derartige Systeme stehen im Mittelpunkt der vorliegenden Schrift. Sie sind eine unverzichtbare Grundlage der bankbetrieblichen Prozesse. Sie haben nahezu alle Teilbereiche von Kreditinstituten durchdrungen, und sie haben darüber hinaus zu einer grundlegenden Veränderung von Bankleistungen, Kundenverhalten, Finanzmarktstrukturen und bankbetrieblichen Erfolgspositionen beigetragen. Daher werden die Teilgebiete der Bankbetriebswirtschaftslehre in der vorliegenden Schrift anhand der Funktionen der in den entsprechenden bankbetrieblichen Teilbereichen eingesetzten I&K-Systeme herausgearbeitet. So ergibt sich eine Bankbetriebswirtschaftslehre mit Informatik-Perspektive. Sie ist gegenüber Bankbetriebswirtschaftslehren mit anderen Perspektiven als komplementär zu verstehen.

## 1.3 Systemintegration, ihre Auswirkungen und ihre Wirkungsvoraussetzungen

**a) Systemintegration und ihre Auswirkungen**
In der Anfangszeit der elektronischen Datenverarbeitung waren keine EDV-bezogenen betriebswirtschaftlichen Anwendungskonzepte vorhanden, und daher wurden, was naheliegend war, die manuellen Verfahren, z.B. für die bankbetriebliche Geschäftsabwick-

lung, einfach abprogrammiert. Später zeigte sich, daß das Rationalisierungspotential der I&K-Technik nur dann voll auszuschöpfen ist, wenn die Vorgänge, die computergestützt abgewickelt werden sollen, in ablauforganisatorischer Hinsicht überprüft und ggf. in ihrer Struktur verändert werden, so daß die Vorteile, die die I&K-Technik bietet, in vollem Umfang genutzt werden können und die Vorgänge zugleich korrekt und sicher abgewickelt werden.

In der *Anfangszeit* der EDV-Anwendungen war es ganz selbstverständlich, daß zu jedem Anwendungsprogramm spezielle Eingabe- und Ausgabedateien gehörten. Häufig waren in verschiedenen Dateien, die auch von verschiedenen Anwendungssystemen eingelesen wurden, dieselben Daten enthalten, aber in unterschiedlicher Struktur, also mit unterschiedlichen Datenformaten, mit mehr oder weniger Detailinformationen, mit unterschiedlichem Aggregationsgrad etc. Die Pflege dieser Datenbestände war häufig sehr aufwendig, und hinzu kam die Gefahr, daß verschiedene Anwendungsprogramme zu inkonsistenten, untereinander also nicht vergleichbaren Ergebnissen kamen, weil der Aufdatierungsstand der Eingabedateien nicht gleich war.

Durch Entwicklung und Einsatz von *Datenbanksystemen* gelang es später, derartige Datenbestände nur einmal, in einer sogenannten Datenbank abzuspeichern, so daß redundante Speicherung vermieden wird. Die Datenpflege vereinfacht sich dadurch, daß für ein bestimmtes Anwendungsgebiet die Daten tatsächlich nur einmal gespeichert sind, so daß sie nur einmal aktualisiert werden müssen. Alle Anwendungsprogramme, die diese Daten verarbeiten, verwenden jeweils die Daten auf dem neuesten (einzigen) Aufdatierungsstand, und daher sind auch die Ergebnisse, zu denen sie gelangen, konsistent. Die Verwendung von Datenbanken setzt aber u.a. voraus, daß für das jeweilige Systemeinsatzgebiet ein *Datenmodell* entwickelt wird, das es ermöglicht, die für das Systemeinsatzgebiet relevanten Daten in einem Format abzuspeichern, das allen Anwendungsprogrammen, die auf die Datenbank zugreifen, gerecht wird. Die Entwicklung des Datenmodells, nach dem die Daten in der Datenbank gespeichert werden, ist von zentraler Bedeutung, und sie ist besonders schwierig, wenn das Datenmodell für ein größeres Systemeinsatzgebiet eines Unternehmens, hier einer Bank, verwendet werden soll. Das ursprünglich verfolgte Ziel, Datenmodelle für ganze Unternehmen zu entwickeln, die nach Möglichkeit auch schon auf den Datenbedarf zukünftiger Anwendungssysteme ausgerichtet werden sollten, ist wegen der Komplexität der Problemstellung nach den bisherigen Erfahrungen in immer weitere Ferne gerückt.

Bei der einheitlichen Speicherung von Daten eines Systemeinsatzgebietes in einer Datenbank spricht man auch von *Datenintegration*. Der Integrationsgesichtspunkt ist hier die gemeinsame Nutzung des Datenbestandes. Die Datenintegration ermöglicht eine Integration betrieblicher Funktionsbereiche, denn die durch die Datenbank bewirkte Datenintegration läßt nun die Bildung von durchgehenden Vorgangsketten zu (vgl. Scheer 1990a). Unter einer *Vorgangskette* versteht man eine Folge von Bearbeitungsvorgängen, die durchlaufen werden müssen, wenn ein Aufgabenkomplex, z.B. eine Darlehensbearbeitung, erledigt werden soll. In diesem Sinne kann man jedem Aufgabenkomplex eine Vorgangskette zuordnen. Sind die Vorgangsketten definiert, dann kann man EDV-Anwendungsprogramme entwickeln, die jeweils eine ganze Vorgangskette, z.B. die für die Darlehensbearbeitung unterstützen.

Aufgrund der Datenintegration, also der Zusammenfassung der Datenbestände eines bestimmten Bereichs in einer Datenbank, kann es nun zur *Änderung von betrieblichen Abläufen* kommen: Vorgangsketten können so gestaltet werden, daß sich Verbesserungen in bezug auf wichtige Kriterien wie z.B. Wirtschaftlichkeit, Schnelligkeit und Sicherheit ergeben. Gleichzeitig gilt aber auch, daß eine frühzeitige Aufdeckung von Vorgangsketten, die in bezug auf diese Kriterien günstig strukturiert sind, eine wichtige Hilfe beim Entwurf des Datenbankschemas darstellt.

Traditionell richtete sich die Aufbauorganisation vieler Unternehmen vor allem nach dem Verrichtungsprinzip, weil die Vorteile der *Arbeitsteilung* genutzt werden sollten. Bildet man nun jedoch Vorgangsketten, und stellt man den Mitarbeitern EDV-Anwendungsprogramme zur Verfügung, mit deren Hilfe sie jeweils eine ganze Vorgangskette bearbeiten können, dann wird die Arbeitsteilung teilweise rückgängig gemacht. Es kann sich dann das Problem ergeben, daß geschlossene Vorgangsketten die Grenzen von Organisationseinheiten, z.B. Abteilungen, überschreiten. In diesem Fall führt die Bearbeitung der Vorgangsketten nur dann zu Verbesserungen, wenn gleichzeitig auch *aufbauorganisatorische Anpassungsmaßnahmen* vorgenommen werden, so daß jeweils die gesamte Vorgangskette in einem einzigen organisatorischen Verantwortungsbereich bearbeitet wird.

Die vollständige Bearbeitung ganzer Vorgangsketten ist zwar auch im Batch-Betrieb möglich, bei Dialogverarbeitung verläuft sie aber besonders vorteilhaft. *Dialogverarbeitung* bedeutet, daß ein Sachbearbeiter, der mit einem Computer-Terminal ausgestattet ist, die Geschäftsvorfälle, z.B. im Darlehensgeschäft, vollständig bearbeiten kann, indem er durch Interaktion mit der Großrechner-Anlage der Bank bei Bedarf alle jeweils erforderlich werdenden Teilvorgänge ausführt. An seinem Bildschirmarbeitsplatz werden alle Funktionen, die in der Vorgangskette vorkommen, zusammengefaßt. Der Sachbearbeiter erfaßt Daten, führt Kontrollen aus und steuert den Rechenablauf. Bei der Darlehensbearbeitung erfaßt er z.B. die Stammdaten des Vorgangs, prüft Auszahlungsanforderungen und veranlaßt Auszahlungen, bearbeitet Zinsanpassungen, überwacht den Zins- und Tilgungseingang, erstellt Mahnschreiben etc. Dies alles geschieht an einem Arbeitsplatz, und die früher übliche Koordination der Mitarbeiter, die Teilprozesse eines Geschäftsprozesses bearbeiten, entfällt, was zu einer erheblichen Beschleunigung des Ablaufs führt.

Durch die Zusammenfassung der Bearbeitungsvorgänge am Bildschirmarbeitsplatz und durch die Unterstützung des Sachbearbeiters durch Dialog-Anwendungsprogramme reduzieren sich die Vorteile der Arbeitsteilung, denn die Unterstützung des Sachbearbeiters durch das Dialog-Anwendungsprogramm ist so groß, daß es nicht mehr zahlreicher Spezialisten bedarf, sondern daß der eine Sachbearbeiter das ganze Gebiet, hier im Beispiel die Darlehensbearbeitung, betreuen kann. Es kommt also zu einer *Reintegration der Funktionen am Arbeitsplatz*. Bei manueller Bearbeitung hatte man einen erhöhten Koordinationsaufwand und zeitliche Verzögerungen aufgrund von Informationsübertragungszeiten in Kauf genommen, um die Vorteile der Arbeitsteilung zu nutzen. Diese Nachteile entfallen bei einer Reintegration der Funktionen. Die *Funktionsintegration* setzt also Datenintegration voraus, und sie erlaubt die Ausübung aller Funktionen von einem Arbeitsplatz aus. Sie erfordert beim jeweiligen Sachbearbeiter im Vergleich mit dem Batch-Betrieb eine fachlich breitere und auf den Einsatz der I&K-Technik ausgerichtete Qualifikation.

Die Vorteile der Funktionsintegration liegen ganz eindeutig in einer Verringerung von Bearbeitungs- und Übertragungszeiten, in einer Erhöhung der Auskunftskompetenz an Arbeitsplätzen und schließlich in einer Verbesserung des Service durch die Bank. Diese Vorteile kommen aber nur dann voll zur Geltung, wenn auch die *Aufbauorganisation* des jeweils betroffenen Bereichs so gestaltet wird, daß für die Bearbeitung geschlossener Vorgangsketten jeweils bestimmte Organisationseinheiten eindeutig, also überschneidungsfrei und umfassend zuständig sind.

Geschlossene Vorgangsketten können *unternehmensübergreifend* gestaltet werden. So können in der Industrie z.B. Lieferanten, Industriebetrieb und Abnehmer in eine

Vorgangskette eingebunden sein (vgl. Scheer 1990a). Unternehmensübergreifende, ja sogar grenzüberschreitende Vorgangsketten sind auch im Finanzdienstleistungssektor, z.B. im Auslandszahlungsverkehr (vgl. Kap. 2.1.4.3.2) anzutreffen.

Auf der Grundlage von Datenbanktechnik, Dialogverarbeitung und weiteren Techniken wie Datenfernverarbeitung und Rechnervernetzung wurden für *Industriebetriebe* umfangreiche EDV-Systeme für ganze Funktionsbereiche entwickelt. Durch Produktionsplanungs- und -steuerungssysteme (PPS) werden Kosten, Kapitalbindung und Durchlaufzeiten gesenkt. Systeme für Computer-Aided Design (CAD) tragen durch Senkung der Bearbeitungszeiten und Kontrolle der Teilevielfalt zur Rationalisierung der Entwicklung bei. CAP-Systeme unterstützen die Arbeitsplanung, und Systeme für Computer-Aided Manufacturing (CAM) werden zur Steuerung von Produktionsmaschinen sowie Transport- und Lagervorgängen eingesetzt. Jedes dieser Systeme für sich betrachtet kann im Industriebetrieb zu einer erheblichen Senkung von Kosten, Durchlaufzeit und Kapitalbindung beitragen. Sie beziehen sich jeweils auf einen Funktionsbereich und orientieren sich im Prinzip noch an konventionellen arbeitsteiligen Prozeßmustern.

Wegen vielfältiger Interdependenzen zwischen den Funktionsbereichen besteht ein erheblicher Koordinationsbedarf, der durch diese Anwendungssysteme nicht gedeckt werden kann. Um zu Systemen zu gelangen, die *ganzheitlich integrierte Arbeitsabläufe unterstützen*, wurden CIM-Konzepte (Computer-Integrated Manufacturing) entwickelt, die PPS, CAD, CAP und CAM als Komponenten umfassen (vgl. Scheer 1990a und ders. 1990b). Die Realisation von CIM-Konzepten in der Praxis hat sich, wie nicht anders zu erwarten, als extrem schwierig und aufwendig herausgestellt. Seit Jahren wird schon von CIM-Anwendungen berichtet; im Vergleich zu den ehrgeizigen Zielen, die mit der CIM-Konzeption verbunden sind, wirken die in Industriebetrieben bisher implementierten Anwendungssysteme eher bescheiden. CIM ist wohl als Zielkonzeption zu betrachten, der man sich in der Praxis in Zukunft annähern, die man möglicherweise aber nie erreichen wird.

Es war ein naheliegender Wunsch, das CIM-Konzept auch auf den Bankbetrieb zu übertragen. Eine neue Bezeichnung – *Computer-Integrated Banking* (CIB) – war schnell gefunden, aber eine konkrete CIB-Konzeption, die mit den Mitteln der I&K-Technik in der Bankpraxis umgesetzt werden könnte, gibt es noch nicht. Vorläufig ist CIB wohl nur eine Vision.

Daten- und Funktionsintegration, hier zusammengefaßt zum Begriff der *Systemintegration*, haben in den Bankbetrieben ganz eindeutige personelle, organisatorische und EDV-technische *Auswirkungen*. Darüber hinaus bewirkt die Funktionsintegration, daß die bankbetrieblichen Anwendungssysteme typischerweise eine Vielzahl von Funktionen übernehmen und damit nicht mehr eindeutig einem einzigen Bereich, z.B. einer Sparte, Kundengruppe, Region oder betrieblichen Funktion, zugeordnet werden können. Deshalb hat eine Darstellung und Analyse derartiger Anwendungssysteme zwangsläufig mit der Schwierigkeit zu kämpfen, daß die Beziehungen zwischen Systemelementen, die Interdependenzen und Bedingtheiten, die ja gerade bei einer systemorientierten Betrachtung transparent gemacht werden müssen, bei einer linearen Darstellung kaum verständlich gemacht werden können. Daher werden in der vorliegenden Schrift zahlreiche Querverweise sowie verbale und graphische Orientierungshilfen gegeben.

## b) Wirkungsvoraussetzungen

Bei der Erstellung integrierter EDV-Anwendungssysteme hat man sich in der Praxis häufig viel zu sehr auf die betrieblichen Teilprozesse konzentriert, die durch das jeweilige System unterstützt werden sollen, und dabei wurde vielfach übersehen, daß in anderen Bereichen des jeweiligen Unternehmens bestimmte Voraussetzungen, hier als Wirkungsvoraussetzungen bezeichnet, vorliegen müssen, damit die mit dem System verbundenen Ziele erreicht werden. Eine Vielzahl von aufwendigen EDV-Projekten ist in der Praxis schon gescheitert, weil essentiell wichtige Wirkungsvoraussetzungen vernachlässigt oder in ihrer Bedeutung unterschätzt worden waren.

Als *Wirkungsvoraussetzungen* von EDV-Anwendungssystemen kommen primär in Betracht:

- Akzeptanz,
- Personalqualifikation,
- Kundenpotential und
- Verträglichkeit mit Führungskonzeption und Entscheidungsprozessen.

Praktisch für alle EDV-Anwendungssysteme gilt, daß sie die vorgesehenen Zielwirkungen nur dann entfalten, wenn sie von den betroffenen Mitarbeitern der Bank und ggf. auch von Kunden akzeptiert und tatsächlich eingesetzt werden. *Akzeptanz* ist also noch nicht gegeben, wenn Kunden oder Mitarbeiter sich bei einer Befragung bereit erklären, ein bestimmtes System in Zukunft zu nutzen. Vielmehr kommt es auf das tatsächliche Verhalten dieser Personen an, wenn die entsprechenden Systeme eingesetzt werden.

Die für die Handhabung der EDV-Anwendungssysteme erforderliche *Personalqualifikation* der Bankmitarbeiter ist eine weitere, triviale, aber dennoch häufig vernachlässigte Wirkungsvoraussetzung. Durch Einweisungen, Schulungen, Trainings etc. ist dieses Problem grundsätzlich lösbar. Die Qualifikation zur Handhabung eines EDV-Systems ist sicherlich eine notwendige, wenn auch nicht hinreichende, Voraussetzung für die Akzeptanz dieses Systems durch die Mitarbeiter. Zusätzlich können emotionale Barrieren bestehen, die verhindern, daß Mitarbeiter ein System akzeptieren. Handelt es sich im Einzelfall um ein System, das für den Einsatz durch die Kundschaft vorgesehen ist, dann kann die Bank nur von Mitarbeitern, die selbst das System akzeptieren, erwarten, daß sie durch Beratung etc. die Akzeptanz des Systems durch die Kundschaft fördern.

EDV-Anwendungssysteme, die im Kundengeschäft eingesetzt werden sollen, können nur dann die erwarteten Zielwirkungen entfalten, wenn jeweils auch das erforderliche *Kundenpotential*, also eine Mindestkundenzahl bzw. ein Mindestgeschäftsvolumen vorhanden ist, so daß der Aufwand für die Systeme wirtschaftlich vertretbar ist. Hierbei dürfen aber nur die Kunden berücksichtigt werden, die von dem jeweils betrachteten System einen klar erkennbaren Nutzen haben.

EDV-Anwendungssysteme wie z.B. Kreditinformations- (vgl. Kap. 4.1.3.1), Controlling- (vgl. Kap. 5.3.2) und Marketing-Systeme (vgl. Kap. 5.2.2), die zu einer Verbesserung der Führung und Steuerung beitragen sollen, müssen *mit der Führungskonzeption* und den Entscheidungsprozessen des jeweiligen Instituts insgesamt *verträglich* sein. Ist dies nicht der Fall, dann kann es bei den betroffenen Mitarbeitern zu Blockadesituationen kommen, die dadurch gekennzeichnet sind, daß die mit Hilfe der Systeme erarbeiteten Führungsinformationen im Widerspruch stehen zu den Anweisungen, Auffassungen etc. der Führungskräfte, so daß die Mitarbeiter sich eher passiv verhalten, um keine Fehler zu machen.

## 1.4 Zur Struktur der vorliegenden Schrift: Aufgabenebenen, Bezugseinheiten und Einsatzgebiete für EDV-Anwendungssysteme

### a) Aufgabenebenen für Informationssysteme

Begreift man eine Bank als produktives soziales System, das aus einer Vielzahl miteinander vernetzter Regelkreise besteht (vgl. Kap. 1.2.2), dann erweist sich eine Strukturierung, die einer transparenten Darstellung zugrunde liegen sollte, als außerordentlich schwierig. Einerseits ist es notwendig, das Gesamtsystem Bank in Teilsysteme zu zerlegen, um dem Betrachter einen Überblick zu verschaffen. Andererseits müssen die Teilsysteme so abgegrenzt werden, daß möglichst wenige Schnittstellen entstehen. Wie auch immer die Schnittstellen gelegt werden, das Ergebnis wird immer als Kompromiß betrachtet werden müssen.

Da für zahlreiche bankbetriebliche Teilsysteme ohnehin EDV-Anwendungssysteme als Trägersysteme dienen, erscheinen die von der Wirtschaftsinformatik angebotenen Systemtypologien als geeigneter *Ausgangspunkt* für die Strukturierung: Betriebswirtschaftliche EDV-Anwendungssysteme werden häufig in Administrations-, Dispositions-, Informations- und Planungssysteme eingeteilt, so z.B. durch Mertens/Griese (1988). Scheer (1997) verwendet den Begriff Informationssystem als Oberbegriff für Administrations-, Dispositions-, Managementinformations- und Planungssysteme. Er stellt sie in einer Pyramide so dar, daß sich an der Basis die der Geschäftsabwicklung dienenden Administrationssysteme befinden, die auch als Transaktionsdatensysteme bezeichnet werden (vgl. dazu auch Kirsch/Klein 1977; Hoch 1992). An der Spitze der Pyramide sind dann die Planungssysteme angeordnet, die die hierarchisch an der Spitze der Unternehmung stehenden Führungskräfte bei ihren Entscheidungen unterstützen sollen.

Schaufelbühl (1992), der auch die Pyramidendarstellung verwendet, stellt für die Managementinformationssysteme, also für alle Systeme oberhalb der Administrationssysteme den Zusammenhang zwischen den *Aufgaben der Führungsebenen* und dem sich daraus ergebenden *Informationsbedarf* einerseits und den zugeordneten EDV-Anwendungssystemen andererseits her. In diesem Bereich unterscheidet er in aufsteigender Richtung Systeme, die die Disposition, die operative Planung, die strategische Planung und die Unternehmenspolitik unterstützen (Abb. 1.4-1).

Wegen der Funktionsintegration, die in der Praxis bei vielen EDV-Anwendungssystemen anzutreffen ist, lassen sich die Aufgabenebenen nicht immer klar voneinander abgrenzen, aber sie geben doch eine gewisse Orientierung bei der Strukturierung der Gesamtheit der betriebswirtschaftlichen EDV-Anwendungssysteme. An der Basis der *Informationssystem-Pyramide* sind Informationssysteme zur Bewältigung wiederkehrender und wohldefinierter Aufgaben angesiedelt, während die Systeme an der Spitze der Pyramide Unterstützung bei neuen Aufgaben geben sollen (vgl. Schaufelbühl 1992). Je höher also die Führungsebene ist, um so flexibler müssen Informationssysteme sein, und um so geringer ist auch die Zahl der Anwendungen, was durch die Form der Pyramide bereits angedeutet wird.

Wenn Unternehmungen organisatorisch nach *Funktionalbereichen* gegliedert sind, dann liegt es nahe, daß auch die Informationssysteme außer nach den Aufgaben der Führungsebenen nach den betrieblichen Funktionalbereichen strukturiert werden. Scheer (1997) betont aber, daß eine Integration der Systeme über die Funktionalbereiche hinweg erfolgen müsse, und Schaufelbühl (1992) hebt zutreffend hervor, daß an

30 ■ Grundlagen

```
Unternehmenspolitik
Strategische Planung
Operative Planung
Disposition
Ausführung
```
Management-Informationssysteme

Betriebliche Informationssysteme

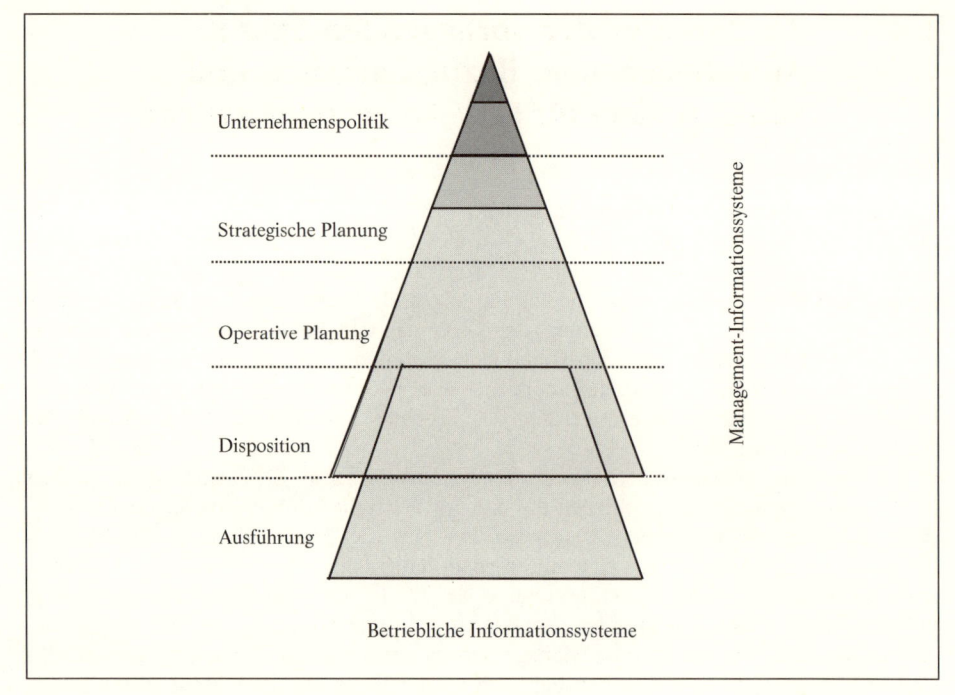

Abb. 1.4-1: Aufgabenebenen für Informationssysteme
nach: Schaufelbühl (1992)

der Spitze der Pyramide, im Bereich der strategischen Planung, die funktionale Gliederung nicht mehr durchgehalten werden könne.

Es ist offensichtlich, daß sich die Wirtschaftsinformatik weitgehend an Strukturen und Prozessen von Industriebetrieben orientiert, so daß eine Übernahme von allgemeinen Konzepten der Wirtschaftsinformatik auf Bankbetriebe nicht ohne weiteres möglich ist. Entsprechend den Aufgaben der hierarchischen Ebenen, zu deren Erledigung die EDV-Anwendungssysteme beitragen sollen, werden der vorliegenden Schrift die folgenden *Aufgabenebenen* zugrunde gelegt:

(3) Strategische Ebene
(2) Operative Ebene
(1) Basisebene

In Hinsicht auf den *Inhalt der Aufgaben* gilt, daß die für den Industriebetrieb entwickelte Gliederung nach Funktionalbereichen auch nicht einfach auf Bankbetriebe übertragen werden kann. Die bankbetrieblichen Besonderheiten (vgl. Kap. 1.2.3.) sind offensichtlich: Bankleistungen sind unstofflich und somit nicht lagerfähig, so daß Produktion und Vertrieb teilweise zusammenfallen. Die Kapitalbeschaffung von Kunden wird nicht als Beschaffung, sondern als Vertrieb von Anlageleistungen aufgefaßt, so daß sich Beschaffung und Lagerhaltung auf Grundstücke und Gebäude, Betriebs- und Geschäftsausstattung sowie Verbrauchsmaterial beschränken.

**b) Gliederungsdimensionen und Bezugseinheiten**
Wenn EDV-Anwendungssysteme nach Funktionalbereichen der Unternehmung strukturiert werden, dann folgt man einer Organisationsstruktur, die der Spezialisierung besondere Bedeutung zumißt. Folgerichtig werden funktionalorientierte Informationssysteme entwickelt und eingesetzt, um Führungskräfte und Mitarbeiter bei der Wahrnehmung ihrer funktionalorientierten Aufgaben zu unterstützen. Vollzieht man diesen Schritt nun für Bankbetriebe, dann hat man bei der Definition des Aufgabeninhalts von den organisatorischen *Gliederungsdimensionen* auszugehen, die für Bankbetriebe gelten: *Produktgruppen* (Sparten), *Kundengruppen* und *Regionen* (vgl. Kilgus 1995; Bühler 1991). Im Bankbetrieb gibt es Aufgaben, wie z.B. Aktiv-Passiv-Steuerung (APS), die nicht einem Teilbereich, sondern nur der Gesamtbank zugeordnet werden können, so daß auch eine Einzeldimension *Gesamtbank* eingeführt werden muß.

Schließlich ist noch zu berücksichtigen, daß Kreditinstitute mit anderen Unternehmungen zusammenarbeiten, z.B. im Konzern, in den Verbundsystemen der Sparkassen und Genossenschaftsbanken oder in Unternehmenskooperationen. Die möglichen Konstellationen im *Unternehmensverbund* sind vielfältig. Ist die Konzernmutter eine Bank, dann können *Beteiligungen* an anderen Banken, Kapitalanlagegesellschaften, Bausparkassen, Versicherungen, Venture Capital-Gesellschaften, Beteiligungsgesellschaften, Vermögensverwaltungsgesellschaften und weiteren Unternehmen bestehen. Die Zusammenarbeit beruht auf den Kapitalbeteiligungen der Konzernmutter und den sich daraus ergebenden Einflußmöglichkeiten. Sie bringt im laufenden Geschäft vielfältige unternehmensübergreifende Aufgaben mit sich, zu deren Bewältigung auch EDV-Anwendungssysteme eingesetzt werden können.

Sparkassen arbeiten innerhalb des Sparkassen-Verbundsystems mit ihrer zuständigen Landesbank und der Landesbausparkasse, mit Kapitalanlagegesellschaften, Versicherungen und weiteren Verbundpartnern zusammen. Ganz entsprechend kooperieren Genossenschaftsbanken mit der DG-Bank als Spitzeninstitut, teilweise auch mit regionalen Zentralbanken sowie der genossenschaftlichen Bausparkasse, dem Verbund angehörigen Versicherungen etc. Letzten Endes beruht auch der *Verbund* des Sparkassen- und des Genossenschaftswesens auf Kapitalbeteiligungen, die aber von den Sparkassen- und Genossenschaftsverbänden koordiniert werden, so daß die einzelne Sparkasse oder Genossenschaftsbank weniger Einfluß hat als eine Konzernmutter.

Bei der *Unternehmenskooperation* handelt es sich um eine Form der Zusammenarbeit, die auf Verträgen beruht und nicht unbedingt auf Kapitalbeteiligungen. Hierbei kann ein Kreditinstitut mit anderen in- und ausländischen Banken und Wertpapierhäusern kooperieren, und es kann auch zur Sicherstellung seines Allfinanzangebotes mit Versicherungen, Bausparkassen, Kreditkartengesellschaften etc. zusammenarbeiten. Bei dieser Unternehmensverbund-Konstellation wirken Banken und ihre Kooperationspartner arbeitsteilig bei der Erstellung von Finanzdienstleistungen zusammen, und sie stehen dabei typischerweise nicht im Wettbewerb miteinander. Auch diese Kooperationskonstellation wird hier als Unternehmensverbund aufgefaßt. Die *Einzeldimension*, die sowohl Konzern und Verbund als auch die Unternehmenskooperation umfaßt, wird hier als *Unternehmensverbund* bezeichnet.

Kreditinstitute stehen traditionell auch mit Korrespondenzbanken, Börsen und Wertpapiersammelbanken sowie mit Gemeinschaftsunternehmen wie z.B. der Gesellschaft für Zahlungssysteme (GZS) (vgl. Kap. 2.1.2.1), S.W.I.F.T und TIPA (vgl. Kap. 2.1.4.3.2.2 und 2.1.4.3.2.3) und mit unabhängigen Netzbetreibern, u.a. bei Electronic Cash (vgl. Kap. 2.1.4.3.3) und Cash Management (vgl. Kap. 4.1.4.2) in Geschäftsbeziehungen. Diese Beziehungen werden hier jedoch nicht als Unternehmensverbund aufgefaßt.

Aus den zuvor behandelten organistorischen Gliederungsdimensionen, die für Bankbetriebe gelten, werden die folgenden *Einzeldimensionen* abgeleitet:

(1) Produkt
(2) Kunde
(3) Region
(4) Gesamtbank
(5) Unternehmensverbund

Bei dieser Liste der Einzeldimensionen fällt auf, daß die organisatorische Gliederungsdimension Funktionalbereich nicht berücksichtigt ist. Wie im folgenden gezeigt wird, kommen die Funktionalbereiche in der Strukturpyramide der bankbetrieblichen EDV-Anwendungssysteme in einer eigenen *Bezugseinheit* auf der operativen Aufgabenebene zur Geltung.

Nur ein Teil der bankbetrieblichen EDV-Anwendungssysteme kann jeweils eindeutig einer dieser Einzeldimensionen zugeordnet werden: Es sind einerseits Systeme auf der Basisebene und andererseits auf der unteren Schicht der operativen Ebene (Bezugseinheit: Einzeldimension) angesiedelte Systeme, deren Systemfunktionen auf Einzelobjekte wie Geschäfte, Kunden etc. angewandt werden (vgl. Abb. 1.4-2).

| Aufgabenebene | Bezugseinheit | Objektart | Objekte (Beispiele) |
|---|---|---|---|
| **Strategische Ebene** | Strategie | Objektmehrheit | Strategische Analysen, Neue Geschäftskonzeptionen |
| **Operative Ebene** | Funktion | Objektmehrheit | Geschäftsprozesse, Vertriebswege, Kalkulationsverfahren, Mitarbeiterschaft |
|  | Strategisches Geschäftsfeld | Einzelobjekte | Produkte, Kunden, Geschäftspositionen |
|  | Einzeldimension | Einzelobjekte | Produkte, Regionen, Verbund |
| **Basisebene** | Einzeldimension | Einzelobjekte | Produkte, Kunden, Gesamtbank, Verbund |

Abb. 1.4-2: Aufgabenebenen, Bezugseinheiten und Objekte

### c) Strukturpyramide der bankbetrieblichen Informationssysteme

Die Grundfunktionen der Systeme auf der Basisebene sind insbesondere Geschäftsabwicklung, Basisdaten-Administration und Geschäftsdokumentation (vgl. Abb. 1.6.1-1). Auf der unteren Schicht der operativen Aufgabenebene können die Systeme zwar noch der Bezugseinheit Einzeldimension zugeordnet werden, die Systemfunktionen Analyse und Bewertung, die zur Entscheidungsunterstützung gehören (vgl. Abb. 1.6.1-1), gehen aber deutlich über die der Basisebene hinaus: Es sind evaluierende Funktionen, beispielsweise bei der Wertpapieranalyse.

Die einzeldimensionsbezogenen Systeme auf der Basisebene und auf der unteren Schicht der operativen Ebene werden durch die beiden unteren Blöcke in der *Strukturpyramide* (vgl. Abb. 1.4-3) erfaßt, die dazu beitragen soll, die Gesamtheit der bankbetrieblichen EDV-Anwendungssysteme nach den Kriterien Aufgabenebene, Bezugseinheit und Systemeinsatzgebiet zu strukturieren. Unter dem *Systemeinsatzgebiet* wird hier ein bankbezogener Aufgabenkomplex verstanden, zu dessen Bewältigung das jeweilige System eingesetzt wird. Auf der Basisebene und auf der unteren Schicht der operativen Ebene ist das Systemeinsatzgebiet mit der Einzeldimension identisch. Beispielsweise gilt für Systeme, die der produktbezogenen Geschäftsabwicklung dienen, das Systemeinsatzgebiet »Produkt«.

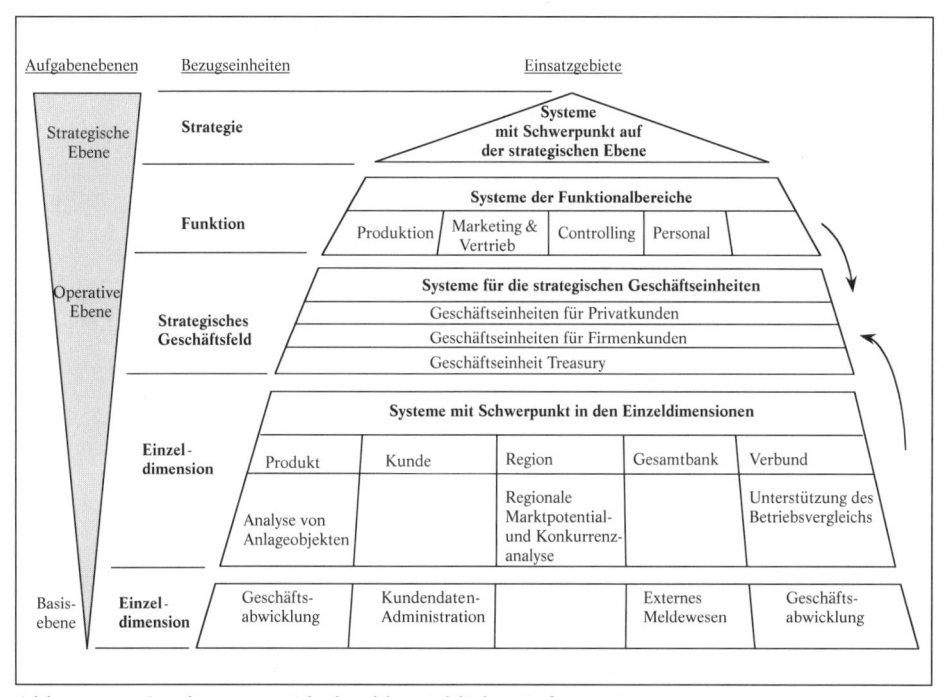

Abb. 1.4-3: Strukturpyramide bankbetrieblicher Informationssysteme

Bestimmte EDV-Anwendungssysteme, die der *Einzeldimension Kunde* zugeordnet werden könnten, beispielsweise Systeme für Bonitätsprüfung und Anlageberatung, mußten *kundengruppenspezifisch* entwickelt werden, weil die Kundengruppen jeweils ganz spezielle Anforderungen an die Sachfunktionen stellen. So läuft z.B. die Bonitätsprüfung für Privat- und Firmenkunden ganz unterschiedlich ab, und daher wurden in der Praxis für diese Kundengruppen auch ganz unterschiedliche Systeme zur Unterstützung der Bonitätsprüfung entwickelt. Um diese kundengruppenspezifische Differenzierung bestimmter Systeme zur Geltung zu bringen, werden sie der *Bezugseinheit Strategisches Geschäftsfeld* zugeordnet, die auf der mittleren Schicht der operativen Aufgabenebene angesiedelt ist (vgl. Abb. 1.4-2). Dies erscheint zweckmäßig, weil im Mittelpunkt jedes kundenbezogenen strategischen Geschäftsfeldes eine Kundengruppe steht. Der dritte Block in der Strukturpyramide umfaßt daher die Systeme der strategischen Geschäftseinheiten, die jeweils ein strategisches Geschäftsfeld bewirtschaften (vgl. Abb. 1.4-3). Das Systemeinsatzgebiet dieser Systeme ist also jeweils eine strategische Geschäftseinheit. Die graphische Darstellung dieses Blockes in der Strukturpyramide unterstreicht, daß jede strategische Geschäftseinheit für die laufende Geschäftstätigkeit einerseits Systeme mit Schwerpunkt in den Einzeldimensionen und andererseits die Systeme der Funktionalbereiche nutzen kann. Die Bezugseinheit Strategisches Geschäftsfeld ist auf der mittleren Schicht der operativen Aufgabenebene angesiedelt, weil es hier um die laufende Bewirtschaftung gegebener strategischer Geschäftsfelder geht. Die Systeme werden dabei auf Einzelobjekte wie Produkte und Kunden angewandt (vgl. Abb. 1.4-2).

Die *Bezugseinheit Funktion* ist in der Strukturpyramide oberhalb der Bezugseinheit Strategisches Geschäftsfeld angeordnet, weil die Systeme der Funktionalbereiche erstens sich aus der strategischen Planung ergeben (Bezugseinheit Strategie), zweitens die Funktionalbereiche selbst bei ihrer laufenden Tätigkeit unterstützen und drittens auch durch die strategischen Geschäftseinheiten genutzt werden können. Das Systemeinsatzgebiet dieser Systeme ist also ein Funktionalbereich, z.B. Controlling.

An der Spitze der Strukturpyramide (*Bezugseinheit Strategie*) stehen Systeme mit Einsatzgebiet auf der strategischen Ebene. Sie unterstützen die strategische Planung, beispielsweise bei der Auswertung von Daten im Rahmen der Chancen- und Risiken-Analyse und der Stärken- und Schwächen-Analyse. Insgesamt gilt aber, daß die Einsatzmöglichkeiten von EDV-Anwendungssystemen von der Basisebene aufsteigend, von Bezugseinheit zu Bezugseinheit abnehmen, und daß sie insbesondere auf der strategischen Ebene verhältnismäßig gering sind. Dies kommt in Abb. 1.4-3 graphisch durch die Verjüngung der Strukturpyramide zum Ausdruck.

## 1.5 Zielsystem, Grundauftrag und strategische Vorentscheidungen von Kreditinstituten

Von jeder Unternehmung und daher auch von jeder Bank werden bestimmte Ziele definiert und bewußt, aktiv und willentlich verfolgt. Dabei versteht man unter einem *Ziel* im allgemeinen einen angestrebten zukünftigen Zustand des betrachteten Unternehmens, hier einer Bank und ihrer Organisationseinheiten. Kreditinstitute verfolgen regelmäßig mehrere Ziele gleichzeitig, zwischen denen horizontale bzw. vertikale Beziehungen bestehen oder hergestellt werden können. Daher werden die einzelnen Ziele als Elemente eines Zielsystems aufgefaßt (vgl. Hauschildt 1980). Ein *Zielsystem* ist erst dann spezifiziert, wenn für die einzelnen Zielelemente die Zieldimensionen und für das gesamte Zielsystem die Zielbeziehungen festgelegt sind (vgl. Heinen 1991). Die wichtigsten *Zieldimensionen* sind Zielinhalt, Zielausmaß, Zielbereich und Zielzeitbezug.

Der *Zielinhalt* legt fest, von welcher Art der zu erreichende Zustand der Bank ist. Das *Zielausmaß* gibt an, in welchem Umfang das Ziel erreicht werden soll (Zielerreichungsgrad). Durch den *Zielzeitbezug* wird festgelegt, zu welchem Zeitpunkt oder in welchem Zeitraum der angestrebte Zielerreichungsgrad realisiert werden soll, und der *Zielbereich* gibt an, für welchen organisatorischen Teilbereich der Bank das betreffende Ziel gilt.

Für Ziele können folgende *horizontale Beziehungen* identifiziert werden:

- Zielkomplementarität
- Zielindifferenz
- Zielkonkurrenz.

Wenn *komplementäre Zielbeziehungen* vorliegen, dann bewirkt die Erfüllung des einen Zielelements zugleich auch die Erfüllung eines anderen Zielelements. *Zielindifferenz* liegt vor, wenn die Erfüllung eines Ziels von der Erfüllung eines anderen Ziels unabhängig ist. Bei *Zielkonkurrenz* ist dagegen die Steigerung des Zielerreichungsgrades bezüglich des einen Ziels immer nur zu Lasten des Zielerreichungsgrades bezüglich eines konfliktären Ziels möglich.

Während Zielindifferenz und Zielkomplementarität bei Entscheidungsprozessen keine besonderen Schwierigkeiten bereiten, müssen im Falle der Zielkonkurrenz spezielle Konzepte zur Handhabung der Zielkonflikte herangezogen werden. Besonders einfach und transparent ist das *Nebenbedingungskonzept* (vgl. Büschgen 1998), bei dem Mindest-Anspruchsniveaus für die konfliktären Ziele festgelegt werden, so daß dann bezüglich eines besonders wichtigen Ziels optimiert werden kann. Eine Optimierung bezüglich mehrerer konfliktärer Ziele scheidet aus logischen Gründen aus.

Ein Ziel mit einem bestimmten Zielinhalt, z.B. Gewinn, kann für mehrere organisatorische Zielbereiche gelten. Hierbei kann es sich um gleichgeordnete Organisationseinheiten handeln, z.B. Bankfilialen, oder es können Organisationseinheiten sein, die untereinander in einer Über-/Unterordnungsbeziehung stehen wie z.B. ein Regionalbereich, die Filialen des Regionalbereichs und die jeder Filiale untergeordneten Zweigstellen. Das betrachtete Gewinnziel läßt sich nun bezüglich Zielausmaß und Zielbereich vertikal spezifizieren, indem ein Gewinnziel für die Gesamtbank und Ziele für den Gewinnbeitrag des betrachteten Regionalbereichs, der angeschlossenen Filialen und der untergeordneten Zweigstellen festgelegt werden. Hierbei ist die Zielerreichung einer untergeordneten Organisationseinheit zugleich ein Mittel zum Zweck der Erreichung des Ziels der übergeordneten Organisationseinheit. Die *vertikalen Zielbeziehungen* sind in diesem Fall also Zweck-Mittel-Relationen. Bezeichnet man die Ziele der Unternehmensleitung als Oberziele oder Primärziele, dann können die Ziele der hierarchisch untergeordneten Organisationseinheiten als Sekundärziele, Tertiärziele usw. betrachtet werden. Für die Bankunternehmensführung ist es von zentraler Bedeutung, daß die Ziele der untergeordneten Organisationseinheiten so definiert, kommuniziert, angestrebt und erreicht werden, daß hierdurch jeweils der bestmögliche Beitrag zur Erfüllung der Ziele der übergeordneten Organisationseinheiten erreicht wird. Ein Zielsystem darf dann als *operational* bezeichnet werden, wenn die einzelnen Ziele als Elemente des Zielsystems mit ihren Zieldimensionen und Zielbeziehungen eindeutig und verständlich präzisiert worden sind, so daß sie für die Mitglieder der betrachteten Organisation, hier die Führungskräfte und Mitarbeiter der Bank, als Richtschnur für ihre Entscheidungen und Handlungen dienen können.

## 1.5.1 Grundauftrag

Dem Zielsystem einer Bank ist jeweils ein Grundauftrag vorgelagert (vgl. Süchting/Paul 1998). Bei privatwirtschaftlichen Kreditinstituten wird das *Erwerbswirtschaftliche Prinzip* als Grundauftrag angesehen, aus dem als Oberziel für die Geschäftsleitung dann die langfristige Gewinnmaximierung unter Nebenbedingungen folgt.

In Gesetzen und Satzungen ist für öffentlich-rechtliche *Sparkassen* und *Landesbanken* das *Gemeinnützigkeitsprinzip* als Grundauftrag festgelegt worden. Die Konkretisierung der Gemeinnützigkeit hat sich zwar als schwierig erwiesen, im Grundsatz ist sie aber wohl so zu verstehen, daß eine Bereitstellung von Bankleistungen für wirtschaftlich schwächere Bevölkerungskreise und strukturell benachteiligte Regionen zu niedrigen Preisen erfolgen sollte, wobei die Erzielung von Gewinn durchaus erwünscht, jedoch nicht Hauptzweck des Geschäftsbetriebes ist. Entsprechend dem Wandel, den Struktur und Aufgabenbereich der öffentlich-rechtlichen Kreditinstitute seit ihrer Gründung im vergangenen Jahrhundert durchgemacht haben, war auch das Gemeinnützigkeitsprinzip an die veränderte Situation der öffentlichen Banken anzupassen. Gerade die kleinen Sparkassen, die strukturschwache ländliche Räume mit preisgünstigen Bankleistungen versorgen, handeln nach dem Gemeinnützigkeitsprinzip, denn sie bearbeiten räumliche Teilmärkte, die von den großen privatwirtschaftlichen Kreditinstituten aus Rentabilitätsgründen nicht flächendeckend erschlossen worden sind. Im Gegensatz hierzu operieren die Landesbanken auf den Finanzdienstleistungsmärkten eher wie Aktienbanken. Sie nehmen allerdings für die jeweilige Landesregierung auch einen öffentlichen Auftrag wahr und leisten einen wichtigen Beitrag zur Realisierung öffentlicher Förderprogramme, die die Landesregierung für die Wirtschaft bereitstellt.

Nach § 1 Genossenschaftsgesetz haben Genossenschaften einen Förderauftrag gegenüber ihren Mitgliedern. Bezüglich der *Kreditgenossenschaften*, die hier betrachtet werden, ist dieser *Förderauftrag* als Grundauftrag zu verstehen. In überzeugender Weise kann dieser Grundauftrag auch nur dadurch erfüllt werden, daß Kreditgenossenschaften wirtschaftlich schwächeren Bevölkerungsschichten und Unternehmen in strukturschwachen Räumen Bankleistungen zu günstigen Preisen anbieten. Für Genossenschaftsbanken steht die Gewinnerzielung auch nicht als Hauptziel im Vordergrund. Aber auch die Kreditgenossenschaften sind, ebenso wie die Sparkassen, auf Gewinnerzielung in gewissem Umfang angewiesen, wenn sie aus dem Jahresüberschuß auch ihre Eigenkapitalbasis stärken wollen, um wachsende Geschäftsvolumina mit dem erforderlichen Eigenkapital unterlegen zu können.

Der Grundauftrag von Sparkassen und Kreditgenossenschaften, Gemeinnützigkeit und Förderauftrag, ist vom erwerbswirtschaftlichen Prinzip, dem die privatwirtschaftlichen Kreditinstitute folgen, nicht streng zu trennen. In bezug auf das erwerbswirtschaftliche Prinzip besteht zwischen den Bankengruppen wohl nur ein gradueller Unterschied: Die Eigentümer der privatwirtschaftlichen Kreditinstitute erwarten vergleichsweise höhere Gewinnausschüttungen, und daher verfolgt diese Bankengruppe das erwerbswirtschaftliche Prinzip sehr viel konsequenter als Sparkassen und Kreditgenossenschaften.

Geschäftsbanken, die in der Rechtsform der Aktiengesellschaft geführt werden, stehen seit einiger Zeit unter zunehmendem Druck des Kapitalmarktes, mit äußerster Konsequenz das erwerbswirtschaftliche Prinzip zu verwirklichen und dabei speziell den *Shareholder Value*, also den Unternehmenswert, zu maximieren, der im Aktienkurs der jeweiligen Bank zum Ausdruck kommt. Der Erreichung dieses Ziels dient nicht nur die Erwirtschaftung eines hohen Jahresüberschusses, sondern auch eine möglichst knappe Bemessung des Grundkapitals, das aus dem Jahresüberschuß mit Dividende bedient werden muß. Der Steigerung des Shareholder Value dienen aber auch Maßnahmen zur Stärkung der Wettbewerbsposition der betrachteten Bank.

Öffentlich-rechtliche *Spezialinstitute*, wie z.B. die Kreditanstalt für Wiederaufbau, die Deutsche Ausgleichsbank, die Landwirtschaftliche Rentenbank und die Deutsche Siedlungs- und Landesrentenbank, die jeweils aufgrund eines Gesetzes errichtet worden sind, haben Grundaufträge, die in ihren Errichtungsgesetzen festgelegt sind.

## 1.5.2 Strategische Vorentscheidungen

Den bankbetrieblichen Unternehmenszielen, die die laufende Geschäftstätigkeit der Institute maßgeblich bestimmen (vgl. Kap. 1.5.3), ist nicht nur der Grundauftrag des jeweiligen Instituts vorgelagert (vgl. Kap. 1.5.1), sondern auch die strategischen Vorentscheidungen (vgl. Fischer 1978). Während der Grundauftrag für das einzelne Institut als Strukturkonstante zu verstehen ist, die praktisch für die gesamte Lebensdauer des Unternehmens gilt, werden durch strategische Vorentscheidungen Sachverhalte geschaffen, die als *Rahmenbedingungen* für die laufende Geschäftstätigkeit zu betrachten sind und nur mittel- oder langfristig verändert werden können. Kurzfristig muß das jeweilige Institut diese Sachverhalte als gegeben betrachten.

### a) Produktprogramm-orientierte Vorentscheidungen

In Hinsicht auf die Breite des Produktprogramms lassen sich Kreditinstitute als Universalbank, Allfinanzanbieter oder Spezialbank klassifizieren. Universalbanken bieten das volle bankbetriebliche Produktprogramm an, und Allfinanzanbieter haben dieses sogar noch um Bausparverträge, Versicherungen etc. erweitert. Spezialbanken decken dagegen nur einen Teil des bankbetrieblichen Produktprogramms ab. Wie die Entwicklung in der Vergangenheit gezeigt hat, können Institute das Maß ihrer fachlichen Spezialisierung, das sich im Produktprogramm äußert, verändern; dies ist aber nur mittel- bis langfristig möglich.

### b) Kunden-orientierte Vorentscheidungen

Hinsichtlich Art und Größe der Kunden kann ein Institut seine Kundschaftsstruktur kurzfristig kaum verändern. Dies ist höchstens mittel- oder langfristig mit Hilfe von strategischen Aktionsprogrammen möglich (vgl. Kap. 6.1).

### c) Regional-orientierte Vorentscheidungen

In Hinsicht auf die Region, in der ein Kreditinstitut tätig ist, sind zwei Gesichtspunkte zu unterscheiden, der Geschäftsbereich und der Niederlassungsbereich. Sparkassen können gemäß Regionalprinzip nur in der Region, die auch der zumeist kommunale Gewährträger der Sparkasse abdeckt, Geschäftsstellen unterhalten. Dies ist ihr *Niederlassungsbereich*. Geschäfte können sie aber auch mit Kunden außerhalb des Niederlassungsbereichs tätigen, so daß der tatsächliche *Geschäftsbereich* regelmäßig größer ist als ihr Niederlassungsbereich.

Die strategische Vorentscheidung, die festlegt, ob ein Institut seine Geschäftstätigkeit auf einen Ort, einen Kreis, ein Bundesland, das Inland, auf Europa beschränkt oder auch auf andere Kontinente ausdehnen soll, schafft Rahmenbedingungen für das Institut, die, insbesondere bei Expansion, schon mittelfristig verändert werden können, wenn auch zumeist nur marginal. In diesem Zusammenhang sei als Beispiel die Expansion deutscher Kreditinstitute in die Länder des ehemaligen Ostblocks genannt, wo die Anbahnung und Ausübung der Geschäftstätigkeit durch Repräsentanzen, Filialen und Tochtergesellschaften erfolgt.

### d) Verbund-orientierte Vorentscheidungen

Wenn man unter einem Unternehmensverbund das Zusammenwirken von Unternehmungen im Konzern, in der Unternehmenskooperation oder im Sparkassen- und Genossenschaftsverbund versteht (vgl. Kap. 1.4, Abschn. (b)), dann werden auch in diesem Bereich zahlreiche Rahmenbedingungen sichtbar, die durch strategische Vorentscheidungen entstanden sind.

38 ■ Grundlagen

Für die Erschließung der Finanzdienstleistungsmärkte in anderen Ländern, z.B. anderen EU-Ländern, oder für den Aufbau eines Allfinanz-Angebots erfordert die *Konzernlösung* im Vergleich zur *Kooperationslösung* einen sehr viel größeren Ressourceneinsatz, z.B. an Kapital und Personal, sie ist aber auch vergleichsweise schlagkräftiger. Wenn solche Konzern- oder Kooperationslösungen aber erst einmal bestehen, dann sind sie wiederum als Rahmenbedingung für die weitere Geschäftstätigkeit zu betrachten, die kurzfristig nicht verändert werden kann.

Die Sparkassen und Kreditgenossenschaften realisieren in ihren Verbundsystemen nicht nur ein Allfinanz-Angebot auf kooperativer Basis, sondern sie erledigen auch Teile des Bankgeschäfts, insbesondere Wertpapier- und Auslandsgeschäft sowie Geldhandel und Liquiditätsausgleich in Zusammenarbeit mit der im Verbund jeweils übergeordneten Einheit. Dies ist bei Sparkassen die zuständige Landesbank und bei Kreditgenossenschaften die Deutsche Genossenschaftsbank.

### e) Eigentümer-orientierte Vorentscheidungen

Die Struktur der Eigentümerschaft eines Instituts hat in der Vergangenheit maßgeblich die Rechtsform, die Ausschüttungsansprüche und die Ausschüttungspolitik mitbestimmt. Wie wichtig die Struktur der Eigentümerschaft für ein Institut ist, wird deutlich, wenn es zu einer Übernahme, insbesondere einer unfreundlichen Übernahme des Instituts durch ein anderes Institut, eine Versicherung o.ä. kommt.

### f) Mitarbeiter-orientierte Vorentscheidungen

Die Struktur der Belegschaft, differenziert nach Geschlecht, Alter, Fachqualifikation, sozialer Kompetenz etc. ist eine wichtige Rahmenbedingung für die laufende Geschäftstätigkeit, die zwar durch personalwirtschaftliche Maßnahmen wie Personalbeschaffung und -freisetzung, aber auch durch Personalentwicklung, insbesondere Weiterbildung und Laufbahnplanung, verändert werden kann, bestenfalls aber nur mittelfristig, wenn nicht gar langfristig. Kurzfristig ist auch die Personalstruktur Datum für die laufende Geschäftstätigkeit.

## 1.5.3 Bankbetriebliche Unternehmensziele

Traditionell standen als bankbetriebliche Unternehmensziele Rentabilität, Liquidität, Wachstum und Sicherheit im Mittelpunkt. Hauschildt (1981) zeigt aber, daß eine Differenzierung nach Zielelementen (Erfolg, Wachstum und Sicherheit) und Nebenbedingungen (Liquidität, Bonität, Legalität) angebracht ist. Abweichend hiervon wird Sicherheit im folgenden als Nebenbedingung behandelt.

### a) Zielelemente

Hauschildt faßt die Zielelemente als unbegrenzte Ziele auf, weil für ihren Zielerreichungsgrad keine obere Grenze vorgegeben ist.

### aa) Zielelement Erfolg

Vom Gewinnbedarf können starke Impulse für das Anspruchsniveau bezüglich des Gewinnziels ausgehen, denn die geplante Ausschüttung und Rücklagendotierung zeigt an, welcher Jahresüberschuß vor Steuern erwirtschaftet werden muß. Hierbei ist der Zusammenhang zwischen Gewinn und *Wachstum* besonders wichtig: Die Marktvolumina wichtiger Bankleistungsarten, insbesondere im Kredit- und Einlagengeschäft, wachsen im Zeitablauf nominell, und dieses Wachstum ist *gesamtwirtschaftlich induziert,* weil es durch das Wachstum des Bruttosozialprodukts, durch die Preissteigerungsrate und weitere gesamtwirtschaftliche Einflußgrößen hervorgerufen wird. Dies ist durchaus plausibel: Wenn die Einkommen der Privatkunden nominell steigen, dann steigen bei konstanter Sparquote auch die Beträge, die sie zusätzlich ihren Kapitalanlagen, z.B. den Bankeinlagen, zuführen. Andererseits benötigen Unternehmungen, die aufgrund von Preissteigerungen nominell höhere Umsätze tätigen, zusätzliche Mittel zur Finanzierung ihrer Betriebstätigkeit, auch wenn sich ihre Betriebsleistung real gar nicht geändert hat. In dieser Weise induzieren also gesamtwirtschaftliche Einflußgrößen das Wachstum des Volumens an Bankleistungen im gesamten Markt eines Landes, was sich bei konstantem Marktanteil eines Instituts in von Jahr zu Jahr steigenden Bilanzpositionen im gewachsenen Kundengeschäft niederschlägt. Die auf Bilanzpressekonferenzen so häufig geäußerte Genugtuung darüber, daß sich die Bilanzsumme im Vergleich zum Vorjahr wieder einmal deutlich erhöht habe, kann also auf induziertem Wachstum beruhen und daher sehr vordergründig sein.

Das Bilanzsummenwachstum zeigt also nicht unbedingt einen Akquisitionserfolg und eine damit verbundene Marktanteilssteigerung an.

Die *Werterlöse* pro Geldeinheit, z.B. der Zinsertrag pro Euro 100,- Kontokorrentkredit, sind langfristig nicht konstant, sondern sie bewegen sich mit den Veränderungen des Zinsniveaus, und das bedeutet, daß sie in einem gewissen Intervall schwanken. Sie folgen also keinem langfristigen Trend. Die *Betriebskosten* je Betriebsleistung, im einfachsten Fall also die Kosten z.B. je Überweisungsausgang oder Scheckeingang, steigen aber kontinuierlich, denn sie sind maßgeblich durch steigende Personalkosten, aber auch durch entsprechend steigende Sachkosten bedingt. Diese Problematik haben die Kreditinstitute bisher dadurch bewältigt, daß die Geschäftsvolumina ständig gewachsen sind, und daß durch Einsatz insbesondere der EDV-Technik Produktivitätssteigerungen erzielt werden konnten. Das Wachstum führte dazu, daß die Geschäftsvolumina, die pro Kunde anfielen, ständig gewachsen sind, so daß ein Degressionseffekt bei den Fixkosten der Betreuung dieser Kunden genutzt werden konnte. Hier bleibt zunächst die Frage offen, was geschehen wird, wenn das Wachstum der Geschäftsvolumina gegen eine Sättigungsgrenze und die zusätzlich erzielbaren Produktivitätssteigerungen gegen Null konvergieren.

Soweit sich das Volumenswachstum in einem Wachstum der Risikoaktiva der Banken niederschlägt, ist auch zusätzliches *Eigenkapital* erforderlich, denn die Risikoaktiva sind gemäß Grundsatz I zu einem bestimmten Prozentsatz mit Eigenkapital zu unterlegen.

Je geringer in dieser Situation die Bereitschaft der Eigenkapitalgeber der jeweiligen Bank zur Aufstockung des Kernkapitals ist, desto größer ist der *Zwang zur Selbstfinanzierung*, also zur Dotierung der offenen Rücklagen aus dem Jahresüberschuß. Für die öffentlich-rechtlichen Institute gilt seit vielen Jahren, daß Finanzminister und Kämmerer praktisch nicht bereit sind, den Landesbanken und Sparkassen zusätzliche Eigenmittel zukommen zu lassen. Die Kernkapitalbeschaffung der Kreditgenossenschaften gestaltet sich nicht viel einfacher: Die Genossenschaftsanteile sind nur bei hoher Dividende als Kapitalanlage attraktiv, denn die Inhaber können keine Kurschancen nutzen, und ihnen steht auch kein Anteil an den Rücklagen zu. Im Einzelfall kann daher gerade bei öffentlich-rechtlichen Instituten und bei Kreditgenossenschaften die Selbstfinanzierung unbedingt erforderlich sein. Aber auch die privatwirtschaftlichen Kreditinstitute, insbesondere Aktienbanken, müssen sich, mehr oder weniger ausgeprägt, an der Shareholder Value-Konzeption orientieren, wenn sie den Kapitalmarkt für Kapitalerhöhungen nutzen wollen.

Die Verfolgung des Gewinnziels ist nur sinnvoll, wenn konstantes Eigenkapital unterstellt wird. Berücksichtigt man auch Kapitalerhöhungen, dann sollte auf das Ziel

Eigenkapitalrentabilität übergegangen werden. Der Begriff Erfolgsziel ist hier als Oberbegriff für Gewinnziel und Rentabilitätsziel zu verstehen. Man kann auch das Gewinn- mit dem Sicherheitsziel in Verbindung bringen und den Jahresüberschuß, für einzelne Organisationseinheiten der Bank den Beitrag zum Jahresüberschuß, auf das eingesetzte Risikokapital beziehen. Dann ergeben sich Kennzahlen wie der Return On Risk-Adjusted Capital (RORAC) und der Risk-Adjusted Return On Capital (RAROC), die für die Banksteuerung nach dem Konzept der Risk-Return-Steuerung (vgl. Kap. 4.2.2) große Beachtung gefunden haben.

**ab) Zielelement Wachstum**
Gesamtwirtschaftliche Einflußgrößen bewirken bei konstanten Marktanteilen eines Instituts ein induziertes *Volumenswachstum*, das nicht auf besonderen Leistungen des Instituts beruht. Echtes Wachstum würde sich in einer *Steigerung der Marktanteile* niederschlagen, so daß das Institut im Vergleich zu seinen Wettbewerbern an relativer Größe gewinnt. Üblicherweise wird bei derartigen Wachstumsbetrachtungen die *Bilanzsumme als Maßzahl* verwendet. Aufgrund der Tatsache, daß eine Bank bestimmte Bilanzpositionen verhältnismäßig frei gestalten kann, z.B. Forderungen an Kreditinstitute und Verbindlichkeiten gegenüber Kreditinstituten, kann die Verwendung dieser Maßzahl zu erheblichen Verzerrungen führen. Sicher wäre es besser, die Marktanteilsentwicklung der Bank in bezug auf einzelne Sparten (Produktgruppen) zu messen, dem stehen aber erhebliche Probleme bei der Datenbeschaffung entgegen.

Wenn eine Bank dem Wachstumsziel eine hohe Priorität einräumt, also große Anstrengungen unternimmt, um hohe Wachstumsraten zu erzielen, dann besteht die Gefahr, daß, insbesondere im Kreditgeschäft, auch Engagements mit relativ hohen Risiken eingegangen werden, nur um das Wachstumsziel zu erreichen. In diesem Fall zeigt sich ein *Zielkonflikt* zwischen dem Wachstumsziel und dem Erfolgsziel: Je aggressiver das Wachstumsziel verfolgt wird, um so größer kann in späteren Geschäftsjahren der Wertberichtigungsbedarf sein, der den Erfolg mindert. Andererseits könnte es sich als nachteilig erweisen, wenn eine Bank sichtbar einen Rückgang ihrer Marktanteile hinnähme, denn das könnte von der Öffentlichkeit mit Leistungsmängeln in Verbindung gebracht werden, was schließlich wiederum die Bonität der Bank (vgl. (bc) Nebenbedingung Bonität) belasten würde.

**b) Nebenbedingungen**
Erfolg und Wachstum sind Ziele, bei denen das Zielausmaß grundsätzlich unbegrenzt ist, denn in beiden Fällen ist ein höherer Zielerreichungsgrad jeweils einem niedrigeren vorzuziehen. Andere Ziele, insbesondere Liquidität, Sicherheit, Bonität und Legalität, sind in ihrem Zielausmaß begrenzt: Bei diesen Zielen ist es entweder unmöglich oder nicht sinnvoll, den Zielerreichungsgrad immer weiter zu steigern, und daher werden für den Erreichungsgrad dieser Ziele *Anspruchsniveaus* (Mindestnormen) gesetzt, die in formaler Hinsicht als Nebenbedingungen zu verstehen sind. Diese Nebenbedingungen wirken asymmetrisch: Die Mindestnorm muß auf jeden Fall erreicht werden; sie darf überschritten, nicht aber unterschritten werden.

Nebenbedingungen sind im *Entscheidungsprozeß* den Zielen logisch vorgelagert: Zuerst muß geprüft werden, ob eine Entscheidungsalternative, die von den Entscheidungsträgern in Betracht gezogen wird, die Nebenbedingungen erfüllt. Ist das der Fall, dann handelt es sich um eine sogenannte zulässige Entscheidungsalternative. Die unzulässigen Alternativen können schon an dieser Stelle ausgeschieden werden, weil sie mindestens eine Nebenbedingung verletzen. Im Entscheidungsprozeß wird dann geprüft, welche Beiträge die zulässigen Alternativen zur Erreichung der einzelnen unbegrenzten Ziele leisten. Die Entscheidungsalternative wird dann gewählt, die hinsichtlich der Auswirkungen auf die unbegrenzten Ziele von den Entscheidungsträgern präferiert wird. Nebenbedingungen wirken sich im Entscheidungsprozeß also als *Filter* aus, die dazu beitragen, unzulässige Entscheidungsalternativen frühzeitig auszuschalten.

**ba) Nebenbedingung Liquidität**
Eine Bank ist liquide, wenn sie die Fähigkeit hat, jederzeit ihre Zahlungsverpflichtungen zu erfüllen. Bei diesen Zahlungsverpflichtungen handelt es sich sowohl um fällige Zahlungsverpflichtungen als auch um nicht fällige Zahlungsanforderungen. *Fällige Zahlungsverpflichtungen* ergeben sich aus Verbindlichkeiten wie Sichteinlagen von Kunden und Banken, fälligen Termineinlagen, gekündigten Spareinlagen, fälligen Schuldverschreibungen etc. und aus dem Aktivgeschäft aufgrund von offenen Kreditlinien und Darlehenszusagen. Darüber hinaus muß die Bank fähig sein, *nicht fälligen Zahlungsanforderungen* der Kundschaft zu entsprechen, z.B. vorzeitige Rückzahlung von Einlagen zu leisten und Kreditlinien bei besonderer Liquiditätsbeanspruchung von Kunden zu erhöhen. Liquidität ist eine Existenzbedingung für jedes Unternehmen, und für Banken gilt dies in besonderer Weise. Daher sind für Banken auch spezifische liquiditätstheoretische Ansätze entwickelt worden. Es ist offenkundig, daß eine Maximierung der Liquidität nicht sinnvoll ist, denn dann müßten die Aktiva z.B. als Sichtguthaben bei der Landeszentralbank (LZB) unterhalten werden. Banken setzen für sich jeweils ein bestimmtes Erfolgsziel fest, und sie fixieren nur *Mindestbedingungen* für die Liquidität und andere begrenzte Ziele. Sie versuchen dann bei Einhaltung dieser Nebenbedingungen bezüglich der unbegrenzten Ziele, insbesondere des Erfolgsziels, möglichst gute Ergebnisse zu erreichen.

Ein großer Teil der Zahlungen, die eine Bank leistet und erhält, ist *fremddeterminiert*, also durch ihre Geschäftspartner (Kunden und Banken) veranlaßt. Faßt man das Liquiditätsproblem der Bank als Problem unter Risiko, also als stochastisches Problem auf, dann müßte die Bank im Prinzip eine Mindest-Wahrscheinlichkeit für die tägliche Einhaltung der Liquiditätsbedingung setzen. Da die Bank in der Praxis natürlich nicht für jeden Tag die Wahrscheinlichkeitsverteilung für den Auszahlungsüberhang kennt, kann sie diesen Zusammenhang nur implizit bei ihrer Liquiditätsdisposition berücksichtigen. Dabei teilt sie die Aufgabe der Liquiditätssicherung in zwei Teilaufgaben ein, die situative und die strukturelle Liquiditätssicherung. Bei der *situativen Liquiditätssicherung* geht sie so vor, daß sie mit vorhandenen Zahlungsmittelbeständen, liquidierbaren Aktiva und offenen Verschuldungsmöglichkeiten die Finanzmittel mobilisiert, die im Laufe eines jeden Tages erforderlich sind, um einen ggf. auftretenden Überhang der Verfügungen über die eingehenden Zahlungen zu bewältigen. Dies erfordert zugleich, daß im Rahmen der *strukturellen Liquiditätssicherung* Zahlungsmittelbestände, liquidierbare Aktiva und offene Verschuldungsmöglichkeiten immer wieder so umfangreich angelegt (regeneriert) werden, daß täglich jeweils die erforderlichen Mittel zur Verfügung stehen und auch noch eine zusätzliche Liquiditätsreserve vorhanden ist. Je höher – abstrakt gesprochen – die Mindestwahrscheinlichkeit für die Liquiditätssicherung der Bank angesetzt wird, desto höher müssen die Liquiditätsreserven (Bestände an flüssigen Mitteln, leicht mobilisierbaren Aktiva und an freien Verschuldungsmöglichkeiten) sein, die die Bank jeweils für anstehende Liquiditätsbeanspruchungen bereithält. Dieses Problem der Bemessung der Liquiditätsreserven wird in der Praxis auf der Grundlage von Erfahrungen gelöst. Durch die Einzelerfassung von Großbeträgen, durch Flexibilität bei eigendeterminierten Zahlungen usw. werden dabei erstaunlich gute Dispositionsergebnisse erzielt.

**bb) Nebenbedingung Sicherheit**

Das Sicherheitsstreben findet sich praktisch in den Zielkonzeptionen aller Unternehmungen, und daher kommt ihm auch bei Kreditinstituten eine große Bedeutung zu. Sicherheit ist ein *Ziel eigener Art*: Es kommt nur in Verbindung mit anderen Zielen vor, und es ist als Nebenbedingung zu verstehen, die bewirkt, daß die Abweichung der Bank von bestimmten Zielerreichungsgraden begrenzt wird. In Verbindung mit dem *Erfolgsziel* bedeutet das Sicherheitsstreben, daß eine Unterschreitung des angestrebten Erfolgszielausmaßes nach Möglichkeit vermieden werden soll, und in Verbindung mit dem *Liquiditätsziel* bedeutet es, daß das Ziel, Aufrechterhaltung der Liquidität, auf jeden Fall gewährleistet sein soll. An diesen Beispielen wird deutlich, daß die in der Literatur anzutreffende Bezeichnung Sicherheitsstreben unglücklich gewählt ist: Wenn in der Entscheidungstheorie von Sicherheit gesprochen wird, dann bedeutet dies, daß ein Zustand mit 100%iger Wahrscheinlichkeit, also mit absoluter Sicherheit erreicht wird. Dagegen liegt dem Begriff Sicherheitsstreben offenbar die Vorstellung zugrunde, daß es in bezug auf die Erreichung eines Zustandes mehr oder weniger große Sicherheit geben kann. Für diese Abstufung empfiehlt sich der Begriff des Risikos. Das Sicherheitsstreben in bezug auf das Erfolgsziel läßt sich unter Verwendung des Risikobegriffs so *operationalisieren*, daß das Risiko für die Unterschreitung des angestrebten Erfolgszielausmaßes begrenzt werden soll, indem für die Wahrscheinlichkeit für die Unterschreitung eines vorgegebenen Erfolgszielausmaßes eine Obergrenze vorgegeben wird.

Wenn man dieses Konzept in der Praxis anwenden wollte, benötigte man bei Vorliegen verschiedener Entscheidungsalternativen für jede einzelne Alternative eine Wahrscheinlichkeitsverteilung für den Erfolg. Da Verteilungen dieser Art in der Praxis nicht verfügbar sind, versucht man, das Sicherheitsstreben in bezug auf das *Erfolgsziel* dadurch zu realisieren, daß man die Erfolgsrisiken, insbesondere Adressenausfall-, Sachwertausfall-, Zinsänderungs-, Währungs-, Aktienkurs- und sonstige Preisrisiken limitiert.

In Verbindung mit dem *Liquiditätsziel* könnte das Sicherheitsstreben so operationalisiert werden, daß eine Obergrenze für die Wahrscheinlichkeit für den Eintritt der Illiquidität vorgegeben wird. Wie oben schon erwähnt, fehlt es auch an der hierfür erforderlichen Wahrscheinlichkeitsverteilung für den Ausgabenüberhang. Daher werden in der Praxis Liquiditätsreserven in einem so hohen Umfang vorgehalten, daß das Risiko einer Illiquidität nach der intuitiven Beurteilung durch die Entscheidungsträger so niedrig wie gewünscht gehalten wird. Dabei sind aber zugleich die gesetzliche Liquiditätsnorm, konkret Grundsatz II i.V.m. § 11 KWG des Bundesaufsichtsamtes für das Kreditwesen (BAKred) zu berücksichtigen.

Die Maßnahmen, die man bei der Realisierung des Sicherheitsstrebens ergreift, können ursachen- und/oder wirkungsbezogen sein. *Ursachenbezogene Maßnahmen* setzen bei der Entstehung der Risiken an und versuchen, diese zu limitieren. Ein Beispiel hierzu ist die Kreditwürdigkeitsprüfung zur Reduzierung des Adressenausfallrisikos. *Durch wirkungsbezogene Maßnahmen* bereitet sich die Bank darauf vor, Risiken, die sich realisiert haben, zu verkraften. In bezug auf das Erfolgsrisiko kann sie versuchen, die Rücklagen und die stillen Reserven zu erhöhen, so daß Verluste, möglichst durch Auflösung stiller Reserven, notfalls durch Auflösung von Rücklagen, aufgefangen werden können. In bezug auf das Liquiditätsziel können ursachenbezogene Maßnahmen nur auf den eigendeterminierten Anteil der Ein- und Auszahlungen angewandt werden, indem z.B. in einer Situation extremer Liquiditätsbeanspruchung dem Eigenhandel engere Grenzen für den Aufbau von Wertpapierpositionen auferlegt werden. Dagegen sind die wirkungsbezogenen Maßnahmen, also die Vorhaltung von Liquiditätsreserven, typisch für die Liquiditätsdisposition.

### bc) Nebenbedingung Bonität

Bonität bezeichnet das Vertrauen von Einlegern und Kreditgebern in die Seriosität und Sicherheit einer Bank, also die *Kreditwürdigkeit der Bank* selbst. Die Partner der Bank haben bestimmte Rollenerwartungen gegenüber der Bank. Einlagen werden schlagartig abgezogen, wenn die Bank gegen diese Rollenerwartungen verstößt, wenn sie z.B. nicht jederzeit ein sicheres und erfolgreiches Verhalten erkennen läßt, wenn auch nur der Anschein eines Verstoßes besteht oder wenn die Meinung sich ausbreitet, die Bank entspreche nicht dem Verhalten sicher und erfolgreich geführter Institute. Bonität ist daher ein Kognitions- und Kommunikationsproblem.

Die Bank hat verschiedenste Möglichkeiten, *Maßnahmen* zur Stärkung ihrer eigenen Bonität zu ergreifen: Sie sollte grundsätzlich bei jeder Einzelaktivität Sorgfalt walten lassen. Schon der Anschein eines Vorstoßes gegen die Rollenerwartungen muß vermieden werden. Außerdem müssen glaubhafte Nachweise für ein rollenentsprechendes Verhalten in bezug auf die Erfolgserzielung und die Sicherheitspolitik vorgelegt und kommuniziert werden.

Bonität und Liquidität haben den Kognitions- und Kommunikationsaspekt gemeinsam: Bei der Bonität wie bei der Liquidität kommt es primär darauf an, *wie die Bank von ihren Partnern eingeschätzt wird*, und die Tatsachen über Erfolgs- und Liquiditätsrisiken sind erst sekundär von Bedeutung. Im Fall einer Unternehmenskrise, sei es in bezug auf Bonität oder Liquidität, kann sogar der Fall eintreten, daß kommunizierte Tatsachen über ausreichende Bonität oder Liquidität wirkungslos sind, weil sich die Partner ausschließlich von ihrer subjektiven Einschätzung und vom Verhalten anderer Partner der Bank leiten lassen.

Eine Maximierung des Zielausmaßes wäre bei der Bonität ebenso sinnlos wie bei der Liquidität. Die Bank setzt sich auch bei der Bonität eine Mindestnorm, die als Nebenbedingung wirkt.

Zwischen der Bonität einerseits und dem Erfolgsziel und dem Liquiditätsziel andererseits besteht *Zielkomplementarität*. Je höher die Bonität einer Bank eingeschätzt wird, um so leichter wird für diese Bank auch die Sicherung der Liquidität, denn sie gilt am Geldmarkt jederzeit als guter Schuldner. Je höher die Bonität, die ja auch auf in der Vergangenheit erzielten Erfolgen beruht, um so besser kann diese Bank auch ihre Emissionen, insbesondere Zinstitel, plazieren. Wenn die Emissionen dieser Bank von internationalen Rating-Agenturen ein sehr gutes Rating erhalten haben, dann kann sie diese auch zu besonders günstigen Konditionen plazieren, und das trägt zu einer Verbesserung der Ertragslage und damit zu einer Steigerung des Erfolgszielausmaßes bei.

### bd) Nebenbedingung Legalität

Das begrenzte Ziel der Legalität, also die Einhaltung der geltenden bankrechtlichen Vorschriften, mag als selbstverständliche Nebenbedingung betrachtet werden. Bei einem Vergleich der Banksysteme, der Bankaufsicht und der bankrechtlichen Vorschriften verschiedener Länder, innerhalb der Europäischen Union (EU) und darüber hinaus, zeigt sich jedoch, daß nicht in allen Ländern die relevanten Rechtsvorschriften so genau eingehalten werden wie dies aus deutscher Sicht selbstverständlich erscheint. Aber auch in Deutschland erhält ein Problem, das dem Legalitätsstreben entgegensteht, immer mehr Gewicht: die Komplexität insbesondere bankaufsichtsrechtlicher Vorschriften, z.B. der Grundsätze für Eigenkapital und Liquidität des Bundesaufsichtsamtes. Wegen der Komplexität dieser Vorschriften ist es gar nicht so einfach, auch bei bestem Willen aller Beteiligten, die aufsichtsrechtlichen Vorschriften vollkommen zu erfüllen. Im Prinzip kann man natürlich behaupten, es ließe sich jederzeit klar entscheiden, ob eine Bank das begrenzte Ziel der Legalität erfüllt oder nicht. In der Praxis gilt jedoch, daß, je komplexer die Vorschriften sind, die Banken um so größere Anstrengungen auf sich nehmen müssen, um eine gute Annäherung an den Zustand der vollkommenen Legalität zu erreichen.

## 1.6 Sachfunktionen, Grundfunktionen und Effizienzkriterien für EDV-Anwendungssysteme

### 1.6.1 Sachfunktionen und Grundfunktionen

Zur Charakterisierung der EDV-Anwendungssysteme und für ihre Einordnung in die Strukturpyramide (Abb. 1.4-3) ist nicht nur eine Betrachtung der Objekte aufschlußreich, die Gegenstand der Systemanwendungen sind, sondern es sollen die Systeme auch in Hinsicht auf ihre Grundfunktionen transparent gemacht werden. EDV-Anwendungssysteme üben vielfältige *Sachfunktionen* aus, z.B. Kontostandsanzeige, Zinsberechnung, Verbuchung etc. Bei den Sachfunktionen handelt es sich aber nicht nur um Systemfunktionen, die die Erfüllung sachbearbeitender Teilaufgaben zum Gegenstand haben, sondern auch um Funktionen, die die Kundenberater, Planer und Entscheidungsträger unterstützen. Diese Fülle von Sachfunktionen, die von bankbetrieblichen EDV-Anwendungssystemen insgesamt ausgeübt werden, kann man auf relativ wenige Grundfunktionen zurückführen. Mit Hilfe dieser Grundfunktionen kann man die Sachfunktionen eines EDV-Anwendungssystems systematisieren, so daß Transparenz entsteht und der Betrachter die wesentlichen Beiträge, die ein Anwendungssystem leisten kann, besser erkennt. In den bankbetrieblichen EDV-Anwendungssystemen lassen sich jeweils eine oder mehrere der folgenden *Grundfunktionen* nachweisen:

**a) Geschäftsabwicklung**
Mit Systemen, die diese Grundfunktion aufweisen, werden Bankgeschäfte abgewickelt. Sie üben Sachfunktionen aus, wie z.B. Prüfung des Kontostandes, Barauszahlung, Berechnung von Zinsen, Buchung von Umsätzen auf Kundenkonten. Einige der Geschäftsabwicklung dienende Systeme ermöglichen es auch der Kundschaft, selbst der Bank Aufträge zu erteilen und Basisdaten wie z.B. Kontostände, Umsätze, Depots, Kurse etc. abzufragen.

**b) Basisdaten-Administration**
Systeme mit dieser Grundfunktion dienen der Verwaltung von Basisdaten, z.B. Kunden-Stammdaten, Wertpapier-Stammdaten etc.

**c) Beratungsunterstützung**
Bestimmte Systeme unterstützen die Kundenberatung. Sie werden entweder von einem Berater benutzt, der Mitarbeiter der Bank ist, oder auch von den Kunden selbst. Systeme dieser Art führen beispielsweise Modellrechnungen für die Finanzierung oder Geldanlage im Computer-Dialog durch.

**d) Geschäftsdokumentation**
Systeme mit dieser Grundfunktion werten Datenbestände aus, um über das Geschäft der Vergangenheit Aufstellungen für das dokumentäre Rechnungswesen zu erzeugen.

### e) Entscheidungsunterstützung

Die Grundfunktion Entscheidungsunterstützung hat die Teilfunktionen Analyse, Bewertung und Planungsunterstützung.

- **Analyse**

Systeme mit der Teilfunktion Analyse dienen dazu, interne oder externe Daten der Bank zu untersuchen. Beispiel: Untersuchung der Produktnutzung durch verschiedene Kundengruppen.

- **Bewertung**

Systeme mit dieser Teilfunktion lesen Basisdaten ein, unterstützen den Benutzer aber bei Bewertungsvorgängen wie Bonitäts- und Marktwertermittlung, Kalkulation u. ä.

- **Planungsunterstützung**

Systeme mit der Funktion Planungsunterstützung gehen über die Teilfunktionen Analyse und Bewertung hinaus und erarbeiten gezielt Unterlagen, die für die Planung benötigt werden.

### f) Steuerung

Systeme mit der Grundfunktion Steuerung stellen Informationen über Zustände und Vorgänge im Kompetenzbereich von Entscheidungsträgern bereit, beispielsweise über die unterjährige Zielerreichung einer Filiale, so daß der jeweilige Entscheidungsträger, im Beispiel der Filialleiter, seine Aktivitäten auf diese Steuerungsinformation hin ausrichten und z.B. bei Leistungsdefiziten seiner Filiale zusätzliche Anstrengungen unternehmen kann.

Die *Grundfunktionen*, die von den Anwendungssystemen auf den einzelnen Aufgabenebenen ausgeübt werden (Abb. 1.6.1-1), unterscheiden sich natürlich: Auf der Basis-Ebene steht die Geschäftsabwicklung, die Basisdaten-Administration und die Geschäftsdokumentation im Vordergrund, während die Grundfunktionen auf der operativen Ebene primär Beratungsunterstützung und Entscheidungsunterstützung (insbesondere Analyse und Bewertung) sowie Steuerung sind. Die Grundfunktion der Systeme auf der strategischen Ebene ist Entscheidungsunterstützung mit ihren Teilfunktionen Analyse und Bewertung.

Bei der Behandlung von EDV-Anwendungssystemen werden in der vorliegenden Schrift jeweils auch die Grundfunktionen identifiziert, die von diesen Systemen ausgeübt werden. Dies soll eine Orientierungshilfe für Betrachter sein, die die prinzipielle Funktionsweise solcher Systeme durchschauen wollen. Zu dem IT-orientierten Ansatz, der hier verfolgt wird, gehört aber nicht nur, daß Systeme beschrieben und transparent gemacht werden, sondern es sollen auch die Beiträge der Systeme zur Stärkung *strategischer Erfolgsfaktoren* (vgl. Kap. 6.1.1.3) und zur Erreichung bankbetrieblicher *Unternehmensziele*, insbesondere des Erfolgsziels und des Sicherheitsziels (vgl. Kap. 1.5.3), herausgearbeitet werden. Dies wird aber dadurch erschwert, daß ein direkter Zusammenhang zwischen den Leistungsmerkmalen eines EDV-Anwendungssystems einerseits und einem strategischen Erfolgsfaktor und/oder einem bankbetrieblichen Unternehmensziel andererseits nicht zuverlässig hergestellt werden kann. Daher müssen operationale Effizienzkriterien verwendet werden, die die für die Erfolgsfaktoren und operativen Unternehmensziele relevanten Leistungsmerkmale der Systeme erfassen und so wenigstens näherungsweise eine an Erfolgsfaktoren und Unternehmenszielen orientierte Bewertung der System-Leistungsfähigkeit ermöglichen.

| Aufgabenebene | Bezugseinheit | Grundfunktionen |
|---|---|---|
| Strategische Ebene | Strategie | Entscheidungsunterstützung (Analyse und Bewertung) |
| Operative Ebene | Funktion | Entscheidungsunterstützung (Analyse, Bewertung und Planung) |
| | | Steuerung |
| | | Geschäftsdokumentation |
| | Strategisches Geschäftsfeld | Entscheidungsunterstützung (Analyse und Bewertung) |
| | | Beratungsunterstützung |
| | | Geschäftsabwicklung |
| | | Geschäftsdokumentation |
| | Einzel-dimension | Entscheidungsunterstützung (Analyse und Bewertung) |
| Basis-ebene | Einzel-dimension | Geschäftsabwicklung |
| | | Basisdaten-Administration |
| | | Geschäftsdokumentation |

Abb. 1.6.1-1 Aufgabenebenen, Bezugseinheiten und Grundfunktionen

## 1.6.2 Effizienzkriterien für EDV-Anwendungssysteme

Hersteller von Hard- und Software, Beratungsunternehmen und Bankpraktiker heben immer wieder die strategische Bedeutung von bankbetrieblichen EDV-Anwendungssystemen hervor, ohne dieses Postulat sachlogisch zu begründen. In der vorliegenden Schrift werden die strategisch relevanten Auswirkungen des Systemeinsatzes anhand der strategischen Erfolgsfaktoren herausgearbeitet und der Bewertung der Systeme zugrunde gelegt.

*Strategische Erfolgsfaktoren* sind als Einflußgrößen zu verstehen, von denen der Erfolg des jeweiligen Unternehmens, hier eines Kreditinstituts, ursächlich abhängt. Üblicherweise werden sie in zwei Gruppen eingeteilt, Erfolgsfaktoren der Marktattraktivität und Erfolgsfaktoren der relativen Wettbewerbsstärke (vgl. Kap. 6.1.1.3). Die strategischen Erfolgsfaktoren der Marktattraktivität beschreiben Märkte, in denen das Institut tätig ist oder tätig werden könnte. Je attraktiver ein Markt ist, desto wichtiger ist es, daß die Bank in diesem Markt tätig ist oder in diesen Markt eintritt, desto größer ist aber auch die Wahrscheinlichkeit, daß Konkurrenten ihre Geschäftstätigkeit in diesem Markt aufnehmen. Als strategische Erfolgsfaktoren der *Marktattraktivität* kommen in Betracht:

- Marktpotential
- Konkurrenzsituation
- Wirtschaftliche, rechtliche und politische Rahmenbedingungen
- Kundenverhalten
- Rationalisierungspotential
- Erzielbarer Deckungsbeitrag (i. S. v. Preisdurchsetzbarkeit)

Während die strategischen Erfolgsfaktoren der Marktattraktivität den Blick der Bank nach außen, also auf Märkte richten, vermitteln die strategischen Erfolgsfaktoren der relativen Wettbewerbsstärke primär eine Innensicht: Sie beschreiben Stärken und Schwächen der Bank jeweils in bezug zu den Ausprägungen dieser Erfolgsfaktoren beim stärksten Konkurrenten am Markt. Als strategische Erfolgsfaktoren der *relativen Wettbewerbsstärke* kommen in Betracht:

- Kundenorientierung
  - Einfühlung in Bedürfnisse und Erwartungen von Kunden und Mitarbeitern
  - Ausrichtung von Personal, Organisation, Führung etc. auf Bedürfnisse und Erwartungen von Kunden und Mitarbeitern
- Kundennähe im Vertrieb
  - Räumliche Kundennähe
  - Personelle Kundennähe
  - Technische Kundennähe
- Leistungsangebot
  - Breite
  - Tiefe
  - Qualität
- Image und Corporate Identity
- Personal
  - Qualifikation für Beratung, Verkauf, Abwicklung und Stabsfunktionen
  - Leistungsmotivation
- Effizienz der Führung und Steuerung
- Wirtschaftlichkeit der Leistungserstellung und -verwertung

Diese strategischen Erfolgsfaktoren wurden zwar in Zusammenhang mit dem strategischen Informationsmanagement erarbeitet (vgl. Meyer zu Selhausen 1994a), sie sind aber für das strategische Bankmanagement insgesamt brauchbar.

Im Verlauf des strategischen Planungsprozesses werden u.a. in bezug auf vorhandene oder geplante Geschäftsfelder eine Chancen- und Risiken-Analyse und eine Stärken- und Schwächen-Analyse durchgeführt. Bei der *Chancen- und Risiken-Analyse* bewertet man den betrachteten Markt in bezug auf die strategischen Erfolgsfaktoren der Marktattraktivität, und bei der *Stärken- und Schwächen-Analyse* bewertet man die Stärken und Schwächen der betrachteten Bank in bezug auf die strategischen Erfolgsfaktoren der relativen Wettbewerbsstärke. Führt man nun die Bewertungsergebnisse bezüglich der einzelnen strategischen Erfolgsfaktoren zusammen, dann ergibt sich die *Wettbewerbsposition* (Erfolgsposition) der Bank in dem betrachteten Geschäftsfeld.

Wenn bankbetriebliche EDV-Anwendungssysteme in der vorliegenden Schrift auch nach dem Kriterium der *Wettbewerbsvorteile*, die mit ihrer Hilfe erzielt werden können, beurteilt werden, dann geschieht dies, um den potentiellen Beitrag von EDV-Anwendungssystemen zur Stärkung der bankbetrieblichen Erfolgsposition herauszuarbeiten. Da es sich hierbei um Anwendungssysteme handelt, die die Bank einsetzt, um ihre Stärke im Wettbewerb auszubauen und dadurch Wettbewerbsvorteile zu erzielen, kommen

48 ■ Grundlagen

als strategische Erfolgsfaktoren, in bezug auf die die Bewertung durchgeführt wird, nur diejenigen der relativen Wettbewerbsstärke in Betracht.

Die strategischen Erfolgsfaktoren und die von ihnen abzuleitenden Effizienzkriterien für den IT-Einsatz sind in den *Gesamtzusammenhang* zwischen Grundauftrag und Leitbild der Bank einerseits und den operativen Unternehmenszielen Erfolg und Sicherheit andererseits eingebettet (vgl. Abb. 1.6.2-1).

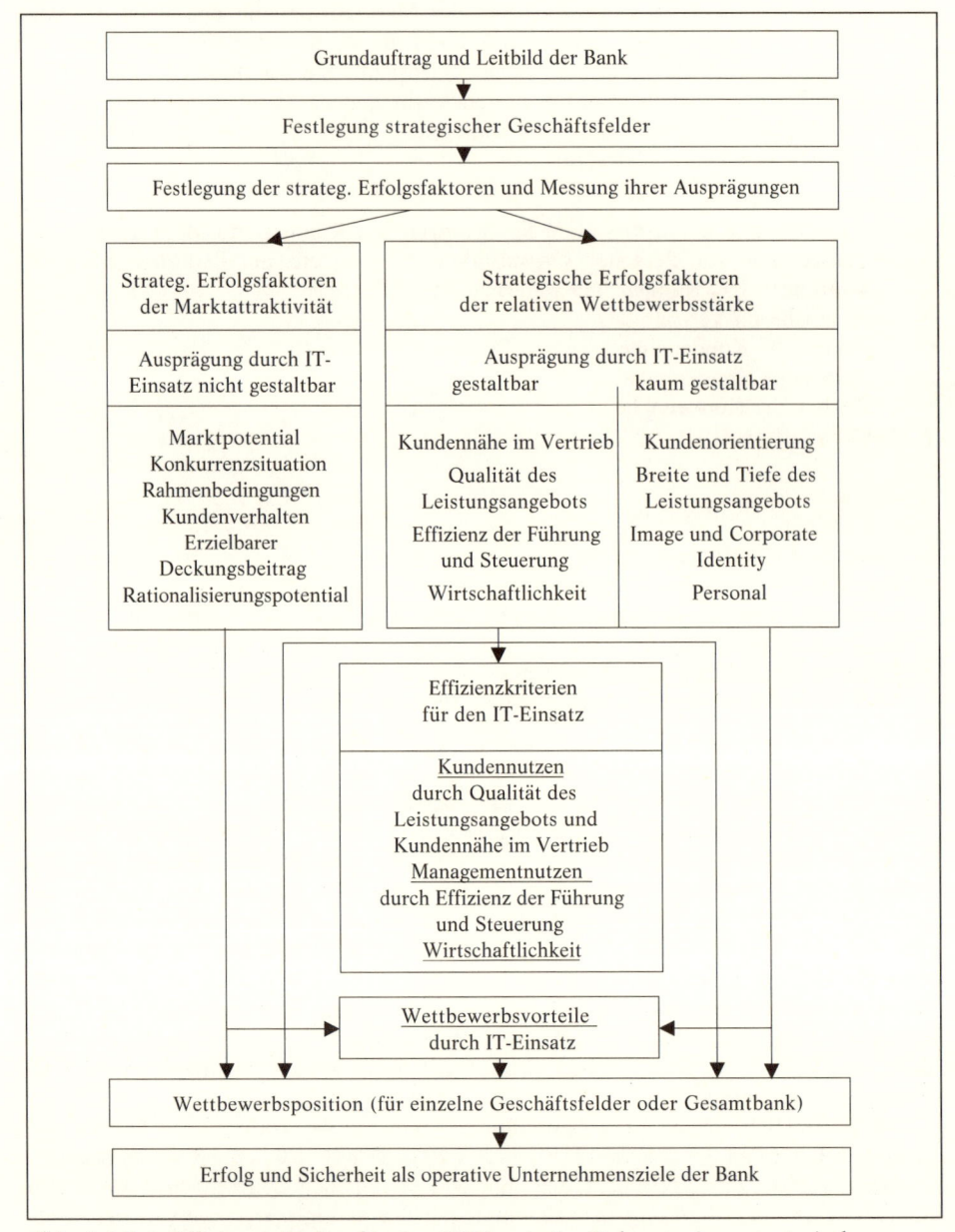

Abb. 1.6.2-1: Effizienzkriterien für den IT-Einsatz im Rahmen einer strategischen Zielkonzeption

Soweit für ein Institut ein spezieller *Grundauftrag* (vgl. Kap. 1.5.1) besteht, bestimmt dieser maßgebend die strategische Ausrichtung dieses Instituts. In jedem Fall, also auch wenn kein spezieller Grundauftrag besteht, wird hier davon ausgegangen, daß das Institut, explizit oder implizit, ein Leitbild entwickelt und, darauf aufbauend, strategische Geschäftsfelder abgegrenzt und hierfür strategische Geschäftskonzeptionen entwickelt hat (vgl. Kap. 6.1.3). Es hat damit *strategische Vorentscheidungen* (vgl. Kap. 1.5.2) getroffen, die hier als gegeben angenommen werden. Bei diesen Vorentscheidungen sind auch die als relevant betrachteten strategischen Erfolgsfaktoren festgelegt und ihre Ausprägungen sind gemessen worden.

In Abb.1.6.2-1 sind auch die der vorliegenden Schrift zugrunde gelegten *strategischen Erfolgsfaktoren* aufgeführt, und es sind von den Erfolgsfaktoren der relativen Wettbewerbsstärke diejenigen besonders gekennzeichnet, deren Ausprägung durch IT-Einsatz gestaltbar ist. Es handelt sich konkret um die Qualität des Leistungsangebots, die Kundennähe im Vertrieb, die Effizenz der Führung und Steuerung und die Wirtschaftlichkeit der Leistungserstellung und –verwertung.

Von diesen Erfolgsfaktoren werden die *Effizienzkriterien* für den IT-Einsatz abgeleitet. Die Begriffe Effizienz und Effektivität werden hier in Anlehnung an Hill/Fehlbaum/Ulrich (1994) folgendermaßen definiert: Eine Maßnahme ist *effektiv*, wenn sie grundsätzlich geeignet ist, ein gegebenes Ziel zu erreichen. *Effizient* ist eine Maßnahme dann, wenn sie es ermöglicht, das Ziel mit dem vergleichsweise geringsten Aufwand oder mit gegebenem Aufwand den höchsten Zielerreichungsgrad zu realisieren. Damit impliziert die Effizienz also einen Vergleich der Zielwirksamkeit von mindestens zwei effektiven Maßnahmen. Unter Aufwand ist hierbei nicht nur der bewertete Verbrauch von Input-Faktoren zu verstehen, sondern ganz allgemein eine Einbuße an knappen Gütern und/oder wünschenswerten Zuständen wie z.B. Zielerreichungsgraden. So kann eine Maßnahme auch dann effizient sein, wenn sie dazu führt, daß ein gegebenes Ziel mit der vergleichsweise geringsten Einbuße beim Erreichungsgrad eines konkurrierenden Ziels realisiert wird.

Das Effizienzkriterium *Kundennutzen* (vgl. Abb. 1.6.2-1) erfaßt die durch IT-Einsatz gestaltbare (beeinflußbare) Qualität des Leistungsangebotes und die Kundennähe im Vertrieb, also kundenbezogene Auswirkungen des Systemeinsatzes. Das Effizienzkriterium *Managementnutzen* erfaßt die Auswirkungen von Systemen auf die Effizienz der Führung und Steuerung, die das Bankmanagement erzielt. Kunden- und Managementnutzen sind so komplexe Konstrukte, daß sie durch Nutzendimensionen spezifiziert werden müssen. Durch das Effizienzkriterium der *Wirtschaftlichkeit* werden schließlich die Auswirkungen des Systemeinsatzes auf Kosten und Erlöse der Bank erfaßt.

Ob durch den IT-Einsatz *Wettbewerbsvorteile* erzielt werden können, hängt nicht nur von den Leistungsmerkmalen der Systeme bezüglich der Effizienzkriterien Kundennutzen, Managementnutzen und Wirtschaftlichkeit ab, sondern auch von den Ausprägungen von Erfolgsfaktoren der Marktattraktivität sowie von Erfolgsfaktoren der relativen Wettbewerbsstärke, deren Ausprägungen durch IT-Einsatz kaum gestaltbar sind (vgl. Abb. 1.6.2-1). Der *Wirkungszusammenhang* zwischen den Erfolgsfaktoren einerseits und der Wettbewerbsposition und den operativen Unternehmenszielen der Bank andererseits gilt grundsätzlich nicht isoliert für jeden einzelnen Erfolgsfaktor, sondern die Erfolgsfaktoren wirken sich gemeinsam, je nach Anwendungssystem in individuellen Konfigurationen, auf die Wettbewerbsposition und indirekt auf die Erreichung der Unternehmensziele der Bank aus.

Zur Verdeutlichung dieses komplexen Wirkungszusammenhangs sei auf folgende *Beispiele* verwiesen: Ein EDV-Anwendungssystem, das zur Verbesserung der Wirtschaftlichkeit der Geschäftsabwicklung im Zahlungsverkehr beitragen soll, z.B. das System T-

Online (vgl. Kap. 2.1.3.1.2), kann seinen Beitrag zur Verbesserung der Wirtschaftlichkeit nur dann leisten, wenn von den Erfolgsfaktoren der Marktattraktivität wenigstens das Kundenverhalten, konkret die Akzeptanz von kundenbedienten Systemen, günstig ausgeprägt ist. Als weiteres Beispiel sei ein System zur Verbesserung der Kundenberatung genannt. Mit Hilfe dieses Systems kann der Kundennutzen durch Verbesserung der Beratung als Bestandteil der Qualität einer Bankleistung gesteigert werden. Dies setzt aber voraus, daß ein anderer Erfolgsfaktor, hier das Personal als Erfolgsfaktor der relativen Wettbewerbsstärke, in den Dimensionen Qualifikation und Motivation so ausgeprägt ist, daß das System wie geplant bei der Kundenberatung zum Einsatz kommt und wirklich zur Verbesserung des Kundennutzens beiträgt.

Sind im Sinne dieses komplexen Wirkungszusammenhangs der Erfolgsfaktoren alle notwendigen Voraussetzungen gegeben, dann können durch IT-Einsatz Wettbewerbsvorteile entstehen, die zur Verbesserung der Wettbewerbsposition und – indirekt – zur Erreichung der operativen Unternehmensziele der Bank beitragen. Neben diesem IT-bezogenen Wirkungszusammenhang gilt natürlich ganz allgemein, daß sich praktisch alle für das Bankgeschäft relevanten strategischen Erfolgsfaktoren mit ihren im konkreten Fall festzustellenden Ausprägungen auf die Wettbewerbsposition und damit auf die Erreichung der operativen Unternehmensziele der Bank auswirken (vgl. Abb. 1.6.2-1). Denn es ist offenkundig, daß die Ausprägungen von Erfolgsfaktoren der relativen Wettbewerbsstärke nicht nur durch IT-Einsatz gestärkt werden können, sondern z.B. auch durch Maßnahmen der Funktionalbereiche Marketing und Vertrieb, Organisation und Personal. Die Erfolgsfaktoren der Marktattraktivität wirken sich, wie erwähnt, auch auf die Wettbewerbsposition aus, allerdings eher im Sinne von Umfeldbedingungen, weil sie von der Bank selbst (fast) nicht beeinflußt werden können.

Angesichts der Vielfalt der bankbetrieblichen EDV-Anwendungssysteme, die derzeit schon im Einsatz sind, ist nicht immer leicht zu erkennen, welche Effizienzkriterien im Einzelfall relevant sind. Um hierzu eine Orientierungshilfe zu geben, wird zunächst eine Strukturierung der im bankbetrieblichen Einsatz befindlichen Systeme nach dem Prozeßtyp und nach der Novität der Bankleistungen/Aufgaben vorgenommen. Wenn im Bankbetrieb neue EDV-Anwendungssysteme eingeführt werden, dann stellen sich entweder neue Geschäftsprozesse mit Kunden oder neue interne Prozesse ein (*Prozeßtyp*). Abb. 1.6.2-2 zeigt, daß diese Systeme für konventionelle oder neue Bankleistungen/Aufgaben eingesetzt werden (*Novität*) und verschiedene Grundfunktionen erfüllen. Es ergeben sich vier Konstellationen, für die die Relevanz der einzelnen Effizienzkriterien ganz unterschiedlich zu beurteilen ist.

**a) Neue Geschäftsprozesse mit Kunden für konventionelle Bankleistungen**
Konventionelle Bankleistungen sind dadurch gekennzeichnet, daß es sie mit ihren Grundelementen auch schon vor Einführung der EDV-Systeme gab, und daß ihre Erstellung auf der Grundlage neuer Geschäftsprozesse mit Kunden (EDV-gestützt) zu technisch bedingten Varianten z.B. hinsichtlich der Dateneingabe geführt hat. Bei dieser Konstellation steht die Grundfunktion der *Geschäftsabwicklung* im Vordergrund, und die EDV-Systeme übernehmen hier die Aufgabe, die Betriebskosten zu senken. Zu konventionellen Bankleistungen kann im Einzelfall auch eine Beratungskomponente gehören, z.B. im Wertpapiergeschäft. EDV-Systeme können hier eine gewisse *Beratungsunterstützung* leisten, indem sie die Anzeige von Daten, z.B. Depot- und Kursdaten, ermöglichen.

| Prozeßtyp \ Novität von Bankleistungen/Aufgaben | konventionell | neu |
|---|---|---|
| Neue Geschäfsprozesse mit Kunden | (a)<br>Geschäftsabwicklung<br>z. B. Auszahlungen, Überweisungen<br><br>Beratungsunterstützung<br>z. B. Datenanzeige | (b)<br>Geschäftsabwicklung<br>z. B. Cash Management mit Pooling, Netting etc.<br><br>Beratungsunterstützung<br>Analytische Verfahren,<br>z. B. Duration-Analyse |
| Neue interne Prozesse | (c)<br>Geschäftsabwicklung<br>z. B. Lohn- und Gehaltsabrechnung<br><br>Geschäftsdokumentation<br>z. B. Buchhaltung<br><br>Basisdaten-Administration<br>z. B. Kunden-Stammdaten<br><br>Entscheidungsunterstützung<br>z. B. Datenanzeige | (d)<br>Geschäftsdokumentation<br>z. B. Meldewesen<br><br>Steuerung<br>z. B. Zielvereinbarung<br><br>Basisdaten-Administration<br>z. B. Markt- und Konkurrenzdaten<br><br>Entscheidungsunterstützung<br>Analytische Verfahren,<br>z. B. Basis Point Value-Analyse |

Abb. 1.6.2-2 Grundfunktionen von EDV-Anwendungssystemen, gegliedert nach Prozeßtyp und Novität von Bankleistungen/Aufgaben

### b) Neue Geschäftsprozesse mit Kunden für neue Bankleistungen

Der Einsatz von EDV-Awendungssystemen hat bisher nur in ganz geringem Umfang zur Entwicklung neuer Bankleistungen geführt. Hier sei beispielsweise auf Pooling und Netting verwiesen, zwei neue Leistungsarten, die mit Cash Management-Systemen (vgl. Kap. 4.1.4.2) *abgewickelt* werden können. Die Institute können diese neuen Leistungsarten nur deshalb realisieren, weil es EDV-Systeme gibt, die Informationen in großem Umfang schnell übertragen und verarbeiten. Ganz entsprechend verhält es sich mit Leistungsarten, zu denen eine komplexe Beratungskomponente gehört: Werden bei der Betreuung eines Rentendepots analytische Verfahren angewandt, z.B. die Duration-Analyse, dann läßt sich dies nur realisieren, wenn ein EDV-System die Analysen durchführt und dadurch in erheblichem Umfang zur *Beratungsunterstützung* beiträgt. Derartige analytische Verfahren kann man grundsätzlich natürlich auch manuell durchrechnen, tatsächlich hätte das aber keine Aussicht auf Erfolg in der Praxis, denn die Kundenberater wären mit Sicherheit zu dieser Tätigkeit nicht bereit, ganz abgesehen davon, daß sie viel mehr Zeit in Anspruch nehmen würde, als Kunden im Beratungsprozeß aufzubringen bereit wären.

### c) Neue interne Prozesse für konventionelle Aufgaben

Die Geschäftsdokumentation, z.B. die Buchhaltung, ist eine selbstverständlich zu erfüllende konventionelle Aufgabe, nicht erst seit es EDV-Systeme gibt. Von Anfang an war man in den Kreditinstituten bestrebt, die *Geschäftsdokumentation* in möglichst großem Umfang durch EDV-Systeme abzuwickeln, um das hier erkennbare Rationalisierungspotential zu nutzen und damit Betriebskosten zu senken. Zu den internen Prozessen gehört auch die *Basisdaten-Administration*, z.B. die Verwaltung von Kunden- und Wertpapier-Stammdaten (vgl. Kap. 2.2 und 2.1.6.1.1). Auch hier liegen konventionelle Aufgaben vor, die auf der Grundlage neuer interner Prozesse (EDV-gestützt) sehr viel besser erledigt werden können. Schließlich können EDV-Systeme auch mit einfachen Funktionen, z.B. der Anzeige von Daten des Wertpapiereigenbestandes, Unterstützung leisten, um konventionelle *Entscheidungsprobleme zu bewältigen*. Die Erfüllung konventioneller Aufgaben wird durch EDV-Systeme also erleichtert, sie wäre grundsätzlich aber noch manuell realisierbar.

**d) Neue interne Prozesse für neue Aufgaben**
EDV-Anwendungssysteme, die die Grundfunktion der *Geschäftsdokumentation* erfüllen, bewältigen teilweise auch Aufgaben, z.B. im Bereich des Meldewesens (vgl. Kap. 2.3.1), die ohne EDV-Systeme nicht bewältigt werden könnten, weil sie extrem umfangreich und komplex sind und unter einem Zeitdruck ausgeführt werden müssen, der manuelle Bearbeitung ausschließt. Systeme mit der Grundfunktion *Steuerung* ermöglichen eine Verbesserung der Unternehmenssteuerung der Kreditinstitute, z.B. durch kontinuierliche Anzeige der Zielerreichung für jeden Partner im Zielvereinbarungsprozeß, was manuell nicht realisierbar wäre. Und auch die Anwendung analytischer Verfahren, z.B. des Basis Point Value-Verfahrens, bei der Unternehmenssteuerung mit Hilfe von Systemen, die die Grundfunktion der *Entscheidungsunterstützung* erfüllen, ist manuell nicht realisierbar. Auch hier laufen neue interne Prozesse (EDV-gestützt) ab, um neue Aufgaben zu bewältigen, die manuell nicht bewältigt werden könnten.

In den Konstellationen a) bis d) werden EDV-Anwendungssysteme eingesetzt, die ganz verschiedene Grundfunktionen ausüben, und deren Einsatz auch entsprechend unterschiedliche Auswirkungen bezüglich der Effizienzkriterien hat. Bei den neuen Prozessen mit Kunden stehen die Effizienzkriterien Kundennutzen (vgl. Kap. 1.6.2.1) und Wirtschaftlichkeit (vgl. Kap. 1.6.2.3) im Mittelpunkt, während das Kriterium Managementnutzen (vgl. Kap. 1.6.2.2) bei den neuen internen Prozessen absoluten Vorrang vor dem Kriterium Wirtschaftlichkeit hat. In beiden Fällen sind dann noch die Auswirkungen auf das Kriterium Wettbewerbsvorteile (vgl. Kap. 1.6.2.4) zu prüfen.

### 1.6.2.1 Kundennutzen

Der Kundennutzen, den ein Unternehmen, hier ein Kreditinstitut, mit seinem Leistungsangebot bieten kann, ist für den Erfolg des Unternehmens von zentraler Bedeutung. Kunden erwarten einen bestimmten Nutzen von den angebotenen Leistungen, und diese Nutzenerwartung ist es zunächst, die sie zum Kauf motiviert. Bei bestehenden Geschäftsverbindungen haben sie schon Erfahrungen mit dem Leistungsangebot des Unternehmens gemacht, und sie erwarten, daß ihnen die angebotenen Leistungen auch weiterhin den gewohnten Nutzen bringen. Ob der gebotene Kundennutzen dem Institut auch Wettbewerbsvorteile verschafft, wird gem. Kap. 1.6.2.4 zu prüfen sein.

Der Nutzen, den ein Kunde durch Abnahme einer Bankleistung in Anspruch nehmen kann, ist grundsätzlich unter Berücksichtigung von *Qualität und Preis* dieser Leistung zu ermitteln. Die Qualität einer Bankleistung läßt sich im Regelfall nur durch eine Vielzahl von Qualitätsdimensionen erfassen, und es kann sein, daß auch für den Preis mehrere Dimensionen unterschieden werden müssen. Jede dieser Dimensionen bezieht sich auf einen Sachverhalt, der für den Kundennutzen relevant ist, so daß man jeder Qualitäts- und Preisdimension eine Nutzendimension zuordnen kann.

Nutzen ist nicht objektivierbar; er ist individuell abhängig vom einzelnen Kunden, der eine Leistung in Anspruch nimmt, und er ist daher als subjektiv zu betrachten. Dieses Problem der *Individualität und Subjektivität des Kundennutzens* kann ein Institut dadurch abmildern, daß es Zielgruppen definiert, also Gruppen von Kunden, die u.a. durch eine gewisse Gleichartigkeit ihrer Bedürfnisstruktur gekennzeichnet sind. Gelingt dies, dann kann man versuchen, den Kundennutzen einer Bankleistung für die gesamte Zielgruppe zu bestimmen, wenn auch mit einer gewissen Unschärfe.

Der Nutzen ist nur *ordinal meßbar*; das bedeutet, daß man, wenn man zwei Leistungsarten vergleicht, die geeignet sind, dasselbe Bedürfnis zu befriedigen, den Vergleich nur für einzelne Nutzendimensionen durchführen kann, und daß die Aussage bei der ordinalen Nutzenmessung lediglich darin besteht, daß die eine Leistung bezüglich der betrachteten Nutzendimension einen höheren Nutzen bietet als die andere. Kardinale Messung des Nutzens ist dagegen nicht möglich, also eine Aussage, um wieviel der Nutzen der einen Leistung bezüglich der betrachteten Nutzendimension höher ist als der Nutzen der anderen Leistung.

Die Leistungsarten, die ein Institut anbietet, werden hier mit i (i = 1, ..., m) bezeichnet. Das Sortiment des Instituts umfaßt also m Leistungsarten. Für jede dieser Leistungsarten können n Qualitäts- und Preisdimensionen (k = 1, ..., n) in Betracht kommen. Eine bestimmte Qualitäts- oder Preisdimension k der Leistungsart i hat dann ganz konkret die Ausprägung $q_{ik}$. Jeder Ausprägung $q_{ik}$ kann nun eine Nutzenkomponente $u_{ik} \geq 0$ zugeordnet werden. Hierbei ist zu berücksichtigen, daß die Qualitäts- und Preisdimensionen k der Leistungsart i unterschiedliches Gewicht $g_{ik}$ in Abhängigkeit von Frequenz und Relevanz haben können (vgl. Bühler 1993): *Je öfter* ein Kunde Leistungsart i in Anspruch nimmt, bei der Qualitäts- oder Preisdimension k zutreffend ist, desto größer ist das Gewicht $g_{ik}$ der Qualitäts- oder Preisdimension k und damit der Nutzenkomponente $u_{ik}$. Es kann aber auch sein, daß eine Qualitätsdimension k für einen Kunden, der Leistungsart i in Anspruch nimmt, große *Relevanz* aufweist, z.B. die Schnelligkeit bei der Ausführung von Börsenorders. Diese Qualitätsdimension k erhält dann für diesen Kunden ein großes Gewicht $g_{ik}$ und damit einen hohen Wert der Nutzenkomponente $u_{ik}$. Um die Nutzenkomponente $u_{ik}$ zu ermitteln, ist es daher erforderlich, die Ausprägung der Qualitäts- oder Preisdimension $q_{ik}$ mit dem Gewicht $g_{ik}$ zu multiplizieren:

$$u_{ik} = g_{ik} * q_{ik}$$

Da die Nutzenkomponenten $u_{ik}$ einer Leistung i nicht zu einer Gesamtnutzengröße addiert werden können, verbleibt nur die Möglichkeit einer *Profildarstellung* (vgl. Abb. 1.6.2.1-1).

Wenn man einer Zielgruppe eine Leistungsart anbietet, die unter Verwendung von Automaten und EDV-Systemen erstellt wird, dann wird die Zielgruppe diese neue oder modifizierte Leistungsart mit der konventionell erstellten Leistungsart vergleichen, die zur Befriedigung desselben Kundenbedürfnisses, z.B. Barauszahlung, geeignet war. Das Konzept der Kundenzufriedenheit erfordert also eine Bezugnahme auf eine *Referenz-Leistungsart* oder -Alternative. Daher vergleichen die Kunden den Nutzen $u_{ik}$ der Leistungsart i bezüglich der Nutzendimension k mit dem Nutzen $u_{jk}$ derselben Nutzendimension k bei einer Referenz-Leistung j. Die neue, z.B. auf der Grundlage eines EDV-Systems erstellte Leistungsart i bringt der Zielgruppe den Zusatznutzen $\Delta u_{ik} = u_{ik} - u_{jk}$

Wie Abb. 1.6.2.1-1 zeigt, kann man für die Leistungsarten i und j die Nutzenprofile darstellen, so daß sich auch ein *Zusatznutzenprofil* ergibt. Dieser Zusatznutzen kann positiv, Null oder negativ sein und damit eine Verbesserung, Nutzengleichheit oder eine Verschlechterung der betrachteten Leistungsart i gegenüber der Referenz-Leistungsart j anzeigen. Die *Kundenzufriedenheit* hängt dann vom Verlauf des Zusatznutzenprofils ab: Wenn alle Zusatznutzen-Komponenten positiv sind, liegt höhere Kundenzufriedenheit vor. Der andere Extremfall, alle Zusatznutzen-Komponenten sind negativ, zeigt ausge-

| Dimensionen des Kundennutzens von EDV-Anwendungssystemen | Nutzen 0 1 2 3 4 | Zusatznutzen -4 -3 -2 -1 0 1 2 3 4 |
|---|---|---|
| **1 Geschäfts- und Markttransparenz** | | |
| 1.1 Aktualität | | |
| 1.2 Umfang | | |
| 1.3 Aufbereitung | | |
| 1.4 Darstellung | | |
| **2 Verfügbarkeit der Leistungen** | | |
| 2.1 Räumliche Verfügbarkeit | | |
| 2.2 Zeitliche Verfügbarkeit | | |
| 2.3 Verbreitung der Technik zur Leistungsinanspruchnahme | | |
| 2.4 Umfang der verfügbaren Leistungsarten | | |
| **3 Auftragserteilung** | | |
| 3.1 Ort der Auftragserteilung | | |
| 3.2 Zeitraum der Auftragserteilung | | |
| 3.3 Verbreitung der Technik zur Auftragserteilung | | |

Leistungsart i o (Referenz)
Leistungsart j o

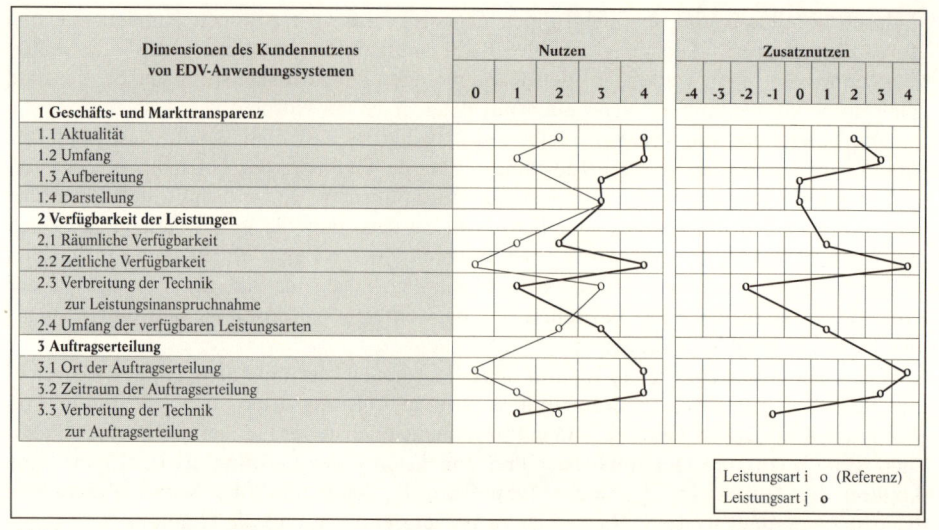

Abb. 1.6.2.1-1: Kundennutzenprofil und Zusatznutzen eines EDV-Anwendungssystems (Ausschnitt aus einer Schemadarstellung)

prägte Unzufriedenheit an. In der Praxis wird sich häufig der Fall einstellen, daß der Zusatznutzen einer neuen Leistungsart i in bezug auf einige Nutzendimensionen positiv ist, in bezug auf andere nicht. In diesem Fall müssen die Kunden die einzelnen Nutzenkomponenten gegeneinander abwägen, also *Werturteile* fällen, die nicht objektiv nachvollziehbar sind. Dies ist einer der Gründe dafür, weshalb man ja auch in der Praxis beobachten kann, daß neue Leistungsarten, insbesondere auch solche, die auf der Grundlage von EDV-Systemen und Automaten erstellt werden, jeweils nur von einem Teil der Zielgruppe in Anspruch genommen werden.

Die folgende Systematisierung der Dimensionen des Kundennutzens berücksichtigt ausschließlich die *Kundensicht*. Ausschlaggebend ist also nur, welchen Nutzen die Kundschaft wahrnimmt, nicht jedoch, welchen Nutzen das Institut bieten wollte. Die folgende Liste der Dimensionen des Kundennutzens (vgl. Abb. 1.6.2.1-2) ist so angelegt, daß sie möglichst alle Nutzendimensionen umfaßt, die bei Einsatz von EDV-Systemen im Rahmen neuer Prozesse mit Kunden gem. Abb. 1.6.2-2 relevant sein können. Daher sind nicht immer alle Nutzendimensionen für jede Leistungsart zutreffend.

Diese Nutzendimensionen strukturieren den Kundennutzen, der mit EDV-Anwendungssystemen erzielt werden kann. In ein umfassendes Kundennutzen-Konzept sind daher weitere Nutzendimensionen einzubeziehen.

Eine *1. Gruppe* von Dimensionen des Kundennutzens erfaßt den Nutzen, den EDV-Anwendungssysteme dadurch bieten, daß sie *Transparenz* verschaffen bezüglich aller Geschäfte eines Kunden mit der betrachteten Bank oder sogar bezüglich eines ganzen Marktes. Die Transparenz wird dadurch hergestellt, daß Systeme Informationen anzeigen, entweder über die Geschäfte, die die Kunden mit ihrer Bank abgeschlossen haben, oder über das Geschehen an den Märkten für Wertpapiere, Devisen und derivative Instrumente, und hierbei sind Aktualität, Umfang, Aufbereitung und Darstellung der angezeigten Informationen von Bedeutung.

Die *2. Gruppe* von Dimensionen des Kundennutzens betrifft die *Verfügbarkeit von Leistungen*, die mit Hilfe von Systemen bereitgestellt werden. Durch Dimension 2.1

Sachfunktionen, Grundfunktionen und Effizienzkriterien für EDV-Anwendungssysteme ■ 55

| 1 Geschäfts- und Markttransparenz | 7 Kostenersparnis |
|---|---|
| 1.1 Aktualität | 7.1 Ersparnis bei Zinsen, Provisionen etc. |
| 1.2 Umfang | 7.2 Betriebskostenersparnis |
| 1.3 Aufbereitung | **8 Dispositionssicherheit** |
| 1.4 Darstellung | 8.1 Ertragserzielung |
| **2 Verfügbarkeit der Leistungen** | 8.2 Liquiditätsdisposition |
| 2.1 Räumliche Verfügbarkeit | 8.3 Risikomanagement |
| 2.2 Zeitliche Verfügbarkeit | **9 Sonstiger Nutzen** |
| 2.3 Verbreitung der Technik zur Leistungsinanspruchnahme | 9.1 Diskretion |
| | 9.2 Prestige |
| 2.4 Umfang der verfügbaren Leistungsarten | 9.3 Zusatzleistungen |
| **3 Auftragserteilung** | 9.4 Bonifikation |
| 3.1 Ort der Auftragserteilung | 9.5 Begünstigung Dritter |
| 3.2 Zeitraum der Auftragserteilung | **10 Benutzerfreundlichkeit** |
| 3.3 Verbreitung der Technik zur Auftragserteilung | 10.1 Ergonomische Gestaltung |
| | 10.2 Benutzerführung |
| 3.4 Umfang erteilbarer Aufträge | **11 Preis** |
| **4 Schnelligkeit** | 11.1 Periodisch zu zahlender Preis |
| 4.1 Bedienungszeit | 11.2 Laufend zu zahlender Preis |
| 4.2 Abwicklungszeit | **12 Kosten des Kunden** |
| 4.3 Auftragserstellungs- und Weiterverarbeitungszeit | 12.1 Anschaffungskosten für Hard- und Software |
| **5 Sicherheit** | 12.2 Laufende Kosten für Lizenzen, Kommunikation und Personal |
| 5.1 Fehlerquote | |
| 5.2 Betrugsrisiko | **13 Abhängigkeit des Kunden** |
| 5.3 Beraubungsrisiko | 13.1 Bindungsdauer bei Verträgen |
| 5.4 Haftung der Kunden | 13.2 Erwartete Belastungen bei Systemwechsel |
| **6 Beratung** | |
| 6.1 Analyse der Geschäftsverbindung | |
| 6.2 Modellrechnungen | |
| 6.3 Unternehmensberatung | |
| 6.4 Finanzmarktanalyse | |

Abb. 1.6.2.1-2: Dimensionen des Kundennutzens

(Räumliche Verfügbarkeit) wird erfaßt, wo die Leistungen verfügbar sind, in einer Filiale oder in allen Filialen einer Bank, am Point of Public, z.B. am Flughafen, bei Banken im Inland oder sogar im Ausland. Dimension 2.2 (Zeitliche Verfügbarkeit) bezieht sich darauf, ob die Leistungen nur während der Öffnungszeit der jeweiligen Bank oder auch außerhalb dieser Zeiträume verfügbar sind. Bei manchen Systemen ist die Verbreitung der Technik zur Leistungsinanspruchnahme wichtig (2.3), z.B. die Anzahl und Netzdichte der Akzeptanzstellen eines Zahlungssystems. Schließlich ist auch der Umfang der verfügbaren Leistungsarten (2.4) zu beachten; diese Nutzendimension erfaßt Art und Anzahl der auf der Grundlage eines Systems bereitgestellten Leistungen.

*Gruppe 3 (Auftragserteilung)* ist nur für Systeme relevant, mit deren Hilfe Kunden ihrer Bank Aufträge erteilen können. Hierbei ist natürlich besonders wichtig, von welchem Ort aus (3.1) und in welchem Zeitraum (3.2) dies geschehen kann. Der Nutzen der Systeme, die unter Verwendung der Telekommunikationstechnik die Auftragserteilung ermöglichen, hängt auch von der Verbreitung (3.3) ab, denn je verbreiteter die Technik ist, desto leichter haben Kunden Zugriff und desto bequemer können sie ihre Aufträge erteilen. Auch bei diesen Systemen hängt der Nutzen vom Umfang erteilbarer Aufträge (3.4) ab; je mehr Leistungsarten mit dieser Technik in Auftrag gegeben werden können, desto größer ist der Kundennutzen.

Die *4. Gruppe* der Dimensionen des Kundennutzens *(Schnelligkeit)* berücksichtigt die Zeit, die die systemgestützten Vorgänge benötigen. Die Bedienungszeit (4.1) ist bei kundenbedienten Systemen relevant, und sie setzt sich aus Wartezeit und Präsenzzeit des Kunden am System zusammen. Die Abwicklungszeit (4.2) ist umfassender: Sie berücksichtigt sowohl die Bedienungszeit als auch die anschließend für die Geschäftabwicklung erforderliche Zeit, die erst endet, wenn alle mit dem Vorgang verbundenen Arbeiten in der Bank ausgeführt sind. Die Nutzendimension 4.3 (Auftragserstellungs- und Weiterverarbeitungszeit) ist für Firmenkunden relevant, die z.B. Lastschriften und Überweisungsaufträge maschinell erstellen und durch Datenfernübertragung (DFÜ) an ihre Bank übermitteln, und die Überweisungseingänge auch durch DFÜ von ihrer Bank zur maschinellen Weiterverarbeitung erhalten. Je kürzer die Auftragserstellungs- und Weiterverarbeitungszeit ist, desto größer ist der Kundennutzen.

Die *5. Gruppe* von Dimensionen des Kundennutzens betrifft die *Sicherheit der Leistungserbringung*, die hier aus der Sicht der Kundschaft betrachtet wird. Je höher die Fehlerquote bei der Leistungserstellung (5.1), desto mehr Unannehmlichkeiten hat die Kundschaft mit Reklamationen. Ein Betrugsrisiko (5.2) besteht darin, daß Dritte in betrügerischer Absicht EDV-Anwendungssysteme mißbrauchen, um über Konten und Depots eines Kunden zu verfügen. In Einzelfällen bringt die Anwendung von bankbetrieblichen EDV-Systemen sogar ein Beraubungsrisiko (5.3) mit sich. Während durch Betrugs- und Beraubungsrisiko im weitesten Sinne die Unannehmlichkeiten der Kundschaft erfaßt werden, betrifft die Haftung der Kunden (5.4) die rechtliche Regelung für die Aufteilung eines eingetretenen Schadens auf Kunde, Bank und ggf. weitere Institutionen.

Die *6. Gruppe* von Dimensionen des Kundennutzens *(Beratungskompetenz)* betrifft nur die Systeme, die die Grundfunktion der Beratungsunterstützung erfüllen. Die Nutzendimension 6.1 (Analyse der Geschäftsverbindung) ist relevant, wenn die Geschäftsdaten eines Kunden während des Beratungsprozesses analysiert, also nach verschiedenen Kriterien aufbereitet und dargestellt werden. Je vielfältiger und komfortabler ein System dies durchführen kann, um so größer ist der Nutzen in dieser Dimension. Die Nutzendimension 6.2 (Modellrechnungen) ist angesprochen, wenn ein System zur Beratungsunterstützung Modellrechnungen durchführen kann, also z.B. Anlage- oder Finanzierungsbeispiele durchrechnen kann, um dem Kunden die Auswirkungen seiner Entscheidungsalternativen vor Augen zu führen.

Die *7. Gruppe* von Dimensionen des Kundennutzens *(Kostenersparnis)* berücksichtigt, daß Kunden durch den Einsatz von bankbetrieblichen EDV-Anwendungssystemen bei der Geschäftsabwicklung eine Kostenersparnis erzielen. Hierbei kann es sich um Ersparnis von Zinsen, Provisionen und Gebühren (7.1) handeln; Firmenkunden können darüber hinaus aber auch noch eine Betriebskostenersparnis (7.2) erreichen, wenn sie in ihrem Unternehmen durch Realisierung unternehmensübergreifender Vorgangsketten Rationalisierungsvorteile nutzen können.

Die *8. Gruppe* von Dimensionen des Kundennutzens erfaßt die *Dispositionssicherheit*. Bestimmte bankbetriebliche EDV-Anwendungssysteme versetzen die Kundschaft in die Lage, ihre Ertragserzielung (8.1) zu verbessern, die Liquiditätsdisposition (8.2) sicherer zu gestalten und ihr Risikomanagement (8.3) zu verbessern.

Die *9. Gruppe* von Dimensionen des Kundennutzens umfaßt *sonstige Nutzenkomponenten*: Die Diskretion bei der Leistungsabnahme (9.1), Prestige (9.2), Zusatzleistungen zu systemgestützt erbrachten Bankleistungen (9.3), Bonifikation des Kunden (9.4) und schließlich Begünstigung Dritter durch Abnahme systemgestützt erbrachter Leistungsarten (9.5), gesteuert durch den Kunden.

Die *10. Gruppe* von Dimensionen des Kundennutzens erfaßt die *Benutzerfreundlichkeit*. Die ergonomische Gestaltung (10.1) ist nur für Automaten relevant, die von den Kunden bedient werden. Dabei ist aber auch die Benutzerführung (10.2) von Bedeutung, wenn bei der Bedienung eines Automaten Wahlmöglichkeiten bestehen und der Kunde im Computer-Dialog am Bildschirm oder Telefon angeleitet und geführt wird, die erforderlichen Dateneingaben zu machen.

Die *11. Gruppe* von Dimensionen des Kundennutzens betrifft den Preis der Bankleistungen. Der Preis von systemgestützt erbrachten Bankleistungen muß in die Gesamtheit der Nutzendimensionen miteinbezogen werden. Je niedriger der Preis, um so höher ist der Nutzen der Bankleistung. Hier werden nur zwei Dimensionen unterschieden, der periodisch zu zahlende Preis (11.1) und der laufend zu zahlende Preis (11.2).

Die *12. Gruppe* von Dimensionen des Kundennutzens erfaßt die *Kosten des Kunden*. Der Einsatz von EDV-Systemen, mit deren Hilfe ein Kunde Bankleistungen in Auftrag geben möchte, kann Installationen im Haus oder Büro des Kunden erfordern und laufende Kosten verursachen. Die Anschaffungskosten für Hard- und Software (12.1), die auch die Kapitalbindung auf der Seite des Kunden anzeigen, müssen periodisiert und mit den laufenden Kosten für Lizenzen, Kommunikation und ggf. Personal (12.2) zusammengefaßt werden, um die durch ein System entstehende Kostenbelastung des Kunden zu erkennen. Je höher die Kosten sind, die ein Kunde tragen muß, wenn er ein bestimmtes bankbetriebliches System nutzen möchte, um so größer muß der Nutzen dieses Systems bezüglich anderer Nutzendimensionen sein, wenn dieses System Akzeptanz bei der Kundschaft finden soll.

Die *13. Gruppe* von Dimensionen des Kundennutzens betrifft die *Abhängigkeit des Kunden von seiner Bank*, die dadurch eintreten kann, daß der Kunde ein System zur Inanspruchnahme von Bankleistungen in seinem Haus oder Büro installiert, das für die Inanspruchnahme von Leistungen anderer Anbieter nicht geeignet ist. Hierbei sind die Bindungsdauer bei Verträgen (13.1) und die erwarteten Belastungen bei Systemwechsel (13.2) zu berücksichtigen.

Die Betrachtung der Gesamtheit der Nutzendimensionen, die aus Kundensicht für die Abnahme systemgestützt erbrachter Bankleistungen relevant sind, läßt erkennen, daß es zwischen den einzelnen Nutzendimensionen Substitutionalitätsbeziehungen gibt: Zusätzlicher Nutzen bezüglich der einen Dimension kann eine Nutzenminderung bei einer anderen Dimension überkompensieren.

### 1.6.2.2 Managementnutzen

**a) Führungs- und Steuerungssysteme als Teil der neuen internen Prozesse**
Die bankbetrieblichen EDV-Anwendungssysteme wurden oben schon eingeteilt in solche, die neue Prozesse mit Kunden und solche, die neue interne Prozesse unterstützen (vgl. Abb. 1.6.2-2). Neue Prozesse mit Kunden haben Bankleistungen zum Gegenstand, die, differenziert nach Nutzendimensionen, jeweils einen bestimmten Kundennutzen bringen (vgl. Kap. 1.6.2.1). Neue interne Prozesse haben dagegen Aufgaben zum Gegenstand, die die Institute betriebsintern erledigen müssen. Diese Systeme üben die folgenden Grundfunktionen aus: Geschäftsabwicklung, Geschäfts-

dokumentation, Basisdaten-Administration, Entscheidungsunterstützung und Steuerung.

Zu den neuen internen Prozessen gehört auch die *Geschäftsabwicklung* in Zusammenhang mit der Beschaffung von Produktionsfaktoren, also z.B. die Lohn- und Gehaltsabrechnung.

Systeme mit der Grundfunktion *Geschäftsdokumentation*, z.B. die Systeme für Buchhaltung und Meldewesen, unterstützen eine durch Rechtsvorschriften erzwungene Informationsverarbeitung, deren Ergebnisse zwar Grundlage für andere Prozesse sein können, die aber allein für Zwecke der Unternehmensführung nicht genutzt werden können. Bei den Systemen mit der Grundfunktion *Basisdaten-Administration* ist die Zuordnung nicht eindeutig: Einige, z.B. Systeme für die Administration von Wertpapier-Stammdaten, fördern die Wirtschaftlichkeit der Geschäftsabwicklung; andere, z.B. Systeme für die Administration von Kunden-Stammdaten, können für Zwecke der Unternehmensführung, z.B. für die Segmentierung der Kundschaft, verwendet werden. Letztere werden zusammen mit den Systemen, die die Grundfunktionen der *Entscheidungsunterstützung* und *Steuerung* ausüben, als Führungs- und Steuerungssysteme bezeichnet, die das Management der Bank für Zwecke der Unternehmensführung einsetzt.

Bei den neuen Prozessen mit Kunden wurde festgestellt, daß der Nutzen, den die Kunden von den von ihnen abgenommenen Bankleistungen haben, auch von der Ausgestaltung der Systeme abhängt, die bei Erstellung und Vertrieb der Leistungen eingesetzt werden. Ganz entsprechend gilt hier, daß die Führungs- und Steuerungssysteme, die einen wichtigen Teil der neuen internen Prozesse unterstützen, in Abhängigkeit von ihrer Ausgestaltung mehr oder weniger Nutzen für die Entscheidungsträger der Bank stiften, insgesamt also für das Bankmanagement. Dieser Nutzen, der hier als Managementnutzen der Führungs- und Steuerungssysteme bezeichnet wird, muß zunächst operationalisiert werden. Dabei ist zu berücksichtigen, daß Führungs- und Steuerungssysteme die bankbetrieblichen Entscheidungsprozesse unterstützen, wenn auch nur in bestimmten Phasen.

**b) Systeme zur Unterstützung des Entscheidungsprozesses**

**ba) Phasenschema des Entscheidungsprozesses**
Die Betrachtung von betrieblichen Entscheidungen wird nicht auf die eigentliche Wahlhandlung beschränkt, sondern es werden alle Aktivitäten, die mit der Entscheidung in engem Zusammenhang stehen, einbezogen. Diese Aktivitäten, die die Entscheidung als einen Prozeß erscheinen lassen, können als Phasen des Entscheidungsprozesses verstanden werden (vgl. Heinen 1991). Ein derartiges Phasenschema kann in bezug auf den Ablauf von Entscheidungsprozessen in der Realität natürlich nur eine eingeschränkte Gültigkeit beanspruchen: Das Schema wird in der Realität nicht immer linear und vollständig durchlaufen, sondern gelegentlich auch zirkulär; es läßt die relative Bedeutung der einzelnen Phasen nicht erkennen, und es bietet auch keine Gewähr für die Erreichung optimaler Ergebnisse. Es wird hier dennoch zugrunde gelegt, weil es in seiner einfachen Form als idealtypisches Konstrukt geeignet ist, die Beiträge, die Führungs- und Steuerungssysteme zur Bewältigung von Entscheidungsprozessen leisten können, transparent zu machen. Der Entscheidungsprozeß besteht insgesamt aus fünf Phasen, die im folgenden kurz erläutert werden:

- **Anregungsphase**

Symptome zeigen an, daß unerwünschte Abweichungen zwischen Soll- und Ist-Zustand aufgetreten sind. Diese Zustandsbetrachtung kann sich im Bankbetrieb auf Nennwerte und Marktwerte geschäftlicher Positionen, Marktanteile, Erträge von Produkten und Kundenverbindungen, Risiken u.a. beziehen. Die Soll-Ist-Abweichung gibt die Anregung zur Behebung des Problems durch Einleitung von Aktivitäten.

- **Suchphase**

Die Anregung führt zur Suche nach Entscheidungsalternativen, also Maßnahmen, die geeignet sind, den Soll-Zustand wieder herzustellen. Wenn die Anregung z.B. darin besteht, das Marktwertrisiko aus derivativen Finanzinstrumenten zu senken, dann muß festgestellt werden, welche Position abgebaut werden soll, und in welchem Umfang und in welchem Zeitraum dies geschehen soll. In der Suchphase werden also Handlungsalternativen aufgespürt, die geeignet sind, den Zielzustand wieder herzustellen, und dabei ist es erforderlich, daß die Konsequenzen der Alternativen, also ihre Auswirkungen in bezug auf die jeweils relevanten Entscheidungskriterien, prognostiziert werden.

- **Auswahlphase**

Die Handlungsalternative, die am besten geeignet erscheint, das jeweilige Problem zu beheben, wird ausgewählt. Bei dieser Entscheidung müssen die Entscheidungsträger möglicherweise mehrere Entscheidungskriterien berücksichtigen, und es ist häufig auch mit Risiko oder Unsicherheit bei wichtigen Umweltparametern zu rechnen. Eine Unterstützung durch EDV-Anwendungssysteme kommt dabei aber kaum in Betracht.

- **Durchführungsphase**

Die Realisierung der ausgewählten Handlungsalternative obliegt regelmäßig nicht dem Entscheidungsträger, sondern anderen Mitarbeitern der Bank. Von wenigen Ausnahmen abgesehen, kommen hierbei aber keine EDV-Anwendungssysteme zum Einsatz.

- **Kontrollphase**

Nach der Realisierung muß kontrolliert werden, ob die ausgewählte Handlungsalternative zur Erreichung des Soll-Zustandes geführt hat. Wenn Soll-Ist-Abweichungen auftreten, führt die Rückmeldung direkt wieder zur Anregungsphase. Der Entscheidungsprozeß ist daher als zentraler Bestandteil des betrieblichen *Regelsystems* zu verstehen (vgl. Abb. 1.2.1-2). EDV-Anwendungssysteme, die geeignet sind, Soll-Ist-Abweichungen festzustellen, können also sowohl der Anregungs- und Suchphase als auch der Kontrollphase zugeordnet werden. Zur Vereinfachung werden die Führungs- und Steuerungssysteme, die Beiträge zur Bewältigung von Entscheidungsprozessen leisten, nur der Anregungs- und der Suchphase zugeordnet.

**bb) Beitrag von Führungs- und Steuerungssystemen zur Unterstützung von Anregungs- und Suchphase**

Führungs- und Steuerungssysteme leisten in der Anregungsphase des Entscheidungsprozesses ihren wichtigsten Beitrag dadurch, daß sie die *Transparenz des Ist-Zustandes* in Hinsicht auf Volumina, Marktanteile, Erträge und Risiken der Bank verbessern. Von der Erfassung des Ist-Zustandes ist es dann nur ein kleiner Schritt zur Ermittlung von Soll-Ist-Abweichungen, wenn im Einzelfall Sollwerte festgelegt worden sind. In dieser Phase kann ein weiterer Beitrag in der *Früherkennung von Veränderungen des Ist-Zustandes* bestehen, z.B. durch Ermittlung von Trends. In der Anregungsphase geht es also primär um eine Bestandsaufnahme, insbesondere die Erkennung von Auffälligkeiten, deren Ursachen erst in der Suchphase analysiert werden. Die Suche nach Handlungsalternativen und die Prognose der Konsequenzen dieser Handlungsalternativen erfordert daher Verfahren zur Analyse von Daten und zur Prognose von Umweltparametern wie z.B. Kursen und Zinssätzen; darüber hinaus sollten Führungs- und Steuerungssysteme in der Suchphase des Entscheidungsprozesses auch *Planungsunterstützung* leisten und neue Handlungsalternativen durch Sensitivitätsanalyse oder Simulation evaluieren oder solche Handlungsalternativen im Rahmen von Optimierungsmodellen oder Expertensystemen sogar generieren.

Entscheidungsprozesse laufen auf unterschiedlichen Aufgabenebenen ab. Daher müssen die Beiträge von Führungs- und Steuerungssystemen zur Unterstützung von Anregungs- und Suchphase zusätzlich auch noch nach der Aufgabenebene differenziert werden (vgl. Abb. 1.6.2.2-1).

| Aufgabenebene | Bezugseinheit | Phase im Entscheidungsprozeß | |
| --- | --- | --- | --- |
| | | Anregungsphase | Suchphase |
| Strategische Ebene | Strategie | Geschäftsfeldkurve | Geschäftsfeldanalyse |
| Operative Ebene | Funktion | **Gruppenkalkulation**<br>- Sparte<br>- Kundengruppe<br>- Region<br>- Geschäftsfeld<br><br>**Positionsbewertung**<br>- Kreditportfolio<br>- Wertpapiereigenportfolio<br>- Devisenposition<br>- Derivatposition<br><br>**Gesamtbank- und Verbundbewertung**<br>- Ausfallrisiko<br>- Zinsrisiko<br>- Währungsrisiko | **Aktionsprogramme**<br>Database Marketing,<br>Zielerreichungsanzeige<br>im Rahmen des Zielvereinbarungsprozesses<br><br>**Positionsgestaltung**<br>- Kreditportfolio<br>- Wertpapiereigenportfolio<br>- Devisenposition<br>- Derivatposition<br><br>**Gesamtbank- und Verbundgestaltung**<br>- Ausfallrisiko<br>- Zinsrisiko<br>- Währungsrisiko |
| | Strategisches Geschäftsfeld | Kundenkalkulation<br>Evaluierung von<br>Marktrisikopositionen | Bonitätsprüfung<br>Steuerung von<br>Marktrisikopositionen |
| | Einzeldimension | **Einzelkalkulation**<br>- Produkt<br>- Kunde<br>- Region | **Analyse/Prognose und Bewertung**<br>- Zins- und Kursprognose<br>- Wertpapieranalyse<br>- Derivate-Bewertung<br>- Immobilienbewertung |

Abb. 1.6.2.2-1: Der Beitrag von Führungs- und Steuerungssystemen zur Unterstützung von Anregungs- und Suchphase im Entscheidungsprozeß

In der *Anregungsphase* steht die Bestandsaufnahme im Vordergrund: Auf der *operativen Ebene*, Bezugseinheit *Einzeldimension*, werden Einzelobjekte betrachtet, insbesondere einzelne Produkte, Kunden oder Regionen, und für diese können mit Hilfe von EDV-

Anwendungssystemen Erfolgsbeiträge kalkuliert und Risiken ermittelt werden. Die Kundenkalkulation wird auch von den *strategischen Geschäftseinheiten* genutzt. Auf der operativen Ebene, Bezugseinheit *Funktion*, kann mit Hilfe von Systemen im Funktionalbereich Controlling eine Gruppenkalkulation für Sparten, Kundengruppen, Regionen und Geschäftsfelder durchgeführt werden (vgl. Kap. 5.3.2), und es können hier grundsätzlich auch Geschäftspositionen wie z.B. das Kreditportefeuille der Bank, die Wertpapiereigenposition, die Devisenposition und die Derivat-Position evaluiert werden. Außerdem können Systeme auf dieser Ebene zur Erfassung von Ausfall-, Zins- und Währungsrisiken für die Gesamtbank oder sogar den Verbund beitragen. Parallel hierzu werden auch in der strategischen Geschäftseinheit Treasury-Systeme für die Evaluierung und Steuerung der Marktrisikopositionen eingesetzt (vgl. Kap. 4.2.1). Zur Anregungsphase gehört schließlich auch die Ermittlung der Geschäftsfeldkurve, die der *strategischen Aufgabenebene* zugeordnet ist.

In der *Suchphase* des Entscheidungsprozesses steht auf der *operativen Aufgabenebene*, Bezugseinheit *Einzeldimension*, die Analyse und Prognose im Vordergrund, insbesondere die Analyse von Anlageobjekten (vgl. Kap. 3.1), Regionen (vgl. Kap. 3.2) und Verbundinstituten (vgl. Kap. 3.3), was zur Verbesserung der Entscheidungsvorbereitung in den genannten Bereichen beiträgt. Führungs- und Steuerungssysteme, die in der Suchphase auf der operativen Ebene, Bezugseinheit *Funktion*, eingesetzt werden, unterstützen die Entscheidungsträger bei der Gestaltung von Geschäftspositionen, der Gesamtbank und sogar des Verbundes in Hinsicht auf Ausfall-, Zins- und Währungsrisiken. Darüber hinaus werden auf dieser Ebene Systeme verwendet, um Aktionsprogramme zu entwickeln, z.B. im Database Marketing (DBM, vgl. Kap 5.2.2.3.2). Die Systeme, die im Rahmen von Zielvereinbarungsprozessen den Adressaten unterjährig eine Zielerreichungsanzeige geben, werden der Suchphase zugeordnet, weil die Adressaten durch diese Steuerungsinformation angeregt werden, nach neuen Handlungsalternativen, z.B. bei der Kundenbetreuung, zu suchen, um ihre Zielerreichung zu verbessern und zum Jahresende die Zielvereinbarung zu erfüllen. Der *strategischen Ebene* ist schließlich die Geschäftsfeldanalyse (vgl. Kap. 6.2.1) zugeordnet, die wenigstens teilweise auch mit Hilfe von EDV-Anwendungssystemen durchgeführt werden kann. Sie dient der Analyse bestehender und der Konzipierung neuer oder modifizierter strategischer Geschäftsfelder.

## c) Managementnutzen von Systemen zur Unterstützung des Entscheidungsprozesses

Viele Aspekte, die in Zusammenhang mit dem Kundennutzen schon ausgeführt wurden (vgl. Kap. 1.6.2.1), gelten auch für den Managementnutzen: Auch der Managementnutzen eines Systems ist individuell abhängig vom einzelnen Individuum, hier dem Manager, für den mit Hilfe des Systems Informationen bereitgestellt werden. Dieses Problem der *Individualität und Subjektivität* des Managementnutzens eines Systems wiegt besonders schwer, weil bei Beförderung oder Ausscheiden eines Managers der Fall eintreten kann, daß der Nachfolger ganz andere Anforderungen stellt und den Managementnutzen des bisher verwendeten Systems sehr viel geringer bewertet als sein Vorgänger. Die daraus erwachsenden Anforderungen an die *Flexibilität* von EDV-Anwendungssystemen können häufig nicht erfüllt werden. Naturgemäß ist auch der Managementnutzen eines Systems nur komponentenweise ordinal meßbar, wobei die einzelnen Nutzenkomponenten durch eine Gewichtung der Ausprägungen der einzelnen Nutzendimensionen ermittelt werden (vgl. Kap. 1.6.2.1). Während bei der Ermittlung des Kundennutzens auf Referenz-Leistungsarten Bezug genommen werden mußte, sind es hier *Referenz-Verfahren* für Bestandsaufnahme, Früherkennung, Analyse, Prognose, Planungsunterstützung etc., also Verfahren, die vor Einsatz der I&K-Technik verwendet wurden. Ein Sonderproblem besteht in diesem Zusammenhang darin, daß manche Verfahren vor Einführung der I&K-Technik zwar bekannt waren, aber nicht angewandt wurden, weil dies praktisch nicht durchführbar war, oder weil dies erst nach Einführung der I&K-Technik in Kreditinstituten erforderlich geworden ist, weil die Transparenz und Volatilität der Finanzmärkte stark zugenommen hat. Für den Managementnutzen des konventionellen und des EDV-gestützten Verfahrens sowie für den Zusatznutzen bietet sich auch hier eine Profildarstellung an (vgl. Abb. 1.6.2.1-1).

**d) Dimensionen des Managementnutzens**
Bei den Dimensionen des Managementnutzens (vgl. Abb. 1.6.2.2-2) steht naturgemäß die Entscheidungsprozeß-Effizienz im Vordergrund: Durch Führungs- und Steuerungssysteme sollen Manager in die Lage versetzt werden, Entscheidungen zu treffen, die zu einem höheren Zielerreichungsgrad führen, verglichen mit Entscheidungen bei konventioneller Informationsaufbereitung.

| **1 Entscheidungsprozeß-Effizienz** |
|---|
| 1.1 Transparenz des Ist-Zustandes |
|     1.1.1 Relevanz der Informationen |
|     1.1.2 Umfang |
|     1.1.3 Detaillierung |
|     1.1.4 Genauigkeit der Erfassung |
|     1.1.5 Genauigkeit der Bewertung |
| 1.2 Früherkennung von Veränderungen des Ist-Zustandes und von Soll-Ist-Abweichungen |
|     1.2.1 Zuverlässigkeit von Trend-Informationen |
|     1.2.2 Frühzeitigkeit von zuverlässigen Trend-Informationen |
| 1.3 Analyse der Ursachen von Veränderungen und Abweichungen |
|     1.3.1 Leistungsfähigkeit der Analyseverfahren |
|     1.3.2 Handhabbarkeit der Analyseverfahren |
| 1.4 Prognose von Umweltparametern |
|     1.4.1 Genauigkeit |
|     1.4.2 Aktualität |
| 1.5 Entscheidungsunterstützung |
|     1.5.1 Analyse |
|     1.5.2 Evaluierung von Handlungsalternativen |
|     1.5.3 Generierung von Handlungsalternativen |
| **2 Informationsbereitstellung** |
| 2.1 Geschwindigkeit |
| 2.2 Aktualität |
| 2.3 Form |
| 2.4 Effizienz |

Abb. 1.6.2.2-2: Dimensionen des Managementnutzens

Die Dimensionen der Entscheidungsprozeß-Effizienz wurden oben schon in Zusammenhang mit Anregungs- und Suchphase behandelt. Daher soll hier nur noch kurz auf die *Informationsbereitstellung* eingegangen werden, die zweite Gruppe der Dimensionen des Managementnutzens. Die Geschwindigkeit der Informationsbereitstellung (2.1) bezieht sich auf die Zeit, die benötigt wird, um Managementinformationen zu präsentieren. Bei hoher Geschwindigkeit kann dennoch die Aktualität der Informationsbereitstellung (2.2) zu wünschen übrig lassen, wenn die für das jeweilige System erforderlichen Daten nicht auf dem neuesten Stand sind. Die Form der Informationsbereitstellung (2.3) bezieht sich darauf, wie die mit dem System erzielten Ergebnisse dargestellt werden, und insbesondere, welche Technik für graphische Darstellungen zur Verfügung steht. Eine hohe Effizienz der Informationsbereitstellung (2.4) liegt dann vor, wenn die Informationsaufbereitung zu niedrigen Kosten erfolgt.

Wenn ein EDV-Anwendungssystem, das zu den Führungs- und Steuerungssystemen gehört, bewertet werden soll, dann sind regelmäßig nicht alle der in Abb. 1.6.2.2-2 genannten Dimensionen des Managementnutzens relevant. Im Einzelfall kann aber auch die Berücksichtigung weiterer Dimensionen erforderlich sein. Der bisher erreichte Stand der Operationalisierung des Managementnutzens von EDV-Anwendungssystemen ist insgesamt noch recht unbefriedigend, und daher wird die Bewertung derartiger Systeme in bezug auf den Managementnutzen nicht ohne ein erhebliches Maß an Intuition vorgenommen werden können.

### 1.6.2.3 Wirtschaftlichkeit

**a) EDV-Anwendungssysteme als Investitionsobjekte**

EDV-Anwendungssysteme erfüllen alle wichtigen Merkmale von Investitionsobjekten: Sie binden größere Kapitalbeträge; das Kapital ist längerfristig, also für mehrere Wirtschaftsperioden gebunden, und der Erfolg, den der Investor mit den Systemen erzielen möchte, ist unsicher. Wie bei der Investitionsrechnung für Maschinen und Betriebsanlagen, so stellt sich auch hier die Frage, ob sich der Einsatz eines EDV-Anwendungssystems für das jeweilige Kreditinstitut lohnt. Die Wirtschaftlichkeit von EDV-Anwendungssystemen wird also ausschließlich aus der *Sicht der Institute* untersucht.

**b) Auswirkungen des Systemeinsatzes auf die Wirtschaftlichkeit**

EDV-Anwendungssysteme wurden oben schon als Investitionsobjekte charakterisiert, und daher bietet sich die Investitionsrechnung als Verfahrenskomplex für die Wirtschaftlichkeitsrechnung an. Welches Investitionsrechenverfahren ganz konkret im Einzelfall angewandt werden kann, hängt von der Input-Output-Kombination ab. Unter *Input* werden dabei die Aufwendungen der Bank, allgemein der *Einsatz von Ressourcen* verstanden, die für die Zwecke der Investitionsrechnung in Geldeinheiten zu bewerten sind. Als *Output* werden dagegen die geplanten *Auswirkungen* verstanden, beispielsweise die Erbringung bestimmter Bankleistungen, die Erfüllung einer betriebsinternen Aufgabe etc. Bei den Konstellationen a) und c) gem. Abb. 1.6.2-2 liegt es nahe, die zu erbringenden Bankleistungen und die betriebsinternen Aufgaben, insgesamt also den Output, als gegeben zu betrachten und die hierfür erforderlichen Aufwendungen und ggf. weitere Ressourcen, insgesamt also den Input, zu minimieren. Das Investitionsrechenverfahren, das bei dieser Input-Output-Kombination eingesetzt werden kann, ist die *Kostenvergleichsrechnung*, die hier als einperiodisches Verfahren angewandt werden soll. Wenn sich beim Kostenvergleich herausstellt, daß die Kosten für die Erstellung einer Bankleistung oder die Erledigung einer betriebsinternen Aufgabe bei Einsatz eines

EDV-Anwendungssystems niedriger sind als bei manueller Bearbeitung, dann wird der Einsatz des EDV-Systems als die wirtschaftlichere Alternative betrachtet.

Für die *Konstellation a)* gem. Abb. 1.6.2-2, insbesondere die Geschäftsabwicklung mit Hilfe von Automaten, kommt ein einfaches *Kalkulationsverfahren* in Betracht, mit dessen Hilfe die jährlichen Gesamtkosten für den Betrieb eines Automaten ermittelt werden (vgl. Abb. 1.6.2.3-1).

| Jährliche Kosten eines Bankautomaten | Anschaffungs- bzw. Bau- und Einrichtungskosten | Abschreibung in % | jährliche Kosten |
|---|---|---|---|
| 1. Bankautomat mit Installationszubehör | 72.000,- | 20 | 14.400,- |
| 2. Steuereinheit mit Journaldrucker (anteilig) | 12.800,- | 20 | 2.560,- |
| 3. Software-Grundgebühr | 5.700,- | 20 | 1.140,- |
| 4. Panzerung | 18.800,- | 10 | 1.880,- |
| 5. Zugangskontrolle | 7.100,- | 12 | 852,- |
| 6. Baukosten (Mittelwert) | 20.000,- | 10 | 2.000,- |
| 7. Zwischensumme Punkt 1-6 | 136.400,- |  | 22.832,- |
| 8. Wartungskosten |  |  | 11.260,- |
| 9. Software-Gebühren p. a. |  |  | 2.050,- |
| 10. Versicherung |  |  | 1.000,- |
| 11. Stromkosten |  |  | 500,- |
| 12. Personalkosten |  |  |  |
| 12 a) Bankautomat-Betreuung |  |  | 3.000,- |
| 12 b) Bereitschaftsdienst/Entstörung |  |  | 3.000,- |
| 13. Summe Punkt 7-12 |  |  | 43.642,- |
| 14. Kalkulatorische Zinsen (9 % von 50 % der Anschaffungs- und Baukosten gemäß Punkt 7.) |  |  | 6.138,- |
| 15. Gesamtkosten p. a. |  |  | 49.780,- |

Abb. 1.6.2.3-1 Kalkulationsschema für Bankautomaten (Beispiel)

Da Kalkulationsverfahren dieser Art vor Durchführung der Investition, hier der Einführung des Automaten, angewandt werden müssen, sind die einzusetzenden Kostenkomponenten mit erheblicher Unsicherheit behaftet, es sei denn, daß die Bank schon Automaten dieser Art betreibt und bei der Entscheidung über den Einsatz zusätzlicher Automaten eine Kalkulation mit Ist-Kosten durchführen kann, die den Kosten für die vorgesehene Investition sehr nahekommen. Ein besonders *kritischer Parameter* in dieser Kalkulation ist aber die *Nutzungsdauer* für den Automaten, die Zugangskontroll-Einrichtung und die baulichen Maßnahmen, die bei der Festsetzung der Abschreibungsbeträge zugrunde gelegt werden muß.

Man könnte nun versuchen, die Kosten pro Transaktion eines Automaten, z.B. eines Geldausgabeautomaten, dadurch zu berechnen, daß man die Kosten des Automaten pro Jahr durch die Anzahl der Transaktionen dividiert, die pro Jahr technisch möglich sind (technische Kapazität). Wenn der Automat ständig betriebsbereit ist (24 Stunden am Tag), dann ist eine Vollauslastung der technischen Kapazität in der Praxis nicht möglich. Der Berechnung der Kosten pro Transaktion darf vielmehr nur die *Nutzungsfrequenz* zugrunde gelegt werden, die pro Jahr erreichbar ist. Sie hängt ab von der Größe

Sachfunktionen, Grundfunktionen und Effizienzkriterien für EDV-Anwendungssysteme ■ 65

der Zielgruppe, also der Anzahl der Kunden, für die dieser Automat überhaupt in Betracht kommt, und darüber hinaus von der Akzeptanzquote bei diesen Kunden, also von dem Prozentsatz der Kunden, die diesen Automaten tatsächlich nutzen, und auch davon, wie oft dies pro Jahr geschieht. Bei Automaten, mit denen die betrachtete Bank noch keine Erfahrung hat, ist auch die Nutzungsfrequenz (Anzahl der Transaktionen pro Jahr) ein kritischer Parameter für die Stückkostenberechnung nach dem Verfahren der Divisionskalkulation. Weil in bezug auf diesen Parameter so große Unsicherheit besteht, kann er im Rahmen einer Sensitivitätsanalyse stufenweise variiert werden, wobei zu jeder Stufe die Stückkosten pro Transaktion nach der Divisionskalkulation berechnet werden. Es ergibt sich die Kurve sinkender Stückkosten gemäß Abb. 1.6.2.3-2b.

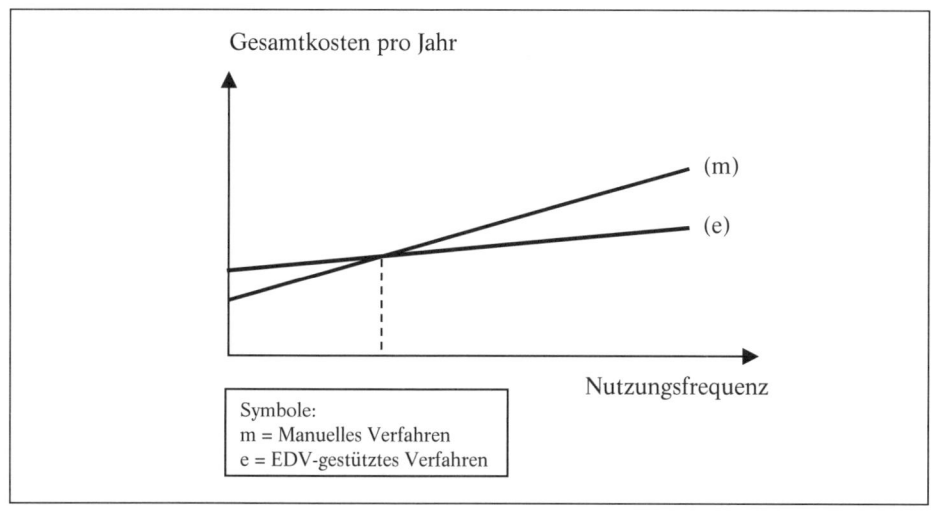

Abb. 1.6.2.3-2a Break-even point bezüglich Gesamtkosten

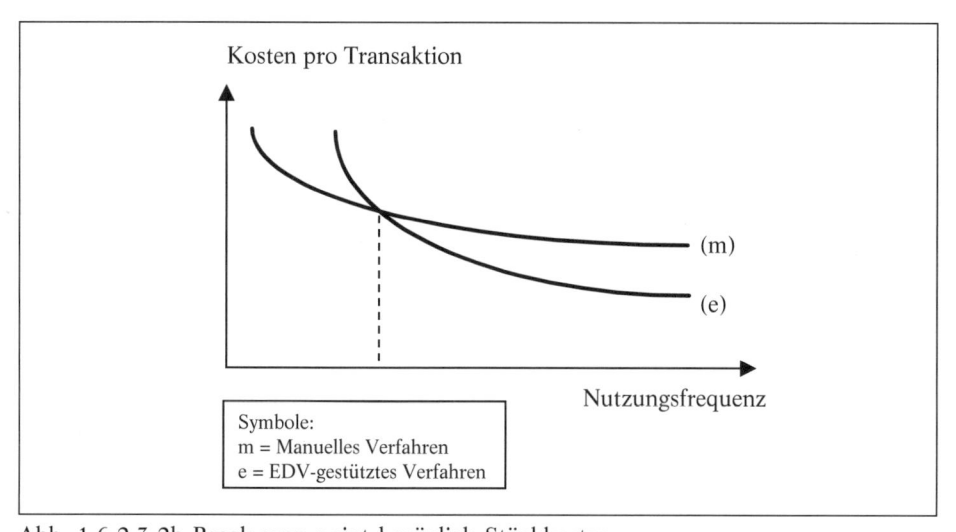

Abb. 1.6.2.3-2b Break-even point bezüglich Stückkosten

Während bei der Betrachtung des Automaten unterstellt wurde, daß die variablen Kosten praktisch Null sind, so daß die fallende Stückkostenkurve allein auf der Fixkostendegression beruht, sind bei den zum Vergleich heranzuziehenden Kosten der Transaktion bei konventioneller Bearbeitung sowohl Fixkosten als auch variable Kosten, insbesondere variable Personalkosten, zu berücksichtigen. Diese Kostenstruktur ist ganz typisch für den hier zu erläuternden Kostenvergleich: Die jährlichen Kosten eines EDV-Systems bestehen fast nur oder sogar ausschließlich aus Fixkosten, während bei manueller Bearbeitung die Fixkosten niedriger und die variablen Kosten erheblich sind. Die Stückkostenkurve der Transaktion bei manueller Bearbeitung schneidet die Stückkostenkurve des Automaten im *Break-even point* (vgl. Abb. 1.6.2.3-2b), der dadurch gekennzeichnet ist, daß bei dieser Nutzungsfrequenz die Stückkosten der beiden Verfahren gerade gleich sind, und daß bei höherer Nutzungsfrequenz die Stückkosten des Automaten unter denen bei manueller Bearbeitung liegen. Der Einsatz eines Automaten steigert also nur dann die Wirtschaftlichkeit, wenn die Nutzungsfrequenz den Break-even point überschreitet. Dieser Sachverhalt ergibt sich zwangsläufig aus der angenommenen Kostenstruktur, die in bezug auf die Gesamtkosten pro Jahr durch Abb. 1.6.2.3-2a noch einmal verdeutlicht wird. Der *Break-even point* spielt eine zentrale Rolle für den wirtschaftlichen Einsatz von EDV-Anwendungssystemen allgemein, nicht nur im Bankbetrieb. In Filialbanken hat diese Problematik erhebliches Gewicht, denn hier kann der Fall eintreten, daß in kleinen Filialen der Break-even point für einen bestimmten Automaten nicht erreicht wird, daß der Kundennutzen dieses Automaten aber so groß ist, daß die Kundschaft die Bereitstellung des Automaten erwartet. Hier besteht offensichtlich ein *Zielkonflikt* in Hinsicht auf die Entscheidungskriterien Kundennutzen und Wirtschaftlichkeit, der sich so auswirkt, daß die Steigerung des Kundennutzens durch Aufstellung des Automaten eine Verminderung der Wirtschaftlichkeit zur Folge hat.

Wenn Automaten aufgestellt werden, an denen die Kunden konventionelle Bankleistungen in Anspruch nehmen können, z.B. Geldausgabe- oder Sortenautomaten, dann wird die Bank die manuelle Bearbeitung der entsprechenden Bankleistungen, hier die Bearbeitung der Ein- und Auszahlungen in DM und Sorten nicht vollkommen einstellen können, sondern sie erhofft sich von den Automaten nur eine *Entlastung*, die durch Substitution der manuell erstellten durch automatisch erstellte Bankleistungen eintritt. Ein gewisser *Parallelbetrieb* von manueller und automatischer Bearbeitung wird wohl nie zu vermeiden sein, weil eine 100%ige Akzeptanz der Automaten durch die Kundschaft nicht erreichbar ist, und weil es immer wieder Geschäftsvorfälle geben wird, die durch Automaten nicht erledigt werden können. In diesem Zusammenhang wird eine *zentrale Voraussetzung* deutlich, die gegeben sein muß, wenn die durch den Systemeinsatz erwartete Verbesserung der Wirtschaftlichkeit wirklich eintreten soll: Die Kosten der manuellen Bearbeitung müssen tatsächlich wegfallen, wenn ein EDV-Anwendungssystem an ihre Stelle tritt. In dem Umfang, in dem bisher manuell bearbeitete Transaktionen durch Automaten abgewickelt werden, müssen die *Kosten der manuellen Bearbeitung abgebaut* werden. Gelingt dies in der Praxis nicht, dann kann sich die Wirtschaftlichkeit durch den Automateneinsatz sogar verschlechtern, weil der Automateneinsatz ja mit zusätzlichen Kosten verbunden ist. Da bei konventioneller Bearbeitung insbesondere der Anteil der Personalkosten relativ hoch ist, ist unbedingt sicherzustellen, daß die Mitarbeiter, die durch den Systemeinsatz entlastet werden, für andere Aufgaben produktiv eingesetzt werden.

*Bankinterne Aufgaben*, die auch vor Einführung der EDV schon konventionell erledigt wurden *(Konstellation (c)* gem. Abb. 1.6.2-2), z.B. die Buchhaltung, die Verwaltung von Kunden-Stammdaten und die Bereitstellung von Informationen zur Entscheidungsunterstützung, wurden im Laufe der Entwicklung der I&K-Technik im Bankbetrieb immer mehr mit Hilfe von EDV-Anwendungssystemen bewältigt. Der Aufgabenumfang kann jeweils als gegeben betrachtet werden, so daß für die Zwecke der Wirtschaftlichkeitsrechnung die *Gesamtkosten pro Jahr* bei konventioneller Bearbeitung und bei Einsatz eines EDV-Anwendungssystems ermittelt und verglichen werden müssen. Die in bezug auf Automaten erläuterte Kostenstruktur (im Vergleich zur konventionellen Bearbeitung also höhere Fixkosten und niedrigere variable Kosten bei Automaten), gilt im Prinzip auch für Entwicklung, Installation und Betrieb von Anwendungssoftware für bankinterne Aufgaben.

Bei der Erledigung betriebsinterner Aufgaben ist die Nutzungsfrequenz der EDV-Systeme gegeben, und daher zeigt sich die Wirtschaftlichkeit des EDV-Anwendungssystems allein durch einen Vergleich der jährlichen Kosten bei manueller und bei EDV-gestützter Erledigung der jeweiligen Aufgabe. Die Unsicherheit in bezug auf Kostenschätzungen, insbesondere die Kosten für Entwicklung, Test und Installation von EDV-Anwendungssystemen sollte hierbei aber nicht unterschätzt werden.

Mit neuen EDV-gestützten Prozessen werden in *Konstellation b)* gem. Abb. 1.6.2-2 neue Bankleistungen bereitgestellt, und in *Konstellation d)* werden neue Aufgaben erfüllt. Wegen der Neuartigkeit gibt es keine konventionell erstellten Leistungen bzw. Aufgaben, die durch EDV-gestützte Prozesse substituiert würden, und daher beruht die Wirtschaftlichkeit der hier eingesetzten Prozesse auch nicht auf Kostenersparnis. Zugleich sei daran erinnert, daß diese Leistungen bzw. Aufgaben als neu aufgefaßt werden, weil sie ohne EDV-Einsatz praktisch gar nicht bewältigt werden können.

Geht man davon aus, daß seitens der Geschäftsleitung die Vorgabe besteht, daß neue Bankleistungen bestimmter Art, z.B. mit Hilfe eines Cash Management-Systems (vgl. Kap. 4.1.4.2), erstellt und neue Aufgaben, z.B. im Zusammenhang mit der Steuerung der Bank (vgl. Kap. 4.2.2.1), erfüllt werden sollen, daß also in Wirklichkeit der Output vorgegeben ist, dann verengt sich die Wirtschaftlichkeitsbetrachtung darauf, EDV-Systeme zu entwickeln oder bei Fremdbezug auszuwählen, die die Vorgaben zu niedrigen Kosten erfüllen. Dies ist auch keine triviale Aufgabe, weil alternative Systeme, wenn sie überhaupt zur Wahl stehen, nicht nur unterschiedliche Kosten, sondern typischerweise auch einen unterschiedlichen Funktionsumfang aufweisen.

Bei *Konstellation b)* gem. Abb. 1.6.2-2 sollte die Vorgabe der Geschäftsleitung auf Überlegungen der folgenden Art beruhen: Eine neue Bankleistung ist für eine Zielgruppe mit bestimmtem Umfang vorgesehen, von der man erwartet, daß ein gewisser Prozentsatz der Kunden diese Leistung auch in Anspruch nimmt und dadurch Erlöse, Provisionen und Gebühren einbringt, die die Gesamtkosten des betrachteten Prozesses pro Jahr decken müssen. Wird Kostendeckung erreicht, dann darf der neue Geschäftsprozeß als wirtschaftlich betrachtet werden. Wird erwartet, daß er nicht wirtschaftlich, also defizitär ist, dann kann es dennoch sein, daß die Geschäftsleitung ihn einführt, weil sie dies für erforderlich hält, um im Wettbewerb zu bestehen (vgl. Kap. 1.6.2.4).

*Neue interne Prozesse für neue Aufgaben*, die praktisch nur durch EDV-Einsatz bewältigt werden können *(Konstellation d)* gem. Abb. 1.6.2-2), betreffen primär Führung und Steuerung der Bank, beispielsweise in Zusammenhang mit dem Risikomanagement im Treasury-Bereich (vgl. Kap. 4.2.2.1.2). In dieser Konstellation ist keine Kostenersparnis durch Umstellung von manuellen auf EDV-gestützte Prozesse zu erzielen, und es lassen sich hier auch keine zusätzlichen Erlöse erwirtschaften. Man kann die Wirtschaftlichkeitsbetrachtung natürlich darauf einengen, daß eine gegebene Aufgabe zu möglichst niedrigen Gesamtkosten pro Jahr bewältigt wird. Der Output, den man sich von diesen EDV-Systemen erhofft, ist aber typischerweise nicht meßbar. Er besteht in einer Verbesserung der Führungs- und Steuerungseffizienz, gemessen als Steigerung des Jahresüberschusses, z.B. durch ein wirksameres Zielvereinbarungssystem, oder in einem wirksameren Risikomanagement, theoretisch meßbar durch eine Verminderung der

Streuung des Jahresüberschusses oder bestimmter Komponenten davon. Diese sind in der Praxis jedoch kaum oder gar nicht meßbar. In bezug auf diese neuen internen Prozesse besteht seitens der Geschäftsleitung also eine gewisse Nutzenerwartung hinsichtlich der Effizienz von Führung und Steuerung; konkretisieren läßt sich diese Nutzenerwartung in der Praxis aber wohl kaum. Eine Wirtschaftlichkeitsanalyse ist hier nicht mehr durchführbar, und auch das Verfahren der Kosten-Nutzen-Analyse führt nicht wirklich zum Ziel, weil die Nutzen-Komponenten so schwer erfaßbar sind.

Abschließend sei noch einmal darauf verwiesen, daß nur wenige Systeme ausschließlich nach dem Kriterium der Wirtschaftlichkeit beurteilt werden können. In vielen Fällen besteht dagegen ein Spannungsfeld zwischen Kunden- bzw. Managementnutzen und Wirtschaftlichkeit, so daß ein größerer Nutzen durch eine Einbuße bei der Wirtschaftlichkeit erkauft werden muß.

### 1.6.2.4 Wettbewerbsvorteile

Die Erzielbarkeit von Wettbewerbsvorteilen mit Hilfe von EDV-Anwendungssystemen ist abhängig vom Einsatzbereich der Systeme (bankintern oder extern) und vom Kundengeschäftsbezug (direkt oder indirekt). Abb. 1.6.2.4-1 zeigt, daß zu jeder Kombination von Ausprägungen dieser beiden Merkmale Systeme angeführt werden können, die mit ihren Grundfunktionen jeweils einen charakteristischen Schwerpunkt haben. Da bankbetriebliche EDV-Anwendungssysteme mehrere Grundfunktionen erfüllen können, kann es keine eindeutige Zuordnung aller Systeme zu den Feldern der Abb. 1.6.2.4-1 geben; eine Orientierung an der Grundfunktion, die jeweils als Schwerpunkt eines Systems betrachtet werden kann, mag hier genügen.

| Kundengeschäftsbezug \ System-Einsatzbereich | bankintern | extern |
|---|---|---|
| direkt | (a) **Geschäftsabwicklung** z. B. Auszahlungen  **Beratungsunterstützung** z. B. Duration-Analyse | (b) **Geschäftsabwicklung** z. B. T-Online Classic, Cash Management, Börsengeschäftsabwicklung, Zahlungsverkehr |
| indirekt | (c) **Basisdaten-Administration** z. B. Kundenstammdaten  **Geschäftsdokumentation** z. B. Meldewesen  **Entscheidungsunterstützung** z. B. Basis Point Value-Analyse  **Steuerung** z. B. Zielvereinbarung | (d) **Basisdaten-Administration** z. B. Wertpapier-Stammdaten  **Geschäftsdokumentation** z. B. Börsenkurs-Übermittlung |

Abb. 1.6.2.4-1 Grundfunktionen von EDV-Anwendungssystemen, gegliedert nach Kundengeschäftsbezug und System-Einsatzbereich

Im folgenden wird sich zeigen, daß die Einteilung der EDV-Anwendungssysteme nach Einsatzbereich und Kundengeschäftsbezug zu Systemgruppen führt, die in Hinsicht auf die Erzielbarkeit von Wettbewerbsvorteilen sehr unterschiedlich zu beurteilen sind. Dabei wird auch sichtbar, daß im Einzelfall ein komplexer *Wirkungszusammenhang* zwischen mehreren strategischen Erfolgsfaktoren vorliegen kann, wie er in Kap. 1.6.2 im Grundsatz schon beschrieben worden ist.

### a) Systeme mit direktem Kundengeschäftsbezug im bankinternen Einsatz

Systeme, die mit dem Kundengeschäft in engem Zusammenhang stehen und bankintern angewandt werden, dienen primär der Geschäftsabwicklung und der Beratungsunterstützung (vgl. Abb. 1.6.2.4-1). Eine zentrale Voraussetzung für die Erzielbarkeit von Wettbewerbsvorteilen mit Systemen im direkten Kundengeschäftsbezug, und das gilt auch für Konstellation b), ist die *Akzeptanz* der Systeme durch die Kundschaft, die sich primär durch ihre subjektive Bewertung des Kundennutzens leiten läßt, den das einzelne System bietet. Systeme mit der Grundfunktion Geschäftsabwicklung können die Kundennähe im Vertrieb verbessern, und durch Systeme zur Beratungsunterstützung kann auch die Qualität des Leistungsangebots positiv beeinflußt werden. Eine Verbesserung der Wirtschaftlichkeit der Bank wird nur dann erzielt, wenn im Vergleich mit der konventionellen Bearbeitung der Break-even point überschritten wird; dies hängt jedoch nicht nur von Kundennutzen und Akzeptanz, sondern auch vom Kundenpotential ab, über das die Bank verfügt. Die Verbesserung in bezug auf Kundennähe und Qualität des Leistungsangebots bleibt im Wettbewerb unwirksam, wenn auch die Konkurrenten Systeme betreiben, die der Kundschaft dieselben Vorteile bieten. Wettbewerbsvorteile sind hier nicht leicht zu erreichen, möglicherweise nur durch eine bankindividuelle Ausgestaltung der Systeme, soweit dies möglich ist. Noch schwieriger ist es dann, diese möglicherweise geringfügigen Wettbewerbsvorteile im Zeitablauf zu verteidigen. Dies bedeutet jedoch nicht, daß Institute auf Systeme verzichten könnten, die ihnen offensichtlich keine nennenswerten Wettbewerbsvorteile einbringen: Wenn die Kundschaft erwartet, daß das Institut ein bestimmtes System bereitstellt, dann können Zweifel an der Leistungsfähigkeit des Instituts aufkommen, wenn dies nicht geschieht. Hier zeigt sich eine *Asymmetrie*, die beim Systemeinsatz in vielen bankbetrieblichen Bereichen zu beobachten ist: Die Verfügbarkeit von Systemen wird von der Kundschaft oft für selbstverständlich gehalten, auch wenn sich für die Bank die mit dem System verbundene Investition nicht lohnt; ist das System aber nicht verfügbar, dann muß die Bank mit Wettbewerbsnachteilen rechnen.

### b) Systeme mit direktem Kundengeschäftsbezug im externen Einsatzbereich

An der Abwicklung des Kundengeschäfts sind auch EDV-Anwendungssysteme beteiligt, die extern, also außerhalb der Bank, eingesetzt werden (vgl. Abb. 1.6.2.4-1). Sie sind auf Hardware-Systemen installiert, die nicht zu der betrachteten Bank gehören, und ihre Nutzung durch den Bankbetrieb erfordert, daß er zu jedem externen System ein In-House-System entwickelt und einsetzt, das über eine Schnittstelle mit dem externen System verbunden ist. Beispielhaft seien hier nur T-Online (vgl. Kap. 2.1.3.1.2), Internet (vgl. Kap. 2.1.3.1.3), Cash Management-Systeme (vgl. Kap. 4.1.4.2), elektronische Zahlungsverkehrssysteme (vgl. Kap. 2.1.4.3) und Systeme der Börsengeschäftsabwicklung (vgl. Kap. 2.1.6.1.2) genannt. Bei externen Systemen wie T-Online und Cash Management, die unter *Mitwirkung der Kundschaft* betrieben werden, ist die Akzeptanz der Systeme durch die Kundschaft eine notwendige Voraussetzung für die Erzielung von Wettbewerbsvorteilen; diese Akzeptanz setzt voraus, daß die Systeme aufgrund ihres Kundennutzens attraktiv sind. Ist die absolute Anzahl der Kunden, die ein derartiges

System nutzen (Kundenpotential), so groß, daß der Break-even point gegenüber der manuellen Bearbeitung der Geschäftsabwicklung überschritten wird, dann fördert der Systemeinsatz auch die Wirtschaftlichkeit der Leistungserstellung und -verwertung, die ja als strategischer Erfolgsfaktor aufgefaßt wird. Systeme wie T-Online und Cash Management können durchaus auch dazu beitragen, in technischer Hinsicht die Kundennähe im Vertrieb und auch die Qualität des Leistungsangebots, also wiederum die Ausprägungen von strategischen Erfolgsfaktoren, zu verbessern. Da diese Systeme im externen Einsatzbereich von ihren Betreibern jeweils einer Mehrheit oder sogar allen Kreditinstituten angeboten werden, hat ein einzelnes Institut mit diesen Systemen aber kaum Möglichkeiten für eine Differenzierung seines Angebots im Wettbewerb. Dies ist nur dann möglich, wenn die In-House-Systeme, die auf der Seite der Bank und natürlicherweise auch auf der Seite der Kundschaft erforderlich sind, attraktiv ausgestaltet werden, z.B. hinsichtlich Funktionsumfang, Benutzerfreundlichkeit, Kosten etc. Aber auch hier gilt wieder, daß die Bereitstellung akzeptierter Systeme von der Kundschaft als selbstverständlich betrachtet wird, auch dann, wenn sie der Bank keine Wettbewerbsvorteile bei der Akquisition von Neukunden oder bei der Pflege des Kundenbestandes einbringen. Gleichzeitig müssen Wettbewerbsnachteile befürchtet werden, wenn solche Systeme nicht angeboten werden, auch dann, wenn die Bank sie wegen mangelnden Kundenpotentials nicht wirtschaftlich betreiben kann.

Wenn die *Kundschaft* bei der Nutzung extern eingesetzter Systeme zur Geschäftsabwicklung, wie z.B. bei der Börsengeschäftsabwicklung, überhaupt *nicht mitwirkt*, nimmt sie diese Systeme nicht zur Kenntnis, und daher ist auch die Frage der Akzeptanz hier nicht relevant. Die Institute werden diese Systeme mit Hilfe von In-House-Systemen nutzen, wenn dies zur Verbesserung der Wirtschaftlichkeit ihrer Leistungserstellungsprozesse beiträgt. Da diese Möglichkeit aber allen Wettbewerbern offensteht, lassen sich durch eine mögliche Verbesserung der Wirtschaftlichkeit keine unternehmensbezogenen Wettbewerbsvorteile erzielen.

**c) Systeme mit nur indirektem Kundengeschäftsbezug im internen Einsatz**
Mit wenigen Ausnahmen wie z.B. Eigenhandel und Beteiligungsverwaltung weisen alle bankbetrieblichen Prozesse einen Bezug zum Kundengeschäft auf, entweder direkt, wenn sie der Abwicklung oder der Beratung im Kundengeschäft dienen, oder indirekt, wenn die Geschäftstätigkeit der Bank mit ihrer Kundschaft Gegenstand der Geschäftsdokumentation, der Entscheidungsunterstützung oder der Steuerung ist (vgl. Abb. 1.6.2.4-1). EDV-Anwendungssysteme, die nur indirekten Kundengeschäftsbezug haben und von den Instituten intern eingesetzt werden, ermöglichen Verbesserungen in Hinsicht auf den strategischen Erfolgsfaktor »Effizienz der Führung und Steuerung«, konkret in Hinsicht auf *Ertragserzielung* und *Risikomanagement*. An die Stelle der Akzeptanz durch die Kundschaft tritt hier die Akzeptanz der angewandten Verfahren durch die Entscheidungsträger, und an die Stelle des Kundenpotentials, eine Voraussetzung für den wirtschaftlichen Einsatz von Systemen im Kundengeschäft, treten hier Umfang, Komplexität und Problemdruck bei der Bewältigung von Führungs- und Steuerungsaufgaben. Vorteile im Wettbewerb um Kunden werden mit derartigen Systemen offenbar nicht erzielt. Wettbewerbsvorteile im weiteren Sinne lassen sich hierdurch nur erreichen, wenn man den Wettbewerb der Institute untereinander mit einbezieht. Viele von ihnen, insbesondere die Geschäftsbanken, streben eine nachhaltige Steigerung ihrer Ertragskraft und ihres Shareholder Value an, was ihnen u.a. auch Vorteile im Wettbewerb um die knappe Ressource Eigenkapital verschafft.

**d) Systeme mit nur indirektem Kundengeschäftsbezug im externen Einsatzbereich**
Das Wertpapier-Service-System (WSS) und das Kursinformationssystem »Ticker Plant Frankfurt« (TPF; vgl. Kap. 2.1.6.1) sind beispielsweise Systeme, die von einem externen Betreiber, hier der Deutsche Börse Systems AG in Frankfurt, angeboten werden, und die mit dem Kundengeschäft nur indirekt in Beziehung stehen. Die Institute nutzen das WSS und das TPF, um Wertpapier-Stammdaten abzufragen, die sie bei der Geschäftsabwicklung im Wertpapiergeschäft benötigen, und um die Beratung im Wertpapiergeschäft zu verbessern. Da diese beiden Systeme allen Kreditinstituten zur Verfügung stehen, läßt sich durch ihre Nutzung allein noch *kein Wettbewerbsvorteil* erzielen; sie bilden eine Grundlage für eine Verbesserung der Qualität des Leistungsangebots, hier der Beratung im Wertpapiergeschäft und für die Verbesserung der Wirtschaftlichkeit der Geschäftsabwicklung in anderen Bereichen der Bank.

# 2 Systeme auf der Basisebene

Die Aufgaben, die auf der Basisebene der Strukturpyramide (vgl. Abb. 1.4-3) erscheinen, werden an *Einzelobjekten* vollzogen (vgl. Abb. 1.4-2), und hierbei sind die Einzeldimensionen Produkt, Kunde, Region, Gesamtbank und Verbund zu unterscheiden. Diese Aufgaben sind bezüglich der Einzeldimensionen aber nicht gleichmäßig verteilt, sondern sie konzentrieren sich in der *Einzeldimension Produkt*. Dies bedeutet aber nicht, daß die Leistungserstellung nur in zentralen Produktbereichen einer Bank stattfindet. Es werden hierbei Kunden betreut *(Einzeldimension Kunde)*, und in Filialbanken wirken bei vielen Leistungsarten die Zweigstellen und Filialen mit der Zentrale der Bank zusammen, so daß auch die *Einzeldimension Gesamtbank* berührt wird. Außerdem können an der Geschäftsabwicklung Unternehmungen beteiligt sein, die die Bank nicht als Kunden oder Lieferanten betrachtet, sondern als Partner der Geschäftsabwicklung *(Einzeldimension Verbund)* wie z.B. Konzerntöchter, Korrespondenzbanken, Börsen, die Gesellschaft für Zahlungssysteme (GZS) und Kreditkartengesellschaften. Bei der Erfüllung dieser Aufgaben laufen im Bankbetrieb Prozesse ab, die hier als *Basisprozesse* bezeichnet werden. In der Bankpraxis werden sie in großem Umfang durch EDV-Anwendungssysteme unterstützt, bei denen die *Grundfunktionen* Geschäftsabwicklung, Basisdaten-Administration und Geschäftsdokumentation im Vordergrund stehen (vgl. Abb. 1.6.1-1). Abb. 2-1 zeigt, in welchen Teilbereichen der Strukturpyramide (Abb. 1.4-3) Basisprozesse stattfinden.

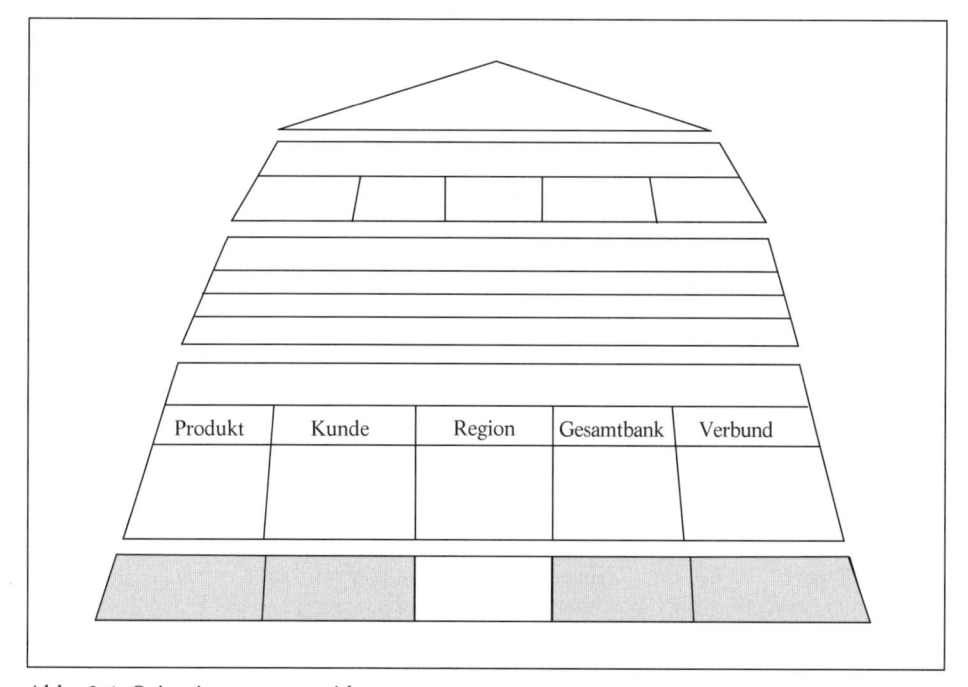

Abb. 2-1 Orientierungspyramide

## 2.1 Produktbezogene Systeme auf der Basisebene

### 2.1.1 Abwicklung von Basisprozessen mit Hilfe von Schalterterminals

#### 2.1.1.1 Funktionsweise von Schalterterminalsystemen

Schon in den 70er Jahren konnten die Kreditinstitute Datenbanksysteme, Bildschirmgeräte und Dialogverarbeitung, Rechnernetze und Datenfernverarbeitung einsetzen. Auf der Grundlage dieser Techniken entwickelten die EDV-Hersteller Schalterterminals, die speziell für die Abwicklung von einfachen Bankdienstleistungen vorgesehen waren.

Die Funktionen, die von solchen Schalterterminals übernommen werden können, sind abhängig von der Anwendungs-Software, die beim Betrieb der Terminals verwendet wird. Da die verschiedenen Institute und Institutsgruppen für ihre Schalterterminals eigene Software-Systeme mit unterschiedlichem Funktionsumfang entwickelt haben, soll hier nur die prinzipielle Funktionsweise von Schalterterminals erläutert werden. Die Darstellung erfolgt anhand des On-Line-Dauerprogramms (ONDA), also eines konkreten EDV-Anwendungssystems, das vor vielen Jahren schon vom Institut für Automation der deutschen Sparkassen- und Girozentralen in Zusammenarbeit mit mehreren deutschen Sparkassen entwickelt worden ist (vgl. Reichherzer/Martin 1976; Relin/Voss 1980). Das ONDA-System wird hier als einführendes Beispiel herangezogen, um zu zeigen, welche Effizienzverbesserungen schon durch einfache EDV-Anwendungssysteme erzielt werden können, die von Daten- und Funktionsintegration Gebrauch machen (vgl. Kap. 1.3).

Im Laufe der Entwicklung der I&K-Technik wurden Systeme erstellt, die tendenziell in immer größerem Ausmaß die Daten- und Funktionsintegration nutzen. War der Funktionsumfang beim ONDA-System noch auf die Abwicklung von Geschäftsvorfällen beschränkt, die an Schalterterminals initiiert wurden, so entwickelte man später spartenübergreifende Systeme für die gesamte *Bestandsführung* sowie Verwaltung und Abrechnung von Konten. Ein außerordentlich großes Ausmaß an Daten- und Funktionsintegration realisiert das System S-Buchen, das Subsysteme für Geschäftsabwicklung, Verwaltung von Kunden- und Sachdaten sowie Bestandsauswertung umfaßt. Spartenübergreifend unterstützt es die Geschäftsabwicklung bei Kontokorrent, Spareinlagen und Sparbriefen, Tages- und Termingeld, Darlehen und Avalen (vgl. von Einem/Steinmeyer 1997). Auf dieses System sei an dieser Stelle nur verwiesen. Es ist sehr viel komplexer als das ONDA-System, das sich aus diesem Grund sehr viel besser für eine einführende Darstellung eignet.

a) **Charakterisierung des ONDA-Systems**

- **Dialogverarbeitung**

Zwischen der zentralen EDV-Anlage (EDVA) der Bank und jedem Schalterterminal, aufgestellt in den Filialen und Zweigstellen der Bank, besteht eine Leitungsverbindung (Online-Betrieb), so daß am Terminal Daten eingegeben werden können, die zur EDVA übermittelt werden, wobei bestimmte Transaktionen ausgelöst und Ergebnisse erzielt werden, die schließlich zum Terminal zurückübermittelt werden.

- **Datenbanktechnik**
Die für die Abwicklung der Geschäftsvorfälle notwendigen Datenbestände sind in einer Datenbank abgespeichert, auf die der Terminal-Benutzer direkt zugreifen kann.

- **Aktualität**
Die Datenbanktechnik erlaubt es, daß alle für die Geschäftsabwicklung notwendigen Daten nur einmal gespeichert werden, und daher immer auf dem neusten Stand sind.

- **Auswirkungen**
Alle Transaktionen gemäß Funktionsumfang des Anwendungssystems können von jedem Terminal aus durchgeführt werden. Dadurch können die Kunden diese Transaktionen von jeder Zweigstelle der Bank aus vornehmen lassen, manuelle Arbeitsvorgänge werden reduziert und nachfolgende Arbeiten, die jeweils am Ende eines Arbeitstages anfallen, werden ebenfalls von diesem System übernommen.

- **Verarbeitung von Offline-Transaktionen**
Da der Funktionsumfang des ONDA-Systems auf relativ wenige Arten von Geschäftsvorfällen im Giro- und Spargeschäft beschränkt ist, müssen die übrigen Geschäftsvorfälle, bei denen die Datenerfassung primanotenweise, durch maschinelle Beleglesung (Schecks, Lastschriften, Überweisungen) oder durch Datenträgeraustausch (vgl. Kap. 2.1.4.2) erfolgt, mit Hilfe von Band- oder Platten-Terminals offline erfaßt und eingegeben werden, so daß sie ebenfalls durch das ONDA-System verbucht werden können. Am Beispiel der Ein- und Auszahlungen auf Spar- und Kontokorrentkonten soll nun die Funktionsweise des ONDA-Systems konkretisiert werden. Im Sparverkehr können die Transaktionen bar (Ein- und Auszahlungen) und unbar (Gut- und Lastschriften) abgewickelt werden, teilweise auch ohne Vorlage des Sparbuches. Aber es können durch das ONDA-System nicht nur diese Transaktionen, sondern auch Kontoeröffnungen und -schließungen, Kontoumlegungen, Nachbuchungen und Umsätze aus dem freizügigen Sparverkehr abgewickelt werden.

b) **Ablauf einer Transaktion im Spargeschäft**

- **Sperrenanalyse**
Wenn am Schalterterminal die auf dem Magnetstreifen des Sparbuches gespeicherten Daten eingelesen sind, prüft das System zunächst, ob eine Kontosperre vorliegt, z.B. weil ein Kennwort erforderlich ist, das Sparbuch als verloren gemeldet ist o.ä. Außerdem wird geprüft, ob Transaktionssperren vorliegen, so daß auf kritische Vorfälle aufmerksam gemacht werden kann, z.B. darauf, daß bei Abhebung nicht gekündigter Beträge die Legitimation zu prüfen ist.

- **Deckungsprüfung**
Wenn ein Sparumsatz unter Vorlage des Sparbuches erfolgt, dann vergleicht das ONDA-System den aktuellen Buchsaldo mit dem gespeicherten Kapitalsaldo und den gespeicherten Nachtragsposten. Wenn keine Übereinstimmung besteht, wird die Transaktion zurückgewiesen und die Nachtragung des Sparbuches gefordert.

- **Nachtragsverwaltung**
»Ohne-Buch-Umsätze«, z.B. aufgrund von Wertpapiergeschäften, führen zu Nachtragsposten, die bei »Mit-Buch-Transaktionen« wieder abgebaut werden, indem das Schalterterminal diese Umsätze im Sparbuch nachträgt.

- **Zins- und Vorschußzinsberechnung**

Das ONDA-System berücksichtigt nicht nur Standardzinssätze und Standardkündigungsfristen, sondern auch individuell ausgehandelte Konditionen. Die Zinsrechnung erfolgt nach der »Progressiv-Posten-Methode« bei jeder Buchung, also für jeden Posten von der Wertstellung bis zum Jahresende. Darüber hinaus werden bei Verfügung über nicht gekündigte Beträge jeweils die Vorschußzinsen berechnet. Wenn sich die Konditionen ändern, werden die vorgerechneten Zinsen automatisch berichtigt. Dadurch kann das System jederzeit Sparkonten auch abschließen.

- **Verbuchung**

Jetzt wird der Sparumsatz auf Kundenkonto verbucht.

- **Abfrage**

Ergänzend erlaubt es das ONDA-System, fast alle Daten des Sparbestandsdatensatzes abzufragen und Adressen, Konditionen etc. zu ändern.

### c) Ablauf einer Kontokorrent-Transaktion

Die Kontokorrent-Verarbeitung weist gegenüber der Spar-Verarbeitung insofern einige Besonderheiten auf, als Kontokorrentumsätze disponiert und Überziehungen, Schecksperren und Scheckgutschriften E.v. (Eingang vorbehalten) überwacht werden müssen. Zu diesem Zweck wird ein Dispositionsdatenbestand geführt, den der Terminal-Benutzer in direktem Zugriff hat. Aus diesem Datenbestand geht für jedes Kontokorrentkonto der Dispositionssaldo hervor, der folgendermaßen errechnet wird:

```
    Kontostand am Ende des Vortages
+   Gesamtkreditlimit
+   Überziehungsgenehmigungen
./. Vordisponierte Umsätze
    ─────────────────────────────
=   Dispositionssaldo
```

- **Kontozustandsprüfung**

Es können Hinweise zu jedem Kontokorrentkonto gespeichert werden, die zu Beginn der Geschäftsabwicklung angezeigt werden.

- **Sperrenanalyse**

Bestimmte Umsätze können gezielt gesperrt werden. So können z.B. Barverfügungen eingeschränkt werden, die Abbuchung von Lastschriften kann ausgeschlossen werden, Schecksperrenkontrollen können durchgeführt werden etc.

- **Deckungsprüfung/Kontoüberziehung**

Ausgangspunkt für die Disposition ist der Dispositionssaldo. Es können aber auch individuelle Dispositionsfreigrenzen sowie Überziehungstoleranzgrenzen in Abhängigkeit von den Bonitätsmerkmalen des jeweiligen Kunden berücksichtigt werden. Wenn nun der Dispositionsbetrag für eine vorgesehene Umsatzverarbeitung nicht ausreicht, wird die Transaktion abgewiesen und der Benutzer des Schalterterminals kann einen »Überziehungsantrag« starten: Alle für die Disposition erforderlichen Daten werden dann am Schalterterminal ausgegeben oder an einem Disponentenplatz ausgedruckt. Erfolgt eine Überziehungsgenehmigung, kann diese eingegeben werden, so daß die Transaktion doch noch erfolgen kann.

- **Scheckgutschriften**
Das ONDA-System kann Scheckgutschriften E.v. überwachen, wenn diese vorher als risikobehaftet gekennzeichnet worden sind. Dies geschieht bei Scheckgutschriften für Kunden mit negativen Dispositionshinweisen, wobei eine absolute Betragsgrenze oder eine Betragsgrenze relativ zum Umsatz berücksichtigt werden kann. Während der Schecklaufzeit vermindern die entsprechenden Beträge den Dispositionssaldo.

- **Verbuchung**
Die Verbuchung auf Kontokorrentkonto erfolgt erst nach Buchungsschnitt. Dabei werden die nicht genehmigten Überziehungen gelöscht.

- **Abfrage**
Das ONDA-System ermöglicht außerdem die Abfrage von verbuchten und disponierten Umsätzen und Kontoständen auf Kontokorrentkonten sowie die Änderung von Stammdaten.

**d) Kassenverwaltung**
Das ONDA-System bietet die Möglichkeit, für jeden Kassierer ein persönliches Kassenskontro zu führen, so daß jederzeit festgestellt werden kann, welcher Kassierer zu welcher Zeit an welcher Kasse wieviele Posten der verschiedensten Art bearbeitet hat. Der Kassenschnitt muß zeitlich mit dem Buchungsschnitt nicht zusammenfallen; vielmehr kann individuell für jedes Schalterterminal im Kassenbereich, und damit für jeden Kassierer, jederzeit während der Online-Verarbeitung ein Kassenschnitt ohne Behinderung des laufenden Schalterverkehrs vorgenommen werden.

**e) Periodische Arbeiten**
Am Ende eines jeden Werktages werden die Kontokorrent-Geschäftsvorfälle gemäß Online-Disposition verbucht, Tagesauszüge werden gedruckt bzw. Daten werden für den Kontoauszugsdrucker bereitgestellt und eine Überziehungs-Restantenliste wird erstellt. Für das Spargeschäft wird eine Tagesumsatzsaldenliste gedruckt, die die Bewegungen des Buchungstages, getrennt nach Zweigstellen, erkennen läßt. Darüber hianus werden auch diverse andere Listen ausgegeben, z.B. Änderungsprotokolle, Kassenübersichten etc. Außerdem können für längere Zeitperioden, z.B. 1 Monat, entsprechende Auswertungen ausgegeben werden. Mit Hilfe des Systems können auch aperiodische Arbeiten durchgeführt werden, z.B. die Zinskapitalisierung zum Jahresende im Spargeschäft.

### 2.1.1.2 Bewertung von Schalterterminalsystemen bezüglich der Effizienzkriterien

Schalterterminalsysteme ermöglichen *neue Prozesse mit Kunden* zur Bewältigung *konventioneller Aufgaben* (vgl. Abb. 1.6.2-2). Sie üben primär die Grundfunktion der *Geschäftsabwicklung* aus.

\* **Kundennutzen**
Im Vergleich mit manuellen Geschäftsabwicklungsverfahren besteht der Kundennutzen (vgl. Abb. 1.6.2.1-2) des ONDA-Systems primär darin, daß die Aktualität der Abfrageergebnisse (Nutzendimension 1.1) in bezug auf Umsätze und Kontostände deutlich zugenommen hat. Auch wenn Kontokorrentumsätze erst am Abend eines jeden Werktages endgültig verbucht werden, können die Buchungsposten des Tages jederzeit aus dem

Dispositionsdatenbestand abgefragt werden. Die Schnelligkeit der Geschäftsabwicklung, insbesondere die Bedienungszeit (Nutzendimension 4.1) dürfte durch das ONDA-System kaum verbessert worden sein. Die Fehlerquote (Nutzendimension 5.1) ist bei Einsatz des ONDA-Systems deutlich niedriger als bei manuellen Verfahren, weil die Daten des einzelnen Geschäftsvorfalls nach der Eingabe ausschließlich maschinell weiterverarbeitet werden.

* **Wirtschaftlichkeit**

Das ONDA-System ermöglicht einen neuen Geschäftsprozeß mit Kunden, der der Abwicklung konventioneller Bankleistungen dient. Zur Ermittlung der Wirtschaftlichkeit bietet sich die Kostenvergleichsrechnung an (vgl. Kap. 1.6.2.3), mit deren Hilfe die durch das ONDA-System bewirkte Kostensenkung im Vergleich zur Anwendung manueller Verfahren festgestellt werden kann.

Am Beispiel des ONDA-Systems wurde deutlich, daß, wie in Kap. 1.3 erläutert, auf der Grundlage der Datenbanktechnik, der Dialogverarbeitung, der Rechnernetze und der Datenfernverarbeitung *integrierte EDV-Anwendungssysteme* entwickelt werden können, die eine Fülle von Funktionen in sich vereinigen und *übergreifende Vorgangsketten* abwickeln. Wenn Daten einmal erfaßt sind, z.B. eine Einzahlung auf Sparkonto im ONDA-System, dann werden möglichst alle betrieblichen Teilleistungen abgewickelt, die mit diesen Daten abgewickelt werden können, im obigen Beispiel also nicht nur die Verbuchung des Umsatzes, sondern auch die Nachtragung des Sparbuches, die Berechnung von Zinsen u.a.m. Die Realisierung derartiger übergreifender Vorgangsketten ist ein ganz wesentlicher Ausgangspunkt für die Verbesserung der Wirtschaftlichkeit, denn die aufwendige manuelle Datenerfassung findet nur einmal, am Anfang der Vorgangskette, statt, und alle weiteren Teilleistungen werden maschinell ausgeführt. Bei dem Kostenvergleich ist daher sicherzustellen, daß die Betriebskosten des ONDA-Systems mit den Kosten verglichen werden, die bei manueller Abwicklung der gesamten übergreifenden Vorgangskette anfallen.

* **Wettbewerbsvorteile**

Das ONDA-System ist ein System mit direktem Kundengeschäftsbezug im bankinternen Einsatz (vgl. Abb. 1.6.2.4-1). Mit Systemen dieser Gruppe lassen sich grundsätzlich durchaus Wettbewerbsvorteile erzielen, im Falle des ONDA-Systems jedoch kaum, weil die Kundschaft den Einsatz von Schalterterminals und den dazugehörigen EDV-Systemen für selbstverständlich hält. Setzt ein Institut kein System dieser Art ein, dann kann dies aber mit ganz erheblichen Wettbewerbsnachteilen verbunden sein.

## 2.1.2 Abwicklung von Basisprozessen mit Hilfe von kundenbedienten Automaten

Die kundenbedienten Automaten sind primär für die Benutzung durch die *Privatkundschaft* der Banken vorgesehen. Die Vielfalt der Automaten, die von den Herstellern angeboten und von den Instituten installiert und damit der Kundschaft zur Verfügung gestellt werden, ist so groß, daß hier nur die wichtigsten Arten mit ihrer *prinzipiellen Funktionsweise* und ihren *Auswirkungen* dargestellt werden können. Im Mittelpunkt des Interesses sollen hier Geschäftsabwicklung und Vertrieb sowie Wirtschaftlichkeits- und Marketing-Aspekte stehen; Sicherheitsaspekte werden nur erwähnt, und auf technische Details kann praktisch gar nicht eingegangen werden.

## 2.1.2.1 Karten als Zugangsmedien für kundenbediente Automaten

Als Zugangsmedium der Kunden zu den kundenbedienten Automaten werden Plastikkarten verwendet. Hierbei kann zwischen bankeigenen Kundenkarten, die auch als Bank- oder Servicekarten bezeichnet werden, der euroqueque-Karte (ec-Karte) und verschiedenen Formen der Kreditkarte unterschieden werden.

*Bank- oder Servicekarten* werden den Privatkunden jeweils von ihrer kontoführenden Bank zur Verfügung gestellt und sind mittlerweile auch auf internationaler Ebene multifunktionell einsetzbar. Früher war es dem Kunden primär nur möglich, Automaten seiner Bank zu bedienen, die online mit dem Rechenzentrum dieser Bank in Verbindung standen, so daß neben der Verfügungsberechtigung auch die Ordnungsmäßigkeit des an Automaten verfügten Betrages geprüft werden konnte. Die Einsatzmöglichkeiten der Bankkarten wurden vor einiger Zeit durch die Einbeziehung in ein weltweites Debitkartensystem und die Einführung des GeldKarte-Systems um ein Vielfaches erweitert. Die Bankkarte kann nun also weltweit zur Bezahlung von Rechnungen und zur Barabhebung an entsprechend gekennzeichneten Geldausgabeautomaten (GAA), unabhängig vom betreibenden Institut, verwendet werden. Grundlage hierfür ist die Zusammenarbeit von Mastercard/Europay International mit der neu gegründeten Maestro International. *Maestro International* wiederum ist eine eigenständige Gesellschaft, die im weltweiten Mastercard/Europay-Verbund den Debitkartenbereich betreut. Die Anwendung der Bankkarte bleibt hierbei allerdings auf den Online-Betrieb und auf Maestro-Partner beschränkt. Darüber hinaus ist die Bankkarte seit 1997 im Rahmen des *Geldkarte-Systems* als vorausbezahlte elektronische Geldbörse (Pay Before-Karte) verwendbar. Auch wegen dieser Funktion ist mit einer zunehmenden Verbreitung der Bankkarte zu rechnen. Hierfür spricht auch die stetig wachsende Zahl der Akzeptanzterminals für die Geldkarte (rund 60 000) (vgl. Slavik 1999). Durch diese Aufwertung, die in den letzten Jahren erfolgte, tritt die Bankkarte in direkte Konkurrenz zur ec-Karte.

Die *ec-Karte*, die bereits 1968 eingeführt wurde, ist ebenfalls eine multifunktionale Karte, die auch im In- und Ausland eingesetzt werden kann. In Verbindung mit eurocheques (ec-Schecks) dient sie als Scheckgarantiekarte. Darüber hinaus kann sie, wie die Bankkarte, als Identifikations-Karte an Geldausgabeautomaten (GAA) (vgl. Kap. 2.1.2.2.1), Multifunktions-Terminals (MFT) (vgl. Kap. 2.1.2.2.2) und Electronic Cash-Terminals (vgl. Kap. 2.1.4.3.3) benutzt und, mit entsprechendem Mikrochip, als elektronische Geldbörse verwendet werden. Auch die ec-Karte berechtigt zur Teilnahme am weltweiten elektronischen Zahlungssystem Maestro. Das eurocheque-System ist mit 45,4 Mio. ec-Karten in Deutschland (Stand Juli 1999) (vgl. Deutsche Bundesbank 1999) sowie einem Gesamtumsatz in Europa in Höhe von DM 8,6 Mrd. (vgl. GZS 1999) das erfolgreichste europäische Zahlungssystem. Es gehört neben Eurocard und Euro Traveller Cheque zur Produktpalette »Europackage« der Gesellschaft Europay International, die 1992 aus der Fusion von Eurocard International S.A., eurocheque International S.C. und eurocheque International Holdings S.A. hervorgegangen ist. Europay International fungiert als Lizenzgeber für das »Europackage« (vgl. Michalek/Uthe 1999). Unter der Lizenz von Europay International und unter Mitwirkung der deutschen Gesellschaft für Zahlungssysteme (GZS) können Kreditinstitute ihren Kunden ec-Karten und ec-Scheckvordrucke zur Verfügung stellen. Wegen der Verfügungsmöglichkeiten, die die Kunden durch das eurocheque-System erhalten, geschieht dies aber nur nach einer Bonitätsprüfung (vgl. Kap.4.1.1.1) im Einzelfall.

Europay International wird von europäischen Kreditinstituten und ihren Verbänden kontrolliert. Zwischen Europay International und MasterCard International besteht eine Zusammenarbeit, die sich sowohl auf das weltweite MasterCard/CIRRUS-Geldausgabeautomatennetz als auch auf die Kreditkarten Eurocard und MasterCard (vgl. Kap. 2.1.4.3.4) bezieht. Darüber hinaus halten MasterCard und Europay jeweils 50 % an der Maestro International, womit sie ihr Ziel, ein internationales Electronic Cash-System (vgl. Kap. 2.1.4.3.3) aufzubauen, erreicht haben (vgl. o.V. 1998a).

Sowohl die Bankkarte als auch die ec-Karte, als *kontobezogene Debitkarten* (Pay-Now-Karten), ermöglichen eine zentrale Kontrolle aller Kundenverfügungen. Die Bank, die dem Kunden die jeweilige Karte ausgehändigt hat, führt für den Kunden ein Kontokorrentkonto, das unverzüglich mit allen mit der Karte getroffenen Verfügungen belastet wird.

Im Gegensatz hierzu sind Kreditkarten (Pay-Later-Karten) in der Regel als *personenbezogene Karten* zu betrachten, bei denen ein direkter Bezug zu einem Bankkonto des Inhabers nicht immer hergestellt werden kann. Grundsätzlich unterscheidet man drei Formen der Kreditkarten (vgl. Dickertmann/Feucht 1997). *Charge Cards* berechtigen den Kunden innerhalb eines Abrechnungszeitraums bis zu einem ihm bekannten Limit einzukaufen. Am Ende des Abrechnungszeitraums erhält der Karteninhaber eine Aufstellung über seine getätigten Umsätze, wobei der Gesamtbetrag in der Regel von seinem Bankkonto abgebucht wird. Beispiele für Charge Cards sind die Karten von American Express, Diners Club und die meisten Eurocards. *Credit Cards* bieten dem Kunden dagegen einen echten Kreditrahmen, der zugleich den maximalen individuellen Verfügungsrahmen darstellt. Bei der Credit Card wird also ein eigenes Kartenkonto geführt, auf dem der Kunde durchaus auch ein Guthaben unterhalten kann. *Debit Cards*, als dritte Form, unterscheiden sich von den beiden anderen Kreditkartenformen dadurch, daß sie direkt an das Bankkonto des Karteninhabers gebunden sind. Die Belastung des betreffenden Kontos erfolgt, wie bei der Bank- oder ec-Karte, unverzüglich. Im Unterschied dazu hat der Kunde auf seinem Debit-Card-Konto ein bestimmtes Limit. Dieser Verfügungsrahmen, der von der Bonität des Kreditkarteninhabers abhängt und von der Kreditkartengesellschaft frei gestaltet werden kann, bezieht sich daher auf das Kreditkartenkonto, das die Kartengesellschaft für den Karteninhaber führt. Kreditkarten werden von speziellen Kartenunternehmungen wie Diners Club, American Express und JCB (Japanese Credit Bureau), Interbankenvereinigungen wie Visa und MasterCard/Eurocard, Kreditinstituten und Handels- und Dienstleistungsunternehmungen emittiert (vgl. Schöchle 1993). Mit einem Marktanteil von 55 % der ausgegebenen Kreditkarten und deutschlandweit 333.000 Akzeptanzstellen, davon 44.700 GAA, ist die Eurocard in Deutschland besonders erfolgreich (vgl. Braatz et al. 1999, S. 99).

Die *internationale Abrechnung* von ec-Schecks, GAA- und Eurocard-Umsätzen erfolgt durch European Payment Systems Services (EPSS), ein Gemeinschaftsunternehmen, an dem Europay International mit 85 % und MasterCard International mit 15 % beteiligt ist. EPSS betreibt das Telekommunikationsnetz EPS-Net (European Payment System-Net) mit mehr als 60 Knotenrechnern in Europa. Es ist mit dem Netzwerk Banknet von MasterCard International gekoppelt, so daß die Umsätze weltweit erfaßt und abgerechnet werden können.

*Sicherheitsvorkehrungen* spielen eine wichtige Rolle, wenn es um die Akzeptanz unterschiedlicher Kartensysteme durch die Kundschaft geht. Eine der wichtigsten Sicherheitsvorkehrungen, die in Zusammenhang mit der ec-Karte eingeführt worden ist, ist die *Persönliche Identifikations-Nummer* (PIN), eine vierstellige Zahl, die der Karteninhaber am Automaten eingibt, um sich bei Verfügungen zu legitimieren. Sie wird nur dem Karteninhaber bekanntgegeben, und er sollte sie mit größter Sorgfalt behandeln. Vergleicht man die Schadenssumme, die bei Verlust und Diebstahl von ec-Karten (mit PIN) und Kreditkarten (ohne PIN) entstanden ist, dann zeigt sich, daß die PIN einen sehr wichtigen Beitrag zur Schadensbegrenzung leistet. Wird eine gefundene oder gestohlene ec-Karte unberechtigt benutzt und ist dabei die PIN unbekannt, so daß mehrere PIN ausprobiert werden müssen, wird die Karte nach dem dritten Versuch eingezogen. Nach den »Vereinbarungen über das deutsche ec-Geldausgabeautomatensystem« vom Juli 1993 (vgl. Anhang 3) hat der Inhaber der ec-Karte die Pflicht, Verlust oder Diebstahl der Karte schnellstmöglich seiner Bank zu melden, die diese Information umgehend an die für diesen Zweck eingerichtete Evidenzzentrale in Frankfurt weiterleitet, die dann ihrerseits die Kartensperre allen GAA-Betreibern im In- und Ausland übermittelt. Außerdem wird der Schaden, der bei Verlust oder Diebstahl eintreten kann, dadurch begrenzt, daß zwei Verfügungsobergrenzen bestehen, die das Institut, das die ec-Karte emittiert, festlegen kann, z.B. auf DM 1.000,- pro Tag und DM 3.000,- pro Woche. Schäden, die nach Verlust oder Diebstahl einer ec-Karte durch den Mißbrauch dieser Karte bis zum Zeitpunkt der Verlustmeldung entstehen, tragen der rechtmäßige Karteninhaber in Höhe von 10 % und die Bank in Höhe von 90 %. Nach der Verlustanzeige übernimmt die Bank alle Schäden infolge des Verlustes oder Diebstahls der ec-Karte. Bei mißbräuchlicher Verwendung der ec-Karte in Verbindung mit eurocheque-Vordrucken sind die Kunden auch nach der Verlustanzeige mit 10 % am entstandenen Schaden beteiligt.

Durch die Einführung der *Chipkarten* und die damit verbundene erhöhte Speicherkapazität auf der Karte können zahlreiche weitere Funktionen – auch außerhalb des Bankgeschäfts – genutzt und hochleistungsfähige Sicherungsvorkehrungen realisiert werden. An weiteren Sicherungsverfahren wie z.B. der fotografischen Identifizierung, der dynamischen Unterschriftsverifikation, biometrischen Verfahren und der Überprüfung des Zahlungsverhaltens wird gearbeitet. Die *fotografische Identifizierung* wird dadurch ermöglicht, daß auf der Karte ein Paßbild des Karteninhabers angebracht wird. Die *dynamische Unterschriftsverifikation* beruht darauf, daß Personen bei ihrer Unterschrift auf der Schreibunterlage Druckwellen erzeugen, die gespeichert und bei Wiederholung des Schreibvorganges zum Vergleich herangezogen werden können. Die Dynamik der Unterschrift ist bei jedem Menschen so individuell, daß ein hohes Maß an Sicherheit erreicht werden kann. Bei den *biometrischen Verfahren*, insbesondere den Fingerabdruckverfahren, dem Lesen des Augenhintergrundes und dem Stimmerkennungsverfahren wird mit erheblichen Implementierungsproblemen gerechnet; sie sind einerseits sehr aufwendig, andererseits rechnet man mit Akzeptanzproblemen bei der Kundschaft. Die Überprüfung des *Zahlungsverhaltens* führt dann zu sicherheitsrelevanten Hinweisen, wenn Verfügungen des Karteninhabers nicht mehr dem Muster des bisherigen Zahlungsverhaltens entsprechen (vgl. Dorner 1992). Diese Verfahren sind zweifellos sehr aufwendig. Wie wichtig Sicherungsmaßnahmen sind, insbesondere dann, wenn keine PIN verwendet wird, zeigte sich am Beispiel von Großbritannien, das als typisches Kreditkartenland gilt: Die Verluste aus mißbräuchlichen Kreditkartentransaktionen beliefen sich hier auf ca. DM 500 Mio. pro Jahr (vgl. Walkhoff 1993).

Wie wirkungsvoll solche *Verluste* aus mißbräuchlichen Kreditkartentransaktionen aber auch durch verstärkte Sicherungsmaßnahmen gesenkt werden können, kann am Beispiel Deutschland gezeigt werden, wo im Zeitraum 1993 bis 1995 die Schäden von DM 120 Mio. auf DM 80 Mio. pro Jahr gesenkt wurden (vgl. Peppel 1999). Da die PIN für die Kundenselbstbedienung, gerade im Hinblick auf den Sicherheitsaspekt, insgesamt von großer Bedeutung ist, werden die Institute immer wieder Kommunikationsmaßnahmen durchführen müssen, um zu erreichen, daß ein möglichst hoher Prozentsatz der Kunden mit automatenfähigen Karten die PIN auch parat hat und einsetzt.

### 2.1.2.2 Funktionsweise von kundenbedienten Automaten

### 2.1.2.2.1 Geldausgabeautomaten

An Geldausgabeautomaten (GAA) können Kunden Bargeld in inländischer Währung und Sorten beziehen. Darüber hinaus haben Karteninhaber auch die Möglichkeit, im Ausland Bargeld an GAA abzuheben. Bei Benutzung eines GAA legitimiert sich der Kunde durch Eingabe seiner *Bank- oder ec-Karte*. Die auf dem Magnetstreifen dieser Karte befindlichen Daten werden vom GAA eingelesen. Der Kunde wird dann aufgefordert, seine PIN mit Hilfe einer Tastatur einzugeben, und er wählt dann den Betrag für die Abhebung. Das Anwendungsprogramm, das den GAA steuert, prüft zunächst, ob die Kundenkarte wegen Verlust o.ä. gesperrt worden ist. Ist dies nicht der Fall, dann wird geprüft, ob der Verfügungsrahmen, also die Obergrenze für die Summe der Abhebungen eines Tages, die als Sicherungsinstrument eingebaut worden ist, überschritten würde. Ist dies auch nicht der Fall, dann wird geprüft, ob das Konto des Kunden den notwendigen Dispositionssaldo aufweist, also Guthaben oder freie Kreditlinie. Wenn auch dies zutrifft, erfolgt die Auszahlung des Bargeldes durch den Automaten und die Abhebung wird in den Dispositionsdatenbestand eingestellt, so daß sie am Ende des Tages dem Kontokorrentkonto des Kunden belastet werden kann (vgl. Kap. 2.1.1.1). In allen anderen Fällen, also wenn die PIN falsch war oder wenn die Karte gesperrt war oder der Dispositionssaldo nicht ausreicht, wird die Transaktion abgewiesen. Bei diesem Verfahren erfolgt also die *Autorisierung* der Verfügung am Konto, und daher kann dieses Verfahren auch nur ablaufen, wenn der jeweilige Automat online betrieben wird. Arbeitet der GAA vorübergehend offline, was bei Zusammenbruch der Netzverbindung zwischen GAA und Rechenzentrum der Bank vorkommen kann, dann können nur noch Inhaber von ec-Karten an diesem GAA Geld abheben, und zwar bis zur Höhe von DM 400.-, demselben Betrag, bis zu dem die Bank, die die ec-Karte emittiert hat, dem Nehmer eines eurocheque die Einlösung garantiert.

Wird die *Bank- oder ec-Karte* an einem GAA einer *anderen Bank*, die nicht Emittent der Karte ist, benutzt, dann wird die Richtigkeit der von dem Kunden auf der Tastatur eingegebenen PIN geprüft, indem die PIN mit der auf dem Magnetstreifen der Karte verschlüsselten PIN verglichen wird. Dann wird in einer Sperrdatei, die von der für die jeweilige Bankengruppe zuständigen *Autorisierungszentrale* geführt wird, abgefragt, ob diese Karte gesperrt ist. Wurde die richtige PIN eingegeben, ist die Karte nicht gesperrt, und ist der kontobezogene Verfügungsrahmen für die Verfügung ausreichend, dann autorisiert die Autorisierungszentrale die Verfügung. Es kann in der Regel eine Auszahlung bis zu DM 1000.- erfolgen. Der GAA zahlt das Geld aus und die Bank zieht den Betrag und ggf. eine Gebühr per DFÜ von der Bank ein, bei der das Kontokorrentkonto des Kartenbenutzers geführt wird.

Die Rechtsgrundlage für die Kooperation inländischer Kreditinstitute beim Betrieb der GAA ist der sogenannte Pool-Vertrag, also die »Vereinbarung für das deutsche ec-Geldausgabeautomatensystem« vom 1.7.1993 (vgl. Anhang 3). Diese Vereinbarung ist die Grundlage für die Schaffung eines nationalen, bankenübergreifenden Online-Verbundes der GAA mit Weiterleitung der Autorisierungsanfragen zum Kartenemittenten (Autorisierung am Konto).

Kunden einer inländischen Bank können auch an ca. 140.000 GAA von Banken in 30 europäischen Ländern (Stand: Ende 1996) und, seit der Einbeziehung in das Debitkartensystem Maestro, weltweit an entsprechenden GAA Bargeld beziehen (vgl. o.V. 1998a). Die Autorisierung möglichst nah am Konto ist hierbei aber besonders aufwendig, denn sie erfordert bei jeder GAA-Benutzung eines deutschen Kunden im Ausland eine Leitungsverbindung zu der Autorisierungszentrale in Deutschland, die für die Bankengruppe zuständig ist, der das kartenemittierende Institut angehört. Die ausländische Bank, bei der der Karteninhaber einen Fremdwährungsbetrag bezogen hat, zieht diesen Betrag und eine Gebühr über die ausländische eurocheque-Clearingstelle, Europay International und die deutsche GZS von der Bank des Karteninhabers ein, die diesen auf Kontokorrentkonto belastet. Die Währungsumrechnung erfolgt durch Europay.

Seit 1991 können auch Inhaber der *Eurocard* mit PIN (vgl. Kap. 2.1.4.3.4) an einem Teil der GAAs Bargeld beziehen. Dies setzt aber voraus, daß die Institute, die die jeweiligen GAA betreiben, mit der GZS einen Vertrag geschlossen haben, in dem die Funktion des Instituts als Bargeldauszahlungsstelle für den Eurocard-Verbund geregelt ist (vgl. Rodewald 1991). Für preisbewußte Privatkunden kann dies nur ein ergänzender Service sein, denn die Kosten der Bargeldbeschaffung sind bei Benutzung der Eurocard viel höher als bei Benutzung der Bank- oder ec-Karte.

GAA können an ganz unterschiedlichen *Standorten* installiert werden: Bei der *Indoor-Lösung*, also bei Aufstellung in den Geschäftsräumen von Filialen und Zweigstellen, werden zwar die Kassen entlastet, die Betriebszeit dieser GAA ist aber an die Öffnungszeiten der jeweiligen Filiale oder Zweigstelle gebunden. Dieses Problem wird durch die *Foyer-Lösung* entschärft, also durch Aufstellung von GAA in Vorräumen zu Zweigstellen und Filialen, die zur Geschäftszeit frei und außerhalb der Geschäftszeit nur mit Hilfe der Bank- oder ec-Karte betreten werden können. Die Karte wirkt hier wie ein Schlüssel für die Tür des Foyer-Raums, und bei Benutzung der Karte wird gleichzeitig registriert, mit welcher Karte die Tür zu welcher Zeit geöffnet worden ist, so daß, wenn Beschädigungen festgestellt werden, der hierfür in Frage kommende Personenkreis eingegrenzt werden kann. Viele Kunden, die an einem GAA in einem Foyer abheben, fühlen sich sicherer als an einem GAA, der in die Außenwand eines Bankgebäudes eingelassen und damit dauernd frei zugänglich ist (*Out-door-Lösung*). Schließlich können GAA auch an externen Standorten (*Points of Public*) installiert werden, z.B. auf Bahnhöfen, Flughäfen, in Einkaufszentren etc. Hierbei treten regelmäßig dieselben Sicherheitsprobleme auf wie bei der Out-door-Lösung.

### 2.1.2.2.2 Multifunktions-Terminals

Schon seit Anfang der 80er Jahre sind Multifunktions-Terminals (MFT) technisch verfügbar. Sie haben in Deutschland bisher aber nur eine sehr geringe Verbreitung gefunden. Durch MFT soll es *Privatkunden* ermöglicht werden, durch Selbstbedienung eine je nach Ausstattung mehr oder minder große Anzahl von *einfachen Leistungsarten* in Anspruch zu nehmen. Ein MFT ist ein Terminal, bestehend aus Bildschirm und Eingabeeinheit, das über eine Datenleitung mit dem Rechenzentrum der Bank verbunden ist. An der Eingabeeinheit, sei es eine Tastatur oder ein Touchscreen, können Privatkunden schon nach kurzer Einweisung Aufträge erteilen und Informationen abfragen. Sie legitimieren sich am Terminal in derselben Weise wie am GAA, also durch ec-Karte oder Bankkarte und Eingabe der PIN. Die Anwendungs-Software, die das MFT steuert, bietet mit Hilfe der Menü-Technik eine Benutzerführung im Dialog: Dem Kunden wird am Bildschirm angezeigt, welche Funktionen er jeweils wählen kann, welche Dateneingabe erforderlich ist, ob eine Funktion erfolgreich genutzt wurde oder wiederholt werden muß, und natürlich die Informationen, die aufgrund einer Abfrage angezeigt werden. Wenn der Kunde den Dialog beendet, gibt das MFT seine Karte wieder zurück.

Am MFT kann ein Kunde *Transaktionen* durchführen und Basisdaten abfragen. Geht man vom Funktionsumfang von MFT aus, wie sie schon vor vielen Jahren von der Verbraucherbank bereitgestellt wurden, dann kann ein Kunde Auszahlungen veranlassen, Überweisungen in Auftrag geben, Daueraufträge einrichten, ändern oder löschen, Dispo-Kredite in Anspruch nehmen, Festgeld anlegen, Sparkonten eröffnen, Sparbriefe erwerben, Wertpapieraufträge erteilen etc. Außerdem kann der Kunde *kundenbezogene Informationen* wie z.B. die Umsätze auf seinem Kontokorrentkonto in einem bestimmten Intervall, z.B. in den letzten 3 Monaten, abfragen und Kontostände, Kreditlimits, Daueraufträge, Konditionen etc. anzeigen lassen. Und bei noch weiterem Funktionsumfang ist es sogar möglich, daß Depotaufstellungen und Depotaufschlüsselungen nach bestimmten Kriterien angezeigt und *bankspezifische Informationen* wie aktuelle Wertpapieremissionen, aktuelle Konditionen, neue Dienstleistungen, Öffnungszeiten etc. angezeigt und *allgemeine Informationen* über die Finanz- und Wirtschaftslage bereitgestellt werden.

Alle die genannten Funktionen eines MFT sind unter die *Grundfunktion Geschäftsabwicklung* zu subsumieren. Die Transaktionen werden vom Kunden am MFT aber nur in Auftrag gegeben. Weitere Anwendungsprogramme der Bank sorgen dafür, daß diese Aufträge ausgeführt werden. Die eigentliche Geschäftsabwicklung vollzieht sich also in mehreren Schritten, wobei die Kundschaft in vielen Fällen davon ausgeht, daß mit der Auftragserteilung auch schon die Geschäftsabwicklung vollzogen sei. In Wirklichkeit sind nur die Auftragsdaten erfaßt worden.

Die *Anzeige von Basisdaten* fällt ebenfalls unter die Grundfunktion der Geschäftsabwicklung. Zahlreiche Informationen erscheinen hierbei wirklich auf dem aktuellen Stand, was für die Kundschaft sehr vorteilhaft ist. Da die meisten Transaktionen der Kundschaft aber nur als Auftragserteilung zu verstehen sind, muß den MFT-Benutzern verständlich gemacht werden, daß die Transaktionen nicht schon nach der Auftragserteilung, sondern erst nach der vollständigen Geschäftsabwicklung als durchgeführt angezeigt werden können. So kann z.B. nicht erwartet werden, daß ein Überweisungsauftrag, der soeben erteilt worden ist, nach wenigen Sekunden schon unter den Kontokorrentumsätzen erscheint. Wenn die endgültige Buchung von Kontokorrentumsätzen erst am Ende eines Geschäftstages erfolgt, dann kann diese Überweisung erst danach bei der Umsatzabfrage angezeigt werden.

MFT können schließlich auch in geringem Umfang die *Grundfunktion* der *Beratungsunterstützung* erfüllen. Kunden können *Modellrechnungen* aufrufen, die es ihnen erlauben, verschiedene Varianten für eine Kapitalanlage oder eine Finanzierung durchzurechnen. Diese Varianten können naturgemäß nur standardisiert sein. Dennoch ist es möglich, dem Kunden in Abhängigkeit von Produkt, Betrag, Laufzeit, Zinsbindungsfrist etc. anzuzeigen, welche Effektivverzinsung für eine Kapitalanlage aktuell erreichbar ist, oder welche monatliche Belastung und effektive Verzinsung mit einer Finanzierung verbunden ist.

Als *Standorte* kommen für MFT hauptsächlich nur Foyers in Frage. Hier können sie auch außerhalb der Geschäftszeiten genutzt werden, und hier sind sie wegen der Zugangsdatenerfassung hinreichend geschützt.

### 2.1.2.2.3 Sonstige Transaktionsautomaten

Schon Mitte der 80er Jahre hat die Schweizerische Bankgesellschaft (SBG) in Zürich eine Automatenfiliale eingerichtet, um ihre Kundschaft mit den verfügbaren Bankautomaten vertraut zu machen (vgl. Klingler 1985 und ders. 1986). In dieser Filiale standen nicht nur GAA und MFT bereit, sondern es konnten darüber hinaus *Automaten mit folgenden Funktionen* in Anspruch genommen werden:

- Bareinzahlung
  in inländischer Währung auf bei der Bank geführte Konten;
- Sortenverkauf
  an Kunden, die sich durch eine Bankkarte und PIN legitimieren;
- Sortenankauf
  gegen Auszahlung in inländischer Währung;
- Verkauf von Reiseschecks
  an Kunden zu Lasten ihres Kontos;
- Verkauf von Gold
  gegen Bareinzahlung in inländischer Währung;
- Schließfach
  für Kunden jederzeit zugänglich nach Legitimation.

Die Automaten mit den genannten Funktionen können offline betrieben werden, soweit die jeweilige Transaktion kein bei der Bank geführtes Konto berührt. Dies gilt für den Sortenankauf, den Verkauf von Gold und die Schließfachbenutzung. Bareinzahlungen und der Verkauf von Sorten und Reiseschecks erfordert dagegen den Online-Betrieb, so daß neben der Legitimationsprüfung auch die Autorisierung der Verfügung am Konto, die Einstellung in die Dispositionsdatei und schließlich die Belastung des Kontokorrentkontos erfolgen kann. Insbesondere bei den Automaten mit Online-Betrieb wird deutlich, daß bei Benutzung eines Automaten jeweils ein Anwendungsprogramm abläuft, das im Sinne der integrierten Datenverarbeitung möglichst alle Operationen durchführt, die mit den eingegebenen Daten des Geschäftsvorfalls ausgeführt werden können.

### 2.1.2.2.4 Kontoauszugsdrucker

Der Kontoauszugsdrucker (KAD) wird hier erwähnt, obwohl er keine selbständige Bankleistung erbringt, sondern nur die Teilleistung »Information über Umsätze und Kontostand auf Kontokorrentkonto«. Kunden einer Bank, die KAD bereitstellt, können sich mit Hilfe ihrer Bankkarte oder ec-Karte am Automaten legitimieren; die Eingabe der PIN ist hier nicht erforderlich, weil nur Informationen abgerufen und keine Verfügungen getroffen werden. Der KAD ruft die Auszugsdaten für den Kunden aus einer Datei im Rechenzentrum der Bank ab und druckt sie auf Kontoauszugsformulare. Diese Daten, die sich primär auf Kontokorrentkonten, je nach Stand der Systeme aber auch auf andere Konten und auf Depots, beziehen, befinden sich jeweils auf dem neusten Buchungsstand. Es versteht sich von selbst, daß KAD nur online betrieben werden können. Hinsichtlich der Standortwahl kommt die In-door- und die Foyer-Lösung in Betracht. Wenn KAD außerhalb der Geschäftszeit zugänglich sind, können sie von der Kundschaft nur genutzt werden, wenn gleichzeitig auch das Rechenzentrum dienstbereit und die Leitungsverbindung aktiv ist.

### 2.1.2.3 Bewertung von kundenbedienten Automaten bezüglich der Effizienzkriterien

Kundenbediente Automaten ermöglichen *neue Geschäftsprozesse mit Kunden* zur Erstellung *konventioneller Bankleistungen* (vgl. Abb. 1.6.2-2). Die Grundfunktion der *Geschäftsabwicklung* steht hierbei im Vordergrund.

* **Kundennutzen**

Bankkunden, die von kundenbedienten Automaten (GAA, MFT und sonstigen Automaten) Gebrauch machen, erhalten durchaus einen gewissen Zusatznutzen gegenüber der konventionellen Geschäftsabwicklung (vgl. Abb. 1.6.2.1-2). Im einzelnen sei der Zusatznutzen bei den folgenden Nutzendimensionen hervorgehoben: *GAA und MFT* erlauben eine Abfrage des aktuellen Kontostandes (Nutzendimension 1.1). Die räumliche Verfügbarkeit des Bargeldbezuges und Kontostandsanzeige ist bei den GAA sehr gut, denn die Inhaber einer Bank- oder ec-Karte haben Zugang zu einem umfangreichen Netz von GAA bei der kontoführenden Bank, bei den übrigen inländischen Instituten und auch im Ausland (Nutzendimension 2.1). Die zeitliche Verfügbarkeit von Leistungen (Nutzendimension 2.2) hängt bei GAA, MFT und sonstigen Automaten vom Aufstellungsort ab: Wenn diese Automaten im Foyer einer Bank, an der Außenwand oder an einem sonstigen Point of Public, z.B. in einem Flughafen, installiert sind, dann sind die Leistungen für die Kunden auch außerhalb der Geschäftszeiten der Bank verfügbar, was mit erheblichem Zusatznutzen verbunden ist. Entsprechendes gilt bei MFT für den Zeitraum der Auftragserteilung (Nutzendimension 3.2). Von der Ausgestaltung des MFT-Systems durch die einzelne Bank hängt der Umfang der erteilbaren Aufträge (Nutzendimension 3.4) ab. Je größer der Umfang, desto größer ist auch der Zusatznutzen. An praktisch allen MFT kann man Überweisungsaufträge eingeben, Daueraufträge einrichten, ändern oder löschen und Scheckvordrucke bestellen. Im Einzelfall kann das MFT-System aber auch die Auftragserteilung für die Geldanlage auf Termin- und Sparkonten sowie den Kauf von Sparbriefen und Wertpapieren u.a.m. ermöglichen. Darüber hinaus ist es möglich, daß Kunden am MFT einfache Beratungsleistungen in Anspruch nehmen, z.B. Modellrechnungen für Kapitalanlagen und Finanzierungen aufrufen (Nutzendimension 6.2).

*Kontoauszugsdrucker* stellen insofern einen Sonderfall dar, als die Bereitstellung von Kontoauszügen keine eigenständige Bankleistung ist. Ein Zusatznutzen entsteht der Kundschaft dadurch, daß sie KAD bei beliebigen Geschäftsstellen ihrer Bank in Anspruch nehmen kann (Nutzendimension 2.1) und nicht auf die Ausgabe der Kontoauszüge an der kontoführenden Geschäftsstelle angewiesen ist. Auch die zeitliche Verfügbarkeit von Kontoinformationen (Nutzendimension 2.2) kann durch KAD verbessert werden, wenn diese im Foyer der Bank o.ä. aufgestellt und auch außerhalb der Geschäftszeiten benutzbar sind. Im Vergleich zur manuellen Ausgabe von Kontoauszügen, bei der gelegentlich Verwechslungen vorkommen, ist die Fehlerquote (Nutzendimension 5.1) bei Benutzung von KAD sehr viel geringer, was zugleich auch der Diskretion (Nutzendimension 9.1) zugute kommt.

* **Wirtschaftlichkeit**

Die Wirtschaftlichkeitsrechnung für kundenbediente Automaten kann grundsätzlich nach dem Kalkulationsschema gem. Abb. 1.6.2.3-1 durchgeführt werden, das einen Kostenvergleich ermöglicht. Ergeben sich beim Einsatz von Automaten im Einzelfall auch Veränderungen bei den Erlösen, dann müssen sie in der Wirtschaftlichkeitsrechnung berücksichtigt werden, denn sie sind ja durch die Entscheidung zum Automateneinsatz verursacht worden. Hält man im Prinzip an einem *Kostenvergleich* mit dem zugehörigen manuellen Verfahren fest, dann kann man zusätzliche Erlöse wie Kostenminderungen und Erlösschmälerungen wie zusätzliche Kosten in der Wirtschaftlichkeitsrechnung behandeln. Institute, die GAA einsetzen, können Fremdgebühren erhalten (Erlös), wenn Inhaber von Bank- oder ec-Karten bestimmter anderer Institute ihre GAA benutzen. Erlösschmälerungen sind in der Wirtschaftlichkeitsrechnung zu berücksichtigen, wenn zur Förderung der Akzeptanz und damit der Nutzungsfrequenz von Automaten Preisdifferenzierung betrieben wird, wenn also den Kunden bei Nutzung von Automaten niedrigere Preise in Rechnung gestellt werden, als bei konventionellen Geschäftsprozessen. Wenn eine Bank in großem Umfang preisempfindliche Kundschaft hat und daher die Grundstrategie der Kostenführerschaft (vgl. Kap. 6.1.3) begrenzt auf die breite Privatkundschaft verfolgt, dann kann es durchaus lohnend sein, die Akzeptanz von Bankautomaten durch Preisdifferenzierung zu fördern. Die Bank teilt sich dann gewissermaßen den Rationalisierungserfolg mit ihren Kunden. Diese Erlösschmälerungen (im Vergleich zu den konventionellen Geschäftsprozessen) werden dann wie zusätzliche Kosten in der Wirtschaftlichkeitsrechnung berücksichtigt.

Wie Kap. 1.6.2.3 schon gezeigt hat, ist die *Nutzungsfrequenz* einer der wichtigsten Parameter für die Wirtschaftlichkeit des Automateneinsatzes: Der Automateneinsatz ist erst dann als vorteilhaft gegenüber konventionellen Geschäftsprozessen anzusehen, wenn die Nutzungsfrequenz über dem *Break-even point* des Automaten liegt. Ob es einer Bank gelingt, mit ihren Automaten den jeweils geltenden Break-even point zu überschreiten, hängt nicht nur von der Preispolitik ab, durch die die Akzeptanz gefördert werden kann, sondern auch von Standort und Netzdichte der Automaten.

Durch die Auswahl der Standorte für ihre *GAA* versuchen die Institute die Überschreitung des Break-even point zu fördern. Sie betrachten dabei aber nicht den einzelnen Standort isoliert, sondern sie berücksichtigen, daß mit zunehmender Netzdichte der GAA jeder einzelne Standort wieder entwertet wird, weil die Automaten in zunehmendem Maße miteinander um die GAA-Nutzer konkurrieren. Bei den *MFT* ist zu berücksichtigen, daß die Kundschaft mit ihrer Hilfe ein ganzes Bündel von neuen Geschäftsprozessen einleiten kann, so daß sich die Kostenvergleichsrechnung auch auf das entsprechende Bündel von manuellen Geschäftsprozessen beziehen muß. Die MFT werden offensichtlich nur von wenigen Instituten im Rahmen ihrer Grundstrategie der Kostenführerschaft gezielt zur Verbesserung der Wirtschaftlichkeit eingesetzt. Bei der Standortwahl für die *sonstigen Automaten*, z.B. Automaten für den Verkauf von Sorten und Reiseschecks, wird besonders selektiv verfahren. Privatkunden nutzen diese Automaten nur gelegentlich, und daher findet man sie insbesondere in Innenstädten und an Brennpunkten des Fremdenverkehrs, während Standorte am Stadtrand kaum und im ländlichen Raum überhaupt nicht in Betracht kommen. Nur so kann es gelingen, daß die Nutzungsfrequenz bei diesen Automaten den jeweiligen Break-even point überschreitet.

Bei der Wirtschaftlichkeitsrechnung für *Kontoauszugsdrucker* sind die Kosten für das konventionelle Verfahren bei der Bereitstellung von Kontoauszügen und Anlagen mit den Kosten bei automatengestützter Bereitstellung zu vergleichen. Je nach Struktur des Gebührenmodells für das Girokonto müssen Erlösschmälerungen, die bei KAD-Benutzung eintreten, in der Kostenvergleichsrechnung wie zusätzliche Kosten behandelt werden. Kontoauszugsanlagen müssen auch bei Einsatz von KAD bereitgehalten und an die Kundschaft ausgegeben werden. Das Gewicht dieses Problems hat sich in der Vergangenheit aber in demselben Maße vermindert, wie der Anteil des elektronischen Zahlungsverkehrs am gesamten Zahlungsverkehr zugenommen hat. Denn der elektronische Zahlungsverkehr (vgl. Kap. 2.1.4) ist dadurch gekennzeichnet, daß die Zahlungsvorgänge nicht mehr von Belegen begleitet werden, sondern daß sie nur noch mit Hilfe von Datensätzen bewirkt werden, die beim Auftraggeber und beim Empfänger mit ihrem Text in den Kontoauszügen erscheinen. Je größer also der Anteil des elektronischen Zahlungsverkehrs, um so besser gestaltet sich die Wirtschaftlichkeit des KAD-Einsatzes. KAD haben ebenso wie GAA große Verbreitung gefunden, und es stellt sich für die Institute nicht mehr die Frage, ob sie diese Automaten einführen wollen, sondern nur noch, von welchem Ausmaß der Kapazitätsauslastung an die Installation weiterer Automaten in einer Geschäftsstelle vorgenommen werden soll, wenn die mittlere Bedienungszeit der Kunden (Nutzendimension 4.1) in erträglichem Rahmen gehalten und die Wirtschaftlichkeit des Automateneinsatzes gewährleistet bleiben soll.

* **Wettbewerbsvorteile**

Die kundenbedienten Automaten sind Systeme mit direktem Kundengeschäftsbezug im bankinternen Einsatz gem. Abb. 1.6.2.4-1. Wettbewerbsvorteile, die zur Akquisition von neuen Kunden und neuem Geschäft führen, sind mit diesen Automaten aber kaum zu erzielen, weil grundsätzlich alle Konkurrenten derartige Automaten bereitstellen, und weil diese Automaten keinen nennenswerten Raum geben für eine bankindividuelle Ausgestaltung. Für GAA gilt aber ganz sicher, daß ein Institut *Wettbewerbsnachteile* in Kauf nehmen müßte, wenn es keine Automaten dieser Art anbieten würde.

Anders verhält es sich, wenn eine Bank konsequent die Grundstrategie der *Kostenführerschaft* verfolgt(vgl. Kap. 6.1.3) und ihre Maßnahmen auf das Segment der Mengenkunden ausrichtet, die preisempfindlich reagieren und ihre Bankleistungen dort beziehen, wo diese besonders preisgünstig angeboten werden. Diese Bank kann für die Mengenkunden eine Geschäftskonzeption entwickeln, die alle zu Gebote stehenden Rationalisierungspotentiale nutzt und so auch die kundenbedienten Automaten konsequent zur Senkung der Betriebskosten einsetzt. Bei dieser Geschäftskonzeption werden nicht nur GAA und KAD verwendet, sondern es wird auch die Nutzung der MFT und der Kommunikationssysteme (vgl. Kap. 2.1.3.1) gefördert, nicht nur durch Werbemaßnahmen, sondern insbesondere auch durch eine Preisdifferenzierung, die einen großen Teil der preisempfindlichen Kundschaft zur MFT-Benutzung veranlaßt. Wenn die betrachtete Bank diese Geschäftskonzeption durch weitere, die verfügbaren Rationalisierungspotentiale konsequent ausnutzende Maßnahmen abrundet, dann hat sie durchaus gute Aussichten, im Geschäft mit der Mengenkundschaft Wettbewerbsvorteile zu erreichen und gute Erfolgsbeiträge zu erwirtschaften.

## 2.1.3 Abwicklung von Basisprozessen mit Hilfe von bankbetrieblich nutzbaren Kommunikationssystemen

### 2.1.3.1 Funktionsweise von bankbetrieblich nutzbaren Kommunikationssystemen

Bei der Entwicklung der MFT haben sich schon die standardisierbaren Bankleistungen herauskristallisiert, die von der Kundschaft an Automaten in Anspruch genommen werden können bzw. die von der Bank über Automaten vertrieben werden können. In räumlicher Hinsicht erfolgt das Angebot dieser Standardleistungen bei der Bank bzw. an den von der Bank für die MFT festgelegten Standorten, jedenfalls nicht am Standort der Kunden. Als die ersten MFT eingesetzt wurden, war auch die Datenbanktechnik und die Technik der Datenfernverarbeitung so weit entwickelt, daß die Deutsche Bundespost den landesweit flächendeckenden Aufbau des Bildschirmtext-Systems (Btx-System) in Angriff nehmen konnte. Mit Hilfe dieses Systems, das für verschiedenste Nutzer und keineswegs nur für Kreditinstitute und ihre Kunden vorgesehen war, können standardisierte und MFT-fähige Bankleistungen den Kunden auch an ihrem eigenen Standort angeboten werden. Diese Entwicklung ist aber nicht geradlinig verlaufen: Die Akzeptanz des Btx-Systems blieb von Anfang an weit hinter den Erwartungen zurück, was u.a. auf die Höhe der Installationskosten und auf die unzureichende Benutzerfreundlichkeit der ursprünglichen Systemversion zurückzuführen war. In dieser Situation besann man sich in der Kreditwirtschaft auf ein Kommunikationssystem, das in allen Büros und in fast allen Haushalten verfügbar ist: Das Telefon. Etwa ab 1992 gründeten viele Institute Organisationseinheiten für Telephone Banking, deren Leistungsangebot von der Kundschaft gut aufgenommen wurde.

Nachdem das Btx-System von der Deutschen Telekom AG (Telekom) bezüglich Leistungsumfang und Benutzerfreundlichkeit stark verbessert und im Jahre 1995 unter der Bezeichnung T-Online Classic (TOC) wieder in den Markt eingeführt worden war, erlebte es, gemessen an der Anschlußzahl, eine Akzeptanz in bisher nicht gekanntem Ausmaß. Die Telekom bietet TOC im Rahmen des Telekommunikationsdienstes Telekom-Online (T-Online) an, der den Teilnehmern auch den Zugang zum Internet bietet. Derzeit ist nicht absehbar, zu welchem Ergebnis der »Wettbewerb« der beiden Systeme, Telefon und T-Online, führen wird. Manche Beobachter fragen sich, ob Telephone Banking angesichts der immer weiter fortschreitenden Verbreitung von Personal Computern (PCs) nur als Zwischenlösung zu betrachten ist, die vom Markt wieder verschwinden wird. Dem ist aber entgegenzuhalten, daß Telephone Banking Möglichkeiten der Kundenansprache bietet, über die TOC nicht verfügt.

### 2.1.3.1.1 Telephone Banking-Systeme

**a) Grundlagen**
Schon seit langer Zeit telefonieren Kunden mit ihren Kreditinstituten, um Informationen zu erhalten und Aufträge zu erteilen. Vor einigen Jahren wurde dies zu einem *eigenständigen Vertriebsweg* Telephone Banking ausgebaut, so daß Kunden mit einer spezifischen Technik- und Personalunterstützung ein bestimmtes Leistungsangebot in Anspruch nehmen können. *Call Center* sind dabei die organisatorischen Einheiten, die die im Rahmen des Telephone Banking bei einem Kreditinstitut eingehenden Telefonanrufe entgegennehmen, und die ggf. auch von sich aus Kunden anrufen, um Geschäftsabschlüsse zu tätigen. Diese Call Center sind streng von der Telefonzentrale eines Kreditinstitutes zu unterscheiden; hier werden die allgemeinen Anrufe angenommen, die nicht die spezifischen Leistungen des Telephone Banking betreffen.

Das Telephone Banking dient vorwiegend der Auftragsannahme in Call Centern, nur in einzelnen Fällen der Beratung und nicht der Auftragsabwicklung. Die *Auftragsannahme* im Call Center ist nicht nur per Telefon, sondern auch per TOC, Internet, Fax oder E-Mail möglich, wobei die Auftragsannahme durch das Telefon von den Bankkunden am häufigsten genutzt wird. Telephone Banking ist ein bankeigener Vertriebsweg, der als Kommunikationssystem am Kundenstandort und auch ubiquitär verfügbar ist (vgl. Kap. 5.2.1.1.1.1). Für Direktbanken ist Telephone Banking der Hauptvertriebsweg (vgl. Kap. 6.3.2.3), für die übrigen Kreditinstitute ist es jedoch nur ein ergänzender Vertriebsweg.

**b) Mit dem Telephone Banking verfolgte Ziele**
Vorrangiges Ziel beim Telephone Banking ist die *Kosteneinsparung* beim stationären Vertrieb über bankeigene Stützpunkte, also Filialen o.ä. Nutzen die Kunden vermehrt das Telephone Banking anstatt der Stützpunkte, können auf diese Weise Kosten beim stationären Vertrieb reduziert werden. Ob das tatsächlich erreicht wird, scheint zumindest kurz- bis mittelfristig aufgrund der Kostenremanenz beim stationären Vertrieb fraglich zu sein. Für Kunden soll durch das Telephone Banking die schnelle und zeitlich umfassende *Erreichbarkeit* der Bank von praktisch jedem Ort aus, an bis zu sieben Tage pro Woche an jeweils bis zu 24 Stunden pro Tag gewährleistet werden.

## c) Konzeptionen für das Telephone Banking

Die Konzeptionen für das Telephone Banking unterscheiden sich nach Kommunikationsmodi, Kundengruppen und Produkten, nicht hingegen nach Regionen, da die Ortsunabhängigkeit ja gerade ein Charakteristikum des Telephone Banking ist.

### ca) Kommunikationsmodi

In bezug auf den Kommunikationsmodus gibt es bei Telephone Banking drei Varianten:

- Mensch-Mensch-Kommunikation
- Mensch-Maschine-Kommunikation
- Kombination von Mensch-Maschine und Mensch-Mensch-Kommunikation.

- **Mensch-Mensch-Kommunikation**

Bei diesem Modus rufen die Kunden ihre Bank an, und eine spezielle Telefonvermittlungsanlage schaltet sie dann zu einem Bankmitarbeiter durch, der ihnen Auskunft gibt und ihre Aufträge annimmt. Dieser Mitarbeiter hat ein *Terminal* zur Verfügung, mit dessen Hilfe er Kundendaten und ggf. auch weitere Informationen abfragen kann, die er für Auskünfte benötigt; Kundenaufträge gibt er als Transaktionsdaten in das Rechnersystem der Bank ein. Dies ist der vorherrschende Kommunikationsmodus beim Telephone Banking. Die Dateneingabe erfolgt hierbei also nicht, wie beim T-Online-System oder dem Internet, durch die Kundschaft, sondern durch Mitarbeiter der Bank. Dabei treten im Vergleich zur Mensch-Maschine-Kommunikation höhere Personalkosten auf.

- **Mensch-Maschine-Kommunikation**

**Computer mit Voice Response**

Bei diesem Modus verwendet der Kunde für die Dialog-Dateneingabe, insbesondere für die Eingabe von Konto-Nr., PIN etc., den Tastenblock seines Telefons. Hat er sich auf diese Weise legitimiert, kann der Dialog beginnen: Der Telephone Banking-Rechner führt den Kunden durch einen *Dialog-Strukturbaum*, und er gibt bei jeder Verzweigung des Dialoges akustisch die Wahlmöglichkeiten aus, die sich dem Kunden bieten (Voice Response). Dieser wählt die gewünschte Verzweigung, indem er auf seinem Tastenblock die vorgesehene Ziffer eingibt. Dies ist jedoch nur mit Geräten möglich, die mit dem Mehrfrequenz-Wahlverfahren arbeiten. Bei älteren Telefonen muß häufig ein kleines Zusatzgerät zur Erzeugung von Mehrfrequenzsignalen verwendet werden (vgl. Lange 1994). Der Telephone Banking-Rechner führt den Kunden Schritt für Schritt durch den Dialog-Strukturbaum, bis er die gewünschte Auskunft erhält oder eine Transaktion auslösen kann. Durch weitere Tasteneingaben kann der Kunde den Dialog beenden oder sich zu einem Bankmitarbeiter durchschalten lassen, der dann die Aufgaben übernimmt, die der Telephone Banking-Rechner mit Voice Response nicht mehr bewältigen kann.

**Computer mit Spracherkennung**

Bei diesem Modus gibt der Telephone Banking-Rechner nicht nur seine Dialog-Antworten akustisch aus (Voice Response), sondern er erkennt und verarbeitet auch akustische Eingaben des Kunden (Voice Recognition). Systeme dieser Art werden auch als Digital-Sprach-Dialogsystem bezeichnet. Dabei ist die Spracherkennung sprecherunabhängig. Es werden also keine Sprachaufnahmen vom einzelnen Kunden benötigt, sondern es sind Sprachproben von Schlüsselwörtern wie Kontostand, Umsatz, Überweisung sowie Ja/Nein und die Ziffern 0 bis 9 im Rechner gespeichert (vgl. o.V. 1994). Die Kundenansage wird mit den verschiedenen Referenzen des gespeicherten Vokabulars verglichen und der im Einzelfall erkannte Befehl des Kunden wird ausgeführt. Die Erkennungssicherheit liegt hierbei, abhängig von der Anzahl der Sprachproben, zwischen 80 und 98 % (vgl. Meyer 1993). Auch bei diesem Modus kann der Kunde zu einem Bankmitarbeiter durchgeschaltet werden, wenn er sich in seinem Dialog nicht zurechtfindet, oder wenn er einen Geschäftsvorfall erledigen möchte, der in diesem Modus nicht abgewickelt werden kann.

### cb) Passives und aktives Telephone Banking

Telephone Banking ist als eigener Vertriebsweg zu betrachten (vgl. Kap. 5.2.1.1.1), über den die Kunden die Abnahme bestimmter Bankleistungen initiieren und sonstige Serviceleistungen in Anspruch nehmen können. In Hinsicht auf das Bank-Marketing kann man zwei verschiedene Einsatzkonzepte unterscheiden: Passives (Inbound) und aktives (Outbound) Telephone Banking.

Beim *passiven Telephone Banking* wird die Bank von ihren Kunden, die Informationen abfragen und Aufträge erteilen wollen, angerufen. Diesen Kunden hat die Bank zunächst den neuen Service durch geeignete Kommunikationsmaßnahmen bekannt gemacht. Sie hat mit den an diesem Service interessierten Kunden vereinbart, wie sie sich bei ihren Anrufen legitimieren können, und sie nimmt dann laufend die eingehenden Anrufe der Kundschaft entgegen. Diese Variante erspart der Kundschaft, die von jedem beliebigen Festnetz- oder Mobiltelefon aus agieren kann, den Weg zur kontoführenden Filiale. Die Leistungsabnahme kommt ausschließlich auf Initiative der Kundschaft zustande, und die Bank spielt hierbei keine aktive Rolle.

Effert (1993) zeigt, daß das Telephone Banking auch ein wichtiger Bestandteil eines Direkt-Marketing-Konzeptes sein kann. Schon das passive Telephone Banking kann durch Kupons und Beilagen in Printmedien, Mailings und Werbespots vorbereitet werden, so daß Kunden und auch Nichtkunden mit der Bank telefonisch Kontakt aufnehmen.

Die Bank tritt bei *aktivem Telephone Banking* in eigener Initiative mit Kunden in Kontakt, weist auf Geschäftsmöglichkeiten hin und nimmt Aufträge entgegen. In welcher Form Telephone Banking auch betrieben wird – eingebunden in ein geschlossenes Direct Banking-Konzept eröffnet es die Möglichkeit, die Kontakte zwischen Privatkunden und Bank systematisch zu pflegen und einerseits die abwicklungsintensiven Hauptbankverbindungen kostengünstig und andererseits die dispositionsorientierten Nebenbankverbindungen ertragreich zu gestalten.

### cc) Telephone Banking-Konzeptionen für einzelne Kundengruppen

Telephone Banking ist primär für Privatkunden (Retail Kunden) vorgesehen, die grob in Mengenkunden und gehobene Privatkunden eingeteilt werden.

- **Telephone Banking für Mengenkunden**

Grundsätzlich ist zwischen reinen Abfragen, der Erteilung einfacher Geschäftsaufträge und der Initiierung komplexer Geschäfte zu unterscheiden. Die Mengenkundschaft kann i. d. R. die folgenden *Leistungsarten* über Telephone Banking in Anspruch nehmen:

- Abfrage von Konto- und Depotständen, von Buchungen und Kreditlimiten,
- Bestellung von Scheckformularen und Anforderung von Kontoauszügen,
- Erteilung von Überweisungsaufträgen und Wertpapierorders,
- Einrichtung und Änderung von Daueraufträgen,
- Weitere einfache Geschäfte wie Sortenbestellung und Kleinkreditvergabe sowie
- Adressenänderungen und Vereinbarung eines Rückrufes oder eines Beratungstermins.

In einzelnen Fällen wird auch die Kontoeröffnung, die Geldanlage und die Abfrage ergänzender Informationen über Telephone Banking abgewickelt.

Beim Kommunikationsmodus Mensch-Mensch muß aufgrund der standardisierten Dienstleistungen das *Personal* nicht bankspezifisch ausgebildet sein, zumal hier vorwiegend das geringere Qualifikationen erfordernde Inbound Telephone Banking angeboten wird. Daher werden häufig Werkstudenten oder Arbeitskräfte, die vorher in der Tourismusbranche o.ä. tätig gewesen sind, beschäftigt (vgl. Becker, T. 1997), so daß Personalkosten niedrig gehalten werden können.

Die grundlegenden Vorgänge des Telephone Banking müssen durch die *Technik unterstützt* werden, beispielsweise der *Zugang* zum Telephone Banking. Er kann über eine einheitliche oder über unterschiedliche Telefonnummern erfolgen. Bei letzterer Variante ist es möglich, daß beispielsweise bei einem Call Center für mehrere Genossenschaftsbanken oder Sparkassen sich der Mitarbeiter aufgrund der institutsspezifischen Zugangsnummer als »Sparkasse XY« oder als »Volksbank YZ« meldet, obwohl er in einem Call Center für eine Vielzahl von verschiedenen Instituten arbeitet. Die Kunden können sich dann über Voice Response Units (VRU) mittels Kontonummer und PIN legitimieren. Naturgemäß ist es von grundlegender Bedeutung, daß ausfallsichere technische Systeme geschaffen werden, bei denen beispielsweise wichtige Komponenten doppelt ausgelegt sind, oder daß sogar ein Back-Up Call Center in Bereitschaft gehalten wird, das bei einem Ausfall des primären Call Center jederzeit in Aktion treten kann (vgl. Schrick 1997 und Borghardt 1997). Um Mißverständnisse zwischen Kunden und Kreditinstitut nach dem Telefongespräch zweifelsfrei ausräumen zu können, hat es sich als vorteilhaft erwiesen, die *Gespräche* per Voice Logging Unit (VLU) *aufzuzeichnen* (vgl. Schappert 1998).

Telefonieren Mitarbeiter des Kreditinstituts selbst im Rahmen des *Outbound Telephone Banking* mit den Kunden, können die Kosten gesenkt werden, indem mit einem *Least Cost Call Routing-System* automatisch die kostengünstigste Telefonverbindung gewählt wird. Mit Hilfe von Interactive Voice Response-Systemen (IVR) können Anfragen der Kunden je nach ihren Anliegen automatisch beantwortet werden, so daß die Kunden einfachere Bankleistungen im Rahmen des Kommunikationsmodus Mensch-Maschine in Auftrag geben können. Eine weitere Funktion von IVR-Systemen besteht in der *Vorselektion der Anrufe*: Entsprechend den von den Kunden gewünschten Bankleistungen können die Anrufe nach Leistungsgruppen vorselektiert werden, so daß die Anfragen der Kunden im Rahmen des Kommunikationsmodus Mensch-Maschine beantwortet werden. Soweit dann noch erforderlich, werden die Kunden im Kommunikationsmodus Mensch-Mensch sofort mit einem Mitarbeiter verbunden, der für die jeweils nachgefragten Bankleistungen zuständig ist (vgl. o. V. 1999b; Schappert 1998). Dabei kann ein *Automatic Call Distribution-System* eingesetzt werden, das die Anrufe jeweils an den nächsten freien Call Center-Mitarbeiter weiterleitet.

Die technische Ausstattung, die eine Bank für das Telephone Banking benötigt, hängt vom Kommunikationsmodus ab. Die höchsten technischen Anforderungen ergeben sich naturgemäß beim Modus »Computer mit Spracherkennung« und Weiterleitung an einen Sachbearbeiter. In diesem Fall bilden Sprachverarbeitungsrechner, Telephone Banking-Rechner, digitale Nebenstellenanlage, Sachbearbeiter und Großrechner ein komplexes Mensch-Maschine-System (vgl. Schneider 1993).

- **Telephone Banking für gehobene Privatkunden**
Aufgrund der weiterreichenden Ansprüche von gehobenen Privatkunden erscheint es als sinnvoll und notwendig, nicht nur völlig standardisierte Produkte, sondern auch in Grenzen individuell ausgestaltete *Bankleistungen* anzubieten, wobei durch Telefon Banking häufig nur die Initiierung der Geschäfte vorgenommen wird. Beispiele für komple-

xere Leistungen sind die Zusage von Immobilienfinanzierungen und die Auftragserteilung bei individuell vereinbarten Wertpapiergeschäften im Rahmen des Telephone Brokerage, das auch zum Telephone Banking gehört.

Das *Personal* sollte bei der Mensch-Mensch-Kommunikation mit gehobenen Privatkunden fachlich besser ausgebildet sein als bei der Konzeption für die Mengenkundschaft. Die angebotenen Bankleistungen sind teilweise komplexer als bei Mengenkunden, und die Kunden selbst sind über Bankgeschäfte zumeist besser informiert, so daß auch die Mitarbeiter des Telephone Banking zumindest als Bankkaufmann qualifiziert sein sollten.

Als *unterstützende Technik* wird grundsätzlich die gleiche verwandt wie auch für die Mengenkundschaft. Im Vergleich zur Mengenkundschaft bevorzugt die gehobene Privatkundschaft aber in viel größerem Maße die Mensch-Mensch-Kommunikation. Die eingesetzte Telephone Banking-Technik kann um weitere Komponenten ergänzt werden, so daß die gehobenen Privatkunden individuell bedient werden können. Dann besteht die Möglichkeit, *zusätzliche Informationen* über die Kunden – beispielsweise über die Häufigkeit und den Zweck der Anrufe – zu gewinnen. Mit Hilfe von Customer Relationship Management-Systemen (CRM-Systeme) werden alle verkaufs- und betreuungsrelevanten Kundeninformationen gesammelt, strukturiert und verteilt, so daß *Kundenprofile* erstellt und für Database Marketing (vgl. Kap. 5.2.2.3.2) genutzt werden können. Jeder Mitarbeiter mit Kundenkontakt, der das CRM-System der Bank nutzt, ist dann unternehmensweit an der Profilbildung und -erweiterung beteiligt (vgl. o. V. 1999c).

**d) Weiterentwicklung der technischen Möglichkeiten für das Telephone Banking**
Bereits teilweise realisiert sind *Computer Telephone Integration–Systeme* (CTI-Systeme), die Telefon und Computer integrieren. Sprache und Daten werden dem Call Center-Mitarbeiter am Arbeitsplatz bereitgestellt, so daß ihm bei jedem Anruf automatisch die Stammdaten des Kunden zur Verfügung stehen. Zusätzliche Informationen erhält er über Datenbanken, die unternehmensweit miteinander verknüpft werden können. Sprache und Daten können mittels CTI-System synchron weitergeleitet werden (vgl. Schappert, 1998; Schrick, 1997).

Eine technische Weiterentwicklung, die auch für das Telephone Banking große Bedeutung erlangen wird, besteht in der *Internet-Telefonie* mittels Internet Protocol (IP). Hierbei wird nur noch eine Infrastrukturtechnik und ein Endgerät genutzt. Auf der Basis des Internet werden Sprach- und Datenkommunikation verbunden: ISDN/Local Area Network (LAN) -Gateways wandeln Sprachinformationen, die per Telefon ankommen, in Datenpakete für das IP-Netz um, und umgekehrt. Auf diese Weise können beispielsweise Fax, E-Mail und Telefon gleichermaßen mit der Internet-Telefonie weitergeleitet werden. Die Sprachqualität ist bisher allerdings noch nicht zufriedenstellend. Als Endgerät können multimediale Network-Computer dienen, die über keine eigene Festplatte verfügen, sondern die notwendigen Anwendungen von einem zentralen Server bekommen (vgl. o. V. 1998b; Salzborn 1999).

### 2.1.3.1.2 T-Online Banking

T-Online ist der kommerzielle Online-Dienst der Telekom, der den Teilnehmern den Zugang zu T-Online Classic (früher Btx) und Internet bietet. Sowohl TOC als auch das Internet sind Kommunikationssysteme, die auch von Kreditinstituten genutzt werden können. Unter der Überschrift »T-Online Banking« wird im vorliegenden Kap. nur der bankbetriebliche Einsatz des TOC behandelt.

Mit dem TOC werden folgende *Zielsetzungen* verbunden: TOC soll ein multifunktionales öffentliches Informations- und Telekommunikationssystem sein, das für jedermann und überall zugänglich ist, das offen und herstellerneutral, ständig verfügbar, einfach zu bedienen und kostengünstig ist. In technischer Hinsicht sollte es Datenbank-, Datenfernverarbeitungs- und Electronic Mailbox-Funktionen verbinden. Diese Funktionen sollten erstmals mit einem einzigen Abrufgerät (Terminal) über das gleiche Datennetz (Fernsprechnetz) innerhalb einer Verbindung mit einem zentralen Computer Tag und Nacht überall verfügbar sein.

**a) Beteiligte**

Neben der Telekom sind als *weitere Beteiligte* am T-Online-System ganz allgemein die Anbieter und die Teilnehmer zu nennen. Die Telekom ist der Betreiber eines Rechnernetzes, das aus einer Leitzentrale (Großrechner) und einer größeren Anzahl von regionalen Rechnern besteht, die nicht nur untereinander, sondern auch mit Anbietern und Teilnehmern durch ein Datennetz verbunden sind.

Die *TOC-Anbieter* bieten TOC-Programme in Form von Informationsseiten und Antwortseiten (Dialogseiten) an. Die *Informationsseiten* sind von den Anbietern erstellt und im Rechnersystem der Telekom gespeichert, so daß sie von den Teilnehmern angewählt und gelesen werden können. Die *Antwortseiten* sind für Nachrichten vorgesehen, die der einzelne Teilnehmer von seinem Terminal aus per Tastatur ausfüllen kann, um dem Kommunikationspartner Nachrichten zu senden, z.B. Aufträge zu erteilen. Wenn dieser Teilnehmer eine Antwortseite ausgefüllt und abgesandt hat, dann wird sie in der Mailbox des Empfängers gespeichert.

*Teilnehmer* können Informationen aus ihrer eigenen Electronic Mailbox und aus dem TOC-Programm der Anbieter, z.B. eines Kreditinstituts, abrufen. Außerdem können sie Informationen an andere Teilnehmer absenden, die diese dann in ihrer Mailbox vorfinden, und sie können Informationen auch an Anbieter im Rahmen von deren Btx-Programm absenden, z.B. Überweisungsaufträge an Kreditinstitute.

**b) Zugang**

Die *persönliche Nutzung* des TOC erfordert grundsätzlich eine vorherige Anmeldung mit Abschluß eines Benutzervertrages. Daneben muß der Teilnehmer für die Datenübertragung über einen freien Telefonanschluß verfügen, an den bei analogen Zugängen ein Modem und bei ISDN (Integrated Services Digital Network) ein Adapter für die S0-Schnittstelle angeschlossen wird. Beide werden meist an eine normierte serielle Schnittstelle des Endgerätes angeschlossen oder als Karte in einen Personal Computer gesteckt. Als Endgerät kommt neben einem PC auch ein multifunktionales Telefon (Minitel) in Betracht. Zur Nutzung des TOC muß sich der Teilnehmer identifizieren. Dies geschieht im Rahmen eines zweistufigen Verfahrens aus Anschlußerkennung und Teilnehmererkennung. Ein persönliches Kennwort (PIN) und Transaktionsnummern (TAN) bietet dabei die notwendige Zugangs- und Abwicklungssicherheit für Transaktionen.

Das *Serviceangebot* des TOC reicht von der aktuellen Nachricht über Börsen- und Wirtschaftsdaten, dem Zugang zu Datenbanken, Fahr- und Flugplänen und weiteren Informationsmöglichkeiten bis zum Informations- und Datenaustausch mit anderen Teilnehmern. Die Telekom bietet den Teilnehmern und Anbietern des TOC zugleich auch einen Internet-Zugang, so daß sie die Internet-Dienste World Wide Web (WWW) und E-Mail nutzen können (vgl. Anhang 2.2).

## c) Grundkonfiguration des T-Online-Systems

TOC-Anbieter, z.B. Banken, können sich mit eigenen Rechnern, die von der Telekom als *externe Rechner* bezeichnet werden, an das T-Online-System anschließen. Auf diesen Rechnern können sie ihre Programme erstellen, und die Teilnehmer können dann im Rahmen von TOC auch auf Informationen zugreifen, die im externen Rechner des Anbieters gespeichert sind. Abbildung 2.1.3.1.2-1 zeigt die Grundkonfiguration des T-Online-Systems, das den Teilnehmern den Zugang sowohl zu TOC als auch zum Internet ermöglicht.

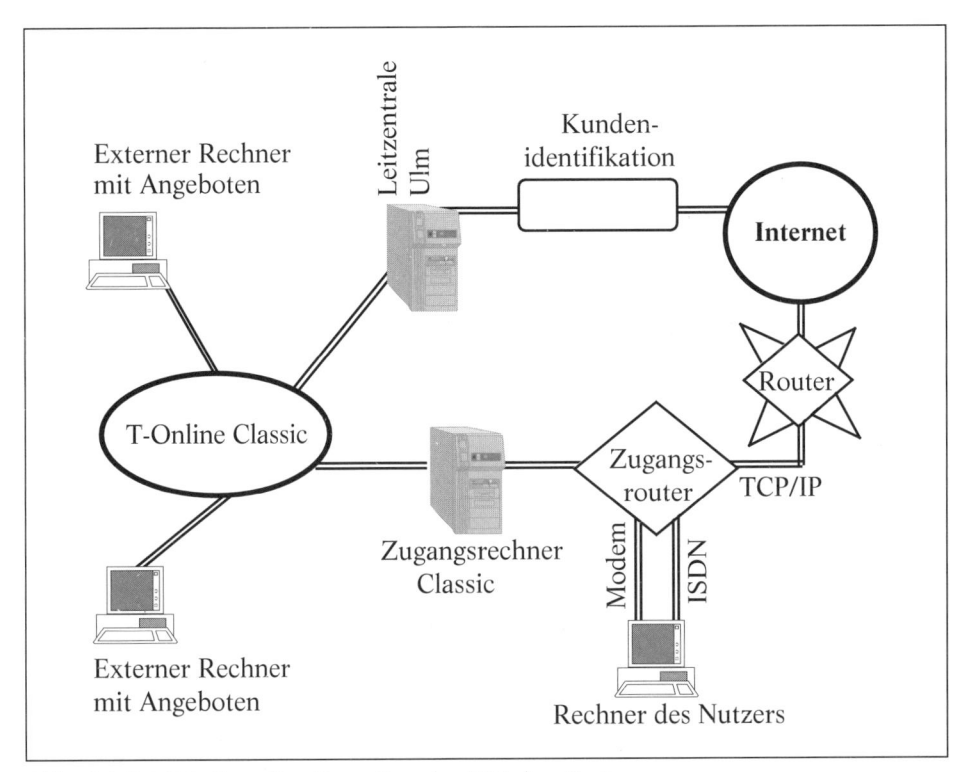

Abb. 2.1.3.1.2-1: Grundkonfiguration des T-Online-Systems
Quelle: o.V. (1997b)

Der Teilnehmer steht über seinen PC und eine Telefonleitung mit der Leitzentrale der Telekom oder einem anderen Zugangsrechner zu T-Online in Verbindung. Dort kann er zum einen Informationen des Anbieters (z.B. seiner Bank) abrufen und in der Regel auch Nachrichten hinterlassen. T-Online Classic steht wiederum über eine hochleistungsfähige Leitung mit den externen Rechnern der Anbieter in Verbindung. Damit wird deutlich, daß ein direkter Zugriff auf einen internen Rechner eines Anbieters aus Sicherheitsgründen nicht erfolgt, sondern nur auf externe Rechner, auf denen die Anbieter ihre Informationen und Angebote speichern. Die Möglichkeiten der Nutzung des TOC sind insgesamt sehr vielfältig. Hier soll die Betrachtung der Nutzungsmöglichkeiten jedoch auf die *Kommunikation* zwischen *Kunde und Kreditinstitut* eingeschränkt werden.

### d) Home Banking

Man spricht von Home Banking, wenn Privatkunden von ihrer Wohnung aus via TOC mit ihrer Bank kommunizieren, um Bankleistungen in Anspruch zu nehmen. Das Angebot der Banken gliedert sich dabei in den meisten Fällen in einen Informationsteil, der allen T-Online-Teilnehmern zugänglich ist, und in einen Dialogteil für Kontoinhaber mit spezieller Zugangsberechtigung.

### da) Sicherungskonzept

Eine für das TOC spezifische PIN und TAN bilden die Grundlage für das Sicherungskonzept des TOC. Mit der TAN weist der Kunde die Berechtigung für bestimmte Handlungen (z.B. PIN-Änderung) und für Transaktionen (z.B. Überweisung) nach. Seine PIN und eine TAN-Liste erhält der Kunde, nachdem er mit seiner Bank als Anbieter im TOC einen »Vertrag zur Führung eines Kontos in T-Online« abgeschlossen und die »Bedingungen für die Nutzung von T-Online« anerkannt hat. Im Gegensatz zur PIN läßt sich eine TAN nur für einen einzigen Vorgang verwenden, so daß die Bank ihren Kunden im Laufe der Geschäftsbeziehung weitere TAN-Listen zuschicken muß. Sollte die PIN dreimal hintereinander falsch eingegeben oder dreimal hintereinander eine falsche TAN verwendet werden, wird der Zugang zum Konto aus Sicherheitsgründen automatisch gesperrt. Der Kunde muß dann bei seiner Bank die Wiederfreigabe seines Kontos beantragen. Falls eine unbefugte Person Kenntnis über PIN oder TAN eines Teilnehmers erlangt hat, ist dieser, sofern er selber davon Kenntnis hat, zur sofortigen Änderung seiner PIN verpflichtet.

Für alle Schäden, die durch unsachgemäße oder mißbräuchliche Verwendung der für das jeweilige Konto geltenden PIN bzw. TAN entstehen, haftet nach den Sonderbedingungen des Abkommens über die Nutzung von T-Online der Kunde. Die Bank haftet hingegen nur im Rahmen des von ihr zu vertretenden Verschuldens. Die Wirksamkeit dieser Regelung wird aber bestritten.

### db) Nutzungsmöglichkeiten für Bankgeschäfte

Es können zwei Nutzungsmöglichkeiten unterschieden werden, die Informationsabfrage und die Durchführung von Transaktionen. Diese können grundsätzlich zwar auch von MFT aus in Anspruch genommen werden, aber nicht am Standort der Kunden. Bei der *Informationsabfrage* stehen aus der Sicht der Kundschaft natürlich die *individuellen Informationen* im Vordergrund, also Kontostände und Umsätze auf Kontokorrent-, Termin-, Spar- und Darlehenskonten sowie Depot-Abfragen. Außerdem können Kunden Daueraufträge, Kreditfälligkeiten und Kündigungsfristen abfragen. Je nach Ausstattung des Systems ist es sogar möglich, daß sie sich individuelle Beispielrechnungen zu Kapitalanlage- und Finanzierungsangeboten ausgeben lassen. Darüber hinaus kann die Kundschaft *allgemeine Informationen* über das Institut selbst, über das Leistungsangebot und über Werbemaßnahmen abfragen. Die Informationen über das Institut selbst, z.B. Daten aus dem Geschäftsbericht, Bankleitzahlen, Öffnungszeiten und Standorte von GAA stellen bestenfalls eine Ergänzung dar; die Bedeutung für die Kundschaft ist gering. Die Informationen über das Leistungsangebot der Bank, insbesondere Leistungsarten und Konditionen sowie zeitlich begrenzte Sonderangebote von Kapitalanlagen und Finanzierungen, könnten für die Kundschaft interessant sein, wenn insbesondere die aktuellen Konditionen wirklich gezeigt würden. Die Institute haben aber sehr früh festgestellt, daß die Markttransparenz erheblich zunehmen würde, wenn sie die aktuellen Konditionen wirklich zur Abfrage bereitstellten. Aus preispolitischen Gründen (vgl. Kap. 5.2.1.3) ging man sehr schnell dazu über, die aktuellen Konditionen nicht mehr zu zeigen und die Kundschaft dezent darauf hinzuweisen, daß die Konditionen im Verlauf von Beratungsgesprächen in der Bank gern genannt werden. Diese Reaktion der Institute ist zwar verständlich, aber sie hätte auch von Anfang an vermieden werden können, denn es war absehbar, daß nicht nur Kunden die Konditionen bei verschiedenen Banken abfragen würden, um sich den günstigen Anbieter auszusuchen, sondern daß auch die Institute untereinander von dieser Abfragemöglichkeit Gebrauch machen würden. Nicht ganz unproblematisch ist auch das Informationsangebot der TOC-Anbieter in Bezug auf die Kurse von Effekten, Sorten, Devisen und Edelmetallen, insbesondere dann, wenn Kunden auf ihren Kauf- oder Verkaufsabrechnungen nicht genau die über TOC angezeigten Kurse vorfinden.

Der Umfang der Nutzungsmöglichkeiten bei der Durchführung von *Transaktionen* hängt stark von der Ausgestaltung des TOC-Programms durch das jeweilige Institut als TOC-Anbieter ab. Entsprechend dem Funktionsangebot bei MFT können auch hier Aufträge erteilt und Bestellungen übermittelt werden. Als *Aufträge* kommen in Betracht:

- Überweisungen und Lastschriften,
- Erteilung, Änderung und Löschung von Daueraufträgen,
- Kreditanträge,
- Kredit- und Wechselprolongationen,
- Wechseleinlösungsaufträge,
- Auslandszahlungsaufträge,
- Festgeldaufträge,
- Sparbriefkauf,
- Wertpapierorders,
- Schecksperren.

Die *Bestellungen*, die mit dem System übermittelt werden können, beziehen sich nicht nur auf Vordrucke und Informationsmaterial, sondern auch auf Sorten, Reisechecks usw. In engem Zusammenhang mit der Durchführung von Transaktionen stehen Kommunikationsvorgänge: Hierzu gehört die Terminvereinbarung mit Bankmitarbeitern, z.B. Beratern, die Bestätigung von Aufträgen, Terminen und Kreditzusagen sowie die Unterbreitung individueller Angebote seitens der Bank.

Bei den Transaktionen ist festzuhalten, daß hier ebenso wie bei den MFT, nur von Auftragserteilung gesprochen werden kann, jedoch noch nicht von Geschäftsabwicklung, denn mit der Auftragserteilung durch TOC hat der einzelne Kunde nur die Daten des jeweiligen Geschäftsvorfalls übermittelt; bis zur Abwicklung der Geschäfte müssen noch zahlreiche weitere Anwendungsprogramme laufen, was die Kunden aber nicht erkennen können. TOC ist im Prinzip nur ein *Trägersystem*, das auch die Banken (als Anbieter) für die Kommunikation mit ihren Kunden (als Teilnehmer) nutzen. Bei der inhaltlichen Gestaltung ihrer TOC-Programme sind die Banken, ebenso wie alle anderen Anbieter, verhältnismäßig frei. Dies gilt nicht nur für den Umfang des Leistungsangebotes, das Bankkunden über TOC in Anspruch nehmen können, sondern auch für den Benutzungskomfort der Kunden. Abb. 2.1.3.1.2-2 zeigt anhand einer Stichprobe von 16 Instituten, welche transaktions- und funktionsbezogenen Schwerpunkte die Institute bei der Gestaltung ihres TOC-Programms gesetzt haben.

### dc) Komfortable Benutzeroberflächen

Grundsätzlich können Bankkunden die TOC-Programme ihrer Institute, auch die in bezug auf den Transaktions- und Funktionsumfang aufwendig gestalteten Programme, allein mit dem TOC-System nutzen. Dieses System bietet hierfür aber nur wenig Benutzungskomfort. Daher wurden nach Einführung des TOC verschiedene Programme wie z.B. Onlinebanking von T-Online, Microsoft Money und Intuit Quicken entwickelt, die auf dem TOC-System aufbauen und für den Benutzer die TOC-Funktionen auf einer

| Transaktionen/Kontoverwaltung | Institute (in %) |
|---|---|
| Überweisung Inland | 93,75 |
| Überweisung Ausland | 25,00 |
| Kontostandabfrage | 87,50 |
| Umsatzanzeige in Tagen | 87,50 |
| Lastschriften einrichten | 25,00 |
| Daueraufträge einrichten | 75,00 |
| Terminüberweisung | 25,00 |
| Spendenüberweisung | 6,25 |
| Online-Depot | 75,00 |
| T-Online-Order | 31,25 |
| Order-Info | 0,00 |
| Order-Storno | 12,50 |
| Aktueller Depotwert | 62,50 |
| Scheckbestellung | 37,50 |
| Scheck sperren | 6,25 |
| Sparkonto anzeigen | 56,25 |
| Kredit verwalten | 18,75 |
| Modellrechnungen | 12,50 |

Abb. 2.1.3.1.2-2: T-Online-Leistungsangebot von 16 Instituten im Überblick
Quelle: o.V. (1997a)

komfortablen Benutzeroberfläche verfügbar machen. Diese Programme geben dem Bankkunden die Möglichkeit, alle für die Nutzung des TOC-Systems wichtigen Parameter einzuspeichern und die *Anwahl* seiner Bankverbindungen mit einem einzigen Mausklick auszulösen, so daß dann die Umsatzdaten und Kontostände auf seinen PC transferiert werden, wo sie aufbereitet und ausgedruckt werden können. Zusätzliche *Informationsabfragen* sind möglich, insbesondere bezüglich weiterer Konten und Depots sowie Modellrechnungen. Zum *Transaktionsangebot* gehören nicht nur Überweisungen in verschiedenen Varianten, sondern auch die Einrichtung von Lastschriften, Einrichtung, Änderung und Löschung von Daueraufträgen sowie die Erteilung von Wertpapierorders. Dieses Informations- und Transaktionsangebot kann der Kunde mit Hilfe eines der genannten Programme bequem mit wenigen Mausklicks nutzen.

In unterschiedlichem Umfang bieten die genannten Programme noch *Zusatzfunktionen* an, beispielsweise den Transfer von Daten in EXCEL, so daß eine detaillierte Haushaltsrechnung für den privaten Haushalt mit graphischer Aufbereitung durchgeführt werden kann. Ausgehend hiervon kann der Kunde für seinen Haushalt eine Finanzplanung mit Effektivzinsrechnung vornehmen; er kann Vorbereitungen für seine Einkommensteuererklärung treffen, und wenn er ein Geschäftskunde ist, kann er auch Mehrwertsteuer-Voranmeldungen erstellen. Wenn Überweisungen in großer Zahl anfallen, kann er die Überweisungsaufträge rechnergestützt generieren und im DTA-Format auf Diskette ausgeben.

An dieser Stelle werden allerdings auch die *Grenzen des TOC-Systems* deutlich: Es ist primär ein System für Privatkunden. Für Geschäftskunden ist es nicht konzipiert worden, und es kann deren Bedürfnisse kaum erfüllen, insbesondere wenn Überweisungen in großer Zahl auszuführen sind, wenn aufwendigere Finanzplanung zu betreiben ist und wenn spezielle steuerliche Anforderungen zu berücksichtigen sind. Dann sollte der Geschäftskunde prüfen, welches Cash Management-System über den erforderlichen Funktionsumfang verfügt und den gewünschten Benutzungskomfort bietet.

**dd) Grundfunktionen des T-Online Classic bei Bankgeschäften**
TOC übt primär die Grundfunktion der *Geschäftsabwicklung* aus, allerdings eingeschränkt auf die Auftragserteilung. Dieser Grundfunktion sind auch die Informationsabfragen zuzurechnen, die in enger Verbindung mit Transaktionen stehen. In geringem Umfang erfüllt das System auch die Grundfunktion der *Beratungsunterstützung*, insbesondere dadurch, daß Kunden Informationen abfragen können, die ihnen ihre eigene Disposition erleichtern, also z.B. Kursinformationen, und natürlich auch dadurch, daß sie individuell durchgeführte Modellrechnungen zu Kapitalanlagen, Finanzierungen etc. abfragen können.

Das T-Online-System belegt einmal mehr, daß integrierte EDV-Anwendungssysteme nicht eindeutig einem Produkt, einer Kundengruppe, einer Region o.ä. zugerechnet werden können. Vielmehr muß ein Netzwerk von Voraussetzungen, Beziehungen und Auswirkungen betrachtet werden, wenn man ein derartiges System beurteilen möchte.

### 2.1.3.1.3 Internet Banking

Es lassen sich verschiedene *Kernfunktionen* des Internet Banking unterscheiden, die auch die einzelnen technischen Entwicklungsstufen widerspiegeln. Standen zunächst vor allem Informationsleistungen im Internet aufgrund der nicht ausreichend gelösten Sicherheitsproblematik im Vordergrund, werden in zunehmendem Maße auch komplexere Transaktions- und Beratungsleistungen angeboten.

Das Internet Banking hat sich neben dem in Deutschland stark etablierten TOC (vgl. Kap. 2.1.3.1.2) in relativ kurzer Zeit zu einem leistungsfähigen *Vertriebsweg* entwickelt. Hauptursachen sind einerseits die zunehmende Nutzung des Internet durch Unternehmen und private Haushalte und andererseits die im Vergleich mit TOC viel attraktivere Gestaltbarkeit des Internet-Dialoges zwischen Kunde und Bank (vgl. Anhang 2.2). Insbesondere Direktbanken und Discount Broker nutzen das Internet für ihr Informations- und Transaktionsangebot, da sie über kein Zweigstellennetz verfügen und auf den Absatz ihrer Dienstleistungen über Telekommunikationsmedien besonders angewiesen sind.

Wesentliches Kriterium für die *Vertriebsfähigkeit* von Bankleistungen über das Internet ist, inwieweit die für das Zustandekommen einer Bankleistung von Seiten der Kunden und von Seiten der Bank notwendigen Informationen bereitgestellt und über das Internet ausgetauscht werden können. Durch die interaktiven Darstellungsmöglichkeiten im Internet wird ein zweiseitiger, zeitlich synchroner und mehrstufiger Informationsaustausch zwischen Kunde und Bank ermöglicht. Vielseitige, vor allem auch grafische Gestaltungsmöglichkeiten unterstützen eine verständliche Darstellung und einfache Benutzerführung. (vgl. Roßbach/Braun 1998)

Das *Bankleistungsprogramm* für Transaktionen im Internet erweitert sich ständig. Ähnlich zum T-Online Classic Banking standen zunächst Informations- und stark standardisierte Transaktionsleistungen im Vordergrund des Leistungsangebots. Zu den *Informationsleistungen* gehört die Bereitstellung von allgemeinen Marktinformationen und kontenbezogenen Daten. Als *Basis-Transaktionsleistungen* werden die Abwicklung des bargeldlosen Zahlungsverkehrs und die Erteilung von Wertpapierorders ermöglicht. Zunehmend werden auch einfache *Anlageleistungen* wie Tages- und Termingeldkonten, in geringerem Maße auch Sparkonten und Sparsonderformen angeboten. Vor allem Direktbanken offerieren attraktiv verzinste Termin- und Geldmarktkonten in Verbindung mit dem Wertpapiergeschäft. Als standardisierte *Kreditleistungen* werden von einigen Instituten Konsum- und Effektenkredite, aber auch Hypothekenkredite über das Internet angeboten. Bei den Hypothekarkrediten beschränkt sich die Abwicklung über das Internet auf Anfrage und Beratung des Kunden sowie ggf. eine unverbindliche Zusage seitens der Bank. Die Kundendaten werden dann zur weiteren Bearbeitung an den zuständigen Back Office-Bereich der Bank oder an Kooperationspartner wie z.B. eine Hypothekenbank weitergeleitet. Im Rahmen von Allfinanzkonzepten werden in Internet auch *Versicherungsleistungen*, insbesondere Renten- und Risikolebensversicherungen sowie Kapitallebensversicherungen angeboten. (vgl. Pulm 1998; Rapp 1998; Weinhardt, Krause et al. 1997)

Darüber hinaus bieten die Banken im Internet Banking eine Vielzahl verschiedener *Beratungsleistungen* an, die zu Verkaufsangeboten führen. Kundenbezogene, interaktiv gestaltete Seiten, zum Beispiel für Bedarfsanalysen, Modellrechnungen oder Simulationen zeigen dem Kunden einen möglichen Zusatznutzen und bieten ihm entsprechende individuelle Bankleistungen an. Zum Beispiel werden im Beratungsdialog Informationen des Kunden zu seiner Vermögenslage, seinen Erfahrungen im Wertpapiergeschäft und seiner Risikobereitschaft erfragt, und daraus werden für den Kunden ein Anlegerprofil und eine Anlagestrategie entwickelt. Er erhält dann einen für ihn spezifischen Investmentplan oder ein besonderes Produkt- oder Portfolio-Angebot. Beratungsleistungen werden aber auch zur Risikovorsorge der Kunden mit entsprechenden Versicherungsangeboten oder im Kreditgeschäft mit einfachen Ratenkrediten oder standardisierten Baufinanzierungen erbracht.

Aus Kundensicht fehlt häufig ein *Ansprechpartner* der Bank, der auf die speziellen Fragen des Kunden eingeht, die während seiner Internet Banking-Anwendung entstehen. Manche Banken bieten daher auf den Internet-Seiten mit ihren Leistungsangeboten eine Kontaktaufnahme per E-Mail an. Darüber hinaus sei auf eine weitere Entwicklung hingewiesen, die eine parallele Kommunikation via Internet und Telefon zwischen Kunde und Bank ermöglicht. Durch eine persönliche Dialogfunktion nimmt der Kunde zusätzlich telefonischen Kontakt mit der Bank auf, der durch einen Web-Callback ausgelöst wird: Durch Anklicken eines Telefon-Buttons wird eine Telefonverbindung mit einem Bankberater unmittelbar hergestellt (vgl. Fuchs 1998). Anrufe dieser Art werden am besten in einem Call Center der Bank (vgl. Kap. 2.1.3.1.1) entgegengenommen, da nicht sichergestellt werden kann, daß ein dem Kunden ggf. zugeordneter Berater jederzeit erreichbar ist.

Einige Institute unterstützen auch die *Eröffnung von Konten und Depots* im Internet. Bei Aufnahme einer neuen Kundenbeziehung sind die Banken in Deutschland gem. § 154 AO zu einer Legitimationsprüfung verpflichtet. Eine zeitliche Verzögerung entsteht folglich dadurch, daß online ausgefüllte Kontoeröffnungsanträge vom Kunden unterschrieben und beispielsweise bei einer Filiale des Instituts vorgelegt werden, wo die Legitimationsprüfung anhand von Ausweisen vorgenommen werden kann. Es werden aber auch andere Abläufe für die Legitimationsprüfung, z.B. unter Mitwirkung der Deutschen Post, praktiziert.

Im Gegensatz zum reinen Informationsaustausch stellt das Transaktionsangebot hohe *Sicherheitsanforderungen*, denn bei Transaktionen muß sichergestellt werden, daß rechtsgültige Verträge zustande kommen und Zahlungen ordnungsgemäß geleistet werden. Die Sicherheitsproblematik im Internet beruht darauf, daß die Nachrichten, die von Rechner zu Rechner laufen, bis sie den Empfänger erreicht haben, an jedem Netzrechner gelesen werden können. Wenn Informationen ausgetauscht werden, die ohnehin frei verfügbar sind, ist dies unproblematisch. Liegen den Nachrichten, die ein Bankkunde als Internet-Nutzer an seine Bank als Internet-Anbieter sendet, Transaktionen zugrunde, z.B. Zahlungsaufträge oder Wertpapierorders, dann besteht die Gefahr, daß Unbefugte diese Nachrichten verfälschen und z.B. Zahlungsaufträge zum Schaden des Auftraggebers auf das eigene Konto oder auf Konten Dritter umleiten. Nachrichten, die Transaktionen zum Gegenstand haben, müssen daher verschlüsselt werden (vgl. Anhang 2.2).

Das *Kundensegment*, das die Banken mit ihrem Angebot erreichen können, weitet sich zunehmend aus. Sowohl kleinere Firmenkunden als auch private Haushalte nutzen das Internet Banking. Da damit zu rechnen ist, daß die Verbreitung leistungsfähiger PCs und die Gewöhnung immer weiterer Kundenkreise an die I&K-Technik und insbesondere an die Benutzung von PCs immer weiter fortschreiten wird, ist davon auszugehen, daß sich das Internet mittel- und langfristig zu einem wesentlichen Vertriebsweg der Banken entwickeln wird. Banken werden dieses Marktpotential aber nur dann ausschöpfen können, wenn sie zusätzlichen Kundennutzen bieten, z.B. durch Produkt- und Preisgestaltung, Bequemlichkeit etc., und wenn es ihnen gelingt, in dem jeweiligen Markt ein positives Image aufzubauen, Bekanntheit zu erreichen und schließlich das Vertrauen von potentiellen Kunden zu erringen. In dieser Hinsicht haben Banken als Internet-Anbieter zunächst noch einen Vorsprung vor kommerziellen Netzbetreibern, die sich eine Banklizenz verschaffen und dann auch mit einem bankbezogenen Transaktionsangebot aufwarten.

Das Internet erfüllt die *Grundfunktion* der Geschäftsabwicklung nur teilweise, insbesondere dadurch, daß Bankkunden ihrer Bank Aufträge erteilen und Basisdaten wie z.B. Kontostände, Depots etc. abfragen. Für die weiteren Arbeitsschritte, die bankintern bei der Geschäftsabwicklung, z.B. bei Abwicklung einer Wertpapierorder, ablaufen, kann das Internet nicht mehr genutzt werden. Die Bank hat aber bei Aufträgen, die über das Internet eingehen, ebenso wie bei TOC den Vorteil, daß diese Aufträge schon als Datensätze in einer Form vorliegen, die eine maschinelle Weiterbearbeitung ermöglicht.

Nach dem Konzept des *Network Computing* sollen die verschiedenen Informationssysteme der Banken auf einheitliche Standards umgestellt werden, um eine Durchgängigkeit der Geschäftsprozesse insbesondere an den Schnittstellen zu externen Informationssystemen zu erreichen. Zentrales Merkmal ist dabei, daß klare Schnittstellen von Hard- und Software-Komponenten, Netzwerken, Datenbanken und Web-Browsern der Bank definiert werden. Diese neue Netzwerkarchitektur basiert auf Internet-Standards und nutzt moderne Web-Browser-Technik. Dies ermöglicht eine nahtlose Kommunikation zwischen Kunden, Banken und kooperierenden Unternehmen, so daß sich Geschäftsprozesse im Rahmen des Internet Banking in geschlossenen Vorgangsketten abwickeln lassen und nicht mehr durch zusätzliche Informationsverarbeitungsprozesse an den Schnittstellen zu den internen Informationssystemen der Bank unterbrochen werden. (vgl. Pulm 1998; Mang/Pinkl 1999)

## 2.1.3.2 Bewertung der bankbetrieblich nutzbaren Kommunikationssysteme bezüglich der Effizienzkriterien

Auf der Basis von Kommunikationssystemen, die auch bankbetrieblich genutzt werden können, ermöglichen Telephone Banking, TOC und Internet *neue Geschäftsprozesse mit Kunden*, die nicht nur *konventionelle Bankleistungen* zum Gegenstand haben, sondern auch *neue Leistungsarten*, die nur aufgrund der I&K-Technik geschaffen werden konnten. Von den Grundfunktionen steht bei diesen Systemen die *Geschäftsabwicklung* im Vordergrund; Beratungsunterstützung wird nur in geringem Umfang geleistet (vgl. Abb. 1.6.2-2).

* **Kundennutzen**

Telephone Banking, TOC und Internet sind dadurch gekennzeichnet, daß sie nur die *Kommunikation* zwischen Kundschaft und Bank ermöglichen; Leistungen machen sie für die Kundschaft nicht direkt verfügbar, wie z.B. die kundenbedienten Automaten, und daher wird von den Dimensionen des Kundennutzens (vgl. Abb. 1.6.2.1-2) die Verfügbarkeit der Leistungen (Nutzendimension 2) nicht berührt.

**Telephone Banking**

Telephone Banking ermöglicht eine aktuelle *Kontostandsabfrage* (Nutzendimension 1.1) und, je nach Ausgestaltung des Systems, die *Auftragserteilung* für ein standardisiertes Leistungsangebot (Nutzendimension 3.4). Die Kundschaft kann ihrer Bank von jedem Ort aus Aufträge erteilen (Nutzendimension 3.1), von dem aus eine Telefonverbindung zur Bank hergestellt werden kann. Die Verbreitung von Telefonanschlüssen, die für die Auftragserteilung genutzt werden können, ist in den Industrieländern sehr groß (Nutzendimension 3.3), in anderen Regionen der Erde aber noch nicht. Technisch ist es bereits möglich, mit Funktelefonen über Satelliten praktisch von jedem Punkt der Erde aus das weltweite Telefonnetz zu benutzen. Es hängt aber von der Ausgestaltung des Telephone Banking-Systems der einzelnen Bank ab, in welcher Zeit die Auftragserteilung erfolgen kann (Nutzendimension 3.2), entweder innerhalb einer erweiterten Geschäftszeit oder sogar ständig (7 x 24 Stunden/Woche). In bezug auf die *Sicherheit* (Nutzendimensionen 5.1 und 5.2) haben die einzelnen Telephone Banking-Anbieter ihre Systeme unterschiedlich gestaltet: Anrufer legitimieren sich nicht nur durch ihre Konto- und/oder Depot-Nr., sondern auch durch ein Kennwort, eine spezielle Geheimzahl o.ä. In Einzelfällen werden für Überweisungen und Scheckbestellungen auch spezielle Transaktions-Nummern verwendet. Bei einigen Systemen ist eine jederzeitige Veränderung der Geheimzahl durch den Kunden möglich. Das trägt zur Erhöhung der Sicherheit bei, weil die Geheimzahl aufgrund fehlender Verschlüsselungsmöglichkeiten mit Standardtelefonen im Klartext übertragen wird und damit abgehört und mißbraucht werden kann. Wirksame sicherungstechnische Mittel stehen also zur Verfügung.

Die *Benutzerführung* (Nutzendimension 10.2) wird bei Mensch-Mensch-Kommunikation regelmäßig höher bewertet als bei Mensch-Maschine-Kommunikation, aber es ist davon auszugehen, daß die Mensch-Maschine-Kommunikation in Zukunft noch weiter verbessert wird. Der *Preis*, den Kunden für die Inanspruchnahme des Telephone Banking zu entrichten haben (Nutzendimension 11), hängt vor allem davon ab, ob die Leistung automatisch oder mit Weiterleitung an einen Bankmitarbeiter erbracht wird. Dies ist von der verwendeten Technik abhängig. Je mehr Leistungen vollautomatisch abgewickelt werden können, um so günstiger gestaltet sich das Telephone Banking für Institut und Kunde, da automatisch erstellte Leistungen kostengünstig sind und teilweise auch kostenlos bereitgestellt werden. Für Geschäftsaufträge, die eine Weiterleitung an einen Mitarbeiter des Instituts erfordern, werden zum Teil aber erhebliche Gebühren verlangt, entweder je Transaktion oder als monatliche Pauschale zusätzlich zum Kontoführungspreis (vgl. Heemann 1994).

**T-Online Classic und Internet**

Bei TOC und Internet erfolgt die *Kommunikation* zwischen Kunde und Bank mittels Tastatur und Bildschirm von einem PC aus. Dadurch können die Kontostände und

Umsätze der jüngsten Vergangenheit aktuell und in erheblichem Umfang angezeigt und ausgedruckt werden (Nutzendimensionen 1.1 und 1.2). Die *Auftragserteilung* erfolgt primär von dem Ort aus (Nutzendimension 3.1), an dem die Endgeräte installiert sind: Bei TOC und Internet in der Wohnung des Privatkunden (Home Banking), am Arbeitsplatz oder im Büro des Firmenkunden (Office Banking). Darüber hinaus ist es technisch möglich, einen tragbaren PC (Laptop) mit einem Mobiltelefon zu koppeln und von Orten aus Aufträge zu erteilen, an denen für das Mobiltelefon ein hinreichend stabiler Funkkontakt besteht. Die Kunden können ihre Aufträge über TOC und Internet zwar zu jeder Zeit erteilen (Nutzendimension 3.2), diese werden im Regelfall aber nicht sofort weiterverarbeitet. Daher ist hier auch ergänzend die *Weiterverarbeitungszeit* (Nutzendimension 4.3) zu beachten, die den Kunden häufig nicht bekannt ist. Der Umfang der verschiedenen Aufträge, die die Kunden ihrer Bank erteilen können (Nutzendimension 3.4), hängt sehr stark von der Ausgestaltung der Systeme in der einzelnen Bank ab. TOC bietet ein gewisses Maß an *Beratungsunterstützung*, wenn Banken als Anbieter Modellrechnungen o.ä. zulassen. Für die Benutzung von TOC und Internet zahlen die Kunden nicht nur teilweise einen *Preis* an das jeweilige Institut als Anbieter (Nutzendimension 11), sondern es entstehen ihnen hierdurch auch Kosten für Hardware und Software, Lizenzgebühren und Kosten für die Benutzung eines Übertragungsnetzes (Nutzendimension 12). Für Privatkunden, die ohnehin über einen PC verfügen, sind die *Kosten einer T-Online-Installation* (Nutzendimension 12) relativ gering, wobei aber auch der Umfang der erteilbaren Aufträge eingeschränkt ist (Nutzendimension 3.4). Die Zahl der Überweisungsaufträge, die über TOC in Betracht kommen, ist stark zurückgegangen, weil das Lastschriftverfahren (vgl. Kap. 2.1.4.2) einen wahren Siegeszug angetreten hat. Den Kosten für Installation und Einsatz von T-Online steht aber nicht nur der Nutzen des Systems gegenüber, den der Kunde im Geschäftsverkehr mit seinen Banken erzielt, denn T-Online ist ein offenes System, mit dessen Hilfe der Bankkunde auch mit vielen anderen Partnern kommunizieren und Geschäfte abschließen kann. Mit seiner neuen *Benutzeroberfläche* (Nutzendimension 10.2) und seinem verbesserten Antwortzeitverhalten hat T-Online Classic darüber hinaus stark an Attraktivität gewonnen, was sich auch in rapide zunehmenden Anschlußzahlen niederschlägt.

\* **Wirtschaftlichkeit**
Wenn ein System der Geschäftsabwicklung für konventionelle Bankleistungen dient, dann empfiehlt sich für die Wirtschaftlichkeitsrechnung der *Kostenvergleich*. Ändern sich durch den Systemeinsatz auch die Erlöse, dann muß dies berücksichtigt werden, entweder bei Geringfügigkeit der Änderungen durch Modifikation der Kostenvergleichsrechnung, oder bei erheblichen Erlösänderungen durch Übergang auf eine *Gewinnbeitragsvergleichsrechnung*. Welches System man auch betrachtet, Telephone Banking, T-Online Classic oder Internet, in jedem Fall muß die Bank zunächst erhebliche Investitionen tätigen, bevor sie das System einsetzen kann. Sie beschafft Telefonanlagen, Hardware und EDV-Anwendungssysteme, und sie hat laufende Kosten in Form von Lizenzgebühren, Kommunikations- und Personalkosten etc. Es ergeben sich jährliche Gesamtkosten für die Abwicklung eines bestehenden Geschäftsvolumens, z.B. durch Telephone Banking.

**Telephone Banking**
Beim Telephone Banking wird eine Senkung der Betriebskosten der Bank, insbesondere durch Verkürzung der Zeit für die Geschäftsabwicklung mit der Mengenkundschaft, angestrebt. Die Wirtschaftlichkeit wird aber nur dann verbessert, wenn in der Praxis durchgesetzt werden kann, daß die Kosten der konventionellen Betreuung der Mengen-

kundschaft, hauptsächlich Personalkosten, die in den Filialen anfallen, auch wirklich gesenkt werden. Gelingt die Senkung der Kosten für konventionelle Geschäftsabwicklung nicht, dann kommt es zu einer *Verschlechterung* der Wirtschaftlichkeit der Leistungserstellung und -verwertung!

Es ist zu vermuten, daß der *Rationalisierungseffekt*, der durch Telephone Banking erzielt wird, gering ist: Bei konventioneller Geschäftsabwicklung bringt der Kunde ausgefüllte Überweisungsformulare etc. in die Geschäftsstelle, wo die Daten erfaßt und in eine maschinell lesbare Form gebracht werden müssen; beim Telephone Banking übermittelt er die Daten telefonisch, und dann werden sie auch wieder von Bankmitarbeitern in einer maschinell weiterzubearbeitenden Form erfaßt. An dieser Schnittstelle zwischen Kunde und Bank stockt traditionell der Datenfluß, und das in der I&K-Technik steckende Erfolgspotential konnte bisher nicht ausgeschöpft werden, weil keine übergreifenden Vorgangsketten zwischen Kunden und Bank zustande kamen. TOC und Internet bieten den Vorteil, daß die manuelle Nachbearbeitung der Auftragsdaten an der Schnittstelle Kunde/Bank ganz entfällt, weil die Kunden ihre Auftragsdaten in einer Form an die Bank übermitteln, in der sie direkt computergestützt weiterverarbeitet werden können.

**T-Online Classic und Internet**
Ebenso wie bei Telephone Banking können die Kunden auch über T-Online Classic und Internet ein ganzes *Leistungsbündel* in Anspruch nehmen. Daher muß bei der Wirtschaftlichkeitsrechnung berücksichtigt werden, welcher Kostensenkungseffekt bei dem ganzen Leistungsbündel realisiert werden kann. Beim Vergleich mit den Kosten der konventionellen Geschäftsabwicklung erweist sich dann der *Break-even point* wieder als kritisch: Nur dann, wenn die Nutzungsfrequenz von T-Online Classic oder Internet den Break-even point überschreitet, verbessert sich die Wirtschaftlichkeit der Leistungserstellung und -verwertung. Wenn sich der Trend bei der Steigerung der Anzahl der T-Online Classic-Anschlüsse und Internet-Zugänge fortsetzt, was angesichts der Verbesserung der Leistungscharakteristika und der Benutzeroberfläche erwartet werden darf, dann haben die Institute gute Chancen, in Zukunft auch durch diese Systeme ihre Wirtschaftlichkeit zu verbessern.

\* **Wettbewerbsvorteile**
Telephone Banking, T-Online Classic und Internet sind Systeme mit direktem Kundengeschäftsbezug (vgl. Abb. 1.6.2.4-1); zu der Gruppe von Systemen, die bankintern eingesetzt werden, gehört aber nur Telephone Banking, das von der einzelnen Bank individuell gestaltet und betrieben werden kann. Auf die Gestaltung des T-Online-Trägersystems der Telekom und des Internet haben die Institute praktisch keinen Einfluß; sie können lediglich im Rahmen der durch das Trägersystem gesetzten Grenzen ihr Angebot festlegen. Das T-Online-Trägersystem und das Internet können praktisch von allen Wettbewerbern genutzt werden. Es erscheint daher gerechtfertigt, T-Online Classic und Internet der Konstellation (b) gem. Abb. 1.6.2.4-1 zuzuordnen. Diese Systeme sind dadurch gekennzeichnet, daß sie von *bankexternen Partnern* entwickelt, teilweise auch eingesetzt und *einem breiten Kreis von Wettbewerbern* zugänglich gemacht worden sind. Das einzelne Institut, das ein derartiges System für seine Kundschaft verfügbar macht, hat nur begrenzte Möglichkeiten bei der Ausgestaltung, um sich mit seinen Leistungsangeboten von Konkurrenten abzuheben.

Eine grundlegende Voraussetzung für die Erzielung von Wettbewerbsvorteilen durch Einsatz von EDV-Anwendungssystemen besteht darin, daß die Kundschaft die Systeme aufgrund ihres jeweiligen Zusatznutzenprofils *akzeptiert*. Mit dem *Telephone Banking* haben die Institute schon bald nach der Einführung eine sehr große Akzeptanz erzielt. Wettbewerbsvorteile werden sie hiermit aber nur erreichen, wenn sie die Kosten der Geschäftsabwicklung spürbar senken und so die Wirtschaftlichkeit verbessern. Dies würde sich insbesondere in strategischen Geschäftsfeldern mit preisempfindlicher Kundschaft, in denen die Bank die Grundstrategie der Kostenführerschaft verfolgt (vgl. Kap. 6.1.3), günstig auswirken, denn gerade hier kommt dem strategischen Erfolgsfaktor »Wirtschaftlichkeit der Leistungserstellung und -verwertung« besondere Bedeutung im Wettbewerb zu.

Da sich das *T-Online Classic- und das Internet-Angebot* durch das einzelne Kreditinstitut nur innerhalb enger Grenzen individuell gestalten lassen, ist der Zusatznutzen relativ gering, den einzelne Kreditinstitute ihrer Kundschaft mit diesen Systemen bieten können, um sich von der Konkurrenz abzuheben. Angesichts der steigenden Zahl der T-Online-Anschlüsse und Internet-Zugänge ist zu vermuten, daß auch die Zahl der Bankkunden, die T-Online Classic oder das Internet nutzen, steigen wird. Diese steigende Akzeptanz ist eine Voraussetzung dafür, daß die Institute gewisse Rationalisierungsvorteile bei der Geschäftsabwicklung nutzen können, so daß hierdurch der strategische Erfolgsfaktor »Wirtschaftlichkeit der Leistungserstellung und -verwertung« gestärkt wird.

## 2.1.4 Abwicklung des bargeldlosen Zahlungsverkehrs

Nach traditioneller Auffassung umfaßt der Zahlungsverkehr der Banken die Gesamtheit aller Zahlungen, die diese aufgrund von Kundenaufträgen und Eigengeschäften ausführen. Als *Formen des Zahlungsverkehrs* unterscheidet man den Barzahlungsverkehr, den bargeldsparenden und den bargeldlosen Zahlungsverkehr. Zahlt ein Kunde bei seiner Bank Bargeld auf sein Konto ein oder hebt er Bargeld von seinem Konto ab, dann liegt *Barzahlungsverkehr* vor. Barauszahlungen an kundenbedienten Automaten wurden in Kap. 2.1.2.2.1 und 2.1.2.2.2 behandelt.

Man spricht von *bargeldsparendem Zahlungsverkehr*, wenn der Zahlungsverpflichtete bei der Bank des Zahlungsempfängers auf das Konto des Zahlungsempfängers eine Bareinzahlung leistet, oder wenn der Zahlungsempfänger, der vom Zahlungsverpflichteten einen Barscheck erhalten hat, mit Hilfe des Barschecks bei der Bank des Zahlungsverpflichteten Bargeld abhebt. Besonders arbeitsaufwendig für eine Bank ist der Sonderfall, daß eine Person, die nicht Kunde der Bank ist, einen Betrag zugunsten eines Kontos, das bei einer anderen Bank geführt wird, bar einzahlt. Für Transaktionen dieser Art stellen die erstbeauftragten Institute ganz erhebliche Gebühren in Rechnung.

Im *bargeldlosen Zahlungsverkehr* wird Buchgeld von den Bankkonten der Zahlungspflichtigen auf die Bankkonten der Zahlungsempfänger transferiert. Diese Form des Zahlungsverkehrs kann also nur abgewickelt werden, wenn die Zahlungspflichtigen und die Zahlungsempfänger Bankkonten unterhalten. Bargeldlose Zahlungen können nur zu Lasten von Kontokorrentkonten, aber zugunsten von Kontokorrentkonten und auch Sparkonten erfolgen.

Die *Instrumente* des bargeldlosen Zahlungsverkehrs sind

- Überweisung
- Scheck
- Lastschrift
- sonstige Inkasso-Instrumente
  (Wechsel per Verfall, Dokumente, Zins- und Dividendenscheine, Sparbücher etc.)

Unter den Zahlungsverkehrsformen, Barzahlungsverkehr, bargeldsparender und bargeldloser Zahlungsverkehr, nimmt der bargeldlose Zahlungsverkehr hinsichtlich des Zahlungsverkehrsvolumens eine herausragende Stellung ein, und von den Zahlungsverkehrsinstrumenten sind es Überweisung, Scheck und Lastschrift, die hauptsächlich eingesetzt werden.

Seit Ende der 60er Jahre, als die Kreditinstitute in Deutschland öffentlich versprochen haben, Lohn- und Gehaltskonten kostenfrei zu führen, weil sie sich einen großen Nutzen von dem auf diesen Konten befindlichen Bodensatz versprachen, spüren die Institute den Druck der Zahlungsverkehrskosten. Sie sahen sich zwar später gezwungen, entgegen ihrem Versprechen doch Gebühren für ihre Zahlungsverkehrsleistungen zu erheben, aber man kann wohl bis heute davon ausgehen, daß der Zahlungsverkehr defizitär ist. Wegen der Komplexität des Problems gibt es keine vollkommen zweifelsfreie Kosten- und Erlösrechnung für den Zahlungsverkehr, und wenn es sie gäbe, dann würde sie von den Instituten wohl nicht veröffentlicht.

### 2.1.4.1 Zahlungsverkehrsabwicklung im Überblick

Für die Abwicklung des Zahlungsverkehrs haben sich in Deutschland die folgenden Gironetze herausgebildet:

- Gironetz der Deutschen Bundesbank
- Gironetze der Großbanken
  (Deutsche Bank AG, Dresdner Bank AG, Commerzbank AG)
- Gironetz der Sparkassen
  bestehend aus Sparkassen, Landesbanken/Girozentralen und Deutsche Girozentrale/Deutsche Kommunalbank
- Gironetz der Genossenschaftsbanken
  bestehend aus Kreditgenossenschaften, Zentralbanken/Zentralkassen und DG-Bank
- Gironetz der Postbank

Faßt man alle fünf Gironetze gedanklich zu einem Gesamtgironetz zusammen, und berücksichtigt man die vielfältigen Abrechnungsmöglichkeiten, die zwischen den betrachteten Banken bestehen, dann wird deutlich, daß es sich hier um ein umfangreiches Netzwerk von Abrechnungsbeziehungen handelt, die von Zahlungsverkehrsaufträgen durchlaufen werden. Dieses Gesamtgironetz besteht in seinem Kern aus Kreditinstituten, die ihre Aufträge, z.B. Überweisungsaufträge, von ihren in- und ausländischen Privat- und Firmenkunden bekommen, und sie leiten diese Zahlungen an andere Kunden ihres eigenen Hauses oder an andere Kreditinstitute weiter, die sie dann ihren Kunden gutschreiben, wenn nicht noch dritte Kreditinstitute eingeschaltet werden müssen. Abb. 2.1.4.1-1 zeigt einen Ausschnitt aus dem Netzwerk, in dem sich der Zahlungsverkehr vollzieht.

Im Mittelpunkt steht die betrachtete Bank (0), die von ihren Kunden, Privatkunden (1) und Firmenkunden (3), Überweisungsaufträge erhält. Soweit es sich bei den Empfängern dieser Überweisungsaufträge um Kunden dieser Bank handelt, werden die Gegenwerte dieser Überweisungen den Privatkunden (2) und Firmenkunden (4) gutgeschrieben. In diesem einfachen Fall spricht man von Hausgiro.

Sind die Zahlungsempfänger nicht Kunden der Bank (0), dann wird diese Bank die Überweisungen entweder über die LZB (6), inländische Korrespondenzbanken (8) oder ausländische Korrespondenzbanken (10) an die Empfänger weiterleiten. Wenn die Überweisung auf ein Konto des Zahlungsempfängers bei einer ausländischen Bank er-

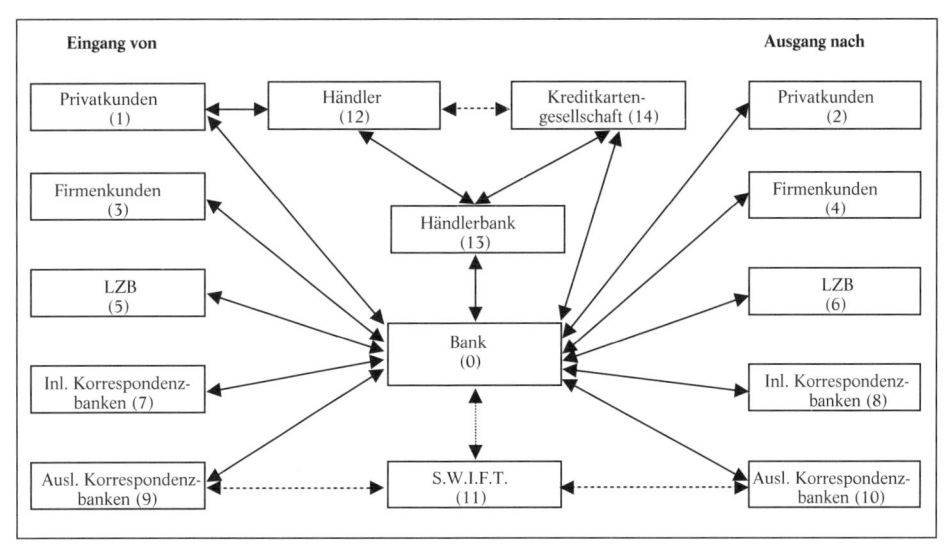

Abb. 2.1.4.1-1: Die Bank im Zahlungsverkehrs-Netzwerk
Quelle: o.V. (1997a)

folgt, so daß die Bank (0) den Überweisungsbetrag einer ausländischen Korrespondenzbank (10) auf Verrechnungskonto gutschreibt, dann wird die ausländische Korrespondenzbank (10) regelmäßig durch das S.W.I.F.T.-System (11) (vgl. Kap. 2.1.4.3.2.2) über die Buchung der Bank (0) informiert, so daß sie sofort über den Betrag auf dem Verrechnungskonto verfügen und den Vorgang weiterbearbeiten kann, ohne Postlaufzeiten o.ä. abwarten zu müssen.

Die Bank (0) erhält aber auch Überweisungseingänge von der LZB (5), inländischen Korrespondenzbanken (7) und ausländischen Korrespodenzbanken (9), die sie teilweise ihren Privatkunden (2) und Firmenkunden (4) gutschreibt, teilweise aber auch an andere Institute weiterleitet. Dies kommt insbesondere vor, wenn sie, begleitet von einer Meldung des S.W.I.F.T.-Systems (11), Zahlungen von ausländischen Korrespondenzbanken (9) erhält, die sie dem inländischen Zahlungsempfänger über LZB (6) oder inländische Korrespondenzbanken (8) zuleitet.

Abb. 2.1.4.1-1, an der zunächst die Abwicklung von Überweisungen erläutert wurde, gilt auch für die Abwicklung von Lastschriften und Schecks, naturgemäß jedoch mit der Besonderheit, daß die Zahlungen im Vergleich zur Überweisung in umgekehrter Richtung erfolgen.

In zunehmendem Umfang wird der Zahlungsverkehr von Privatkunden auch über das Electronic Cash-System und über Kreditkartengesellschaften abgewickelt. Beim Electronic Cash-System (vgl. Kap. 2.1.4.3.3) veranlaßt der Privatkunde (1) beim Händler (12) die Zahlung durch Einlesen seiner eurocheque-Karte, Eingabe der PIN und Bestätigung des Betrages. Unter Einschaltung einer Autorisierungszentrale wird der Zahlungsvorgang abgewickelt, indem der Bank der Händlers (13) der Umsatz mitgeteilt wird, so daß diese Bank (13) von der Bank (0) des Privatkunden (1) den Rechnungsbetrag per Lastschrift einziehen kann.

Setzt der Privatkunde (1) beim Händler (12) seine Kreditkarte, z.B. die Eurocard ein (vgl. Kap. 2.1.4.3.4), dann wird die Zahlung in folgender Weise abgewickelt: Der Händler (12) erfaßt die auf der Kreditkarte verzeichneten Daten des Privatkunden (1) und übermittelt diese an die Kreditkartengesellschaft (14), die nun den Betrag von der Bank (0) einzieht. Dabei wird das Kontokorrentkonto des Privatkunden (1) belastet. Den von der Bank (0) eingezogenen Betrag abzüglich eines Disagios überweist die Kreditkartengesellschaft (14) dann an die Händlerbank (13), so daß dem Händler (12) Gutschrift erteilt wird.

### 2.1.4.2 Überweisungs-, Lastschrift- und Scheckverkehr

Als Ziel für die Gestaltung der Zahlungsverkehrsabwicklung steht die *Wirtschaftlichkeit* im Vordergrund. Marketing-orientierte Ziele werden vom Zahlungsverkehr zwar auch berührt, sie müssen sich aber eindeutig dem Wirtschaftlichkeitsziel unterordnen. Traditionell wurden Überweisungen, Lastschriften und Schecks *beleggebunden* abgewickelt: Jede am Zahlungsverkehr mitwirkende Wirtschaftseinheit, Banken und Nichtbanken, erteilte Zahlungsverkehrsaufträge und erstellte Zahlungsverkehrsleistungen durch Bearbeitung und Versand von Belegmaterial. Das war kostenintensiv und zeitraubend. Die *beleglose Abwicklung* bietet offensichtlich große Vorteile in Hinsicht auf das Wirtschaftlichkeitsziel, aber die Kreditinstitute erhalten nur einen Teil der Zahlungsverkehrsaufträge (Überweisungs- und Lastschriftaufträge sowie Schecks zum Einzug) in belegloser Form; die beleggebundenen Zahlungsverkehrsaufträge müssen daher zunächst in *Datensätze umgewandelt* werden, so daß schließlich alle Zahlungsverkehrsaufträge beleglos weiterverarbeitet werden können. Abb. 2.1.4.2-1 zeigt, in welcher Form die Kreditinstitute Zahlungsverkehrsaufträge von ihren Kunden erhalten:

|  | **Privatkunden** | **Firmenkunden** |
|---|---|---|
| **Überweisungen** | beleggebunden, beleglos (T-Online Classic), Daueraufträge | beleggebunden, beleglos (DTA, DFÜ, T-Online Classic, CMS), Daueraufträge |
| **Lastschriften** | --- | beleggebunden beleglos (DTA, DFÜ) |
| **Schecks** | beleggebunden | beleggebunden |

Abb. 2.1.4.2-1: Form der beim erstbeauftragten Institut eingehenden Zahlungsverkehrsaufträge

In Hinsicht auf das Wirtschaftlichkeitsziel ist die Situation bei den *Lastschriften* besonders günstig. Privatkunden reichen keine Lastschriften zum Einzug ein, und die Firmenkunden übermitteln ihre Lastschriften zum Einzug fast ausschließlich in belegloser Form, also im Wege des Datenträgeraustauschs (DTA) oder der Datenfernübertragung (DFÜ). Da ein Höchstmaß an Wirtschaftlichkeit bei der Zahlungsverkehrsabwicklung nur dann erreicht werden kann, wenn die Abwicklung in geschlossenen *unternehmensübergreifenden Vorgangsketten* erfolgt, ist eine *Normierung der Zahlungsverkehrsinformation* erforderlich, so daß an den Schnittstellen im Zahlungsverkehrsnetz eine Übergabe der Informationen von einer Institution zur anderen und eine reibungslose Weiterverarbeitung auf der Seite der Empfänger-Institution stattfinden kann. Diese Normierungsbemühungen haben sich in einer Vielzahl von *Abkommen und Richtlinien* niedergeschlagen, die in Anhang 3 zusammengestellt sind.

Für den *Lastschriftverkehr* sind insbesondere die folgenden Abkommen von Bedeutung:

- »Abkommen über den Lastschriftverkehr« vom 12. Dezember 1995,
- »Richtlinien für den beleglosen Datenträgeraustausch« vom 2. Januar 1976 (Magnetband-Clearing-Verfahren)
- »Richtlinien für das Disketten-Clearing-Verfahren« von 1986.

Durch diese Richtlinien wird festgelegt, welche Datenträger für den DTA zulässig sind, wie die Dateien aufzubauen sind, und wie die Datensätze formatiert werden müssen. Für jede Lastschrift, die der Auftraggeber einziehen lassen möchte, wird der beauftragten Bank ein Datensatz in dem vorgeschriebenen Format übermittelt. Diese Datensätze (Lastschrift-Aufträge) werden nun von der beauftragten Bank vollautomatisch, also vollkommen ohne manuelle Nachbearbeitung eingezogen.

*Überweisungsaufträge* von Kunden müssen zunächst auf Ordnungsmäßigkeit geprüft und disponiert werden. Erst dann kann die eigentliche Zahlungsverkehrsabwicklung beginnen. Im günstigsten Fall erhalten die Kreditinstitute die Überweisungsaufträge von ihren Kunden schon in belegloser Form, als Daueraufträge, als Online-Eingabe, als Eingabe von Cash Management-Systemen oder, was bei Firmenkunden besonders wichtig ist, durch DTA oder DFÜ. Für die Übermittlung der Aufträge von den Kunden zur beauftragten Bank per DFÜ sind folgende *Standardschnittstellen* definiert worden: FTAM (File Transfer, Access and Management), RDAC (Remote Data Access) und ZV-DFÜ (Zahlungsverkehrs-Datenfernübermittlung).

Um die zwischenbetriebliche Weiterleitung beleghaft erteilter Überweisungsaufträge rationell abzuwickeln, haben sich die Bankenverbände 1997 darauf verständigt, eine Umwandlung solcher beleghaft erteilter Überweisungsaufträge in Datensätze verpflichtend vorzuschreiben. Grundlage hierfür bildete das »Abkommen zum Überweisungsverkehr« vom 16.04.1996, in dem die Inhalte der bis dahin gültigen Abkommen zum Überweisungsverkehr zusammengefaßt worden sind. Nach diesem Abkommen muß jeweils das erstbeauftragte Institut die Umwandlung vornehmen, so daß von hier an die Abwicklung des Überweisungsauftrages bis auf das Konto des Endbegünstigten beleglos durchgeführt werden kann (vgl. Gößmann 1997).

Für die Umwandlung der Überweisungsaufträge in Datensätze gibt es verschiedene *Verfahren*, insbesondere die Erfassung über Datensichtgeräte und durch optische Belegleseverfahren. Der Einsatz von *Datensichtgeräten* eignet sich besonders für kleinere Belegmengen und stark dezentralisierte Filialinstitute, während *Belegleseverfahren* überall da eingesetzt werden können, wo große Belegmengen anfallen bzw. wirtschaftlich zusammengeführt werden können. Grundsätzlich ist die dezentrale Umwandlung der Überweisungsaufträge in Datensätze mit größeren Schwierigkeiten verbunden als die zentrale Umwandlung, insbesondere in Hinsicht auf die Wirtschaftlichkeit und die Schnelligkeit. Die kleineren, rechtlich selbständigen Institute wie Sparkassen und Genossenschaftsbanken sind in bezug auf die Zahlungsverkehrsabwicklung in einer ähnlichen Situation wie die dezentralisierten Großbankfilialen. Biank (1993) zeigt an einer Fallstudie, welche Möglichkeiten auch für eine Volksbank bestehen, die die Umwandlung mit zeitgemäßer Technik schnell und kostengünstig betreiben möchte.

Das »Abkommen zum Überweisungsverkehr« beruht grundsätzlich auf dem *Prinzip der Reziprozität:* Es geht davon aus, daß mittel- oder langfristig jedes am Zahlungsverkehr beteiligte Institut annähernd gleich viele beleggebundene Überweisungsausgänge und Überweisungseingänge hat. Unter dieser Bedingung ist es für das ganze Banksystem fair, wenn jeweils das erstbeauftragte Institut die beleggebundenen Aufträge in Datensätze umwandelt, was mit Kosten verbunden ist, um dann bei den Überweisungseingängen die entsprechenden Rationalisierungsvorteile zu nutzen. Leider versuchten eine ganze erhebliche Anzahl von Instituten die Rationalisierungsvorteile zu nutzen, ohne den Aufwand für die Umwandlung der beleggebundenen Aufträge in Datensätze auf sich zu nehmen. Daher war die Automatisierung der Überweisungsabwicklung lange nicht so weit fortgeschritten, wie es technisch möglich gewesen wäre (vgl. Prast 1991).

Die Kunden einer Bank reichen *Schecks* immer beleggebunden zum Einzug ein. Grundsätzlich kann auch heute noch der weitere Einzug dieser Schecks beleggebunden erfolgen, seit Februar 1993 ist aber das »Abkommen über das beleglose Scheckeinzugsverfahren« (BSE-Abkommen) in Kraft, das unter bestimmten Bedingungen einen beleglosen Scheckeinzug ermöglicht. Aufgrund dieses Abkommens müssen in D-Mark ausgestellte Inhaber- und Orderschecks sowie Zahlungsanweisungen zur Verrechnung, die auf inländische Kreditinstitute gezogen sind und unter DM 5.000,- liegen, in das BSE-Verfahren übergeleitet werden. Darunter fallen seit 1991 auch DM-Reiseschecks, die auf der Grundlage des »Abkommens über den beleglosen Einzug von Reisescheckgegenwerten« (BRS-Abkommen) erfaßt werden. Der einzelne Scheck selbst muß, sofern er die geforderten Voraussetzungen erfüllt, vom erstbeauftragten Institut archiviert werden, so daß er bei Reklamationen überprüft werden kann, während der Scheckeinzug mit Hilfe des Datensatzes vorgenommen wird. Auf diese Weise können, je nach Kundschaftsstruktur des einzelnen Instituts, über 80 % der Schecks beleglos eingezogen werden, was für die beteiligten Kreditinstitute erhebliche Rationalisierungsvorteile mit sich gebracht hat.

Im Jahre 1994 wurde das »Abkommen über den beleglosen Einzug von Scheckgegenwerten ab DM 5.000,- (Großbetragsschecks) und die gesonderte Vorlage der Originalschecks ohne Verrechnung« (GSE-Abkommen) in Kraft gesetzt, womit der beleglose Einzug der in D-Mark ausgestellten Inhaber- und Orderschecks sowie Zahlungsanweisungen zur Verrechnung, die auf Kreditinstitute im Inland gezogen sind und ab DM 5.000,- lauten, ermöglicht wurde. Hierbei dürfen aber GSE-Schecks nur von der Deutschen Bundesbank bzw. den Landeszentralbanken umgewandelt und ins DTA-Verfahren übergeleitet werden. Weitere Verpflichtungen der beteiligten Banken wurden im Jahre 1998 in das Scheckabkommen aufgenommen.

Im Ausland begebene und auf ausländische Währung lautende ec-Schecks werden eingezogen wie ausländische GAA-Bargeldbezüge: Die Abrechnung erfolgt zwischen der ausländischen Bank, der ausländischen Clearingstelle, Europay- bzw. Maestro International, der GZS und der inländischen Bank des eurocheque-Ausstellers. Über 70 % dieser Schecks werden bereits analog dem deutschen BSE-Abkommen beleglos eingezogen.

Für alle drei Zahlungsverkehrsinstrumente, Überweisung, Lastschrift und Scheck gilt, daß durch die beleglose Zahlungsverkehrsabwicklung *spezifische Risiken neu entstanden* sind, insbesondere durch Verkürzung der Laufzeit von Überweisungen, Verlust scheckrechtlicher Regreßansprüche bei Anwendung des BSE- bzw. GSE-Verfahrens, Risiken aus der Bonität von Teilnehmern im Lastschriftverkehr (Einreicher-Risiko) und sonstige Risiken. Diese neuen Risiken und Maßnahmen zu ihrer Begrenzung erscheinen für die am Zahlungsverkehr beteiligten Institute tragbar. Die Maßnahmen zur Sicherung des beleglosen Zahlungsverkehrs müssen aber von allen Beteiligten mit äußerster Sorgfalt eingehalten werden.

Bisher wurden Überweisung, Lastschrift und Scheck aus der Perspektive des erstbeauftragten Instituts betrachtet. Am Ende der *unternehmensübergreifenden Vorgangskette*, die durch derartige Zahlungsverkehrsaufträge ausgelöst wird, findet der Begünstigte einer Überweisung die Gutschrift, den Auftraggeber und den Verwendungszweck auf seinem Kontoauszug. Lastschriften werden unter Angabe des Einzugsberechtigten abgebucht, und bei Scheckbelastungen wird auf dem Kontoauszug die Scheck-Nr. angegeben. Die *arbeitsaufwendige Zusortierung von Belegen* zu Tagesauszügen entfällt, was sich bei Benutzung von Kontoauszugsdruckern als besonders vorteilhaft erweist.

### 2.1.4.3 Funktionsweise der Zahlungsverkehrssysteme

### 2.1.4.3.1 Systeme der Deutschen Bundesbank für den Inlandszahlungsverkehr

Von den fünf Gironetzen (vgl. Kap. 2.1.4.1) ist das Netz der Deutschen Bundesbank nicht nur allen Kreditinstituten zugänglich, sondern es ist auch ein *Bindeglied* zwischen den verschiedenen Netzen. Nach § 3 Bundesbankgesetz (BBankG) hat die Bundesbank »für die bankmäßige Abwicklung des Zahlungsverkehrs im Inland und mit dem Ausland« zu sorgen. Jedes Institut ist aber zunächst bemüht, die Zahlungsverkehrsaufträge im eigenen Netz oder im Netz der Bankengruppe, der es angehört, abzuwickeln. Führt dies nicht zum Ziel, z.B. bei Überweisungen zur Bank des Endbegünstigten, dann kann immer, und sei es erst am Ort des Endbegünstigten, auf das Bundesbanknetz übergegangen werden.

Die folgenden *Verfahren* der Bundesbank unterstützen den beleglosen Zahlungsverkehr im In- und Ausland:

- Euro Access Frankfurt (EAF)
- Elektronischer Schalter (ELS)
- Elektronischer Massenzahlungsverkehr (EMZ)
- Informationsaustausch incl. Elektronische Kontoinformationen (EKI)
- Belegloser Scheckeinzug
- Leitwegsteuerung
- TARGET

Das herkömmliche Verfahren der LZB-Abrechnung, das auch weiterhin praktiziert wird, wird durch das Verfahren der *Elektronischen Abrechnung mit File-Transfer* (EAF), welches 1999 zum Euro Access Frankfurt weiterentwickelt wurde, ergänzt. Im Rahmen der EAF wird ein gleichtägiger Zahlungsaustausch zwischen den beteiligten Banken realisiert. Die EAF arbeitet nach denselben Prinzipien wie die LZB-Abrechnung, sie erspart aber den Abrechnungsteilnehmern, die nun ihre Zahlungsaustauschsätze per File-Transfer anliefern, den Druck von Belegen, den körperlichen Transport der Belege über die LZB-Abrechnungsstelle zu den Empfängerbanken und die zeit- und arbeitsaufwendige Erfassung der Belege beim Empfänger. Die LZB nimmt dabei in den Vormittagsstunden laufend Dateien mit Zahlungsaustauschsätzen im DTA-Format und im Format der S.W.I.F.T.-Inlandsanschlußzahlung (vgl. Kap. 2.1.4.3.2.2) an, sie liefert in Zyklen von 20 Minuten die empfangenen Datensätze zu Dateien gebunden an die Empfänger-Kreditinstitute aus, und sie verrechnet die Forderungen und Verbindlichkeiten der beteiligten Kreditinstitute aus dem elektronischen Abrechnungsverkehr (vgl. Deutsche Bundesbank 1993), so daß die geleisteten Zahlungen den Kreditinstituten endgültig zur Verfügung stehen. In einer zweiten Phase am frühen Nachmittag werden die Zahlungen, die nicht bilateral aufgerechnet werden konnten, multilateral verrechnet. Sollten sich hierbei

Restsalden ergeben, haben die betroffenen Kreditinstitute eine 45minütige Frist zur Deckungsanschaffung, bevor die entsprechenden Zahlungsaufträge zurück gegeben werden. Für folgende Zahlungen ist das EAF-Verfahren vorgesehen: Inlandszahlungen im DTA-Format ab DM 10.000,- und S.W.I.F.T.-Inlandsanschlußzahlungen ohne Mindestbetrag zur Weiterleitung von aus dem Ausland eingetroffenen Zahlungen im Inland.

Während am EAF-Verfahren nur LZB-Abrechnungsmitglieder teilnehmen können, steht der *Elektronische Schalter* (ELS) allen zur Verfügung, die bei einer LZB ein Girokonto unterhalten. Sie können ihre Zahlungsverkehrsdaten nicht nur per DFÜ, sondern auch mit Hilfe von Datenträgern (Disketten) übermitteln, und sie erhalten ihre Zahlungsdaten auch auf dem gleichen Wege. Folgende Zahlungen werden im ELS-Verfahren abgewickelt: Telegraphische Überweisungen (Inland) ohne Mindestbetrag incl. S.W.I.F.T.-Inlandsanschlußzahlungen, Eilüberweisungen (Inland) ab DM 10.000,- und Platzüberweisungen im DTA-Format.

*Elektronische Kontoinformationen* (EKI) stehen allen LZB-Kunden zur Verfügung, die am EAF- und/oder am ELS-Verfahren teilnehmen. Sie können dann Kontoauszüge oder auch nur Kontostände des aktuellen Geschäftstages und die der beiden vorangegangenen Geschäftstage per DFÜ abrufen. Dadurch können auch die Nutzer von Cash Management-Systemen (vgl. Kap. 4.1.4.2) ihre LZB-Konten in die Kontostandsabfrage einbeziehen (vgl. Deutsche Bundesbank 1993).

Die genannten Zahlungsverkehrssysteme der Deutschen Bundesbank folgen dem *Prinzip der offenen Kommunikation*, die auf der Grundlage des internationalen Standards ISO 8571 File Transfer, Acess and Management (FTAM) realisiert wurde. Damit trägt die Bundesbank der Systemvielfalt bei den Kreditinstituten Rechnung, die nun autonom darüber entscheiden können, mit welchen Herstellerprodukten sie die offene Kommunikation mit der Bundesbank betreiben wollen (vgl. Lambrecht 1992). Im Gegensatz hierzu sind im Ausland installierte Clearing-Systeme wie CHIPS in New York, CHAPS in London, SIC in Zürich und Sagittaire in Paris herstellergebundene Systeme.

Im Rahmen der *Leitwegsteuerung*, können Kreditinstitute auf Antrag abweichend von einer angegebenen Bankleitzahl Beträge im Eil-ZV über eine zentrale Stelle leiten lassen. Dieses Verfahren ist wiederum für Zahlungs- und Einzugsaufträge möglich.

Die Deutsche Bundesbank hat der *Sicherheit der Geschäftsabwicklung* von Anfang an große Bedeutung beigemessen. Da die Kommunikation zwischen den Kreditinstituten und der Bundesbank über Datex P-Leitungen der Telekom abläuft, setzt die Bundesbank vorgelagerte Verarbeitungsrechner ein, um sich gegen unberechtigten Zugang und Zugriff zu schützen. Diese *Gateway-Rechner* verbergen den »Hackern« wichtige Details wie Protokolle, Zugriffsverfahren und ihre eigenen Standorte, und sie überprüfen die Rufnummern der Teilnehmer, so daß nur die Anrufe zugelassener Teilnehmer akzeptiert werden (vgl. Lambrecht/Landvogt 1990). Um das System gegen unberechtigten Zugang und Zugriff zu schützen, werden Paßwörter verwendet, die täglich wechseln und nach einem festen Algorithmus automatisch ermittelt werden (dynamische Paßwörter). Zum Schutz vor Verfälschung der Daten auf der Übertragungsstrecke werden die Dateien vor der Übertragung vom Absender verschlüsselt und vom Empfänger nach Eingang entsprechend entschlüsselt.

### 2.1.4.3.2 Systeme für den Auslandszahlungsverkehr

Bei verschiedenen Instrumenten und Systemen des Zahlungsverkehrs wurde schon darauf hingewiesen, daß sie auch zur Abwicklung grenzüberschreitender Zahlungen eingesetzt werden können. So können Privatkunden an ausländische Empfänger mit Hilfe von ec-Schecks und Scheckkarte Zahlungen in ausländischer Währung leisten (vgl. Kap. 2.1.4.2), und auch Kreditkarten können im Ausland zur Bezahlung von Rechnungen eingesetzt werden (vgl. Kap. 2.1.4.3.4). Daneben wurde in Zusammenarbeit mit der Maestro International ein weltweit online operierendes elektronisches Debitkartensystem entsprechend dem deutschen Electronic Cash-System aufgebaut (vgl. Kap. 2.1.4.3.3). In allen diesen Fällen werden Zahlungen zu Gunsten ausländischer Empfänger initiiert, die zu Lasten eines Kontokorrentkontos des jeweiligen inländischen Auftraggebers abgerechnet werden. Es handelt sich also um grenzüberschreitende Zahlungen, bei denen auch jeweils eine Währungsumrechnung vorgenommen werden muß.

Internationale Cash Management-Systeme (vgl. Kap. 4.1.4.2) bieten der Firmenkundschaft die Möglichkeit, von in- und ausländischen Banken Kontoinformationen abzufragen und diesen Banken auch Zahlungsaufträge zu erteilen. Durch derartige Zahlungsaufträge werden Zahlungsverkehrsvorgänge aber nur initiiert. Die Abwicklung dieser Zahlungsaufträge erfolgt dann mit den Systemen, die die beauftragten Banken für den Zahlungsverkehr einsetzen.

Als Instrumente des Auslandszahlungsverkehrs werden primär die Überweisung, hier Zahlungsauftrag genannt, und der Scheck, entweder als Banken-Orderscheck oder als ein vom Kunden ausgestellter Scheck, eingesetzt. Der bei weitem größte Anteil der Auslandszahlungen wird durch Zahlungsaufträge abgewickelt.

Im einfachsten Fall kann der *innerhalb einer Bank* durchgeführt werden: Verfügt diese Bank über ein Netz von ausländischen Niederlassungen, dann kann sie Zahlungsaufträge inländischer Kunden, die für einen Empfänger in einem Land bestimmt sind, in dem diese Bank durch eine Niederlassung vertreten ist, über die Verrechnungskonten leiten, die zwischen der Zentrale der Bank und den beteiligten Niederlassungen bestehen. Ganz entsprechend laufen Zahlungen ab, die im Ausland bei einer Niederlassung dieser Bank eingehen und für das Inland bestimmt sind. Hat der inländische Auftraggeber die Zahlung in ausländischer Währung zu leisten, dann wird sein Konto mit dem Gegenwert belastet und das Verrechnungskonto zur ausländischen Niederlassung mit dem entsprechendem Betrag erkannt. Die ausländische Niederlassung behandelt diesen Eingang dann als Fremdwährungseingang, den sie umrechnet und dem ausländischen Empfänger in ausländischer Währung gutschreibt. Dabei wird in der Abrechnung für den inländischen Auftraggeber der (höhere) Devisen-Briefkurs verwendet, während die Auslandsfiliale für den Empfänger den (niedrigeren) Devisen-Geldkurs ansetzt. Ist der Empfänger nicht selbst Kunde der Auslandsniederlassung der betrachteten Bank, dann schleust die Auslandsniederlassung die Überweisung in der Auslandswährung in das ausländische Zahlungsverkehrssystem ein, so daß er schließlich dem Empfänger gutgeschrieben wird. Die Auslandsniederlassung stellt hier also das Bindeglied zwischen dem inländischen Gironetz der betrachteten Bank und einem Gironetz in dem Land dar, in dem die Auslandsniederlassung ihren Sitz hat. In umgekehrter Richtung gehen Zahlungen vom Ausland ins Inland typischerweise nur dann diesen Weg, wenn die Auftraggeber zugleich Kunden der betrachteten Auslandsniederlassung sind.

Institute, die generell oder in bestimmten Empfängerländern nicht über Niederlassungen verfügen, wickeln den Auslandszahlungsverkehr über *Korrespondenzbanken* ab, mit denen sie in Kontoverbindung stehen. Diese Kontoverbindung übernimmt die Funktion, die im vorhergehenden Fall das Verrechnungskonto zwischen der Zentrale der inländischen Bank und ihrer ausländischen Niederlassung hatte. Hierbei handelt es sich um Loro- und Nostrokonten: Ein Lorokonto ist ein Konto, das die inländische Bank für ein anderes Institut, auch für ein ausländisches Institut in einheimischer Währung führt; Nostrokonten unterhält die inländische Bank bei anderen Instituten, in fremder Währung bei Instituten im Ausland. Zahlt der inländische Auftraggeber in *inländischer Währung*, dann belastet ihn seine inländische Bank auf Kontokorrentkonto und schreibt den Betrag dem Lorokonto einer Korrespondenzbank, die im Land des Zahlungsempfängers ihren Sitz hat, gut. Die Korrespondenzbank rechnet dann den Zahlungseingang in die Währung ihres Sitzlandes (außerhalb der Währungsunion) um, belastet das Verrechnungskonto und bringt den Betrag dem Empfängerkonto gut. Unterhält dieser Empfänger kein Konto bei der Korrespondenzbank, dann schleust diese den Gegenwert (nach Abzug von Provisionen und Gebühren) in das Zahlungsverkehrssystem ihres Landes ein, so daß er schließlich dem Empfänger von dessen Bank gutgeschrieben wird. Zahlt der inländische Auftraggeber dagegen in *Fremdwährung*, dann erstellt seine inländische Bank eine Devisenkauf-Abrechnung und belastet ihn mit dem Gesamtbetrag, während sie den Währungsbetrag auf ihrem Nostrokonto gegenbucht, die Korrespondenzbank mit der Weiterleitung des Währungsbetrages beauftragt und die Provisionen und Gebühren, die dem Kunden belastet wurden, den entsprechenden Erfolgskonten gutschreibt.

Dies ist das traditionelle Verfahren, das bei Zahlungsaufträgen im internationalen Zahlungsverkehr angewandt wird. Es ist funktionsfähig, aber es weist eine Reihe von *Nachteilen* auf: Jeder Zahlungsauftrag berührt das inländische und ein ausländisches Zahlungsverkehrssystem, es existiert aber keine durchgehende Vorgangskette. Bei brieflicher Weiterleitung der Buchungsbelege und Kontoauszüge, die die Buchungen auf den Verrechnungskonten mit den Korrespondenzbanken betreffen, ist die Laufzeit dieser Zahlungen unerträglich lang und die Disposition der Nostrokonten gestaltet sich entsprechend schwierig. Beim Transfer großer Beträge und bei besonders eilbedürftigen Zahlungsaufträgen hat man sich daher schon sehr früh des Telefons und dann des Telex bedient, um die Korrespondenzbanken noch vor Eintreffen der brieflich versandten Belege und Kontoauszüge über die Zahlungsverkehrsvorgänge zu informieren, so daß diese die entsprechenden Beträge unverzüglich weiterleiten konnten. Die Abwicklung erfolgte aber immer noch ausschließlich manuell.

### 2.1.4.3.2.1 Das TARGET-System für grenzüberschreitende Euro-Zahlungen

Die Staats- und Regierungschefs der EU haben im Mai 1998 beschlossen, daß die dritte Stufe der europäischen Wirtschafts- und Währungsunion (EWWU) am 1. Januar 1999 mit 11 Teilnehmerstaaten beginnt. Dadurch wurde auch die Einführung des Euro für die 11 Teilnehmerstaaten als gemeinsame Währung ab 1. Januar 1999 festgelegt, die nach einer dreijährigen Übergangszeit am 1. Januar 2002 ganz an die Stelle der nationalen Währungen der Teilnehmerstaaten tritt. Das europäische Währungsinstitut (EWI) hat die erforderlichen Vorbereitungen getroffen, so daß die europäische Zentralbank (EZB) zum 1. Juli 1998 errichtet werden konnte. Sie trägt seit dem 1. Januar 1999 die geld- und währungspolitische Verantwortung für den Euro.

Schon sehr früh zeichnete sich ab, daß für eine effiziente Umsetzung der geldpolitischen Maßnahmen der EZB ein leistungsfähiges System für die Ausführung grenzüberschreitender Zahlungen in Euro erforderlich ist, die taggleich abgewickelt werden können, was die Zinsarbitrage erleichtert und auf eine Vereinheitlichung der Zinsen in den Teilnehmerstaaten hinwirkt. Zu diesem Zweck haben die europäischen Zentralbanken rechtzeitig zur Einführung des Euro das TARGET-System (Trans-European Automated Real-Time Gross Settlement Express Transfer-System) geschaffen, das die RTGS-Systeme (Real-Time Gross Settlement-Systeme) der einzelnen Mitgliedstaaten durch ein Interlinking-System verbindet (vgl. Hartmann 1998). Sowohl die RTGS-Systeme als auch das TARGET-System sind Echtzeit-Bruttosysteme: Als *Echtzeitsysteme* führen sie die Zahlungstransaktionen nahezu ohne Zeitverzögerung, im Idealfall in ca. 1 Minute aus, und als *Bruttosysteme* übermitteln sie die Transaktionsdaten für jeden einzelnen Zahlungsvorgang gesondert, so daß jede Zahlung innerhalb eines Tages rechtlich unwiderruflich und damit endgültig abgewickelt werden kann. Im Gegensatz hierzu transferieren *Nettosysteme* nur den Saldo der Zahlungsein- und -ausgänge einer Periode, z.B. aus dem Clearing der Ein- und Ausgänge eines Tages, was rechtlich Probleme bei Ausfall von Kontrahenten und Rückruf von Zahlungen mit sich bringen kann.

Die nationalen Zentralbanken der 11 Teilnehmerstaaten (»Ins«) sind die Betreiber des TARGET-Systems, und die Zentralbanken der Staaten, die sich der Währungsunion noch nicht angeschlossen haben (»Outs«), haben Zugang zum TARGET-System, wodurch ein späterer Übergang dieser Staaten in den Euro-Raum vereinfacht werden soll. Ursprünglich wurde das TARGET-System nur für grenzüberschreitende Großbetragszahlungen in Euro zwischen den der Währungsunion angehörenden Zentralbanken geplant. Im Laufe der Entwicklung wurde es aber auch auf grenzüberschreitende Interbank- und Kundenüberweisungen in Euro ausgerichtet, und es sind auch keine Betragsober- oder -untergrenzen vorgesehen, so daß das TARGET-System mit anderen *Massenzahlungssystemen* im Wettbewerb steht.

Die grenzüberschreitenden Euro-Zahlungen werden im TARGET-System durch Verrechnung zwischen dem von einer Zahlung berührten Zentralbanken bewirkt: Jede Zentralbank, die das TARGET-System mit betreibt, führt Verrechnungskonten für alle übrigen Zentralbanken, und man spricht bei dieser Konzeption auch von einem »*Correspondent Central Banking Model*«, weil sie dem Correspondent Banking der Geschäftsbanken entspricht.

Die *Abwicklung* einer grenzüberschreitenden Kundenüberweisung in Euro vollzieht sich mit Hilfe des TARGET-Systems in folgender Weise (vgl. Abb. 2.1.4.3.2.1-1):

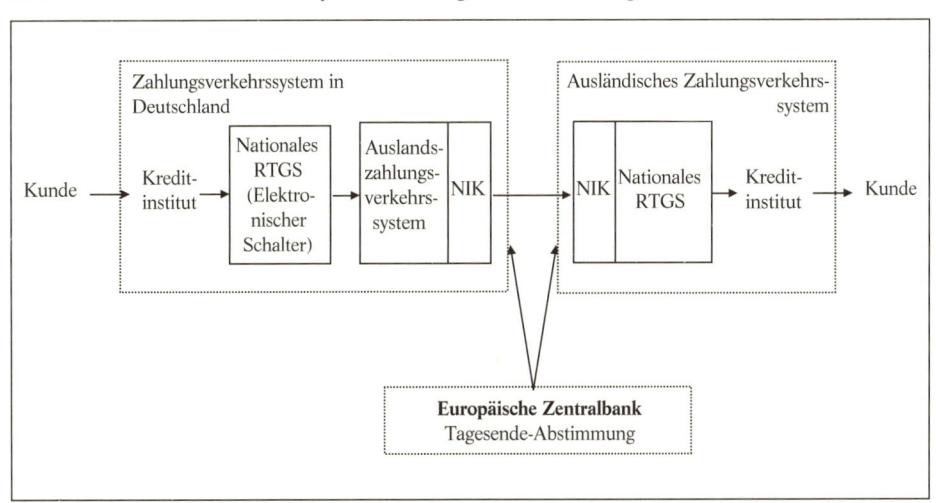

Abb. 2.1.4.3.2.1-1: Nachrichtenfluß im TARGET-System
nach: Hartmann (1998)

Die vom Kunden mit der Überweisung beauftragte Bank sendet der nationalen Zentralbank über das inländische RTGS-System, in Deutschland also über das ELS der Bundesbank, einen Zahlungsauftrag. Nachdem die Absender-Zentralbank die Zahlung geprüft und für gültig erklärt hat, wird der Gegenwert vom Konto der Auftraggeber-Bank abgebucht und in der Nationalen Interlinking-Komponente (NIK) dem Verrechnungskonto der empfangenden Zentralbank gutgeschrieben. Nach Eingang der Zahlungsnachricht belastet die empfangende Zentralbank in ihrer Interlinking-Komponente das Verrechnungskonto der Absender-Zentralbank, und sie sendet dann den Zahlungsauftrag über das ausländische nationale RTGS-System an die begünstigte Bank, die die Zahlung dann dem Empfänger gutschreibt. Nach der Gutschrift sendet das empfangende RTGS-System im Ausland der absendenden Zentralbank im Inland eine Bestätigung als Nachweis, daß die Transaktion erfolgreich abgewickelt wurde. Die EZB nimmt beim TARGET-System jeweils nur die Tagesend-Abstimmung vor, was bewirkt, daß die Zahlungen eines Tages unwiderruflich vor Beginn des nächsten Geschäftstages abgeschlossen sind (vgl. Becker 1997).

Dies ist der prinzipielle Ablauf von TARGET-Zahlungen. Darüber hinaus müssen die beteiligten Zentralbanken die Standardisierung und die Sicherheit der übermittelten Nachrichten gewährleisten: Unabhängig davon, welche *Datenformate* im nationalen RTGS-System des jeweiligen Landes verwendet werden, sind für die Kommunikation der berührten nationalen Zentralbanken S.W.I.F.T.- oder EDIFACT-Formate vorgesehen, so daß es im Einzelfall notwendig sein kann, daß die Absender-Zentralbank durch ihre nationale Interlinking-Komponente eine Konversion aus dem nationalen Datenformat in ein S.W.I.F.T.- oder EDIFACT-Format vornimmt, und daß die empfangende Zentralbank eine Konversion aus dem S.W.I.F.T.- oder EDIFACT-Format in das im RTGS-System des Empfängerlandes benutzte Datenformat vollzieht (vgl. Kap. 2.1.4.3.2.2 und Anhang 2.1). Außerdem muß die Absender-Zentralbank die Nachrichten verschlüsseln, und die empfangende Zentralbank muß die Sicherheitsmerkmale der eingehenden Nachrichten prüfen.

Um *Wettbewerbsverzerrungen* möglichst zu vermeiden, wurde schon bei Konzipierung des TARGET-Systems festgelegt, daß Banken, die sich des TARGET-Systems für Interbankzahlungen und Kundenüberweisungen bedienen, hierfür einen *kostendeckenden Preis* an die jeweilige Absender-Zentralbank zu zahlen haben (vgl. Hartmann 1998). Neben dem Zugang zum TARGET-System über ihre nationale Zentralbank stehen den Banken des EWWU-Raumes *alternative Zahlungswege* für Euro-Zahlungen zur Verfügung:

- Korrespondenzbanken,
- Auslandsniederlassungen,
- Auslandstochtergesellschaften und
- Remote Access (Fernzugang) zu den Clearingsystemen im EWWU-Ausland.

Die Banken haben zu prüfen, welche Zahlungswege für die verschiedenen Arten von Auslandszahlungen unter Berücksichtigung der Transaktionskosten, der Transaktionszeiten und der Sicherheit besonders günstig sind (vgl. Niehoff/Westerhaus 1997). Die Abwicklung von Auslandszahlungen innerhalb des EWWU-Raumes ist grundsätzlich parallel zum TARGET-System auch über Korrespondenzbanken möglich. Bei den *gruppeneigenen Auslandszahlungssystemen*, insbesondere dem S-InterPay-System der Sparkassenorganisation und dem TIPANET-System der Genossenschaftsbanken (vgl. Kap. 2.1.4.3.2.3), die ja auch die Verrechnung von Auslandszahlungen über Korrespondenzbanken vornehmen, wird sich im Wettbewerb mit dem TARGET-System ergeben, für welche Art von grenzüberschreitenden Zahlungen diese gruppeneigenen Systeme Vorteile bieten.

Die Abwicklung von grenzüberschreitenden Euro-Zahlungen innerhalb des EWWU-Raumes über Auslandsniederlassungen und -töchter vollzieht sich wie der *Transfer über*

*Korrespondenzbanken,* einzig mit dem Unterschied, daß die Auslandsniederlassungen und -töchter dem Konzern der betrachteten Bank angehören. Sowohl bei der Verrechnung über Korrespondenzbanken als auch über Auslandsniederlassungen und -töchter gelangen die Überweisungen in das nationale Zahlungsverkehrssystem des Empfängerlandes, so daß der Transfer bis zum Begünstigten erfolgen kann. Für die Abwicklungskosten ist dabei entscheidend, daß auch für diese Zahlungswege Datenformate verwendet werden, die im Empfängerland automatisch weiterverarbeitet werden können, so daß die Abwicklung in einer durchgehenden Vorgangskette erfolgt. Banken erhalten *Remote Access* zu den Clearingsystemen im EWWU-Ausland, wenn sie bei der nationalen Zentralbank des jeweiligen Landes ein Konto unterhalten, über das die für dieses Land bestimmten grenzüberschreitenden Euro-Zahlungen abgewickelt werden.

Aus der Sicht von *Banken,* die *außerhalb des EWWU-Raumes* ihren Sitz haben, ergeben sich auch Vereinfachungen für die Zahlungen in Euro: Seit der Währungsunion benötigen sie nur noch eine Korrespondenzbank im EWWU-Raum, die sich erforderlichenfalls des TARGET-Systems bedient, um Zahlungen ins Empfängerland zu transferieren. Sie können aber auch einen Fernzugang (Remote Access) zum EWWU-Raum unterhalten, wenn eine nationale Zentralbank des EWWU-Raumes für sie ein Konto führt und Zahlungen für Begünstigte im jeweiligen Land über das nationale RTGS-System oder Zahlungen für Empfänger in anderen EWWU-Ländern über das TARGET-System abwickelt.

Das TARGET-System wird schwerpunktartig für grenzüberschreitende Euro-Zahlungen innerhalb des EWWU-Raumes eingesetzt. Es beruht auf Korrespondenzbankverbindungen zwischen den nationalen Zentralbanken dieses Raumes. Im Gegensatz hierzu ist das S.W.I.F.T.-System, soweit es dem Auslandszahlungsverkehr dient, nicht auf eine einzige Währung festgelegt, und es wird weltweit genutzt.

### 2.1.4.3.2.2 Das S.W.I.F.T.-System als Gemeinschaftssystem

Im Jahre 1973 wurde die Society for World-wide Interbank Financial Telecommunication (S.W.I.F.T.) als Genossenschaft mit Sitz in Brüssel gegründet, um ein EDV-gestütztes globales Netz für die Kommunikation zwischen Kreditinstituten aufzubauen und zu betreiben. Bei der Abwicklung des Auslandszahlungsverkehrs durch Korrespondenzbanken, die im Prinzip auch heute noch praktiziert wird (vgl. Kap. 2.1.4.3.2), sollte die Interbank-Kommunikation, die auf Telefon, Telex und Brief beruhte, in einem Datenfernübertragungsnetzwerk ablaufen. Ganz konkret sollten mit S.W.I.F.T. folgende *Ziele* erreicht werden (vgl. Preuß/Theyssen 1993):

- Unterlagen zu Geschäftsvorgängen sollten beleglos übermittelt und beim Empfängerinstitut weitgehend automatisch bearbeitet werden können;
- die Interbank-Kommunikation sollte beschleunigt werden;
- die Sicherheit der Nachrichtenübermittlung sollte verbessert werden.

Am S.W.I.F.T.-System sind die S.W.I.F.T.-Genossenschaft mit ihren Rechnern, Übertragungsnetzen und ihrer System-Software und Kreditinstitute mit ihren Rechnern und ihrer Anwendungs-Software beteiligt. Kreditinstitute, die die S.W.I.F.T.-Mitgliedschaft erworben haben, sind also die regulären *Beteiligten* des S.W.I.F.T.-Systems. Seit 1987 sind zusätzlich gewisse Finanzinstitutionen, insbesondere Wertpapierhändler und Broker sowie Wertpapiersammelbanken unter der Bezeichnung Participants zur Teilnahme am S.W.I.F.T.-System zugelassen (vgl. Jueterbock 1988b). Bankkunden können sich dagegen nicht an S.W.I.F.T. anschließen.

118 ■ Systeme auf der Basisebene

In der gegenwärtig installierten Version läßt sich die *Systemarchitektur* von S.W.I.F.T. (Abb. 2.1.4.3.2.2-1) wie folgt darstellen:

- *System Control Centers*
  S.W.I.F.T. betreibt in den Niederlanden und in den USA je ein System Control Center, in denen System Control Processors (Rechner) installiert sind. Sie haben die Aufgabe, das Netzwerk zu kontrollieren, den Zugang zu prüfen und Fehler zu diagnostizieren. Sie sind in Slice Processors eingeteilt, die den Transport der Nachrichten übernehmen.
- *Regional Processors*
  Die Regional Processors stellen die Verbindung zwischen den angeschlossenen Kreditinstituten und den System Control Processors her. Ihre Aufgabe besteht darin, die Nachrichten von den Kreditinstituten zu übernehmen und weiterzuleiten sowie Nachrichten an die Kreditinstitute auszugeben.
- *Computer Based Terminals*
  Bei den S.W.I.F.T.-Mitgliedsbanken und Participants sind Computer Based Terminals installiert, die einerseits mit den Regional Processors von S.W.I.F.T. und andererseits mit den jeweiligen bankeigenen Großrechnersystemen in Verbindung stehen.

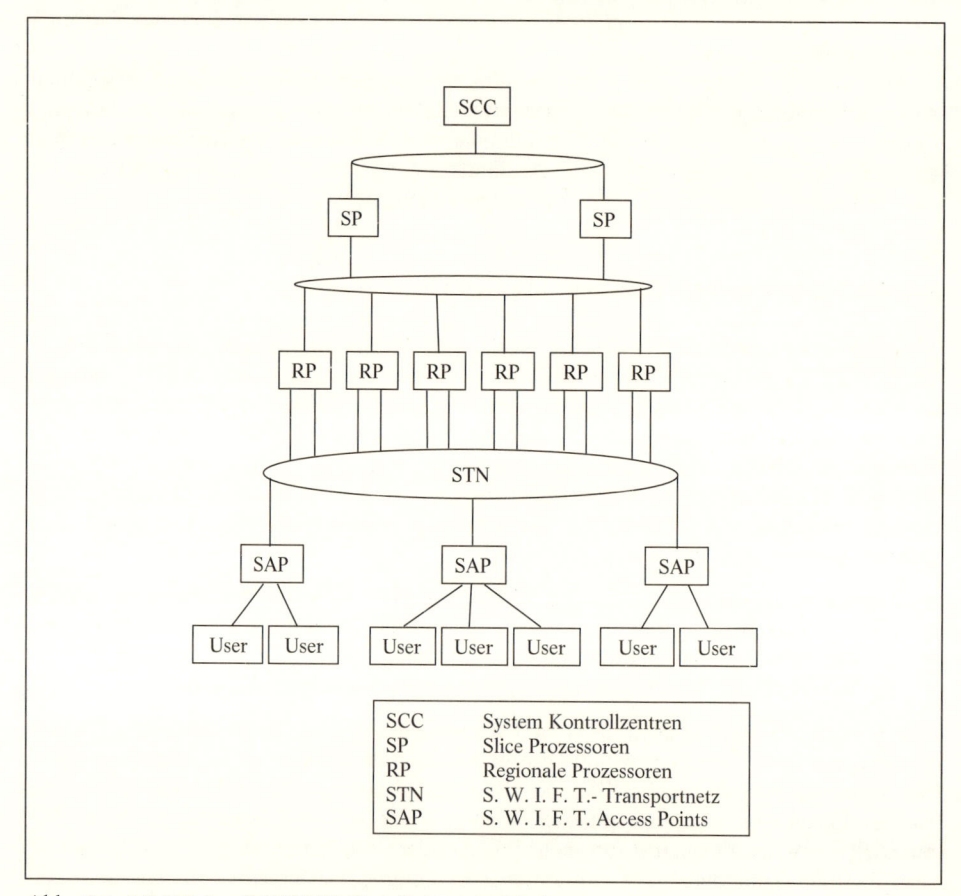

Abb. 2.1.4.3.2.2-1: S.W.I.F.T. II – Systemarchitektur
Quelle: Jueterbock (1988a) und Preuß/Theyssen (1993)

Hinsichtlich der *Funktionen*, die das S.W.I.F.T.-System übernehmen kann, ist zunächst grundsätzlich festzuhalten, daß S.W.I.F.T. nur ein *Kommunikationssystem* ist; Clearing-Funktionen kann es nicht übernehmen. Die Verrechnung von Zahlungen erfolgt daher durch Verbuchung über die Kontoverbindungen der Korrespondenzbanken bzw. durch Anschaffung bei einer dritten Bank. S.W.I.F.T. sorgt lediglich dafür, daß die Korrespondenzbanken im Falle von Zahlungsaufträgen schnell und zuverlässig informiert werden.

Im Laufe der Entwicklung von S.W.I.F.T. ist der Funktionsumfang laufend erweitert worden. Auf den Auslandszahlungsverkehr ist S.W.I.F.T. schon längst nicht mehr beschränkt, wie schon die Liste der *Nachrichtenarten* (Abb. 2.1.4.3.2.2-2) erkennen läßt.

| Kategorie | Nachrichtenarten |
|---|---|
| 0 | System Messages |
| 1 | Customer Transfers & Cheques |
| 2 | Financial Institution Transfers |
| 3 | Financial Trading |
| 4 | Collections & Cash Letters |
| 5 | Securities |
| 6 | Precious Metals & Syndications |
| 7 | Documentary Credits & Guarantees |
| 8 | Travellers Cheques |
| 9 | Cash Management & Customer Status |

Abb. 2.1.4.3.2.2-2: Nachrichtenarten des S.W.I.F.T.-Systems
Quelle: Preuß/Theyssen (1993)

Das S.W.I.F.T.-System dient natürlich der Abwicklung von Auslandszahlungen für Kunden und von Interbank-Zahlungen; im Geld- und Devisenhandel können die Partner Bestätigungen über ihre Abschlüsse austauschen und Transaktionen veranlassen. Im Auslands-Wertpapiergeschäft kann durch S.W.I.F.T. das Settlement initiiert werden, indem Anweisungen zur Lieferung der Wertpapiere und zur Zahlung des Kaufpreises gegeben werden. Entsprechendes gilt für den Edelmetallhandel. Die Abwicklung von Auslands-Konsortialkrediten wird durch S.W.I.F.T. ebenso unterstützt wie das dokumentäre Auslandsgeschäft, also Inkasso- und Akkreditivgeschäft. Schließlich sind noch Nachrichtenarten für die Abwicklung von Reiseschecks und auch für das Balance Reporting für Kunden im Rahmen des Cash Management vorgesehen.

Mit diesen Funktionen unterstützt S.W.I.F.T. die *Geschäftsabwicklung* in verschiedenen Sparten des Bankgeschäfts. Es läßt sich aber nicht nur keiner Sparte eindeutig zurechnen, sondern auch keiner Kundengruppe, denn es kann sowohl für Privatkunden, Firmenkunden, institutionelle Kunden als auch für die Abwicklung der Eigengeschäfte der Banken eingesetzt werden. Darüber hinaus bietet S.W.I.F.T. einige *zusätzliche Dienstleistungen* an. Der *Interbranch File Transfer Service* (IFT Service) ermöglicht es den Mitgliedsbanken, über S.W.I.F.T. größere Datenbestände zwischen Mitgliedsbanken und auch zwischen der Zentrale einer Bank und ihren Auslandsfilialen auszutauschen. Durch das *AKKORD-System* wird ein Abgleich von bilateralen Bestätigungen (Matching) bei Geld- und Devisenhandelstransaktionen durchgeführt, so daß sichergestellt wird, daß die Leistungen beider Partner eines Abschlusses auf Kompatibilität geprüft und dann abgewickelt werden. Im Gegensatz zum Clearing, also zur gegenseitigen kontenmäßigen Verrechnung von Forderungen und Verbindlichkeiten der teilnehmenden Partner, werden beim Netting nur die Salden festgestellt, die sich aus den eingemeldeten Forderungen und Verbindlichkeiten der Netting-Partner ergeben. Diese Salden, also die Netto-Zahlungsverpflichtungen, werden dann durch S.W.I.F.T.-Zahlungsaufträge ausgeglichen. Schließlich ist noch auf das *Global Risk Management* zu verweisen, einen S.W.I.F.T.-Service, der die teilnehmenden Banken bei der Überwachung ihrer Risk Exposure aus dem Geld- und Devisenhandel unterstützt, insbesondere bezüglich der Länder-, Währungs- und Kontrahentenlinien (vgl. Jueterbock 1988b; Preuß/Theyssen 1993).

Umfangreiche *Standardisierungen* waren eine Grundvoraussetzung für den Aufbau des S.W.I.F.T.-Systems. Besonders aufwendig war dabei natürlich die Entwicklung der standardisierten *Nachrichtentexte*. Zu allen Nachrichtenarten gemäß Abb. 2.1.4.3.2.2-2 gibt es derartige Texte; es wird aber ständig an neuen Texten gearbeitet, um die sich immer wieder neu ergebenden Anforderungen aus dem Bankgeschäft, z.B. im Bereich der derivativen Instrumente, erfüllen zu können (vgl. Jueterbock 1988a; Preuß/Theyssen 1993). *In technischer Hinsicht waren Standards zu entwickeln*, die von den Mitgliedsbanken und Participants einzuhalten sind, insbesondere die Anschluß- und Betriebsbedingungen: Sie betreffen z.B. die Annahme aller S.W.I.F.T.-Geschäftsarten, die Gewährleistung einer Mindest-Betriebszeit, die Einhaltung von S.W.I.F.T.-Normen und -Sicherheitsregeln, die Bereitstellung von Back up-Ressourcen für die Leitung und das S.W.I.F.T.-Anschlußsystem etc. Der Bank Identification Code (BIC), also der Code, mit dessen Hilfe die Bankadressen durch das S.W.I.F.T.-System erreicht werden können, wurde von S.W.I.F.T. entwickelt und von der International Standards Organization (ISO) als internationale Kennzeichnung für Kreditinstitute übernommen.

Jueterbock (1988a) weist darauf hin, daß die S.W.I.F.T.-Standards einen unmittelbaren und vereinheitlichenden Einfluß auf die Entwicklung nationaler EDV-Systeme im Finanzdienstleistungsbereich gehabt haben. Verschiedene Länder haben auf der Basis der S.W.I.F.T.-Standards neue nationale Clearingsysteme entwickelt, die mit S.W.I.F.T. kompatibel sind, z.B. das Clearing House Automated Payment System (CHAPS) in England, Sagittaire in Frankreich und das Swiss Interbank Clearing (SIC) in der Schweiz. In Deutschland hat der Zentrale Kreditausschuß (ZKA) 1986 einheitliche Richtlinien für Auslandszahlungen im Datenträgeraustausch entwickelt, die auch S.W.I.F.T.-kompatibel sind. Diese Ausstrahlungswirkung der S.W.I.F.T.-Normen ist zwar nur ein Nebenprodukt, sie sollte in ihrer Bedeutung für die Entwicklung globaler Bank-Informationssysteme aber nicht unterschätzt werden.

Das S.W.I.F.T.-System kann seine Wirksamkeit nur dann voll entfalten, wenn *unternehmensübergreifende Vorgangsketten* vollautomatisch und ohne manuelle Bearbeitungsvorgänge ablaufen. Eine solche Vorgangskette von Bank zu Bank besteht z.B. darin, daß ein Interbank-Zahlungsauftrag durch ein EDV-Anwendungsprogramm auf dem Großrechnersystem des zahlungspflichtigen Instituts generiert und über das Computer Based Terminal als S.W.I.F.T.-Anschlußsystem in das S.W.I.F.T.-System eingeschleust wird, so daß er schließlich auf dem Computer Based Terminal der Empfängerbank ankommt und in das Großrechnersystem weitergeleitet wird, wo alle weiteren Abwicklungsvorgänge ablaufen. Solche unternehmensübergreifenden Vorgangsketten sind im S.W.I.F.T.-System ohne die Standardisierung der Nachrichtentexte undenkbar, denn die Standardisierung bewirkt, daß der Sender die Nachricht in einem Datenformat maschinell erstellt und absendet, in dem der Empfänger die Nachricht maschinell weiterverarbeiten kann. Auf diese Weise können unternehmensübergreifend geschlossene Vorgangsketten realisiert werden, bei denen die Senderbank auf ihrem Großrechnersystem Nachrichten generiert, die über das S.W.I.F.T.-System der Empfängerbank zugeleitet werden, die sie dann programmgestützt weiterverarbeitet. Solche Vorgangsketten ergeben sich auch im Interbank-Geschäft.

Im Kundengeschäft kann diese *Vorgangskette* dadurch noch *weiter ausgebaut* werden, daß die Kunden veranlaßt werden, ihre Auslandszahlungsaufträge im S.W.I.F.T.-Datenformat an ihre Bank zu übermitteln oder ein Format zu verwenden, das ihre Bank rechnergestützt in das S.W.I.F.T.-Datenformat umsetzen kann. Die erstbeauftragte Bank kann diese Zahlungsaufträge besonders kostengünstig weiterverarbeiten, wenn sie die Datensätze per DFÜ erhält. Am Ende der unternehmensübergreifenden Vorgangskette, bei der Korrespondenzbank, ergibt es sich nur im Ausnahmefall, daß der Begünstigte zugleich Kunde dieser Bank ist. Typischerweise müssen die Korrespondenzbanken eingehende S.W.I.F.T.-Zahlungen in ihr nationales Zahlungsverkehrssystem überleiten (S.W.I.F.T.-Inlandsanschlußzahlungen). Dies kann aber nur dann kostengünstig geschehen, wenn die Korrespondenzbank eingehende S.W.I.F.T.-Zahlungen maschinell in das Datenformat für das Zahlungsverkehrssystem des jeweiligen Landes umsetzen und per DFÜ weiterleiten kann.

### 2.1.4.3.2.3 Gruppeneigene Systeme im internationalen Massenzahlungsverkehr

Mit dem S.W.I.F.T.-System können auf der Basis von Korrespondenzbank-Geschäftsverbindungen Auslandszahlungen in beliebiger Höhe und ohne regionale Begrenzung durchgeführt werden. Dieses System ist nach wie vor primär auf die Abwicklung von Einzelzahlungsaufträgen ausgerichtet, und es wurden bisher, insbesondere wegen der Kapazitätsbeschränkungen des Systems, hauptsächlich Großbeträge mit Hilfe dieses Systems transferiert. Schon im Vorfeld der Einführung des EG-Binnenmarktes hat die EG-Kommission erkannt, daß die Vorteile des EG-Binnenmarktes nur dann realisiert werden können, wenn eine Reihe von Vorbedingungen gelten oder hergestellt werden können. Hierzu gehört auch, daß grenzüberschreitende Zahlungen im Binnenmarkt schnell, kostengünstig und mit Gebührentransparenz für alle Beteiligten abgewickelt werden können. Durch die EG-Kommission wurden die europäischen Kreditinstitute mit Nachdruck aufgefordert, Systeme zu entwickeln, die Zahlungen im europäischen Binnenmarkt zu Gebühren abwickeln, die in ihrer Höhe den inländischen Zahlungsverkehrsgebühren entsprechen. Darüber hinaus wurde Gebührentransparenz gefordert: Die Auftraggeber von Gutschriften und Lastschriften sollten bereits vor Auftragserteilung eindeutig alle anfallenden, auch ausländischen Gebühren kennen und wissen, welcher Betrag auf den Konten der Begünstigten von Zahlungsaufträgen gutgeschrieben bzw. auf den Konten der Lastschriftschuldner belastet wird. Entsprechend der wettbewerbspolitischen Konzeption der EG-Kommission sollten mehrere konkurrierende Systeme dieser Art entstehen, so daß sich die Preise für die Zahlungsverkehrsleistungen als Wettbewerbspreise ergeben (vgl. Brixner 1992). In den Sparkassen und Genossenschaftsbanken sind seit Jahren gruppeneigene Auslandszahlungsverkehrssysteme im Einsatz, die diese Anforderungen erfüllen. Bei den Genossenschaftsbanken ist es das TIPANET-System, das im folgenden ausführlich dargestellt wird, und die Sparkassen verfügen über das System S-InterPay (vgl. Walkhoff 1995 und 1998).

*Europäische Genossenschaftsbanken* haben sehr früh die Initiative ergriffen, um ein System zu entwickeln, das den grenzüberschreitenden Massenzahlungsverkehr im europäischen Binnenmarkt und darüber hinaus abwickeln soll. An diesem Projekt arbeiteten Genossenschaftsbanken aus Belgien, Frankreich, Großbritannien, Italien, Kanada, Spanien und Deutschland mit. Diese Bankengruppe hat 1991 eine Genossenschaft nach belgischem Recht, Transferts Interbancaires des Paiements Automatisés (TIPA S.C.), mit Sitz in Brüssel gegründet. Man setzte sich das Ziel, die Clearingsysteme der beteiligten Länder (TIPA-Länder) miteinander zu verbinden, automatisierten Zugang zu den nationalen Zahlungsverkehrssystemen der jeweiligen Empfängerländer zu ermöglichen und die aufwendige Einzelbearbeitung der Zahlungsaufträge, die bei S.W.I.F.T. noch vorherrscht, durch ein weitgehend automatisiertes Verfahren zu ersetzen.

Um alle in den beteiligten Ländern vorhandenen Besonderheiten berücksichtigen zu können, wurde ein einheitliches Datenformat, das sogenannte *TIPA-Format*, entwickelt, das gewährleistet, daß für beliebige Kombinationen von Auftraggeberland und Empfängerland innerhalb der Bankengruppe die Zahlungsverkehrsdaten vollständig und zweifelsfrei vom Zahlungsverkehrssystem des Auftraggeberlandes in das System des Empfängerlandes übersetzt werden können. Das TIPA-Format MT 100 enthält eine Fülle von Datenfeldern, zum Teil obligatorisch und zum Teil optional. Mit Hilfe dieser Felder und der dort eingegebenen Codes für das Auftraggeberland und das Empfängerland sowie »Bankleitzahlen« der Bank des Auftraggebers und der Bank des Empfängers gelingt es, grenzüberschreitende Zahlungsaufträge und Lastschriften innerhalb der Gruppe der TIPA-Banken vollautomatisch, d.h. als geschlossene Vorgangskette von der Bank des Auftraggebers bis zur Bank des Empfängers abzuwickeln. Bei der Entwicklung des TIPA-Datensatzes hat man, soweit möglich, auf die Datenstruktur von S.W.I.F.T. (vgl. Kap. 2.1.4.3.2.2) und EDIFACT (Electronic Data Interchange for Administration, Commerce and Transport) (vgl. Anhang 2.1) zurückgegriffen, um eine höchstmögliche *Kompatibilität* des TIPA-Systems mit möglichen zukünftigen Alternativentwicklungen zu gewährleisten (vgl. Brixner 1992).

Die Genossenschaftsbanken haben ihrem Auslandszahlungsverkehrssystem die Produktbezeichnung TIPANET gegeben. TIPANET ist kein internationales Clearingsystem, ebensowenig wie S.W.I.F.T. Durch TIPANET sollen aber weitere Schritte in Richtung auf eine Verknüpfung der nationalen Clearingsysteme getan werden. Für die Architektur solcher internationaler Clearingsysteme gibt es zahlreiche *Alternativen*. Wenn es in jedem beteiligten Land genau ein nationales Clearingsystem (Automated Clearing House) gäbe, dann könnte man die nationalen Clearingsysteme paarweise durch Korrespondenzbankverbindungen miteinander verknüpfen. Diese Struktur ließ sich aber schon deshalb nicht realisieren, weil in einigen europäischen Ländern zum damaligen Zeitpunkt leistungsfähige Clearingsysteme gänzlich fehlten (vgl. Brixner 1992). In anderen Ländern, z.B. Deutschland, dagegen mehrere gruppenbezogene Gironetze nebeneinander betrieben wurden und werden. So lag es nahe, daß sich *Bankengruppen* grenzüberschreitend zusammenfanden, um, wie die Genossenschaftsbanken, ein gruppeneigenes,

Europa und Nordamerika umfassendes, Clearingsystem aufzubauen. Damit diese Systeme die Bezeichnung Clearingsystem verdienen, muß die für S.W.I.F.T. noch typische Trennung von Nachrichtenübermittlung durch S.W.I.F.T. und Zahlungsverkehrsabwicklung durch Korrespondenzbanken aufgegeben werden, so daß die kontenmäßige Abwicklung des Zahlungsverkehrs uno actu mit der Nachrichtenübermittlung erfolgt.

*Im einfachsten Fall* kann das Clearing zwischen den Genossenschaftsbanken zweier am System beteiligter Länder durch die genossenschaftlichen Spitzeninstitute dieser Länder vorgenommen werden, die in Korrespondenzbankverbindung stehen: Inländische Genossenschaftsbanken leiten ihre Überweisungen dann im genossenschaftlichen Gironetz bis zur DG Bank, und diese übermittelt dem genossenschaftlichen Spitzeninstitut im Empfängerland nicht nur alle Zahlungsauftrags-Datensätze, die für dieses Land bestimmt sind, sondern sie erkennt auch das entsprechende Verrechnungskonto. Das Partnerinstitut transformiert nun die Zahlungsauftrags-Datensätze, die sie im TIPA-Format erhalten hat, mit geeigneter Software so, daß die Datensätze den Normen des Empfängerlandes entsprechen. Auf diese Weise können die Zahlungsauftrags-Datensätze im Empfängerland dann direkt in den nationalen Zahlungsverkehr eingeschleust werden. Die Korrespondenzbankverbindung zu den Partnerländern kann aber auch von mehreren inländischen Genossenschaftsbanken gehalten werden; in Deutschland sind es außer der DG Bank noch drei Genossenschaftsbanken der Sekundärstufe. Mit Hilfe der Bankleitzahlen der Empfängerbanken und der Kontonummern bzw. – soweit vorhanden – der internationalen Bankkontonummern (IBAN) der Empfänger im Partnerland steuern diese Zahlungsaufträge nun ihr Ziel an, so daß man nicht nur von einer unternehmensübergreifenden, sondern auch von einer *grenzüberschreitenden Vorgangskette* sprechen kann.

Die *Währungsumrechnung* ist eine Besonderheit der internationalen Clearingsysteme. Im TIPA-System erfolgt die Umrechnung grundsätzlich durch die absendende TIPA-Bank. In dem besonders häufigen Fall, daß ein inländischer Auftraggeber an einen ausländischen Empfänger einen Betrag in dessen Heimatwährung zu leisten hat, überweist das inländische genossenschaftliche Spitzeninstitut den Betrag in fremder Währung zu Lasten seines Guthabens bei der Partner-Genossenschaft im Empfängerland mit Hilfe von TIPANET an den Zahlungsempfänger, und es rechnet gleichzeitig den Fremdwährungsbetrag zum geltenden Devisen-Briefkurs um. Dieser Betrag wird der Genossenschaftsbank des inländischen Auftraggebers mitgeteilt, die ihn ihrem Kunden in Rechnung stellt und ihn über das inländische genossenschaftliche Gironetz dem genossenschaftlichen Spitzeninstitut im Verrechnungswege gutbringt. Auf diese Weise erhält der inländische Auftraggeber sofort Kenntnis vom Gegenwert des in fremder Währung zu zahlenden Betrages, und wenn er die Kosten des Zahlungsauftrages allein trägt, hat er sichergestellt, daß der Zahlungsempfänger den Fremdwährungsbetrag wirklich auch ungekürzt erhält. Beim TIPANET hat die Kundschaft grundsätzlich die Wahl, ob die *Abwicklungskosten*, die hier als Stückkosten konzipiert sind und für Überweisungen fix festgelegt wurden, voll selbst getragen oder ganz oder teilweise dem Begünstigten von Überweisungsbeträgen in Rechnung gestellt werden.

Darüber hinaus steht den deutschen Primärgenossenschaften ein »Online-Erfassungssystem für grenzüberschreitende Zahlungstransaktionen« zur Verfügung, mit dessen Hilfe sie die Zahlungsaufträge der Kundschaft online als TIPA-Datensätze erfassen und für die Weiterverarbeitung aufbereiten können. Bei diesem Vorgang können am Bildschirm alle länderspezifischen Gebühren abgelesen und bei Datenerfassung berücksichtigt werden. Damit ist die geforderte *Gebührentransparenz* gegeben.

In der TIPA-Genossenschaft haben sich, wie bereits angesprochen, Banken aus Nordamerika und Europa zusammengeschlossen. Derzeit (1999) nehmen neben den

USA und Kanada alle Länder der EU mit Ausnahme von Portugal am Zahlungsverkehr mit TIPANET teil. Die Beziehungen zu Griechenland und Finnland befinden sich zur Zeit allerdings noch in der Pilotphase. Nicht alle europäischen TIPA Länder sind also Teilnehmer der europäischen Währungsunion. Der Zahlungsverkehr zwischen Teilnehmerländern wird in Euro über das TIPA-System abgewickelt, so daß nur noch beim Zahlungsverkehr zwischen Teilnehmerländern und den übrigen TIPA-Ländern eine Währungsumrechnung erfolgt.

### 2.1.4.3.3 Das Electronic Cash-System und das System GeldKarte

Privatkunden können in immer stärkerem Ausmaß ihren Zahlungsverkehr mit dem System »Electronic Cash« abwickeln. Mit Hilfe dieses Systems können sie am Point of Sale, z.B. bei einem Handelsunternehmen, im Hotel, an der Tankstelle etc. die Zahlung eines Rechnungsbetrages mit einer eurocheque-Karte (ec-Karte), mit der S-Card der Sparkassen oder mit einer Bankkarte und jeweils mit der persönlichen Identifikationsnummer (PIN) initiieren. Dabei erfolgt eine Online-Autorisierung, wobei die Geheimzahl und die Echtheit der Karte geprüft sowie eine Sperrprüfung und eine Guthabenkontrolle durchgeführt werden. Dem Zahlungsempfänger wird bei positivem Prüfungsergebnis die Zahlung des Rechnungsbetrages vom kartenausgebenden Kreditinstitut garantiert. Durch dieses System wird die Bank des Zahlungsempfängers über Bankverbindung und Rechnungsbetrag der Zahlungspflichtigen informiert, so daß sie per Lastschrift beleglos die Rechnungsbeträge einziehen und dem Zahlungsempfänger gutschreiben kann (vgl. Meyer zu Selhausen 1992a).

**a) Ablauf einer Zahlung**
Eine Electronic Cash-Zahlung, die ein Bankkunde bei einem Handelsunternehmen leistet, läuft – etwas vereinfacht – wie folgt ab (vgl. Abb. 2.1.4.3.3-1):

- Einlesen der Karte am Kassen-Terminal des Händlers (1),
- Aufbau einer Wahlverbindung vom Kassen-Terminal des Händlers zur Autorisierungszentrale (2),
- Eingabe der PIN durch den Kunden (1),
- Legitimationsprüfung und ggf. Autorisierung der Verfügung durch die Autorisierungszentrale (3),
- Mitteilung an Käufer und Händler: Zahlung erfolgt (4),
- Erstellung eines Transaktionsbeleges für den Kunden und Speicherung der Kontrolldaten für den Händler.

*Periodisch laufen folgende Vorgänge ab*:
- Umsatzmitteilung durch die Autorisierungszentrale an die Händlerbank (5),
- Einzug der Rechnungsbeträge durch die Händlerbank per Lastschrift (6),
- Mitteilung der Electronic Cash-Gebühren durch die Autorisierungszentrale an die Kartenemittenten (7),
- Einzug der Electronic Cash-Gebühren durch die Kartenemittenten von den Händlerbanken (8).

**b) Systembeteiligte und ihre Rechtsbeziehungen**
Bei der Durchführung von Electronic Cash-Transaktionen wirken folgende Systembeteiligte mit: Bankkunden, Händler, Kreditinstitute als Emittenten der Kundenkarten und als Händlerhausbanken, Netzbetreiber und Autorisierungzentralen.

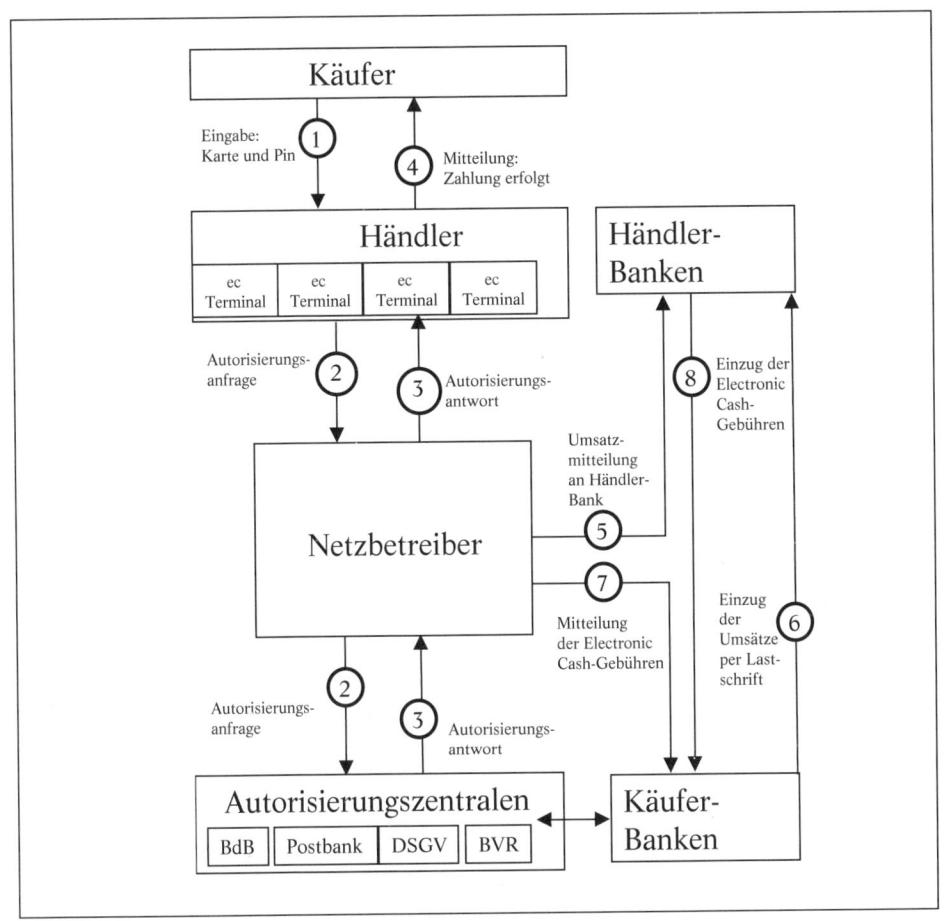

Abb. 2.1.4.3.3-1: Ablauf einer Electronic Cash-Zahlung
nach: Meyer zu Selhausen (1992a)

Auf Initiative des ZKA wurden vertragliche Regelungen für das Zusammenwirken der Systembeteiligten geschaffen, denen das Bundeskartellamt im Jahre 1990 zugestimmt hat. Dieses *Vertragswerk* besteht aus den folgenden drei Teilen:

- Vereinbarung über ein institutsübergreifendes System zur bargeldlosen Zahlung an automatisierten Kassen (Electronic Cash-System),
- Vertrag über die Zulassung als Netzbetreiber im Electronic Cash-System der deutschen Kreditwirtschaft (Netzbetreibervertrag) und
- Vertrag über die Teilnahme am Electronic Cash-System des deutschen Kreditgewerbes (Händlerbedingungen).

Durch dieses Vertragswerk übernehmen die Systembeteiligten bestimmte Rechte und Pflichten. Die Spitzenverbände des Kreditwesens verpflichten sich im Namen der angeschlossenen Institute zu Aufbau und Betrieb des Electronic Cash-Systems, zur Anerkennung aller zugelassenen Karten und zur gegenseitigen Ermächtigung zum Einzug der

Electronic Cash-Umsätze aus zugelassenen Karten und zugelassenen Electronic Cash-Terminals. Außerdem wurden »Richtlinien für Electronic-Cash-Kassen« und »Bedingungen für die Beteiligung von Kunden am automatischen Zahlungsverkehr durch beleglosen Datenträgeraustausch mittels 5 ¼ Zoll-Disketten« erstellt, die ebenfalls von den Beteiligten zu beachten sind.

### c) Betreibernetze

Die Electronic Cash-Terminals, die in Handelsunternehmen, Hotels, Tankstellen etc. installiert sind, werden an Betreibernetze angeschlossen, die den Datenaustausch zwischen dem Kassen-Terminal und der jeweiligen Autorisierungszentrale übernehmen. Das Electronic Cash-System ist so konzipiert, daß die Netzbetreiber im Wettbewerb untereinander stehen, und jedes Handelsunternehmen o.ä., das Electronic Cash-Terminals einsetzt, kann frei einen Netzbetreiber auswählen, an dessen Netz seine Terminals angeschlossen werden.

### d) Autorisierung

Das deutsche Kreditgewerbe unterhält vier Autorisierungszentralen, jeweils eine für den Bereich des Bundesverbandes Deutscher Banken, des Deutschen Sparkassen- und Giroverbandes, des Bundesverbandes der Deutschen Volksbanken und Raiffeisenbanken und für die Postbank. Diese Autorisierungszentralen prüfen die Legitimation der Verfügungen, also die Echtheit der Karten, die Richtigkeit der PIN und die Sperrung der Karten gemäß Sperrdatei. Nach Prüfung der Verfügung an einem kundenbezogenen Limit oder sogar am Kundenkonto selbst erteilen sie die Autorisierungsantwort.

### e) Abrechnung der Umsätze und Gebühren

Die Netzbetreiber sammeln die Daten der Electronic Cash-Umsätze aller angeschlossenen Händler, die sie periodisch an die Händlerhausbanken übermitteln. Diese ziehen die Umsätze dann bei den Instituten per Lastschrift (beleglos) ein, die die Konten der Kunden führen, die durch Electronic Cash-Zahlungen verfügt haben.

Die Netzbetreiber ermitteln auch die Autorisierungskosten, die die angeschlossenen Händler an die kartenemittierenden Institute für die Bereitstellung der Karten und für die Garantie der Rechnungsbeträge zu zahlen haben. Sie betragen derzeit 0,3 % der Rechnungsbeträge, mindestens jedoch DM 0,15 pro Transaktion. Bei Tankstellen liegen die Gebühren bei Rechnungsbeträgen unter DM 100,- bei 0,2 %, mindestens jedoch DM 0,08 pro Transaktion. Diese Gebühren werden von den kartenemittierenden Instituten per Lastschrift (beleglos) von den Händlerhausbanken eingezogen, die sie dann ihrerseits den Handelsunternehmen belasten. Darüber hinaus fallen bei den Händlern Gerätemiete sowie Netzbetreiber- und Leitungskosten an (vgl. Bois 1993; Walkhoff 1993).

### f) Sicherheitsvorkehrungen

In technischer Hinsicht sind die Netzbetreiber nicht nur für die Abwicklung der Autorisierung verantwortlich, sondern auch für Auswahl und Installation von Electronic Cash-Terminals, den Anschluß der Geräte an ihr Rechenzentrum, die technische Betreuung des Netzes etc. Der ZKA hat in dem Electronic Cash-Vertragswerk strenge Sicherheitskriterien vorgegeben, und die Netzbetreiber müssen durch Gutachten nachweisen, daß ihre Systeme diese Anforderungen erfüllen. Bis Juni 1998 haben 24 Netzbetreiber die entsprechende Zulassung erhalten (vgl. Braatz et al. 1999, S. 190), von denen einige jeweils einer Kreditinstitutsgruppe nahestehen, zu einer Mineralölgesellschaft gehören oder als Dienstleistungsunternehmen unabhängig agieren. In sicherheitstechnischer Hinsicht ist das Electronic Cash-System recht aufwendig, und dies wirkt sich natürlich auch auf die Betriebskosten und die von den Händlern zu tragenden Gebühren aus. Es wird erwartet, daß das System so schadenarm arbeitet wie das GAA-System.

## g) Interessen der Beteiligten

Wirtschaftlichkeit und Sicherheit sind die wichtigsten Effizienzkriterien für das Electronic Cash-System. Die Interessenlage der einzelnen Beteiligten ist aber so unterschiedlich, daß nicht alle der Sicherheit eine größere Bedeutung beimessen als der Wirtschaftlichkeit. Die beteiligten *Kreditinstitute* unterstützen das Electronic Cash-System, weil sie darin eine Möglichkeit sehen, einen wichtigen Teil des zum Privatkundengeschäft gehörenden Zahlungsverkehrs in Form einer unternehmensübergreifenden Vorgangskette vollautomatisch abzuwickeln und dabei gleichzeitig ihre Erträge aus zusätzlichen Buchungsgebühren zu steigern. Die *Netzbetreiber* sind Dienstleistungsunternehmen, die durch ihre Aktivität Erträge erwirtschaften wollen. Die Interessenlage der *Handelsunternehmen* ist sehr unterschiedlich: Auf der einen Seite entstehen den Händlern zusätzliche Kosten durch Electronic Cash, wenn sie dieses Verfahren der Zahlungsverkehrsabwicklung mit dem Bargeldverkehr vergleichen. Auf der anderen Seite werden Bargeldbestände und Schecks und die damit zusammenhängenden Arbeiten reduziert, so daß diese zusätzlichen Kosten tragbar erscheinen. Einige Händler wollen durch Teilnahme am Electronic Cash-System die höheren Zahlungsverkehrskosten vermeiden, die bei Einsatz von Kreditkarten in Form eines Disagio in Höhe von ca. 1,7 bis 4,25 % des Rechnungsbetrages entstehen (vgl. Schneider 1999).

Das hohe Niveau der Elecronic Cash-Sicherheitsstandards wird von den Beteiligten nicht bestritten; insbesondere der Handel betrachtet aber die Verteilung der Aufwendungen und der Erträge auf die Systembeteiligten als nicht ganz gerecht. Diese Aufwendungen und Erträge hängen teilweise vom Wettbewerb ab, teilweise auch von der Akzeptanz des Electronic Cash-Systems durch die Kundschaft. In technischer Hinsicht wird es auch bei einem starken Wachstum des Electronic Cash-Transaktionsvolumens möglich sein, daß die Netzbetreiber die Antwortzeiten für die Autorisierung bei etwa 10 Sek. pro Transaktion halten, was für die laufende Geschäftsabwicklung akzeptabel ist.

Ein Blick auf die Entwicklung der Anzahl der Electronic-Cash-Terminals, der getätigten Transaktionen und des damit verbundenen Umsatzes in Deutschland verdeutlicht die zunehmende *Akzeptanz* des Electronic Cash-Systems durch die *Privatkundschaft*. Ende 1997 waren ca. 163.000 Electronic Cash-Terminals in der Bundesrepublik installiert. An diesen wurden ca. 225,8 Mio. Transaktionen mit einem Gesamtumsatz von DM 29 Mrd. getätigt. Laut Schätzungen wird das Electronic Cash-System von den Kunden mittlerweile so intensiv genutzt, daß hinsichtlich Transaktionsvolumen und Umsatz die marktführende Kreditkarte Eurocard bis Ende 1998 voraussichtlich überholt werden wird (vgl. Braatz et al., 1999).

Kunden, die eine ec-Karte haben und auch ihre PIN kennen, jedoch nicht über eine Kreditkarte verfügen, können an Electronic Cash-Terminals bargeldsparend verfügen; sie verursachen hierdurch aber ggf. gebührenpflichtige Buchungsposten bei ihrer Bank. Kunden, die eine Kreditkarte einsetzen, haben demgegenüber den Vorteil, daß ihr Konto erst mit der nächsten Kreditkartenabrechnung belastet wird, während die Electronic Cash-Belastung kurzfristig erfolgt, und es kommt hinzu, daß die monatliche Kreditkartenabrechnung nur einen Buchungsposten bei der Bank hervorruft. Inwieweit sich dieser Kosten- und Zinsvorteil der Kreditkarte für einen Privatkunden auszahlt, muß dieser im Einzelfall entscheiden. Dabei hat er zu berücksichtigen, daß die einmaligen Gebühren bei Kreditkarten in der Regel höher sind als bei ec-Karten. Darüber hinaus wurden die Einsatzmöglichkeiten der ec- und Bankkarten durch die Einbeziehung in das internationale Debitkartensystem Maestro International seit Anfang 1998 stark ausgeweitet.

### h) Verfahrensvarianten und Händlerakzeptanz

Der Handel beurteilte das Electronic Cash-System zwar besser als seinen Vorläufer, das Point of Sale-System (POS-System); eine im Grundsatz kritische Einstellung bestand aber nach wie vor (vgl. Weyhenmeyer 1992). Zusätzlich zu dem Electronic Cash-System wurde daher das POS-Verfahren *ohne Zahlungsgarantie* (POZ) entwickelt, das völlig andere Preis-/Leistungskomponenten hat (vgl. Walkhoff 1993).Die »Vereinbarung zum POZ-System« trat am 01.02.1993 in Kraft. Bei diesem Verfahren wird die PIN durch die Unterschrift des Kunden ersetzt, und an die Stelle der Online-Autorisierung tritt eine Online-Sperrenprüfung der Karte, so daß dem Händler auch keine Zahlungsgarantie gegeben werden kann. Je Sperrenabfrage werden dem Handel derzeit nur DM 0,10 in Rechnung gestellt.

In der Absicht, auch noch die Kosten für die Sperrenabfrage zu vermeiden, haben einzelne Handelsunternehmen das *Elektronische Lastschriftverfahren* (ELV) eingeführt, bei dem die ec-Karte am Händler-Terminal nur noch zum Zweck der Erfassung der Kundendaten eingelesen wird. Mit diesen Daten, ergänzt um den Rechnungsbetrag, wird eine Lastschrift erstellt, die die Händlerhausbank vom Konto des Kunden bei der kartenemittierenden Bank einzieht. Hierbei entfällt natürlich nicht nur die Zahlungsgarantie, sondern es wird auch auf die Sperrenprüfung verzichtet, so daß Betrüger gefälschte, duplizierte oder gestohlene ec-Karten in diesem Verfahren für eine gewisse Zeit ohne Risiko einsetzen können.

Die Kosten des Electronic Cash, POZ und ELV beeinflussen die *Akzeptanz durch Handelsunternehmen* in differenzierter Weise. Händler, die z.B. beim Verkauf von Möbeln, Textilien, Geräten der Unterhaltungselektronik etc. relativ hohe Einzelbeträge kassieren, sind eher bereit, die mit Kreditkarte, Scheck oder Electronic Cash verbundenen Kosten zu tragen, verglichen mit Händlern, die viele Kleinbeträge erhalten. Ist die Umsatzrendite hoch, dann werden Händler Electronic Cash auch eher akzeptieren als z.B. Betriebe des Lebensmittelhandels, wo Umsatzrenditen von 0,8 % bis 1,2 % erzielt werden (vgl. Bois 1993).

Seit einiger Zeit sind Terminals verfügbar, über die die Händler sowohl Electronic Cash-, POZ-, ELV- als auch Kreditkarten-Umsätze abrechnen können, so daß beim Kassieren je nach Bonitätsbeurteilung im Einzelfall ein geeignet erscheinendes Verfahren gewählt werden kann. So mag sich der Händler bei Stammkunden mit dem POZ-Verfahren (ohne Betragsobergrenze) begnügen, während er bei »Laufkundschaft« auf das Electronic Cash-Verfahren mit PIN, Autorisierung und Zahlungsgarantie umschaltet.

### i) Chip-Karte

Wie in Kap. 2.1.2.1 erwähnt, lassen sich auf der Grundlage der Chip-Karte Verfahrensvarianten realisieren, die die Sicherheit und zugleich auch die Händlerakzeptanz weiter verbessern: Die PIN könnte im Chip sicher gespeichert und bei Verfügungen offline geprüft werden. Die kartenemittierende Bank könnte im Chip einen Verfügungsrahmen für die Summe der Offline-Verfügungen abspeichern, so daß *transaktionskostengünstige Offline-Zahlungen* nach dem POZ-Verfahren (ohne Zahlungsgarantie) durchgeführt werden können, solange die Summe dieser Zahlungen den Verfügungsrahmen nicht überschreitet. Erst bei Überschreitung des Verfügungsrahmens wird eine Online-Überprüfung der Karte notwendig, wobei eine Autorisierungsanfrage mit Sperrenprüfung abläuft und ein neuer *Offline-Verfügungsrahmen* freigegeben und im Chip gespeichert wird. Dies kann z.B. bei Electronic Cash-Transaktionen geschehen. Der ZKA hat schon 1995 mitgeteilt, daß alle deutschen Banken ab 1996 bereit sind, ihre insgesamt 50 Millionen ec- und Bankkarten mit einem Chip auszustatten. Dadurch wird ein Electronic Cash im Offline-Betrieb ermöglicht und es können diese Karten als Elektronische Geldbörse verwendet werden (vgl. Braatz et al. 1999). Darüber hinaus können auf der Chipkarte Zusatzfunktionen implementiert werden, was zu einer weiteren Akzeptanzsteigerung beiträgt (vgl. Mauerer 1998 und Keller/Krüger/Wagner 1999).

**j) GeldKarte**
Nachdem ein Pilotversuch die Funktionsfähigkeit der *elektronischen Geldbörse* (Geld-Karte-System) auch in der Praxis unter Beweis gestellt hat, haben die Spitzenverbände der deutschen Kreditwirtschaft zum 01.10.1996 die »Vereinbarung über das institutsübergreifende System GeldKarte« in Kraft gesetzt. Damit konnte die GeldKarte 1997 bundesweit eingeführt werden. Neben dieser Vereinbarung wurden die »Sonderbedingungen für ec-Karten« aktualisiert und neue »Bedingungen für die Teilnahme am System GeldKarte« für die Händler geschaffen. Die Händlergebühr für die Akzeptanz der GeldKarte wurde durch den ZKA auf 0,3 % des Zahlungsbetrages, mindestens DM 0,02 pro Transaktion festgelegt. Ein großer *Vorteil des GeldKarte-Systems* liegt darin, daß es als offenes System, d.h. branchenübergreifend, überregional und technologisch erweiterbar, konzipiert wurde und einen hohen Sicherheitsstandard aufweist, der durch die gesamte deutsche Kreditwirtschaft garantiert wird. Die GeldKarte ist als Pay-Before-Karte ausgestaltet, d.h. der Kunde kann sich institutsübergreifend einen Betrag bis DM 400,- auf seine Karte laden. Dieser Vorgang erfolgt online unter Eingabe der PIN, wobei der geladene Betrag dem Konto des Kunden belastet, auf dem Kartenchip gespeichert und dem Kartenkonto des Kunden sowie dem Sammelkonto der kartenausgebenden Bank gutgeschrieben wird. Wenn der *Kunde* mit dieser GeldKarte beim Händler o.ä. *zahlt*, wird ihm das Guthaben auf der GeldKarte um den Zahlungsbetrag vermindert und in gleicher Höhe ein Lastschrift-Datensatz erstellt. Der Händler übermittelt dann periodisch, z.B. täglich, die so entstandenen Lastschriften an die Händler-Bank, die sie von den kartenemittierenden Banken einzieht. Diese belasten dabei nicht die Kontokorrentkonten, sondern die Kartenkonten der Kunden und das Sammelkonto.

Spätestens dann, wenn das Guthaben auf einer GeldKarte erschöpft ist, ist eine *Aufbuchung* von Guthaben erforderlich, was aber nur an einem Terminal mit Online-Autorisierung geschehen kann. Online-Verbindungen zur Autorisierungszentrale müssen also nur noch hergestellt werden, wenn das Guthaben auf der GeldKarte verbraucht ist. Dadurch entstehen bei den Händlern im Vergleich zu Electronic Cash sehr viel niedrigere Zahlungsverkehrskosten. Außerdem werden die Zahlungen von den kartenemittierenden Banken garantiert, weil der Gegenwert der Zahlungen vorher schon vom Kundenkonto abgebucht worden ist. Bei Verlust der Geldkarte ist der gespeicherte Betrag für den rechtmäßigen Karteninhaber verloren, ebenso, als wenn er Bargeld verloren hätte. Dann sollte er seine Karte aber umgehend durch die kartenemittierende Bank sperren lassen, so daß die Autorisierungszentrale keine weiteren Aufladungsvorgänge zu Lasten seines Kontos durchführt.

**k) Internationale Debit-Systeme**
Electronic Cash-Systeme waren zunächst auf den nationalen Einsatz beschränkt (vgl. Dorner 1992). Europay International und MasterCard International haben mit Maestro International als Joint Venture ein Unternehmen gegründet, um unter der Marke Maestro (in Europa edc/Maestro) ein weltweit online operierendes elektronisches Debitkartensystem entsprechend dem deutschen Electronic Cash-System aufzubauen (vgl. o. V. 1998a). Seit Anfang 1998 werden grenzüberschreitende Online-Transaktionen nur noch unter der Marke »Maestro« angeboten (vgl. Braatz et al., 1999). Dadurch können die Kunden deutscher Kreditinstitute ihre ec-Karte oder Bankkarte mit Maestro-Logo an hierfür ausgerüsteten Electronic Cash-Terminals und GAA im europäischen Ausland

einsetzen, und ausländische Debitkarten werden an deutschen Electronic Cash-Terminals und GAA akzeptiert. Dieses weltweite Debit-System der Maestro International baut auf bestehenden nationalen Electronic Cash-Systemen auf und verknüpft diese miteinander. Einen Überblick über die internationalen Schwerpunkte der Maestro-Akzeptanz gibt Martin (1998). Durch diese Entwicklung wurde die Wettbewerbsposition der ec- und Bankkarten gegenüber den Kreditkarten erheblich gestärkt. Es ist damit zu rechnen, daß die Verbreitung von ec- und Bankkarten weiter zunimmt, und daß auch aus diesem Grund das Wachstum im Kreditkartengeschäft weiter abnimmt (vgl. Niklasch 1999).

#### 2.1.4.3.4 Kreditkartensysteme

Zwischen dem Electronic Cash-System und dem Kreditkartensystem bestehen gewisse Ähnlichkeiten: Auch die Inhaber von Kreditkarten können bei Handelsunternehmen, Hotels, Tankstellen etc. Waren und Dienstleistungen beziehen und diese mit Hilfe ihrer Karte bezahlen. Ist das Handelsunternehmen, bei dem der Karteninhaber mit seiner Kreditkarte zahlen kann, zugleich der Emittent der Karte, dann stellt die Karte eine Handelskarte dar, und an dem Kartensystem sind nur zwei Parteien beteiligt, das Handelsunternehmen als Emittent und Akzeptanzstelle sowie die Karteninhaber. Dieser Fall wird hier nicht weiter betrachtet.

Man spricht von einem (erweiterten) *Dreiparteiensystem*, wenn eine Kreditkartengesellschaft oder Bank als Emittent (1), Kreditkarteninhaber (2) und Vertragshändler des Emittenten (3) zusammenwirken (vgl. Dickertmann/Feucht 1997). In Deutschland sind folgende Kreditkarten verbreitet: Eurocard/MasterCard, Visa, American Express und Diners Club. Beim Dreiparteiensystem bestehen vertragliche Beziehungen zwischen

- Emittent und Vertragsunternehmen
- Emittent und Karteninhaber
- Karteninhaber und Vertragsunternehmen

#### a) Ablauf einer Kreditkartenzahlung

Auf der Grundlage dieser Rechtsbeziehungen vollzieht sich der Ablauf im Dreiparteiensystem (vgl. Abb. 2.1.4.3.4-1) wie folgt (vgl. Dorner 1991): Der Kreditkartenemittent (1) stellt dem Kreditkarteninhaber (2) eine Karte zur Verfügung, die ihn zum bargeldlosen Bezug von Waren und Dienstleistungen bei den Vertragsunternehmen des Emittenten (3) berechtigt. Die Vertragsunternehmen (3) akzeptieren die Karte an Zahlungs statt und übermitteln ihre Transaktionsdaten (beleggebunden oder beleglos) an den Emittenten (1), der in der Regel täglich oder wöchentlich das Transaktionsvolumen abzüglich eines Disagios an das Vertragsunternehmen überweist. Als Entgelt für die Zahlungsgarantie und die mit der Karte verbundenen zusätzlichen Serviceleistungen erhält der Emittent das Disagio vom Vertragsunternehmen. Periodisch, typischerweise einmal im Monat, legt der Emittent dem Karteninhaber eine Rechnungszusammenstellung vor, die die aufgelaufenen Kartenumsätze enthält. Der Gesamtbetrag wird nun entweder vom Karteninhaber an den Emittenten überwiesen, oder der Emittent zieht diesen Betrag per Lastschrift vom Karteninhaber ein.

Dieser Ablauf verdeutlicht nur das Prinzip der Geschäftsabwicklung mit Kreditkarten. Nicht nur bei internationaler, sondern auch schon bei nationaler Abwicklung wirken weitere Beteiligte mit: Die Hausbank des Vertragsunternehmens sowie eine nationale und ggf. eine internationale Clearingstelle.

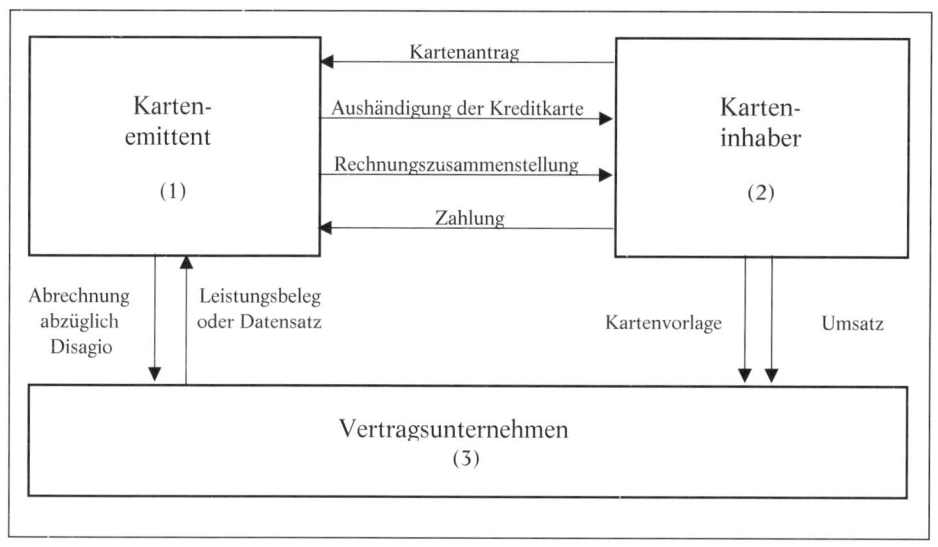

```
                    Kartenantrag
    ┌─────────┐ ◄──────────────────────── ┌─────────┐
    │ Karten- │  Aushändigung der Kreditkarte │ Karten- │
    │ emittent│ ────────────────────────► │ inhaber │
    │         │  Rechnungszusammenstellung│         │
    │   (1)   │ ────────────────────────► │   (2)   │
    │         │        Zahlung             │         │
    │         │ ◄──────────────────────── │         │
    └─────────┘                            └─────────┘
```

Abb. 2.1.4.3.4-1: Die Beteiligten im Kreditkartengeschäft (Dreiparteiensystem)
Quelle: Dorner (1991)

(Diagramm mit Kasten "Vertragsunternehmen (3)" unten, verbunden mit "Abrechnung abzüglich Disagio", "Leistungsbeleg oder Datensatz", "Kartenvorlage" und "Umsatz")

### b) Legitimationsprüfung

Bei Kreditkarten-Transaktionen kommt der Legitimationsprüfung durch den Vertragshändler besondere Bedeutung zu. Anders als bei GAA-, MFT- und Electronic Cash-Transaktionen, wo der Karteninhaber seine PIN eingibt, legitimiert sich der Kreditkarteninhaber nur durch seine Unterschrift, die sich auch auf der Rückseite der Karte befindet. Dies ist ein gravierender Sicherheitsmangel. Auch die Kreditkartenemittenten haben Autorisierungszentralen eingerichtet, die eine Sperrenprüfung und Transaktionsautorisierung vornehmen können. Dies setzt aber voraus, daß das Vertragsunternehmen die Karte an einem Terminal einlesen und die Daten auf einem Übertragungsnetz an die Autorisierungszentrale übermitteln kann. Wird die Transaktion autorisiert, dann werden die Transaktionsdaten zugleich an die zuständige Clearingstelle weitergeleitet. Dies ist wiederum der Anfang einer unternehmensübergreifenden Vorgangskette, die vom Vertragshändler über die Clearingstellen und den Emittenten bis zur Hausbank des Karteninhabers reicht.

### c) Emittenten von Kreditkarten

### ca) Kreditkartengesellschaften

Als Emittenten können außer Kreditinstituten Unternehmungen aller Art, Industrie-, Handels-, Dienstleistungs- und Finanzunternehmen auftreten, und es hängt von der Gestaltung der Verträge zwischen den Beteiligten ab, ob das Kreditkartengeschäft im Einzelfall eine Haupttätigkeit im Sinne des § 1 KWG ist (vgl. Dorner 1991). Die Vertragsgestaltung wird maßgeblich durch die Interessenlage des Emittenten bestimmt. Wird eine Kreditkarte nur durch die Kartengesellschaft emittiert, dann können Kreditinstitute diese Karte gegen eine Provision an ihre Kunden vermitteln. Sie laufen aber Gefahr, Konsumentenkreditgeschäft zu verlieren, das ihre Privatkunden nun mit der Kreditkartengesellschaft abwickeln. Um dieser Gefahr zu begegnen, vermittelte die deutsche

Kreditwirtschaft zunächst nahezu ausschließlich die von der GZS emittierte Eurocard. Da die GZS ein Gemeinschaftsunternehmen der deutschen Kreditwirtschaft darstellt, konnte verhindert werden, daß dieser Emittent von den Kreditinstituten, die die Eurocard vermittelten, Kreditgeschäft abzog: Die Verfügungen der Karteninhaber werden nicht längerfristig kreditiert, sondern gesammelt und monatlich entweder per Lastschrift eingezogen oder den Karteninhabern in Rechnung gestellt, die den Gesamtbetrag dann jeweils zu überweisen haben. Bei diesem Abrechnungsverfahren besteht ein zinsloser Kredit nur für die Zeit von der Verfügung des Karteninhabers bis zur Fälligkeit der monatlichen Aufstellung. Andere Kreditkartengesellschaften wie z.B. American Express und Diners Club bieten den Kreditkarteninhabern dagegen die Möglichkeit, den Saldo auf Kreditkartenkonto, auf den ein relativ hoher Sollzinssatz berechnet wird, durch Ratenzahlung zu tilgen. Dadurch, daß die deutschen Kreditinstitute ihren Kunden die Eurocard vermittelten, blieb das als Folge der Kartenverfügungen entstehende Konsumentenkreditgeschäft in den Büchern der Institute. Insofern kann ihr Vorgehen als defensiv bezeichnet werden.

Als die deutschen Kreditinstitute einheitlich die von der GZS emittierte Eurocard vermittelten, war eine *Produktdifferenzierung* in Hinsicht auf die Karte nicht möglich. Die Institute konnten weder das äußere Erscheinungsbild noch die Leistungen oder den Preis auf ihre Zielgruppen abstimmen. Seit Anfang 1991 können die deutschen Institute außer den Visa-Karten auch die Eurocard in eigener Verantwortung emittieren. Als Emittent tragen sie die abwicklungstechnische Verantwortung und die rechtlichen und wirtschaftlichen Risiken. Parallel hierzu tritt die GZS weiterhin auch als Emittent auf.

**cb) Banken als Emittenten**
Wenn eine Bank von der GZS die Lizenz zur Emission der Eurocard erwirbt, kann sie ihren Firmennamen deutlich sichtbar auf der Karte anbringen, so daß die Karte schon rein äußerlich zu einer *Bankkreditkarte* wird; außerdem kann sie die Zusatzleistungen und den Preis nach ihren Vorstellungen festlegen. Die GZS betreibt weiterhin die Akquisition von inländischen Vertragsunternehmen und die Verrechnung von grenzüberschreitenden Umsätzen. Außerdem bietet die GZS den Emittenten der Bankkreditkarten ihren Service bei der laufenden Geschäftsabwicklung (Processing) an; die Emittenten können das Processing aber auch selbst übernehmen.

Neben der Standardkarte wird insbesondere von den internationalen Kreditkartenorganisationen für ein anspruchvolleres Kundensegment eine weitere Karte mit zusätzlichen Leistungen zu einem höheren Preis angeboten. Hierzu gehören insbesondere die Gold- bzw. Premiumkarten der Visa-Organisation, die Eurocard Gold und die Goldkarte von American Express. Diese Differenzierung wird beim Vertrieb aber offenbar nicht konsequent genutzt (vgl. Schöchle 1993). Gegenstand der *Produktgestaltung* sind insbesondere der Kreditrahmen sowie Versicherungs- und Serviceleistungen. Der Kreditrahmen kann nach Bonitätsprüfung im Einzelfall festgelegt und im Zeitablauf auch variiert werden.

In Verbindung mit Kreditkarten wird ein breites Spektrum an *Versicherungsleistungen* angeboten: Auslandsreisekrankheits-, Auslandsreisehaftpflicht-, Insassen- und Verkehrsmittelunfall-, Krankenhaustagegeld-, Bergungskosten-, Mietwagenhaftpflicht- und -rechtsschutzversicherungen, Schutzbriefe etc. Um einen Anreiz zum Einsatz der Kreditkarte zu schaffen, ist regelmäßig festgelegt, daß die zugrunde liegende Dienstleistung mit der Karte bezahlt werden muß, damit der Versicherungsschutz im Schadensfall in Anspruch genommen werden kann. Diese Versicherungen gelten häufig nur *subsidiär*, also nur dann, wenn keine anderen Versicherungen bestehen und in Anspruch genommen werden können. Schöchle (1993) kommt nach eingehender Analyse zu dem Ergebnis, daß der objektive Wert dieser Versicherungen für den Kreditkarteninhaber niedrig zu veranschlagen ist. Das Angebot an *Serviceleistungen*, das mit Kreditkarten verbunden sein kann, ist nahezu unübersehbar. Diese Leistungen stehen hauptsächlich in Verbindung mit Reisen. Dabei handelt es sich aber nicht nur um Vorteile bei der Buchung von Flügen, Hotels und Mietwagen, sondern auch um Büroservice, Kurierservice, Eintrittskartenservice, Nachrichtendienst für Reisende etc.

Kreditinstitute können eine Kreditkarte auch im Wege des *Co-Branding* emittieren. Dem Co-Branding liegt eine Kooperation zwischen einem Kreditinstitut und einem Wirtschaftsunternehmen zugrunde, die vorsieht, daß beide gemeinsam als Emittent unter Angabe ihres Markenzeichens fungieren, wobei jeder Kooperationspartner spezifische Aufgaben übernimmt und hierfür auch entsprechende Erlösanteile erhält. Ein Beispiel hierfür ist die Visa/ADAC-Karte der Landesgirokasse Stuttgart und der Berliner Bank. In diesem Fall bietet der ADAC seinen Mitgliedern die Karte an, so daß die beteiligten Banken gleichzeitig die Mitgliederdatei des ADAC für ihre Akquisition nutzen können. Sie erhalten die persönlichen Daten der Mitglieder, die die Karte erwerben, denn das sind ja nun auch ihre Kunden. Diesem Personenkreis können sie dann, z.B. zusammen mit dem Versand der monatlichen Rechnungsaufstellungen Prospekte zusenden und weitere Bankprodukte anbieten, beispielsweise eine attraktive Verzinsung des Guthabens auf dem Kreditkartenkonto, über das der Karteninhaber nur mit der Karte oder nach Rücküberweisung auf das Konto bei seiner Hausbank verfügen kann. Auf diese Weise kann sich das Kreditinstitut, das in einer Co-Branding-Partnerschaft mitwirkt, einen neuen *Vertriebsweg* (Banking by Mail) aufbauen, und der Partner öffnet seine Mitglieder- oder Kundendatei und erhält hierfür ein attraktives Entgelt. Dabei kann zugleich das Image des einen vom Image des anderen Partners profitieren.

Eine Sonderform zur co-branded Card ist die *Affinity Card*. Als Vertragspartner für eine Bank kommen hierbei Vereine, Verbände wie z.B. der Deutsche Fußball-Bund, Clubs und soziale Einrichtungen wie z.B. das Rote Kreuz in Betracht. Der mit der Karte erzielte Erlös wird teilweise für Zwecke des Affinity-Partners verwendet, was Karteninhaber aufgrund ihrer persönlichen Einstellung motivieren mag, die Karte intensiv einzusetzen, weil dies ja anteilig einer Sache zugute kommt, die der Karteninhaber für förderungswürdig hält (vgl. Devin 1999).

### cc) Nichtbanken als Emittenten

Wie eingangs erwähnt, können auch Nichtbanken, direkt oder indirekt, Kreditkarten emittieren: Den direkten Weg beschritt z.B. der Daimler-Benz-Konzern mit der Mercedes Card, die er in Kooperation mit der GZS als co-branded Eurocard emittiert. In diese Partnerschaft bringt Daimler-Benz nicht nur die bestehenden Kundenverbindungen ein, die beim Vertrieb der Karte genutzt werden können. Hinzu kommt, daß man durch Aufbringung des Mercedes-Sterns auf die Karte dem Prestigebedürfnis der Kundschaft entsprechen konnte. Ohne besonderen Aufwand konnte Daimler-Benz auf diese Weise eine zusätzliche Ertragsquelle erschließen und möglicherweise auch einen Beitrag zur Festigung seiner Kundenverbindungen leisten. Der indirekte Weg besteht darin, daß eine Bank-Tochtergesellschaft, die zum Konzern gehört, wie das beim VW-Konzern mit der V.A.G.-Bank und der Audi-Bank der Fall ist, die erforderliche Lizenz erwirbt und selbst als Emittent einer Bankkreditkarte auftritt.

In Ländern wie z.B. den USA, wo es keine dem Rabattgesetz und der Zugabeverordnung entsprechenden einengenden Vorschriften gibt, können Emittenten den Inhabern ihrer Karte *Bonifikationen* in verschiedenster Form gewähren. Sie verzichten also ganz oder teilweise auf ihren Anteil am Disagio und geben es an die Karteninhaber in Form von Punkten o.ä. weiter, die zum verbilligten Bezug der vom Unternehmen selbst oder auch von anderen Unternehmen bereitgestellten Waren und Dienstleistungen berechtigen. So kann z.B. ein PKW-Hersteller als Co-Emittent einen Preisnachlaß auf seine Fahrzeuge in bestimmter Höhe versprechen, wenn eine Mindestpunktzahl durch Umsätze mit der Kreditkarte erreicht ist. Entsprechendes gilt für Fluglinien, die bei Erreichung bestimmter Mindestpunktzahlen Freiflüge gewähren etc. In dieser Weise sind Bonifikationen vielseitig gestaltbar (vgl. Schöchle 1993). Aus der Sicht der Nichtbanken als Co-Emittenten ist die Bonifikation ein Marketing-Instrument, das in systematischer Hinsicht zur Preispolitik gehört, das aber ganz spezifische Aufgaben, hier insbesondere die Festigung von Kundenverbindungen, übernimmt (vgl. Martin 1998).

### 2.1.4.3.5 Electronic Business, Internet-Zahlungen und Internet-Geld

**a) Electronic Business**

Seit Jahren wird in den USA schon das *Teleshopping* praktiziert, beispielsweise in der Form, daß ein Anbieter im Rahmen einer Fernsehwerbesendung einen Artikel präsentiert und Kaufinteressenten auffordert, unter einer bestimmten Telefonnummer diesen Artikel zu bestellen und zur Bezahlung der Rechnung auch die Kreditkartennummer anzugeben, so daß der Rechnungsbetrag über das Kreditkartenkonto beglichen werden kann. Befindet sich das Warenangebot, wie es im Versandhandel auch schon praktiziert wird, auf einer CD-ROM, dann können Kaufinteressenten das Angebot in Ruhe am Bildschirm studieren und ihre Auswahl treffen. Die Telekommunikation wird erst benötigt, wenn der Kaufinteressent seine Bestellung an das Versandhaus übermittelt und die Bezahlung der Rechnung veranlaßt.

Unter Electronic Commerce, auch als *Electronic Business* bezeichnet, versteht man eine *Vorgangskette*, die sich von der Online-Präsentation der Waren eines Händlers über die Online-Bestellung und ggf. den Online-Versand (z.B. bei Software) bis zur Online-Bezahlung durch den Käufer erstrecken kann. Handelsunternehmen können sich auf diese Weise mit ihrem Warenangebot auf Konsumenten und auf Unternehmungen ausrichten. Diese beiden Geschäftsfelder des Electronic Business werden als »Business-to-Consumer- und Business-to-Business-Bereich« bezeichnet. Im Business-to-Consumer-Bereich haben sich im Internet sogenannte *Electronic Malls* entwickelt, also virtuelle Einkaufsstraßen, die dadurch gekennzeichnet sind, daß sie unter einer Internet-Adresse erreicht werden können, von der aus der Interessent über Hyperlinks zu den einzelnen Anbietern der Electronic Mall gelangen kann. Für die *Präsentation von Waren*, die zum Kauf angeboten werden, ist das Internet besonders geeignet, weil, abgestimmt auf die Zielgruppen und die jeweils dargebotenen Waren, attraktive audiovisuelle Gestaltungsmöglichkeiten für die Darstellung der Waren und darüber hinaus auch für eine ansprechende Beratung gegeben sind. Die *Bestellung* der Waren kann technisch so vereinfacht werden, daß sie wirklich nur durch Mausklick erfolgt. Die *Lieferung* der Waren muß typischerweise jedoch konventionell erfolgen, es sei denn, daß es sich dabei um Software, Musik etc. handelt, die online übermittelt werden kann. Die *Bezahlung* der Ware sollte im Idealfall Zug um Zug mit der Lieferung erfolgen. Hier bestand aber bisher ein ganz entscheidender Engpaß für Electronic Business.

Zwar sind in den USA die Käufer, die im Rahmen des Electronic Business Geschäfte abschließen, weitgehend bereit, durch das Internet dem Verkäufer ihre Kreditkartennummer zu übermitteln, so daß die Zahlungen über die Kreditkartenkonten der Käufer abgewickelt werden können. Diese Art der *Zahlungsabwicklung* ist aber nicht ohne Risiko, weil unverschlüsselte Kreditkartennummern bei Übermittlung im Internet von unberechtigten Personen möglicherweise gelesen und in betrügerischer Absicht mißbraucht werden können. In Deutschland sind die Partner des Electronic Business, insbesondere die Händler und ihre Kunden, sehr viel weniger bereit, diese Risiken einzugehen, und daher erfolgt die Bezahlung von online gekauften Waren teilweise noch konventionell, also durch Nachnahme, was noch eine Bezahlung Zug um Zug darstellt, oder sogar erst nach Wareneingang durch Überweisung oder Scheck. Es versteht sich von selbst, daß das Marktpotential des Electronic Business sehr viel besser ausgeschöpft werden könnte, wenn den Käufern geeignete Systeme für das sichere Bezahlen im Internet zur Verfügung stünden. Seit Jahren wird an der Entwicklung derartiger Systeme intensiv gearbeitet, und einige aussichtsreiche Systeme befinden sich derzeit in der Testphase. Alle Beteiligten zufriedenstellende und insbesondere die wichtigsten Sicherheitsanforderungen erfüllende Systeme sind aber noch nicht im operativen Einsatz. Dennoch soll im folgenden ein kurzer Überblick zu diesen zukunftsweisenden Systementwicklungen gegeben werden.

### b) Internet-Zahlungen

#### ba) Die CyberCash-Verfahren

Die *Internet-Zahlungssysteme* knüpfen grundsätzlich an traditionelle Instrumente des unbaren Zahlungsverkehrs wie Überweisung, Lastschrift oder Kreditkarte an, die im Prinzip darauf beruhen, daß jeweils ein Dritter angewiesen wird, ein Konto zu belasten und den Gegenwert auf ein anderes Konto zu transferieren. Derartige *Anweisungen* müssen bei Internet-Zahlungen elektronisch erteilt werden. Dabei stellen sich mit besonderem Gewicht die *Sicherheitsanforderungen*, die für die Internet-Kommunikation gelten (vgl. Anhang 2.2), insbesondere Integrität, Authentizität, Vertraulichkeit und Verläßlichkeit. Es zeichnet sich ab, daß diese Anforderungen besonders gut erfüllt werden können, wenn sog. *Trust Centers* bestehen, die als neutrale Institutionen geprüft und zertifiziert sind, und die als Partner aller an den Zahlungsvorgängen eines Internet-Zahlungssystems Beteiligten insbesondere die Ver- und Entschlüsselung der ausgetauschten sensiblen Daten ermöglichen, Prüfungen durchführen, Bestätigungsmeldungen erteilen und Transaktionen freigeben, so daß die Geschäfte von Kunden und Händlern im Electronic Business Zug um Zug abgewickelt werden können (vgl. Thießen 1998).

Derzeit befinden sich mehr als 20 *Verfahren für Internet-Zahlungen* in der Entwicklung und teilweise auch in der Erprobung. Sie lassen sich vereinfacht den folgenden *Gruppen* zuordnen:

- Zahlung mit Internet-Geld
- Internet-Lastschriftverfahren
- Kreditkartenzahlung im Internet
- Geldkartenzahlung im Internet

Von den Internet-Zahlungssystemen, die derzeit erprobt werden, scheint in Hinsicht auf die zukünftige Implementierung und Durchsetzung am Markt das CyberCash-System besonders aussichtsreich zu sein. Daher werden im folgenden die wichtigsten Verfahren, Zahlung mit Internet-Geld, Lastschrift und Kreditkartenzahlung im Internet exemplarisch anhand des *CyberCash-Systems* erläutert. Auf Initiative der US-amerikanischen CyberCash Inc. wurde in Frankfurt die CyberCash GmbH errichtet, die im Rahmen des CyberCash-Systems die *Trust Center-Funktionen* übernimmt. Die CyberCash GmbH arbeitet schon mit verschiedenen Geschäftsbanken, Landesbanken und Sparkassen zusammen, und sie ist offen für weitere Institute, die sich durch Erwerb von Beteiligungen oder Lizenzen die Möglichkeit zur Teilnahme am CyberCash-System verschaffen wollen.

Unter der Bezeichnung *CyberCoin* ermöglicht das CyberCash-System die Bezahlung durch Internet-Geld. Hierbei handelt es sich um ein *Micropayment-Verfahren* für die Bezahlung von Kleinstbeträgen, die insbesondere bei Nutzung von Informationsdiensten im Internet anfallen. Das CyberCoin-Verfahren weist unter den herkömmlichen Zahlungsverfahren die größte Ähnlichkeit mit der Geldkarte auf. Das CyberCash-System bietet des weiteren ein elektronisches Lastschriftverfahren für Zahlungen im Internet an, das auch als *electronic direct debit-Verfahren* (edd) bezeichnet wird. Dieses Verfahren ist für die Bezahlung größerer Rechnungsbeträge vorgesehen, die bei der Lieferung physischer Waren fällig sind. Auf der Ebene der traditionellen Zahlungsinstrumente entspricht ihm die Zahlung mit Einzugsermächtigung. Für die Bezahlung größerer Rechnungsbeträge bietet das CyberCash-System schließlich noch die Möglichkeit, *Kreditkarten* zu verwenden und dabei die Übermittlung der sensiblen Daten, insbesondere der Kreditkartennummer, nach dem SET-Standard (Secure Electronic Transaction) zu verschlüsseln (vgl. Anhang 2.4). Unter den herkömmlichen Zahlungsinstrumenten entspricht diesem Verfahren naturgemäß die Kreditkarte.

|  | **CyberCoin** | **electronic direct debit (Lastschrift)** | **Kreditkarte mit SET-Verschlüsselung** |
|---|---|---|---|
| Ware | Digitale Güter | Lieferware | Lieferware |
| Einsatz | zunächst national | national | international |
| Händlerrisiko | nein | begrenzt | entfällt bei SET |
| vergleichbare Verfahren | Geldkarte | Einzugsermächtigung | Kreditkarte |

Abb. 2.1.4.3.5-1: CyberCash-System: Internet-Zahlungsverfahren
nach: Kiebler/Kalbhenn (1998)

Trotz der Unterschiede lassen sich die drei Internet-Zahlungsverfahren mit einer *einheitlichen Systemarchitektur* realisieren (vgl. Kiebler/Kalbhenn 1998). Die wesentlichen Komponenten sind die sog. Wallet (elektronische Brieftasche), die Software für den Kunden, das CashRegister als Software für den Händler und der Payment Gateway Server. Die *Wallet* auf der Festplatte des PC eröffnet dem Käufer im Electronic Business den Zugang zu den drei Internet-Zahlungsverfahren des CyberCash-Systems. Der Käufer ruft also an seinem PC die Wallet auf und wählt das Zahlungsverfahren, das er im Einzelfall praktizieren möchte. Das *CashRegister* ist eine Software, die auf dem Web-Server des Online-Händlers installiert wird. Es wird über Standard-Browser bedient und autorisiert Transaktionen, erstellt elektronische Bestätigungen und generiert Statusberichte von Transaktionen. Der *Payment Gateway Server* ist ein Rechner, der von der CyberCash GmbH im Auftrag der Banken betrieben wird, für die die CyberCash GmbH als Trust Center fungiert. Er stellt die Schnittstelle zwischen den verschlüsselten Zahlungsinformationen im Internet einerseits und dem herkömmlichen Austausch von Zahlungsdaten innerhalb der Kreditwirtschaft andererseits dar. Zu seinen Funktionen gehört die Pflege von Kunden- und Händler-Identifikationen (ID-Verwaltung), die Generierung und Zuteilung von Schlüsseln, die Autorisierung der auszutauschenden Nachrichten und die Aufrechterhaltung des Firewall-Schutzes zwischen dem Internet und den Rechnernetzen der Banken.

Bankkunden, die die Absicht haben, als Käufer am Electronic Business teilzunehmen, müssen sich zunächst bei der CyberCash GmbH anmelden und eine Kunden-Wallet-Identifikation registrieren lassen. Dieses *Anmeldeverfahren* läuft folgendermaßen ab: Der Kunde füllt ein Web-Formular aus und sendet dies an seine Bank, von der hier angenommen wird, daß sie mit der CyberCash GmbH kooperiert. Die Bank prüft die Kundenunterlagen und sendet sie an die CyberCash GmbH, die ihrerseits auf dem Payment Gateway Server eine Kunden-Wallet-ID generiert. Dies wird der Bank des Kunden mitgeteilt, die ihm schriftliche Vertragsunterlagen übersendet, die der Kunde nach Unterzeichnung an seine Bank zurückschickt. Diese Unterlagen werden nochmals der CyberCash GmbH vorgelegt, die nun die Freischaltung der Wallet vornimmt. Dies wird dem Kunden schließlich durch E-Mail mitgeteilt. Dieser Ablauf des Anmeldeverfahrens stellt sicher, daß die besonders sicherheitsempfindlichen Teilschritte, insbesondere die Übersendung von Vertragsunterlagen, auf herkömmlichem Wege erfolgt, weil den Beteiligten während des Anmeldeverfahrens noch keine Verschlüsselung möglich ist.

- **Micropayments mit dem CyberCoin-Verfahren**

Das CyberCoin-Verfahren zur Zahlung von Kleinstbeträgen beim Erwerb von digitalen Gütern erfolgt wie in Abb. 2.1.4.3.5-2 dargestellt:

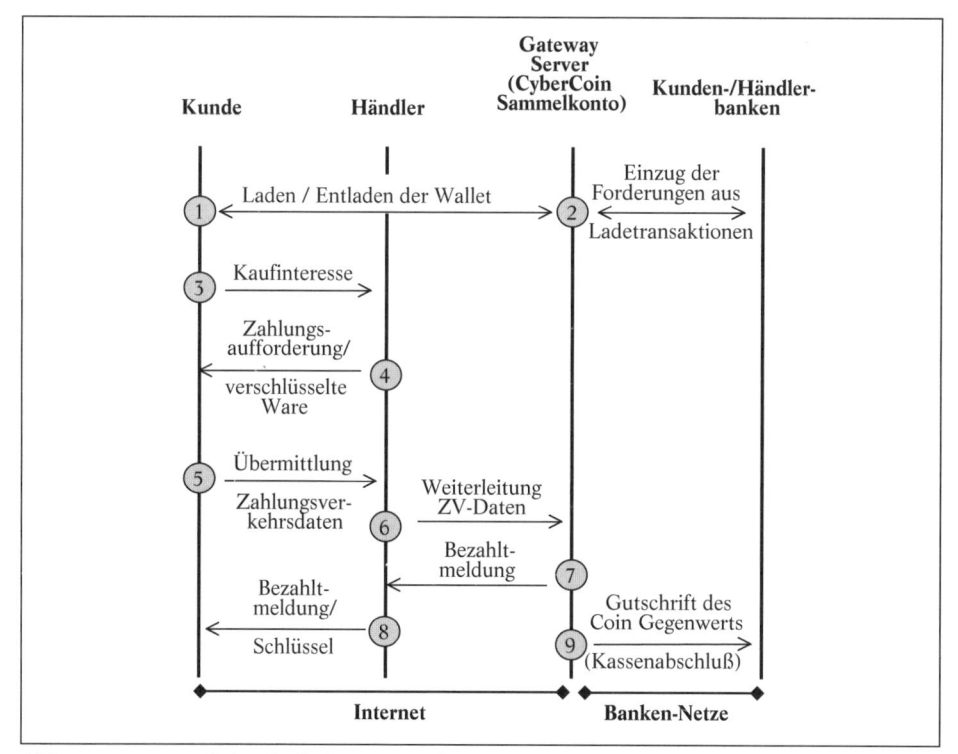

Abb. 2.1.4.3.5-2: CyberCash-System: CyberCoin-Verfahren
nach: Kiebler/Kalbhenn (1998)

Ein Kunde, der im Internet mit CyberCoins bezahlen möchte, muß sich zunächst Cyber-Coins in seine *Wallet laden* (1). Dabei wird sein Kontokorrentkonto bei seiner Bank mit dem gewünschten Betrag belastet (2), der einem CyberCoin-Sammelkonto bei dieser Bank gutgeschrieben wird. Gleichzeitig richtet die CyberCash GmbH für diesen Kunden ein *Schattenkonto* ein, dem der anfangs auf die Wallet geladene Betrag gutgeschrieben wird, und dem die laufenden Verfügungen des Kunden jeweils belastet werden. Da die CyberCash GmbH für mehrere Banken tätig ist, deren Kunden mit CyberCoins im Internet bezahlen wollen, wird für jede dieser Banken ein CyberCoin-Sammelkonto geführt. Diese Sammelkonten disponiert die CyberCash GmbH im Auftrag der beteiligten Kreditinstitute jeweils im Rahmen eines Geschäftsbesorgungsvertrages.

Eine einzelne *CyberCoin-Transaktion* läuft nun folgendermaßen ab: Im Rahmen des Electronic Business teilt der Kunde einem Händler sein Kaufinteresse mit (3). Von diesem Händler erhält er daraufhin die verschlüsselte digitale Ware, z.B. Software, Datenbankauswertungen etc., verbunden mit einer Zahlungsaufforderung (4). Daraufhin übermittelt der Kunde unter Einsatz seiner Wallet die Zahlungsverkehrsdaten (5) an den Web-Server des Händlers (mit CashRegister), der diese Daten an den Payment Gateway Server der CyberCash GmbH weiterleitet (6). Dort werden die Daten entschlüsselt, die teilweise vom Rechner des Kunden und teilweise vom Web-Server des Händlers verschlüsselt worden sind. Der Payment Gateway Server prüft die empfangenen Daten, und er sendet einerseits eine Bezahltmeldung an den Web-Server des Händlers (7), der diese Bezahltmeldung an den Kunden weiterleitet (8), verbunden mit einem Schlüssel zur Entschlüsselung der vorher verschlüsselt gelieferten digitalen Ware. Andererseits belastet der Payment Gateway Server den Kunden mit dem Zahlungsbetrag auf seinem Schattenkonto, und er hält die Kundenzahlungen für die Überweisung an die Händlerbank bereit, die, weil es sich hier um Kleinstzahlungen handelt, nur in gewissen Zeitabständen vorgenommen werden, wenn der Händler einen Kassenabschluß macht und die Überweisung der angesammelten CyberCoins auf die Händlerbank veranlaßt (9).

- **CyberCash-Zahlungen mit dem Lastschrift-Verfahren**

Die Zahlung im Lastschrift-Verfahren (edd) erfolgt gem. Abb. 2.1.4.3.5-3. Zunächst äußert der Kunde sein Kaufinteresse gegenüber einem Händler mit Web-Server und CashRegister (1). Daraufhin erhält er eine Zahlungsaufforderung (2), die ihn veranlaßt, ein vom System generiertes Formular für eine *Einzugsermächtigung* auszufüllen. Der Kunde trägt seine Daten ein und sendet das Formular an den Händler (3), wo es verschlüsselt ankommt. Der Händler fügt seine Transaktionsdaten hinzu und schickt sämtliche Daten verschlüsselt an den Payment Gateway Server der CyberCash GmbH (4), wo die Daten entschlüsselt und geprüft werden. Einerseits erhält der Händler dann eine Bestätigung der Transaktion (6), so daß er dem Kunden eine Bezahltmeldung (7) erteilen und die Ware absenden kann. Andererseits veranlaßt der Payment Gateway Server nun den Einzug des Zahlungsbetrages von der Kundenbank durch herkömmliche Lastschrift und die Überweisung dieses Betrages auf das Konto des Händlers bei der Händlerbank (5).

- **CyberCash-Zahlungen nach dem Kreditkartenverfahren**

Zahlungen nach dem Kreditkartenverfahren laufen im CyberCash-System im Prinzip so ab wie eine edd-Transaktion; der Unterschied besteht lediglich darin, daß der Payment Gateway Server bei einem Kreditkarten-Prozessor eine Autorisierungsanfrage stellt, an die sich dann die bei Kreditkarten-Transaktionen üblichen Zahlungsvorgänge anschließen, Belastung des Kunden auf Kreditkartenkonto und Überweisung des Zahlungsbetrages (nach Abzug des Disagios) auf das Konto des Händlers bei der Händlerbank.

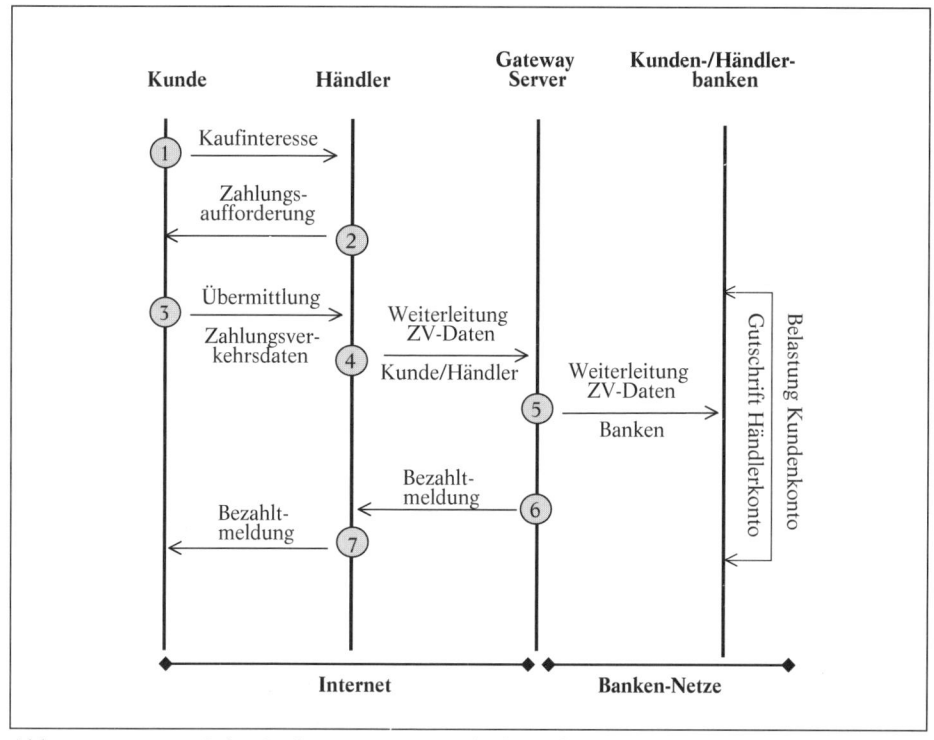

Abb. 2.1.4.3.5-3: CyberCash-System: Lastschrift-Verfahren (edd)
nach: Kiebler/Kalbhenn (1998)

- **Verschlüsselung im CyberCash-System**

Die Verschlüsselung der zu übertragenden Daten erfolgt bei den drei genannten Internet-Zahlungsverfahren jeweils mit Hilfe dynamisch erzeugter, asymmetrischer Schlüssel. Bei der Initialisierung einer Transaktion wird auf dem Kunden- bzw. Händlerrechner ein Schlüsselpaar (1024 bit) generiert, das aus einem »privaten« und einem »öffentlichen« Schlüssel besteht. Der »öffentliche« Schlüssel des Kunden bzw. Händlers wird verschlüsselt zum Payment Gateway Server übertragen. Diese Verschlüsselung erfolgt mit dem »öffentlichen« Schlüssel des Payment Gateways, einem 2048 bit-Schlüssel. Der Payment Gateway Server kennt nun nach Entschlüsselung dieser Meldung mit seinem »privaten« 2048-bit-Schlüssel den »öffentlichen« Schlüssel des Händlers bzw. Kunden. Die Daten, die die Kunden bzw. Händler mit ihrem jeweiligen »privaten« Schlüssel codieren, können dadurch ausschließlich vom Payment Gateway Server decodiert werden, und alle Daten, die der Payment Gateway Server mit den jeweiligen »öffentlichen« Schlüsseln von Kunden und Händlern codiert, können nur von diesen mit ihrem jeweiligen »privaten« Schlüssel decodiert werden (vgl. Kiebler/Kalbhenn 1998).

- **Aufwendungen und Erträge beim CyberCash-System**

Bei den drei Internet-Zahlungsverfahren des CyberCash-Systems entstehen den Kunden keine *Kosten*. Die Händler zahlen aber eine volumens- und verfahrensabhängige Netzbetreibergebühr. Die beteiligten Banken erzielen einen Float-Gewinn aus ihrem jeweiligen CyberCoin-Sammelkonto, denn die hier verbuchten Mittel sind ja schon den Kundenkonten belastet und stehen der jeweiligen Bank daher zinslos zur Verfügung. Die Höhe des Float-Gewinns hängt aber nicht nur von den Dispositionsgewohnheiten der Kunden ab, sondern auch von der Häufigkeit, in der die Händler einen Kassenabschluß im CyberCoin-Verfahren veranlassen.

**bb) Kreditkartenzahlungen auf der Grundlage des SET-Standard**
Unabhängig vom CyberCash-System gibt es Systeme für *Kreditkartenzahlungen im Internet*, die auf dem SET-Standard beruhen (vgl. Anhang 2.4). Der *SET-Standard*, der sichere Kreditkartenzahlungen über das Internet ermöglichen und die Authentifizierung der Beteiligten, die Integrität der Daten (Fälschungssicherheit) und die Anonymität der Geschäftspartner gewährleisten soll, wurde von den Kreditkartengesellschaften Visa und MasterCard initiiert, und er wird von bedeutenden Software-Häusern unterstützt. Für die Anwendung dieses Zahlungsverfahrens benötigen sowohl der Käufer als auch der Händler jeweils eine spezielle Software, der Käufer eine Wallet und der Händler eine »Internet-Kasse«, die ihnen vom Kartenemittenten oder von der Händlerbank zur Verfügung gestellt werden. Außerdem benötigen beide für die Teilnahme an diesem Verfahren jeweils Zertifikate (»digitale Ausweise«), die sie nach vorheriger Registrierung von ihrer Bank erhalten (vgl. Kuschel 1998).

Der *Zahlungsvorgang* läuft folgendermaßen ab: Zu Beginn authenzifizieren sich Käufer und Händler gegenseitig mit Hilfe ihrer »digitalen Ausweise«. Der Käufer schickt dem Händler dann seine mit SET verschlüsselte Bestellung, z.B. die Artikel-Nummer und den Betrag und zusätzlich seine eigenen verschlüsselten Kreditkartendaten, die der Händler nicht lesen kann. Die »Internet-Kasse« des Händlers erkennt und überprüft die für ihn bestimmten Daten und leitet diese, wenn sie korrekt sind, zusammen mit dem zweiten (für den Händler nicht lesbaren) Teil der Kaufdaten unter Hinzufügung eines »digitalen Ausweises« an den Payment Gateway Server, typischerweise einen Kreditkarten-Prozessor wie z.B. die GZS weiter. Der Prozessor entschlüsselt diese Nachricht, und er überprüft nicht nur die Identität des Käufers und des Händlers, sondern er prüft auch die beiden Bestandteile des Zahlungsauftrages auf Konsistenz. Liegt diese vor, dann erfolgt die eigentliche Zahlungsabwicklung in herkömmlicher Weise, also durch Belastung des Käufers auf seinem Kreditkartenkonto und in bestimmten Intervallen durch die Überweisung des für den Händler bestimmten Betrages (nach Abzug des Disagios) auf das Konto des Händlers bei der Händlerbank. Außerdem erhält der Händler vom Prozessor eine Zahlungsbestätigung, so daß er die gekaufte Ware ohne Risiko ausliefern kann, und er sendet seinerseits dem Kunden eine Nachricht als Quittung für den gezahlten Betrag.

Der SET-Standard ermöglicht ein *halbanonymes Einkaufen*: Während der Händler nur das gekaufte Produkt und den Preis erkennen kann, nicht aber den Namen des Käufers, kennt die Kreditkartengesellschaft den Käufer und den bezahlten Betrag, nicht aber das gekaufte Produkt. Damit bleibt der Käufer gegenüber dem Händler anonym, nicht jedoch gegenüber dem Prozessor als Zahlungssystem-Betreiber. Außerdem gewährleistet die Verschlüsselung nach dem SET-Standard die Integrität und Vertraulichkeit der Transaktionsdaten sowie die Authentifizierung von Käufer und Händler, so daß der Kauf nicht abgestritten werden kann (vgl. Riffer/Wicke 1998).

**bc) Internet-Zahlungen mit der GeldKarte**
Grundsätzlich ist es auch möglich, Kleinbetragszahlungen im Internet mit Hilfe der *GeldKarte* abzuwickeln (vgl. Kap. 2.1.4.3.3). Grundlage hierfür ist die »Vereinbarung über das institutsübergreifende System GeldKarte«, die vorsieht, daß alle am GeldKarte-System teilnehmenden Terminaltypen einer Zulassung durch den ZKA bedürfen. Dies

schließt auch Händlerterminals mit ein, die eine Zahlung mit der GeldKarte auf Distanz ermöglichen, also ohne die persönliche Anwesenheit des Inhabers der GeldKarte beim Händler, was bei Internet-Zahlungen mit der GeldKarte der Fall wäre. Bisher sind schon einige Verfahren für Internet-Zahlungen mit der GeldKarte entwickelt worden; es hat aber noch keines der vorgestellten Verfahren die Zulassung durch den ZKA erhalten (vgl. Kuschel 1998).

Zur *Konzeption* des Internet-Zahlungsverfahrens mit der GeldKarte gehört, daß der Käufer ein *Chipkarten-Lesegerät* hat, das an seinen PC geschlossen ist. Entsprechend dem CyberCoin-Verfahren, mit dem dieses Verfahren gewisse Ähnlichkeiten hat, unterscheidet man Ladungs- und Zahlungsvorgänge. Bei der *Aufladung der GeldKarte* wird diese in das Lesegerät eingeführt, und es wird dann die Verbindung zwischen dem PC des Karteninhabers und einer *Ladezentrale* hergestellt, die einerseits den Verfügungsbetrag auf der GeldKarte heraufsetzt und andererseits den Betrag vom Bankkonto des Karteninhabers einzieht, so daß er einem von der Ladezentrale disponierten Schattenkonto gutgeschrieben werden kann.

Bei der Internet-Zahlung mit Hilfe der GeldKarte erfolgt dann zuerst mit Hilfe von *Zertifikaten* eine Authentisierung des Händlers gegenüber der GeldKarte und der Bonität der GeldKarte gegenüber dem Händler. Bei der eigentlichen Zahlung erstellt dann das Händlerterminal die Umsatzdaten, es fügt die Adresse des Händlers sowie die Geld-Karten-Nummer hinzu, setzt das Guthaben auf der GeldKarte um den Verfügungsbetrag herab und legt die Umsatzdaten beim Händler in einer Datei ab. In bestimmten Zeitintervallen reicht dann der Händler die Umsatzdaten bei der Ladezentrale ein, die die dem Händler zustehenden Beträge vom Sammelkonto der GeldKarte abbucht und auf das Konto des Händlers bei der Händlerbank überweist (vgl. Thießen 1998). Internet-Zahlungen mit Hilfe der GeldKarte sind auch für das CyberCash-System vorgesehen (vgl. Kiebler/Kalbhenn 1998).

**bd) Ausblick**

Beim gegenwärtigen Entwicklungsstand (Anfang 2000) ist schwer abschätzbar, welche Internet-Zahlungsverfahren sich in Zukunft durchsetzen werden. Bei der *Akzeptanz* der Internet-Zahlungsverfahren durch die Kundschaft kommt sicher dem Benutzungskomfort große Bedeutung zu. Die Kunden werden Systeme bevorzugen, die unter *einer Benutzeroberfläche*, wie sie z.B. das CyberCash-System bietet, alle wichtigen Zahlungsverfahren ermöglichen, denn sie brauchen sich dann nur einmal anzumelden und die zu dem System gehörende Wallet einzurichten. Dagegen wird die Akzeptanz singulärer Zahlungsverfahren, die, jedes für sich, mit erheblichem Installationsaufwand auf der Seite der Kundschaft verbunden sind, sehr viel geringer sein.

Es stellt sich aber auch die Frage, wer in Zukunft die dominierenden *Betreiber* von Internet-Zahlungssystemen sein werden. Es spricht vieles dafür, daß es Bankengruppen einerseits und Kreditkartenorganisationen andererseits sein werden, die Trust Center- und Clearing-Funktionen übernehmen. Es ist aber nicht ganz auszuschließen, daß sich große Software-Häuser wie z.B. Microsoft eine Banklizenz verschaffen und Internet-Zahlungssysteme betreiben, indem sie die hierfür erforderliche Software in ihre ohnehin weit verbreiteten Standardprogramme wie z.B. Internet-Browser integrieren.

Internet-Zahlungssysteme werden auch in Zukunft schwerpunktartig *Kunde-Händler-Zahlungssysteme* sein. Es werden zwar auch Initiativen verfolgt, die Zahlungen von Privatperson zu Privatperson über das Internet ermöglichen sollen, z.B. von Geldkarte zu Geldkarte, aber hierfür besteht eigentlich kein besonderer Bedarf, denn derartige Zahlungen können ja auch durch Banküberweisungen bewirkt werden, die über das Internet, über T-Online Classic oder auch konventionell initiiert werden können.

**c) Internet-Geld**

Geld hat grundsätzlich drei *Funktionen*: Es dient als

- Recheneinheit,
- Zahlungsmittel und
- Wertaufbewahrungsmittel

Als allgemeine *Recheneinheit* erfüllt das Geld eine abstrakte Funktion, Güter, Dienst- und Faktorleistungen beim Tausch zu bewerten, also Wertrelationen und damit Preise zwischen ihnen festzulegen. Diese Funktion erfüllt das Geld als Recheneinheit, unabhängig davon, in welcher Form es als konkreter Geldbestand vorkommen kann. Die Zahlungsmittel- und Wertaufbewahrungsfunktion kann dagegen nur ein konkreter Geldbestand erfüllen. Als *Zahlungsmittel* dient das Geld dazu, Kaufkraft von einem Wirtschaftsobjekt auf ein anderes zu übertragen, und seine *Wertaufbewahrungsfunktion* ermöglicht es, Kaufkraft aufzubewahren und für spätere Perioden bereitzuhalten (vgl. Duwendag 1993). Da Geld, unabhängig von der Form, in der es vorliegt, als Rechnungseinheit dienen kann, ist für die Frage, ob es Geld im Internet geben kann, nur relevant, ob es im Internet einen Wertträger mit Zahlungsmittel- und Wertaufbewahrungsfunktion gibt.

Beim *edd-Verfahren* und bei Internet-Zahlungen mit Hilfe der *Kreditkarte* ist das Vorkommen von Internet-Geld, das Zahlungsmittel- und Wertaufbewahrungsfunktion erfüllt, nicht erkennbar. Bei diesen Verfahren werden im Internet nur verschlüsselte Nachrichten ausgetauscht, durch die Dritte angewiesen werden, Zahlungen nach konventionellen Verfahren (Lastschrift, Überweisung und Kreditkarte) abzuwickeln. Wertträger, also Datensätze oder Dateien, die Kaufkraft repräsentieren, kommen bei diesen beiden Verfahren nicht vor.

Anders verhält es sich bei Micropayment-Verfahren wie z.B. *CyberCoin*, bei denen digitale Zertifikate in Form von Datensätzen oder Dateien in die Wallet auf der Festplatte des Käufer-PC geladen werden, nachdem der entsprechende Betrag vom Kontokorrentkonto des Kunden abgebucht worden ist. Der Käufer verwahrt also den abgebuchten Betrag auf seiner Festplatte, so daß die digitalen Zertifikate auf seiner Festplatte die Wertaufbewahrungsfunktion des Geldes erfüllen. Wenn der CyberCoin-Zahlungsvorgang initiiert wird, erfüllen diese Zertifikate auch die Zahlungsmittelfunktion. Am Ende des Zahlungsvorgangs verlieren die Zertifikate abrupt ihre Geldeigenschaft: Sie lösen herkömmliche Buchungen zu Lasten des Sammelkontos und zu Gunsten des Händlerkontos aus, haben damit ihre Aufgabe erfüllt und werden als Datensätze oder Dateien sofort gelöscht. Diese Zertifikate erfüllen die Geldfunktionen aber nur sehr eingeschränkt. Sie sind nur vorübergehend für die Wertaufbewahrung geeignet, und sie können die Zahlungsmittelfunktion nicht allgemein ausüben, weil sie im Internet nicht von Benutzer zu Benutzer bzw. zwischen deren Datenträgern wandern, also nicht umlaufen können und nicht überall akzeptiert werden, weil sie bei jedem Zahlungsvorgang durch ein Trust Center zertifiziert werden müßten. Vielmehr erlauben sie nur eine einmalige Übertragung von Kaufkraft an wenige ausgewählte Wirtschaftsobjekte, jedenfalls nicht allgemein an beliebige Empfänger. Damit tragen die durch Zertifikate repräsentierten Cyber-Coins nur ansatzweise gewisse Merkmale des Internet-Geldes (vgl. Thießen 1998).

Bei Internet-Zahlungssystemen mit Hilfe der *GeldKarte*, die noch in Entwicklung sind, wird zwar digitales Geld im Chip der GeldKarten gespeichert, ebenso wie bei konventioneller Verwendung der GeldKarte, so daß die Wertaufbewahrungsfunktion außerhalb des Internet von der GeldKarte erfüllt wird. Bei der Transferierung von Zahlungsmitteln zu Lasten einer GeldKarte zu einem Händler im Internet wird durch die Datenübermittlung aber eine Zahlungsfunktion ausgeübt, so daß bei diesem Vorgang von Internet-Geld gesprochen werden kann, auch wenn es nur während des Transaktionsablaufs existiert.

*Zusammenfassend* läßt sich feststellen, daß bei den Internet-Zahlungssystemen Internet-Geld nur sehr eingeschränkt auftritt, also nur bei einzelnen Systemen, und auch hier nur kurzzeitig in bestimmten Phasen, nur eingeschränkt auf einen engen Kreis von Zahlungsverkehrspartnern und auf einzelne Geldfunktionen.

### 2.1.4.4 Bewertung der Zahlungsverkehrssysteme bezüglich der Effizienzkriterien

Auf der Grundlage von EDV-Anwendungssystemen laufen im Bereich des Zahlungsverkehrs *neue Geschäftsprozesse mit Kunden* ab, bei denen gem. Abb. 1.6.2-2 sowohl konventionelle als auch neue Leistungsarten abgewickelt werden. Zu den *konventionellen Leistungen* gehören Zahlungen durch Überweisung, Lastschrift, Scheck und Kreditkarte (Konstellation a)), während Zahlungen durch Electronic Cash- und Auslandszahlungssysteme wie TARGET, S.W.I.F.T.und TIPA als *neue Leistungsarten* zu betrachten sind (Konstellation b)), weil sie nur mit Hilfe von EDV-Anwendungssystemen erbracht werden können. Die Grundfunktion der *Geschäftsabwicklung* steht bei diesen Systemen im Vordergrund. Die Internet-Zahlungssysteme befinden sich noch in der Testphase. Daher können Internet-Zahlungen noch nicht einmal als neue Leistungsarten aufgefaßt werden. Eine Beurteilung der Internet-Zahlungen anhand der Effizienzkriterien ist deshalb noch nicht möglich.

* **Kundennutzen**

Die Kunden können ihrer Bank Zahlungsverkehrsaufträge in unterschiedlichsten Formen übermitteln, persönlich in der Geschäftsstelle, per Brief oder Telefon, durch DTA und DFÜ sowie durch T-Online Classic und Internet. Electronic Cash- und Kreditkartensysteme stellen insofern einen Sonderfall dar, als mit ihrer Hilfe nur beim Händler, der an Electronic Cash angeschlossen ist, oder bei einer Kreditkarten-Akzeptanzstelle Zahlungen initiiert werden können (Nutzendimension 3.1 gemäß Abb. 1.6.2.1-2). Diese Aufträge können nur während der Geschäftszeit der Akzeptanzstellen erteilt werden (Nutzendimension 3.2). Bei Electronic Cash und Kreditkarten ist auch die *Verbreitung* der Technik zur Auftragserteilung relevant (Nutzendimension 3.3): Wie in Abschn. 2.1.4.3.3 dargestellt, hat sich die Zahl der Akzeptanzstellen in den letzten Jahren sehr günstig entwickelt und durch das internationale Debitkartensystem Maestro International auch weltweit stark ausgedehnt, weshalb von einem gestiegenen Kundennutzen auszugehen ist. Die *Bedienungszeit* (Nutzendimension 4.1) ist nur bei Electronic Cash und Kreditkarteneinsatz relevant, weil hier der Kunde warten muß, bis die Zahlungsinitiierung abgeschlossen ist. Die Wartezeit hängt einerseits wegen der Beanspruchung der Datenübertragungsleitungen von der Tageszeit ab, andererseits aber auch von den Kapazitäten der unterschiedlichen Netzbetreiber und Autorisierungszentralen, soweit Electronic Cash betroffen ist. Auf die *Schnelligkeit* der Geschäftsabwicklung (Nutzendimension 4.3) legen die Kunden, die an Electronic Cash teilnehmen oder ihre Kreditkarte einsetzen, keinen Wert, denn es ist ja ihr eigenes Konto, das belastet wird. Bei Überweisungen, Lastschriften und Auslandszahlungen hat die Schnelligkeit der Geschäftsabwicklung dagegen große Bedeutung, insbesondere wenn große Beträge transferiert und Fälligkeitstermine eingehalten werden müssen.

Schon seit vielen Jahren ist das S.W.I.F.T.-System sehr erfolgreich, und es wird durch weitere Auslandszahlungssysteme wie z.B. TARGET und TIPA ergänzt, die in Hinsicht auf Schnelligkeit und *Sicherheit* (Nutzendimension 5.1) die hohen S.W.I.F.T.-Standards erfüllen. Wegen der Gefahr des Kartenmißbrauchs ist insbesondere bei Electronic Cash und Kreditkartensystemen das *Betrugsrisiko* und die Haftung der Kunden zu beachten (Nutzendimensionen 5.2 und 5.4). Die Sicherheit der Zahlungsverkehrsabwicklung ist durch das reguläre Electronic Cash-Verfahren in hohem Maße gewährleistet, durch das POZ-Verfahren allein jedoch nicht, so daß dieses Verfahren nur bei bonitätsmäßig einwandfreien Kunden angewandt werden kann. Terrahe (1992) berichtet, daß eine große Kreditkartengesellschaft bei den Transaktionen, die ja ohne Benutzung der PIN ablaufen, im Jahre 1990 in Europa eine Schadenquote von 0,64 % des Umsatzes hinnehmen mußte, während bei dem bestehenden GAA-System mit PIN-Benutzung die Schadenquote für 1991 nur 0,005 % betragen hat. Dies zeigt sehr deutlich, daß ein System wie Electronic Cash, bei dem die PIN benutzt wird, in sicherheitstechnischer Hinsicht große Vorteile gegenüber kartengebundenen Systemen ohne *PIN-Benutzung* hat. Die Sicherheit des Electronic Cash-Verfahrens beruht einerseits auf der Benutzung der PIN, andererseits aber auch auf der Autorisierung am Konto, wobei gleichzeitig eine Sperrprüfung für die benutzte Karte stattfindet. Hinzu kommt, daß ein Kartenmißbrauch dem Inhaber einer ec- oder Bankkarte sehr viel schneller bekannt wird als dem Inhaber einer Kreditkarte. Die ec- und die Bankkarte sind Debitkarten, was bedeutet, daß direkt nach dem Einsatz der Karte beim Händler die Belastung des Kontos des Karteninhabers initiiert wird. Die Kreditkartenumsätze eines Kunden werden dagegen von der Kartengesellschaft gesammelt, und der Gesamtbetrag wird einmal im Monat entweder per Lastschrift von einem Bankkonto des Karteninhabers abgebucht oder der Karteninhaber erhält eine Rechnung über diese Umsätze, die er durch Überweisung bezahlt. Da die Fehlerquote bei manueller Erfassung der Transaktionsdaten tendenziell höher ist als bei Erfassung dieser Daten am Terminal, wird mit zunehmender Verbreitung der Terminals an den Kreditkarten-Akzeptanzstellen auch die Sicherheit der Umsatzabwicklung zunehmen.

Im Vergleich zu reinen Debitkarten ist das Mißbrauchsrisiko bei Kreditkarten viel zu hoch. Daher müssen bei Kreditkarten wirksame *Sicherungsverfahren* (vgl. Kap. 2.1.2.1) eingeführt werden. Bisher haben die Kreditkartenunternehmen gezögert, die Kosten derartiger Sicherungsverfahren auf sich zu nehmen oder den Karteninhabern anzulasten. Der Mißbrauch von Kreditkarten hat aber so stark zugenommen, daß einfache Sicherungsverfahren eingeführt wurden: Eurocard und Visa-Card tragen sowohl den Anfangs- als auch den Endzeitpunkt ihrer Gültigkeitsdauer, und sie werden rechtzeitig vor dem Beginn ihrer Gültigkeit an die Kunden versandt, so daß Unregelmäßigkeiten auf dem Versandwege entdeckt werden können, noch bevor die Karte gültig und damit einsetzbar ist und bei Kartenmißbrauch verwendet werden kann. Die Visa-Organisation bietet darüber hinaus an, daß ein Paßfoto des Karteninhabers auf der Karte angebracht wird, so daß bei jedem Kartenumsatz in der Akzeptanzstelle das Foto auf der Karte mit dem Karteninhaber verglichen werden kann. Diese Maßnahmen haben auch bereits erste Erfolge erbracht (vgl. Kap. 2.1.2.1).

Nicht nur die Inhaber von Debitkarten und Kreditkarten sind Bankkunden, sondern auch die *Händler*, die als Akzeptanzstellen fungieren. Bei ihrem Zusammenwirken kommt der Aspekt der *Kostenersparnis* zur Geltung (Nutzendimension 7): Karteninhaber, die über ec- oder Bankkarten und Kreditkarten verfügen, werden, wenn der Händler grundsätzlich beide Kartenarten akzeptiert, Kreditkarten einsetzen, um den Zinsvorteil zu nutzen und nur einen Buchungsposten für die monatliche Abrechnung der Kreditkartenumsätze zu haben. Die Händler werden dagegen die Debitkarte vorziehen, wenn die Kundschaft darauf eingeht, um das Disagio, das für sie einen Erlösentgang darstellt, so niedrig wie möglich zu halten. Soweit die Bonität der Kundschaft dies zuläßt, werden sie auf das POZ-Verfahren umschalten, weil dies mit niedrigeren Kosten verbunden ist als das reguläre Electronic Cash-Verfahren.

Durch besonders ausgestaltete Kreditkarten können Bankkunden schließlich auch noch *spezielle Nutzenkomponenten* in Anspruch nehmen wie z.B. Prestige, Zusatzleistungen und Bonifikationen vom Partner einer co-branded Card, z.B. einer Luftverkehrsgesellschaft. Sie können im Fall von Affinity Cards sogar einen Teil des Disagios einem Affinity-Partner spenden, den sie durch die Wahl ihrer Karte bestimmt haben (Nutzendimensionen 9.2, 9.3., 9.4 und 9.5). Dem *Preis* kommt bei Zahlungsverkehrsleistungen eine ganz erhebliche Bedeutung zu (Nutzendimensionen 11.1 und 11.2). Für Kreditkarten fällt eine Jahresgebühr an, die in den vergangenen Jahren unter Wettbewerbsdruck erheblich herabgesetzt worden ist. Die ec-Karte ist auch mit einer jährlichen Gebühr belastet; darüber hinaus bringt jede Transaktion, die mit der Karte durchgeführt wird, einen Buchungsposten mit sich, für den in Abhängigkeit vom Kontomodell des einzelnen Instituts ein Postenpreis zu entrichten ist. Bei den übrigen Zahlungsverkehrssystemen fallen nur Postenpreise an, die insbesondere bei Inlandszahlungen von der Form der Übermittlung der Zahlungsverkehrsaufträge abhängen: Wenn die Bank die maschinell zu verarbeitenden Datensätze erstellt, wird ein Standardpreis berechnet. Liefern Kunden ihre Zahlungsverkehrsaufträge durch DTA oder DFÜ an, so daß sie von der Bank zu niedrigeren Kosten weiterverarbeitet werden können, dann kann auch ein viel niedrigerer Postenpreis angesetzt werden. Bei den Auslandszahlungsverkehrsaufträgen waren die Preise traditionell sehr hoch, was insbesondere bei kleinen Zahlungsbeträgen immer wieder zu absurden Ergebnissen geführt hat. Hier setzt das System TIPA-NET an: Es bietet Auslandszahlungen zu einem niedrigen Komplettpreis.

\* **Wirtschaftlichkeit**

Die Kreditinstitute haben die Entwicklung der Zahlungsverkehrssysteme primär unter dem Ziel der Verbesserung der Wirtschaftlichkeit vorangetrieben. Dabei mußten zwar wichtige Dimensionen des Kundennutzens berücksichtigt werden; die Schnelligkeit der Zahlungsverkehrsabwicklung, die die Kunden teilweise gar nicht beobachten können, wurde dem Wirtschaftlichkeitsziel aber ganz eindeutig untergeordnet, auch deshalb, weil dies sonst zu einer Belastung des Float-Nutzens der Banken geführt hätte.

Bei der Entwicklung der Zahlungsverkehrssysteme ist immer wieder das Bestreben der Institute sichtbar, manuelle Datenerfassungsvorgänge nach Möglichkeit zu vermeiden und statt dessen zu *durchgehenden Vorgangsketten* zu kommen, bei denen die Zahlungsverkehrauftr äge schon in maschinell zu verarbeitender Form eintreffen und bis zur Gutschrift auf den Empfängerkonten maschinell weiterverarbeitet werden. Bei vielen *Firmenkunden* konnte dies relativ leicht erreicht werden, weil diese aufgrund der niedrigen Preise für maschinell erstellte Zahlungsverkehrsaufträge bereit waren, ihre ohnehin vorhandenen EDV-Systeme für die Erstellung von Zahlungsverkehrsauftragsdateien einzusetzen, die dann durch DTA oder DFÜ an die Bank übermittelt werden. Bei der *Privatkundschaft* war diese Umstellung auf durchgehende Vorgangsketten sehr viel schwieriger und nur in geringerem Umfang zu erreichen. Handschriftliche Überweisungen und Schecks werden von Privatkunden immer noch verwendet; die Anzahl ist aber stark rückläufig. Durch die Ausbreitung des Lastschriftverfahrens, das als durchgehende Vorgangskette abgewickelt wird, ging zwar die Zahl der Überweisungen im Privatkundengeschäft deutlich zurück, namentlich die Zahl der Überweisungen für Versicherungsbeiträge, kommunale Kosten und Gebühren etc., aber es blieben immer noch die Scheckzahlungen, die Privatkunden bei ihren Einkäufen etc. leisteten, und die durch die Einführung der ec-Karte auch noch gefördert worden waren. Um auch diese Zahlungen kostengünstiger abwickeln zu können, ergriffen die Kreditinstitute die Initiative zur

Entwicklung des Electronic Cash-Systems, des GeldKarte-Systems und zur Einführung der Kreditkarten.

*Das Electronic Cash-Verfahren* trägt zu einer Reduktion des Scheckverkehrs bei, der wegen der Codierung und maschinell-optischen Beleglesung auch bei Anwendung des beleglosen Scheckeinzuges (vgl. Kap. 2.1.4.2) höhere Kosten pro Zahlungsvorgang (Scheck) verursacht, verglichen mit den variablen Kosten bei Electronic Cash. Den Erträgen, die die Institute bei Electronic Cash für die Bereitstellung der Karten und die Übernahme der Zahlungsgarantie erhalten, stehen Fixkosten für die Autorisierungszentralen gegenüber, so daß die Wirtschaftlichkeit des Electronic Cash von der Nutzungsfrequenz abhängt. Da die Nutzung des Electronic Cash durch Privatkunden sehr stark zunimmt, ist zu erwarten, daß die Kostenvergleichsrechnung schon bald ein günstiges Bild für Electronic Cash ergibt.

Die Erträge, die die Emittenten von *Kreditkarten* erzielen, bestehen aus den Jahresgebühren und dem Disagio-Anteil, der auf sie entfällt. Als Emittenten haben sie aber auch erhebliche Betriebskosten, nicht nur die Kosten für die Abwicklung der Kartenumsätze (Processing), sondern auch die Kosten für die Betreuung der Karteninhaber und für die Kartenlizenz. Es liegt nahe, daß die Processing-Kosten besonders niedrig gehalten werden können, wenn die Transaktionsdaten durch Terminals erfaßt und über Leitungsnetze übertragen werden. Diese Daten können dann beim Processing ausschließlich rechnergestützt verarbeitet werden, so daß die Rechnungsbeträge beleglos per Lastschrift von den Karteninhabern eingezogen und die Überweisungen für die Vertragshändler beleglos ausgeführt werden können. Dies setzt aber eine Infrastruktur voraus, die die Kreditkartengesellschaft weltweit durch Verhandlungen mit allen Beteiligten, insbesondere den Vertragshändlern, nur langsam aufbauen kann. So kostengünstig die elektronische Erfassung und Weiterleitung der Transaktionsdaten aus der Sicht des Processing sein mag, auf lange Sicht wird es parallel hierzu immer noch die manuelle Erstellung von Transaktionsbelegen geben, weil viele kleine Vertragshändler Terminals nicht wirtschaftlich einsetzen können. Dadurch bleibt vorerst auch das Mißbrauchsrisiko recht hoch, weil nur unter Verwendung von Terminals mühelos Autorisierungsanfragen gestellt werden können. Telefonische Autorisierungsanfragen, zu denen die Händler ohne Terminal verpflichtet sind, wenn der Kartenumsatz eine vorher festgelegte Grenze (Floor Limit) überschreitet, sind aufwendiger und weniger zuverlässig. Zu den Aufwendungen gehören auch die Verluste aus dem Mißbrauch von Kreditkarten, soweit sie der Emittent zu tragen hat.

Die *Spartenkalkulation*, die der Emittent für seine *Kreditkarte* erstellt, gibt Aufschluß darüber, wieviele Kreditkartenkunden mit einem bestimmten Jahresumsatz er benötigt, um in dieser Sparte gerade den Break-even point zu erreichen. Auf diese Kalkulation wirken viele Einflußgrößen ein: Nicht nur der mittlere Umsatz pro Transaktion und der Jahresumsatz pro Karteninhaber, sondern auch die Art der Datenerfassung, die Verluste durch Kartenmißbrauch und die laufenden Betriebskosten. Tendenziell sind seit Jahren sowohl das Disagio als auch die Jahresgebühr unter Wettbewerbsdruck. Wenn dann noch die Verbreitung von Kreditkarten immer mehr zunimmt, wenn also Privatkunden zwei, drei und mehr Kreditkarten haben, dann sinkt auch der mittlere Umsatz pro Karte und Jahr, so daß beim Vertrieb der Karten möglichst zielgruppenbezogen und selektiv vorgegangen werden muß, damit die Wirtschaftlichkeit dieser Sparte erhalten bleibt.

Die Frage, ob eine Bank durch die Benutzung des S.W.I.F.T.-Systems die Wirtschaftlichkeit ihrer Geschäftsabwicklung im *Auslandszahlungsverkehr* verbessern kann, ist nicht leicht zu beantworten. Jueterbock (1988b) verweist in diesem Zusammenhang auf Ersparnisse bei den Kommunikationskosten, weil die S.W.I.F.T.-Gebühr in vielen Fällen niedriger ist als die Kosten konventioneller Kommunikationsmittel; diese Betrachtungsweise ist aber zu eng. Rationalisierungsvorteile können in Verbindung mit dem S.W.I.F.T.-System insbesondere dann genutzt werden, wenn es gelingt, auch hier geschlossene Vorgangsketten von der Erstellung der zu sendenden Nachrichten bis zur Verarbeitung der empfangenen Nachrichten rechnergestützt zu bearbeiten. Die Verbesserung der Wirtschaftlichkeit der Geschäftsabwicklung, die sich durch Umstellung von manuellen Verfahren auf EDV-gestützte Verfahren ergibt, kann ganz beträchtlich sein, wenn es gelingt, die EDV-gestützten Verfahren gut auszulasten, denn diese erfordern einen ganz erheblichen Investitionsaufwand. Für kleine Sparkassen und Genossenschaftsbanken, die den Break-even point nicht erreichen, ist es dagegen günstiger, den S.W.I.F.T.-Anschluß mitzubenutzen, den die zuständige Landesbank bzw. Genossenschafts-Zentralbank oder die DG-Bank betreibt. Für die Auslandszahlungsverkehrssysteme wie z.B. TARGET, S.W.I.F.T.und TIPA kann also nicht einfach nur eine Kostenvergleichsrechnung durchgeführt werden. Diese Systeme leisten zum Teil mehr als nur Auslandszahlungsverkehrsabwicklung, und es sind daher auch Erlöse zu berücksichtigen, die von der Art des Systems abhängen. Bei der Wirtschaftlichkeitsrechnung muß dann auf eine *Gewinnbeitragsvergleichsrechnung* für konventionelle und systemgestützte Geschäftsabwicklung übergegangen werden.

\* **Wettbewerbsvorteile**
Die Banken wickeln über die Zahlungsverkehrssysteme zwar auch das Settlement von Eigenhandelsgeschäften mit Wertpapieren, Devisen etc. ab; primär werden diese Systeme aber für die aus dem Kundengeschäft resultierenden Zahlungsverkehrsvorgänge eingesetzt. Da diese Geschäftsprozesse nur zu einem kleinen Teil bankintern, überwiegend aber bankextern ablaufen, sind die Zahlungsverkehrssysteme gemäß Abb. 1.6.2.4-1 Systeme mit direktem Kundengeschäftsbezug im externen Einsatzbereich. Sie erfüllen ausschließlich die Grundfunktion der Geschäftsabwicklung. Die in Kap. 2.1.4.3 dargestellten EDV-gestützten Zahlungsverkehrssysteme bieten der Kundschaft im Vergleich mit den jeweiligen Referenzprozessen einen ganz erheblichen Zusatznutzen, insbesondere hinsichtlich Schnelligkeit der Geschäftsabwicklung, Preis und Kosten, die auf Kundenseite anfallen. Aufgrund des Zusatznutzens haben diese Systeme große und teilweise noch steigende Akzeptanz gefunden. *Kundennutzen und Akzeptanz* sind aber nur eine notwendige Bedingung dafür, daß eine Bank mit diesen Systemen Wettbewerbsvorteile erzielen kann, hinreichend sind sie noch nicht. Zu den hinreichenden Bedingungen gehört, daß die betrachtete Bank sich durch die Ausgestaltung der Systeme *von ihren Konkurrenten* in dem Sinne *abhebt*, daß sie ihren Kunden einen ganz besonderen Nutzen bietet. Dies ist aber nur insoweit möglich, wie die Zahlungsverkehrsprozesse in der betrachteten Bank ablaufen. Denn der bankextern ablaufende Teil der Prozesse, z.B. die elektronische Abwicklung des Zahlungsverkehrs durch die Deutsche Bundesbank, ist durch die betrachtete Bank nicht gestaltbar, und er steht allen Wettbewerbern in gleicher Form zur Verfügung. Ebenso wie für die elektronische Abwicklung von Überweisungen und Lastschriften gilt dies auch für Electronic Cash, TARGET und S.W.I.F.T.

Ansatzpunkte für die Schaffung von Wettbewerbsvorteilen bieten sich nur bei dem Teil der Zahlungsverkehrsprozesse, der bankintern abläuft. Hierbei kann z.B. die Abwicklung von DTA und DFÜ für die Firmenkunden besonders angenehm gestaltet werden, die Preise für maschinell weiterzuverarbeitende Zahlungsverkehrsaufträge können niedrig angesetzt und es kann dazu beigetragen werden, daß auf Kundenseite möglichst niedrige Kosten bei der Erstellung der Zahlungsverkehrs-Datensätze entstehen. Entsprechendes gilt auch für die Auslandszahlungsverkehrssysteme.

Bei *Kreditkarten* ergeben sich in Hinsicht auf Wettbewerbsvorteile einige Besonderheiten: Hauptleistungen, Zusatzleistungen und Bonifikationen, die die Karteninhaber in

Anspruch nehmen, können von Banken als Emittenten der Kreditkarten differenziert gestaltet werden. Die hierdurch gegebenen Möglichkeiten der Produktdifferenzierung werden aber kaum einen Kunden dazu bewegen, seine Bankverbindung zu wechseln. Über 40 % der Privatkunden in Deutschland haben zwei oder mehr Bankverbindungen, und sie können sich aussuchen, von welchen Instituten sie ihre Kreditkarten beziehen wollen. So können sie z.B. von einem Institut die Eurocard und von einem anderen die Visa-Card nutzen. Wettbewerbsvorteile entstehen auf diese Weise also noch nicht. Wenn aber im Falle des Co-Branding die kartenemittierende Bank die Kundendatei eines geeignet ausgewählten Co-Emittenten nutzen kann, dann erschließt sich nicht nur für beide Partner eine zusätzliche Ertragsquelle, sondern es ergibt sich auch für die Bank auf dem Vertriebsweg »Banking by Mail« die Möglichkeit, einem hierdurch neu ansprechbaren Kundenkreis weitere Bankleistungen anzubieten. Auf diese Weise können für ein kartenemittierendes Institut Wettbewerbsvorteile entstehen, die, ausgehend von der Kreditkarte, auf andere Sparten des Bankgeschäfts ausstrahlen, die für den Vertriebsweg »Banking by Mail« geeignet sind.

## 2.1.5 Basisprozesse im Kreditgeschäft

### 2.1.5.1 Funktionsweise von Systemen im Kreditgeschäft

Praktisch alle Lehrbücher zur Bankbetriebslehre behandeln auch das Kreditgeschäft. Einige von diesen bieten nur die Grundlagen, indem sie ausschließlich die Kreditformen und die Kreditsicherungen beschreiben (vgl. Bitz 1999; Priewasser 1998; Schierenbeck/ Hölscher 1998). Bei Kreditarten und Kreditsicherungsformen handelt es sich um Grundlagen, die in ganz ähnlicher Form auch während der praktischen Berufsausbildung behandelt werden. Einige Bankbetriebslehren gehen ergänzend auch auf die Kreditwürdigkeitsprüfung ein, wenn auch teilweise nur kurz und abstrakt (vgl. Büschgen 1998; Eilenberger 1997). Unter den verbreiteten und das ganze Gebiet der Bankbetriebslehre abdeckenden Lehrbüchern ist es praktisch nur das auf Obst/Hintner zurückgehende Werk, das einen ausführlichen Beitrag zur Kreditwürdigkeitsprüfung enthält (vgl. von Stein/Kirschner 1993).

Die Basisprozesse im Kreditgeschäft beruhen auf den Grundlagen des Kreditgeschäfts, insbesondere den Kreditarten und den Kreditsicherungsformen, und sie beziehen sich auf die Basisebene der Strukturpyramide (Abb. 1.4-3). Bei diesen auf die Produktgruppe Kredit bezogenen Basisprozessen und den zugehörigen EDV-Anwendungssystemen steht als *Grundfunktion* die *Geschäftsabwicklung* beim einzelnen Kreditgeschäft im Vordergrund. Die teilweise recht komplexen Verfahren und Systeme für die Kreditwürdigkeitsprüfung, die die Grundfunktion der Entscheidungsunterstützung, insbesondere die Bewertung, ausüben, sind dagegen nicht der Basisebene zuzuordnen. Außerdem kommen für Privat- und Firmenkunden jeweils spezifische Verfahren und Systeme zur Anwendung. In der vorliegenden Schrift werden sie daher auf der operativen Ebene unter der Bezugseinheit »Strategisches Geschäftsfeld« (vgl. Abb. 1.4-3) behandelt, für Privatkunden in Kap. 4.1.1.1 und für Firmenkunden in Kap. 4.1.3.1.

Die verschiedenen Kreditarten, Sicherheiten, Verwendungszwecke, Kreditnehmergruppen etc. machen das Kreditgeschäft insgesamt zu einem außerordentlich vielgestaltigen Geschäft. In all den kombinatorisch sich ergebenden Sparten des Kreditgeschäfts, z.B. Konsumentenkreditgeschäft, private Wohnungsbaufinanzierung, Kommunalkreditgeschäft, Firmenkreditgeschäft, sind immer wieder *Basisprozesse* abzuwickeln, d.h. grundlegend einfache Tätigkeiten wie Abschluß von Kredit- und Sicherungsverträgen, laufende Überwachung von Zins- und Tilgungszahlungen sowie laufende Betreuung bei Zinsanpassungen bis zur ordnungsgemäßen Tilgung und Vertragsbeendigung bzw. Kreditabwicklung, wenn das Engagement im Einzelfall notleidend wird.

Hat ein Institut eine Vielzahl gleichartiger Kreditengagements in seinen Büchern, im Fall einer Hypothekenbank z.B. eine große Zahl von Wohnungsbaudarlehen, dann können EDV-Anwendungssysteme eingesetzt werden, mit deren Hilfe die *Sachbearbeitung* bei den Darlehenskonten wirtschaftlicher, schneller und sicherer gestaltet wird. Schon sehr früh wurde erkannt, daß *Datenintegration und Funktionsintegration* genutzt werden konnten, um auch im Bereich der bankbetrieblichen Sachbearbeitung *Rationalisierungspotentiale* auszuschöpfen. Im Sparkassenbereich wurde schon 1985 ein Projekt realisiert, bei dem die EDV-Technik in neuartig erscheinender Weise eingesetzt wurde, um die Kreditsachbearbeitung zu unterstützen. Dieses Einsatzkonzept der EDV-Technik wurde als *computer-unterstützte Sachbearbeitung* (CSB) bezeichnet, und in der Tat greift es über das Kreditgeschäft als Anwendungsbereich hinaus. Inzwischen findet man auch in anderen Anwendungsbereichen der Kreditinstitute EDV-Systeme im Einsatz, die die Sachbearbeitung unterstützen, z.B. im Effektengeschäft. An dem frühen Projekt aus dem Sparkassenbereich (vgl. Bals 1985) soll verdeutlicht werden, welche Basisprozesse z.B. bei »Allzweckdarlehen« und »Wohnungsbaudarlehen« ablaufen, und in welcher Weise EDV-Anwendungssysteme die Sachbearbeiter unterstützen können.

Das *Kredit-CSB-System* beginnt mit seiner Unterstützung in der *Beratungsphase*, indem es dem Kundenberater die Möglichkeit gibt, am Terminal an seinem Arbeitsplatz Modellberechnungen durchzuführen, um so in Gegenwart der Kundschaft alternative Angebote in bezug auf Darlehenshöhe, Zinsbelastung, Laufzeit, monatliche Belastung etc. zu entwickeln. Entscheidet sich die Kundschaft am Ende des Beratungsprozesses für ein bestimmtes Darlehensangebot, dann beginnt die *Erfassung der Antragsdaten*. Handelt es sich im Einzelfall um einen *Altkunden*, dann können die Antragsdaten teilweise aus dem Kundeninformationssystem (vgl. Kap. 2.2) des Instituts übernommen werden. Es hängt nun natürlich vom Stand des Kundeninformationssystems ab, welche Daten grundsätzlich abgefragt werden können, und wie aktuell sie sind. Günstigstenfalls kann der Sachbearbeiter Adreßdaten, Daten über Vermögen, Einkommen und Beruf sowie besondere Merkmale wie z.B. Mahnverfahren, Abtretungen etc. übernehmen. Hierbei sollte der Sachbearbeiter aber mit der gebotenen Behutsamkeit immer wieder eine Plausibilitätskontrolle, insbesondere bei den »weichen« persönlichen Daten, vornehmen. Grundsätzlich werden bei diesem Vorgang zentral gespeicherte Kundendaten übernommen, und die Kundschaft muß nicht noch einmal nach Informationen gefragt werden, von der sie vermutet, daß das Institut ohnehin darüber verfügt.

Handelt es sich bei dem Antragsteller im Einzelfall um einen *Neukunden*, dann müssen natürlich alle genannten Antragsdaten, ggf. ergänzt durch Selbstauskünfte, neu erfaßt werden. Unter den Kreditkunden ist in der Praxis aber der Anteil der Neukunden regelmäßig weit kleiner als der Anteil der Altkunden.

Im nächsten Schritt werden die *Darlehensdaten erfaßt*, indem die Daten des Darlehensangebotes, das der einzelne Kunde am Ende des Beratungsprozesses akzeptiert hat, übernommen werden. Einerseits wird nun durch das System die Einholung einer Schufa-Auskunft (Schutzgemeinschaft für allgemeine Kreditsicherung) initiiert, andererseits werden interne Meldungen erstellt und ein Darlehenskonto eingerichtet.

Bei der *Erfassung der Kreditsicherheiten* werden die Besicherungsdaten vom Kunden erfragt und in das System übernommen. Dieser Fall ist einfach, wenn der Kunde die Kreditsicherheiten schon in Form von Finanzanlagen bei dem betrachteten Institut unterhält. Müssen dagegen Grundpfandrechte bestellt, Bewertungsgutachten eingeholt und

Objektbesichtigungen vorgenommen werden, dann läßt sich die Kreditvergabeentscheidung nicht in einem ununterbrochenen Computer-Dialog herbeiführen.

Wenn, insbesondere im Fall des einfacheren Allzweckdarlehens, alle erforderlichen Informationen vorliegen und der Sachbearbeiter die Sicherheiten abschließend beurteilen kann, dann kann er auch die *Kreditentscheidung* treffen, wenn er hierfür die erforderliche Kompetenz hat. Die *Kreditkompetenz* der an diesen Prozessen mitwirkenden Mitarbeiter ist in Kompetenztabellen niedergelegt, so daß das System selbst erkennen kann, ob der Mitarbeiter über die notwendige Kompetenz verfügt. Nur wenn dies gegeben ist, unterstützt es den weiteren Ablauf des Prozesses. Hat der einzelne Berater oder Sachbearbeiter nicht die erforderliche Kreditkompetenz, dann muß er die Kreditentscheidung per System einem Vorgesetzten überlassen. In jedem Falle aber wird eine zweite Person eingeschaltet, die den bisherigen Ablauf kontrolliert, und erst wenn diese *Kontrolle* nicht zu Beanstandungen führt, wird die Auszahlung freigegeben.

Voraussetzung für die Auszahlung ist zunächst aber, daß die während des Prozesses gestalteten Darlehens- und Sicherungsverträge unterschrieben werden. Zu diesem Zweck ist in das Kredit-CSB-System ein *Textverarbeitungsmodul* integriert, mit dessen Hilfe die erforderlichen *Dokumente* generiert und ausgedruckt werden können, so daß sie in Anwesenheit des Bankmitarbeiters sofort unterschrieben werden können. Zentraler Bestandteil des Kreditvertrages ist natürlich die Schuldurkunde.

Nach *Auszahlungsfreigabe* erfolgt zunächst die *Verbuchung* des Auszahlungsbetrages auf dem Darlehenskonto und anschließend, nach Wahl des Kunden, die *Auszahlung* in bar oder durch Überweisung, auch auf ein Bankkonto dieses Kunden bei einem anderen Institut.

Wie schon angedeutet, ist bei *Wohnungsbaudarlehen* eine Sachbearbeitung in einem ununterbrochenen Computer-Dialog typischerweise nicht möglich. Dennoch können einige wichtige Informationen erfragt und eingegeben werden, so z.B. die Angaben zum Objekt, die erwarteten Gesamtkosten, Eigenkapital und Fremdfinanzierungsbedarf, die aufzunehmenden Fremddarlehen etc. Das System kann dann für das Objekt eine *Finanzierungsübersicht* erstellen, die so gestaltet ist, daß der gesamte Kapitalbedarf gedeckt wird, und daß man Zinszahlungen, Tilgungszahlungen und monatliche Belastung des Kunden erkennen kann. Ist die Belastung angesichts des monatlichen Haushalts-Nettoeinkommens zu hoch, dann kann entweder auf andere Finanzierungsformen mit einer niedrigeren monatlichen Belastung zurückgegriffen oder es kann versucht werden, das Objekt mit niedrigerem Gesamtaufwand zu erstellen. In jedem Fall zeigt die Höhe der monatlichen Belastung im Vergleich zum monatlichen Nettoeinkommen des Haushalts an, ob der Haushalt dieses Objekt wirtschaftlich tragen kann. Die Risiken in Bezug auf das monatliche Nettoeinkommen, z.B. durch Verlust des Arbeitsplatzes, können hierbei noch nicht berücksichtigt werden.

Die *Bearbeitung der Sicherheiten* für Wohnungsbaudarlehen kann erhebliche Zeit in Anspruch nehmen, so daß spätestens hierdurch der Computer-Dialog unterbrochen wird. Das vorgesehene Objekt muß besichtigt und bewertet werden, und wenn es als Sicherheit akzeptabel erscheint, muß ein Grundpfandrecht, typischerweise eine Grundschuld, eingetragen werden. Die hiermit verbundenen Vorgänge können sehr viel Sorgfalt und auch Zeit erfordern.

Um die Fremddarlehen, die zur Finanzierung eines Objekts erforderlich sind, möglichst präzise berücksichtigen zu können, wäre es natürlich wünschenswert, wenn auch die Daten der ggf. vorhandenen Bausparverträge des Kunden durch DFÜ von der jeweiligen Bausparkasse abgefragt und in die Finanzierungsübersicht eingestellt werden könnten.

Nachdem die bisherige Beschreibung von computer-unterstützten Basisprozessen im Kreditgeschäft nur bis zur Kreditentscheidung und zur Auszahlung geführt hat, soll ergänzend noch kurz betrachtet werden, welche *laufenden Sachbearbeitungstätigkeiten* bei einem Darlehensbestand anfallen. Auch diese Basisprozesse werden bei umfangreichen Darlehensbeständen von EDV-Anwendungssystemen übernommen oder wenigstens unterstützt. Systeme überwachen den laufenden *Eingang von Zins- und Tilgungszahlungen*. Treten Leistungsstörungen auf, dann werden die Sachbearbeiter durch Listen, Dateien o.ä. darauf aufmerksam gemacht, so daß sie diesen Fällen ihre ungeteilte Aufmerksamkeit schenken können. Die Sachbearbeiter können dann die Versendung von Mahnschreiben oder andere Maßnahmen veranlassen.

Bei Darlehen mit Zinsbindung sind die *Zinsanpassungstermine* zu überwachen. Rechtzeitig vor derartigen Terminen werden den Kunden neue Angebote geschickt, und es hängt dann von der Verhandlung zwischen Kunde und Sachbearbeiter ab, ob ein neuer Vertrag mit einer verlängerten Zinsbindungsfrist zustande kommt, so daß das Darlehen im Bestand bleibt, oder nicht. Die *Kreditsicherheiten* erfordern eine laufende Überwachung ihrer Werthaltigkeit. Handelt es sich z.B. um Wertpapiere, dann ist in regelmäßigen Zeitabständen eine Neubewertung zu Marktkursen vorzunehmen. Bei Immobiliarsicherheiten erfolgt eine Neubewertung nur in großen Zeitabständen, es sei denn, daß das Preisniveau am lokalen Immobilienmarkt stark in Bewegung kommt, was z.B. durch lokal sich stark auswirkende Wirtschaftsstrukturkrisen ausgelöst werden kann. Bei Beendigung von Darlehensverträgen sind die Sicherheiten wieder freizugeben, was sachbearbeitende Tätigkeiten erfordert, die nur wenig zu standardisieren sind.

Bei Festsatzdarlehen versuchen einzelne Kunden gelegentlich, mit ihrer Bank ein *Kündigungsrecht* auszuhandeln, so daß sie entweder ihre Zinsbindung vorzeitig ändern oder das Darlehen vorzeitig ganz zurückzahlen können. In beiden Fällen sind sachbearbeitende Tätigkeiten erforderlich: Die Wünsche des einzelnen Kunden müssen erfaßt werden, so daß die *Vorfälligkeitsentschädigung* berechnet werden kann, die die Bank für dieses Kündigungsrecht verlangt. Wofür auch immer der Kunde sich dann entscheidet – wenn es zu einer Änderung wesentlicher Vertragsbestandteile kommt, sind diese datenmäßig in das System einzugeben, so daß das Darlehen zukünftig nach den neuen Verhandlungsergebnissen behandelt werden kann. Abschließend seien nur noch die *Aufstellungen* erwähnt, durch die den Darlehensnehmern jährlich zum Jahresende der Schuldenstand und der Zinsaufwand des vergangenen Jahres bestätigt wird. Die Darlehensnehmer benötigen solche Aufstellungen zur Vorlage bei ihrem Finanzamt.

Bisher wurden primär im organisatorischen Sinne die *Aufgaben* behandelt, die Gegenstand von Basisprozessen im Kreditgeschäft sind. Zur Unterstützung derartiger Basisprozesse werden *Workflow-Systeme* eingesetzt, die im Prinzip aus einem Workflow Management-System, fachbezogenen, hier kreditgeschäftsbezogenen EDV-Anwendungssystemen und weiteren Komponenten für Archivierung, Formularbearbeitung, Textverarbeitung etc. bestehen. Das *Workflow Management-System* übernimmt die *Prozeßsteuerung*. Es verknüpft prozeßorientiert bestehende individuelle Anwendungsprogramme für die Kundenberatung und Kreditbearbeitung sowie Standardprogramme für elektronische Archivierung, Textverarbeitungssysteme für den Schriftverkehr etc. mit dem Ziel, den gesamten Arbeitsablauf von der Kundenberatung bis zum Abschluß der Kreditsachbearbeitung zu rationalisieren. Wenn ein Kreditprozeß angestoßen worden ist, steuert das Workflow Management-System den gesamten weiteren organisatorischen Ablauf. Es gibt die einzelnen Aufgaben zur Bearbeitung frei und stellt sie in die elektronischen Arbeitslisten der jeweils zuständigen Mitarbeiter ein, denen die für die Bearbeitung notwendige Programmunterstützung automatisch zur Verfügung gestellt wird, ohne daß sie Kenntnisse über den Aufruf der Anwendungsprogramme haben müßten (vgl. Bülow-Kämpfer/Krüger 1997).

Zu den *Zielen*, die man mit dem Einsatz von Workflow-Systemen verbindet, gehören insbesondere die Verkürzung der Kreditbearbeitung durch Vermeidung von Transport- und Liegezeiten von Kreditakten, Kostensenkung und Fehlerreduktion durch redundanzfreie Datenerfassung und -speicherung sowie Entlastung der Mitarbeiter von Routinetätigkeiten. Für den Einsatz von Workflow-Systemen sind insbesondere solche Prozesse prädestiniert, die häufig ablaufen, die weitgehend standardisiert sind und die von mehreren Mitarbeitern oder sogar von mehreren Organisationseinheiten, z.B. Abteilungen, bearbeitet werden. Dies trifft offensichtlich für Kreditprozesse zu, der Einsatz von Workflow-Systemen ist aufgrund ihrer Konzeption prinzipiell aber nicht auf Kreditprozesse beschränkt.

*Workflow-Systeme* sind nicht bestands- oder prozeß-, sondern *ablauforientiert* konzipiert. Daher besteht ein enger Zusammenhang zwischen der Struktur eines Workflow-Systems und der ablauforganisatorischen Struktur des Prozesses, den das Workflow-System unterstützen soll. Grundsätzlich kann es höchstens suboptimal sein, wenn man die dem Prozeß zugrundeliegenden aufbau- und ablauforganisatorischen Strukturen als gegeben hinnimmt und hierfür ein Workflow-System entwickelt. In Wirklichkeit gilt es, die Interdependenzen zu analysieren, also einerseits die Nutzungsmöglichkeiten der Workflow-Systemkonzeption auszuloten und organisatorische Anpassungen vorzunehmen, andererseits die organisatorische Struktur bestmöglich zu gestalten, um eine möglichst günstige Ausgangssituation für den Einsatz eines Workflow-Systems zu schaffen. Bevor mit der Entwicklung des Workflow-Systems begonnen wird, sollte der Prozeß daher unter Berücksichtigung der durch Workflow-Systeme grundsätzlich gegebenen Möglichkeiten einem *Business Process Reengineering* unterzogen werden. Dabei beginnt man mit einer *Ist-Analyse*, die typischerweise die Schwächen der bisherigen Prozeßstruktur aufdeckt, z.B. vermeidbare Mehrfacherfassungen und Abfragen von Daten, die Kapazitäten binden und die Bearbeitung unnötig verlängern, vielfache Bewegungen von Kreditakten mit vermeidbaren Transportzeiten sowie unstrukturierte Kommunikationen zwischen Beratern und Sachbearbeitern, die eine durchgängige Vorgangsbearbeitung behindern und unnötige Liegezeiten mit sich bringen (vgl. Schneider/Brückner 1998).

Auf die Ist-Analyse folgt die Erarbeitung einer *Soll-Konzeption*. Sie beruht auf einem *Anforderungskatalog*, der z.B. folgende Punkte umfaßt:

- Abbildung der durch Business Process Reengineering verbesserten Prozeßstruktur
- Schaffung einer integrierten und durchgängigen Vorgangssteuerung
- Unterstützung abteilungsübergreifender Gruppenarbeits- und Kommunikationsprozesse
- Vergabe anforderungsadäquater Zugriffsrechte auf Personen- und Gruppenebene
- Integration der für die beteiligten Mitarbeiter geltenden Kompetenzregelungen
- Anlegung elektronischer Kundenakten mit allen zugehörigen Dokumenten
- Integration des Workflow-Systems in die bestehende EDV-Infrastruktur
- Offenheit und Ausbaufähigkeit des Systems

Die Erstellung und Realisierung einer *Soll-Konzeption* muß die Ausgangslage, insbesondere die vorhandene EDV-Infrastruktur, und die Ziele des jeweiligen Instituts individuell berücksichtigen. Grundlage eines Workflow-Systems ist ein Workflow Management-System, das als Integrations-Plattform für die Anwendungskomponenten fungiert und von Herstellern und Software-Häusern fremdbezogen werden kann. Beispielsweise berichten Reinhold/Hachinger (1997) über den erfolgreichen Einsatz des Systems Work-Party von SNI in der Bayerischen Landesbank, Bülow-Kämpfer/Krüger (1997) über das System IBM Flow-Mark und Schneider/Brückner (1998) über den in einer Sparkasse geplanten Einsatz von Lotus Notes. Diese Systeme, die auch als Groupeware-Plattformen bezeichnet werden, weil sie einer Gruppe von Mitarbeitern die parallele Bearbeitung von Prozessen ermöglichen, müssen zugleich eine Großrechner-Kopplung aufweisen, so daß Kundendaten, z.B. von Darlehenskonten, abgefragt, in Datenbanken des Workflow-Systems geladen und nach Bearbeitung auch wieder in das Großrechner-System transferiert werden können.

### 2.1.5.2 Bewertung von Systemen im Kreditgeschäft bezüglich der Effizienzkriterien

Der Einsatz von Workflow-Systemen im Kreditgeschäft ermöglicht *neue Geschäftsprozesse mit Kunden* zur Abwicklung *konventioneller Bankleistungen*. Die Grundfunktion der *Geschäftsabwicklung* steht im Vordergrund.

* **Kundennutzen**
Von den Dimensionen des Kundennutzens (vgl. Abb. 1.6.2.1-2) werden von den Kredit-Workflow-Systemen nur die *Bedienungszeit* und die *Abwicklungszeit* (Nutzendimensionen 4.1 und 4.2) berührt. Nach bisherigen Erfahrungen ist die Beschleunigung des Kreditbearbeitungsprozesses durch Kredit-Workflow-Systeme bei Neuanträgen relativ gering. Sie beträgt bei Allzweckdarlehen ca. 20 Min., und bei Wohnungsbaudarlehen kann der Sachbearbeitungsprozeß ohnehin nicht ununterbrochen ablaufen.

* **Wirtschaftlichkeit**
Da es sich bei Kredit-Workflow-Systemen um einen neuen Geschäftsprozeß mit Kunden handelt, der der Abwicklung einer konventionellen Bankleistung dient, bietet sich als Form der Wirtschaftlichkeitsrechnung ein *Kostenvergleich* mit der manuellen Kreditbearbeitung an. Bei Neuanträgen ist die Verkürzung der Bearbeitungszeit offenbar gering, so daß auch Personalkosten nur in geringem Umfang eingespart werden, während das System zusätzliche Kosten für Hardware und Software verursacht. Systeme, die die *laufende Kreditsachbearbeitung* unterstützen, haben ein größeres Rationalisierungspotential. Gerade für große Darlehensbestände, denen eine Vielzahl von Darlehenskonten zugrunde liegt, ist die Wirtschaftlichkeit der laufenden Kreditsachbearbeitung von großer Bedeutung. Man denke nur an Hypothekenbanken, die bei Wohnungsbaudarlehen einen Zinskonditionsbeitrag von ca. 50 Basispunkten erwirtschaften. Auf ein Darlehen von nominell DM 100.000,- erhalten sie einen Zinsbeitrag in Höhe von ca. DM 500,- pro Jahr. Es liegt nahe, daß solche Institute die Wirtschaftlichkeit der Kreditsachbearbeitung verbessern und hierbei insbesondere auch die Sicherheit der Geschäftsabwicklung stärken. Wenn dadurch die Fehlerquote gesenkt und schließlich auch das Volumen der Forderungsausfälle vermindert wird, wirkt sich dies günstig auf die Wirtschaftlichkeit der Kreditsachbearbeitung aus. Dies setzt aber voraus, daß die Kreditsachbearbeitungsvorgänge, soweit möglich, standardisiert werden, so daß sie in menügesteuerte EDV-Anwendungssysteme umgesetzt werden können. Die Sachbearbeiter werden dann einerseits wichtige Punkte nicht einfach vergessen und andererseits ihre Aufmerksamkeit auf die Aspekte lenken, die wirklich einer persönlichen Bearbeitung bedürfen.

* **Wettbewerbsvorteile**
Bei den Kredit-Workflow-Systemen handelt es sich um *bankintern eingesetzte Systeme mit direktem Kundengeschäftsbezug* (vgl. Abb. 1.6.2.4-1). Der mit Kredit-Workflow-Systemen erzielbare Kundennutzen ist gering, wenn er überhaupt von der Kundschaft wahrgenommen wird, und deshalb kann die Qualität des Leistungsangebots mit solchen

Systemen praktisch nicht gestärkt werden. Von größerer Bedeutung ist dagegen die Möglichkeit, durch Systeme dieser Art, insbesondere bei der laufenden Kreditbearbeitung, die Wirtschaftlichkeit der Leistungserstellung zu verbessern, insbesondere durch eine Verminderung der Fehlerquote und letztlich auch durch eine Senkung der Forderungsausfälle. Wettbewerbsvorteile ergeben sich daraus aber nicht.

### 2.1.6 Basisprozesse im Wertpapiergeschäft

Zu den Grundlagen des Wertpapiergeschäfts gehören die folgenden Gebiete: Wertpapierarten, Wertpapieremission, Wertpapierbörsen, Handel an Kassa- und Terminmärkten sowie das Depotgeschäft. Diese Grundlagen werden ausführlich von Breuer (1993), Than (1993), Eilenberger (1997) und Büschgen (1998) beschrieben.

Zu den *Wertpapierarten* gehören nach § 2 Abs. 1 Wertpapierhandelsgesetz (WpHG) Aktien, Zertifikate, die Aktien vertreten, Schuldverschreibungen, Genußscheine, Optionsscheine und andere Wertpapiere, die mit Aktien und Schuldverschreibungen vergleichbar sind, wenn sie an einem Markt gehandelt werden können. Wertpapiere sind auch Anteilsscheine, die von einer Kapitalanlagegesellschaft oder einer ausländischen Investmentgesellschaft ausgegeben werden. Nachdem der Handel mit derivativen Instrumenten große Bedeutung gewonnen hat, empfiehlt es sich, die Derivate im Zusammenhang mit dem Wertpapiergeschäft zu betrachten (§ 2 Abs. 2 und 3 WpHG),

- weil sie mit Wertpapieren und Indizes sachlich in engem Zusammenhang stehen (Aktienoptionen und Aktienindex-Optionen haben Aktien bzw. Aktienindizes als Underlying; den Zins-Futures liegen Zinstitel zugrunde etc.),
- weil sie, börslich oder außerbörslich, gehandelt werden wie die Wertpapiere selbst und
- weil der Handel der derivativen Instrumente in den Kreditinstituten organisatorisch typischerweise in engem Zusammenhang mit dem Handel der Kassainstrumente erfolgt.

So werden Kassapositionen, z.B. von institutionellen Anlegern, in vielen Fällen nicht ohne gleichzeitige Absicherung durch derivative Instrumente eingegangen. Diese Aspekte mögen genügen, um zu begründen, daß hier ein *erweiterter Begriff des Wertpapiergeschäfts*, der die derivativen Instrumente mitumfaßt, verwendet werden soll (vgl. Kap. 3.1).

Bei Aktien und Schuldverschreibungen unterscheidet man einen Primär- und einen Sekundärmarkt. Diese Wertpapiere werden zunächst auf dem *Primärmarkt* plaziert, indem Emittenten die Papiere anbieten und Anleger diese Papiere unter Vermittlung von Kreditinstituten erwerben. Die Plazierung auf dem Primärmarkt wird aus der Sicht der Kreditinstitute als *Emissionsgeschäft* bezeichnet. Bei der Durchführung dieses Geschäfts findet man in der Praxis zahlreiche Varianten hinsichtlich der *Emissionswege* (Selbstemission oder Fremdemission), der *Emissionskonsortien* (Begebungs-, Übernahme-, Garantie- oder Optionskonsortien) und der *Emissionsverfahren* (öffentliche Zeichnung, freihändiger Verkauf oder Ausschreibung).

Der Wertpapierhandel im *Sekundärmarkt* kann sich börslich und außerbörslich vollziehen. Die traditionelle Form des außerbörslichen Handels ist der *Telefonhandel*, den Banken vor- und nachbörslich durchführen. Er ist rechtlich nicht normiert; er läuft nach Usancen ab, die sich im Laufe der Zeit gebildet haben, und die von Land zu Land auch recht unterschiedlich sein können. Seit einigen Jahren haben sich im Bereich des außerbörslichen Wertpapierhandels EDV-Systeme entwickelt, bei denen die Kommunikation zwischen den Handelspartnern EDV-technisch realisiert wird. Sowohl durch den

Telefonhandel als auch durch *elektronische Wertpapierhandelssysteme* wird die Handelszeit, die den Marktpartnern zur Verfügung steht, über die Börsenzeiten hinaus beträchtlich verlängert. Börsen stellen die traditionelle Form des organisierten Kapitalmarktes dar.

Für die beiden Marktsegmente, Kassa- und Terminmarkt, haben sich spezielle Börsen herausgebildet, deren Darstellung in bezug auf Börsenorganisation und Börsenhandel zu den Grundlagen der Bank-Betriebswirtschaftslehre gehört. *Präsenzbörsen* (Parkettbörsen) sind dadurch gekennzeichnet, daß der Handel bei persönlicher Anwesenheit der Handelsteilnehmer (Bankenvertreter und Makler) stattfindet. Grundsätzlich arbeitet die Präsenzbörse nach dem Auktionsprinzip. Präsenzbörsen könnten aber auch nach dem Market Maker-Prinzip arbeiten.

Für den Begriff der *Computer-Börse* gibt es bisher noch keine allgemein akzeptierte Definition. Wenn Systeme nur einzelne Börsenfunktionen übernehmen, dann sollte noch nicht von einer Computer-Börse gesprochen werden. So können z.B. die computer-unterstützten Preisinformationssysteme (Quotation Systems), die als Weiterentwicklung des Telefonhandels zu verstehen sind, noch nicht als Computer-Börsen betrachtet werden. Bei derartigen Systemen können die Teilnehmer am Börsenhandel eigene Kauf- oder Verkaufsangebote in das System eingeben und die Preisindikationen anderer Handelsteilnehmer am Bildschirm verfolgen. Das britische SEAQ-System (Stock Exchange Automated Quotation System) stellt z.B. nur ein EDV-Netzwerk dar, mit dessen Hilfe die am Markt teilnehmenden Market Maker ihre Geld- und Briefkurse (Quotes) an andere Handelsteilnehmer übermitteln. Der Handelsvorgang selbst läuft dann per Telefon in Form bilateraler Verhandlungen zwischen Market Maker und dem Auftraggeber der Order ab. Abschlüsse werden vom Market Maker nur zu Informationszwecken und zur Erfüllung von Berichtspflichten gegenüber den anderen Handelsteilnehmern in das System eingegeben. Wenn EDV-Anwendungssysteme nur einzelne Börsenfunktionen abdecken, dann soll von *computer-unterstützten Börsen* und nicht von Computer-Börsen gesprochen werden.

Eine Börse ist nur dann als *Computer-Börse* zu betrachten, wenn der gesamte Transaktionsprozeß im Sinne einer durchgehenden Vorgangskette automatisiert ist (vgl. Gerke 1993). Dieser Prozeß umfaßt die folgenden *Börsenfunktionen*:

- *Ordereingabe am Terminal eines Orderführungssystems* mit anschließender Übermittlung an die Computer-Börse mit Hilfe von DFÜ
  (automated order routing);
- *Zusammenführung ausführbarer Orders*
  (automated matching and trade execution);
- *Weiterleitung der Transaktionsdaten zur Abwicklung* von Lieferungs- und Zahlungsverpflichtungen
  (automated clearing and settlement);
- *Verbreitung von Handelsinformationen an die Marktteilnehmer*
  (automated information dissemination).

Eine Computer-Börse, die alle diese Funktionen technisch vollkommen erfüllt und den vollautomatischen Börsenhandel ermöglicht, wird von Gerke (1993) als *elektronisches Handelssystem* (EHS) bezeichnet. Nach dem Prinzip eines EHS mit automated matching und automated trade execution arbeiten bereits zahlreiche Börsenplätze. In Deutschland zählen hierzu das im Kassamarkt eingesetzte Xetra-System (Exchange Electronic Trading-System) und die Eurex (European Exchange Organization). Computer-Börsen können, ebenso wie Präsenzbörsen, sowohl nach dem Auktionsprinzip als auch nach dem Market Maker-Prinzip verfahren.

Für Wertpapiere, die am Sekundärmarkt gehandelt werden und sich im Besitz von Anlegern, aus der Sicht der Kreditinstitute im Besitz von Kunden befinden, bieten die Institute die Wertpapierverwahrung und Wertpapierverwaltung an, die unter dem Begriff *Depotgeschäft* zusammengefaßt werden. Bei der *Wertpapierverwahrung* kommt der Girosammelverwahrung die größte Bedeutung zu. Hierbei verwahrt eine Wertpapiersammelbank die Wertpapiere in Form effektiver Stücke oder als Globalurkunde. Banken, für die die Wertpapiersammelbank Papiere verwahrt, können über ihren Bestand im Wege des *Effektengiroverkehrs* verfügen, indem sie nur, z.B. bei Verkauf von Wertpapiere für ihre Kunden, an die Wertpapiersammelbank einen Auftrag zur Umschreibung des anteiligen Wertpapierbestandes der verkauften Wertpapiergattung auf die Bank des Käufers erteilen, die dann ihrerseits diese Wertpapiere zugunsten des Kunden im Kundendepot verbucht. Eng verbunden mit der Wertpapierverwahrung ist also einerseits das *Settlement*, also die Lieferung von Wertpapieren und die Zahlung von Kaufpreisen, und andererseits die *Verwaltung* der verwahrten Wertpapierbestände. Denn wenn die Papiere zentral in einer Wertpapiersammelbank verwahrt werden, dann kann der einzelne Anleger selbst keine Verwaltungstätigkeiten wie z.B. das Abtrennen von Zins- und Dividendenscheinen vornehmen. Dies muß dann auch die verwahrende Bank im Rahmen des Depotgeschäfts übernehmen.

Das Wertpapiergeschäft ist in großem Umfang durch *Gesetze und Verordnungen* normiert: Für Aktien, Investmentanteile und Schuldverschreibungen sind u.a. das Aktiengesetz, das Gesetz über die Kapitalanlagegesellschaften und das Bürgerliche Gesetzbuch relevant; für die Börsen gelten u.a. das Börsengesetz, das Börsenzulassungsgesetz und die Börsenzulassungsverordnung, und im Depotgeschäft ist v. a. das Depotgesetz zu beachten. Bei der Darstellung der Grundlagen des Wertpapiergeschäfts steht traditionell die Erläuterung der für dieses Geschäft relevanten Rechtsnormen im Vordergrund. Aus der Sicht der Bankbetriebswirtschaftslehre sind weitere Aspekte von Interesse: Die Wertpapier-Geschäftsabwicklung, die Finanzanalyse und Anlageberatung, die Portfolio-Steuerung und die Schaffung von Wettbewerbsvorteilen für bestimmte strategische Geschäftsfelder durch Kompetenz im Wertpapiergeschäft.

### 2.1.6.1 Funktionsweise von Systemen im Wertpapiergeschäft

### 2.1.6.1.1 Systeme für die Wertpapierverwaltung

Mit einer gewissen Verzögerung nach Einführung der Lohn- und Gehaltskonten gegen Ende der 60er Jahre nahm auch die Anzahl der Wertpapierdepots erheblich zu, die insbesondere von Privatkunden unterhalten werden. Dadurch stiegen der Arbeitsaufwand und die Betriebskosten für die Wertpapierverwaltung stark an. Diese Betriebskosten konnten lange nicht durch entsprechende Betriebserlöse, insbesondere Depotgebühren, abgedeckt werden. So ergab sich ein ganz erheblicher Rationalisierungsdruck. Die folgende Aufstellung (vgl. Than 1993) gibt einen Eindruck von der Vielfalt der im Rahmen der Wertpapierverwaltung anfallenden Tätigkeiten, die zum großen Teil EDV-gestützt erledigt werden können.

**a) Tätigkeiten ohne besondere Weisung der Kunden**

- **Einzug von Zins- und Dividendenscheinen**
Zu bestimmten Terminen, die für Zinstitel fest, für Aktien von der Hauptversammlung abhängig sind, werden Zins- und Dividendenscheine abgetrennt und der Gegenwert wird von den Emittenten eingezogen. Ist eine Wertpapiersammelbank als Drittverwah-

rer tätig, dann zieht sie den Gesamtbetrag der Zinsen und Dividenden auf die von ihr verwahrten Wertpapiere ein und schreibt den Depotbanken, für die sie diese Wertpapiere verwahrt, den Gegenwert gut. Diese prüfen dann, für welche Kunden sie welche Wertpapiergattungen in welchem Umfang verwahren, und sie schreiben ihnen die Zins- und Dividendenerträge, ggf. nach Abzug der Zinsabschlagsteuer oder der Kapitalertragssteuer, gut. Außerdem stellen sie Steuerbescheinigungen für ihre Kunden aus.

- **Bogenerneuerung**
Aktien und Schuldverschreibungen bestehen aus Mantel und Bogen; der Mantel verbrieft das Beteiligungsrecht (Aktie) bzw. das Forderungsrecht (Schuldverschreibung), und der Bogen besteht aus Dividendenanteils- bzw. Zinsscheinen und einem Erneuerungsschein. Sind im Einzelfall alle Zins- bzw. Dividendenanteilsscheine abgetrennt, dann besorgt der Verwahrer, bei Girosammelverwahrung die Wertpapiersammelbank, neue Bogen, indem sie den Emittenten die Erneuerungsscheine vorlegt.

- **Auslosungs- und Kündigungskontrollen**
Schuldverschreibungen, bei denen sich der Emittent die Möglichkeit vorbehält, Teilbeträge zur Rückzahlung auszulosen oder zu kündigen, werden von Anfang an in Serien eingeteilt. Bei der Wertpapierverwaltung muß dann beachtet werden, wann solche Auslosungs- und Kündigungsvorgänge erfolgen, und welche Wertpapiergattungen und welche Anleger hiervon betroffen sind, damit die Papiere rechtzeitig den Emittenten vorgelegt und Versäumnisse vermieden werden.

- **Tilgungen**
Bei Tilgung von Schuldverschreibungen wird den Anlegern der Gegenwert gutgeschrieben; sie erhalten hierüber eine Abrechnung.

- **Prüfung auf Opposition, Aufgebote und Zahlungssperren**
Wertpapiere, die wegen Verlust o.ä. im Aufgebotsverfahren für kraftlos erklärt worden sind, werden in eine von der Zeitschrift »Wertpapier-Mitteilungen« herausgegebene Oppositionsliste aufgenommen, so daß die Institute im Einzelfall jederzeit prüfen können, ob über ein vorgelegtes Wertpapier uneingeschränkt verfügt werden kann.

b) **Tätigkeiten auf Weisung der Kunden**
Die folgenden Tätigkeiten erfordern zunächst jeweils eine Benachrichtigung der betroffenen Kunden, die ihrer Bank dann Weisungen erteilen können.

- **Ordentliche Kapitalerhöhung**
Führt eine AG eine ordentliche Kapitalerhöhung durch, dann wird dies den Aktionären mitgeteilt mit der Bitte um eine Weisung hinsichtlich der Ausübung der Bezugsrechte. Wenn der Aktionär im Einzelfall junge Aktien beziehen möchte, dann werden die für den Bezug erforderlichen Bezugsrechte zugekauft bzw. nicht benötigte Bezugsrechte werden verkauft; die jungen Aktien werden von einer Bank des Emissionskonsortiums bezogen, und der Gegenwert wird dem Kunden in Rechnung gestellt; abschließend erfolgen die Depotbuchungen für die jungen Aktien.

- **Kapitalerhöhung aus Gesellschaftsmitteln**
Nach Benachrichtigung der betroffenen Kunden und Einholung der Weisungen kauft bzw. verkauft die Bank Spitzenbeträge, so daß die Aktionäre jeweils eine ganzzahlige Anzahl von Gratisaktien erhalten.

- **Fusionen**

Die betroffenen Aktionäre werden über bevorstehende Fusionen informiert, und die Depotbanken übernehmen es, für die Aktionäre die Aktien zum Umtausch in Aktien der übernehmenden Gesellschaft einzureichen.

- **Kapitalherabsetzung**

Bei einer bevorstehenden Kapitalherabsetzung werden die betroffenen Aktionäre informiert und die Aktien werden dem Emittenten zur Abstempelung bzw. zum Umtausch gegen neue Aktien vorgelegt.

- **Sanierung**

Im Falle der Sanierung findet zunächst eine Kapitalherabsetzung und dann eine ordentliche Kapitalerhöhung statt.

- **Abfindungsangebote**

Bei Unternehmensverträgen (Beherrschungs- oder Gewinnabführungsverträgen), Eingliederungen und Umwandlungen werden den Minderheitsaktionären Abfindungen in Form von Aktien oder Bargeld angeboten. Die betroffenen Aktionäre werden über derartige Angebote zunächst informiert und um Weisungen gebeten. Wenn die Aktionäre von einem Angebot Gebrauch machen wollen, dann folgen verschiedene Abwicklungstätigkeiten, z.B. Bezug und Einbuchung der als Abfindung erhaltenen Aktien.

- **Übernahmeangebote**

Versucht ein Unternehmen eine Aktiengesellschaft zu übernehmen, dann kann es den Aktionären dieser Gesellschaft ein öffentliches Übernahmeangebot machen, das typischerweise darin besteht, die Aktien zu einem höheren Kurs als dem gegenwärtigen Börsenkurs zu übernehmen. Über solche Angebote werden die betroffenen Aktionäre informiert, und sie werden um Weisung gebeten, ob ihre Aktien zu den Konditionen des Übernahmeangebotes verkauft werden sollen.

- **Einzahlungen**

Bei Namensaktien kann es sein, daß die Aktionäre ihrer Leistungspflicht noch nicht in vollem Umfang nachgekommen sind. Fordert die Gesellschaft weitere Einzahlungen, dann sind die betroffenen Aktionäre zu informieren.

- **Konversionen**

Wenn eine Schuldverschreibung durch Kündigung des Emittenten umgewandelt und z.B. auf einen niedrigeren Zinssatz umgestellt wird, dann spricht man von einer Konversion. Die Anleger sind darüber zu informieren und ggf. sind auch Weisungen einzuholen.

**c) Vertretung der Aktionäre in Hauptversammlungen**

Das Vollmachtsstimmrecht, das in § 135 Aktiengesetz geregelt ist, erfordert, daß Aktionäre über Hauptversammlungen informiert werden: Mitteilungen, die der Depotbank zugegangen sind, insbesondere über die Einberufung von Hauptversammlungen, die Tagesordnung, Anträge und Wahlvorschläge von Aktionären sowie eigene Vorschläge der Bank für die Stimmrechtsausübung werden den Aktionären mitgeteilt. Sie werden daraufhin um Weisungen gebeten, die beachtet werden sollen, wenn Vertreter der Bank auf der Hauptversammlung für die Aktionäre das Stimmrecht ausüben. Wird von den Weisungen aus Gründen, die sich während der Hauptversammlung ergeben, abgewichen, dann sind die Aktionäre, die diese Weisungen erteilt haben, nachträglich darüber zu informieren.

**d) Depotbuchführung**

Aufgrund des Depotgesetzes sind Banken, die für ihre Kunden Wertpapiere verwahren (Depotbanken) verpflichtet, ein Verwahrungsbuch zu führen, das nach Wertpapiergattungen und nach Anlegern zu gliedern ist. Im *Sachdepotbuch* ist für jede Wertpapiergattung, die überhaupt für Kunden der Bank verwahrt wird, der Bestand einschließlich Lagerstellen etc. zu verzeichnen. Im *Personendepotbuch* wird dagegen festgehalten, welche Wertpapierbestände der einzelnen Wertpapiergattungen die Bank für jeden einzelnen Depotinhaber verwahrt.

Einerseits ist die Vielfalt der Tätigkeiten, die bei der Wertpapierverwaltung anfallen, außerordentlich groß. Andererseits müssen die Tätigkeiten mit größter Sorgfalt und zeitgerecht durchgeführt werden, so daß die Anleger, deren Wertpapiere verwahrt werden, in vollem Umfang von ihren Rechten Gebrauch machen können. *Traditionell* wurde als Informationsinstrument für die Wertpapierverwaltung die Zeitschrift »*Wertpapier-Mitteilungen*« verwandt. In dieser Zeitschrift wurden die jeweils anstehenden Ereignisse, z.B. Dividendenausschüttungen, Kapitalerhöhungen, Kündigungen etc. veröffentlicht. Jede Depotbank mußte dann bei jedem Ereignis prüfen, ob die betroffenen Wertpapiergattungen gemäß Sachdepotbuch im Bestand waren, und welchen Anlegern sie gemäß Personendepotbuch gehörten. Diese mußten dann benachrichtigt und um Weisungen gebeten werden, damit die jeweils anstehende Geschäftsabwicklung durchgeführt werden konnte. Durch Nutzung der Datenbanktechnik konnte dieser Vorgang stark rationalisiert werden.

Schon Mitte der 80er Jahre hat die Börsendatenzentrale Frankfurt, eine Vorläuferinstitution der heutigen Deutsche Börse Systems AG, das *Wertpapier-Service-System* (WSS) für Daten der Zeitschrift »Wertpapier-Mitteilungen« entwickeln lassen und bei den Wertpapiersammelbanken, Deutscher Kassenverein AG und Deutscher Auslandskassenverein AG, die seit 1997 gemeinsam unter Deutsche Börse Clearing AG firmieren, eingesetzt. Das WSS wurde später auch zur Grundlage des Systems OLGA (On-Line-Geschäftsabwicklung) und des Nachfolgesystems OLGA II, das auch den Banken im Rahmen des Bankenservice der Deutschen Börse Clearing AG zur Verfügung steht. Der Kern dieses Systems ist eine *Datenbank*, die auf dem Rechner der Deutschen Börse Clearing AG installiert ist. Die Datenbestände dieser Datenbank werden laufend aktualisiert: Die »Wertpapier-Mitteilungen« liefern Stammdaten der Wertpapiere sowie Termindaten zu Zins- und Dividendenzahlungen, Hauptversammlungsmitteilungen, Kapitalerhöhungen, Umtausch, Bogenerneuerung, Tilgung, Opposition etc.; Börsen melden Daten ein, die den Börsenhandel betreffen, z.B. den Mindestschluß im variablen Handel; Reuters in London meldet Auslandskurse etc.

Als *Grundfunktion* des Wertpapier-Service-Systems, das mittlerweile die Stammdaten von über 300.000 Wertpapieren enthält, kann die *Basisdaten-Administration* identifiziert werden. Die Benutzer des Systems können die Bestände der Datenbank abfragen und für die Weiterverarbeitung im eigenen Haus nutzen. Bei den Wertpapier-Stammdaten kann man z.B. die Wertpapier-Kennnummer, die Wertpapier-Bezeichnung, den Zinssatz und den Zinstermin bei Renten, die Verwahrfähigkeit, die Stückelung etc. abfragen. Die eigene Terminüberwachung kann eine Bank dadurch unterstützen, daß sie sich terminierte Vorgänge ausgeben läßt. Schließlich stehen auch noch Kursinformationen für in- und ausländische Wertpapiere sowie die wichtigsten Devisenkurse zur Verfügung. Seit dem ersten Quartal 1999 können Stamm- und Termindaten direkt vom WSS an das Börsenhandelssystem Xetra übertragen werden. Gemeinsam mit »Wertpapier-

Mitteilungen« entwickelt die Gruppe Deutsche Börse das *Wertpapier-Management-System* (WMS) (vgl. Breckling/Mertinitz 1998). Es soll Wertpapier-Kennummern, Zahlungsströme, Kursverläufe, Gesellschaftsereignisse (z.B. Hauptversammlungen) und Informationen zur Verwaltung und Verwahrung von Beständen zur Verfügung stellen und das WSS bis zum Ende des Jahres 2000 ablösen.

Die *Kreditinstitute*, die über Terminal und DFÜ Zugang zur Datenbank des WSS haben, nutzen zwar auch die Möglichkeit der Einzelabfrage. Besonders wichtig sind aber Datenbank-Auswertungen, die z.B. ergeben, welche Ereignisse (z.B. Kapitalerhöhungen) bis zu einem bestimmten Termin anstehen. Hauseigene EDV-Anwendungssysteme können nun im Sachdepotbuch, das natürlich ebenso wie das Personendepotbuch auch als Datenbank geführt wird, feststellen, ob die von einem bestimmten Ereignis, z.B. einer Kapitalerhöhung, betroffenen Aktien überhaupt verwahrt werden und welche Kunden hiervon betroffen sind. Sie können dann sogleich Briefe ausdrucken, um die Kunden über das bevorstehende Ereignis zu informieren und ggf. Weisungen zu erbitten. Nach dem Prinzip der *Funktionsintegration* wird durch derartige EDV-Anwendungssysteme ein Höchstmaß an *Folgearbeiten* erledigt. Z.B. werden bei Zins- und Dividendengutschriften sowie Tilgungen, die von der Wertpapiersammelbank eingehen, Gutschriftsdatensätze erstellt und die zugehörigen Buchungen veranlaßt. Die Systeme nehmen den Sachbearbeitern in der Wertpapierverwaltung also die Aufgabe ab, die jeweils anstehenden Ereignisse zu überwachen und daraufhin die betroffenen Depotkunden herauszusuchen. Sie unterstützen die Sachbearbeiter bei den erforderlich werdenden Verwaltungstätigkeiten, und sie tragen dazu bei, daß diese Tätigkeiten schnell und zuverlässig ausgeführt werden.

### 2.1.6.1.2 Börsensysteme

Die *Deutsche Börse AG*, die Ende 1992 durch Umfirmierung aus der Frankfurter Wertpapierbörse AG entstanden ist, stellt sich mit ihren *Eigentümern und Beteiligungen* (Abb. 2.1.6.1.2-1) derzeit wie folgt dar:

Das Grundkapital der Deutsche Börse AG wird zu 81 % von Kreditinstituten, zu 10 % von der Deutschen Börsenbeteiligungsgesellschaft mbH und zu 9 % von Kursmaklern und Freimaklern gehalten. Die Deutsche Börsenbeteiligungsgesellschaft mbH vertritt die Interessen der sieben regionalen Börsen außerhalb Frankfurts.

Die Deutsche Börse AG ist Trägerin der Frankfurter Wertpapierbörse (FWB). An der Deutschen Börse Clearing AG, die für das Settlement auf dem Wertpapier-Kassamarkt zuständig ist, ist die Deutsche Börse AG zu 100 % direkt beteiligt. Die Deutsche Börse Systems AG ist das Systemhaus der Gruppe Deutsche Börse. Es versorgt die Deutsche Börse AG und ihre Tochtergesellschaften sowie die Regionalbörsen mit EDV-Leistungen. Auch an der Deutschen Börse Systems AG ist die Deutsche Börse AG zu 100 % direkt beteiligt. Über ihren Anteil an der Eurex Zürich AG ist die Deutsche Börse AG auch an der Eurex Frankfurt AG, die Trägerin der Eurex Deutschland (ehemalige Deutsche Terminbörse) ist, und an der Eurex Clearing AG, die für das Settlement auf dem Terminmarkt zuständig ist, beteiligt. Darüber hinaus hält die Deutsche Börse AG einen Anteil an der Deutschen Gesellschaft für Ad hoc-Publizität mbH (DGAP) und einen Anteil an der Deutschen Börsenfernsehen GmbH. Schließlich ist die Deutsche Börse AG zu 100 % an der Fördergesellschaft für Börsen und Finanzmärkte in Mittel- und Osteuropa mbH (FBF) beteiligt.

Durch die Zusammenfassung der Frankfurter Wertpapierbörse als der umsatzstärksten vormaligen Regionalbörse, der Deutschen Börse Clearing AG und der Deutschen

```
┌─────────────────────────────────────────────────────────────────┐
│   Kreditinstitute      Deutsche           Kursmakler            │
│                        Börsen-             und                  │
│                        beteiligungs-       Freimakler           │
│                        gesellschaft                             │
│                        mbH                                      │
│         │ 81 %            │ 10 %              │ 9 %             │
│         ▼                 ▼                   ▼                 │
│   ┌──────────────────────────────────────────────────────┐     │
│   │  Deutsche Börse AG                                    │     │
│   │                        ┌──────────────────┐          │     │
│   │                        │ FWB              │          │     │
│   │                        │ Frankfurter      │          │     │
│   │                        │ Wertpapierbörse  │          │     │
│   └──────────────────────────────────────────────────────┘     │
│         │ 50 %             │ 100 %             │ 100 %         │
│         ▼                  ▼                   ▼               │
│   Eurex Zürich       Deutsche            Deutsche              │
│   AG                 Börse               Börse                 │
│                      Clearing AG         Systems AG            │
│         │ 100 %                                                │
│         ▼                                                      │
│   Eurex                                                        │
│   Frankfurt AG                                                 │
│     ┌─────────┐                                                │
│     │ Eurex D │                                                │
│     └─────────┘                                                │
│         │ 100 %                                                │
│         ▼                                                      │
│   Eurex                                                        │
│   Clearing AG                                                  │
└─────────────────────────────────────────────────────────────────┘
```

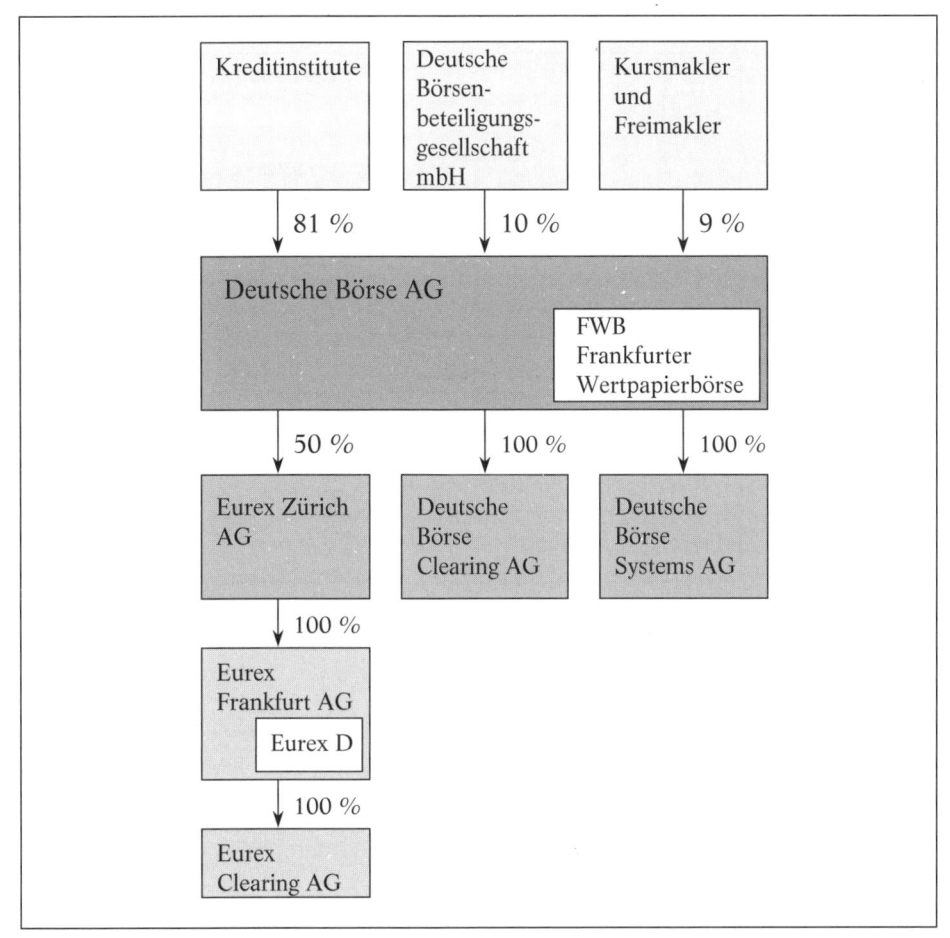

Abb. 2.1.6.1.2-1: Eigentümer- und Beteiligungsstruktur der Deutsche Börse AG

Börse Systems AG unter dem Dach der Gruppe Deutsche Börse sowie durch die indirekte Beteiligung der Deutschen Börse AG an der Eurex Frankfurt AG als Trägerin der Eurex Deutschland ist ein wichtiger Schritt in Richtung auf eine *Zentralisierung des deutschen Börsenwesens* getan worden. Dieser Zentralisierungstendenz folgen einerseits die Emittenten, die, soweit ihre Papiere nicht ohnehin schon in Frankfurt notiert werden, in erheblicher Zahl ein Listing in Frankfurt anstreben. Andererseits folgen aber auch die Banken und die in- und ausländischen institutionellen Anleger dieser Tendenz, denn sie finden in Frankfurt einen Kassamarkt vor, dessen Liquidität sich aufgrund der Zentralisierung tendenziell verbessert. Parallel zu dieser Zentralisierung, die eine Verlagerung von Wertpapiergeschäft nach Frankfurt mit sich gebracht hat, stehen die Regionalbörsen vor der Herausforderung, ihre Stellung durch eine intensivere Betreuung der regionalen Werte und durch Ausbau ihrer Dienstleistungen im Sinne einer Nischenpolitik zu halten und zu festigen.

Abb. 2.1.6.1.2-2 zeigt im Überblick die *Basisprozesse*, die im Wertpapiergeschäft zwischen den Kreditinstituten und der Deutschen Börse AG ablaufen:

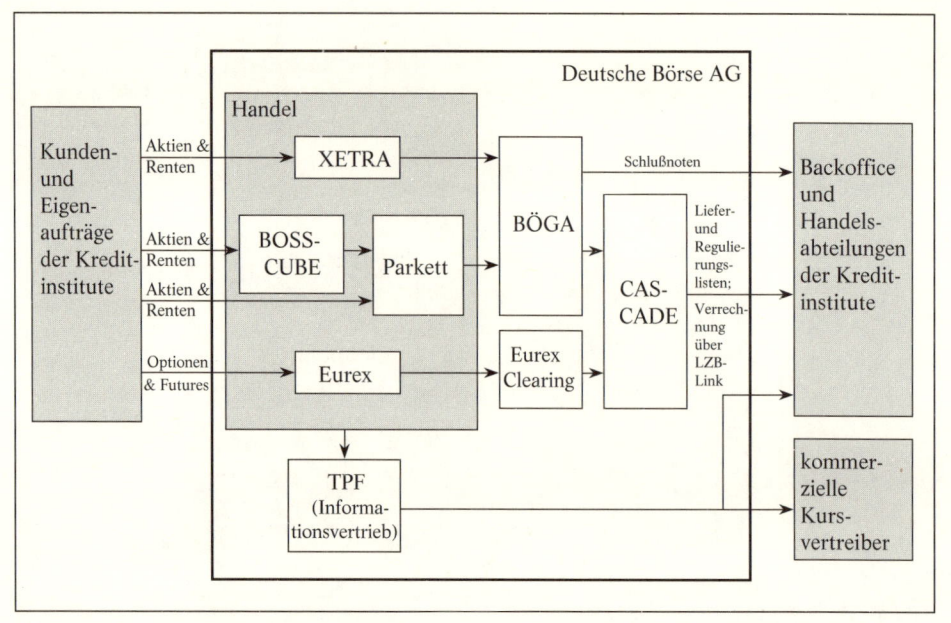

Abb. 2.1.6.1.2-2: Basisprozesse im Wertpapiergeschäft zwischen Kreditinstitut und Deutsche Börse AG

Wenn die Kreditinstitute ihre Aufträge an die im Kassamarkt tätigen Präsenzbörsen übermitteln, dann können sie grundsätzlich immer noch Telefon, Telex, Fax oder DFÜ verwenden. Bei diesen Verfahren der Nachrichtenübermittlung werden im Börsenbüro der betreffenden Bank handschriftliche oder gedruckte Orderzettel erstellt, die auf dem Börsenparkett zum Makler gebracht werden. Seit 1993 ist aber auch das *Order Routing- und Handelsunterstützungssystem* BOSS-CUBE (Börsen-Order-Service-System – Computer-Unterstütztes Börsenhandels- und Entscheidungssystem) im Einsatz. Mit BOSS-CUBE können Kreditinstitute und Makler Orders eingeben und bis ins Skontro des jeweils zuständigen Maklers übermitteln, der dann von dem System auch bei seiner Kursfeststellung unterstützt wird. Es hängt vom Listing ab, ob Wertpapiere im amtlichen Markt, im geregelten Markt oder im Freiverkehr gehandelt werden. Dies sind die drei Marktsegmente, in denen gemäß §§ 36, 71 und 78 Börsengesetz an der Frankfurter Wertpapierbörse und an den Regionalbörsen, die sämtlich Präsenzbörsen darstellen, gehandelt wird. Neuer Markt und SMAX (Small Cap Exchange) sind die privatrechtlich organisierten Segmente der Frankfurter Wertpapierbörse, die zugleich den Anforderungen des geregelten Markts entsprechen.

Die *Abschlußdaten* aus dem Parketthandel werden an das System BÖGA (Börsengeschäftsabwicklung) übermittelt, das die vorgeschriebenen *Schlußnoten* erstellt, die dann an die Deutsche Börse Clearing AG übermittelt werden, wo mit Hilfe des Systems CASCADE (Central Application for Settlement, Clearing and Depositary Expansion) das Settlement vorgenommen wird. Soweit es sich um Abschlußdaten über vinkulierte Namensaktien oder Wertpapiere ausländischer Emittenten handelt, wird das Settlement mit Hilfe der Systeme CASCADE-VNA und OLGA II unterstützt, die das System CASCADE ergänzen. Die am Wertpapiergeschäft beteiligten Banken und Makler erhalten von den getätigten Abschlüssen der Wertpapierbörse die *Ausführungsbestätigungen*, die sie an ihre Kunden weitergeben können, und sie werden andererseits von der Deutschen Börse Clearing AG über das Settlement informiert.

Die *Eurex Deutschland* ist wie ihre Vorgängerin, die Deutsche Terminbörse (DTB), die Anfang 1990 ihren Betrieb aufgenommen hat, eine reine Computer-Börse (vgl. Franke 1998). An der Eurex Deutschland werden Optionen und Futures nach dem *Market Maker-Prinzip* gehandelt. Die Marktteilnehmer, die mit der Eurex durch ein Terminal und eine Leitungsverbindung in Kontakt stehen, geben nicht Orders ein, sondern sie tätigen direkt mit den Market Makers ihre Abschlüsse. Wegen der speziellen *Erfüllungsrisiken* bei Termingeschäften schaltet sich die Eurex Clearing AG als Kontraktpartnerin in jedes Geschäft ein. Sie verwaltet die *Sicherheitsleistungen*, die die Kontraktpartner auf Margin Accounts zu unterhalten haben, und sie führt das Clearing und Settlement durch. Von der Eurex Clearing AG erhalten die Marktteilnehmer sofort nach den Geschäftsabschlüssen die Ausführungsbestätigungen am Bildschirm, und sie werden auch direkt über Clearing und Settlement informiert.

Das *Informations-Verteilsystem* TPF (Ticker Plant Frankfurt) sammelt Kurs- und Preisinformationen von allen acht deutschen Wertpapierbörsen sowie von Xetra und der Eurex und macht sie real-time verfügbar. Banken und Makler können die TPF-Daten entweder auf dem Umweg über die Informationsdienste oder direkt über die Informationsseiten der Deutschen Börse AG im Internet nutzen.

### 2.1.6.1.2.1 Börsensysteme für den Kassamarkt

Seit Mitte 1993 ist an der Frankfurter Wertpapierbörse und an den sieben Regionalbörsen das *Order Routing- und Handelsunterstützungssystem* BOSS-CUBE installiert. Mit diesem System können Banken und Makler ihre Orders an die gewünschte Börse übermitteln, so daß sie direkt in das Skontro des zuständigen Maklers eingehen und der Makler sein Skontro auf dem Bildschirm vollständig überblicken kann. BOSS-CUBE unterstützt die Makler bei Gültigkeits- und Limitkontrollen; es erteilt automatisch Ausführungsbestätigungen, und die festgestellten Kurse werden direkt dem TPF-System übermittelt. Die Geschäftsdaten werden automatisch in das BÖGA-System übertragen, das die vorgeschriebenen Schlußnoten erstellt, und sie werden von BÖGA dann zur Deutschen Börse Clearing AG weitergeleitet, die die Lieferung und die Regulierung veranlaßt. Außer den Daten der auf dem Parkett übermittelten Orders hat der Makler manuell nur noch den festgestellten Kurs einzugeben.

Durch den Einsatz von BOSS-CUBE haben sich für den Handel gewisse Veränderungen ergeben: Die im Kassamarkt tätigen Präsenzbörsen, die diese Systeme einsetzen, arbeiten weiterhin nach dem *Auktionsprinzip mit Meistausführung*. Der Marktausgleich wird nach wie vor durch Ausruf auf dem Parkett und mündliche Auftragserteilung herbeigeführt, wobei allerdings sichergestellt ist, daß während des Ausrufs und der mündlichen Auftragserteilung die elektronische Übermittlung von Aufträgen in das Orderbuch des Maklers gesperrt ist. Es ist zwar noch zutreffend, die acht deutschen Wertpapierbörsen, die sämtlich das System BOSS-CUBE einsetzen, als Präsenzbörsen zu bezeichnen, weil nach wie vor auch noch Bankenvertreter während der Handelszeit präsent sind. Die Präsenz hat aber mit der Einführung des BOSS-CUBE rapide abgenommen, weil ein hoher Prozentsatz des Börsenumsatzes auf elektronisch übermittelte Orders zurückgeht. Die Verfahren, nach denen die Makler die Kurse feststellen, haben sich im Grundsatz nicht verändert; ihr Ablauf wird durch BOSS-CUBE aber viel effizienter gestaltet. Auch die Kreditinstitute haben Rationalisierungsvorteile von BOSS-CUBE, weil dieses System durch die Rechnerkopplung zwischen Bank und Börse eine erhebliche *Beschleunigung bei der Übermittlung von Wertpapierorders* mit sich bringt. Aufgrund der Tatsache, daß alle zum Börsenhandel zugelassenen Kreditinstitute und alle Makler das System BOSS-CUBE benutzen können, und daß praktisch alle gehandelten Wertpapiergattungen von BOSS-CUBE erfaßt werden, deckt dieses System den Börsenumsatz am Kassamarkt zu einem hohen Prozentsatz ab. Wegen der Handelsunterstützung, die die Makler durch BOSS-CUBE erhalten, erhöht sich gleichzeitig auch die *Börsenkapazität*, denn die Makler können mit dieser technischen Unterstützung mehr Börsenaufträge je Börsensitzung bei der Kursfeststellung bearbeiten. BOSS-CUBE unterstützt also sehr wirksam den Parketthandel.

Mit dem elektronischen *Handelssystem Xetra*, das parallel zu BOSS-CUBE auf dem Rechnersystem der Deutschen Börse Systems AG läuft, wird den Marktteilnehmern an der FWB seit November 1997 eine *vollelektronische Handelsplattform* angeboten (vgl. Bader 1997; Braue/Hille 1997; Unser/Oehler 1998 und Hille/Braue 1999). Auf dieser Plattform können die Marktteilnehmer alle an der FWB notierten Aktien in jeder Ordergröße elektronisch handeln. Darüber hinaus sind auch Bundesanleihen, Jumbo-Pfandbriefe und Aktienoptionsscheine auf Xetra handelbar.

Xetra basiert ebenso wie die Eurex auf der Client-Server-Architektur. Die Komponenten des Xetra-Systems sind dabei auf dem von der Deutschen Börse AG betriebenen zentralen Server (Xetra-Backend) und auf die dezentralen Installationen der Marktteilnehmer (Xetra-Frontends) verteilt. Letztere bestehen in der Minimalkonfiguration aus einem leistungsfähigen PC und einem Direktanschluß an das Xetra-Netz. Die Client-Server-Architektur von Xetra macht es möglich, daß die Frontends der Marktteilnehmer durch die Zwischenschaltung eines Member Integration System Server (MISS) ihrerseits nach dem Client-Server-Prinzip aufgebaut sein können. Aufgrund seiner offenen Architektur ermöglicht Xetra nicht nur einen *standortunabhängigen Börsenzugang* für Teilnehmer in aller Welt. Durch den Einsatz programmierbarer Schnittstellen der Xetra-Frontends, sogenannte VALUES-API (Virtual Access Link Using Exchange Services-Application Programming Interface), können auch beliebige *Anwendungen des Marktteilnehmers angebunden* werden, wie z.B. das echtzeitfähige Informations- und Ordermanagementsystem XIOS (Exchange Information and Ordermanagement System) der Südwestdeutschen Genossenschafts-Zentralbank AG (vgl. Voigtländer/Holz 1998).

Zur Anbindung der Teilnehmer bietet die Deutsche Börse AG die Produktreihe Xentric an. Diese enthält

- ein System zur funktionellen Unterstützung des *Arbitrage-Handels*, z.B. DAX (Deutscher Aktienindex) gegen FDAX (Future auf den Deutschen Aktienindex DAX), und des *Portfolio-Handels*, das auf das Marktmodell Xetra abgestimmt ist (*Xentric Basket*),
- ein *Order Routing System*, das alle relevanten Funktionen zum Management von Orderströmen beinhaltet, und das die zentrale Schnittstelle zwischen Inhouse-Systemen und dem Handelssystem Xetra bildet (*Xentric Order (Xetra)*),
- eine *Automatic Trading Machine* für den Handel mit Forderungspapieren auf Xetra (*Xentric Bonds*) und
- eine *Datenschnittstelle*, die die Bereitstellung der verschiedenen Datenströme und der Instrumentenliste aus Xetra für die Weiterverarbeitung durch die Inhouse-Systeme der Teilnehmer ermöglicht (*Xentric Data*).

Am Xetra-Handel können alle zum Handel an deutschen Wertpapierbörsen zugelassenen Kreditinstitute und die Börsenmakler teilnehmen. Sie können von beliebigen Orten aus am Xetra-Handel mitwirken, wenn sie nur über eine Börsenzulassung, das erforderliche Terminal und einen Netzanschluß verfügen. Da es wenig Sinn hat, als Standort von Xetra das Rechnersystem der Gruppe Deutsche Börse festzulegen, kann man sagen, daß die *Marktteilnehmer standortunabhängig* und aus dezentraler Position agieren können.

Anfang 1999 konnten bereits nahezu alle an der FWB notierten Aktien sowie alle Bundesanleihen, Jumbo-Pfandbriefe und zahlreiche Aktienoptionsscheine (Company Issued Warrants) auf Xetra gehandelt werden. Der Handel in den übrigen Optionsscheinen, z.B. Covered Warrants, ist geplant. Xetra ist derzeit (1999) von 8.30 Uhr bis 17.00 Uhr für Aktien und von 8.00 Uhr bis 17.00 Uhr für Renten geöffnet. Mit einer Ausweitung der Handelszeiten kann gerechnet werden. Damit ist die *Handelszeit* des Xetra-Systems deutlich länger als bisher, und das hat für die Marktteilnehmer große Vorteile: Sie finden während des ganzen Arbeitstages einen liquiden Markt vor, auf dem auch die Kassainstrumente gehandelt werden, die die Underlyings zu wichtigen Eurex-Instrumenten darstellen. Es war wichtig, die Handelszeiten für Optionen und Futures an der Eurex und für Aktien und Renten im Xetra-System möglichst einander anzugleichen, weil nur so der enge Zusammenhang zwischen Kassa- und Termingeschäften, z.B. bei der Arbitrage, gewährleistet werden kann. Denn bei Arbitrage zwischen Kassa- und Terminmarkt müssen die Abschlüsse ja möglichst zeitgleich erfolgen und nicht, im ungünstigsten Fall, an zwei verschiedenen Tagen, weil dann der erwartete Arbitragegewinn möglicherweise schon gar nicht mehr erzielt werden kann.

Der *Ablauf des Xetra-Handels* unterscheidet sich deutlich vom Handel an der Präsenzbörse: Am Handelstag können die Handelsteilnehmer vor 8.30 Uhr in einer sogenannten Vorhandelsphase Geld- und Briefkurse in das Xetra-System eingeben und auch verändern, um eine gewisse Orientierung im Markt zu gewinnen. Abschlüsse werden in dieser Phase nicht getätigt. Ab 8.30 Uhr sind die eingegebenen Geld- und Briefkurse dann verbindlich. Möchte ein Händler z.B. 1.000 Aktien der XY-AG im fortlaufenden Handel für einen Kunden kaufen, dann stellt er den Auftrag des Kunden in das elektronische Orderbuch von Xetra ein. Das System überprüft daraufhin automatisch, ob das Orderbuch ein passendes Verkaufsangebot enthält. Sobald dies der Fall ist, wird der Auftrag ausgeführt und auf elektronischem Weg bestätigt. Dies wird als *ordergetriebener Handel* nach Zeit-/Preispriorität bezeichnet. Ein dem Xetra in dieser Hinsicht ähnliches System wird seit 1999 auch an der NASDAQ (National Association of Securities Dealers Automated Quotation) eingesetzt. Das elektronische *Handelssystem OptiMark* (Optimal Market) unterscheidet sich von Xetra jedoch darin, daß Wertpapierorders nicht nur nach Volumen und Limits, sondern auch nach Nutzengrößen (Willingness to Trade) spezifiziert werden können, die die Dringlichkeit des Handelsinteresses zum Ausdruck bringen (vgl. Gomber 1998).

Die Geschäftsdaten der im Xetra-Handel getätigten Abschlüsse werden automatisch an die Deutsche Börse Clearing AG weitergeleitet, damit diese das *Settlement*, also die Lieferung der Wertpapiere und die Regulierung der Kaufpreise, vornehmen kann. Sowohl Xetra als auch BOSS-CUBE verfügen über eine direkte Schnittstelle zur Börsengeschäftsabwicklung. Das *BÖGA-System* für die Geschäftsabwicklung ist das älteste und in bezug auf seine Online-Funktionen auch das meistgenutzte Börsensystem. Es ist mehrfach den Erfordernissen der Wertpapier-Geschäftsabwicklung angepaßt worden. Mit Hilfe dieses Systems werden Schlußnoten und Abrechnungen erstellt, die als Grundlage für die gesamte Geschäftsdokumentation zu betrachten sind (vgl. Deutsche Börsen 1993).

Die *Abwicklung von Börsengeschäften* zwischen deutschen Kontrahenten war zwar schon seit über 20 Jahren in erheblichem Umfang automatisiert; im Jahre 1991 erfolgte aber eine weitere Verbesserung durch die Inbetriebnahme des *Systems CASCADE*, über das nicht nur die Handelsgeschäfte der Börsen, sondern auch die Geschäfte aus dem außerbörslichen Bereich reguliert werden können (vgl. Blitz 1999). Das System CAS-

CADE wird von der Deutschen Börse Clearing AG eingesetzt. Die Daten der zu regulierenden Börsengeschäfte werden automatisch vom BÖGA-System an das CASCADE-System übermittelt. Die Erfüllung der *börsenmäßigen Wertpapiergeschäfte* auf Nettobasis erfolgt so, daß die von Käufer und Verkäufer anhand der Schlußnoten geprüften Geschäftsdaten einem Settlement-Matching (Standard- oder Same-Day-Settlement) unterzogen werden, bevor die Wertpapierlieferung mit Gegenwertverrechnung erfolgt. Unter *Settlement-Matching* versteht man dabei, daß die zu einem Börsenabschluß gehörende Liefermenge an Wertpapieren und der Gegenwert zusammengeführt und daraufhin überprüft werden, ob sie jeweils von beiden Kontrahenten geprüft und gebilligt sind. Erst dann wird das Geschäft reguliert: Die Lieferung der Wertpapiere erfolgt durch Umbuchung vom Depot des Verkäufer-Instituts auf das Depot des Käufer-Instituts, und der Gegenwert wird zwischen den Konten, die die Deutsche Börse Clearing AG für Käufer- und Verkäuferbank führt, verrechnet. Dieses Verfahren wird für alle Geschäfte angewandt, die in den acht deutschen Präsenzbörsen und in Xetra abgeschlossen werden.

Aber auch *außerbörsliche Geschäfte* können über die Deutsche Börse Clearing AG reguliert werden. Die Kreditinstitute, die eine Wertpapierlieferung gegen Zahlung vornehmen wollen oder erwarten, müssen die entsprechenden Auftragsdaten beleglos in das CASCADE-System der Deutschen Börse Clearing AG eingeben. Auch diese Geschäfte werden erst nach Settlement-Matching reguliert. Ergeben sich Unstimmigkeiten beim Settlement-Matching, dann wird dies den beteiligten Kontrahenten durch das CASCADE-System sofort gemeldet, so daß die Fehler aufgeklärt werden und die Lieferung gegen Zahlung frist- und valutagerecht erfolgen kann.

Das Real-Time Settlement mit Gegenwertverrechnung der Deutschen Börse Clearing AG ermöglicht es darüber hinaus, daß einzelne Wertpapiertransaktionen von 7.00 bis 17.30 Uhr, also über die bisherigen Annahmeschlußzeiten hinaus, frei von Zahlung (Free of Payment) abgewickelt und über die Konten der beteiligten Marktpartner bei der LZB verrechnet werden können. Im Rahmen ihres Projekts TRUST (True Settlement) arbeitet die Deutsche Börse Clearing AG an einem RTGS-System (vgl. Ganz et al. 1998). Im Gegensatz zu den gängigen Abwicklungsverfahren auf Nettobasis sollen Wertpapiertransaktionen künftig einzeln final und in Echtzeit erfüllt werden. Darüber hinaus soll dieses Settlement-System um ein umfangreiches Informationssystem und ein automatisiertes Reporting ergänzt werden. Unterstützt wird das Projekt TRUST auch von der Deutschen Bundesbank, die u.a. beabsichtigt, ihr Zahlungsverkehrssystem Euro Access Frankfurt (EAF) für Zahlungen im Rahmen von Wertpapierabrechnungen zur Verfügung zu stellen.

Im Gegensatz zu inländischen Wertpapieren werden die *Wertpapiere ausländischer Emittenten*, die ein Institut für seine Kunden anschafft, grundsätzlich im Ausland verwahrt. Für diese Verwahrung kann das Institut eine Depotbank im Ausland bestimmen, und die Kunden erhalten dann auf ihrem Depotkonto eine Gutschrift in Wertpapierrechnung. Dieses Verfahren ist verhältnismäßig umständlich (vgl. Than 1993). Daher wurde im Jahre 1970 der Deutsche Auslandskassenverein AG (AKV) gegründet, um den deutschen Kreditinstituten durch Einrichtung eines Treuhand-Giroverkehrs die Verwahrung von ausländischen Wertpapieren im Ausland zu erleichtern. Das Nachfolgeinstitut des AKV, die Deutsche Börse Clearing AG, unterhält Depotbestände in umsatzstarken ausländischen Werten unter eigenem Namen bei Depotbanken im Ausland. Es dient dadurch den angeschlossenen Kreditinstituten als zentrale Buchungs- und Clearingstelle sowohl für die Wertpapierlieferungen als auch für die geldmäßige Abwicklung der Geschäfte.

Auf dem *Euromarkt* haben sich Euro-Clear in Brüssel und CEDEL (Centrale de Livraison de Valeurs Mobiliérs) in Luxemburg als Clearing-Institutionen, primär für Euro-anleihen, etabliert. Mit Hilfe des *Systems Link-Manager* (LIMA) findet zwischen der Deutschen Börse Clearing AG einerseits und Euro-Clear und CEDEL andererseits ein *grenzüberschreitendes Matching* statt: Ebenso wie bei der Deutschen Börse Clearing AG, die ja auch ein Matching vornimmt, werden die Daten der einzelnen Geschäftsabschlüsse zusammengeführt und auf Konsistenz geprüft, bevor die Lieferung der Wertpapiere und der geldmäßige Ausgleich vorgenommen werden. Beim Austausch dieser Daten werden v.a. S.W.I.F.T.-Formate verwendet.

Erhebliche Rationalisierungspotentiale konnten auch genutzt werden, als dieses Verfahren auf die Zusammenarbeit der Deutschen Börse Clearing AG mit anderen Ländern ausgedehnt wurde. Mittlerweile bietet die Deutsche Börse Clearing AG ihren Kunden die Verwahrung und Geschäftsabwicklung ausländischer Wertpapiere in 39 Märkten an. Weitere Kooperationen mit anderen Verwahrstellen sind geplant. Darüber hinaus wird die Fusion der Deutschen Börse Clearing AG und der internationalen Abwicklungsorganisation CEDEL International (Luxemburg) zum *European Clearinghouse* am 01.01.2000 weitere Möglichkeiten eröffnen. Als Mitglied der Europäischen Vereinigung der Zentralverwahrer ECSDA (European Central Securities Depositories Association) ist die Deutsche Börse Clearing AG des weiteren an der Harmonisierung der Abwicklungsregeln innerhalb Europas beteiligt, z.B. bei Standards für die technische Kommunikation.

Beim Settlement können die Geschäftspartner, die Wertpapiere liefern müssen, auch von der *Wertpapierleihe* Gebrauch machen (vgl. Breuer 1993). Im Rahmen der Wertpapierleihe tritt die Deutsche Börse Clearing AG als Vermittler (Agent) auf und stellt die gesamte Abwicklung der Leihgeschäfte sicher. Entleiher zahlen eine Gebühr, Verleiher erhalten eine Gebühr, und die Deutsche Börse Clearing AG erwirtschaftet einen gewissen Ertrag (vgl. Hielscher 1993). Um den Kunden eine effiziente Verwaltung ihrer *Wertpapiersicherheiten* zu ermöglichen, bietet die Deutsche Börse Clearing AG darüber hinaus auch das echtzeit- und mehrwährungsfähige System Xemac (Exchange Electronic Management of Collateral) an. Mit Xemac lassen sich nicht nur die Sicherheiten für Wertpapierleihgeschäfte, sondern auch für Offenmarktgeschäfte mit der Deutschen Bundesbank, OTC- oder Eurex-Termingeschäfte verwalten.

### 2.1.6.1.2.2 Börsensysteme für den Terminmarkt

Der Finanzterminmarkt besteht aus zwei Segmenten, dem börsenmäßig organisierten Finanzterminmarkt und dem OTC-Markt (Over the Counter-Markt). Am *OTC-Markt* agieren entweder Banken mit Banken oder Banken mit Kunden. Sie handeln die gesamte Palette der Finanztermin-Instrumente, nicht nur die besonders verbreiteten Optionen, Futures und Swaps, sondern auch weniger bekannte Instrumente wie Caps, Floors und Collars, Forward Rate Agreements etc. Am OTC-Markt kommt den Instrumenten, die *nicht standardisiert* sind und daher auch nicht börsenmäßig gehandelt werden können, besondere Bedeutung zu. Sie können bei jedem einzelnen Geschäftsabschluß individuell ausgehandelt werden, was der Kundschaft, insbesondere der Firmenkundschaft und den institutionellen Anlegern, sehr entgegenkommt. Gerade wegen der Individualität der Gestaltung der Geschäfte im Einzelfall verdienen sie bei der Abwicklung im Back Office und beim Risiko-Controlling besondere Aufmerksamkeit, und da in diesen Fällen auch kein börsenmäßiges Clearing House für die Erfüllung eintritt, müssen diese Geschäfte nach Grundsatz I i.V.m. § 10 KWG mit Eigenkapital unterlegt werden.

Global hat sich eine beträchtliche Anzahl von *Finanzterminbörsen* entwickelt (vgl. Hielscher 1993). Von diesen werden einige, insbesondere auch die Eurex, als reine

Computer-Börsen geführt. Die *Eurex* folgt dem *Market Maker-Prinzip*: Börsenteilnehmer, die eine Market Maker-Lizenz erworben haben, haben hierdurch die Verpflichtung übernommen, auf Anfrage zu den festgelegten Handelsobjekten jederzeit Kurse zu stellen. Market Maker und einfache Börsenteilnehmer, die z.B. Kundenaufträge ausführen, nutzen das TOFF-System der Eurex (Trading Options and Financial Future System) und kommunizieren über User Devices, an die mehrere Händlerplätze (Workstations), sog. Satellites, angeschlossen sein können, mit den Host-Computern der Eurex. Die User Devices sind mit den Host-Computern der Eurex über Communication Servers, die sich an verschiedenen Access Points in den Vereinigten Staaten und Europa befinden, verbunden. Die wesentlichen *Elemente des TOFF-Systems der Eurex* verdeutlicht Abb. 2.1.6.1.2.2-1.

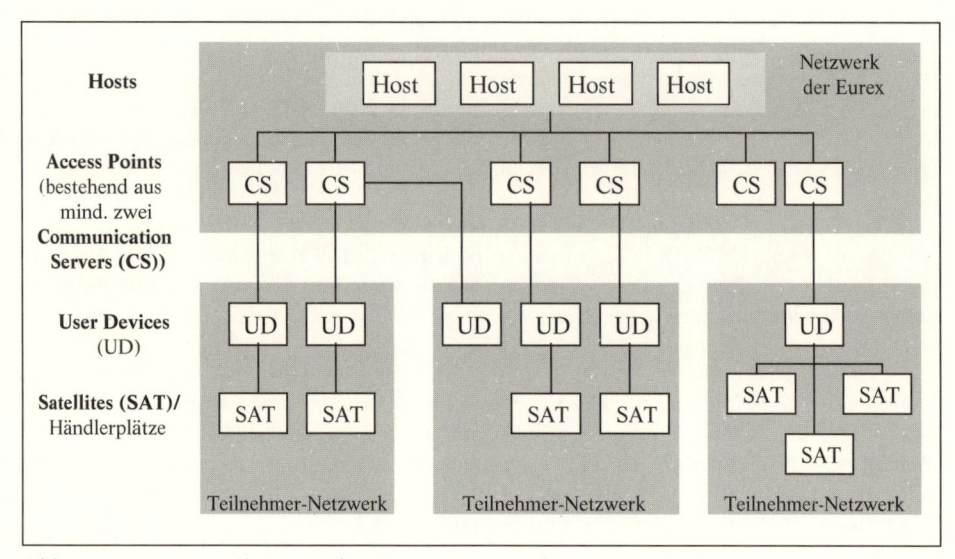

Abb. 2.1.6.1.2.2-1: Elemente des TOFF-Systems der Eurex

Der an der Eurex Deutschland gehandelte Instrumentenkatalog ist im Laufe der Zeit immer wieder ergänzt worden und beinhaltet die folgenden *Instrumente* (Stand: Dezember 1999):

- Optionen
    - Optionen auf 33 deutsche, 18 schweizer und 3 finnische Aktien,
    - Low Exercise Price-Optionen auf 33 deutsche, 16 schweizer und 3 finnische Aktien,
    - Optionen auf den DAX, SMI (Swiss Market Index) und FOX (Finnish Stock Index),
    - Optionen auf den Dow Jones STOXX 50, Euro STOXX 50 und Nordic STOXX 30,
    - Optionen auf den Euro-Schatz-, Euro-BOBL- und Euro-BUND-Future,
    - Optionen auf den CONF-Future,
    - Optionen auf den Dreimonats-EURIBOR-Future;
- Futures
    - DAX- und MDAX-Future,
    - SMI-Future,
    - FOX-Future,

- Dow Jones STOXX 50-, Dow Jones Euro STOXX 50- und Dow-Jones Nordic STOXX 30-Future,
- Euro-Schatz-, Euro-BOBL-, Euro-BUND- und Euro-BUXL-Future,
- CONF-Future,
- Einmonats-EURIBOR- und Dreimonats-EURIBOR-Future.

Die Palette der Eurex-Instrumente deckt die Bedürfnisse im Aktien- und Zinsbereich weitgehend ab. Die *Aktienoptionen* beziehen sich auf die marktbreitesten Aktien in Deutschland, in der Schweiz und in Finnland. Der DAX selbst ist ein Aktienindex, der im deutschen Aktienmarkt zentrale Bedeutung gewonnen hat. Er kommt in der Eurex-Palette mit einer Option auf den DAX und einem DAX-Future (FDAX) zur Geltung. Die *Zinsinstrumente* erfassen das gesamte Laufzeitspektrum von einem Monat (EURIBOR), drei Monaten (EURIBOR), 1,75-2,25 Jahre (Euro-Schatz), 4,5–5,5 Jahre (Euro-BOBL), 8,5-10,5 Jahre (Euro-BUND) bis 20-30,5 Jahre (Euro-BUXL). Devisenoptionen und Devisenterminkontrakte werden an der Eurex nicht gehandelt.

Die Eurex Frankfurt AG übt nicht nur die Handelsfunktion, sondern über ihre Tochtergesellschaft Eurex Clearing AG auch die Funktion eines *Clearing House* aus. Die Eurex Clearing AG tritt bei jedem Geschäftsabschluß als Kontraktpartner für Käufer und Verkäufer ein, und sie übernimmt so die Garantie für die Erfüllung der Geschäftsabschlüsse. Hinsichtlich des Clearing werden drei Gruppen von *Börsenteilnehmern* unterschieden, General Clearing Members, Direct Clearing Members und Non-Clearing Members. *General Clearing Members* haben eine Clearing Lizenz, die sie berechtigt, sowohl Eigengeschäfte als auch die Geschäfte für Kunden und Non-Clearing Members über das Clearing House der Eurex abzuwickeln. *Direct Clearing Members* können aufgrund ihrer eingeschränkten Lizenz nur Eigengeschäfte und Kundengeschäfte abwikkeln, und *Non-Clearing Members* können von sich aus die Clearingstelle der Eurex überhaupt nicht nutzen, sondern sie müssen die Clearing-Dienstleistungen eines General Clearing Member in Anspruch nehmen.

Damit die Eurex als Clearing House ihre *Garantiefunktion* erfüllen kann, führt sie nicht nur einen Clearing-Fonds, der aus den Jahresüberschüssen der Eurex dotiert wird, sondern sie verlangt von den Clearing Members *Sicherheitsleistungen* (Margin Deposits), deren Höhe grundsätzlich vom Risiko der vom einzelnen Clearing Member gehaltenen Positionen abhängt und täglich nach dem *Mark to Market-Prinzip* neu berechnet wird. Verändern sich Aktienkurse, Rentenkurse, Zinssätze etc., dann kann es sein, daß die Sicherheitserfordernisse der Clearing Members zunehmen, so daß diese zusätzliche Sicherheiten anschaffen müssen. Vermindern sich die Sicherheitserfordernisse, dann können die betroffenen Clearing Members über die nicht mehr erforderlichen Anteile der bereitgestellten Sicherheiten verfügen.

Außer der Garantiefunktion übernimmt das Clearing House auch *Abwicklungsfunktionen*: Werden Positionen vor Fälligkeit durch Gegengeschäfte glattgestellt, dann erstellt das Clearing House die Abrechnungen und nimmt das Cash Settlement zwischen den Kontraktpartnern vor. Entsprechend wird bei Positionen verfahren, für die es nur ein Cash Settlement gibt wie z.B. bei Positionen mit DAX-Instrumenten. Kommt es im Einzelfall tatsächlich zur Lieferung des Underlying, beim Euro-BUND-Future z.B. zur Lieferung von Anleihen mit einer Restlaufzeit von 8,5 bis 10,5 Jahren, dann bewirkt das Clearing House die Lieferung der Wertpapiere und die geldmäßige Verrechnung in Zusammenarbeit mit der Deutschen Börse Clearing AG.

## 2.1.6.1.3 Wertpapierhandel im Internet

Der Begriff der Börse wurde bisher immer nur im institutionellen Sinne verwendet. Grundsätzlich sind aber auch Handelssysteme denkbar, die nicht von einer Börse im institutionellen Sinne betrieben werden, die aber alle Börsenfunktionen erfüllen (vgl. Kap. 2.1.6), und die daher als *Börse im funktionellen Sinne* aufgefaßt werden könnten. Vorläufig ist aber davon auszugehen, daß die außerbörslichen Handelssysteme noch nicht alle Börsenfunktionen erfüllen, so daß sie auch im funktionellen Sinne dem außerbörslichen Handel zuzurechnen sind.

**a) Außerbörslicher Wertpapierhandel**
Der *börsliche Wertpapierhandel* repräsentiert den Sekundärmarkt (Zirkulationsmarkt), denn hier kommen die Kauf- und Verkaufsorders von *Investoren* zusammen, die unter Mitwirkung von Finanzintermediären zu Transaktionen führen, die durch Clearing und Settlement erfüllt werden. Die *Emittenten* der gehandelten Wertpapiere treten bei den börslich durchgeführten Wertpapiertransaktionen nicht in Erscheinung, außer bei der Kurspflege oder, was grundsätzlich möglich, aber praktisch weitgehend bedeutungslos ist, bei der Emission von Wertpapieren durch Verkauf an der Börse.

Der *außerbörsliche Wertpapierhandel*, auch als Over-the-Counter-Handel (OTC-Handel) bezeichnet, findet sowohl auf dem Primär- als auch auf dem Sekundärmarkt statt. Die Handelspartner auf dem *Sekundärmarkt* sind nicht nur Banken, die im sogenannten *Telefonhandel* Wertpapiergeschäfte miteinander abschließen, sondern auch Banken und ihre Großkunden, insbesondere institutionelle Anleger. Die Banken stellen hierbei Geld- und Briefkurse, die ihre Handelspartner akzeptieren können, so daß Geschäftsabschlüsse zustande kommen, und sie kommunizieren mit ihren Geschäftspartnern typischerweise über das Telefon. Bei Käufen nehmen sie die Wertpapiere in den Eigenbestand, und bei Verkäufen liefern sie aus eigenem Bestand.

Wenn im außerbörslichen Wertpapiergeschäft Geld- und Briefkurse gestellt werden, ist es durchaus zutreffend von *Handel* zu sprechen, denn dann liegt dasselbe Verfahren vor, das auch beim Börsenhandel nach dem Market Maker-Prinzip praktiziert wird. Die Unterschiede gegenüber dem börslichen Wertpapierhandel sind aber doch offenkundig: Während beim außerbörslichen Wertpapierhandel Käufer und Verkäufer über ein Kommunikationssystem wie das Telefon direkt miteinander in Verbindung treten, ist die Börse als organisierter Handelsplatz durch einen breiten und stetigen Zustrom von Orders gekennzeichnet, so daß einerseits Marktliquidität entsteht und andererseits die Preisfindung auf der Grundlage der herrschenden Marktlage, und nicht nur aufgrund der Angebote von zwei einzelnen Handelspartnern, stattfindet. Für diese beiden Handelspartner, die einander kennen und die auf die korrekte Erfüllung der getätigten Abschlüsse vertrauen können, ist das Telefon das geeignete *Kommunikationsmedium*. Sie könnten auch andere Medien für ihre One-to-One Communication verwenden, beispielsweise E-Mail. Ganz anders verhielte es sich, wenn ein Systembetreiber versuchen würde, unter Nutzung des Internet und insbesondere seiner durch das WWW gebotenen technischen Möglichkeiten einen breiten und kontinuierlichen Strom von Kauf- und Verkauforders zusammenzuführen und so einen außerbörslichen Wertpapierhandel im Internet zu organisieren. Selbst wenn die Sicherheit der Datenübertragung gewährleistet wäre, bliebe das *Erfüllungsrisiko* für die abgeschlossenen Transaktionen bestehen, weil die beteiligten Vertragspartner einander nicht kennen, vertrauen oder Sicherheiten geleistet haben.

Der *Primärmarkt* (Emissionsmarkt) ist ein außerbörslicher Markt, auf dem Emittenten ihre Emissionen anbieten, die typischerweise von Emissionsbanken übernommen und bei Investoren plaziert werden. Grundsätzlich werden bei der Plazierung die Volumina und Preise der zu übernehmenden Wertpapiere zwischen den Emissionsbanken und den Investoren vereinbart, so daß auch hier von Wertpapierhandel gesprochen werden kann. Vom Emissionsverfahren hängt es ab, welche Kommunikationsmedien im Einzelfall gewählt werden: Grundsätzlich sind Brief, Telefon, Fax und Internet als Kommunikationsmedien geeignet, denn die Emissionsbanken sind im Primärmarkt typischerweise als vertrauenswürdig bekannt, so daß die Investoren nach Zuteilung der Wertpapiere und Zahlung des Kaufpreises sicher sein können, daß die Wertpapiere auch geliefert werden. Ganz anders verhält es sich, wenn im Primärmarkt bei der Emission von Wertpapieren keine Finanzintermediäre mitwirken.

**b) Wertpapierhandel im Internet ohne Mitwirkung von Finanzintermediären**
Das WWW scheint informationstechnisch die Möglichkeit zu bieten, daß ein Systembetreiber den außerbörslichen Wertpapierhandel im Internet organisiert und dabei weltweit den am Wertpapierhandel interessierten Internet-Nutzern die Gelegenheit gibt, Orders zu erteilen, die zu sehr niedrigen Transaktionskosten ausgeführt werden. Wenn dies realisiert werden könnte, müßte sich eine unvorstellbar große Marktliquidität ergeben. In Wirklichkeit scheitert das aber daran, daß mit Hilfe des Internet der *Marktzugang* nicht geregelt werden kann. Das bedeutet, daß Zuverlässigkeit und Leistungsfähigkeit der Handelspartner nicht gewährleistet sind, und daß ohne die Einschaltung von Finanzintermediären die Erfüllung der den Transaktionen zugrunde liegenden Verträge (Settlement) nicht sichergestellt werden kann.

In den USA haben einige kleine Unternehmen ihr Going Public und damit auch die Plazierung ihrer Aktien ohne Beteiligung von Finanzintermediären über das Internet vollzogen (vgl. Stolz/Schmitz-Esser 1997). Sie hatten zwar keine Provisionen an Emissionsbanken zu zahlen, aber dabei sind doch implizite Kosten entstanden, weil der erzielbare Emissionspreis niedriger ist als bei Mitwirkung von Emissionsbanken. Dies wird von der Neuen Institutionenökonomie so erklärt, daß die Emissionsbanken durch ihre Mitwirkung mit ihrem guten Namen eine Garantenstellung eingehen, die den Investoren ein grundsätzlich positives Qualitätssignal für die jeweilige Emission gibt, so daß sie auch bereit sind, hierfür einen gewissen Preiszuschlag zu zahlen.

Bei den erwähnten US-amerikanischen *Internet-Emissionen* haben die Emittenten mit dem Einverständnis der SEC (Securities Exchange Commission) ihr »Handelssystem« so aufgebaut, daß im Internet «schwarze Bretter« bereitgestellt wurden, an denen Internet-Nutzer ihre Kaufabsichten durch Internet-Nachricht kundtun konnten. Das Zustandekommen von Transaktionen mußte dann per E-Mail, Telefon oder Fax bestätigt werden. Die Erfüllung der Transaktionen, also die Zahlung des Kaufpreises und die Lieferung der Wertpapiere, wurde durch einen *Treuhänder* abgewickelt, was auch mit gewissen Kosten verbunden war. Dieses umständliche Verfahren mußte praktiziert werden, weil ein »schwarzes Brett« für jeden Internet-Nutzer zugänglich sein sollte, weil man alle Internet-Nutzer als Investorenpublikum ansprechen wollte.

Im Gegensatz hierzu bewältigen *Börsen* das mit Wertpapiertransaktionen verbundene *Erfüllungsrisiko* dadurch, daß sie den Zugang zum Börsenhandel stark reglementieren. Nur Börsenmitglieder, die hohen Anforderungen an ihre Kapitalausstattung genügen und Sicherheitsleistungen zu erbringen haben, sind berechtigt, Orders in den Markt zu geben. Diese Anforderungen an die Marktteilnehmer einerseits und die Funktionsweise des jeweils angeschlossenen Clearing House andererseits gewährleisten eine zuverlässige Erfüllung der den Börsentransaktionen zugrunde liegenden Verträge. Ein freier Zugang zum Wertpapiermarkt für alle Internet-Nutzer ist also nicht praktikabel. Grundsätzlich muß auftragsbezogen die Bonität der Auftraggeber gesichert sein. Das wird entweder dadurch erreicht, daß die Transaktionen durch Börsenmitglieder durchgeführt oder die Orders von Nichtmitgliedern einzeln durch Mitglieder bestätigt werden. In beiden Fällen wirken Handelsintermediäre mit (vgl. Stolz/Schmitz-Esser 1997).

Aber auch die *Börsen* selbst sind als *Intermediäre* zwischen den Börsenmitgliedern zu verstehen, die durch eine Vielzahl von Maßnahmen zur Stärkung ihrer Reputation im Markt beitragen, beispielsweise durch eine funktionsfähige Marktaufsicht, die Überwachung der Bonität von Clearing House und Mitgliedern, Sicherstellung der Marktliquidität etc. Ein Wertpapierhandel im Internet ist also grundsätzlich ohne die Mitwirkung von Finanzintermediären möglich, jedoch nicht ohne die Einschaltung von *Handelsintermediären* wie z.B. Treuhändern, die die Erfüllung der Wertpapiertransaktionen gewährleisten.

Unterscheidet man beim Wertpapierhandel drei Phasen, eine Informations-, eine Handels- und eine Abwicklungsphase, dann ist es die *Informationsphase*, in der die Marktpartner das *Internet* sehr gut nutzen können. In dieser Phase werden nicht nur Kursinformationen übermittelt, die von den Börsen bereitgestellt werden, sondern unternehmensbezogen auch Quartalsberichte, Kurzfassungen der Jahresabschlüsse, Unternehmenskalender mit den wichtigsten Terminen etc. Das Internet ersetzt also nicht die Intermediäre, sondern es fungiert nur als effizientes *Kommunikationsmedium* zwischen Emittenten, Intermediären und Investoren.

### c) Wertpapierhandel im Internet unter Mitwirkung von Finanzintermediären

Wenn im außerbörslichen Wertpapierhandel, bei dem Finanzintermediäre mitwirken, das Internet genutzt wird, dann geschieht dies, weil es eine im Vergleich zum Telefon *effizientere Kommunikation* zwischen den Marktpartnern ermöglicht, beispielsweise durch Angebot von Informationen in Form von Tabellen und Graphiken, aber auch durch Bereitstellung von Funktionen zur Tätigung von Geschäftsabschlüssen und zur Dokumentation.

Bedeutende *Emittenten von Optionsscheinen* haben längst erkannt, daß es beim börslichen Optionsscheinhandel immer wieder an der erforderlichen Marktliquidität fehlt, so daß Anleger häufig die gewünschten Transaktionen in Optionsscheinen nicht tätigen konnten, was naturgemäß zu großer Unzufriedenheit geführt hat. Aus diesem Grunde sahen sich die Emittenten gezwungen, zur Sicherung der Marktliquidität in ihren Optionsscheinen jederzeit auch als Käufer der von ihnen selbst emittierten Optionsscheine bereitzustehen. Da gerade die Inhaber von Optionsscheinen ein großes Interesse daran haben, jederzeit, besonders in Crash-Situationen, sehr schnell Optionsscheine kaufen oder verkaufen zu können, liegt es nahe, daß sich die Emittenten für diese Geschäfte eines außerbörslichen Handelssystems bedienen.

Für den *Optionsscheinhandel* hat eine IBM-Tochtergesellschaft in Zusammenarbeit mit dem Bankhaus Sal. Oppenheim und der früheren Bank 24 unter der Bezeichnung Xeos (Electronic off-exchange dealing system for warrants) ein offenes und durch IBM unabhängig betriebenes Handelssystem entwickelt, das auf der Internet-Technik beruht (vgl. Götze 1998). Der *Ablauf einer Transaktion* vollzieht sich im *Xeos-System* für den einfachen Fall, daß nur ein Intermediär und ein Emittent betrachtet werden, in folgender Weise (vgl. Abb. 2.1.6.1.3-1):

Ein Kunde nimmt mit einem Intermediär, z.B. mit dem Call Center einer Direktbank, Kontakt auf, und er äußert einen Transaktionswunsch in einem bestimmten Optionsschein, verbunden mit einer Preisanfrage des Kunden beim Intermediär (1). Der an das Xeos-System angeschlossene Intermediär startet wegen dieses Optionsscheines eine Preisanfrage beim Emittenten dieses Optionsscheins (2), indem er das Bildschirmfenster »Preisübersicht« dieses Emittenten öffnet. Durch dieses Fenster erhält er die Preisinformation (3) und teilt sie per Telefon dem Kunden mit (4). Wenn der Kunde den Preis

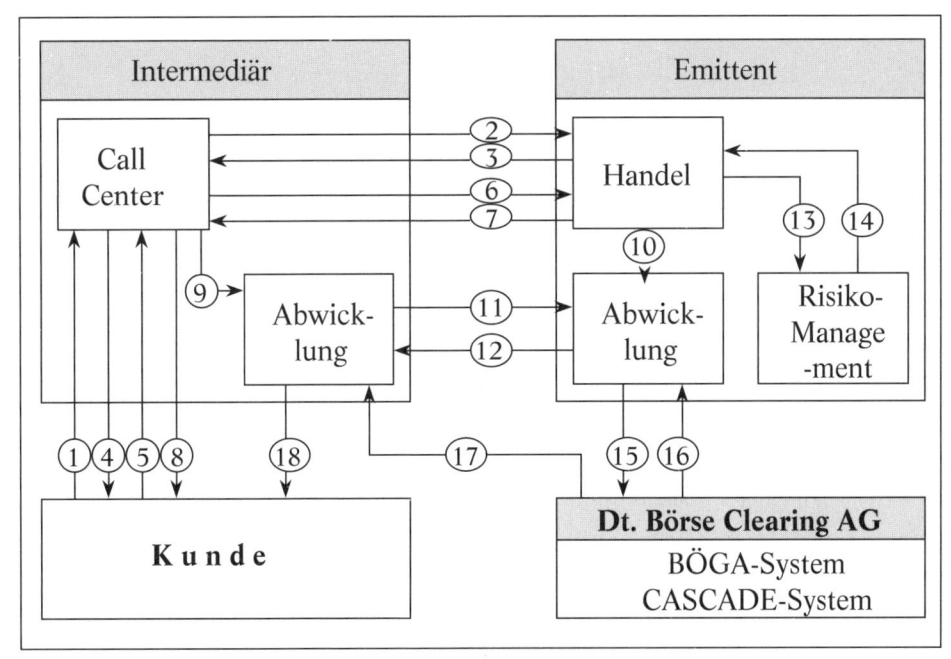

Abb. 2.1.6.1.3-1: Informationsfluß im Xeos-System für den außerbörslichen Optionsscheinhandel
(vereinfachte Darstellung mit nur einem Intermedär und einem Emittenten)

akzeptiert und eine Order erteilt (5), öffnet der Intermediär das »Handelsfenster« des Xeos-Systems und gibt die Stückzahl für den Kundenauftrag und die Art des Geschäftes (Kauf oder Verkauf) ein (6). Der Geschäftsabschluß kommt zustande, wenn die Handelsabteilung des Emittenten das Geschäft zu den vom Intermediär eingegebenen Daten bestätigt (7), und der Intermediär bestätigt dann dem Kunden den Geschäftsabschluß (8). Die Quotierungen (Geld- und Briefkurse), die die Handelsabteilung des Emittenten in das Xeos-System einstellt, gelten für gängige Ordervolumina und für eine vorgegebene Zeitspanne. Für große Stückzahlen kann der Intermediär über das Xeos-System Einzelpreisanfragen beim Emittenten starten, der dann für die genannte Stückzahl einen speziellen Preis stellen kann. Die Emittenten können Obergrenzen für die Stückzahl vorgeben, bis zu denen der Handel völlig automatisch abläuft.

*Nach dem Geschäftsabschluß* teilt die Handelsabteilung des Emittenten die Transaktionsdaten der Abwicklungsabteilung mit (10), die diese Daten zum Zweck des Matching mit der Abwicklungsabteilung des Intermediärs austauscht (11) und (12). Gleichzeitig übermittelt die Handelsabteilung des Emittenten die Transaktionsdaten an das Risikomanagement des Emittenten (13), und in gewissen Zeitabständen erhält die Handelsabteilung des Emittenten auch Rückkopplungsinformationen vom Risikomanagement (14), so daß die Handelsabteilung für ihre Optionsschein-Positionen ständig die Ausnutzung der durch das Risikomanagement vorgegebenen Risikogrenzen erkennen kann. Die Abwicklungsabteilung des Emittenten gibt die Transaktionsdaten auch an die Deutsche Börse Clearing AG weiter (15), die durch das BÖGA- und das CASCADE-System das Settlement durchführt und der Abwicklungsabteilung des Emittenten hierzu eine Bestätigung erteilt (16). Von der Deutschen Börse Clearing AG erhält die Abwicklungsabteilung des Intermediärs dann eine Settlement-Bestätigung (17), so daß sie dem Kunden die Abrechnung über das Optionsscheingeschäft erteilen (18) und die erforderlichen Buchungen veranlassen kann.

Bei der obigen Darstellung der Abläufe im Xeos-System wurde zur Vereinfachung nur der Fall betrachtet, daß nur ein Intermediär und nur ein Emittent an das Xeos-System angeschlossen sind. In Wirklichkeit handelt es sich bei Xeos um ein *offenes Optionsscheinhandelssystem*, an das sich eine Vielzahl von Intermediären und Emittenten anschließen kann. In diesem Sinne ist Xeos eine *unabhängige Handelsplattform*, die von einem Software-Haus auf seinem Rechenzentrum betrieben wird, und für die ein Telekommunikationsunternehmen das Netzwerk für die mit dem Betrieb des Systems verbundene Datenübertragung bereitstellt. Das Handelssystem beruht in wesentlichen Teilen auf der Internet-Technik, und ein *Java-fähiger Browser* gehört zur Grundausstattung der Arbeitsstationen bei den Intermediären. Die Sicherheit der Datenübertragung wird durch Verschlüsselungs-Software und Firewalls gewährleistet, und die Systemverfügbarkeit wird mit Hilfe eines Backup-Systems sichergestellt, das sich ständig im warm stand-by befindet.

Die Nutzung des Systems ist für Emittenten nur mit geringen *Kosten* verbunden, und für Intermediäre ist sie sogar kostenfrei. Dadurch, daß sie ständig mit Quotierungen am Markt sind, können die Emittenten selbst für die erforderliche *Marktliquidität* sorgen, was ihre Optionsscheinemissionen attraktiv macht, und den Kunden wird eine über die Börsenhandelszeit hinausgehende *Handelszeit* (derzeit 8.00 bis 22.00 Uhr) geboten. Ob die Rechnerkapazität des Xeos-Systems ausreicht, wird sich allerdings erst in Crash-Situationen zeigen.

Die Kunden, die das Xeos-System nutzen wollen, kommunizieren zunächst noch über Telefon oder Fax mit ihrer Bank, die als Intermediär an das System angeschlossen ist. Für eine weitere Entwicklungsstufe ist vorgesehen, daß sie über das Internet mit dem System selbst Verbindung aufnehmen, so daß der bisher noch telefonisch geführte Dialog des Intermediärs mit dem Kunden einerseits und dem Emittenten andererseits entfällt. Im Vergleich mit dem Wertpapierhandel im Internet, bei dem keine Finanzintermediäre mitwirken, bietet das Xeos-System den Vorteil, daß die Erfüllung der den Transaktionen zugrunde liegenden Verträge durch Zahlung und Lieferung durch Intermediäre und Emittenten zuverlässig, schnell und zu niedrigen Kosten sichergestellt ist.

Eine Handelsplattform wie das Xeos-System konkurriert natürlich mit leistungsfähigen Börsensystemen, und sein Einsatz ist nur dadurch gerechtfertigt, daß es Stärken aufweist, die die Börsensysteme nicht haben. Hierzu gehört offensichtlich, daß das Xeos-System den Emittenten ermöglicht, für die eigenen Optionsschein-Emissionen die Marktliquidität schneller, zuverlässiger und kostengünstiger sicherzustellen als bei Abwicklung der entsprechenden Transaktionen über die Börse. Gleichzeitig erscheint es durchaus sinnvoll, daß eine derartige Handelsplattform für Teilfunktionen der Geschäftsabwicklung Börsensysteme wie das BÖGA- und das CASCADE-System nutzt, soweit diese die Teilaufgaben schnell, sicher und kostengünstig erfüllen.

### 2.1.6.2 Systemeinsatz im Wertpapiergeschäft: Bewertung bezüglich der Effizienzkriterien sowie Auswirkungen auf Börsen und Kapitalmarkt

Die Darstellung der EDV-Anwendungssysteme, die derzeit schon im Wertpapiergeschäft eingesetzt werden, hat gezeigt, wie stark das Wertpapiergeschäft durch den Systemeinsatz geprägt ist. Ebenso wie im Zahlungsverkehr, so sind auch im Wertpapiergeschäft unternehmensübergreifende, teilweise sogar grenzüberschreitende, Vorgangsketten identifizierbar, die sich auf die Beteiligten in unterschiedlicher Weise auswirken.

### a) Auswirkungen auf Banken und Kunden

Die Systeme für die Wertpapierverwaltung (vgl. Kap. 2.1.6.1.1) und die Börsensysteme (vgl. Kap. 2.1.6.1.2) ermöglichen, wenn man von den Eigenhandelsaktivitäten im Wertpapiergeschäft absieht, *neue Geschäftsprozesse mit Kunden* bei der Erstellung *konventioneller Bankleistungen* gemäß Abb. 1.6.2-2. Sie erfüllen primär die Grundfunktion der *Geschäftsabwicklung*. Bei einigen Systemen, z.B. Systemen für die Börsenkursübermittlung, ist der Kundengeschäftsbezug aber nur indirekt gegeben.

Beim Wertpapierhandel im Internet wurden Systeme ohne und Systeme mit Beteiligung von Finanzintermediären unterschieden. Für die *Systeme ohne Beteiligung von Finanzintermediären* kommt eine Bewertung anhand der Effizienzkriterien nicht in Betracht, weil definitionsgemäß kein Kreditinstitut beteiligt ist, das mit Hilfe der Systeme versuchen könnte, einen Zusatznutzen für seine Kunden zu erreichen, seine Wirtschaftlichkeit zu verbessern oder Wettbewerbsvorteile zu erringen. Systeme dieser Art sind für Kreditinstitute aber nicht einfach vernachlässigbar. Im Gegenteil: Wenn diese Systeme hinsichtlich des Handelsvolumens an Bedeutung gewinnen, werden sie die Disintermediation fördern und eine gewisse Bedrohung für die strategische Erfolgsposition der Institute darstellen.

* **Kundennutzen**

Für Depotkunden ist der Einsatz eines elektronischen Geschäftsabwicklungssystems in der Wertpapierverwaltung nicht sichtbar. Sie halten den Leistungsstand der Institute in diesem Bereich für selbstverständlich und nehmen Dimensionen des Kundennutzens (vgl. Abb. 1.6.2.1-2) hierbei praktisch nicht wahr. Durch elektronische Informationsdienste der Börsen, wie z.B. TPF, aber auch durch kommerzielle Informationsdienste wie Reuters, Vereinigte Wirtschaftsdienste GmbH (vwd) etc. erhalten Kunden und Banken Marktinformationen von viel höherer *Aktualität* als früher (Nutzendimension 1.1). Unter Verwendung von BOSS-CUBE und Xetra werden Börsentransaktionen *schneller* durchgeführt (Nutzendimensionen 4.1 und 4.2), und durch BÖGA erhalten die Banken Schlußnoten durch DFÜ, die sie an ihre Kunden weitergeben können. Diese Vorteile treffen in entsprechender Weise auf das Eigengeschäft der Banken zu. Durch die Verkürzung von Bedienungs- und Abwicklungszeiten verbessert sich für die Wertpapierkunden zugleich die *Dispositionssicherheit*, insbesondere die Möglichkeit zur Ertragserzielung (Nutzendimension 8.1).

Kreditinstitute, die als Beteiligte bei Systemen für den Wertpapierhandel im Internet auftreten, können ihren Kunden durchaus einen Zusatznutzen verschaffen. Das Xeos-System bietet den Kunden nicht nur aktuelle Optionsscheinpreise (Nutzendimension 1.1), sondern sie können auch von jedem Ort (mit Telefonverbindung) aus (Nutzendimension 3.1) und zur Geschäftszeit ihres (Direkt-)Bank-Call Center (Nutzendimension 3.2) zuverlässig Geschäfte mit verschiedenen Optionsschein-Emittenten tätigen, die ständig als Geschäftspartner bereitstehen und die Marktliquidität sicherstellen.

* **Wirtschaftlichkeit**

Für die Systeme in der Wertpapierverwaltung, für Börsensysteme und für Systeme für den Wertpapierhandel im Internet, an denen Banken beteiligt sind, kann die Wirtschaftlichkeitsrechnung in Form eines *Kostenvergleichs* in bezug auf die manuelle Abwicklung dieser Geschäftsprozesse durchgeführt werden. Durch den Einsatz von EDV-Anwendungssystemen kann eine gegebene Anzahl von Börsenorders schneller, sicherer und insbesondere auch mit weniger Personalaufwand übermittelt, ausgeführt und abgewickelt werden. Die unternehmensübergreifenden Vorgangsketten tragen dazu bei, daß Auftrags- und Geschäftsdaten nur einmal erfaßt und dann in funktionsintegrierten Systemen verarbeitet werden können. Dies ist aber nur möglich, weil Banken und Börsen Investitionen in großem Umfang getätigt haben, um Großrechner, Terminals etc. zu beschaffen und Software-Systeme zu entwickeln und zu implementieren. Hierbei dürfen auch die Aufwendungen für die Schulung der Mitarbeiter von Banken und Börsen in der Handhabung dieser Systeme nicht unerwähnt bleiben. Ob sich die Wirtschaftlichkeit im Wertpapiergeschäft durch den Einsatz von EDV-Anwendungssystemen wirklich verbessert hat, hängt nicht nur davon ab, ob der einzelne Systembetreiber den bei der Systemplanung ermittelten systemspezifischen Break-even point überschreitet. Viel wichtiger dürfte im Einzelfall die *Nutzungsdauer von Hardware und Software* sein, denn sie bestimmt die jährlichen Abschreibungsbeträge, die in die Wirtschaftlichkeitsrechnung eingehen. Die Nutzungsdauer der Systeme ist aber ihrerseits vom *technischen Fortschritt* abhängig, der im Bereich der I&K-Technik nach wie vor ganz erheblich ist. Dies kann zur Folge haben, daß sich die Nutzungsdauer der Systeme unerwartet verkürzt und sich die Wirtschaftlichkeitsrechnung einschließlich Break-even point ex post als falsch erweist.

\* **Wettbewerbsvorteile**
Die Systeme in der Wertpapierverwaltung und die Börsensysteme werden dem *externen Einsatzbereich* gem. Abb. 1.6.2.4-1 zugeordnet, weil sie außerhalb der Banken ablaufen und allen Wettbewerbern mit gleichen Leistungscharakteristika zur Verfügung stehen. Börsen- und Handelssysteme, mit deren Hilfe die Wertpapiergeschäfte der Banken abgewickelt werden, beispielsweise BOSS-CUBE, Xetra oder das Kursinformationssystem TPF, sind nicht geeignet, dem einzelnen Institut, das direkt oder indirekt von diesen Systemen Gebrauch macht, Wettbewerbsvorteile zu verschaffen, weil es sich beim Einsatz dieser Systeme *nicht von seinen Wettbewerbern abheben kann*. Dies gilt auch für Systeme für den Wertpapierhandel im Internet, es sei denn, es handelt sich um Systeme, die von einzelnen Banken ausschließlich gestaltet und betrieben werden können. Hier zeigt sich, daß Zusatznutzen für die Kundschaft nur eine notwendige, nicht jedoch eine hinreichende Bedingung für die Erzielung von Wettbewerbsvorteilen ist.

Durch die Systeme für die Wertpapierverwaltung und die Börsensysteme hat die Wirtschaftlichkeit der Leistungserstellung der Banken im Wertpapierbereich gewiß zugenommen. Wenn dieser Effekt für alle Wettbewerber in gleichem Maße eintritt, dann erwachsen daraus aber keine Wettbewerbsvorteile. Nur dann, wenn ein einzelnes Institut zu niedrigeren Kosten produziert und seine Leistungen dadurch zu niedrigeren Preisen anbieten kann, hat es einen Wettbewerbsvorteil. Dann stärkt es den strategischen Erfolgsfaktor »Wirtschaftlichkeit der Leistungserstellung und –verwertung«. Das *Ausmaß der Verbesserung der Wirtschaftlichkeit* kann bei Instituten unterschiedlicher Größe durchaus unterschiedlich sein, auch wenn sie dieselben Systeme einsetzen: *Großinstitute* haben tendenziell eher die Möglichkeit, die systemspezifischen Break-even points zu überschreiten, so daß sie aufgrund der vergleichsweise günstigeren Kostensituation ihre Leistungen zu niedrigeren Preisen anbieten können.

**b) Auswirkungen auf Börsen und Kapitalmarkt**

\* **Marktliquidität**
Das Handelssystem Xetra, das die Merkmale einer Computer-Börse erfüllt, hatte 1998 mit 447 Mrd. Euro ca. 84 % des Umsatzes in den DAX-Werten auf sich gezogen. Für

diese Werte ist im Xetra-System bereits ein liquider Markt entstanden. Derart hohe Umsatzzahlen konnten für Mid und Small Caps zwar nicht erreicht werden. *Designated Sponsors*, die sich im Neuen Markt bereits bewährt haben, sollen in diesen Werten aber für Zusatzliquidität sorgen. In den Fällen, in denen bei kleineren Werten unter Umständen nicht sofort ein Handelspartner gefunden werden kann, treten Designated Sponsors als Kontraktpartner auf und stellen verbindliche An- und Verkaufspreise. Dadurch steigt die Wahrscheinlichkeit, daß erteilte Orders ausgeführt werden. Grundsätzlich können alle an der FWB gehandelten Aktien betreut werden, unabhängig davon, in welchem Marktsegment sie notiert sind. Als Designated Sponsors können Banken, Makler und andere zum Handel zugelassene Finanzunternehmen fungieren (vgl. Francioni 1997).

Die FWB war auch schon vor Einführung der Börsensysteme die umsatzstärkste deutsche Börse. Durch das Order Routing-System BOSS-CUBE hatten die Kreditinstitute schon vor Einführung von Xetra technisch die Möglichkeit, ihre Orders an eine Börse ihrer Wahl zu übermitteln, und sie favorisierten hierbei umsatzstarke Börsenplätze, was sich wiederum zugunsten von Frankfurt auswirkte. Die Einführung von Xetra hat diese Tendenz, zumindest bei den DAX-Werten, noch verstärkt. Die Börsensysteme tragen daher auch dazu bei, die FWB als Zentralbörse zu stärken. Die Konzentration des Wertpapierhandels auf das Xetra-System und die FWB macht den Finanzplatz Deutschland für ausländische Anleger, insbesondere institutionelle Anleger, attraktiv. Gleichzeitig wird die Stellung der sieben Präsenzbörsen außerhalb Frankfurts durch diese Entwicklung geschwächt.

\* **Markttransparenz**
Sowohl TPF als auch das breite Informationsangebot der Organisationseinheit Information Products der Deutsche Börse AG tragen neben den kommerziellen Kursinformationsdiensten zu einer Verbesserung der Markttransparenz bei. Diese Informationen können über Terminals an den Händlerplätzen, aber auch an Beraterplätzen, bereitgestellt werden. Händler, die am Xetra-System oder an der Eurex agieren, erhalten außerdem real-time Informationen über Kurse, Umsätze etc. in den von ihnen betreuten Marktsegmenten. Durch den Einsatz der genannten Börsensysteme ist die Markttransparenz für die Händler und Berater sehr viel größer als früher. Dadurch ist es für die Marktpartner aber auch sehr viel schwieriger geworden, Informationsvorsprünge zu erreichen und z.B. bei einer Seitwärtsbewegung im Markt Gewinne zu erzielen. Die Steigerung der Markttransparenz, die durch die Einführung der Börsensysteme bewirkt worden ist, trägt dazu bei, daß der börsenmäßig organisierte Wertpapiermarkt sich immer mehr einem *vollkommenen Markt* annähert. In diesem Zusammenhang stimmt es nachdenklich, daß die mikroökonomische Theorie im Modell des vollkommenen Marktes eine dauerhafte Erwirtschaftung von Gewinn nicht erklären kann.

\* **Volatilität**
Wertpapiergeschäfte, die EDV-gestützt in geschlossenen Vorgangsketten durchgeführt werden, laufen im Vergleich zur traditionellen Praxis mit erheblich höherer Geschwindigkeit ab. Da dies aber für alle Marktteilnehmer gilt, bleibt die Frage offen, ob einzelne Marktteilnehmer hierdurch Vorteile erreichen können. In Wirklichkeit besteht die Gefahr, daß die schnellere Übermittlung von Informationen, Orders und Ausführungsbestätigungen dazu beiträgt, daß Marktteilnehmer immer *schneller agieren und* auf neue Informationen auch *reagieren* wollen. Es ist nicht auszuschließen, daß durch den Einsatz der EDV-Anwendungssysteme auch die Volatilität der Wertpapiermärkte zunimmt (vgl. Meyer zu Selhausen 1994b). Da die Volatilität auch von zahlreichen ande-

ren Einflußgrößen abhängt, kann die Auswirkung der Börsensysteme auf die Volatilität wohl kaum zuverlässig isoliert werden.

* **Transaktionskosten**

Wenn die Börsensysteme dazu beitragen, die Wirtschaftlichkeit im börsenmäßig abgewickelten Wertpapiergeschäft zu verbessern, was gleichbedeutend ist mit einer Senkung der Transaktionskosten in diesem Geschäft, dann wirkt sich dies günstig auf die internationale Wettbewerbsfähigkeit der Börsen und Handelssysteme am Finanzplatz Deutschland aus. International orientierte Großanleger beobachten sehr genau, wie hoch die Transaktionskosten an den einzelnen Börsenplätzen weltweit sind, und sie berücksichtigen dies ganz konsequent bei der Steuerung ihrer Anlagevolumina. Außer den Transaktionskosten berücksichtigen sie natürlich auch die politischen und wirtschaftlichen Verhältnisse in den Anlageländern, die Anlagewährungen etc. Dennoch sind Börsen gut beraten, wenn sie als Unternehmungen, die sie ja auch sind, strategisches Management betreiben und auf ihre *internationalen Wettbewerbsvorteile* bedacht sind, denn nur so sichern sie langfristig ihr Überleben.

* **Schnelligkeit der Abwicklung**

Die Schnelligkeit der Abwicklung von Börsengeschäften durch die Deutsche Börse Clearing AG war im internationalen Vergleich immer schon sehr hoch. Mit einer Frist von zwei Tagen für die Erfüllung von Wertpapier-Kassageschäften galt Deutschland schon immer als vorbildlich. Die Systeme CASCADE, CASCADE-VNA und OLGA II haben weitere Verbesserungen gebracht, so daß heute nicht nur das Same-day settlement, sondern auch das Real-Time-Gross-Settlement möglich sind.

### c) Auswirkungen auf die Handelsüberwachung

Durch den Einsatz von EDV-Anwendungssystemen im Wertpapierhandel kann mit mäßigem Aufwand eine wirksame Handelsüberwachung ausgeübt werden. Regelverstöße können nicht nur gleichzeitig mit dem Handel, sondern aufgrund der lückenlosen Dokumentation auch noch zu einem späteren Zeitpunkt festgestellt werden. Die Überwachung des Xetra- und Eurex-Handels hat sich schon als wirksam erwiesen, und sie kann als Orientierung für den Ausbau der Marktaufsicht für die Parkettbörsen dienen.

Das zweite Finanzmarktförderungsgesetz, das Mitte 1994 in Kraft getreten ist, brachte für die Wertpapierbörsen eine Reihe von Änderungen mit sich. Das Gesetz über Kapitalanlagegesellschaften, das Aktiengesetz und das Depotgesetz wurden liberalisiert, das Börsengesetz wurde novelliert und ein Wertpapierhandelsgesetz wurde geschaffen, das die Voraussetzungen für die Errichtung eines Bundesaufsichtsamtes für den Wertpapierhandel festlegt. Das Bundesaufsichtsamt für den Wertpapierhandel, dem die Marktüberwachung übertragen wurde, arbeitet eng mit den Wertpapierbörsen zusammen.

Die Deutsche Börse AG hat sich mit den Systemen *Xetra Observer* für den Kassamarkt und *SIMA (System zur Integrierten Marktüberwachung)* für den Terminmarkt das Ziel gesetzt, eine effiziente, an internationalen Maßstäben ausgerichtete Handelsüberwachung zu unterstützen, um einen fairen Handel an den Kassa- und Terminmärkten zu gewährleisten, manipulative Handelspraktiken wirkungsvoll zu bekämpfen und Insidervergehen vorzubeugen und ggf. aufzudecken.

## 2.2 Kundenbezogene Systeme für Stammdaten-Administration auf der Basisebene

Auf der Basisebene der Strukturpyramide (vgl. Abb. 1.4-3) lassen sich zur Einzeldimension Kunde (vgl. Abb. 2.2-1) nur einfache EDV-Systeme identifizieren, die der Administration von Kunden-Stammdaten dienen.

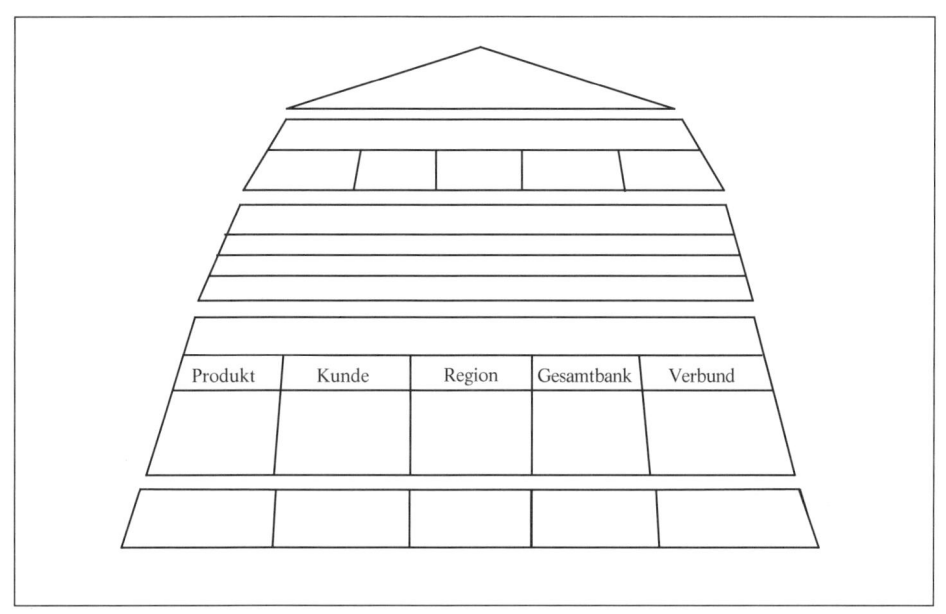

Abb. 2.2-1 Orientierungspyramide

Traditionell wurden die Stammdaten einer Kontoverbindung auf einem Kontoblatt erfaßt: Namen und Adresse des Kunden, Geburtsdatum und -ort bei Privatkunden, Rechtsform und Vertretungsbefugnis bei Firmenkunden und entsprechende Angaben bei anderen Kontoinhabern. Diese Daten sind für die Geschäftsabwicklung grundlegend, z.B. für den Versand von Kontoauszügen; eine Analyse dieser Daten ist aber weitgehend unergiebig, weil sie nur ganz wenige Kundenmerkmale enthalten, die für weitergehende Analysen, z.B. für die Marktforschung, genutzt werden könnten.

Die Kreditinstitute haben sich in Deutschland erst gegen Ende der 60er Jahre dem Bank-Marketing zugewandt, und dabei wurde sehr bald deutlich, daß sich ihre *Kundenkenntnis* auf einzelne für wichtig gehaltene Kunden bezog, auf die Kundschaft als Gesamtheit jedoch nicht. Es bestand also dringender Bedarf an Informationen, die geeignet waren, die gesamte Kundschaft einer Bank zunächst einmal anhand von Merkmalen zu beschreiben, so daß die Marketing-Fachleute die Kundschaft bezüglich dieser Merkmale analysieren konnten, um dann Marketing-Maßnahmen zu entwickeln und durchzuführen. Die I&K-Technik kannte zu dieser Zeit zwar noch keine Datenbanksysteme, aber sie war hinreichend weit entwickelt, um den *Aufbau von Kundeninformationssystemen* zu ermöglichen, die für jeden Kunden sowohl die traditionellen Stammdaten gemäß

Kontoblatt als auch weitere für das Marketing wichtige Kundenmerkmale enthielten. Papenheim (1982 und 1983) hat schon sehr früh ein Kundeninformationssystem beschrieben, das durch den Rheinischen Sparkassen- und Giroverband entwickelt und den angeschlossenen Sparkassen zur Verfügung gestellt worden ist. In der Folgezeit haben praktisch alle Kreditinstitute Kundeninformationssysteme eingeführt, die nach den Vorstellungen des einzelnen Hauses individuell gestaltet und insbesondere unterschiedlich detailliert sind. Publikationen findet man dazu allerdings kaum. Daher soll noch einmal auf das von Papenheim dargestellte System zurückgegriffen werden, um Struktur und Anwendungsmöglichkeiten von Kundeninformationssystemen zu verdeutlichen.

Die *Grundlage* eines Kundeninformationssystems ist der Kundendatenbestand. Die Aussagefähigkeit eines derartigen Systems hängt in grundlegender Weise sowohl von Art und Anzahl der im *Kundendatensatz gespeicherten Merkmale* als auch von der Richtigkeit und Aktualität der gespeicherten Merkmalsausprägungen ab. Eine geeignete *Struktur* ist also nur eine notwendige Voraussetzung für die erfolgreiche Anwendung eines Kundeninformationssystems; die laufende *Pflege und Aktualisierung* des Kundendatenbestandes, z.B. durch die jeweils zuständigen Kundenberater, ist die hinreichende Bedingung, die in der Praxis sehr viel schwerer zu erfüllen ist, als die einmalige Implementierung eines geeigneten Systems.

Die *Nutzbarkeit* von Kundeninformationssystemen wird deutlich, wenn man sich vergegenwärtigt, von welcher Art die Daten sind, die für Abfragen und Auswertungen bereitgehalten werden. Die *Datensystematik* von Papenheim (1983) wird im folgenden nur als *Beispiel* betrachtet:

### a) Technisch-organisatorische Daten
- Kundennummer
- Zeitpunkte der Kundensatzeröffnung, der letzten Änderung und der vorgemerkten Kundensatzlöschung
- Zeitpunkt der ersten Kontoeröffnung
- alphabetische Kundenidentifikation
- Kontonummern
- Verknüpfungen mit anderen Kunden, z.B. Familienmitgliedern, Steuerberatern etc.

### b) Persönliche Daten des Kunden
- Kundenart (natürliche Person, Personenmehrheit, Firmenkunde)
- Hauptanschrift und Zusatzanschriften
- Kundensystematik
- Geburtsdatum
- Geschlecht
- Geschäftsfähigkeit
- Familienstand
- Güterstand
- Staatsangehörigkeit und Sprachzugehörigkeit
- Kundenwarnvermerke

### c) Haushaltsdaten
- Haushaltsgröße
- Zahl der Verdiener
- Ausbildung des Haushaltsvorstandes
- Haushaltseinkommen
- Anzahl und Geburtsjahre der Kinder

### d) Wirtschaftliche Daten von Privathaushalten
- Jahresnettoeinkommen
- Haus- und Grundbesitz
- Bausparverträge
- Lebensversicherungen
- Sachversicherungen
- Kreditsicherheiten

### e) Daten von Firmenkunden
- Gründungsdatum der Firma
- Registernummer der Firma
- Branchenschlüssel
- Verfügungsberechtigte
- Zeitpunkt der Firmenschließung

### f) Zahlungsverkehrsdaten
- Kontoführende Geschäftsstelle
- Zeitpunkte von Kontoeröffnung und Kontoschließung
- Eigenes Institut ist nicht Hausbank
- Weitere Bankverbindungen des Kunden
- Weitere Verfügungsberechtigte
- Namensangaben zu Kundenkarten
- Kunde nutzt Safe oder Nachttresor
- Kunde hat Eurocard

### g) Akquisitionsbezogene Daten
- Kundenbetreuende Geschäftsstelle
- Kundenbesuchsperiode
- Letzter Kundenbesuch
- Kundenbetreuungshinweise
- Geeignete Werbemaßnahmen
- Gründe für Kontoauflösungen

Diese Liste von Daten, die für ein Kundeninformationssystem in Betracht kommen, soll hier nur als *Beispiel* verstanden werden. Das einzelne Institut hat die Möglichkeit, in Abhängigkeit von der Struktur seiner Kundschaft eigene Schwerpunkte zu setzen, sowohl hinsichtlich der Breite als auch der Tiefe des Merkmalskataloges. Außerordentlich differenzierte Datenbestände werden für das Database Marketing aufgebaut (vgl. Kap. 5.2.2.2.2, Abschn. (3)). Einerseits umfassen sie die Stammdaten (Grunddaten) der Kunden, andererseits aber auch Potential-, Aktions- und Reaktionsdaten.

Die laufende Aktualisierung und Pflege der Stammdaten ist als Basisprozeß zu betrachten, der den Mitarbeitern, die die laufende Aktualisierung vornehmen, z.B. also den Kundenberatern, schon einen gewissen *Nutzen für ihre Kundenbetreuung* bringen kann, wenn sie in Bezug auf einzelne Kunden Datenbankabfragen durchführen und sich z.B. vor einem Kundenbesuch die Verknüpfungen zwischen dem Kunden und seinen Konten, zwischen dem Kunden und seinen Beratern (Steuerberater, Vermögensberater etc.) oder die Verknüpfung zwischen einem Firmenkunden und dessen Gesellschaftern ausgeben lassen, so daß sie dieses Beziehungsgeflecht bei ihrem Beratungsgespräch berücksichtigen können. Die Nutzungsmöglichkeit der Stammdaten kann erheblich erweitert werden, wenn es dem einzelnen Institut gelingt, jedem Kundendatensatz auch die

Volumina bei Krediten, Einlagen und Depots sowie die Umsätze im Wertpapier- und Auslandsgeschäft zuzuordnen, so daß bei jeder Kundenverbindung die *Produktnutzung* sichtbar gemacht wird. Wenn auch die Kundenkalkulation EDV-gestützt durchgeführt wird (vgl. Kap. 5.3.2), so daß in den Datensatz eines jeden Kunden auch dessen *Erfolgsbeitrag* eingesetzt werden kann, dann sind die wichtigsten Voraussetzungen dafür gegeben, daß das Kundeninformationssystem für die Entwicklung von Marketing-Strategien sowie für die Bildung strategischer Geschäftsfelder (vgl. Kap. 6.2.1.1) und für die Formulierung von Geschäftsfeldstrategien (vgl. Kap. 6.1) genutzt werden kann.

Im Rahmen des externen Meldewesens haben die Institute eine Vielzahl von Meldungen für die Bankenaufsicht zu erstellen, z.B. die Bilanzstatistik, die Kreditnehmerstatistik usw. (vgl. Kap. 2.3.1). Diese Meldungen sind nicht nur nach Geschäftsarten o.ä., sondern teilweise auch nach Kundengruppen, z.B. Schuldnergruppen, die von der Bankenaufsicht definiert werden, zu gliedern. Daher müssen in die Datensätze des Kundeninformationssystems auch die Merkmale, codiert mit ihren Merkmalsausprägungen, eingefügt werden, die die von der Bankenaufsicht definierten Kundengruppen beschreiben. Bei einer Auswertung des Gesamtbestandes einer Geschäftsposition, z.B. der gesamten Kundenforderungen einer Bank, kann dann jedes einzelne Geschäft der jeweiligen Kundengruppe, wie von der Bankenaufsicht definiert, zugeordnet werden.

Schon dieser kurze Ausblick auf die Anwendungsmöglichkeiten für ein Kundeninformationssystem hat gezeigt, daß die Pflege dieses Datenbestandes von grundlegender Bedeutung für die Institute ist. Dennoch muß festgestellt werden, daß diese Aufgabe in vielen Instituten, insbesondere bezüglich der Marketing-Daten, vernachlässigt wird. Einerseits gibt es keine in das System eingebaute Kontrolle für die Richtigkeit der eingegebenen Informationen, so daß die Führungskräfte praktisch nicht erkennen können, ob ihre Mitarbeiter die erforderliche Aktualisierung der Stammdaten wirklich vorgenommen haben. Andererseits ist festzustellen, daß die Controlling-Systeme, insbesondere die Kalkulationsverfahren (vgl. Kap. 5.3.2) und die Zielvereinbarung, in den vergangenen Jahren immer weiter perfektioniert worden sind und nun gezielt angewandt werden mit der Folge, daß in vielen Instituten die Kundenbetreuer, die laufend auch die Stammdaten aktualisieren sollten, unter einem erheblichen Leistungsdruck stehen, so daß sie nicht selten dazu neigen, sich im Zweifel für die Erfüllung ihrer Zielvereinbarung einzusetzen und die ohnehin nicht kontrollierte Aktualisierung der Stammdaten zu vernachlässigen.

## 2.3 Gesamtbankbezogene Basisprozesse: Data Warehouse und externes Meldewesen

Auf der Basis-Ebene der Strukturpyramide (vgl. Abb. 1.4-3) erscheinen Aufgaben, die an *Einzelobjekten* vollzogen werden. Im *Systemeinsatzgebiet Gesamtbank* sind es insbesondere Meldungen, also Dokumente, die jedes Kreditinstitut zu erstellen und der Deutschen Bundesbank und dem Bundesaufsichtsamt für das Kreditwesen zu übermitteln hat. Hält das jeweilige Institut Beteiligungen an anderen Banken, dann sind zusätzlich noch Meldungen auf konsolidierter Basis zu erstellen, so daß auch das Systemeinsatzgebiet Unternehmensverbund berührt wird. Da hierbei zumeist umfangreiche Datenbestände auszuwerten sind, lassen sich viele dieser Aufgaben in der Praxis nur durch Einsatz von EDV-Systemen zeitgerecht erledigen. Die *Grundfunktion*, die solche Systeme ausüben, ist die Geschäftsdokumentation. Diese Systeme setzen eine Datenbasis voraus, die auf Gesamtbank- oder ggf. auf Konzernebene errichtet und laufend aktualisiert wird. Die hierzu eingesetzten Systeme üben die Grundfunktion der Basisdaten-Administration aus.

## 2.3.1 Funktionsweise der Systeme zur Erstellung externer Meldungen

### a) Externe Meldungen im Überblick

Die Erstellung und Weiterleitung von Meldungen und Anzeigen, auch als externes Meldewesen bezeichnet, hat im Laufe der Zeit einen immer größeren Umfang und in Teilbereichen auch eine erhebliche, in Einzelfällen sogar eine kaum noch zu bewältigende Komplexität angenommen. Der folgende Überblick macht die Vielfalt der von den Instituten zu erstattenden Meldungen und Anzeigen deutlich (vgl. Köllhofer/Sprißler 1993):

- Anzeigen nach dem Kreditwesengesetz
  - Grundsatz I: Eigenmittel für Institute und Institutsgruppen
  - Grundsatz II: Liquidität
  - Kreditanzeigen für Kreditnehmer gemäß § 19 Abs. 2 KWG
  - Großkredit-Anzeigen für Nichthandelsbuchinstitute (§ 13) und Handelsbuchinstitute (§ 13a) sowie für Institutsgruppen und Finanzholding-Gruppen (§ 13b)
  - Millionenkredit-Anzeigen (§ 14)
  - Organkredit-Anzeigen (§ 15)
- sonstige Anzeigen
  - bedeutende Beteiligungen (§ 2b)
  - erhebliche und maßgebliche Beteiligungen
  - Anzeigen nach § 24 (personelle, gesellschaftsrechtliche, strukturelle, finanzielle Veränderungen etc.)
  - Anzeigen nach der Länderrisikoverordnung
- Meldungen nach dem BBankG
  - Euro-Bilanzstatistik
  - Derivate-Statistiken
  - Kreditnehmerstatistik
  - Kreditzusagenstatistik
  - Zinsstatistik
  - Depotstatistik
  - Emissionsstatistik
- Meldungen über den Außenwirtschaftsverkehr
  - Auslandstatus
  - Meldungen über Auslandstöchter
  - Meldungen nach der Außenwirtschaftsverordnung

### b) Datenbankauswertungen zur Erstellung externer Meldungen

Ein kleiner Teil dieser Meldpflichten bezieht sich nur auf *Einzelereignisse* und erfordert daher keinen Einsatz von EDV-Anwendungssystemen. Hierzu gehören z.B. die Anzeigen in Zusammenhang mit bedeutenden, erheblichen und maßgeblichen Beteiligungen sowie die Anzeigen nach § 24 KWG. Bei diesen Anzeigen ist es aber besonders wichtig, daß die Anzeigepflichten zeitgerecht wahrgenommen und nicht übersehen werden.

Dagegen werden EDV-Anwendungssysteme eingesetzt, wenn Meldungen und Anzeigen zu erstatten sind, die jeweils über eine *Vielzahl von Geschäftsvorfällen* Auskunft geben. Die Komplexität der EDV-Anwendungssysteme hängt dann sehr stark von der Betrachtungsebene ab, die für die jeweilige Meldung gilt. Das *Grundprinzip* für die Erstellung von volumensbezogenen Meldungen über das Bankgeschäft ist recht einfach. Im einfachsten Fall erfordert eine Meldung nur die Aggregation von Geschäftsvolumina, die Feststellung absoluter Zahlen oder die Berechnung von Mittelwerten. Im Rahmen der monatlichen Bilanzstatistik sind z.B. die Forderungen an Kunden und die Verbindlichkeiten gegenüber Kunden nach vorgegebenen Kundengruppen und Fristigkeiten aufzugliedern. Die Systeme leisten hierbei ihre Unterstützung, indem sie die in einer Datenbank gespeicherten Bestandsdaten, z.B. die Forderungen an Kunden, Datensatz für Datensatz, also Konto für Konto, lesen und dann in Abhängigkeit von den relevanten Merkmalsausprägungen auswerten. Für jede Kombination von Merkmalsausprägungen, z.B. Unternehmen und Privatpersonen (Merkmal: Kundengruppe) und langfristige Laufzeit (Merkmal: Laufzeit) werden dann, um beim obigen Beispiel zu bleiben, die Forderungsbestände separat erfaßt und aufaddiert. Entscheidend ist dabei, daß bei den Datensätzen, die ausgewertet werden, die Ausprägungen der Merkmale identifiziert werden können, die für die Erstellung der Meldungen vorgeschrieben sind. Wenn also z.B. ein Forderungsbestand nach Kundengruppen aufzugliedern ist, dann muß entweder aus jedem einzelnen Datensatz hervorgehen, welcher Kundengruppe er zuzuordnen ist, oder es muß eine Verknüpfung zwischen den Geschäftsdaten (Konten) und den Stammdaten der zugehörigen Kunden im Kundeninformationssystem (vgl. Kap. 2.2) genutzt werden, um die zu einem Geschäftsdatensatz gehörende Ausprägung eines kundenbezogenen Merkmals festzustellen.

In der *Praxis* ergeben sich auch bei der Erstellung einfacher Meldungen immer wieder erhebliche Probleme. Schon im laufenden Betrieb ist sicherzustellen, daß die auszuwertenden Datensätze jederzeit mit den zutreffenden Ausprägungen aller Merkmale codiert sind, die für alle durchzuführenden Datenbankauswertungen relevant sind. Dies stellt erhebliche Anforderungen an die Datenerfassung, die dann erfolgt, wenn der jeweilige Datensatz, z.B. ein Konto, angelegt wird. Werden allerdings die Melde-Anforderungen in ihrer Struktur geändert, was z.B. bei Grundsatz I (Eigenmittel) mehrfach geschehen ist, dann können sich Anzahl, Art und Ausprägung der relevanten Merkmale ändern, so daß einerseits die Geschäftsdatensätze neu codiert werden und andererseits die EDV-Anwendungsprogramme modifiziert werden müssen. Häufig hat dies auch noch unter erheblichem Zeitdruck zu geschehen.

Systeme, die für die Erstellung von *Kreditanzeigen* eingesetzt werden, aggregieren zwar auch die Geschäftsdaten von Kreditnehmern auf der Volumensebene, ihre Komplexität ist aber ganz erheblich, weil bei der Erstellung dieser Anzeigen einerseits der Kredit- und Kreditnehmerbegriff nach § 19 KWG berücksichtigt und ergänzend auch Konsolidierungen für Institutsgruppen vorgenommen werden müssen. § 19 Abs. 1 KWG regelt in umfassender Weise, welche Geschäfte mit einem Kontrahenten als *Kredit* aufzufassen sind. Alle Geschäfte dieser Art mit einem Kontrahenten sind zu aggregieren und bei den Großkredit- und Millionenkredit-Anzeigen zu berücksichtigen. Diese Aggregation setzt datentechnisch voraus, daß es für jeden Kontrahenten einen Stammdatensatz gibt, der es ermöglicht, alle Geschäftsdatensätze dieses Kontrahenten zu verknüpfen und die entsprechenden Volumina zu aggregieren. Der Kontrahent ist in § 19 Abs. 2 definiert. Danach werden als *ein Kreditnehmer* behandelt

- alle Unternehmen, die demselben Konzern angehören,
- in Mehrheitsbesitz stehende Unternehmen mit den an ihnen mit Mehrheit beteiligten Unternehmen oder Personen,

- Personenhandelsgesellschaften und ihre persönlich haftenden Gesellschafter,
- Personen und Unternehmen, für deren Rechnung Kredite aufgenommen werden, mit demjenigen, der den Kredit im eigenen Namen aufnimmt.

Diese Kreditnehmerdefinition läßt erkennen, daß das KWG bei Groß-, Millionen- und Organkrediten auf die wirtschaftliche Abhängigkeit von Personen und Unternehmen abstellt, die als einzelne Kreditnehmer auftreten. Aufgrund dieser wirtschaftlichen Abhängigkeiten kann ein *Risikoverbund* zwischen Einzelkreditnehmern bestehen, z.B. zwischen Konzernmutter und Konzerntöchtern, so daß die Gefahr besteht, daß im Falle des Konkurses der Konzernmutter auch die Konzerntöchter in Konkurs gehen. Das Risiko, das mit einem Kredit an eine Konzerntochter verbunden ist, ist also im statistischen Sinne nicht unabhängig von dem Risiko, das ein Kredit an die zugehörige Konzernmutter mit sich bringt. Einzelrisiken, die in derartigen Abhängigkeitsbeziehungen stehen, sollen aus der Perspektive der Bankenaufsicht also nicht isoliert betrachtet werden, sondern unter Berücksichtigung der gegebenen Abhängigkeiten zwischen Personen und Unternehmen als Risikoklumpen.

Es ist schon in kleinen Instituten schwierig, mit konventionellen Mitteln die Einzelkreditnehmer, die in wirtschaftlichen Abhängigkeitsbeziehungen stehen, jeweils zu einem Kreditnehmer gemäß § 19 Abs. 2 KWG zusammenzuführen. In großen Instituten, insbesondere in international oder sogar global operierenden Instituten, ist dies ohne den Einsatz von EDV-Anwendungssystemen nicht möglich. Verfügt die betrachtete Bank über ein Kundeninformationssystem (vgl. Kap. 2.2), dann kann in den Stammdatensätzen der einzelnen Kunden auch die Art der *Verknüpfung mit anderen Kunden* codiert werden. Ein System, das die Aufgabe hat, die Kreditnehmer im Sinne des § 19 Abs. 2 KWG innerhalb des Kundenbestandes der Bank zu identifizieren, muß dann die Datensätze selektieren, die Verknüpfungsmerkmale im Sinne des § 19 Abs. 2 tragen. Dieser selektierte Datenbestand kann dann so sortiert werden, daß die gesuchten Kreditnehmer gemäß § 19 Abs. 2, jeweils dargestellt durch eine Liste von Stammdatensätzen der zugehörigen Einzelkreditnehmer, ausgegeben werden können.

Für jeden Einzelkreditnehmer eines Instituts sind zuerst alle Geschäfte zusammenzufassen, die gemäß § 19 Abs. 1 als Kredit im Sinne der Groß- und Millionenkreditregelungen (§§ 13 bis 14 KWG) angesehen werden. Dann werden, für jeden Kreditnehmer im Sinne des § 19 Abs. 2 gesondert, die Kreditvolumina der zugehörigen Einzelkreditnehmer aufaddiert. Das Kreditvolumen der Kreditnehmer gemäß § 19 Abs. 2, das sich so ergibt, ist den Groß- und Millionenkredit-Anzeigen zugrunde zu legen. Der Erfolg dieser Vorgehensweise hängt ganz entscheidend natürlich davon ab, ob die Kundenbetreuer und Kreditsachbearbeiter der Bank, die von den Verknüpfungen zwischen den Kunden gemäß § 19 Abs. 2 Kenntnis erhalten, diese Informationen erfassen und in das Kundeninformationssystem eingeben. Dies ist eine unbedingte Voraussetzung für die Erstellung der Kreditanzeigen, denn mit Hilfe von Systemen kann man nicht feststellen, ob Einzelkreditkunden zu einem Kreditnehmer gemäß § 19 Abs. 2 zusammengehören.

*Institutsgruppen* müssen nach § 13b KWG zusätzlich berücksichtigen, daß alle Kredite nach § 19 Abs. 1, die ein Kreditnehmer nach § 19 Abs. 2 von allen konsolidierungspflichtigen Instituten der Institutsgruppe erhalten hat, aggregiert werden, so daß aus dem sich dann ergebenden Volumen geschlossen werden kann, ob ein Großkredit vorliegt. Es ist offensichtlich, daß für die Erstellung von Kreditanzeigen sehr komplexe Systeme erforderlich sind, auch wenn diese die erforderlichen Aggregationen nur auf der Volumensebene vornehmen.

Das unbestritten höchste Maß an Komplexität weisen die Systeme auf, die die Aggregation von Geschäften auf der *Risikoebene* vornehmen, was insbesondere für Meldungen nach Grundsatz I erforderlich ist. Selbst wenn eine Bank im Einzelfall von der Verwendung interner Risikomodelle absieht und für die Ermittlung der erforderlichen Eigenkapitalunterlegung die in Grundsatz I vorgesehenen Standardverfahren anwendet, sind außerordentlich komplexe EDV-Anwendungssysteme erforderlich.

### c) Systeme für die Erstellung externer Meldungen

Für die Erstellung externer Meldungen sind nicht unbedingt eigenentwickelte Systeme erforderlich, sondern es steht auch Standard-Software für die Meldungen zu Grundsatz I, Liquiditätsgrundsatz, Euro-Bilanzstatistik, Derivate-Statistiken, Kreditmeldungen nach den §§ 13 ff. KWG zur Verfügung (vgl. Hintze/Warg 1998). Diese Systeme setzen umfassende, detaillierte und aktuelle Datenbestände voraus, insbesondere

- Kontrahentenstammdaten
- Geschäftsdaten der Bank (Bestände und Transaktionen)
    - Kredite
    - Passivgeschäfte
    - Wertpapiergeschäfte
    - Devisen- und Geldmarktgeschäfte
    - Derivate etc.
- Cash Flows
- Marktdaten
    - Zinssätze
    - Wertpapierkurse
    - Devisenkurse
    - Volatilitäten
    - Korrelationen etc.

### d) Data Warehouse als Grundlage für Meldewesen, Risikomanagement und Controlling

Wegen Grundsatz I, der risikobezogene Meldungen erfordert, müssen dieselben Datenbestände analysiert werden wie beim Risiko-Controlling und bei der Gesamtbanksteuerung (vgl. Kap. 4.2.2). Daher lag es nahe, daß viele Institute eine Unternehmensdatenbank (Data Warehouse) aufgebaut haben, die alle Datenbestände bereithält, die einerseits für die Erstellung externer Meldungen und andererseits im Marketing, im Controlling und bei der Gesamtbanksteuerung verwendet werden können. In ein derartiges Data Warehouse werden auch die Kunden-Stammdaten (vgl. Kap. 2.2) eingestellt. Das Data Warehouse realisiert ein hohes Maß an *Datenintegration*, was den Vorteil bietet, daß die betroffenen Datenbestände von verschiedenen Auswertungssystemen genutzt werden können, daß sie aber nur einmal zusammengeführt, aktualisiert und gepflegt werden müssen. Dies ist im Prinzip ganz einfach, nicht nur für einen international tätigen Großbankkonzern ergeben sich jedoch ungeheuer vielfältige und komplexe Detailprobleme bei der Einrichtung eines derartigen Data Warehouse, das auch als Daten-Pool oder Datenhaushalt bezeichnet wird.

Es muß wohl als aussichtslos betrachtet werden, Unternehmensdatenmodelle zu entwickeln, die es erlauben, alle für eine Bank relevanten Objekte wie Kunden, Konten, Geschäfte, Portfolios, Risiken etc. nach einem einheitlichen Datenmodell zu erfassen und in einer einzigen Datenbank zu speichern. Daher besteht ein Data Warehouse typischerweise aus mehreren Datenbanken z.B. für Stammdaten, Financial Data und Database Marketing, deren Bestände verknüpft werden können.

Bei der *Datenversorgung* des Data Warehouse für Meldewesen, Risikomanagement und Controlling stellt sich ganz grundlegend die Schnittstellenproblematik: Die Eingabedaten kommen in verschiedensten Datenformaten an und müssen an der Schnittstelle für die Ablage im Data Warehouse aufbereitet werden (vgl. Tretter/Stegmann 1998). In bezug auf die Erstellung von Meldungen ist sicherzustellen, daß hierbei die Datenanforderungen der Melde-Software erfüllt werden. Dies erfordert einerseits zusätzliche Dateneingaben, soweit die Datenfelder nicht über bestehende Produktinformationen etc. der Vorsysteme belieferbar sind. Andererseits ist es möglich, daß Meldebereiche nicht von der Standard-Software abgedeckt werden, so daß die Standard-Software durch eigenentwickelte Systeme ergänzt werden muß.

Die Gewährleistung der vollständigen und fristgerechten Anlieferung der Eingabedaten für das Data Warehouse ist bei den Marktinformationen, die von Informationsdiensten wie z.B. Reuters oder Bloomberg bezogen werden, nicht so problematisch wie bei den Geschäftsinformationen, die von den einzelnen Konzerneinheiten bereitgestellt werden müssen. Hintze/Warg (1998) berichten von einem international tätigen Großbankkonzern, daß die Konzerneinheiten nach ihrem bankaufsichtsrechtlich relevanten Geschäft klassifiziert wurden, und daß daraufhin die Form der jeweiligen Geschäftsdatenanlieferung spezifiziert wurde. So müssen Hypothekenbanken beispielsweise die für die Berechnung der Adreß- und Fremdwährungsrisiken relevanten Daten anliefern, Daten von Handelsbuchgeschäften jedoch nicht, weil sie definitionsgemäß kein Handelsbuchgeschäft haben. Umfang, Lieferfrequenz und Aggregationsebene der Datenanlieferung wurden dann nach der Klassifizierung der Konzerneinheit als Handelsbuch- oder Nicht-Handelsbuchinstitut sowie als Kern- oder Nicht-Kerninstitut festgelegt. Kerninstitute liefern aufgrund ihrer Bedeutung täglich ihre Geschäftsdaten an das Data Warehouse auf Einzelgeschäftsebene, und die Nicht-Kerninstitute liefern ihre Daten auf Meldepositionsebene zwar nicht täglich, aber sie müssen diese Daten täglich vorhalten, damit die tägliche Einhaltung der Meldevorschriften mit Hilfe eines Limitsystems sichergestellt werden kann. Dabei empfiehlt es sich, Datenvorbestände aufzubauen, die die von den Konzerneinheiten angelieferten Daten sammeln, standardisieren und es ermöglichen, zu einem einheitlichen Zeitpunkt alle konzernweit erforderlichen Daten in das Data Warehouse einzustellen und damit für die Melde-Software mit einheitlichem Zeitbezug bereitzuhalten. Auf das Data Warehouse können auch Systeme zugreifen, die der Kalkulation von Produkten, Kunden, Profit Centers (vgl. Kap. 5.3) oder der Gesamtbanksteuerung (vgl. Kap. 4.2.2) dienen.

## 2.3.2 Bewertung der Systeme zur Erstellung externer Meldungen bezüglich der Effizienzkriterien

Die externen Meldungen der Kreditinstitute sind bankaufsichtsrechtlich vorgeschrieben. Die Gestaltungsspielräume, die die Institute hierbei haben, sind sehr gering, außer bei der Meldung nach Grundsatz I und hier insbesondere bei der Ausgestaltung der internen Risikomodelle. Die Systeme zur Erstellung der Meldungen dienen nur der Erfüllung rechtlicher Verpflichtungen der Institute, und daher erübrigt sich weitgehend eine Bewertung dieser Systeme nach den Effizienzkriterien. Systeme zur Erstellung externer Meldungen unterstützen *neue interne Prozesse*, und sie dienen der Bewältigung *neuer Aufgaben*, weil eine konventionelle Erarbeitung der Meldungen (ohne Systemeinsatz) praktisch nicht möglich ist (vgl. Abb. 1.6.2-1). Sie bringen offensichtlich weder Kundennutzen noch Wettbewerbsvorteile. Ein Managementnutzen entsteht nicht einmal durch die Meldung nach Grundsatz I, weil die Banken ohnehin parallel hierzu gemäß MaH über Systeme für das Risiko-Controlling verfügen müssen (vgl. Kap. 4.2.2). Schließlich kommt auch eine Verbesserung der Wirtschaftlichkeit des Meldewesens einer Bank nicht in Betracht, weil es als Referenz keine konventionellen Prozesse gibt, gegenüber denen aufgrund des Systemeinsatzes eine Kostensenkung nachgewiesen werden könnte.

## 2.4 Unternehmensverbund-bezogene Systeme auf der Basisebene

In Kap. 1.4 wurde die Einzeldimension Unternehmensverbund institutionell abgegrenzt: Sie umfaßt die Unternehmen, die entweder in einem Bankkonzern, im Sparkassen- oder Genossenschaftsverbund oder in bankbezogenen Kooperationsbeziehungen zusammenwirken. Auf der Basisebene, die ja als Aufgabenebene konzipiert ist (vgl. Abb. 1.4-2), werden die Aufgaben an Einzelobjekten vollzogen, hier also Finanzdienstleistungen, die im Zusammenwirken der dem Unternehmensverbund angehörenden Unternehmen erstellt und vertrieben werden, wobei die Verbundpartner typischerweise nicht in Konkurrenzbeziehung stehen.

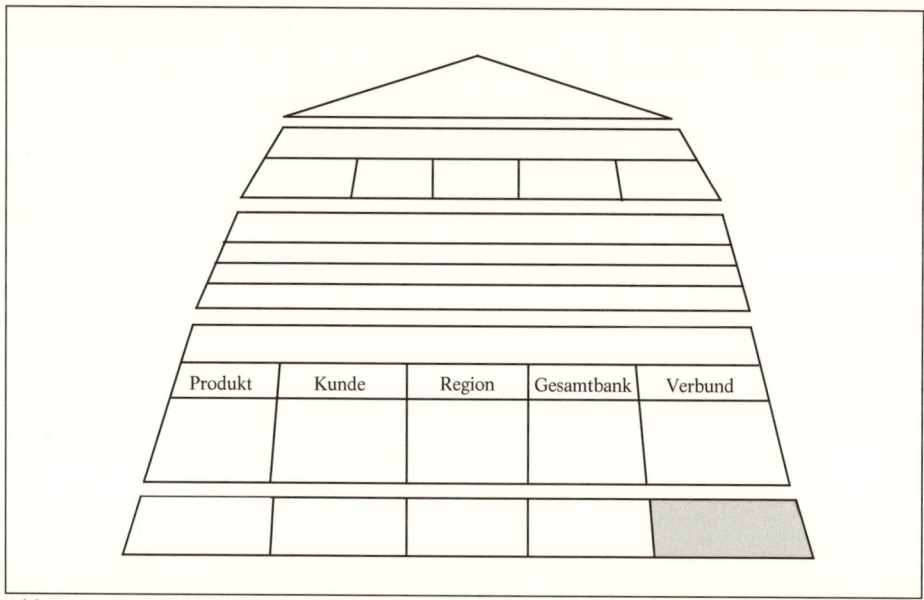

Abb. 2.4-1: Orientierungspyramide

Bei diesen Verbundpartnern kann es sich einerseits um Kreditinstitute in einem mehrstufigen Aufbau handeln, wie man es im Sparkassen- und im Genossenschaftsverbund antrifft. Die Institute im jeweiligen Verbund wirken bei der Erstellung bestimmter

Bankleistungen wie z.B. im Wertpapiergeschäft und im Auslandsgeschäft zusammen, weil die einzelne Sparkasse oder genossenschaftliche Primärbank dies allein nicht realisieren könnte. Andererseits arbeiten die einem Konzern oder dem Sparkassen- oder dem Genossenschaftsverbund angehörenden Kreditinstitute mit Versicherungen, Bausparkassen, Leasing-Gesellschaften etc. zusammen, um ihrer Kundschaft Finanzdienstleistungen anbieten zu können, die nicht zum traditionellen Universalbanksortiment gehören, die aber gemäß Allfinanzkonzept angeboten werden sollen. Im folgenden werden Systeme vorgestellt, die die Geschäftsabwicklung in den beiden genannten Unternehmensverbund-Konstellationen unterstützen.

### 2.4.1 Funktionsweise von unternehmensverbund-bezogenen Systemen

Schon bei einzelnen Kreditinstituten hat sich mehrfach gezeigt, daß es in Hinsicht auf verschiedene Effizienzkriterien vorteilhaft ist, den EDV-Anwendungssystemen für die Abwicklung der Geschäftsprozesse durchgehende Vorgangsketten zugrunde zu legen. Dieses gilt im Prinzip auch für den Unternehmensverbund, allerdings mit der Besonderheit, daß die Vorgangsketten hier Unternehmensgrenzen überschreiten, was für Entwicklung und Betrieb der Systeme in Hinsicht auf Projektmanagement und I&K-Technik besondere Anforderungen mit sich bringt.

**a) Geschäftsabwicklung im mehrstufigen Institutsverbund**

**aa) Zahlungsverkehr**
Genossenschaftliche Primärbanken, die ihren Zahlungsverkehr über ihre Zentralbank abwickeln, können auch auf diesem Wege am elektronischen Schalter (ELS) der Deutschen Bundesbank teilnehmen (vgl. Wößner 1994) und auf diese Weise Überweisungen, insbesondere Platzüberweisungen, taggleich in alle Bankensektoren weiterleiten. Den Primärbanken entstehen dabei keine zusätzlichen Kosten für Soft- und Hardware. Sie leiten, wie auch schon vorher, ihre Zahlungsverkehrsaufträge durch DTA und EZÜ an ihre Zentralbank weiter und erhalten automatisch Zugang zum elektronischen Schalter der Deutschen Bundesbank.

**ab) Auslandsgeschäft**
Das Auslands-Verbund-System (AVS) des Genossenschaftssektors (vgl. Baumheuer/Piel 1995), das zunächst zur Unterstützung des Auslandsgeschäfts der Zentralbanken in den Sachgebieten Zahlungsauftrag, Scheck und dokumentäres Inkasso entwickelt worden war, steht nun auch den Primärbanken zur Verfügung, die ihre Aufträge online eingeben können. Für die Abrechnung der Aufträge werden die Abrechnungsdaten des Zentralinstituts übernommen und taggleich werden den Kunden automatisiert die Preise für die mit diesem System ausgeführten Auslandsleistungen auf Konto belastet. Aus dem Ausland eingehende Zahlungen werden vollautomatisch durchgeleitet, soweit sie die für eine automatische Steuerung erforderlichen Merkmale wie Kontonummern, Bankleitzahlen oder BIC aufweisen.

In das AVS ist auch das System TIPANET für den Auslands-Massenzahlungsverkehr (vgl. Kap. 2.1.4.1.6.2) integriert. TIPANET-Aufträge werden vollautomatisch ausgeführt: Durch online-Eingabe erfaßte oder per DTA erteilte Aufträge werden nach Freigabe durch die Primärbank im AVS des Zentralinstituts zu Dateien zusammengefaßt, die an die einzelnen Partnerbanken im Ausland übertragen werden. Hierbei bedient sich das AVS des von S.W.I.F.T. bereitgestellten Service für den Transfer von Dateien (Interbank File Transfer). Das AVS generiert dabei alle Abrechnungs- und Buchungsdaten für die Abwicklung zwischen Zentralinstitut und Auslandsbank, Zentralinstitut und Primärbank sowie Primärbank und Kunde. Die Weiterentwicklung des AVS zielt darauf ab, zunächst die Zentralinstitute und später auch die Primärbanken bei der Bearbeitung von Akkreditiven zu unterstützen. Hierbei sollen elektronisch geführte Akten benutzt werden, in die die Primärbanken jederzeit Einsicht nehmen können, um den Stand der Akkreditive zu verfolgen.

**ac) Wertpapiergeschäft**
Den genossenschaftlichen Primärbanken steht für die Abwicklung des Wertpapiergeschäfts das Wertpapier-Verbund-System (WVS) zur Verfügung. Im Mittelpunkt dieses Systems stehen Order-Eingabe und -Verwaltung sowie die zentrale Depotverwaltung und -buchführung mit Übernahme der gesamten Überwachung und administrativer Tätigkeiten. Mit Hilfe dieses Systems geben die Primärbanken online ihre Orders ein, und sie nehmen so über ihr Zentralinstitut am Handel der in- und ausländischen Präsenzbörsen sowie an den computerunterstützten Handelsformen wie z.B. Eurex oder Xetra teil. Die Wertpapierabrechnungen und die entsprechenden Buchungen sowie die Wertpapierverwaltung werden mit Hilfe des WVS vom Zentralinstitut durchgeführt, so daß sich die Primärbanken ganz auf das Kundengeschäft konzentrieren können. Mit Hilfe des Online-Systems sind sie gegenüber der Kundschaft jederzeit in der Lage, Auskunft über Transaktionen und Depots zu geben.

**ad) Direktbank-Service**
Das Aufkommen der Direktbanken war für Sparkassen und Primärgenossenschaften eine ganz besondere Herausforderung: Einerseits sind sie, von einzelnen Ausnahmen abgesehen, für die Errichtung eigener Direktbanken zu klein, andererseits konnten sie kein Interesse daran haben, daß in ihrem Verbund eine Direktbank aufgebaut wird, die einen Teil ihres Geschäfts von ihnen abzieht, ohne daß sie einen Ertragsausgleich hierfür erhielten. In dieser Situation hat der Genossenschaftssektor unter der Bezeichnung KontoDirekt eine Konzeption entwickelt und realisiert (vgl. Folz/Bacher 1995), die hier als Direktbank-Service bezeichnet wird. Im Mittelpunkt dieser Konzeption steht ein Call Center im Rechenzentrum des jeweiligen regionalen Verbandes. Dieses Call Center ist eine Organisationseinheit, die von den Kunden der Primärbanken über Telefon angesprochen oder über Fax und T-Online Classic (TOC) erreicht wird, die die Aufträge der Kunden entgegennimmt und unverzüglich in die jeweiligen Geschäftsabwicklungssysteme eingibt. Die Ausführung der Aufträge erfolgt dann im Hintergrund, also für die Kundschaft nicht sichtbar, und für die Kundschaft schlagen sich die Transaktionen dann in den Buchungen auf ihren Konten und Depots nieder.

In der ersten Ausbaustufe wurde ein Telephone Banking-Service realisiert, bei dem nach einer Autorisierungsabfrage Kontostand und Umsätze erfragt, Überweisungsaufträge erteilt und Formulare bestellt werden konnten. Es zeigte sich, daß dieses passive Telephone Banking nur als Service zu verstehen ist: Die überwiegende Mehrzahl der Anrufe dient der Kontostandsabfrage, und die telefonische Erteilung von Überweisungsaufträgen ist umständlich und zeitraubend. Bei der Konzipierung von KontoDirekt hat man das Telephone Banking von Anfang an nur als kurzfristig realsierbare Zwischenlösung betrachtet. Einerseits verfügen fast alle Haushalte über einen Telefonanschluß, und darüber hinaus haben Bankkunden vielfältige weitere Möglichkeiten, das Telefon als Zugangsmedium zum Call Center zu benutzen. Andererseits hat die telefonische Kommunikation zwischen Kunde und Call Center aber auch erhebliche Nachteile: Es besteht ständig die Gefahr von Mißverständnissen und darüber hinaus können die telefonisch angegebenen Aufträge nicht direkt maschinell weiterverarbeitet werden, sondern sie müssen durch Mitarbeiter des Call Centers manuell in die jeweils zutreffenden EDV-Anwendungssysteme eingegeben werden, was mit beachtlichen Personalkosten verbunden ist. Aus diesem Grund war die Konzeption des KontoDirekt von Anfang an auf TOC für die Kommunikation zwischen Kunde und Call Center ausgerichtet.

Die Anzahl der TOC-Teilnehmer wächst seit 1993 sehr stark, aber der Anteil der Kunden mit TOC-Zugang im Verhältnis zur Gesamtzahl aller Kunden ist bei den Genossenschaftsbanken weit unterdurchschnittlich. Da die TOC-Nutzung durch die Verfügbarkeit von TOC-fähigen Endgeräten limitiert ist, wurden zu einem extrem niedrigen Preis sogenannte Home Terminals angeboten, also multimediafähige PCs mit TOC- und Fax-Modem sowie CD-ROM-Laufwerk, bei denen Office und Home Banking-Software auf Windows-Oberfläche bereits installiert ist. Auf diese Weise hat man versucht, zusätzliche Kunden der Genossenschaftsbanken zu einer TOC-Nutzung anzuregen.

Im nächsten Schritt wurde das Discount Broking in die Leistungspalette von KontoDirekt eingefügt. Kunden, die hiervon Gebrauch machen möchten, eröffnen bei ihrer Primärbank ein separates Discount-Depot. Nur bei dieser Gelegenheit erfolgt ein ausführliches Beratungsgespräch. Die DG Bank wickelt dann im Auftrag der jeweiligen Primärbank die Wertpapierorders der Discount Broking-Kunden zentral ab, ohne gegenüber der Kundschaft in Erscheinung zu treten. Sie erstellt das zentrale Wertpapierangebot und garantiert die Wahrnehmung der objektgerechten Warn- und Hinweispflicht. Das dem regionalen Rechenzentrum angeschlossene Wertpapier-Call Center nimmt die Orders der Kundschaft entgegen und gibt sie ins WVS ein und sorgt für zeitnahe Disposition. Durch das WVS (vgl. ac)) erfolgt dann die Order-Verwaltung, die Abrechnung und Buchung sowie Wertpapierverwaltung (vgl. Flesch 1995).

Die einzelnen Primärbanken können frei darüber entscheiden, ob sie ihren Kunden den Zugang zum Discount Broking anbieten wollen. Wenn sie sich dazu entschließen, behalten sie das Recht, über die Preise, die den Kunden für Discount Broking-Leistungen in Rechnung gestellt werden, nach eigenem Ermessen zu entscheiden. Gehen Kunden zum Discount Broking über, dann führt dies bei der Primärbank einerseits zur Verminderung der Provisionserlöse aus dem Wertpapiergeschäft und andererseits zu einer Verminderung der Inanspruchnahme der Wertpapierberater. In dieser Situation wird die Primärbank entweder Personalkapazität in der Wertpapierberatung abbauen und/oder anderen Kundengruppen mit bisher unausgeschöpftem Nachfragepotential zuordnen.

### b) Geschäftsabwicklung im Allfinanzbereich

#### ba) Versicherungsverkauf durch Kreditinstitute
Das Allfinanzkonzept sah u.a. vor, daß die Kreditinstitute freie Vertriebskapazitäten in ihren Filialen nutzen, um Versicherungspolicen, Bausparverträge etc. zu verkaufen. Es zeigte sich sehr bald, daß auch hierfür Systemunterstützung erforderlich ist. Dies sei am Beispiel der genossenschaftlichen R+V-Versicherung erläutert (vgl. Schlottke 1994; Meyer 1998).

Die R+V-Versicherung vertreibt ihre Versicherungsprodukte auch über die genossenschaftlichen Primärbanken, denen sie das R+V-Informationssystem (RUVIS) mit folgenden Sachfunktionen zur Verfügung stellt: Die Berater der Primärbanken können tagesaktuelle und vollständige Kunden-, Vertrags-, Inkasso- und Schadeninformationen vom R+V-Rechenzentrum online abfragen. Auf der Grundlage dieser Daten können dann verkaufsunterstützende Funktionen genutzt und insbesondere Bedarfsanalysen sowie

Soll-Ist-Vergleiche durchgeführt sowie Angebote erstellt und Anträge ausgefertigt werden. Die Antragsdaten, die im Verlauf der Beratung entstanden sind, können dann ins Rechenzentrum der R+V-Versicherung übertragen werden. Darüber hinaus ermöglicht das System sogar die Regulierung von Kleinschäden in der Sparte Kfz durch die Berater der Primärbanken.

**bb) Baufinanzierung im Breitengeschäft**
Bei der Sachbearbeitung für Baufinanzierungen verwendet die Deutsche Bank das EDV-Anwendungssystem »Bauspardarlehen«, das die Verbundfinanzierung in Zusammenarbeit mit der Deutsche Bank Bauspar AG abwickelt (vgl. Klug 1996). Wenn ein Kunde der Bank Bausparverträge wegen einer Vor- und Zwischenfinanzierung an die Bank abgetreten hat oder neben dem Bauspardarlehen zugleich eine Baufinanzierung durch die Bank benötigt, dann übermittelt die Bank mit Hilfe dieses Systems die erforderlichen Daten von der Antragsbearbeitung bis zur Auszahlung und Besicherung computerunterstützt an die Bausparkasse. Das System unterstützt eine Reihe von Arbeitsvorgängen: Die Antragsbearbeitung, Bonitäts- und Objektprüfung, Kreditprotokollierung im Rahmen von Kompetenzrichtlinien, Besicherung und Auszahlung. Die Bank verwaltet alle Originalunterlagen treuhänderisch und übermittelt Kredit-, Objekt-, Bonitäts-, Sicherheiten- und Auszahlungsdaten durch Dateitransfer an die Bausparkasse, wo nach maschinellen Plausibilitätskontrollen die Verbuchung der Auszahlung, der Versand des Abrechnungsschreibens, die Kontoführung erfolgt und das Mahn- und Meldewesen unterstützt wird.

Das EDV-gestützte Darlehenszusagesystem Hypofix, das die Deutsche Genossenschafts-Hypothekenbank DG HYP entwickelt hat, wird von verschiedenen Verbundpartnern genutzt, Primärbanken, DG HYP, Bausparkasse Schwäbisch Hall und R+V-Versicherung (vgl. Otten 1994). Wenn Kunden der Primärbanken Baufinanzierungsbedarf haben, dann können mit diesem System Darlehensanträge geschrieben und, soweit zutreffend, an die jeweiligen Verbundpartner DG HYP, R+V und Schwäbisch Hall übermittelt werden, so daß sie dort maschinell weiterbearbeitet werden können. In über 60 % der Fälle kann die Primärbank dem Kunden innerhalb von 10 Minuten eine Finanzierungszusage geben. Dies ist allerdings nur möglich, wenn der Beleihungswert der zu beleihenden Objekte schon feststeht. Der Baufinanzierungskunde erhält dann ein komplettes Finanzdienstleistungsangebot, das auf seine individuelle Problemlage abgestimmt ist: In diesem Angebot können verschiedene Darlehensprodukte der DG HYP, Versicherungsdarlehen einschließlich Lebensversicherungen der R+V-Versicherung sowie zwei Kreditprodukte der Bausparkasse Schwäbisch Hall enthalten sein. Die R+V-Versicherung nutzt diese Gelegenheit zur Kundenansprache und bietet gleichzeitig die wichtigsten immobilienbezogenen R+V-Sachversicherungen an. Die Primärbank kann sich bei dieser Gelegenheit das Gesamtengagement für diesen Kunden, der eine Baufinanzierung wünscht, unter Einbeziehung der Verbundpartner, also DG HYP, R+V und Bausparkasse Schwäbisch Hall, zusammenstellen lassen, so daß sie in Hinsicht auf die Baufinanzierung einen Gesamtüberblick über das Baufinanzierungsobligo des Kunden erhält. Eine Weiterentwicklung des Hypofix-Systems, das zunächst nur auf das Baufinanzierungs-Neugeschäft ausgerichtet war, sieht vor, daß auch Konditionenanpassungen mit Hilfe des Systems abgewickelt werden können.

An der Struktur des Hypofix-Systems ist besonders bemerkenswert, daß die R+V-Versicherung mit Hilfe dieses Systems Gelegenheit erhält, den Baufinanzierungskunden der Primärbanken ihr Sachversicherungsangebot zeitgerecht vorzulegen, also zu einer Zeit, da diese Kunden über die immobilienbezogenen Sachversicherungen noch nicht entschieden haben. Diese Ansprachemöglichkeit ist gerade bei sporadisch auftretendem

Bedarf, z.B. Baufinanzierungsbedarf, PKW-Finanzierungsbedarf, besonders wichtig, weil es hier besonders schwierig ist, den Bedarfszeitpunkt zu erkennen und bedarfsgerechte Finanzdienstleistungen rechtzeitig anzubieten.

## 2.4.2 Bewertung von unternehmensverbund-bezogenen Systemen bezüglich der Effizienzkriterien

Unternehmensverbund-bezogene Systeme ermöglichen *neue Prozesse mit Kunden* gem. Abb. 1.6.2-1, die für *konventionelle Aufgaben* ausgeführt werden. Diese Aufgaben sind als konventionell zu betrachten, weil sie vor Einführung der hier betrachteten Systeme auch schon angefallen sind. Diese Systeme üben primär die Grundfunktion der *Geschäftsabwicklung* aus, und nur in einem Fall ist ansatzweise auch *Beratungsunterstützung* festzustellen. Diese Grundfunktionen zeigen an, daß als Effizienzkriterien primär Kundennutzen und Wirtschaftlichkeit in Betracht kommen, und daß das Kriterium Wettbewerbsvorteile in den Hintergrund tritt.

* **Kundennutzen**

Systeme, die im mehrstufigen Institutsverbund die Geschäftsabwicklung unterstützen, insbesondere im inländischen Zahlungsverkehr, im Auslandsgeschäft und im Wertpapiergeschäft, aber auch die Systeme zur Vermittlung von Versicherungen und Hypothekenbank-Finanzierungen, werden von der Kundschaft kaum wahrgenommen. Sie tragen zur Verkürzung der Abwicklungszeit (Nutzendimension 4.2) und zur Senkung der Fehlerquote (Nutzendimension 5.1) bei; man muß aber wohl davon ausgehen, daß die Kundschaft hierin *keinen besonderen Nutzen erkennt*, weil die im Verbund zusammenwirkenden Unternehmen mit Hilfe der Systeme *nur einen Nachteil ausgleichen*, den sie im Vergleich mit Anbietern aufweisen, die die gleichen Finanzdienstleistungen einstufig anbieten, also im eigenen Haus erstellen und vertreiben.

Es ist nur das System RUVIS zur Unterstützung des *Versicherungsvertriebs*, das durch Analyse der Geschäftsverbindung (Nutzendimension 6.1) in geringem Umfang auch Beratungsunterstützung leistet, was grundsätzlich der Qualität der Dienstleistung, hier der Versicherungsvermittlung, zugerechnet werden muß. Kunden, die bei Abschluß von Versicherungen im Direktkontakt mit Versicherungsunternehmen eine Beratungsunterstützung gleicher Qualität erhalten, werden hier keinen besonderen Kundennutzen wahrnehmen.

Der *Direktbank-Service*, der in Kap. 2.4.1 am Beispiel von KontoDirekt erläutert wurde, bietet Kundennutzen insbesondere in Hinsicht auf die Auftragserteilung. Dieser Service ist praktisch von jedem Ort aus erreichbar (Nutzendimension 3.1), also per Telefon (mobil oder stationär), per Fax, T-Online Classic oder Internet. Die Zeit, zu der Aufträge erteilt werden können (Nutzendimension 3.2), hängt allerdings von der Ausgestaltung des Service ab. Die Technik zur Erreichung des Service (Nutzendimension 3.3) ist weit verbreitet, und der Umfang erteilbarer Aufträge (Nutzendimension 3.4) hängt wieder von der Ausgestaltung ab; bei KontoDirekt ist der Nutzen hinsichtlich dieser Dimension noch eher gering. Zu Abwicklungszeit, Fehlerquote und Kommunikationskosten des Kunden (Nutzendimensionen 4.2, 5.1 und 12.2) lassen sich keine generellen Aussagen treffen.

* **Wirtschaftlichkeit**

Praktisch alle unternehmensverbund-bezogenen Systeme tragen zu einer Verbesserung der Wirtschaftlichkeit der Produktion und des Vertriebs von Finanzdienstleistungen bei, weil sie so strukturiert sind, daß die erforderlichen Daten nur einmal eingegeben werden, und daß die Geschäftsabwicklung auf der Grundlage geschlossener und auch *unternehmensübergreifender Vorgangsketten* erfolgt. Dadurch lassen sich im Vergleich mit konventionellen Geschäftsabwicklungsverfahren, die in allen diesen Fällen auch realisierbar sind, Rationalisierungspotentiale nutzen. Bei den Systemen im mehrstufigen Institutsverbund, konkret im Zahlungsverkehr, im Auslandsgeschäft und im Wertpapiergeschäft, werden in Hinsicht auf die Wirtschaftlichkeit nur Nachteile ausgeglichen, die bei einstufiger Produktion und Vertrieb, z.B. innerhalb einer Großbank, nicht auftreten. Anders verhält es sich dagegen bei der Geschäftsabwicklung im Allfinanzbereich: Hier haben auch Großbankkonzerne keine Wirtschaftlichkeitsvorteile gegenüber dem Sparkassen- und Genossenschaftsverbund, und daher können die Systeme des genossenschaftlichen Verbundes, die exemplarisch erläutert worden sind, sogar einen echten Wirtschaftlichkeitsvorteil mit sich bringen.

Die Wirtschaftlichkeit des *Direktbank-Service* ist nicht abschließend zu beurteilen. Wenn, wie berichtet wird, ein hoher Prozentsatz der Anrufe nur der Kontostandsabfrage gilt, und wenn telefonisch oder per Fax erteilte Überweisungsaufträge manuell in die Geschäftsabwicklungssysteme eingegeben werden müssen, dann lassen sich hier zunächst keine Wirtschaftlichkeitsvorteile gegenüber konventioneller Geschäftsabwicklung erkennen. Bei weiterer Ausbreitung und Nutzung von T-Online Classic und Internet als Zugangsmedium wird die Dateneingabe mehr und mehr von den Kunden übernommen, und die Aufträge können dann unverzüglich und ohne weitere manuelle Bearbeitung in die Geschäftsabwicklungssysteme eingegeben werden, die dann vergleichsweise wirtschaftlicher arbeiten als im Falle der telefonischen Auftragsübermittlung.

Durch die Einrichtung von Direktbank-Service fallen zunächst zusätzliche Kosten an, und es können, wenn auch Discount Broking geboten wird, Schmälerungen bei den Provisionserträgen hinzukommen, wenn Kunden vom konventionellen Wertpapiergeschäft auf das Discount Broking übergehen. Dieser Effekt muß, im Konzern ebenso wie im Verbund, dadurch kompensiert werden, daß an anderer Stelle, sei es in der Geschäftsabwicklung oder in der Beratung, Kosten abgebaut werden, so daß die Einrichtung des Direktbank-Service per Saldo nicht zu einer Verschlechterung der Ertragslage führt.

* **Wettbewerbsvorteile**

Bei den unternehmensverbund-bezogenen Systemen handelt es sich gemäß Abb. 1.6.2.4-1 um Systeme mit *direktem Kundengeschäftsbezug* im *bankinternen Einsatz*, die primär der Geschäftsabwicklung und ganz am Rande auch der Beratungsunterstützung dienen. Eine Erzielung von Wettbewerbsvorteilen mit Hilfe derartiger Systeme könnte in Betracht kommen, wenn strategische Erfolgsfaktoren der relativen Wettbewerbsstärke, insbesondere Kundennähe im Vertrieb, Qualität des Leistungsangebots oder die Wirtschaftlichkeit durch den Systemeinsatz verbessert werden. Eine nennenswerte Steigerung der *Kundennähe im Vertrieb* läßt sich nur für den Direktbank-Service nachweisen. Die Qualität der mit den übrigen Systemen abgewickelten Finanzdienstleistungen wird durch die Systeme nicht nennenswert verbessert, und auch in Hinsicht auf die Wirtschaftlichkeit werden zumeist nur komparative Nachteile ausgeglichen und kaum Vorteile erzielt. Selbst im Direktbank-Service, der für einige Kundengruppen attraktiv ist, können im Unternehmensverbund kaum Wettbewerbsvorteile aufgebaut werden, wenn, wie es schon der Fall ist, intensiver Wettbewerb zwischen Direktbanken besteht, so daß ein verbundbezogener Anbieter von Direktbank-Service nur im Wettbewerb mithält, jedoch keine Vorteile erzielt. Zusammenfassend kann daher festgehalten werden, daß durch unternehmensverbund-bezogene Systeme kaum nennenswerte Wettbewerbsvorteile erzielt werden können.

# 3 Systeme in den Einzeldimensionen mit Schwerpunkt auf der operativen Ebene

In der unteren Schicht der operativen Ebene der Strukturpyramide (vgl. Abb. 1.4-3) kommen EDV-Anwendungssysteme zum Einsatz, die jeweils einer Einzeldimension (Produkt, Kunde, Region, Gesamtbank oder Verbund) zugeordnet werden können. Sie führen ihre Operationen an Einzelobjekten durch. Hierbei üben sie die Grundfunktion der Entscheidungsvorbereitung, insbesondere Analyse und Bewertung aus (vgl. Abb. 1.6.1-1).

## 3.1 Produktbezogene Systeme für die Analyse von Anlageobjekten

In der Einzeldimension Produkt (vgl. Abb. 3.1-1) werden Systeme eingesetzt, die insbesondere der Analyse und Bewertung von einzelnen Anlageobjekten dienen.

Dabei handelt es sich primär um Wertpapiere und Derivate, für die mit Hilfe der Systeme eine Wertpapieranalyse i.w.S. durchgeführt wird. Bei der fundamentalen Bewertung dieser Objekte ermitteln die Systeme z.B. theoretische Kurse (rechnerische Marktpreise). Diese werden durch Kennzahlen ergänzt, die insbesondere das Marktpreisrisiko

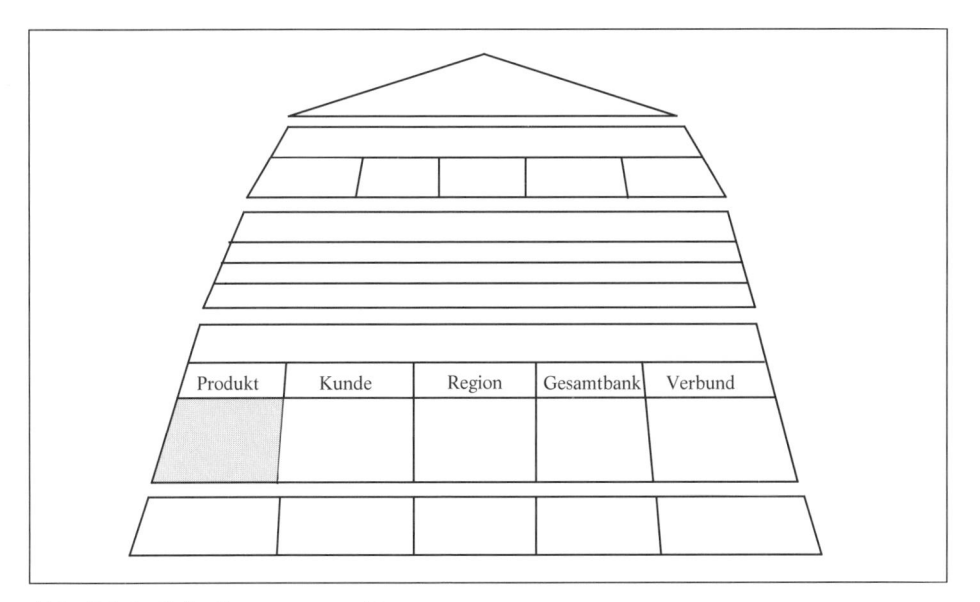

Abb. 3.1-1: Orientierungspyramide

der betrachteten Objekte erkennen lassen. Zu den Objekten, die mit Systemen bewertet werden können, gehören aber auch Immobilien, deren Beleihungswert festgestellt werden muß, bevor Kreditgeschäfte abgewickelt werden können, bei denen diese Immobilien als Sicherheiten dienen.

### 3.1.1 Funktionsweise der Systeme für die Analyse von Anlageobjekten

#### 3.1.1.1 Systeme für die Wertpapieranalyse

Wertpapierinformationen und Wirtschaftsnachrichten werden von einer Vielzahl von Informationsdiensten und von allen deutschen Börsen angeboten, teilweise sogar kostenlos. Die Auswertung dieser Informationen und Nachrichten wird heute jedoch nicht mehr nur durch Banken und Fonds-Gesellschaften, sondern von einem viel breiteren Kreis von Interessenten betrieben, insbesondere auch von Vermögensverwaltern und privaten Anlegern. Die Systeme für die Wertpapieranalyse, die von einer praktisch nicht mehr überschaubaren Vielzahl von Software-Unternehmen angeboten wird, sind dabei auf die Bedürfnisse der einzelnen Zielgruppen abgestimmt. Das Software-Angebot umfaßt sowohl einfache und kostengünstige Systeme für kleine Privatanleger als auch hochleistungsfähige und sehr aufwendige Systeme für Banken, die höchste Ansprüche an die Leistungsfähigkeit der Systeme stellen. Zum Funktionsumfang dieser Systeme gehört immer die Übermittlung von Wertpapierinformationen; darüber hinaus können aber auch die fundamentale und technische Wertpapieranalyse und -bewertung von Finanzinstrumenten sowie Kurs- und Zinsprognosen systemgestützt erfolgen.

**a) Übermittlung von Wertpapierinformationen und Wirtschaftsnachrichten**

**aa) Kostengünstige Informationsdienste für ein breites Anlegerpublikum**
Neben den professionellen Anwendern können auch Privatanleger täglich aktuelle Wertpapierinformationen zu niedrigen Kosten beziehen, um Wertpapieranalysen durchzuführen und Anlageentscheidungen zu treffen. Ein sehr umfangreiches Angebot an Informationen erhält man u.a. durch *Videotext*, das von verschiedenen TV-Sendern ausgestrahlt wird. TV-Teilnehmer erhalten auf diese Weise z.B. das vollständige *Kursangebot der deutschen Wertpapierbörsen*, teilweise sogar real-time. Diese Informationen können die TV-Teilnehmer mit Hilfe eines Decoders auch auf ihren PC übertragen und zur Weiterverarbeitung aufbereiten. Die einmaligen Kosten für diese Art der Börseninformationsübermittlung sind relativ niedrig, und laufende Kosten fallen hierbei überhaupt nicht an, sieht man von den ohnehin zu entrichtenden Fernsehgebühren ab.

Bemerkenswert sind auch Systeme der Datenübertragung, die als Anhängsel auf den Videosignalen die Austastlücke von Fernsehsendern nutzen. Auch diese Kursinformationen können mit Hilfe eines Decoders entschlüsselt und auf einen PC übertragen werden, der sie abspeichern und weiterverarbeiten kann. Die einmaligen Kosten sind niedrig, und für die laufende Datenübertragung fallen gar keine Kosten an, nicht einmal Fernsehgebühren.

Über die bereits genannten Systeme hinaus hat heute das *Internet* eine herausragende Bedeutung für die Übermittlung von Wertpapierinformationen und Wirtschaftsnachrichten erlangt. In einem Umfang, der bisher kaum vorstellbar war, kann man über das Internet Kurse, Analysen, Charts, Hintergrundberichte und Fundamentaldaten beziehen (vgl. Birkelbach 1998). Neben kommerziellen Informationsdiensten sind es hauptsächlich Börsen und Kreditinstitute, die im großen Umfang Informationen über Wertpapiere im Internet anbieten. Am Beispiel Internet werden schon die *Funktionen* der Institutionen und Systeme, die an der *Datenübermittlung* mitwirken, deutlich: Die Kurse der Finanzinstrumente werden an Börsen oder von Emittenten (z.B. für Investmentanteile oder Optionsscheine) festgestellt, die sie entweder selbst im Internet anbieten oder für die Übermittlung bereitstellen (z.B. Deutsche Börse AG oder Citibank Privatkunden AG). Banken, Informationsdienste etc. übernehmen die Kurse und betätigen sich als Informationsanbieter. Die Nachfrager, die Wertpapieranalysen durchführen wollen, bedienen sich des Internet als Trägersystem, um die Kurse von den Rechnern der Informationsanbieter abzufragen.

Der Leistungsumfang bei den Informationsanbietern ist sehr unterschiedlich: Das Kursangebot reicht von Real-time-Kursen bis zu Datenbankbeständen mit umfangreichen Zeitreihen, Basisdaten etc. Und vom Leistungsangebot hängen die Preise ab, die die Nachfrager für die Kursabfragen oder die Software-Nutzung zu zahlen haben.

**ab) Aufwendige Informationsdienste für professionelle Anwender**
Kursinformationssysteme, z.B. von Reuters und Bloomberg, sind weltweit bei professionellen Anwendern im Einsatz. Weil das Leistungsangebot der *Informationsdienste* insgesamt aber weitgehend gleichartig und die Differenzierungsmöglichkeiten im Wettbewerb gering sind, stehen sie mit einer Anzahl weiterer Informationsdienste in enger Konkurrenzbeziehung. Eine ganze Anzahl von diesen Informationsdiensten, insbesondere Reuters, Bloomberg, Telekurs, Knight Ridder und Telerate, gehen in wettbewerbsstrategischer Hinsicht offenbar so vor, daß sie *Portfolio Management-Systeme* mit einer Bestandsführung und mit Funktionen für das Wertpapiermanagement anbieten, so daß Anwender automatisch auch das Kursinformationsangebot dieser Anbieter abnehmen. Teilweise versuchen die Informationsdienste auch, die Anwender durch langfristige Verträge und Maintenance-Vereinbarungen an sich zu binden und im Extremfall sogar zu Investitionen in ihre Kommunikationsinfrastruktur zu veranlassen, die für den jeweiligen Anbieter spezifisch sind und einen Wechsel zu einem anderen Anbieter erschweren (vgl. Birkelbach 1995).

Die Informationsdienste, insbesondere Reuters und Bloomberg, erfüllen qualitativ und quantitativ höchste Ansprüche. Es ist jedoch zu beachten, daß die Preise, die die Anwender für die Nutzung dieser Dienste zu zahlen haben, auch relativ hoch sind. Die Preise, aus der Sicht der Anwender also *Kosten*, müssen vom Wertpapiergeschäft des einzelnen Anwenders getragen werden. Für große Kreditinstitute scheint es unumgänglich, hochleistungsfähige Wertpapierinformationssysteme in Anspruch zu nehmen, weil die Anlagevolumina der Eigendepots und der Kundendepots eine hohe Nutzungsfrequenz erwarten lassen, und weil aufgrund der hohen Volumina auch hohe Ansprüche an die Versorgung mit Wertpapierinformationen gestellt werden.

Große Filialbanken haben zusätzlich das Problem, daß wegen der Dezentralisierung des Wertpapier-Kundengeschäfts auch Wertpapierinformationssysteme *dezentral eingesetzt* werden müssen. In Großbankfilialen stellt sich daher dieselbe Frage wie in den rechtlich und wirtschaftlich selbständigen Sparkassen und Genossenschaftsbanken: Ist die kritische Masse, also das Depotvolumen und die Nutzungsfrequenz gewährleistet, so daß sich der Einsatz aufwendiger Wertpapierinformationssysteme lohnt? Eine interessante Lösung für diese Problematik hat der Genossenschaftssektor gefunden.

### ac) Der Informationsdienst des genossenschaftlichen FinanzVerbundes

Der Genossenschaftliche Informations Service (GIS), der dem genossenschaftlichen FinanzVerbund angehört, betreibt ein System, mit dessen Hilfe die Banken des FinanzVerbundes mit Wertpapier- und Verbundinformationen sowie Analyseprodukten versorgt werden (vgl. Eichwald 1994). Das System unterstützt darüber hinaus den bank- und verbundeigenen Internet-Auftritt und dient als Plattform für ein verbundweites Business-TV. Dabei nutzt die GIS bei der Datenübertragung eine flächendeckende, satellitenbasierte Infrastruktur über die Netzwerke der genossenschaftlichen Rechenzentralen.

Die GIS bezieht real-time in- und ausländische Wertpapierkurse sowie wirtschaftlich relevante Nachrichten von Reuters. Die Kreditgenossenschaften können über GIS aber auch den Informationsdienst Datastream nutzen, der eine umfangreiche Datenbank mit historischen Informationen, insbesondere Kurszeitreihen, bietet. Diese Daten können in Form von Charts ausgegeben werden. Außerdem sind fundamentale Unternehmensdaten abrufbar. Die DG-Bank AG und andere Verbundunternehmen haben darüber hinaus eine Vielzahl gängiger Graphiken vorgestaltet, die laufend aktualisiert werden, und auf die der einzelne Anwender zugreifen kann. Das gesamte Angebot an Wertpapierinformationen, Wirtschaftsnachrichten etc. ist *modular aufgebaut* und erlaubt dem Benutzer, jeweils nur die individuell für erforderlich gehaltenen Informationen in Anspruch zu nehmen und bei Bedarf zu erweitern. Dadurch sind die *Informationskosten weit niedriger* als bei Inanspruchnahme eines dem Verbund nicht angehörenden Informationsdienstes. Die einzelnen Genossenschaftsbanken können ihren Informationsbedarf in Abhängigkeit von Kundenbedürfnissen und eigenen Bedürfnissen spezifizieren und entweder einen kostengünstigen Grundservice, der für das Mengengeschäft als ausreichend betrachtet wird, oder den aufwendigeren Vollservice, der auch den Informationsbedürfnissen der gehobenen Kundschaft entgegenkommt, erhalten.

Zusammenfassend läßt sich festhalten, daß die GIS die Aufgabe eines verbundeigenen *Informations-Brokers* wahrnimmt, der von externen Informationsdiensten, z.B. Reuters, vwd und Datastream, Informationen kauft, der sie dann bedarfsgerecht aufbereitet und an die Primärinstitute übermittelt. Dadurch können auch kleine Primärinstitute Informationen für die Analyse und die Bewertung von Finanzanlageobjekten erhalten, die hinsichtlich Breite, Tiefe und Qualität ihren jeweiligen Bedürfnissen weitgehend entsprechen, und die sie von externen Informationsdiensten in dieser Form nur zu weit höheren Preisen beziehen könnten. In der Rolle des Informations-Intermediärs unterstützt die GIS also die Wettbewerbsfähigkeit der kleinen, verbundangehörigen Banken.

### b) Systeme zur Unterstützung der Wertpapieranalyse

Die Wertpapieranalyse wird grundsätzlich in fundamentale und technische Analyse eingeteilt. Bei der *technischen Wertpapieranalyse* werden Kurs- und ggf. auch Umsatzdaten analysiert, um Verlaufsmuster zu erkennen, aus denen Kauf- und Verkaufssignale abgeleitet werden können. Demgegenüber greift die fundamentale Analyse auf Daten zurück, die als ursächliche Einflußgrößen für die Entwicklung der Kurse verstanden werden. Die Verfahren der technischen Analyse sind sehr stark formalisiert, so daß sie weitestgehend computergestützt ablaufen können. Die Ergebnisse werden typischerweise in Form von Charts dargestellt, die mit Hilfe von Graphikprogrammen ausgegeben werden können. Die Kauf- und Verkaufssignale, die mit Hilfe von Verfahren der technischen Analyse ermittelt werden können, werden im Fall des Programmhandels sogar computergestützt in Kauf- und Verkaufsorders umgesetzt, die dann im Wege der DFÜ an die jeweils vorgesehene Börse übermittelt werden.

Im Gegensatz zur technischen Analyse ist die *fundamentale Analyse* kaum formalisierbar. Die Daten, die von Analysten für relevant gehalten werden, um über- und unterbewertete Finanztitel zu erkennen, lassen sich nicht in einen analytisch eindeutig darstellbaren Ursache-Wirkungs-Zusammenhang zu den Kursen der Finanztitel bringen. Die Daten werden von den Analysten vielmehr individuell interpretiert und bewertet, um schließlich subjektiv, intuitiv und synoptisch zu Bildern von der Gesamtwirtschaft, den Branchen und den Unternehmungen zusammengefügt zu werden. Der Leistungsbeitrag der I&K-Technik ist hierbei von anderer Art als bei der technischen Analyse: Während bei der technischen Analyse Kursdaten nach bestimmten Verfahren verarbeitet werden, steht bei der Fundamentalanalyse die Speicherung, Bereitstellung und Anzeige von Basisdaten, graphisch ansprechend aufbereitet, im Vordergrund.

Zu den *Sachfunktionen der Systeme* gehört grundsätzlich, daß sie umfangreiche Bestände an wertpapierbezogenen Wirtschaftsdaten analysieren und in benutzerfreundlicher Form, z.B. im Druck oder als Computergraphik, ausgeben. Das *Angebot an EDV-Anwendungssystemen*, die Funktionen der technischen Analyse und, in viel geringerem Umfang, auch der Fundamentalanalyse übernehmen, ist praktisch *unüberschaubar groß*. Grundsätzlich werden die Ergebnisse der Wertpapieranalyse von den Banken bei der Kundenberatung und auch für den Eigenhandel genutzt; hier erfüllen die Analysesysteme die Grundfunktionen der *Beratungs- und Entscheidungsunterstützung*. Es ist jedoch zu beachten, daß mittlerweile eine Vielzahl unabhängiger Software-Unternehmen einem breiten Anlegerpublikum relativ erfolgreich ein großes Angebot an Systemen zur individuellen Wertpapieranalyse anbietet. Birkelbach (1998) gibt einen gewissen Überblick zum Programmangebot.

Im Mittelpunkt der technischen Analyse steht die Darstellung der Kursverläufe in Form von Charts, ergänzt um gleitende Durchschnitte oder technische Indikatoren wie Momentum, relative Stärke, Trendbestätigungsindikator etc. Darüber hinaus werden auch allgemeine Wirtschaftsnachrichten angeboten und sogar Kauf- und Verkaufssignale generiert und übermittelt. Am Beispiel der Systeme Tai-Pan 5.0 und Tai-Pan Realtime Version 1.2 der Lenz+Partner AG soll im folgenden gezeigt werden, welche Beiträge ein *computergestütztes System zur Wertpapieranalyse* für einen breiten Anlegerkreis leisten kann.

Tai-Pan 5.0 besteht aus mehreren *Modulen*, die gleichzeitig nebeneinander ablaufen können. Die Grundversion des Systems beinhaltet die Module Charts, Filter, Listen, Kataloge, Kurse und Stammdaten sowie DFÜ. Weitere Komponenten sind optional nachrüstbar, z.B. Depotverwaltung oder Options-Software. Die Multitasking-Fähigkeit des Systems ermöglicht es, komplexe Filter- und Listenberechnungen, Kursaktualisierungen und Chartbetrachtungen sowie andere Anwendungsprogramme, z.B. Textverarbeitung, parallel durchzuführen.

Im *Chart-Modul* kann mit wenigen Befehlen die Kurszeitreihe eines Wertpapiers aufgerufen und verändert werden. Darüber hinaus kann die Chart-Darstellung um Ticker-Meldungen, Umsatzdaten und technische Indikatoren sowie manuell um Trendlinien und -formationen ergänzt werden. Des weiteren kann das Chartlayout beliebig variiert werden. Es kann u.a. zwischen einer logarithmischen, linearen oder prozentualen Kursskala sowie zwischen verschiedenen Chart-Darstellungen (Linienchart, Balkenchart, Point&Figure-Chart, Candlestick) gewählt werden. Darüber hinaus kann der betrachtete Zeitraum (Standard- und Langfrist-Chart sowie Wochen- und Monats-Chart) verändert werden.

Im *Filter-Modul* können Signale aus einem vorbereiteten Filterkatalog (Indikatoren und Kennzahlen) ausgewählt und individuell verküpft (und/oder-Filterbefehle) werden. Um schnell eine Übersicht über das umfangreiche Informationsangebot zu erhalten, kann darüber hinaus das *Listen-Modul* verwendet werden. Zur Arbeitserleichterung sind einige Listen vordefiniert, zusätzlich können aber auch Listen nach individuellen

Kriterien zusammengestellt werden. Wenn diese Listen auch in anderen Programmen, z.B. Excel oder Winword, genutzt werden sollen, dann ist dies über die Windows-Zwischenablage möglich.

Das *Stammdaten-Modul* dient grundsätzlich der Datenpflege. Hierdurch können Kurse und Umsatzzahlen erfaßt sowie Ziel- und Stopkurse individuell festgelegt werden. Die Erfassung der Kurse und Umsatzzahlen ist zwar manuell möglich, in der Regel erfolgt die Aktualisierung jedoch automatisch über DFÜ. Mit dem integrierten *DFÜ-Modul* werden fehlende Kurs- und Umsatzdaten vollautomatisch abgerufen. Hierbei bestehen verschiedene Möglichkeiten. Entweder wählt sich ein Benutzer per Modem direkt in die Mailbox des Anbieters ein, oder er ruft die Daten über das Internet ab. Voraussetzung hierfür ist die erstmalige Konfiguration des DFÜ-Moduls durch den Benutzer. Das optional verfügbare *Depot-Modul* ermöglicht darüber hinaus die Verwaltung aller Wertpapiertransaktionen eines Benutzers. Die einzelnen Transaktionen werden manuell über eine Maske anhand der Daten der Wertpapierabrechnungen vom Anwender eingegeben. Nach jeder automatischen Datenaktualisierung werden für den Benutzer Gewinnpositionen in seinem Depot erkennbar, und eine Stop-Liste warnt ihn vor Verlusten.

Insbesondere für kurzfristig orientierte Anleger ist die *Frequenz der Datenaktualisierung* von entscheidender Bedeutung. Das System Tai-Pan Realtime enthält Kurszeitreihen für einzelne Werte, die mit einer Zeitverzögerung von entweder 15 Minuten (Neartime-Version) oder sogar nur wenigen Sekunden (Real-time-Version) aktualisiert werden. Wesentliche Voraussetzung für die Echtzeitverarbeitung der Daten ist ein 28.800 Baud-Modem und eine damit bestehende Internet-Verbindung, eine ISDN-Verbindung oder eine Standleitung zum Internet. Tai-Pan Realtime bietet noch *weitere Funktionen*:

- Suchfunktionen zur Auswahl der Titel,
- Unterteilung der Suchfunktionen in einzelne Segmente wie z.B. Eurex, Optionsscheine,
- Wahlweise Anzeige eines Intraday- oder eines 30-Tage-Charts (bis zu 5 Tagen rückwirkend) mit Angabe der Umsätze,
- Betrachtung der Charts auch nach 00:00 Uhr,
- Zoom-In und Zoom-Out in der Chart-Darstellung,
- Frei definierbare Farbunterlegung von Gleitenden Durchschnitten und Umsätzen im Chart,
- Eintragungsmöglichkeit von einem oder mehreren Titeln in max. fünf Watch-Listen, die real-time aktualisiert werden,
- Eintragung eines Titels mit mehreren Börsenplätzen (z.B. Mannesmann AG in Frankfurt und Berlin),
- Farbige Anzeige der aktuellen Differenz eines Titels zum Vortag (in Euro und in Prozent),
- Anzeige der Art (Aktie, Optionsschein etc.), der Einzelumsätze, des Gesamtumsatzes eines Tages sowie der Trades eines Titels,
- Anzeige von Bid- und Ask-Quotes von Aktien (soweit vorhanden) sowie Anzeige von Bid- und Ask-Quotes von Optionsscheinen der Citibank,
- Darstellung der Bid- und Ask-Quotes in den jeweiligen Charts,
- Erstellung einer separaten Depot-Liste zur Verwaltung individueller Wertpapierbestände sowie dazugehörende Anzeigen wie z.B. Gewinn- und Verlust sowie
- Versendung von Limitmeldungen per SMS-Mitteilung (Short Message Service) auf das Handy des Benutzers.

## 3.1.1.2 Systeme zur Unterstützung der Zinsprognose

Für die Analyse und die Bewertung von einzelnen Zinstiteln, für das Management von Rentenportefeuilles und auch für das Bilanzstrukturmanagement sind Kurs- und Zinsprognosen von grundlegender Bedeutung. Bei Zinsprognosen sind zwei Aspekte zu unterscheiden, einerseits das Zinsniveau, also die absolute Höhe von Zinssätzen, und andererseits die Zinsstruktur, also die Rendite in Abhängigkeit von der Restlaufzeit der Kapitalanlage, dargestellt als Zins- oder Renditestrukturkurve. Eine Zinsprognose ist erst dann vollständig und umfassend, wenn sie aus einer Folge von Zinsstrukturkurven besteht, die den gesamten Prognosehorizont abdeckt. Für jeden Bezugszeitpunkt im Prognosehorizont, für den eine Zinsstrukturkurve gilt, kann dann aus dieser Zinsstrukturkurve für jede Restlaufzeit die Höhe der Zinsprognose abgelesen werden.

Grundsätzlich haben Entscheidungsträger, die in den Kreditinstituten für Kunden- oder Eigengeschäft verantwortlich waren, schon immer Zinserwartungen gebildet, allerdings nur

- punktuell, also auf einzelne Zinssätze beschränkt,
- subjektiv, aufgrund ihres persönlichen Urteilsvermögens, und häufig auch
- implizit, also ohne formale Dokumentation und interpersonelle Nachvollziehbarkeit.

Ein *einfacher formaler Ansatz* zur Erstellung von Zinsprognosen besteht darin, daß man zur Zeit t = 0 die *Terminzinssätze* als Zinsprognosen heranzieht, die von der zu diesem Zeitpunkt geltenden Zinsstrukturkurve impliziert sind. Sie beruhen auf den Zinserwartungen, die der Kapitalmarkt zur Zeit t = 0 hat. Es gibt viele Gründe, weshalb sich diese Erwartungen in Zukunft nicht realisieren müssen, und daher sind diese Zinserwartungen, wenn man sie als Zinsprognosen verwendet, mit hohen Prognosefehlern behaftet. Empirische Untersuchungen haben gezeigt, daß dieser mittlere Zinsprognosefehler sogar noch höher ist als der Fehler, der eintritt, wenn man trivialerweise als Zinsprognose für alle relevanten Restlaufzeiten den 3-Monatssatz nimmt, der zu t = 0 gilt. Terminszinssätze sind also als Zinsprognosen denkbar ungeeignet. Dennoch werden sie von manchen Anwendungssystemen zur Bewertung von Finanzinstrumenten, z.B. Zins-Swaps, verwendet, hauptsächlich wohl nur, weil diese Vorgehensweise technisch einfach und für den Anwender nicht leicht erkennbar ist. Es liegt auf der Hand, daß die Qualität dieser Zinsprognosen maßgeblich die Qualität der hiermit ermittelten Bewertungsergebnisse bestimmt.

*Zinsniveauprognosen*, insbesondere für Prognosehorizonte von mehreren Jahren, sind mit erheblicher Unsicherheit behaftet, und daher liegt es nahe, daß man sich zu diesem Zweck der *Szenariotechnik* bedient. Im einfachsten Fall kann dies so geschehen, daß man einen Zinssatz als Zinsniveau-Indikator wählt und für jedes Zinsszenario einen Verlauf dieses Zinsniveau-Indikators über den gesamten Prognosehorizont subjektiv vorgibt. Wenn sich nun anhand von Zinszeitreihen der Vergangenheit und unter Verwendung eines Verfahrens wie der Regressionsanalyse nachweisen läßt, daß ein hinreichend stabiler statistischer Zusammenhang zwischen dem Zinsniveau-Indikator und dem jeweils betrachteten Zinssatz besteht, dann kann ein *Regressionsmodell* spezifiziert werden, das für *Wenn-Dann-Prognosen* verwendet werden kann: Wenn angenommen wird, daß der Zinsniveau-Indikator zu einem bestimmten zukünftigen Zeitpunkt einen bestimmten Wert hat, dann läßt sich mit Hilfe des Regressionsmodells eine Prognose für den abhängigen Zinssatz berechnen. In dieser Weise kann für alle relevanten abhängigen Zinssätze und Prognosezeitpunkte verfahren werden. Es ergibt sich insgesamt eine Folge von Zinsstrukturkurven für den gesamten Prognosehorizont (vgl. Meyer zu Selhausen 1988).

Bei Verwendung je eines *Zinsniveau-Indikators* zur Beschreibung des Zinsniveaus in alternativen Zinsszenarien wurden die Zusammenhänge zwischen den ursächlich wirkenden Einflußgrößen, z.B. Inflationsrate, und den zu prognostizierenden (abhängigen) Zinssätzen nicht explizit im Regressionsmodell berücksichtigt, sondern sie gingen nur implizit in die Festlegung der Werte des Zinsniveau-Indikators für die verschiedenen Prognosezeitpunkte ein. Wird die Höhe des Zinsniveau-Indikators in einer Bank durch ein Gremium, z.B. einen Arbeitskreis für das Aktiv-Passiv-Management, festgelegt, dann geschieht dies auf der Grundlage von subjektiven Erwartungen über die Entwicklung ursächlich wirkender Einflußgrößen wie z.B. des Dollarkurses.

Die ursächlich auf das Zinsniveau wirkenden Einflußgrößen werden explizit in einem *Modell* berücksichtigt, über das Rau (1991) und Schaumlöffel (1991) berichtet haben. Als *ursächliche Einflußgrößen* (unabhängige Variablen) gingen in dieses Modell ein: Der Lombardsatz der Bundesbank, die Federal Funds Rate, der Dollarkurs, die Umlaufrendite am US-Rentenmarkt, die Importpreise, die Lohnstückkosten, ein Nachfrageindikator und die Erzeugerpreise. Als zu prognostizierende *(abhängige) Größen* wurden die Zinssätze berücksichtigt, für die auch die Bundesbank Zeitreihendaten veröffentlicht hat: Tagesgeld, 3-Monatsgeld, Rendite öffentlicher Anleihen von 1-10 Jahren Restlaufzeit, Zinssätze für Hypothekarkredite, Ratenkredite, Termineinlagen und Spareinlagen. Die statistischen Zusammenhänge zwischen den ursächlich wirkenden Einflußgrößen und den abhängigen Zinssätzen wurden jeweils einzeln mit Hilfe von Regressions- und Korrelationsanalysen untersucht, und die Zusammenhänge, die sich als statistisch signifikant erwiesen, wurden in die weitere Modellierung einbezogen. Es ergab sich ein *Mehrgleichungs-Regressionsmodell*, dessen Grundstruktur in Abb. 3.1.1.2-1 dargestellt ist.

Der Anwender kann dieses Modell wie folgt handhaben: Er bildet Erwartungen über den zukünftigen Verlauf der unabhängigen Einflußgrößen, gibt diese in das Modell ein und berechnet am PC Zinsprognosen, die sich für jeden zukünftigen Prognosezeitpunkt als Zinsstrukturkurve darstellen lassen. Es handelt sich also auch hier um ein Modell zur Erstellung von *Wenn-Dann-Zinsprognosen*. Wenn sich die Prognosen für die unabhängigen Einflußgrößen wie erwartet realisieren, dann treten die berechneten Zinsprognosen ein. Auf den ersten Blick scheint bei diesem Modell nur die Unsicherheit, die mit den Zinsprognosen verbunden ist, verlagert zu sein auf die Unsicherheit, die bei der Prognose der unabhängigen Einflußgrößen besteht. Dieser Problematik ist man bei der Modellkonstruktion aber dadurch entgegengetreten, daß man versucht hat, die Prognose einer Vielzahl von Zinssätzen auf die Prognose einer kleineren Zahl von ursächlichen Einflußgrößen zu reduzieren. Darüber hinaus bemüht sich das Software-Haus, das das Zinsmodell in Form eines EDV-Anwendungssystems zur Verfügung stellt, um möglichst fundierte Aussagen über die zukünftige Entwicklung der unabhängigen Einflußgrößen, so daß der Anwender diese schon als Ausgangspunkt verwenden kann. Darüber hinaus gehört es gerade zur Konzeption dieses Modells, daß der Anwender im *Computer-Dialog* eine größere Zahl von Wenn-Dann-Rechnungen durchführt, so daß sich für die einzelnen ursächlichen Einflußgrößen, auch in Kombination, eine *Sensitivitätsanalyse* ergibt, die ihm zeigt, welche Einflußgrößen sich besonders stark auf die Zinsprognosen auswirken, so daß für diese Eingabegrößen die Informationsbeschaffung noch intensiviert werden kann. Der Anwender konfrontiert dabei immer wieder die modellmäßig ermittelten Zinsprognosen mit seiner subjektiven Einschätzung des Geld- und Kapitalmarktes, und er wird die Variation der Eingabegrößen erst beenden, wenn sich im Dialog ein Gleichgewicht zwischen den berechneten Zinsprognosen und den subjektiven Erwartungen einstellt.

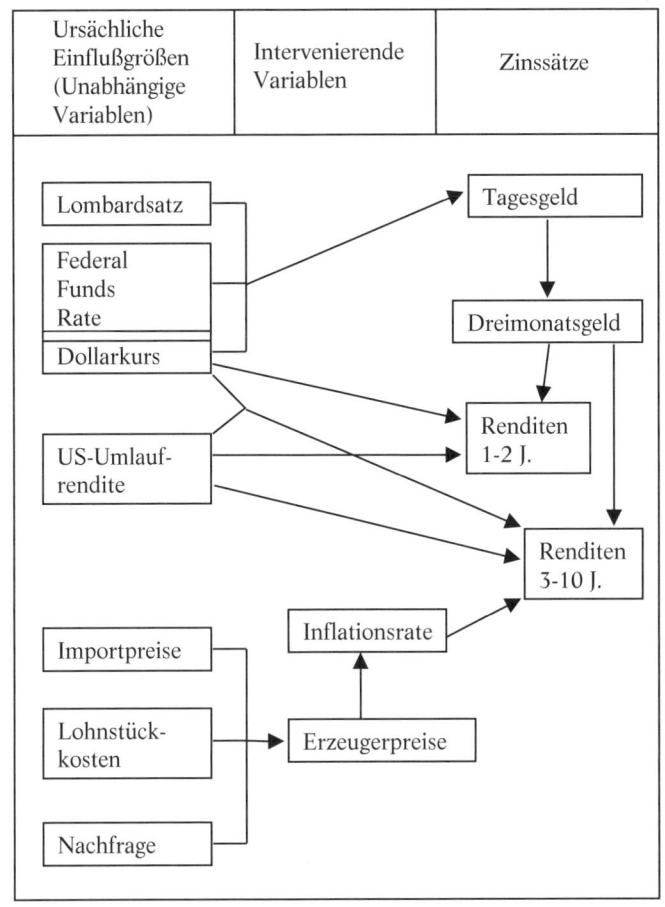

Abb. 3.1.1.2-1: Grundstruktur des Zinsmodells
nach: Rau (1991)

In dem Zinsmodell (vgl. Abb. 3.1.1.2-1) werden die unabhängigen Einflußgrößen Lombardsatz, Federal Funds Rate und Dollarkurs verwendet, um den Tagesgeldsatz zu prognostizieren, mit dessen Hilfe dann direkt der 3-Monatsgeldsatz berechnet wird. Die Renditen für 1 bis 2 Jahre Restlaufzeit werden mit Hilfe des 3-Monatsgeldsatzes, des Dollarkurses und der US-Umlaufrendite ermittelt. Nur zur Prognose der Renditen für eine Restlaufzeit von 3 bis 10 Jahren werden intervenierende Variable verwendet, die Erzeugerpreise und die Inflationsrate. Mit Hilfe der Importpreise, der Lohnstückkosten und eines Nachfrageindikators werden die Erzeugerpreise prognostiziert, und von diesen wird die Inflationsrate abgeleitet, die vom Anwender unverändert, aber auch nach subjektiver Modifikation, in das Modell eingegeben werden kann. Die Renditen für Restlaufzeiten von 3-10 Jahren werden dann unter Verwendung des 3-Monatsgeldsatzes, des Dollarkurses, der US-Umlaufrendite und der Inflationsrate prognostiziert.

Das Software-Haus liefert dem Anwender monatlich eine Modellversion mit den neusten *Schätzwerten für die Modellparameter* und die voreingestellten Basiswerte für die unabhängigen Einflußgrößen. Die Zinsprognosen, die mit dieser Basisversion ermittelt werden, dienen dem Anwender als Referenzgrößen, mit denen er die im Zuge der Wenn-Dann-Analysen ermittelten Prognosen vergleichen kann. Parallel hierzu führt das Software-Haus in regelmäßigen Zeitabständen neue Schätzungen für die *Regressionskoeffizienten* durch, wobei jeweils die neusten Daten für unabhängige Einflußgrößen und Zinssätze hinzugenommen und die ältesten Daten gelöscht werden, so daß den Regressionskoeffizienten immer ein Datenhorizont von 10 Jahren zugrunde liegt. In noch größeren Zeitabständen wird überprüft, ob bisherige unabhängige Einflußgrößen gestrichen und neue eingeführt werden müssen. Da es sich bei dem Zinsmodell um ein aufwendiges ökonometrisches Modell handelt, kommen bei der Schätzung der Regressionskoeffizienten auch komplexe Verfahren zum Einsatz: Das Ordinary Least-Square-Verfahren für die Schätzung der Parameter und das Gauss-Seidel-Verfahren für die Lösung des zugehörigen Gleichungssystems. Diese Berechnungen werden von Spezialisten des Software-Hauses durchgeführt. Der Anwender wird hierdurch nicht belastet; er kann sich ganz den ökonomischen Überlegungen zuwenden, die seinen Wenn-Dann-Simulationen zugrunde liegen.

Seit einigen Jahren werden auch *Neuronale Netze* zur Erstellung von Zinsprognosen eingesetzt. Ebenso wie das Regressionsmodell, von dem Rau (1991) und Schaumlöffel (1991) berichtet haben, erfordert auch das Verfahren der Neuronalen Netze Eingabedaten in Form von Zeitreihen von Variablen, die als unabhängige Einflußgrößen in Betracht kommen, von denen die Zinshöhe abhängt. Der Kausalzusammenhang zwischen derartigen unabhängigen Einflußgrößen und dem zu prognostizierenden Zinssatz (abhängige Variable) sollte theoretisch gut begründet sein. Da grundsätzlich eine große Zahl von Eingabezeitreihen in Betracht kommt, empfiehlt es sich, ein Selektionsverfahren vorzuschalten, mit dessen Hilfe eine kleine Anzahl von z.B. 10 bis 20 Zeitreihen ausgewählt wird, die geeignet erscheinen, einen möglichst großen Beitrag zur Senkung des Fehlers bei der Zinsprognose zu leisten. Im folgenden sollen Struktur und Funktionsweise von Neuronalen Netzen zur Zinsprognose am Beispiel des *Systems »EvoPron Renten«* von Wild (1995) erläutert werden. Zur Technik der Neuronalen Netze befindet sich eine Kurzdarstellung in Anhang 1.2.

Die Verarbeitung der Eingabedaten im Neuronalen Netz erfolgt grundsätzlich anders als im Regressionsmodell. Während im Regressionsmodell die Regressionskoeffizienten mit Hilfe der Eingabedaten auf der Grundlage eines vom Anwender zu spezifizierenden Datenhorizontes berechnet werden, ist das Neuronale Netz ein *lernendes System*, bei dem die Eingabedaten von Neuronen verarbeitet werden, die in Schichten angeordnet sind (vgl. Abb. 3.1.1.2-2).

Die Eingabedaten treffen zuerst auf die Neuronen der Eingabeschicht. Hier werden sie mit Hilfe von *Gewichtungsfaktoren* gewichtet, und dann wird geprüft, ob die gewichtete Summe größer ist als ein bestimmter *Schwellenwert*. Ist dies der Fall, dann senden die Neuronen der Eingabeschicht Impulse an weitere Neuronen tieferliegender Schichten, wo die eingehenden Signale wiederum gewichtet und mit Schwellenwerten konfrontiert werden. Dies setzt sich fort bis zur Ausgabeschicht, wo man als Ergebnis das Signal »Zinsen steigen« oder »Zinsen fallen« erhält. Die Zahl der Neuronen der verschiedenen Schichten und ihre Verknüpfungsmuster ergeben sich jeweils im einzelnen Anwendungsfall. Mit Hilfe der Gewichtungskoeffizienten und der Schwellenwerte können logische Funktionen eingebaut werden wie z.B. »Wenn der Dollarkurs steigt und die industriellen Erzeugerpreise steigen, dann steigen tendenziell auch die Zinsen«. Solche logischen Funktionen werden auch als Regeln bezeichnet. Insgesamt bestehen Neuronale Netze aus einer Anzahl von Neuronen, die, konkretisiert durch ihre Verknüpfungen, Gewichte und Schwellenwerte, eine Vielzahl von Regeln beinhalten, nach denen die Eingabedaten verarbeitet werden.

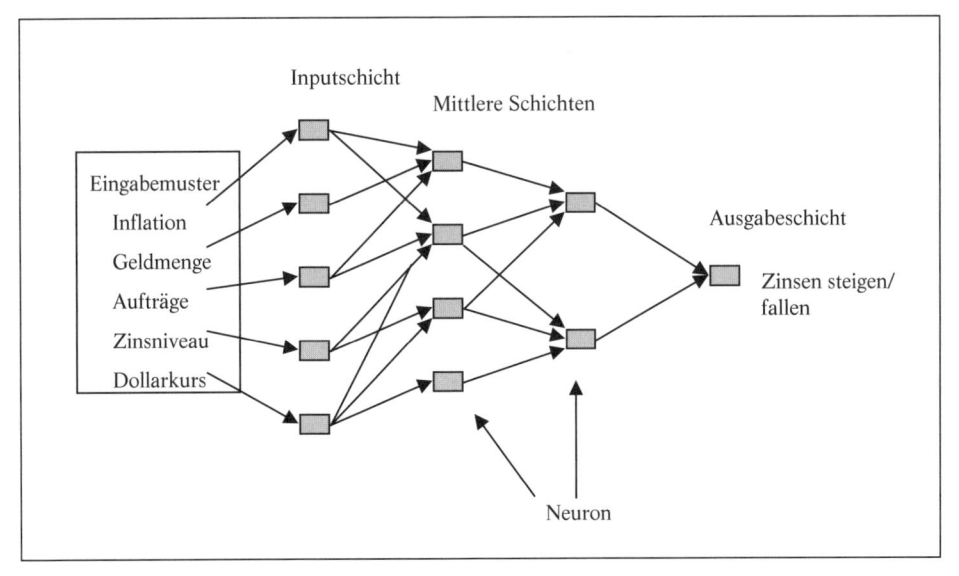

```
                    Inputschicht
                              Mittlere Schichten
  ┌─────────────┐
  │ Eingabemuster│
  │ Inflation    │                              Ausgabeschicht
  │ Geldmenge    │
  │ Aufträge     │                                  Zinsen steigen/
  │ Zinsniveau   │                                  fallen
  │ Dollarkurs   │
  └─────────────┘

                              Neuron
```

Abb. 3.1.1.2-2: Struktur eines Neuronalen Netzes
nach: Wild (1995)

Die Neuronalen Netze unterscheiden sich von Regressionsmodellen insbesondere dadurch, daß sie einen großen Teil der Regeln selbst lernen können, also Verbindungen, Gewichte und Schwellenwerte selbst generieren. Dieser Lernprozeß erfolgt anhand eines Trainingsdatensatzes. Die Eingabedaten des *Trainingsdatensatzes* treffen beim Trainingslauf auf die Neuronen der Eingabeschicht und auf Neuronen der tieferliegenden Schichten, und dies führt schließlich zu einem Ergebnis in der Ausgabeschicht, das mit dem tatsächlich realisierten Wert der abhängigen Variablen, hier des Zinssatzes, verglichen wird. War das Ergebnis in der Ausgabeschicht falsch, dann werden Verfahren aktiviert, um Gewichtungskoeffizienten und Schwellenwerte zu revidieren. Diese Revision erfolgt aber in kleinen Schritten, so daß beobachtbar wird, ob sich die Ergebnisse verbessern. Dieser Lernprozeß muß nach vorzugebenden Abbruchkriterien beendet werden, damit sich das Neuronale Netz nicht einerseits voll auf den Trainingsdatensatz einstellt, dadurch andererseits aber schlechte Ergebnisse erzielt, wenn es mit Datensätzen konfrontiert wird, an denen es nicht gelernt hat. Die Grundproblematik des Lernprozesses besteht darin, daß das Netz nach Möglichkeit generalisierbare »Gesetzmäßigkeiten« erkennen soll, daß es hierbei aber durch zufallsbedingte Störungen irritiert werden kann, wenn diese mehrfach hintereinander auftreten. Angesichts dieser Problematik bieten sich dem Netzentwickler verschiedene Gestaltungsmöglichkeiten: Er kann versuchen, die Struktur des Netzes so einfach wie möglich zu halten, so daß sich die gelernten Regeln relativ oft im Trainingsdatensatz bestätigen müssen, um in das Netz integriert zu werden. Er kann Ursache-Wirkungs-Beziehungen, die unplausibel erscheinen, aussondern, und er kann schließlich auch versuchen, durch umfassende Trainingsdatensätze die Regeln besser zu sichern.

Das Neuronale Netz »EvoPron Renten«, das Wild (1995) auf der Grundlage fundamentaler Daten entwickelt hat, führt zu Prognosen für den 10-Jahreszinssatz für Inhaberschuldverschreibungen mit mittel- bis langfristigem Charakter. Wild (1995) berichtet von einer *Trefferquote* von über 80 %, was bedeutet, daß in über 80 % der Anwendungen die Richtung der Zinsentwicklung zutreffend angezeigt wurde. Bei praktischen Anwendungen im Rahmen des Rentenmanagement konnte über mehrere Jahre nach Berücksichtigung der Transaktionskosten der performance-orientierte Rentenindex REXP deutlich übertroffen werden. Dieses Ergebnis wurde dadurch erzielt, daß bei Prognose fallender Zinsen Bundesanleihen gekauft und gehalten wurden, während bei Prognose steigender Zinsen das gesamte Volumen in Termingeld angelegt wurde. Wegen des mittelfristigen Charakters der Zinsprognosen waren nur wenige Transaktionen nötig, um von der prognostizierten Zinsentwicklung zu profitieren. Die Anwendung dieses Neuronalen Netzes ist aber nicht auf das Rentenmanagement beschränkt; es unterstützt z.B. auch das Bilanzstrukturmanagement auf Gesamtbankebene.

Ebenso wie Regressionsmodelle sind auch Neuronale Netze grundsätzlich für eine große Vielfalt von Problemstellungen geeignet. Welches dieser beiden Verfahren sich letzten Endes besser bewährt, läßt sich derzeit noch nicht beurteilen. Beide Verfahren haben offensichtlich ein spezifisches Erfolgspotential, und es wird interessant sein zu sehen, wie erfolgreich der Einsatz Neuronaler Netze ist, wenn die Netzentwickler denselben Erfahrungsstand erreicht haben werden, wie die Anwender der schon viel länger in Gebrauch befindlichen Regressionsmodelle.

### 3.1.1.3 Systeme für die Immobilienbewertung

Bei der Immobilienfinanzierung kommt es sehr häufig vor, daß die Immobilie selbst als Sicherheit für die Finanzierung dient. In diesem Fall wird das betroffene Grundstück mit einem Grundpfandrecht belastet, das in Abteilung III des Grundbuches zugunsten der Bank eingetragen wird, die die Finanzierungsmittel bereitstellt. Wenn der Darlehensnehmer, der ein bebautes Grundstück kaufen oder ein unbebautes Grundstück kaufen und möglicherweise auch bebauen möchte, in Relation zum Kaufpreis und/oder zu den Herstellungskosten nur über wenig Eigenkapital verfügt, wird er versuchen, die Finanzierungsmittel von seiner Bank, bezogen auf den Wert der von ihm gestellten Sicherheiten, in möglichst großem Umfang zu erhalten. Im Rahmen der Bonitätsprüfung, die auch bei jeder Immobilienfinanzierung erforderlich ist, gilt daher dem *Beleihungswert* des Grundstücks, das als Sicherheit dient, besonderes Interesse. Dieser Beleihungswert muß so festgelegt werden, daß er auch bei zurückgehenden Immobilienpreisen im Grenzfall der Zwangsvollstreckung gewährleistet, daß der Verkaufserlös für die Rückführung des oder der Darlehen ausreicht. Der Verkehrswert des Grundstücks kommt als Beleihungswert aber nicht in Betracht. In der Vergangenheit wurde sehr häufig mit Beleihungswerten gearbeitet, die etwa in Höhe von 80 % des Verkehrswertes der Grundstücke lagen. Dieser Prozentsatz mag ein Erfahrungswert sein, er darf aber keinesfalls als konstant betrachtet werden. Vielmehr ist grundsätzlich festzuhalten, daß der Beleihungswert in Abhängigkeit von der erwarteten zukünftigen Volatilität der Immobilienpreise festzulegen ist. Aber auch das setzt voraus, daß schon der Verkehrswert zutreffend ermittelt wird.

Die Beleihungswertermittlung ist eine *gutachterliche Tätigkeit*, die von Bankmitarbeitern oder freien Gutachtern ausgeübt werden kann. Für diese Aufgabe benötigen Gutachter umfangreiche Fachkenntnisse, teilweise aber auch Erfahrungswissen. Wegen der dominierenden Bedeutung, die die Lage des Grundstücks für seinen Wert hat, gehören hierzu insbesondere Kenntnisse des lokalen Marktes, der Infrastruktur und ihrer Entwicklung, alternativer Verwendungsmöglichkeiten etc. Der Prozeß der Beleihungswertermittlung läßt sich durchaus strukturieren, aber die Gutachter müssen bei Detailfragen, z.B. hinsichtlich der Einbeziehung der wertbestimmenden Einflußgrößen, ihrer Interaktionen und ihrer Bedeutung für den Beleihungswert eine Vielzahl von Werturteilen abgeben, die praktisch nur intuitiv zu einem Gesamtergebnis zusammengefaßt werden können.

Als Systeme, die diesen Bewertungsprozeß unterstützen und erleichtern können, kommen praktisch nur *Expertensysteme* (wissensbasierte Systeme) in Betracht (vgl. hierzu auch Anhang 1.3). Die Entwicklung eines Expertensystems für die Beleihungswertermittlung setzt voraus, daß der Ablauf der Gutachtenerstellung standardisiert wird und daß das umfangreiche Erfahrungswissen von Experten gespeichert wird, so daß Benutzer des Systems im Computer-Dialog menügesteuert Dateneingaben machen und zu Bewertungsergebnissen kommen, ohne selbst das Wissen und die Erfahrung von Gutachtern haben zu müssen. Dies hätte erhebliche Vorteile: Das Expertenwissen könnte aufgrund der Speicherung und der Zugriffsmöglichkeit von PCs aus einer größeren Anzahl von eingearbeiteten Mitarbeitern der Bank zugänglich gemacht werden, so daß es dezentral verfügbar ist. Darüber hinaus würde ein Expertensystem dieser Art dazu beitragen, daß das kostbare Wissen und die Erfahrung der Gutachter der Bank langfristig erhalten bleiben.

Welche Möglichkeiten bestehen, ein Expertensystem für die Beleihungswertermittlung zu gestalten und einzusetzen, soll nun am Beispiel des Systems EXES/I (vgl. Ehrenberg/Böhmer/Fasold 1994) erläutert werden. Das System wurde mit dem Ziel entwickelt, Einfamilien-, Zweifamilien- und Mehrfamilienwohnimmobilien, gemischt genutzte Objekte und gewerblich genutzte Objekte computergestützt zu bewerten. Im *Computer-Dialog* soll das System vom Benutzer die benötigten Informationen erfragen, die wertbeeinflussenden Faktoren gewichten, die Kausalzusammenhänge zwischen diesen Faktoren und dem Beleihungswert auswerten und schließlich Sach-, Ertrags- und auch Beleihungswert der jeweils betrachteten Immobilie ermitteln und ausgeben. Ablauf und Reihenfolge der Schritte, die bei einer Systemanwendung durchlaufen werden, beruhen grundsätzlich auch auf der Vorgehensweise, die das Kreditinstitut, das als Partner bei der Entwicklung zur Verfügung stand, selbst praktiziert. Nach dem Start des Computer-Dialoges werden zunächst allgemeine Angaben vom Benutzer erfragt. Dazu gehören u.a. Grundstücksgröße, Objekttyp sowie Ausführung und Zustand des Objektes. Diese Daten werden in den Subsystemen Bodenwertermittlung, Bauwertermittlung und Ertragswertermittlung ausgewertet und weiterverarbeitet (vgl. Abb. 3.1.1.3-1).

Bei der *Bodenwertermittlung* geht das System vom Kaufpreis o.ä. aus und berücksichtigt eine Bodenrichtwertkarte des örtlichen Katasteramtes. Die *Bauwertermittlung* berücksichtigt das Baujahr des Objektes (Altbau oder Neubau) und ggf. weitere vorliegende Informationen, die aus dem Kaufvertrag oder einer Architektenaufstellung hervorgehen. Ausgehend von Angaben zur Objektgröße werden unter Berücksichtigung notwendiger Abzüge der Bau- und der Sachwert der Immobilie berechnet. Die *Ertragswertermittlung* beruht u.a. auf der nachhaltig zu erzielenden Miete für das Objekt. Ist diese Miete nicht aufgrund von Mietverträgen bekannt, oder sind in den Mietverträgen festgelegte Mieten nach Einschätzung des Benutzers nicht nachhaltig erzielbar, können sie durch ein Subsystem ermittelt werden. Daraus ergeben sich Jahresdurchschnittserträge, aus denen nach Berücksichtigung von Risikoabschlägen der Ertragswert der Immobilie berechnet werden kann. Die Ergebnisse, die bei Boden-, Bau- und Ertragswertermittlung erzielt worden sind, werden bei der Ermittlung des Beleihungswertes der Immobilie berücksichtigt. Dieser ist je nach Objekttyp sachwert-, ertragswert- oder mittelwert-orientiert. Das Ergebnis wird auf dem Bildschirm oder auf einem Drucker ausgegeben.

Diese Skizze einer Systemanwendung impliziert, daß das System mit einer umfangreichen *Wissensbasis* versehen werden muß, bevor es eingesetzt werden kann. Um diese

```
                    Expertensystem EXES/I
                              │
        ┌─────────────────────┼─────────────────────┐
   Allgemeine           Beleihungswert-          Ausgabe
   Angaben              ermittlung               der Ergebnisse
                              │
              ┌───────────────┼───────────────┐
        Bodenwert-       Sachwert-        Ertragswert-
        ermittlung       ermittlung       ermittlung
                              │                   │
                      ┌───────┴───────┐   ┌───────┴───────┐
                  Abschlag-      Index-    Miete        Miete
                  methode        methode   schätzen     bekannt
```

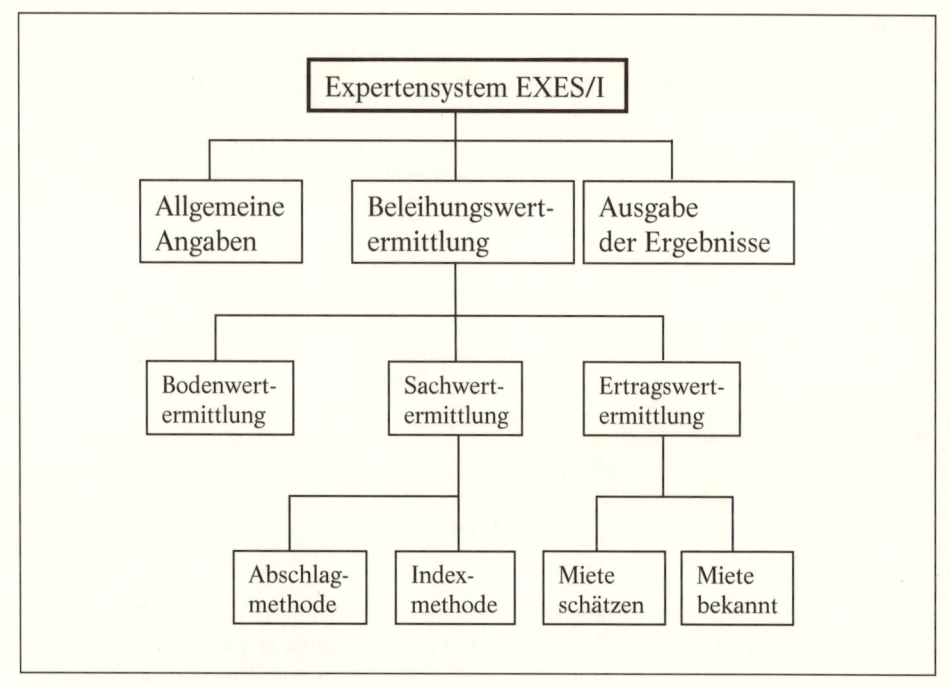

Abb. 3.1.1.3-1: Subsysteme des Expertensystems zur Beleihungswertermittlung
nach: Ehrenberg et al. (1994)

Wissensbasis zu schaffen, bedarf es zunächst der *Wissensakquisition*, die die Erhebung des für das System relevanten Expertenwissens und die Strukturierung und Formulierung dieses Wissens sowie dessen Transformation in die Wissensbank umfaßt. Hierbei wurde einem zyklischen Ablauf gefolgt, der immer wieder die Wissenserhebungsphase, die Interpretationsphase und die Operationalisierungsphase berührt. Bei der Wissenserhebung wurde das bereichsspezifische Expertenwissen unter Anwendung von Interviews, Fragebögen und hierarchischem Clustering erfaßt. In der Interpretationsphase wurde dann das erhobene Wissen für die Eingabe strukturiert, und in der Operationalisierungsphase wurde das strukturierte Wissen schließlich in Repräsentationsformalismen überführt, also codiert.

Bei der *Wissensrepräsentation* wird das durch die Wissensakquisition erfaßte Wissen im System abgespeichert. Im vorliegenden Fall hat man sich eines Entwicklungswerkzeuges bedient, das folgende Software-Komponenten umfaßt, die von einer übergeordneten Komponente aufgerufen und genutzt werden können:

- Ein integriertes Software-Paket mit Datenbank, Tabellenkalkulation, Textverarbeitung und Graphiksystem,
- eine spezielle, für Expertensysteme geeignete Programmiersprache sowie
- Schnittstellen zu anderen konventionellen Datenbank- und Tabellenkalkulations-Programmen sowie zu der Programmiersprache C.

Um das Expertenwissen möglichst realistisch zu repräsentieren, wurde es in diesem System in Form von Regeln niedergelegt. Insgesamt umfaßt das System rd. 250 Regeln, 100 Prozeduren und 4 Datenbanken. Die Benutzerführung wurde sehr komfortabel gestaltet, um eine hohe Akzeptanz zu erzielen. Das System wird seit einiger Zeit in der Praxis eingesetzt, und es entlastet die Benutzer gerade bei der Ausführung von Routinetätigkeiten. Auch weniger erfahrene Sachbearbeiter der Kreditabteilung sind in der Lage, Beleihungswertermittlungen ohne die Hilfe von Experten zuverlässig zu erstellen. Der Aufwand für die Beleihungswertermittlung wird dadurch im Vergleich zur konventionellen Bearbeitung erheblich reduziert.

### 3.1.2 Bewertung der Systeme für die Analyse von Anlageobjekten bezüglich der Effizienzkriterien

Die Systeme für die Übermittlung von Wertpapierinformationen und ihre Aufbereitung, z.B. in Form von Charts, schaffen die Datenbasis für Analyse-, Prognose- und Bewertungssysteme. Sie üben die Grundfunktion der Basisdaten-Administration aus und werden hier keiner besonderen Bewertung unterzogen.

Die Systeme zur Bewertung von Anlageobjekten (vgl. Kap. 3.1.1) erfüllen *konventionelle Aufgaben* gem. Abb. 1.6.2-2. Sie leisten primär *Entscheidungsunterstützung* (Grundfunktion) mit den Teilfunktionen Analyse/Prognose und Bewertung: Systeme zur Beleihungswertermittlung tragen zur Vorbereitung von Kreditentscheidungen bei, und die Kurs- und Zinsprognosesysteme sowie die Systeme für die Wertpapieranalyse werden von Händlern und Kundenberatern genutzt. Mit Hilfe dieser Systeme können auch *neue Geschäftsprozesse mit Kunden* realisiert werden, weil sie teilweise auch die Grundfunktion der Beratungsunterstützung erfüllen. Diese Systeme wurden in Kap. 3.1.1 behandelt, weil sie den Kundengruppen und strategischen Geschäftsfeldern (vgl. Kap. 4) nicht eindeutig zugerechnet werden können.

\* **Kundennutzen**

Die Systeme für Wertpapieranalyse sowie Kurs- und Zinsprognose können, wenn ihre Ergebnisse von Kundenberatern genutzt und im *Beratungsprozeß* aktiv eingesetzt werden, Verbesserungen einerseits hinsichtlich der Kundennutzen-Dimension (1) Geschäfts- und Markttransparenz und auch bezüglich der Nutzendimension (6) Beratungskompetenz bringen (vgl. Abb. 1.6.2.1-2). Durch den Systemeinsatz kann die Transparenz hinsichtlich (1.1) Aktualität, (1.2) Umfang, (1.3) Aufbereitung und (1.4) Darstellung der für die Kunden bereitgestellten Informationen verbessert werden, und auf dieser Grundlage kann auch der Kundenberater besser fundierte (6.3) Dispositionsempfehlungen geben, was sich positiv z.B. auf die Performance der Kunden-Portfolios auswirken sollte.

\* **Managementnutzen**

Die Systeme für Wertpapieranalyse sowie Kurs- und Zinsprognose erfüllen nicht nur die Grundfunktion der Beratungsunterstützung im Kundengeschäft, sondern auch die der Entscheidungsunterstützung im Eigenhandel der Bank (vgl. Kap. 4.2.1). Auch die Systeme zur Immobilienbewertung leisten Entscheidungsunterstützung, allerdings im Kreditgeschäft. Diese Systeme sind als Führungs- und Steuerungssysteme zu klassifizieren und der Suchphase des Entscheidungsprozesses zuzurechnen (vgl. Abb. 1.6.2.2-1).

Bei der Bewertung des Managementnutzens gilt es, für das jeweilige System die zutreffenden Nutzendimensionen heranzuziehen und die durch den Systemeinsatz mögliche Nutzensteigerung gegenüber konventionellen Referenzverfahren abzuschätzen. Entscheidungsträger in Kreditinstituten haben immer schon Kurs- und Zinsprognosen entwickelt, allerdings ohne sie in einer interpersonell kommunizierbaren Form offenzulegen. Die Prognosesysteme können hinsichtlich der *Entscheidungsprozeß-Effizienz* (vgl. Abb. 1.6.2.2-2) Verbesserungen bezüglich der Nutzendimensionen (1.4.1) Genauigkeit und (1.4.2) Aktualität der Prognosen bringen, was in der Praxis aber nicht leicht zu testen ist, weil Ergebnisse von manuellen Referenzverfahren nicht zur Verfügung stehen.

Die Systeme zur Wertpapieranalyse und Beleihungswertermittlung verbessern gegenüber manuellen Verfahren die Nutzendimensionen (1.1) *Transparenz des Ist-Zustandes*, in dem sich die Anlageobjekte und ihre Märkte befinden. Die Entscheidungsprozeß-Effizienz wird dadurch gefördert, daß der Entscheidungsträger als Benutzer der Systeme Analyse- und Bewertungsergebnisse erhält, die nach den Nutzendimensionen (1.1.2) Umfang, (1.1.3) Detaillierung, (1.1.4) Genauigkeit der Erfassung und (1.1.5) Genauigkeit der Bewertung viel höher einzuschätzen sind als konventionell erzielte Ergebnisse, soweit diese überhaupt verfügbar waren. Bezüglich der Nutzendimensionen der *Informationsbereitstellung* ist davon auszugehen, daß die Systeme ihre Ergebnisse mit großer (2.1) Geschwindigkeit und (2.2) Aktualität generieren und bereithalten, und daß auch die (2.4) Effizienz der Informationsbereitstellung am Bildschirm unter Kostenaspekten höher ist als bei konventionellen Verfahren.

* **Wirtschaftlichkeit**

Die in Kap. 3.1.1 behandelten Systeme sollen dazu beitragen, mit neuen technischen Mitteln konventionelle Bankleistungen zu erstellen und konventionelle und neue Aufgaben zu erfüllen (vgl. Abb. 1.6.2-2). Die Wirtschaftlichkeitsbetrachtung bezüglich dieser Systeme erfordert einen kostenmäßigen Vergleich mit konventionellen Verfahren, die zu demselben Verfahrensergebnis führen würden. Dieser *Kostenvergleich* ist aber nicht leicht durchzuführen. Intuitive Prognosen waren zwar nicht kostenlos, der Einsatz von Regressionsmodellen und Künstlichen Neuronalen Netzen verursacht aber höhere sichtbare Kosten. Bei der Wertpapieranalyse ist es dagegen durchaus möglich, daß durch einen Systemeinsatz die Wirtschaftlichkeit verbessert wird, weil

- die Dateneingabe rationalisiert,
- die Datenhaltung zentralisiert und
- die Datenbank-Recherchen standardisiert werden.

Das Expertensystem zur Beleihungswertermittlung soll bspw. dazu beitragen, eine konventionelle Aufgabe durch einen neuen internen Prozeß kostengünstiger zu bewältigen, weil weniger qualifizierte und im Vergleich zu Gutachtern weniger hochbezahlte Mitarbeiter eingesetzt werden können. Um die Wirtschaftlichkeit der Beleihungswertermittlung zu verbessern, müßte die so erzielte Kostensenkung deutlich höher sein als die zusätzlich entstehenden Betriebskosten des Expertensystems.

* **Wettbewerbsvorteile**

Die in Kap. 3.1.1 behandelten EDV-Anwendungssysteme sind für den bankinternen Einsatzbereich und/oder für das Kundengeschäft entwickelt worden. In einigen Fällen erfüllen die Systeme zur Wertpapieranalyse sowie zur Zins- und Kursprognose die Grundfunktion der *Beratungsunterstützung*, in anderen die Grundfunktion der *Entscheidungsunterstützung* (vgl. Abb. 1.6.2.4-1).

Versteht man die in bezug auf einzelne Bankleistungen gegebene Beratung als Bestandteil der Bankleistungen selbst, dann verbessert die Beratungsunterstützung zugleich auch die Qualität der Bankleistungen. Ob sich daraus Wettbewerbsvorteile ergeben, die die Erfolgsposition der Bank verbessern, hängt insbesondere davon ab, ob die Bank über nachfragestarke und attraktive Kundengruppen verfügt, für die die zusätzliche Qualität zusätzlichen Kundennutzen mit sich bringt. Grundsätzlich können dadurch die Kundenbindung gefestigt, neue Kunden akquiriert und zusätzliche Erträge erwirtschaftet werden. Dies gilt primär aber nur für eigenentwickelte Systeme. Wettbewerbsvorteile ergeben sich dagegen nicht, wenn derartige Systeme von Software-Häusern angeboten und von einer Vielzahl von Anbietern eingesetzt werden. Soweit die betrachteten Systeme die Grundfunktion der Entscheidungsunterstützung erfüllen, ist keine Möglichkeit erkennbar, Wettbewerbsvorteile im Kundengeschäft zu erzielen.

## 3.2 Regionsbezogene Systeme für die Marktpotential- und Konkurrenzanalyse

In der Einzeldimension Region (vgl. Abb. 3.2-1) werden Systeme eingesetzt, die insbesondere der Analyse und Bewertung des Marktpotentials und der Konkurrenzsituation in einzelnen regionalen Teilmärkten dienen.

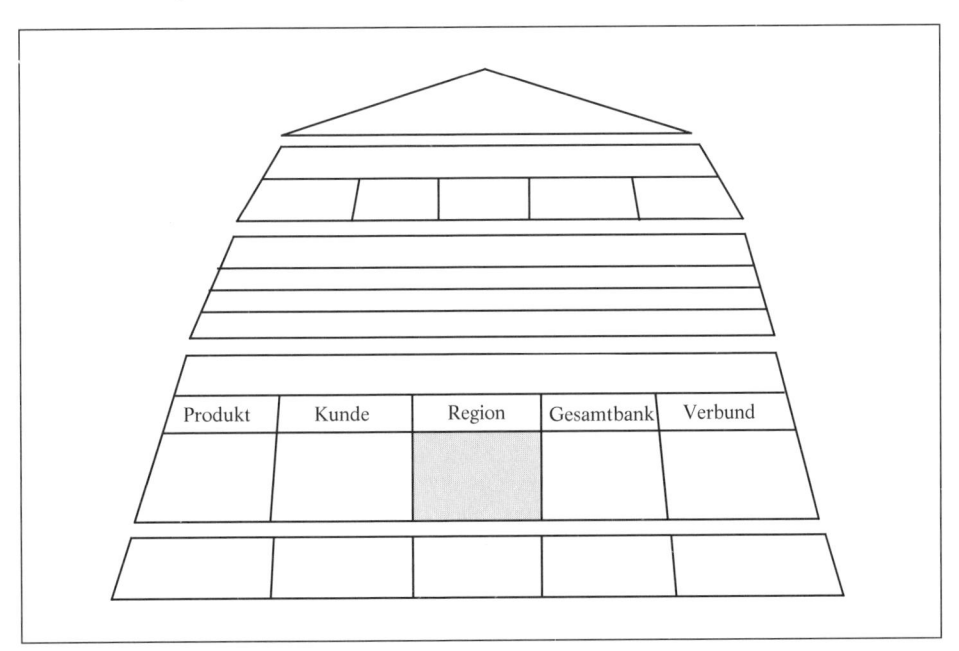

Abb. 3.2-1: Orientierungspyramide

Liegen die Ergebnisse der Analysen für ein Marktgebiet vor, das aus regionalen Teilmärkten besteht, in denen jeweils ein Institut einer Institutsgruppe, z.B. eine Sparkasse, tätig ist, dann lassen sie sich auch für Betriebsvergleiche innerhalb der Institutsgruppe verwenden (vgl. Kap. 3.3).

## 3.2.1 Funktionsweise von Systemen für die regionale Marktpotential- und Konkurrenzanalyse

Der Erfolg, gemessen als Jahresüberschuß, den ein Institut, ein Regionalbereich oder auch eine Filiale eines Instituts in einem regionalen oder lokalen Marktgebiet erzielen kann, hängt von der Ausprägung von externen und internen strategischen Erfolgsfaktoren ab (vgl. Kap. 6.1.1.3). Die *externen strategischen Erfolgsfaktoren* repräsentieren die Rahmenbedingungen des jeweils betrachteten Marktes, insbesondere das Marktpotential und die Konkurrenzsituation, das Kundenverhalten und weitere Faktoren. Für die externen strategischen Erfolgsfaktoren gilt, daß der Erfolg, den ein Institut auf einem Teilmarkt erzielen kann, von den für diesen Teilmarkt geltenden Faktor-Ausprägungen abhängt, daß das Institut diese Ausprägungen von sich aus aber nicht beeinflussen kann. Diese Faktoren werden als strategische Erfolgsfaktoren der Marktattraktivität bezeichnet, weil sie anzeigen, wie attraktiv es für Wettbewerber ist, in diesen Markt einzutreten, wenn sie nicht ohnehin schon präsent sind. Gleichzeitig ist festzuhalten, daß es günstige Ausprägungen dieser externen strategischen Erfolgsfaktoren wie z.B. ein großes Marktpotential, Wettbewerb von geringer Intensität etc. der Geschäftsleitung eines Instituts oder einer Filiale leicht machen, große Erfolge bzw. Erfolgsbeiträge zu erwirtschaften, während sich Institute oder Filialen in Marktgebieten mit geringerer Marktattraktivität sehr viel mehr anstrengen müssen, um zu denselben Ergebnissen zu kommen, wenn dies überhaupt gelingt.

Die Attraktivität von regionalen Teilmärkten ist aber nicht nur zu analysieren und zu bewerten, wenn ein Institut einen Markteintritt erwägt, sondern auch im laufenden Geschäft, wenn im Rahmen der Zielvereinbarung Ziele für Filialen festgelegt und kontrolliert werden, oder wenn Sparkassen oder Genossenschaftsbanken am Betriebsvergleich teilnehmen (vgl. Kap. 3.3.1), denn nur unter Berücksichtigung der Ausprägungen der externen strategischen Erfolgsfaktoren (Rahmenbedingungen) ist ein fairer Leistungsvergleich zwischen den in verschiedenen regionalen Teilmärkten tätigen Instituten möglich.

Die *internen strategischen Erfolgsfaktoren* zeigen mit ihren Ausprägungen die Leistungsfähigkeit des betrachteten Instituts im Wettbewerb, bezogen auf den stärksten Wettbewerber an, und sie werden daher als strategische Erfolgsfaktoren der relativen Wettbewerbsstärke bezeichnet. Hierbei handelt es sich um Faktoren, deren Ausprägungen durch Maßnahmen, die das Institut ergreift, und durch Anstrengungen, die es auf sich nimmt, beeinflußt werden können, so daß sich die Wettbewerbsposition des Instituts verbessert. Diese internen strategischen Erfolgsfaktoren brauchen bei der Marktpotential- und Konkurrenzanalyse nicht berücksichtigt zu werden.

Für die Bewertung regionaler Teilmärkte ist die Marktpotential- und die Konkurrenzanalyse von besonderer Bedeutung; die Wirkung der übrigen externen strategischen Erfolgsfaktoren wie Kundenverhalten, erzielbarer Deckungsbeitrag und Rationalisierungspotential tritt vermutlich hinter die der beiden erstgenannten Erfolgsfaktoren zurück. Allein durch die *Auswahl der Erfolgsfaktoren*, die in die Analyse einbezogen werden, findet eine Schwerpunktsetzung statt, und es wird sich zeigen, daß auch bei diesen beiden Faktoren die Operationalisierung zu weiteren Einschränkungen der Aussagekraft des zu erwartenden Ergebnisses führt. Allein schon die Verfügbarkeit der für die Marktpotential- und Konkurrenzanalyse erforderlichen *Daten* limitiert die Verfahrensanwendung und die Aussagekraft der Ergebnisse. Aus fachlicher Sicht ist dies besonders unbefriedigend, denn grundsätzlich sollte das Analyseziel den Datenbedarf bestimmen und nicht umgekehrt. Wollte man diesen Grundsatz jedoch bei der Marktpotential- und

Konkurrenzanalyse verwirklichen, dann wäre dies mit Kosten der Datenbeschaffung verbunden, die durch die zu erwartenden Ergebnisse kaum zu rechtfertigen wären. Bei jedem einzelnen Analyseschritt, der in diesem Zusammenhang realisiert werden soll, ist daher gleichzeitig zu prüfen, ob die hierfür erforderlichen Daten vorhanden sind oder mit vertretbarem Aufwand beschafft werden können. Angesichts dieser Situation ist zu erwarten, daß die Analyseergebnisse die Marktpotential- und Konkurrenzverhältnisse in einem regionalen Teilmarkt nur näherungsweise anzeigen können. Es erscheint wünschenswert, daß die Analyseergebnisse für das Marktpotential und die Konkurrenzsituation in einem regionalen Teilmarkt zu einem einzigen Indikator, der hier als Marktattraktivitäts-Indikator bezeichnet wird, zusammenzufassen.

Die Entwicklung eines Marktattraktivitäts-Indikators zur Bewertung von regionalen Teilmärkten soll anhand des *Marktattraktivitäts-Indikator-Systems* (MAI-System) erläutert werden, das für einen bedeutenden regionalen Sparkassen- und Giroverband erarbeitet worden ist (vgl. Meyer zu Selhausen/Riekeberg 1998). In diesem System hat der Marktattraktivitäts-Indikator die *Aufgabe*, für den Leistungsvergleich zwischen den Sparkassen des Verbandsgebietes den Einfluß der externen Rahmenbedingungen, hier insbesondere des Marktpotentials und der Konkurrenzsituation, zu eliminieren, so daß die betrachteten Sparkassen in bezug auf die Nettozinsspanne (Teilbetriebsergebnis vor Steuern dividiert durch das Geschäftsvolumen) einem *fairen Leistungsvergleich* unterworfen werden können. Fair ist dieser Leistungsvergleich dann, wenn der von Sparkassengeschäftsgebiet zu Geschäftsgebiet unterschiedliche Einfluß der Rahmenbedingungen ausgeschaltet wird und die Sparkassen möglichst nur noch in bezug auf Größen verglichen werden, die sie durch eigenen Ressourceneinsatz und eigene Anstrengungen selbst beeinflussen können. Betriebsvergleiche werden in der Praxis nicht nur für Sparkassen durchgeführt, sondern auch für Genossenschaftsbanken. Bei Sparkassen liegt insofern eine etwas einfachere Problematik vor, weil das Geschäftsgebiet der Sparkasse durch das Hoheitsgebiet des Gewährträgers, z.B. einer Stadt, eines Kreises oder eines Zweckverbandes, definiert ist. In geringem Umfang akquirieren auch Sparkassen Geschäft aus Gebieten außerhalb des Hoheitsgebietes ihres Gewährträgers, dies fällt aber insgesamt kaum ins Gewicht. Diese Abgrenzung der Sparkassengeschäftsgebiete, und damit der regionalen Teilmärkte, hat den Vorteil, daß die für die Marktpotentialanalyse relevanten Daten in einer Strukturierung nach Gemeinden und nach den Hoheitsgebieten der Gewährträger vorliegen, so daß sie als sekundärstatistisches Material ohne besondere Abgrenzungsprobleme verwendet werden können. Für die Abgrenzung der regionalen Teilmärkte der Genossenschaftsbanken, die in ihrer Geschäftstätigkeit regional vollkommen flexibel sind, müßten spezielle Kriterien entwickelt werden.

In den Marktattraktivitäts-Indikator des MAI-Systems gehen ein Indikator für das Marktpotential und ein Indikator für die Wettbewerbssituation, hier als Konfrontationsmaß bezeichnet, ein.

**a) Marktpotential**
Für die Repräsentation des Marktpotentials eines regionalen Teilmarktes werden verschiedene *Indikatoren* vorgeschlagen, in Hinsicht auf die *Bevölkerung* die Indikatoren Wohnbevölkerung, Beschäftigungsquote, Arbeitslosenquote, Ausländerquote und Altersstruktur, und in Hinsicht auf die *Wirtschaftskraft* die Kennziffern Bruttowertschöpfung, Kaufkraft und Realsteuerkraft (vgl. Gies 1991). Diese Einzelindikatoren können zu Kennzahlen verknüpft werden, aber auch dann ergibt sich kein Indikator, der aussagekräftig die aus dem Marktpotential des regionalen Teilmarktes abzuleitende potentielle Bankleistungsnachfrage repräsentiert. Bei der Entwicklung des MAI-Systems wurde auch versucht, die Wirtschaftskraft des jeweiligen regionalen Teilmarktes durch wichti-

ge Indikatoren zu erfassen, z.B. Größe und Struktur der Betriebe, Gesamtzahl der Einwohner und deren verfügbares Einkommen und weitere Einflüsse wie z.B. Pendlerströme. Da sich das private Einkommen aus der wirtschaftlichen Tätigkeit im Geschäftsgebiet, auch der ansässigen Betriebe, ergibt, wird hier die Summe der *Einkünfte der Einwohner* eines regionalen Teilmarktes, korrigiert, um Einflüsse, die sich aus den Pendlerströmen ergeben, als *Maßzahl für die Wirtschaftskraft* herangezogen.

Außer dem Einkommen ist gerade für die Bankleistungsnachfrage auch das Finanzvermögen der Bevölkerung von Bedeutung. Auf diesen Indikator muß aber verzichtet werden, weil hierfür allgemein zugängliche und zuverlässige Daten nicht zur Verfügung stehen. Es ist zwar zu vermuten, daß zwischen Einkommen und Finanzvermögen der Einwohner eines Geschäftsgebietes ein Zusammenhang besteht; wegen mangelnder Daten ist dieser aber leider nicht zu erfassen. Die Daten für das Einkommen der Bewohner einer Region stehen nur in Form des steuerpflichtigen Einkommens auf Kreisebene zur Verfügung. Da die Geschäftsgebiete der Sparkassen häufig nicht genau mit den Landkreisgrenzen übereinstimmen, sind einkommensbezogene Daten auf Gemeindeebene erforderlich, um das Marktpotential der Sparkassen-Geschäftsgebiete genau zu erfassen. Auf Gemeindeebene sind aber nur Daten des Aufkommens der Lohn- und Einkommensteuer verfügbar, nicht jedoch der Gesamtbetrag der steuerpflichtigen Einkünfte. Im MAI-System wird daher auf die *Daten des Steueraufkommens* zurückgegriffen, obwohl hierdurch eine weitere Unschärfe in das System hineingetragen wird, denn die Relation zwischen Steueraufkommen und Einkünften pro Einwohner kann zwischen den einzelnen Geschäftsgebieten, bedingt durch unterschiedliche Bevölkerungsstrukturen, durchaus variieren.

Eine einzelne Sparkasse, die das Marktpotential des eigenen Geschäftsgebietes im Zeitvergleich auswertet, um Entwicklungstendenzen zu erkennen, kann durchaus die Summe des Steueraufkommens im Geschäftsgebiet als Marktpotential-Indikator verwenden. Wenn aber Betriebsvergleiche zwischen größeren und kleineren Sparkassen (mit Geschäftsgebieten mit größerem oder kleinerem Marktpotential) ermöglicht werden sollen, dann muß man, wie im MAI-System vorgesehen, eine *Normierung des Steueraufkommens* vornehmen, so daß sich die Größenunterschiede der Sparkassen nicht mehr auswirken können. Daher wird in diesem System als Indikator für das Marktpotential das Steueraufkommen aus Lohn- und Einkommensteuer pro Einwohner verwendet und um Effekte korrigiert, die sich aus den Pendlerströmen und der sich dadurch ergebenden Verlagerung der Bankleistungsnachfrage von einem Geschäftsgebiet zum anderen ableiten lassen.

**b) Konkurrenzsituation**

Die Konkurrenzsituation in einem regionalen Teilmarkt wie z.B. dem Geschäftsgebiet einer Sparkasse hängt von einer Vielzahl von *Einflußfaktoren* ab, beispielsweise von der Anzahl der im Markt aktiven Konkurrenten und der Größe ihrer Stützpunkte (Geschäftsstellen, Filialen, Zweigstellen etc.) sowie von der Leistungsfähigkeit und dem tatsächlichen Wettbewerbsverhalten und auch vom Image der Wettbewerber. Das MAI-System versucht, die Wettbewerbssituation in einem Teilmarkt von Anzahl, Größe, Verteilung und Leistungsfähigkeit der *Stützpunkte* der Wettbewerber abzuleiten. Hierdurch kann aber die Aktivität der Direktbanken, die über Telefon, Fax, T-Online Classic und ggf. auch das Internet mit ihren Kunden kommunizieren und ihnen Bankleistungen verkaufen, nicht erfaßt werden. Aufgrund des zwar stark wachsenden, absolut aber immer noch sehr niedrigen Marktanteils der Direktbanken ist dieser Ansatz derzeit noch akzeptabel, er wird in dieser Hinsicht in Zukunft aber überprüft werden müssen. Im MAI-System werden die *Wettbewerber* so strukturiert, daß die Großbanken, Deutsche Bank,

Dresdner Bank, Commerzbank, Vereinsbank und Hypo-Bank bzw. HypoVereinsbank jeweils einzeln erfaßt werden, und daß die übrigen Institute zu Gruppen zusammengefaßt werden. Für die in einem regionalen Teilmarkt tätigen Volksbanken und Raiffeisenbanken wird jeweils eine Gruppe gebildet, weil davon ausgegangen wird, daß diese Institute primär als Gruppe gegenüber anderen Instituten und Institutsgruppen als Wettbewerber auftreten, und nur sekundär innerhalb der eigenen Gruppe. Darüber hinaus wird hier je eine Gruppe für sonstige Regionalbanken, ausländische Institute mit Publikumsverkehr und Privatbankiers gebildet.

### ba) Wettbewerber-Konzentration

Aus der Sicht eines Wettbewerbers, beim MAI-System ist es die Sicht der im Geschäftsgebiet tätigen Sparkasse, kann die *Konzentration der Stützpunkte auf die Wettbewerber* durch eine Maßzahl erfaßt werden, die auf dem Herfindahl-Index (vgl. Riekeberg 1995) beruht. Diese Maßzahl kann Werte von 1 bis N annehmen, wobei N der Anzahl der im Geschäftsgebiet tätigen Wettbewerber bzw. konkurrierenden Institutsgruppen entspricht. Bei Gleichverteilung der Stützpunkte auf die Wettbewerber nimmt die Maßzahl den Wert N an, und bei Ungleichverteilung liegt der Wert der Maßzahl unter N. Dies impliziert, daß der Wettbewerb als um so intensiver eingeschätzt wird, je mehr gleichstark vertretene Wettbewerber im Markt präsent sind. Die Maßzahl steigt also mit der Anzahl der Wettbewerber, und bei konstanter Anzahl der Wettbewerber nimmt sie zu, wenn sich die Verteilung der Stützpunkte auf die Wettbewerber mehr und mehr der Gleichverteilung, also dem Zustand annähert, daß alle Wettbewerber die gleiche Anzahl von Stützpunkten haben.

### bb) Geschäftsstellenquote

Die Wettbewerber-Konzentration beschreibt die Struktur der Konkurrenz auf der Grundlage der Anzahl der Konkurrenten und der Verteilung der Stützpunkte auf die Konkurrenten. Diesen Wettbewerbern tritt die betrachtete Sparkasse mit ihren Geschäftsstellen im Wettbewerb entgegen. Je größer im Einzelfall die Anzahl der Stützpunkte aller Wettbewerber gegenüber der Anzahl der Stützpunkte der Sparkasse ist, desto härter wird auch die Wettbewerbssituation der Sparkasse eingeschätzt. Um diesen Sachverhalt zu erfassen, wird die *Maßzahl* »Geschäftsstellenquote« als Quotient der Anzahl der Stützpunkte aller in einem regionalen Teilmarkt tätigen Institute, dividiert durch die Anzahl der Stützpunkte der in diesem Teilmarkt tätigen Sparkasse, definiert. Wenn die *akquisitorische Effizienz* der Stützpunkte der verschiedenen Wettbewerber differenziert eingeschätzt wird, kann dies, ebenso wie bei der Wettbewerber-Konzentration, durch Gewichtungsfaktoren berücksichtigt werden.

Wegen der Heterogenität der Sparkassen-Geschäftsgebiete tritt bei verschiedenen Maßzahlen eine große Streuung der pro Geschäftsgebiet ermittelten Maßzahlenwerte auf, und hinzu kommt, daß man insbesondere die Maßzahlenwerte der Großsparkassen als Ausreißer in den Häufigkeitsverteilungen antrifft. Mit Ausnahme der Wettbewerber-Konzentration wird daher im MAI-System für alle Maßzahlen eine *Standardisierung* durchgeführt. Diese erfolgt analog zur Standardisierung der Normalverteilung mit der Variablen x, dem arithmetischen Mittel μ und der Standardabweichung σ, die durch die Transformation $t = (x - \mu)/\sigma$ in eine Standardnormalverteilung mit der Variablen t, dem Mittelwert 0 und der Standardabweichung 1 übergeht. Um das Problem der Ausreißer zu eliminieren oder wenigstens abzumildern, werden im MAI-System nicht die arithmetischen Mittelwerte bei der Transformation verwendet, sondern der jeweilige *Medianwert*. Der Median ergibt sich, wenn man die Ausprägung des Merkmals, hier z.B. der Geschäftsstellenquote, für alle betrachteten Geschäftsgebiete aufsteigend sortiert; die in der Mitte dieser Folge stehende Ausprägung ist der Medianwert. Er ist dadurch gekennzeichnet, daß die Anzahl der Geschäftsgebiete mit kleinerer Ausprägung ebensogroß ist wie die Anzahl der Geschäftsgebiete mit größerer Ausprägung bei diesem Merkmal.

Die medianstandardisierten Werte der Geschäftsstellenquote streuen mit der Standardabweichung 1 um den Wert 0. Um das Auftreten negativer Werte für die *standardisierten Geschäftsstellenquoten* zu vermeiden, werden die Quoten mit einem Parameter multipliziert und zu 1 addiert. Dadurch schwanken die standardisierten Geschäftsstellenquoten mit einer Standardabweichung in Höhe des Parameters um den Wert 1. Der Parameter bewirkt gleichzeitig eine relative Gewichtung der Geschäftsstellenquote in bezug auf die Wettbewerber-Konzentration. Je größer nun die standardisierte Geschäftsstellenquote ist, um so größer ist die Anzahl der Konkurrenz-Geschäftsstellen im Vergleich zu den Sparkassen-Geschäftsstellen, und um so härter ist auch der Wettbewerb einzuschätzen.

### bc) Zusammenfassung von Wettbewerber-Konzentration und Geschäftsstellenquote zu einem Konfrontationsmaß

Der Wettbewerbsdruck nimmt zu mit steigenden Werten der Wettbewerber-Konzentration und der standardisierten Geschäftsstellenquote. Daher liegt es nahe, diese beiden Maßzahlen *multiplikativ* zu verknüpfen, um ein gemeinsames Maß für die Wettbewerbsintensität zu definieren, das sowohl die Wettbewerber-Konzentration als auch die Geschäftsstellenquote berücksichtigt.

### c) Marktattraktivitäts-Indikator

Das Steueraufkommen wird im MAI-System als Maßgröße für das Marktpotential verwendet; ein hoher Wert dieser Maßgröße weist auf hohe Marktattraktivität hin. Das Konfrontationsmaß wird als Maßgröße für die Wettbewerbsintensität betrachtet: Ein niedriger Wert dieser Maßgröße zeigt eine hohe Marktattraktivität an. Wegen der *Gegenläufigkeit der Wirkungsrichtung* dieser beiden Maßgrößen empfiehlt sich eine *divisionale Verknüpfung*: Der im Detail noch zu entwickelnde Marktattraktivitäts-Indikator wird als Quotient strukturiert, in dessen Zähler die Maßzahl für das Steueraufkommen und dessen Nenner das Konfrontationsmaß steht. Der Indikator steigt dann bei konstantem Konfrontationsmaß mit zunehmendem Steueraufkommen, und er sinkt bei konstantem Steueraufkommen mit zunehmendem Konfrontationsmaß. Wegen der unterschiedlichen Dimensionen des Steueraufkommens und des Konfrontationsmaßes setzt die divisionale Verknüpfung voraus, daß beide Maßgrößen standardisiert sind. Sie werden daher zunächst der *Medianstandardisierung* unterworfen, so daß sie mit einer Standardabweichung von 1 um den Wert 0 streuen. Um negative Werte der standardisierten Maßgrößen in Zähler und Nenner zu vermeiden, werden die medianstandardisierten Werte des Steueraufkommens und des Konzentrationsmaßes eines jeden Geschäftsgebietes um den Wert 1 erhöht, und darüber hinaus wird je Geschäftsgebiet im Falle des Steueraufkommens der kleinste vorkommende negative Wert des medianstandardisierten Steueraufkommens subtrahiert (tatsächlich also addiert), und das entsprechende geschieht auch für das den einzelnen Geschäftsgebieten zugeordnete Konfrontationsmaß. Durch diese *Transformation* ergeben sich für das Steueraufkommen und für das Konfrontationsmaß standardisierte Werte, die größer als 1 sind. Darüber hinaus wird ein *Gewichtungsparameter* für das Steueraufkommen verwendet, so daß die relative Bedeutung des Steueraufkommens im Vergleich zum Konzentrationsmaß zur Geltung gebracht werden kann. Dieser Gewichtungsparameter ist subjektiv zu schätzen und ebenso wie alle anderen Parameter einer Sensitivitätsanalyse zu unterziehen.

Für jedes Geschäftsgebiet liegt nun ein medianstandardisierter und transformierter Indikator für das Marktpotential und die Konkurrenzsituation vor. Der Quotient dieser beiden Indikatoren wird abschließend noch einmal einer Medianstandardisierung unterworfen, mit einem Gewichtungsparameter (Wert zwischen 0 und 1) multipliziert und um 1 erhöht, so daß die endgültigen *Werte des Marktattraktivitäts-Indikators* um den Wert 1 streuen mit einer vom Gewichtungsparameter abhängigen Standardabweichung. Werte unter 1 zeigen unterdurchschnittliche Marktattraktivität an, Werte über 1 entsprechend eine überdurchschnittliche Attraktivität. Dieses Instrument berücksichtigt bei der Beurteilung der Marktattraktivität eines jeden einzelnen Geschäftsgebietes

- das Steueraufkommen pro Einwohner als Maß für das Marktpotential,
- die Pendlerströme und die daraus resultierende Verlagerung der Bankleistungsnachfrage zwischen den Geschäftsgebieten,
- die Konkurrenzsituation, gemessen durch die Wettbewerber-Konzentration und
- die Präsenz der Sparkasse im Verhältnis zur Konkurrenz, gemessen durch die Geschäftsstellenquote.

### d) Sensitivitätsanalyse

Bei der Berechnung des standardisierten Marktattraktivitäts-Indikators werden mehrere *Gewichtungsparameter* berücksichtigt, die vor Anwendung des Systems festgelegt werden müssen. Anders als bei der Regressionsanalyse, wo die Regressionskoeffizienten auf der Grundlage von Daten der Vergangenheit berechnet werden, gibt es hier keine Daten für die wahren Werte des standardisierten Marktattraktivitäts-Indikators, mit denen man die berechneten Werte vergleichen könnte, um die Gewichtungsparameter einzustellen, so daß die berechneten Werte die tatsächlichen Werte möglichst gut approximieren. Dieses Verfahren konnte bei der Entwicklung des MAI-Systems nicht realisiert werden. Statt dessen wurden umfangreiche Sensitivitätsanalysen für die Gewichtungsparameter durchgeführt, und die *Ergebnisse* dieser Sensitivitätsrechnungen wurden jeweils konfrontiert mit der *Einschätzung*, die Experten über die einzelnen Geschäftsgebiete abgegeben haben.

An die Stelle der nicht verfügbaren Daten über die wahre Marktattraktivität der Geschäftsgebiete tritt hier also das Wissen und die Erfahrung von Experten, und es bedarf eines erheblichen Maßes an Einfühlungsvermögen bei Experten und Benutzern, um zu einem in sich stimmigen Paket von Parameterwerten zu gelangen. Zunächst werden für jeden einzelnen Parameter Sensitivitätsanalysen durchgeführt, um relevante Parameterbereiche festzulegen. Anschließend erfolgen Sensitivitätsanalysen für mehrere Parameter gleichzeitig, damit die Experten das Zusammenwirken der Parameter beobachten können. Hierbei werden sie die Ergebnisse nicht isoliert für das einzelne Geschäftsgebiet betrachten, sondern immer in bezug auf die Stimmigkeit der Ergebnisse für die Geschäftsgebiete der Sparkassen untereinander.

Für das einzelne Institut, das die Marktattraktivität seines Geschäftsgebietes ermittelt, ist das Gesamtergebnis und ein darauf aufbauender Zeitvergleich weniger bedeutsam als die Möglichkeit, die dargestellten Analysen auch auf Gemeindeebene durchzuführen, um die Marktattraktivität der lokalen Märkte zu bewerten, in denen es mit einer oder mehreren Geschäftsstellen präsent ist. Die *lokale Marktattraktivität* kann zur Grundlage der Zielvereinbarung gemacht werden, die das Institut mit seinen Geschäftsstellenleitern abspricht.

Das MAI-System kann nur computergestützt eingesetzt werden, einerseits wegen der umfangreichen Datenbestände, die gespeichert und bereitgehalten werden müssen, und andererseits wegen der Sensitivitätsanalysen, die manuell gar nicht durchführbar sind.

Das EDV-Anwendungssystem übt also die *Grundfunktion* der *Basisdaten-Administration* aus, und mit der Sensitivitätsanalyse ermöglicht es die Kalibrierung der Parameter, so daß das MAI-System schließlich auch die Grundfunktion der *Steuerung* erfüllt, insbesondere in Verbindung mit der Zielvereinbarung.

### 3.2.2 Bewertung von Systemen für die Marktpotential- und Konkurrenzanalyse bezüglich der Effizienzkriterien

Systeme für die Marktpotential- und Konkurrenzanalyse ermöglichen *neue interne Prozesse* zur Bewältigung von *neuen Aufgaben* (vgl. Abb. 1.6.2-2). Sie erfüllen die Grundfunktion der *Entscheidungsunterstützung* mit der Teilfunktion Analyse. Geschäftsprozesse mit Kunden werden hierdurch nicht berührt, und daher kann man mit Systemen dieser Art auch keinen zusätzlichen Kundennutzen schaffen. Die Aufgaben sind neu, weil sie manuell nicht bewältigt werden konnten; erst die I&K-Technik hat die Voraussetzungen hierfür geschaffen.

* **Managementnutzen**

Systeme für die Marktpotential- und Konkurrenzanalyse sind den Führungs- und Steuerungssystemen zuzuordnen, und hinsichtlich der Phase im Entscheidungsprozeß der Suchphase (vgl. Abb. 1.6.2.2-1). Gerade im Rahmen der Zielvereinbarung können sie dazu beitragen, Alternativen für die Steuerung regionaler Geschäftseinheiten zu entwickeln. Hinsichtlich der *Dimensionen* des Managementnutzens, die für Systeme dieser Art relevant sind, kann festgestellt werden: Diese Systeme leisten einen Beitrag zur Verbesserung der *Transparenz des Ist-Zustandes* bezüglich Markt und Konkurrenz. Die Relevanz der verarbeiteten Informationen ist gegeben (Nutzendimension 1.1.1), und in Hinsicht auf Umfang, Detaillierung und Genauigkeit der Erfassung und Bewertung (Nutzendimensionen 1.1.2 bis 1.1.5) hängt die Möglichkeit zur Verbesserung des Managementnutzens in ungewöhnlich starkem Maße von der Verfügbarkeit relevanter, zuverlässiger und hinreichend detaillierter Daten ab. Durch die Art der *Informationsbereitstellung* (Nutzendimension 2) läßt sich der Managementnutzen dieser Systeme wohl kaum verbessern.

* **Wirtschaftlichkeit**

Gem. Abb. 1.6.2-2 leisten Systeme zur Marktpotential- und Konkurrenzanalyse einen Beitrag zur Bewältigung neuer interner Prozesse. Sie ersetzen also keine manuellen Prozesse, und daher kommt auch kein Kostenvergleich in Betracht, sondern es ist in diesem Fall eine *Kosten-Nutzen-Analyse* erforderlich. Wenn sich ein Sparkassen- oder Genossenschaftsverband entschließt, den Mitgliedsinstituten derartige Systeme anzubieten, dann kann dies wegen des Degressionseffekts zu relativ niedrigen Kosten geschehen. Der Nutzen für das einzelne Institut, z.B. bei der Verbesserung der Zielvereinbarung mit Geschäftsstellenleitern, ist durchaus beachtlich, und daher ist es unter Kosten-Nutzen-Aspekt gerechtfertigt, daß sich die Mitgliedsinstitute dieses Instruments bedienen.

* **Wettbewerbsvorteile**

Gem. Abb. 1.6.2.4-1 handelt es sich bei den Systemen für die Marktpotential- und Konkurrenzanalyse um Systeme mit indirektem Kundengeschäftsbezug, die bankintern eingesetzt werden. Sie leisten keinen Beitrag zur Verbesserung der Wettbewerbsposition im Kundengeschäft; sie können aber zur Verbesserung der operativen Steuerung und damit auch zu einer Stärkung der Ertragskraft des jeweiligen Instituts beitragen.

## 3.3 Unternehmensverbund-bezogene Systeme zur Unterstützung des Betriebsvergleichs

### 3.3.1 Funktionsweise von Systemen zur Unterstützung des Betriebsvergleichs

In der Einzeldimension Unternehmensverbund (vgl. Abb. 3.3-1) werden Systeme eingesetzt, die insbesondere Analyse und Bewertung von verbundangehörigen Instituten im Rahmen des Betriebsvergleiches unterstützen.

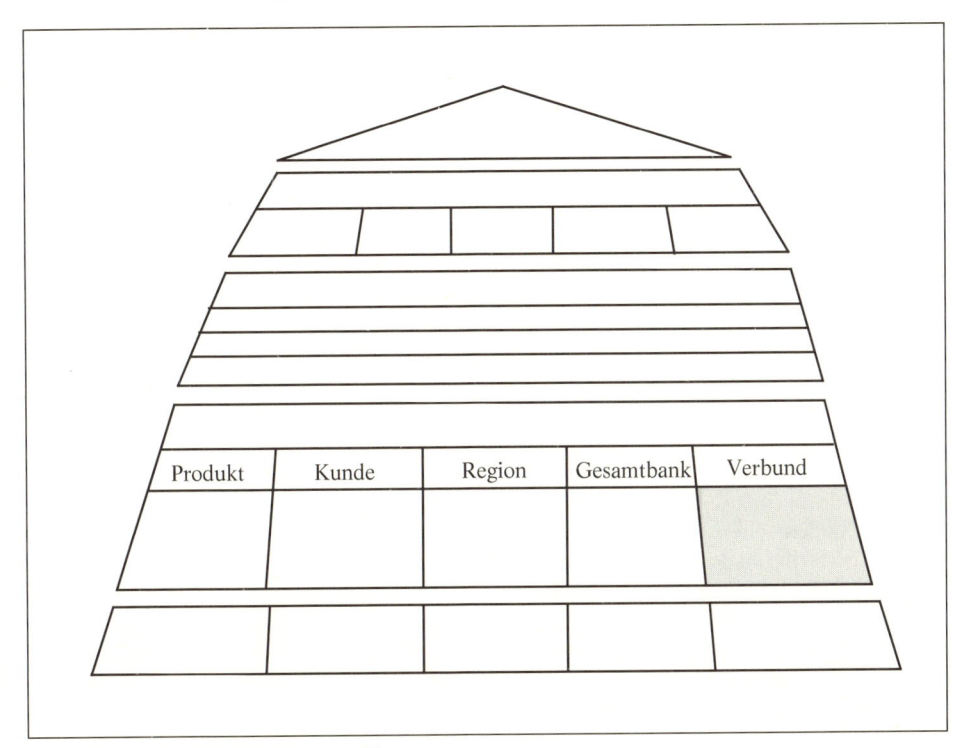

Abb. 3.3-1: Orientierungspyramide

Die Initiative zur Durchführung von Betriebsvergleichen geht bei Sparkassen und Genossenschaftsbanken typischerweise von den Verbänden aus, die ein Interesse daran haben, die Leistungsfähigkeit der von ihnen betreuten Institute zu steigern und Leistungsanreize zu setzen. Ganz entsprechend können auch Geschäftsbanken mit ihren Filialen und Regionalbereichen verfahren.

**a) Marktattraktivitäts-Indikator als Grundlage für das Ranking von Sparkassen**
Eine einfache Technik zur Ausübung von *Leistungsanreizen* ist das Ranking der betrachteten Institute (oder Filialen) in bezug auf ein *Erfolgsmaß*, z.B. das Teilbetriebsergebnis vor Steuern in Relation zum Geschäftsvolumen, das die Wirkungen des Ressour-

ceneinsatzes und der Anstrengungen bei Akquisition und Geschäftsabwicklung anzeigt. Das Erfolgsmaß muß mit Bedacht gewählt werden, und es ist insbesondere sicherzustellen, daß es den Erfolg unverzerrt anzeigt und nicht manipuliert werden kann, z.B. durch die Disposition von stillen Reserven. Ranking in bezug auf ein als fair akzeptiertes Erfolgsmaß wirkt dadurch als Leistungsanreiz, daß die in das Ranking einbezogenen Institute und insbesondere deren Geschäftsleitungen den Ehrgeiz haben, bei dem Leistungsvergleich innerhalb des Verbundes möglichst gut, wenigstens aber nicht schlecht, dazustehen.

Beim Ranking muß berücksichtigt werden, daß die *Umfeldbedingungen* der betrachteten Kreditinstitute, insbesondere das regionale Marktpotential und die Konkurrenzsituation, sehr unterschiedlich, günstiger oder weniger günstig, sein können. Diesem Problem kann dadurch Rechnung getragen werden, daß man die in bezug auf ein Erfolgsmaß gebildete (ursprüngliche) Rangordnung mit einem *Marktattraktivitäts-Indikator* verknüpft. Zeigt Rang 1 der Rangordnung das Institut mit dem höchsten Wert des Erfolgsmaßes an, so daß die höheren Rangzahlen von den weniger erfolgreichen Instituten belegt werden, dann multipliziert man diese Rangzahlen mit dem um 1 streuenden (nichtnegativen) Marktattraktivitäts-Indikator (vgl. Kap. 3.2.1). Werte des Marktattraktivitäts-Indikators unter 1 zeigen z.B. an, daß die Marktattraktivität des Teilmarkts, in dem das betroffene Institut operiert, unterdurchschnittlich ist. Dieses Institut hat es in seinem Teilmarkt vergleichsweise schwer, und das wird dadurch ausgeglichen, daß die Multiplikation der ursprünglichen Rangzahl mit dem unter 1 liegenden Wert des Marktattraktivitäts-Indikators zu einer *modifizierten Rangzahl* führt, die numerisch niedriger ist als die ursprüngliche Rangzahl. Dies bewirkt also, im Vergleich zu den übrigen in das Ranking einbezogenen Instituten, eine relative Aufwertung des betrachteten Instituts, das seinen Erfolg ja auch in einem vergleichsweise schwierigeren Marktumfeld erwirtschaftet hat. Diese modifizierten Rangzahlen der Institute werden dann noch aufsteigend sortiert, so daß sich die *endgültige Rangfolge* der Institute ergibt, die berücksichtigt, unter welchen Marktumfeldbedingungen die einzelnen in das Ranking einbezogenen Institute ihre Erfolge erwirtschaftet haben.

Insbesondere beim Leistungsvergleich von Sparkassen sollten neben einer Maßgröße für den wirtschaftlichen Erfolg *weitere Maßgrößen* herangezogen werden, die messen, in welchem Umfang die einzelne Sparkasse Aufwendungen getätigt und Anstrengungen unternommen hat, um ihrem *öffentlichen Auftrag* gerecht zu werden. Von den Aufgaben der Sparkassen, die unter dem Oberbegriff öffentlicher Auftrag zusammengefaßt und in den Sparkassengesetzen und -verordnungen der einzelnen Bundesländer festgelegt sind, erweisen sich nur noch zwei als zeitgemäß, die Wettbewerbskorrekturfunktion und die strukturpolitischen Aufgaben. Während die *strukturpolitischen Beiträge*, die eine Sparkasse im Interesse ihres Gewährträgers leistet, zumeist vielschichtig und schwer faßbar sind, läßt sich die Erfüllung der *Wettbewerbskorrekturfunktion*, die gerade im ländlichen Raum gegenüber den Genossenschaftsbanken große Bedeutung hat, leichter erfassen. Als Maßzahl eignet sich hierfür z.B. die *gemeindebezogene Präsenz einer Sparkasse*, die sich dadurch ergibt, daß man die Anzahl der Gemeinden mit einer oder mehreren Sparkassen-Geschäftsstellen zur Gesamtzahl aller Gemeinden des Geschäftsgebietes in Beziehung setzt. Alternativ kann man auch die Größe der Gemeinden berücksichtigen und die Einwohnerzahl aller Gemeinden mit Geschäftsstellen durch die Einwohnerzahl aller Gemeinden des Geschäftsgebietes dividieren, so daß sich die *einwohnerbezogene Präsenz* der Sparkasse ergibt. Da beide Maßzahlen, die gemeindebezogene und die einwohnerbezogene Präsenz, ihre Vor- und Nachteile haben, kann man sie zu einem gewogenen Mittelwert zusammenfassen, der hier als *Grundversorgungsmaß* bezeichnet wird.

Ebenso wie nach der Maßgröße für den wirtschaftlichen Erfolg können die Sparkassen eines Verbandsgebietes auch nach dem Grundversorgungsmaß in eine Rangfolge gebracht werden. Dabei zeigt sich, daß jede einzelne Sparkasse bezüglich der beiden Rangkriterien ganz unterschiedliche Plätze in den beiden Rangfolgen einnehmen kann. Der wirtschaftliche Erfolg und die Marktpräsenz der Sparkasse, die im Grundversorgungsmaß ihren Ausdruck findet, sind *konfliktäre Unternehmensziele* der Sparkasse, denn eine Steigerung der Marktpräsenz über das ökonomisch gebotene Maß hinaus führt zu zusätzlichen Aufwendungen, die den wirtschaftlichen Erfolg belasten. Daher empfiehlt es sich, wenn man die Leistungsbewertung von Sparkassen anhand von Rankings vornimmt, die Rangplätze bezüglich des wirtschaftlichen Erfolges und der Marktpräsenz nicht isoliert zu betrachten, sondern als Konstellation, die, wenn möglich, durch weitere Maßzahlen für strukturpolitische Leistungsbeiträge erweitert werden sollte.

Das Ranking bezüglich der Maßzahlen für den wirtschaftlichen Erfolg und für die Marktpräsenz bezieht sich auf die Wirkungsebene, so daß die Erfolgs- und Mißerfolgsursachen nicht sichtbar werden. Fragen dieser Art können im Rahmen von Betriebsvergleichen untersucht werden.

### b) Marktattraktivitäts-Indikator als Grundlage für die Bildung von Betriebsvergleichsgruppen

Gehören einem Unternehmensverbund, z.B. einem regionalen Sparkassenverband, sehr viele Institute an, möglicherweise über 100, dann ist ein Betriebsvergleich für die Gesamtgruppe von Instituten praktisch nicht mehr durchführbar. Er ist auch nicht sinnvoll, da die Gesamtgruppe in sich nicht homogen ist. Daher werden Untergruppen, sogenannte Betriebsvergleichsgruppen, gebildet. Innerhalb der Gesamtgruppe streut die Größe der Institute, gemessen durch die Bilanzsumme, regelmäßig ganz erheblich. Die großen Institute unterscheiden sich bezüglich Aufbau- und Ablauforganisation, Arbeitsteilung, Produktivität etc. stark von den kleinen Instituten, und daher liegt es nahe, daß man das Kriterium der Betriebsgröße bei der Bildung von *Betriebsvergleichsgruppen* zugrunde legt. Kleine Institute vergleichen sich dann mit kleinen, und große mit großen. Die Vergleichsgruppenbildung nach diesem Kriterium ist immer dann sinnvoll, wenn Erfolgs- und Mißerfolgsursachen betrachtet werden, die überwiegend im internen Bereich der Institute liegen. Dabei ist aber nicht berücksichtigt, daß die Institute einer Betriebsvergleichsgruppe, die derselben Größenklasse angehören, mit ganz verschiedenen Marktumfeldbedingungen konfrontiert sind. Um die Vergleichbarkeit der Institute innerhalb der Betriebsvergleichsgruppen zu verbessern, sollten die Gruppen so gebildet werden, daß die Institute einer Gruppe nicht nur bezüglich ihrer *Größe*, sondern auch bezüglich ihrer *Marktumfeldbedingungen* möglichst ähnlich sind. Auch hierbei kann der Marktattraktivitäts-Indikator mit seinen Komponenten »Marktpotential« und »Konfrontationsmaß« wertvolle Dienste leisten. Der Teilindikator »Marktpotential« quantifiziert die Wirtschaftskraft in einem Geschäftsgebiet, während der Teilindikator »Konfrontationsmaß« die Wettbewerbssituation abbildet.

Die *Cluster-Analyse* (vgl. Anhang 1.4) ist ein statistisches Verfahren, das Objekte, die mehrere Merkmale tragen, nach dem *Kriterium der Ähnlichkeit* zu Gruppen (Cluster) zusammenfaßt, so daß sie innerhalb der Gruppe möglichst ähnlich sind und die Gruppen sich voneinander stark unterscheiden. Die *Objekte* sind in diesem Fall die Sparkassen, und die *Merkmale*, die bei der Gruppenbildung berücksichtigt werden sollen, sind einerseits die *Größe* (Bilanzsumme) und andererseits die Marktumfeldbedingungen, die im Marktattraktivitäts-Indikator berücksichtigt sind, also *Marktpotential* und *Konfrontationsmaß* und, wegen möglicher Gegenläufigkeit der Bewegungen der beiden Komponenten des Marktattraktivitäts-Indikators, auch der *Indikator selbst*. Verwendet man diese Merkmalsdaten in rangskalierter Form, so daß die Ausreißerproblematik weitgehend beseitigt wird, dann ergeben sich Betriebsvergleichsgruppen von beträchtlicher Homogenität.

Die Cluster-Analyse trägt nur dazu bei, die Voraussetzungen dafür zu schaffen, daß die einer Betriebsvergleichsgruppe angehörenden Institute hinsichtlich ihrer externen Bedingungen ähnlich sind, so daß die Vergleichbarkeit der Institute innerhalb der Gruppe verbessert wird. Die Durchführung des Betriebsvergleichs liegt in den Händen von Mitarbeitern und Führungskräften der Sparkassen der jeweiligen Betriebsvergleichsgruppen, die nun die Aufgabe haben, angesichts *homogenisierter Rahmenbedingungen* der beteiligten Sparkassen den institutsinternen Ursachen nachzugehen, die jetzt noch für die Erklärung der Leistungsunterschiede der Sparkassen in Betracht kommen. Die Homogenisierung der Rahmenbedingungen lenkt und konzentriert beim Betriebsvergleich die Aufmerksamkeit auf *interne Erfolgs- und Mißerfolgsursachen*. Natürlich gilt auch hier das Wort von Schmalenbach, daß beim Betriebsvergleich nur »Schlendrian mit Schlendrian verglichen« wird. Wenn in einer Vergleichsgruppe »Best Practice« nicht vorkommt, dann kann die Gruppe von »Best Practice« auch nicht lernen. Um so wichtiger ist es, daß die Beteiligten die Institute der Vergleichsgruppe sorgfältig analysieren, um den Betriebsvergleich für diese Institute fruchtbar zu machen und insbesondere zu einer Verbesserung der Führungsentscheidungen beizutragen. Die *Grundfunktion* der *Entscheidungsunterstützung* wird von Systemen, die die Bildung homogener Betriebsvergleichsgruppen ermöglichen, nur indirekt ausgeübt.

### 3.3.2 Bewertung von Systemen zur Unterstützung des Betriebsvergleichs bezüglich der Effizienzkriterien

Systeme zur Unterstützung des Betriebsvergleichs ermöglichen *neue interne Prozesse* zur Bewältigung *konventioneller Aufgaben* (vgl. Abb. 1.6.2-2). Sie erfüllen die Grundfunktion der *Entscheidungsunterstützung* mit der Teilfunktion Bewertung. Geschäftsprozesse mit Kunden werden nicht berührt, und daher kann man mit Systemen dieser Art auch keinen zusätzlichen Kundennutzen schaffen. Die Wirtschaftlichkeit der Durchführung von Betriebsvergleichen wird nicht verbessert, und mit Systemen dieser Art lassen sich auch keine nennenswerten Wettbewerbsvorteile erzielen.

* **Managementnutzen**

Systeme zur Unterstützung des Betriebsvergleichs können zur Steigerung des Managementnutzens beitragen. Sie sind der Anregungsphase des Entscheidungsprozesses zuzuordnen (vgl. Kap. 1.6.2.2), und sie verbessern die *Analyse der Ursachen von Veränderungen und Abweichungen* (Nutzendimension 1.3). Die Homogenisierung der Rahmenbedingungen trägt dazu bei, daß die Institute einer Vergleichsgruppe die Analyseergebnisse, insbesondere Leistungsdefizite, weniger als bisher den Rahmenbedingungen anlasten und direkt auf eigene Unzulänglichkeiten zurückführen können, so daß sie daraus lernen und in Zukunft die *Effizienz ihrer Führungsentscheidungen* verbessern können.

# 4 Systeme für die strategischen Geschäftseinheiten

In Kreditinstituten kommen auch EDV-Anwendungssysteme zum Einsatz, die jeweils einer *kundenbezogenen strategischen Geschäftseinheit* (SGE), hier insbesondere Mengenkunden, gehobenen Privatkunden, Geschäftskunden und mittleren Firmenkunden sowie großen Firmenkunden zugeordnet werden können.

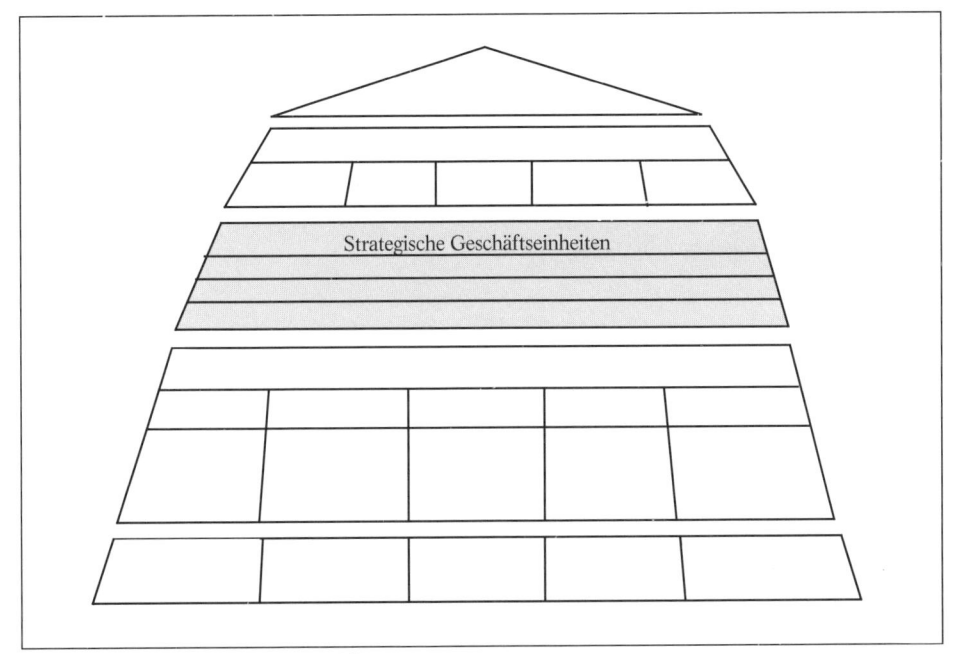

Abb. 4.-1 Orientierungspyramide

Sie führen ihre Operationen an Einzelobjekten durch. Die Grundfunktionen, die sie dabei ausüben, sind Geschäftsabwicklung, Entscheidungsunterstützung mit den Ausprägungen Analyse und Bewertung sowie Beratungsunterstützung und Geschäftsdokumentation (vgl. Abb. 1.6.1-1). Für die genannten vier kundenbezogenen strategischen Geschäftseinheiten werden unter Kap. 4.1 geschäftsfeldspezifische EDV-Anwendungssysteme dargestellt.

Große Kreditinstitute haben typischerweise noch weitere kundenbezogene SGE eingerichtet, insbesondere für Banken und institutionelle Anleger, Investment Banking und ggf. auch für Baufinanzierung. Von diesen tragen einige sogar produktbezogene Bezeichnungen, weil sie für Kunden mit Spezialbedarf tätig sind. Wegen der ausgeprägten Individualität der Problemstellung wird hier auf die EDV-Anwendungssysteme für diese SGE nicht näher eingegangen.

Die Kreditinstitute betreiben den *Eigenhandel* in Wertpapieren, Devisen, Derivaten und Edelmetallen typischerweise mit Banken als Geschäftspartnern und nicht mit Bankkunden. Hierdurch werden, je nach Geschäftsverlauf, ganz erhebliche Erfolgsbeiträge erwirtschaftet. Es lag nahe, auch für den Eigenhandel ein spezielles strategisches Geschäftsfeld (SGF) festzulegen und eine SGE zu bilden, die für die Wertpapier-, Devisen-, Derivat- und Edelmetallpositionen und den Handel mit diesen Instrumenten verantwortlich ist. Sie trägt in vielen Instituten die Bezeichnung *Treasury* und wird als Profit Center geführt. Die Aufgaben der Liquiditätsdisposition, der Aktiv-Passiv-Steuerung (APS) und der Steuerung der Derivat-Positionen wurden regelmäßig auch dem Bereich Treasury übertragen, obwohl sie in systematischer Hinsicht Banksteuerungs- und damit *Controlling-Aufgaben* darstellen. Für diese Zuordnung spricht aber, daß die genannten Aufgaben ein Höchstmaß an *Marktnähe* und Reaktionsfähigkeit angesichts steigender Volatilitäten an den für diese Instrumente relevanten Märkten erfordern. Planung und Durchführung von dispositiven Maßnahmen, also Kauf und Verkauf der o. a. Instrumente sowie Mittelaufnahme und Mittelanlage zur Aufrechterhaltung der Liquidität der Bank liegen somit in der Verantwortung des Treasury-Bereichs. Dem zentralen Controlling-Bereich verbleiben in diesem Aufgabenfeld nur noch Kontrollfunktionen. Eine SGE Treasury, die den Eigenhandel einer Bank durchführt und zusätzlich Aufgaben der zentralen Gesamtbanksteuerung wahrnimmt, erbringt ihre Leistungen nicht für Kunden, sondern für die betrachtete Bank selbst. Sie wird hier daher als bankbezogene SGE bezeichnet. Unter Kap. 4.2 werden EDV-Anwendungssysteme behandelt, die in der *bankbezogenen SGE Treasury* eingesetzt werden.

## 4.1 Systeme für kundenbezogene strategische Geschäftseinheiten

Ein kundenbezogenes strategisches Geschäftsfeld ist eine marktanalytische Einheit, in deren Mittelpunkt eine Kundengruppe steht, die in einer bestimmten Region ihren Sitz hat und ein bestimmtes Segment des Bankleistungsprogramms in Anspruch nimmt. Für die operative Bewirtschaftung eines SGF ist innerhalb einer Bank eine Organisationseinheit verantwortlich, die als SGE bezeichnet wird. Die SGE entwickelt für ihr SGF ein Geschäftskonzept; sie plant ihre Aktivitäten, sie erhält Ressourcen und sie erwirtschaftet einen Erfolgsbeitrag. Für ihr SGF trägt sie unternehmerische Verantwortung, und sie wird von der Geschäftsleitung der Bank als Profit Center geführt. Ihr Ressourceneinsatz umfaßt auch die EDV-Anwendungssysteme, die für das Geschäft mit den Kunden des SGF benötigt werden.

### 4.1.1 Systeme für die strategische Geschäftseinheit Mengenkunden

Zu den Mengenkunden gehören Privatkunden mit durchschnittlichem Einkommen und Finanzvermögen, nicht nur Lohn- und Gehaltsempfänger und Rentner, sondern auch Arbeitslose, Sozialhilfeempfänger, Jugendliche, Studenten etc. Die Abgrenzung dieser Kundengruppe gegenüber der Gruppe der gehobenen Privatkunden wird von den einzelnen Kreditinstituten individuell vorgenommen; sie kann nicht generell festgelegt werden.

Mengenkunden nehmen von den Banken primär die *Basisleistungen* in Anspruch: Sie verschaffen sich Bargeld an der Kasse oder am GAA und leisten Zahlungen durch Schecks, Überweisungen, Lastschriften, Electronic Cash und Kreditkarten. Typischerweise nutzen sie die einfacheren Anlageleistungen wie Sparkonten und Sparbriefe, und von den Kreditleistungen nehmen sie insbesondere Dispositionskredit, Konsumentenkredit für Einrichtung, Auto und Urlaub sowie Immobilienfinanzierungen geringeren Umfangs in Anspruch.

### 4.1.1.1 Funktionsweise der Systeme für die Kreditwürdigkeitsprüfung bei Mengenkunden

Die Kreditformen, die von der SGE Mengenkunden angeboten werden, sind primär stark standardisierte Raten- und Dispositionskredite, die auch als Konsumentenkredite bezeichnet werden. Es sind Kreditprodukte, die institutsindividuelle Bezeichnungen tragen und wie Markenartikel anmuten, obwohl ihnen, zumindest bezüglich der Beratung, ein ganz wichtiges Merkmal der Markenartikel fehlt, die vollkommen gleichbleibende Qualität. Wegen der geringen Beträge pro Einzelgeschäft war der Preis (Zinsen, Provisionen, Bearbeitungsgebühren etc.) dieser Produkte immer schon, verglichen mit Firmenkrediten, recht hoch, denn er muß außer den Refinanzierungskosten auch die Bearbeitungskosten abdecken, die, wiederum bezogen auf das Einzelgeschäft, relativ hoch sind. Hinzu kommen die auch in diesem Geschäft nicht unerheblichen Forderungsausfälle, die ebenfalls durch einen im Preis enthaltenen Risikozuschlag abgedeckt werden (müßten).

Es ist aber nicht nur für herkömmliche Kreditinstitute eine dringende Notwendigkeit, das Rationalisierungspotential im Konsumentenkreditgeschäft, insbesondere bei der Bonitätsprüfung und bei der Geschäftsabwicklung, bestmöglich zu nutzen, um in diesem Geschäft Erfolgsbeiträge zu erwirtschaften. Auch andere Unternehmen geben Konsumentenkredite, z.B. Kreditkartengesellschaften und Versandhandelsunternehmen, die teilweise sogar sehr hohe Stückzahlen und verhältnismäßig kleine Durchschnittsbeträge bewältigen müssen. Auf die Rationalisierung der Geschäftsabwicklung im Kreditgeschäft wurde in Kap. 2.1.5 schon kurz eingegangen. In Abschn. b) sollen Systeme für die Kreditwürdigkeitsprüfung betrachtet werden, die dazu beitragen können, die Kreditvergabeentscheidung besser vorzubereiten, um Forderungsausfallquoten und die Kosten der Kreditwürdigkeitsprüfung zu senken. Sie üben damit die Grundfunktionen der Geschäftsabwicklung und der Entscheidungsvorbereitung in der Ausprägungsform der Analyse aus.

### a) Traditionelle Verfahren der Kreditwürdigkeitsprüfung im Konsumentenkreditgeschäft

Bei der traditionellen Kreditwürdigkeitsprüfung für Mengenkunden wurde ein aktueller Einkommensnachweis verlangt, eine Schufa-Auskunft eingeholt, ein Fragebogen ausgefüllt und ein persönliches Gespräch geführt. Der Einkommensnachweis, ergänzt durch weitere Informationen aus Fragebogen und Gespräch, zeigt, ob der Kunde über ein kontinuierliches Einkommen verfügt, das ausreicht, um unter Berücksichtigung seiner laufenden Verpflichtungen die Zins- und Tilgungsleistung für den Kredit erbringen zu können. Wenn die Schufa-Auskunft Negativmerkmale enthält wie z.B. Kreditkündigung, Wechselprotest, Rückscheck, Lohnpfändung, Mahnbescheid, Haftbefehl oder Eidesstattliche Erklärung, dann hält sich das Institut bei der Kreditvergabe sehr zurück oder sieht ganz davon ab. Mit Hilfe des Fragebogens erhebt der Kundenberater eine Anzahl von Merkmalen zur Person, zu den wirtschaftlichen Verhältnissen, zum Kundenverhältnis (Verhältnis: Kunde zu Bank) und zum Kredit selbst. Bei diesen Merkmalen geht die Bankpraxis davon aus, daß sie etwas über die Bonität des Mengenkunden, also seine Fähigkeit und Bereitschaft zur Erbringung der Zins- und Tilgungsleistungen, aussagen. Sie sind als potentielle *Bonitätsmerkmale* zu betrachten, denn für die traditionelle Kreditwürdigkeitsprüfung im Mengenkundengeschäft ist ihre Aussagekraft nicht geprüft, sondern es ist nur nach Erfahrung unterstellt worden, daß sie dazu beitragen, potentielle Kreditnehmer zutreffend als gut oder schlecht zu klassifizieren.

Bei der Klassifikation ist es unvermeidbar, daß Fehler gemacht werden. Der *Fehler 1. Art* besteht darin, daß Kunden Kredit erhalten, die sich später als schlecht erweisen. Die Folgen sind Zahlungsverzögerungen, Forderungsausfälle und erhöhte Bearbeitungskosten. Der *Fehler 2. Art* liegt vor, wenn Kunden als Kreditnehmer abgelehnt werden, die in Wirklichkeit gut sind. In diesem Fall haben die Konsequenzen, Entgang an Erfolgsbeitrag (Opportunitätskosten) und verminderte Marktausschöpfung, vergleichsweise geringere Bedeutung. Offensichtlich ist es also nicht sinnvoll, daß ein Institut die Bonitätsanforderungen so einstellt, daß die Fehler 1. und 2. Art im Konsumentenkreditgeschäft mit gleicher Häufigkeit (Wahrscheinlichkeit) vermieden werden. Es empfiehlt sich vielmehr, gegenüber dieser Einstellung die Bonitätsanforderungen zu erhöhen, bis die Summe der Forderungsverluste und Opportunitätskosten ein Minimum erreicht. Diese Lösung konnte im Rahmen der traditionellen Kreditwürdigkeitsprüfung nur intuitiv angestrebt werden. Neuere Verfahren, die auf einer empirischen Analyse des Klassifikationsbeitrages der in Betracht kommenden Bonitätsmerkmale beruhen, tragen wesentlich zu einer Verbesserung der ertragsorientierten Risikosteuerung im Konsumentenkreditgeschäft bei, das Risiko wird aber auch hier niemals ganz abzubauen sein, weil während der Kreditlaufzeit Ereignisse wie z.B. Verlust des Arbeitsplatzes eintreten können, die den Beteiligten bei Kreditvergabe unbekannt sind.

**b) Neuere Verfahren der Kreditwürdigkeitsprüfung im Konsumentenkreditgeschäft**
Die systematische Analyse von Bonitätsmerkmalen, die ein Institut vornimmt, setzt die Erhebung von zwei *Beobachtungsmengen* (Stichproben) voraus, einerseits erfolgreich abgeschlossene (gute) und andererseits schlechte Fälle aus dem eigenen Konsumentenkreditgeschäft, jeweils in möglichst gleicher Fallzahl, wobei jeweils dieselben Bonitätsmerkmale erfaßt werden. Jede Stichprobe umfaßt pro Kreditfall einen Datensatz, der die Ausprägungen der potentiellen Bonitätsmerkmale enthält. Hinsichtlich der grundsätzlichen Anforderungen, die an die Daten zu stellen sind, sei auf Anhang 1.1 verwiesen. Hier zeigt sich noch ein *Sonderproblem*, das prinzipiell nicht zu beheben ist und daher zu Klassifikationsfehlern führen wird: Das betrachtete Institut kann nur Kreditfälle erheben, die es in seinen »Büchern« hat, und diese haben sämtlich das bisher praktizierte Verfahren der Kreditwürdigkeitsprüfung passiert, sie sind also gefiltert. Die abgelehnten Fälle können nicht analysiert werden, was zu einer Beeinträchtigung der Aussagekraft der auf diese Daten aufbauenden neueren Verfahren der Kreditwürdigkeitsprüfung führt.

Da die *Klassifikationsfähigkeit* von potentiellen Bonitätsmerkmalen von der Kundschaftsstruktur abhängt, sollte das betrachtete Institut die Erhebung dieser Merkmale breit anlegen, um möglichst keine Merkmale außer Acht zu lassen. Die Chance, von anderen Instituten die verwendeten Bonitätsmerkmale zu erfahren, ist gering, weil sie streng geheim gehalten werden, um zu vermeiden, daß schlechte Kunden bei Anwendung eines neueren Verfahrens ihre Merkmalsausprägungen gezielt fälschen, um doch

Kredit zu erhalten. Keysberg (1989) hat eine empirische Untersuchung im Konsumentenkreditgeschäft durchgeführt und publiziert, bei der zunächst 31 potentielle Bonitätsmerkmale berücksichtigt wurden. Von diesen mußte er 8 Merkmale ausschließen, weil sie nicht in jedem Fall aussagekräftig sind und/oder zuverlässig erhoben werden können. Weitere 9 Merkmale wurden ausgeschieden, weil sie mit anderen Merkmalen, die weiter berücksichtigt werden, hoch korrelieren, so daß sie wenig zur Klassifikation der Kreditfälle beitragen. Die verbleibenden 14 Merkmale wurden anschließend einzeln daraufhin geprüft, ob sie einen signifikanten Beitrag zur Klassifizierung der Kreditfälle leisten. Dabei ergaben sich die folgenden *Bonitätsmerkmale*, die hier nur als *Beispiele* zu verstehen sind:

- Merkmale zur Person
  - Alter
  - Anschriftswechsel (innerhalb der letzten vier Jahre (ja/nein))
  - Dauer des bestehenden Arbeitsverhältnisses
- Merkmale zu den wirtschaftlichen Verhältnissen des Kreditnehmers
  - PKW (ja/nein)
  - Bausparverträge, Lebensversicherung
  - andere Kredite (ja/nein)
- Merkmal zum Kundenverhältnis
  - Dauer des Kundenverhältnisses
- Merkmale zum beantragten Kredit
  - Kreditbetrag
  - Zinssatz
  - Rate

Details zu den Datenaufbereitungsverfahren finden sich in Anhang 1.1.

### ba) Credit Scoring im Konsumentenkreditgeschäft mit Hilfe der Multivariaten Diskriminanzanalyse

Auf der Grundlage der aufbereiteten Daten für gute und schlechte Kreditfälle kann ein *Credit-Scoring-Modell* entwickelt werden, das im einfachsten Fall wie folgt anzuwenden ist: Wenn ein Kunde einen Konsumentenkredit beantragt, werden die Ausprägungen der Bonitätsmerkmale des Scoring-Modells erhoben, jeweils mit dem zugeordneten Gewicht multipliziert, und diese Produkte werden dann zu einem Score-Wert aufsummiert. Liegt dieser Score-Wert über einem vorher festgelegten Grenzwert (Cut-off Score), dann wird der Kundenberater den Kreditantrag genehmigen. Liegt der Score-Wert unter dem Cut-off Score, dann wird der Antrag abgelehnt, wenn nicht gute Gründe entgegenstehen. Da das Scoring-Modell als Klassifikationsverfahren, wie immer es strukturiert ist, gewisse Klassifikationsfehler macht, ist es empfehlenswert, einen *Grenzbereich* in der Umgebung des Cut-off Score festzulegen, so daß, wenn der Score-Wert eines Kreditantrages im Grenzbereich liegt, ein Kreditsachbearbeiter den Antrag noch einmal prüft und dann über die Kreditvergabe entscheidet. Bei dieser Antragsprüfung können der persönliche Eindruck des Antragstellers, der Verwendungszweck und eine Schufa-Auskunft berücksichtigt und ggf. auch zusätzliche Sicherheiten angefordert werden. Ingerling (1980) zeigt, wie der Grenzbereich festgelegt wird und wie sich die Größe des Grenzbereiches einerseits auf die Verminderung der Klassifikationsfehler 1. und 2. Art und andererseits auf den manuellen Prüfungsaufwand auswirkt.

Bei der Entwicklung des Scoring-Modells sind die Modellelemente, die bei der Anwendung des Modells feststehen, insbesondere Bonitätsmerkmale, ihre Gewichte und ihre Verknüpfungen, in bezug auf das Ziel einer möglichst hohen Klassifikationsquote optimal zu wählen. Für diese Aufgabe ist die *Multivariate Diskriminanzanalyse* (MDA) besonders geeignet, denn sie richtet sich darauf, Fälle in Fallgruppen zu diskriminieren, hier also Kreditfälle als gute oder schlechte Fälle zu klassifizieren. Die MDA ist ein Verfahren der Datenanalyse, das mit Standard-Software durchgeführt werden kann. Zu den Einzelheiten des Verfahrens vgl. Anhang 1.1.

Das auf der MDA beruhende Scoring-Modell hat die Form der *Diskriminanzfunktion*, allerdings mit den durch die Diskriminanzanalyse numerisch festgelegten Gewichten der Bonitätsmerkmale. Bei Anwendung des Scoring-Modells kommt der Wert D der Diskriminanzfunktion (Diskriminanzwert, auch Score-Wert genannt,) durch Summation der mit ihren Gewichten multiplizierten Bonitätsmerkmal-Ausprägungen des jeweils zu beurteilenden Kreditauftrages zustande, und die Kreditentscheidung hängt dann davon ab, ob der vorher festgelegte Cut-off Score überschritten wird. Die Beiträge der Bonitätsmerkmale (Variablen) zum Score-Wert sind also additiv und das bedeutet, daß nur die Einzelbeiträge der Bonitätsmerkmale zur Klassifikation berücksichtigt werden, daß eine günstige Merkmalsausprägung eine andere ungünstige Merkmalsausprägung kompensieren kann, und daß Konstellationen (Muster) von Merkmalsausprägungen nicht als solche berücksichtigt werden.

Diese Form der Merkmalszusammenhänge ist wohl die wichtigste *Annahme*, die der linearen Diskriminanzanalyse zugrunde liegt. Zu den Annahmen gehört aber auch, daß die Daten, hier die Kreditfälle mit ihren Ausprägungen der Bonitätsmerkmale, vollständig und stochastisch unabhängig sein müssen (vgl. Wilbert, 1991). Da diese Annahmen bei der Bonitätsprüfung im Konsumentenkreditgeschäft bestenfalls näherungsweise gegeben sind, ist die Klassifikation der Kreditkunden mit erheblichen Fehlern belastet. In der Praxis werden mit der MDA Klassifikationsquoten von ca. 78 % erzielt. Wegen der Folgen von Fehlklassifikationen wurde und wird ständig an Weiterentwicklungen gearbeitet. Dabei hat sich gezeigt, daß die nichtlineare Diskriminanzanalyse nicht immer zu einer Verbesserung der Klassifikationsquoten führt, weil ihre Ergebnisse sensibler als die der linearen Diskriminanzanalyse auf Strukturänderungen in den Datensätzen reagieren. Die lineare Diskriminanzanalyse ist offenbar relativ robust gegenüber Änderungen bei der Struktur der Eingabedaten. Müller, K. (1997) weist darauf hin, daß in der Praxis außer der Diskriminanzanalyse auch Regressionsverfahren, Kernschätzer, Nearest-Neighbor-Verfahren und Polynomklassifikatoren im Einsatz sind. Aber auch er nennt als Benchmark eine mit Kernschätzern erzielte Klassifikationsquote von 78 %, an der sich neuere Verfahren wie Künstliche Neuronale Netze (KNN) messen lassen müssen.

### bb) Bonitätsklassifikation im Konsumentenkreditgeschäft mit Hilfe der Künstlichen Neuronalen Netze

Das Verfahren der Künstlichen Neuronalen Netze (KNN) weist gewisse *Gemeinsamkeiten* mit der Diskriminanzanalyse auf. Auch bei der Anwendung eines KNN zur Klassifikation von Kreditfällen werden Daten von Kreditfällen benötigt, die allerdings nicht in gute und schlechte Fälle gruppiert sein müssen. Und es ist auch bei Anwendung von KNN vorteilhaft, wenn die Bonitätsmerkmale erst nach einer Vorselektion und Datenaufbereitung (vgl. Anhang 1.1) verwendet werden. Die aufbereiteten Kreditfälle passieren zunächst die Eingabeneuronen des KNN, wo sie Signale auslösen, die zu den Neuronen der verborgenen Schicht(en) weitergeleitet werden. Auch hier werden wieder Signale ausgelöst, die zu den Ausgabeneuronen gelangen, die dann aufgrund der eingehenden Signale ein Klassifikationsergebnis anzeigen. Analog zur Diskriminanzanalyse besteht also auch hier ein Zusammenhang zwischen unabhängigen Variablen (Bonitätsmerkmale als Eingabedaten) und einem Klassifikationsergebnis für die Kreditfälle.

Die *Verfahren unterscheiden sich* aber sehr stark bezüglich der Art und Weise, wie dieser Zusammenhang bestimmt wird. Auf der Grundlage der Daten von Kreditfällen werden die Gewichte der Bonitätsmerkmale bei der Diskriminanzanalyse durch einen Algorithmus berechnet, während sie bei KNN durch einen Lernprozeß zustande kommen. Bei der Diskriminanzanalyse wird die Modellstruktur (z.B. linear, quadratisch) vom Entwickler alternativ vorgegeben und getestet, während sich bei KNN gewisse Elemente der Netzarchitektur wie z.B. Neuronen und Verbindungen durch den Lernprozeß ergeben. Nähere Einzelheiten zu KNN finden sich in Anhang 1.2.

Als erkennbar wurde, daß KNN auch zur Unterstützung der Kreditwürdigkeitsprüfung im Konsumentenkreditgeschäft eingesetzt werden können, stellten sich zwei grundsätzliche Fragen: Wie groß wird die Verbesserung der Klassifikationsquote sein, die mit KNN im Vergleich mit in der Praxis eingesetzten Verfahren, z.B. MDA, erzielt werden kann, und, wenn eine Verbesserung möglich ist, wie hoch ist der zusätzliche Aufwand, mit dem die Verbesserung erkauft werden muß? Um diese Fragen zu beantworten, wurden *vergleichende Untersuchungen* durchgeführt. Dabei wurde von vorhandenen Datensätzen ausgegangen, für die schon mit Hilfe der MDA erzielte Klassifikationsquoten vorlagen. Für diese Datensätze wurden dann KNN mit dem Ziel entwickelt, die mit MDA erreichten Klassifikationsquoten zu übertreffen. Bei dieser Abschätzung des Verbesserungspotentials der KNN ist zu berücksichtigen, daß schon die MDA mit Geschick und Einfühlungsvermögen anzuwenden ist, um bestmögliche Ergebnisse zu erhalten, daß der Entwickler eines KNN aber noch sehr viel mehr Optionen für die Netzkonfigurierung hat, die er kompetent nutzen muß, um mit diesem Verfahren das bestmögliche Klassifikationsergebnis zu erzielen. Diese Optionen betreffen die Aufteilung der Daten in Trainings- und Validierungsdaten, die Netzarchitektur, die Bonitätsmerkmale und Eingangsneuronen, die Anzahl der verborgenen Schichten, die Anfangswerte der Verbindungsgewichte, die Lernverfahren, die Netzausdünnungsverfahren u. v. a. m. In viel größerem Maße, als das bei MDA der Fall ist, hängt also bei KNN die Ausschöpfung des Leistungspotentials von Qualifikation und Erfahrung der Entwickler ab, und deshalb wird von Promotoren der KNN gern zu bedenken gegeben, daß das Leistungspotential der KNN mit zunehmender Erfahrung der Entwickler in Zukunft noch weiter ausgeschöpft werden könne. Offenbar existieren hier aber doch Grenzwerte, gegen die die mit KNN erzielbaren Ergebnisse wie z.B. Klassifikationsquoten konvergieren.

In der Praxis wurden und werden zwar vergleichende Untersuchungen durchgeführt, aus Wettbewerbsgründen werden sie aber kaum detailliert veröffentlicht. Müller, K. (1997) weist darauf hin, daß eine derartige Untersuchung im Versandhaus Neckermann eine Verbesserung der Klassifikationsquote in Höhe von 2 % ergeben hat. Die vergleichenden Arbeiten von Rehkugler/Schmidt-von Rhein (1993), Rosenhagen (1996) und Schnurr (1997), die mit den wichtigsten Untersuchungsdetails veröffentlicht sind, lassen erkennen, daß die Verfasser sehr umsichtig und sorgfältig die Optionen des KNN-Verfahrens ausschöpfen, um eine möglichst hohe Klassifikationsquote zu erreichen. Aber auch sie kommen nur auf Verbesserungsquoten von wenigen Prozent. Angesichts dieser vergleichsweise geringen Verbesserungen liegt es nahe, daß die im Konsumentenkreditgeschäft tätigen Unternehmen abwarten und sehr sorgfältig prüfen, welche zusätzlichen Aufwendungen für Personal sowie Hard- und Software erforderlich sind, um diese Verbesserungen zu realisieren, und welche Risiken damit verbunden sind.

**bc) Bonitätsanalyse im Konsumentenkreditgeschäft mit Hilfe von Expertensystemen**
Während das Verfahren der KNN noch gewisse Gemeinsamkeiten mit konventionellen Verfahren wie Regressions- und Diskriminanzanalyse erkennen läßt, handelt es sich bei

Expertensystemen (XPS) um einen ganz andersartigen Ansatz, der allerdings, wie die KNN auch, dem Gebiet der Künstlichen Intelligenz zuzuordnen ist. Künstliche Intelligenz ist ein interdisziplinäres Forschungsgebiet, das auf die *maschinelle Wissensverarbeitung* ausgerichtet ist, und XPS stellen eine applikative Ausprägung dieser maschinellen Wissensverarbeitung dar. XPS (vgl. Anhang 1.3) sollen die Wissensverarbeitung menschlicher Experten nachbilden und einer beliebigen Anzahl von Anwendern das Wissen der Experten zugänglich machen. Die Wissensverarbeitung beschränkt sich dabei aber auf ein zumeist eng abgegrenztes Wissensgebiet, und sie bezieht sich auf dieselben Inhalte, die bei konventioneller Vorgehensweise von Menschen, z.B. Kreditfachleuten, verarbeitet werden. Bei der Bonitätsprüfung von Mengenkunden sind dies Bonitätsmerkmale, wie sie auch bei Credit-Scoring-Modellen (vgl. (ba)) verwendet werden.

Zu den nicht sehr zahlreichen in der Praxis eingesetzten XPS für die Bonitätsprüfung im Mengengeschäft gehört das System KIWI (Kreditentscheidungsunterstützung auf Wissensbasis), das sich bei der Berliner Bank seit Jahren im praktischen Einsatz befindet. Dieses System hat die entscheidenden *Einsatzbarrieren* (vgl. Anhang 1.3) offenbar dadurch überwunden, daß es als integraler Bestandteil eines umfassenden Systems mit den Grundfunktionen der Geschäftsabwicklung sowie der Beratungs- und Entscheidungsunterstützung genutzt werden kann. Es ist voll in die EDV der Bank integriert, in allen Filialen verfügbar und nach Einweisung der Mitarbeiter breit akzeptiert. Es beruht auf einer *Systemkonzeption*, die in ausgewogener Weise eine Vielzahl von Kriterien wie funktionelle Anforderungen, technische Realisierbarkeit, Wirtschaftlichkeit und Akzeptanz berücksichtigt und dabei nicht in den Fehler verfällt, die XPS-Technik einseitig in den Vordergrund zu rücken und andere wichtige Aspekte zu vernachlässigen (vgl. Lutter 1992 und Feller/Klos 1991).

Das Verfahren, das von dem System KIWI unterstützt wird, läßt sich in *drei Phasen* einteilen: Bei der *Datenerhebung* wird der jeweilige Kreditwunsch erfaßt, und die Konditionen werden maschinell ermittelt. Restschuldversicherungs- und Kreditablöserechnungen werden bei Bedarf durchgeführt. Außerdem wird eine Haushaltsrechnung erstellt, die anzeigt, ob der Antragsteller den Kredit mit Zins und Tilgungszahlungen bedienen kann. In der nächsten Phase, die zur wissensbasierten Entscheidung führt, wird ein *regelbasiertes XPS aktiviert*, das auf einem Scoring-Modell beruht. Mit Hilfe der in der ersten Phase aktuell erhobenen Kreditdaten und der, soweit vorhanden, Kundendaten aus der zentralen Datenbank kommt das System zu einer Empfehlung, die dem jeweils zuständigen Entscheidungsträger mit Kreditkompetenz zur Entscheidung vorgelegt wird. Es folgt die Phase der *Nachbearbeitung*, bei der die noch erforderlichen Vertragsdokumente gedruckt, gegebenenfalls maschinelle Buchungen ausgelöst und Analysedaten für spätere Auswertungen gespeichert werden.

Das System KIWI wird dezentral in den Filialen der Bank eingesetzt. Es ist auch in die filialbezogene EDV vollständig eingebettet, und es nutzt die zentralen Datenbestände und Verfahren der Bank; insbesondere besteht Zugang zu Kunden- und Kontendaten. Der Systemdialog ist maskenorientiert und menügeführt. Das System ist für den Mehrbenutzerbetrieb geeignet; es verfügt über eine differenzierte Zugangskontrolle, und es besteht eine so hohe Verfügbarkeit (Wiederanlauffähigkeit, Arbeitsplatzunabhängigkeit, Beraterunabhängigkeit, Arbeit ohne Host-Anbindung), daß der Fortgang von Beratungsgesprächen nicht belastet wird. Durch Schulungsmaßnahmen wurden die als Benutzer vorgesehenen Mitarbeiter der Bank sorgfältig mit dem System vertraut gemacht. Als besonders vorteilhaft erwies es sich dabei, daß nach einiger Zeit fortgeschrittene Benutzer die neuen Benutzer schulen konnten (Praktiker schulen Praktiker).

Der *Erfolg des Systemeinsatzes* ist beeindruckend: Die durchschnittliche Bearbeitungszeit eines Kreditvorgangs konnte um mehr als 50 % reduziert werden. Die Filialleitung wurde durch Senkung des Anteils der manuell nachzubearbeitenden Kreditanträge um nahezu 70 % entlastet, und die Abwicklerquote sank bei gestiegenem Gesamtbestand um ca. 15 %. Hinzu kam, daß durch das System eine Darstellung der Risikostruktur des betroffenen Forderungsbestandes ermöglicht wurde, die zu einer Verbesserung der Risikosteuerung beitrug.

### 4.1.1.2 Funktionsweise der Systeme für die Beratung der Mengenkunden

Die Systeme mit der Grundfunktion der Beratungsunterstützung weisen auch im strategischen Geschäftsfeld der Mengenkunden unterschiedliche Leistungsschwerpunkte auf. Produktbezogene Beratungsunterstützungssysteme tragen durch Modellrechnungen dazu bei, Produktvarianten zu evaluieren und für die Kunden transparent zu machen. Prozeßbezogene Systeme unterstützen die Berater darüber hinaus bei der Kundenselektion, der systematischen Kundenansprache und auch bei der Erfolgskontrolle.

**a) Produktbezogene Beratungsunterstützungssysteme**
Zahlreiche Produkte, die von Mengenkunden genutzt werden, insbesondere im Kredit- und Einlagengeschäft, werden erst im Beratungsgespräch dadurch konkretisiert, daß die *Parameter des* jeweiligen *Produkts* festgelegt werden. Die Parameter von Kreditprodukten sind insbesondere der Kreditbetrag, der Nominalzins, der Effektivzins, das Disagio, die Laufzeit, die Restschuld und die (monatliche) Rate. Bei Sparprodukten sind andere Parameter relevant, insbesondere das Anfangskapital, die Sparrate, das Endkapital, der Nominalzins, der Effektivzins, die Sparzeit, die Liegezeit, der Auszahlungszeitpunkt, der Bonus oder der Bonuszins. Im Beratungsgespräch haben Kunden die Möglichkeit, durch die Festlegung von Parametern ihre Produktvariante zu kreieren. Dabei möchten sie natürlich wissen, welche Auswirkungen die Setzung oder auch Variation bestimmter Produktparameter hat, z.B. wie sich eine Verlängerung der Laufzeit eines Kredits bei gegebenem Kreditbetrag und Zinssatz auf die monatliche Rate auswirkt. Paeßens und Wentzel (1991) berichten über ein System, das in umfassender Weise *Modellrechnungen für Standardprodukte* des Mengengeschäfts ermöglicht. Dieses System wird vom Kundenberater während eines Beratungsgesprächs eingesetzt. Der Kunde gibt Parameterwerte vor, und das System legt dann die sich ergebenden Werte der nicht im voraus fixierten Parameter fest. So fixiert ein Kunde, der beispielsweise ein Sondersparprodukt in Anspruch nehmen möchte, das Anfangskapital, die Sparrate, die Sparzeit und die Liegezeit. Das System ermittelt dann das Endkapital bei gegebenem Zinssatz und Bonus. Es kann auch unregelmäßige Verläufe berücksichtigen, z.B. bei der Verzinsung, der Sparrate bzw. Kredittilgung etc.

Durch die Festlegung der Parameterwerte werden also *Produktvarianten* konkretisiert, und für jede Variante führt das System eine Evaluierung durch. Variiert der Kunde einzelne Parameter, dann kann er erkennen, wie empfindlich der Parameterwert, der seine Hauptaufmerksamkeit hat, auf seine Eingaben reagiert. In diesem Sinne vollzieht das System also eine Sensitivitätsanalyse. Ergänzend können mit Hilfe des Systems aber auch Tilgungspläne für Kreditprodukte, Kontostaffeln für Einlagenprodukte etc. ausgegeben werden, die sofort gedruckt und den Kunden, die sich möglicherweise noch nicht sogleich entscheiden können, zur Verfügung gestellt werden.

Im Dialog mit dem Kunden kann der Berater Produktvarianten bedürfnisgerecht entwickeln und anbieten. Die Grundfunktion der *Beratungsunterstützung* wird von diesem System auf einfachem Niveau realisiert. Es ist dabei hervorzuheben, daß die Variantenrechnung, die dieses System bietet, manuell gar nicht oder nicht in vertretbarer Zeit

232 ■ Systeme für die strategischen Geschäftseinheiten

ausgeführt werden könnte. Für den Kunden werden während des Beratungsprozesses Standardprodukte transparent gemacht, so daß er eine fundierte Entscheidung treffen kann. Konventionell, also ohne diese produktbezogene Beratungsunterstützung, müßte er weitgehend intuitiv entscheiden.

**b) Prozeßbezogene Beratungsunterstützung**
Knödler (1994) berichtet über ein Konzept für die Beratung von Mengenkunden, das ausdrücklich nicht produktorientiert sein soll, sondern sich an den Zielen und Wünschen der Kunden auf der Grundlage ihrer individuellen Einkommens- und Vermögenslage orientiert und den Kundennutzen maximieren soll. In diesem Konzept wird also die *nutzenorientierte Beratung* angestrebt und nicht der absatzorientierte Verkauf. Das System EFA (Eigene FinanzAnalyse) bildet die Grundlage dieses an den Kundenbedürfnissen orientierten Beratungskonzepts.

Die Beratung ist grundsätzlich zweistufig aufgebaut: Zuerst erfolgt jeweils ein *Analysegespräch*, das die Aufgabe hat, die Kundensituation hinsichtlich Einkommen und Vermögen zu durchleuchten. Es dauert ca. 20 bis 30 Minuten und endet mit der Vereinbarung eines Termins für ein Beratungsgespräch, das bewußt getrennt vom Analysegespräch durchgeführt wird. Zur Vorbereitung des Beratungsgesprächs wird das EFA-System eingesetzt, das auf der Grundlage der Ergebnisse des Analysegesprächs individuelle Empfehlungen und Lösungsmöglichkeiten entwickelt.

Für das *Beratungsgespräch* werden Ort und Zeit zwischen Kunde und Berater frei vereinbart. Die Empfehlungen des EFA-Systems, die auf die Kundensituation bezogen sind, werden bei dem Beratungsgespräch präsentiert, erläutert und bei Bedarf auch modifiziert. Der Berater erkennt während des Beratungsgesprächs auch den latenten Bedarf, z.B. eine Versorgungslücke, die bei dem Analysegespräch noch nicht sichtbar geworden ist. Der Zeitaufwand des Beraters, der pro Beratungsgespräch zwischen 45 und 60 Minuten beträgt, wird in Abhängigkeit vom individuellen Nachfragepotential des Kunden gesteuert.

Durch ein Modul für das Vertriebs-Controlling unterstützt das EFA-System auch die *Erfolgskontrolle*. Der Absatz, den die Berater der Bank bei ihren Beratungsgesprächen erzielen, ist ständig nach Berater, Produkt und Kundengruppe transparent, und hieraus ergeben sich Ansatzpunkte für eine nachhaltige zielgerichtete Mitarbeiterführung. Seit Implementierung und Einsatz des EFA-Systems ist der Absatz je Beratungsgespräch stark angestiegen. Die Kundschaft äußert sich erfreut über die individuelle und umfassende Beratung, was zu einer Steigerung der Kundenzufriedenheit beiträgt. Motivation und Leistungsbereitschaft der Berater haben deutlich zugenommen, und aufgrund von Weiterempfehlungen fragen sogar Nichtkunden die Analyse- und Beratungsgespräche nach.

Der Bericht von Knödler läßt erkennen, daß das EFA-System im Genossenschaftlichen FinanzVerbund schon existierte, als die Betreuungskonzeption für die Mengenkunden der betrachteten Bank entwickelt wurde. Offensichtlich war es für den Erfolg von entscheidender Bedeutung, daß der Einsatz des Systems in eine sorgfältig auf die Kundenbedürfnisse abgestimmte Beratungskonzeption eingebettet worden ist.

**4.1.1.3 Bewertung von Systemen für die strategische Geschäftseinheit Mengenkunden bezüglich der Effizienzkriterien**

**a) Systeme für die Kreditwürdigkeitsprüfung**
Die Systeme für Kreditwürdigkeitsprüfung von Mengenkunden ermöglichen *neue interne Prozesse* zur Bewältigung von *konventionellen Aufgaben* (vgl. Abb. 1.6.2-2). Sie üben die Grundfunktion der *Entscheidungsunterstützung*, insbesondere Bewertung aus.

* **Managementnutzen**
Der Beitrag zur Steigerung des Managementnutzens hängt primär davon ab, in welchem Umfang mit Hilfe dieser Systeme die Kreditentscheidungen im Mengenkundengeschäft gegenüber konventionellen Verfahren verbessert werden können, so daß die Kreditausfälle abnehmen. Von den Dimensionen des Managementnutzens (vgl. Abb. 1.6.2.2-2) ist hier insbesondere die Evaluierung von Handlungsalternativen (Nutzendimension 1.5.1) relevant.

* **Wirtschaftlichkeit**
Wenn die Wirtschaftlichkeit des Einsatzes von Systemen für die Kreditwürdigkeitsprüfung von Mengenkunden beurteilt wird, gilt es zunächst die Gesamtkosten pro Jahr zu ermitteln, die bei Prüfung einer gegebenen Anzahl von Kreditanträgen ohne und mit Systemeinsatz entstehen (vgl. Kap. 1.6.2.3). Wegen der mit dem Systemeinsatz verbundenen Fixkosten ist zu erwarten, daß durch den Systemeinsatz nur dann die Kosten der Kreditwürdigkeitsprüfung gesenkt werden können, wenn die Anzahl der Kreditanträge pro Jahr den Break-even point überschreitet.

* **Wettbewerbsvorteile**
Systeme für die Kreditwürdigkeitsprüfung im Mengenkundengeschäft sind gem. Abb. 1.6.2.4-1 als Systeme mit indirektem Kundengeschäftsbezug im internen System-Einsatzbereich zu klassifizieren. Wettbewerbsvorteile lassen sich mit diesen Systemen nur dann erzielen, wenn die strategische Geschäftseinheit die Verbesserung der Wirtschaftlichkeit der Kreditprüfung in Form von besonders knapp kalkulierten Preisen an die Kunden weitergibt. Dieser Effekt ist aber wohl als gering zu betrachten.

**b) Systeme für die Beratung**
Die Systeme für die Beratung von Mengenkunden ermöglichen *neue Geschäftsprozesse mit Kunden* für *neue Bankleistungen* (vgl. Abb. 1.6.2-2).

* **Kundennutzen**
Ein gewisser Kundennutzen (vgl. Abb. 1.6.2.1-2) entsteht dadurch, daß mit Hilfe von Beratungsunterstützungssystemen die Geschäftsverbindungen mit den Mengenkunden analysiert und Modellrechnungen durchgeführt werden können (Nutzendimensionen 6.1 und 6.2). Der Nutzen sollte aber in Abhängigkeit vom Nachfragepotential der Mengenkunden bewertet werden. Mengenkunden mit niedrigem Nachfragepotential werden den Kundennutzen von Beratungsunterstützungssystemen gering einschätzen.

* **Wirtschaftlichkeit**
Die Wirtschaftlichkeit der Beratungsunterstützungssysteme, die eine Analyse der finanzwirtschaftlichen Situation der Kunden und auch Modellrechnungen ermöglichen, läßt sich nicht dadurch erfassen, daß diese neuen Prozesse mit konventionellen Prozessen verglichen werden, die sie ersetzen sollen (vgl. Kap. 1.6.2.3). Denn bei den konventionellen Prozessen waren weder Modellrechnungen noch Analysen der finanzwirtschaftlichen Kundensituation durchführbar. Zur Verbesserung der Wirtschaftlichkeit der Bank tragen diese Systeme also nicht bei.

* **Wettbewerbsvorteile**
Beratungsunterstützungssysteme sind Systeme mit *direktem Kundengeschäftsbezug* im *bankinternen Einsatzbereich* (vgl. Abb. 1.6.2.4-1). Grundsätzlich ist es möglich, mit Hilfe dieser Systeme Wettbewerbsvorteile zu erzielen, denn sie tragen zu einer Verbes-

serung der *Qualität* der Bankleistungen bei, die Gegenstand der Beratung sind. Wenn die *Akzeptanz* der Systeme bei den Bankmitarbeitern, die die Systeme im Beratungsprozeß anwenden sollen, gegeben ist, lassen sich Wettbewerbsvorteile bei Mengenkunden mit einem für diese Kundengruppe hohen Nachfragepotential erzielen, wenn die Beratungsunterstützung von den Kunden nicht ohnehin als selbstverständlich betrachtet wird. Wie Knödler (1994) berichtet, zeigten sich die Wettbewerbsvorteile des Systems für die Analyse der finanzwirtschaftlichen Kundensituation nicht nur in sehr positiven Äußerungen der Kundenzufriedenheit und in ungewöhnlich hohen *Weiterempfehlungsquoten*, sondern auch in stark steigendem *Produktabsatz*. Dabei bleibt aber offen, ob diese Absatzsteigerung den Einsatz des Beratungssystems einschließlich des unter der neuen Beratungskonzeption stark gestiegenen Personaleinsatzes rechtfertigt. Diese Frage hat sich im vorliegenden Fall möglicherweise so nicht gestellt, weil die Genossenschaftsbank, die dieses System einsetzt, seitens des Kapitalmarktes nicht unter Erwartungsdruck bezüglich einer Dividende o.ä. steht wie z.B. die Bank-Aktiengesellschaften.

### 4.1.2 Systeme für die strategische Geschäftseinheit gehobene Privatkunden

Gehobene Privatkunden sind gekennzeichnet durch weit überdurchschnittliches Einkommen und Vermögen, insbesondere Finanzvermögen. Sie haben regelmäßig mehrere Bankverbindungen, teilweise auch im Ausland, und die Kreditinstitute können aus den bei ihnen geführten Konten und Depots ihrer gehobenen Privatkunden keine zuverlässigen Schlüsse auf das Gesamteinkommen und -vermögen dieser Kunden ziehen. Sie sind aber bemüht, Gesamteinkommen und -vermögen und damit das Nachfragepotential dieser Kunden nach Bankleistungen abzuschätzen, um ihre Anstrengungen, insbesondere bei der Beratung und Kundenbetreuung, darauf auszurichten, daß diese Kunden weitere Bestandteile ihres Finanzvermögens von konkurrierenden Instituten abziehen und zu ihnen transferieren. Besonders anspruchsvoll und regelmäßig auch besonders breit diversifiziert sind die Privatkunden mit extrem hohen Einkommen und Vermögen, die auch als High Networth Individuals bezeichnet werden.

Gehobene Privatkunden nehmen – ebenso wie Mengenkunden – gewisse *Basisleistungen* in Anspruch. Sie verschaffen sich Bargeld an Geldausgabeautomaten und leisten Zahlungen durch Scheck, Überweisung, Lastschrift, Electronic Cash und Kreditkarten. Als Nutzer von T-Online Classic und Internet sind sie aber noch eher unterrepräsentiert. Von den übrigen Segmenten des Bankleistungssortiments nehmen sie schwerpunktartig Anlageleistungen in Anspruch, und als Kreditleistungsarten sind für diese Kunden praktisch nur Effekten-Lombardkredite und Immobilienfinanzierungen relevant. Für High Networth Individuals kommt auch die Vermögensverwaltung in Betracht.

#### 4.1.2.1 Funktionsweise der Systeme für die Beratung der gehobenen Privatkunden

Die Beratung von Bankkunden hat eine ablauforganisatorische und eine kundenproblem-bezogene Perspektive. In ablauforganisatorischer Hinsicht ist in der Bank zu regeln, wie die Berater die für die Kundenberatung erforderlichen Kundeninformationen erhalten, wie sie die Kunden für Beratungsgespräche selektieren und ansprechen und wie sie im Beratungsgespräch bei Konditionenverhandlungen durch Kalkulationsverfahren unterstützt werden können. Dieser Ablauf wird hier als *Kundenbetreuung* bezeichnet. Ein zentraler Bestandteil des Kundenbetreuungsprozesses ist das kundenproblemorientierte Beratungsgespräch, das Ziele, Budgets und Risikobereitschaft der Kunden berücksichtigt und Produktinformationen sowie die Auswirkungen der Produktnutzung auf den Vermögensstatus der Kunden zum Gegenstand hat.

**a) Systeme für die Kundenbetreuung**
Die operative Umsetzung einer kundenbezogenen Geschäftsfeld-Strategie erfordert u.a., daß eine geschlossene Konzeption für die Kundenbetreuung praktiziert wird. Bahr und Ciach (1995) berichten über ein I&K-System, das die Kundenbetreuung in vielfältiger Weise unterstützt. Es ermöglicht die Gesamtbetreuung eines Haushalts mit allen zum Haushalt gehörenden Kunden- und Kontodaten.

Das System beruht auf Kunden- und Kontodaten, die aus der Kundendatenbank des betroffenen Instituts extrahiert werden. Es soll die Berater bei der Suche von *Kunden mit noch nicht ausgeschöpftem Nachfragepotential* unterstützen. Zu diesem Zweck wird je Kunde ein Produktnutzungsprofil erstellt und mit dem Produktnutzungsprofil der Zielgruppe, der der einzelne Kunde angehört, verglichen. Kunden mit unterdurchschnittlicher Nutzung von einzelnen Produkten oder Produktgruppen können gezielt selektiert, angesprochen und, soweit Interesse besteht, beraten werden. Außerdem können Benutzer des Systems nach Kriterien, die aus einer Liste wählbar und frei kombinierbar sind, individuell ihre Kundenselektion vornehmen.

Das System unterstützt die Durchführung von *Mailings*, die von Kundenberatern dezentral eigenverantwortlich veranlaßt werden können. Außerdem können die selektierten Kunden telefonisch oder persönlich *durch die Berater angesprochen* werden. Zusätzlich gibt das System To-Do-Listen aus, die vereinbarte Termine, persönliche Gesprächsanlässe bei den Kunden, Fälligkeiten etc. berücksichtigen, wodurch die Berater eine Unterstützung bei der laufenden Kundenbetreuung erhalten.

Ausgehend vom Produktnutzungsprofil des Kunden, mit dem ein *Beratungsgespräch* geführt wird, entwickelt der Berater Produktvorschläge, deren Deckungsbeitrag auch durch das System kalkuliert werden kann. Da gehobene Privatkunden regelmäßig über erhebliche Verhandlungsmacht verfügen und über Sonderkonditionen verhandeln, ist es für den Berater hilfreich, daß das System auch Konten- und Kundenkalkulation für den Haushaltsverbund durchführt und den akkumulierten Deckungsbeitrag des Berichtsjahres anzeigt, so daß er beurteilen kann, ob im Einzelfall Konditionenzugeständnisse vertretbar sind. Die während des Beratungsgesprächs erzielten Geschäftsabschlüsse werden erfaßt und für spätere Auswertungen bereitgehalten. Diese durch Kalkulationsverfahren unterstützte Kundenberatung fördert bei den Beratern ein ertragsorientiertes Verkaufsverhalten. Es gehört zu den Aufgaben der für die Berater verantwortlichen Führungskräfte, daß der durch Zielvereinbarungen verursachte Leistungsdruck der Berater so bemessen wird, daß die gehobenen Privatkunden den Kundennutzen der Beratung wahrnehmen und die Kundenbindung vertieft wird. Bei Beratungsgesprächen, die Kapitalanlagen zum Gegenstand haben, ist außerdem gemäß Wertpapierhandelsgesetz sicherzustellen, daß die Kunden eine anleger- und objektgerechte Beratung erhalten.

Ergänzend können mit Hilfe des Systems *Kundendatenbestände ausgewertet* werden, so daß, getrennt nach Beratern und Geschäftsstellen, der Deckungsbeitrag der zugeordneten Kunden, differenziert nach vorzugebenden Kundenmerkmalen, sichtbar wird.

### b) Systeme für die kundenproblem-orientierte Beratung

Kundenberatung muß sich grundsätzlich an der individuellen Problemstellung orientieren, die sich aus der finanziellen Ausgangslage und den Zielen der Kunden ergibt. Für gehobene Privatkunden empfiehlt sich eine *Vermögensstrukturberatung*, die in Abständen von mehreren Jahren wiederholt wird. Sie führt zu einer Grobplanung für die Vermögensstruktur, also für die Gesamtheit aller Kapitalanlagen (Aktiva) und Verbindlichkeiten (Passiva) des einzelnen Kunden. An dieser Grobplanung hat sich die Planung und Durchführung von Maßnahmen bei der Kapitalanlage und bei der Kreditaufnahme, z.B. für Immobilienfinanzierungen, zu orientieren. Eine notwendige und zugleich kritische Voraussetzung für die Durchführung einer Vermögensstrukturberatung besteht darin, daß der Kunde bereit ist, der Bank, die die Beratung durchführt, umfassende Auskunft über seinen Vermögensstatus zu geben, also Finanzanlagen, Immobilien, Beteiligungen etc. einerseits und Verbindlichkeiten andererseits. Nur dann kann eine den Zielen des Kunden, insbesondere Ertrag, Risiko, Liquidierbarkeit, Entnahmewünsche, letztwillige Verfügungen etc. gerecht werdende Vermögensstrukturberatung stattfinden. Vor einer so weitgehenden Offenlegung der Vermögensverhältnisse scheuen viele gehobene Privatkunden aber zurück, so daß die Bank mit ihrer kundenproblem-orientierten Beratung nur bei den Positionen ansetzen kann, die der Kunde bei dieser Bank unterhält.

### ba) Systeme für die Portfolio-Analyse

Für eine kundenproblem-orientierte Beratung ist eine *systematische Bestandsaufnahme*, also Erfassung, Strukturierung und Darstellung aller Positionen, die der Kunde bei der beratenden Bank unterhält, unerläßlich. Die Sachfunktionen, die hierbei systemgestützt wahrgenommen werden können, sollen am Beispiel des schon als klassisch zu betrachtenden Portfolio-Analyse-Systems (PAS) erläutert werden (vgl. Cramer 1987).

Das PAS-System gibt einen umfassenden Überblick über alle bei der Bank unterhaltenen Depotbestände, Guthaben, Kredite und Linien, offene Positionen, Limite und gesperrte Posten, und es zeigt auch Termine wie z.B. Fälligkeiten, steuerliche Bindungsfristen etc. an. Es ermöglicht die *Strukturierung eines Depots* nach allen wichtigen Kriterien, insbesondere nach Wertpapiergattungen, Währungen, Ursprungsländern, Branchen, Fälligkeiten, Restlaufzeiten, Nominalzinsen, Renditen und steuerlichen Aspekten. Die *Performance* kann für den Gesamtbestand und auch für Teilbestände festgestellt und mit gängigen Indizes verglichen werden. Außerdem ermöglicht das System eine laufende Kontrolle der internen und/oder vom Kunden vorgegebenen Anlagerichtlinien, indem es z.B. Unter- und Überschreitungen von vorgegebenen Volumensgrenzen auflistet.

Für die *Darstellung* der bei der Bestandsaufnahme gewonnenen Ergebnisse bietet das System vielfältige Möglichkeiten. Salden, Umsätze, Einstandskurse und Depotstrukturen lassen sich aus dem jeweils 5 Jahre zurückreichenden Zeitraum, strukturiert in beliebig vorgebbare Phasen, abrufen, so daß die Depotentwicklung detailliert nachvollzogen werden kann. Der Berater als Benutzer des Systems kann auch die Depots des Kunden, die bei anderen Instituten geführt werden, in die Portfolio-Analyse einbeziehen. Die Systemausgaben können in beliebiger Referenzwährung dargestellt werden, und die Berichte für die Kunden können auch in englischer oder französischer Sprache generiert werden.

Das PAS-System ist primär für die Anwendung durch die Berater konzipiert, die in der Bank Beratungsgespräche führen. Es kann aber auch bei Kundenbesuchen eingesetzt werden, wenn der Berater die erforderlichen Daten durch File-Transfer auf seinen tragbaren PC übernimmt. Schließlich kann das System sogar von Kunden direkt genutzt werden.

Der Schwerpunkt der Sachfunktionen des PAS-Systems liegt in der Bestandsaufnahme, Strukturierung und Darstellung von Kundendepots und ihrer Performance. Insoweit erfüllt es die Grundfunktion der *Beratungsunterstützung*. Zur Generierung von Anlagevorschlägen trägt es aber nur wenig bei: Es ermöglicht Wenn-Dann-Auswertungen, die erkennen lassen, wie sich vom Berater vorgegebene Umschichtungsmaßnahmen auf die Struktur des Depots auswirken, welche steuerlichen Konsequenzen sie haben, wo ggf. Stop-Loss-Marken zu setzen sind oder bei welchem Devisenkurs der Zinsvorteil aus einer Fremdwährungsanlage gerade aufgezehrt wird.

**bb) Systeme als Grundlage für Anlagevorschläge**
Systeme für die Wertpapier-Analyse dienen den Beratern als Grundlage für die Erarbeitung von Anlagevorschlägen. In Kap. 3.1.1.1 wurde gezeigt, in welcher Weise die fundamentale und technische *Aktienanalyse* für Märkte, Branchen und Unternehmen durch I&K-Systeme unterstützt werden kann, so daß ihre aktuellen Ergebnisse einer Vielzahl von Benutzern, insbesondere Anlageberatern und Portfolio Managern, zur Verfügung stehen. Die Ergebnisse der fundamentalen und technischen Aktienanalyse beinhalten aber keine Anlageempfehlungen. Sie dienen nur als Informationsgrundlage der Berater, die ihre Anlagevorschläge dann weitgehend intuitiv erarbeiten.

Systeme für die *Rentenanalyse* stellen Kennzahlen bereit, mit deren Hilfe Anlagevorschläge erstellt werden können (vgl. Gabele/Hochrein 1992). Ergänzend zum Marktpreis einer Anleihe (Kurs + Stückzinsen) wird der rechnerische Marktwert der Anleihe ermittelt, der anzeigt, ob der jeweilige Titel über- oder unterbewertet ist und sich daher für Verkauf oder Kauf anbietet. Die Duration der Anleihe zeigt an, zu welchem zukünftigen Zeitpunkt die Anleihe gegenüber dem Zinsänderungsrisiko immunisiert ist, und die Modified Duration gibt an, um wieviel Prozent sich der Kurs des Titels bei einer Renditeerhöhung um einen Prozentpunkt ändert. Anhand dieser Kennzahlen kann der Berater also Titel erkennen, die für Kauf oder Verkauf in Betracht kommen, und Titel, die er zum Kauf vorschlägt, kann er in bezug auf das Zinsänderungsrisiko einschätzen.

Verschiedentlich wurde versucht, den Prozeß der Erarbeitung von Anlagevorschlägen durch Expertensysteme zu unterstützen. Derartige Systeme haben sich in der Praxis aber noch nicht durchsetzen können (vgl. Anhang 1.3).

### 4.1.2.2 Bewertung der Systeme für die Beratung der gehobenen Privatkunden bezüglich der Effizienzkriterien

**a) Systeme für die Kundenbetreuung**
Systeme für die Betreuung von gehobenen Privatkunden durch Berater ermöglichen *neue interne Prozesse* für *neue Aufgaben* (vgl. Abb. 1.6.2-2). Mit Hilfe von Systemen werden bei Kundenselektion, Kundenansprache, Kundenkalkulation und Bestandsauswertung Verfahren angewandt und Aufgaben erledigt, die manuell nicht durchführbar wären. Systeme dieser Art erfüllen die Grundfunktionen der *Beratungs-* und *Entscheidungsunterstützung* durch Analyse von Kundenbestandsdaten und durch Bewertung von Geschäftsverbindungen mit Hilfe von Kalkulationsverfahren.

* **Managementnutzen**
Systeme für die Kundenbetreuung tragen zu einer Verbesserung der Transparenz des Ist-Zustandes der Geschäftsverbindungen bei (Nutzendimension 1.1) und sie unterstützen die Berater bei der Evaluierung von Handlungsalternativen (Nutzendimension 1.5.2) gemäß Abb. 1.6.2.2-2.

### * Wirtschaftlichkeit

EDV-Anwendungssysteme sind als Investitionsobjekte zu betrachten (vgl. Kap. 1.6.2.3): Die Wirtschaftlichkeit ihres Einsatzes hängt einerseits vom einmaligen und laufenden Aufwand und von dadurch erzielten Kostenersparnissen und/oder Ertragssteigerungen ab. Eine Kostenersparnis tritt bei Einsatz von Systemen zur Unterstützung der Kundenbetreuung nicht ein, weil hierdurch neue Aufgaben erfüllt werden. Diese Systeme tragen aber zu einer Verbesserung der Ausschöpfung des Nachfragepotentials des vorhandenen Kundenbestandes bei, wodurch eine Absatzsteigerung und, bei zumindest kostendeckenden Preisen, auch eine Ertragssteigerung erzielt wird. Eine Aussage über die Wirtschaftlichkeit des Systemeinsatzes ergibt sich dann aus der Investitionsrechnung, in die die einmaligen und laufenden Aufwendungen für das System und die Ertragssteigerungen eingehen.

### * Wettbewerbsvorteile

Der Einsatz von Systemen zur Unterstützung der Kundenbetreuung wird von den betroffenen Kunden gar nicht wahrgenommen, weil es sich bei der Kundenbetreuung um interne Prozesse handelt. Sie stiften keinen Kundennutzen, und daher tragen sie auch nicht zur Schaffung oder Verteidigung von Wettbewerbsvorteilen bei.

### b) Systeme für die kundenproblem-orientierte Beratung

Systeme, die die kundenproblem-orientierte Beratung unterstützten, ermöglichen *neue Prozesse mit Kunden*, die eine *neuartige Aufgabenerfüllung* mit sich bringen (vgl. Abb. 1.6.2-2). Sie üben die Grundfunktion der *Beratungsunterstützung* aus, indem sie für das Beratungsgespräch die gesamte Geschäftsverbindung durch Funktionen der Portfolio-Analyse transparent machen und dem Berater leistungsfähige Funktionen der Aktien- und Rentenanalyse bieten. Dabei werden auch Verfahren wie z.B. die Duration-Analyse angewandt, die bei der konventionellen Kundenberatung nicht praktiziert werden können. Der Berater kann diese Systeme zur Vorbereitung der Beratungsgespräche und auch während der Beratungsgespräche nutzen. Voraussetzung hierfür ist allerdings, daß er sorgfältig eingewiesen wurde, daß er die Systeme sicher handhaben und ihren Funktionsumfang ausschöpfen kann.

### * Kundennutzen

Kundennutzen stiften diese Systeme dadurch, daß der Berater einem Kunden eine im Vergleich zur konventionellen Beratung viel höhere Beratungsqualität bietet, die sich auch in finanzwirtschaftlichen Erfolgen der Kunden, z.B. in einer Verbesserung der Performance ihrer Portfolios niederschlagen sollte. Dies beruht insbesondere auf einer gründlichen Analyse der Geschäftsverbindung und auf Funktionen der Finanzmarktanalyse (Nutzendimensionen 6.1 und 6.3) gemäß Abb. 1.6.2.1-2.

### * Wirtschaftlichkeit

Die Wirtschaftlichkeit der Systeme zur Unterstützung der kundenproblem-orientierten Beratung ist schwer abschätzbar. Während die einmaligen und laufenden Aufwendungen für die Systeme noch einigermaßen gut erfaßt werden können, sind die Auswirkungen der Verbesserung der Beratungsqualität auf Produktabsatz, Ertragsentwicklung und Neukundengewinnung kaum zu bemessen. Hinzu kommt, daß die Wirtschaftlichkeit des Einsatzes dieser Systeme von ihrer *Nutzungsfrequenz* abhängt. Eine Bank kann diese Systeme also nur dann wirtschaftlich einsetzen, wenn sie über einen hinreichend großen Kundenbestand verfügt, dem diese Systeme einen spürbaren Kundennutzen bringen.

\* **Wettbewerbsvorteile**
Wettbewerbsvorteile entstehen durch den Einsatz dieser Systeme dann, wenn die gehobenen Privatkunden den zusätzlichen Kundennutzen wahrnehmen, so daß ihre *Kundenzufriedenheit* zunimmt und die *Kundenbindung* gefestigt wird. Diese Wettbewerbsvorteile bestehen allerdings nur so lange, wie die konkurrierenden Institute in diesem strategischen Geschäftsfeld keine Systeme einsetzen, die einen größeren Kundennutzen stiften. Aber auch dann wechseln nicht sofort alle gehobenen Privatkunden zu diesen Anbietern, nur weil sie in ihrer Werbung behaupten, ein besseres Beratungsunterstützungssystem zu haben.

### 4.1.3 Systeme für die strategische Geschäftseinheit Geschäftskunden und mittlere Firmenkunden

Zu den Geschäftskunden und mittleren Firmenkunden gehört eine Vielfalt von Unternehmen, insbesondere Handel und Handwerk, produzierendes Gewerbe, Dienstleistungsunternehmen wie Hotels, Restaurants und Reisebüros etc. Die *Abgrenzung* dieser Kundengruppe gegenüber der Gruppe der großen Firmenkunden kann beim produzierenden Gewerbe problematisch sein. Sie wird institutsspezifisch anhand von *Kriterien* wie Bilanzsumme, Umsatz und Emissionsfähigkeit vorgenommen.

Typischerweise stellt das Eigenkapital bei Geschäftskunden und mittleren Firmenkunden rechtsformbedingt einen finanzwirtschaftlichen Engpaß dar, der auch die Fremdkapitalbeschaffung limitiert. Ein Großteil dieser Firmenkunden ist jedoch dringend auf *Bankkredit* angewiesen. Aufgrund der oftmals vorhandenen Defizite im Rechnungswesen und in der Finanzdisposition sowie des teilweise unzureichenden finanzwirtschaftlichen Know-hows der Geschäftsleitung ist das Ausfallrisiko in diesen Kundensegmenten verhältnismäßig hoch. Für Kreditinstitute als Fremdkapitalgeber haben daher EDV-Anwendungssysteme große Bedeutung, die die *Bonitätsprüfung* bei dieser Kundengruppe unterstützen und bereits vereinzelt die Grundlage für eine qualitativ hochwertige Beratung dieser Kunden bilden. Ergänzend kommen für die Beratungsleistung auch Systeme in Betracht, die z.B. die Nutzung von Förderkreditprogrammen erleichtern und Geschäftsmöglichkeiten im Ausland aufzeigen.

#### 4.1.3.1 Funktionsweise der Systeme zur Kreditwürdigkeitsprüfung bei Geschäftskunden und mittleren Firmenkunden

**a) Konzeptionelle Aspekte**

**aa) Leistungsfähigkeits- versus Sicherheiten-Orientierung**
Im kommerziellen Kreditgeschäft setzt sich immer mehr die Auffassung durch, daß Kredite möglichst nur dann ausgereicht, prolongiert und aufgestockt werden sollten, wenn mit einer hinreichend großen Wahrscheinlichkeit angenommen werden kann, daß die Kreditnehmer ihre *Zins- und Tilgungszahlungen aus ihren zukünftigen Erträgen* leisten können. Die Kreditgeber verlangen dann von ihren Kreditnehmern zumeist zwar auch die Stellung von Sicherheiten, um sich gegenüber möglicherweise eintretenden Kreditausfällen abzusichern; sie verlassen sich bei ihrer Kreditentscheidung aber nicht in erster Linie auf die Sicherheiten, sondern sie orientieren sich primär an der wirtschaftlichen Leistungsfähigkeit der Kreditnehmer. Folgt man dieser Auffassung, dann ist

die zukünftige Unternehmensentwicklung der kommerziellen Kreditnehmer entscheidend für die erfolgreiche Rückführung ihrer Kredite. Diese an der Leistungsfähigkeit der Kreditnehmer orientierte Konzeption des Kreditgeschäfts mag für viele Institute selbstverständlich sein; manche Institute sind aber auch bereit, bei eigentlich unzureichender Bonität Kredite zu gewähren, wenn ausreichende Kreditsicherheiten gestellt werden können. Sie verlassen sich also primär auf die Sicherheiten und nehmen eine vergleichsweise größere Wahrscheinlichkeit dafür in Kauf, daß die Sicherheiten bei einer auftretenden *Leistungsstörung* verwertet werden müssen, also dann, wenn ein Kreditnehmer die fälligen Zins- und Tilgungszahlungen verspätet, nur teilweise oder gar nicht mehr leistet. Selbst wenn die Bank bei Forderungsausfällen keine Verluste erleidet, weil die Erlöse aus der Verwertung der Sicherheiten zum Ausgleich der Forderungsausfälle ausreichen, darf nicht übersehen werden, daß sich die Firmenkunden, die als Schuldner ausgefallen sind, in einer schweren Unternehmenskrise oder sogar in Konkurs befinden. Kreditinstitute handeln *kundenorientiert*, wenn sie Kredite nur dann vergeben, wenn die Kreditnehmer zur Zeit der Kreditentscheidung eine wirtschaftliche Leistungsfähigkeit erkennen lassen, die für die Bedienung ihrer Kredite ausreichend ist, so daß es nur im Ausnahmefall zur Verwertung von Sicherheiten kommt.

### ab) Zukunftsorientierung der Bonitätsanalyse

Bei der Bonitätsanalyse von Geschäftskunden und mittleren Firmenkunden werden zwar Daten der Vergangenheit verwendet, z.B. die Jahresabschlüsse, aber das geschieht nur, um aus den vergangenheitsbezogenen Daten Schlüsse auf die zukünftige Bonität dieser Kunden zu ziehen. Bei der Bonitätsanalyse muß man grundsätzlich den Datenhorizont, den Analysezeitpunkt und den Prognosehorizont unterscheiden. Mit dem *Datenhorizont* bezeichnet man den Zeitraum, für den Daten der Vergangenheit vorliegen, z.B. die Jahresabschlüsse für eine bestimmte Anzahl der – vom Analysezeitpunkt aus gesehen – zurückliegenden Geschäftsjahre. Dieser *Analysezeitpunkt* ist der Zeitpunkt, an dem die Bonitätsanalyse durchgeführt wird. Unter dem *Prognosehorizont* versteht man dann den Zeitraum, für den – als Ergebnis der Bonitätsanalyse – eine Bonitätsaussage getroffen wird. Von besonderem Interesse ist hierbei natürlich die Laufzeit des Kredits oder Kreditengagements, denn Leistungsstörungen können während der gesamten Kreditlaufzeit auftreten, und ihr Gewicht hängt naturgemäß vom Eintrittszeitpunkt der Leistungsstörung und von der dann noch vorhandenen Restschuld ab. Bonitätsurteile sind daher zwangsläufig zeitraumbezogen, und weil sie zukunftsorientiert sind, müssen sie als *Bonitätsprognosen* verstanden werden. Dabei ist der Prognosehorizont automatisch mit der Laufzeit des Kreditengagements identisch, für das ein Bonitätsurteil abgegeben wird. Auf diesen Sachverhalt, der natürlich nicht neu ist, soll an dieser Stelle die Aufmerksamkeit gelenkt werden. In der Praxis werden immer wieder Bonitätsurteile gefällt, bei denen die gegenwärtige Situation des Kreditnehmers zu hoch und zukünftige Entwicklungen entsprechend zu niedrig gewichtet werden. Dieses Problem muß nicht nur bei der herkömmlichen Kreditwürdigkeitsprüfung, sondern auch bei der Entwicklung von Systemen zur Kreditwürdigkeitsprüfung und -überwachung berücksichtigt werden.

### ac) Bonitätsbezogener Gestaltungsspielraum

*Vor der Kreditvergabe* haben Kreditgeber in Abhängigkeit von der zum Analysezeitpunkt festgestellten Bonität des Kreditnehmers einen ganz erheblichen Gestaltungsspielraum: Die Bonität eines Kreditnehmers reicht immer nur für ein bestimmtes Kreditvolumen aus, sie sind also nur für einen bestimmten Betrag »gut«, und daher wird, wenn eine Kreditvergabe überhaupt in Betracht kommt, im Kreditvertrag das Kreditvolumen möglicherweise niedriger festgelegt als es den Wünschen des Kreditnehmers entspricht.

Darüber hinaus kann in Abhängigkeit von der Leistungsfähigkeit des Kreditnehmers die Tilgung verhältnismäßig frei gestaltet werden, als Ratentilgung, als endfällige oder als frei vereinbarte Tilgung.

*Nach der Kreditgewährung* müssen Kreditgeber eine laufende Kreditüberwachung durchführen, wobei vielfältige Tätigkeiten anfallen. Von besonderer Bedeutung ist dabei die Überwachung der Bonitätsentwicklung der Kreditnehmer während der Kreditlaufzeit. Erkennt der Kreditgeber eine Verschlechterung der Bonität des Kreditnehmers oder prognostiziert er eine negative Bonitätsentwicklung, dann ist sein *Handlungsspielraum* relativ klein, es sei denn, daß er sich außerordentliche Kündigungsrechte in den Kreditverträgen ausbedungen hat, so daß er bei Eintritt bestimmter Bedingungen die verbleibenden Kreditbeträge fälligstellen kann. Hat der Kreditgeber keine außerordentlichen Kündigungsrechte, dann hat er beispielsweise noch folgende *Handlungsalternativen*:

- Analyse der Unternehmenssituation des Kreditnehmers,
- Entwicklung von Problemlösungen in Zusammenarbeit mit dem Kreditnehmer,
- strategische Diagnose und Beratung,
- Veranlassung einer Sanierung.

Die Erfolgsaussichten für Kreditgeber und Kreditnehmer sind tendenziell um so größer, je früher die Kreditgeber die Gefahr zukünftiger Leistungsstörungen der Kreditnehmer erkennen und die notwendigen Maßnahmen einleiten. Bei einer akut bevorstehenden Unternehmenskrise verbleibt jedoch meist nur ein sehr geringer Gestaltungsspielraum.

**ad) Frühwarnfunktion der Bonitäts-Analyseinstrumente**
Die Früherkennung von zukünftigen Bonitätsrisiken ist für die Kreditvergabeentscheidung wichtig, weil kommerzielle Kreditnehmer bei Einreichung des Kreditantrages noch wirtschaftlich gesund erscheinen können, obwohl bei ihnen in Wirklichkeit Prozesse, die zur Bonitätsverschlechterung und Leistungsstörung führen können, schon in Gang sind. Dies gilt nicht nur für die herkömmliche Bonitätsprüfung, sondern es ist auch bei der Entwicklung von EDV-Anwendungssystemen für Kreditwürdigkeitsprüfung und -überwachung zu berücksichtigen, denn dabei werden Analyseinstrumente wie Jahresabschlußanalyse, Kontodatenanalyse etc. in Subsysteme des Kreditinformationssystems umgesetzt.

Die Eignung eines derartigen Systems zur Erfüllung der Frühwarnfunktion hängt davon ab, für welche Zeit im voraus das System die Kreditnehmer als »gut« oder »schlecht« klassifiziert, und welche Fehlerquoten dabei auftreten. Diese beiden Aspekte, Vorwarnzeit und Fehlerquoten, hängen untrennbar miteinander zusammen: Niedrige *Fehlerquoten* lassen sich durchaus erzielen, wenn der Benutzer des Systems eine sehr kurze Vorwarnzeit in Kauf nimmt; eine lange *Vorwarnzeit* bringt aber hohe Fehlerquoten mit sich, weil es lange vor dem Eintritt negativer Unternehmensentwicklungen typischerweise nur schwache Signale für die negative Bonitätsentwicklung gibt. Solche schwachen Signale lassen lange vor Eintritt einer Unternehmenskrise noch nicht klar und eindeutig erkennen, ob es zu einer Krise kommen wird. Daher sind Bonitätsprognosen lange vor Eintritt einer Unternehmenskrise tendenziell mit sehr viel größeren Fehlern behaftet als kurz vor Eintritt der Krise. Solche Fehler bestehen darin, daß ein Firmenkunde bonitätsmäßig als gut klassifiziert wird, der sich in Wirklichkeit später als schlecht herausstellt (Fehler 1. Ordnung), oder daß ein Kunde als schlecht klassifiziert wird, dessen Bonitätsentwicklung in Wirklichkeit gut verlaufen wird (Fehler 2. Ordnung). Das *Ziel für die Entwicklung von Systemen* für Kreditwürdigkeitsprüfung und -überwachung besteht also darin, daß Bonitätsprobleme bei Firmenkunden mit einer

Vorwarnzeit erkannt werden, die eine Ausschöpfung der grundsätzlich gegebenen Handlungsspielräume vor und nach Kreditgewährung erlaubt, und daß dies mit niedrigen Fehlerquoten geschieht, so daß möglichst wenige in Wirklichkeit gute Kreditnehmer abgewiesen und möglichst wenige in Wirklichkeit schlechte Kreditnehmer akzeptiert werden.

**b) Struktur eines Kreditinformations- und Kreditüberwachungssystems**
Die Funktionsweise von Systemen zur Kreditwürdigkeitsprüfung bei Geschäftskunden und mittleren Firmenkunden wird zunächst primär anhand des praxiserprobten *Kreditinformations- und Kreditüberwachungssystems* des Deutschen Sparkassen- und Giroverbandes (DSGV) erläutert (vgl. von Stein 1984). Mit großem Aufwand und unter Mitwirkung einer Vielzahl von Beteiligten wurde seither ein umfassendes und integriertes System erarbeitet, das wohl auch in Zukunft noch fortentwickelt wird. Das im Genossenschaftsverbund auf Basis des Bilanzanalysesystems IKBA (Interaktive Kunden-Bilanz-Analyse) entwickelte und 1996 bei der DG Bank, den regionalen genossenschaftlichen Zentralbanken und zahlreichen Kreditgenossenschaften als Ergänzung des bestehenden Kreditsachbearbeitungssystems (CBS) und Kunden-Beobachtungssystems (KBS) eingeführte Kreditinformations- und Kreditüberwachungssystem »GENO-FBS« (*Genossenschaftliches Finanz-Beratungs-System*) wird demgegenüber nur grundlegend erläutert. Dies erscheint deshalb angebracht, weil das System des Genossenschaftsverbundes zum einen weitgehende strukturelle Ähnlichkeiten mit dem DSGV-System aufweist, zum anderen jedoch hinsichtlich des DSGV-Systems auf eine wesentlich größere Zahl von Veröffentlichungen und auch auf Erfahrungen aus dem langjährigen Praxiseinsatz zurückgegriffen werden kann.

Das Kreditinformations- und Kreditüberwachungssystem des DSGV besteht aus mehreren *Analyse-Subsystemen* (vgl. Abb. 4.1.3.1-1) und dem Integrations-Subsystem »Kredit-Rating«.

Wenn man diese Analyse-Subsysteme auf einen Kreditantrag oder auf ein bestehendes Engagement anwendet, dann ergeben sich, bezogen auf das Prüffeld des jeweiligen Analyse-Subsystems, ein oder mehrere Risikoindizes, die durch das Integrations-Subsystem »Kredit-Rating« zu einem Endergebnis für das jeweilige Kreditengagement zusammengefaßt werden.

Auch das GENO-FBS ist modular aufgebaut (vgl. Bechtel 1997): Es besteht aus den Modulen

- Bilanz- und Erfolgsanalyse,
- Planung und Simulation sowie
- Scoring,

die die Grundlage für das systemgestützte Rating-Modul darstellen. Die Entwicklung des *Rating-Moduls*, das die Integration der in den anderen Modulen gewonnenen Ergebnisse in ein abschließendes Kredit-Rating vornehmen soll, ist jedoch noch nicht abgeschlossen. Abhängig davon, welche Modulen in der jeweiligen Genossenschaftsbank eingesetzt werden, können Firmenkundenbetreuer bislang nur ergänzend die GENO-FBS-Ergebnisse in das vom Bundesverband der Deutschen Volksbanken und Raiffeisenbanken 1992 entwickelte und 1994 modifizierte Firmenkunden-Rating einbeziehen (vgl. Gerhard 1997). Auf die Modulen Bilanz- und Erfolgsanalyse, Planung und Simulation sowie Scoring wird im Rahmen der Ausführungen zu den Subsystemen des DSGV-Systems ergänzend eingegangen.

| Prüffeld | Aufgabe des Subsystems | Kurzbezeichnung des Subsystems |
|---|---|---|
| Jahresabschluß | Einzelbilanzanalyse<br>Branchenvergleich<br>Statistische Bilanzanalyse | EBIL<br>BRADI<br>STATBIL |
| Finanzstruktur | Finanz- und Liquiditätsplanung | FIPLA/LIPLA |
| Kontoführung | Kontodatenanalyse | KONDAN |
| Unternehmer- und Unternehmensbeurteilung | Management-Beurteilung<br>Betriebs- u. finanzw. Beurteilung<br>Anzeichen für Gefährdung<br>Beurteilung der Marktattraktivität | UUB |
| Branche | Branchenprognose | FERI |
| Strategische Erfolgsposition | Strategische Diagnose | Portfolio-Analyse |

Abb. 4.1.3.1-1: Analyse-Subsysteme des Kreditinformations- und Kreditüberwachungssystems

**c) Analyse-Subsysteme eines Kreditinformations- und Kreditüberwachungssystems**
Die einzelnen Analyse-Subsysteme des DSGV-Systems sind jeweils auf ein *Prüffeld* ausgerichtet (vgl. Abb. 4.1.3.1-1), in dem wichtige Bonitätsindikatoren vermutet werden. Die Prüffelder sind im vorliegenden Fall nicht ganz überschneidungsfrei definiert, denn es überlagern sich z.B. die Unternehmensbeurteilung und die Portfolio-Analyse in Teilbereichen, was zu einer Höhergewichtung des Überschneidungsbereichs führt. Dies beruht offenbar auch darauf, daß das Gesamtsystem historisch gewachsen und immer weiter ausgebaut worden ist.

Bei einigen Prüffeldern kann man die zugehörigen Bonitätsindikatoren als Einflußgrößen verstehen, die sich kausal auf die Bonität auswirken, so z.B. die Indikatoren der Unternehmer-Beurteilung, der Branche und der strategischen Erfolgsposition. Andere Indikatoren, insbesondere die aus dem Jahresabschluß, der Finanzstruktur und der Kontoführung abgeleiteten, zeigen eher die Wirkung von Prozessen an, die die Bonität beeinflussen, und die ihrerseits auf Schwächen in anderen Bereichen des Unternehmens zurückzuführen sind. Dieser Unterschied von *ursache- und wirkungsbezogenen Bonitätsindikatoren* wird in der Literatur zur Kreditwürdigkeitsprüfung üblicherweise nicht herausgearbeitet. Gilt es aber, im Rahmen der Kreditüberwachung, z.B. durch Beratung, auf den Firmenkunden einzuwirken, um eine sich anbahnende Unternehmenskrise abzumildern und nach Möglichkeit ganz zu vermeiden, dann müssen die Bemühungen auf die Einflußfaktoren ausgerichtet werden, die ursächlich die Bonitätsverschlechterung hervorgerufen haben.

Im Unterschied zu dem DSGV-System werden durch das GENO-FBS bislang nur jahresabschlußbasierte Daten analysiert. Basis für die Bonitätsanalyse und -prognose bilden bestehende Jahresabschlußinformationen, die durch das Bilanz- und Erfolgsanalyse-Modul sowie das Scoring-Modul ausgewertet und einem Branchenvergleich unterzogen werden können. Ergänzend besteht die Möglichkeit Planbilanzen in die Analyse des Bonitätsrisikos zu integrieren. Diese können mit Hilfe des Planungs- und Simulations-Moduls in Interaktion mit dem Firmenkunden erstellt werden. Die Planbilanzen werden dann ebenfalls einem Scoring unterzogen. Die dadurch ermittelten Ergebnisse sollen nicht nur die Bonitätsprognose verbessern bzw. rechtzeitig Fehlentwicklungen beim Firmenkunden aufzeigen, sondern sie bieten auch Ansatzpunkte für eine problemorientierte Kundenberatung. Das GENO-FBS stellt somit im Vergleich zum DSGV-System ein rein jahresabschlußorientiertes Analysesystem dar, bei dem die Module teils aufeinander aufbauen, sich teils aber auch ergänzen.

**ca) Einzelbilanzanalyse**
Traditionell wurde die Jahresabschlußanalyse im Rahmen der Kreditwürdigkeitsprüfung angewandt, um die finanzwirtschaftliche Situation des zu prüfenden Unternehmens beurteilen zu können, insbesondere Bilanzstruktur, Finanzierung, Liquidität und Erfolgsstruktur. *Jahresabschlußinformationen* werden bei der Kreditwürdigkeitsprüfung genutzt, obwohl ihre Aussagekraft eingeschränkt ist: Jahresabschlüsse sind meist nicht sehr aktuell, weil der Stichtag erheblich zurückliegen kann. Gerade diejenigen Firmenkunden, die selbst wissen, daß ihre Bonität fragwürdig ist, zögern bei bestehendem Engagement die Vorlage ihrer Bilanzen hinaus, obwohl sie zur Vorlage ihres Jahresabschlusses gem. § 18 KWG verpflichtet sind. Darüber hinaus ist die Aussagekraft der Jahresabschlüsse durch Ansatz- und Bewertungswahlrechte in der Bilanz und Strukturalternativen für Bilanz und Gewinn- und Verlustrechnung eingeschränkt. Um ein einheitliches Analyseverfahren anwenden zu können, das auf der Basis der Analyseergebnisse Zeitvergleiche für das betreffende Unternehmen und Betriebsvergleiche mit anderen Unternehmen ermöglicht, bestehen die Sparkassen darauf, daß Unternehmen, die nach § 18 KWG ihre wirtschaftlichen Verhältnisse offenlegen müssen, den Jahresabschluß in der für große Kapitalgesellschaften vorgeschriebenen Form und dabei eine nach dem Gesamtkostenverfahren aufgestellte Gewinn- und Verlustrechnung vorlegen.

Das *Subsystem »Einzelbilanzanalyse«* (EBIL) übernimmt im Kreditinformations- und Kreditüberwachungssystem der Sparkassen die Funktion der Einzelbilanzanalyse. Es bereitet die Jahresabschlußdaten eines betrachteten Firmenkunden in einem Standardformat auf und leitet daraus *Bewegungsbilanzen* ab, die die Finanzmittelherkunft und -verwendung in dem betreffenden Unternehmen anzeigen. Außerdem berechnet es *Kennzahlen*, die für den internen Periodenvergleich und für den externen Betriebsvergleich genutzt werden können. Der Periodenvergleich soll bei dem jeweiligen Unternehmen Entwicklungstendenzen sichtbar machen. Im Rahmen des externen Betriebsvergleichs wird das Unternehmen mit anderen Unternehmen derselben Branche, Umsatzgrößenklasse und Rechtsform verglichen, so daß sichergestellt ist, daß die in den Vergleich einbezogenen Unternehmen unter ähnlichen externen Rahmenbedingungen arbeiten und die Unterschiede primär auf internen Leistungsunterschieden beruhen. Das Subsystem EBIL greift dabei auf Branchen-Bilanzkennzahlen zu, die das Subsystem »Branchenvergleich« (BRADI) bereitstellt (vgl. Abschn. (cb)).

Jede Bilanz, die in der Sparkassenorganisation mit dem Subsystem EBIL bearbeitet wird und bestimmte Anforderungen erfüllt, wird in eine *Bilanz-Datenbank* eingestellt, die weit über 1 Mio. Bilanzen enthält (vgl. Reuter 1994a). Dies ist eine Datenbasis nicht nur für die Berechnung der Branchen-Bilanzkennzahlen, sondern auch für die Subsysteme »Finanz- und Liquiditätsplanung« (vgl. Abschn. (cd)) und »Portfolio-Analyse« (vgl. Abschn. (ch)).

Dem System EBIL entspricht im GENO-FBS das Bilanz- und Erfolgsanalysemodul. Beim externen Betriebsvergleich wird bei dem System des Genossenschaftsverbundes auf einen zentralen Datenbestand, bestehend aus den durch IKBA oder GENO-FBS erfaßten Bilanzen zugegriffen. Der Vergleichsdatenbestand umfaßte 1997 ca. 100000 Bilanzen (vgl. Kukielka 1997).

**cb) Branchenvergleich**
Der absolute Wert von Bilanzkennzahlen ist zumeist wenig aussagekräftig. Um einschätzen zu können, ob der Wert im Einzelfall besonders hoch oder niedrig oder durchschnittlich ist, kann man ihn mit dem Branchendurchschnitt für diese Kennzahl vergleichen. Der Branchendurchschnitt ist zwar nur ein relativer Maßstab, eine gewisse Orientierung gibt er dem Analysten aber doch.

Kreditinstitute haben immer schon umfangreiche Informationsmaterialien über Firmenkunden besessen, z.B. in Form von Kreditakten, aber sie konnten sie über den Einzelfall hinaus praktisch nicht nutzbar machen. Erst die I&K-Technik und insbesondere die Datenbanktechnik ermöglichen die Analyse und Nutzung derartiger Informationen. Die *Bilanz-Datenbank* wird für die auf den zu beurteilenden Kreditnehmer zutreffende Kombination von Merkmalsausprägungen der relevanten Kriterien, insbesondere Branche, Umsatzgrößenklasse und Rechtsform, durchsucht. Dann werden diejenigen Bilanzen selektiert, auf die die spezifizierte Kombination von Merkmalsausprägungen zutrifft, zunächst noch unabhängig davon, ob das jeweilige Unternehmen weiterhin erfolgreich gewirtschaftet hat oder gescheitert ist. So kann man z.B. die Bilanzen der Bauunternehmen in der Rechtsform der GmbH selektieren, die in der Umsatzgrößenklasse zwischen DM 20 und DM 50 Mio. liegen. In diesem Beispiel wird angenommen, daß die Datenbankabfrage zu einer *Stichprobe* von z.B. 240 Bilanzen führt, auf die die Merkmalsausprägungen zutreffen. Das Subsystem »Branchenvergleich« (vgl. Reuter 1994b) berechnet nun auf der Grundlage der in der Stichprobe enthaltenen Bilanzen für jede *Kennzahl* den *Mittelwert* und die *Standardabweichung*, und es ermittelt zusätzlich den oberen und unteren Grenzwert. Diese Informationen zeigen im externen Betriebsvergleich an, wie das *betrachtete Unternehmen* bezüglich jeder einzelnen Kennzahl im Vergleich mit der statistischen Verteilung der Kennzahl, die für die *Vergleichsgruppe* gilt, positioniert ist. Das gibt dem Betrachter eine gewisse Orientierung, darf aber nicht darüberhinwegtäuschen, daß die betriebswirtschaftliche Aussagekraft derartiger Kennzahlen theoretisch nur unzureichend begründet ist. Im Unterschied zu dem System des DSGV werden durch das Bilanz- und Erfolgsanalyse-Modul von GENO-FBS ausschließlich Branchendurchschnittswerte berechnet, die, bezogen auf das jeweilige Geschäftsjahr, den Firmenkundenbetreuern neben den Daten des Jahresabschlusses des Firmenkunden angezeigt werden. Liegen in der jeweiligen Umsatzgrößenklasse weniger als fünf Vergleichsbilanzen vor, so werden durch Zusammenfassung von Unternehmensbilanzen von Unternehmen aus unmittelbar benachbarten Umsatzgrößenklassen Vergleichswerte generiert (vgl. Kukielka 1997).

**cc) Statistische Bilanzanalyse**
Bei der zukunftsorientierten Kreditwürdigkeitsprüfung und Kreditüberwachung steht die Früherkennung möglicher Unternehmenskrisen im Mittelpunkt des Interesses. Erkennt das Kreditinstitut bei einem Antrag auf Erhöhung einer bestehenden Kreditlinie und insbesondere bei einem Neuantrag, daß erste Anzeichen (weiche Signale) für eine bevorstehende Unternehmenskrise vorliegen, dann wird es sich bei der Kreditvergabe besonders zurückhalten. Zeichnet sich bei einem bestehenden Engagement eine Unternehmenskrise ab, dann hat das Institut nur noch sehr eingeschränkte Einwirkungsmöglichkeiten. Seine Maßnahmen sind aber um so aussichtsreicher, je länger die Vorwarnzeit ist.

Das zentrale Problem bei der *Früherkennung* von Unternehmenskrisen besteht darin, Unternehmen möglichst früh mit möglichst geringem Fehler als gute oder schlechte

Unternehmen zu klassifizieren, also als Unternehmen, die erfolgreich arbeiten oder die in absehbarer Zeit in eine Krise geraten. Ausgehend von der *Hypothese*, daß sich die Jahresabschluß-Kennzahlen guter und schlechter Unternehmen deutlich unterscheiden, und daß die Unterschiede, je näher die Krise heranrückt, deutlicher in Erscheinung treten, ist in der Vergangenheit eine ganze Anzahl von Untersuchungen durchgeführt worden, die sich der Diskriminanzanalyse, der Künstlichen Neuronalen Netze und anderer Verfahren bedient haben (vgl. z.B. Feidicker 1992; Hauschildt 1988; Huß 1989; Lüneborg 1981; Niehaus 1987; Thomas 1985). Bei diesen Untersuchungen lagen die *Trefferquoten* bei der Klassifizierung der Unternehmen als gute oder schlechte Unternehmen zwischen 75 % und 88 %. Besonders wichtig ist hierbei natürlich die Trefferquote bei der Klassifikation der schlechten Unternehmen, die mit der Abnahme der Zeit bis zur Krise deutlich ansteigt (vgl. z.B. von Stein 1984).

Im Rahmen des *Scoring-Moduls des GENO-FBS* (vgl. Jacobs/Weinrich 1997; Rossen 1997) wird aus den vier Einzel-Scoringwerten (Finanz-, Ertrags- und Kapitalkraft sowie Zahlungsverhalten) ein Gesamt-Scoringwert ermittelt. Mit Hilfe des Verfahrens der multivariaten Diskriminanzanalyse wurden 14 statistisch signifikante Bilanzkennzahlen mit den jeweiligen Gewichtungsfaktoren ermittelt. Diese werden zu vier Einzel-Scoringwerten verdichtet, die den Gesamt-Scoringwert ergeben. Veränderungen der Einzel-Scoringwerte im Zeitablauf können mit Hilfe der 14 zugrundeliegenden Bilanzkennzahlen erklärt werden. Durch Vergleich des Gesamt-Scorings mit einem festgelegten kritischen Trennwert können Unternehmen als solvent und insolvent klassifiziert werden.

Das entwickelte Scoring-System wurde bei einer mittelgroßen Genossenschaftsbank einem Praxistest unterzogen, wobei durch die Einbeziehung von in den Bilanzen nicht erfaßten privaten Einkommens- und Vermögensdaten zufriedenstellende Ergebnisse (Fehler 1. Ordnung: 14 %; Fehler 2. Ordnung: 8 %) erzielt wurden. Die ermittelten Scoring-Werte signalisieren Unternehmensinsolvenzen bis zu drei Jahre im voraus.

Bei dem *Subsystem »Statistische Bilanzanalyse«* (STATBIL) hat der DSGV den zunächst eingeschlagenen Weg der Diskriminanzanalyse verlassen und, insbesondere um die Früherkennung von Unternehmenskrisen zu verbessern, das *Nearest-Neighbor-Verfahren* eingesetzt (vgl. Reuter 1994a). Je Anwendungsfall werden 19 vom Subsystem EBIL errechnete absolute Variable des Jahresabschlusses verwendet, aus denen 33 Kennzahlen gebildet werden. Mit Hilfe dieser Kennzahlen werden aus der *Bilanz-Datenbank* rd. 600 Vergleichsbilanzen selektiert, und von diesen werden nach dem Nearest-Neighbor-Verfahren (vgl. Keysberg 1989) ca. 12 Jahresabschlüsse ausgewählt, die der zu untersuchenden Bilanz in ihrer Struktur, konkretisiert durch die Ausprägungen der Kennzahlen, besonders ähnlich sind. Von diesen ca. 12 ähnlichen Jahresabschlüssen ist jeweils bekannt, wie die Entwicklung des jeweiligen Unternehmens später verlaufen ist.

In folgender Weise wird dann von den ca. 12 ähnlichen Jahresabschlüssen auf die zu untersuchende Bilanz *geschlossen*: Je mehr von den ähnlichen Bilanzen zu solventen Unternehmen gehören, desto größer ist die Wahrscheinlichkeit, daß das Unternehmen, von dem die untersuchte Bilanz stammt, solvent sein wird. Der Bezugszeitraum ist hierbei 3 Jahre. Ganz entsprechend wird geschlossen, daß die Wahrscheinlichkeit dafür, daß das untersuchte Unternehmen in den nächsten 3 Jahren in eine existenzgefährdende Krise gerät, um so höher ist, je mehr von den ähnlichen Bilanzen zu später insolvent gewordenen Unternehmen gehören. Mit Hilfe der Kennzahlen wird dann die Risikoentwicklung, die in 8 Bewertungsfeldern wie z.B. Ertragskraft, Kapitalbindung etc. festzustellen ist, in 8 Risiko-Teilindizes abgebildet, die zu einem Gesamt-Risikoindex zusammengefaßt werden, aus dem schließlich eine Note (Skala von 1 bis 5) abgeleitet wird. Diese Note geht dann in das Integrations-Subsystem »Kredit-Rating« (vgl. Abschn. d)) ein.

Die Trefferquote des Subsystems STATBIL ist mit 96 % außerordentlich hoch. Sie bezieht sich auf den *Eintritt von Unternehmenskrisen*, nicht jedoch auf das Kreditausfallrisiko, weil die Kreditsicherstellung hier ja nicht berücksichtigt wird. Das Subsystem STATBIL ist mit dem Subsystem EBIL fest gekoppelt, so daß bei jeder Bilanzauswertung zugleich auch die statistische Bilanzanalyse durchgeführt wird.

## cd) Finanz- und Liquiditätsplanung

Die zukünftige Bonitätsentwicklung eines Kreditnehmers hängt auch sehr stark von den Aktionen ab, die er in Zukunft realisiert. Auf diese Aktionen hat die kreditgebende Bank zwar keinen direkten Einfluß, es erscheint aber sinnvoll, daß sie gerade die mittelständischen Firmenkunden durch Planungsunterstützung begleitet. *Unternehmenspläne*, die ein Kreditinstitut mit einem und für einen Firmenkunden entwickelt, bieten keine Gewähr dafür, daß der Firmenkunde sich bei seinen späteren Aktionen wirklich an die Planung hält. Deshalb kann die Bewertung derartiger Pläne auch nicht ins Bonitätsurteil eingehen. Die gemeinsam erarbeitete Unternehmensplanung bewirkt aber, daß der Firmenkunde sein Problembewußtsein schärft, Unausgewogenheiten in seiner Finanzstruktur erkennt und Maßnahmen zu ihrer Beseitigung ergreift. Für das Kreditinstitut ergeben sich zugleich Ansatzpunkte für Beratung und Verkauf von Finanzierungen.

Das Kreditinformations- und Kreditüberwachungssystem des DSGV enthält ein *Subsystem für Finanz- und Liquiditätsplanung* (FIPLA/LIPLA) (vgl. Reuter 1994b). Es baut auf den letzten vorliegenden Jahresabschluß des Firmenkunden auf, der durch das Subsystem EBIL bearbeitet und in die Bilanz-Datenbank eingestellt worden ist. Mit diesem Planungsinstrument können die Auswirkungen von Entwicklungen und unternehmerischen Entscheidungen auf die finanzwirtschaftliche Situation des Unternehmens in vereinfachter Form simuliert werden. Bei Anwendung einer *schematisierten Planungstechnik* können für 1 Planjahr Handlungsalternativen evaluiert und die Ergebnisse in Form von Planbilanzen und Plan-GuV-Rechnungen ausgegeben werden.

Wenn Mitarbeiter des Firmenkunden in der Lage sind, *detaillierte Planungsgrundlagen* beizubringen, insbesondere auch über außerordentliche Vorgänge wie große Investitionsvorhaben, dann kann der Benutzer durch Eingabe der wichtigsten Planungsgrößen detailliert planen und beliebig viele Planungsperioden bearbeiten. Auch in diesem Fall werden eine Planbilanz und eine Plan-GuV und zusätzlich eine Gewinnschwellen- und eine Finanzierungsrechnung erstellt. Anschließend werden die Plan-Bilanz und Plan-GuV durch die Subsysteme EBIL und STATBIL analysiert und beurteilt, so daß die Planung revidiert werden kann, wenn EBIL und/oder STATBIL Unausgewogenheiten feststellen. Bei Anwendung der Programmversion FIPLA findet keine unterjährige Liquiditätsplanung statt, sondern es wird nur nach dem Fondsprinzip der Liquiditätsüberschuß bzw. -fehlbetrag ermittelt.

Als *Ergebnis der Jahresplanung* erhält der Benutzer Erfolgs- und Kapitalbindungsstrukturen, Bilanzanalysen und Planbilanzen, eine Gewinnschwellenrechnung und die Ergebnisauswirkungen von Wenn-Dann-Rechnungen. Zusätzlich ergibt sich aus der Monatsplanung eine Darstellung der Zahlungsströme in den einzelnen Unternehmensbereichen sowie die Entwicklung der flüssigen Mittel. Aufgrund der Anwendung des Subsystems EBIL auf die Planbilanz bekommt der Firmenkunde zusätzlich noch Kennzahlen zur Struktur der Planbilanz, zur Finanzierung und Liquiditätslage sowie zur Rentabilität.

Im Unterschied dazu errechnet das *Planungsmodul von GENO-FBS* basierend auf zwei Ist-Bilanzen mittels Extrapolation die Planbilanzen für bis zu sieben Jahre. Zusätzlich werden die aus den Planbilanzen resultierenden Cash Flows, die Kapitaldienstgrenze und der notwendige Break-Even-Umsatz ermittelt(vgl. Kulartz/Diekamp 1997). Diese

Form der Bilanz-, Erfolgs- und Finanzplanung kann aufbauend auf der Planung des Unternehmens modifiziert werden. Die Auswirkungen alternativer Maßnahmen auf die Entwicklung des Unternehmens können simuliert werden. Die ermittelten Planbilanzen werden ebenfalls mittels des Scoring-Moduls ausgewertet. Dies dient einerseits der Verbesserung der Bonitätsprognose, andererseits bietet die Analyse der Unternehmensentwicklung sowohl Ansatzpunkte für eine problemorientierte Kundenberatung als auch für Maßnahmen des aktiven Kreditrisikomanagements (vgl. Rossen 1997; Biegert 1997).

Auf Wunsch von Firmenkunden wurde vom DSGV auch die Programmversion FILIP für *Finanzplanung mit integrierter Liquiditätsplanung* entwickelt, die die Planung auch unterjährig auf der Basis der Zahlungsströme durchführt. Sie ermöglicht eine fortlaufende finanzwirtschaftliche Unternehmensplanung, so daß betriebliche Engpässe, auch solche aufgrund von Investitionsvorhaben, rechtzeitig erkannt und bewältigt werden können. Das Subsystem FILIP unterstützt somit primär die Kreditwürdigkeitsprüfung und Kreditüberwachung, es trägt zugleich aber auch zur Verbesserung der Firmenkunden-Beratung bei. Sein Leistungspotential kann es nur dann voll entfalten, wenn Firmenkunde und Kreditinstitut vertrauensvoll zusammenarbeiten und insbesondere der Firmenkunde die erforderlichen Informationen vollständig und unverzerrt bereitstellt. Gerade die Firmenkunden, die wissen, daß ihre Bonität problematisch ist, werden dazu neigen, die für das Subsystem erforderlichen Informationen zu schönen, so daß das Institut getäuscht wird und der Nutzen der Beratungsfunktion völlig entfällt. Dies ist der Grund dafür, daß die Ergebnisse des Subsystems ergänzend bereitgestellt werden, jedoch nicht als Risikoindex (Note) in das Integrations-Subsystem »Kredit-Rating« eingehen.

### ce) Kontodatenanalyse

Die im Jahresabschluß dokumentierten Informationen über den Geschäftsverlauf sind am Stichtag im Mittel schon 6 Monate alt. Die Aktualität dieser Informationen für das kreditgebende Institut hängt darüber hinaus von der Frist ab, die der Firmenkunde für die Aufstellung und Einreichung des Jahresabschlusses benötigt. Angesichts der Forderungsausfälle, die das Kreditgeschäft in zunehmendem Maße belasten, ist man ständig bestrebt, die Aussagekraft der zukunftsorientierten Kreditwürdigkeitsprüfung und Kreditüberwachung zu verbessern. Daher lag es nahe, die laufende Geschäftsverbindung mit Firmenkunden, dokumentiert durch die Kontoführung und in Form von Kontodaten aktuell verfügbar, zu analysieren und herauszufinden, ob man aus den Kontodaten Anzeichen für zukünftige Fehlentwicklungen der Firmenkunden herauslesen kann.

Die Entwicklung des *Subsystems »Kontodatenanalyse«* (KONDAN) geht auf eine Konzeption von Eisfeld (1935) zurück, die für das Kreditinformations- und Kreditüberwachungssystem des DSGV aufgegriffen und in ein in der Praxis anwendbares Verfahren umgesetzt und empirisch getestet wurde (vgl. von Stein/Ziegler 1984; Thanner 1986). Ein entsprechendes Modul bei GENO-FBS existiert bislang nicht. Im Genossenschaftsverbund wird gesondert das Kunden-Beobachtungssystem (KBS) eingesetzt, das ausschließlich der Beobachtung der Kredit- und Umsatzentwicklung der Firmenkunden sowie des Zahlungsverkehrs dient (vgl. Müller, R.-J. 1997).

Die Kontodatenanalyse des DSGV-Systems beruht auf folgenden *Hypothesen* (vgl. Reuter/Welsch 1993 sowie Reuter 1994a):

- Die Kontodaten von Solventen und gefährdeten Unternehmen weisen strukturell deutliche Unterschiede auf.
- Insolvenzen sind das Ergebnis von Entwicklungsprozessen.
- Die strukturellen Unterschiede zwischen den Kontodaten solventer und gefährdeter Unternehmen treten um so deutlicher hervor, je näher die Krise bevorsteht.

Diese Hypothesen wurden in folgendem *Forschungsdesign* getestet: Zu einem Stichtag wurde eine Stichprobe mit solventen (gute) und eine Stichprobe mit insolventen (schlechte) Unternehmen gebildet. Als insolvent wurden Unternehmen klassifiziert, wenn Einzelwertberichtungen gebildet oder Vergleichs- oder Konkursanträge gestellt worden waren. Für *beide Stichproben* wurden für die vergangenen 5 Jahre *Kontovariable* erhoben wie z.B. Kontostände, Umsätze, Limite etc., aus denen, dem Untersuchungsziel entsprechend, Kennzahlen gebildet wurden. Gesucht wurden *Kennzahlen*, die möglichst trennscharf sind, die also eine Klassifizierung der Unternehmen mit möglichst hoher Trefferquote erlauben. Die Trennfähigkeit dieser Kennzahlen wurde mit Hilfe des dichotomischen Klassifikationstests und der Diskriminanzanalyse (vgl. Anhang 1.1) getestet, und die Kennzahlen wurden dann nach *Trennfähigkeit* geordnet. Als besonders trennscharf erwies sich die Kennzahl »durchschnittlicher valutarischer Saldo/Kreditlimit«, die für die Stichprobe der guten und die Stichprobe der schlechten Unternehmen im Datenhorizont einen ganz unterschiedlichen Verlauf genommen hatte. In Abb. 4.1.3.1-2 ist der Verlauf der Stichprobenmittelwerte für diese Kennzahl dargestellt.

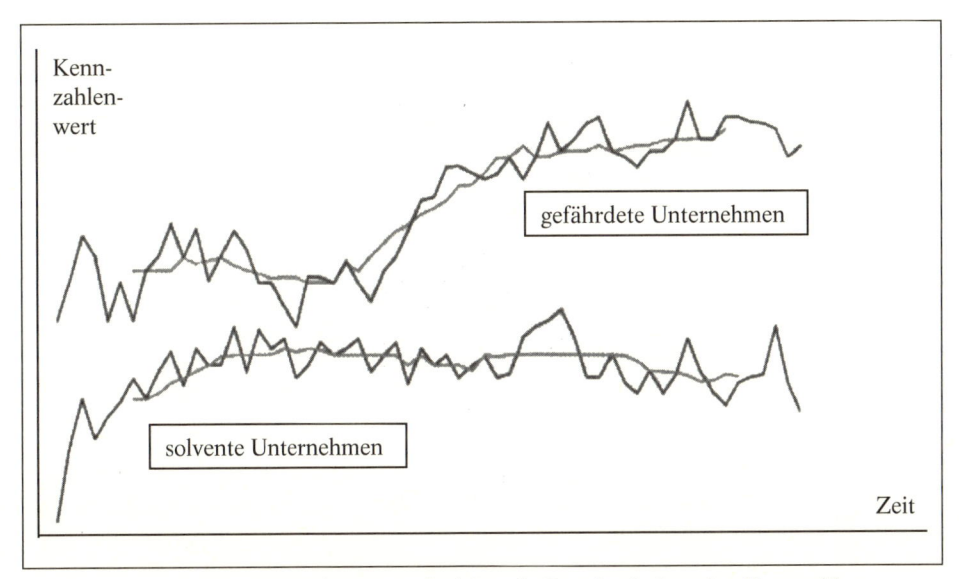

Abb. 4.1.3.1-2: Monatsmittelwerte und gleitende Durchschnitte der Kennzahl »Durchschnittlicher valutarischer Saldo/Kreditlimit« für solvente und gefährdete Unternehmen
nach: Reuter/Welsch (1993)

Das Bild suggeriert eine nahezu perfekte Trennfähigkeit dieser Kennzahl. In Wirklichkeit verteilen sich die Kennzahlenwerte der Unternehmen der beiden Stichproben zu jedem Zeitpunkt um den jeweiligen Mittelwert. Je mehr sich diese Verteilungen überlagern, um so geringer ist die Trennschärfe der Kennzahl. Diese Verteilungen sind aber aus der Abb. 4.1.3.1-2 nicht zu entnehmen. Beim *Test der Kennzahl* an der Stichprobe der schlechten Unternehmen zeigte sich, daß die Trefferquote, wie erwartet, tendenziell steigt, je näher das Ereignis heranrückt, das zur Schlecht-Klassifizierung des Unternehmens geführt hat.

Die Kennzahl, deren Verlauf in Abb. 4.1.3.1-2 dargestellt ist, zeigt die Ausnutzung des Kreditlimits durch die Unternehmen an. Bei guten Unternehmen schwankt sie in der Untersuchung um 0,65 (65 % des Limits werden durchschnittlich ausgenutzt), während sie bei den schlechten Unternehmen schon 4 _ Jahre vor dem kritischen Ereignis bei 0,9 lag und dann, je näher das Ereignis heranrückte, tendenziell weiter stieg. Die Diskriminanzanalyse ergab einen Trennwert von 0,86, was bedeutet, daß Unternehmen, deren Kennzahlwert über diesem Trennwert liegt, als schlecht klassifiziert werden. Dabei wird die Gefährdung des Unternehmens als um so größer betrachtet, je höher die Kennzahl über dem Trennwert liegt.

Das *Bonitätsurteil*, zu dem das Subsystem KONDAN aufgrund der Analyse der Kontodaten gelangt, wird formal als Note (mit Werten zwischen 1 und 5) ausgedrückt. Diese Note fällt um so schlechter (höher) aus, je weiter die Kennzahl eines Unternehmens auf der »schlechten« Seite vom Trennwert entfernt ist. Liegt der Trennwert einer Kennzahl z.B. bei 0,86, und weist ein Unternehmen einen Kennzahlenwert von 0,95 auf, dann bringt dieser Wert eine schlechtere Bonität zum Ausdruck als der Wert 0,90. Wie die Gesamtnote für ein Unternehmen zustande kommt, ist den Publikationen, die zu Subsystem KONDAN erschienen sind, nicht mit hinreichender Klarheit zu entnehmen. Offenbar berücksichtigt das Subsystem die 5 trennfähigsten Kontokennzahlen (vgl. Reuter/Welsch 1993). Deren jeweilige Abweichung vom zugehörigen Trennwert wird gewichtet und summiert (vgl. Reuter 1994b). Aus dieser gewogenen Abweichungssumme wird die Note abgeleitet, die dann in das Integrations-Subsystem »Kredit-Rating« eingeht.

Die *Anwendbarkeit* des Subsystems KONDAN ist eigentlich auf Firmenkunden beschränkt, die nur eine Bankverbindung haben, und zwar zu dem betrachteten Kreditinstitut (Exklusivverbindung). Handelt es sich nur um die Hauptverbindung, dann ergibt sich eine niedrigere Trefferquote im Vergleich zur Exklusivverbindung.

**cf) Unternehmer- und Unternehmensbeurteilung**

Nach einer in der Praxis weit verbreiteten Erfahrung kommt der Unternehmer- und Unternehmensbewertung zentrale Bedeutung für die zukunftsorientierte Kreditwürdigkeitsprüfung und Kreditüberwachung zu. Daher wurde auch im Rahmen des Kreditinformations- und Kreditüberwachungssystems sehr früh schon versucht, ein Subsystem für dieses Prüffeld zu entwickeln. Als *inhaltlicher Schwerpunkt dieses Prüffeldes* wurden die Managementbeurteilung, die betriebs- und finanzwirtschaftliche Beurteilung, die Ermittlung von Anzeichen für eine Unternehmensgefährdung und die Beurteilung der Marktattraktivität festgelegt. Ein grundlegendes Problem bestand darin, daß die für das Prüffeld erforderlichen *Daten* weder aus dem Jahresabschluß noch aus vorhandenen Kundeninformationen, wie Kontodaten etc., entnommen werden können. Diese Daten müssen somit durch Mitarbeiter des Kreditinstituts, insbesondere Kundenbetreuer gesondert erhoben werden, was dadurch erschwert wird, daß es sich praktisch ausschließlich um weiche Daten handelt, die nur näherungsweise erfaßt werden können. Eine brauchbare Systematik sowie eine geeignete Theorie existiert für diese Problembereiche nicht.

In dieser Situation hat man bei der Entwicklung des *Subsystems »Unternehmer- und Unternehmensbeurteilung«* (UUB) einen rein pragmatischen Ansatz gewählt und auf der Grundlage der Praxiserfahrungen im Kreditgeschäft Fragebögen entwickelt (vgl. Kohls/Marciwiak 1987), die nicht sehr viel mehr leisten als Checklisten. Diese *Fragebögen* werden vom jeweiligen Firmenkundenberater und ggf. auch von Führungskräften, soweit sie Kundenkontakt haben, ausgefüllt und dann durch ein PC-Programm ausgewertet. Zur Unterstützung der Unternehmerbeurteilung wurde später eine *Unternehmerty-*

*pologie* entwickelt und in das Analyseprogramm integriert. Außerdem werden *Branchenprognosen* (vgl. Abschn. (cg)) bei der Analyse der Marktattraktivität berücksichtigt (vgl. Reuter/Zickfeld 1993). Dennoch ist festzuhalten, daß ein erheblicher Teil der Eingabedaten mit großer Unsicherheit behaftet ist, die durch die EDV-gestützte Datenauswertung eher verdeckt wird, aber nicht beseitigt werden kann.

Das Subsystem UUB analysiert die Eingabedaten und gibt unter Verwendung von Textbausteinen einen flüssig lesbaren *Bericht* aus. Dieser wirkt so, als sei er mit Hilfe eines Expertensystems generiert worden; in Wirklichkeit entsteht er durch einen auf konventioneller Logik beruhenden Programmteil (vgl. Reuter 1994a). Darüber hinaus werden für die drei Teilbereiche des Prüffeldes, Managementbeurteilung, betriebs- und finanzwirtschaftliche Beurteilung und Anzeichen für eine Unternehmensgefährdung *Risikoindizes* gebildet, die dann durch Mittelwertbildung zu einer Gesamtnote (Risiko-Klasse) für die UUB zusammengefaßt werden und in das Integrations-Subsystem »Kredit-Rating« eingehen (vgl. Reuter 1996). Aus Publikationen ist nicht ersichtlich, wie die Risiko-Indizes der Prüffeld-Teilbereiche zustande kommen. Ihre Zusammenfassung zu einem Mittelwert (Note) impliziert, daß in dem Subsystem eine Kompensation zwischen günstigen und ungünstigen Werten der Risiko-Indizes möglich ist, auch dann, wenn in der Realität das Überleben des Unternehmens entscheidend von einem einzigen Prüffeld-Teilbereich abhängt. Diese Problematik könnte formal dadurch entschärft werden, daß die Risiko-Indizes der Prüffeld-Teilbereiche zum geometrischen Mittel zusammengefaßt werden, so daß aufgrund der multiplikativen Verknüpfung der Risiko-Indizes der Gesamtrisiko-Index den Wert 0 annimmt, wenn auch nur ein Risiko-Index den Wert 0 (schlechteste Beurteilung) aufweist.

Das *Problem*, das dem Subsystem UUB zugrunde liegt, besteht nicht nur darin, daß die *Eingabedaten*, also die Variablen, von denen man annimmt, daß sie die Bonität des betreffenden Firmenkunden beeinflussen, aufgrund ihres qualitativen Charakters schwer erfaßbar und mit Unsicherheit behaftet sind. Es kommt noch hinzu, daß der Einfluß dieser Variablen auf die Bonität von der *Konstellation* abhängt, in der sie auftreten und wirksam werden. Mit solchen Konstellationen, die die Unternehmenssituation des Firmenkunden charakterisieren, sind Kreditsachbearbeiter immer schon konfrontiert gewesen. Sie haben sie intuitiv aufgenommen, in Berichten niedergelegt und auch intuitiv in Krediturteile umgesetzt. Ob dieses Problem mit Hilfe eines Expertensystems besser gelöst werden kann (vgl. Reuter/Zickfeld 1993) erscheint zweifelhaft, da ein gesichertes Expertenwissen über die Auswirkungen der verschiedenen Interaktionsmuster der Variablen und ihre Auswirkungen auf die Bonität bisher kaum vorhanden ist.

### cg) Branchenprognosen

Bei der Unternehmer- und Unternehmensbeurteilung werden hauptsächlich unternehmensinterne Faktoren berücksichtigt, die die zukünftige Bonität eines Firmenkunden beeinflussen. Zusätzlich sind aber auch Informationen über *externe Faktoren*, die die Attraktivität der Absätzmärkte der Kreditkunden und ihrer Abnehmer (Marktattraktivität) kennzeichnen, heranzuziehen. Im Kreditinformations- und Kreditüberwachungssystem des DSGV wird dieses Prüffeld durch Branchenanalysen und -prognosen abgedeckt, die ein unabhängiges Research-Unternehmen den Sparkassen im Abonnement zur Verfügung stellt. Die *Marktattraktivität* der einzelnen Branchen wird dabei mit Hilfe von Indikatoren wie z.B. Wachstum, in- und ausländische Wettbewerbsfähigkeit, Im- und Exportquote etc. bewertet und für einen mittelfristigen Horizont von 3 Jahren prognostiziert. Diese Indikatoren, die auf einer Skala von 0 bis 100 markiert sind, werden zu einem *Gesamtindikator* für die Branche verdichtet, für den dieselbe Skala gilt. Dieser Service steht für über 100 Branchen zur Verfügung.

Für die Bonität eines Firmenkunden ist aber nicht nur der Trend in dessen Branche, sondern auch der Trend in der *Branche seiner Abnehmer* maßgebend. Daher gehen die Gesamtindikatoren für beide Branchen in das Integrations-Subsystem »Kredit-Rating« ein. Diese Branchenprognosen werden vierteljährlich aktualisiert und den angeschlossenen Sparkassen auf Datenträgern zur Verfügung gestellt. Zusätzlich können die Sparkassen auch mittelfristige und langfristige gesamtwirtschaftliche Prognosen beziehen (vgl. Reuter 1994b).

Ein eigenständiges Modul zur Branchenanalyse- und prognose ist im *System des Genossenschaftsverbundes* bislang nicht verfügbar. Die Analyse und Bewertung der Umfeldbedingungen des jeweiligen Kreditnehmers findet primär im Rahmen des ebenfalls nicht systemgestützten Kredit-Ratings statt (vgl. Gerhard 1997). Zur Unterstützung werden den Firmenkundenbetreuern halbjährlich *Branchenberichte* für 100 der wichtigsten Branchen durch den zentralen Informationsdienst des Verbundes zur Verfügung gestellt. Diese enthalten Analysen und Prognosen zur Branchenstruktur, zu konjunkturellen Perspektiven etc. Hinsichtlich GENO-FBS können diese Informationen somit allenfalls ergänzend im Rahmen des Planungs-und Simulationsmoduls Berücksichtigung finden.

**ch) Strategische Diagnose**

Die Subsysteme UUB und »Branchenprognosen« des DSGV-Systems haben schon strategisch relevante Probleme der Firmenkunden tangiert. Für die strategische Diagnose, die es der Sparkasse ermöglichen soll, die strategische Erfolgsposition eines Firmenkunden möglichst genau zu erkennen, wurde das Subsystem »Portfolio-Analyse« entwickelt (vgl. Reuter/Schleppegrell 1987). Es hatte sich gezeigt, daß die auf finanzwirtschaftlichen Daten basierenden Analyse- und Beurteilungsverfahren eine sich anbahnende Unternehmenskrise erst anzeigen, wenn sich die Wirkungen der negativen Entwicklungen schon auf Konten und im Jahresabschluß niederschlagen. Deshalb sollte versucht werden, in einer sehr frühen Phase die Ursachen der negativen Unternehmensentwicklung zu erkennen, die sich in einer Schwächung der strategischen Erfolgsposition zeigen. In dieser Phase sind zumeist noch Handlungsspielräume gegeben, um einer negativen Entwicklung entgegenzuwirken (vgl. Reuter 1994b).

Das *Subsystem »Portfolio-Analyse«* soll die Sparkasse unterstützen, die zukünftige Wettbewerbsfähigkeit eines Firmenkunden zu beurteilen. Zu diesem Zweck werden die Produktgruppen und Kundengruppen des zu analysierenden Firmenkunden zu *strategischen Geschäftsfeldern* kombiniert, wenn, wie bei mittleren Firmenkunden zu erwarten, noch keine strategischen Geschäftsfelder bestehen. Diese strategischen Geschäftsfelder werden nun anhand der *strategischen Erfolgsfaktoren* einer Chancen-/Risiken- und einer Stärken-/Schwächen-Analyse unterzogen, und die Ergebnisse werden in Form von *Portfolios* dargestellt. Das Subsystem besteht aus einem PC-Programm, das nach detaillierter Dateneingabe durch den Benutzer Portfolios der verschiedensten Art auf dem Bildschirm sichtbar macht. Gleichzeitig wirkt es wie eine Checkliste, denn es stellt im Dialog sicher, daß die Eingabe von Einzeldaten nicht übersehen wird.

Der Bedarf an *Eingabeinformationen* ist, wie bei der strategischen Diagnose üblich, umfassend. Es sind nicht nur Kenntnisse über die eigenen Stärken und Schwächen, insbesondere bezüglich der eigenen Produkte und ihrer Kosten, sondern auch über Konkurrenten und Konkurrenzprodukte, Absatzmärkte und Abnehmergruppen erforderlich. Darüber hinaus greift dieses Subsystem auf die Subsysteme für Einzelbilanzanalyse, Branchenvergleich, Branchenprognosen und auf Datenbanken zu. Mit diesen Eingaben soll die Erfolgsposition des Firmenkunden analysiert werden.

So hochgesteckt wie der Anspruch, der mit dem Subsystem »Portfolio-Analyse« verbunden ist, so weitgehend sind auch die *Voraussetzungen*, die für seine erfolgreiche Anwendung gegeben sein müssen. Einerseits bedarf es der Bereitschaft des Firmenkunden, also des mittelständischen Unternehmers und hoch qualifizierter Führungskräfte des Unternehmens, an einer mehrtägigen Analyse mitzuwirken und die erforderlichen, ggf. auch vertraulichen Informationen beizusteuern, die man seinem Kreditgeber nur ungern offenbart. Andererseits muß für das Kreditinstitut ein Kreditfachmann tätig werden, der auf Managementebene verhandlungssicher und mit der strategischen Planung ebenso vertraut ist wie mit makroökonomischen Fragestellungen. Im Dialog wird dann eine Vielzahl von Eingabeinformationen auf der Grundlage subjektiver Schätzungen erarbeitet. Die Problematik der Erfassung weicher Daten, die schon bei dem Subsystem UUB auftrat, stellt sich hier in dramatisch verschärftem Ausmaß, und es gilt auch hier, daß auf der Grundlage unzuverlässiger Eingabeinformationen keine zuverlässigen Planungsergebnisse (Entscheidungsgrundlagen) entstehen können.

Um einer *realistischen Bewertung* des Subsystems »Portfolio-Analyse« näher zu kommen, sollte man zunächst von den hochgesteckten Zielen und Erwartungen abrücken, die anfangs mit der »Portfolio-Analyse« verbunden worden sind. Was in der Praxis erreichbar erscheint, ist eine umfassende Schwachstellenanalyse (vgl. Reuter 1994b), die dann für die Planung strategischer Maßnahmen durch das Unternehmen als Grundlage dienen kann. Soweit es diese Aufgabe nicht in eigener Kompetenz bewältigen kann, wird das Unternehmen hierzu Unternehmensberater heranziehen. Die Sparkasse gewinnt aus der Schwachstellenanalyse hinreichende Einblicke in die Erfolgsposition des Unternehmens, um die Bonität sinnvoll beurteilen zu können.

### d) Kredit-Rating

Das Integrations-Subsystem »Kredit-Rating« (vgl. Reuter 1996) faßt die Risikoindizes, die sich aus den verschiedenen Analyse-Subsystemen ergeben, mit Hilfe einer Punktgewichtung zusammen, so daß sich je Prüffeld eine Einstufung in eine Risikoklasse ergibt, und diese Einstufungen werden dann mit Hilfe einer *regelbasierten Programmlogik* (vgl. Reuter/Wagemann 1996) zum »qualitativen Unternehmensrisiko« zusammengefaßt und als Note (zwischen 1 und 5) dargestellt. Dieses qualitative Unternehmensrisiko zeigt den *Grad der Unternehmensgefährdung* an. Ergänzend hierzu wird der Grad der Kreditsicherstellung (Anteil des durch Sicherheiten gedeckten Kreditvolumens) festgestellt und in eine der fünf *Sicherstellungsklassen* eingestuft. Nach einer Heuristik, die durchaus plausibel ist, werden in einzelnen Kombinationen von Unternehmensrisiko- und Sicherstellungsklasse jeweils eine einzelengagementbezogene *Bonitätsklasse* und ein Bonitätsschlüssel zugeordnet. Bonitätsklassen und Bonitätsschlüssel zeigen zwar das Gesamtergebnis der Bonitätsprüfung an, die Maßnahmen im Kreditgeschäft sollten aber bei den Komponenten ansetzen, also der Unternehmensrisikoklasse und der Sicherstellungsklasse, der das jeweilige Kreditengagement angehört. So könnte bei einer Bonitätsverschlechterung, die durch die Kreditüberwachung festgestellt wird, versucht werden, soweit noch Handlungsspielraum besteht, z.B. durch Strategieberatung, mittelfristig auf eine Senkung des Unternehmensrisikos hinzuwirken und/oder eine Verstärkung der Kreditsicherheiten zu veranlassen.

### e) Praxiseinsatz der Kreditinformations- und Kreditüberwachungssysteme

Wie gezeigt wurde, sind die Kreditinformations- und Kreditüberwachungssysteme modular ausgebaut. Die einzelnen Module wurden teilweise nacheinander, teilweise parallel entwickelt, und jedes Modul wurde, soweit möglich, ausführlichen Tests unterworfen. Die einzelnen Module wurden entsprechend ihrer Fertigstellung implementiert und für die Benutzung freigegeben. Insgesamt war und ist es eine Art von Wachstumsprozeß, den die Systeme durchlaufen. Dieser Prozeß muß auch fortgesetzt werden, denn es stehen derzeit noch nicht allen Verbundunternehmen alle Module zur Verfügung.

*Entwicklungsbedarf* besteht sowohl für das System des Genossenschafts- als auch für das des Sparkassenverbundes hinsichtlich der *Integration des Rating-Moduls*. Befindet sich dessen Entwicklung bei dem GENO-FBS noch am Anfang, so wurde beim DSGV-System folgende Hilfslösung für die Übergangszeit realisiert: Das Integrations-Subsystem »Kredit-Rating« kommt nur dann zu einem sinnvollen Endergebnis, wenn die Zwischenergebnisse aus allen Analyse-Subsystemen vorliegen. Daher werden fehlende Risiko-Indizes aus den Original-Subsystemen jeweils durch eine bestimmte »Erfassungsstruktur« hilfsweise substituiert, so daß das Integrations-Subsystem genutzt werden kann, auch wenn einzelne Analyse-Subsysteme bei der jeweiligen Sparkasse noch nicht einsetzbar sind.

Einige Zahlen geben Aufschluß über die *Akzeptanz der Subsysteme*: Mit Hilfe der Einzelbilanzanalyse und der statistischen Bilanzanalyse werden im Sparkassenverbund jährlich über 200.000 Jahresabschlüsse analysiert, und die Unternehmer- und Unternehmensbeurteilung wird von über 140 Sparkassen genutzt (vgl. Reuter 1994a). Auch die Kontodatenanalyse hat gründliche Praxistests bestanden und soll auf Großrechnern aller deutschen Sparkassen-Rechenzentren implementiert werden. Das Informatikzentrum Bayern hat die Implementierung des Subsystems bereits abgeschlossen, so daß die Auswertungen im Online-Dialog für die angeschlossenen Sparkassen verfügbar sind (vgl. Reuter 1996). Bezüglich der Nutzung der einzelnen GENO-FBS Module liegen bislang keine dezidierten Informationen vor. Bekannt ist nur, daß neben den regionalen Zentralbanken und der DG Bank, die jährlich 10000 Bilanzen in den Datenpool einstellt, bislang ca. 1000 der 2500 Primärbanken GENO-FBS nutzen (vgl. Kukielka 1997).

Grundsätzlich ist jedoch davon auszugehen, daß die einfach zu handhabenden und wenig aufwendigen Subsysteme von der Praxis besonders gut akzeptiert und angewandt werden, und daß aufwendige und insbesondere auch hohe Ansprüche an die Personalqualifikation stellende Subsysteme wie die Portfolio-Analyse nur langsam akzeptiert und zwischenzeitlich möglicherweise noch weiterentwickelt werden. Aber auch bei gegebener Akzeptanz der einzelnen Subsysteme wird die tatsächliche Nutzung teilweise noch von der Kundschaftsstruktur des jeweiligen Instituts abhängen. Daher hat z.B. der DSGV festgelegt, daß der *Einsatz der Subsysteme in abgestufter Form* stattfinden soll, und daß insbesondere die Subsysteme, bei deren Anwendung ein hoher qualitativer und quantitativer Personaleinsatz erforderlich ist, also insbesondere die Finanzplanung und die Portfolio-Analyse, nur für Firmenkunden mit einem Engagement ab DM 500.000,- genutzt werden, während die übrigen Subsysteme für einen Einsatz bei Engagements ab DM 100.000,- vorgesehen sind. Diese Grenzen können die einzelnen Sparkassen aber selbst abweichend festlegen (vgl. Reuter 1996).

**f) Einsatz neuerer Verfahren für die Kreditwürdigkeitsprüfung**

**fa) Bilanz-Bonitätsanalyse mit Hilfe Künstlicher Neuronaler Netze**

Das Subsystem STATBIL des Kreditinformations- und Kreditüberwachungssystems des DSGV (vgl. Abschn. (cc)) verwendet Bilanzkennzahlen, von denen auf die zukünftige Unternehmensentwicklung geschlossen wird. In seiner ursprünglichen Fassung beruhte es auf der *Multivariaten Diskriminanzanalyse* (MDA), mit deren Hilfe Diskriminanzkoeffizienten berechnet und eine Diskriminanzfunktion aufgestellt werden (vgl. Anhang 1.1). Multipliziert man die Werte der in die MDA einbezogenen Kennzahlen mit den zugehörigen Diskriminanzkoeffizienten, dann ergibt sich der Wert der Diskriminanzfunktion als Summe dieser Produkte. Mit Hilfe dieses Funktionswertes erfolgt eine

Klassifikation der Unternehmen in gute und schlechte. Diesem Ansatz sind zahlreiche Forschungsprojekte gefolgt, auf die in Abschn. (cc) schon verwiesen wurde.

Mit der MDA sind Probleme verbunden, die die Klassifikationsleistung zwangsläufig belasten. Besonders schwer wiegt dabei die *Linearitätsannahme*, die sich darin zeigt, daß die Beiträge der einzelnen Kennzahlen zur Klassifikation, formal also das Produkt des Wertes der jeweiligen Kennzahl mit ihrem Diskriminanzkoeffizienten, nur summiert werden und so den Wert der Diskriminanzfunktion ergeben, von dem die Klassifikation des zu beurteilenden Unternehmens abhängt. Durch welche Konstellation von Kennzahlenwerten der Funktionswert zustande kommt, wird bei diesem Klassifikationsverfahren nicht berücksichtigt. Ganz unterschiedliche Konstellationen können also zu demselben Funktionswert und damit zu derselben Klassifikation führen, obwohl diese Konstellationen im Einzelfall ganz unterschiedliche Unternehmensentwicklungen anzeigen können. Die MDA kann also keine Muster von Bilanzkennzahlen erkennen, die auf eine positive oder negative Unternehmensentwicklung hinweisen. Daher wurden zur Bilanzbonitätsprüfung später auch Künstliche Neuronale Netze (KNN) eingesetzt (vgl. Anhang 1.2), die zur *Mustererkennung* geeignet sind. Sie werden den Methoden der Künstlichen Intelligenz zugeordnet.

Um einen *Leistungsvergleich* zu ermöglichen, bot es sich an, das Verfahren der KNN auf Unternehmensdaten anzuwenden, die vorher schon mit MDA analysiert worden waren. Eine umfangreiche Untersuchung mit dieser Zielsetzung wurde von Erxleben et al. (1992) durchgeführt. Sie verwendeten ein *Backpropagation-Netz*, bei dem sie folgende Parameter variierten:

- Die Zahl der Lernschritte,
- die Initialisierung der Verbindungsgewichte,
- die Netzarchitektur,
- die Anzahl der Bilanzkennzahlen,
- das Verhältnis zwischen der Anzahl der solventen und insolventen Unternehmen in der Validierungsstichprobe und
- die zeitliche Struktur der Daten in der Analysestichprobe.

Das Netz wurde mit den vier Kennzahlen der Diskriminanzfunktion aus der Vergleichsuntersuchung aufgebaut. Es besteht aus vier Neuronen in der Eingabeschicht, drei verborgenen Schichten mit je vier Neuronen und einer Ausgabeschicht mit zwei Neuronen. Dieses Netz wurde mit 10.000 Lernschritten trainiert. Die Klassifikationsergebnisse der MDA und KNN sind bei dieser Untersuchung praktisch gleich. Krause (1993) kritisiert an der Untersuchung von Erxleben et al. (1992), daß dieselben Kennzahlen wie bei der MDA der Vergleichsuntersuchung verwendet worden sind, so daß das Netz unnötig eingeschränkt war, und daß die Parametereinstellungen nicht systematisch getestet worden sind. Er kommt bei seiner Klassifikation mit Hilfe eines *Counterpropagation-Netzes*, angewandt auf denselben Datensatz, zu folgenden Ergebnissen (Krause 1993, S. 213 f.):

- Die Klassifikationsleistung der MDA kann durch KNN übertroffen werden.
- Das Counterpropagation-Netz erfordert statistische Vorarbeiten bei der Auswahl der Kennzahlen; es kann dann aber die mit der MDA erzielten Klassifikationsergebnisse noch um ca. 4 Prozentpunkte verbessern.
- Kritisch wird hervorgehoben, daß das Zustandekommen der Ergebnisse bei KNN nicht transparent ist und oft auch nicht plausibel gemacht werden kann.

Bei zahlreichen vergleichenden Untersuchungen hat sich gezeigt, daß mit Hilfe der KNN gegenüber herkömmlichen statistischen Verfahren wie der MDA eine Verbesserung der Klassifikationsergebnisse erzielt werden kann, daß diese im Regelfall aber nur marginal ist. Die Anwendung der KNN stellt wesentlich höhere Ansprüche an die Qualifikation der Analytiker, so daß die Leistungsverbesserung durch zusätzliche Aufwendungen, insbesondere Personalaufwendungen, erkauft wird.

**fb) Kreditwürdigkeitsprüfung mit Hilfe von Expertensystemen**
Durch Expertensysteme (XPS) (vgl. Anhang 1.3) soll die Wissensverarbeitung menschlicher Experten, z.B. der Kreditsachbearbeiter, nachgebildet und auch für weniger qualifizierte Anwender nutzbar gemacht werden. Inhaltlich bezieht sich die *Wissensverarbeitung* auf dieselben Informationen, die auch bei der konventionellen Verarbeitung berücksichtigt werden. Im Falle der Kreditwürdigkeitsprüfung sind dies der Jahresabschluß, Brancheninformationen, Markt- und Konkurrenzinformationen etc.

Für die Prüfung der Kreditwürdigkeit von Firmenkunden ist eine Vielzahl von XPS entwickelt worden, von denen aber nicht alle das ganze Problemfeld abdecken, sondern nur Teilgebiete, wie z.B. die Bilanzanalyse. Und von den XPS, die das Problemfeld voll abdecken, werden auch nur einige in der Praxis tatsächlich eingesetzt (vgl. Anhang 1.3). Von diesen verdient das XPS »*Lending Advisor*« besondere Aufmerksamkeit, das von dem amerikanischen Software-Haus Syntelligence mit dem extrem hohen Aufwand von ca. 150 Mannjahren entwickelt worden ist (vgl. Lebsanft 1991). Dieses System steht allen Kreditinstituten zur Verfügung, und es kann an die speziellen Bedürfnisse jedes einzelnen Instituts angepaßt werden.

Das System führt den Benutzer im *Computer-Dialog* durch die jeweilige Anwendung, also die Bonitätsprüfung eines Firmenkunden. Dabei fragt es Eingabeinformationen ab, führt Analysen durch, gibt und begründet Empfehlungen. Es nimmt dem Benutzer die Bonitätsbeurteilung nicht ab, sondern es gibt Rat auf Expertenniveau. Es stützt sich auf Wissensbasen, in denen das Fachwissen zahlreicher Kreditexperten gespeichert ist, die an der Entwicklung des Systems mitgearbeitet haben. Diese Wissensbasen können in Abhängigkeit vom Bedarf der Bank, die das System implementiert, modifiziert und ergänzt werden. Der Funktionsumfang des Systems erstreckt sich praktisch auf alle Prüffelder, die auch bei konventioneller Kreditwürdigkeitsprüfung berücksichtigt werden. Einige der wichtigen *Funktionen* sind:

- *Funktionen zur Beurteilung der finanziellen Lage des Kreditnehmers*
    - Branchenanalyse
    - Analyse von Jahresabschluß und Cash Flow
    - Finanzdaten- und Trendanalyse im Vergleich zur Branche
    - Analyse der operativen Leistungsfähigkeit
      (Kostenstruktur, Ertragskraft, Marktposition, Produkte,
      Kundenstamm, Managementeffektivität)
    - Kapitalstrukturanalyse
    - Liquiditätsanalyse
    - Kreditbedienung in der Vergangenheit
    - Zusammenfassung der Ergebnisse zur Gesamtbeurteilung der finanziellen Lage
- *Funktionen zur Beurteilung der zukünftigen Entwicklung des Kreditnehmers*
    - Beurteilung der Managementkompetenz
      (Fachkompetenz, Planungsfähigkeit, Engagement für das Unternehmen, Erfolg)
    - Finanzdaten-Projektionen
    - Kreditstrukturanalyse
    - What-if-Analyse der Auswirkungen verschiedenster Einflußfaktoren
- *Analyse von Kreditnehmereinheiten* i.S. des § 19 Abs. 2 KWG
- Analyse von Kreditnehmern mit mehreren Geschäftszweigen

Die Struktur des Computer-Dialoges, durch den der Benutzer geführt wird, wirkt ganz nebenbei wie eine *Check-Liste*, denn er stellt sicher, daß Aspekte, die Gegenstand des Dialoges sind, nicht übersehen werden. Das XPS »Lending Advisor« wird von verschiedenen Banken in den USA, in Kanada und Australien im Firmenkundengeschäft eingesetzt. Die Canadian Imperial Bank of Commerce in Toronto hat z.B. berichtet, daß sie das System in 80 Filialen eingeführt und folgende *Ergebnisse* erzielt hat:

- *Produktivitätssteigerung der Kreditsachbearbeitung durch*
  - schnellere Analyse,
  - schnelleres Auffinden relevanter Informationen,
  - kürzere Einarbeitungszeiten für neue Mitarbeiter und
  - schnellere Bearbeitung von Prolongationen;
  - bessere Kundenbetreuung durch kürzere Wartezeiten bis zur Kreditentscheidung;
- *Striktere Einhaltung der internen kreditpolitischen Regularien durch*
  - Einarbeitung der Regularien in das XPS,
  - systemgestützte Überwachung der Einhaltung der Regularien;
- *Steigerung der Profitabilität des Kreditgeschäfts durch* Verbesserung der Selektion neuer und der Überwachung bestehender Kredite und dadurch Senkung des Wertberichtigungsbedarfs;
- *Jährlicher Gewinnbeitrag des Systemeinsatzes* in Höhe von 800.000 bis 1,3 Mio. Dollar pro Mrd. Dollar Forderungen im Kreditportefeuille.

Bei der *Entwicklung von XPS* hat man anfangs die Wissensverarbeitung und insbesondere den *Inferenzmechanismus*, der das Zustandekommen von Schlußfolgerungen bewirkt, hart und *deterministisch* strukturiert. Wenn dann ein Merkmal eines Kreditnehmers einen Grenzwert (Schwellenwert) z.B. unterschreitet, dann wird die Schlußfolgerung gezogen, die sich aus der Tatsache der Unterschreitung ergibt, unabhängig davon, wie groß die Unterschreitung war. Menschliche Experten würden dagegen innerhalb einer gewissen Bandbreite das Ausmaß der Unterschreitung bei ihrer Entscheidung berücksichtigen. Hat ein Institut z.B. festgelegt, daß Unternehmen, die nicht mindestens 2 Jahre bestehen, keinen Kredit erhalten, dann werden bei scharfer deterministischer Formulierung und Handhabung dieses Grenzwertes Unternehmen, denen nur ein Monat am Mindestalter fehlt, keinen Kredit erhalten, was nach dem Urteil menschlicher Experten eine unnötig strikte Handhabung des Grenzwertes darstellen kann. Daher wurde schon früh versucht, *weichere Formulierungen* für derartige *Schwellenwerte* zu finden, die einerseits die menschliche Wissensverarbeitung besser nachbilden und andererseits formalisiert und in Systeme wie z.B. XPS integriert werden können. Als Ausgangspunkt bot sich hier die *Theorie unscharfer Mengen* an: Ob ein Element, hier ein Kreditantragsteller, einer bestimmten Menge, hier der Menge der guten Unternehmen, angehört, kann nur noch durch eine *Zugehörigkeitsfunktion* ausgedrückt werden. Aus dieser kann man, abhängig von der Ausprägung des zugeordneten Merkmals wie z.B. des Unternehmensalters, die Wahrscheinlichkeit für die Zugehörigkeit zur Menge der guten Unternehmen ablesen. Da bei der Bonitätsprüfung immer mehrere Merkmale zu beachten sind, müssen die Zugehörigkeitsfunktionen dieser Merkmale zu einem stochastisch formulierten Bonitätsurteil aggregiert werden. Die Technik, die hierbei verwendet wird, ist unter der Bezeichnung »Fuzzy Logic« bekannt geworden.

Die *Allgemeine Kreditversicherung AG* in Mainz, die täglich eine große Zahl von Bonitätsprüfungen vornehmen muß, verwendete seit 1990 ein regelbasiertes XPS, das je Anwendungsfall mit Hilfe von Regeln sequenziell eine Anzahl von harten Kriterien abprüfte (vgl. Barczewski et al. 1996). War auch nur ein Kriterium nicht erfüllt, wurde die Übernahme des Kreditrisikos abgelehnt. Trade-offs, also Austauschrelationen zwischen den Kriterien und ihren Erfüllungsgraden, wurden nicht berücksichtigt. Dies führte zu einer unerträglich hohen Ablehnungsquote bei den in Wirklichkeit bonitätsmäßig guten Unternehmen. Daher wurde ein *XPS unter Verwendung von Fuzzy Logic* entwickelt, das nicht mehr mit harten Schwellenwerten arbeitet und kompensatorische Effekte zwischen den Erfüllungsgraden der weich formulierten Bonitätskriterien zuläßt. Als Ergebnis der Systemanwendung erhält man einen Solvenzgrad, also eine Zahl zwischen 0 und 1, von der die Kreditversicherung das Limit abhängig macht. Ein Praxistest hat gezeigt, daß das XPS mit Fuzzy Logic dem Vorgängersystem weit überlegen ist, insbesondere die Zurückweisung guter Unternehmen stark vermindert und den von einer Expertengruppe unabhängig erarbeiteten Bonitätsurteilen sehr nahekommt.

**g) Kreditwürdigkeitsprüfung und Kreditüberwachung – ein pragmatisches Vorgehen**
Abschließend und auch im Rückblick auf Kap. 4.1.1.1 erscheint eine grundsätzliche Anmerkung notwendig: Es gibt keine Theorie der Kreditwürdigkeitsprüfung und Kreditüberwachung, sondern es gibt *nur einzelne Bausteine*, bei denen wissenschaftliche Methoden und Verfahren zur Anwendung kommen. Einige der wichtigsten Ursachen hierfür sind:

- Die *Kausalzusammenhänge* zwischen den die Bonität beeinflussenden Ursachen und der Bonität selbst (Wirkung) sind teilweise unklar. Es werden Indikatoren wie z.B. Kennzahlen benutzt, die die Bonität möglicherweise nicht eindeutig ursächlich beeinflussen.
- Die *Messung des Einflusses der Indikatoren* auf die Bonität und der Bonität selbst ist sehr schwierig. Oft handelt es sich, wie z.B. bei der Managementqualifikation, um weiche Daten auf niedrigem Skalenniveau.
- Die *zukunftsorientierte Kreditwürdigkeitsprüfung* erfordert die *Prognose* vieler Einflußgrößen, die teilweise in komplexen und im Zeitablauf instabilen *Interaktionsmustern* zusammenwirken.
- Eine *Theorie der Kreditwürdigkeit*, die wissenschaftstheoretischen Ansprüchen genügt, wird es aus den genannten Gründen wohl nie geben. Als Ausweg bleibt ein pragmatisches Vorgehen, das in Teilbereichen, wo immer möglich, von wissenschaftlichen Methoden und Verfahren Gebrauch macht und sich ansonsten auf praktische Erfahrungen aus dem Kreditgeschäft stützt.

### 4.1.3.2 Funktionsweise der Systeme für die Beratung von Geschäftskunden und mittleren Firmenkunden

Bei den Beratungsleistungen, die Kreditinstitute für ihre Geschäftskunden und mittleren Firmenkunden erbringen, kann man zwischen unternehmensbezogener und produktbezogener Beratung unterscheiden. Firmenkundenberater haben zwar immer schon neben der produktbezogenen Beratung auch zu Fragen Stellung genommen, die der Unternehmensberatung zuzurechnen sind. Daher kann die Abgrenzung zwischen unternehmens- und produktbezogener Beratung nicht trennscharf vollzogen werden, sie erscheint aber dennoch hilfreich. *Unternehmensberatungsleistungen* können sich auf alle Aspekte eines Unternehmens beziehen, bei Geschäftskunden und mittleren Firmenkunden sogar auch auf die Nachfolgeregelung und die Testamentsvollstreckung. Ihre Aufgaben sind so anspruchsvoll, und die Beratung ist so zeitaufwendig, daß sie von Firmenkundenberatern nicht nebenbei erledigt werden können. Daher haben viele Institute und Institutsgruppen Unternehmensberatungsgesellschaften gegründet oder übernommen, um ihren Firmenkunden Unternehmensberatungsleistungen anbieten zu können, insbesondere dann, wenn dringender unternehmensbezogener Beratungsbedarf bei produktbezogenen Beratungsgesprächen mit Firmenkunden offenkundig wird. Firmenkunden akzeptieren Unternehmensberatungsgesellschaften, die ihrer Bank nahestehen, häufig aber nur widerwillig oder gar nicht, weil sie fürchten, daß bei den Beratern Interessenkonflikte auftreten, die zugunsten der Bank gelöst werden, die dann z.B. sensible Informationen über die Firmenkunden erhält, die diese freiwillig nicht preisgeben wollten. Entsprechend der Regelung, die gemäß Wertpapierhandelsgesetz für das Wertpapiergeschäft gilt, wäre auch hier ein glaubwürdiger Firewall zwischen Bank und Unternehmensberatungsgesellschaft erforderlich, wenn die Akzeptanz der den Banken nahestehenden Unternehmensberatungsgesellschaften nachhaltig verbessert werden soll.

In Kap. 4.1.3.1 wurde in Abschn. (cd) das *Subsystem Finanz- und Liquiditätsplanung* behandelt, das Teil das Kreditinformations- und –überwachungssystems ist. Mit Hilfe dieses Subsystems kann der Firmenkundenberater für kleine Firmenkunden eine finanzwirtschaftlich orientierte Unternehmensplanung erarbeiten, wobei der betroffene Firmenkunde aus naheliegenden Gründen intensiv mitwirken muß. Das Ergebnis dieses Planungsprozesses, gewissermaßen ein Nebenprodukt der Bonitätsprüfung, ist zugleich als Ergebnis eines finanzwirtschaftlichen Unternehmensberatungsprozesses aufzufassen, der sehr aufwendig ist und von Firmenkundenberatern nur bewältigt werden kann, weil hierfür ein EDV-gestütztes Planungssystem zur Verfügung steht.

### a) Finanzierungsprogramm-Beratung

Schon seit einigen Jahren sind auch Beratungsunterstützungssysteme im praktischen Einsatz, deren Kern aus einem Expertensystem (vgl. Anhang 1.3) besteht. Das System GENO-STAR (*Genossenschaftlicher Staatshilfen-Ratgeber*), das hier als Beispiel für produktbezogene Beratungsunterstützungssysteme herangezogen wird, ist von der WGZ-Bank (Westdeutsche Genossenschafts-Zentralbank) initiiert und zunächst im eigenen Geschäftsgebiet eingeführt worden. Es steht den Genossenschaftsbanken bundesweit zur Verfügung, und es sind sogar einige Handwerkskammern sowie Industrie- und Handelskammern an das System angeschlossen.

GENO-STAR (vgl. Kalefeld 1991) unterstützt die Beratung von Geschäftskunden und mittleren Firmenkunden bei öffentlichen Finanzierungshilfen, also zinsgünstigen Kredit- und Zuschußprogrammen, die von der EU, vom Bund und von den Ländern angeboten werden. Sie sind hauptsächlich auf kleine und mittlere Unternehmen ausgerichtet, also ein Marktsegment, an dem die Genossenschaftsbanken einen hohen Marktanteil haben. Bei der Beratung in bezug auf diese *Finanzierungshilfen* stehen drei Aspekte besonders im Vorgrund, die Ausgestaltung, die Einsatzmöglichkeiten und die Kombinierbarkeit der Programme. Zur *Ausgestaltung* von Kreditprogrammen gehört z.B. die (günstige) Verzinsung, die (lange) Laufzeit, die (lange) Zinsbindungsfrist, die Anzahl der Tilgungsfreijahre und die außerplanmäßigen Tilgungsmöglichkeiten. Die *Einsatzmöglichkeiten* eines Programms bei einem Firmenkunden sind typischerweise an eine Vielzahl von Bedingungen geknüpft, insbesondere bezüglich des Unternehmens, des Verwendungszwecks etc. Diese Bedingungen sind für jedes Programm in speziellen Vergaberichtlinien niedergelegt. Seine *Komplexität* entfaltet das Beratungsproblem aber erst dadurch, daß die Finanzierungsprogramme von EU, Bund und Ländern unter bestimmten Bedingungen untereinander und mit Krediten der Hausbank kombinierbar sind, und daß sich alle diese Bedingungen im Zeitablauf immer wieder ändern.

*Traditionell* mußte ein Kreditinstitut in seinem zentralen Kreditbereich eine Stelle unterhalten, die die Informationen über Finanzierungsprogramme sammelte, aufbereitete und den Firmenkundenberatern zugänglich machte, z.B. durch Rundschreiben, die

die Berater durcharbeiten mußten und in Loseblattsammlungen verfügbar hatten. Mit zunehmender Anzahl und Komplexität der Finanzierungsprogramme wurde die Beratung für diese Programme immer schwieriger, zumal die programmbezogene Beratung ja nur eine Teilaufgabe der Firmenkundenberater ist. Das *System GENO-STAR* hat hier für die angeschlossenen Banken Abhilfe geschaffen: Es stellt die Finanzierungsprogramminformationen nicht nur online bereit, sondern es unterstützt die Beratung durch eine Expertensystem-Komponente. Außerdem trägt es sogar zur Geschäftsabwicklung bei, indem es die Kommunikation zwischen Refinanzierungsstelle, WGZ-Bank und Mitgliedsbank bezüglich Anträgen, Zusagen etc. durch Datenfernübertragung erleichtert.

Das Beratungs-XPS umfaßt eine *menügeführte Dialogkomponente*, die auch wenig eingearbeiteten Kundenberatern eine kompetente Beratung ermöglicht. GENO-STAR ist in der Lage,

- die für den zu beratenden Firmenkunden in Betracht kommenden Finanzierungsprogramme zu selektieren,
- diese entsprechend den Vergaberichtlinien bestmöglich zu kombinieren,
- dabei die Bewilligungspraxis zu berücksichtigen,
- einen Finanzierungs- und Kapitaldienstplan zu erstellen,
- einen Kredit der Hausbank zur Deckung des Restfinanzierungsbedarfs zu berücksichtigen und
- Hinweise für die Antragstellung zu geben.

Diese Aufgaben bewältigt das XPS dadurch, daß es während des Dialogs die Einsatzmöglichkeiten der zahlreichen Finanzierungsprogramme für den zu beratenden Kunden prüft, wobei das System in Abhängigkeit der im Dialog gewonnenen Informationen auf noch zu klärende Sachverhalte schließt und entsprechende Fragestellungen anzeigt. Die *Beratungsqualität*, die ein Firmenkundenberater mit Unterstützung des GENO-STAR bieten kann, könnte ein Experte ohne EDV-Unterstützung nur bei großem Fachwissen und äußerst konzentrierter Arbeitsweise erreichen. Durch das System wird sichergestellt, daß kein wichtiger Aspekt übersehen und ein fundierter Finanzplan zusammengestellt wird. Erfahrene Berater können die Fragen, die im Dialog mit dem XPS auftreten, zügig abhandeln, und weniger erfahrene Berater können sich die Fragetexte und Antwortmöglichkeiten ausführlich erläutern lassen. Durch den Einsatz des Systems hat sich pro Firmenkundenberatung, bei der Finanzierungsprogramme im Mittelpunkt stehen, eine erhebliche *Zeitersparnis* ergeben. Zudem gibt das System dem Berater noch Hinweise darauf, welche Antragsformulare und Begleitunterlagen entsprechend dem Finanzierungsplan bei den Refinanzierungsstellen vorzulegen sind.

GENO-STAR ist auf Großrechnern der Genossenschaftlichen Rechenzentralen implementiert. Die *Wissensbasis*, in der alle Finanzierungsprogramme mit ihrer Ausgestaltung und den Einsatz- und Kombinationsmöglichkeiten abgelegt sind, wird zentral gepflegt und steht jeweils aktuell einer Vielzahl von Beratern zur Verfügung, die sich inhaltlich kaum in die Finanzierungsprogramme einarbeiten müssen und mit Hilfe des Systems eine qualitativ sehr hochwertige Beratung bieten können. Das XPS wirkt hier also als Multiplikator von Wissen, ganz im Sinne der ursprünglichen Vision von XPS. Eine wichtige *Voraussetzung für den Erfolg* dieses Systems war, daß die Informationen über die Finanzierungsprogramme relativ gut strukturierbar sind.

### b) Europa-Beratung

Das Expertensystem EUROEXPERT, das in Zusammenarbeit zwischen dem Deutschen Sparkassen- und Giroverband und der Westdeutschen Landesbank entstanden ist (vgl. Lux 1992 und Lux/Mückenhaupt 1992) befindet sich im praktischen Einsatz und dient ebenso wie GENO-STAR der Beratung von mittleren Firmenkunden; es setzt bei den Beratungsgegenständen aber andere *Schwerpunkte*. Es unterstützt die Beratung von Firmenkunden, die sich mehr auf die EU ausrichten wollen und insbesondere an

- EU-Förderprogrammen für Forschung und Technologie,
- Investitionsförderung im EU-Ausland,
- EU-weiten Auftrags-Ausschreibungen und an
- Kooperationen mit Unternehmen aus anderen EU-Ländern

interessiert sind. Von diesen *Beratungsgegenständen* ist höchstens die Förderprogrammberatung als finanzierungs- und damit produktbezogen zu betrachten. Alle übrigen Beratungsgegenstände gehören zur unternehmensbezogenen Beratung. Sie sind auf unternehmensexterne Rahmenbedingungen ausgerichtet; eine Beratung zu unternehmensinternen Gegenständen wie z.B. Marketing, Controlling oder Strategie des Firmenkunden findet nicht statt.

Die *Anwendung eines XPS* erfolgt im Wege eines *Dialogs* zwischen Benutzer und System (vgl. Anhang 1.3). Als Benutzer fungiert hier der Firmenkundenberater, der den Dialog in Anwesenheit des zu beratenden Firmenkunden führt. Bei diesem Dialog gibt der Berater Daten über den Firmenkunden und seine Ziele ein, und das System stellt Fragen zur Konkretisierung, so daß es Schlüsse ziehen und Empfehlungen ausgeben kann.

Am Anfang der *Beratung* mit Unterstützung von EUROEXPERT steht eine *Selbsteinschätzung* des Firmenkunden nach vorgegebenen Kriterien. Daraufhin geht das System die relevanten Beratungsfelder nacheinander durch. Die Auswahl aus den *EU-Förderprogrammen für Forschung und Technologie* erfolgt nach vorgegebenen Kriterien: Phase, z.B. wissenschaftliche Forschung, Bereich, z.B. Umweltsektor und Ziel, z.B. Rückführung von Abfall und Schrott. Die vorgesehenen Kriterienausprägungen werden angezeigt, und der Berater trifft gemeinsam mit dem Firmenkunden die Auswahl. Bei der *Ermittlung von geeigneten Förderprogrammen* berücksichtigt das System, daß in der Region nur Projekte gefördert werden, an denen sich Unternehmen aus mindestens zwei Mitgliedstaaten beteiligen, und daß für die Programm-Ausschreibung genau festgelegte Fristen für die Einreichung von Förderanträgen gelten. Ist kein ausländischer Partner vorhanden, bietet das System im Verlauf der Beratung automatisch den Kooperationsservice der S-Finanzgruppe an. Hier wird die Verknüpfung der Beratungskomponenten deutlich, die gerade ein XPS leisten kann.

Zur *Investitionsförderung im EU-Ausland* kann das System die allgemeinen Fördergrundsätze der einzelnen Länder anzeigen oder Fördermöglichkeiten für ein konkretes Projekt in einer bestimmten Region des gewählten Landes ermitteln. Das XPS fragt nach Investitionsart, Investitionssumme, Zahl der neu zu schaffenden Arbeitsplätze etc., also nach Informationen, die zu den üblichen *Fördervoraussetzungen* gehören. Dabei werden die Angaben über das Unternehmen des Firmenkunden wie z.B. Branche, Anzahl der Beschäftigten und Umsatz, die schon zu Anfang des Dialogs abgefragt worden sind, berücksichtigt. Schließlich wählt der Kunde anhand einer auf dem Bildschirm angezeigten Karte die *Region* aus, in der er investieren möchte. Das System zeigt dann die für ihn in Betracht kommende Förderung an. Plant der Firmenkunde im EU-Ausland eine Investition, die dem Bereich Forschung und Technologie zugerechnet wird, dann eröffnet das System automatisch den Weg zur Beratungskomponente EU-Förderungsprogramme für Forschung und Technologie, jetzt aber angewandt auf die ausländische Region, in der investiert werden soll. Auch hier zeigt sich, daß die Beratungskomponenten nicht isoliert nebeneinander stehen, sondern aufgrund des in der Wissensbasis abgelegten Expertenwissens miteinander verbunden werden.

Während der Beratung wird der Firmenkunde auch darauf hingewiesen, daß staatliche Aufträge mit einem gewissen Mindest-Auftragsumfang EU-weit ausgeschrieben werden müssen, und daß der Kunde einen branchenbezogenen *Ausschreibungsservice* in Anspruch nehmen kann, der auf der EU-Datenbank TED (Tender Electronics Daily) beruht und tagesaktuell alle EU-weiten Ausschreibungen enthält. Da es für kleine und mittlere Unternehmen mit wenig Auslands- und Ausschreibungserfahrung günstig sein kann, mit einem Unternehmen in dem jeweils betroffenen Land zusammenzuarbeiten, um die Chancen einer Auftragserteilung zu erhöhen, kommt auch hier wieder die *Kooperationsvermittlung* in Betracht.

Die Beratungskomponente *Kooperation mit Unternehmen in anderen EU-Ländern* wird von den drei zuvor behandelten Komponenten erreicht. Zusammen mit dem Kunden erstellt der Berater ein *Kooperationsprofil* des Unternehmens, wobei die im XPS schon verfügbaren Daten des Unternehmens verwendet und im Dialog weitere Daten hinzugefügt werden. Dieses Unternehmensprofil für die Kooperationspartnersuche wird an die regional jeweils zuständige EU-Beratungsstelle des S-Finanzverbundes weitergeleitet, die sich dann bemüht, Kooperationspartner zu finden. Aus naheliegenden Gründen kann die Vermittlung von Kooperationspartnern nicht durch das XPS vorgenommen werden. Ergänzend bietet das XPS die Möglichkeit, Kurzinformationen über einzelne EU-Mitgliedsstaaten abzurufen oder zu Fragen, die im Beratungsgespräch nicht geklärt werden konnten, Datenbank-Recherchen in Auftrag zu geben.

**c) China-Markt-Beratung**
Um die Vielfalt der Möglichkeiten zu verdeutlichen, die sich für den Einsatz von Beratungsunterstützungssystemen bieten, sei abschließend noch kurz auf das System EXPERTEX für die China-Markt-Beratung verwiesen, das sich auch im Praxiseinsatz befindet (vgl. Westdeutsche Landesbank 1992). Auch dieses XPS erfordert die Eingabe der relevanten Daten, die den zu beratenden Firmenkunden kennzeichnen, z.B. Produkte und Niederlassungen im Ausland. Es nimmt dann mit Bezug zu dem Firmenkunden eine Markt- und Wettbewerbsanalyse vor, die anzeigt, welche Bedingungen dieser Firmenkunde in China vorfinden würde. Schließlich schlägt es dem Firmenkunden Aktivitäten für den chinesischen Markt vor.

**d) XPS-Einsatz im Beratungsprozeß**
Die XPS zur Unterstützung der Beratung von Geschäftskunden und mittleren Firmenkunden bieten einerseits die Möglichkeit, umfangreiche und komplexe Informationen zentral in einer Wissensbasis abzulegen und zu pflegen, um es dann Firmenkundenberatern zu ermöglichen, diese Informationen im Beratungsgespräch unter Einsatz von Künstlicher Intelligenz kundenproblem-orientiert aufzubereiten und für die Kunden nutzbar zu machen. Andererseits sei aber auch auf die Anforderungen verwiesen, denen die Kunden im Dialog mit dem XPS gegenüberstehen. Bei der Behandlung der XPS für die Beratung von mittleren Firmenkunden wurde, ebenso wie in der Literatur, impliziert, daß es im Unternehmen eine Person gibt wie z.B. den Inhaber, der alle Teilbereiche des Unternehmens genau kennt und der präzise Informationen zu Zielvorstellungen und zur Planung des Unternehmens bereitstellen kann. In der Praxis sind aber auch in überschaubar erscheinenden Personenhandelsgesellschaften regelmäßig mehrere Entscheidungsträger von den Beratungsgegenständen betroffen, und es laufen teilweise langwierige Willensbildungsprozesse ab, bis z.B. über Auslandsinvestionen endgültig entschieden wird. Da kaum realisierbar erscheint, daß alle geschäftsführungsbefugten Gesellschafter oder alle Geschäftsführer eines mittleren Firmenkunden gleichzeitig an XPS-gestützten Beratungsgesprächen teilnehmen, werden die Berater Beratungsgespräche zumeist mit einzelnen Repräsentanten ihrer Firmenkunden führen können, die dann in ihren Unternehmen Willensbildungsprozesse anstoßen. Kommt es daraufhin noch

nicht zu Entscheidungen, dann könnten XPS-gestützte Beratungsprozesse mit veränderten Stoßrichtungen erneut durchlaufen werden. Die Problematik der Einbeziehung des Beratungsergebnisses in Entscheidungsprozesse auf der Seite der Firmenkunden stellt sich nicht so ausgeprägt bei der Beratung über öffentliche Finanzierungshilfen mit GENO-STAR, weil in diesem Fall primär der Finanzbereich des Unternehmens betroffen ist. Sie tritt aber bei der EU-orientierten Beratung mit EUROEXPERT deutlich hervor, und sie gewinnt bei der China-Markt-Beratung mit EXPERTEX noch stärker an Bedeutung.

### 4.1.3.3 Bewertung der Systeme für Kreditwürdigkeitsprüfung und Beratung der Geschäftskunden und mittleren Firmenkunden bezüglich der Effizienzkriterien

Die Bewertung der Systeme für die *Kreditwürdigkeitsprüfung* der Geschäftskunden und mittleren Firmenkunden verläuft analog zur Bewertung der Systeme für die Kreditwürdigkeitsprüfung der Mengenkunden. Daher sei hier nur auf Kap. 4.1.1.3 verwiesen.

Die Systeme für die *Beratung* der Geschäftskunden und mittleren Firmenkunden ermöglichen *neue Geschäftsprozesse mit Kunden* für *konventionelle Bankleistungen* (vgl. Abb. 1.6.2-2). Sie erfüllen die Grundfunktion der *Beratungsunterstützung*. Während die produktbezogene Beratung wie z.B. die Beratung bei der Inanspruchnahme von öffentlichen Förderkreditprogrammen durch GENO-STAR eindeutig dem Kreditgeschäft zugerechnet werden kann, bieten wichtige Teilfunktionen von EUROEXPERT unternehmensbezogene Beratung, und für EXPERTEX, das die China-Markt-Beratung unterstützt, gilt dies ausschließlich. Bei diesen Beratungsleistungen handelt es sich um Bestandteile von Kreditleistungen oder um eigenständige Bankleistungen, die im Prinzip auch schon vor Einführung der Beratungsunterstützungssysteme erbracht wurden, wenn auch mit deutlich geringerer Qualität.

* **Kundennutzen**

Kundennutzen entsteht bei der Förderkreditberatung, z.B. mit Hilfe von GENO-STAR, dadurch, daß alternative Finanzierungskonzeptionen erarbeitet und in bezug auf Finanzierungskosten und Kapitaldienst bewertet werden. Im weiteren Sinne werden dabei also Modellrechnungen (Nutzendimension 6.2) gemäß Abb. 1.6.2.1-2 durchgeführt. Die über die Förderkreditberatung hinausgehenden Funktionen von EUROEXPERT und die China-Markt-Beratung mit EXPERTEX sind ausschließlich der Unternehmensberatung zuzurechnen (Nutzendimension 6.3). Für Firmenkunden, auf deren Problemlage diese Systeme ausgerichtet sind, ist der zusätzliche Kundennutzen der systemgestützten Beratung erheblich. Voraussetzung für die Entstehung des Kundennutzens ist aber, daß die systemgestützte Beratung adäquat in den gesamten Beratungsprozeß und nach Möglichkeit auch in den Entscheidungsprozeß auf der Seite des Firmenkunden integriert wird.

* **Wirtschaftlichkeit**

Die Wirtschaftlichkeit der Förderkreditberatung konnte durch Einsatz von XPS wie z.B. GENO-STAR ganz erheblich gesteigert werden. Dies äußerte sich nicht nur durch eine im Vergleich zur konventionellen Beratung stark verminderte *Beratungszeit* je Firmenkunden, sondern auch in sinkenden *Kosten* für die Bereitstellung und Aktualisierung der den Förderkreditprogrammen zugrundeliegenden Informationen. Hierauf beruht die breite Akzeptanz von GENO-STAR durch die Genossenschaftsbanken.

Die unternehmensbezogenen Beratungsfunktionen der XPS EUROEXPERT und EXPERTEX sind konventionell, also ohne Systemeinsatz, kaum wahrgenommen worden, und daher lassen sich über die Verbesserung der Wirtschaftlichkeit keine Aussagen treffen; die Verbesserung der Beratungsqualität durch den Systemeinsatz ist aber offenkundig.

* **Wettbewerbsvorteile**

Beratungsunterstützungssysteme sind *Systeme mit direktem Kundengeschäftsbezug* im *bankinternen Einsatzbereich* (vgl. Abb. 1.6.2.4-1). Grundsätzlich lassen sich mit diesen Systemen Wettbewerbsvorteile erzielen. Sie tragen durch Verbesserung der *Qualität* der Bankleistungen zu einer Steigerung des Kundennutzens bei. Die *Akzeptanz* dieser Beratungsunterstützungssysteme durch Geschäftskunden und mittlere Firmenkunden ist unproblematisch. Ihre Breitenwirkung hängt aber von der Problemlage ab, die diese Kunden wahrnehmen. Förderkreditberatung wird praktisch von allen mittelständischen Kunden für relevant gehalten, und daher überrascht es nicht, daß GENO-STAR eine so große Breitenwirkung entfaltet (vgl. Kalefeld 1991). Es ist nicht zu erkennen, daß Wettbewerber der Genossenschaftsbanken ähnliche Systeme einsetzen, und daher ist davon auszugehen, daß GENO-STAR den Genossenschaftsbanken erhebliche Wettbewerbsvorteile einbringt.

Die Breitenwirkung der XPS EUROEXPERT und EXPERTEX ist dagegen sehr viel geringer. Sie behandeln spezielle Beratungsgegenstände, von denen sich nur ein kleiner Teil der mittleren Firmenkunden angesprochen fühlt, und daher haben die Wettbewerbsvorteile, die sie auch bei großer Leistungsfähigkeit gewähren können, ein vergleichsweise geringeres Gewicht.

## 4.1.4 Systeme für die strategische Geschäftseinheit große Firmenkunden

Große Firmenkunden sind typischerweise emissionsfähige Unternehmen aus Industrie, Handel und Dienstleistungssektor, die sich aufgrund ihrer Größe, gemessen durch Bilanzsumme und Umsatz, deutlich von mittleren Firmenkunden unterscheiden. Viele von ihnen gehören einem Konzern an und/oder stellen selbst eine Konzern-Muttergesellschaft dar, so daß sie meist auch nicht mehr eindeutig einer bestimmten Branche zugeordnet werden können. Sie sind typischerweise stark international oder sogar global tätig. Viele von ihnen verfügen über ein Rating von Agenturen wie Moody's und Standard & Poor's, so daß sie sich durch eigene Emissionen günstig am internationalen Kapitalmarkt refinanzieren können.

Große Firmenkunden werden finanzwirtschaftlich zumeist hoch professionell geführt. Sie verfügen über Finanzabteilungen, oft auch als Treasury-Bereiche bezeichnet, die mit hoch qualifizierten Führungskräften und Mitarbeitern besetzt sind und den Status eines Profit Center haben. Zu den *Aufgaben der Treasury-Bereiche* großer Unternehmen gehört neben der Finanzplanung üblicherweise das Cash Management in den relevanten Währungen, Asset Management in Aktien, Zinstiteln und Derivaten, die Refinanzierung des Unternehmens (Corporate Finance) sowie das Risikomanagement bezüglich aller finanzwirtschaftlichen Risikoarten, insbesondere Liquiditätsrisiko einerseits und Ertragsrisikoarten wie Zins-, Währungs- und Aktienkursrisiko andererseits. Sie setzen leistungsfähige EDV-Anwendungssysteme ein und stellen zugleich *hohe Ansprüche* an das Electronic Banking-Angebot der Banken, insbesondere an die Online-Datenübertragung zwischen Unternehmen und Bank, Zahlungsverkehrssysteme (vgl. Kap. 4.1.4.1), Cash Management-Systeme (vgl. Kap. 4.1.4.2) und an Systeme für das Risikomanagement (vgl. Kap. 4.1.4.3 und Kap. 4.2.1). Mit Hilfe von Informationsdiensten wie z.B. Reuters, Bloomberg, Knight Ridder, vwd und Datastream einerseits und täglichen Konditionenabfragen bei ihren zahlreichen Bankverbindungen andererseits verschaffen sie sich eine *Markttransparenz*, die die Markttransparenz der für sie zuständigen Firmenkundenbetreuer auf der Bankseite häufig an Breite, Tiefe und Aktualität übertrifft. Aufgrund der extrem großen Geschäftsvolumina, um die es bei den Verhandlungen mit den Banken regelmäßig geht, verfügen sie über außerordentlich große *Verhandlungsmacht*, was dazu geführt hat, daß die *Margen* der Banken im Geschäft mit großen Firmenkunden minimal und teilweise nicht mehr kostendeckend sind.

Die Treasury-Bereiche der großen Firmenkunden verfolgen teilweise eine ausgeprägte *Strategie der Emanzipierung von den Banken*. Sie können die Banken zwar nicht gänzlich umgehen, treiben dies aber so weit wie möglich voran. So müssen sie immer noch Zahlungsverkehrsleistungen von den Banken fremdbeziehen; sie versuchen aber, z.B. durch Netting und Industrie-Clearing, die Inanspruchnahme von Bankleistungen zu minimieren oder durch eigene Tochtergesellschaften selbst zu erstellen. Als *Netting* bezeichnet man die durch den Treasury-Bereich vorgenommene Aufrechnung von gegenseitigen Forderungen und Verbindlichkeiten zwischen den Gesellschaften eines international tätigen Konzerns. Je nach Struktur des Geflechts von gegenseitigen Lieferungen und Leistungen im Konzern kann die Ersparnis an Transaktionskosten durch Reduktion der ohne Netting notwendigen Devisengeschäfte ganz erheblich sein.

Wenn es in einem Konzern Tochtergesellschaften gibt, die einen Überschuß und andere, die einen Bedarf an finanziellen Mitteln haben, dann kann der Treasury-Bereich einen Ausgleich herbeiführen: Gesellschaften mit Finanzmittelüberschuß geben Kredit an Gesellschaften mit Kreditbedarf, wobei die Spanne zwischen dem banküblichen Soll- und Habenzins geteilt wird und somit beide Gesellschaften einen ökonomischen Vorteil erzielen. Dieses Verfahren, das als *Industrie-Clearing* bezeichnet wird, kann auch auf Geschäfte von Konzerngesellschaften mit unabhängigen Unternehmen ausgedehnt werden. Treasury-Bereiche können darüber hinaus, meist unter Einschaltung konzerneigener Finanzierungsgesellschaften, *eigene Emissionen* beispielsweise von Euro Commercial Paper und Euro Notes am internationalen Kapitalmarkt plazieren, um Finanzmittel für den Konzern zu beschaffen. Sie können aber auch Mittel des Konzerns, z.B. mit Hilfe von *Kapitalanlagegesellschaften*, am internationalen Kapitalmarkt anlegen. Banken wirken hierbei kaum noch mit. Treasury-Bereiche, die für den Konzern in so großem Umfang die Eigenerstellung von Finanzdienstleistungen und die Vermeidung des Fremdbezuges von Bankleistungen realisieren, werden auch als *In-House Banks* bezeichnet. Besonders bekannt geworden sind die In-House Banks von Asean Brown Boveri, DaimlerChrysler und Siemens.

Die Aktivitäten der In-House Banks großer Firmenkunden lassen erkennen, welches *Erfolgspotential* den Banken im Geschäft mit diesen Kunden verbleibt. Je erfolgreicher die In-House Bank eines großen Firmenkunden arbeitet, desto geringer ist tendenziell das Erfolgspotential der Banken im Geschäft mit diesem Kunden. Den Banken verbleibt in diesem Marktsegment das Geschäft, das diese Kunden nicht in Eigenleistung erbringen können, z.B. Zahlungsverkehrsgeschäft, strukturierte Finanzierungen und das Geschäft mit Derivaten, die die Firmenkunden im Rahmen ihres Risikomanagements einsetzen. Hierzu gehören eigentlich auch hochwertige Beratungsleistungen, die Banken für große Firmenkunden erbringen, aber es konnte im deutschen Bankenmarkt noch nicht durchgesetzt werden, daß den Kunden hierfür Preise in Rechnung gestellt und somit Erträge erwirtschaftet werden. Es mutet fast grotesk an, daß es die Banken selbst waren, die den großen Firmenkunden EDV-Anwendungssysteme wie z.B. Cash Management-Systeme zur Verfügung gestellt haben, die die Grundlage dafür schufen, daß diese Kunden In-House Banks aufbauen konnten. Aus der Einsicht, daß diese Entwicklung ohnehin nicht umkehrbar ist, gehen Banken nun sogar dazu über, großen Firmenkunden EDV-Anwendungssysteme zur Verfügung zu stellen, die auf Rechnern der Kunden installiert werden und die In-House Banks bei der Wahrnehmung ihrer Funktionen unterstützen. Dies ist als Einsatz von Systemen für die Kundenberatung zu verstehen (vgl. Kap. 4.1.4.3), mit dem seitens der Bank offenbar die Erwartung verbunden wird, daß die In-House Banks wenigstens den noch verbleibenden Bankleistungsbedarf bei der Bank decken, die das System zur Verfügung gestellt hat.

### 4.1.4.1 Funktionsweise von Systemen für den Auslandszahlungsverkehr von großen Firmenkunden, dargestellt am Beispiel des IBOS-Systems

Ohne die Beteiligung deutscher Institute wurde 1991 das *Inter-Bank-On-Line-System* (IBOS) als Auslandszahlungsverkehrssystem für Banken und große Firmenkunden ins Leben gerufen (vgl. IBOS Ltd. 1994). Die Initiative hierzu ist zunächst von der Royal Bank of Scotland (Großbritannien) und dem Banco Santander (Spanien) ausgegangen; im Jahre 1992 kamen dann noch der Crédit Commercial de France (Frankreich) und der Banco de Comércio e Indústria (Portugal) hinzu, so daß durch IBOS über 2.500 Bankfilialen in Europa erreicht werden konnten. Das IBOS-System wurde 1994 auf die IBOS Ltd. übertragen, die die Verantwortung für den Betrieb des Systems, die Unterstützung der Benutzer und die Weiterentwicklung übernommen hat. Die Gesellschafter von IBOS Ltd. sind nunmehr die Royal Bank of Scotland, der Banco Santander, Electronic Data Systems Corporation (EDS) und Goldman Sachs. Die Beteiligung der EDS verdient in diesem Zusammenhang besondere Aufmerksamkeit: EDS ist eine 100%ige Tochter von General Motors, die in mehr als 30 Ländern operiert und mehr als 70.000 Mitarbeiter beschäftigt. Sie stellt Zahlungsverkehrsdienstleistungen für einige Tausend Finanzinstitutionen weltweit bereit, aber sie beschränkt ihre Aktivitäten nicht auf den Finanzdienstleistungssektor. Sie gilt als führend in der Anwendung der I&K-Technologie für Wirtschaftsunternehmen und öffentliche Verwaltungen in vielen Ländern der Erde. Für die IBOS Ltd. ist EDS ein wichtiger *Technologie-Partner*, der für die weltweite Anwendung des IBOS-Systems die Infrastruktur bereitstellt.

Die *Funktionen* des IBOS-Systems bestehen in der Durchführung von internationalen Zahlungsaufträgen und in der Abfrage von Kontoinformationen. Damit ist eine gewisse Verwandtschaft des IBOS-Systems mit Cash Management-Systemen (CMS) erkennbar. IBOS dient zwar auch der Übermittlung von Finanznachrichten und der Durchführung von Zahlungsverkehrsaufträgen, in diesem Fall sogar interaktiv und weltweit in Echtzeit. Dabei werden verschiedene Varianten für die Abwicklung von Zahlungsaufträgen realisiert, die insbesondere für große international oder sogar global tätige Firmenkunden von speziellem Nutzen sind. Die Banken, die durch das IBOS-System erreicht werden können, um Kontoinformationen abzufragen und Zahlungsverkehrsaufträge zu erteilen, sind aber nur die IBOS-Mitgliedsbanken, während bei vielen CMS alle die Banken erreicht werden können, die sich bereit erklärt haben, ihre Kontoinformationen in das jeweilige CMS einzumelden. In gewissem Sinne bilden die IBOS-Mitgliedsbanken also einen fest gefügten *Bankenclub*, während zwischen den Banken, die ihre Informationen in CMS einmelden, normalerweise keine besonderen Beziehungen bestehen.

Hinsichtlich der Verteilung der *IBOS-Gebühren* sind die Mitgliedsbanken vollkommen frei: Die Auftraggeber können mit der vollen Gebühr belastet werden, die Empfänger zahlen die volle Gebühr, oder es zahlt jeder Beteiligte seinen Anteil. Das IBOS-System benutzt das TYMNET-Netzwerk von British Telecom und das INFONET-Netzwerk. Es ist ein *Multipoint to Multipoint Network*, das zwischen einer Vielzahl von Banken und Bankfilialen besteht und innerhalb der IBOS-Banken Transaktionen von Konto zu Konto vornimmt. Die Nachrichtenübermittlung erfolgt direkt zwischen den beteiligten Banken und nicht über eine Zentralstelle. Die Nachrichten entsprechen den Normen von S.W.I.F.T. und EDIFACT (vgl. Anhang 2.1). Die IBOS-Banken benutzen jeweils einen Minicomputer als »Automated Interface Unit«, der die Aufgabe hat, das Großrechnersystem der Bank mit dem IBOS-System zu koppeln.

Das IBOS-System ist nicht nur für das Auslandsgeschäft großer Banken, sondern insbesondere auch für große Firmenkunden attraktiv, die bei Banken in verschiedenen Ländern Konten unterhalten und regelmäßig in großem Umfang Auslandszahlungen zu leisten haben. Als Benutzer des Systems können IBOS-Banken ihren Firmenkunden Transaktionsarten ermöglichen, die das S.W.I.F.T.-System nicht bietet, die aber den *Dispositionsbedürfnissen* dieser Kunden sehr entgegenkommen. Für die Disposition erweist es sich als besonders vorteilhaft, daß die IBOS-Transaktionen in Echtzeit direkt von IBOS-Bank zu IBOS-Bank, also ohne Einschaltung einer Nachrichten- oder Clearing-Zentrale, abgewickelt werden, so daß die transferierten Mittel auf dem Zielkonto sofort zur Verfügung stehen. Firmenkunden, die viele Auslandszahlungen zu leisten haben, können die hierfür erforderlichen Mittel mit einer einzigen IBOS-Zahlung auf einem IBOS-Konto im jeweiligen Land anschaffen, um die einzelnen Zahlungen dann kostengünstig unter Benutzung des lokalen Clearingsystems zu leisten. Neben den Dispositionsvorteilen bringt das IBOS-System also auch Kostenvorteile mit sich, die es für große Firmenkunden attraktiv machen.

### 4.1.4.2 Funktionsweise von Cash Management-Systemen

#### a) Rahmenbedingungen

Schon Anfang der 70er Jahre wurden in den USA Cash Management-Systeme (CMS) entwickelt, um die Nachteile wenigstens teilweise auszugleichen, die die Zersplitterung des amerikanischen Banksystems für die Finanzdisposition der Unternehmen mit sich gebracht hat, und die hauptsächlich durch den McFadden Act von 1927 und den Glass-Steagall Act von 1933 herbeigeführt worden war. Aufgrund des McFadden Act durften Banken jeweils nur in dem Bundesstaat, wo sie ihren Sitz haben, Filialen betreiben (State Banking) und durch den Glass-Steagall Act wurde das Trennbanksystem eingeführt (vgl. Schuster 1991).

Die Zersplitterung des *amerikanischen Banksystems* brachte u.a. mit sich, daß das Zahlungsverkehrssystem ineffizient war und daß Überweisungen ungewöhnlich lange Transferzeiten in Anspruch nahmen. Die Liquiditätsdisposition der Firmenkunden war mit großen Schwierigkeiten verbunden, so daß umfangreiche Liquiditätsreserven gehalten werden mußten, die insbesondere bei hohem Zinsniveau mit erheblichen Opportunitätskosten verbunden waren. Als die Mellon Bank schon 1969 ein CMS anbot, über das Firmenkunden Kontoinformationen abfragen konnten, entsprach sie einem dringenden Bedürfnis dieser Kundschaft. Viele bedeutende Banken zogen bald nach, und schon Ende der 70er Jahre waren CMS ein wichtiger Bestandteil des Leistungsangebotes amerikanischer Banken. Zunächst handelte es sich bei diesen CMS um reine Abfragesysteme. In der nächsten Ausbaustufe konnten mit den CMS auch schon Transaktionen initiiert, also Zahlungsaufträge erteilt werden, und in der bisher letzten Ausbaustufe können Firmenkunden die abgefragten Kontodaten auf ihrem eigenen Rechner weiterverarbeiten.

In *Deutschland* waren die Rahmenbedingungen, die in den USA zur Entwicklung von CMS geführt hatten, zwar nicht gegeben, aber diese Systeme wurden dennoch eingeführt, ohne daß lange nach den Wirkungsvoraussetzungen für EDV-Anwendungssysteme (Kap. 1.3) gefragt worden wäre. Die CMS-Technik war verfügbar, EDV-Hersteller und Software-Häuser plädierten aus Geschäftsinteresse für die Einführung dieser Systeme, und die großen Kreditinstitute wollten im internationalen Vergleich natürlich nicht zurückstehen. Unter den in Deutschland gegebenen Rahmenbedingungen war der Kundennutzen von CMS vergleichsweise geringer, und daher war eigentlich von Anfang an abzusehen, daß die Einführung von CMS zunächst einmal zu Problemen bei der Akzeptanz der Systeme durch die Kundschaft und zu Wirtschaftlichkeitsproblemen bei den Kreditinstituten führen würde.

**b) Zielvorstellungen für CMS**
Die CMS sollten insbesondere die großen Firmenkunden bei ihrer *Finanzdisposition unterstützen* durch

- schnelle und umfassende Kontoinformation (Balance Reporting),
- Ausführung von Zahlungsaufträgen (Money Transfer) und
- Integration der Kontoinformationen in die kurzfristige Finanzplanung.

Große Unternehmen haben regelmäßig eine Vielzahl von Bankkonten, und durch ein CMS sollten sie in die Lage versetzt werden, schnell und umfassend für alle Konten die Tagessalden und die Umsätze (einschließlich der Wertstellungen) abzufragen, so daß aus diesen Daten *valutarische Saldenlisten* erstellt werden können. Darüber hinaus sollten die Kontodaten mit den Daten über erwartete Zahlungseingänge und fällige Zahlungen des Firmenkunden zusammengeführt werden, um einen *kurzfristigen Finanzplan* zu erstellen und so die Finanzdisposition zu unterstützen. Auf diese Weise sollten CMS bei den Firmenkunden einen Beitrag zur Erreichung der *Gewinn-, Liquiditäts- und Sicherheitsziele* leisten. Hierbei sollte der Gewinnbeitrag durch Steigerung der Zinserträge und Senkung der Zinsaufwendungen erzielt werden, und die Aktualität der Kontoinformationen, die Sicherheit und Geschwindigkeit ihrer Übermittlung und die Integration in die Finanzplanung des Firmenkunden sollte zur Erreichung der Liquiditäts- und Sicherheitsziele beitragen.

**c) Single-Bank und Multi-Bank CMS**
Zwischen Struktur und Funktionsumfang von CMS besteht naturgemäß ein enger Zusammenhang. Im einfachsten Fall erfaßt ein *CMS im Inland nur eine Bankverbindung* (Single-Bank Cash Management). Ein Firmenkunde kann mit einem derartigen System die Kontodaten aller Konten, die er bei dieser einen Bank unterhält, abfragen, und er kann mit Hilfe des Systems auch die Guthaben auf diesen Konten, die sich jeweils am Abend eines Werktages einstellen, auf einem sog. *Konzentrationskonto* zusammenführen, das er leichter disponieren kann. Unterhält dieser Firmenkunde an zahlreichen Orten des Inlandes eine Niederlassung, wo auch Zahlungen eingehen, dann ist es für ihn durchaus interessant, mit einer Großbank zusammenzuarbeiten, die an allen diesen Plätzen mit Filialen präsent ist. Jede Niederlassung dieses Firmenkunden unterhält bei der jeweils zuständigen Großbankfiliale ein Kontokorrentkonto, und der Finanzdisponent dieses Firmenkunden kann nun mit Hilfe des nationalen Single-Bank CMS mühelos veranlassen, daß die Habensalden dieser Konten täglich auf das Konzentrati-

onskonto überwiesen werden, das die betreffende Großbank am Sitz des Firmenkunden führt. Diesen Kontostand kann der Firmenkunde wiederum abfragen und in seine kurzfristige Finanzplanung einstellen. Außerdem kann er auf der Basis seiner kurzfristigen Finanzplanung Verfügungen treffen und der betroffenen Großbank Überweisungsaufträge erteilen, um seine Zahlungsverpflichtungen zu erfüllen.

Die deutsche Firmenkundschaft erkannte zwar auch sehr schnell die Vorteile der elektronischen Abfrage von Kontoinformationen mit Hilfe von Single-Bank CMS; entgegen den Erwartungen stand sie diesen Systemen aber doch reserviert gegenüber, weil sie fürchtete, durch eine zu starke Bindung an die das CMS anbietende Bank etwas von ihrer Unabhängigkeit einzubüßen. Daher wurden sehr bald *multibankfähige CMS* gefordert, entwickelt und auch angeboten. Dies kam insbesondere der großen Firmenkundschaft entgegen. Aus Sicht der einzelnen Kreditinstitute wurde jedoch die Forderung, Kontoinformationen der Bankkunden ggf. auch in CMS anderer Systemanbieter einmelden zu müssen, insbesondere dann als kritisch betrachtet, wenn der andere Anbieter seinerseits eine Bank, also ein Konkurrent, war.

### d) Module multibankfähiger CMS
Moderne multibankfähige CMS bestehen grundsätzlich aus

- einem Kommunikationsteil und
- einem Planungs- und Dispositionsteil.

Der *Kommunikationsteil* gewährleistet die Datenübertragung zwischen den Banken, bei denen der Firmenkunde Konten unterhält, und dem Firmenkunden selbst. Hierbei fließen Kontoinformationen von den Banken zum Firmenkunden (Balance Reporting), und Zahlungsauftragsdaten (Money Transfer) von dem Firmenkunden zu seinen Banken. Für diese Kommunikation haben sich Datenübertragungsstandards herausgebildet, an die die CMS-Beteiligten gebunden sind.

Der *Planungs- und Dispositionsteil* des CMS kann dagegen vom einzelnen Firmenkunden aus einer größeren Anzahl von Standard-Produkten ausgewählt und ggf. den individuellen Bedürfnissen angepaßt werden. Dabei ist lediglich sicherzustellen, daß die *Kommunikationsschnittstelle* zwischen dem Kommunikationsteil und dem Planungs- und Dispositionsteil funktionsfähig ist, daß also Daten, die das Kommunikationssystem von den Banken abfragt, unverfälscht an das Planungs- und Dispositionssystem übertragen werden, so daß sie dort weiterverarbeitet werden können. Diese zweigeteilte Struktur moderner CMS gibt jetzt die Möglichkeit, daß Banken und Software-Häuser den großen Firmenkunden entweder komplette CMS oder nur einen *standardmäßig strukturierten* Planungs- und Dispositionsteil anbieten, und daß Software-Häuser im Einzelfall *individuell gestaltete* und auf die Schnittstelle zum Kommunikationssystem abgestimmte Planungs- und Dispositionssysteme entwickeln (vgl. Krcmar/Schwabe 1991).

### e) Systemangebot
Eistert (1994) hat im Herbst 1993 das CMS-Angebot auf dem deutschen Markt eingehend analysiert. Seine Befunde werden dem folgenden zugrunde gelegt. Er berichtet über 17 CMS, die in Deutschland aktiv vertrieben werden. Von diesen werden zwei Systeme (CAMDISPO und MULTICASH) von mehreren Vertriebspartnern angeboten, zum Teil mit unterschiedlichen Bezeichnungen. Hierbei ist zu beachten, daß Banken und Software-Häuser als *Anbieter* auftreten. Software-Häuser als Hersteller der Systeme bieten entweder direkt an, oder sie vergeben Lizenzen an Banken, die die Systeme dann an ihre Kunden vertreiben. Es können aber auch Banken oder Bank-Tochtergesell-

schaften als Hersteller oder Lizenzgeber anbieten, wenn sie die Systeme selbst entwickelt haben. Anhang 4-1 gibt einen Überblick über die wichtigsten der in Deutschland vertriebenen CMS.

Die CMS der verschiedenen Anbieter sind durch eine Vielzahl von *Merkmalen* gekennzeichnet, die gleichzeitig vorliegen oder auch sich gegenseitig ausschließen können, so daß bei dem Angebot der CMS insgesamt eine außerordentlich große kombinatorische Vielfalt festzustellen ist. Im folgenden soll versucht werden, anhand der besonders wichtig erscheinenden Merkmale eine Strukturierung vorzunehmen und mit gewissen Vereinfachungen einen Überblick über das Gesamtangebot zu geben.

**f) Strukturtypen von CMS**

In Hinsicht auf die Kommunikation eines Firmenkunden mit den Banken, bei denen seine Konten geführt werden, sind drei Strukturtypen zu unterscheiden:

- Reine Kommunikationssysteme
- Kombinierte CMS mit Kommunikationsteil sowie Planungs- und Dispositionsteil
- Reine Planungs- und Dispositionssysteme

Aus Anhang 4-1 geht auch der Strukturtyp der CMS hervor.

Das *reine Kommunikationssystem*, das nur die Kommunikationsfunktionen Kontoinformationssammlung, Marktinformationssammlung und Transaktionsinitiierung ausübt, ist im CMS-Angebot kaum vertreten.

*Kombinierte CMS* bestehen programmtechnisch aus zwei Modulen, dem Kommunikationsmodul und dem Planungs- und Dispositionsmodul. Dadurch kann der Benutzer eines kombinierten CMS sowohl die *Kommunikationsfunktionen* (Kontoinformationssammlung, Marktinformationssammlung und Transaktionsinitiierung) als auch die *Zusatzfunktionen* nutzen, die allerdings, abhängig von der Ausgestaltung des jeweiligen Planungs- und Dispositionsteils, mehr oder weniger umfangreich sind. CMS mit Kommunikationsteil bieten das Leistungsmerkmal Balance Reporting, also die Funktion, Daten von Konten abzufragen, die der Firmenkunde bei verschiedenen Kreditinstituten unterhält. Hierbei handelt es sich nicht nur um die Salden, sondern auch um die Umsätze mit ihren Wertstellungen. Die meisten der CMS mit eigenem Kommunikationsmodul beschränken sich nicht auf das Balance Reporting, sondern sie bieten zusätzlich die Möglichkeit, Transaktionen (Money Transfer) zu initiieren (mit Ausnahme von MONETA). Dies bedeutet, daß der Firmenkunde seinen Banken mit Hilfe des CMS Überweisungsaufträge erteilt, die als Datensätze in Standard-Datenformat übermittelt werden. Die Banken des Firmenkunden können diese Datensätze direkt weiterverarbeiten, so daß hier von einer unternehmensübergreifenden Vorgangskette gesprochen werden kann. Die Bezeichnung Money Transfer suggeriert also einen Geschäftsabwicklungsvorgang, obwohl in Wirklichkeit zunächst nur eine Auftragserteilung stattfindet.

*Reine Planungs- und Dispositionssysteme* enthalten kein Kommunikationsmodul. Sie können nur eingesetzt werden, wenn ein Kommunikationssystem, z.B. ein anderes CMS, als Schnittstelle vorhanden ist. Insbesondere bei diesen Systemen sind die Zusatzfunktionen besonders komfortabel ausgebaut. Anhang 4-2 zeigt im Überblick, wieviele der von Eistert (1994) untersuchten CMS die einzelnen Zusatzfunktionen aufweisen. Hierbei ist allerdings anzumerken, daß die Ausprägungen der Zusatzfunktionen der einzelnen CMS sehr unterschiedlich sind und nur im Einzelfall hinreichend genau beurteilt werden können.

## g) Zusatzfunktionen von Planungs- und Dispositionssystemen

- **Liquiditätsplanung**

Wenn das CMS die Kontoinformationen, also Umsätze sowie gebuchte Salden und valutarische Salden abgefragt und bereitgestellt hat, dann verfügt der Disponent über die *Ausgangsdaten* für seine kurzfristige Liquiditätsplanung. Wenn nun die *unternehmensinternen Daten* für die Liquiditätsplanung, insbesondere die Auszahlungen mit Betrag und Fälligkeit und die Einzahlungen mit erwartetem Betrag und Eingangsdatum im Rahmen des CMS mit den Salden der Bankkonten zusammengeführt werden können, sei es durch manuelle Eingabe oder durch Dateitransfer, dann können mit Hilfe des CMS für die einzelnen Tage der Liquiditätsplanung die Dispositionssalden berechnet und eine Liquiditätsvorschau etwa pro Konto, pro Bank oder für das Gesamtunternehmen ermittelt werden.

- **Skontrierung**

Die Skontrierung steht mit der Liquiditätsplanung in engem Zusammenhang: An jedem Tag, an dem die Liquiditätsplanung durchgeführt wird, muß zunächst ein Abgleich der Plandaten mit den Salden erfolgen (Skontrierung). Denn Zahlungen, die am Vortag noch Gegenstand von Plandaten waren, können am Planungstag auf den Konten bereits verbucht sein. Eine nicht sorgfältig durchgeführte Skontrierung, bei der einzelne Ein- und Auszahlungen doppelt berücksichtigt werden, also sowohl in den Plan- als auch den Ist-Daten, würde zu einer fehlerhaften Liquiditätsplanung führen. Um dies zu vermeiden bieten 14 der von Eistert (1994) untersuchten Systeme Unterstützung bei der Skontrierung.

- **Geldaufnahme und Geldanlage**

Wenn in die Liquiditätsplanung zunächst nur die verfügbaren Bankguthaben des Firmenkunden sowie erwartete Einzahlungen und fällige Auszahlungen eingehen, dann ergibt sich entweder ein Überschuß oder ein Fehlbetrag an flüssigen Mitteln. Ein *Fehlbetrag* kann durch Geldaufnahme, im einfachsten Fall durch Inanspruchnahme offener Kreditlinien, gedeckt werden. Rechnet der Firmenkunde dagegen bei seiner Liquiditätsplanung mit einem *Finanzmittelüberschuß*, dann wird er bei der Anlage dieser vorübergehend nicht benötigten Finanzmittel zunächst die Rückführung von Kontokorrentkrediten einplanen, bevor eine Anlage in Tagesgeld oder Termingeld o.ä. in Betracht kommt. Diese Vorgehensweise empfiehlt sich, weil der Effektivzins für Kontokorrentkredite auch bei großen Firmenkunden immer noch spürbar über der Rendite von kurzfristigen Anlageprodukten liegt. Einige besonders leistungsfähige CMS verfügen sogar über eine integrierte *Datenbank*, der während des Ablaufs der Liquiditätsplanung die Soll- und Habenzinssätze und ggf. weitere Daten entnommen werden können, so daß Zinsaufwand und -ertrag bei der Planung der Geldaufnahme und der Geldanlage berücksichtigt werden können.

- **Pooling**

Wenn ein Firmenkunde bei einer Bank mehrere Konten unterhält, dann besteht auch die Möglichkeit, die Guthaben von diesen Konten täglich auf einem Zielkonto zusammenzuführen, so daß die Disposition über diese Guthaben erleichtert wird. Dieses Verfahren, das eingangs als *Kontokonzentration* bezeichnet wurde, ist die in Deutschland am meisten verbreitete Art des Pooling. Schon in diesem einfachen Fall werden die *Vorteile einer zentralen Kassenhaltung* deutlich:

- Unterstützung der Disposition in Hinsicht auf Minimierung des Zinsaufwandes/Maximierung des Zinsertrages,
- Konditionenvorteile bei Geldanlagegeschäften aufgrund höherer Beträge und
- Verbesserung der Übersicht über die Liquiditätssituation des Unternehmens.

Da Firmenkunden üblicherweise Konten bei verschiedenen Kreditinstituten unterhalten, wurden bald auch CMS angeboten, die ein *nationales bankübergreifendes Pooling* ermöglichen. Dabei kann ein CMS als Pooling-Instrument die Aufgabe übernehmen, automatisch die Konten des Firmenkunden bei unterschiedlichen Banken auf Null zu disponieren und die *Guthaben auf wenigen Zielkonten zu konzentrieren*, so daß die Disposition dieser Zielkonten stark vereinfacht wird. Diese Funktion wird von 11 der von Eistert betrachteten CMS unterstützt. Die meisten CMS mit Pooling-Funktion bieten Konzernen sogar die Möglichkeit, das bisher unternehmensbezogen beschriebene Pooling auf den ganzen Konzern anzuwenden, so daß ein *zentraler Cash Pool* entsteht, wodurch sowohl die konzerninternen Kreditgeber als auch Kreditnehmer vorteilhaftere Konditionen erreichen können als bei Einschaltung von Banken als Finanzintermediäre. Die CMS, die das konzernbezogene Pooling unterstützen, können diese Funktion auch international ausüben.

Beim *internationalen Pooling* sind einige zusätzliche Probleme zu bewältigen, die sich daraus ergeben, daß die Konten im Ausland in unterschiedlichen Währungen geführt werden, und daß in den einzelnen Ländern unterschiedliche Banksysteme bestehen und unterschiedliche Steuergesetze gelten. Das internationale Pooling ist darüber hinaus aber unternehmensbezogen an dieselben Voraussetzungen gebunden wie das nationale Pooling. Beim *konzerninternen internationalen Pooling* ist auch noch zu berücksichtigen, daß das Pooling der Mittel aus verschiedenen Ländern (und Währungen) in einem zentralen Cash Pool in inländischer Währung voraussetzt und daß auch die Liquiditätsdisposition im Konzern zentral organisiert ist. Arbeiten die Tochtergesellschaften eines derartigen multinationalen Großkonzerns dagegen in eigener Liquiditätsverantwortung, dann hat ein internationales konzernweites Pooling keinen Sinn. An diesem Beispiel wird deutlich, daß es Interdependenzen zwischen dem Angebot an CMS-Funktionen und der Aufbauorganisation auf der Seite des Firmenkunden gibt. Das Angebot von CMS-Funktionen, die das internationale konzernweite Pooling unterstützen, mag im Einzelfall für eine organisatorische Zentralisierung der Liquiditätsdisposition im Konzern sprechen. Gelingt es im Einzelfall aber nicht, die Liquiditätsdisposition organisatorisch zu zentralisieren, dann können die entsprechenden CMS-Funktionen auch nicht genutzt werden. Aus der Sicht der Konzernspitze ist dann eine laufende Risikoanalyse in Bezug auf das Devisenkursrisiko erforderlich. Zahlungsaufträge, die im Rahmen von internationalen CMS veranlaßt werden, führen zu Devisengeschäften, wobei Provisionen und Gebühren in ganz erheblichem Umfang anfallen können.

- **Netting**

Wenn konzernangehörige Unternehmen gegenseitig, auch international, Lieferungen und Leistungen austauschen, dann müssen sie diese nicht zwangsläufig jeweils durch einen eigenen Zahlungsauftrag bezahlen. Wenn sie ihre gegenseitigen Forderungen und Verbindlichkeiten unter Berücksichtigung von Betrag und Fälligkeit aufrechnen, dann können die bestehenden Verbindlichkeiten durch einen stark reduzierten Cash Flow erfüllt werden. Dieses Verfahren wird als *Netting* bezeichnet, und es kann im Detail recht unterschiedlich ausgestaltet sein: So gibt es z.B. bilaterales und multilaterales Netting sowie nationales und internationales Netting. Während beim bilateralen Netting nur die Forderungen oder Verbindlichkeiten zweier Konzerngesellschaften gegeneinander aufgerechnet werden, nehmen am multilateralen Netting mehrere Gesellschaften teil, für die eine *zentrale Verrechnungsstelle* (Netting Center) die jeweilige Nettoposition ermittelt. Das Netting Center koordiniert dann die Durchführung der Zahlungen (vgl. Pausenberger/Völker (1985). Die Funktion des Netting Centers kann von unterschiedlichen Institutionen wahrgenommen werden, vom Finanzbereich der Konzernmutter, von Tochtergesellschaften oder auch extern von einer Bank oder Service-Gesellschaft (vgl. Kammer 1990). Ein nationales Netting ist natürlich möglich, nennenswerte Ersparnisse bei den Transaktionskosten lassen sich aber wohl nur durch das internationale Netting erreichen, so daß sich der Aufwand lohnt, der mit dem Netting selbst verbunden ist. Hielscher (1985) verweist aber auch auf die Beschränkungen und Verbote, die beim internationalen Cash Management in einigen Ländern zu berücksichtigen sind.

Das *Ersparnispotential* des Netting ist zwar recht beachtlich; dennoch ist Netting sehr viel weniger verbreitet als Pooling, offenbar auch deshalb, weil zahlreiche Konzerne schon intern ein konventionelles Netting-System installiert haben, oder weil sie eine einseitig ausgerichtete Lieferungs- und Leistungsstruktur aufweisen, bei der die Vorteile des Netting nicht zur Geltung kommen (vgl. Pausenberger/Völker 1985; Jetter 1988).

Das Netting wird nur durch wenige hochleistungsfähige CMS unterstützt. Diese Systeme eignen sich für bilaterales und multilaterales Netting, auch währungsübergreifend, und sie erlauben eine direkte Verrechnung sowie die Einschaltung eines Netting Center. Sie verwalten die eingegebenen Forderungen und Verbindlichkeiten, errechnen die Nettozahlungen und nehmen die Zinsverrechnung vor; sie generieren die Zahlungsaufträge und auch die erforderlichen Bestätigungsschreiben.

- **Währungsmanagement**

Wenn die Tochtergesellschaften eines multinationalen Konzerns ihre Forderungen und Verbindlichkeiten in der jeweiligen Landeswährung dezentral in eigener Verantwortung disponieren, dann kann für die einzelne Tochtergesellschaft und auch für den Konzern selbst ein ganz erhebliches *Devisenkursrisiko* bestehen. Ausgangspunkt für eine Währungspositionsabsicherung ist die nach der Verrechnung von fälligkeitsgleichen Forderungen und Verbindlichkeiten in jeder Währung offenbleibende *Netto-Fremdwährungsposition* (Net Exposure), die je nach Risikobereitschaft der verantwortlichen Entscheidungsträger in mehr oder minder großem Umfang durch Hedging-Geschäfte nach Währungen getrennt abgesichert werden kann. Zu diesem Zweck können folgende *Geschäfte* abgeschlossen werden:

- Aufbau von Gegenpositionen durch Kreditaufnahme bzw. Geldanlage in Fremdwährung,
- Devisentermingeschäfte,
- Devisenoptionsgeschäfte,
- Devisen-Swaps.

Der wichtigste Beitrag von CMS zum Währungsmanagement besteht darin, daß die *Net Exposure pro Währung laufend errechnet* und nach Abschluß von Kurssicherungsgeschäften aktualisiert wird. Bei manchen Systemen geben Simulationsverfahren dem Benutzer die Möglichkeit, die Auswirkung des Abschlusses von Kurssicherungsgeschäften zu überprüfen. Eine rechnergestützte Ermittlung von Kurssicherungsstrategien ist dagegen nicht möglich. Devisentermingeschäfte werden von 11 der von Eistert (1994) betrachteten Systeme berücksichtigt. Einige von ihnen können auch Devisenoptionen und Devisen-Swaps in ihrer Datenbank erfassen. Nach Eingabe aktueller Devisenkurse nehmen manche Systeme eine Bewertung laufender Devisenkontrakte vor, so daß sich auch die unrealisierten Gewinne und Verluste aus bereits getätigten Transaktionen ergeben.

- **Liquiditätskontrolle**
Liquiditätsplanung, Disposition und Transaktionen können im Einzelfall wegen ihres Umfangs eine systematische Liquiditätskontrolle, auch als Finanzkontrolle bezeichnet, erfordern. Darunter versteht man einen systematischen, regelmäßigen und in der Organisation institutionalisierten Vergleich von geplanten und realisierten Zahlungsmittelbeständen und -bewegungen. Plan-Ist-Abweichungen werden dabei auf ihre Ursachen untersucht, und die Auswertung der Zinsaufwendungen und -erträge ermöglicht eine Leistungsbewertung der Disposition.

Zahlreiche CMS, die Planungs- und Dispositionsfunktionen ausüben, unterstützen auch die Liquiditätskontrolle. Die *externe Liquiditätskontrolle*, die sich auf die Einhaltung der Konditionen durch die Banken richtet, bezieht Valutierung, Zinsberechnung, Gebühren, Umsatz- und Saldenstatistik mit ein, während im Rahmen der *internen Kontrolle* Plan- und Ist-Zahlen verglichen werden, so daß Kontrollberichte ausgegeben werden können.

### h) Hardware, Software und Datenübertragungsnetzwerke

In technischer Hinsicht lassen sich CMS auf vielfältige Weise realisieren. Typischerweise sind auf der Seite der großen Firmenkunden PC oder Workstations erforderlich, die mit dem Großrechnersystem des Kunden gekoppelt sind. Ein großer Firmenkunde, der nur ein nationales CMS verwendet, wählt über ISDN- oder Datex-Leitungen die Banken an, bei denen seine Konten geführt werden. Die Anwahl und die Kommunikation des Unternehmens mit den Großrechnern der Banken wird durch das CMS unterstützt, so daß die Benutzer, typischerweise Mitarbeiter der Finanzabteilung des Unternehmens, technisch entlastet werden und sich inhaltlich auf ihre Cash Management-Aufgaben konzentrieren können. Für die Kommunikation eines inländischen Firmenkunden mit ausländischen Banken ist ein länderübergreifendes Datenübertragungsnetzwerk erforderlich. Hierbei kann es sich um ein bankeigenes oder bankfremdes Netz handeln. Die Netzeinwahl erfolgt vom Inland aus über Datex-Leitung.

### 4.1.4.3 Funktionsweise von Systemen für die Beratung von großen Firmenkunden

Die Beratung von Kunden durch Kreditinstitute hat typischerweise einzelne Bankleistungen oder bankgeschäftsbezogene Problemfelder wie z.B. die Kapitalanlage zum Gegenstand, so daß die Kunden am Ende der Beratung über die Inanspruchnahme von Bankleistungen entscheiden können. Vereinzelt bieten Kreditinstitute ihren Firmenkunden auch allgemeine Unternehmensberatungsleistungen an, die insgesamt aber nur sehr zurückhaltend akzeptiert werden, weil die Firmenkundschaft argwöhnt, daß sie dadurch für die Institute transparent wird und die Berater in dem Konflikt der Interessen zwischen Kunden und Kreditinstituten letztlich die Interessen der Institute verfolgen.

Wie in Kap. 4.1.4 dargestellt wurde, haben viele international tätige große Firmenkunden ihre Finanzabteilung zu Treasury-Bereichen ausgebaut, die im Extremfall sogar In-House Bank-Funktionen wahrnehmen und dadurch das Erfolgspotential der Banken im strategischen Geschäftsfeld der großen Firmenkunden deutlich einschränken. Da sie offenbar keine nennenswerten Möglichkeiten sieht, das Geschäft der In-House Banks großer Firmenkunden wieder zurückzuholen, betreibt die Deutsche Bank (im folgenden als systemanbietende Bank bezeichnet) eine Art von Vorwärtsverteidigung und bietet ihren großen Firmenkunden das System »db-treasury network« (im folgenden *Kunden-Treasury-System* genannt) an, das auf der Hardware der Firmenkunden installiert wird und den jeweiligen Treasury-Bereich bei der Wahrnehmung seiner Funktionen unterstützt (vgl. Deutsche Bank 1996). Diese Bereitstellung des Systems auf der Grundlage eines Service-Vertrages, die auch die laufende Betreuung, Beratung, Schulung, Wartung und Weiterentwicklung umfaßt, wird hier als Unternehmensberatungsleistung für den Treasury-Bereich der großen Firmenkunden aufgefaßt. Die systemanbietende Bank verspricht sich hiervon offenbar eine Intensivierung der *Kundenbindung* in bezug auf den Teil ihres Leistungsprogramms, den die In-House Banks nicht abdecken können und daher von Banken fremdbeziehen müssen, sei es, weil ihnen die erforderlichen Geschäftsverbindungen fehlen oder weil sie nicht über das notwendige Spezialwissen verfügen.

Das Kunden-Treasury-System ist eine modular aufgebaute Plattform, die als interaktives Front-End-System für den multibankbezogenen Einsatz konzipiert ist. Der Schwerpunkt seiner Sachfunktionen liegt eindeutig bei *Cash Management* und *Risikomanagement*. Das Ausmaß der Funktionsintegration ist bei diesem System noch viel größer als bei den Cash Management-Systemen, die sich in Kap. 4.1.4.2 schon, besonders hinsichtlich des Dispositionsteils, als leistungsfähig gezeigt haben. Das Kunden-Treasury-System erfüllt eine Reihe von wichtigen *Anforderungen*: Es erhält ständig Echtzeit-Marktdaten von verschiedenen Informationsanbietern, die für Steuerung und Risiko-Analyse verwendet werden; es erlaubt Online-Interaktionen, ist multibankfähig und offen konzipiert, so daß es die Verarbeitung operativer Daten des Unternehmens zusammen mit Marktdaten externer Informationsanbieter ermöglicht.

Im Rahmen des *Cash Management* erhält der Benutzer Kontoinformationen (Bestände und Buchungen) sowie Kurse und Cash Flows. Er kann Zahlungen ausführen, wobei das System Bestätigungen und Gegenbestätigungen von Geschäften erteilt, und er kann insbesondere währungsübergreifendes Netting und Finanzmittelausgleich zwischen Konzerngesellschaften (Industrie-Clearing) betreiben. Für die Weiterverarbeitung der Transaktionen findet laufend ein Datentransfer zur hauseigenen EDV statt. Diese Sachfunktionen wirken sich für den großen Firmenkunden vorteilhaft aus: Die Planung und Steuerung der Liquidität (in allen wichtigen Währungen) wird verbessert. Das Zinsergebnis im Konzern kann gesteigert werden, und ein gewisser Teil der Transaktionskosten wird durch währungsübergreifendes Netting eingespart.

Die durch Cash Management disponierten Bestände werden auch ins *Risikomanagement* des Kunden-Treasury-Systems einbezogen; andere Finanzinstrumente, insbesondere Derivate, kommen noch hinzu. Die Daten hierfür erhält das System aus der hauseigenen EDV. Die *Risiko-Identifizierung* wird einerseits durch Darstellung des Zins- und Währungs-Exposure für einzelne Portfolios und den ganzen Konzern und andererseits durch Darstellung und Überwachung von Positions-, Kontrahenten- und Länder-Limits unterstützt. Die *Risiko-Analyse* erstreckt sich auf sämtliche Zins- und Währungspositionen des großen Firmenkunden. Das System macht Gebrauch von den in Echtzeit verfügbaren Marktinformationen und ermöglicht die Anwendung der folgenden Risiko-Analyse-Verfahren: Cash Flow-Analyse, Mark-to-Market-Bewertung, Sensitivitäts- einschließlich Basis Point Value-Analyse und What-if-Analyse für vorzugebende Szenarien. Für die *Risiko-Steuerung* ist die Kalkulation von Finanzinstrumenten, insbesondere Geldmarkt- und Fremdwährungsinstrumenten sowie OTC-Derivaten grundlegend. Darüber hinaus entwickelt das System Hedging-Alternativen für die Risiko-Steuerung, deren Effizienz das System ebenfalls analysieren kann. Im Rahmen des *Risiko-Monitoring* werden laufend Berichte für die im Treasury-Bereich und im Controlling tätigen Führungskräfte erstellt, die eine zeitnahe und aussagekräftige Risiko-Darstellung bieten und der *Risiko-Kontrolle* zuzurechnen sind. Zu den Vorteilen der das Risikomanagement unterstützenden Systemfunktionen gehört insbesondere, daß sie auf der Grundlage aktueller Datenbestände und leistungsfähigster Analyseverfahren eine hoch qualifizierte Entscheidungsunterstützung leisten, und daß die Durchführung des Risikomanagement kostengünstig und zeitnah erfolgen kann.

Auch die *Implementierung* des Kunden-Treasury-Systems beim großen Firmenkunden wird durch die systemanbietende Bank erleichtert. Sie bietet nicht nur Hard- und Software, die nach Kundenbedürfnissen vorkonfiguriert ist, sondern sie übernimmt im Rahmen eines Service-Vertrages auch die Schulung des Personals und die Integration des Kunden-Treasury-Systems in die individuelle EDV-Anwendungsumgebung des Firmenkunden. Die *organisatorische Integration* des Systems wird dadurch erleichtert, daß es mit Hilfe des Basis-Moduls für Anwender- und Mandantenverwaltung genau auf die aufbau- und ablauforganisatorische Struktur des großen Firmenkunden eingestellt werden kann. Dabei werden insbesondere Zugriffsrechte, also Informationszugriffs- und Handlungsrechte der Benutzer abteilungs- und personenbezogen entsprechend den hierarchischen Ebenen der möglicherweise weltweit dezentralisiert arbeitenden Treasury-Bereiche des großen Firmenkunden konfiguriert. Die Grundfunktion der *Geschäftsdokumentation* wird dadurch unterstützt, daß das Kunden-Treasury-System ein Logbuch führt und alle Transaktionen des Systems und sämtliche Geschäfte lückenlos dokumentiert. Alle Transaktionen und Bestätigungen unterliegen dabei dem Vier-Augen-Prinzip.

Das *Software-Haus SAP AG* hat für Unternehmen jeglicher Größe und Branche das *System R/3* als integrierte Lösung für betriebswirtschaftliche Anwendungen in allen Unternehmensbereichen entwickelt. Es weist Schwerpunkte in den Bereichen Finanzbuchhaltung, Controlling, Treasury, Logistik und Personal auf. Das Teilsystem »*Treasury Management*« des Systems R/3 unterstützt, ebenso wie das System »db-treasury network« der Deutschen Bank, insbesondere das Cash Management und das Marktrisikomanagement (vgl. SAP 1997a). Das Modul »Marktrisikomanagement« (MRM) des Teilsystems R/3 Treasury Management unterstützt den Treasury-Bereich der großen Unternehmen insbesondere beim Zins- und Währungsmanagement. Es deckt alle gängigen *Finanzinstrumente*, Kassainstrumente und Derivate, ab, für die wichtige *Leistungskennzahlen* wie z.B. Effektivzinsen, Risikokennzahlen wie z.B. Value-at-Risk und Liquiditätskennzahlen wie z.B. Cash Flows variabler und optionaler Finanzinstrumente berechnet werden. Das Modul MRM wird von SAP in Kooperation mit dem Bankhaus Sal. Oppenheim konzipiert, entwickelt und vertrieben (vgl. Oppenheim/SAP 1996). Die Tatsache, daß das Bankhaus das Modul MRM an seine großen Firmenkunden vertreibt, wird hier, entsprechend dem Fall das Systems »db-treasury network« der Deutschen Bank, als *Beratungsangebot* aufgefaßt. Das Bankhaus wird durch dieses Beratungsangebot aber keinen Wettbewerbsvorteil erreichen, weil die Kunden das Modul MRM auch von dem Software-Haus beziehen können. Die Integration des Moduls in das umfassendere Teilsystem »Treasury Management« ist für die Kunden zwar von erheblichem Nutzen, so daß mit großem Implementierungserfolg zu rechnen ist; dem Bankhaus erwachsen aber auch daraus keine Wettbewerbsvorteile. Am Beispiel des Teilsystems R/3: Treasury Management wird deutlich, wie ein bankunabhängiges Software-Haus durch sein Systemangebot die großen Unternehmen bei ihren In-House Banking-Aktivitäten unterstützen und dadurch zu einer Vertiefung der Disintermediation im Segment der großen Firmenkunden beitragen kann, was gravierende Auswirkungen für das Geschäft der in diesem Segment tätigen Kreditinstitute hat.

In den *USA* waren schon einige Jahre, bevor die Deutsche Bank das System »db-treasury network« erstmals anbot, insbesondere zwei große Kreditinstitute mit systemgestützten Beratungsleistungen für große Firmenkunden hervorgetreten, J. P. Morgan und Bankers Trust New York. Diese Institute hatten in ihren eigenen Treasury-Bereichen leistungsfähige Methoden für das Risikomanagement bei Finanzinstrumenten aller Art, insbesondere bei Derivaten, entwickelt und außerordentlich wertvolle Erfahrungen gesammelt (vgl. Kap. 4.2.1.1). Sie beobachteten, daß ihre großen Kunden, insbesondere Firmenkunden, aber auch Banken und institutionelle Anleger, Probleme beim Risikomanagement von Finanzinstrumenten zu lösen haben, die sich ihnen selbst in ihren eigenen Treasury-Bereichen auch stellen. Aus denselben Gründen, die auch die Deutsche Bank dazu bewogen haben, lag es nahe, daß sie ihren Kunden ihre Methoden, Systeme und Erfahrungen im Risikomanagement zugänglich gemacht haben. Sie beschritten dabei aber ganz unterschiedliche Wege: *J. P. Morgan* stellt den Kunden das System *RiskMetrics* zur Verfügung, das es ihnen u.a. erlaubt, mit Hilfe des Teilsystems Fourfifteen den Value-at-Risk für eine Vielzahl von Finanzinstrumenten, mit Ausnahme von Optionen, zu berechnen und entsprechende Berichte auszugeben (vgl. Morgan 1997). Die Eingabedaten, insbesondere Volatilitäten und Korrelationen für eine Vielzahl von Finanzinstrumenten und Währungen, werden von J. P. Morgan täglich aktualisiert und im Internet bereitgestellt, so daß sie von den Kunden heruntergeladen und von deren Systemen eingelesen werden können. Die Kunden wenden also das System RiskMetrics selbst an, und angesichts der Komplexität des Systems überrascht es nicht, daß sie sich immer wieder mit technischen Detailfragen an J. P. Morgan wenden. Von J. P. Morgan wurden deshalb umfangreiche schriftliche Unterlagen bereitgestellt, die jedoch laufend aktualisiert werden müssen (vgl. Morgan, RiskMetrics-Technical Document, o. J. und Morgan 1995).

*Bankers Trust New York* bietet seinen großen Kunden mit dem System *RAROC 2020* eine umfassende Dienstleistung an, die als Beratungsleistung im herkömmlichen Sinne aufzufassen ist (vgl. Bankers Trust New York 1995b). Das System wird von der Bank für den Kunden eingesetzt, d.h. der Kunde wird mit technischen Problemen kaum belastet. Die Bank hält zur Risiko-Analyse des gesamten Kunden-Portfolios die Eingabedaten, insbesondere Korrelationen und Volatilitäten, bereit, erstellt die Auswertungen und macht die Ergebnisse durch DFÜ auf einer Workstation des Kunden verfügbar, der dann selbst Sensitivitätsanalysen ausführen kann (vgl. Bankers Trust New York 1995a). Im Vergleich zu dem Systemangebot von J. P. Morgan ist diese umfassende Dienstleistung von Bankers Trust New York viel komfortabler für die Kundschaft, und sie bietet offenbar auch Ansatzpunkte für die Festigung der Kundenbindung, was gerade bei diesen Kunden generell schwierig und zugleich außerordentlich wichtig ist.

### 4.1.4.4 Bewertung der Systeme für große Firmenkunden bezüglich der Effizienzkriterien

Die Systeme für große Firmenkunden ermöglichen *neue Geschäftsprozesse mit Kunden*, die *neue Bankleistungen* zum Gegenstand haben (vgl. Abb. 1.6.2-2). Von den Grundfunktionen stehen bei diesen Systemen die *Geschäftsabwicklung* und die *Beratungsunterstützung* im Vordergrund.

* **Kundennutzen**

Das *Auslandszahlungsverkehrssystem IBOS* bietet im Vergleich zu dem weit verbreiteten System S.W.I.F.T. einen Zusatznutzen gemäß Abb. 1.6.2.1-2 in Hinsicht auf die Schnelligkeit der Geschäftsabwicklung (Nutzendimension 4.3), was von großer Bedeutung ist, weil insbesondere bei großen Firmenkunden große Beträge transferiert und Fälligkeitstermine eingehalten werden müssen. Die Schnelligkeit des IBOS-Systems beruht darauf, daß es Echtzeitverarbeitung und Direktkommunikation von Bank zu Bank ermöglicht.

Bei *Cash Management-Systemen* ist der Zusatznutzen gegenüber den herkömmlichen Kommunikationsmitteln beim internationalen Multi-Bank CMS am größten. Sie bieten eine Aufbereitung und Darstellung von Umsätzen und Salden in Form von valutarischen Saldenlisten (Nutzendimensionen 1.3 und 1.4), die für die Disposition der Kunden hilfreich sind. Die Auftragserteilung kann nur von dem Ort aus erfolgen (Nutzendimension 3.1), an dem die Endgeräte installiert sind. Die Kunden können ihre Aufträge zwar zu jeder Zeit erteilen (Nutzendimension 3.2), aber nur bei besonders leistungsfähigen CMS erfolgt auch tatsächlich eine sofortige Weiterverarbeitung (Nutzendimension 4.3). CMS mit einem gut ausgebauten Planungs- und Dispositionsteil leisten nicht nur Beratungsunterstützung, sondern sie fördern auch die Dispositionssicherheit des Benutzers und damit eine Verbesserung der Ertragserzielung, der Liquiditätsdisposition und des Risikomanagement (Nutzendimensionen 8.1, 8.2 und 8.3). Insbesondere durch Dispositionstechniken wie Kontokonzentration, Pooling und Netting, die nur mit CMS praktiziert werden können, können CMS-Benutzer Zinsvorteile realisieren (Nutzendimension 8.1) oder Zinsen, Provisionen und Gebühren sparen (Nutzendimension 7.1). Für die Nutzung eines CMS zahlen die Kunden nicht nur einen Preis an das jeweilige Institut als Anbieter (Nutzendimension 11), sondern es entstehen ihnen hierdurch auch Kosten für Hardware und Software, Lizenzgebühren, Kosten für die Benutzung eines Übertragungsnetzes und ggf. auch Personalkosten für die Betreuung des Systems (Nutzendimension 12). Aus Kundensicht sind die Kosten des CMS-Einsatzes teilweise als Fixkosten zu betrachten, teilweise variieren sie mit der Postenzahl bezüglich der Informationsabfragen, der Zahlungsaufträge etc. Die Erzielung von zusätzlichen Zinserträgen und die Ersparnis an Transaktionskosten ist dagegen abhängig vom Volumen der Guthaben bzw. Zahlungsaufträge. Firmenkunden können CMS nur dann lohnend einsetzen, wenn sie bezüglich des Volumens an Guthaben bzw. Krediten und Zahlungsaufträgen ihren individuellen Break-even point überschreiten.

Das *Kunden-Treasury-System* weist zwei Leistungsschwerpunkte auf, Cash Management und Risikomanagement. Für die Cash Management-Funktionen gelten dieselben Nutzenaspekte wie für CMS. Die das Risikomanagement unterstützenden Funktionen erlauben eine Analyse der Geschäftspositionen des Kunden (Nutzendimension 6.1); sie verbessern die Dispositionssicherheit des Kunden, indem sie zu einer Verbesserung der Ertragserzielung und des Risikomanagement beitragen (Nutzendimensionen 8.1, 8.2 und 8.3); sie können zu einer Ersparnis bei Zinsen und Provisionen führen (Nutzendimension 7.1); sie verursachen aber auch Anschaffungskosten für das System und laufende Kosten für den Einsatz in der Praxis (Nutzendimensionen 12.1 und 12.2).

* **Wirtschaftlichkeit**

Durch Einsatz des *IBOS-Systems* ist, im Vergleich insbesondere zum S.W.I.F.T.-System, keine nennenswerte Verbesserung der Wirtschaftlichkeit der Auslandszahlungsabwicklung zu erreichen. Mit der Entwicklung des IBOS-Systems wurde dagegen versucht, bei großen Firmenkunden Wettbewerbsvorteile zu erreichen.

Wenn eine Bank ein *Cash Management-System* anbieten möchte, muß sie zunächst erhebliche Investitionen tätigen, insbesondere für Hardware und Software, und sie hat laufende Kosten in Form von Lizenzgebühren, Kommunikations- und Personalkosten etc. Es ergeben sich *jährliche Gesamtkosten* für die Abwicklung eines bestimmten Geschäftsvolumens. Zusätzlich ist aber noch zu berücksichtigen, daß die Bank einerseits *Erlöse* in Form von Lizenzgebühren der Kunden hat, und daß andererseits *Ertragsausfälle* dadurch eintreten, daß sie ihren Kunden durch das CMS die Möglichkeit gibt, ihre bei der Bank unterhaltenen Guthaben, mit denen die Bank einen Konditionenbeitrag erwirtschaftet, knapper zu disponieren und Transaktionskosten, z.B. durch Netting, einzusparen. Die Wirtschaftlichkeit eines CMS-Angebotes einer Bank läßt sich grundsätzlich also nur durch eine *Gewinnbeitragsrechnung* feststellen, die aber mit ganz erheblichen Unsicherheiten behaftet ist. Grundsätzlich gilt auch für CMS, daß die Bank als Anbieter nur mit dem CMS einen positiven Erfolgsbeitrag erwirtschaften kann, wenn die Zahl der Kunden, die das CMS nutzen, einen Break-even point überschreitet, der um so höher liegt, je höher die Fixkosten, insbesondere Anschaffungs- und Installationsaufwendungen der Bank für das CMS sind. Dies gilt aber nur, wenn der dem CMS zurechenbare Erfolgsbeitrag der das CMS nutzenden Kunden im Durchschnitt nicht negativ ist.

Die Bereitstellung des *Kunden-Treasury-Systems* durch die systemanbietende Bank wird hier als Beratungsleistung dieser Bank betrachtet. Das System wird auf einem Rechner des Kunden installiert und von Mitarbeitern des Kunden eingesetzt. In dieser Situation könnte man die Wirtschaftlichkeitsrechnung der Bank beschränken auf die Lieferung von Hardware und Software und die Erbringung von Wartungs- und Serviceleistungen. Diese Perspektive ist aber zu eng: Man müßte eigentlich die Bankleistungsabnahme der Kunden ohne und mit Kunden-Treasury-System vergleichen und festzustellen versuchen, ob die Bereitstellung des Systems über eine Festigung der Kundenbindung zur Entstehung zusätzlicher Erträge führt. Eine Wirtschaftlichkeitsrechnung dieser Art ist in der Praxis nicht zuverlässig durchführbar, weil die Informationsgrundlagen hierfür nicht gegeben sind.

* **Wettbewerbsvorteile**

Das Auslandszahlungsverkehrssystem IBOS, Cash Management- und Kunden-Treasury-Systeme sind Systeme mit *direktem Kundengeschäftsbezug* im *externen Einsatzbereich* (vgl. Abb. 1.6.2.4-1). Sie erfüllen die Grundfunktion der *Geschäftsabwicklung*; darüber hinaus leisten die CMS und auch das Kunden-Treasury-System in erheblichem Umfang *Beratungsunterstützung*. Sie bieten den großen Firmenkunden im Vergleich mit den jeweiligen Referenzprozessen einen ganz erheblichen Zusatznutzen, insbesondere hinsichtlich der Schnelligkeit der Geschäftsabwicklung, der Beratungsqualität und hinsichtlich Preis und Kosten, die auf Kundenseite anfallen. Aufgrund dieses Zusatznutzens haben diese Systeme große und teilweise noch steigende Akzeptanz gefunden.

Wettbewerbsvorteile können aber erst dann entstehen, wenn die betrachtete Bank sich durch die Ausgestaltung der Systeme von ihren Konkurrenten in dem Sinne abhebt, daß sie ihren Kunden einen ganz besonderen Nutzen bietet. Dies ist aber nur insoweit möglich, wie die Bank die Systeme und ihren Einsatz individuell gestalten kann. Bei IBOS beschränkt sich diese Möglichkeit auf die Gestaltung der Schnittstelle zwischen Kunde und System. Bei CMS ist die Gestaltungsmöglichkeit der systemanbietenden Banken noch geringer: Diese Systeme wurden entweder durch externe Software-Häuser oder andere Banken entwickelt, die sie allgemein den Wettbewerbern zum Einsatz bei ihrer Kundschaft anbieten. Nur in wenigen Ausnahmefällen hat eine einzelne Bank ein CMS individuell gestaltet, um es nur ihrer eigenen Kundschaft anzubieten.

Der *Zusatznutzen*, den Firmenkunden durch *CMS* erzielen können, hängt sehr stark von den Kundenbedürfnissen einerseits und von der Systemstruktur andererseits ab. Bei großen und international tätigen Firmenkunden, die internationale Multi-Bank CMS nutzen, kann er ganz erheblich sein. Da derartige CMS aber von allen großen Banken angeboten werden, hängt die Erzielung von Wettbewerbsvorteilen davon ab, welche von diesen Banken, mit denen der Firmenkunde ohnehin zusammenarbeitet, ein besonders leistungsfähiges und benutzerfreundliches CMS anbietet. Selbst wenn dies für ein betrachtetes Institut zutrifft und der Firmenkunde sich für das CMS dieses Instituts entscheidet, bleibt immer noch die Frage offen, ob und wie sich dieser Wettbewerbsvorteil in zusätzlichen Erträgen der betrachteten Bank niederschlägt. Sie könnten durch eine Festigung der Geschäftsbeziehung und eine Verstetigung der Leistungsabnahme zustande kommen. Gesichert ist dies angesichts der Transaktions-Orientierung großer Firmenkunden aber nicht, die häufig bei jedem einzelnen Geschäftsabschluß in Abhängigkeit von den Konditionen darüber neu entscheiden, welcher Bank das einzelne Geschäft zugewiesen wird. Es kann sogar der Fall eintreten, daß Firmenkunden, die bei einer Bank ein hochleistungsfähiges CMS nutzen, einen besseren Überblick über die Konditionen der in das CMS einbezogenen Banken erhalten und ihre Guthaben und ihre Kreditinanspruchnahme knapper disponieren, so daß für das Banksystem als Ganzes die Nachfrage nach Anlage- und Kreditleistungen tendenziell eher zurückgeht.

Das *Kunden-Treasury-System* ist zwar unter Mitwirkung der systemanbietenden Bank individuell gestaltet worden, was als Voraussetzung für die Entstehung von Wettbewerbsvorteilen betrachtet werden kann. Aufgrund der Tatsache aber, daß das System auf einem Rechner des Kunden implementiert ist und von Mitarbeitern des Firmenkunden eingesetzt wird, entsteht mit Hilfe des Systems jedenfalls keine Festigung der Beziehung zwischen Kunde und Bank. Die systemanbietende Bank hegt offenbar die Erwartung, daß sich die Kundenbindung auch aufgrund des Systemangebots festigt. Eine Konkretisierung von Wettbewerbsvorteilen, die letztlich ja nur dann Bedeutung erlangen, wenn sie sich in zusätzlichen Gewinnbeiträgen niederschlagen, kann in diesem Zusammenhang aber nicht begründet werden.

## 4.2 Systeme für die strategische Geschäftseinheit Treasury

Unter der Bezeichnung Treasury haben viele Kreditinstitute in den vergangenen Jahren Organisationseinheiten geschaffen, die sachlich recht verschiedenartige Funktionen (Aufgaben) zu erfüllen haben. Schierenbeck (1999) nennt *Kernfunktionen des Treasury*, die sämtlich untereinander in Beziehung stehen. Sie sollen hier in modifizierter Form zugrunde gelegt werden:

- **Geschäftsstrukturmanagement**
hat die Aufgabe, die bilanziellen und außerbilanziellen Geschäftspositionen und damit die Geschäftsstruktur der Gesamtbank auf die Unternehmensziele hin zu steuern und insbesondere in Abhängigkeit von der strategischen Stoßrichtung der Bank Strukturentscheidungen herbeizuführen, die die Liquiditätsreserven und die Kapitalanlagen auf der Aktivseite, die Eigenmittel und die Refinanzierung auf der Passivseite sowie die Derivate betreffen. Mit dem Marktrisikomanagement besteht ein enger Zusammenhang, der bei der Strukturierung des außerbilanziellen Geschäfts besonders zur Geltung kommt.

- **Marktrisikomanagement**
dient der Identifizierung, Messung, Erfassung, Steuerung und Kontrolle der Zins-, Währungs- und Aktienkursrisiken, die sich aus bilanziellen und außerbilanziellen Geschäften ergeben. Das Ausfallrisikomanagement ist dagegen keine Treasury-Aufgabe, sondern es wird typischerweise einer eigenen zentralen Organisationseinheit übertragen.

- **Liquiditätsrisikomanagement**
stellt die jederzeitige Liquidität des Kreditinstituts durch Steuerung der Liquiditätsreserve und Einhaltung der geltenden Liquiditätsnormen sicher.

- **Handel**

Der Handel erstreckt sich auf Geld und Devisen, Aktien, Renten, Edelmetalle und Derivate. Er nimmt drei *Teilfunktionen* wahr, Eigengeschäft, Ausführung von Kundengeschäften und die Umsetzung von Steuerungsmaßnahmen. Im *Eigengeschäft* schließt der Handel Geschäfte in allen gängigen Finanzinstrumenten für Rechnung der Bank ab, um Erträge zu erwirtschaften, die sich letztlich im Finanzergebnis der Bank niederschlagen. Bei der Ausführung von *Kundengeschäften* tätigt der Handel Geschäfte, z.B. Devisengeschäfte, die auf Kundenaufträge zurückgehen. Er wird hier nur subsidiär tätig, denn ihm obliegt keine eigenständige Kundenbetreuung. Diese wird von kundenbezogenen strategischen Geschäftseinheiten (SGE), z.B. von der SGE für große Firmenkunden, ausgeübt, die veranlaßt, daß der Handel Orders für Rechnung von Kunden ausführt. Schließlich übernimmt der Handel auch die *Umsetzung von Steuerungsentscheidungen*, die sich aus dem Geschäftsstruktur-, dem Marktrisiko- und dem Liquiditätsrisikomanagement ergeben.

- **Preisaktualisierung**

Eine Preisaktualisierungsfunktion nimmt der Treasury-Bereich dadurch wahr, daß er Markteinstandssätze, die die im Eigenhandel tätigen Händler laufend dem Marktgeschehen entnehmen, an die im Kundengeschäft tätigen Organisationseinheiten weitermeldet. Dabei handelt es sich z.B. um Marktzinssätze für die wichtigsten Währungen in den gängigen Laufzeitbereichen, die Ausgangspunkt für Kundenkonditionen bei Festsatzgeschäften sind.

- **Koordination**

Die Koordinationsfunktion des Treasury hat schließlich die gesamtbankbezogene Abstimmung der Treasury-Funktionen untereinander und mit dem Kundengeschäft zum Gegenstand. Von besonderer Bedeutung ist in diesem Zusammenhang die Koordination zwischen dem zentralen Geschäftsstrukturmanagement und dem dezentralen Kundengeschäft, die durch Vorgabe von volumensbezogenen Limiten, Markteinstandssätzen, Richtkonditionen, Boni und Mali etc. vorgenommen wird.

Die obigen sechs *Kernfunktionen* werden typischerweise von den Treasury-Bereichen der großen Kreditinstitute wahrgenommen. Lediglich im Detail sind Unterschiede in der Aufgabenzuordnung anzutreffen, die auf instituts-individuelle Ziele und Rahmenbedingungen zurückzuführen sind. Insgesamt lassen sich bei den Treasury-Aufgaben *zwei Schwerpunkte* ausmachen, der Handel und die Gesamtbanksteuerung. Während der *Handel* die Aufgabe hat, Geschäfte abzuschließen, um Erfolgsbeiträge für die Bank zu erwirtschaften, sind die zur *Gesamtbanksteuerung* gehörenden Kernfunktionen Geschäftsstruktur-, Marktrisiko- und Liquiditätsrisikomanagement sowie die auf das dezentrale Kundengeschäft ausgerichteten Teile der Koordinationsfunktion in systematischer Hinsicht als Controlling-Funktionen zu betrachten. Dennoch werden sie üblicherweise ganz pragmatisch dem Treasury zugeordnet, weil sie ein für Controlling-Aufgaben ungewöhnlich hohes Maß an *Marktnähe* erfordern (vgl. Rothacker 1991). Die Marktnähe ist die Voraussetzung dafür, daß die mit Steuerungsaufgaben betrauten Führungskräfte und Mitarbeiter ständig mit dem aktuellen Marktgeschehen bei allen relevanten Finanzinstrumenten vertraut sind. Das wiederum ist die Voraussetzung dafür, daß sie auf sofortige Umsetzung ausgerichtete Steuerungsmaßnahmen konzipieren, die dann im Handel oder auch im Kundengeschäft realisiert werden. Ohne die Marktnähe können die zur Gesamtbanksteuerung gehörenden Aufgaben also nicht erfolgreich wahrgenommen werden.

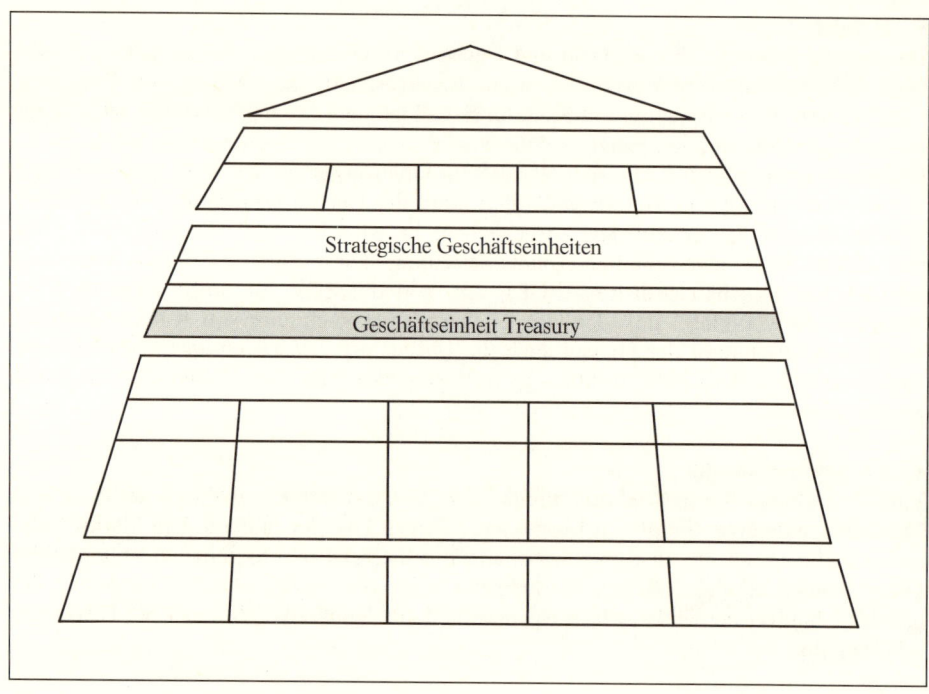

Abb. 4.2-1: Orientierungspyramide

Der *Treasury-Bereich* einer Bank wird hier als *strategische Geschäftseinheit* betrachtet (vgl. Kap. 6.1.1.3). Versteht man, wie üblich, unter einem (kundenbezogenen) strategischen Geschäftsfeld eine marktanalytische Einheit, bei der eine Kundengruppe im Mittelpunkt steht, die nach sozio-demographischen Kriterien, nach Produktnutzung und ggf. auch nach regionalen Kriterien abgegrenzt ist, dann wird deutlich, daß bei dem SGF Treasury ein *Sonderfall* vorliegt. Der Handel erwirtschaftet Erträge, die teilweise durch autonome Handelstätigkeit entstehen, teilweise aber auch durch Geschäfte, die durch Kundenorders und durch Maßnahmen der Gesamtbanksteuerung veranlaßt sind. Während die *Erfolgsentstehung* aufgrund von autonomer Handelstätigkeit oder aufgrund von Kundenorders offensichtlich ist, bedarf die Erfolgsentstehung aufgrund von Maßnahmen der Gesamtbanksteuerung einer kurzen Erläuterung. Banken übernehmen zahlreiche Transformationsfunktionen, insbesondere die Risikotransformation. Hierzu gehört auch die Zinsbindungsfristen-Transformation, die im Mittelpunkt der gesamtbankbezogenen Zinsänderungsrisiko-Steuerung steht. Nach der Marktzinsmethode wird der Zinsertrag eines Kundengeschäfts bekanntlich in einen Konditionsbeitrag und einen Strukturbeitrag aufgespalten. Während der Konditionsbeitrag dem Kundenbetreuer und damit auch der kundenbezogenen SGE zugerechnet wird, stellt der Strukturbeitrag eine Erfolgskomponente des Zinsänderungsrisikomanagements, also der Gesamtbanksteuerung und damit des Treasury dar. In ähnlicher Weise entstehen Erfolgsbeiträge aufgrund von Maßnahmen der Gesamtbanksteuerung, die sich auf andere Risikoarten und Finanzinstrumente richten. Damit ist deutlich geworden, daß Treasury-Bereiche durch Wahrnehmung bestimmter Kernfunktionen Erfolgsbeiträge verschiedenster Art erwirtschaften, die auf autonome Handelstätigkeit, Kundenorders und Gesamtbanksteuerung zurückzuführen sind. Lediglich die Ausübung der Kernfunktionen Preisaktualisierung und Koordination erbringt keine zurechenbaren Erfolgsbeiträge.

Treasury-Bereiche üben *keine eigenständige Kundenbetreuung* aus. Sie schließen Geschäfte mit Partnern an in- und ausländischen Finanzmärkten, insbesondere mit anderen Kreditinstituten ab, aber diese Partner sind nicht als Kunden zu betrachten. Treasury-Bereiche tätigen ihre Geschäfte im Namen und, mit Ausnahme der auf Kundenorders zurückgehenden Geschäfte, auch für Rechnung der Bank, der sie angehören. Ihr *Geschäftsfeld* wird hier nicht als kunden-, sondern als *bankbezogen* bezeichnet, weil die Aktivitäten in diesem Geschäftsfeld weitestgehend durch die Bank selbst festgelegt werden und nur in relativ geringem Umfang durch Kundenorders veranlaßt sind. Ihre Abgrenzung muß auch nach anderen Kriterien erfolgen als bei kundenbezogenen Geschäftsfeldern: Hier eignet sich insbesondere eine *Abgrenzung* nach *Finanzinstrumenten* und nach in- und ausländischen *Märkten*, auf denen der Handel Geschäfte in diesen Instrumenten tätigt. Das Geschäftsfeld des Treasury verdient durchaus auch die Bezeichnung strategisch, denn der Treasury-Bereich kann seine Gewinnverantwortung nur dann erfolgreich wahrnehmen, wenn er sich so positioniert, daß er über Wettbewerbsvorteile gegenüber den Partnerinstituten verfügt, mit denen er Geschäfte abschließt. Er muß also im Sinne der strategischen Planung seine marktbezogenen Chancen und Risiken erkennen, seine Stärken im Wettbewerb ausbauen und seine Schwächen ausgleichen, insgesamt also ein eigenes Erfolgspotential aufbauen. Er muß Strategien und Geschäftskonzeptionen entwickeln und Ressourcen einsetzen; er muß im laufenden Geschäft Erfolgsbeiträge erwirtschaften, und er muß schließlich auch strategische Kontrollen durchführen und in regelmäßigen Zeitabständen seine Strategie überarbeiten. Damit trägt der Treasury-Bereich alle Merkmale einer bankbezogenen strategischen Geschäftseinheit.

### 4.2.1 Systeme für den Handel

Kreditinstitute, die in nennenswertem Umfang den Handel mit Geld und Devisen, Wertpapieren, Edelmetallen und Derivaten betreiben, setzen Handelssysteme ein, um an den internationalen Märkten flexibel agieren und insbesondere die Geschäftsabwicklung zuverlässig und zeitgerecht durchführen und die sich aus dem Handel ergebenden Risiken steuern zu können. Die Anforderungen, die verantwortungsbewußte Geschäftsleiter auch vorher schon an Handelssysteme gestellt haben, wurden 1995 durch die »*Mindestanforderungen für das Betreiben von Handelsgeschäften*« (MaH) des Bundesaufsichtsamtes für das Kreditwesen konkretisiert, präzisiert und in den Rang gesetzlicher Muß- und Sollvorschriften erhoben. Die MaH sind umfassend konzipiert und decken praktisch alle für den Handel relevanten Risikobereiche ab. Sie umfassen allgemeine Anforderungen von der Verantwortung der Geschäftsleitung bis zur Aufbewahrung der Unterlagen, Risikocontrolling und -management, die Organisation der Handelstätigkeit, die Revision und Regelungen für spezielle Geschäftsarten. Von grundlegender Bedeutung ist die Anforderung, daß innerhalb der Bank eine strenge organisatorische *Trennung der Funktionen*

- Handel,
- Abwicklung und Kontrolle,
- Rechnungswesen und
- Überwachung

einzuhalten ist. Für EDV-Handelssysteme sind insbesondere die Anforderungen an Risikomanagement und Risiko-Controlling bedeutsam. Die MaH bezeichnen mit *Risikomanagement* ein Instrument der Geschäftsleitung, des Handels und der Portfolio Manager für die aktive Steuerung der Risiken. Die *Aufgaben*, die hier wahrgenommen werden, sind

- das Eingehen von Risikopositionen,
- die Arbitrage,
- das Portfolio Management und
- die strategische Risikopositionierung.

Dagegen wird mit *Risiko-Controlling* ein Instrument zur Messung und Überwachung der Risikopositionen und zur Analyse des mit ihnen verbundenen Verlustpotentials bezeichnet. Hier fallen folgende *Aufgaben* an:

- Messung, Analyse und Überwachung der Risiken,
- tägliche Risikomeldung,
- Kontrolle der Handelsergebnisse und
- Überprüfung und Weiterentwicklung der Risikoüberwachungssysteme.

Diese Aufgaben sind einer Stelle zu übertragen, die vom Handel weisungsunabhängig ist (vgl. Jacob 1995), also dem zentralen Controlling-Bereich der Bank. Sie bringen hohe Anforderungen mit sich, die letztlich darauf abzielen, daß für ein ganzes Kreditinstitut oder sogar eine Bankengruppe ein einheitliches integriertes Risiko-Controlling aufgebaut wird, das auf konsolidierter Basis weltweit alle Handelsgeschäfte real-time erfaßt, mißt und limitiert. Hierbei sind alle wichtigen Risikoarten zu berücksichtigen, insbesondere Adressenausfall-, Marktpreis-, Liquiditäts-, Betriebs- und rechtliche Risiken. Für diese Aufgabe ist der Einsatz von EDV-Anwendungssystemen unbedingt notwendig; durch EDV-Anwendungssysteme kann bei einigen der Teilaufgaben aber nicht einmal Unterstützung geleistet werden.

Der *Handel* mit den eingangs genannten Finanzinstrumenten ist eine Kernfunktion des Treasury. Der zentrale Controlling-Bereich übernimmt gegenüber dem Treasury gemäß MaH eine Risikoüberwachungsfunktion. Während das Treasury die Handelstätigkeiten steuert, überwacht das Controlling diese in bezug auf Ertrag und Risiko. Aus diesem Grund werden von beiden Bereichen im Prinzip dieselben Methoden, Verfahren und EDV-Systeme angewandt, so daß sie im folgenden in Zusammenhang mit dem Treasury-Bereich behandelt werden können. Der Handel benötigt darüber hinaus operative Systeme für die *Geschäftsabwicklung* in Front und Back Office. Unter *Front Office* versteht man den Bereich, der Handelsgeschäfte anbahnt und abschließt, konkret den Handelsraum, der bei großen Kreditinstituten mehrere hundert Händlerplätze umfassen kann, jeweils ausgestattet mit den erforderlichen Front Office-Systemen. Das *Back Office* ist dagegen ein Bereich, der Erfassung, Prüfung, Buchung und Settlement der vom Front Office abgeschlossenen Geschäfte übernimmt. EDV-Systeme unterstützen in diesen Bereichen bei folgenden *Aufgaben*:

- Aufgaben im Front Office
  - Kommunikation mit den Geschäftspartnern
  - Anzeige von Marktinformationen und Transaktionshinweisen
  - Positionsführung für die gehandelten Finanzinstrumente
  - Berechnung und Anzeige der Auslastung der Händler- und Kontrahenten-Limits
  - Berechnung des Erfolgsbeitrages des Händlers

- Aufgaben im Back Office
  - Abbildung der Transaktionen im Rechnungswesen
  - Versand von Transaktionsbestätigungen
  - Bestätigungsabgleich
  - Bewertung der Transaktionen
  - Veranlassung von Zahlungen und Lieferungen sowie Überwachung des Zahlungs- und Lieferungseingangs

Die *Kommunikation* zwischen den Händlern erfolgte traditionell mit Hilfe des Telefons; längst stehen hierfür aber auch Kommunikationssysteme wie Reuters Dealing und Electronic Broking Service (EBS) zur Verfügung. Für die Übermittlung von Bestätigungen und die Ausführung von Zahlungen wird hauptsächlich das S.W.I.F.T.-System genutzt (vgl. Kap. 2.1.4.3.2.2).

Weithofer (1997) skizziert folgende *Zielkonzeption* für das Zusammenwirken von Kommunikationssystemen, z.B. Reuters Dealing, einerseits und Front Office- und Back Office-Systemen andererseits:

- Wird ein Händler über Reuters Dealing durch einen anderen Händler kontaktiert, dann soll ihm das System Positions-, Pricing- und Limit-Informationen anzeigen.
- Der Geschäftsabschluß kommt mit Hilfe von Reuters Dealing zustande.
- Die Konversation wird automatisch von Reuters Dealing analysiert und in einem Archivierungssystem gespeichert.
- Die Transaktionsdaten werden automatisch an das Back Office-System weitergeleitet.
- Das Back Office-System führt zunächst eine Kursplausiblitätsprüfung durch.
- Die in der Konversation des Reuters Dealing vereinbarten Geschäftsdaten und Zahlungswege werden mit den gespeicherten Stammdaten (Standard Settlement Instructions) verglichen, die laufend durch eine weltweit verfügbare S.W.I.F.T.-Datenbank aktualisiert werden.
- Stimmen die Konversations-Daten des Reuters Dealing mit den Stammdaten überein, wird die Transaktion automatisch freigegeben.
- Dem Geschäftspartner wird die Bestätigung als S.W.I.F.T.-Nachricht zugesandt.
- Die abgesandte und von der Counterparty eingegangene S.W.I.F.T.-Bestätigung werden verglichen.
- Die Zahlung wird bei Fälligkeit über S.W.I.F.T. ausgeführt und der Lieferungseingang wird überwacht.
- Die Lieferung wird veranlaßt und der Eingang der fälligen Zahlung wird überwacht.
- Buchungen werden vorgenommen.
- Auswertungen werden erstellt.
- Die Transaktionen werden archiviert.

Von dem obigen Zielzustand, die einen weitestgehend automatisierten Ablauf für den Handel im Front Office und die Geschäftsabwicklung im Back Office vorsieht, sind die Kreditinstitute in der Praxis zumeist weit entfernt. Weithofer (1997) hat bei 87 Banken in 13 Ländern eine *Umfrage zum Einsatz von Handelssystemen* durchgeführt. Sein Interesse galt zunächst den im Devisenhandel eingesetzten Systemen; die Vernetzung der Finanzinstrumente, Kassainstrumente und Derivate, einerseits und die in den Systemen realisierte Funktionsintegration andererseits führten zwangsläufig dazu, daß schließlich ein breites Spektrum von Systemen in die Untersuchung einbezogen wurde. Differenziert nach Eigenentwicklungen und von Software-Häusern angebotenen Systemen zeigt er die Verbreitung von Front Office-Systemen (Positions- und Limitsystemen) sowie Back Office-Systemen, jeweils für verschiedene Kassainstrumente und Derivate. Es wird deutlich, daß es ein integriertes Gesamtsystem, das den ganzen Handelsprozeß mit allen Phasen und für alle Finanzinstrumente abdeckt, nicht gibt, wohl aber *Systeme für größere Teilbereiche* hiervon. Des weiteren wird sichtbar, daß keines der von Software-Häusern angebotenen Systeme bei der Befragung so viele Nennungen auf sich vereinen konnte, wie die Kategorie »Eigenentwicklung«. Unter den übrigen, also von Software-Häusern angebotenen Systemen, zeichnet sich das Devon-System der Firma Sungard durch besonders große Verbreitung aus. Es deckt Front Office- und Back Office-Funktionen ab und hat einen deutlichen Leistungsschwerpunkt im Bereich der Derivate. Es unterstützt aber wegen der Vernetzung der Finanzinstrumente auch Handel und Abwicklung bei einem großen Teil der Kassainstrumente. Aus diesem Grund wird es in Kap. 4.2.1.1.2 exemplarisch und vertiefend behandelt.

### 4.2.1.1 Funktionsweise von Systemen für derivative Instrumente

#### 4.2.1.1.1 Einsatzgebiete und Grundfunktionen von Systemen für derivative Instrumente im Überblick

Die derivativen Finanzinstrumente lassen sich im wesentlichen auf folgende Grundformen zurückführen: *Swaps* (Zins- und Währungs-Swaps sowie Zins-Währungs-Swaps), *Optionen* (Aktien- und Rentenoptionen, Caps, Floors, Swaptions sowie Währungs- und Index-Optionen), *Futures* (Zins-, Währungs- und Index-Futures) sowie *Forward Rate Agreements*. Den einzelnen derivativen Instrumenten können jeweils *Stamminstrumente* zugeordnet werden, von denen sie abgeleitet sind, oder mit denen sie sachlich in enger Beziehung stehen. Abb. 4.2.1.1.1-1 gibt hierzu einen Überblick.

Zwischen den derivativen und den Stamminstrumenten bestehen enge Beziehungen, die in einem Bewertungs- und Risikozusammenhang zwischen derivativen und Stamminstrumenten zum Ausdruck kommen. Diese Beziehungen sind auch für das Verhalten der Marktpartner bestimmend, unabhängig davon, ob sie Arbitrage, Hedging oder Trading betreiben. Obwohl Bewertungs- und Risikozusammenhänge zwischen derivativen

| Derivative Instrumente \ Stamminstrumente | Zinsen | Aktien und Aktienindizes | Devisen | Kombinationen von Stamminstrumenten |
|---|---|---|---|---|
| **Swaps** | Zins-Swaps | | Währungs-Swaps | Zins-Währungs-Swaps |
| **Futures und Forwards** | Zins-Futures Forward Rate Agreements (FRA) | Index-Futures | Währungs-Futures | |
| **Optionen** | Renten-Optionen Caps and Floors | Aktien-Optionen Index-Optionen | Währungs-Optionen | |
| **Kombinationen von Derivativen Instrumenten** | Swaptions Optionen auf Zins-Futures | Optionen auf Index-Futures | Swaptions Optionen auf Währungs-Futures | |

Abb. 4.2.1.1.1-1 Derivative Instrumente und die jeweils zugrundeliegenden Stamminstrumente

und Stamminstrumenten grundsätzlich beachtet werden müssen, ist es in vielen Fällen nicht möglich zu erkennen, ob Wert- und Risikoänderungen vom derivativen oder vom Stamminstrument ausgehen.

Man spricht von der *Vernetzung von Finanzinstrumenten*, um das zwischen derivativen und Stamminstrumenten bestehende Beziehungsgeflecht hervorzuheben. Hierzu nur einige Beispiele: Ein Bestand einer bestimmten Aktiengattung kann durch Kauf einer Verkaufsoption abgesichert werden; zur Absicherung des Kursrisikos eines Aktienportefeuilles, das in seiner Zusammensetzung einem Index, z.B. dem DAX, nahekommt, können Index-Futures verkauft werden; den Zinsertrag einer Termineinlage, deren Laufzeit erst in der Zukunft beginnt, kann man sich durch ein Forward Rate Agreement sichern. Insgesamt ist festzustellen, daß bei Arbitrage und Hedging regelmäßig derivative Instrumente zusammen mit Stamminstrumenten eingesetzt werden. Daher müssen auch EDV-Anwendungssysteme, die Arbitrage, Hedging und Trading unterstützen, die Vernetzung zwischen den Instrumenten berücksichtigen und jeweils die sachlich zusammengehörenden derivativen und Stamminstrumente erfassen.

Die *Einsatzgebiete* für EDV-Anwendungssysteme, die im Bereich der derivativen Instrumente verwendet werden, lassen sich mit ihren *Funktionen* wie folgt strukturieren:

**Handelsunterstützung**
- Anzeige von Marktdaten
  - real-time aktualisierte Marktdaten von externen Datenlieferanten
  - manuell eingegebene Marktdaten
- Ermittlung profitabler Geschäftsmöglichkeiten für Arbitrage, Hedging und Trading
  - modellgestützte Bewertung von Einzelgeschäften, wie z.B. Optionen, Futures und Swaps
  - Anzeige von Arbitrage-Möglichkeiten
  - Vorschlag von Hedging-Transaktionen
- Kommunikation mit Marktpartnern bei Geschäftsabschluß
  - Rechnerkopplung zwischen Händlerplatz und elektronischer Börse
  - Geschäftsabschluß per Telefon
- Geschäftsdatenerfassung durch Eingabe in eine Datenbank
- Ausgabe und Versand von Abschlußbestätigungen

**Bearbeitung im Back Office**
- Bereitstellung der Geschäftsdaten durch Datenbankabfrage
- Erfassung der Geschäfte im dokumentären Rechnungswesen
- Erfüllung der Geschäfte (Clearing and Settlement)

**Risikomanagement für Portfolios (Positionen)**
- Berechnung von Risikokennzahlen wie z.B. Duration
- What-if-Simulationen, z.B. um zu erkennen, wie sich eine vom Benutzer vorzugebende Veränderung der Zinsstrukturkurve auf den Marktwert des Portfolios auswirkt
- Ermittlung von Hedging-Transaktionen zur Immunisierung eines Portfolios
- Einbeziehung möglichst vieler Portfolios in ein nach einheitlichen Methoden durchgeführtes Risikomanagement

Es ist wünschenswert, daß zwischen dem Handel im Front Office und der Sachbearbeitung im Back Office eine *durchgehende Vorgangskette* hergestellt wird, so daß die Daten der Geschäftsabschlüsse für derivative und Stamminstrumente in einer Datenbank erfaßt sind und von verschiedenen Plätzen aus bearbeitet werden können. Diese durchgehende Vorgangskette wird unternehmensübergreifend, wenn Firmenkunden ihre Aufträge in einer Form, in der sie maschinell weiterverarbeitet werden können, online an ihre Bank übermitteln und eine Rechnerkopplung zwischen der Bank und elektronischen Börsen besteht. Die Händler tätigen bei börsengehandelten Derivaten direkt am Handelsbildschirm ihre Abschlüsse und erhalten die Ausführungsbestätigungen, die in die Datenbank eingehen und vom Back Office weiterbearbeitet werden können.

Die EDV-Anwendungssysteme, die im Bereich der derivativen Instrumente verwendet werden, üben praktisch alle *Grundfunktionen* aus:

- **Geschäftsabwicklung**

Hierzu gehört sowohl die Annahme der Kundenaufträge als auch die Tätigung der Geschäftsabschlüsse durch die Händler und die Sachbearbeitung im Back Office.

- **Basisdaten-Administration**

Die Verwaltung und Aufbereitung der Portfolios in den verschiedenen Instrumenten gehört ebenso zur Basisdaten-Administration wie die Bereitstellung der Marktdaten.

- **Beratungsunterstützung**

Portfolios können nicht nur für die Bank selbst, sondern auch für Kunden geführt werden. Wenn der Händler der Bank einerseits die aktuellen Marktdaten verfügbar hat und andererseits ein Kundenportfolio, z.B. ein Swap-Portfolio, aufrufen und in Hinsicht auf Hedging-Bedarf auswerten kann, dann kann er gegenüber dem Kunden auch eine hochwertige Beratungsleistung erbringen.

- **Geschäftsdokumentation**

Die in der Datenbank erfaßten Geschäfte mit derivativen Instrumenten können durch Anwendungsprogramme ausgewertet werden, um Meldungen für die Bankenaufsicht zu erstellen und die Grundlage für die bilanzielle Risikovorsorge, insbesondere für die Ermittlung der im Jahresabschluß zu berücksichtigenden Drohverlustrückstellungen, zu schaffen.

- **Entscheidungsunterstützung**

Durch eine modellgestützte Bewertung der derivativen Instrumente, z.B. Optionen, Futures und Swaps, erhalten die Händler rechnerische Ergebnisse, sog. theoretische Preise, die von den aktuellen Marktpreisen der Instrumente abweichen können. Dadurch können Händler sehr schnell erkennen, welche Instrumente am Markt gegenüber ihrem theoretischen Preis (Fair Value) unterbewertet sind und gekauft bzw. überbewertet sind und verkauft werden sollten. Auf der Ebene der Portfolios machen die Systeme durch Kennzahlen und What-if-Simulationen das Risiko deutlich, und sie ermitteln sogar die Hedging-Transaktionen nach Art und Umfang, die zur Immunisierung eines Portfolios gegenüber dem Risiko geeignet sind.

- **Steuerung**

Die Systeme zeigen den Händlern für die von ihnen verantworteten Portfolios den Erfolg (Gewinn oder Verlust) an. Sie geben Hinweise auf profitable Geschäftsmöglichkeiten, und sie zeigen auch die Ausschöpfung der individuellen Limits von Händlern und Geschäftspartnern an. Dies alles sind Steuerungsinformationen, die sich auf die Aktivität des jeweiligen Händlers auswirken.

Das *Software-Angebot* für den Bereich der derivativen Instrumente ist außerordentlich umfangreich und vielgestaltig. Dies wird schon an der Untersuchung von Loistl/Lingemann (1993) deutlich, die den Versuch unternommen haben, eine *Marktübersicht* der für Futures und Options angebotenen Software zu erstellen. Sie haben mit über 100 Anbietern im deutschsprachigen Raum und mehr als 185 Software-Firmen in Nordamerika, Asien und Europa Kontakt aufgenommen, um deren Angebote analysieren und vergleichen zu können. Da ein Teil der Anbieter diesen Vergleich offensichtlich gescheut hat, konnten schließlich nur 59 Anwendungssysteme in die Untersuchung einbezogen werden. Aus verschiedenen Gründen war eine klare *Systematisierung* der untersuchten Systeme nicht möglich: Es wurde zwar versucht, nur Front Office-Anwendungssysteme zu betrachten; wichtige Systeme, die nicht ausgeschlossen werden konnten, sind aber kombinierte Front und Back Office-Systeme. Auch mit diesen Systemen werden durchgehende Vorgangsketten realisiert, so daß es wenig Sinn hat, die Systeme in bezug auf einzelne Teile solcher durchgehenden Vorgangsketten zu systematisieren. Aber auch hinsichtlich der Finanzinstrumente, hier insbesondere Futures und Options, läßt sich eine klare Abgrenzung und Systematisierung der Systeme nicht durchführen. Die Vernetzung der Finanzinstrumente legt es nahe, daß die in bezug auf Arbitrage, Hedging und Trading zusammengehörenden Finanzinstrumente nach Möglichkeit auch jeweils von einem EDV-Anwendungssystem unterstützt werden.

Wie in Kap. 1.3 schon ausgeführt wurde, haben die Terminalisierung und die Datenbanktechnik die Voraussetzungen dafür geschaffen, daß EDV-Anwendungssysteme entwickelt wurden, die immer mehr Funktionen in sich vereinen. Dies führte einerseits zur *Bildung durchgehender Vorgangsketten*, die durch die Systeme unterstützt wurden, andererseits aber auch zur *Funktionsintegration* an Arbeitsplätzen, wodurch das Anforderungsprofil der an diesen Arbeitsplätzen tätigen Mitarbeiter verändert wurde. Dies trifft speziell auch für kombinierte Front und Back Office-Systeme zu, die Transaktionen mit derivativen Instrumenten unterstützen. Bei den in diesem Bereich eingesetzten EDV-Anwendungssystemen kommt es sogar zu einer Vertiefung der Funktionsintegration und darüber hinaus zu einer Objektintegration. Die *Vertiefung der Funktionsintegration* wird dadurch erreicht, daß EDV-Anwendungssysteme nicht nur die Geschäftsabwicklung, sondern auch Analyse und Bewertung von Einzeltransaktionen und sogar die Führung von Geschäftspositionen (Portfolios) unterstützen.

Bezeichnet man die einzelnen derivativen Instrumente als Objekte, an denen bestimmte Funktionen ausgeübt werden, dann kann man bei bestimmten EDV-Anwendungssystemen von *Objektintegration* sprechen, weil die Systeme nach Möglichkeit so strukturiert werden, daß sie verschiedenartige Finanzinstrumente (Objekte) erfassen, die nach gleichartigen Prinzipien abgewickelt, analysiert, bewertet und gesteuert werden können, und die auch zusammengehören, weil sie bei Arbitrage, Hedging und Trading vom Händler gleichzeitig beachtet werden müssen. Diese weitgehende Daten-, Funktions- und Objektintegration, die insbesondere bei den Systemen im Bereich der derivativen Instrumente anzutreffen ist, stellt hohe Ansprüche an Entscheidungsträger, die über die Anschaffung und Installation derartiger Systeme zu befinden haben.

Im folgenden Kapitel soll am Beispiel eines ausgewählten Software-Anbieters gezeigt werden, welcher Funktionsumfang bei Systemen für derivative Instrumente verfügbar ist, in welcher Breite und Tiefe das Spektrum der derivativen Instrumente durch EDV-Anwendungssysteme unterstützt wird, und welches Ausmaß die Systemintegration inzwischen erreicht hat. Dabei können die Sachfunktionen der Systeme, die Objektintegration und die Systemintegration nur im Überblick dargestellt werden. Gleichzeitig werden die Grundfunktionen der Systeme herausgearbeitet, so daß sie für den Betrachter transparenter werden, der sie insbesondere hinsichtlich der Effizienzkriterien beurteilen möchte.

### 4.2.1.1.2 Systeme für derivative Instrumente, dargestellt an einem konkreten Beispiel

Wie die Marktübersichten von Loistl/Lingemann (1993) und Weithofer (1997) erkennen lassen, werden weltweit Derivathandelssysteme in großer Vielfalt angeboten. Da hier gezeigt werden soll, welche Funktionen von derartigen Systemen grundsätzlich übernommen werden können, wird das Devon-System als Beispiel herangezogen, das durch besondere Breite des Einsatzgebietes und Tiefe des Funktionsumfangs gekennzeichnet ist (vgl. Sungard Capital Markets 1994a; 1994b; 1994c; 1993a; 1993b; 1992; o. J.). Dieses System wird im folgenden als *Derivativ-System* bezeichnet. Es versteht sich von selbst, daß mit der Auswahl dieses Systems keine Wertung verbunden ist: Andere Systeme können gegenüber dem Derivativ-System ihre Vorzüge aufweisen, und auf die Nachteile dieses Systems verweisen Loistl/Lingemann (1993). Das Derivativ-System deckt folgende *Funktionsbereiche* ab: Front Office mit Handel und Risikomanagement, Back Office mit Rechnungswesen, Kontrolle und Revision sowie Marktintegration mit Marktinformation und Order Routing.

Es ist durch die Unternehmensexpansion des Systemanbieters bedingt, daß unterschiedlich konzipierte, strukturierte und programmierte Teilsysteme in das Derivativ-Gesamtsystem eingefügt werden mußten, was nur modular geschehen konnte. Aufgrund der Modularität dieses Systems können sich Anwender, insbesondere die Treasury-Bereiche von Kreditinstituten, ihre spezielle Konfiguration nach ihren individuellen Anforderungen zusammenstellen. Aus naheliegenden Gründen verfolgt der Systemanbieter die Konzeption einer *offenen System-Architektur*: Das Derivativ-System soll auf Rechnern möglichst vieler bedeutender Hersteller und unter den wichtigsten Betriebssystemen eingesetzt werden können. Eine Informationsplattform bietet Schnittstellen zu externen Datenlieferanten, elektronischen Börsen und dem Handelssystem Xetra. Außerdem besteht für die Benutzer die Möglichkeit, eigene Modelle für die Bewertung von Finanzinstrumenten in das Derivativ-System zu integrieren. Abbildung A 5-1 zeigt wichtige Aspekte des Systems im Überblick.

Die Finanzinstrumente, die von den *Teilsystemen* des Derivativ-Systems (Futures, Derivatives, Securities, Forex) abgedeckt werden, überlagern sich teilweise. Einerseits beruht dies auf der Entwicklungsgeschichte der einzelnen Teilsysteme, andererseits auch darauf, daß sachlich zusammengehörende Instrumente durch ein Teilsystem bearbeitet werden, um Arbitrage, Hedging und Trading zu unterstützen. Zu jedem Teilsystem gibt es Module für Front Office und Back Office. Die *Module für das Front Office* unterstützen den Handel, indem sie die Finanzinstrumente bewerten, profitable Geschäftsmöglichkeiten anzeigen und Risikoanalysen ermöglichen. Die *Module für das Back Office* unterstützen dagegen Geschäftsabwicklung, Rechnungswesen, Kontrolle und Revision. Die Transaktionen werden durch *Datenbanksysteme* erfaßt, die den Informationsaustausch zwischen den Teilsystemen des Front Office und des Back Office ermöglichen. Wie Anhang 5-1 zeigt, gibt es kein einheitliches Datenbanksystem für alle Teilsysteme. Auch dies ist wohl durch die Entwicklungsgeschichte des Systems bedingt. Im Gegensatz zu den bisher erwähnten Teilsystemen (Futures, Derivatives, Securities und Forex) deckt das *Teilsystem Connect* nicht ein bestimmtes Segment aus der Gesamtpalette der Finanzinstrumente ab, sondern es handelt sich hier um eine *Integrations-, Order Routing- und Informationsplattform*, deren Aufgabe es ist, die Kommunikation zwischen den vier objektbezogenen Teilsystemen sowie den Abschluß von Transaktionen an elektronischen Börsen zu ermöglichen. In Zukunft soll es die Verbindung zwischen einer Bank (Benutzer) und allen elektronischen Börsen unterstützen, und dies von einem einzigen Handelsbildschirm aus. Arbitragemöglichkeiten, die global zwischen den elektronischen Börsen bestehen, können dann auf einem Bildschirm angezeigt werden, so daß der Händler sofort erkennt, wo er Kauf- und Verkaufsorders plazieren muß, oder ob er Orders von einem Börsenplatz an einen anderen verlegen sollte (Order Routing). Auf diese Weise wird das Teilsystem Connect dazu beitragen, daß die elektronischen Börsen der Erde immer mehr zu einem einheitlichen Markt zusammenwachsen, denn die Notierungen werden sich allein aufgrund der hohen Markttransparenz und der technisch bedingten Aktionsmöglichkeiten der Händler immer mehr angleichen, so daß die Arbitragegewinne gegen Null konvergieren werden.

Die *Informationsplattform*, die derzeit noch im Einsatz ist, und die später einmal durch das Connect ersetzt werden soll, trägt die Bezeichnung Plattform. Sie umfaßt eine zentrale Datenbank und eröffnet *Gateways*, also die technischen Voraussetzungen für den Datenaustausch zwischen den Teilsystemen des Derivativ-Systems, zwischen dem Derivativ-System und anderen Systemen der jeweiligen Bank sowie zwischen dem Derivativ-System und externen Systemen, z.B. solchen von Datenlieferanten und elektronischen Börsen. Über *Inbound Gateways* erhält das Derivativ-System beispielsweise folgende *Informationen*:

- Abschlüsse und Positionen von anderen Systemen, entweder für Front oder Back Office
- Kurse
- Zinsstrukturkurven
- Volatilitäts-Strukturkurven
- Daten über Kunden, Marktpartner, Settlement Instructions
- zurückliegende Kassakurse
- Ausübungsmitteilungen
- Datenbankbestände von anderen Hardware-Systemen

Folgende *Informationen* werden von der Plattform über *Outbound Gateways* weitergeleitet:

- Neue Abschlüsse und Positionen
- Bestätigungen und Anweisungen über Telex, Telefax und S.W.I.F.T.
- Buchungsdaten
- Kursstellungen der Market Maker an elektronischen Börsen

Schließlich sei noch erwähnt, daß es die Plattform auch ermöglicht, daß der Benutzer *eigene Bewertungsmodelle für Derivate* verwendet, und wenn er es wünscht, erhält der Systemanbieter inhaltlich keine Informationen über die benutzereigenen Verfahren, weil diese als kompilierte Programmteile aufgerufen werden, die man bekanntlich nicht in den Source Code zurückübersetzen kann.

### a) Teilsystem Securities für Zinstitel und Zins-Futures
Das Teilsystem Securities besteht aus je einem Modul für Front Office und Back Office.

### aa) Front Office-Modul
Das Front Office-Modul unterstützt die Benutzer bei folgenden Finanzinstrumenten: *Festverzinsliche Wertpapiere* (inländische Anleihen, Euro-Anleihen und Zerobonds), *Floating Rate Notes* (inländische und Euro-FRNs sowie Sonderformen mit Cap, Floor etc.), *Geldmarktinstrumente* (Commercial Paper, Certificates of Deposit und Euro-Notes) sowie *Zins-Futures* (Dreimonatsgeld-Future und Futures auf Anleihen).

Das Teilsystem Securities bietet die Möglichkeit, für das Eigengeschäft der Bank, aber auch für die Kundschaft, eine Vielzahl von *Positionen zu führen*, in denen die von diesem Teilsystem unterstützten Finanzinstrumente in beliebiger Kombination und in beliebigen Währungen enthalten sein können. *Orders* können durch Kundenberater eingegeben werden, auch von Filialen fernab von den großen Handelsplätzen. Die Händler können Orders zurückweisen, wenn sie nicht ausführbar sind, so daß die Kundenberater noch einmal tätig werden müssen. Kommt ein Abschluß zustande, dann gibt der Händler die Abschlußdaten ein, so daß die Position aufdatiert und sofort der Erfolg (Gewinn oder Verlust) der Position neu berechnet werden kann. Gleichzeitig werden die Abschlußdaten über ein Interface an das *automatische Clearingsystem* ISMA TRAX gemeldet, so daß vor Zahlung bzw. Lieferung geklärt werden kann, ob auch auf der Seite des Geschäftspartners die entsprechenden Daten vorliegen. Da die Abschlußdaten in die Datenbank eingegeben worden sind, stehen sie gleichzeitig dem Back Office zur Verfügung.

Für den *Eigenhandel* erfolgt die Bewertung der Finanzinstrumente natürlich schon vor dem Abschluß, weil die Bewertungsergebnisse, auch als theoretische Preise bezeichnet, profitable Geschäftsmöglichkeiten anzeigen können. Diese Bewertungen beruhen weitgehend auf Zinsstrukturkurven, die das Teilsystem Securities selbst ermittelt und laufend aufdatiert; sie können aber auch vom Benutzer vorgegeben werden. Das Teilsystem Securities berechnet zum Zwecke des Hedging Kennzahlen wie die Duration und den Basis Point Value, die Aufschluß darüber geben, wie der Marktwert einer Position sich ändert, wenn eine Zinsänderung eintritt. Auf der Basis dieser Kennzahlen schlägt das System selbst Hedging-Maßnahmen vor, z.B. den Verkauf von Bond Futures, um eine Rentenposition gegenüber dem Zinsänderungsrisiko abzusichern.

Zu den Grundlagen des *Risikomanagements* gehört es, daß Limitierungen pro Position, Gruppe von Positionen oder Währung vorgegeben und überwacht werden können. Das Teilsystem Securities unterstützt aber nicht nur dies, sondern es ermöglicht auch eine laufende Überwachung aller Positionen einschließlich des Positionserfolges über alle in den Positionen enthaltenen Finanzinstrumente hinweg. Ergänzend zeigen What-if-Simulationen in bezug auf alternative Zins-Szenarien an, ob die Hedging-Maßnahmen wirksam sind. Hierbei gibt der Benutzer Zinsstrukturkurven vor und das System wertet aus, wie der Erfolg der einzelnen Positionen sich ändern würde, wenn sich in Zukunft die eine oder andere Zinsstrukturkurve realisiert.

### ab) Back Office-Modul

Die in der Datenbank befindlichen Abschlußdaten (Transaktionsdaten) stehen dem Back Office automatisch zur Verfügung. Während ein Händler im Front Office täglich seine Positionen vor Augen haben muß, die alle Transaktionen in den jeweiligen Instrumenten umfassen, und die in bezug auf Risiko und Erfolg laufend bewertet werden, muß das Back Office dieselben Transaktionen zu valutarischen Positionen zusammenfassen. Letzteres soll gewährleisten, daß zu den Zahlungs- und Lieferzeitpunkten und an den jeweiligen Zahlungs- und Lieferorten die erforderlichen Beträge an flüssigen Mitteln und die erforderlichen Mengen an Wertpapieren verfügbar sind. Um *Clearing und Settlement* bewirken zu können, muß das Back Office in der Lage sein, Zahlungen in allen Währungen zu leisten und dabei auch Provisionen und Gebühren zu verrechnen. Es muß über Verrechnungskonten verfügen, die kreditorisch und auch debitorisch geführt sein können, und es bedient sich der Wertpapierleihe (Verleihe und Entleihe). Zu diesem Zweck benötigt es real-time Informationen über den Bedarf an flüssigen Mitteln, Kontostände und Depotbestände. Die Transaktionsdaten, die bei Abschluß der Geschäfte durch die Händler in die Datenbank eingegeben werden, stehen dem Back Office real-time zur Verfügung. Hier werden die Datensätze, die zu den einzelnen Transaktionen gehören, überprüft und um verschiedene Daten ergänzt, insbesondere um die Verwahrstelle für die Wertpapiere und das Konto für die Verrechnung des Kaufpreises von Wertpapieren. Wenn die Transaktionsdaten vervollständigt sind, werden sie automatisch zu den *Communication Gateways* weitergeleitet, so daß die Handelsbestätigungen automatisch per Telex, Fax oder S.W.I.F.T. an die Transaktionspartner geschickt werden. Wenn die abgesandte Bestätigung und die eingehende Bestätigung des Geschäftspartners übereinstimmen, kann ein Geschäft erfüllt werden. Stimmen sie nicht überein, dann müssen Mitarbeiter den Einzelfall klären.

Die *Erfüllung der Wertpapiergeschäfte* (Settlement) wird dadurch eingeleitet, daß die vervollständigten Datensätze der Transaktionen an die Settlement Interfaces, also Module des Teilsystems Securities übermittelt werden. Die Erfüllung der Geschäfte kann durch Euro-Clear, CEDEL oder S.W.I.F.T. bewirkt werden. Die Anweisungen, die auf diese Weise den Clearingstellen erteilt werden, werden überwacht, und Unstimmigkeiten werden in Reports zusammengestellt, die dann geklärt werden müssen. Zahlungen und Lieferungen, zu denen die Bank verpflichtet ist, werden geleistet, und der Eingang von Zahlungen und Lieferungen, die die Bank von ihren Geschäftspartnern erwartet, wird überwacht. Das Back Office-Modul führt dies automatisch durch, und manuelle Nacharbeit ist nur erforderlich, wenn im Einzelfall Unstimmigkeiten auftreten. Die Guthaben auf Verrechnungskonten, die für die Verrechnung der Kaufpreise erforderlich sind, und die Wertpapierbestände, die für Lieferungen in Betracht kommen, werden real-time aktualisiert und stehen zu Datenbankabfragen und Erstellung von Berichten zur Verfügung. Außerdem unterstützt das Back Office-Modul die Wertpapierverwaltung (vgl. Kap. 2.1.6.1.1). Die Transaktionsdaten werden aber auch an die Finanzbuchhaltung übermittelt, so daß dort die erforderlichen Buchungen vorgenommen werden können.

Die *Berichte für die Bankenaufsicht*, die mit diesem System erstellt werden können, sind naturgemäß länderspezifisch, so daß sie im Einzelfall angepaßt werden müssen. Darüber hinaus können zahlreiche *Berichte für den internen Gebrauch* des Anwenders generiert werden, die die Überwachung der Geschäftsabwicklung wirksam unterstützen. Die Möglichkeit, Datenbankabfragen zu machen, rundet das Funktionsangebot des Back Office-Moduls ab: Strukturiert entsprechend den Merkmalen, die in den Datensätzen enthalten sind, können Abfragen in Bezug auf Transaktionen, Positionen, Wertpapierbestände und Verrechnungskonten durchgeführt werden.

Das Teilsystem Securities übt praktisch *alle Grundfunktionen* aus: Die *Geschäftsabwicklung* wird durchgängig unterstützt, vom Eingang der Kundenaufträge im Front Office-Modul bis zur Erfüllung der Geschäfte einschließlich Kontrolle und Überwachung im Back Office-Modul. Auch die *Basisdaten-Administration* ist durchgängig; sie beginnt mit der laufenden Aktualisierung von Marktdaten, die von externen Datenlieferanten übernommen werden, und sie setzt sich fort in der Pflege der Datenbestände bezüglich der Transaktionen, Positionen, Guthaben und Wertpapierbestände in der Datenbank. In engem Zusammenhang mit Geschäftsabwicklung und Basisdaten-Administration steht auch die *Geschäftsdokumentation*, die im Front Office-Modul mit der Eingabe der Transaktionsdaten in die Datenbank beginnt und sich im Back Office-Modul mit der Verbuchung der Transaktionen im Rechnungswesen und der Erstellung der Berichte fortsetzt. Aufgrund seiner Funktionen zur Bewertung der Finanzinstrumente, also zur Berechnung theoretischer Preise etc., kann insbesondere das Front Office-Modul Beiträge zur *Beratungsunterstützung* bieten, soweit das Kundengeschäft betroffen ist, und es leistet *Entscheidungsunterstützung* für den Eigenhandel. Gleichzeitig übt es auch die Grundfunktion der *Steuerung* gegenüber den Händlern aus, weil es Informationen bereitstellt, die auf profitable Geschäftsmöglichkeiten hinweisen und Erfolgsrisiken anzeigen. Händler, die diese Informationen erhalten, werden ihr Verhalten darauf einstellen.

### b) Teilsystem Derivatives für Zinsderivate

Die weitgehende Funktionsintegration, die offene System-Architektur und der modulare Aufbau, die schon beim Teilsystem Securities festgestellt werden konnten, gelten auch für das Teilsystem Derivatives. Dieses ist so konzipiert, daß es möglichst alle derivativen Finanzinstrumente und ihre Hedging-Instrumente umfaßt, wenn auch ein gewisser Schwerpunkt bei den Zinsderivaten liegt. Das Front Office-Modul, das alle Zinsderivate abdeckt, unterstützt die Händler durch real-time erfolgende Bewertungen der derivativen Instrumente. Wenn die Händler Transaktionen durchführen, dann geben sie die Transaktionsdaten in die Datenbank ein, so daß sie auch dem Back Office-Modul für die weitere Geschäftsabwicklung zur Verfügung stehen.

Das Teilsystem Derivatives ist vollständig integriert. Es umfaßt die laufende Aktualisierung der Marktdaten, die von externen Datenlieferanten bezogen werden, den Handel der Instrumente, die Geschäftsabwicklung einschließlich der Verbuchung sowie Gateways zu den Informationssystemen der jeweiligen Bank.

*Folgende Funktionen führt das Teilsystem für alle derivativen Instrumente aus:*

- *Front Office*
  - Bewertung der Instrumente (Berechnung theoretischer Preise) und Bereitstellung von Hilfen für die Händler
  - Eingabe der Transaktionsdaten und Positionsführung
  - Laufende Neubewertung aller Positionen unter konsistenter Verwendung des Barwertverfahrens
  - What-if-Simulationen für Portfolios
  - Portfolio-Immunisierung: Ermittlung von Hedging-Maßnahmen und Berechnung von Risikokennzahlen
  - Überwachung der Limits für Händler und Geschäftspartner
  - Laufende Protokollierung der Marktdaten-Aktualisierung
- *Back Office*
  - Laufende Neubewertung der Positionen und Erfolgsermittlung (Gewinn oder Verlust)
  - Bestätigung der Transaktionen und Anweisungen an Geschäftspartner über Telex, S.W.I.F.T. oder Brief
  - Positionsführung
  - Überwachung der Limits für Händler und Geschäftspartner
  - Datenbankabfragen und Erstellung von Berichten
  - Durchführung von Zahlungen
  - Verbuchung der Transaktionen
  - Überwachung, ob gehedgte Positionen sich wieder öffnen
  - Berechnung und Verbuchung von Zinsen
  - Erstellung von Berichten für die Bankenaufsicht
  - Überwachung, wer Transaktionsdaten eingegeben, modifiziert und gelöscht hat

Zum Teilsystem Derivatives gehören zahlreiche Module, die jeweils ein Derivat mit seinen Sonderformen unterstützen (vgl. Anhang 5-2). Beispielsweise kann das *Modul Swaps* einfache Zins-Swaps und kombinierte Zins-Währungs-Swaps verarbeiten, jeweils als fixed-variable, fixed-fixed, basis oder variable-variable Swaps und Asset Swaps. Für diese Formen können dann wieder besondere Muster definiert werden, z.B. Swaps, die sich planmäßig abbauen (amortisieren).

Als zweites Beispiel sei das *Modul Futures* genannt. Es bearbeitet alle börsengehandelten Terminkontrakte, Zins-, Währungs-, Aktienindex-, und Waren-Terminkontrakte, und es unterstützt das Back Office in vielfacher Weise: Es berechnet die Einschußzahlungen (Sicherheitsleistungen) für Kunden, Händler und Börsen; es unterstützt bei der Glattstellung von Positionen entsprechend den Kriterien des Benutzers und es unterstützt die Verbuchung der Transaktionen etc. Ganz entsprechend ist jedes Modul darauf ausgerichtet, für eine bestimmte Gruppe von Derivaten möglichst vollständig alle gewünschten Funktionen zu bieten. Angesichts der Vielfalt der Grundformen und Ablaufmuster, die sich an den Finanzmärkten gerade bei den derivativen Instrumenten gebildet haben, überrascht es nicht, daß nicht alle in der Praxis vorkommenden Transaktionen mit Hilfe von Standard-Software abgewickelt werden können. Sonderfälle, die in einem Modul nicht vorgesehen sind, müssen manuell bearbeitet werden.

### c) Teilsystem Futures für Optionen und Futures

Das Teilsystem Futures besteht aus je einem Modul für Front Office und Back Office. Es ist auf folgende börsengehandelte Derivate und OTC-Instrumente ausgerichtet:

- Aktienoptionen und Aktienindexoptionen
- Aktienindex-Futures und Optionen auf Aktienindex-Futures
- Aktien und OTC-Aktienoptionen
- Zinsoptionen
- Zins-Futures und Optionen auf Zins-Futures

### ca) Front Office-Modul

Das Front Office-Modul erhält *Marktdaten*, insbesondere Kurse und Umsätze, nicht nur von Datenlieferanten wie Reuters, Telerate und Knight Ridder, sondern real-time auch von elektronischen Börsen wie Eurex, Matif oder Liffe, und darüber hinaus von weiteren, wenn es gewünscht wird. Außerdem kann es Daten aufnehmen, die von anderen Systemen der betrachteten Bank bereitgestellt werden. Diese Marktdaten werden zur Bewertung der Finanzinstrumente verwendet, wodurch Geschäftsmöglichkeiten bei Arbitrage, Hedging und Trading sichtbar werden. Da eine Bank als Benutzer dieses Teilsystems an einer elektronischen Börse Market Maker oder Clearing Member sein kann, übernimmt das Front Office-Modul auch die Übermittlung von Kursstellungen von der Bank an die Börse. Die Daten der Transaktionen, die auf diese Weise zustande kommen, werden dann real-time von der Börse an das Back Office-Modul gesandt.

Das Front Office-Modul unterstützt den Händler durch acht sogenannte *Dealing Windows*; dies sind Bildschirmmasken, die jeweils bestimmte Bewertungsergebnisse anzeigen oder auch Handelsmöglichkeiten eröffnen:

- **Marktanalyse**

Das Market Window und das Bond Futures Window unterstützen den Händler bei der Analyse der Marktdaten. Im *Market Window* werden real-time die impliziten Volatilitäten gezeigt, die aus aktuellen Optionspreisen abgeleitet sind. Das *Bond Futures Window* zeigt den rechnerischen Wert für Futures und festverzinsliche Wertpapiere, beruhend auf real-time übermittelten Kursen, und außerdem bietet es zur Unterstützung des Händlers noch eine Fülle von Kennzahlen etc.

- **Anzeige von Geschäftsmöglichkeiten bei Arbitrage und Hedging**

Das *Index Window* zeigt real-time an, ob es Arbitragemöglichkeiten zwischen einer Aktienposition des Benutzers und Aktienindex-Futures gibt. Es werden Hedge-Transaktionen ermittelt, mit denen ein gegebenes Portfolio von Aktien-Derivaten des Benutzers durch Index-Futures abgesichert werden kann.

- **Kursstellung an elektronischen Börsen**
Kreditinstitute, die an einer elektronischen Börse als Market Maker tätig sind, können das *Quote Window* für eine umfassende Kursstellung nutzen: Sie können gleichzeitig Kurse für ganze Serien von Kontrakten stellen. Die Kurse werden automatisch berechnet mit Bid/Ask-Spreads, die der Benutzer definiert. Spreads, die an der Börse nicht zugelassen sind, weil sie zu hoch sind, werden automatisch eliminiert. Das *Pricing Window* nimmt die Bewertung von Optionen vor und ermöglicht dem Händler eine schnelle Kursstellung durch Datenübermittlung an eine elektronische Börse. Die Optionsbewertung, die dieser Bildschirm zur Verfügung stellt, ist für den Händler aber auch dann von großem Nutzen, wenn er OTC-Optionen im Telefonverkehr handelt.

- **Positionsführung**
Das *Position Window* zeigt Positionen an, die die betrachtete Bank im Eigenhandel oder für ihre Kunden hält, und die jeweils aus Finanzinstrumenten verschiedener Art zusammengesetzt sein können. Zu jeder Position werden Risikokennzahlen auf der Basis von real-time übermittelten Kursen und Umsätzen berechnet. Diese Positionen werden laufend automatisch durch die an der elektronischen Börse getätigten Abschlüsse aktualisiert; sie können aber auch manuell ergänzt werden, z.B. durch Aktiengeschäfte und OTC-Optionen. Positionsübersichten werden ausgegeben, die per Fax auch an die Kunden, die die Positionen halten, übermittelt werden können.

- **Risikoanalyse**
Auf der Grundlage von real-time übermittelten Marktdaten führt das Front Office-Modul Risikoanalysen für ganze Geschäftspositionen (Portfolios) durch, die im Sinne von What-if-Simulationen ablaufen. Die Ergebnisse dieser Simulationen, die vom Benutzer über Parameter gesteuert werden können, werden im *Risk Window* angezeigt. Dabei kann der Benutzer mit Hilfe der Risikoparameter Planungshorizont, Kassakurs, Volatilität und Zinsveränderung individuelle Risiko-Szenarien definieren und seine Portfolios, die aus verschiedenen Stamminstrumenten und Derivaten bestehen können, mit diesen Risiko-Szenarien konfrontieren. Die Ergebnisse der What-if-Simulation zeigen dann an, wie der Marktwert des Portfolios und weitere Kennzahlen reagieren, wenn sich ein vorgegebenes Risiko-Szenario realisiert.

### cb) Back Office-Modul

Das Back Office-Modul des Teilsystems Futures ist ungewöhnlich hoch entwickelt. Es übernimmt sämtliche Aufgaben, die im Back Office anfallen, insbesondere Positionsführung, Matching und Settlement, Verbuchung und Limit-Überwachung. Diese Aufgaben werden im *unbedienten Betrieb* erledigt. Nur, wenn Datenfehler oder sonstige Unregelmäßigkeiten auftreten, müssen Mitarbeiter der jeweiligen Bank in den real-time ablaufenden Bearbeitungsprozeß eingreifen.

Das Back Office-Modul unterstützt sämtliche Finanzinstrumente, die auch durch das Front Office-Modul erfaßt werden, außerdem aber noch Währungs-Kassageschäfte, -Termingeschäfte und -Optionen sowie Commodity Futures und Optionen auf Commodity Futures. Der *Datenaustausch* zwischen dem Back Office-Modul einerseits und elektronischen Börsen, anderen externen Stellen und bankinternen Stellen andererseits ist außerordentlich intensiv. Das Modul erhält die Daten über abgeschlossene Transaktionen automatisch von der elektronischen Börse, an der die jeweilige Bank tätig ist. Die Daten anderer Geschäftsabschlüsse, die an Börsen getätigt worden sind, und auch die Daten von OTC-Transaktionen können manuell eingegeben werden. Sofern Leitungsverbindungen bestehen, kann das System auch von allen wichtigen Terminbörsen die Kurse

(Settlement Prices) erhalten, insbesondere von der Eurex in Frankfurt, der Liffe in London und der Matif in Paris. Über In-House-Systeme erhält das Modul Kontodaten aus der Finanzbuchhaltung der Bank und Daten über offene Orders von einem ggf. vorhandenen Order Routing-System. Das Back Office-Modul übermittelt seinerseits Prüfungsdaten an die Finanzbuchhaltung, Settlement-Daten zur Abstimmung an die Clearing Houses der elektronischen Börsen, Daten über Sicherheitsleistungen, Guthaben und Limits an ein bankinternes Risikomanagementsystem und täglich die Anfangsposition an das Front Office-Modul. Zu jedem Geschäftsabschluß, der getätigt wird, fertigt das Back Office-Modul real-time eine Handelsbestätigung aus, die automatisch per Fax oder Telex an Kunden versandt wird.

Grundlage für die Back Office-Arbeiten ist die *Positionsführung*, also die Speicherung, Aktualisierung und Bewertung der Transaktionen, die für das Settlement anstehen. Diese Transaktionen können nach verschiedenen Kriterien, die der Benutzer definiert, zu Positionen zusammengefaßt werden. Offene Positionen werden entweder real-time zu Marktpreisen bewertet oder, falls gewünscht, auch zu manuell eingegebenen Preisen. Automatisch werden Stamminstrument-Positionen eingerichtet, wenn Optionen ausgeübt oder Wertpapiere geliefert werden, und es werden Ausführungsanweisungen (Settlement Instructions) generiert, die zur Abstimmung an Clearing Houses, Geschäftspartner oder bankinterne Abteilungen übermittelt werden.

Der eigentlichen Erfüllung der Geschäfte (Settlement) geht ein *Matching* voraus, also ein Vergleich der Transaktionsdaten, die die beiden Geschäftspartner einer Transaktion von dieser Transaktion haben, so daß auf beiden Seiten gleiche Erwartungen über die Erfüllungsleistungen bestehen. Die Erfüllung selbst kann dann real-time während des Tages oder am Tagesende im Batch-Betrieb ablaufen.

Die *Verbuchung der Geschäfte* ist besonders aufwendig, wenn die Erfüllung ganz oder teilweise real-time erfolgt. Das Back Office-Modul erfaßt die Buchungsdaten der real-time erfüllten Kontrakte separat, so daß sie während des Tages für Abfragen zur Verfügung stehen. Die eigentliche Verbuchung wird erst am Tagesende vollzogen. Dieses Verfahren, das auch als *Shadow Accounting* bezeichnet wird, eröffnet die Möglichkeit, daß noch ergänzende Transaktionen, z.B. zum Zwecke des Hedging einer Position, durchgeführt werden, bevor die endgültige Verbuchung erfolgt und Abrechnungen und Kontoauszüge erstellt werden. Konten können nach Kriterien, die der Benutzer spezifiziert, zu Gruppen zusammengefaßt werden, und dann können für diese Kontogruppen Analysen durchgeführt und Berichte erstellt werden. Aber es können nicht nur Kontostände abgefragt werden, sondern auch der Stand der von der Kundschaft gestellten Sicherheiten und die Einschußerfordernisse.

Das *Risikomanagement* wird dadurch unterstützt, daß das Back Office-Modul die Positionen real-time aktualisiert und auf der Grundlage der jeweils geltenden Marktdaten bewertet. Dadurch können Risikomanager die Kunden- und Eigenhandelspositionen laufend in bezug auf die Einhaltung von Limits überwachen. Sie können die aufgrund von Marktpreisänderungen erforderlich werdenden Einschußzahlungen erkennen und notfalls auch eingreifen, indem sie Glattstellungen und Hedge-Transaktionen veranlassen. Dies läßt sich aber nicht nur in bezug auf Konten und Kontogruppen durchführen, sondern auch bezüglich Währungen, Kontraktarten und Börsen.

Schließlich kann das Back Office-Modul dazu genutzt werden, den gesamten durch Optionen und Futures bedingten Cash Flow zu kontrollieren und in diesem Bereich einen möglichst hohen Erfolgsbeitrag zu erzielen. Die auf Verrechnungskonten verfügbaren Guthaben können jederzeit festgestellt und die fälligen Zahlungen ermittelt werden; für valutarische Cash Flow-Daten ist eine tagesgenaue Zinsberechnung möglich. Das Modul ermöglicht es auch, Positionen in Stamminstrumenten wie Guthaben, Zinstiteln und Aktien zu führen, die als Grundlage von einzelnen Konten oder Kundenpositionen in derivativen Instrumenten gehalten werden.

### d) In den Teilsystemen implementierte Verfahren für Analyse, Pricing und Risikomanagement derivativer Finanzinstrumente

Es gehört zur Konzeption des Derivativ-Systems, daß die Finanzinstrumente bei Handelsunterstützung, Geschäftsabwicklung und Risikomanagement nach möglichst *einheitlichen Verfahren* behandelt werden. Das bedeutet insbesondere, daß die Geschäftsabschlüsse zu den einzelnen Finanzinstrumenten in einheitlicher Weise *in Cash Flows transformiert* werden, zu denen dann jeweils ein *Barwert (Present Value)* berechnet wird. Dieser Barwert kann von Erwartungen, z.B. bezüglich der Zinsentwicklung, abhängig sein, aber er repräsentiert im Prinzip den Marktwert eines Geschäftsabschlusses, z.B. eines Swaps. Faßt man gleichartige Geschäftsabschlüsse, z.B. Zins-Swaps, zu einer Position, hier einem Swap-Buch zusammen, dann ergibt sich der Marktwert des Swap-Buchs als Summe der Barwerte der einzelnen Swaps.

Am Beispiel des Derivativ-Systems wurde ausführlich dargestellt, wie der Handel und die Abwicklung von Derivaten durch Systeme wirksam unterstützt werden kann. Hierbei wurde schon von Analysefunktionen, insbesondere zur Berechnung theoretischer Preise für die Derivate, Gebrauch gemacht, weil der theoretische Preis eines Derivats für den Händler zur Feststellung der Vorteilhaftigkeit eines möglichen Abschlusses ein wichtiger Anhaltspunkt ist. Das Derivativ-System bietet für alle Derivate, deren Handel und Abwicklung es unterstützt, Funktionen für die Berechnung theoretischer Preise und Funktionen für das Risikomanagement, wenn auch mit unterschiedlichen Schwerpunkten. Ganz besonders detailliert ist das Funktionsangebot des Systems im Bereich der Zinsderivate. Folgende Zinsinstrumente werden von dem System erfaßt: Swaps (fixed-floating, cross-currency, amortising, mismatch und basis swaps), Swaptions (american und european, amortising und non-vanilla), Zinsbegrenzungsinstrumente (Caps, Floors und Collars), Forward Rate Agreements, Bond Options (american und european), Bonds und Futures.

Die *Bewertung der Zinsinstrumente* (Pricing) folgt einheitlich einem Forward Rate based Approach, beruht also auf dem System von Terminzinssätzen, die am Bewertungszeitpunkt für die jeweilige Währung gelten. Diese Ausgangsbasis wurde gewählt, weil alle Zinsderivate durch Terminzinssätze und die aus ihnen resultierenden Cash Flows dargestellt werden können. Mit Hilfe der Notierungen und Preise für Futures, Swaps und Forward Rate Agreements, über die das System ohnehin verfügt, wird jeweils aktuell für jede Währung eine *Zinsstrukturkurve* ermittelt, aus der dann auch die Terminzinssätze abgeleitet werden. Zinsoptionen, insbesondere Bond Options, Caps und Swaptions (interpretiert als Serie von Zinsoptionen), erfordern zu ihrer Bewertung auch Volatilitätsdaten. Das System geht von der jeweils vorliegenden Zinsstrukturkurve sowie von börsengehandelten Zinsoptionen und Futures aus und berechnet daraus die impliziten Volatilitäten. Auf diese Weise entsteht, ergänzend zur Zinsstrukturkurve, die *Volatilitäts-Strukturkurve*. Für die Bewertung der Zinsinstrumente hat der Benutzer aber auch die Möglichkeit, durch eigene Eingriffe sowohl die Zinsstrukturkurve als auch die Volatilitäts-Strukturkurve zu verändern, um sie seinen Erwartungen anzupassen.

Auf der Grundlage der Terminszinssätze und der Volatilitäten erfolgt die Bewertung der Zinsderivate durch das System. Bei vielen Instrumenten stehen alternative *Bewertungsmodelle* zur Verfügung. Der Benutzer kann auch seine eigenen Bewertungsmodelle in das System integrieren, soweit er sie für überlegen hält. Zusätzlich können sogar einige exotische Optionen (Barrier, Lookback, Average Price und Compound Options) bewertet werden. Der Anbieter des Derivativ-Systems macht zu den Bewertungsmodellen überhaupt keine Angaben und verweist statt dessen auf das Renommee von Leland, O'Brien und Rubinstein, deren Beratungsunternehmen an der Entwicklung dieser Bewertungsmodelle mitgewirkt hat. Das System unterstützt auch, zumindest grundlegend, die Bewertung von Aktienindex-, Währungs- und Waren-Terminkontrakten sowie Aktien- und Aktienindex-Optionsscheinen. In diesem Bereich liegen aber nicht die besonderen Stärken des Systems.

Man kann das *Risikomanagement* für Derivate auf einzelne Transaktionen, Portfolios gleichartiger Instrumente und auch auf höhere Aggregate wie z.B. das Trading Book der betrachteten Bank beziehen. Das Risiko einzelner Transaktionen steht zwar häufig im Vordergrund des Interesses, es kann aber zumeist nur im *Portfolio-Zusammenhang* zutreffend erfaßt werden. An einer einzelnen Transaktion, beispielsweise einem Swap, kann man nicht erkennen, ob er das Risiko einer offenen Position mit sich bringt oder das Risiko einer schon bestehenden offenen Position gerade ausgleicht, also ein Hedging bewirkt. Für Derivat-Händler sind daher transaktionsbezogene und portfolio-bezogene Risikoinformationen von großer Bedeutung: Portfolio-bezogene Risikoinformationen sollen die aktuelle Risikosituation des einem Händler anvertrauten Portfolios anzeigen; die transaktionsbezogenen Risikomaße sollen ihm verdeutlichen, welche Transaktionen geeignet sind, um z.B. das Portfolio-Risiko zu reduzieren. Diese portfolio-bezogenen Risikoinformationen stehen auch den Führungskräften zur Verfügung, die jeweils eine Gruppe von Händlern zu überwachen haben. Sie können erkennen, ob die Händler das ihnen individuell vorgegebene Risikolimit einhalten. Portfolio-bezogene Risikoinformationen stehen jedoch nicht nur für Händler-Positionen, sondern auch für höhere Aggregate wie z.B. das gesamte Zinsbuch, das Aktienbuch oder sogar das Handelsbuch der Gesamtbank zur Verfügung. Diese Informationen sind grundlegend wichtig für das Risikomanagement des gesamten Eigenhandels der Bank.

Für die Zinsinstrumente bietet das Derivat-System drei ganz verschiedene Arten von *Risikoinformationen*: Die erste Gruppe umfaßt *analytische Risikomaße* wie die Portfolio Duration und Convexity für Planungsperioden, die der Benutzer selbst definieren kann. Darüber hinaus wird aber auch die auf der Volatilität beruhende Standardabweichung des Portfolio-Risikos und das auf Korrelationsrechnung beruhende Spread-Risiko angegeben. Die zweite Gruppe von Risikoinformationen wird durch *What-If-Simulationen* gewonnen. Der Benutzer kann Form und Lage der dem Pricing zugrundeliegenden Zinsstrukturkurven, Spreads etc. verändern, und das System ermittelt dann, wie sich der Marktwert des betrachten Portfolios verändert, welche Auswirkungen dies auf die Gewinn- und Verlustrechnung hat etc. Der Benutzer erhält schließlich auch noch Informationen darüber, wie er sein Portfolio gegenüber Marktwert-Risiken immunisieren kann, und insbesondere, welche alternativen Finanzinstrumente für das *Hedging* geeignet sind. Welche Risikoinformationen im Detail ermittelt und angezeigt werden, hängt naturgemäß vom einzelnen Finanzinstrument ab.

### 4.2.1.2 Bewertung der Systeme für derivative Instrumente bezüglich der Effizienzkriterien

Besonders bei den EDV-Anwendungssystemen, die im Geschäft mit derivativen Instrumenten eingesetzt werden, ist die Funktions- und Objektintegration sehr ausgeprägt. Die in Kap. 4.2.1.1.2 behandelten EDV-Anwendungssysteme weisen ein hohes Maß an *Objektintegration* auf, weil sie jeweils das Geschäft mit einer größeren Anzahl verschiedenartiger Finanzinstrumente, Stamminstrumente und Derivate, unterstützen. Das hohe

Ausmaß der *Funktionsintegration* zeigte sich bei diesen Systemen darin, daß sie eine Vielzahl von *Sachfunktionen* ausüben. Das Spektrum dieser Sachfunktionen ist so breit, daß *fast alle Grundfunktionen* berührt werden, also nicht nur Geschäftsabwicklung, Basisdaten-Administration und Geschäftsdokumentation, sondern auch Entscheidungsunterstützung und Steuerung. Diese Systeme ermöglichen *neue interne Prozesse* zur Erstellung *neuer Bankleistungen* (vgl. Kap. 1.6.2-2).

Systeme, die den Handel mit Finanzinstrumenten, insbesondere den Derivathandel unterstützen, dienen sowohl dem Eigenhandel und dem Kundengeschäft als auch der Gesamtbanksteuerung. Der auf Ertragserzielung ausgerichtete Eigenhandel und der durch Kunden-Orders veranlaßte Handel mit Derivaten weisen in Hinsicht auf den Nutzen, den der Eigenhandel direkt und die Kunden indirekt aus dem Systemeinsatz ziehen, so viele Gemeinsamkeiten auf, daß sie im folgenden gemeinsam unter dem Aspekt »Kundennutzen« betrachtet werden. Da diese Systeme zugleich aber auch für die Gesamtbanksteuerung, insbesondere für die Treassury-Kernfunktionen Geschäftsstruktur- und Marktrisikomanagement genutzt werden, stiften sie auch Managementnutzen, der im folgenden separat erfaßt werden soll. Diese Differenzierung des Systemeinsatzes nach Eigenhandel, Kundengeschäft und Gesamtbanksteuerung soll dann auch bei der Betrachtung der Wirtschaftlichkeit und der Wettbewerbsvorteile fortgesetzt werden.

* **Kundennutzen**

Vergleicht man den systemgestützten Handel mit dem Telefonhandel ohne Systemunterstützung, der im Prinzip denkbar, in der Praxis aber kaum noch anzutreffen ist, dann wird deutlich, wie groß die Verbesserung des Informationsstandes ist (Nutzendimensionen 1.1, 1.2, 1.3 und 1.4 gem. Abb. 1.6.2.1-2), die durch Einsatz des Derivativ-Systems erreicht werden kann. Insbesondere mit Hilfe der Front Office-Module dieser Systeme können die relevanten *Marktdaten* in real-time aktualisierter Form einerseits zur Beratung der Kundschaft, andererseits aber auch für den Eigenhandel genutzt werden. Die im Handelsprozeß getätigten Transaktionen werden entweder manuell oder bei Kopplung mit einer elektronischen Börse automatisch in eine Datenbank eingegeben, so daß die *Positionsführung* zeitnah oder sogar real-time erfolgen kann (Nutzendimension 4.2). Kundenberater und Händler haben ihre Positionen jeweils am Bildschirm abrufbereit, und der Kundschaft können direkt nach Abschluß der Transaktionen Positionsübersichten per Fax übermittelt werden. Dieser hohe *Informationsstand* kann auch durch Händler und indirekt durch Kunden dazu genutzt werden, zeitnah auf Marktveränderungen zu reagieren (Nutzendimensionen 8.1 und 8.3) und beispielsweise Arbitrage zur Ertragserzielung und Hedging zur Risikoverminderung zu betreiben.

* **Managementnutzen**

Die Front Office-Module des Derivativ-Systems dienen auch der *Gesamtbanksteuerung*, weil sie die Treasury-Kernfunktionen Geschäftsstruktur- und Marktrisikomanagement unterstützen. Im Vergleich mit dem nur im Prinzip realisierbaren Telefonhandel ohne Systemeinsatz bieten sie einen *Zusatznutzen* hinsichtlich wichtiger Dimensionen des Managementnutzens (vgl. Abb. 1.6.2.2-2). Bei den Dimensionen der Entscheidungsprozeß-Effizienz werden Verbesserungen insbesondere hinsichtlich der Transparenz des Ist-Zustandes (Nutzendimension 1.1) und der Entscheidungsunterstützung (Nutzendimension 1.5) erzielt. Die Front Office-Module machen den *Ist-Zustand transparent*, indem sie Informationen über das Marktgeschehen einerseits und die Entwicklung der für die Gesamtbanksteuerung relevanten Portfolios andererseits in einem für die Entscheidungsträger wünschenswerten Umfang, einer Detaillierung und in einer Genauigkeit der Erfassung und Bewertung (Nutzendimensionen 1.1.1 bis 1.1.5) anzeigen, für die es beim Telefonhandel ohne Systemeinsatz gar keine Entsprechung gäbe. Die Front Office-Module bieten im Vergleich zu herkömmlichen Prozessen der Gesamtbanksteuerung darüber hinaus eine *Entscheidungsunterstützung* durch Risikoanalysen und die Evaluierung von Handlungsalternativen für den Einsatz der derivativen Instrumente (Nutzendimensionen 1.5.1 und 1.5.2). Die Front Office-Systeme des Derivativ-Systems tragen bei der Gesamtbanksteuerung aber nicht nur zu einer Verbesserung der Entscheidungsprozeß-Effizienz bei, sondern sie stellen die Informationen über Märkte und Positionen mit einer für die Entscheidungsträger wünschenswerten Geschwindigkeit, Aktualität, Form und Effizienz bereit (Nutzendimensionen 2.1 bis 2.4), die bei herkömmlicher Gesamtbanksteuerung gar nicht realisierbar ist.

* **Wirtschaftlichkeit**

Die Bankleistungen, deren Erstellung durch Derivathandelssysteme unterstützt wird, werden hier als *neue Bankleistungen* betrachtet, weil sie so, wie Kunden und Märkte es erfordern, nur mit Hilfe von Derivathandelssystemen erbracht werden können. Im Rahmen manueller Geschäftsprozesse wäre es faktisch unmöglich, zeitgerecht und sicher die erforderlichen und von den Derivathandelssystemen gebotenen Funktionen auszuüben. Es gibt also keine manuellen Prozesse, auf die man sich bei der Wirtschaftlichkeitsrechnung beziehen könnte, beispielsweise im Rahmen einer Kostenvergleichsrechnung. Das Problem stellt sich also nicht so, daß entschieden werden müßte, ob das Geschäft mit derivativen Finanzinstrumenten ohne oder mit Derivathandelssystemen betrieben werden soll. Wenn dieses Geschäft aufgenommen wird, dann müssen auch Derivathandelssysteme eingesetzt werden.

Die Derivathandelssysteme unterstützen *neue interne Prozesse*, die dem Kundengeschäft, dem Eigenhandel und auch der Gesamtbanksteuerung dienen. Diese Systeme verursachen hohe Kosten, Anschaffungskosten und laufende Kosten für Hard- und Software, Personalkosten für hochqualifizierte Mitarbeiter und erhebliche Kosten für die Erfüllung der MaH. Es liegt daher nahe, daß vor Aufnahme des Geschäfts mit derivativen Instrumenten im Rahmen einer Wirtschaftlichkeitsrechnung geprüft wird, ob im Kundengeschäft und im Eigenhandel Erträge in hinreichender Höhe erzielt werden können, so daß mit dem Ressourcen- und insbesondere dem Kapitaleinsatz in diesem Geschäftsbereich eine zumindest zufriedenstellende Rentabilität erreicht werden kann. Dies macht aber deutlich, daß die Frage nach der Wirtschaftlichkeit des Einsatzes von Derivathandelssystemen zu eng gestellt ist. In Wirklichkeit muß das Treasury eine *strategische Geschäftsfeldkonzeption* für das Kundengeschäft und den Eigenhandel mit Finanzinstrumenten entwickeln, die als eine ihrer Komponenten auch den Einsatz von Derivathandelssystemen umfaßt. Nur wenn diese Geschäftsfeldkonzeption erfolgversprechend ist, kann auch der Einsatz von Derivathandelssystemen als ein Baustein mit eingeplant werden.

Anders als beim Zahlungsverkehr, der von allen Universalbanken bewältigt werden muß, handelt es sich bei derivativen Instrumenten um ein Geschäft, bei dem die Institute nicht zwangsläufig als aktive Marktpartner auftreten müssen. Wenn die Kundschaft eines *kleineren Instituts* nur sporadisch Leistungen im Bereich der derivativen Instrumente nachfragt, kann es für dieses Institut durchaus sinnvoll sein, solche Geschäfte über eine Korrespondenzbank abzuwickeln. Die Beratungsqualität, die das Institut gegenüber seiner Kundschaft realisieren kann, ist natürlich nur gering, denn es verfügt nicht über real-time übermittelte Marktinformationen, aktuelle Positionsführung und Risikomanagement. Kundschaft, die bei derivativen Instrumenten mit diesem Qualitätsniveau nicht zufrieden ist, wird Geschäfte dieser Art mit größeren Instituten abwickeln, die aufgrund ihrer Spezialisierung ein höheres Qualitätsniveau bieten können. Angesichts der sporadischen Nachfrage wäre für das kleine Institut die Installation leistungsfähiger EDV-Anwendungssysteme für derivative Instrumente unwirtschaftlich, weil die Kosten für die Systeme und für hoch qualifizierte Mitarbeiter, die diese Systeme handhaben können, nicht durch Erlöse aus dem Geschäft mit derivativen Instrumenten gedeckt würden.

Im Unterschied zu kleineren Instituten haben *große Institute* die Kundschaft, die in diesem Bereich Leistungen auf hohem Qualitätsniveau, insbesondere bei Beratung und Geschäftsabwicklung, nachfragt. Dieser Nachfrage können und wollen sie sich nicht entziehen, um die Gefahr zu vermeiden, daß große Kunden zur Konkurrenz abwandern. Für diese Institute stellt sich bei der Entwicklung ihrer Treasury-Geschäftsfeldkonzeption nicht die Frage ob, sondern wie das Geschäft mit derivativen Instrumenten durchgeführt werden soll. Die Marktübersichten von Loistl/Lingemann (1993) und Weithofer (1997) lassen erkennen, daß Standard-Software für derivative Instrumente in großer Vielfalt angeboten wird. Große Institute sind durchaus nicht gezwungen, ein hinsichtlich der Objekte so breit angelegtes und hinsichtlich der Funktionen so tief gestaffeltes System wie z.B. das Devon-System von Sungard zu installieren. Sie können vielmehr, entsprechend den Schwerpunkten des Bedarfs ihrer Kundschaft und den Plänen für ihre Eigenhandelsaktivitäten, Standard-Software auswählen, die das Gebiet der derivativen Instrumente nicht so umfassend abdeckt wie z.B. das Derivativ-System, die aber hinsichtlich der System- und Personalkosten günstiger ist.

Bei den EDV-Anwendungssystemen für derivative Instrumente kommt der *Schnelligkeit* ganz besondere Bedeutung zu, weil sie sich direkt auf die Möglichkeit zur Erzielung von Erträgen auswirkt, die in die Wirtschaftlichkeitsrechnung, erweitert zur *Bewertung der Treasury-Geschäftsfeldkonzeption*, eingehen. Insbesondere im Eigenhandel ist es für die Händler entscheidend, daß sie Arbitragemöglichkeiten sofort erkennen, wenn sie auftreten, und daß sie, insbesondere an elektronischen Börsen, innerhalb von Sekunden auch Transaktionen durchführen können, um diese Arbitragemöglichkeiten zu nutzen. Entsprechendes gilt für Hedging und Trading. Die Schnelligkeit, die ein Händler bei diesen Prozessen realisieren kann, hängt natürlich von der Geschwindigkeit ab, mit der real-time die Marktdaten übertragen werden, aber auch von der Geschwindigkeit, mit der seine Positionen aktualisiert und angezeigt und mit der Transaktionen an elektronischen Börsen durchgeführt werden können. Diese Geschwindigkeiten hängen ihrerseits von der Leistung der verwendeten Rechner, von der Übertragungsgeschwindigkeit der Leitungen u.a. ab. Die Bedeutung des Kriteriums Schnelligkeit sei abschließend noch einmal durch folgenden Aspekt unterstrichen: Die im Teilsystem Futures des Derivativ-Systems implementierte Fenstertechnik bietet dem Händler die Möglichkeit, Kurse für ein und dasselbe Finanzinstrument auf verschiedenen Märkten gleichzeitig auf einem Bildschirm zu verfolgen, um Arbitragemöglichkeiten zu erkennen und -gewinne zu realisieren. Auf die Fenstertechnik wird u.a. zurückgeführt, daß die Spreads an der Eurex so klein geworden sind. Zusammenfassend ist festzuhalten, daß das im Einzelfall verwendete Derivativ-System hinsichtlich der Schnelligkeit sehr leistungsfähig sein muß, daß die realisierten Prozeßgeschwindigkeiten aber auch von der verwendeten Hardware und von Datenübertragungsgeschwindigkeiten in Rechnernetzen abhängen.

Bei Systemen für derivative Finanzinstrumente kommt auch der *Sicherheit* große Bedeutung zu, weil Schäden, die aufgrund von Sicherheitsmängeln auftreten, die Wirtschaftlichkeit des Systemeinsatzes belasten. Sicherheit bezieht sich hier nicht nur auf das Risiko, daß Fehler bei Handel und Abwicklung von derivativen Instrumenten auftreten, für die die Bank einstehen muß. Sicherheit bezieht sich hier auch auf das Betrugsrisiko, das schon dann aufkommen kann, wenn Händler in eine Schieflage geraten und ihre Limits überschreiten o.ä. Wenn Risiken eintreten, dann führt dies regelmäßig zu Ertragsausfällen, Schadensersatzzahlungen usw. der Bank, die bei der Bewertung der Treasury-Geschäftsfeldkonzeption zu berücksichtigen sind. *Sicherheitsmaßnahmen* konzentrieren sich auf den Zugang von Benutzern zu den Derivathandelssystemen, ihre Funktionen und Transaktionsmöglichkeiten. In einer Bank, die Anwendungssysteme betreibt, also auch im Bereich der derivativen Instrumente, wird beispielsweise jeweils ein Mitarbeiter bestimmt, der für die Sicherheit der Systeme zuständig ist. Dieser Mitarbeiter überwacht, daß die Benutzer nur mit Hilfe eines Kennwortes *Zugang* zum System erlangen, und er legt gemeinsam mit den Benutzern fest, welche *Funktionen* und welche *Transaktionen* ihnen zur Verfügung stehen sollen. Beim Derivativ-System ist es möglich, daß Systemtransaktionen, also Eingabe, Veränderung und Löschung von Daten, nur einem ganz bestimmten *Benutzerkreis* zugänglich gemacht werden, der nach verschiedenen Kriterien abgegrenzt wird, z.B. nach Filiale, Profit Center, Geschäftspartner- oder Kundengruppe, Finanzinstrument und/oder Geschäftsposition. Auf diese Weise kann sichergestellt werden, daß jeder Benutzer nur Zugang zu den Funktionen und System-Transaktionen erhält, die er zur Erfüllung seiner Aufgaben benötigt. Führungskräften, die mehrere Benutzer zu überwachen haben, kann auf diese Weise ermöglicht werden, die Positionen, für die ihre Mitarbeiter die Verantwortung tragen, jederzeit einzusehen; dabei sollte ausgeschlossen werden, daß die Führungskräfte in die Handelstätigkeit der Händler direkt eingreifen können.

Außer der Kennwortbenutzung und der Einschränkung der zugänglichen Funktionen und Systemtransaktionen bietet das Derivativ-System auch noch die Möglichkeit, für die Zwecke der *Revision* alle Vorgänge zu protokollieren, die die Eingabe, Modifizierung und Löschung von Geschäftsabschlüssen zum Gegenstand haben. Solche Protokolle lassen dann erkennen, welcher Benutzer zu welcher Zeit die Systemtransaktionen der verschiedenen Art vorgenommen hat und welches die alten und neuen Werte in den modifizierten Datenfeldern waren. Die Revision muß aber nicht laufend das vollständige Handelsprotokoll prüfen, sondern sie kann sich die mit dem Handel in Zusammenhang stehenden Systemtransaktionen nach Kriterien selektiert ausgeben lassen, so daß eine gezielte Prüfung möglich ist. Diese Erstellung von Revisionsprotokollen ist eine notwendige Ergänzung zur Festlegung des Benutzerzugangs. Insbesondere dann, wenn hohe Verluste oder Unregelmäßigkeiten aufgetreten sind, kann die Verantwortung hierfür genau lokalisiert werden.

* **Wettbewerbsvorteile**

Derivativ-Systeme stehen in *indirektem Kundengeschäftsbezug*, und sie werden *bankintern eingesetzt* (vgl. Abb. 1.6.2.4-1. Die Back Office-Module der Derivathandelssysteme erfüllen die Grundfunktion der Geschäftsabwicklung von Eigenhandel, Kundengeschäft und den durch die Gesamtbanksteuerung veranlaßten Transaktionen, und nur mittelbar leisten die Front Office-Module auch eine gewisse Beratungsunterstützung im Kundengeschäft. Die Frage nach der Erreichbarkeit von Wettbewerbsvorteilen wird hier nur auf das *Kundengeschäft* bezogen, das mit Derivathandelssystemen abgewickelt wird. Bezüglich des Eigenhandels und der Gesamtbanksteuerung ist diese Frage offensichtlich nicht relevant. Durch den Eigenhandel erwirbt die Bank aber wertvolle Kenntnisse und Erfahrungen im Geschäft mit Derivaten, die sich positiv auf ihre Wettbewerbsposition bei Derivaten im Kundengeschäft auswirken können.

Bei Derivathandelssystemen ist die Besonderheit zu beachten, daß nur ein gewisser Teil der Institute eigenentwickelte Systeme betreibt. Die Komplexität hochleistungsfähiger Derivathandelssysteme ist sehr groß, und deshalb ist auch der Entwicklungsaufwand sehr hoch. Viele Institute ziehen es daher vor, Derivathandelssysteme von Software-Häusern oder großen Kreditinstituten zu beziehen und in ihrem Hause zu installieren. Da es möglich ist, sich derartige Systeme im Wege des *Fremdbezuges* zu verschaffen, stehen diese Systeme auch den Wettbewerbern zur Verfügung, und es bietet sich bestenfalls bei der Ausgestaltung in feinen Details die Möglichkeit, sich von den Konkurrenten abzuheben. Im Kundengeschäft lassen sich Wettbewerbsvorteile wohl erst dann erzielen, wenn eine Bank in diesem Bereich erhebliche Ressourcen konzentriert und nicht nur aufwendige Systeme installiert, sondern auch Spezialisten heranbildet, die der Kundschaft maßgeschneiderte Problemlösungen bieten und insbesondere auch ein wirksames Risikomanagement betreiben können. Die Installation von leistungsfähigen Derivathandelssystemen ist also eine *notwendige Voraussetzung* für die Erzielung von Wettbewerbsvorteilen. Erreicht werden kann dieses Ziel nur durch Mitarbeiter, die als Kundenberater, Händler und Risikomanager über eine außerordentlich hohe Qualifikation verfügen und mit Hilfe der Systeme zusätzlichen Kundennutzen schaffen.

### 4.2.2 Systeme für die Gesamtbanksteuerung

#### a) Ziele und Steuerungsbereiche der Gesamtbanksteuerung

Viele Kreditinstitute, insbesondere die in der Rechtsform der Aktiengesellschaft geführten Banken, fühlen sich ihren Eigentümern gegenüber verpflichtet, als *Oberziel* die Steigerung des Shareholder Value zu verfolgen, also die *Steigerung des Reinvermögens* der Bank, die bei Aktienbanken im Kurs der Aktie zum Ausdruck kommt. Zur Erreichung dieses Ziels kann die im Treasury-Bereich einer Bank angesiedelte Gesamtbanksteuerung wichtige Beiträge leisten. Dieses Ziel ist zunächst aber noch so abstrakt, daß es operationalisiert werden muß. Die allgemeinste Basis für eine derartige Operationalisierung besteht darin, daß man alle Positionen einer Bank, Aktiva, Passiva und schwebende Geschäfte, in Cash Flows auflöst, so daß der Cash Flow aller Einzahlungen gegen den Cash Flow aller Auszahlungen saldiert werden kann, wodurch der sogenannte *Super Cash Flow* entsteht. Diskontiert man nun die einzelnen Elemente des Super Cash Flow mit den jeweils laufzeitgerechten Zinssätzen, und addiert man die Barwerte der einzelnen Cash Flow-Komponenten, dann erhält man den *rechnerischen Marktwert der Bank*.

Grundsätzlich besteht die *Aufgabe der Gesamtbanksteuerung* darin, durch Steuerungsmaßnahmen auf die Entwicklung des Cash Flow der Gesamtbank Einfluß zu nehmen, um ein möglichst hohes Reinvermögen der Bank im Sinne eines möglichst hohen discounted Super Cash Flow zu erreichen. Dieses Erfolgsmaß des discounted Cash Flow ermöglicht es, daß Wertveränderungen einer Bestandsposition wie z.B. einer Rentenposition gleichnamig gemacht werden können mit periodenerfolgsorientierten Komponenten wie z.B. den Erträgen aus dem Kreditgeschäft. Die Gesamtbanksteuerung ist also auf die Marktwertsteigerung von Positionen ebenso ausgerichtet wie auf die Ertragssteigerung von Geschäften, deren Erträge periodisch anfallen. Die Gesamtbanksteuerung ist aber nicht nur im weitesten Sinne ertragsorientiert auszurichten, sondern sie hat auch das Risiko von ungeplanten Unternehmenswert-Änderungen zu berücksichtigen, die dadurch eintreten können, daß sich unerwartete Veränderungen bei Zinssätzen, Wertpapier- und Devisenkursen etc. realisieren, die bei den zu bewertenden Positionen zu Cash Flow-Veränderungen führen.

Die *Steuerungsbereiche* der Gesamtbanksteuerung können anhand des Dualen Steuerungsmodells von Schierenbeck (1999) identifiziert werden (vgl. Abb. 4.2.2-1).

In dem Dualen Steuerungsmodell wird die zugrundeliegende *Steuerungskonzeption* durch die folgenden drei *Dimensionen* charakterisiert, die als Begriffspaare formuliert sind:

|  | Rentabilitäts-Controlling | Risiko-Controlling |  |
|---|---|---|---|
| Zentrale Struktursteuerung |  |  | Potentialorientierte Globalsteuerung (Portfolio- und Bilanzstruktur-Management) |
| Dezentrale Geschäftssteuerung |  |  | Aktionsorientierte Feinsteuerung (Bankkalkulation und Budget-Management) |

Abb. 4.2.2-1: Konzeptionelle Merkmale des Dualen Steuerungsmodells
modifiziert nach: Schierenbeck (1999a)

- Rentabilitäts-Controlling und Risiko-Controlling
- Potentialorientierte Globalsteuerung und aktionsorientierte Feinsteuerung
- Zentrale Struktursteuerung und dezentrale Geschäftssteuerung

Die Gesamtbanksteuerung hat grundsätzlich immer zugleich unter *Rentabilitäts- und Risikogesichtspunkten* zu erfolgen, denn Bankgeschäfte sind praktisch immer mit einem mehr oder minder hohen Risikoausmaß verbunden. Die *potentialorientierte Globalsteuerung* richtet sich unter Beachtung von Ertrags- und Risikoaspekten auf größere Einheiten wie Portfolios und die Gesamtbank (Bilanzstrukturmanagement). Dabei wird die Struktur dieser größeren Einheiten gesteuert, und hierfür ist eine Organisationseinheit in der Zentrale der Bank, typischerweise das Treasury verantwortlich (*Zentrale Struktursteuerung*). Die dezentrale Steuerung richtet sich dagegen auf die von den einzelnen kundenbezogenen strategischen Geschäftseinheiten getätigten Geschäftsabschlüsse (*Dezentrale Geschäftssteuerung*). Sie beruht auf den Verfahren der Bankkalkulation sowie der Zielvereinbarung und Budgetierung (Budgetmanagement), und sie wird im Dualen Steuerungsmodell als *aktionsorientierte Feinsteuerung* bezeichnet. Für die Gesamtbanksteuerung sind also zwei *Schwerpunkte* erkennbar, eine zentrale Struktursteuerung, die primär globalorientiert ist und deren Steuerungsmaßnahmen durch Zentralbereiche wie z.B. das Treasury durchgeführt werden sowie eine dezentrale Geschäftssteuerung, deren einzelgeschäftsbezogene Feinsteuerungsmaßnahmen von dezentralen Profit Centers umgesetzt werden.

Das Gesamtergebnis der Bank wird sowohl durch zentrale Struktursteuerung als auch durch dezentrale Geschäftssteuerung, zwischen denen bedeutende Interdependenzen bestehen, realisiert. Die Steuerung der dezentralen Profit Centers allein über Deckungsbeiträge, die auf Konditionsbeiträgen, Provisionen, Risiko- und Betriebskosten beruhen, führt ohne Koordination mit den Gesamtbankzielen nicht automatisch zum bestmöglichen Ergebnis. Die Bank hat aber *Instrumente* zur Verfügung, mit deren Hilfe sie ihren Gesamtbankzielen näherkommen kann: Im Rahmen der *zentralen Struktursteue-*

*rung* können *kompensatorische Eigengeschäfte* getätigt werden, um z.B. die aus dem Kundengeschäft resultierenden Strukturrisiken am Geld- oder Kapitalmarkt zu neutralisieren.

Zu den *dezentral einwirkenden Instrumenten* gehören die Zielvereinbarung, Richtkonditionen, Limits und Bonus-Malus-Systeme. Durch *Zielvereinbarungen* werden Verknüpfungen hergestellt zwischen zentralen Anforderungen der Bank und den Geschäftsmöglichkeiten der dezentral im Kundengeschäft tätigen Profit Centers. *Richtkonditionen* wirken direkt auf die Erreichung der Mindestrentabilität der Bank und indirekt auch auf die Bilanzstruktur ein, weil die Relationen der Mindestkonditionen vergleichbarer Produkte untereinander auch eine Verschiebung der Kundennachfrage bewirken können. *Limits* können eingesetzt werden, um die Möglichkeiten der dezentralen Profit Centers zur Tätigung von Geschäften zu begrenzen, wenn dies aus Gesamtbanksicht notwendig ist, beispielsweise zur Steuerung des Kreditgeschäfts in den einzelnen Risikoklassen des Kredit-Portfolios der Bank. Wenn es im Einzelfall nicht möglich ist, durch Richtkonditionen und Limits die Bilanzstrukturziele zu erreichen, können ergänzend auch noch *Bonus-Malus-Systeme* eingesetzt werden. Sie dienen dazu, die von den Richtkonditionen ausgehenden Erfolgsanreize zu verstärken (Bonus) oder abzuschwächen (Malus). Gegenüber Richtkonditionen bietet ein Bonus-Malus-System den Vorteil, daß mit diesem Instrument auf die Geschäftsstruktur eingewirkt werden kann, ohne daß Margeneffekte ausgelöst werden. Hinzu kommt, daß es gegenüber dem Einsatz von Limits weniger rigide wirkt. Es wird eingesetzt, um dezentrale Profit Centers auf gesamtbankbezogene Engpaßsituationen einzustellen und ihre Geschäftstätigkeit auf die Behebung von Engpaßsituationen auszurichten. Besteht für eine Bank beispielsweise ein vorübergehender Eigenkapitalengpaß, dann kann mit Hilfe eines Bonus-Malus-Systems darauf hingewirkt werden, daß Kundengeschäfte, die eine hohe Eigenkapitalunterlegung erfordern, trotz ausreichend hoher Erfolgsbeiträge nicht realisiert werden, bis der Engpaß behoben ist.

### b) Methodische Ansätze der Gesamtbanksteuerung

Die Gesamtbanksteuerung hat die Ertrags- und die Risikoentwicklung der Bank zum Gegenstand. Von besonderer Bedeutung sind hierbei die folgenden *Risikoarten*:

- Zinsrisiko
- Währungsrisiko und
- Aktienkursrisiko,

die sich bei verschiedensten Finanzinstrumenten und Geschäftspositionen auswirken können. So ist das Zinsrisiko nicht nur für bilanzielle Zinspositionen wie z.B. Kredite und Rentenbestände relevant, sondern auch für Zins-Swaps, Zins-Futures, Zins-Optionen und sonstige Zinsinstrumente. Entsprechendes gilt für das Währungs- und das Aktienkursrisiko. Der Einsatz von Instrumenten der Gesamtbanksteuerung setzt Analysen der Ertrags- und Risikoentwicklung der Bank voraus, die den *Handlungsbedarf* anzeigen, z.B. Ertragseinbrüche in Teilbereichen der Bank oder offene Risikopositionen. Wird z.B. ein offenes Zinsrisiko festgestellt, dann kann im Rahmen der Gesamtbanksteuerung erwogen werden, als kompensatorisches Eigengeschäft, das diese offene Zinsrisikoposition schließt, ein Zins-Swap-Geschäft abzuschließen. Als gemeinsame Basis für die Analyse aller bilanziellen und außerbilanziellen Geschäfte, Portfolios und auch der Gesamtbank in bezug auf alle genannten Risikoarten ist der Marktwert dieser Geschäfte, Portfolios und der Gesamtbank zu betrachten.

### ba) Marktwert

Wenn eine Zinsänderung eintritt, dann ändert sich auch der Marktwert von Zinstiteln, beispielsweise einer Festzinsanleihe: Steigt z.B. der Zins, dann sinkt der Marktwert dieser Anleihe, was im Sinken ihres Börsenkurses zum Ausdruck kommt. Diese Marktwertänderung kann auch rechnerisch ermittelt werden: Die Anleihe wird zu diesem Zweck in ihren Cash Flow aufgelöst, der aus Zinszahlungen zu den einzelnen Zinsterminen und der Rückzahlung zum Fälligkeitstermin besteht. Alle diese Cash Flow-Komponenten sind bei einer Festzinsanleihe mit Betrag und Fälligkeitszeitpunkt bekannt. Jede Cash Flow-Komponente ist daher wie eine Forderung der Bank mit gegebenem Betrag und gegebener Laufzeit zu betrachten. Diese Cash Flow-Komponenten werden diskontiert, so daß sich der Barwert der Anleihe ergibt, der als rechnerischer Marktwert zu betrachten ist. Als Diskontierungssätze werden hierbei die Effektivzinssätze aus der Zinsstrukturkurve verwandt, die für die Laufzeit der einzelnen Cash Flow-Komponenten gelten. Um die Wiederanlageproblematik der Zinserträge bei mehrjährigen Laufzeiten zu vermeiden, sollten hierbei nach Möglichkeit Zerobond Rates verwendet werden.

Das *Zinsrisiko* zeigt sich bei dieser Anleihe dadurch, daß bei einer Zinserhöhung, konkret einer Veränderung der Form und Lage der Zinsstrukturkurve für die einzelnen Cash Flow-Komponenten höhere Diskontierungssätze genommen werden müssen, was zu einer Verminderung des Barwertes und damit des rechnerischen Marktwertes der Anleihe führt. Genau genommen stellt sich die Zinsänderung also als eine Veränderung mehrerer oder sogar aller Zinssätze dar, die aufgrund der Laufzeiten der Cash Flow-Komponenten für die Diskontierung heranzuziehen sind. In der negativen Differenz der rechnerischen Marktwerte der Anleihe vor und nach Zinsänderung kommt das Zinsrisiko bei dieser Anleihe zum Ausdruck. Im vorliegenden Fall ist, vereinfacht gesprochen, der Zins als *Risikofaktor* für den Zinstitel zu betrachten. Bei Geschäften und Positionen in fremder Währung ist es ganz entsprechend der Währungskurs, und bei Aktien ist es der Aktienkurs.

### bb) Marktwertänderungen als Folge von Risikofaktoränderungen

Zinssatz-, Devisenkurs- und Aktienkursänderungen bewirken Marktwertänderungen bei Zins-, Fremdwährungs- und Aktienpositionen. Diese Risikofaktoren, die auch als Marktrisikofaktoren bezeichnet werden, können kombiniert auftreten und gemeinsam wirken, beispielsweise im Falle von Zins- oder Aktienpositionen in fremder Währung. Die Marktwertänderung läßt sich dann in Komponenten zerlegen, die jeweils durch die Veränderung eines Risikofaktors verursacht worden sind.

Während bei Fremdwährungs- und Aktienpositionen die Marktwertänderung eine lineare Funktion der Veränderung der Risikofaktoren (Devisen- bzw. Aktienkurs) ist, gibt es für Zinstitel keinen linearen Zusammenhang zwischen Zinsänderung und Marktwertänderung. Für diesen Fall ist der *Duration-Ansatz* entwickelt worden, der den Zusammenhang zwischen Zins- und Marktwertänderung von Zinstiteln analytisch darstelllt, allerdings unter sehr einschränkenden Annahmen, zu denen insbesondere gehört, daß als Zinsänderung nur eine infinitesimal kleine Parallelverschiebung der flachen Zinsstrukturkurve direkt nach dem Analysezeitpunkt eintritt. Wenn man diese einschränkenden Annahmen aufzuheben versucht, gelangt man schrittweise wieder zu dem allgemeinen Barwertkonzept, das es ermöglicht, die Auswirkung einer beliebigen Zinsänderung auf den Marktwert einer Zinsposition zu ermitteln.

### bc) Ermittlung des Marktwertrisikos durch What-if-Analysen

Das Marktwertrisiko eines Geschäftes, eines Portfolios oder der gesamten Bank äußert sich dadurch, daß der Marktwert aufgrund von Veränderungen der Risikofaktoren von einem erwarteten Wert in unerwünschter Richtung abweicht, beispielsweise bei Aktiva oder der Gesamtbank nach unten bzw. bei Passiva nach oben. Das Ausmaß der Abweichung und damit des Risikos hängt primär vom Ausmaß der Veränderung der jeweils relevanten Risikofaktoren ab. Welches Ausmaß der Risikofaktoränderung bei der Ermittlung des Risikos einer Position zugrunde zu legen ist, kann aber nicht objektiv bestimmt werden. Im Falle des Währungsrisikos kann man beispielsweise leicht ausrechnen, wie sich der Marktwert einer US-Dollar-Position verändert, wenn sich der Dollarkurs in einem bestimmten Ausmaß ändert. Man muß nun aber festlegen, welches Ausmaß an möglichen Dollarkursänderungen für die Ermittlung des Marktwertrisikos dieser Dollarposition relevant ist. Zu diesem Zweck kann man *What-if-Analysen* (Wenn-Dann-Rechnungen) durchführen, die beispielsweise folgendes zum Inhalt haben: Wenn der Dollarkurs um 10 cts. steigt, dann verändert sich der Marktwert der Dollarposition um x Euro. Führt man derartige Rechnungen für verschiedene Wenn-Komponenten durch und stellt man die Ergebnisse (Dann-Komponenten) in eine Häufigkeitsverteilung ein, so erhält man ein gewisses Bild vom Marktwertrisiko der betrachteten Währungsposition in Abhängigkeit von Veränderungen des Risikofaktors Währungskurs.

Bei dieser Art der Risikoanalyse kommt der *Setzung der Wenn-Komponente* erhebliche Bedeutung zu, denn wenn die angenommenen Veränderungen der Risikofaktoren irrelevant sind, weil ihre Realisierung am Markt gar nicht oder nur mit minimaler Wahrscheinlichkeit eintreten wird, dann wird auch das Ergebnis der Risikoanalyse irrelevant sein für Entscheidungsträger, die für das Risikomanagement der betrachteten Position verantwortlich sind. Hinzu kommt, daß in vielen Fällen mehrere Risikofaktoren mit ihren Veränderungen gleichzeitig zu berücksichtigen sind. Daher ist man dazu übergegangen, *Szenarien* für die mögliche zukünftige Entwicklung der relevanten Risikofaktoren zu entwickeln, die dann der What-if-Analyse zugrunde gelegt werden.

Für die *Gestaltung der What-if-Analyse* gibt es verschiedene Möglichkeiten:

- Historische Simulation
- Monte-Carlo-Simulation und
- Varianz-Kovarianz-Ansatz

Der Ansatz der *historischen Simulation* ist besonders plausibel: Man nimmt Zeitreihen (historische Daten) der im Einzelfall relevanten Risikofaktoren, z.B. Zinssätze und Währungskurse, für einen bestimmten Zeitraum von z.B. drei zurückliegenden Jahren (*Stützperiode*). Mit Hilfe eines Simulationsmodells werden nun die Marktwertänderungen der betrachteten Position gegenüber ihrem gegenwärtigen Marktwert berechnet, die sich ergeben hätten, wenn die Position während der gesamten Stützperiode gehalten worden und dem Einfluß der Risikofaktoränderungen ausgesetzt gewesen wäre. Dabei wird eine bestimmte *Haltedauer* von z.B. 10 Tagen zugrunde gelegt, was bedeutet, daß Marktwertänderungen ermittelt werden, die aufgrund von Risikofaktoränderungen entstehen, die innerhalb der Haltedauer feststellbar sind. In die Wenn-Komponente gehen z.B. Devisenkursänderungen ein, die in den aufeinderfolgenden 10-Tagesintervallen während der gesamten Stützperiode aufgetreten sind. Die sich ergebenden Marktwertänderungen hängen naturgemäß auch von der *Länge der Haltedauer* ab. Je länger die Haltedauer, um so größer können auch die Risikofaktoränderungen sein, die während der Stützperiode innerhalb der Haltedauer in der Vergangenheit tatsächlich aufgetreten sind. Die Haltedauer wird häufig auf 10 Tage festgesetzt, weil dieser Zeitraum im Sinne einer Operational Time üblicherweise ausreichend ist, um eine offene Risikoposition zu liquidieren oder durch kompensierende Geschäfte zu schließen. Verwendete man eine längere Haltedauer wie z.B. 30 Tage, dann unterstellte man damit, daß man sehr viel mehr Zeit benötigt, um eine gravierende Marktwertänderung zu erkennen und Gegenmaßnahmen zu ergreifen. Für jedes der aufeinanderfolgenden Haltedauerintervalle wird bei der historischen Simulation eine Marktwertänderung der betrachteten Position berechnet und in eine Häufigkeitsverteilung eingestellt, die die Streuung der Marktwertänderungen während der Stützperiode erkennen läßt und damit das Marktwertrisiko sichtbar macht.

Im Gegensatz zur historischen Simulation werden die Risikofaktoränderungen bei der *Monte-Carlo-Simulation* aus Wahrscheinlichkeitsverteilungen gezogen, die der Analytiker vorgeben muß. Er benötigt hierfür eine gewisse Vorstellung von der Streuung der einzelnen Risikofaktoren, die sich im Typ und in den Parametern der Wahrscheinlichkeitsverteilungen niederschlägt. Das Simulationsmodell zieht dann mit Hilfe von Zufallszahlen künstliche Stichproben aus diesen Wahrscheinlichkeitsverteilungen für die Risikofaktoren und berechnet die zugehörige Marktwertänderung der Position, die wiederum in eine Wahrscheinlichkeitsverteilung eingestellt wird.

Im Gegensatz zur historischen und zur Monte-Carlo-Simulation wird die Verteilung der Marktwertänderungen einer Position beim *Varianz-Kovarianz-Ansatz* analytisch ermittelt (vgl. Meyer 1999). Zur Wenn-Komponente gehören hierbei die Verteilungen für die Risikofaktoränderungen, und als Dann-Komponente ergibt sich die Verteilung der Marktwertänderungen der Positionen.

### bd) Value-at-Risk

Die Verteilung der Marktwertänderungen einer Position läßt erkennen, mit welcher relativen Häufigkeit bestimmte Marktwertänderungen zwischen Anfang und Ende der Halteperioden eingetreten sind. Diese Marktwertänderungen können positiv oder negativ sein, also Marktwertsteigerungen oder -minderungen darstellen. Für das Risikomanagement ist naturgemäß die linke Seite der Verteilung, die die Marktwertminderungen wiedergibt (Downside Risk), von besonderer Bedeutung. Der Mittelwert dieser Verteilung ist im Idealfall gleich Null. Diese empirische Häufigkeitsverteilung kann durch eine theoretische Verteilung, im einfachsten Fall *durch eine Normalverteilung, angenähert* werden, indem man Erwartungswert und Standardabweichung der Normalverteilung mit Mittelwert und Standardabweichung der empirischen Häufigkeitsverteilung gleichsetzt. Das Marktwertverlustrisiko einer Position kommt zwar in gewisser Weise durch die Standardabweichung zum Ausdruck, als Risikomaß ist die Standardabweichung aber für Entscheidungsträger wenig hilfreich. Statt dessen können Entscheidungsträger über eine bestimmte Position wissen wollen, wie groß die Wahrscheinlichkeit ist, daß ein von ihnen vorgegebener Marktwertverlust nicht überschritten wird, oder wie groß der Verlust ist, der mit vorgegebener Wahrscheinlichkeit nicht überschritten wird. Von diesen beiden Fragestellungen ist die letztere in den Mittelpunkt des Interesses gerückt: Wie groß ist der Marktwertverlust einer Position, der mit z.B. 97 % Wahrscheinlichkeit nicht überschritten wird? Dieser Marktwertverlust wird als *Value-at-Risk* (VaR) bezeichnet.

Das Konzept des VaR erscheint aus der Sicht eines Risikomanagers als außerordentlich hilfreich, es darf aber doch nur als Näherungslösung betrachtet werden, weil es mit zahlreichen *Detailproblemen* behaftet ist. So läßt die Aussage, daß der VaR mit einer vorgegebenen Wahrscheinlichkeit von z.B. 97 % nicht überschritten wird, nicht erkennen, welcher Marktwertverlust maximal eintreten kann. Wenn die Analysen ergeben haben, daß bei einer vorgegebenen Wahrscheinlichkeit von 97 % in 97 von 100 Halteperioden der VaR nicht überschritten wird, dann ist doch nicht auszuschließen, daß in einer der drei übrigen Halteperioden ein *extrem hoher Verlust* auftritt, der mit dem Totalverlust der Position und ggf. sogar mit einer schweren Schädigung für die Bank verbunden ist. In engem Zusammenhang mit dieser Problematik steht die Schwierigkeit, daß die den Analysen wie z.B. der historischen Simulation zugrundeliegenden Daten für die Risikofaktoränderungen typischerweise nur *sehr wenige extreme Risikofaktoränderungen* aufweisen, so daß gerade dieser besonders wichtige Bereich der Marktwertänderungsverteilung empirisch besonders schlecht fundiert ist. Schließlich soll auch noch erwähnt werden, daß als *Typ der Marktwertänderungsverteilung* sehr häufig die *Normalverteilung* gewählt wird, weil sie bei der Aggregation des VaR verschiedener Risikopositionen und Risikoarten im Rahmen des Varianz-Kovarianz-Ansatzes große technische Vorteile bietet, daß dies aber gerade mit einer systematischen Unterschätzung des dabei errechneten aggregierten VaR verbunden ist. Das beruht darauf, daß die Normalverteilung im Bereich der extremen Marktwertänderungen eine im Vergleich zu den entsprechenden empirischen Verteilungen zu geringe Wahrscheinlichkeitsmasse aufweist. Diese Detailprobleme sind allgemein bekannt, und dennoch wird der VaR-Ansatz von vielen Instituten als der relativ beste Ansatz verwendet.

Der VaR ist das Verlustpotential einer Position, das mit einer vorgegebenen Wahrscheinlichkeit nicht überschritten wird. Realisiert sich dieses in Geldeinheiten ausgedrückte Verlustpotential durch eine Marktwertminderung der Position, dann muß dieser Verlust durch Eigenkapital der Bank abgedeckt werden. Für ihre Risikopositionen muß die Bank also Eigenkapital für einen gegebenenfalls notwendig werdenden Verlustausgleich bereithalten, das in Höhe des VaR »im Risiko« ist und daher als *Risikokapital* bezeichnet wird. Es ist ein Maß für den Umfang des von einer Bank eingegangenen Marktrisikos, sei es für ein Geschäft, ein Portfolio oder die Gesamtbank. Es wird als Marktrisiko bezeichnet, weil es durch die Veränderung von Marktrisikofaktoren wie Zinssätzen, Devisen- und Wertpapierkursen bedingt ist.

Als *Risikokapital* wird die *Geschäftsleitung* einer Bank keinesfalls das Gesamtvolumen des Eigenkapitals bereitstellen, sondern nur einen sehr viel kleineren Betrag, der, wenn er sich als Verlust realisiert, mühelos, und ohne am Kapitalmarkt Aufsehen zu erregen, ausgeglichen werden kann, sei es aus dem laufenden Periodengewinn oder durch Mobilisierung von stillen Reserven. Aus der Sicht der *Bankenaufsicht* stellt sich diese Problematik anders dar: Ihr wichtigstes Ziel ist die Sicherung des Anlegerschutzes und nicht die Fortführung der Banken nach großen Verlusten. Daher kann die Bankenaufsicht das Eigenkapital einer Bank als Risikokapital betrachten, das für den Fall von Großverlusten oder sogar der Liquidation der Bank sicherstellt, daß der Liquidationserlös für die Befriedigung der Gläubiger ausreicht.

### be) Risk-Return-Ansatz

Im Rahmen des Capital Asset Pricing Model (CAPM) (vgl. Perridon/Steiner 1999) zeigt die Kapitalmarktlinie für das Marktportefeuille den funktionalen Zusammenhang zwischen dem Erwartungswert der Rendite und dem Risiko der Kapitalanlage, gemessen durch die Standardabweichung der Rendite, an. Der Investor, für den dieser Zusammenhang gilt, kann für sich ein Aktien-Portefeuille aufbauen, das nach den Annahmen des CAPM genau so strukturiert ist wie das Marktportefeuille, und er kann darüber hinaus einen Teil seines Kapitals zu einem risikolosen Zinssatz anlegen oder zu diesem Zinssatz zusätzliches Kapital für die Finanzierung seines Aktien-Portefeuilles aufnehmen. Der Anstieg der Kapitalmarktlinie zeigt den *Marktpreis des Risikos* an, also die Steigerung des Erwartungswertes der Rendite des Investors, die der Kapitalmarkt für die Risikoübernahme im Umfang von einer Risikoeinheit vergütet. Legt der Investor sein Kapital ausschließlich zu dem risikolosen Zinssatz an, dann erhält er über den Zinsertrag hinaus keine Vergütung, weil keine Risikoübernahme vorliegt. Je mehr Risiko er übernimmt, desto höher ist der Zuschlag zu dem risikolosen Zinssatz, also die Steigerung des Erwartungswertes der Rendite, die der Investor vom Kapitalmarkt erhält. Dieser Zusammenhang wurde auch für die Gesamtbanksteuerung aufgegriffen und nutzbar gemacht.

Eine Bank muß praktisch bei ihrer gesamten Geschäftstätigkeit Risiken übernehmen, um Erträge zu erzielen. Sie wird ihre Risikoübernahme steigern, wenn sie mit einer attraktiven Ertragssteigerung rechnen kann, vorausgesetzt, daß sie über das notwendige Risikodeckungspotential in Form von Eigenkapital verfügt. Dabei ist entscheidend, daß die Übernahme zusätzlicher Risiken durch die Erzielung zusätzlicher Erträge gerechtfertigt ist. Es lag nahe, in formaler Analogie zum Marktpreis des Risikos gemäß CAPM auch für die Gesamtbanksteuerung Ertrag und Risiko eines Geschäftes oder einer Position in Relation zu setzen (vgl. Schierenbeck 1999). Dabei werden Ertrag und Risiko aber nicht durch Erwartungswert und Standardabweichung der Rendite, sondern durch absolute Beträge in Geldeinheiten gemessen. Es ergibt sich ein Quotient mit einem Ertrag (in GE) im Zähler und einem Betrag (in GE) für das Risiko im Nenner.

Als Absolutbetrag für das Risiko, der in den Nenner eingestellt wird, eignet sich der Value-at-Risk, der auch als Risikokapital bezeichnet wird. Ausgehend von diesen Überlegungen können Kennzahlen entwickelt werden, die sowohl Ertrag als auch Risiko berücksichtigen, die im Prinzip *Rentabilitätskennzahlen* sind und zur Steuerung des Risikokapitaleinsatzes verwendet werden können. Dies ist von besonderer Bedeutung, weil das Eigenkapital der Bank, das für den Einsatz von Risikokapital notwendig ist, eine besonders kostbare Ressource darstellt. Unter der Bezeichnung *Risk-Adjusted Profitability Measurement* (RAPM) sind derartige Kennzahlen entwickelt worden, die eine risikobezogene (risikoadjustierte) Ergebnismessung ermöglichen. Zwei von diesen Kennzahlen haben besondere Bedeutung erlangt, RORAC und RAROC.

Die Kennzahl RORAC (*Return on Risk-Adjusted Capital*) zeigt die Rentabilität des eingesetzten Risikokapitals an. Sie ist definiert als

RORAC = Nettoergebnis/Risikokapital

Das Nettoergebnis im Zähler des RORAC stellt den erwirtschafteten Ergebnisbeitrag im Sinne einer Risikoprämie dar, bei dem alle zurechenbaren Kosten berücksichtigt sind. Im Nenner steht das Risikokapital, das erforderlich ist, um das Nettoergebnis im Zähler zu erwirtschaften. Diese Kennzahl kann für einzelne Geschäfte, Portfolios und die gesamte Bank ermittelt werden.

Bei der Kennzahl RAROC (*Risk-Adjusted Return on (Risk-Adjusted) Capital*) wird nur der Differential Return zum Risikokapital in Beziehung gesetzt. Der Differential Return ist der Betrag, um den das Nettoergebnis die Zielrisikoprämie übersteigt. Die RAROC-Kennziffer ist folgendermaßen definiert:

RAROC = (Nettoergebnis − Risikoprämie)/Risikokapital

Als *Zielrisikoprämie* bei der Berechnung der RAROC-Kennzahl kann der Ziel-RORAC verwendet werden, den die Bank für ihr Geschäft festgelegt hat. Der Ziel-RORAC wird dann bei der Berechnung des RAROC als Orientierungsmaßstab verwendet, und diese Kennzahl ist dann positiv, wenn das tatsächlich erwirtschaftete Nettoergebnis den Ziel-RORAC übersteigt. Auf diese Weise ergibt sich die Kennzahl

RAROC = (Nettoergebnis − Ziel-RORAC * Risikokapital)/Risikokapital

oder

RAROC = Ist-RORAC − Ziel-RORAC

Der *Risk-Return-Ansatz der Gesamtbanksteuerung* sieht vor, daß risikoadjustierte Rentabilitätskennzahlen zur Steuerung des Bankgeschäfts verwendet werden. Dabei wird sowohl der Ertrag als auch das Risiko eines jeden Geschäfts berücksichtigt, und die Aufmerksamkeit aller Beteiligten wird konsequent auf das Risikokapital als entscheidendes Risikomaß gelenkt, das ganz direkt die Verbindung zum Eigenkapital als einer besonders kostbaren Ressource herstellt. Die Kennzahlen RORAC und RAROC können für alle Geschäfte und Portfolios ermittelt werden, und der Vergleich der Kennzahlenwerte läßt erkennen, wo das Risikokapital der Bank gut oder weniger gut eingesetzt wird.

### c) Gesamtbanksteuerung an der Schnittstelle zwischen Handel und Controlling

Der Begriff der Steuerung läßt schon erkennen, daß es sich bei der Gesamtbanksteuerung mindestens teilweise um eine Controlling-Funktion handelt. Im Rahmen dieser *Controlling-Funktion* werden laufend Analysen durchgeführt und Steuerungsmaßnahmen konzipiert, die zentral durch kompensatorische Eigengeschäfte, dezentral aber auch durch andere Instrumente wie Zielvereinbarung und Budgetierung, Richtkonditionen, Limits und Bonus-Malus-Systeme realisiert werden. Schon die Konzipierung kompensatorischer Eigengeschäfte wie Optionen, Swaps, Caps etc. erfordert, daß die hiermit befaßten Mitarbeiter und Führungskräfte sehr marktnah arbeiten, so daß es sinnvoll erscheint, sie organisatorisch im Treasury-Bereich der Bank anzusiedeln. Die Durchführung dieser Geschäfte erfolgt dann im *Handelsbereich*, der ohnehin Kernbestandteil des Treasury-Bereiches ist. Aus diesem Grund wird die Gesamtbanksteuerung hier in Zusammenhang mit dem Treasury als bankbezogene strategische Geschäftseinheit behandelt. Hierfür spricht auch, daß durch die Gesamtbanksteuerung Erfolgsbeiträge erwirtschaftet werden können, in Zusammenhang mit der Steuerung des Zinsänderungsrisikos z.B. in Form des Strukturbeitrages. Diese organisatorische Zuordnung der Gesamtbanksteuerung zum Treasury-Bereich erscheint sinnvoll. Dennoch muß die Bank eine vom Treasury unabhängige Controlling-Organisationeinheit für diesen Bereich mit Kontrollaufgaben beauftragen, die ohne die Marktnähe des Treasury und in vollkommener Unabhängigkeit vom Treasury-Bereich wahrgenommen werden müssen.

Diese Aufgabenverteilung ist auch aufgrund der Mindestanforderungen an das Betreiben von Handelsgeschäften der Kreditinstitute (MaH) erforderlich, die innerhalb der Bank eine *Trennung der Funktionen* Handel, Abwicklung und Kontrolle, Rechnungswesen und Überwachung vorschreiben (vgl. Kap. 4.2.1). Die MaH ordnen dem zentralen Controlling-Bereich Aufgaben zu, die primär die Kontrolle der Risiken zum Gegenstand haben, während die Eingehung und Gestaltung der Risiken unter der Bezeichnung Risikomanagement dem im Treasury-Bereich angesiedelten Handel zugewiesen werden.

Für Risikomanagement und Risikokontrolle werden in der Praxis weitgehend gleiche Methoden und Verfahren angewandt, die aufgrund ihrer Komplexität und ihres Rechenaufwandes den Einsatz hochleistungsfähiger EDV-Anwendungssysteme zwingend erforderlich machen. Diese werden in der vorliegenden Schrift schwerpunktartig in Kap. 4.2.2.1 behandelt; dabei gilt es aber zu beachten, daß sie auch mit dem Handel (vgl. Kap. 4.2.1) und dem Funktionalbereich Controlling in enger Beziehung stehen.

### 4.2.2.1 Funktionsweise der Systeme für die Gesamtbanksteuerung

#### 4.2.2.1.1 Grundstruktur eines Systems für die Gesamtbanksteuerung

Die GILLARDON financial software GmbH bietet Software für die Gesamtbanksteuerung an, die insbesondere von Sparkassen und Genossenschaftsbanken genutzt wird (vgl. GILLARDON financial software 1997/98). Anhand dieser Software, im folgenden als Gfs-System bezeichnet, soll die Grundstruktur eines Systems für die Gesamtbanksteuerung erläutert werden (vgl. Abb. 4.2.2.1.1-1).

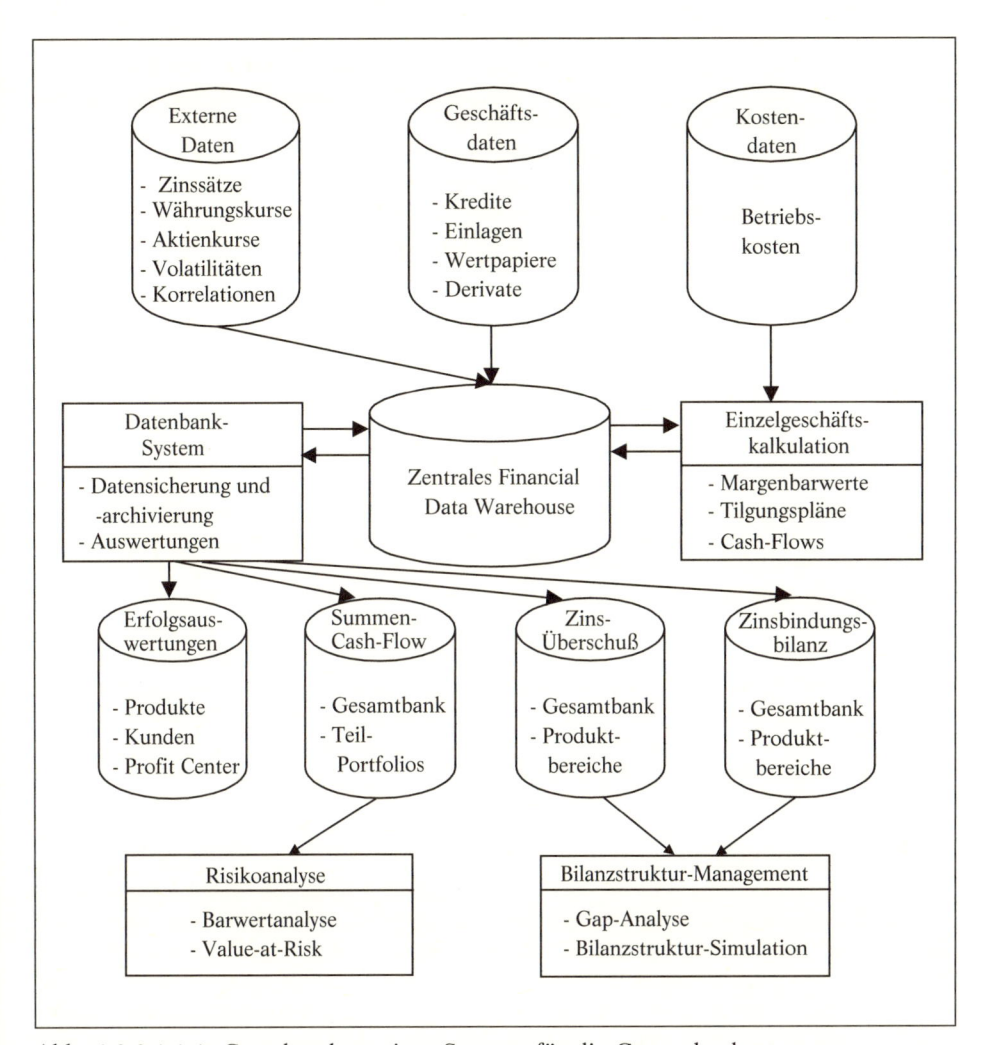

Abb. 4.2.2.1.1-1: Grundstruktur eines Systems für die Gesamtbanksteuerung

Das Gfs-System beruht auf einem *Zentralen Financial Data Warehouse* (vgl. Anhang 2.5), das alle Daten bereithält, die von den Modulen des Systems für die Gesamtbanksteuerung benötigt werden. Darunter sind externe Daten, also Zinssätze, Währungskurse, Aktienkurse, Volatilitäten, Korrelationen etc., die von Informationsdiensten bezogen werden können. Außerdem enthält das Data Warehouse die Geschäftsdaten der betrachteten Bank, also die Daten über alle Geschäfte, die die Bank in ihren »Büchern« hat. Dazu gehören insbesondere die Kredite, Einlagen, Wertpapier- und Derivat-Geschäfte.

Das Modul für die *Einzelgeschäftskalkulation* erhält die Daten des jeweils zu kalkulierenden Einzelgeschäfts und die erforderlichen externen Daten wie z.B. Zinssätze aus dem Data Warehouse, und es liest aus einem Kostendatenbestand die Kostenstrukturdaten ein, die für die Ermittlung der Betriebskosten der Einzelgeschäfte erforderlich sind. Mit Hilfe dieser Daten berechnet das Modul die *Margenbarwerte* sowie die *Cash Flows* und ggf. auch die *Tilgungspläne* für die Einzelgeschäfte. Diese Ergebnisse werden anschließend auch in das Data Warehouse eingestellt, so daß dieses nicht nur externe Daten und Geschäftsdaten als Originaldaten enthält, sondern auch Daten, die durch das System mit Hilfe der Originaldaten berechnet worden sind.

Ein Datenbanksystem übernimmt einerseits die Aufgabe, die externen Daten, die Geschäftsdaten und die berechneten Daten im Data Warehouse zu archivieren und zu sichern, und es ermöglicht andererseits *Datenbankauswertungen* für verschiedene Zwecke. *Erfolgsauswertungen* lassen den Erfolgsbeitrag von Produkten, Kunden und Profit Centers erkennen. In diese Auswertungen werden nicht Einzelgeschäfte einbezogen, sondern Gesamtheiten, also alle Geschäfte in einem Produkt, alle Geschäfte mit einer Kundengruppe oder alle Geschäfte eines Profit Centers. Hierdurch wird sichtbar, bei welchen Produkten, Kundengruppen und Profit Centers nicht zufriedenstellende Erfolgs- oder sogar Verlustbeiträge erwirtschaftet werden, so daß mit dezentral ausgerichteten Instrumenten der Gesamtbanksteuerung einer unerwünschten Geschäftsentwicklung entgegengewirkt werden kann. Als *Instrumente* kommen hierbei insbesondere die Zielvereinbarung und Budgetierung, die Setzung von Richtkonditionen und Limits sowie Bonus-Malus-Systeme in Betracht. Zur Behebung von *Schwachstellen*, die auf diese Weise sichtbar geworden sind, können aber auch ganz andere Maßnahmen angebracht sein: Verlustbringende Produkte könnten modifiziert oder ganz aus dem Sortiment genommen werden. Eine verlustbringende Kundengruppe, die im Mittelpunkt eines strategischen Geschäftsfeldes steht, könnte neu abgegrenzt und mit einem neuen oder modifizierten Marketing-Konzept bedient werden. Schließlich könnten bei Profit Centers, die nicht erfolgreich arbeiten, Maßnahmen zur Verbesserung der Vertriebsorganisation und der Personalqualifikation etc. eingesetzt werden.

Als weitere Datenbankauswertung ermöglicht das Datenbanksystem die Ausgabe des *Summen-Cash Flow* für die Gesamtbank oder verschiedene Teil-Portfolios. Diese Cash Flows werden für das *Modul Risikoanalyse* benötigt, mit dessen Hilfe der Marktwert der Bank (Marktwert des Eigenkapitals) oder der Marktwert von Teil-Portfolios durch Diskontierung der Cash Flows berechnet wird. Der *marktwertorientierte Ansatz*, der durch dieses Modul unterstützt wird, läßt erkennen, wie sich Zinsänderungen auf den Marktwert auswirken. Alternative Zinsszenarien können vom Benutzer des Systems eingegeben werden, und es zeigt sich dann, wie der Marktwert (Barwert) auf diese Zinsänderungen reagiert. Durch weitere What-if-Analysen kann festgestellt werden, wie sich kompensatorische Eigengeschäfte wie z.B. Swap-Geschäfte, die die Bank zur Verminderung ihres Zinsrisikos abschließt, auf den Marktwert auswirken. Außerdem wird der Value-at-Risk (VaR) für den Summen-Cash Flow der Gesamtbank oder der Teil-Portfolios unter Berücksichtigung der eingegebenen Zins- und Kursvolatilitäten berechnet. Über Entwicklung und Praxiseinsatz dieses Moduls berichten Stückler/Stechmeyer-Emden (1998).

Die Auswertungsergebnisse für *Zinsüberschuß und Zinsbindungsbilanz*, die für die Gesamtbank und einzelne Produktbereiche ermittelt werden können, gehen in das Modul *Bilanzstruktur-Simulation* ein, dem ein periodenüberschuß-orientierter Ansatz zugrunde liegt. Dieses Modul berechnet und simuliert den Zinsüberschuß der Bank auf der Grundlage der Zinsbindungsbilanz für die Festzinsgeschäfte und des Volumens und der Durchschnittszinsen für die zinsvariablen Geschäfte. Hierbei wird einerseits das am

Planungszeitpunkt bestehende Altgeschäft (Istgeschäft) berücksichtigt, das gemäß Zinsbindungsbilanz von Jahr zu Jahr abnimmt, und es wird andererseits Neugeschäft eingeplant, das im Zeitablauf hinzukommt und die Abnahme des Altgeschäfts kompensiert. In bezug auf alternative Annahmen über die Entwicklung des Neugeschäfts können What-if-Analysen durchgeführt werden. Eine Simulation in Hinsicht auf alternative Zinsszenarien ist nicht vorgesehen, sondern es wird unterstellt, daß das Kundenneugeschäft strukturkongruent refinanziert wird, so daß den Produkten Margen zugeordnet werden, von denen angenommen wird, daß sie auch bei Zinsänderungen bestehenbleiben.

Das Gfs-System, das hier als Beispiel herangezogen wurde, um die Grundstruktur eines Systems für die Gesamtbanksteuerung zu erläutern, ist schwerpunktartig auf das Management des Zinsrisikos ausgerichtet. Es erscheint insbesondere für Banken geeignet, für die Währungs- und Aktienkursrisiken von untergeordneter Bedeutung sind.

### 4.2.2.1.2 Systeme für Risikoanalyse und Bilanzstrukturmanagement

Weltweit wird eine Vielzahl von Systemen für das Risikomanagement angeboten, die unterschiedliche Funktionsschwerpunkte aufweisen und teilweise außerordentlich leistungsfähig und komplex sind. In einer Bestandsaufnahme für 1998 (vgl. o. V. 1999a) findet man Kurzdarstellungen für 85 Systeme, die jeweils einen oder mehrere der folgenden *Funktionsschwerpunkte* erkennen lassen:

- Risikomanagement für die Gesamtbank
- Handel und Risikomanagement
- Datenmanagement
- Risikoanalyse
- Back Office
- Externes Meldewesen
- Bilanzstrukturmanagement

Die Funktionsweise von Systemen für Risiko- und Bilanzstrukturmanagement wird im folgenden exemplarisch und ausführlich anhand des *Systems R/3: Risikoanalyse/Asset Liability Management* des Software-Hauses SAP erläutert, das die international bekannten Verfahren unterstützt, und das darüber hinaus gewisse spezifische Anforderungen erfüllt, die an deutsche Institute gestellt werden (vgl. SAP 1997b). Es baut auf dem branchenübergreifend konzipierten R/3-Basissystem des Software-Hauses auf und ist speziell auf die Bankbranche ausgerichtet. Der Anbieter bezeichnet es als Industry SolutionBank (ISB), und daher wird es im folgenden als *ISB-System* bezeichnet. Im Vergleich mit dem Gfs-System ist es leistungsfähiger, weil es zusätzlich eine Vielzahl von Derivaten verarbeiten und dabei alle wichtigen Risikoarten berücksichtigen kann; es ist aber auch aufwendiger und es stellt vergleichsweise höhere Anforderungen an die Fachkenntnisse der Benutzer. Über den Einsatz des ISB-Systems in der Landesbank Rheinland-Pfalz berichten Tretter und Stegmann (1998).

### 4.2.2.1.2.1 Grundlagen des Systems «Industry Solution Bank«

#### a) Das ISB-System im Überblick

Die Daten, die das ISB-System benötigt, liest es, ebenso wie das Gfs-System, aus einem *Zentralen Financial Data Warehouse* ein, das über eine Schnittstelle mit den Geschäftsdaten aus den Bestandsführungssystemen der Bank gefüllt wird.

Das ISB-System nutzt gewisse Standardkomponenten des R/3-Basissystems und es umfaßt darüber hinaus folgende *bankspezifische Komponenten*:

- Controlling-Komponenten für
  - Einzelgeschäfts- und Einzelbestandskalkulation
  - Bankergebnisrechnung
- Risikomanagement mit den Teilkomponenten
  - Gap-Analyse
  - Bilanzstrukturmanagement (Asset Liability Management)
  - Barwertanalyse
  - Value-at-Risk
- Schnittstelle zu Spezialsystemen für das externe Meldewesen

Die *Zielgrößen*, die mit Hilfe des ISB-Systems angesteuert werden, sind einerseits ein *vermögensorientierter Barwert* wie z.B. der Eigenkapitalbarwert und andererseits das *periodenbezogene Ergebnis* der Bank. Der vermögensorientierten Risikomessung und -steuerung dienen die Barwertanalyse und das VaR-Konzept, während die periodenbezogene Ertragssteuerung auf der Gap-Analyse und der Bilanzstruktur-Simulation beruht. In die Analysen werden sowohl das Handelsbuch (Trading Book) als auch das Bankbuch (Non-Trading Book) einbezogen und in bezug auf Zins-, Währungs- und Volatilitätsrisiken ausgewertet. Insbesondere für das *Handelsbuch* ist eine *statische Risikosteuerung* ausreichend, die darin besteht, daß die Bestände, die am Analysezeitpunkt vorhanden sind (Altgeschäft), mit Hilfe von Barwertanalyse und VaR-Kennzahlen einerseits und Zinsbindungsbilanzen andererseits evaluiert werden. Für die Bestände des *Bankbuches*, die eine viel längere Haltedauer aufweisen als die Bestände des Handelsbuches, ist eine derartige statische Analyse des Altgeschäfts notwendig, aber nicht hinreichend. Im Rahmen des ISB-Systems wird sie ergänzt durch eine *dynamische Risikosteuerung*, die darin besteht, daß das im Zeitablauf abschmelzende Altgeschäft durch geplantes Neugeschäft ergänzt wird, so daß die zukünftige Volumensentwicklung in den verschiedenen Finanzinstrumenten im Rahmen eines Simulationsmodells mit Zins- und Wechselkursszenarien konfrontiert werden kann. Durch diese Zinsüberschußsimulation wird die Abhängigkeit des Zinsüberschusses von Altgeschäftabschmelzung und Neugeschäftzugang einerseits und Zins- und Währungskursszenarien andererseits ermittelt. Hierfür steht das Modul ALM (Asset Liability Management) zur Verfügung, das dem Bilanzstrukturmanagement dient.

Die *Risk-Return-Steuerung* wird durch das ISB-System dadurch unterstützt, daß die Erträge und das Risikokapital für beliebige Organisationseinheiten, Produktgruppen oder für die Gesamtbank ermittelt werden, so daß die Kennzahlen RORAC und RAROC im Rahmen des Risk-Adjusted Profitability Measurement (RAPM) ermittelt werden können. Dies ermöglicht eine gezielte Steuerung der Eigenkapitalallokation.

Die VaR-Analyse ermöglicht außerdem die Berechnung von *Verlustlimiten* für Händler und die sie beaufsichtigenden Führungskräfte. Für jeden Händler gilt, daß das von ihm betreute Portfolio durch ein bestimmtes Verlustpotential, also den Value-at-Risk, bedroht ist. Nach dem Prinzip, daß kein Risiko ohne Limit eingegangen werden soll, verlangen die MaH, daß den Händlern Limits vorgegeben werden, deren Einhaltung durch Führungskräfte überwacht werden muß. Die MaH lassen es zwar offen, ob es sich hierbei um Volumens- oder Risiko-Limits handelt. Aus fachlicher Sicht ist aber die Verlustpotentiallimitierung der Volumenslimitierung unbedingt vorzuziehen.

**b) In die Analyse einbezogene Produktarten und Positionen**

Die folgenden Produkte und Positionen werden bei der Gap-, Barwert- und Value-at-Risk-Analyse sowie bei der Bilanzstruktur-Simulation verarbeitet. Bei exotischen Derivaten ergeben sich Einschränkungen, die die Ermittlung von Zinsergebnissen durch das ALM-Modul betreffen.

- Aktivprodukte im Kunden- und Interbankengeschäft
  - Tages- und Termingeld
  - Kontokorrentkredit und Darlehen
  - Schuldscheindarlehen
- Passivprodukte im Kunden- und Interbankengeschäft
  - Tages- und Termingeld
  - Sicht-, Termin- und Spareinlagen sowie Sparbriefe
  - Schuldverschreibungen
- Wertpapierpositionen
  - Anleihen
    (Kupon-Anleihen, Floater, Reverse Floater, Zerobonds)
  - Aktien
  - Investmentzertifikate
  - Optionsscheine
  - Forward-Geschäfte auf Aktien und Anleihen
- Devisengeschäfte
  - Kassa- und Termingeschäfte
  - Devisenoptionen
- OTC-Derivate
  - Swaps
    (Zins-Swap, Währungs-Swap, Zins-/Währungs-Swap, Basis-Swap)
  - Caps und Floors
  - Forward Rate Agreements (FRAs)
  - Optionen
    (Aktien-, Aktienindex- und Bond-Optionen, Swaptions)
- Börsennotierte Derivate
  - Futures
    (Zins-Futures, Aktienindex-Futures)
  - Optionen
    (Aktien-, Aktienindex- und Future-Optionen)
- Sonstige unverzinsliche Positionen
  - Eigenkapital
  - Rückstellungen
  - Rechnungsabgrenzungsposten

### c) Hierarchische Strukturierung der Analysen

Das ISB-System bietet die Möglichkeit, die Geschäftsbestände der Bank in Auswertungs-Portfolios einzuteilen, die hierarchisch strukturiert sein können, so daß mehrere hierarchisch untergeordnete Portfolios zu einem Portfolio auf einer höheren Aggregationsebene verdichtet werden. Als *Selektionskriterien*, die beliebig kombiniert werden können, kommen hierbei in Betracht:

- Produkt
- Kundengruppe
- Profit Center
- Bilanzposition
- Währung
- Laufzeit etc.

Sämtliche Analysen, die das ISB-System vorsieht, können für Portfolios durchgeführt werden, die der Benutzer des Systems frei definiert. Hierdurch ist es möglich, Erfolgsquellen und insbesondere *Verlustquellen* einerseits und *Risikoklumpen* andererseits zu *lokalisieren*, die im Rahmen einer Gesamtbankanalyse nicht lokalisiert, also Produkten oder Kundengruppen oder Profit Centers etc. nicht zugeordnet werden können.

Das Marktrisiko beruht darauf, daß eine Bank verschiedenen Risikoarten ausgesetzt ist, Zins-, Währungs-, Aktienkurs- und Volatilitätsrisiken. Bei den Zinsrisiken müssen wiederum die Zinssätze für verschiedene Finanzinstrumente, z.B. Renten und Swaps, unterschieden werden, und bei diesen wiederum nach Laufzeiten. Auf diese Weise ergibt sich eine *Risiko-Hierarchie*, an deren Basis sich die Risikofaktoren befinden, also die preisbildenden Elemente für die Instrumente eines Portfolios, z.B. der Zinssatz für Renten inländischer Währung mit 5-jähriger Restlaufzeit. Durch die Vorgabe der Risiko-Hierarchie legt der Anwender fest, welche Risiken als Ergebnis der Analysen ausgewiesen werden sollen. Jede Ebene der Risiko-Hierarchie ist eine potentielle Konsolidierungsstufe. Das Marktrisiko kennzeichnet die Konsolidierungsstufe, die an der Spitze der Risiko-Hierarchie steht.

**d) Risikosteuerung**

Die im folgenden zu behandelnden Verfahren Gap-, Barwert- und VaR-Analyse sowie die Bilanzstruktur-Simulation lassen erkennen, wo bestimmte Risiken bestehen, z.B. bei Produkten, Kundengruppen, Profit Centers, Währungen, Laufzeitbereichen etc. Die Analyseergebnisse zeigen aber nicht an, welche konkreten Maßnahmen zu ergreifen sind, um bestimmte Risiken zu vermindern oder gänzlich auszuschalten. Durch die Analyseergebnisse erhält der Anwender zwar gewisse Hinweise, er muß die *Maßnahmen* im Prinzip aber selbst konzipieren. Die Unterstützung durch das ISB-System besteht dann darin, daß er seine vorgesehenen Maßnahmen wie kontrahierte Geschäfte in das System eingibt und damit in eine erneute Evaluierung einbezieht.

Wenn der Anwender beispielsweise ein Zinsrisiko festgestellt hat, das er durch ein Swap-Geschäft abbauen möchte, dann kann er fiktiv die Daten dieses Swap-Geschäfts zu den Daten der tatsächlich kontrahierten Swap-Geschäfte hinzufügen und erneut die Analyse starten, so daß die Ergebnisse ihm anzeigen, in welchem Maße das Zinsrisiko durch den Swap vermindert würde. Der Anwender führt also eine What-if-Analyse durch: Wenn eine bestimmte Maßnahme wie z.B. der Abschluß eines Swap-Geschäfts durchgeführt wird, dann sind bestimmte Auswirkungen wie z.B. die Zinsrisikoverminderung erkennbar. Es ist offenkundig, daß es sich hierbei um ein Trial and Error-Verfahren handelt. Die Analyseverfahren zeigen dem Anwender aber, wo er mit seinen Maßnahmen ansetzen muß, und die Erfahrungen, die er im Laufe der Systemanwendung erwirbt, befähigen ihn, auftretende Probleme der Risikosteuerung mit wenigen What-if-Analysen befriedigend zu lösen. Das ISB-System unterstützt ihn also bei der Planung von Steuerungsmaßnahmen; die optimalen Maßnahmen kann es aber nicht berechnen.

**4.2.2.1.2.2 Teilsystem Gap-Analyse**

Im Rahmen der Gap-Analyse erfolgt eine bestandsorientierte Erfassung von Zins- und Währungsrisiko. Dabei wird, getrennt nach Währungen, das Zinsgeschäft der Bank in Festzinsgeschäft und zinsvariables Geschäft eingeteilt. Bei statischer Betrachtung ergibt sich dann für den Analysezeitpunkt ein aktivischer und ein passivischer Festzinsblock. Diese beiden *Festzinsblöcke* stellen jeweils ein Volumen an Zinsgeschäften dar, die am

Analysezeitpunkt mit einem festen Zinssatz, also einer Zinsbindung versehen sind. Die *Zinsbindungsfrist* eines Zinsgeschäftes, also der Zeitraum, für den der Zinssatz vertraglich festgeschrieben ist, ist nicht unbedingt mit der Kapitalüberlassungsfrist identisch, denn es gibt z.B. Darlehen mit einer Laufzeit (Kapitalüberlassungsfrist) von 10 Jahren und einer Zinsfestschreibung (Zinsbindungsfrist) von 5 Jahren. Um das Zinsrisiko zu erfassen, muß sich die Gap-Analyse daher streng an den Zinsbindungsfristen und nicht an den Kapitalüberlassungsfristen der Zinsgeschäfte orientieren.

Der aktivische und der passivische Festzinsblock sind typischerweise nicht gleich groß, sondern es besteht auf einer Seite ein *Überhang*; in der Schemadarstellung (vgl. Abb. 4.2.2.1.2.2-1) ist es ein aktivischer Festzinsüberhang.

Abb. 4.2.2.1.2.2-1: Festzinsüberhang

Soweit der aktivische und der passivische Festzinsblock in Hinsicht auf das Volumen der Geschäfte mit Zinsbindung gleich hoch sind, spricht man von einem *geschlossenen Festzinsblock*, der, solange er besteht, nicht von Marktzinsänderungen betroffen ist, weil die darin enthaltenen Geschäfte Zinsbindungen aufweisen, und er unterliegt daher nicht dem Zinsrisiko. Dagegen steht dem *Festzinsüberhang* ein *gleiches Volumen an zinsvariablem Geschäft* gegenüber; in der Schemadarstellung ist es ein aktivischer Festzinsüberhang, dem auf der Passivseite zinsvariables Geschäft entspricht. Steigt der Marktzins für das zinsvariable Geschäft, dann steigt auch der Zinsaufwand für dieses Geschäft, während der Zinsertrag des aktivischen Festzinsüberhanges konstant bleibt, so daß das Zinsergebnis der Bank sinkt.

Entsprechend dem geschlossenen Festzinsblock gibt es auch einen *geschlossenen zinsvariablen Block* mit einem Volumen von aktivischen und passivischen Zinsgeschäften in gleicher Höhe, die keine Zinsbindung aufweisen. Man könnte vermuten, daß dieser Block kein Zinsrisiko beinhaltet, weil bei einer Marktzinssteigerung in diesem Geschäft ein steigender Zinsaufwand auf der Passivseite durch steigende Zinserträge auf der Aktivseite kompensiert wird. Dies trifft aber nur in dem Sonderfall zu, daß sich die Marktzinsänderung in einer Parallelverschiebung der flachen Zinsstrukturkurve ausdrückt. Die *Zinsstrukturkurve* stellt die Effektivverzinsung von Zinstiteln mit fester Verzinsung in Abhängigkeit von der Restlaufzeit dieser Zinstitel dar (vgl. Abb. 4.2.2.1.2.2-2).

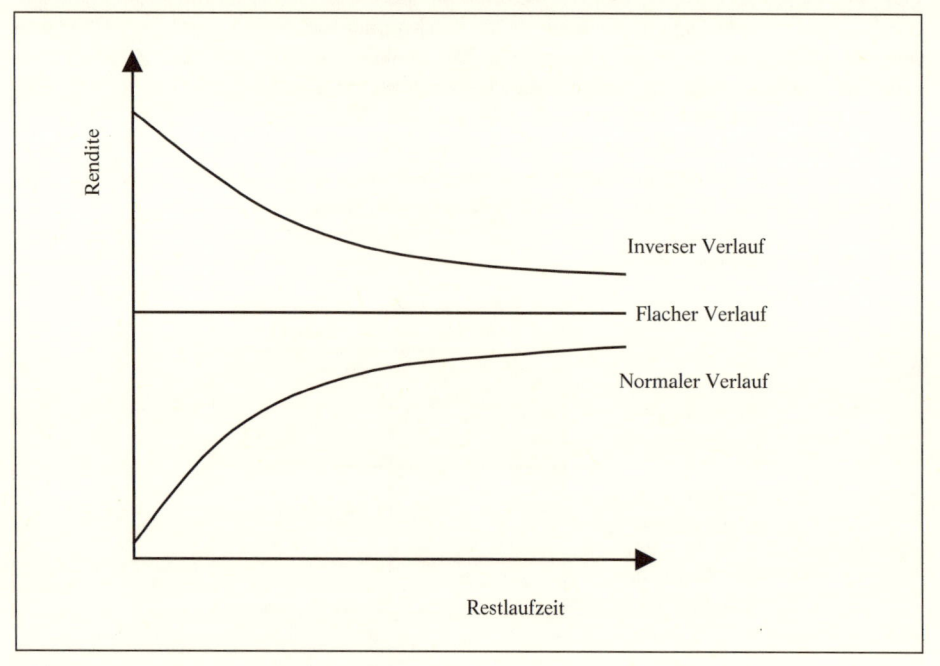

Abb. 4.2.2.1.2.2-2: Zinsstrukturkurven

Eine Parallelverschiebung der flachen Zinsstrukturkurve kann in der Realität eintreten; das geschieht aber nur sehr selten. Liegt dagegen eine normale oder inverse Zinsstruktur vor, dann ändern sich die Effektivzinssätze für Zinstitel mit den verschiedenen Restlaufzeiten nicht alle im gleichen Ausmaß, was dadurch bedingt ist, daß die Form der Zinsstrukturkurve vom Zinsniveau abhängt. Nimmt man als Indikator für das Zinsniveau z.B. die Effektivverzinsung für Zinstitel mit einer Restlaufzeit von 1 Jahr an, und ist das Zinsniveau zunächst niedrig, so daß die Zinsstruktur normal ist, dann verändert die Zinsstrukturkurve ihre Lage und Form, wenn das Zinsniveau steigt. Steigt es in erheblichem Umfang, dann nähert sich die normale Zinsstrukturkurve Schritt für Schritt der flachen Zinsstrukturkurve an, und steigt es dann noch weiter, dann wird aus der flachen sogar eine inverse Zinsstrukturkurve.

Es ist offensichtlich, daß sich die kurzfristigen Effektivzinssätze bei einer Änderung des Zinsniveaus von z.B. 100 Basispunkten stärker bewegen als die langfristigen Zinssätze. Daher ist der geschlossene zinsvariable Block nur dann nicht vom Zinsrisiko betroffen, wenn auf Aktiv- und Passivseite gleiche Volumina vorhanden sind, deren Zinssätze jeweils in gleicher Weise auf eine Veränderung des Marktzinsniveaus reagieren. Da dies in der Praxis im allgemeinen nicht zutrifft, muß auch beim geschlossenen zinsvariablen Block mit Zinsrisiko gerechnet werden, das hier als variables Zinsrisiko bezeichnet wird. Dieses wird im Rahmen der Gap-Analyse aber nicht erfaßt. Sie rückt den Festzinsüberhang in den Mittelpunkt der Betrachtung.

Das Vorliegen von Zinsbindungen, die mehr oder weniger weit in die Zukunft reichen, ist für die Gesamtbanksteuerung nicht ein Zeitpunkt-, sondern ein *Zeitraumpro-*

blem. Daher wird im Rahmen der Gap-Analyse ermittelt, wie sich der Festzinsüberhang der Bank während eines Planungshorizonts von z.B. 10 Jahren in der Zukunft entwickeln wird. Dieser Planungshorizont wird in Perioden eingeteilt, die ersten Jahre z.B. in monatliche Perioden, die dann folgenden Jahre in vierteljährliche, halbjährliche und schließlich jährliche Perioden. Man kann aber auch eine konstante Periodenlänge verwenden. Das Ende jeder Periode wird durch einen Stichtag markiert, und mit Hilfe des ISB-Systems kann der Festzinsbestand aus dem Financial Data Warehouse der Bank ausgewertet werden, so daß sich stichtagsbezogen die Festzinsbestände und ihre zugehörigen Durchschnittsverzinsungen für Aktiv- und Passivseite ergeben, woraus dann der volumensbezogene Überhang berechnet wird (vgl. Abb. 4.2.2.1.2.2-3). Im Folgenden wird auf das numerische Beispiel aus SAP (1997b) zurückgegriffen.

| Mio. Euro | Aktiva | | Passiva | | Überhang | |
|---|---|---|---|---|---|---|
| Stichtag | Volumen | Zins | Volumen | Zins | Aktiva | Passiva |
| 31.12.99 | 10991 | 7,78 | 10991 | 4,70 | | |
| 31.01.00 | 8043 | 7,62 | 5656 | 6,04 | 2387 | |
| 29.02.00 | 7801 | 7,64 | 5276 | 6,12 | 2525 | |
| 31.03.00 | 7558 | 7,66 | 4870 | 6,17 | 2688 | |
| 30.04.00 | 7266 | 7,68 | 4490 | 6,18 | 2776 | |
| 31.05.00 | 6949 | 7,71 | 4100 | 6,13 | 2849 | |
| 30.06.00 | 6656 | 7,73 | 3721 | 6,02 | 2935 | |
| 31.07.00 | 6530 | 7,73 | 3682 | 6,00 | 2848 | |
| 31.08.00 | 6404 | 7,72 | 3643 | 5,98 | 2761 | |
| 30.09.00 | 6278 | 7,71 | 3604 | 5,95 | 2674 | |
| 31.10.00 | 6152 | 7,70 | 3565 | 5,93 | 2587 | |
| 30.11.00 | 6026 | 7,68 | 3526 | 5,90 | 2500 | |
| 31.12.00 | 5900 | 7,67 | 3487 | 5,88 | 2413 | |
| 31.03.01 | 5568 | 7,57 | 3397 | 5,83 | 2171 | |
| 30.06.01 | 5236 | 7,48 | 3306 | 5,77 | 1930 | |
| 30.09.01 | 4970 | 7,43 | 3011 | 5,60 | 1959 | |
| 31.12.01 | 4704 | 7,39 | 2995 | 5,56 | 1709 | |
| 31.03.02 | 4445 | 7,32 | 2859 | 5,45 | 1586 | |
| 30.06.02 | 4185 | 7,25 | 2725 | 5,34 | 1460 | |
| 30.09.02 | 3975 | 7,18 | 2616 | 5,26 | 1359 | |
| 31.12.02 | 3765 | 7,11 | 2521 | 5,19 | 1244 | |
| 30.06.03 | 3377 | 6,96 | 2294 | 5,01 | 1083 | |
| 31.12.03 | 2934 | 6,79 | 2130 | 4,83 | 804 | |
| 30.06.04 | 2493 | 6,65 | 2000 | 4,72 | 493 | |
| 31.12.04 | 2176 | 6,62 | 1833 | 4,50 | 343 | |
| 31.12.05 | 1872 | 6,44 | 1792 | 4,45 | 80 | |
| 31.12.06 | 1622 | 6,01 | 1611 | 4,16 | 11 | |
| 31.12.07 | 1278 | 5,48 | 1359 | 3,51 | | 81 |
| 31.12.08 | 922 | 4,47 | 1281 | 3,21 | | 359 |
| 31.12.09 | 0 | 0,00 | 400 | | | 400 |

Abb. 4.2.2.1.2.2-3: Zinsbindungsbilanz: Festzinsbestände und Überhang per Stichtag

Diese Analyse kann das ISB-System für beliebige Portfolios und für die Gesamtbank durchführen, und der Anwender kann den Planungshorizont beliebig in Perioden, häufig auch als *Laufzeitbänder* bezeichnet, strukturieren. Außer den bilanziellen Festzinsaktiva und -passiva werden in die Bestandsauswertung der Gap-Analyse auch die außerbilanziellen Festzinspositionen wie z.B. Zins-Swaps einbezogen.

Die Zinsbindungsbilanz läßt erkennen, wie die Zinsbindungen des kontrahierten Geschäfts der Bank (Altgeschäft) im Zeitablauf abschmelzen. Verläuft diese *Abschmelzung* auf Aktiv- und Passivseite im Zeitablauf unterschiedlich schnell, kann z.B. der Fall eintreten, daß aus einem Aktivüberhang vorübergehend ein Passivüberhang und dann wieder ein Aktivüberhang wird. Dieser Überhang läßt nur die volumensbezogene Grundlage für das Zinsrisiko der Bank erkennen. Aber dies ist schon ein wichtiger Indikator für das Zinsrisiko der Bank, und daher haben die Institute dem BAKred regelmäßig Zinsbindungsbilanzen im Rahmen des externen Meldewesens vorzulegen. Dennoch ist zu beachten, daß das zukünftige Zinsrisiko der Bank im Bereich des Festzinsgeschäftes nicht nur von dem im Zeitablauf abschmelzenden Altgeschäft, sondern auch vom Neugeschäft abhängt, das die Bank zur Kompensation der Altgeschäftabschmelzung laufend tätigen wird. Diese Interaktion von Altgeschäftabschmelzung und Neugeschäftzugang wird nicht durch die Gap-Analyse erfaßt, sondern durch die Bilanzstruktur-Simulation (vgl. Kap. 4.2.2.1.2.3).

Für die *Messung des Zinsrisikos* kommen vermögens- und periodenüberschußbezogene Zielgrößen in Betracht. Konkret liegt dieser Messung die Frage zugrunde, wie der Periodenüberschuß oder der Barwert des Eigenkapitals reagiert, wenn bei gegebenem Festzinsüberhang der Marktzins für das dem Überhang gegenüberstehende zinsvariable Geschäft steigt. Für den stark vereinfachten Fall, daß das Zinsniveau für das zinsvariable Geschäft, das dem aktiven Festzinsüberhang gegenübersteht, einheitlich für alle Laufzeiten um 2 % steigt (Parallelverschiebung der flachen Zinsstrukturkurve), zeigt Abb. 4.2.2.1.2.2-4 die Reaktion des Zinsergebnisses für die einzelnen Laufzeitbänder und den gesamten Planungshorizont.

Bei dieser Darstellung ist zu beachten, daß der Überhang jeweils als Mittelwert zwischen zwei benachbarten Stichtagen angesetzt wird, und daß der Zinsanstieg angesichts des aktiven Festzinsüberhangs zu einer Steigerung des Zinsaufwandes bei konstantem Zinsertrag und somit zu einer Senkung des Zinsergebnisses führt.

Die Aussagekraft der Zinsergebnis-Reaktion ist zwar stark eingeschränkt, weil es eine Reaktion auf eine hier unterstellte Parallelverschiebung der flachen Zinsstrukturkurve ist, dennoch gibt diese Reaktion in Verbindung mit dem Verlauf des Festzinsüberhangs gewisse Hinweise darauf, auf welcher Seite (Aktiv- oder Passivseite) und in welchen Laufzeitbändern mit *Steuerungsmaßnahmen* zur Verminderung des Zinsrisikos angesetzt werden sollte. Das ISB-System bietet die Möglichkeit, fiktive Geschäfte aus der Liste der Produktarten (vgl. Kap. 4.2.2.1.2.1, Abschn. b)) aus dem bilanziellen und außerbilanziellen Geschäft einzugeben und ihre Auswirkung auf Festzinsüberhang und Zinsergebnis zu berechnen. Diese fiktiven Geschäfte gehören also nicht zum kontrahierten Bestand, sondern sie werden in die Gap-Analyse einbezogen, um im Sinne einer What-if-Analyse die Auswirkungen zu prüfen, die sie hätten, wenn sie tatsächlich abgeschlossen würden.

Bei dem im Rechenbeispiel bestehenden Aktivüberhang bietet es sich an, durch ein Swap-Geschäft einen Teil der variablen Zinsverpflichtungen in Festzinsverpflichtungen der Bank zu tauschen. Im konkreten Beispiel wird ein *Festzinszahler-Swap* in Höhe von 200 Mio Euro mit 2 Jahren Laufzeit gegen einen 3-Monats-EURIBOR abgeschlossen. Wie Abb. 4.2.2.1.2.2-5 zeigt, vermindert dieses Geschäft den aktivischen Festzinsüberhang, so daß bei einem Anstieg des Marktzinsniveaus (Parallelverschiebung der flachen Zinsstrukturkurve) die Zinsergebnis-Reaktion vergleichsweise niedriger ausfällt (vgl. Abb. 4.2.2.1.2.2-6).

| Mio. Euro Laufzeit-band | durchschnittlicher Überhang | | Zins-änderung | Zins-ergebnis-reaktion |
|---|---|---|---|---|
| | Aktiva | Passiva | in % p.a. | Mio. Euro |
| 31.12.99 | | | 2% | |
| 31.01.00 | 1194,00 | | 2% | -1,99 |
| 29.02.00 | 2456,00 | | 2% | -4,09 |
| 31.03.00 | 2606,50 | | 2% | -4,34 |
| 30.04.00 | 2732,00 | | 2% | -4,55 |
| 31.05.00 | 2812,50 | | 2% | -4,69 |
| 30.06.00 | 2892,00 | | 2% | -4,82 |
| 31.07.00 | 2891,50 | | 2% | -4,82 |
| 31.08.00 | 2804,50 | | 2% | -4,67 |
| 30.09.00 | 2717,50 | | 2% | -4,53 |
| 31.10.00 | 2630,50 | | 2% | -4,38 |
| 30.11.00 | 2543,50 | | 2% | -4,24 |
| 31.12.00 | 2456,50 | | 2% | -4,09 |
| 31.03.01 | 2292,00 | | 2% | -11,46 |
| 30.06.01 | 2050,50 | | 2% | -10,25 |
| 30.09.01 | 1944,50 | | 2% | -9,72 |
| 31.12.01 | 1834,00 | | 2% | -9,17 |
| 31.03.02 | 1647,50 | | 2% | -8,24 |
| 30.06.02 | 1523,00 | | 2% | -7,62 |
| 30.09.02 | 1409,50 | | 2% | -7,05 |
| 31.12.02 | 1301,50 | | 2% | -6,51 |
| 30.06.03 | 1163,50 | | 2% | -11,64 |
| 31.12.03 | 943,50 | | 2% | -9,44 |
| 30.06.04 | 648,50 | | 2% | -6,49 |
| 31.12.04 | 418,00 | | 2% | -4,18 |
| 31.12.05 | 211,50 | | 2% | -4,23 |
| 31.12.06 | 45,50 | | 2% | -0,91 |
| 31.12.07 | | 35,00 | 2% | 0,70 |
| 31.12.08 | | 220,00 | 2% | 4,40 |
| 31.12.09 | | 379,50 | 2% | 7,59 |
| Summe | | | | -145,43 |

Abb. 4.2.2.1.2.2-4: Zinsergebnis-Reaktion bei einer Zinserhöhung von durchgängig 2 % p. a. im zinsvariablen Geschäft

Das Swap-Geschäft trägt also zu einer Verminderung des Zinsrisikos bei; gleichzeitig reduziert es aber auch die *Zinschance*, die genutzt werden könnte, wenn es in Wirklichkeit und unerwartet zu einer Senkung des Marktzinsniveaus käme, weil sich dann die zinsvariable Refinanzierung des aktivischen Festzinsüberhangs verbilligen würde, was eine Zunahme des Zinsergebnisses zur Folge hätte.

Das ISB-System bietet auch die Möglichkeit, *optionale Zinsinstrumente* zu Steuerungszwecken einzusetzen und in die Gap-Analyse einzubeziehen. Hierbei handelt es

| Stichtag | Überhang Aktiva | Überhang Passiva | FZZ-Swap Aktiva | FZZ-Swap Passiva | Überhang Aktiva | Überhang Passiva |
|---|---|---|---|---|---|---|
| 31.12.99 | 0 | | | | | |
| 31.01.00 | 2387 | | | 200 | 2187 | |
| 29.02.00 | 2525 | | | 200 | 2325 | |
| 31.03.00 | 2688 | | | 200 | 2488 | |
| 30.04.00 | 2776 | | | 200 | 2576 | |
| 31.05.00 | 2849 | | | 200 | 2649 | |
| 30.06.00 | 2935 | | | 200 | 2735 | |
| 31.07.00 | 2848 | | | 200 | 2648 | |
| 31.08.00 | 2761 | | | 200 | 2561 | |
| 30.09.00 | 2674 | | | 200 | 2474 | |
| 31.10.00 | 2587 | | | 200 | 2387 | |
| 30.11.00 | 2500 | | | 200 | 2300 | |
| 31.12.00 | 2413 | | | 200 | 2213 | |
| 31.03.01 | 2171 | | | 200 | 1971 | |
| 30.06.01 | 1930 | | | 200 | 1730 | |
| 30.09.01 | 1959 | | | 200 | 1759 | |
| 31.12.01 | 1709 | | | 0 | 1709 | |
| 31.03.02 | 1586 | | | | 1586 | |
| 30.06.02 | 1460 | | | | 1460 | |
| 30.09.02 | 1359 | | | | 1359 | |
| 31.12.02 | 1244 | | | | 1244 | |
| 30.06.03 | 1083 | | | | 1083 | |
| 31.12.03 | 804 | | | | 804 | |
| 30.06.04 | 493 | | | | 493 | |
| 31.12.04 | 343 | | | | 343 | |
| 31.12.05 | 80 | | | | 80 | |
| 31.12.06 | 11 | | | | 11 | |
| 31.12.07 | | 81 | | | | 81 |
| 31.12.08 | | 359 | | | | 359 |
| 31.12.09 | | 400 | | | | 400 |

Abb. 4.2.2.1.2.2-5: Festzinszahler-Swap als Steuerungsmaßnahme zur Senkung des aktivischen Festzinsüberhangs

sich insbesondere um Swaptions, OTC-Zinsoptionen und Optionen auf Futures sowie Caps und Floors. Diese optionalen Instrumente werden jeweils in *Festzinsäquivalente* umgerechnet, die zum Abbau des Überhangs beitragen. Das ISB-System berechnet zu diesem Zweck für jedes optionale Instrument das Optionsdelta, das angibt, in welchem Ausmaß sich der Optionswert verändert, wenn sich der Wert des Underlying um eine Einheit verändert. Abb. 4.2.2.1.2.2-7 zeigt, welches Underlying zu dem jeweiligen optionalen Instrument gehört.

Das Festzinsäquivalent ergibt sich dann durch Berechnung des deltagewichteten Underlying. Im folgenden Rechenbeispiel wird eine Cap über 200 Mio Euro mit 2 Jahren Laufzeit gegen 6-Monats-EURIBOR zugrunde gelegt, die am 15.3.2000 abgeschlossen worden ist. Als Underlying für diese Cap werden FRAs betrachtet, die für die 5 Halbjahre gelten, die auf den 15.3.2000 folgen. Es wird angenommen, daß die Cap in den betrachten 5 Halbjahren die folgenden Deltawerte aufweist: 0,5; 0,6; 0,7; 0,8; 0,9. Abb.

| Mio. Euro Laufzeit-band | durchschnittlicher Überhang | | Zins-änderung | Zins-ergebnis-reaktion |
| --- | --- | --- | --- | --- |
| | Aktiva | Passiva | in % p.a. | Mio. Euro |
| 31.12.99 | 0,00 | | 2% | 0,00 |
| 31.01.00 | 1093,50 | | 2% | -1,82 |
| 29.02.00 | 2256,00 | | 2% | -3,76 |
| 31.03.00 | 2406,50 | | 2% | -4,01 |
| 30.04.00 | 2532,00 | | 2% | -4,22 |
| 31.05.00 | 2612,50 | | 2% | -4,35 |
| 30.06.00 | 2692,00 | | 2% | -4,49 |
| 31.07.00 | 2691,50 | | 2% | -4,49 |
| 31.08.00 | 2604,50 | | 2% | -4,34 |
| 30.09.00 | 2517,50 | | 2% | -4,20 |
| 31.10.00 | 2430,50 | | 2% | -4,05 |
| 30.11.00 | 2343,50 | | 2% | -3,91 |
| 31.12.00 | 2256,50 | | 2% | -3,76 |
| 31.03.01 | 2092,00 | | 2% | -10,46 |
| 30.06.01 | 1850,50 | | 2% | -9,25 |
| 30.09.01 | 1744,50 | | 2% | -8,72 |
| 31.12.01 | 1734,00 | | 2% | -8,67 |
| 31.03.02 | 1647,50 | | 2% | -8,24 |
| 30.06.02 | 1523,00 | | 2% | -7,62 |
| 30.09.02 | 1409,50 | | 2% | -7,05 |
| 31.12.02 | 1301,50 | | 2% | -6,51 |
| 30.06.03 | 1163,50 | | 2% | -11,64 |
| 31.12.03 | 943,50 | | 2% | -9,44 |
| 30.06.04 | 648,50 | | 2% | -6,49 |
| 31.12.04 | 418,00 | | 2% | -4,18 |
| 31.12.05 | 211,50 | | 2% | -4,23 |
| 31.12.06 | 45,50 | | 2% | -0,91 |
| 31.12.07 | | 35,00 | 2% | 0,70 |
| 31.12.08 | | 220,00 | 2% | 4,40 |
| 31.12.09 | | 379,50 | 2% | 7,59 |
| Summe | | | | -138,09 |

Abb. 4.2.2.1.2.2-6: Zinsergebnis-Reaktion nach Abschluß eines Festzinszahler-Swap

4.2.2.1.2.2-8 zeigt, in welchem Ausmaß die Festzinsäquivalente der Cap den aktivischen Festzinsüberhang vermindern, und Abb. 4.2.2.1.2.2-9 läßt erkennen, in welchem Ausmaß die Zinsergebnis-Reaktion, ausgelöst durch eine Marktzinsänderung um 2 % p. a. (Parallelverschiebung der flachen Zinsstrukturkurve), durch den Einsatz der Cap als Steuerungsmaßnahme vermindert wird.

Abschließend sei noch einmal darauf hingewiesen, daß die Gap-Analyse auf die Erfassung des Festzinsgeschäftes und des Festzinsüberhanges ausgerichtet ist, und daß sie die Zinsergebnis-Reaktionen von Marktzinsänderungen nur sehr *pauschal* berücksichti-

| Optionales Zinsinstrument | Underlying |
|---|---|
| Swaption | Forward-Swap |
| OTC-Zinsoption und Optionen auf Futures | fikt. Anleihe mit forward-start |
| Caps und Floors | FRAs |

Abb. 4.2.2.1.2.2-7: Optionale Zinsinstrumente und ihre Underlyings

| Stichtag | Überhang | | Festzinsäquivalent Cap | | Überhang | |
|---|---|---|---|---|---|---|
| | Aktiva | Passiva | Aktiva | Passiva | Aktiva | Passiva |
| 31.12.99 | 0 | | | | | |
| 31.01.00 | 2387 | | | | 2387 | |
| 29.02.00 | 2525 | | | | 2525 | |
| 31.03.00 | 2688 | | | 100 | 2588 | |
| 30.04.00 | 2776 | | | 100 | 2676 | |
| 31.05.00 | 2849 | | | 100 | 2749 | |
| 30.06.00 | 2935 | | | 100 | 2835 | |
| 31.07.00 | 2848 | | | 100 | 2748 | |
| 31.08.00 | 2761 | | | 100 | 2661 | |
| 30.09.00 | 2674 | | | 120 | 2554 | |
| 31.10.00 | 2587 | | | 120 | 2467 | |
| 30.11.00 | 2500 | | | 120 | 2380 | |
| 31.12.00 | 2413 | | | 120 | 2293 | |
| 31.03.01 | 2171 | | | 140 | 2031 | |
| 30.06.01 | 1930 | | | 140 | 1790 | |
| 30.09.01 | 1959 | | | 160 | 1799 | |
| 31.12.01 | 1709 | | | 160 | 1549 | |
| 31.03.02 | 1586 | | | 180 | 1406 | |
| 30.06.02 | 1460 | | | 180 | 1280 | |
| 30.09.02 | 1359 | | | | 1359 | |
| 31.12.02 | 1244 | | | | 1244 | |
| 30.06.03 | 1083 | | | | 1083 | |
| 31.12.03 | 804 | | | | 804 | |
| 30.06.04 | 493 | | | | 493 | |
| 31.12.04 | 343 | | | | 343 | |
| 31.12.05 | 80 | | | | 80 | |
| 31.12.06 | 11 | | | | 11 | |
| 31.12.07 | | 81 | | | | 81 |
| 31.12.08 | | 359 | | | | 359 |
| 31.12.09 | | 400 | | | | 400 |

Abb. 4.2.2.1.2.2-8: Cap als Steuerungsmaßnahme zur Senkung des aktivischen Festzinsüberhangs

| Mio. Euro Laufzeitband | durchschnittlicher Überhang | | Zinsänderung in % p.a. | Zinsergebnisreaktion Mio. Euro |
|---|---|---|---|---|
| | Aktiva | Passiva | | |
| 31.12.99 | 0,00 | | 2% | 0,00 |
| 31.01.00 | 1193,50 | | 2% | -1,99 |
| 29.02.00 | 2456,00 | | 2% | -4,09 |
| 31.03.00 | 2556,50 | | 2% | -4,26 |
| 30.04.00 | 2632,00 | | 2% | -4,39 |
| 31.05.00 | 2712,50 | | 2% | -4,52 |
| 30.06.00 | 2792,00 | | 2% | -4,65 |
| 31.07.00 | 2791,50 | | 2% | -4,65 |
| 31.08.00 | 2704,50 | | 2% | -4,51 |
| 30.09.00 | 2607,50 | | 2% | -4,35 |
| 31.10.00 | 2510,50 | | 2% | -4,18 |
| 30.11.00 | 2423,50 | | 2% | -4,04 |
| 31.12.00 | 2336,50 | | 2% | -3,89 |
| 31.03.01 | 2162,00 | | 2% | -10,81 |
| 30.06.01 | 1910,50 | | 2% | -9,55 |
| 30.09.01 | 1794,50 | | 2% | -8,97 |
| 31.12.01 | 1674,00 | | 2% | -8,37 |
| 31.03.02 | 1477,50 | | 2% | -7,39 |
| 30.06.02 | 1343,00 | | 2% | -6,72 |
| 30.09.02 | 1319,50 | | 2% | -6,60 |
| 31.12.02 | 1301,50 | | 2% | -6,51 |
| 30.06.03 | 1163,50 | | 2% | -11,64 |
| 31.12.03 | 943,50 | | 2% | -9,44 |
| 30.06.04 | 648,50 | | 2% | -6,49 |
| 31.12.04 | 418,00 | | 2% | -4,18 |
| 31.12.05 | 211,50 | | 2% | -4,23 |
| 31.12.06 | 45,50 | | 2% | -0,91 |
| 31.12.07 | | 35,00 | 2% | 0,70 |
| 31.12.08 | | 220,00 | 2% | 4,40 |
| 31.12.09 | | 379,50 | 2% | 7,59 |
| Summe | | | | -138,63 |

Abb. 4.2.2.1.2.2-9: Zinsergebnis-Reaktion nach Abschluß einer Cap

gen kann. Dennoch ist sie als eine wichtige Vorstufe für die Bilanzstruktur-Simulation zu verstehen, die sowohl die Interaktion von Altgeschäftabschmelzung und Neugeschäftzugang als auch alternative Szenarien für die zukünftige Zinsentwicklung berücksichtigen kann.

### 4.2.2.1.2.3 Teilsystem Bilanzstruktur-Simulation

Zum *Begriff der Simulation* findet man in der Literatur recht unterschiedliche Auffassungen. Im engsten Sinne versteht man unter Simulation die systemgestützte Nachvollziehung (das »Durchspielen«) von Prozessen im Zeitablauf. Dieser Auffassung entspricht auch die im folgenden zu behandelnde Bilanzstruktur-Simulation. Im weiteren Sinne versteht man unter Simulation auch die Durchführung von What-if-Analysen, und gelegentlich werden sogar Verfahren der numerischen Mathematik wie z.B. die Ziehung von Zufallszahlen oder die numerische Auswertung von Integralen als Simulation (im weitesten Sinne) bezeichnet.

Bei der Bilanzstruktur-Simulation wird die Entwicklung der Bilanzstruktur und des außerbilanziellen Geschäfts über einen Planungshorizont systemgestützt fortgeschrieben. Dabei sind einerseits Daten zu berücksichtigen, die die *Ausgangssituation* der Bank darstellen, insbesondere das kontrahierte Geschäft mit seinen Volumina und Konditionen, sowie *externe Daten* wie z.B. die zum Planungszeitpunkt geltenden Zinsstrukturkurven der einzelnen Währungsräume sowie Wechselkurse, und andererseits die *Steuerungsmaßnahmen*, die der Anwender ergreifen kann, um sich gegen Risiken abzusichern und/oder das Periodenergebnis der Bank zu verbessern. Im Rahmen der Bilanzstruktur-Simulation werden als *Beiträge zum Periodenergebnis* insbesondere der *Zinsüberschuß*, der in den verschiedenen Währungen erzielt wird und das bilanzielle Bewertungsergebnis von Wertpapierbeständen und Derivaten berücksichtigt. Dieses *Bewertungsergebnis* kann positionsbezogen entweder eine Kursreserve sein, wenn der Marktwert der Position über dem Buchwert liegt, und im umgekehrten Falle ist es ein Abschreibungsbedarf. Zinsüberschuß und Bewertungsergebnis werden zum Periodenergebnis zusammengeführt, das die Zielgröße für die Bilanzstruktur-Simulation darstellt.

In die Simulation geht das kontrahierte bilanzielle und derivative Geschäft der Bank mit den zugehörigen Ablaufdaten ein, die auch in der Zinsbindungsbilanz zum Ausdruck kommen. Dieses kontrahierte Geschäft ist auslaufendes Altgeschäft, und es wird in der Simulation laufend durch geplantes Neugeschäft ergänzt, so daß die Bilanzsumme über alle Planungsperioden hinweg konstant bleibt. Die Simulation kann für wichtige Währungspositionen getrennt erfolgen und zu einer Gesamtsimulation auf Euro-Basis oder auf Basis einer anderen Währung zusammengeführt werden. Im Rahmen der Gesamtbanksimulation erfordert die Simulation des Bankbuches große Sorgfalt im Detail, während die Handelsbuchpositionen nur mit einem gewissen Volumen und einem bestimmten Ergebnisbeitrag berücksichtigt werden. Es wäre sinnlos, Handelsbuchpositionen einer über mehrere Jahre ablaufenden Simulation zu unterwerfen, weil sie aufgrund des Trading einer laufenden Positionsveränderung unterliegen.

Das ISB-System bietet die Möglichkeit, geplantes Neugeschäft zunächst unberücksichtigt zu lassen und das *Zinsergebnis nur für das Festzins-Altgeschäft* gemäß Zinsbindungsbilanz zu ermitteln. Alternativ kann der Anwender fiktiv die in einzelnen Laufzeitbändern vorhandenen bilanziellen Überhänge durch Aufnahme (bei Aktivüberhang) oder Anlage (bei Passivüberhang) von Tagesgeld schließen, was das durch den Überhang dokumentierte Zinsrisiko unverändert läßt, oder er kann die offenen Positionen in den zukünftigen Laufzeitbändern zu den aktuellen Forward Rates schließen, um das Risiko auszuschalten. Der Vergleich dieser beiden Auswertungen zeigt an, wie hoch die *Ergebniseinbuße* ist, die *aufgrund der Schließung der Zinsrisikopositionen* hingenommen werden muß. Dadurch kann deutlich gemacht werden, welche Chancen und Risiken bestehen, wenn der Überhang ganz oder teilweise, sofort oder auch erst in späteren Laufzeitbändern auf der Basis einer ggf. veränderten Zinsstrukturkurve geschlossen würde. Für die Steuerung von Zinsrisiken in den verschiedenen Währungsbereichen geben derartige Analysen wichtige Hinweise.

Für die *Neugeschäftsplanung* bietet das ISB-System dem Anwender Standardverfahren an, nach denen er eine Planung der Bilanzstruktur auf der Grundlage vereinfachter *pauschaler Planungsannahmen* durchführen kann. Diese Standardverfahren sind vergleichsweise einfach strukturiert und ermöglichen Aussagen über die Zinsergebnisentwicklung unter Berücksichtigung verschiedener Zinsszenarien. Der Anwender hat aber grundsätzlich auch die Möglichkeit, das Neugeschäft *individuell zu planen* und hierbei insbesondere den Zusammenhang zwischen den Zinsszenarien und der Volumensentwicklung zu berücksichtigen, der ja im Prinzip als Preis-Absatz-Funktion aufzufassen ist.

Neben dem Verlauf der Altgeschäftabschmelzung und der Neugeschäftsentwicklung sind im Rahmen der Bilanzstruktur-Simulation auch die *Marktzinsszenarien* von entscheidender Bedeutung, die die Entwicklung der Zinssätze über die Zeit und pro Währung beinhalten. Sie können im ISB-System durch eine beliebige Anzahl von monatlichen *Zinsstrukturkurven* vorgegeben werden, wobei das System mit Linearisierungsfunktionen Unterstützung bei der Erstellung der Zinsstrukturkurven leistet. Außerdem werden *Standardszenarien* automatisch generiert, so z.B. ein Szenario konstanter Zinssätze über den gesamten Planungszeitraum und ein weiteres, das aus den impliziten Forward Rates automatisch vom System entwickelt wird. Darüber hinaus können Standardveränderungen der Zinsszenarien wie z.B. eine Parallelverschiebung einer Zinsstrukturkurve um 100 Basispunkte über einen festzulegenden Zeitraum vorgenommen werden. Für die Ermittlung der bilanziellen Bewertungsergebnisse bei den optionalen Instrumenten sind über die Zinsszenarien hinaus auch noch *Volatilitätsszenarien* vorzugeben. Hierbei können additive Veränderungen der Volatilitäten über die Zeit vorgenommen werden.

Ausgehend von den Zinsszenarien sind den *Neugeschäftspositonen* im nächsten Schritt *Zinssätze zuzuordnen*, die den Beitrag dieser Positionen zum Zinsergebnis darstellen. Auch hierfür bietet das ISB-System dem Anwender verschiedene Möglichkeiten: Einer Neugeschäftsposition kann entweder direkt ein Marktzinssatz zugeordnet werden, oder es wird für diese Position ein Satz berechnet, indem ein Marktzinssatz um eine Marge erhöht (Aktivgeschäft) oder vermindert (Passivgeschäft) wird. Mit Hilfe von Margenelastizitäten wird dabei berücksichtigt, wie sich die Marge mit dem Marktzinsniveau verändert. Dabei können auch Time-Lags für die Anpassung der positionsbezogenen Zinssätze an die Veränderung der Marktzinssätze berücksichtigt werden.

Die *Zinssätze*, die den *Positionen des Altgeschäfts* zugeordnet werden, ergeben sich aus der Zinsbindungsbilanz. Es sind Durchschnittszinssätze je Position, die sich, wie Abb. 4.2.2.1.2.2-3 zeigt, im Zeitablauf ändern können, weil die abschmelzenden Altgeschäftsvolumina in der Vergangenheit zu unterschiedlichen Marktzinssätzen kontrahiert worden sind.

Nach *Abschluß der Bilanzstruktur-Simulation* gibt das ISB-System die Zins- und Bewertungsergebnisse aus. Die *Zinsergebnisse* können auf jeder Aggregationsstufe für die einzelnen Portfolios und die Gesamtbank für flexibel zu definierende Laufzeitbänder und getrennt nach Alt- und Neugeschäft in Zinsergebnisbilanzen dargestellt werden. Diese werden ergänzt durch die *Bewertungsergebnisse* für die Wertpapier- und Derivatpositionen, die aufgrund der aktuellen Zinssätze, Währungskurse und Volatilitäten berechnet worden sind. Durch die Bilanzstruktur-Simulation kann der Anwender erkennen, ob sich das Zinsergebnis ungünstig entwickelt und möglicherweise sogar ein Zielanspruchsniveau unterschreitet, wenn die simulierten Planannahmen eintreten.

Die *Steuerungsmöglichkeiten*, die ihm dann zur Verfügung stehen, bestehen im Prinzip darin, daß er fiktive Geschäfte in das System eingibt und einen neuen Simulationslauf durchführt, so daß er die Auswirkungen dieser fiktiven Geschäfte auf die Zielgrößen erkennen kann. In Zusammenhang mit der Gap-Analyse (vgl. Kap. 4.2.2.1.2.2) wurde als Beispiel schon ein Festzinszahler-Swap als Steuerungsmaßnahme zur Senkung des aktivischen Festzinsüberhanges betrachtet (vgl. Abb. 4.2.2.1.2.2-5 und -6). Die Ausgangssituation, die zum Einsatz des Swap geführt hatte, also die Zinsergebnis-Reaktion bei einer Zinserhöhung von durchgängig 2 % p. a. im zinsvariablen Geschäft (vgl. Abb. 4.2.2.1.2.2-4), konnte im Rahmen der Gap-Analyse aber nur sehr pauschal evaluiert werden, weil für alle dem Überhang gegenüberstehenden zinsvariablen Geschäfte ein einheitlicher Zinsanstieg angenommen werden mußte. Diese Vereinfachung entfällt bei der Bilanzstruktur-Simulation, denn sie bietet die Möglichkeit, alle Positionen mit marktgerechten Zinssätzen zu bewerten und hierbei auch Marktzinsniveau- und Zinsstrukturänderungen realitätsnah zu modellieren. Als fiktive Geschäfte kann der Anwender beliebige Geld- und Kapitalmarktgeschäfte und alle vom ISB-System verarbeiteten derivativen Produkte, auch Optionsgeschäfte, eingeben.

Aufgrund der Auswertungsmöglichkeiten, die das System bietet, kann der Anwender die *Erfolgsquellen* erkennen, also Portfolios für bestimmte Währungen, Produkte, Laufzeitbänder etc., die positive oder negative Zinserfolgsbeiträge und Bewertungsergebnisse mit sich bringen oder unerwünschte Risiken beinhalten. Bei diesen Quellen des Mißerfolgs kann er mit seinen Steuerungsmaßnahmen ansetzen, und er kann dann durch erneute Simulationsläufe erkennen, in welchem Umfang die Verbesserungen bei den Zielgrößen eintreten. Dies wird auch dadurch unterstützt, daß entsprechend der Gap-Analyse für das Altgeschäft, im Rahmen der Bilanzstruktur-Simulation auch eine Zinsbindungsbilanz für Altgeschäft und Neugeschäft erstellt wird.

Für die Unterstützung des Bilanzstrukturmanagement kommen grundsätzlich nicht nur Simulationsmodelle, sondern auch *Optimierungsmodelle* in Betracht. Beide Modelltypen weisen nicht nur spezifische Vor- und Nachteile auf, sondern es ist auch eine Vielzahl von Gemeinsamkeiten zu erkennen, die in einem kurzen *Vergleich* des *ALM-Moduls* des ISB-Systems mit dem *APS-System* (vgl. Meyer zu Selhausen 1988 und ders. 1991) herausgearbeitet werden sollen. Das APS-System ist in seinem Kern ein *lineares Optimierungsmodell*, bei dem das Lösungsverfahren der linearen Optimierung selbsttätig nach Lösungen sucht, die den Zinsüberschuß maximieren, und die dabei lineare Nebenbedingungen automatisch einhalten. Auch dieses Modell, das für einen Planungshorizont von 5 Jahren 9 Planbilanzen erstellt, projiziert die Altgeschäftabschmelzung und den Neugeschäftszugang in die Zukunft, und es maximiert den Zinsüberschuß unter Berücksichtigung alternativer Zinsszenarien. Diese Zinsszenarien können dabei sogar, mit subjektiven Eintrittswahrscheinlichkeiten gewichtet, simultan berücksichtigt werden, so daß die Optimierungsrechnung Bilanzstrukturen ergibt, die in Hinsicht auf das Zinsänderungsrisiko *robust* sind, also bei Eintritt verschiedener Zinsszenarien in jedem Fall befriedigende Ergebnisse erwarten lassen. Dieses Modell ist auch nur als *EDV-Anwendungssystem* nutzbar, und es umfaßt nicht nur eine Datenmatrix (Simplex-Tableau) und ein Modul für das Verfahren der linearen Optimierung, sondern auch ein Modul für die Datenaufbereitung (Matrix-Generator) und einem Listen-Generator für die anschauliche Darstellung der Ergebnisse. Der Matrix-Generator unterstützt die Dateneingabe in umfassender Weise; er weist dabei aber zwei Schwerpunkte auf: Ein Zinsmodell zur Generierung der Zinsszenarien und die Versorgung der Einzelpositionen mit Zinssätzen sowie ein Teilmodell für die Neugeschäftsplanung.

Die Gemeinsamkeiten des APS-Systems mit dem ALM-Modul des ISB-Systems sind also offenkundig. Der Vorteil des Optimierungsansatzes liegt primär in der *selbsttätigen Suche* des Verfahrens nach optimalen Lösungen, während der Vorteil der Simulation in der *Flexibilität* des Verfahrens besteht. Das APS-System verarbeitet nur lineare Modellstrukturen und in ganz begrenztem Umfang auch stückweise linearisierte Zielfunktionen und Nebenbedingungen. Von den Derivaten verarbeitet es Zins-Swaps, die mit relativ geringem Aufwand und Zins-Futures, die mit verhältnismäßig hohem Aufwand integriert worden sind (vgl. Stenke 1993). Für eine Vielzahl weiterer Derivate, die nichtlineare Modellzusammenhänge mit sich bringen würden, ist die Struktur des linearen Optimierungsmodells dagegen ungeeignet, insbesondere für die modellmäßige Marktwertberechnung von Positionen nach dem Barwertkonzept. Darüber hinaus erlaubt es keine Segmentierung und Aggregation von Portfolios für Währungen und Finanzinstrumente oder für Laufzeitbänder. Aber auch die Flexibilität des Simulationsmodells hat ihren Preis: Bei diesem Modelltyp können Zusammenhänge jeglicher Art flexibel modelliert werden, der Anwender hat aber kein Verfahren, das ihn bei der zielorientierten Suche nach günstigen Werten für die Variablen unterstützt, die die Steuerungsmaßnahmen nach Art und Umfang genau spezifizieren. Außerdem muß er sehr viel Sorgfalt auf die Entwicklung, Gestaltung und Eingabe der Planannahmen verwenden, damit die Ausgangssituation für die Simulation die reale Situation der betrachteten Bank möglichst genau wiedergibt.

### 4.2.2.1.2.4 Teilsystem Barwertanalyse

Die Barwertanalyse dient der Ermittlung von *Marktpreisrisiken*, die auf der Veränderung von Risikofaktoren wie Zinssätzen, Währungskursen, Aktienkursen und Volatilitäten beruhen. Dabei werden die Finanzinstrumente eines Portfolios unter Berücksichtigung von Marktpreisszenarien und bezogen auf einen Betrachtungszeitpunkt bewertet. Diesen Vorgang bezeichnet man als *Mark-to-Market-Bewertung*, weil die Bewertung auf den am Markt feststellbaren Werten der Risikofaktoren beruht. Das *Risiko eines Portfolios* ergibt sich dann aus der Veränderung des Barwertes bei Zugrundelegung verschiedener Szenarien. Das ISB-System legt der Barwertanalyse die Cash Flows der zu bewertenden Finanzinstrumente zugrunde, und es verwendet für die Berechnung der Barwerte Bewertungs-Module wie Barwertrechner, Swap-Rechner, Optionspreisrechner etc. Der Vorgang der Barwertberechnung kann für einzelne Finanzinstrumente, für Portfolios und auch für die Gesamtbank vollzogen werden. In jedem Fall muß das Bewertungsobjekt vor der Bewertung in seinen *Cash Flow* aufgelöst werden. Bei Festzinsinstrumenten wie einer Kupon-Anleihe ist dies ganz einfach: Der Cash Flow besteht aus den festen Zinszahlungen und der Rückzahlung. Bei Instrumenten mit variabler Verzinsung wie z.B. einem Floater, bei dem die Zinszahlungen ja nicht im voraus feststehen, sind Zinsprognosen erforderlich, um den Cash Flow der zukünftigen Zinszahlungen zu berechnen; als Barwert von unverzinslichen Positionen verwendet man ihren Nominalwert. Bei der Berechnung des Barwertes für ein Portfolio werden alle im Portfolio enthaltenen Einzelinstrumente in ihre Cash Flows aufgelöst, und diese werden dann zu einem portfolio-bezogenen Summen-Cash Flow aggregiert. Auf entsprechende Weise kann man auch den Barwert (Marktwert des Eigenkapitals) der Gesamtbank ermitteln. Zu diesem Zweck wird auf der Grundlage der Summen-Cash Flows der Barwert der Aktiva und der Barwert der Passiva berechnet, so daß sich der Marktwert des Eigenkapitals als Barwert der Aktiva abzüglich Barwert der Passiva ergibt.

Nach der Barwertberechnung eines Bewertungsobjekts mit den aktuellen Werten der Marktrisikofaktoren kann eine Neubewertung auf der Grundlage alternativer Zinsstrukturszenarien vorgenommen werden. Chancen und Risiken werden dann in den *Marktwertänderungen des Eigenkapitals* der Bank sichtbar. Bei der Ermittlung des Währungsrisikos geht man zweistufig vor: Zuerst wird innerhalb der jeweiligen Fremdwährung der Barwert der Position unter Verwendung der für diese Währung geltenden Zinsstruktur berechnet, und dieser Barwert in Fremdwährung wird dann mit alternativen Kassawechselkursen in die Inlandswährung umgerechnet. Ebenso wie bei der Bilanzstruktur-Simulation verwendet das ISB-System bei der Barwertberechnung alternative Zinsstrukturkurven, und es führt die Abzinsung mit taggenauen Zerobond-Abzinsungsfaktoren durch, so daß der Barwert der einzelnen Bewertungsobjekte in die Teilbarwerte für beliebig definierte Laufzeitbänder zerlegt werden kann.

Für jedes Portfolio kann ergänzend auch die Effective Duration und der Price Value of a Basis Point (PVBP) berechnet werden. Der PVBP, der auch kurz als *Basis Point Value* bezeichnet wird, stellt die Barwertänderung eines Portfolios dar, die durch eine Parallelverschiebung der Zinsstrukturkurve um einen Basispunkt, bezogen auf das Ausgangsszenario, bewirkt wird. Der Basis Point Value kann auch für einzelne Laufzeitbänder ausgegeben werden. Grundsätzlich ist hierzu aber auf die Annahmen zu verweisen, die dem Duration-Konzept zugrunde liegen: Der Basis Point Value gibt die durch eine Zinsänderung verursachte Marktwertänderung eines Portfolios an, die unmittelbar nach dem Analysezeitpunkt stattfindet und durch eine Parallelverschiebung der flachen Zinsstrukturkurve bewirkt wird.

*Zinsoptionen* gehen mit ihrem Optionswert in die Barwertberechnung ein. Für die Optionswertberechnung sind im ISB-System Optionspreismodelle als Module verfügbar. Für Zinsoptionen in Fremdwährung wird zunächst der Optionswert in Fremdwährung berechnet und dann mit dem Kassawechselkurs in die Inlandswährung umgerechnet. Dabei können Kombinationen von Wechselkursszenarien und Volatilitätsveränderungen berücksichtigt werden. Zur Vereinfachung können Fremdwährungen, die an eine Leitwährung gekoppelt sind, zu einem Währungsblock zusammengefaßt werden.

Entsprechend der kombinierten Analyse von Zins- und Währungsrisiko ist es möglich, das Marktrisiko für alle zusammenwirkenden Risikoarten getrennt auszuweisen, und dies kann nicht nur für Einzelinstrumente, Portfolios und die Gesamtbank geschehen, sondern auch für Teilmärkte, z.B. als kombiniertes Zins-, Währungs- und Volatilitätsrisiko für den amerikanischen Bond-Markt.

### 4.2.2.1.2.5 Teilsystem Value-at-Risk

#### a) Grundkonzept des Teilsystems

Die VaR-Analyse baut auf der Barwertanalyse auf und ermöglicht für die gesamte Bank eine *einheitliche Marktrisikoquantifizierung*. Der VaR stellt den potentiellen Marktwertverlust einer Position dar, der bis zur Sicherung oder Liquidierung der Position mit einer vorgegebenen Wahrscheinlichkeit (Konfidenzniveau) nicht überschritten wird. Das VaR-Konzept ist die methodische Grundlage für die nach Grundsatz I vorgesehenen internen Modelle zum Risiko-Controlling. Das ISB-System mit seinem VaR-Modul soll als Risikosteuerungsmodell sowohl die Anforderungen der Bankenaufsicht als auch die bankinternen Anforderungen an das Risiko-Controlling erfüllen. Dies wird auch vom BAKred gefordert, damit die interne Risikosteuerung tatsächlich nach denselben Prinzipien erfolgt, nach denen für die Bankenaufsicht die Risiken bewertet und ausgewiesen werden. Der VaR ist eine geeignete *Zielgröße für das Risiko-Controlling*. Aus dem VaR können aber nicht direkt geeignete Maßnahmen für die Risikosteuerung abgeleitet werden. Andere Module des ISB-Systems, insbesondere die Gap-Analyse, die Bilanzstruktur-Simulation und die Barwertanalyse müssen ergänzend eingesetzt werden, um die als VaR gemessenen Marktpreisrisiken mit ihren Schwerpunkten zu lokalisieren, beispielsweise in bestimmten produktbezogenen Portfolios oder Laufzeitbändern.

Der VaR ist aber nicht nur eine Zielgröße für das Risiko-Controlling, sondern er geht auch, interpretiert als Risikokapital, in Risk-Adjusted Profitability Measures wie RORAC und RAROC ein, die eine *Risk-Return-Steuerung* ermöglichen und eine Allokation von Risikokapital auf die Bereiche der Bank erlauben, für die der höchste Return in bezug auf das Marktrisiko erreicht werden kann.

Für die Ermittlung des VaR sind verschiedene *Verfahren* entwickelt worden. Grundsätzlich hängt der VaR von der Höhe der eingegangenen Risikopositionen und von der

Volatilität der Marktpreise ab. Im *Varianz-Kovarianz-Ansatz* wird für jede einzelne Position ein Marktpreis und eine Volatilität ermittelt, und die Einzelrisiken werden dann mit Hilfe von Kovarianzmatrizen aggregiert. Bei der *historischen Simulation* werden Barwertänderungen von Positionen simuliert, die auf Marktpreisänderungen, also Änderungen bei den Marktrisikofaktoren in der Vergangenheit, beruhen. Die Korrelation zwischen den einzelnen Marktrisikofaktoren wird dabei implizit berücksichtigt, weil sie schon in den Vergangenheitsdaten der Risikofaktoren zum Ausdruck kommt.

Der VaR-Analyse liegt durchgängig die *Barwertbetrachtung* zugrunde. Im einfachsten Fall wird z.B. untersucht, wie der Marktwert (Barwert) eines Zinstitels auf eine Veränderung des Risikofaktors Zinssatz reagiert. Die Barwertbetrachtung bietet die Möglichkeit, daß unterschiedliche Finanzinstrumente, z.B. Anleihen und Optionen, nach einem einheitlichen Ansatz bewertet werden. Welche Risikofaktoren im Einzelfall auch in Betracht kommen, immer schlagen sich die Auswirkungen ihrer Veränderungen in einer Barwertveränderung der zu bewertenden Finanzinstrumente nieder.

Die VaR-Analyse kann *für beliebige Portfolios* und für die Gesamtbank durchgeführt werden. Der Anwender des ISB-Systems definiert Basis-Portfolios und, darauf aufbauend, eine Portfolio-Hierarchie. Dadurch kann die Analyse für Organisationseinheiten wie z.B. Profit Centers, einzelne Verantwortungsträger wie z.B. Händler oder für Produktgruppen durchgeführt werden. Das Marktrisiko eines Portfolios kann dann, entsprechend der Risiko-Hierarchie, so strukturiert werden, daß der Einfluß der einzelnen Risikofaktoren sichtbar wird. Besonders interessant ist in diesem Zusammenhang die Ermittlung des Risikos für beliebige Portfolios und Laufzeitbänder, das von den einzelnen Risikoarten ausgeht, also Zins-, Währungs-, Aktienkurs- und Volatilitätsrisiken. Diese Aufteilung ist aber jeweils nur ceteris paribus möglich, also so, daß das auf eine Risikoart zurückgehende Marktrisiko ermittelt wird, während alle anderen Risikofaktoren konstant gehalten werden.

Das ISB-System verwendet folgende *Risikofaktoren*:

- Zerobond-Zinssätze
- Devisenkassakurse
- Aktienkassakurse
- Indices für Aktien
- Volatilitäten pro Restlaufzeit für Zinssätze, Devisen- und Aktienkurse

Weitere Risikofaktoren, die für die Bewertung der Portfolios erforderlich sind, werden aus diesen Risikofaktoren abgeleitet, beispielsweise Kurse von Anleihen, Devisenterminkurse, Optionspreise etc.

Der Einfluß einer Änderung der Risikofaktoren auf die Änderung des Marktwertes eines Portfolios läßt die *Reagibilität des Marktwertes* erkennen. Um einen durchgängig einheitlichen Bewertungsansatz zu realisieren, wird die Reagibilität im ISB-System immer unter Verwendung der integrierten Bewertungsmodelle, Barwertrechner, Optionspreisrechner etc. ermittelt.

### b) Verfahren für die Ermittlung des Value-at-Risk

### ba) Historische Simulation

Das Prinzip der historischen Simulation besteht darin, daß ein am Analysezeitpunkt vorhandenes Portfolio, das zum gegenwärtigen Marktwert bewertet ist, mit den Veränderungen der für das Portfolio relevanten Risikofaktoren konfrontiert wird, die sich in einem bestimmten Zeitraum in der Vergangenheit (*Stützperiode*) ergeben haben. Für diese Analyse sind also *Zeitreihen* der für das Portfolio relevanten Risikofaktoren erforderlich, die im Financial Data Warehouse der Bank gespeichert sind und laufend gepflegt und fortgeführt werden müssen. Zu diesen Zeitreihen werden zunächst Zeitreihen der relativen Risikofaktoränderungen ermittelt, die anzeigen, wie groß die relative Änderung eines Risikofaktors innerhalb eines kurzen Zeitintervalls von z.B. 10 Tagen (*Haltedauer*) ist. Ist der Risikofaktor ein Kurs K, dann ergibt sich die relative Kursänderung nach der Formel

$$k_t = (K_{t+h} - K_t)/K_t$$

Hierbei bezeichnet h die Haltedauer in Tagen. $k_t$ zeigt also die relative Veränderung des Kurses während der Haltedauer an. Die Zeitreihe $k_t$ ergibt sich dadurch, daß man die $k_t$ für alle aufeinanderfolgenden Haltedauerintervalle während der vergangenen Stützperiode berechnet, bei einer Haltedauer von 10 Tagen, also vom 1. bis zum 10. Tag, vom 2. bis zum 11. Tag etc., bis der Analysezeitpunkt erreicht ist. Auf diese Weise ergeben sich z.B. für eine Zeitreihe mit den 250 Risikofaktorbeobachtungen $K_t$ des vergangenen Jahres 240 relative Risikofaktorveränderungen $k_t$.

Für jedes Haltedauerintervall der Stützperiode wird nun die relative Veränderung der für das Portfolio relevanten Risikofaktoren herangezogen, und die am Analysezeitpunkt geltenden Risikofaktorwerte werden um die relativen Veränderungen erhöht oder bzw. vermindert, so daß sich neue Risikofaktorwerte ergeben, mit denen das Portfolio erneut bewertet wird. Subtrahiert man von diesem Marktwert den Marktwert des Portfolios in der Ausgangssituation, dann erhält man eine *Marktwertänderung* (Gewinn oder Verlust), die dem jeweiligen Haltedauerintervall zuzuordnen ist. Sie wird im ISB-System in ein Histogramm eingestellt, und die Ermittlung der Marktwertänderungen für das Portfolio wird fortgesetzt, bis zu jedem Haltedauerintervall eine Marktwertänderung des Portfolios berechnet und gespeichert ist. Das Portfolio wird also mit seinen am Analysezeitpunkt geltenden Risikofaktorwerten, Haltedauerintervall für Haltedauerintervall, mit den dort jeweils festzustellenden Risikofaktorveränderungen konfrontiert, und aus diesen Risikofaktorveränderungen wird dann die Marktwertveränderung des Portfolios abgeleitet und in ein Histogramm eingestellt.

Der Anwender des ISB-Systems legt für die historische Simulation einige *Stellgrößen* fest, insbesondere die Haltedauer, die Stützperiode und das Konfidenzniveau. Es empfiehlt sich, daß er sich hierbei an § 34 Grundsatz I orientiert, der eine Haltedauer von 10 Tagen, eine Stützperiode von mindestens 1 Jahr und ein Konfidenzniveau von 99 % für interne Risikomodelle vorgibt. Dies erscheint auch dann sinnvoll, wenn die Bank kein internes Risikomodell gem. §§ 32 bis 37 Grundsatz I für die Grundsatz I-Meldungen gegenüber dem BAKred verwendet.

Darüber hinaus sind für die historische Simulation alternative *Simulationsszenarien* festzulegen. Es steht keineswegs fest, daß als Stützperiode das, vom Analysezeitpunkt aus gesehen, gerade zurückliegende Jahr oder das letzte vollständige Kalenderjahr zu verwenden ist. Es ist offenkundig, daß, wenn die Stützperiode durch ruhiges Geschäft und geringe Volatilität der Risikofaktoren gekennzeichnet war, die Marktwertänderungen eines Portfolios geringer ausfallen als bei einer Stützperiode mit hoher Volatilität. Daher sollten durch die Stützperioden ganz unterschiedliche Simulationsszenarien definiert werden, insbesondere ein wahrscheinliches Szenario, ein Streß-Szenario und ein Worst-Case-Szenario (Krisenszenario). Das *wahrscheinliche Simulationsszenario* ist ein Szenario, von dem mit hoher Wahrscheinlichkeit erwartet wird, daß es sich so oder ähnlich in der bevorstehenden Zeit, für die die Risikoanalyse ja durchgeführt wird, realisiert. Das *Streß-Szenario* beruht auf einem Zeitraum mit erheblichen Turbulenzen an den Finanzmärkten, z.B. einem Börsencrash, und in das *Worst-Case-Szenario* werden sogar fiktive Volatilitäten als Ausdruck schlimmstmöglicher Entwicklungen aufgenommen.

Die *Feststellung des VaR* für ein Portfolio erfolgt in der Weise, daß die in bezug auf ein Simulationsszenario berechneten Marktwertveränderungen des Portfolios, die in ein Histogramm eingestellt worden sind, aufsteigend sortiert werden, beginnend mit dem größten Marktwertverlust und endend mit dem größten -gewinn. Als VaR wird der Marktwertverlust ermittelt, der mit der dem Konfidenzniveau entsprechenden Wahrscheinlichkeit (absolut) nicht überschritten wird. Bei der historischen Simulation liegt zunächst nur eine *Häufigkeitsverteilung* für die Marktwertänderungen vor, und daher muß, wenn man diese nicht in eine theoretische Wahrscheinlichkeitsverteilung überführen will, das Konfidenzniveau als relative Häufigkeit interpretiert werden. Ein Konfidenzniveau von 99 % bedeutet dann, daß der VaR so festgelegt wird, daß nur bei 1 % der berechneten Marktwertänderungen der Marktwertverlust noch größer ist als der VaR. Hat man z.B. je eine Marktwertänderung für 240 Simulationstage berechnet, und legt man das Konfidenzniveau von 99 % zugrunde, dann ergibt sich die Platznummer n des Elements in der aufsteigenden Reihenfolge der Wertänderungen, an dem der VaR abgelesen wird, in folgender Weise

n = ((1-Konfidenzniveau) * Anzahl Simulationstage) + 1 = ((1 - 0,99) * 240) + 1 = 3,4.

Das dritte Element in der aufsteigenden Reihenfolge der Marktwertänderungen ist dann der VaR. Bei dem gegebenen Konfidenzniveau wird dieser Marktwertverlust nur in zwei Fällen (absolut) überschritten. Der VaR sagt aber nichts über die Höhe der möglichen Überschreitungen aus.

Zu den Vorteilen der historischen Simulation gehört, daß sie auch die Marktwertänderungen von sog. *nichtlinearen Finanzinstrumenten* korrekt berechnen und in die Ermittlung des VaR einbeziehen kann. Als nichtlinear werden Instrumente wie z.B. Optionen bezeichnet, für die es keine lineare Funktion für den Zusammhang zwischen Risikofaktoränderung und Marktwertänderung gibt. Enthält ein Portfolio derartige Instrumente, dann ist die Häufigkeitsverteilung der Marktwertänderungen dieses Portfolios nicht mehr symmetrisch. Aus diesem Grund erscheint es nicht als sinnvoll, die Häufigkeitsverteilung der Marktwertänderungen eines Portfolios durch eine theoretische Verteilung wie z.B. die (symmetrische) Normalverteilung zu approximieren. Abgesehen davon, daß dabei die Asymmetrie, soweit vorhanden, unberücksichtigt bliebe, stellte sich dann das Problem, daß empirisch deutlich mehr Extremwerte bei den Marktwertveränderungen von Portfolios auftreten, als dies durch die Normalverteilung abgebildet werden kann.

Das ISB-System bietet die Möglichkeit, den VaR für beliebige Portfolios zu berechnen und eine *Aggregation des VaR* verschiedener Portfolios, entsprechend der Portfolio-Hierarchie, bis zur Gesamtbankebene vorzunehmen. In Hinsicht auf den VaR bestehen zwischen verschiedenen Portfolios gewisse *Diversifikationseffekte*, also Risikoausgleichseffekte, so daß der VaR auf einer höheren Aggregationsstufe möglicherweise kleiner angesetzt werden kann als die Summe der VaR-Werte der untergeordneten Portfolios. Der risikomindernde Diversifikationseffekt zwischen den Portfolios ergibt sich dadurch, daß die höchsten Marktwertgewinne und -verluste für die Einzelportfolios nicht immer an demselben Simulationstag eintreten, sondern daß hohe und niedrige Marktwertgewinne und -verluste an den einzelnen Simulationstagen in unterschiedlichsten Kombinationen auftreten.

Der VaR mehrerer Portfolios kann also nicht durch einfache Addition der VaR-Werte der Portfolios aggregiert werden. Im Gegensatz zum VaR verschiedener Portfolios sind aber die *Marktwerte dieser Portfolios additiv.* Der Marktwert von zwei Portfolios ist also gleich der Summe der Marktwerte dieser beiden Portfolios. Dies gilt für alle Simulationsszenarien, und daher können die Marktwertgewinne und -verluste zu einem Szenario über alle Portfolios aufsummiert werden. Deshalb ist es nicht erforderlich, daß die historische Simulation für ein Portfolio auf einer höheren Ebene der Portfolio-Hierarchie erneut durchgeführt wird, wenn der VaR für die untergeordneten Portfolios schon ermittelt ist. Vom ISB-System werden vielmehr für jeden Simulationstag die Marktwertgewinne und -verluste der Teil-Portfolios, die für dasselbe Szenario berechnet worden sind, gespeichert, aufsummiert und in eine *Verteilung der Marktwertänderungen* eingestellt, aus der dann der aggregierte VaR für das übergeordnete Portfolio ermittelt werden kann.

In dieser Technik für die Aggregation der VaR-Werte einzelner Portfolios, von der untersten Ebene über die gesamte Portfolio-Hierarchie bis zur Gesamtbank, zeigt sich eine ganz besondere *Stärke des ISB-Systems.* Vorausgesetzt wird dabei nur, daß die Bank ihre Portfolio-Hierarchie überschneidungsfrei und erschöpfend definiert und konsistente Szenarien für alle Risikofaktoren entwickelt. Aus theoretischer Sicht galt es bisher als Vorteil der historischen Simulation, daß die in den Zeitreihen der Risikofaktoren implizit enthaltene Korrelation berücksichtigt werden konnte, während eine Aggregation von VaR-Werten verschiedener Portfolios nicht möglich war. Gerade die Aggregationsmöglichkeit ist aber von großer Bedeutung, weil der VaR auf allen Ebenen, vom Einzelgeschäft über Portfolios bis zur Gesamtbank, für die Steuerung eingesetzt werden soll.

Das ISB-System löst das Aggregationsproblem durch die Speicherung und Summation der portfolio-bezogenen Marktwertänderungen. Dieses Problem sprach aus theoretischer Sicht für den Varianz-Kovarianz-Ansatz, der eine analytische Lösung für das Aggregationsproblem bietet. Die Nachteile, die dabei aufgrund einschränkender Annahmen (vgl. Abschn. (bb)) hingenommen werden müssen, sind aber ganz erheblich. Dieser Fall zeigt, daß allein die *Umsetzung eines Verfahrens in ein IT-System* seine aus theoretischer Sicht gegebenen *Nachteile aufheben* und seine Überlegenheit gegenüber einem bisher präferierten Verfahren begründen kann.

**bb) Varianz-Kovarianz-Ansatz**

Im Gegensatz zur historischen Simulation stellt der Varianz-Kovarianz-Ansatz ein *analytisches Verfahren* zur Bestimmung des VaR dar. Mit Hilfe von Volatilitäten der Risikofaktoren wird der VaR in diesen Risikofaktoren berechnet und mit Hilfe der Kovarianzmatrix über mehrere Risikoarten aggregiert. Diesem Ansatz liegen zwei *Annahmen* zugrunde, die die analytische Berechnung des VaR erleichtern, die aber auch Einschränkungen hinsichtlich der Aussagekraft der Ergebnisse mit sich bringen: Die Risikofaktoränderungen werden als normalverteilt angenommen, und es wird ein linearer Zusammenhang zwischen Risikofaktoränderungen und Marktwertänderungen unterstellt. Daraus folgt, daß auch die Marktwertänderungen von Portfolios normalverteilt sind. In diesem Fall kann der VaR direkt mit Hilfe der Standardabweichung der Marktwertänderungen des jeweiligen Portfolios berechnet werden.

Die für diesen Ansatz erforderlichen *Volatilitäten* und *Korrelationen* bzw. Kovarianzen werden aus historischen Risikofaktoränderungen ermittelt. In dieser Hinsicht stellt sich hier dieselbe Problematik wie bei der historischen Simulation: Die Stützperiode für die statistische Berechnung von Schätzwerten für diese Kennzahlen muß so gewählt werden, daß die Volatilität der Risikofaktoren möglichst repräsentativ ist für die erwartete zukünftige Volatilität, also für die Volatilität eines wahrscheinlichen, eines Streß- und eines Worst-Case-Szenarios. Erwartungsgemäß hängen die aus historischen Daten ermittelten Volatilitäten der Risikofaktoren sehr stark von der gewählten Stützperiode ab, und hinzu kommt, daß auch die Korrelationen bzw. Kovarianzen zwischen den Risikofaktoren im Zeitablauf nicht stabil sind. Das ISB-System bietet die Möglichkeit, Volatilitäten und Korrelationen auf der Grundlage der Daten für die historische Simulation zu berechnen oder den Datenbestand von RiskMetrics von J. P. Morgan zu übernehmen.

Nach dem Varianz-Kovarianz-Ansatz wird die Marktwertverteilung eines Portfolios in bezug auf einen Risikofaktor mit Hilfe der Volatilität dieses Risikofaktors ermittelt. Je Risikofaktor ergibt sich so eine Verteilung. Unter Verwendung der für diese Risikofaktoren geltenden Korrelationsmatrix, die das Zusammenwirken der Risikofaktoren beschreibt, erfolgt dann die Aggregation der einzelfaktorbezogenen Risiken zu einer Marktwertverteilung für das Portfolio, in der das Zusammenwirken aller Risikofaktoren zum Ausdruck kommt. Aus dieser Verteilung wird dann unter Berücksichtigung des vorgegebenen Konfidenzniveaus der VaR abgeleitet.

## c) Backtesting

Aufgrund von § 37 Abs. 1 Grundsatz I sind Institute, die *eigene Risikomodelle* anwenden, verpflichtet, täglich den anhand des Risikomodells auf der Basis einer Haltedauer von einem Arbeitstag ermittelten potentiellen Risikobetrag mit der tatsächlich eingetretenen Wertveränderung der in die modellmäßige Berechnung einbezogenen Finanzinstrumente zu vergleichen. Durch dieses Verfahren, das auch als Backtesting bezeichnet wird, soll laufend der *Prognosefehler* des eigenen Risikomodells überwacht werden. Ist der tatsächlich eingetretene Wertverlust der in die modellmäßige Berechnung einbezogenen Position größer als der modellmäßig berechnete potentielle Risikobetrag, dann hat das Modell das Risiko unterschätzt. In diesem Fall, der in § 37 Abs. 1 Grundsatz I als Ausnahme bezeichnet wird, muß das betroffene Institut dem BAKred und der Deutschen Bundesbank diese Ausnahme, ihre Größe und den Grund ihres Entstehens unverzüglich melden.

Für die Beurteilung der *Angemessenheit der Eigenmittel* eines Instituts nach § 2 Grundsatz I ist die Ermittlung der *Anrechnungsbeträge* für die Marktrisikopositionen erforderlich, wofür in Grundsatz I verschiedene Verfahren vorgesehen sind. Werden diese Anrechnungsbeträge mit Hilfe eines *eigenen Risikomodells* berechnet, und wird hierfür nach § 33 Grundsatz I der Durchschnitt der potentiellen Risikobeträge für die in den vorangegangenen 60 Arbeitstagen im Bestand gehaltenen Finanzinstrumente herangezogen, dann ist dieser Betrag mit einem *Gewichtungsfaktor* in Höhe von 3 zu multiplizieren. Aus verschiedenen Gründen kann das BAKred auch einen höheren Wert für den Gewichtungsfaktor festsetzen. Einer dieser Gründe liegt darin, daß sich beim *Backtesting* zeigt, daß das eigene Risikomodell der Bank das tatsächliche Marktrisiko unterschätzt, was als Ausnahme gemeldet werden muß. Das BAKred überwacht die Zahl dieser Ausnahmen über die jeweils zurückliegenden 250 Arbeitstage und erhöht den Gewichtungsfaktor von 3 um einen Zuschlag, dessen Höhe von der Anzahl der Ausnahmen im Betrachtungszeitraum abhängig ist und bei 10 und mehr Ausnahmen den Wert 1,00 erhält. Das hat einen Anstieg der für die Unterlegung der Marktrisikopositionen erforderlichen Eigenmittel zur Folge. Dies ist die Konsequenz der Risikounterschätzung durch ein eigenes Risikomodell, die sich beim Backtesting herausstellt.

Das ISB-System unterstützt das Backtesting durch Ausgabe des *No action P/L-Report*. In diesem Profit/Loss Report wird ex post der für eine Position berechnete VaR mit dem tatsächlich innerhalb der Halteperiode eingetretenen Verlust verglichen, so daß die Unterschätzung des Marktrisikos durch das VaR-Teilsystem des ISB-Systems sichtbar wird und analysiert werden kann. Dieser Report wird als No action-Report bezeichnet, weil am Ende der Halteperiode für dieselbe Position die tatsächliche Marktwertänderung berechnet wird, für die am Anfang der Halteperiode der VaR ermittelt worden ist, so daß während der Halteperiode möglicherweise durchgeführte Handelstransaktionen (Actions) unberücksichtigt bleiben. Diese Backtesting-Funktion ist für den Anwender von großem Nutzen, unabhängig davon, ob die Bank das ISB-System als eigenes Risikomodell im Sinne des Grundsatz I einsetzen möchte, was aber intensive Prüfungen und die Zustimmung durch das BAKred voraussetzt.

**d) Auswertungen**

Das ISB-System generiert VaR-Reports, die einen Überblick geben über den VaR pro Portfolio, gegliedert nach Risikofaktoren bzw. Risikokonsolidierungsstufen. Abb. 4.2.2.1.2.5-1 zeigt ein Beispiel für einen *VaR-Report* des ISB-Systems, der für ein bestimmtes Portfolio von Zinstiteln, gegliedert nach Risikofaktoren, einerseits den Barwert der Positionen und ihren VaR, anderseits aber auch die Limits der Händler und ihre Auslastung erkennen läßt.

| Portfolio: Handel in New York | | | | | |
|---|---|---|---|---|---|
| Konsolidierungs-stufe | Value at Risk | Barwert | ... | Limit absolut (relativ) | Limit Auslastung |
| | Mio. Euro | Mio. Euro/ Fremdw. | ... | Mio. Euro (in %) | in % |
| Risikofaktoren | | | | | |
| 3 M. USD | 26,543 | 546,432 | | 25 (3,57 %) | 106,17 |
| 6 M. USD | 23,129 | 488,222 | | 25 (3,57 %) | 92,52 |
| ... | | | | | |
| 1 J. USD | 42,009 | 756,163 | | 50 (7,14 %) | 84,02 |
| 3 J. USD | 37,654 | 867,870 | | 50 (7,14 %) | 75,31 |
| 6 J. USD | 18,957 | 411,107 | | 25 (3,57 %) | 75,83 |
| Renten USD | 45,211 | 1.022,324 | | 50 (7,14 %) | 90,42 |
| Swaps | 24,879 | 321,089 | | 25 (3,57 %) | 99,52 |
| ... | | | | | |
| Risikoarten | | | | | |
| Zinsen | 245,129 | 5.711,437 | | 250 (35,71 %) | 98,05 |
| Währungen | 342,931 | 7.111,834 | | 350 (50,00 %) | 97,98 |
| Aktien | 0 | | | 10 (1,43 %) | 0 |
| ... | | | | | |
| Marktrisiko ges. | 612,876 | 13.211,521 | | 650 (92,86 %) | 94,29 |

Abb. 4.2.2.1.2.5-1: VaR-Report (Beispiel)

Dieser Report wird ergänzt durch Angaben in bezug auf das Währungsrisiko. Ein Aktienkursrisiko besteht in diesem Falle nicht, weil das Portfolio nur Zinstitel enthält. Die Angabe der Limits für den VaR und insbesondere für ihre Auslastung ist besonders wertvoll für die Risikosteuerung. Die MaH fordern generell, daß keine unlimitierten Risiken eingegangen werden. Sie fordern zwar nicht explizit eine VaR-bezogene Limitierung. Gegenüber einer volumensbezogenen Limitierung erscheint dies aber als der weit überlegene Weg, wenn auch die Risikomessung nach dem VaR-Konzept keineswegs perfekt ist.

Mit Hilfe des Teilsystems Value-at-Risk ist es möglich, das Risikokapital für beliebige Portfolios einer Bank zu ermitteln, die z.b. bestimmte Finanzinstrumente oder Organisationseinheiten wie z.B. strategische Geschäftseinheiten oder einzelne Profit Center zum Gegenstand haben. Auf der Grundlage des zurechenbaren Risikokapitals können für diese Einheiten *RAPM-Kennzahlen* wie RORAC und RAROC berechnet werden. Der RORAC-Wert einer Einheit ergibt sich, wenn das Periodenergebnis dieser Einheit durch das ihr zugeordnete Risikokapital dividiert wird. Demgegenüber wird beim RAROC das Periodenergebnis noch um den Ergebnisanteil vermindert, der risikolos hätte erzielt werden können, so daß der unter Risiko erwirtschaftete Ergebnisanteil mit dem zugeordneten Risikokapital in Beziehung gesetzt wird. In diesen RAPM-Kennzahlen werden jeweils ein Erfolgs- und ein Risikomaß zusammengeführt, so daß es mit Hilfe dieser Kennzahlen möglich ist, beide Ziele, Erfolg und Risiko, gleichzeitig bei der *Kapitalallokation* zur Geltung zu bringen. Hohe Kennzahlenwerte zeigen Organisationseinheiten o.ä. an, die bei gleichem Risiko (Risikokapital) einen großen Erfolg oder die einen bestimmten Erfolg mit niedrigem Risikokapital erzielt haben. Die RAPM-Kennzahlen geben wichtige Hinweise für die Steuerung der Gesamtbank mit ihren strategischen Geschäftseinheiten, Profit Centers etc., die besonders hilfreich sind, wenn sich die Bank dem Shareholder Value-Konzept verpflichtet fühlt.

Die RAPM-Kennzahlen müssen aber in jedem Einzelfall *mit Bedacht angewandt* werden. Grundsätzlich wäre ja denkbar, daß die Geschäftsleitung einer Bank schrittweise das Eigenkapital aus Bereichen mit niedrigen RAPM-Kennzahlwerten in solche mit höheren Kennzahlwerten verlagert, bis schließlich, in Analogie zum Ausgleich des Grenznutzens, in allen Bereichen nahezu gleich hohe Kennzahlwerte erreicht werden. Möglicherweise ist das im Einzelfall aber nicht sinnvoll und/oder nicht realisierbar. Im Geschäft mit der gehobenen Privatkundschaft werden, bedingt durch die Struktur des Privatkundengeschäfts, hohe Kennzahlwerte erreicht. Daraufhin müßte die Geschäftsleitung dieser strategischen Geschäftseinheit einen hohen Eigenkapitalanteil, im Grenzfall das gesamte Eigenkapital zuordnen. Das kann aber nicht sinnvoll sein, wenn, bedingt durch das Marktpotential und den in diesem Geschäftsfeld erreichbaren Marktanteil der Bank, ein so hoher Eigenkapitalanteil in diesem Geschäftsfeld gar nicht als Risikokapital erfolgbringend eingesetzt werden kann. Eine extrem hohe Zuordnung von Eigenkapital in einer strategischen Geschäftseinheit würde den Entzug dieses Eigenkapitals aus anderen Geschäftseinheiten voraussetzen. Insbesondere würde im Firmenkundengeschäft, das aufgrund geringer Margen und erheblicher Risiken typischerweise niedrige RAPM-Kennzahlenwerte aufweist, ein Eigenkapitalentzug den Rückzug aus diesem Marktsegment zur Folge haben. Dies hätte weitreichende strategische Konsequenzen. Allein aufgrund der Entwicklung der RAPM-Kennzahlenwerte sollten so weitgehende Entscheidungen wie der Rückzug aus einem strategischen Geschäftsfeld nicht getroffen werden, sondern, wenn überhaupt, erst nach sorgfältigen strategischen Analysen.

### 4.2.2.2 Bewertung der Systeme für die Gesamtbanksteuerung bezüglich der Effizienzkriterien

Seit es Banken gibt, gibt es im Prinzip auch die Aufgabe der Gesamtbanksteuerung. Sie wird aber erst seit einigen Jahrzehnten bewußt wahrgenommen, in Deutschland etwa seit der Hochzinsphase von 1973/74, die eine bis zu diesem Zeitpunkt nicht gekannte Volatilität an den Finanzmärkten offenbarte, verbunden mit Zinsrisiken, die man in der Kreditwirtschaft bis zu diesem Zeitpunkt auch noch nicht zur Kenntnis genommen hatte. Neue Verfahren für die Risikomessung wurden entwickelt, und es wurde mit bilanziellen und später auch mit außerbilanziellen Geschäften versucht, die offenbar gewordenen Risiken zu steuern. In dieser Form war die *Aufgabe* der Gesamtbanksteuerung *neu*, und sie erforderte *neue interne Prozesse* zu ihrer Bewältigung (vgl. Abb. 1.6.2-2). Die hierfür entwickelten Systeme erfüllen die Grundfunktion der *Entscheidungsunterstützung*.

* **Managementnutzen**

Bestimmte Module der Systeme für die Gesamtbanksteuerung sind notwendig, weil die Bankenaufsicht Meldungen wie z.B. Zinsbindungsbilanzen verlangt, die nur mit EDV-Anwendungssystemen erstellt werden können. Sie bringen zugleich auch Managementnutzen mit sich, ihr Einsatz muß aber nicht gesondert mit ihrem Managementnutzen gerechtfertigt werden. Andere Teilsysteme sind nicht zwingend erforderlich. Sie werden von den Geschäftsleitungen aber für notwendig gehalten, um die Institute angesichts volatiler Märkte und bei einer immer komplexer werdenden Geschäftstätigkeit, insbesondere mit derivativen Instrumenten, ertragsorientiert zu steuern und gleichzeitig die Risiken unter Kontrolle zu halten.

Teilsysteme für die Einzelgeschäftskalkulation und die Erfolgsauswertung sowie für die Erstellung von Zinsbindungsbilanzen gehören zum Grundbestand von Systemen für die Gesamtbanksteuerung (vgl. Abb. 4.2.2.1.1-1). Es ist insbesondere die *Transparenz des Ist-Zustandes*, die durch diese Teilsysteme verbessert wird. Die Informationen, die durch diese Teilsysteme bereitgestellt werden, sind von großer Relevanz für die Geschäftsleitung einer Bank (Nutzendimension 1.1.1). Hinsichtlich Umfang und Detaillierung der Informationen sowie der Genauigkeit der Erfassung und Bewertung dieser Informationen (Nutzendimensionen 1.1.2 bis 1.1.5) sind konkrete Aussagen nur aufgrund von eingehenden Funktionstests dieser Teilsysteme im Einzelfall möglich.

Grundsätzlich dienen die Systeme für die Gesamtbanksteuerung der Entscheidungsunterstützung (Nutzendimension 1.5), allerdings weisen sie einen unterschiedlich stark ausgeprägten *Handlungsbezug* auf. Bei den am *Vermögenswert* orientierten Teilsystemen für die Barwertanalyse und, darauf aufbauend, für die Berechnung des VaR steht die *Analyse* im Vordergrund (Nutzendimension 1.5.1). Eine What-if-Analyse, die die Reaktion des Barwertes eines Portfolios auf alternative Szenarien erkennen läßt, kann zwar anzeigen, daß grundsätzlich Handlungsbedarf besteht. Der Anwender kann aber nicht genau erkennen, welche Maßnahmen er ergreifen muß, um seine Ziele zu erreichen. In diesem Sinne ist auch die Berechnung des VaR nur ein Spezialfall der Barwertanalyse. Hierbei werden allerdings, beispielsweise in Form der historischen Simulation, umfangreiche Szenarien herangezogen, um szenariobedingte Marktwertminderungen zu erkennen und unter Berücksichtigung des Konfidenzniveaus zum VaR zu verdichten.

Bei den am *Periodenüberschuß* orientierten Verfahren der Gap-Analyse und der Bilanzstruktur-Simulation bietet sich nicht nur die Möglichkeit zur Analyse der Ausgangssituation, sondern es können auch fiktive *Steuerungsgeschäfte* eingegeben, mit alternativen Szenarien konfrontiert und im Kontext der Geschäftsstruktur der Gesamtbank als Handlungsalternativen evaluiert werden (Nutzendimension 1.5.2). Bei der *Gap-Analyse* geschieht dies noch in stark vereinfachter Form, weil hier Steuerungsgeschäfte wie Swaps und Caps evaluiert werden, die primär auf eine Verminderung des Festzinsüberhangs ausgerichtet sind. Bei der Evaluierung kann dann nur eine verhältnismäßig pauschale Zinsänderung in dem Teil des zinsvariablen Geschäfts berücksichtigt werden, der dem Festzinsüberhang gegenübersteht. Bei der *Bilanzstruktur-Simulation* ist der *Handlungsbezug* besonders stark ausgeprägt. Bei diesem Teilsystem des ISB-Systems sind die fiktiven Steuerungsgeschäfte, die der Anwender eingeben kann, sehr frei gestaltbar: Es können nicht nur beliebige Geld- und Kapitalmarktgeschäfte evaluiert werden, sondern auch Geschäfte mit allen im System verarbeiteten derivativen Produkten. Die Ausgestaltung als Simulationsmodell verleiht diesem Teilsystem ein Höchstmaß an *Flexibilität*, so daß es alle in Betracht kommenden Modellrelationen verarbeiten kann. Die Flexibilität bringt es aber auch mit sich, daß der Anwender umfangreiche Vorarbeiten leisten muß, z.B. bei der Gestaltung der Szenarien und bei der Neugeschäftsplanung, bevor er dieses Teilsystem nutzen kann.

\* **Wirtschaftlichkeit**
Aufgrund der Tatsache, daß die Systeme für die Gesamtbanksteuerung gemäß Abb. 1.6.2-2 neue interne Prozesse zur Bewältigung neuer Aufgaben unterstützen, gibt es keine Aufgaben, die vorher konventionell bearbeitet worden wären und jetzt als Referenz zur Feststellung einer Kostenersparnis herangezogen werden könnten. Versuchte man dagegen die Wirtschaftlichkeitsbetrachtung darauf einzuengen, daß ein Mindest-Funktionsumfang gefordert wird, so daß dann die Kosten für Eigenerstellung oder Fremdbezug derartiger Systeme, die diese Anforderungen erfüllen, minimiert werden, dann hat man die Problemstellung eigentlich nur auf die Formulierung von Anforderungen verlagert.

Grundsätzlich ist davon auszugehen, daß jede Bank für die Gesamtbanksteuerung eine Mindestsystemausstattung benötigt, teilweise aufgrund von Anforderungen der Bankenaufsicht, und daß die darüber hinausgehenden Anforderungen an die Systeme von der *Treasury-Geschäftsfeldkonzeption* der Bank abhängen. Wenn es zu dieser Konzeption gehört, daß eine Bank die Treasury-Aktivitäten in großem Umfang betreiben will, im Grenzfall sogar als Global Player, dann benötigt sie auch extrem leistungsfähige und aufwendige Systeme für die Gesamtbanksteuerung, die teilweise dezentral eingesetzt werden und deshalb vernetzt betrieben werden müssen. Die Aufwendungen für Anschaffung und Wartung von Systemen für die Gesamtbanksteuerung, die über die erforderliche System-Grundausstattung hinausgehen, müssen dann im Prinzip in der Erfolgsrechnung für die strategische Geschäftseinheit Treasury berücksichtigt werden, die im Rahmen der strategischen Planung vor Errichtung dieser strategischen Geschäftseinheit durchgeführt werden sollte.

\* **Wettbewerbsvorteile**
Systeme für die Gesamtbanksteuerung weisen nur einen indirekten Kundengeschäftsbezug auf, und sie werden bankintern eingesetzt (vgl. Abb. 1.6.2.4-1). Von den strategischen Erfolgsfaktoren der relativen Wettbewerbsstärke ist es nur die »Effizienz der Führung und Steuerung«, zu deren Verbesserung, konkret in Hinsicht auf Ertragserzielung und Risikomanagement, die Systeme einen Beitrag leisten. Der Gesamtbanksteuerung lassen sich durchaus Erfolgsbeiträge zurechnen, beispielsweise der Strukturbeitrag im Zinsgeschäft. Dabei muß im Einzelfall aber offen bleiben, inwieweit diese Erfolgsbeiträge auf den Systemeinsatz zurückgehen. Wettbewerbsvorteile durch den Einsatz von Systemen für die Gesamtbanksteuerung sind aber insofern erreichbar, daß Institute mit Systemen, mit deren Hilfe auch Erfolgsbeiträge in der Gesamtbanksteuerung erwirtschaftet werden, Vorteile im Wettbewerb der Institute untereinander haben: Viele von ihnen streben eine nachhaltige Steigerung ihrer Ertragskraft und ihres Shareholder Value an, und das bringt ihnen u.a. Vorteile im Wettbewerb um die knappe Ressource Eigenkapital.

# 5 Systeme für die Funktionalbereiche

In der Strukturpyramide (vgl. Abb. 1.4-3) ist die Bezugseinheit Funktion oberhalb der Funktionseinheit Strategische Geschäftseinheit und unterhalb der Bezugseinheit Strategie angeordnet.

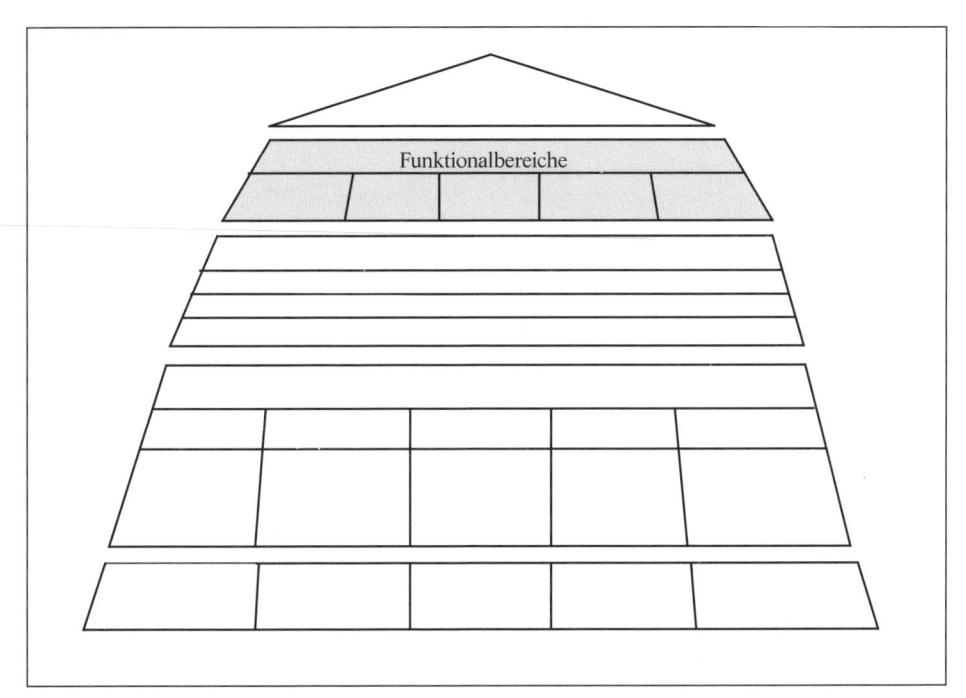

Abb. 5.-1: Orientierungspyramide

Dies soll folgendes veranschaulichen: Die der Bezugseinheit Funktion zugeordneten Systeme unterstützen nicht nur die laufende Geschäftstätigkeit von Funktionalbereichen wie z.B. Personal, sondern sie können auch von verschiedenen strategischen Geschäftseinheiten im operativen Geschäft eingesetzt werden wie z.B. Systeme für das Database Marketing des Funktionalbereichs Marketing. Darüber hinaus können sie die strategische Planung unterstützen wie z.B. die der strategischen Kundenbestandsanalyse dienenden Systeme für die Kundenkalkulation des Funktionalbereichs Controlling. Die den Funktionalbereichen Produktion und Vertrieb zuzuordnenden Systeme stellen insofern eine Ausnahme dar, als sie in Zusammenhang mit den Basisprozessen (vgl. Kap. 2) ausführlich behandelt worden sind, ohne daß sie dort explizit als Systeme bezeichnet worden wären, die zu den Funktionalbereichen Produktion oder Vertrieb gehören. An dieser Stelle sei nur kurz darauf verwiesen, daß Schalterterminalsysteme (vgl. Kap. 2.1.1),

Zahlungsverkehrssysteme (vgl. Kap. 2.1.4), die dem Kredit- und Effektengeschäft zuzuordnenden Systeme (vgl. Kap. 2.1.5 und 2.1.6) sowie die Systeme für die unternehmensverbund-bezogene Geschäftsabwicklung (Kap. 2.4) weitestgehend der Produktion von Dienstleistungen dienen. Die Systeme für die Abwicklung von Basisprozessen mit Hilfe von Automaten und Kommunikationssystemen (vgl. Kap. 2.1.2, 2.1.3, 2.1.4 und 4.1.4.2) können hingegen auch als Grundlage von elektronischen Vertriebswegen aufgefaßt werden. Aus diesem Grund werden in Kap. 5.1 zum Funktionalbereich Produktion nur noch einige übergreifende Aspekte nachgetragen, während zu den Funktionalbereichen Marketing und Vertrieb, Controlling und Personal (vgl. Kap. 5.2., 5.3 und 5.4) eigenständige Systeme behandelt werden. Hinsichtlich der Nutzung von EDV-Anwendungssystemen kommt den genannten Funktionalbereichen Produktion, Marketing und Vertrieb, Controlling und Personal besonders große Bedeutung zu. Grundsätzlich können aber auch noch weitere Funktionalbereiche für den Systemeinsatz in Betracht kommen wie beispielsweise das Archiv.

## 5.1 Systeme für den Funktionalbereich Produktion

Systeme der *Büroautomation* wie z.B. Systeme für Textverarbeitung, Tabellenkalkulation, Visualisierung und Präsentation stehen im Rahmen von Office-Programmpakten wie z.B. MS-Office zur Verfügung und sind in Kreditinstituten weit verbreitet. Völlig neue Nutzungsmöglichkeiten ergeben sich dadurch, daß man Systeme der Büroautomation in ein Workflow-System integriert, das eine Vorgangsbearbeitung durch eine Gruppe von Beteiligten vorsieht. In Kap. 2.1.5 wird die Anwendung von Workflow-Systemen auf die Kreditsachbearbeitung behandelt. Dieses Anwendungsgebiet wird zwar besonders häufig für Pilot-Anwendungen für Workflow-Systeme gewählt, dieser Systemtyp ist aber nicht auf die Anwendung auf Kreditprozesse eingeschränkt. Grundsätzlich sind solche Büroprozesse für den Einsatz von Workflow-Systemen prädestiniert, die häufig auftreten, weitestgehend standardisiert sind und mehrere Bearbeiter oder gar Abteilungen erfordern (vgl. Bülow-Kämpfer/Krüger 1997).

Gegenüber der Architektur von Workflow-Systemen eröffnet das System »HERMEScompact« eine erweiterte Perspektive: Es stellt in seinem Kern ein *geschäftsprozeßorientiertes Workflow-System* dar, es eröffnet darüber hinaus aber viel umfangreichere Kommunikationsmöglichkeiten, nicht nur zwischen den beteiligten institutsinternen Sachbearbeitern, sondern auch zwischen diesen und anderen Verbundunternehmen einerseits und Kunden andererseits (vgl. Krummel 1997 und Deutsche Sparkassen-Datendienste 1997). Systeme dieser Art werden daher als *Bürokommunikationssysteme* bezeichnet.

Das Bürokommunikationssystem »HERMEScompact«, das schon von einer Reihe von Sparkassen eingesetzt wird, beruht auf der *Groupware-Plattform* von Lotus Notes. Mit Hilfe der Programmiersprache Lotus-Script und unter Ausnutzung der bei Lotus Notes verfügbaren Standardfunktionen können Anwendungsprogramme erstellt werden, die sowohl eine benutzer- als auch eine prozeßgesteuerte Ausübung von Tätigkeiten unterstützen. Dabei kommt eine *dokument-orientierte Sicht* zur Geltung, die bei Büroautomationssystemen grundsätzlich nicht gegeben ist. Dies betrifft insbesondere die prozeßorientierte Vergabe von Rechten auf Dokumentzugriffe, den Transport von Dokumenten zu den Bearbeitern, die Bereitstellung von Zusatzinformationen über die Dokumente, aber auch die Entlastung der Bearbeiter von systemtechnischen Erfordernissen wie Dateinamen und Zugriffspfaden (vgl. Krummel 1997). Von grundlegender Bedeutung ist darüber hinaus, daß die für die Anwendungsumgebung des Bürokommunikationssystems relevanten aufbau- und ablauforganisatorischen Strukturen modelliert und in das System integriert werden. Dabei bildet das Stellenkonzept des Instituts die Basis für die Berechtigungs- und Vertretungsregelungen der mit dem System beschäftigten Sachbearbeiter. Geschäftsprozesse können in einem Vorgangs-Repository hinterlegt werden, das sowohl strukturierte Workflows, Ad-hoc-Workflows und vom Benutzer gesteuerte Weiterleitungswege erfaßt. Die in elektronischen Vorgangsmappen zusammengefaßten Dokumente eines Bürovorgangs können so unter Einbindung möglicher Zusatzinformationen elektronisch weitergeleitet werden.

Bürokommunikationssysteme entfalten erst dann ihre volle Leistungsfähigkeit, wenn auch externe *Kommunikationsbeziehungen* wirksam unterstützt werden. Hierunter ist primär die Kommunikation mit Kunden zu verstehen. Aus der Sicht von Instituten, die einem Unternehmensverbund wie z.B. dem Sparkassenverbund angehören, sind dabei zusätzlich die Kommunikationsbeziehungen zu anderen Verbundunternehmen von Bedeutung. Die Kommunikation innerhalb des Sparkassenverbundes beispielsweise wird dadurch erleichtert, daß Lotus Notes im Verbund sehr verbreitet ist, so daß sich nur geringfügige Schnittstellenprobleme ergeben. Auf dieser Ebene ist auch eine gemeinsame Geschäftsabwicklung im Unternehmensverbund möglich (vgl. Kap. 2.4). Krummel (1997) erwähnt außerdem den Austausch von Rundschreiben, die Bereitstellung von verbundweit relevanten Dokumentensammlungen sowie Informations- und Diskussionsforen. Im Gegensatz hierzu treten bei der Kundenkommunikation erheblich größere Schwierigkeiten auf, weil die bei den Kunden eingesetzten Systeme und Gateways zu berücksichtigen sind. Auf Grund der zunehmenden Verbreitung standardisierter elektronischer Kommunikationswege wie beispielsweise E-Mail ist dieses Problem jedoch eher temporärer Natur.

An Bürokommunikations-Konzepten und -Systemen wird zwar schon seit etwa zwei Jahrzehnten gearbeitet, durchgesetzt haben sie sich in der Praxis aber immer noch nicht auf breiter Front. Inzwischen ist ein hoher Entwicklungsstand von Bürokommunikationssystemen erreicht, wie am Beispiel des Systems »HERMEScompact« zu sehen ist. Entsprechend gut sind die Aussichten für einen erfolgreichen und verbreiteten Einsatz dieser Systeme in der Praxis. Erste Analyseergebnisse deuten darauf hin, daß die *Wirtschaftlichkeit* der Leistungserstellung durch den Einsatz von Bürokommunikationssystemen wie z.B. »HERMEScompact« erheblich gesteigert werden kann (vgl. Krummel 1997). Eine weitergehende und zuverlässige Beurteilung der Bürokommunikationssysteme in bezug auf ihr Potential zur Steigerung der Wirtschaftlichkeit ist aber noch nicht möglich. Die übrigen Effizienzkriterien für die Beurteilung von EDV-Anwendungssystemen, Kundennutzen, Managementnutzen und Wettbewerbsvorteile, sind für die Bürokommunikationssysteme mit Ausnahme der oben angesprochenen Kommunikation mit Kunden und der schnelleren und zielorientierteren Information des Management nicht relevant.

## 5.2 Systeme für die Funktionalbereiche Marketing und Vertrieb

Im Funktionalbereich Marketing kommen vielfältige EDV-Anwendungssysteme zum Einsatz. Sie dienen einerseits der Planung von Marketing-Maßnahmen und üben damit die Grundfunktion der Entscheidungsunterstützung aus. Andererseits können sie die Grundlage von Marketing-Instrumenten darstellen wie z.B. die elektronischen Vertriebswege; sie unterstützen dann die Grundfunktion der Geschäftsabwicklung insbesondere beim Vertrieb und können darüber hinaus auch Beratungsunterstützung leisten.

Einige der Systeme, die hier vorgestellt werden, können ganz eindeutig dem Marketing zugerechnet werden, weil sie Gestaltung und Einsatz von Marketing-Instrumenten zum Gegenstand haben. Bei anderen Systemen, insbesondere denen, die das Database Marketing und den persönlichen Verkauf unterstützen, ist das Ausmaß der Integration von Marketing- und Vertriebsfunktionen so hoch, daß eine eindeutige Zurechnung zu einem der betroffenen Funktionalbereiche, Marketing oder Vertrieb, wie sie in diesem Buch definiert wurden, nicht möglich ist. Daher werden sie in Kap. 5.2 gemeinsam behandelt.

### 5.2.1 Systematik der Marketing-Instrumente

Um die Voraussetzungen dafür zu schaffen, daß die betrachteten Marketing-Systeme den jeweils relevanten Marketing-Instrumenten zugeordnet werden können, soll im folgenden zunächst die zugrunde gelegte Systematik der Marketing-Instrumente dargestellt werden. Diese Instrumente beziehen sich auf die Leistungsbereitschaft, die Leistungssubstanz, die Preispolitik und die Kommunikation von Kreditinstituten.

#### 5.2.1.1 Instrumente der Leistungsbereitschaft

##### 5.2.1.1.1 Gestaltung der Vertriebswege

Die nachfolgend aufgeführten Vertriebswege sind von ganz unterschiedlicher Bedeutung für die Akquisition, sowohl bezüglich des Leistungsspektrums als auch bezüglich der Volumina, die über die einzelnen Vertriebswege abgesetzt werden. Nur über Filialen o.ä. wird das volle Leistungsspektrum angeboten, und die dabei erzielten Absatzvolumina machen nach wie vor einen sehr hohen Anteil am Gesamtabsatz einer Bank aus. Für Vertriebswege, die auf Kommunikationssystemen beruhen, kommen dagegen nur standardisierte und nicht oder kaum erklärungsbedürftige Leistungsarten in Betracht, insbesondere Zahlungsverkehrsleistungen.

###### 5.2.1.1.1.1 Bankeigene Vertriebswege

Der in der Literatur häufig anzutreffenden Unterscheidung in zentralisierten und dezentralisierten Vertrieb wird hier nicht gefolgt, sondern es wird davon ausgegangen, daß Bankleistungen *aus Kundensicht* praktisch immer dezentral verfügbar sind. Vielmehr wird hier danach differenziert, ob die Leistungsabnahme des Kunden an einem Stützpunkt des Kreditinstituts erfolgt oder vom Kundenstandort aus möglich ist.

### a) An den Stützpunkt gebundene Vertriebswege

Da der Sprachgebrauch in den einzelnen Instituten sehr unterschiedlich ist, wird hier die Bezeichnung *Stützpunkt als Oberbegriff* verwendet für Filialen, Zweigstellen, Geschäftsstellen, Niederlassungen etc. Am Stützpunkt eines Kreditinstituts sind grundsätzlich Kundenbetreuer, bankeigene Außendienstmitarbeiter oder kundenbediente Automaten als Vertriebswege verfügbar. Kundenbetreuer, die in Stützpunkten Kunden beraten und Bankleistungen verkaufen, repräsentieren den traditionellen Bankvertriebsweg. Daneben treten zunehmend auch im Privatkundengeschäft bankeigene Außendienstmitarbeiter, die von Stützpunkten aus gehobene Privatkunden und Firmenkunden besuchen, um diese zu beraten und ihnen Bankleistungen zu verkaufen. Zu den kundenbedienten Automaten gehören vor allem Geldausgabeautomaten, Multifunktionsterminals, Kontoauszugsdrucker sowie sonstige Automaten wie beispielsweise Einzahlungs-, Sortenwechsel- oder Kleingeldwechselautomaten.

### b) Am Kundenstandort verfügbare Vertriebswege

Vertriebswege, mit deren Hilfe ein Vertrieb von Bankdienstleistungen am Kundenstandort möglich ist, müssen dahingehend unterschieden werden, ob eine Kontaktaufnahme mit dem Kreditinstitut am Point of Sale, am Point of Public oder an einem anderen, vom Kunden gewünschten Ort, wie beispielsweise der Privatwohnung, möglich ist. Diese Vertriebswege bedienen sich grundsätzlich eines Kommunikationssystems.

### ba) An Points of Sale verfügbare Automaten und Systeme

Als Points of Sale werden Einzelhandelsgeschäfte, Tankstellen, Reisebüros etc. verstanden, also Punkte, an denen Privatkunden Waren und Dienstleistungen beziehen und bezahlen. Neben einer Aufstellung von Geldausgabeautomaten, beispielsweise in Warenhäusern oder an Tankstellen, sind hier vor allem Electronic-Cash-Systeme und Kreditkartensysteme zu nennen.

### bb) An Points of Public verfügbare Automaten und Systeme

Als Points of Public werden öffentlich zugängliche Punkte bezeichnet, beispielsweise auf Bahnhöfen und Flughäfen, wo Privatkunden Automaten und Systeme nutzen können, ohne daß ein Zusammenhang mit anderen Geschäftspartnern der Kunden, z.B. Einzelhändlern, besteht. Auch hier ist vorrangig die Aufstellung von Automaten, vor allem Geldausgabe- und Sortenwechselautomaten sowie Multifunktionsterminals zu nennen. Außerdem gibt es an Points of Public auch Zugangsmöglichkeiten zum Internet mit Hilfe von Terminals. Letztlich ist hier natürlich auch das öffentliche Telefon als Kommunikationsweg zu nennen, mit dem der Privatkunde Kontakt zu seinem Kreditinstitut aufnehmen kann.

### bc) Am individuellen Kundenstandort verfügbare Systeme

Bei den Endgeräten, die auf Kundenseite für Online Banking in Betracht kommen, haben sich PCs mit unterschiedlicher Ausstattung durchgesetzt. Privatkunden betreiben Online Banking von ihrer Wohnung aus (Home Banking) und Firmenkunden vom Büro aus (Office Banking).

- **T-Online Classic**

Das von der Telekom angebotene T-Online Classic-System trug zunächst die Bezeichnung Btx und später Datex J. Von den Bankkunden sind es hauptsächlich die Privatkunden, die ihrer Bank mit Hilfe dieses Systems Aufträge erteilen und allgemeine Informationen übermitteln (vgl. Kap. 2.1.3.1.2).

- **Internet**

Verschiedene Service Provider bieten Online-Dienste an, die den Zugang zum Internet ermöglichen, so daß Kunden mit ihrer Bank über das Internet kommunizieren können. Dabei können sie im Prinzip die gleichen Bankleistungen in Anspruch nehmen wie mit Hilfe des T-Online Classic-Systems. Sie haben dabei aber den Vorteil, daß sie das System auch vom Ausland aus nutzen können, wenn ein Internet-Anschluß zur Verfügung steht (vgl. Kap. 2.1.3.1.3).

- **Dateitransfer**

Der Transfer von Dateien zwischen Firmenkunden und ihren Kreditinstituten ist dann als Vertriebsweg anzusehen, wenn diese Kunden Aufträge, z.B. Zahlungsaufträge, durch ihr Rechnersystem automatisch generieren und ihrer Bank als Datei übermitteln, z.B. im EDIFACT-Format (vgl. Anhang 2.1).

- **Cash Management-System**

Häufig werden auch Cash Management-Systeme als Vertriebsweg genannt. Im engeren Sinne handelt es sich hierbei jedoch um Systeme, die grundsätzlich bei Firmenkunden installiert werden und die mit Hilfe eines Kommunikationsweges, beispielsweise T-Online Classic oder Internet, Firmenkunden ermöglichen, systemgestützt Kontostände und Saldenlisten abzufragen, Dispositionen durchzuführen und den Instituten, mit denen sie zusammenarbeiten, Aufträge zu erteilen (vgl. Kap. 4.1.4.2).

- **Telefon**

Telephone Banking ist dann ein Vertriebsweg, wenn Institute durch ihre Call Centers ihre Kunden ansprechen und dabei Geschäftsabschlüsse zustande kommen (Aktives Telephone Banking), oder wenn Kunden von sich aus bei ihrer Bank anrufen und Aufträge erteilen (Passives Telephone Banking). Ein sehr hoher Anteil der Anrufe, die bei Call Centers eingehen, führt aber nicht zu Abschlüssen, sondern nur zu Serviceleistungen der Bank, beispielsweise zur Durchsage von Kontoständen (vgl. Kap. 2.1.3.1.1).

- **Postweg**

Der Postweg (Banking by Mail) ist nur dann als Vertriebsweg anzusehen, wenn Institute brieflich, auch aus dem Ausland, Geschäftsabschlüsse herbeiführen. Werden dagegen nur Werbebriefe eingesetzt, dann liegt kein Vertriebsweg vor.

**bd) Ubiquitäre Kommunikationssysteme**

Mit einem Mobiltelefon können Kunden ihre Bank fast von jedem beliebigen Standort im Inland aus erreichen. Für Mobiltelefon-Gespräche aus dem Ausland ist nicht nur eine ausreichende Funkversorgung, sondern auch die Kompatibilität der nachrichtentechnischen Standards der beteiligten Telefongesellschaften erforderlich. Diese Voraussetzung ist im europäischen Raum auf Grund der Roaming-Vereinbarungen der Telefongesellschaften gegeben. Lediglich der Vollständigkeit halber wird hier ein satellitengestütztes Mobiltelefonsystem genannt, das im Endausbau eine wirklich global ubiquitäre Funkversorgung gewährleisten soll.

Neben der sprachgestützten Kontaktaufnahme mit Hilfe eines Mobiltelefons besteht auch die Möglichkeit des ubiquitären Online-Bankings mit Laptop und Mobiltelefon oder mit integrierten Geräten wie beispielsweise dem Nokia Communicator oder Laptops mit integrierter Mobilfunk-Funktion.

### 5.2.1.1.1.2 Bankfremde Vertriebswege

#### a) Tochtergesellschaften, Beteiligungen und Kooperationspartner

Der Vertrieb von Bankdienstleistungen über Tochtergesellschaften wird hier unter bankfremde Vertriebswege subsumiert, da juristisch gesehen auch eine 100%ige Tochter, in der beispielsweise ein Kreditinstitut seine gesamten Stützpunkte zusammenfaßt, einen gegenüber der »Produktionsbank« bankfremden Vertriebsweg darstellt. Darüber hinaus ist auch eine gemeinsame Nutzung eines Netzes von Stützpunkten durch mehrere Kreditinstitute denkbar, womit die Zuordnung dieses Vertriebsweges unter »bankfremde Vertriebswege« zusätzlich gerechtfertigt erscheint. Neben diesen eher jüngeren Entwicklungen haben Kreditinstitute schon traditionell mit anderen Instituten kooperiert, um ihre Leistungen zu vertreiben. So arbeiten Bausparkassen und Hypothekenbanken mit anderen Kreditinstituten zusammen, um deren Stützpunkte für den Vertrieb zu nutzen. Im Zuge der Sortimentsausweitung zu einem Allfinanz-Sortiment wurden später auch Kooperationsverträge mit Partnern außerhalb der Kreditwirtschaft wie beispielsweise Versicherungen oder Finanzvertriebsgesellschaften geschlossen. Diese Zusammenarbeit kann durch Übernahme von Beteiligungen noch intensiviert werden. Diese Partner verfügen ihrerseits über Stützpunkte, Außendienst, Automaten und Kommunikationssysteme.

#### b) Absatzmittler

Ein Kreditinstitut kann auch die Vermittlungsdienste von institutsfremden Personen und anderen Unternehmen in Anspruch nehmen, die gegen eine gewisse Provision den Kontakt zwischen ihren Kunden und dem Institut herstellen, wobei der Abschluß selbst zwischen Kunde und Bank zustande kommt, teilweise unter Mitwirkung der Absatzmittler, die beispielsweise bei der Ausfüllung von Antragsformularen behilflich sind. Als Absatzmittler kommen verschiedenste Personen und Unternehmen in Betracht, beispielsweise Architekten und Bauträger als Vermittler von Baufinanzierungen, Einzelhändler, beispielsweise Möbelhäuser als Vermittler von Konsumfinanzierungen, Großhändler, Hersteller oder Franchise-Geber als Vermittler von Betriebsmittelkrediten sowie andere Dienstleistungsunternehmen, z.B. Reisebüros, als Vermittler von Urlaubsfinanzierungen.

### 5.2.1.1.2 Standortwahl

Hinsichtlich der Standortwahl muß grundsätzlich danach unterschieden werden, ob die Standortwahl durch das Kreditinstitut beeinflußbar, also aus Sicht des Instituts selbstbestimmt ist, oder ob der Standort von Dritten, beispielsweise Tochterunternehmen oder Kooperationspartnern bestimmt wird, so daß die Entscheidung eines Kreditinstituts für eine Kooperation mit einem Partner gleichzeitig eine Standortwahl impliziert.

### 5.2.1.1.2.1 Selbstbestimmte Standortwahl

Für die Standortwahl als Marketing-Instrument ist ausschließlich die *Kundenperspektive* relevant. Standorte werden so gewählt, daß ein möglichst großes Kundenpotential die Punkte der Leistungsinanspruchnahme bequem erreichen kann. Die Standortwahl ist daher bedeutsam für Stützpunkte und stützpunkt-unabhängig installierte Automaten. Für die Bank stellt sich die Standortfrage dagegen nicht, wenn Kunden brieflich, telefonisch, vom eigenen PC oder von bankfremden Kommunikationssystemen aus Bankleistungen in Anspruch nehmen.

**a) Standorte für Stützpunkte**

Die Frage der Standortwahl für neue Stützpunkte ist angesichts einer hohen Stützpunktdichte in vielen Ländern, insbesondere auch in Deutschland, nicht mehr aktuell. Die Stützpunktdichte wird durch die Anzahl der Einwohner pro Stützpunkt gemessen. Die Aussagekraft dieser Kennzahl ist jedoch auf Grund der nicht raumbezogenen Bezugsgröße »Einwohner« äußerst gering. So hat beispielsweise Mecklemburg-Vorpommern eine ähnlich hohe Bankstellendichte wie die Stadt Hamburg. Erheblich besser geeignet sind daher raumbezogene oder wettbewerberbezogene Kennzahlen. Angesichts der hohen Fixkosten, die mit dem Betrieb von Stützpunkten im Durchschnitt verbunden sind, und angesichts der ständig steigenden Zahl von Kunden, die Online Banking betreiben, wird dagegen die *Schließung von Stützpunkten* erwogen, wenn auch bisher noch ohne tiefgreifende Konsequenzen. Die Standortfrage richtet sich jetzt also darauf, an welchen Standorten Stützpunkte geschlossen werden sollen.

Standortentscheidungen sind grundsätzlich auf drei Ebenen zu treffen: Global, regional (oder national) und lokal. Auf der *globalen Ebene*, die naturgemäß nur für global tätige Institute relevant ist, muß entschieden werden, in welchen Erdteilen und Ländern die Bank durch Stützpunkte vertreten sein will. Die *regionale Ebene* betrifft die Orte, insbesondere Städte innerhalb einer Region oder eines Landes, in denen die Bank Stützpunkte errichten will, und auf der *lokalen Ebene* wird dann der genaue Standort festgelegt, beispielsweise mit Straße und Hausnummer.

**b) Standorte für stützpunkt-unabhängig installierte Automaten**

Die Nutzungsfrequenz hängt stark vom Standort der Automaten ab, seien sie nun an Points of Sale oder Points of Public installiert. Eigenen Kunden, die die Bank mit diesen Automaten erreicht, bietet sie einen Service, und von den Kunden anderer Banken, die ihre Automaten benutzen, erhält sie möglicherweise Fremdgebühren. Hier ist jedoch auf die Vereinbarungen sowohl zwischen den Großbanken als auch innerhalb des Sparkassenverbundes sowie zwischen den Kreditgenossenschaften zu verweisen, grundsätzlich auf Fremdgebühren zu verzichten, wenn die Kunden anderer Banken, die einen Automaten der Bank benutzen, Kunden eines Instituts sind, mit dem eine entsprechende Vereinbarung – typischerweise auf Gegenseitigkeit – besteht.

### 5.2.1.1.2.2 Fremdbestimmte Standortwahl

**a) Standorte für Tochtergesellschaften, Beteiligungen und Kooperationspartner als bankfremde Vertriebswege**

Bei der Errichtung von Tochtergesellschaften kann sich durchaus die Standortfrage stellen. Bei der Eingehung von Beteiligungen und der Gewinnung von Kooperationspartnern ist primär von Bedeutung, welche Wahlmöglichkeiten die Bank wirklich hat. Die

Standorte ergeben sich dann von selbst. Grundsätzlich kann die Bank bankfremde Vertriebswege auch in regionalen Märkten nutzen, in denen sie nicht mit bankeigenen Vertriebswegen, insbesondere Stützpunkten, vertreten ist.

**b) Standorte für Absatzmittler**
Auch in Marktregionen, in denen eine Bank nicht durch Stützpunkte präsent ist, kann sie versuchen, Absatzmittler zu gewinnen. Insofern ist die Wahl eines Absatzmittlers durch die Bank gleichbedeutend mit einer Standortentscheidung.

### 5.2.1.1.3 Betriebsbereitschaft

Zu den Instrumenten der Leistungsbereitschaft gehört auch die Gestaltung der Betriebsbereitschaft. Darunter ist sowohl die *Zeit* zu verstehen, während der die Kunden Bankleistungen in Anspruch nehmen können, als auch das Ausmaß der von der Bank für die Leistungsinanspruchnahme bereitgestellten *Kapazitäten*. Die Betriebsbereitschaft von *Stützpunkten* ist abhängig von den Öffnungszeiten und dem öffnungszeit-abhängigen Personaleinsatz, insbesondere Beratereinsatz. Beim *Außendienst* ergibt sich die Betriebsbereitschaft aus der Anzahl und der zeitlichen Verfügbarkeit der Außendienst-Mitarbeiter. Die Betriebsbereitschaft von *kundenbedienten Automaten* hängt nicht nur vom Ort der Installation sowie von Art und Anzahl der installierten Automaten ab, sondern auch von deren Funktionszeiten. Da die Automaten durch I&K-Systeme gesteuert werden, bestimmt letztlich die Betriebszeit der Rechner, auf denen diese Systeme laufen, die Funktionszeit der Automaten, wenn nicht technische Störungen vorliegen.

Wenn die Kundschaft bei der Inanspruchnahme von Bankleistungen *Kommunikationssysteme* nutzt, insbesondere Telefon, T-Online Classic und Internet, hängt die *Funktionszeit* kaum von den praktisch ständig verfügbaren Kommunikationsmedien ab, sondern primär von den Zeiten, zu denen die Bank technisch kommunikationsbereit ist, insbesondere zur Annahme von Telefongesprächen und Online-Nachrichten. Die Betriebsbereitschaft von Kommunikationssystemen hängt auch von den *Kapazitäten* der Kommunikationsmedien und der Nachrichtenannahme bei der Bank selbst ab. Wenn die Kapazitätsentwicklung eines Online-Dienstes mit der Entwicklung der Nachfrage nicht Schritt hält, dann kann es schon hier zu Ausfällen, Fehlversuchen, insgesamt also Wartezeiten für die Kunden kommen, die die Betriebsbereitschaft der Kommunikationssysteme aus Kundensicht belasten. Aber auch bei der Annahme von Nachrichten durch die Bank, sei es bei Telephone Banking die Annahme von Gesprächen im Call Center oder sei es die Annahme von Nachrichten über Online-Dienste durch ein Rechenzentrum, müssen personelle und technische Kapazitäten vorgehalten oder Vereinbarungen mit Dienstleistern, z.B. Overflow-Call Centern, getroffen werden, damit die Kunden nicht mit unzumutbaren Wartezeiten rechnen müssen, was wiederum die Betriebsbereitschaft belasten würde.

### 5.2.1.1.4 Lieferbereitschaft

In der Logistik definiert man die Lieferbereitschaft als einen Quotienten aus der nachgefragten und der sofort ausgelieferten Menge eines Artikels. Bei der Inanspruchnahme von Bankleistungen stellt sich die Frage der Lieferbereitschaft so nicht. Hier wird zwar auch die Lieferbereitschaft von dem *Zeitpunkt* an betrachtet, da die Bank einen *Kundenauftrag* erhält, aber die Frage der Lieferbereitschaft bezieht sich dann auf die *Liefer-*

*zeit,* also die Zeit bis zur Ausführung des Auftrages und damit bis zur Erreichung des vom Kunden mit dem Auftrag verfolgten Zweckes. Bei Kreditinstituten gilt traditionell das *Prinzip der Tagfertigkeit,* das besagt, daß Aufträge, die bis zu einer bestimmten Tageszeit hereinkommen, an diesem Tag ausgeführt werden. Es gab aber auch immer schon Ausnahmen von diesem Prinzip, beispielsweise im Kreditgeschäft. Grundsätzlich ist die Dringlichkeit der Auftragsausführung aus Kundensicht subjektiv unterschiedlich; bei Effektenorders ist sie typischerweise größer als bei Überweisungen. Die Lieferzeit ist für die Kunden nicht immer *beobachtbar,* und in manchen Fällen durch die Bank auch nur teilweise beeinflußbar. Für beide Aspekte können wiederum Überweisungen als Beispiel genannt werden. Grundsätzlich kann die Bank die Lieferzeiten bei den einzelnen Bankleistungen durch Vorhaltung von *Kapazitäten* beeinflussen. Dies bringt allerdings bei im Zeitablauf stark schwankender Inanspruchnahme von Leistungen erhebliche Dispositionsprobleme mit sich, weil eine Ausrichtung der Kapazitätsdimensionierung an Spitzenbelastungen zeitweilig zu hohen Leerkosten führen muß.

### 5.2.1.2 Instrumente der Leistungssubstanz

#### 5.2.1.2.1 Leistungsgestaltung

Zur Leistungsgestaltung gehört die Entwicklung neuer und die Verbesserung und Differenzierung vorhandener Bankleistungen sowie die Bündelung von Einzelleistungen zu Leistungsbündeln.

Unter *Leistungsinnovation* ist die Entwicklung neuer Bankleistungen zu verstehen. Dieser Prozeß beginnt mit Anregungen, die die Bank aus der Kundenbetreuung oder aus Konkurrenzvergleichen erhält. Es erfolgt dann die Planung und Markteinführung der neuen Leistungen, typischerweise zunächst regional beschränkt auf einen Testmarkt, um die Reaktionen der Kunden und Wettbewerber auf das neue Produkt oder die neue Dienstleistung kennenzulernen und mögliche Verbesserungen bereits vor einer breiten Markteinführung vornehmen zu können. Die *Leistungsdifferenzierung* führt dagegen zu Leistungsvarianten für spezifische Kundengruppen und ihre Bedürfnisse und Qualitätsansprüche. Zur Leistungsgestaltung gehört schließlich auch die *Leistungsbündelung* (Packaging), worunter man die Zusammenfassung von verschiedenen Leistungsarten versteht, die nur zusammen, also als Leistungsbündel, angeboten werden. Als Beispiel hierzu seien Kontoführungsmodelle genannt, bei denen gegen einen Pauschalpreis Kontoführungs- und Zahlungsverkehrsleistungen, Automatenbenutzung, ec-Karten, Kreditkarten etc. angeboten werden. Die Leistungsbündelung wird hauptsächlich mit dem Ziel verfolgt, die Markttransparenz der Kunden zu vermindern.

#### 5.2.1.2.2 Sortimentsgestaltung

Die Gesamtheit aller Bankleistungen, die eine Bank anbietet, wird als Sortiment oder Leistungsprogramm bezeichnet. Die Sortimentsgestaltung erfolgt primär in bezug auf drei *Dimensionen*, Breite, Tiefe und Qualitätsniveau. Die *Sortimentsbreite* ist gegeben durch die Anzahl von Bankleistungsarten, die sich in den Hauptleistungen wesentlich unterscheiden und auf unterschiedliche Kundenbedürfnisse ausgerichtet sind. In der *Sortimentstiefe* kommt dagegen die Anzahl der Varianten zu den einzelnen Haupt-Marktleistungsarten zum Ausdruck. Dies ist gleichbedeutend mit der Anzahl alternativer Möglichkeiten (Leistungsarten) für die Deckung eines bestimmten Kundenbedürfnisses. Bankleistungen bestehen aus Teilleistungen mit jeweils ganz bestimmten Merkmalen, denen auch Qualitätsmerkmale zugeordnet werden können. Durch Festlegung von Qualitätsstandards für die angebotenen Leistungsarten, also Mindestausprägungen der Qualitätsmerkmale der jeweiligen Leistung, wird das *Qualitätsniveau* festgelegt. Als Beispiele für Qualitätsmerkmale seien hier die inhaltliche Fundierung der Beratung sowie Schnelligkeit und Sicherheit der Auftragsausführung genannt.

Eine für die Sortimentsgestaltung besonders wichtige Maßnahme ist der *Leistungsprogramm-Ausgleich*, also die gegenseitige Abstimmung der angebotenen Leistungsarten mit dem Ziel, gute Absatzchancen für alle Leistungsarten herzustellen, aber eine Konkurrenz zwischen den verschiedenen Leistungsarten möglichst zu vermeiden. Wird das bestehende Sortiment durch neue Leistungsarten (Innovationen) oder durch Varianten zu bestehenden Leistungsarten ergänzt, dann spricht man von *Leistungsprogramm-Erweiterung*. Im Zeitablauf ist aber auch immer wieder eine *Leistungsprogramm-Bereinigung* erforderlich, weil es aufgrund von Nachfrageverschiebungen und Substitutionskonkurrenz oder durch die Änderung gesetzlicher Rahmenbedingungen wie z.B. der Sparförderung zu einem Rückgang der Nutzung einzelner Produkte und damit zu einer Leistungsarten-Degeneration kommen kann. Es können also auch Bankleistungen einem Lebenszyklus-Phasenverlauf unterliegen, der nach Entwicklung und Markteinführung Wachstum, Reife, Sättigung und Degeneration umfaßt.

### 5.2.1.3 Instrumente der Preispolitik

Die Bankleistungen konkurrierender Institute sind insbesondere aufgrund ihrer Stofflosigkeit und Abstraktheit verhältnismäßig homogen, beispielsweise konkurrierende Baufinanzierungsangebote für ein bestimmtes Volumen bei festem Zinssatz und erstrangiger grundbuchlicher Absicherung. Für die Preispolitik ist die *Homogenität der Bankleistungen* von großer Bedeutung. Viele Bankkunden, insbesondere solche mit großer Nachfragemacht, haben die Homogenität der Bankleistungen längst erkannt. Sie akzeptieren im Grundsatz eher das Kostenverursachungs- als das Belastbarkeitsprinzip als Grundlage der Preisstellung, und sie haben ihr Verhalten längst dahingehend geändert, daß sie die einzelnen Bankleistungen nach Möglichkeit beim jeweils günstigsten Anbieter selektiv einkaufen, so daß diese Anbieter das traditionelle Prinzip der Ausgleichspreisstellung nicht mehr praktizieren können.

#### 5.2.1.3.1 Preistaktische Mittel

Die preistaktischen Mittel werden bei der laufenden Kundenbetreuung und insbesondere bei Preisverhandlungen eingesetzt. Der Einsatz preistaktischer Mittel beruht auf der *Variation von Preiszähler und Preisbezugsbasis*. Die Preisbezugsbasis ist bei einer Bankleistung die Größe, die der Preisstellung zugrunde gelegt wird. Bei einer Baufinanzierung ist dies beispielsweise der Nennwert eines Darlehens. Der Preis für diese Leistung wird dann durch den Preiszähler festgelegt, bei der Baufinanzierung z.B. durch Zinssatz und Disagio. Eine weitere Variante preistaktischer Mittel ist die sog. *Preisstaffelung*. Hierbei wird der Preiszähler einer Staffelung unterworfen, um zu erreichen, daß er die im Einzelfall erbrachte Bankleistung möglichst gut repräsentiert. Als Kriterien für die Preisstaffelung dienen z.B. ein Mindestbetrag und die Laufzeit im Einlagengeschäft oder der Betrag, die Bonität des Schuldners und die Liquidierbarkeit der Forderung im Kreditgeschäft. Durch die Anwendung derartiger Preisstaffelungskriterien soll erreicht werden, daß der von Geschäftsabschluß zu Geschäftsabschluß unterschiedliche Anfall von Betriebs- und Risikokosten im Preis möglichst verursachungsgerecht berücksichtigt wird.

Eine weitere Möglichkeit des Einsatzes preistaktischer Mittel ist die *Preisspaltung.* Traditionell haben Kreditinstitute Preisspaltung betrieben, also die Aufspaltung von Bankleistungen in ihre Teilleistungen, für die dann Teilpreise in Rechnung gestellt wurden. Es ergaben sich für eine Bankleistung mehrere Preise mit niedrigen Preiszählern, und hier setzte dann die Taktik der »kleinen preispolitischen Mittel« (vgl. Krümmel 1964, S. 135 ff.) an, die bei Preisverhandlungen darauf abzielte, die aufgrund der Preisspaltung verminderte Markttransparenz der Kunden zu nutzen und bei einem Entgegenkommen in kleinen Schritten, was von der Kundschaft als Erfolg ihrerseits gewertet wird, zu insgesamt günstigen Preisen für die Bank zu kommen.

Als letzte Möglichkeit des Einsatzes preistaktischer Mittel sollen *selektive und diskrete Angebote* von Sonderkonditionen und Gratisleistungen dargestellt werden. Wenn eine Bank bei der laufenden Kundenbetreuung und speziell bei Preisverhandlungen feststellt, daß ein Kunde wegen ungünstiger Preise möglicherweise die Leistungsart oder sogar die Bankverbindung wechseln möchte, kann sie im Einzelfall *Sonderkonditionen* zugestehen, sei es temporär begrenzt oder nicht. Beispielsweise kann sie nur in der Hochzinsphase, also temporär begrenzt, Spareinlagen bonifizieren, um eine Abwanderung zu Konkurrenten oder eine Umschichtung in andere Kapitalanlagen im eigenen Haus zu vermeiden. Derartige Sonderkonditionen werden selektiv angeboten und nicht in der Werbung herausgestellt. Ein weiteres Beispiel ist die tagesgeldnahe Verzinsung von täglich fälligen Guthaben, die auch als Defensivmaßnahme gegenüber der Abwanderung von Einlagen oder sogar von Kunden zu betrachten ist. In Einzelfällen werden *Gratisleistungen* angeboten, um zur Beanspruchung anderer ertragbringender Leistungen anzuregen. Ein Beispiel hierzu ist die kostenlose Kontoführung von Girokonten, die der Abwicklung eines Wertpapierdepots dienen. Die kostenlose Kontoführung für Kinder, Schüler und Studenten hingegen wird nicht angeboten, um diese Kunden zu einer gleichzeitigen Beanspruchung anderer, ertragbringender Leistungen anzuregen. Dies geschieht vielmehr in der Erwartung, daß zu diesen Kunden dauerhafte Geschäftsbeziehungen aufgebaut werden, die in der Zukunft positive Deckungsbeiträge einbringen.

### 5.2.1.3.2 Preispolitische Mittel

Preispolitische Mittel sind im Gegensatz zu preistaktischen Mitteln nicht als Instrumente der Preisgestaltung von Produkten oder Dienstleistungen zu verstehen, sondern als grundsätzliche Verhaltensweisen für die Repräsentanten der Bank, beispielsweise die Kundenberater, bei der Preisfindung im Verkaufsgespräch. In Abhängigkeit von der Verhandlungsmacht der Kunden unterscheidet man grundsätzlich zwischen einer Preisfixierung für Kunden ohne Verhandlungsmacht, einem Entgegenkommen in kleinen Schritten bei Kunden mit einer gewissen Verhandlungsmacht und dem Angebot von Nettokonditionen für Kunden mit großer Verhandlungsmacht.

### 5.2.1.4 Instrumente der Kommunikation

### 5.2.1.4.1 Gestaltung der Corporate Identity

Die Corporate Identity, also die Identität eines Kreditinstituts als Unternehmen, beschreibt die Gegenstände, die über das zahlenmäßig faßbare hinaus für das jeweilige

Institut typisch sind und die im Zeitablauf relativ unverändert bleiben (vgl. Morschbach 1988). Grundlage der Corporate Identity ist das Selbstverständnis der jeweiligen Bank, was zum Ausdruck kommt in Werten, Normen und Einstellungen (Unternehmenskultur), in den Zielen und dem Zweck des Instituts, in seinen Potentialen und Kompetenzen etc. Hierdurch wird das Leitbild des Instituts konkretisiert. *Ausdrucksformen* der Corporate Identity sind das Unternehmensverhalten, das Unternehmenserscheinungsbild und die Unternehmenskommunikation. Das *Verhalten eines Instituts* wird primär von den Führungskräften, aber auch von den übrigen Mitarbeitern, geprägt. Dieses Verhalten konkretisiert sich im Umgang mit anderen Führungskräften und Mitarbeitern, mit Kunden, mit Konkurrenten, mit dem Betriebsrat und ggf. mit weiteren internen und externen Gruppen. Das *Unternehmenserscheinungsbild* kommt durch die Gestaltung der Bankgebäude und ihrer Innenausstattung, sowie durch Design, Schrifttypenwahl und Farbe des Schriftzuges und Logos, beispielsweise durch das Sparkassen-S und die Farbe rot, zum Ausdruck. Die *Unternehmenskommunikation* wirkt einerseits nach außen durch mediengebundene Übermittlung von Texten und Bildern, beispielsweise eines Unternehmensslogans in Verbindung mit standardisierten Bildinhalten etc., insbesondere durch eine unverwechselbare Aufmachung von Inseraten, Rundfunk- und Fernsehspots sowie durch sonstige Mittel der Selbstdarstellung. Aber auch die Kommunikation nach innen, also die Kommunikation in der Organisation zwischen Geschäftsleitung, Führungskräften und Mitarbeitern, prägt sehr stark die Corporate Identity. Von zentraler Bedeutung sind hierbei sowohl die Kommunikationsprozesse als auch die Kommunikationsinhalte und der Kommunikationsstil. Die Gestaltung der Corporate Identity wirkt nach innen und außen: Innerhalb der Organisation wird ein Wir-Bewußtsein geschaffen und geprägt. Außerhalb des Instituts, bei Kunden, Nichtkunden etc., wird ein homogenes und konsistentes Erscheinungsbild geschaffen. Das *Corporate Image* ist dann nur ein Spiegelbild der Corporate Identity, das in den Köpfen der außenstehenden Betrachter entsteht.

### 5.2.1.4.2 Öffentlichkeitsarbeit

Die Öffentlichkeitsarbeit umfaßt sämtliche Maßnahmen einer Bank, die darauf gerichtet sind, im Verhältnis zu wichtigen Adressatengruppen, insbesondere Mitarbeiter, Gesellschafter, Wettbewerber, Verbände, öffentliche Körperschaften, Behörden, Ministerien und gegenüber dem breiten Publikum positive Einstellungen gegenüber dem Institut zu schaffen. Langfristig soll durch Maßnahmen der Öffentlichkeitsarbeit die Institutswerbung, die Marktleistungswerbung und auch der Verkauf unterstützt werden.

### 5.2.1.4.3 Institutswerbung und Markengestaltung

Institutswerbung, auch Image-Werbung oder Vertrauenswerbung genannt, soll das Vertrauen von Kunden und Nichtkunden in die bankfachliche Leistungsfähigkeit des Instituts stärken, sie soll Kunden gegenüber Konkurrenzangeboten immunisieren und dazu beitragen, daß die Bank das Vertrauen neuer Kunden gewinnt. Die Werbebotschaften beziehen sich dabei kaum auf einzelne Leistungsarten oder Kundengruppen, sondern es werden breit angelegte Werbebotschaften, allgemein gehaltene Aufmachungen für Inserate, Rundfunk- und Fernsehspots sowie typischerweise auch Slogans verwendet. So werben die Sparkassen beispielsweise mit dem Slogan »Wenn's um Geld geht Sparkasse«. In jüngerer Vergangenheit ist bei Kreditinstituten zunehmend eine explizite Markenpolitik zu beobachten. Diese konkretisiert sich im Aufbau einer Marke, beispielsweise in Form einer Dachmarke oder einer Markenfamilie.

### 5.2.1.4.4 Marktleistungswerbung

Die Marktleistungswerbung hat die Aufgabe, Kunden und potentielle Kunden eines Instituts mit dem Leistungsprogramm bekannt zu machen und zur Leistungsabnahme anzuregen. Wegen der Stofflosigkeit und Abstraktheit von Bankleistungen sind die Gestaltungsmöglichkeiten der Marktleistungswerbung aber eingeschränkt. Häufig konzentriert sich die Werbebotschaft auf den Nutzen von Sachleistungen, die unter Inanspruchnahme von Bankleistungen erworben werden können. So wird bei der Werbung für Immobilienfinanzierungen beispielsweise der Nutzen eines selbstgenutzten Eigenheims herausgestellt. Um der eigenen Werbung mehr Profil zu geben, legen die Institute zumeist eine Werbelinie fest, die beispielsweise für die Aufmachung von Plakaten und Inseraten bestimmte Konstanten beinhaltet, beispielsweise bestimmte Farben, Formen, Schriftzüge etc., wodurch der Wiedererkennungswert dieser Werbemittel durch die Adressaten erheblich verbessert werden kann. Zu den Gegenständen, über die bei der Werbeplanung entschieden werden muß, gehören nicht nur Werbeziele, Werbeobjekte, Zielgruppen und Werbebotschaften, sondern auch Werbemittel und Werbeträger sowie das Timing der Werbemaßnahmen. Besonders komplex gestaltet sich dabei die Auswahl der Werbemittel und Werbeträger für Werbekampagnen (Media-Selektion).

### 5.2.1.4.5 Verkaufsförderung

Die Verkaufsförderung wirkt anbahnend und unterstützend auf die Verkaufsbemühungen ein. Sie ist nicht immer leicht von anderen Marketing-Instrumenten abzugrenzen.

#### a) Mitarbeiterbezogene Verkaufsförderung

Verkaufsförderungsmaßnahmen, die auf die im Kundenkontakt tätigen Mitarbeiter ausgerichtet werden, dienen einerseits dem Verkaufstraining, also der Vermittlung von Fachwissen und verkaufstechnischem und verkaufspsychologischem Wissen, so daß die Mitarbeiter ihre Gesprächsführung bei Beratung und Abschluß verbessern können. Darüber hinaus werden die Mitarbeiter durch Verkaufshandbücher, Produktinformationen in Form von Prospekten und Broschüren sowie durch EDV-gestützte Beratungssysteme unterstützt. Der abschlußorientierten Motivierung der Berater dienen eine leistungsorientierte Entlohnung, Mitarbeiter-Wettbewerbe etc.

#### b) Kundenbezogene Verkaufsförderung

Die auf Kunden ausgerichteten Verkaufsförderungsmaßnahmen sind vielgestaltig, so daß eine erschöpfende Aufzählung nicht möglich erscheint. Besonders hervorzuheben ist hier die Verkaufsförderung durch Kommunikationsmittel, auch als Direkt-Marketing bezeichnet. Mit Hilfe von I&K-Systemen werden Kunden aus der Kundendatenbank des Instituts selektiert, die dann durch Brief, Telefonanrufe oder online veranlaßt werden, Abschlüsse bei einem Stützpunkt der Bank zu tätigen oder den Bank-Außendienst anzufordern. Dies wird auch als Database Marketing bezeichnet (vgl. Kap. 5.2.2.3.2). Als weitere kundenbezogene Verkaufsförderungsmaßnahmen sind darüber hinaus Veranstaltungen wie beispielsweise Vorträge und Seminare über zielgruppenbezogene Themen wie Vermögensberatung, Wertpapier- oder Auslandsgeschäft, eine Präsenz auf Messen und Ausstellungen sowie die Organisation von Effekten-Clubs zu nennen. Darüber hinaus sind auch Kunden-Clubs mit Club-Magazin, Club-Karte, Club-Angeboten, Bonusprogramm, Club-Treffen etc. und sonstige Maßnahmen wie Kundenzeitschrift, Preisausschreiben, Gewinnspiele, Werbegeschenke,

Gutscheine und Glückwunschkarten den kundenbezogenen Verkaufsförderungsmaßnahmen zuzurechnen.

### 5.2.1.4.6 Verkaufskommunikation

Wenn eine Bank die Initiative ergreift und ihre Kunden von sich aus *aktiv anspricht*, um ihnen *Bankleistungen anzubieten* und nach Möglichkeit auch zu verkaufen, dann ist diese Kommunikations-Aktivität als Einsatz des Marketing-Instruments »Verkaufskommunikation« aufzufassen. Für das aktive Anbieten von Bankleistungen stehen verschiedene Kommunikationswege zur Verfügung, die grundsätzlich von allen Instituten genutzt werden können. Speziell für Direktbanken (vgl. Kap. 6.3.3), die in der Fläche des Marktes nicht durch Stützpunkte präsent sind, kommen insbesondere Telefon und Brief als Wege der Verkaufskommunikation in Betracht, weil damit praktisch alle Kunden und Nichtkunden erreicht werden können.

**a) Persönliche Verkaufskommunikation**
Traditionell erfolgt die persönliche Verkaufskommunikation im Beratungsgespräch zwischen Berater und Kunde. Wenn der eigentliche Beratungsprozeß beendet und der Kunde abschlußbereit erscheint, bietet der Berater aktiv die für den Kunden als Problemlösung geeigneten Bankleistungen an, und er versucht auch, den Kunden zu einem Geschäftsabschluß zu bewegen. Grundsätzlich ist neben dieser, als face-to-face bezeichneten, Variante der Verkaufskommunikation die telefonische, die briefliche und die Online-Verkaufskommunikation zu nennen.

**b) Telefonische Verkaufskommunikation**
Viele Beratungsgespräche werden telefonisch abgewickelt. Wenn die Berater im Verlauf derartiger Beratungsgespräche die Initiative ergreifen und von sich aus aktiv Bankleistungen anbieten, dann ist das schon als Einsatz des Marketing-Instruments »Telefonische Verkaufskommunikation« zu betrachten. Besondere Bedeutung kommt diesem Instrument jedoch beim aktiven Telephone Banking zu (vgl. Kap. 2.1.3.1.1), denn dabei werden die Kunden systematisch und ganz gezielt angerufen, um den Kontakt zu pflegen und Bankleistungen anzubieten.

**c) Briefliche Verkaufskommunikation**
Der Werbebrief, der auch Produktangebote enthält, hat eine lange Tradition als Mittel der Verkaufskommunikation. Im Rahmen des Database Marketing (vgl. Kap. 5.2.2.3.2) können Kunden sehr gezielt aus der Kundendatenbank des jeweiligen Instituts selektiert werden, denen dann durch eine Werbebrief-Aktion (Mailing) Produktangebote übermittelt werden, die möglichst genau auf den Bedarf der Adressaten abgestimmt sind.

Zur brieflichen Verkaufskommunikation gehört auch die Übermittlung von Werbebriefen per Fax oder E-Mail. Einerseits hängt aber die Nutzbarkeit dieses Kommunikationsweges davon ab, ob die Adressaten über einen Fax-Anschluß verfügen, und andererseits gehen viele graphische Details der Werbebriefe bei Fax-Übermittlung verloren.

**d) Online-Verkaufskommunikation**
Von den Online-Kommunikationswegen ist es derzeit wohl nur der E-Mail-Dienst des Internet, mit dessen Hilfe eine Bank ihre Kunden aktiv ansprechen und ihnen Bankleistungen anbieten kann. Die Nutzung dieses Kommunikationsweges ist aber dadurch auch stark eingeschränkt, daß nur ein kleiner Anteil der Kunden E-Mails empfangen

kann. Hinzu kommt, daß aufgrund der derzeit für E-Mail geltenden Datenübertragungsstandards die attraktive Aufmachung von Werbebriefen bei Versand als E-Mail technisch nur als Attachment möglich ist, was für den empfangenden Kunden häufig mit langen Datenübertragungszeiten und hohen Übertragungskosten verbunden ist. Darüber hinaus ist eine Versendung von Werbebriefen per Fax oder E-Mail an private Nichtkunden analog zu Cold Calls im Rahmen telefonischer Verkaufsförderungsmaßnahmen ohnehin unzulässig.

Von der Vielzahl der praktisch relevanten Marketing-Instrumente sind es nur einige, die auf der Grundlage von I&K-Systemen eingesetzt werden oder deren Einsatz mit Hilfe von I&K-Systemen geplant werden kann. Für die übrigen Instrumente kommt ein Systemeinsatz nicht in Betracht.

## 5.2.2 Funktionsweise der Systeme für Marketing und Vertrieb

Systeme können nicht nur, wie in Kap. 5.2.2.3 gezeigt wird, der Einsatzplanung von Marketing-Instrumenten dienen, sondern sie können auch Grundlage oder Bestandteil von Marketing-Instrumenten sein. Dies gilt jedoch nur für bestimmte Vertriebswege und Kommunikationsformen. Im Prinzip kann auch die Gestaltung von Bankleistungen auf der Grundlage von Systemen erfolgen, denn die Vertriebswege, die auf Informationssystemen beruhen, stehen in engem Zusammenhang mit den Produkten und Produktvarianten, die für diese Vertriebswege in Betracht kommen. Insgesamt sind es aber nur wenige neue Produkte, die auf der Basis von Systemen entwickelt wurden und auf elektronischen Vertriebswegen angeboten werden. Als Beispiel hierzu sind Cash Management-Systeme zu nennen, die dem Benutzer Leistungsarten bieten, die nur mit Hilfe dieser Systeme realisiert werden können (vgl. Kap. 4.1.4.2). Bei der überwältigenden Mehrheit

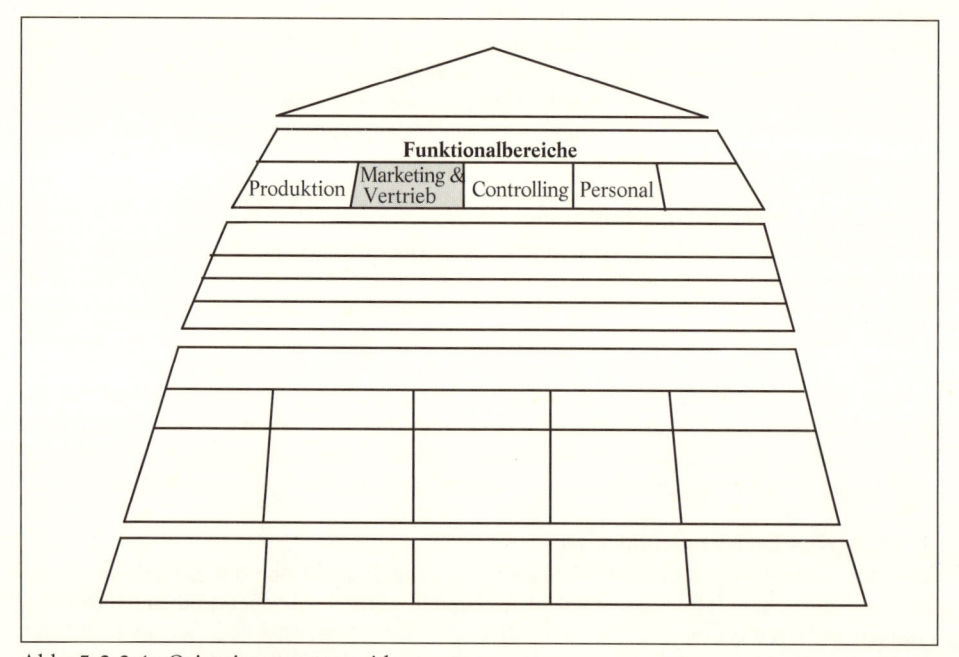

Abb. 5.2.2-1: Orientierungspyramide

der über Medien vertriebenen Produkte handelt es sich in Wirklichkeit um Varianten von Produkten, die auch im stationären Vertrieb angeboten werden. Wegen dieses engen Zusammenhanges zwischen den auf Informationssystemen beruhenden Vertriebswegen und den ihnen zuzuordnenden Produkten und Produktvarianten soll die Leistungsgestaltung auf der Grundlage von Systemen hier nicht gesondert herausgestellt werden.

### 5.2.2.1 Systeme als Grundlage von Vertriebswegen

### 5.2.2.1.1 Auf Systemen beruhende Vertriebswege im Überblick

Der Systematik der bankeigenen Vertriebswege (vgl. Kap. 5.2.1) wurde ganz bewußt die *Kundenperspektive* zugrunde gelegt: Kunden können Bankleistungen an Stützpunkten ihrer Bank, an ihrem eigenen Standort (Wohnung oder Büro), an Points of Sale, Points of Public oder ubiquitär in Anspruch nehmen. Da einige Vertriebswege und die ihnen zugrundeliegenden Systeme, wie z.B. GAA, an verschiedenartigen kundenbezogenen Orten der Leistungsinanspruchnahme eingesetzt werden, werden diese Vertriebswege in der Systematik der bankeigenen Vertriebswege mehrfach genannt (vgl. Abb. 5.2.2.1.1-1).

| An den Stützpunkt gebundene Vertriebswege | Am individuellen Kundenstandort verfügbare Kommunikationssysteme | An Points of Sale verfügbare Kommunikationssysteme | An Points of Public verfügbare Kommunikationssysteme | Ubiquitäre Kommunikationssysteme |
|---|---|---|---|---|
| Kundenbetreuer | | | | |
| Außendienst | | | | |
| Geldausgabeautomaten | | Geldausgabeautomaten | Geldausgabeautomaten | |
| Multifunktionsterminals | | | Multifunktionsterminals | |
| Kontoauszugsdrucker | | | | |
| Sonstige Automaten | | | | |
| | T-Online Classic | | T-Online Classic | T-Online Classic* |
| | Internet | | Internet | Internet* |
| | Dateitransfer | | | |
| | Cash Management-Systeme | | | |
| | Telefon | | Telefon | Mobiltelefon |
| | | Electronic Cash | | |
| | | Kreditkarten | | |
| | Mail | | | |

\* mit Mobiltelefon und Laptop

Abb. 5.2.2.1.1-1: Bankeigene Vertriebswege aus Kundensicht

Vertriebswege, die sich nur durch den Ort unterscheiden, an dem sie Bankleistungen für die Kundschaft verfügbar machen, können hier zusammengefaßt werden, denn aus Banksicht unterscheiden sie sich nicht. Für die systemgestützte Geschäftsabwicklung in der Bank ist es gleichgültig, wo beispielsweise die GAA der Bank installiert sind oder wo Kunden einen Internet-Zugang haben, um der Bank Aufträge zu erteilen.

Mit Ausnahme der stützpunkt-gebundenen Kundenbetreuer und Außendienst-Mitarbeiter einerseits und dem Postweg andererseits, beruhen diese Vertriebswege auf I&K-Systemen. Sie werden auch als elektronische Vertriebswege bezeichnet. Die Vielzahl dieser systemgestützten Vertriebswege soll aber nicht darüber hinwegtäuschen, daß auf diesen Vertriebswegen nur eine kleine Anzahl von standardisierten, zumeist einfachen und wenig erklärungsbedürftigen Leistungsarten aus dem breiten Leistungsprogramm von Universalbanken abgesetzt wird. Die Funktionsweise der I&K-Systeme, die als Grundlage von Vertriebswegen zu betrachten sind, wurde oben schon in Zusammenhang mit der Abwicklung von Basisprozessen mit Hilfe von Automaten und Kommunikationssystemen erläutert (vgl. Kap. 2.1.2, 2.1.3, 2.1.4 und 4.1.4.2).

### 5.2.2.1.2 Branchenübergreifende Gemeinschaftslösung für die Gestaltung der elektronischen Vertriebswege

Elektronische Vertriebswege verursachen hohe Fixkosten, also auslastungsunabhängige Kosten, insbesondere für Hard- und Software einschließlich Netze, Wartung, Sicherheit und die Vorhaltung technologischer Kompetenz durch hochqualifizierte Fachkräfte. Um diese Kostenbelastung zu vermindern, können Kreditinstitute versuchen, im Rahmen einer Gemeinschaftslösung für die Bereitstellung der elektronischen Vertriebswege *Kostendegressionseffekte* zu nutzen. Dabei ist es aber von grundlegender Bedeutung, daß die an einer Gemeinschaftslösung beteiligten Institute ein Höchstmaß an individuellen Gestaltungsmöglichkeiten für ihre elektronischen Vertriebswege und damit für ihren *mediengebundenen Marktauftritt* behalten. Sparkassen und Genossenschaftsbanken hatten auch bisher schon die Möglichkeit, die Leistungen ihres jeweiligen Verbandsrechenzentrums in Anspruch zu nehmen und hierbei insbesondere elektronische Vertriebswege zu nutzen, deren informationstechnische Infrastruktur von den Verbandsrechenzentren bereitgestellt wurde. Ihr Einfluß auf die Gestaltung ihres individuellen Marktauftritts, z.B. im T-Online Classic oder Internet war dabei aber eher begrenzt.

Von besonderem Interesse ist in diesem Zusammenhang eine *Gemeinschaftslösung*, bei der ein Technologieunternehmen für eine Gruppe durchaus auch konkurrierender Institute die für die elektronischen Vertriebswege erforderliche technische Infrastruktur bereitstellt. Es handelt sich hierbei um eine branchenübergreifende Lösung, die von IBM unter der Bezeichnung »Integrion« ins Leben gerufen wurde. In den USA ist schon eine Integrion-Betreibergesellschaft tätig, und für Deutschland steht die Gründung bevor (vgl. Krüger/Bussmann 1997). Diese Initiative hat zum Ziel, eine wettbewerbsneutrale elektronische Vertriebsinfrastruktur gemeinsam mit den beteiligten Instituten aufzubauen. Dabei sollen die Anforderungen von Kunden und Instituten gleichermaßen berücksichtigt werden. Die beteiligten Institute können einerseits Kostendegressionseffekte nutzen, andererseits behalten sie die Kontrolle über die institutsindividuelle Gestaltung ihrer elektronischen Vertriebswege. Für die Institute bringt diese Zusammenarbeit eine erhebliche Entlastung mit sich, so daß sie sich mehr auf ihre Kernkompetenzen konzentrieren können, ohne an Einfluß auf den eigenen Marktauftritt, die eigenen Produkte und Kundenbeziehungen zu verlieren. Die so bereitgestellten elektronischen Vertriebswege sind institutsneutral und ermöglichen zugleich einen institutsindividuellen

Marktauftritt. Das jeweilige Kreditinstitut tritt im Netz gegenüber seinen Kunden unter seinem eigenen Namen auf, die Betreibergesellschaft bleibt im Hintergrund.

Die technische Entwicklung bei der für elektronische Vertriebswege relevanten Hard- und Software schreitet schnell voran und stellt die Institute vor immer größere Herausforderungen bei der Einführung neuer Systeme. Insbesondere bei den *Endgeräten* zeichnet sich ab, daß sich das Spektrum nach Telefon und PC ausweitet auf SMS-Mobiltelefone, Taschencomputer, Smartcards, Bildschirmtelefon und interaktives Fernsehen. Beispielsweise können PDAs für das Internet-Banking genutzt werden, SMS-Mobiltelefone können Kursinformationen im Display anzeigen und Orders übermitteln. Wenn jedes Institut derartige Neuerungen aus eigener Kraft einführt, verursacht das höhere Aufwendungen und eine höhere Belastung der kostbaren Personalkapazitäten im betrieblichen Informatik-Bereich als bei Realisierung der Gemeinschaftslösung. Das der Betreibergesellschaft angehörende Technologieunternehmen ist zwar auch erwerbswirtschaftlich orientiert und muß Gewinn erwirtschaften; viele Entwicklungen, die die Betreibergesellschaft durchführt, und die zugehörigen Aufwendungen fallen aber nur einmal an, so daß sie von den beteiligten Instituten nur anteilig getragen werden müssen. Darin besteht der entscheidende Vorteil einer Gemeinschaftslösung. Probleme könnten sich aber ergeben, wenn es zu einer *Abhängigkeit* der beteiligten Kreditinstitute von dem Technologieunternehmen käme, das dann versuchen könnte, überhöhte Preise für seine Leistungen durchzusetzen, wodurch der aufwandsbezogene Vorteil der Gemeinschaftslösung wieder geschmälert würde.

### 5.2.2.2   Systeme als Grundlage der Marketing-Kommunikation

#### 5.2.2.2.1   Informations- und Kommunikationsangebot im Internet

Der Einsatz der Instrumente der Marketing-Kommunikation, insbesondere die Gestaltung von Corporate Identity und Corporate Image, Öffentlichkeitsarbeit, Institutswerbung und Markengestaltung, Marktleistungswerbung und Verkaufsförderung (vgl. Kap. 5.2.1.4), soll dazu beitragen, eine Bank bei Kunden und Nichtkunden bekanntzumachen, Interesse zu wecken, positive Einstellungen zu bilden und – mehr oder weniger direkt – den Verkauf von Marktleistungen anzubahnen. Die *spezifische Eignung* der verschiedenen Kommunikationsmedien für diese Kommunikationsaufgabe hängt einerseits von den Zielgruppen und andererseits von den Möglichkeiten ab, die die einzelnen Medien bieten. Abb. 5.2.2.2.1-1 gibt einen Überblick zu den wichtigsten Eigenschaften von Kommunikationsmedien, die eine Bank nutzen kann.

Es fällt auf, daß das Internet einen besonders großen *Gestaltungsspielraum* bietet: Botschaften können optisch und akustisch wahrgenommen werden; die Kommunikation kann gerichtet (One Way) oder interaktiv (Two Way) erfolgen; die Darstellungen können statisch und dynamisch präsentiert werden und es ist Individual- und Massenansprache möglich. Das Telefon ist zwar interaktiv, es ist aber für die Massenbewerbung ungeeignet. Massenmedien wie Zeitungen und Zeitschriften, Radio und Fernsehen erreichen zwar viele Adressaten, sie ermöglichen aber keine unmittelbare Reaktion der Adressaten. Nur das Internet kann gleichzeitig Massen mit einer Botschaft erreichen und bei sofortiger Reaktion der Adressaten eine Möglichkeit zur individuellen Verkaufskommunikation bieten (vgl. Döring-Katerkamp 1996), wobei das Verbot der aktiven Werbung per E-Mail hier einschränkend zu beachten ist. Neben der Interaktivität ist beim Internet auch die – aus Kundensicht – räumlich und zeitlich unbeschränkte Nutzbarkeit des Kommunikationskanals Internet hervorzuheben. Wo und wann immer Kun-

| Medien | Eigenschaften | | | | | | | |
|---|---|---|---|---|---|---|---|---|
| | Wahrnehmung | | Informationsfluß | | Darbietung | | Ansprache | |
| | optisch | akustisch | gerichtet | interaktiv | dynamisch | statisch | individuell | Masse |
| Mailings | x | | x | | | x | x | x |
| Telefon | | x | x | x | x | x | x | |
| Printmedien | x | | x | | | x | | x |
| Radio | | x | x | | x | | | x |
| Fernsehen | x | x | x | | x | | | x |
| Internet | x | x | x | x | x | x | x | x |

Abb. 5.2.2.2.1-1: Eigenschaften von Kommunikationsmedien
nach: Döring/Katerkamp (1996)

den auf dem Globus einen Internetzugang haben, können sie das Kommunikationsangebot ihrer Bank nutzen und auch Transaktionen durchführen. Für die Nutzbarkeit des Internet ergeben sich – aus Banksicht – jedoch noch Einschränkungen hinsichtlich der Akzeptanz: Nur wenige Prozent der gesamten Bevölkerung haben einen PC mit Internet-Zugang, und auch diese werden durch Internet-Kommunikationsangebote nur erreicht, soweit sie aktiv und aufwandbereit sind, also von sich aus das Kommunikationsangebot ihrer Bank im Internet aufsuchen und hierfür auch die Kosten, insbesondere Verbindungskosten, in Kauf nehmen.

Für den Erfolg der Internet-Kommunikation ist es zwingend erforderlich, daß die Bank den Adressaten wirksame *Anreize* bietet, immer wieder ihre Web-Sites aufzusuchen und das Kommunikationsangebot in Anspruch zu nehmen. Daher ist das Angebot so zu gestalten, daß es attraktiv ist und für die Adressaten einen spürbaren *Nutzen* mit sich bringt, denn niemand würde Zeit und Kosten aufwenden, um regelmäßig die Selbstdarstellung des Instituts und seine Werbebotschaften anzusehen.

Die Fülle der Möglichkeiten für die Gestaltung des Internet-Auftritts einer Bank ist unüberschaubar groß. Damit ist aber auch die Gefahr gegeben, daß eine Gestaltung gewählt wird, die nicht zum gewünschten Erfolg führt, die als Fehlschlag aufgefaßt wird und auch in modifizierter Form nicht mehr auf Interesse stößt. Daher erscheint es hilfreich, zunächst die Gestaltungskriterien zu betrachten, die sich bisher herausgebildet haben (vgl. dazu auch Reimann 1997 und Wächter 1998). Diese *Gestaltungskriterien* für das Informations- und Kommunikationsangebot einer Bank im Internet sind angesichts der Vielzahl der Gestaltungsalternativen noch relativ abstrakt; sie können aber eine gewisse Orientierung vermitteln:

Zum Aspekt der formalen Gestaltung gehört die Bildgestaltung und die Bilderfolge sowie die Tongestaltung und die Abstimmung von Bild- und Tonwiedergabe. Die inhaltliche Gestaltung bezieht sich auf die Breite, Tiefe und Genauigkeit des Informationsangebots, die Aktualität, den Abwechslungsreichtum und den Unterhaltungswert des Internet-Auftritts. Bei den Kontaktmöglichkeiten wird zwischen der Möglichkeit der Kontaktaufnahme zwischen Kunden und Bank und der Möglichkeit zum Wechsel der Kommunikationskanäle unterschieden. Der Aspekt Benutzungskomfort schließlich umfaßt den Navigationskomfort und die Zugriffszeiten.

Für die formale Gestaltung des Informations- und Kommunikationsangebots haben sich Multimedia-Agenturen im Markt etabliert, die von einem Kreditinstitut beauftragt werden können und – analog zu Werbeagenturen – den Internet-Auftritt in Abstimmung mit den Vorstellungen der Bank über die inhaltliche Gestaltung entwerfen, ausformen und implementieren. Das Informations- und Kommunikationsangebot muß inhaltlich so gestaltet werden, daß es Kunden und Nichtkunden einen spürbaren Nutzen bringt, immer wieder gern die Web-Sites der Bank aufzusuchen. Bankbezogene Angebote umfassen aktuelle allgemeine Informationen, wie z.B. Börsenkurse und individuelle Informationen zur Geschäftsverbindung mit dem jeweiligen Kunden. Auf den Web-Sites werden aber auch sonstige Informationsangebote, die teilweise gar nichts mit dem Bankgeschäft zu tun haben, präsentiert. Ihre Aufgabe ist es, Kunden und Nichtkunden immer wieder anzulocken, die das Angebot aktuell, abwechslungsreich und unterhaltsam, insgesamt also attraktiv finden. Denn das Informationsangebot soll ja u.a. auch dazu beitragen, daß Nichtkunden auf die Bank aufmerksam werden, so daß einige von ihnen als Neukunden gewonnen werden können. Insbesondere den Kunden sollte das Informations- und Kommunikationsangebot auch Kontaktmöglichkeiten bieten, so daß sie mit der Bank individuelle Fragen klären und dabei auch bequem die Kommunikationskanäle wechseln können, so daß sie z.B. von einer One-Way-Kommunikation per Web-System auf eine Two-Way-Kommunikation per E-Mail-System übergehen und dem Call Center der Bank eine Mitteilung schicken können, die die Bank veranlaßt, möglichst umgehend zurückzurufen und das Problem des Kunden in einem Telefongespräch zu klären.

Internet-Nutzer können von einer Bank auch erwarten, daß sie mit ihrem Internet-Auftritt einen gewissen Benutzungskomfort verbindet. Hierunter fällt vor allem der Navigationskomfort, der durch klare und übersichtliche Strukturierung der Informationen sichergestellt werden kann, so daß die Internet-Nutzer die gewünschten Informationen schnell und mühelos finden können. Insbesondere können Hyperlinks dazu beitragen, daß die Nutzer auch mühelos zu den Web-Sites anderer Anbieter gelangen, die zu demselben Unternehmensverbund gehören wie die betrachtete Bank, die mit ihnen zusammen ein Allfinanzangebot realisiert. Der Benutzungskomfort wird auch von den Zugriffszeiten bestimmt, die bei gegebener technischer Ausstattung des Internet-Nutzers u.a. auch von der Bildgestaltung und der damit verbundenen Datenmenge abhängen, die für den Bildaufbau übertragen werden muß. Aufwendig gestaltete Bilder, die für den Nutzer weniger Informations- oder Unterhaltungswert haben, aber zu unnötigen Wartezeiten führen, belasten die Attraktivität des Informations- und Kommunikationsangebots. Hier liegt ein Zielkonflikt zwischen den formalen und inhaltlichen Gestaltungswünschen einerseits und dem Benutzungskomfort andererseits vor.

Mit ihrem *Informations- und Kommunikationsangebot* im Internet kann eine Bank nur erfolgreich sein, wenn es konsequent auf die *Kundenbedürfnisse* ausgerichtet ist. Hierfür gibt es vielfältige Möglichkeiten. Der wichtigste Schritt besteht in der *Segmentierung des Angebots nach Zielgruppen*, die sich in Hinsicht auf ihre bankbezogenen Bedürfnisse deutlich unterscheiden. So kann man für Jugendliche, erwachsene Mengenkunden und gehobene Privatkunden spezielle »Informationspakete« bereitstellen, die von diesen Kunden gezielt abgerufen werden können und die zielgruppenspezifisch nicht nur Produktinformationen enthalten, sondern auch kundenproblem-orientierte Beratungsangebote, z.B. in Problembereichen wie Altersvorsorge, Familienabsicherung oder Immobilienerwerb. Ergänzt werden diese Angebote durch bankbezogene Services wie interaktive Rechenmodelle, Ausdruckmöglichkeiten für Produktbroschüren zur Unterstützung der Beratung mit Hilfe von pdf-Files, eine »Immobilienbörse« zur Verbesserung der Markttransparenz für Immobilienkäufer etc. Diese Informationsangebote sind den Marketing-Instrumenten »Marktleistungswerbung« und »Kundenbezogene Verkaufsförderung« zuzurechnen (vgl. Kap. 5.2.1.4).

*Allgemeine bankbezogene Informationsangebote*, die nicht zielgruppenspezifisch sind, umfassen aktuelle Informationen über die Finanzmärkte, insbesondere Börsenkurse und Finanzanalysen, Wirtschaftsnachrichten, aber auch für den Alltag hilfreiche Informationen, z.B. über die Automatenstandorte der Bank, Akzeptanzstellen für die

Geldkarte etc. Dieses Angebot gehört wohl auch zur kundenbezogenen Verkaufsförderung, der Wirkungszusammenhang zwischen dem Angebot und dem Verkauf von Bankleistungen ist aber kaum noch erkennbar. Als besondere Attraktion im Internet-Angebot sind gerade die *allgemeinen nicht-bankbezogenen Informationsangebote* konzipiert, die Kunden und insbesondere auch Nichtkunden anlocken sollen, die Web-Sites der Bank zu besuchen. Hierbei handelt es sich beispielsweise um Kontaktbörsen für Firmenkunden, die Lieferanten und Abnehmer suchen, Bewerbungstraining und Stellenangebote, Gewinn- und Werbespiele, Freizeittips bezüglich Kunst, Musik, Theater und Sport, Kultur-Sponsoring im Web und Diskussionsforen. Diese Angebote erfüllen eine wichtige Zubringerfunktion für die Bank, und sie leisten zugleich einen Beitrag zur Institutswerbung (vgl. Kap. 5.2.1.4.3) und hier insbesondere zur Stärkung des Bekanntheitsgrades der Bank und zur Schaffung einer positiven Einstellung gegenüber der Bank.

Praktisch alle Banken, die im Internet als Informationsanbieter präsent sind, halten auch ein »*Informations-Basispaket*« bereit, das primär der *Selbstdarstellung* dient und Informationen über das Institut und Verbundunternehmen, insbesondere über die Unternehmensentwicklung, besondere Ereignisse wie Fusionen und Übernahmen, die Geschäftsentwicklung und Jahresabschlüsse enthält. Dieses Basispaket ist für die allermeisten Internet-Surfer völlig unattraktiv, und es sollte mit den Mitteln der Benutzerführung ganz im Hintergrund gehalten werden. Es mag einen geringen Beitrag zur Öffentlichkeitsarbeit und Institutswerbung (vgl. Kap. 5.2.1.4) leisten, die Attraktivität des Internet-Angebots der Bank darf es aber auf keinen Fall beeinträchtigen.

Insbesondere für Direktbanken, die aus Kundensicht im Markt zwar präsent, aber nicht greifbar sind, ist ein *eigenständiger und unverwechselbarer Marktauftritt* im Internet von großer Bedeutung. Im Prinzip gilt dies aber für alle Internet-Anbieter. Wells Fargo, die US-amerikanische Geschäftsbank mit Sitz in San Francisco, hat sehr früh erkannt, daß viele Web-Surfer nur einmal oder wenige Male hereinschauen und nicht wiederkommen, wenn die Bank kein aktuelles, abwechslungsreiches und unterhaltsames, insgesamt also kein attraktives Internet-Angebot hat. Diese Bank griff auf ihre Unternehmensgeschichte zurück, die einen wichtigen Bestandteil ihrer unverwechselbaren Unternehmensidentität darstellt, und sie setzte Episoden ihrer ereignisreichen Unternehmensentwicklung im »wilden Westen« der USA in Spots um, die dann, täglich neu, im Internet präsentiert werden konnten. Der Erfolg war eindeutig: Viele Web-Surfer besuchten daraufhin die Web-Sites der Bank täglich, und wenn einmal nicht rechtzeitig ein neuer Spot gezeigt werden konnte, trafen auch schon die Beschwerden ein. Die Bank konnte auf diese Weise einen eigenständigen und unverwechselbaren Marktauftritt im Internet realisieren und sogar eine ganz erstaunliche »Surfer-Bindung« erzielen. Aus wievielen der regelmäßig vorbeischauenden Surfern tatsächlich Kunden geworden sind, und ob sich der hohe Aufwand für die Gestaltung des Internet-Auftritts ausgezahlt hat, ist nicht bekannt. An einem anderen Beispiel zeigt Wächter (1998), wie ein Institut, das traditionell mit einer Region, hier dem Rhein-Main-Gebiet, eng verbunden ist, diese Chance nutzt, um sich zu profilieren und von der Konkurrenz abzuheben. In sein allgemeines nicht bankbezogenes Informationsangebot bezieht es regionale Wirtschaftsinformationen, Kooperationsangebote, kulturelle Aktivitäten etc. ein, die diese regionale Verankerung unterstreichen.

Der Aufwand, der für einen dauerhaft attraktiven Internet-Auftritt erforderlich ist, ist von vielen Unternehmen und naturgemäß auch von den Kreditinstituten stark unterschätzt worden. Von den Anforderungskriterien für die Gestaltung sind es insbesondere die Aktualität, der Abwechslungsreichtum und der Unterhaltungswert, die darauf hinweisen, daß ein Institut täglich mit Engagement, Kreativität und erheblichem Aufwand an seinem Internet-Auftritt arbeiten muß. Ob und wann sich diese Anstrengungen in Zukunft auszahlen werden, ist bisher kaum absehbar.

### 5.2.2.2.2 Web-Site-Besuche als Ausgangspunkt für die Kundenansprache

Das Verhalten von Internet-Nutzern, die die Begrüßungsseite (Homepage) und von hier aus die Programmseiten (Web-Sites) mit dem Produkt- und Serviceangebot einer Bank aufsuchen, kann mit Hilfe eines I&K-Systems wie z.B. des TARGET-Systems statistisch analysiert werden (vgl. Döring-Katerkamp 1996), das aber nicht mit dem gleichnamigen Zahlungsverkehrssystem (vgl. Kap. 2.1.4.3.2.1) verwechselt werden darf. Dieses System macht insbesondere die Häufigkeit und die Reihenfolge sichtbar, mit der die einzelnen Web-Sites betrachtet werden. Stellt man auf den einzelnen Web-Sites jeweils nur ein bestimmtes Produkt dar, dann kann man aus der Besuchshäufigkeit auf das Interesse an diesem Produkt schließen. Eine derartige Auswertung des Betrachterverhaltens kann eine Bank auf alle Internet-Nutzer anwenden, die ihre Web-Sites aufsuchen, seien sie nun Kunden oder nicht.

Für die Betreuung von Internet-Nutzern, die sich beim Besuch der Web-Sites einer Bank durch Paßwort o.ä. eindeutig als *Kunden* ausweisen, haben Döring-Katerkamp/ Bauer (1997) eine *Konzeption* entworfen, die vorsieht, daß das Betrachterverhalten des einzelnen Kunden registriert und durch ein selbstlernendes Expertensystem (vgl. Anhang 1.3) analysiert wird, so daß unter Berücksichtigung der Kundenstammdaten ein individuelles und auf das Betrachterverhalten des Kunden abgestimmtes Bankleistungsangebot entwickelt und dem Kunden präsentiert werden kann, sei es am Bildschirm oder durch den für den Kunden zuständigen Berater. Am Anfang dieses Prozesses steht die Gewinnung von Informationen über den Kunden. Erfaßt und ausgewertet werden die Web-Sites, die der Kunde besucht, die Reihenfolge und die Dauer, mit der das geschieht, und natürlich auch die vom Kunden dabei eingegebenen Daten. Die Ergiebigkeit der Auswertung des Betrachterverhaltens hängt ganz entscheidend davon ab, wie die Angebote der Bank auf den Web-Sites angeordnet sind. In der Anordnung kommt nach Auffassung von Döring-Katerkamp/Bauer (1997) ein Raster zum Ausdruck, das in gewissem Sinne der Anordnung von Fragen in einem Fragebogen entspricht. Dieser Prozeß des Anbietens von Informationen im Web durch die Bank und des Aufsuchens der Web-Sites durch die Kunden, die dadurch ihr Interesse an den Angeboten der Bank äußern, ist als Two-Way-Communication zu betrachten. Je besser die Anordnung und je ergiebiger die Auswertung ist, desto besser sind die Voraussetzungen für das Expertensystem für die Erarbeitung eines individuellen Angebotes. Im nächsten Schritt werden die auf dem Betrachterverhalten beruhenden Auswertungsergebnisse mit Daten aus der Kundendatenbank verknüpft, so daß Angebote für die individuelle Kundenansprache entwickelt werden können (vgl. dazu auch Kap. 5.2.2.3.2.6), die der zuständige Kundenberater übernehmen und dem persönlichen Beratungsgespräch zugrunde legen kann.

Wie oben erwähnt handelt es sich hier nur um eine Systemkonzeption, zu der es noch keine einsatzfähigen Programme gibt. Die Kopplung der Auswertung des Betrachterverhaltens mit einem Expertensystem für Bedarfsanalyse und Angebotserstellung erscheint mittelfristig aussichtsreich, sie wird wegen der hohen Entwicklungsaufwendungen aber nur wirtschaftlich realisiert werden können, wenn das Internet intensiv von den Kunden genutzt wird. In der Verbindung von Bedarfsanalyse und Angebotserstellung, die einen zentralen Aspekt dieser Systemkonzeption darstellt, kommt der enge Zusammenhang zwischen der Marketing-Kommunikation und dem Vertrieb zum Ausdruck: Auf der Grundlage von Informationen, die sich bei der Internet-Kommunikation zwischen Kunde und Bank ergeben, wird ein Angebot erstellt, das der im Vertrieb tätige Berater des Kunden in ein Beratungsgespräch einbringt.

### 5.2.2.2.3 Einsatz von Beschwerdemanagementsystemen im Rahmen einer Qualitätsmanagement-Konzeption

Bevor auf den Einsatz von Beschwerdemanagementsystemen im Rahmen eines Qualitätsmanagement-Konzepts eingegangen werden kann, sollen zunächst die Grundlagen und Aufgaben eines Qualitätsmanagement-Konzepts erläutert werden.

**a) Grundlagen des Qualitätsmanagement**

Unternehmen, und nicht nur Kreditinstitute, die fehlerhafte, unzureichende und nicht zufriedenstellende Leistungen erbringen, waren immer schon mit Kundenbeschwerden konfrontiert. Lange haben viele Unternehmen und insbesondere die betroffenen Mitarbeiter die Kundenbeschwerden als lästig empfunden und sie nur widerwillig und wenig kundenorientiert bearbeitet. Später hat sich dann aber gezeigt, z.B. auch im Rahmen des PIMS-Projektes (Profit Impact of Market Strategies), daß Unternehmen mit einer gegenüber den Konkurrenten überlegenen Dienstleistungsqualität tendenziell auch ein größeres Unternehmenswachstum und eine höhere Rentabilität aufweisen (vgl. Buzzell/Gale 1989). Nicht nur aufgrund dieser Erkenntnis, sondern auch wegen der Veränderungen der Wettbewerbsstruktur und der damit einhergehenden Verschärfung des Wettbewerbs, auch mit Non- und Near-Banks, haben sich die Kreditinstitute der Problematik der Dienstleistungsqualität mehr und mehr zugewandt. Allgemein ergibt sich die *Qualität einer Dienstleistung* aus der Beschaffenheit dieser Dienstleistung, die ein bestimmtes *Leistungsniveau* repräsentiert und seitens der Kunden aufgrund von Erwartungen mit einem bestimmten *Anforderungsniveau* konfrontiert ist, so daß sich aus Kundensicht eine subjektive Qualitätseinschätzung ergibt, die auf einer Gesamtbewertung der einzelnen Leistungsmerkmale beruht.

In der Vergangenheit wurden verschiedene Konzeptionen für das Qualitätsmanagement erarbeitet und teilweise auch schon in der Praxis umgesetzt. Bruhn (1997) hat eine umfassende Konzeption für das Qualitätsmanagement entwickelt und konsequent auf das Kreditgewerbe ausgerichtet, die den folgenden Ausführungen zugrunde gelegt wird. Hierbei wird unter *Qualitätsmanagement* die Gesamtheit der qualitätsbezogenen Tätigkeiten eines Unternehmens, hier eines Kreditinstitutes, verstanden, die auf die für das Qualitätsmanagement geltenden Ziele auszurichten sind. Eine *Qualitätsmanagement-Konzeption* muß dementsprechend Anforderungen, Ziele, Grundsätze und Instrumente des Qualitätsmanagement festlegen. Zu den *Anforderungen* gehört insbesondere die Ganzheitlichkeit der Konzeption, die Umsetzbarkeit der Maßnahmen des Qualitätsmanagement, eine langfristige Orientierung und die Berücksichtigung der Wirtschaftlichkeit der Qualitätsmanagement-Konzeption. Die Ziele des bankbetrieblichen Qualitätsmanagement sind von den Unternehmenszielen des jeweiligen Instituts, Gewinn, Rentabilität, Wachstum, Shareholder Value o.ä. abzuleiten. Man kann markt- und unternehmensgerichtete Ziele des Qualitätsmanagement unterscheiden. Zu den *marktgerichteten Zielen* zählen die Steigerung der Kundenzufriedenheit und, hierdurch bewirkt, die Steigerung der Kundenbindung, Image-Verbesserungen und die Schaffung von Markteintrittsbarrieren für Konkurrenten. *Unternehmensgerichtete Ziele* des Qualitätsmanagement sind dagegen die Senkung der Fehlleistungsaufwendungen, Effizienzsteigerungen bei internen Leistungsprozessen sowie die Schaffung eines Qualitätsbewußtseins bei den Mitarbeitern.

Durch Gewährleistung einer Dienstleistungsqualität, die den Qualitätsansprüchen der Kunden entspricht, soll die Kundenzufriedenheit, und hierdurch die Kundenbindung, gestärkt werden, so daß hierdurch auch ein Beitrag zur Steigerung des Unternehmenserfolges entsteht. Diese *Ziel-Mittel-Beziehung*, die zwar plausibel und akzeptiert, aber wissenschaftlich doch noch hypothetisch ist, wird gelegentlich auch als Wirkungskette zwischen Servicequalität und Unternehmenserfolg bezeichnet (vgl. Müller 1998).

Die *Aufgabe* des bankbetrieblichen Qualitätsmanagement besteht darin, die von dem jeweiligen Institut hinsichtlich der Kundenerwartungen festgelegte Bankleistungsqualität permanent sicherzustellen. Konkret sind die markt- und bankbetriebsgerichteten Aufgaben abzuleiten, die der Erreichung der Ziele des Qualitätsmanagement dienen. Zu den *marktgerichteten Aufgaben* gehört insbesondere die Erfassung der Kundenanforderungen hinsichtlich der Bankleistungsqualität und die Umsetzung der Anforderungen in Qualitätsstandards. Die *unternehmensgerichteten Aufgaben* haben dagegen die Schaffung der sachlichen, organisatorischen und personellen Voraussetzungen für das Qualitätsmanagement sowie die Vertiefung des Qualitätsbewußtseins bei den Mitarbeitern der Bank zum Gegenstand. Die Qualitätsmanagement-Konzeption insgesamt dient also der Strukturierung sowie systematischen und koordinierten Ausführung der Qualitätsaufgaben. Hierzu gehört insbesondere eine qualitätsorientierte aufbau- und ablauforganisatorische Gestaltung der Bank zur Verknüpfung der qualitätsbezogenen Maßnahmen sowie eine gezielte Planung, Umsetzung und Steuerung dieser Maßnahmen in der Organisation.

Für das Qualitätsmanagement haben sich *Phasenkonzepte* herausgebildet, z.B. eine Strukturierung nach der Art der qualitätsbezogenen Aktivitäten in Qualitätsplanung, Qualitätssteuerung, Qualitätskontrolle und Qualitätsdokumentation. Im Rahmen der *Qualitätsplanung* wird die angestrebte Qualitätsposition der Bank festgelegt, die Kundenanforderungen an die Bankleistungsqualität werden erfaßt, und es werden konkrete Qualitätsziele sowie Konzeptionen zu deren Verwirklichung formuliert.

Die *Qualitätssteuerung* umfaßt sämtliche Tätigkeiten, die der Realisierung der Anforderungen an die Bankleistungsqualität aus Kunden- und Banksicht dienen. Hierbei werden personalwirtschaftliche, organisatorische und informationsbezogene Instrumente eingesetzt. Bei den *personalwirtschaftlichen Instrumenten* sind insbesondere qualitätsorientierte Aus- und Weiterbildung sowie Anreizsysteme zu nennen. Die *organisatorische Verankerung* des Qualitätsmanagement geschieht primär durch Übertragung von Qualitätsverantwortung auf das Linienmanagement, die Schaffung von eigenständigen Organisationseinheiten mit Qualitätsverantwortung sowie durch qualitätssichernde Maßnahmen bei der Gestaltung der Geschäftsprozesse. Schließlich ist besonderes hervorzuheben, daß, soweit Bankleistungen auf der Grundlage von *I&K-Systemen* erstellt werden, die Funktionsweise dieser Systeme die Qualität der Bankleistungen maßgebend beeinflußt. Bei der Gestaltung derartiger Systeme sind daher im Rahmen der technischen Möglichkeiten auch die im Einzelfall geltenden Qualitätsziele zu berücksichtigen.

Bei der *Qualitätskontrolle* wird überprüft, inwieweit die bei der Qualitätsplanung festgelegten Qualitätsstandards in der Praxis des jeweiligen Instituts umgesetzt wurden. Hierbei dominiert naturgemäß die Kundensicht. Als Verfahren kommen nicht nur *Testkäufe* und *Beschwerdeanalysen* in Betracht, sondern auch die Messung von Kundenerwartungen und -wahrnehmungen durch *Kundenbefragungen*. Wenn diese Kundenbefragungen nicht nur einmal oder sporadisch, sondern in gewissen Zeitabständen regelmäßig im Rahmen des »Customer Satisfaction Tracking« durchgeführt werden, sind Zeitvergleiche möglich, die sich auf Kundengruppen, Unternehmensbereiche, Regionen, einzelne Stützpunkte, Vertriebswege etc. beziehen können. Dadurch werden in differenzierter Weise positive und negative Veränderungen der von den Kunden wahrgenommenen (*externen*) Bankleistungsqualität sichtbar. Da Bankleistungen betriebsintern zumeist durch eine Kette von Teilleistungen entstehen, die von verschiedenen Mitarbeitern erbracht werden, die man sich untereinander in Lieferant-Kunde-Beziehungen stehend vorstellen kann, empfiehlt sich ergänzend auch die Befragung von Mitarbeitern als *in-*

*terne Kunden* in bezug auf die Qualität der Vorleistungen, die sie erhalten. Hierdurch kann man den Ursachen für extern wahrgenommene Qualitätsdefizite auf die Spur kommen, die dann gezielt behoben werden können.

**b) Beschwerdemanagement in Kreditinstituten**

Unter den Instrumenten der Qualitätskontrolle nimmt die *Beschwerdeanalyse* eine bedeutende Stellung ein, denn sie läßt erkennen, bei welchen Kundengruppen, Leistungsarten, Stützpunkten, Vertriebswegen etc. immer wieder bestimmte Beschwerden auftreten, die auf Qualitätsdefiziten beruhen können. Die *Informationen über Qualitätsdefizite* im eigenen Leistungsangebot und über Veränderungen im Kundenverhalten, die die Bank durch die Beschwerden erhält, sind *kostenlos und aktuell*. Sie sollten konsequent für eine kontinuierliche Qualitätsverbesserung genutzt werden. Nicht jede Beschwerde ist aber zwangsläufig auf ein Qualitätsdefizit zurückzuführen. In Einzelfällen können Kunden vollkommen überhöhte, weit über die in der Qualitätsplanung gesetzten Qualitätsstandards hinausgehende oder sogar unberechtigte und juristisch unhaltbare Ansprüche äußern, die mit Qualitätsdefiziten nichts zu tun haben, gleichwohl aber eine aufwendige Beschwerdebearbeitung mit sich bringen. Derartige Einzelfälle sind für das Qualitätsmanagement unergiebig. Dagegen kann man durch eine statistische Analyse einer größeren Anzahl von Beschwerden repräsentativ und zuverlässig Schwerpunkte erkennen, in denen Qualitätsdefizite auftreten, die durch Maßnahmen des Qualitätsmanagement behoben werden sollten.

*Statistische Beschwerdeanalyse* setzt eine große Anzahl von Beschwerden voraus, die nach Möglichkeit repräsentativ sein sollten. Folgt man dem Disconfirmation Paradigm, dann wird Kundenzufriedenheit nicht erreicht, wenn die Qualitätsanforderungen der Kunden durch die gebotene Qualität nicht erfüllt werden. Dies führt aber nicht zwangsläufig dazu, daß die Kunden sich tatsächlich beschweren. Offenbar hängt es von der Größe der Diskrepanz zwischen Qualitätsanforderung und Erfüllung, von dem mit der Beschwerde verbundenen Aufwand, von den persönlichen Beziehungen zwischen den Kunden und ihren Ansprechpartnern in der Bank, von Persönlichkeitsmerkmalen der Kunden und ggf. von weiteren Einflußgrößen ab, ob sich die Kunden beschweren. Empirische Untersuchungen haben ergeben, daß sich nur ein kleiner Teil der unzufriedenen Kunden tatsächlich beschwert (vgl. Goodman/Malech/Marra 1987), und es muß damit gerechnet werden, daß dieser Teil nicht einmal repräsentativ für die Gesamtheit aller unzufriedenen Kunden einer Bank ist. Viele unzufriedene Kunden, die sich nicht beschweren, betreiben negative Mund-zu-Mund-Propaganda, ohne daß die Bank dies feststellen kann, oder sie wandern sogar zu Konkurrenten ab.

Dies sind Gründe, weshalb schon vor Jahren Konzeptionen für ein *aktives Beschwerdemanagement* entwickelt wurden, das nicht nur eine Stimulierung, sondern auch eine systematische und sorgfältige Bearbeitung und Analyse der eingehenden Beschwerden sowie ihre Auswertung für das Qualitätsmanagement umfaßt. Um unzufriedene *Kunden gezielt zur Beschwerde zu stimulieren*, wird die Bank nicht nur Kommunikationsmaßnahmen ergreifen, sondern den Kunden auch bedarfsgerechte *Beschwerdewege* für die Abgabe der Beschwerden anbieten, insbesondere im persönlichen Gespräch mit geschulten Mitarbeitern, per Beschwerdetelefon, schriftlich, über T-Online Classic und das Internet, in jedem Fall aber so, daß die Beschwerden bei neutralen Stellen eingehen und nicht bei den Mitarbeitern, die für das beanstandete Qualitätsdefizit verantwortlich sind oder sein könnten. Durch die Stimulierung soll die Zahl der eingehenden Beschwerden gesteigert und damit auch die Repräsentativität verbessert werden, so daß erwartet werden darf, daß die Ergebnisse der Beschwerdeanalyse zuverlässiger und das Qualitätsmanagement effizienter wird. Mit der Anzahl der Beschwerden steigt aber auch der Aufwand für die *Beschwerdebearbeitung*. An die Qualität dieser Beschwerdebearbeitung werden seitens der solchermaßen sensibilisierten Kunden höhere Qualitätsanforderungen gestellt, die erfüllt werden müssen, damit es nicht auch noch zu Beschwerden über eine unzureichende Beschwerdebearbeitung kommt.

### c) Systemgestütztes Beschwerdemanagement

Wenn eine Bank ihre unzufriedenen Kunden zur Beschwerde stimuliert, muß sie die personellen, organisatorischen und informationstechnischen Voraussetzungen für eine sorgfältige und zeitgerechte Bearbeitung der eingehenden Beschwerden geschaffen haben. Zu den *personellen Voraussetzungen* gehört, daß eine für den erwarteten Anfall an Beschwerden ausreichende Anzahl von Mitarbeitern bereitsteht, die durch Weiterbildungsmaßnahmen gezielt auf die Beschwerdebearbeitung vorbereitet worden sind. Für diese Mitarbeiter ist nicht nur eine *Organisationseinheit*, hier als zentrale Beschwerdestelle bezeichnet, zu schaffen, sondern es ist auch zu regeln, wie die *Zusammenarbeit* zwischen der zentralen Beschwerdestelle und den Fachabteilungen ablaufen soll, in denen die Probleme entstanden sind, die den Beschwerden jeweils zugrunde liegen. In großen und dezentral operierenden Instituten sind mehrere dezentrale Beschwerdestellen einzurichten, weil auch die Beschwerdebearbeitung kundennah und in Zusammenarbeit mit den dezentralen Fachabteilungen erfolgen muß. In technischer Hinsicht erscheint es schließlich dringend geboten, die Beschwerdebearbeitung durch leistungsfähige *Informationssysteme* zu unterstützen, damit sie zuverlässig, zeitgerecht und effizient ablaufen kann. Ein leistungsfähiges System zur Unterstützung der Beschwerdebearbeitung ist das System BEAVIS (Beschwerdeanalyse-, Verwaltungs- und Informationssystem), das die Vereins- und Westbank AG im Privatkundengeschäft einsetzt (vgl. Schreiber/Zimmermann 1996). Dieses System unterstützt die Funktionen Beschwerdeannahme, Beschwerdebearbeitung und Beschwerdeanalyse.

### ca) Beschwerdeannahme

Die Daten von neuen Kundenbeschwerden, die auf den verschiedenen Beschwerdewegen, telefonisch, schriftlich oder online in der Bank eintreffen, werden von den Mitarbeitern der zentralen Beschwerdestelle, die für die Beschwerdebearbeitung fachlich und psychologisch geschult sind, am Bildschirmarbeitsplatz erfaßt und in das System eingegeben. Ergänzend werden aus der Kundendatenbank die für den Beschwerdefall relevanten Daten abgerufen und bereitgestellt. Bei telefonischem Kontakt mit den Kunden wird sofort eine Bearbeitungszusage gegeben und in der Terminüberwachung des Systems gespeichert. Bei schriftlichen Beschwerden wird eine Eingangsbestätigung erstellt, in der den Kunden auch der zuständige Ansprechpartner in der zentralen Beschwerdestelle und ein verbindlicher Termin für die Beschwerdebearbeitung mitgeteilt werden. Mit der Erfassung erhält jede Beschwerde einen Bearbeitungsstatus, der jeweils den Bearbeitungsstand und die für den nächsten Bearbeitungsschritt zuständige Stelle anzeigt, so daß der Stand jederzeit abgefragt werden und keine Beschwerde verlorengehen kann. Anschließend wird die Beschwerde an die für die weitere Bearbeitung zuständige Fachabteilung weitergegeben.

### cb) Beschwerdebearbeitung

Zur systemgestützten Beschwerdebearbeitung gehören die Teilfunktionen Kommunikation, Problemlösung und die Erfassung der Beschwerdezufriedenheit.

- **Kommunikation**

Das wichtigste *Ziel für die Beschwerdebearbeitung* besteht darin, die Probleme der Kunden umgehend, möglichst noch während des Erstkontaktes, zu lösen. Oft sind jedoch weitere Kontakte erforderlich, weil Unterlagen fehlen oder Nachforschungen angestellt werden müssen. Fragen Kunden telefonisch oder schriftlich nach dem Bearbeitungsstand ihrer Beschwerde, dann kann der Nutzer des BEAVIS-Systems sofort den Stand feststellen und den bisherigen Schriftverkehr und weitere Detailinformationen abrufen. Während der gesamten Beschwerdebearbeitung erfolgt systemgestützt eine *Terminüberwachung*, so daß laufend die mit dem Kunden vereinbarten Termine und die für interne Bearbeitungsvorgänge festgelegten Fristen überwacht und Maßnahmen veranlaßt werden können. Insbesondere *Fristüberschreitungen* von Fachabteilungen, die inhaltlich bei der Beschwerdebearbeitung mitwirken müssen, werden durch die Zusatzfunktion »Eskalation« des Systems automatisch dem für das Beschwerdemanagement zuständigen Mitglied der Geschäftsleitung mitgeteilt. Dadurch wird auf die Fachabteilungen, die bei der Geschäftsleitung naturgemäß mit Beschwerden möglichst nicht auffallen wollen, ein gewisser Druck ausgeübt, vorliegende Beschwerden mit hoher Priorität zu bearbeiten und keinesfalls liegenzulassen.

Die Beschwerdebearbeitung ist eine *ressortübergreifende Aufgabe*, denn regelmäßig müssen die zentrale Beschwerdestelle und, je nach Einzelfall, eine oder mehrere Fachabteilungen zusammenwirken, um den Beschwerden der Kunden nachzugehen und die Kunden wirklich zufriedenzustellen. Die zentrale Beschwerdestelle hat aber keine Anordnungsbefugnis gegenüber den Fachabteilungen. Bei konventioneller Beschwerdebearbeitung wäre es immer wieder notwendig, daß Führungskräfte zugunsten der zentralen Beschwerdestelle intervenieren und die betreffenden Fachabteilungen zu einer fristgerechten Mitwirkung anhalten. Bei Einsatz des BEAVIS-Systems wird dies unauffällig und doch sehr wirksam durch die Zusatzfunktion »Eskalation« erreicht.

Bei vielen Beschwerden erfolgt die Kommunikation zwischen den Kunden und der zentralen Beschwerdestelle schriftlich. Die Bank erteilt einen Eingangs- und ggf. auch einen Zwischenbescheid, sie schickt schriftliche Nachfragen und schließlich ein nach Möglichkeit abschließendes Antwortschreiben. Für die Bewältigung der schriftlichen Kommunikation mit den Kunden ist in das System BEAVIS ein *Textverarbeitungsmodul* integriert, das Kundendaten einliest und die Verwendung von Standardtexten, z.B. bei Eingangsbestätigungen, ermöglicht. Es stellt dem Benutzer eine Argumentationshilfe mit Stichwortverzeichnis für wiederkehrende Problemstellungen zur Verfügung, und es speichert die gesamte Korrespondenz zusammen mit den Kunden- und Beschwerdeakten. Insgesamt bietet das Textverarbeitungsmodul die Möglichkeit, gegenüber der herkömmlichen Beschwerdebearbeitung die Qualität und Produktivität erheblich zu steigern.

- **Problemlösung**

Bei der Beschwerdebearbeitung kommuniziert die zentrale Beschwerdestelle mit den beschwerdeführenden Kunden einerseits und den von den Beschwerden betroffenen Fachabteilungen andererseits. Im Verlauf dieser Kommunikation wird eine fachlich begründete oder auch kulante Problemlösung erarbeitet, die anschließend den Kunden übermittelt wird. Dieser Vorgang erfordert, daß die beteiligten Mitarbeiter der Bank mit ihrem bankwirtschaftlichen und bankrechtlichen Sachverstand den jeweiligen Einzelfall bearbeiten und sorgfältig auf das Kundenanliegen eingehen. Das BEAVIS-System kann hierzu inhaltlich praktisch nichts beitragen.

- **Erfassung der Beschwerdezufriedenheit**

Es ist eines der wichtigsten Ziele des Beschwerdemanagement, daß durch die Beschwerdebearbeitung die Zufriedenheit und Loyalität der beschwerdeführenden Kunden zurückgewonnen wird. Um dies systemgestützt verfolgen zu können, geben die Sachbearbeiter in der zentralen Beschwerdestelle nach Abschluß jeder Beschwerdebearbeitung eine *Selbsteinschätzung* der Qualität der Beschwerdebearbeitung in das System ein. Anschließend werden die Beschwerdeführer persönlich, telefonisch oder schriftlich *befragt*, und auch diese Ergebnisse werden gespeichert. Durch *Gegenüberstellung* dieser von Mitarbeitern und Kunden abgegebenen Bewertungen kann jederzeit kurzfristig ein gewisses Bild der durch das Beschwerdemanagement erreichten Beschwerdezufriedenheit entwickelt werden. Aufschlußreich, wenn auch viel aufwendiger, ist die zeitraumbezogene Analyse des Wiederkaufverhaltens der Beschwerdeführer und damit des Kundenbindungserfolgs nach Abschluß der Beschwerdebearbeitung.

### cc) Beschwerdeanalyse

Außer der Unterstützung bei der Bearbeitung der Kundenbeschwerden im Einzelfall bietet das System BEAVIS auch die Möglichkeit, in gewissen Zeitabständen, z.B. vierteljährlich für das jeweils abgelaufene Quartal, die in diesem Zeitraum bearbeiteten Beschwerden zu analysieren. Dabei sind die Fragen nach den Beschwerdeursachen, nach dem Kundenbindungserfolg durch die Beschwerdebearbeitung und nach der Effizienz der Beschwerdebearbeitung von besonderer Bedeutung. Reporting-Funktionen sind in das System integriert, die es ermöglichen, die Analyseergebnisse in Form von vorstrukturierten Berichten auszugeben.

- **Beschwerdeursachen**

Für das Qualitätsmanagement ist es besonders wichtig, bei welchen Produkten und Prozessen, in welchen Abteilungen und Stützpunkten etc. die Beschwerden schwerpunktartig ausgelöst werden. Dies kann durch die Beschwerdeanalyse mühelos festgestellt werden. Um zu den Beschwerdeursachen vorzudringen, muß das Qualitätsmanagement dann aber in jedem Schwerpunkt die Ursachen für die Beschwerden detailliert untersuchen. Als Ursachen kommen z.B. unzureichend strukturierte Geschäftsprozesse, unzuverlässige oder unzureichend geschulte Mitarbeiter in Betracht. Von der Erkennung der Ursachen für Qualitätsdefizite bis zur Ergreifung von Maßnahmen zu ihrer Behebung ist es dann nur noch ein kleiner Schritt. In diesem Sinne wird das System BEAVIS als Impulsgeber für das Qualitätsmanagement bezeichnet.

- **Kundenbindungserfolg durch die Beschwerdebearbeitung**

Naturgemäß ist es für das Beschwerdemanagement von großer Bedeutung, wie sich die Beschwerdebearbeitung auf die Kundenbindung der Beschwerdeführer auswirkt. Einen Anhaltspunkt hierfür gibt die *Analyse des Wiederkaufverhaltens* der Beschwerdeführer nach Abschluß der Beschwerdebearbeitung. In der Terminüberwachungsfunktion des BEAVIS-Systems ist vorgesehen, daß der Benutzer eine Terminvormerkung eingibt, so daß das System ihn nach einem vorgegebenen Zeitraum, z.B. ein Quartal nach Abschluß der Beschwerdebearbeitung, daran erinnert, daß er das Modul für die Kaufverhaltensanalyse starten muß. Von besonderem Interesse ist dann, ob der Kunde abgewandert ist, oder ob er seine Produktnutzung erhöht, vermindert oder strukturell verändert hat. Eine derartige *Analyse des Kundenbindungserfolgs* der Beschwerdebearbeitung ist zwar verhältnismäßig aufwendig, sie sollte aber nicht nur im Einzelfall erfolgen, sondern für alle Beschwerdeführer, die aufgrund von vorgegebenen Kriterien, z.B. wegen ihres Nachfragepotentials, für die Bank besonders wichtig sind. Bei der Interpretation der Analyseergebnisse ist aber zu beachten, daß die Beschwerdeführer nicht repräsentativ für die gesamte Kundschaft der Bank sind, und daß nicht jede Änderung des Kundenverhaltens allein durch die Art der Beschwerdebearbeitung verursacht ist. So wandern auch Kunden ab, die durchaus zufrieden sind, weil sie z.B. in einen anderen Ort umziehen, wo sie die Geschäftsbeziehung mit der betrachteten Bank nicht fortsetzen können.

- **Effizienz der Beschwerdebearbeitung**

Im Rahmen der systemgestützten Beschwerdeanalyse können *Kennzahlen* ermittelt werden, die anzeigen, in welchem Maße die *Standards für die Beschwerdebearbeitung* erfüllt werden und Beschwerdezufriedenheit erreicht worden ist (vgl. Abb. 5.2.2.2.3-1).

| Performance des Beschwerdemanagements | | | |
|---|---|---|---|
| **Einhaltung der Beschwerdestandards** | | | |
| Standard | | | Erfüllung in % |
| • 75 % der Beschwerden werden sofort oder am selben Tag erledigt | | | 87 |
| • die durchschnittliche Bearbeitungsdauer beträgt 5 Tage | | | 92 |
| • bei schriftlichen Beschwerden erhält der Kunde tagggleich eine Eingangsbestätigung mit Ansprechpartner und Terminzusage | | | 98 |
| • bei Beschwerden, deren Bearbeitung länger als 5 Tage dauert, geht am 5. Tag ein Zwischenbescheid an den Kunden | | | 79 |
| • keine Beschwerde im Eskalationsprozeß | | | 94 |
| **Beschwerdezufriedenheit** | | | |
| Interne Analyse | | | Anteil in % |
| • Anteil der Beschwerdeführer, die nach einem Jahr noch Kunde sind | | | 78 |
| • Anteil der Beschwerdeführer, die nach einem Jahr ihre Produktnutzung erhöht haben | | | 35 |
| Selbsteinschätzung/ Kundenbefragung | Anteil in % | | |
| | überzeugt | zufrieden | unzufrieden |
| • Selbsteinschätzung | 45 | 35 | 20 |
| • Kundenbefragung | 35 | 35 | 30 |

Abb. 5.2.2.2.3-1: Beschwerdestandards und Beschwerdezufriedenheit
aus: Schreiber/Zimmer (1996)

Die Standards, die vom Beschwerdemanagement gewissermaßen als Teilziele gesetzt worden sind, beziehen sich primär auf die Bearbeitungszeit für die Beschwerden. Die *Beschwerdezufriedenheit* wird einerseits auf die Selbsteinschätzung und die Kundenbefragung zurückgeführt, andererseits wird dabei auch der oben erläuterte Kundenbindungserfolg der Beschwerdebearbeitung und insbesondere das Wiederkaufverhalten berücksichtigt. Durch die Einführung des BEAVIS-Systems konnte die mittlere Beschwerdebearbeitszeit bei der Vereins- und Westbank im Vergleich zur konventionellen Bearbeitung in etwa halbiert werden (vgl. Schreiber/Zimmermann 1996).

### 5.2.2.3 Systeme für Marketing-Maßnahmenplanung und Vertrieb

Im Mittelpunkt der Marketing-Maßnahmen stehen Gestaltung und Einsatz der Marketing-Instrumente, also der Instrumente der Leistungsbereitschaft, Leistungssubstanz, Preispolitik und Kommunikation sowie die Koordination dieser Instrumente im Marketing-Mix.

#### 5.2.2.3.1 Media-Selektion

Bei der Feinplanung von Marketing-Maßnahmen können Detailmodelle verwendet werden, beispielsweise Media-Selektionsmodelle für die Feinplanung der Werbung. Hierbei ist festzulegen, wann welche Zielgruppen mit welchen Werbebotschaften in welcher Aufmachung und in welcher Intensität umworben werden sollen. Werbeprogramme, die der Benutzer vorher genau definieren muß, können mit Hilfe eines Media-Selektionsmodells bezüglich verschiedener Zielgrößen evaluiert werden. Für die einzelnen Werbeträger, deren Einsatz erwogen wird, stehen differenzierte soziodemographische, verhaltensorientierte und weitere Daten zur Verfügung, die das Profil der Adressaten dieser Werbeträger, Leser, Rundfunkhörer, Fernseher etc. beschreiben. Mit Hilfe des Modells kann dann eine Werbekampagne simuliert und in bezug auf die zustande kommenden Werbekontakte ausgewertet werden: Das Werbeprogramm, bestehend aus Anzeigen in bestimmten Zeitungen und Zeitschriften, Rundfunk- und Fernsehspots, wird vom Media-Planer vorgegeben, und das System analysiert dann, wieviele Personen der durch bestimmte Merkmale beschriebenen Zielgruppen Werbekontakte mit bestimmter Häufigkeit und Intensität haben würden, wenn dieses Werbeprogramm tatsächlich durchgeführt würde. Erfüllt ein vorgegebenes Werbeprogramm noch nicht die Zielvorstellungen des Werbeplaners, dann wird es modifiziert und erneut evaluiert, bis eine zufriedenstellende Lösung gefunden ist. Bei diesem Verfahren handelt es sich also um ein Wenn-Dann-Modell: Wenn ein spezifiziertes Werbeprogramm realisiert wird, dann ergeben sich bei spezifizierten Zielgruppen Werbekontakte bestimmter Häufigkeit, Wiederholungszahl und Intensität. Auf diese Weise gibt das Modell dem Werbeplaner wertvolle Einsichten in die Wirkungsweise alternativer Werbeprogramme.

#### 5.2.2.3.2 Database Marketing und Vertrieb im Retail Banking

##### 5.2.2.3.2.1 Konzeption des Database Marketing

Kundenorientierung als konstitutives Merkmal des Marketing erfordert eine konsequente Ausrichtung der Marketing-Aktivitäten auf die spezifischen Bedürfnisse vorher definierter Marktsegmente. Wegen der Heterogenität der Bedürfnisse der einem Segment angehörenden Kunden liegt es nahe, daß man zur Bearbeitung immer kleinerer Segmente übergeht, weil dadurch die Homogenität der Bedürfnisstruktur innerhalb der Segmente zunimmt, so daß das Leistungsangebot immer besser auf die Bedürfnisstruktur des einzelnen Segments abgestimmt werden kann. Den Grenzfall stellt dann das »Segment of One« dar: Die Marktbearbeitung wird vollkommen individualisiert, so daß der Marketing-Mix, insbesondere Leistungsangebot und Kommunikation, auf jeden Kunden individuell ausgerichtet wird. Diese *Individualisierung* der Marketing-Aktivitäten ist der zentrale Aspekt des Database Marketing. Eine Datenbank (Database) soll alle Informationen erfassen, verwalten und bereitstellen, die zur Individualisierung des Marketing-Mix benötigt werden (vgl. Drewes 1996). Database Marketing (DBM) ist damit ein auf die einzelnen Kunden ausgerichtetes Marketing mit Hilfe kundenindividueller, in einer Datenbank gespeicherter Informationen (vgl. Link/Hildebrand 1997a). DBM ermöglicht in jedem Fall eine *Individualisierung der Kommunikation* zwischen Kunde und Bank, wobei die Kommunikations-Medien des Direkt-Marketing, insbesondere Brief, Telefon und elektronische Medien zum Einsatz kommen. In gewissem Maße erlaubt das DBM aber auch eine Individualisierung des Einsatzes der übrigen Marketing-Instrumente. Für Kreditinstitute kommt insbesondere noch die *Individualisierung des Leistungsangebots*, das Gegenstand der Kommunikation ist, in Betracht. Dies setzt voraus, daß die in der Datenbank verfügbaren Kundeninformationen so spezifisch und insbesondere bedarfserkennungs-relevant sind, daß für die Kunden systemgestützt Leistungsangebote entwickelt werden können, die individuell auf ihre Bedürfnisstruktur ausgerichtet sind. Durch die Individualisierung soll die Kundenorientierung gestärkt und damit die Wirkung der Marketing-Aktivitäten verbessert werden. Konkret geht es darum, erfolgversprechende Kunden zu identifizieren und ihnen zum richtigen Zeitpunkt mit überzeugenden Argumenten ein maßgeschneidertes Angebot zu machen, letztlich mit dem Ziel, langfristige und profitable Kundenbeziehungen aufzubauen und zu pflegen.

Als *Kundengruppen*, die mit Hilfe eines DBM-Systems betreut werden, kommen Privatkunden, Selbständige und kleine Firmenkunden in Betracht, denen standardisierte und wenig erklärungsbedürftige Bankleistungen angeboten werden (vgl. Hüppin 1995). Dieses Geschäft wird auch als *Retail Banking* bezeichnet. Durch DBM und insbesondere durch Individualisierung der Angebote und durch regelmäßige Kontakte sollen langfristige und profitable Geschäftsbeziehungen zu diesen Kundengruppen entstehen und gefestigt werden. Dabei unterstützt das DBM-System beim Auffinden neuer Absatzpotentiale im eigenen Kundenpotential der Bank. Es beruht auf kundenindividuellen Informationen, die es erlauben, Bedürfnisstruktur und Nachfragepotential der einzelnen Kunden bei der Erstellung individueller Angebote zu berücksichtigen. DBM schafft somit die Voraussetzungen für eine aktive, bedürfnis- und potentialgerechte, aber auch ergebnisorientierte Kundenbetreuung. Die Konzeption des DBM, die hier dargestellt wurde, und wie sie auch den weiteren Ausführungen zugrunde liegt, ist der operativen Bezugsebene zuzurechnen. Streng zu trennen ist hiervon die Analyse von Kundendaten bei der Festlegung strategischer Geschäftsfelder (vgl. Kap. 6.1.3.1).

DBM ist nicht leicht von Direkt-Marketing abzugrenzen, insbesondere weil sich der diesbezügliche Sprachgebrauch im Schrifttum noch nicht gefestigt hat. Unter *Direkt-Marketing* wird hier der Einsatz von Kommunikationsinstrumenten wie Brief, Telefon und elektronischen Kommunikationssystemen für die Bank-Kunde-Kommunikation verstanden, also Instrumente, die auf Initiative der Bank eingesetzt und auf die Kunden individuell ausgerichtet werden. Die hierfür erforderlichen Informationen können sich auch aus dem Kommunikationsprozeß zwischen Kunde und Bank ergeben, in jedem Fall müssen sie jedoch der Bank vor der Direkt-Marketing-Maßnahme in standardisierter Form zur Verfügung stehen. Damit gehört die persönliche Verkaufskommunikation zwischen Berater und Kunde ausdrücklich nicht zu den Kommunikationsinstrumenten des Direkt-Marketing (vgl. Drewes 1996). Direkt-Marketing ist so aufwendig, daß es in der Praxis nur dann wirtschaftlich durchgeführt werden kann, wenn, insbesondere durch ein DBM-System, die technischen Voraussetzungen für die gezielte Steuerung massenhaft anfallender Kommunikationsprozesse bestehen. Das DBM-System kann aber auch für andere Marketing-Aufgaben genutzt werden, beispielsweise zur Unterstützung der Berater bei der persönlichen Verkaufskommunikation, sei es am Stützpunkt oder im Außendienst.

### 5.2.2.3.2.2 Der Database Marketing-Prozeß als Kreislauf

Der DBM-Prozeß kann als Kreislauf aufgefaßt werden, der aus folgenden Phasen besteht:

1) Analyse der Marketing-Datenbank und Kundenselektion
2) Planung einer Marketing-Aktion
3) Durchführung einer Marketing-Aktion
4) Erfassung der Marketing-Reaktion in der Marketing-Datenbank
5) Übergang nach 1)

In Phase 1) wird die Marketing-Datenbank in bezug auf Kundenmerkmale, insbesondere sozio-ökonomische und Produktnutzungsmerkmale analysiert, und es werden Kunden und Segmente selektiert, für die Marketing-Aktionen geplant 2) und durchgeführt 3) werden können, in deren Verlauf den Kunden möglichst bedürfnis- und potentialgerechte Angebote unterbreitet werden. Anschließend wird die Marktreaktion, insbesondere die von den angesprochenen Kunden getätigten Geschäftsabschlüsse, Kundenanfragen etc. in der Marketing-Datenbank erfaßt 4), so daß sie beim nächsten Durchlauf des Phasenschemas schon der Analyse zugrunde liegen. Dieser Prozeß des DBM ist eingebettet in die Marketing-Konzeption und damit in die gesamte strategische Konzeption der betroffenen Bank. Beim DBM wird also vorausgesetzt, daß die Bank auf der strategischen Ebene Geschäftsfelder und Geschäftseinheiten festgelegt hat, Ressourcen bereitgestellt, Kontrollverfahren eingeführt und strategische Geschäftseinheiten als Profit Center mit der Wahrnehmung der operativen Aufgaben beauftragt hat (vgl. Hüppin 1995). Zu diesen Aufgaben gehört dann auch die Planung und Durchführung von Marketing-Aktionen mit Hilfe eines DBM-Systems.

### 5.2.2.3.2.3 Der Datenbestand des DBM-Systems

Die Effizienz des DBM-Prozesses hinsichtlich Bedürfnis- und Potentialgerechtigkeit einerseits und Absatz- und Erfolgsbeitrag andererseits hängt naturgemäß von Umfang, Differenziertheit, Genauigkeit und Aktualität der Datenbestände ab, die in der Marketing-Datenbank erfaßt sind. Grundsätzlich ist die Gestaltung des Datenbestandes, der dem DBM-System zugrunde liegt, dem jeweiligen Kreditinstitut überlassen, das DBM betreiben will. Objektive und wissenschaftlich gesicherte Mindestanforderungen an Umfang und Struktur derartiger Datenbestände gibt es nicht. Es haben sich aber einige *Kriterien* für die Beurteilung der in derartigen Datenbeständen erfaßten Merkmale herausgebildet (vgl. Drewes 1996, S. 121), die eine gewisse Orientierung vermitteln. Drewes unterscheidet zwischen der

- Relevanz für das Kaufverhalten, der
- Relevanz für den Einsatz von Marketing-Instrumenten, der
- Operationalisierbarkeit und Meßbarkeit, dem
- Bezug zur Marktbearbeitung und der
- Stabilität im Zeitablauf.

Die in einer Marketing-Datenbank gespeicherten *Kundenmerkmale* lassen sich inhaltlich wie folgt grob strukturieren (vgl. Link/Hildebrand 1997a, Drewes 1996): Man unterscheidet Grunddaten, Potentialdaten, Aktionsdaten und Reaktionsdaten.

Zu den *Grunddaten* gehören Namen und Anschrift der (potentiellen) Kunden sowie Geschlecht, Alter, Ausbildung, berufliche Tätigkeit, Einkommen, Finanzvermögen etc. bei Privatkunden bzw. Branche, Unternehmensgröße, Ansprechpartner etc. bei Firmenkunden, insgesamt also längerfristig gleichbleibende und weitgehend produktunabhängige Daten. Die *Potentialdaten* zeigen an, welcher Bedarf und damit welche Absatzchancen zu welchen Zeitpunkten voraussichtlich bei den einzelnen Kunden auftreten werden. Hierzu gehören bei Privatkunden z.B. die Familienlebenszyklus-Phase (nach einem zugrunde zu legenden Zykluskonzept), geographische Merkmale, beispielsweise basierend auf geographischen Informationssystemen und einer hiermit generierten Bonitätsklasse analog der Vorgehensweise der Schutzgemeinschaft für allgemeine Kreditsicherung mbH (Schufa), psychographische Merkmale wie Risikopräferenz und Kundentyp (nach einem zugrunde zu legenden Typenkonzept), Produktnutzungsmerkmale und geschäftsbeziehungsübergreifende Nachfrageverbund-Merkmale. Auf der Basis der Grund- und Potentialdaten werden konkrete, kundenspezifische Marketing-Maßnahmen wie z.B. Versand von Werbebriefen, Außendienstbesuche, Betreueranrufe etc. geplant und durchgeführt. Sie werden in der Datenbank mit Inhalt und Zeitpunkt als *Aktionsdaten* gespeichert und dienen später der Erfolgskontrolle. Die Marketing-Maßnahmen lösen bei den Adressaten, aktuellen oder potentiellen Kunden, Reaktionen aus. Geschäftsabschlüsse, Anfragen etc. werden als *Reaktionsdaten* gespeichert und können ebenfalls bei der Erfolgskontrolle berücksichtigt werden. Diese Daten stehen nun für weitere Analysen zur Verfügung, und der Kreislauf kann erneut beginnen, nunmehr auf verbesserter Informationsgrundlage. Im Laufe der Zeit entsteht so ein immer genaueres Kundenprofil, das hunderte von Merkmalen umfassen kann.

Die Forderungen von Marketing-Experten, immer mehr Merkmale, insbesondere zum Kundenverhalten, in die Marketing-Datenbank aufzunehmen, sind theoretisch begründbar, in der Praxis jedoch häufig nicht umsetzbar. Dabei setzt weniger die I&K-Technik Grenzen, denn es können quantitative und qualitative, »harte« und unscharfe Daten gespeichert werden. Vielmehr sind in der Praxis vielfältige Einschränkungen wegen mangelnder Operationalisierung und Meßbarkeit, wegen des hohen Datenerfassungsaufwandes und wegen mangelnder Wahrnehmung der Datenerfassungs- und Datenpflegeaufgaben durch die Kundenbetreuer sowie auf Grund von Datenschutzbestimmungen (vgl. Kap. 5.2.2.3.2.4) zu beachten. Daten, die bei Geschäftsabschlüssen anfallen wie z.B. Reaktionsdaten nach einer Marketing-Aktion können noch relativ leicht automatisch in die Marketing-Datenbank eingestellt werden. Dagegen treten in der Praxis regelmäßig dann größere Schwierigkeiten auf, wenn »sensible« Daten nach komplexen Meßverfahren von Kundenbetreuern o.ä. manuell erfaßt und in die Datenbank eingestellt werden müssen. Nicht selten unterbleiben diese Tätigkeiten zumindest teilweise, wenn die erforderliche systematische und sorgfältige Pflege der Datenbank nicht kontrolliert und durchgesetzt wird.

In technischer Hinsicht bietet es sich an, die Marketing-Datenbestände nicht in einer speziellen Marketing-Datenbank, sondern in einem institutsübergreifenden Data Warehouse verfügbar zu halten (vgl. Anhang 2.5). Hamm (1997) berichtet von einer Marktforschungsuntersuchung, derzufolge weltweit die meisten Data Warehouse-Systeme sogar mit einem Marketing-Schwerpunkt eingeführt werden. Der Anteil der Unternehmen, die derartige Systeme einsetzen, ist demnach in Deutschland praktisch ebenso hoch wie in den USA, und die Verteilung der Systemanwender auf die verschiedenen Branchen zeigt, daß die Finanzdienstleister dabei zusammen mit dem Einzelhandel an der Spitze liegen.

### 5.2.2.3.2.4 Database Marketing und Datenschutzrecht

Beim DBM werden kundenspezifische Daten als Einzelangaben über persönliche und sachliche Verhältnisse bestimmter Personen dateimäßig verwendet. Es handelt sich damit um personenbezogene Daten, und daher ist das Bundesdatenschutzgesetz (BDSG) zu beachten. Zu den Rechtsfragen, die sich in diesem Zusammenhang stellen, gibt Wittig (1997) einen Überblick.

Nach § 3 BDSG umfaßt die *Verwendung* von Daten deren Verarbeitung und Nutzung, und unter *Verarbeitung* fällt das Speichern, Verändern, Übermitteln, Sperren und Löschen von Daten. Als *Nutzung* ist jede Art der Verwendung zu verstehen, soweit es sich nicht um Verarbeitung handelt, also insbesondere Datenauswertung und -verwendung, und als *Datenerhebung* wird die Beschaffung von Daten über die Betroffenen bezeichnet. In Zusammenhang mit dem DBM sind insbesondere die Erhebung, Speicherung, Veränderung, Übermittlung und Nutzung von Bedeutung. Nach § 4 BDSG ist die Verwendung personenbezogener Daten zulässig, wenn der Betroffene eingewilligt hat, beispielsweise dadurch, daß er als Bankkunde die Allgemeinen Geschäftsbedingungen durch Unterschrift akzeptiert hat, die u.a. eine derartige Einwilligung beinhalten.

Die Zulässigkeit der Datenerhebung, -speicherung, -übermittlung und -nutzung ist in den §§ 28 und 29 BDSG geregelt. Folgende Verfahren kommen für die Erhebung von Daten, die beim DBM verwendet werden sollen, in Betracht:

- Die Erfassung von persönlichen, telefonischen und schriftlichen Kundenauskünften,
- die Auswertung interner Daten, z.B. Produktnutzung des Kunden, sowie
- die Auswertung externer Daten, z.B. Adreßregister und Dateien des Adreßhandels.

Bei der Auswertung externer Daten ist in der Praxis häufig unklar, ob der einzelne Betroffene wirklich seine Einwilligung zur Verwendung seiner Daten gegeben hat. Dies ist insbesondere dann kritisch, wenn eine Bank durch ein Mailing Adressaten ansprechen möchte, die noch nicht Kunden dieser Bank sind.

Die Datenverarbeitung durch Speicherung, Veränderung und Übermittlung und die Datennutzung als Mittel für die Erfüllung eigener Geschäftszwecke, hier einer Bank, sind in § 28 BDSG geregelt. Der Geschäftszweck, dem das DBM einer Bank dient, ist die Anbahnung von Vertragsbeziehungen, die dem Absatz von Bankleistungen zugrunde liegen. § 28 Abs. 1 BDSG gibt vorbehaltlich des Widerrufsrechts gem. § 28 Abs. 3 BDSG drei *Alternativen*, die die *Zulässigkeit* der Datenverarbeitung und -nutzung begründen können (vgl. Wittig 1997): Wittig nennt die

- Zweckbestimmung eines Vertragsverhältnisses, die
- Wahrung berechtigter Interessen der speichernden Stelle und
- die Verwendung von Daten aus allgemein zugänglichen Quellen.

Datenverarbeitung und -nutzung sind zulässig, wenn sie sich im Rahmen der Zweckbestimmung eines Vertragsverhältnisses oder eines vertragsähnlichen Vertrauensverhältnisses, z.B. zwischen Kunde und Bank, bewegen. Die Wahrung berechtigter Interessen der speichernden Stelle begründet die Zulässigkeit von Datenverarbeitung und -nutzung durch eine Abwägung der berechtigten Interessen der Bank und der schutzwürdigen Interessen des Betroffenen, hier des potentiellen Bankkunden. Grundsätzlich hat eine Bank ein berechtigtes Interesse an der Werbung und Akquisition neuer Kunden; dies ist aber gegen die schutzwürdigen Interessen der potentiellen Kunden abzuwägen. Das *schutzwürdige Interesse* ist ein wertausfüllungsbedürftiger Rechtsbegriff, zu dessen Konkretisierung folgende Kriterien herangezogen werden können:

- Sensibilität der Daten,
- Verwendungszweck,
- Folgende Datenverarbeitung,
- Form und Inhalt der Werbung sowie
- Widerspruch des Betroffenen.

Eine Verarbeitung und Nutzung personenbezogener Daten ist darüber hinaus dann erlaubt, wenn die Daten aus allgemein zugänglichen Quellen entnommen werden können, z.B. aus Adreß- und Telefonbüchern, Nachschlagewerken, Presseveröffentlichungen und Online-Diensten, aber auch aus Grundbüchern, Vereins- und Handelsregistern, soweit eine Einsichtnahme gestattet ist. Auch wenn eine dieser drei Zulässigkeitsalternativen zutrifft, kann der Betroffene nach § 28 Abs. 3 BDSG im Einzelfall die Übermittlung und Nutzung seiner Daten zu Zwecken der Werbung oder Markt- und Meinungsforschung bei der speichernden Stelle widersprechen. Dadurch werden diese Maßnahmen unzulässig und die Übermittlung der Daten wird nach § 43 Abs. 1 Nr. 1 BDSG sogar strafbar. Der Widerspruch bedarf keiner Begründung und auch keiner besonderen Form. Verbraucher, die generell keine adressierte Werbung wünschen, können sich in die sogenannte Robinson-Liste des Deutschen Direktmarketing-Verbandes e. V. eintragen lassen.

Die datenschutzrechtlichen Grenzen des DBM sind nicht leicht zu bestimmen. Wegen der Komplexität der Problemstellung und wegen der Unbestimmtheit zahlreicher gesetzlicher Regelungen gilt dies insbesondere dann, wenn keine Einwilligung von Betroffenen vorliegt, die nicht Kunden der betrachteten Bank sind. Bei den Kunden der Bank ergibt sich die Zulässigkeit der Datenverarbeitung und -nutzung schon aus der vertraglich begründeten Geschäftsbeziehung.

### 5.2.2.3.2.5 Kundenbewertung

In Phase 1) des DBM-Prozesses, also bei der Analyse der Marketing-Datenbank, wird auch eine Kundenbewertung vorgenommen, die der Kundenselektion dient und bei der Steuerung der Kundenbetreuung eine ganz zentrale Rolle spielt. Das Ergebnis der Kundenbewertung, das die Bedeutung des einzelnen Kunden für die Bank anzeigt, wird als Kundenmerkmal in die Marketing-Datenbank eingestellt. In dem DBM-System, das Hüppin (1995) beschreibt, werden Basisdaten wie Einkommen, Vermögen, Umsatz, Durchschnittssalden und Anzahl der Transaktionen zur Berechnung von vier Beurteilungsfaktoren verwendet, Produktnutzung, Bonität, Kaufpotential und Profitabilität. Mit Hilfe von Entscheidungstabellen, die einen Vergleich mit Referenzkunden oder Kundengruppen ermöglichen, wird die Gesamtbewertung und das Verkaufspotential ermittelt. Aus Vergleichen dieser Art lassen sich einerseits Angebotsvorschläge generieren, andererseits zeigen sie Handlungsbedarf für die Kundenbetreuung an, jeweils unter Berücksichtigung der durch die Gesamtbewertung indizierten Attraktivität des einzelnen Kunden für die Bank.

Die *Beurteilungsfaktoren*, auch Scores genannt, sind Merkmale des einzelnen Kunden, die für die weitere Analyse zur Verfügung stehen. Die *Produktnutzung* wird (statisch) erfaßt durch Anzahl und Auflistung der Produkte, die der Kunde nutzt, und darüber hinaus wird (dynamisch) die Entwicklung der bei diesen Produkten getätigten Umsätze, Transaktionen und der Saldoverlauf berücksichtigt. Das *Bonitätsrisiko* wird in dem System, über das Hüppin (1995) berichtet, bei Antragstellung eines Neukunden durch die sozio-demographischen Merkmale erfaßt (Antrags-Scoring). Bei bestehenden Kunden wird eine vergleichende Bewertung gegenüber dem Musterkunden vorgenommen (Verhaltens-Scoring). Beim *Kaufpotential* geht es primär um die Frage, wie groß die Kauffähigkeit eines Kunden ist, also die Fähigkeit, Bankprodukte in Anspruch zu nehmen. Dabei werden insbesondere sein Einkommen und Finanzvermögen, dokumentiert durch seine Konten und Depots bei der Bank, nach Möglichkeit aber auch externe Einkommen und Vermögen sowie eine ggf. bei einer anderen Bank bestehende Erstbankverbindung berücksichtigt. Der vierte Beurteilungsfaktor, die *Profitabilität*, läßt nicht nur den Erfolgsbeitrag der einzelnen Kunden erkennen, sondern auch Ertrag und Aufwand separat, so daß Ansatzpunkte für die Kundenbetreuung sichtbar werden. Weitere Hinweise zum *Verkaufspotential* ergeben sich aus der Gegenüberstellung von Kaufpotential und Profitabilität sowie Antrags- und Verhaltens-Score eines Kunden. Im Schrifttum findet man eine Vielzahl von Konzeptionen und Verfahren zur Kundenbewertung (vgl. Link/Hildebrand 1997b; Gierl/Kurbel 1997; Hartmann 1997). Von besonderer Bedeutung für die Selektion von Kunden für das DBM ist die Bewertung bezüglich des Erwartungswertes des diskontierten Lebenszeit-Deckungsbeitrages (Customer Lifetime Value). Zur Bewertung von Privatkunden einer Bank nach diesem Kriterium vgl. Kap. 6.2.1.2.2.

### 5.2.2.3.2.6 Kundenanalyse und Kundenselektion

Die Identifizierung von Zielgruppen bzw. Zielkunden ist eine zentrale Aufgabe des Marketing. Das besondere beim DBM-Konzept besteht darin, daß ganz konkrete, *namentlich identifizierte Zielkunden* aufgrund individueller Kundendaten aus der Datenbank selektiert werden, die in bezug auf eine geplante Marketing-Aktion zu einer Zielgruppe zusammengefaßt werden können. Als Ansatzpunkt für die Selektion stehen sozio-demographische, Potential-, Aktions- und Reaktions-Merkmale zur Verfügung, die Hinweise auf einen tatsächlich vorliegenden Bedarf geben können. Konkret ist für eine Selektion festzulegen, welche Merkmale in welchen Ausprägungen verwendet werden sollen. Dabei ist von entscheidender Bedeutung, daß Kunden selektiert werden, die gemäß Kundenbewertung attraktiv sind und aufgrund ihrer Reaktionsmerkmale erwarten lassen, daß mit hinreichender Wahrscheinlichkeit Geschäftsabschlüsse zustande kommen, wenn eine Marketing-Aktion durchgeführt wird. Dieser Ursache-Wirkungs-Zusammenhang zwischen den Ausprägungen verfügbarer Merkmale und der Erfolgswahrscheinlichkeit ist das zentrale Problem beim DBM. Natürlich kann der Benutzer des DBM-Systems *angebotsorientiert* vorgehen und nach vorgegebenen Merkmalsausprägungen selektieren, beispielsweise Kunden im Alter zwischen 40 und 50 Jahren, die keinen Sparbrief haben. Die Tatsache, daß diese Kunden keinen Sparbrief haben, mag ein erster Ansatzpunkt für Verkaufsanstrengungen sein, einen Hinweis auf Bedarf an Sparbriefen stellt sie aber nicht dar.

Der genannte Ursache-Wirkungs-Zusammenhang beruht zumeist auf Kombinationen der Ausprägungen mehrerer Merkmale. Daher werden zur Vorbereitung einer bedarfsorientierten Selektion *Verfahren der multivariaten Statistik* eingesetzt, Regressions- und

Korrelationsanalyse, Diskriminanzanalyse und mehr und mehr auch Neuronale Netze. Ist ein derartiges Modell, Regressionsmodell, Diskriminanzfunktion oder Neuronales Netz, anhand des Bestandes der Kundendatenbank spezifiziert, dann kann das DBM-System jeden einzelnen Kunden mit Hilfe dieses Modells auswerten und in Abhängigkeit vom Ergebnis über die Selektion automatisch entscheiden. Ein *alternativer Ansatz* besteht darin, die gemäß Kundenbewertung attraktiven Kunden mit Hilfe der *Cluster-Analyse* anhand der Kundenmerkmale *in Gruppen einzuteilen* und für jede Gruppe ein *Kundenprofil* zu erstellen. Bei der Selektion wird dann für jeden attraktiven Kunden festgestellt, zu welchem dieser Kundenprofile das höchste Maß an Ähnlichkeit besteht. Dann wird die Produktnutzung des Kunden mit der Produktnutzung der Kunden mit diesem Kundenprofil verglichen, um Absatzchancen zu erkennen und ein Leistungsangebot für diesen Kunden zu entwickeln.

Der günstigste *Zeitpunkt für das Angebot* ist auf diese Weise aber noch nicht zu erkennen. Hierfür sind weitere Kundenmerkmale erforderlich, die ggf. als Reaktionsdaten verfügbar sind. Grundsätzlich ist festzustellen, daß bei DBM alle nur denkbaren und wirtschaftlich tragbaren Anstrengungen unternommen werden müssen, um attraktive Kunden so zu selektieren, daß die daraufhin erfolgenden Leistungsangebote mit höchstmöglicher Wahrscheinlichkeit zum Absatzerfolg führen. Dies trägt dazu bei, daß einerseits die Vertriebskosten niedrig gehalten und andererseits die Kunden nicht durch für sie uninteressante Angebote überflutet werden, was unerwünschte Nebenwirkungen zur Folge hätte.

### 5.2.2.3.2.7 Planung und Durchführung von Database Marketing-Aktionen

Grundsätzlich ist es möglich, den Prozeß der Kundenselektion so zu gestalten, daß die Marketing-Datenbank laufend analysiert wird und Kunden identifiziert werden, die Bankleistungsbedarf verschiedener Art haben müßten. Diese Kunden werden als »Segments of One« bezeichnet. Sie unterscheiden sich in ihren Kundenmerkmalen, und jedem von ihnen wird ein individuelles Angebot gemacht. Sie weisen keine systematischen Gemeinsamkeiten auf, so daß sie auch keine Zielgruppe bilden.

Im Mittelpunkt einer *Marketing-Aktion* steht eine Zielgruppe, also eine Mehrheit von Kunden, die bestimmte Merkmalsausprägungen gemeinsam haben. Bei angebotsorientierter Selektion sind es Kunden, denen im Rahmen der Aktion bestimmte Produkte angeboten werden sollen. Das Ziel der Aktion ist in diesem Fall also ein bestimmter Produktabsatz, und die darauf ausgerichtete Selektion führt zur zugehörigen Zielgruppe. Außerdem wird festgelegt, in welchem Zeitraum die Aktion durchgeführt werden soll, welche Kommunikationsinstrumente zum Einsatz kommen, in welchem Umfang Mehrfachkontaktierung erfolgen soll und welche Ressourcen dafür bereitstehen. Bei der Selektion entsteht eine Datei mit Kundendaten und zugehörigen Angebotsvorschlägen und Kommunikationshinweisen. Diese Angebotsvorschläge können vom zuständigen Kundenberater auch aufgrund seiner Erfahrung modifiziert werden. Die *Kommunikationshinweise*, die insbesondere auf Reaktionsdaten von früheren Aktionen beruhen, geben an, ob der jeweilige Kunde persönlich, per Brief, Telefon, Fax, E-Mail o.ä. kontaktiert werden soll. Ist ein persönlicher Kontakt vorgesehen, dann wird dieser Hinweis im elektronischen Dossier dieses Kunden abgelegt, wo er eine Pendenz für die Agenda des zuständigen Kundenbetreuers bedeutet, also einen Merkposten, den der Betreuer abzuarbeiten hat (vgl. Hüppin 1995). Die Daten der übrigen selektierten Kunden werden von den Stellen weiterverarbeitet, die den Kunden die Angebote durch Kommunikationsinstrumente, insbesondere per Brief, Telefonanruf o.ä. übermitteln. Der erste Kundenkontakt im Rahmen der Aktion erfolgt immer durch Brief, Fax oder E-Mail, jedenfalls nicht durch persönliche oder telefonische Ansprache. Die Kunden können dann *reagieren* durch das Aufsuchen eines Stützpunktes, durch einen Telefonanruf, durch einen Brief oder eine Antwortkarte, per Fax, T-Online Classic-Nachricht oder E-Mail.

Während oder nach den Kundenkontakten werden die Reaktionen der Kunden erfaßt. Soweit Geschäftsabschlüsse zustande kommen, werden die Aufträge vom Kundenbetreuer am Stützpunkt oder im Außendienst, vom Call Center oder ggf. auch über T-Online Classic oder Internet entgegengenommen, und die Abwicklung der Geschäfte beginnt. Gleichzeitig sind die Reaktionen der Kunden in der Marketing-Datenbank zu erfassen, einerseits um die Reaktionsdaten der Datenbank für spätere Marketing-Aktionen zu aktualisieren und andererseits um für jede Marketing-Aktion eine systemgestützte Erfolgskontrolle insbesondere hinsichtlich Absatzerfolg und Deckungsbeitrag der Aktion zu ermöglichen.

Die Durchführung von Marketing-Aktionen für große Zielgruppen in einem begrenzten Zeitraum hat gegenüber der Selektion von »Segments of One« erhebliche Vorteile: Die für die Zielgruppe zuständigen Mitarbeiter können rechtzeitig informiert und auf die Aktion eingestellt werden, so daß sie die Angebote kennen, Verkaufsargumente und Verkaufshilfen parat haben und den Kunden gegenüber den Eindruck erwecken, daß sie nur auf die Kundenreaktion gewartet haben. Marketing-Aktionen können vorübergehend einen weit überdurchschnittlichen Einsatz der Mitarbeiter und insbesondere Überstunden erfordern; sie wirken aber auch motivierend, wenn die beteiligten Mitarbeiter die Absatzerfolge der Aktion sehen.

### 5.2.2.3.2.8 Nutzung der Marketing-Datenbank für die laufende Kundenbetreuung

Eine Marketing-Datenbank kann nicht nur für Marketing-Aktionen, sondern auch für die laufende Kundenbetreuung genutzt werden. Zu diesem Zweck werden die Merkmale der Kunden und ihre laufenden Transaktionsdaten ständig systemgestützt überwacht (Monitoring) und mit zuvor definierten Ereignissen und Situationen verglichen. Werden Auffälligkeiten sichtbar, erhält der jeweils zuständige Kundenbetreuer einen Hinweis in Form eines Eintrages im Dossier dieses Kunden, so daß er tätig werden und Maßnahmen veranlassen kann. *Exception Monitoring* setzt bei ungewöhnlichem Verhalten der Kunden an, insbesondere bei der Produktnutzung, und lenkt die Aufmerksamkeit des Betreuers z.B. auf

- große Zahlungsein- und –ausgänge,
- Kunden ohne Kontakt seit mehreren Monaten,
- Konten ohne Bewegung seit mehreren Monaten oder
- Karten ohne Umsatz.

Durch Exception Monitoring können nicht nur Angebotsvorschläge generiert werden, sondern es kann auch die laufende Kundenbetreuung unterstützt werden. Hierbei ist das *elektronische Kundendossier* besonders hilfreich. Das System, über das Hüppin (1995) berichtet, gibt dem Betreuer eine Übersicht der wichtigsten Informationen, die er zur Vorbereitung oder während eines Kundengespräches benötigt, insbesondere

- Informationen zur Identifizierung des Kunden,
- Scoring-Werte des Kunden bezüglich Profitabilität, Bonität und Nachfragepotential, jeweils im Vergleich mit dem Mittelwert der Zielgruppe,

- Informationen zur Produktnutzung,
- anstehende und durchgeführte Kontakte sowie dem Kunden offerierte
- Angebotsvorschläge etc.

Bei Bedarf kann der Betreuer während des Beratungsgesprächs weitere Programm-Module aufrufen, z.B. für Produktpräsentationen oder individuelle Modellrechnungen. Die Ergebnisse können wieder im Kundendossier gespeichert, aber auch ausgedruckt und dem Kunden überlassen werden. Mit den Kundendaten aus dem Dossier können während des Beratungsgesprächs auch Verträge ausgedruckt werden. Bevorstehende Ereignisse, von denen der Berater während des Gesprächs Kenntnis erhält, z.B. Kauf eines Hauses, kann er erfassen und im Dossier als Pendenz speichern. Nach Abschluß des Gesprächs aktualisiert er das Dossier, indem er wichtige Informationen wie z.B. behandelte Produktangebote und Pendenzen in Abhängigkeit von der erforderlichen Reaktionsgeschwindigkeit festhält. Zusammenfassend kann festgestellt werden, daß das System mit den genannten Funktionen in umfassender Weise die Grundfunktion der *Beratungsunterstützung* erfüllt.

Vom Kundendossier aus kann der Berater auch zu den Modulen für die *Geschäftsabwicklung* wechseln, konkret zu einem Schalter-, einem Kredit- und einem Wertpapier-Modul. Das *Schalter-Modul* unterstützt die Abwicklung von Ein- und Auszahlungen in Landes- und Fremdwährungen für Giro-, Spar- und Darlehenskonten sowie Ein- und Auslieferungen von Wertpapieren und Edelmetallen. Das *Kredit-Modul* unterstützt den Betreuer bei Kreditberatung und kundenspezifischer Kalkulation, Bonitätsprüfung, Vertragserstellung und Kreditbereitstellung, und das *Wertpapier-Modul* wird für sämtliche Aufgaben des Wertpapiergeschäfts von der Beratung und Abwicklung bis zur Depotverwaltung eingesetzt. Darüber hinaus stehen dem Betreuer *Informationsdienste* wie z.B. Börsen- und Marktinformationsdienste und ein Online-Telefonbuch sowie *Büroautomationsdienste* wie Textverarbeitungs-, Tabellenkalkulations-, Graphik- und E-Mail-Programme zur Verfügung.

### 5.2.2.3.3 Team-basierte Betreuung anspruchsvollster Großkunden

Große und insbesondere multinational operierende Firmenkunden einerseits und sehr vermögende Privatkunden und institutionelle Anleger andererseits verfügen regelmäßig über eine Vielzahl von Bankverbindungen im In- und Ausland. Für die Betreuung dieser Kunden kommen viele Kreditinstitute gar nicht in Betracht, sei es bei Finanzierungen wegen zu geringer Größe, Kapital- oder Plazierungskraft, oder sei es, weil die Ansprüche dieser Kunden an die Qualität der Beratung und Betreuung nicht erfüllt werden können. Diese Kunden werden aber nicht nur von multinational tätigen Großbanken betreut. In diesem Geschäft sind durchaus auch Privatbanken aktiv, die hier ihre spezifischen Stärken im Wettbewerb zur Geltung bringen: Ihre Fachkompetenz, ihr Standing an den Finanzmärkten und ihr Image bei der Kundschaft, ihre Flexibilität sowie das Maß an Diskretion, das sie aufgrund ihrer geringen Mitarbeiterzahl bieten können, und das für Großanleger besonders wichtig ist. In Geschäften, bei denen sie sich nicht von der Konkurrenz abheben können, die aber umfangreiche Eigenmittel binden würden wie z.B. herkömmliche Finanzierungen, engagieren sich Privatbanken typischerweise nicht. Sie konzentrieren sich, soweit möglich, auf Spezialleistungen und gehen dem Wettbewerb bei Standardleistungen aus dem Wege, die sie aufgrund zu geringer Institutsgröße nicht so kostengünstig erstellen können wie z.B. Großbanken, weil diese in viel größerem Maße Economies of Scale nutzen können. Dies impliziert eine teilbedarfsbezogene Geschäftsfeldstrategie, denn eine Privatbank, die sich auf Spezialleistungen konzentriert, versucht gar nicht, ihre Kunden ganz für sich zu gewinnen und mit allen Bankleistungen zu bedienen, die diese benötigen, sondern sie befriedigen den Bedarf der Kunden bezüglich der verschiedenen Leistungsarten nur zum Teil. Ihre Strategie kann als *teilbedarfsbezogene Nischenstrategie* bezeichnet werden.

Die Betreuung anspruchsvollster Großkunden, denen Spezialleistungen in den Bereichen Corporate Finance und Asset Management angeboten werden, erfolgt in der Praxis durch *Teams*, weil einzelne Kundenbetreuer zumeist überfordert wären und das von dem Kunden erwartete Qualitätsniveau nicht realisieren könnten. Darüber hinaus kann durch Teams am besten eine kontinuierliche Kundenbetreuung sichergestellt werden, auch dann, wenn einzelne Team-Mitglieder die Bank verlassen. Besondere Schwierigkeiten treten bei der team-basierten Kundenbetreuung dann auf, wenn nicht alle Team-Mitglieder ständig an demselben Stützpunkt der Bank tätig sind, denn dann verfügen die Team-Mitglieder bei Kundenkontakten, die nicht immer von allen gemeinsam wahrgenommen werden, nicht über den gleichen aktuellen Informationsstand. Vor einem Kundengespräch mußten sich die Team-Mitglieder bisher mühsam das Gesamtengagement eines Kunden, sämtliche Kontostände und Depots etc., aus verschiedenen Datenbeständen zusammensuchen, und die frei formulierten Aktennotizen von früheren Kundengesprächen, die im Team verteilt worden waren, mußten ausgewertet werden, soweit das einzelne Team-Mitglied sie überhaupt zur Verfügung hatte. Der zu jedem beliebigen Zeitpunkt für die Team-Mitglieder verfügbare Informationsstand über das Engagement der Kunden und über den Stand der Beratungsprozesse sowie der Informationsfluß innerhalb des Teams war offenbar für eine hinsichtlich der Absatzerfolge effiziente Kundenbetreuung unzureichend. In dieser Situation befand sich auch das Bankhaus Sal. Oppenheim in Köln, bevor es sich für die Entwicklung des Systems SALOME (Sal. Oppenheim Marketing-Entwicklung) entschied (vgl. Doh 1997).

Das System beruht auf einem *Verbund von Datenbanken*, die aus Sicherheitsgründen getrennt von den Datenbanken für das operative Geschäft gehalten werden. Täglich erfolgt eine Aktualisierung, indem die Daten aus den operativen Datenbanken via Gateway auf den Datenbank-Server übertragen werden. Gleichzeitig kann das System auf Datenbanken anderer Funktionsbereiche zugreifen. Mit Hilfe der operativen Daten kann das System jederzeit das *Gesamtengagement* eines jeden Kunden, also die aktuelle (statische) Produktnutzung darstellen. Als besonders schwierig erwies sich die Erfassung der *Informationen über die Beratungsgespräche* mit den Kunden, die nur in unstrukturierter Form, als Aktennotizen o.ä. vorlagen und teilweise nur für die Verfasser selbst noch nutzbar waren. Um Informationen dieser Art allgemein auswertbar zu machen, wurde mit den Produktspezialisten ein umfassender Katalog mit standardisierten Fragen erarbeitet, zu denen standardisierte Antwortmöglichkeiten bereitgestellt wurden, die der Kundenbetreuer durch Mausklick auswählen kann. Bei der Beantwortung dieser Fragen durch den Betreuer im Computer-Dialog zeigt sich auch, welche Fragen noch offen sind und beim nächsten Kundengespräch geklärt werden sollten. Viele dieser Fragen und Antworten haben den vom Kundenbetreuer wahrgenommenen Bedarf des jeweiligen Kunden zum Gegenstand. Das System kann dabei keine objektivierte, auf Kundenmerkmalen beruhende Bedarfsanalyse durchführen, sondern es macht nur den *Kenntnisstand des Betreuer-Teams* transparent. Die Ergiebigkeit derartiger Auswertungen hängt naturgemäß ganz wesentlich davon ab, wie sorgfältig und differenziert die Fragen und die hierzu möglichen Antworten erarbeitet worden sind. Außerdem wird die Bedarfserkennung der Betreuer durch die Möglichkeit zu Datenbank-Abfragen und durch ein Scoring unterstützt. Durch Abfragen kann man beispielsweise feststellen, welche Kunden eine Kreditlinie von DM 50 Mio. haben, die seit einer bestimmten Zeit nicht beansprucht wird. Das Scoring bezieht sich auf die Produktnutzung des Kunden, die mit Branchenmittelwerten verglichen werden kann, um Schwachstellen in der Betreuung aufzudecken. Ergänzend können zur Unterstützung der Akquisitionstätigkeit auch Informationen über potentielle Kunden erfaßt und ausgewertet werden.

Auf der Grundlage der Datenbestände und Auswertungsfunktionen formulieren die Kundenbetreuer *Betreuungsprojekte*, die auf den Bedarf der einzelnen Kunden ausgerichtet sind. Mit diesen Projekten, die durch das System verwaltet werden, sind spezifische Marketing-Aktionen verknüpft, Kundenbesuche, Präsentationen etc., so daß jedes Team-Mitglied jederzeit feststellen kann, was unternommen wurde, und warum ein Betreuungsprojekt ggf. eingestellt wurde. Das System unterstützt also die Planung und Durchführung von Marketing-Maßnahmen, hauptsächlich von Kundenbesuchen und Präsentationen, die der Marketing-Kommunikation, konkret der persönlichen Kommunikation, zuzurechnen sind. Damit unterstützt das System gleichzeitig die Tätigung von Geschäftsabschlüssen und auch den Vertrieb.

Das System SALOME ist im Prinzip auch ein Database Marketing-System, denn es ist auf einzelne Kunden ausgerichtet und basiert auf kundenindividuellen Informationen, die in einer Datenbank gespeichert sind (vgl. Kap. 5.2.2.3.2.3). Es unterscheidet sich von DBM-Systemen für das Retail Banking aber dadurch, daß aufgrund der ausgesprochenen Individualität der anspruchsvollen Großkunden und ihrer Bedürfnisstruktur auf eine systematische Bedarfsanalyse und Zielgruppenselektion verzichtet werden muß. Daher gibt es auch keine Marketing-Aktionen für Zielgruppen von Großkunden. Außerdem kommt hier praktisch nur die persönliche oder telefonische Kommunikation für die anspruchsvolle Beratung in Betracht. Für die Betreuung dieser Kunden können Werbebriefe überhaupt nicht eingesetzt werden, und Fax und E-Mail dienen hier nur zur Übermittlung von Dokumenten, zu Terminabsprachen etc., jedenfalls nicht zur Marketing-Kommunikation. Die persönliche Kommunikation mit anspruchsvollsten Großkunden wird aber insofern sehr wirksam unterstützt, als den Mitgliedern von Betreuungs-Teams die Möglichkeit geboten wird, gleichzeitig an verschiedenen Orten mit verschiedenen Ansprechpartnern eines Großkunden auf der Grundlage des aktuellen Gesamtengagements koordiniert zu beraten, zu verkaufen und die Bank einheitlich und geschlossen gegenüber dem Kunden zu vertreten.

### 5.2.3 Bewertung der Systeme für Marketing und Vertrieb bezüglich der Effizienzkriterien

Die Systeme für Marketing und Vertrieb üben eine Vielfalt von Funktionen aus, und sie lassen sich nach Prozeßtyp und Novität nur sehr differenziert den einzelnen Konstellationen von Abb. 1.6.2-2 zuordnen.

#### 5.2.3.1 Bewertung der Systeme als Grundlage von Vertriebswegen

Die Systeme, auf denen Vertriebswege beruhen, sind in den Kap. 2.1.2.2, 2.1.3.1, 2.1.4.3, 4.1.4.1 und 4.1.4.2 in Zusammenhang mit der Abwicklung von Prozessen mit Hilfe von Automaten und Kommunikationssystemen erläutert und in Kap. 2.1.2.3, 2.1.3.2, 2.1.4.4 und 4.1.4.4 auch in bezug auf die Effizienzkriterien Kundennutzen, Wirtschaftlichkeit und Wettbewerbsvorteile bewertet worden. Da sie sowohl als produktbezogene Systeme auf der Basisebene als auch als Grundlage für das Marketing-Instrument »Gestaltung der Vertriebswege« betrachtet werden können, wurden sie zur Wahrung der Systematik in Kap. 5.2.2.1.1.1 noch einmal in einem Überblick zusammengefaßt.

Von ihnen unterscheidet sich die branchenübergreifende *Gemeinschaftslösung* für die Gestaltung der elektronischen Vertriebswege (vgl. Kap. 5.2.2.1.2) primär dadurch, daß sie im Vergleich zu den von den Instituten selbst entwickelten Systemen *Wirtschaftlichkeitsvorteile* bei der Geschäftsabwicklung bieten kann, wenn auch verbunden mit dem Risiko, daß die an der Gemeinschaftslösung teilnehmenden Institute in eine gewisse *Abhängigkeit* vom Anbieter der Gemeinschaftslösung geraten. *Wettbewerbsvorteile* können die teilnehmenden Institute aufgrund der Wirtschaftlichkeitsvorteile nur gegenüber dritten Konkurrenten, gegenüber anderen Teilnehmern naturgemäß aber nicht erringen. Darüber hinaus bietet die Gemeinschaftslösung gegenüber der instituts-individuellen Gestaltung der elektronischen Vertriebswege keine Wettbewerbsvorteile, denn in beiden Fällen können die betrachteten Institute ihren mediengebundenen Auftritt hinsichtlich der Funktionen und des äußeren Erscheinungsbildes individuell gestalten. Daher bringt die Gemeinschaftslösung im Vergleich mit der instituts-individuellen Gestaltung der elektronischen Vertriebswege auch keinen höheren *Kundennutzen* mit sich.

### 5.2.3.2 Bewertung der Systeme als Grundlage der Marketing-Kommunikation

#### a) Internet-Kommunikation

Die Marketing-Kommunikation zwischen einer Bank einerseits und ihren Kunden und sogar Nicht-Kunden andererseits kann auf verschiedenen Kommunikationskanälen beruhen, auch auf solchen, die I&K-Systeme zur Grundlage haben. Zu nennen ist hier insbesondere das Internet (und eingeschränkt auch T-Online Classic), die Banken die Möglichkeit geben, ein Informations- und Kommunikationsangebot öffentlich und für jedermann zugänglich bereitzustellen, und die den Kunden und Nicht-Kunden ermöglichen, sich bei der Bank zu informieren und mit ihr in eine Kommunikation einzutreten (vgl. Kap. 5.2.2.2.1 und 5.2.2.2.2). Hierbei handelt es sich bezüglich Prozeßtyp und Novität um *neue Geschäftsprozesse mit Kunden* (und auch Nicht-Kunden), die *neue Bankleistungen* (i. w. S.) in Anspruch nehmen (vgl. Abb. 1.6.2-2), weil die durch das Internet ermöglichten Kommunikationsfunktionen mit konventionellen Mitteln nicht realisierbar sind. Man denke nur an die umfangreichen und teilweise ständig aktualisierten Informationsangebote von Banken, die die Kommunikationspartner bequem vom PC aus ansteuern und recherchieren, selektieren, herunterladen und ausdrucken können.

Der *Kundennutzen* derartiger Systeme hängt primär von der Gestaltung des Informationsangebotes, konkret von Aktualität, Umfang, Aufbereitung und insbesondere von der Art der Darstellung ab (Nutzendimensionen 1.1 bis 1.4 gem. Abb. 1.6.2.1-2). Nur wenn das Informationsangebot hinsichtlich dieser Nutzendimensionen attraktiv und die Benutzerführung (Nutzendimension 10.2) akzeptabel ist, hat das Internet-Angebot einer Bank bei Internet-Nutzern gewisse Erfolgschancen. Ein geringfügiger *Managementnutzen* kann dadurch entstehen, daß die Bank mit Hilfe eines I&K-Systems wie z.B. des TARGET-Systems statistisch analysiert, mit welcher Frequenz ihre Web-Sites von den Internet-Nutzern aufgesucht werden. Ist auf jeder Web-Site nur ein Produkt dargestellt, dann kann man aus den relativen Häufigkeiten der Web-Site-Besuche auf das Produktinteresse der Internet-Nutzer schließen und diese Informationen für die Weiterentwicklung des Internet-Produktangebotes nutzen (Nutzendimension 1.5). Eine Verbesserung der *Wirtschaftlichkeit* oder sogar eine Erzielung von *Wettbewerbsvorteilen* durch Marketing-Kommunikation über das Internet scheint derzeit kaum möglich.

### b) Systeme für das Beschwerdemanagement

Beim Beschwerdemanagement findet auch Marketing-Kommunikation statt, insbesondere über Produktqualität und Kundenzufriedenheit. Die verwendeten Systeme sind aber nicht Träger der Kommunikation, sondern sie unterstützen Bankmitarbeiter bei Annahme, Bearbeitung und Analyse von Beschwerden. Einerseits gehören Annahme und Bearbeitung von Beschwerden noch zur Abwicklung von Bankgeschäften; insoweit üben sie die Grundfunktion der *Geschäftsabwicklung* aus und ermöglichen dabei *neue Prozesse mit Kunden* zur Erledigung *konventioneller Aufgaben*, was der Konstellation a) von Abb. 1.6.2-2 entspricht. Andererseits nehmen Beschwerdemanagementsysteme, die die Beschwerdeanalyse unterstützen, die *Grundfunktion der Entscheidungsvorbereitung*, insbesondere Analyse, wahr, wobei Verfahren zur Analyse des Wiederkaufverhaltens und damit des Kundenbindungserfolges nach der Beschwerdebearbeitung eingesetzt werden. Bei der Beschwerdeanalyse stellen sich Aufgaben, die deshalb als neu zu betrachten sind, weil sie nur durch Analysesysteme bewältigt werden können, manuell jedoch nicht. Insoweit ermöglichen Beschwerdemanagementsysteme *neue interne Prozesse* zur Bewältigung *neuer Aufgaben*, so daß sie hinsichtlich der Analysefunktion der Konstellation d) von Abb. 1.6.2-2 zuzuordnen sind.

* **Kundennutzen**

Durch die systemgestützte Beschwerdebearbeitung steigt der Kundennutzen (vgl. Abb. 1.6.2.1-2), wenn sich die Abwicklungszeit verkürzt (Nutzendimension 4.2) und die Fehlerquote abnimmt (Nutzendimension 5.1), insbesondere weil das System sicherstellt, daß Beschwerden nicht liegenbleiben und in Vergessenheit geraten.

* **Managementnutzen**

Der Managementnutzen (vgl. Abb. 1.6.2.2-2) der Beschwerdeanalyse besteht darin, daß sie Entscheidungsunterstützung durch Analyse leistet (Nutzendimension 1.5.1), einerseits bei der Identifizierung von Schwerpunkten der Entstehung von Leistungsmängeln und Qualitätsdefiziten im Bankbetrieb und andererseits bei der Kundenzufriedenheit nach Beschwerdebearbeitung. Sind die Leistungsmängel erkannt, dann können Maßnahmen zur Behebung der Defizite, z.B. zur Verbesserung der Geschäftsprozesse, ergriffen werden. Läßt dagegen die Kundenzufriedenheit nach Beschwerdebearbeitung noch Wünsche offen, dann können Maßnahmen zur Verbesserung der Beschwerdebearbeitung realisiert werden. Für beide Stoßrichtungen der Analyse bietet die Analysefunktion des Beschwerdemanagementsystems den Vorteil, daß eine große Anzahl von Beschwerdefällen neutral analysiert werden kann, so daß sich ein weitgehend unverzerrtes Bild ergibt, das durch die Besonderheit von stark beachteten Einzelfällen nicht beeinträchtigt wird.

* **Wirtschaftlichkeit**

Um die Auswirkungen des Systemeinsatzes auf die Wirtschaftlichkeit der Leistungserstellung, hier der Beschwerdebearbeitung, ermitteln zu können, muß man zuerst eine Beschwerdefallzahl (nach Beschwerdestimulierung) planen, die bearbeitet werden muß. Problematisch hierbei ist natürlich, daß häufig erst mit Einführung einer systemgestützten Beschwerdebearbeitung auch eine Beschwerdestimulierung erfolgt, so daß die Festlegung einer Anzahl von Beschwerden, die bearbeitet werden sollen, zwar für den Fall nach Einführung des Beschwerdemanagementsystems gültig ist, in der Regel jedoch nicht für den Fall der manuellen Bearbeitung. Grundsätzlich wäre damit jedoch der Output der Beschwerdebearbeitung für manuelle versus systemgestützte Bearbeitung gegeben (vgl. Kap. 1.6.2.3). Ein *Kostenvergleich* für konventionelle und systemgestützte

*Beschwerdebearbeitung* ist dann verhältnismäßig leicht durchzuführen. Grundsätzlich ist davon auszugehen, daß sich die mittleren Aufwendungen für Entschädigung und Kulanz pro Beschwerdeführer bei den beiden Bearbeitungsverfahren nicht unterscheiden, und daß auch die Kosten der Beschwerdebearbeitung in den Fachabteilungen nicht vom Systemeinsatz in der zentralen Beschwerdestelle abhängen. Daher kann man sich bei dem Kostenvergleich auf die Personal- und Sachkosten bei der zentralen Beschwerdebearbeitung konzentrieren. Die Kostenstruktur des systemgestützten Verfahrens unterscheidet sich deutlich von der des manuellen Verfahrens: Bei Systemeinsatz sind die Personalkosten pro Beschwerdefall relativ niedriger und die Sachkosten, insbesondere wegen der Betriebskosten und Abschreibungen für das Beschwerdemanagementsystem, vergleichsweise höher und auch weitgehend fix. Es hängt nun von der im voraus festgelegten Beschwerdefallzahl ab, ob der Break even-point überschritten wird und der Einsatz des Beschwerdemanagementsystems kostengünstiger ist.

Für die *Analysefunktion* des Beschwerdemanagementsystems kommt ein *Kostenvergleich* nicht in Betracht, weil typischerweise bei manueller Beschwerdebearbeitung keine systematische Erfassung und Analyse der Beschwerden erfolgt. Im Prinzip wird ein Kreditinstitut, das systemgestütztes Beschwerdemanagement einführen möchte, versuchen, ein System zu entwickeln oder fremdzubeziehen, das die gewünschten Funktionen zu minimalen Kosten erfüllt. Aus verschiedenen Gründen ist dies in der Praxis aber nur näherungsweise möglich. Entscheidungsträger, die die Analyseergebnisse verwenden möchten, werden bei ihrer Entscheidung über den Einsatz des Systems einerseits die Betriebskosten und andererseits ihre Nutzenerwartungen intuitiv berücksichtigen, die sie hinsichtlich einer mit Hilfe des Systems erreichbaren Steigerung der Effizienz von Führung und Steuerung haben. Hierbei ist aber zu beachten, daß das betreffende Institut die Beschwerdeanalysefunktion nicht separat nutzen kann, sondern nur, wenn das Beschwerdemanagementsystem als Ganzes eingesetzt wird. Die Prüfung der Wirtschaftlichkeit, und sei sie weitgehend intuitiv, muß sich daher auf das ganze System beziehen.

* **Wettbewerbsvorteile**

Der Einsatz des Beschwerdemanagementsystems bietet auch Ansatzpunkte zur Erreichung von Wettbewerbsvorteilen. Dies setzt aber voraus, daß Beschwerdestimulierung betrieben und eine große Zahl von Beschwerden systematisch bearbeitet und analysiert wird. Wenn es gelingt, durch die Steigerung des Kundennutzens bezüglich Abwicklungszeit und Fehlerquote die *Kundenzufriedenheit* nach Beschwerdebearbeitung zu erhöhen, Kunden gegenüber Marketing-Aktivitäten von Wettbewerbern zu immunisieren und ihre *Kundenbindung* zu festigen, dann hat das Beschwerdemanagementsystem einen Beitrag zur Verbesserung der Wettbewerbsposition der Bank bei der Kundengruppe, für die das System eingesetzt wird, geleistet. Dieser Erfolg wird dadurch, daß auch Wettbewerber der betrachteten Bank ein Beschwerdemanagementsystem einsetzen, nicht geschmälert. Die betrachtete Bank, die durch Systemeinsatz die Quote ihrer abwandernden Kunden gesenkt hat, müßte lediglich befürchten, daß dann auch die Quote der Kunden sinkt, die ihr von anderen Instituten zuwandern.

### 5.2.3.3 Bewertung der Systeme für Marketing-Maßnahmenplanung und Vertrieb

Die Systeme für Marketing-Maßnahmenplanung und Vertrieb, die die Media-Selektion (vgl. Kap. 5.2.2.3.1), das Database Marketing (vgl. Kap. 5.2.2.3.2) und die Betreuung von Großkunden (vgl. Kap. 5.2.2.3.3) unterstützen, lassen sich bezüglich Prozeßtyp und Novität der Aufgaben folgendermaßen einordnen: Sie ermöglichen primär *neue interne Prozesse* zur Bewältigung *konventioneller Aufgaben* (vgl. Abb. 1.6.2-2), und sie üben dabei die Grundfunktion der *Entscheidungsunterstützung* aus. Neue Geschäftsprozesse mit Kunden werden von diesen Systemen nur in Bezug darauf unterstützt, daß die Kunden mit Hilfe dieser Systeme besonders bedarfsgerecht angesprochen und ggf. auch individuell betreut werden können. Der *Kundennutzen,* der dadurch generiert wird, besteht in einer Verbesserung der Beratung i. w. S., und er beruht auf der systemgestützt erfolgenden Analyse der Geschäftsverbindungen (Nutzendimension 6.1). Das ist hier aber nur ein Randaspekt. Eine viel größere Bedeutung kommt dagegen dem Managementnutzen dieser Systeme zu.

* **Managementnutzen**

Die Systeme für Media-Selektion, Database Marketing und Großkundenbetreuung dienen der Einsatzplanung von Marketing-Instrumenten, insbesondere der Werbeplanung einerseits und der persönlichen oder mediengebundenen Kundenansprache, verbunden mit individuell auf die Kunden ausgerichteten Produktangeboten, andererseits. Sie bieten Entscheidungsträgern, die für die Einsatzplanung der genannten Marketing-Instrumente verantwortlich sind, einen ganz erheblichen Managementnutzen (vgl. Abb. 1.6.2.2-2).

*Systeme für die Media-Selektion* dienen der zielorientierten Evaluierung oder Generierung von alternativen Werbeplänen, also Handlungsalternativen, unter denen die verantwortlichen Entscheidungsträger wählen können (Nutzendimensionen 1.5.2 und 1.5.3). Dagegen besteht der Beitrag der *Systeme für Database Marketing* und *Großkundenbetreuung* darin, daß Transparenz im Kundenbestand hergestellt wird (Nutzendimension 1.1). Beim Database Marketing wird durch Systemeinsatz transparent, welche Kunden aus der Kundendatenbank es sind, die bestimmte vorgegebene Kriterienkombinationen erfüllen, so daß diese von der Bank mit einem darauf ausgerichteten Produktangebot angesprochen werden können. Systeme für die Großkundenbetreuung können für das jeweilige Betreuungs-Team jederzeit transparent machen, wie das Engagement gegenüber dem Großkunden strukturiert ist, welche Team-Mitglieder an welchen Orten mit bestimmten Gesprächspartnern des Großkunden über bestimmte Produktangebote verhandelt haben, über welche Konditionen gesprochen wurde etc., so daß sich jedes Team-Mitglied jederzeit ein umfassendes Bild vom Stand der Kundenverbindung machen kann, bevor es sich in den Kundenbetreuungsprozeß einschaltet. Die Transparenz der Kundenverbindung trägt so dazu bei, daß die Bank einheitlich und geschlossen gegenüber Großkunden auftreten und erfolgreich verhandeln kann, ohne daß ein Betreuer des Teams versehentlich andere Betreuer unterbietet etc. Evaluierung und Generierung von Handlungsalternativen für die Werbeplanung einerseits und die Herstellung von Transparenz beim Database Marketing und bei der Großkundenbetreuung andererseits tragen dazu bei, die Entscheidungsprozeß-Effizienz zu erhöhen und insbesondere die Zielerreichungsgrade für Marketing-Ziele wie Werbeerfolg und Produktabsatz zu verbessern, was sich direkt im Periodenerfolg der Bank niederschlägt.

* **Wirtschaftlichkeit**

Im Prinzip ist es denkbar, daß die Aufgaben der behandelten Systeme für Marketing-Maßnahmenplanung und Vertrieb, Media-Selektion, Database Marketing und Großkundenbetreuung, auch konventionell erfüllt werden. Media-Selektion kann man intuitiv betreiben, Kunden können nach bestimmten Kriterien aus einer Kundenkartei selektiert werden, und die Großkundenbetreuung kann man konventionell mit viel Personaleinsatz sowie herkömmlichen Kommunikationssystemen wie Telefon und Fax unterstützen.

Analysiert man die Systeme in bezug auf ihren Beitrag zur Steigerung der Wirtschaftlichkeit der betrachteten Bank, dann erkennt man sehr schnell, daß ein einfacher *Kostenvergleich* nicht zum Ziel führt, weil dabei der Output der Systeme als gegeben unterstellt wird. In diesem Fall wäre zu erwarten, daß bei hohem System-Output, z.B. bei einer großen Kundenzahl, aus der im Rahmen des Database Marketing eine Selektion getroffen werden soll, die systemgestützte Auswahl kostengünstiger ist. Ist dann aber der Erfolg der Marketing-Aktivität, hier der Absatzerfolg beim Database Marketing, gering, beispielsweise weil die Kunden die Database Marketing-Aktion nicht so gut akzeptieren wie erwartet, dann ist das systemgestützte Database Marketing nicht schon deshalb wirtschaftlicher und damit überlegen, weil es eine aussichtslose Marketing-Aktion zu niedrigeren Kosten unterstützt hat. Eigentlich wäre daher eine *umfassende Wirtschaftlichkeitsrechnung* durchzuführen, in die nicht nur die Kosten der Marketing-Aktivitäten (bei konventioneller Bearbeitung oder Systemeinsatz) eingehen, sondern auch die erwarteten Erlöse, die der Aktion zugerechnet werden können. Dies wäre methodisch der angemessene Ansatz; leider ist er wegen der Unsicherheit der erwarteten Erlöse nicht realisierbar.

* **Wettbewerbsvorteile**

Die Systeme für Marketing-Maßnahmenplanung und Vertrieb erweisen sich gemäß Abb. 1.6.2.4-1 als Systeme mit *indirektem Kundengeschäftsbezug* und *bankinternem System-Einsatzbereich*. Vorteile im Wettbewerb um Kunden lassen sich mit derartigen Systemen nicht erzielen (vgl. Kap. 1.6.2.4, Erläuterung zu Konstellation c)), denn aus Kundensicht ist kein Unterschied wahrnehmbar, ob die Bank diese Systeme einsetzt oder nicht. Ein Wettbewerbsvorteil kann sich lediglich dann ergeben, wenn der Einsatz der Systeme für die Marketing-Maßnahmenplanung eine gezielte Ansprache von Nichtkunden ermöglicht, die ohne den Einsatz der Systeme entweder gar nicht oder wesentlich undifferenzierter möglich gewesen wäre und die den angesprochenen Nichtkunden zum Wechseln des Anbieters veranlaßt. Unter Nichtkunden sind hierbei auch Kunden zu verstehen, die eine Geschäftsverbindung mit der betrachteten Bank pflegen, bezüglich der beworbenen Leistung aber noch nicht Kunde sind.

## 5.3 Systeme für den Funktionalbereich Controlling

### 5.3.1 Grundlagen des Bank-Controlling

Zum Bank-Controlling existiert ein umfangreiches Schrifttum (vgl. hierzu vor allem Schierenbeck 1999). Als Ausgangspunkt für die Behandlung der Systeme im Bank-Controlling sollen daher an dieser Stelle nur einige grundlegende Aspekte behandelt werden (vgl. Meyer zu Selhausen 1992b).

#### 5.3.1.1 Aufgabe der Unternehmenssteuerung

Die Unternehmenssteuerung läßt sich mit der Steuerung eines Schiffes vergleichen, das mit Hilfe des Ruders (Steuerungsmittel) in schwerer See (Umweltbedingungen) auf Kurs gehalten werden soll (Zielorientierung). Bei der Unternehmenssteuerung kommt es ganz wesentlich auf diese Elemente an: Steuerungsziele, Steuerungsmittel und Umweltbedingungen. Und auch die Perspektive ist in beiden Fällen gleich: Es ist *Zukunftsbewältigung* und nicht Rechenschaftslegung über die Vergangenheit. Für die Steuerung des Schiffes ist wichtig, wie der Ausgangszustand ist, insbesondere bezüglich Funktionsfähigkeit der Aggregate, Besatzung, Ladung, Bevorratung und Führung sowie die Ausgangsposition und der Zielhafen. Völlig unbedeutend ist dagegen, wo das Schiff vorher gewesen ist, welche Besatzung, Ladung etc. es gehabt hat usw. Die Entsprechungen zwischen der Steuerung eines Schiffes und der Steuerung einer Bank sind unübersehbar: Der Schiffsbesatzung entspricht das Personal der Bank, dem Antrieb entspricht das Anreizsystem, der Ladung entsprechen der Kundenstamm und die Geschäftspositionen, der Bevorratung entsprechen die Ressourcen, der Schiffsführung entspricht die Geschäftsleitung und der Navigation entspricht die Banksteuerung.

Die *Aufgabe der Unternehmenssteuerung* läßt sich nun bankbezogen klarer fassen: Sie besteht darin, durch gezielte Bereitstellung von Steuerungsinformationen *Aktivitäten auszulösen*, so daß die Bank unter Berücksichtigung der Veränderungen in ihrer Umwelt (Märkte, Gesellschaft, Staat etc.) die Unternehmensziele bestmöglich erreicht. Solche Aktivitäten, die durch Steuerung ausgelöst werden, können z.B. sein: Verstärkung des Beratereinsatzes für gehobene Privatkunden in bestimmten regionalen Teilmärkten, Durchsetzung adäquater Risikokosten als Preisbestandteil im Kreditgeschäft etc. Als *Unternehmensziele* sind bei der Steuerung von Kreditinstituten besonders zu beachten (vgl. Kap. 1.5.3): Erfolg und Wachstum als grundsätzlich unbegrenzte Ziele und Liquidität, Sicherheit, Bonität und Legalität als begrenzte Ziele (Nebenbedingungen), wobei Legalität und Liquidität sogar der Status von strengen Nebenbedingungen zukommt, die zu jedem Zeitpunkt im Leben eines Kreditinstituts unbedingt erfüllt sein müssen, um nicht den Fortbestand des Unternehmens zu gefährden. Die Bekanntmachung der Unternehmensziele allein ist in Großunternehmen wie Kreditinstituten aber noch nicht ausreichend, um alle Organisationseinheiten und Mitarbeiter auf diese Unternehmensziele auszurichten, so daß sie bestmöglich zur Erreichung dieser Ziele beitragen. Um die Unternehmensziele zu verwirklichen, ist es vielmehr erforderlich, daß alle Führungskräfte und Mitarbeiter *hierarchisch abgestufte Steuerungsinformationen* erhalten, die die Koordination der Aktivitäten aller Adressaten fördern und dazu beitragen, daß durch das Zusammenwirken aller Adressaten die Ziele des Unternehmens bestmöglich erreicht werden.

Die *Aufgabe der Steuerung* besteht in Beschaffung, Aufbereitung, Prüfung, Interpretation und Verteilung von Informationen für deren Anwendung zur Steuerung der Bank auf die Unternehmensziele hin sowie in der Koordination des gesamten bankbetrieblichen Informationsflusses. Dies ist nach allgemeiner Auffassung die Controlling-Aufgabe. Controlling hat eine koordinierende Funktion und soll die Aktivitäten der Bank auf ihre Ziele hin steuern. Controlling leistet also Führungsunterstützung; es ist keinesfalls mit Führung selbst gleichzusetzen. Controlling ist aber auch nicht mit Kontrolle identisch, die eine Teilfunktion und nicht Zweck des Controlling ist. Controlling stellt vielmehr Informationen bereit, so daß sich die Entscheidungsträger der Bank im Rahmen der Plandaten und im Hinblick auf ihre Ziele möglichst selbst steuern können.

### 5.3.1.2  Controlling und Entscheidungsprozeß

Mit Hilfe von Controlling-Instrumenten, die in den großen Unternehmen fast ausschließlich in I&K-Systeme umgesetzt sind, werden Steuerungsinformationen für die Entscheidungsträger erarbeitet. Diese Steuerungsinformationen sollen die Entscheidungsträger unterstützen, ihre Entscheidungen so zu treffen, daß sie bestmöglichst zur Erreichung der Unternehmensziele beitragen. Die Betrachtung von Entscheidungen wird hier nicht auf die eigentlichen Wahlhandlungen beschränkt, sondern es werden alle Aktivitäten, die mit den Entscheidungen in engem Zusammenhang stehen, insbesondere Informationsverarbeitungsaktivitäten, einbezogen. Diese Aktivitäten, die eine Entscheidung als einen Prozeß erscheinen lassen, können stark vereinfachend zu folgenden *Phasen eines Entscheidungsprozesses* zusammengefaßt werden: Anregung, Suche, Auswahl, Durchführung und Kontrolle.

In der *Anregungsphase* zeigen Symptome an, daß in einem bestimmten Tätigkeitsfeld unerwünschte Abweichungen zwischen Soll- und Ist-Zustand aufgetreten sind. Steuerungsinformationen können die verantwortlichen Entscheidungsträger anregen, Aktivitäten zur Behebung dieses Problems zu entfalten. In der nächsten Phase, der *Suchphase*, führt die Anregung zur Suche nach Entscheidungsalternativen, die geeignet sind, den Soll-Zustand wieder herzustellen. In der *Auswahlphase* wird diejenige Entscheidungsalternative ausgewählt, die am besten geeignet erscheint, das vorliegende Problem zu beheben (Entscheidung). In der *Durchführungsphase* wird die ausgewählte Entscheidungsalternative realisiert. Die Realisierung obliegt regelmäßig nicht dem Entscheidungsträger, sondern anderen Mitarbeitern der Bank. Der Entscheidungsträger wirkt aber mindestens noch insoweit mit, als er den Ausführenden Informationen und Anweisungen zu der von ihm gewählten Entscheidungsalternative gibt. Abschließend wird in der *Kontrollphase* überprüft, ob die Realisierung der ausgewählten Entscheidungsalternative zur Erreichung des Soll-Zustandes geführt hat. Dabei ist sicherzustellen, daß der Erfolg der realisierten Entscheidungsalternative von Stellen kontrolliert wird, die nicht für die Durchführung verantwortlich sind.

Ergibt sich bei der Kontrolle eine Abweichung des Ist-Zustandes von dem mit der Entscheidung angestrebten Soll-Zustand, dann wird eine Korrekturmaßnahme eingeleitet. Hier findet eine Rückkoppelung von der Kontrolle zum Anfang des Entscheidungsprozesses, also zur Anregung, statt. Diese Art der Störungskompensation bezeichnet man als *Regelung*. Dagegen ist *Steuerung* eine Art der Störungskompensation, die ohne Rückkoppelungen auskommt. Im Fall der Steuerung wartet man also nicht erst die Soll-Ist-Abweichung ab, sondern man versucht, sich abzeichnende Veränderungen in der Umwelt im voraus bei seiner Entscheidung zu berücksichtigen, so daß eine Soll-Ist-Abweichung gar nicht erst auftritt (vgl. Kap. 1.2.1). Bei Entscheidungsprozessen in der Praxis trifft man typischerweise eine Kombination von Steuerung und Regelung an. Dabei wird versucht, die Vorteile der Steuerung zu nutzen; wenn und soweit dies im Einzelfall aber nicht gelingt, kompensiert man aufgetretene Störungen im Wege der Regelung. Diese Kombination wird im folgenden vereinfachend (und dem im Schrifttum anzutreffenden Sprachgebrauch folgend) als Steuerung bezeichnet.

Der *Einfluß der Steuerung auf den Entscheidungsprozeß* stellt sich folgendermaßen dar: Grundsätzlich findet sich die Entscheidungskompetenz bei dem oder den Entscheidungsträgern. Der Steuerungseinfluß besteht darin, daß die Entscheidungsträger Informationen über Zustände und Vorgänge in ihrem Zuständigkeitsbereich erhalten, die für ihre Zielerreichung bedeutsam sind und die sie bei ihren Entscheidungen berücksichtigen werden. Steuerungsinformationen wirken auf die Entscheidungsträger in verschiedenen *Phasen des Entscheidungsprozesses* ein: In der Anregungsphase veranlassen sie die Entscheidungsträger, neue Initiativen zu entfalten. In der Suchphase regen sie die Suche nach neuen Problemlösungen an, und in der Auswahlphase veranlassen sie die Entscheidungsträger, die Entscheidungsalternativen zu bevorzugen, die bestmöglich zur Erreichung der für sie zutreffenden Soll-Größen beitragen bzw. eingetretene Soll-Ist-Abweichungen möglichst abbauen. Dabei schränken Steuerungsinformationen die Entscheidungskompetenz der Adressaten nicht ein; sie schreiben ihnen also nicht vor, was sie tun müssen, sondern sie geben ihnen *Orientierungshilfe*, damit sie ihre Kompetenzen zielorientiert möglichst gut wahrnehmen können. Mit Hilfe der Steuerungsinformationen sollen die Adressaten dieser Informationen ihre Aktivitäten möglichst selbst festlegen und gegebenenfalls auch durchführen können. Als *Adressaten* von Steuerungsinformationen kommen aber nicht nur Führungskräfte in Betracht, die auf die Aktivitäten ihrer Mitarbeiter Einfluß nehmen, sondern auch einzelne Mitarbeiter selbst, z.B. Kundenbetreuer, die über ihre eigenen Aktivitäten in einem bestimmten Rahmen selbst entscheiden können.

### 5.3.1.3 Steuerungsrelationen

Steuerung hat natürlich auch *organisatorische Aspekte*. Die Adressaten der Steuerungsinformationen können sich grundsätzlich auf allen hierarchischen Ebenen befinden. Die Controlling-Stellen, also die Stellen, die Steuerungsinformationen erarbeiten und an die Adressaten übermitteln, können zentralisiert oder dezentralisiert sein. Im Falle der *Zentralisierung* gibt es nur einen Zentral-Controller, während bei *Dezentralisierung* ein Zentral-Controller mit Bereichs-Controllern zusammenarbeitet, die in den verschiedenen Unternehmensbereichen, z.B. strategischen Geschäftseinheiten, auf verschiedenen hierarchischen Ebenen einer Bank angesiedelt sind. Auf den unteren Ebenen der Hierarchie sind ggf. keine spezialisierten Controller mehr erforderlich, sondern es können hier einzelne Mitarbeiter Controlling-Aufgaben neben anderen Aufgaben wahrnehmen. Dies wird am Beispiel der *Zielvereinbarung* deutlich: Der Controller der strategischen Geschäftseinheit (gehobene Privatkunden) führt die Zielvereinbarung mit den Leitern des Privatkundengeschäfts der Niederlassungsbereiche durch. Diese wiederum, die zunächst Adressaten von Steuerungsinformationen waren, vereinbaren nun ihrerseits die Ziele mit den Leitern des Privatkundengeschäfts in den ihnen angeschlossenen Filialen. Diese Adressaten wenden sich im nächsten Schritt an die Leiter der ihnen angeschlossenen Zweigstellen, die dann mit ihren Privatkunden-Beratergruppen Zielvereinbarungen durchführen. Die Beziehung zwischen einem Controller und seinem Adressaten wird hier als *Steuerungsrelation* bezeichnet. Das obige Beispiel hat gezeigt, daß es offenbar eine Hierarchie von Steuerungsrelationen geben kann, wobei der Adressat einer höheren Steuerungsrelation zugleich der Controller der nächst niedrigeren Steuerungsrelation ist. Die Unternehmensziele einer Bank können im Einzelfall für einen Adressaten völlig abstrakt sein, z.B. das Ziel, einen möglichst hohen Gewinn für die gesamte Bank zu erwirtschaften. Durch Aufgliederung der Bankziele (in der Praxis spricht man von »Herunterbrechen«) lassen sich für jeden Adressaten Ziele für seinen Zuständigkeitsbereich formulieren. Jeder Adressat benötigt dann laufend Steuerungsinformationen, die ihm das Ausmaß seiner Zielerreichung, also sein Ist, anzeigen, damit er dieses mit seinem Soll-Wert vergleichen und seine Aktivitäten darauf ausrichten kann. Im Idealfall haben Controller ständig einen Überblick über die Zielerreichung bei ihren Adressaten, und sie können dann auch Anpassungsmaßnahmen veranlassen und ggf. sogar Ressourcen umdisponieren, z.B. Mitarbeiter oder Budgets lokaler Geschäftseinheiten.

Für die Steuerungsaufgaben in den verschiedenen Systemeinsatzgebieten des Controlling sind individuelle *Steuerungsinstrumente* entwickelt worden. Hierbei handelt es sich ausschließlich um Instrumente der Informationsverarbeitung, die wegen des Umfangs der zu verarbeitenden Informationen den Einsatz von I&K-Systemen zwingend erfordern.

### 5.3.1.4 Grundsätzliche Anforderungen an Controlling-Systeme

#### 5.3.1.4.1 Kompatibilität der Steuerungssysteme mit der Führungskonzeption der jeweiligen Bank

Die Kompatibilitätsproblematik ist außerordentlich vielschichtig, und sie soll hier an zwei wichtigen Aspekten, Selbst-Controlling versus Fremd-Controlling und Gewinnsteuerung versus Komponentensteuerung erläutert werden.

Von *Fremd-Controlling* spricht man, wenn es zur Führungskonzeption gehört, daß zentral geplant wird, und daß die Zentrale des Unternehmens den dezentral tätigen Mitarbeitern ihre Aktivitäten detailliert vorschreibt, so daß ihnen kein nennenswerter Entscheidungsspielraum mehr bleibt. Wird Fremd-Controlling in dieser Form praktiziert, dann müssen Steuerungssysteme diese Vorgaben berechnen und durch Datenfernverarbeitung o.ä. an die Adressaten laufend übermitteln. Im Fall des *Selbst-Controlling* sieht die Führungskonzeption dagegen vor, daß dezentral tätige Mitarbeiter, die in ihrem Bereich ohnehin die besten Detailkenntnisse haben, auch dadurch motiviert werden, daß man ihnen Entscheidungsspielraum gibt, den sie in eigener Verantwortung nutzen können, um ihre Ziele zu erreichen. In diesem Fall sollten Steuerungssysteme nur Entscheidungshilfen bieten und kontrollieren, wie die einzelnen Mitarbeiter von ihrem Entscheidungsspielraum Gebrauch machen.

Es ist eine die Führungskonzeption berührende Grundsatzfrage, ob dezentral tätige Mitarbeiter im Kundengeschäft in bezug auf ihren Erfolgsbeitrag (Gewinnsteuerung) oder in bezug auf Erfolgskomponenten (Komponentensteuerung) gesteuert werden sollen. Man spricht dann von *Komponentensteuerung*, wenn die Zentrale den Filialen für die einzelnen Erfolgskomponenten Vorgaben macht, wenn also Aufwands-, Ertrags- und Finanzbudgets festgelegt werden. Dabei ist die Detaillierung der Budgets natürlich gestaltbar. Im Grenzfall könnte die Zentrale genau die einzelnen Zwecke festlegen, für die Aufwendungen budgetiert werden; sie könnte darüber hinaus Budgets (Mindestbeträge) für die Erträge aus bestimmten Geschäftssparten vorschreiben, und sie könnte für die einzelnen Geschäftssparten auch Geschäftsvolumina (Mindestabsatzmengen) vorgeben. Je differenzierter die Budgets sind, die die Zentrale vorgibt, um so kleiner ist insgesamt der Handlungsspielraum, der den Filialleitern und ihren Mitarbeitern verbleibt. Dies wirkt auf die Adressaten eher demotivierend, insbesondere dann, wenn die Vorgaben aufgrund von Planungsfehlern und zwischenzeitlich eingetretenen Veränderungen der Marktbedingungen nicht erreicht werden können. Kundenberater, denen Mindestmengen für den Absatz bestimmter Produkte vorgegeben sind, geraten in den Konflikt, daß sie sich entscheiden müssen, ob sie die Kundschaft nach deren Bedürfnissen beraten oder die vorgegebenen Absatzmengen anstreben sollen. Obwohl die Komponentensteuerung zu einer Einschränkung der Kundenorientierung führt, wird sie dennoch von manchen Geschäftsleitungen praktiziert, die durch ihre Führungskonzeption einen sehr direkt wirkenden Einfluß auf die Entwicklung ihrer Bank haben möchten.

Die *Gewinnsteuerung* sieht dagegen vor, daß die Filialen als Profit Center geführt werden. Die Verantwortung der Leiter der Profit Center ist primär eine Gewinnverantwortung. Sie kennen die Verhältnisse ihres lokalen Marktes, die Struktur und die Bedürfnisse ihrer Kundschaft. Sie sollen unternehmerisch handeln, um ihre Kundschaft bestmöglich zu bedienen, und sie sollen die Freiheit haben, über Aufwendungen, Margen etc. selbst zu entscheiden. Sie können also in ihrem lokalen Markt sehr frei agieren, und ihre Leistung wird von der Zentrale primär am Erfolgsbeitrag ihres Profit Centers gemessen. Manche Geschäftsleitungen halten es für einen Nachteil, daß sie durch die Vorgabe oder Vereinbarung von Erfolgsbeitragszielen nur noch indirekt auf die Profit

Center einwirken können. Dabei wird leicht übersehen, daß durch die Gewinnsteuerung und die damit verbundene Gewährung von Entscheidungsspielräumen das Selbstwertgefühl der Profit Center-Leiter und ihrer Mitarbeiter und damit auch ihre Leistungsmotivation sehr positiv beeinflußt werden.

In der Realität sind Gewinnsteuerung und Komponentensteuerung in reiner Form kaum anzutreffen, sondern es werden meist *Mischformen* praktiziert. Die Gewinnsteuerung wird zwar von vielen Entscheidungsträgern grundsätzlich für das adäquate Steuerungskonzept gehalten. Bei der Ausgestaltung muß aber berücksichtigt werden, daß die Profit Center nicht wirklich vollkommen unabhängig von der Zentrale agieren können, sondern daß die Zentrale dafür sorgen muß, daß einige die ganze Bank betreffende Bedingungen eingehalten werden, insbesondere die Liquidität als strenge Nebenbedingung, die Grundsätze über Eigenkapital und Liquidität, die Begrenzung der Strukturrisiken wie z.B. das Zinsänderungsrisiko etc. Deshalb wird auch eine Zentrale, die grundsätzlich Gewinnsteuerung praktizieren möchte, nicht umhin können, ihren Profit Centers gewisse Vorgaben zu machen.

Schließlich ist noch darauf hinzuweisen, daß es auch vom *Planungshorizont* der Adressaten abhängt, ob in Teilbereichen Komponentensteuerung erforderlich ist. Im operativen Geschäft sind die Adressaten gewöhnt, daß Maßnahmen, die sofort zu Aufwendungen führen, in demselben, spätestens aber im nächsten Geschäftsjahr, Erträge einbringen. Ist dem Profit Center-Leiter dagegen schon bekannt, daß er aufgrund von Personalentwicklungsmaßnahmen o.ä. seine derzeitige Position nur noch für eine ganz begrenzte Zeit innehaben wird, dann wird er kaum bereit sein, durch strategische Maßnahmen Erfolgspotentiale aufzubauen, die sofort zu Aufwendungen führen und erst in späteren Jahren Erträge einbringen. Solche Maßnahmen sollte die Zentrale mit Komponentensteuerung durchsetzen.

Sowohl bei der Gewinn- als auch bei der Komponentensteuerung legt die Zentrale für die Filiale Ziele fest. Es wurde deutlich, daß der Gegenstand dieser Ziele bei Gewinn- und Komponentensteuerung sehr unterschiedlich ist. Bei der Gewinnsteuerung ist es der Erfolgsbeitrag eines Profit Center als Gesamtheit, bei der Komponentensteuerung sind es mehr oder weniger viele einzelne Erfolgskomponenten. In Abhängigkeit davon, ob die Adressaten beim Zustandekommen dieser Ziele mitwirken oder nicht, spricht man von Zielvereinbarung oder *Zielvorgabe*. Im einfachsten Fall gibt die Zentrale den Adressaten Ziele vor, an deren Zustandekommen diese Adressaten nicht beteiligt waren. Bei der *Zielvereinbarung* dagegen kommen die Ziele in einem Dialog zwischen Zentrale und Adressaten zustande. Die Adressaten erstellen zunächst eine Zielprojektion für das bevorstehende Geschäftsjahr. Diese Zielprojektionen werden von der Zentrale gesammelt, geprüft und zu einer Zielprojektion für die gesamte Bank zusammengestellt. Entspricht diese Zielprojektion den Zielen der Geschäftsleitung, dann werden die Adressaten auf die jeweils von ihnen vorgelegte Zielprojektion verpflichtet. Erscheint die Zielprojektion für die Gesamtbank dagegen als unzureichend, dann tritt die Zentrale in einen Aushandlungsprozeß mit den Adressaten ein, der darauf abzielt, die Zielprojektion für den Verantwortungsbereich der einzelnen Adressaten heraufzusetzen. Soweit sich Adressaten mit den gegebenen Mitteln nicht zur Erreichung der Ziele in der Lage sehen, wird über die Bereitstellung weiterer Ressourcen, z.B. Budgets, verhandelt. Dieser Prozeß wird auch als *Zielvereinbarungsprozeß* bezeichnet.

Was auch immer die betrachtete Bank praktiziert, Gewinnsteuerung, Komponentensteuerung oder eine Mischform, die verwendeten Steuerungssysteme müssen mit diesem Aspekt der Führungskonzeption kompatibel, also verträglich sein. Sonst geraten die Adressaten der Steuerungsinformationen in eine Blockadesituation, die durch Verunsicherung und Demotivation gekennzeichnet ist. Dies kann z.B. eintreten, wenn mit Hilfe des Steuerungssystems Komponentensteuerung praktiziert wird, während die Leistung der Adressaten an ihrem Erfolgsbeitrag gemessen wird.

### 5.3.1.4.2 Unterstützung der vertikalen Zielabstimmung

Versteht man unter horizontaler Zielabstimmung die Abstimmung zwischen inhaltlich verschiedenen Zielen, z.B. Erfolg und Wachstum der Bank, dann bedeutet vertikale Zielabstimmung die Abstimmung zwischen verschiedenen hierarchischen Ebenen in bezug auf dasselbe Ziel, z.b. zwischen Erfolg als Unternehmensziel und, je nach aufbauorganisatorischer Struktur der Bank, z.B. Niederlassungsbereichs-, Filial-, Zweigstellenziel und Ziel eines Beraterteams. Der Erfolg als Unternehmensziel wird dabei in Erfolgsbeitragsziele der Niederlassungsbereiche, Filialen, Zweigstellen und Berater-Teams umgesetzt. Die Anforderung an Steuerungssysteme besteht nun darin, daß sie diese vertikale Zielabstimmung bestmöglich unterstützen, indem sie allen an der Zielabstimmung beteiligten Adressaten jeweils *die für ihren Verantwortungsbereich relevanten* Steuerungsinformationen liefern. Die vertikale Zielabstimmung richtet sich auf Adressaten und Organisationseinheiten, deren Verantwortungsbereiche überschneidungsfrei definiert sind. Den größten Detaillierungsgrad findet man auf der untersten hierarchischen Ebene, und wegen der Überschneidungsfreiheit können dann durch Aggregation jeweils die relevanten Steuerungsinformationen für die nächsthöhere Ebene ermittelt werden, bis auf der obersten Ebene, der des Zentral-Controllers, die gesamtbankbezogenen Informationen, z.B. Zielerreichungsgrade, vorliegen.

### 5.3.1.4.3 Kompetenzbezogenheit

Die Anforderung der Kompetenzbezogenheit besagt, daß die Adressaten nur die für ihren Zuständigkeits- und Verantwortungsbereich zutreffenden Steuerungsinformationen erhalten sollen. Beispielsweise bekommt ein Berater-Team nur Informationen über seinen Erfolgsbeitrag, ein Zweigstellenleiter nur über seine Berater-Teams, ein Filialleiter nur über seine angeschlossenen Zweigstellen, ein Niederlassungsbereichsleiter nur über seine Filialen. Auf diese Weise sollen die Adressaten Leistungsmängel, die in ihrem eigenen Verantwortungsbereich auftreten, frühzeitig erkennen, so daß sie noch vor Abschluß des jeweiligen Geschäftsjahres Maßnahmen zu ihrer Behebung ergreifen können. Gleichgeordnete Adressaten, beispielsweise andere Filialleiter, sollen solche Leistungsmängel dagegen während des Jahres noch nicht erkennen können, damit die Betroffenen Gelegenheit haben, die Defizite ihrer Verantwortungsbereiche ohne Irritationen noch innerhalb der Betrachtungsperiode wieder auszugleichen.

### 5.3.1.4.4 Informationsbedarf, Wirtschaftlichkeit und Benutzungskomfort

Der Informationsbedarf eines Mitarbeiters, der in seinem Verantwortungsbereich bestimmte Entscheidungsprobleme zu lösen hat, kann grundsätzlich nicht objektiv bestimmt werden. Er hängt, differenziert nach *Aktualität, Umfang und Detaillierung der Informationen,* außer von den Aufgaben auch subjektiv von der Persönlichkeit des Adressaten ab. Da im Zeitablauf immer wieder Adressaten ausscheiden und andere an ihre Stelle treten, ist es technisch kaum möglich, daß die Systeme immer wieder angepaßt werden, so daß sie mit ihren Steuerungsinformationen den ständig sich wandelnden subjektiven Informationsbedürfnissen der Adressaten entgegenkommen. Daher sollte man bei der Systemplanung die Systeme so konzipieren, daß sie möglichst flexibel den von den Adressaten spezifizierten Informationsbedürfnissen entsprechen können, beispielsweise durch Wahlmöglichkeiten in bezug auf den Detaillierungsgrad.

Je größer die Ansprüche an Aktualität, Umfang und Detaillierung der Steuerungsinformationen sind, um so größer ist im Regelfall auch der Aufwand für die Entwicklung und den laufenden Betrieb der Systeme. Grundsätzlich ist mit einem abnehmenden Grenznutzen der Differenzierung der Systeme zu rechnen, so daß man vor der Systementwicklung grundsätzlich eine *Wirtschaftlichkeitsrechnung* durchführen sollte.

Damit Steuerungssysteme von den Benutzern und Steuerungsinformationen von den Adressaten akzeptiert werden, ist ein gewisser *Mindest-Benutzungskomfort* erforderlich: Eine angenehme Benutzeroberfläche der Systeme und eine attraktive und übersichtliche Darbietung der Steuerungsinformationen. Unter dem Aspekt Benutzungskomfort sind durchaus auch weitere Funktionen zu subsumieren, die dem Entscheidungsträger ein schnelleres Erkennen von Abweichungen zwischen Soll und Ist ermöglichen. Hierzu gehört beispielsweise die graphische Aufbereitung von Informationen oder eine differenzierte farbliche Markierung von Informationen je nach Abweichungsintensität sowie die Möglichkeit eines zunehmenden Detaillierungsgrades der Darstellung und eine sofortige Herstellung von Querverbindungen – beispielsweise zu Vergleichswerten.

### 5.3.1.5 Systemeinsatzgebiete für die Controlling-Systeme

Controlling-Systeme werden eingesetzt, um Führungskräfte und Mitarbeiter bei der zielbezogenen Wahrnehmung bankbetrieblicher Aufgaben Orientierungshilfen in Form von Steuerungsinformationen zu geben. Die Aufgaben der Führungskräfte und Mitarbeiter lassen sich systematisieren und zu *Aufgabenkomplexen* wie z.B. Firmenkundenbetreuung zusammenfassen. Zur Unterstützung der Aufgabenwahrnehmung werden Controlling-Systeme, im Beispiel Kalkulationssysteme, eingesetzt. Das Systemeinsatzgebiet der Kalkulationssysteme ist in diesem Beispiel also die Firmenkundenbetreuung. In diesem Sinne sind Aufgabenkomplexe, zu deren Wahrnehmung Controlling-Systeme eingesetzt werden, als *Systemeinsatzgebiete* dieser Controlling-Systeme zu verstehen. Grundsätzlich kann die Gesamtheit der Controlling-Systeme nach Systemeinsatzgebieten strukturiert werden; dabei ist aber nicht auszuschließen, daß ein System in mehreren Systemeinsatzgebieten eingesetzt wird.

Im Schrifttum finden sich Controlling-Konzeptionen, die teilweise sehr breit angelegt sind, so daß sie eine Vielzahl von Aufgabenkomplexen als Systemeinsatzgebiete für Controlling-Aktivitäten bezeichnen. Eine *Abgrenzung der Systemeinsatzgebiete für das Controlling* ist schon deshalb nicht willkürfrei möglich, weil sowohl bei der Produktion von Bankleistungen als auch beim Controlling Informationen gesammelt, verarbeitet, gespeichert und weitergeleitet werden. Als Beispiel seien nur Systeme für die Bonitätsprüfung im Kreditgeschäft genannt. Sie sind in der vorliegenden Schrift den strategischen Geschäftseinheiten zugeordnet, die sie bei der Geschäftsabwicklung im Kreditgeschäft einsetzen. Sie lassen sich aber auch als Controlling-Systeme interpretieren, die Steuerungsinformationen für Entscheidungsträger bereitstellen. Systeme für die Kreditportefeuille-Steuerung unterstützen nicht direkt die Abwicklung von einzelnen Kreditgeschäften, und sie lassen sich daher leichter dem Controlling zuordnen. Ganz ähnlich verhält es sich mit kundenbezogenen Systemen für Marketing-Maßnahmenplanung und Vertrieb. Auch mit ihrer Hilfe werden Steuerungsinformationen für laufende Marketing-Aktionen generiert, nach verbreiteter Auffassung werden sie aber nicht den Controlling-

Systemen zugerechnet. Völlig unumstritten ist dagegen die Zurechnung des gesamten Systemeinsatzgebietes der Bankkalkulation und der darauf aufbauenden Zielvereinbarung zum Controlling. In diesem *Systemeinsatzgebiet*, das im folgenden als *Erfolgs-Controlling* bezeichnet wird, werden in großem Umfang I&K-Systeme eingesetzt.

Ergänzend zum Erfolgs-Controlling hat sich das *Systemeinsatzgebiet des Risiko-Controlling* entwickelt, das aus verschiedenen Gründen außerordentlich große Bedeutung erlangt hat. Tendenziell haben insbesondere die Risiken im Wertbereich der Banken, speziell Adressenausfall- und Marktpreisrisiken stark zugenommen; aber auch die übrigen Risikoarten wie Liquiditätsrisiken, rechtliche Risiken und Betriebsrisiken erfordern große Aufmerksamkeit. Die Gründe für diese Entwicklung sind vielfältig. Genannt werden immer wieder die Globalisierung der Finanzmärkte, die Entwicklung der I&K-Technik mit der Folge extrem schneller Reaktionsmöglichkeiten der Marktpartner und zunehmender Volatilitäten, das Handelsvolumen und die Komplexität der Derivate, der Erfolgsdruck der Marktpartner etc. Die Bankenaufsicht in Deutschland hat traditionell dem Adressenausfallrisiko im Kreditgeschäft große Beachtung geschenkt und hierzu *Regulierungen* geschaffen, die im Laufe der Zeit immer weiter verfeinert wurden. Mit der internationalen Expansion des Handels in Finanzinstrumenten verschiedener Art sind dann aber weitere Risiken entstanden, insbesondere handelspartnerbezogene (kontrahentenbezogene) Adressenausfallrisiken, Marktpreisrisiken, Liquiditätsrisiken, rechtliche Risiken und Betriebsrisiken, die, teilweise aufgrund des Volumens der internationalen Handelstätigkeit, einen so großen Umfang angenommen haben, daß sich die Bankenaufsicht zu weiteren Regulierungen genötigt sah. Zunächst wurde in Verbindung mit § 10 KWG ein eigener *Eigenkapitalgrundsatz* für die Begrenzung der Marktpreisrisiken geschaffen, der mit der KWG-Novelle von 1997 in erweiterter Form in den Grundsatz I i. d. F. von 1997 integriert worden ist, wodurch von der Begrenzung zur Eigenkapitalunterlegung der Marktpreisrisiken übergangen wurde. Ergänzend hat das BAKred in enger Abstimmung mit dem Baseler Ausschuß für Bankenaufsicht im Jahre 1995 die *Mindestanforderungen an das Betreiben von Handelsgeschäften* der Kreditinstitute (MaH) erlassen, die in sehr detaillierter Form die Erfassung, Analyse, Limitierung und Kontrolle der mit den Handelsgeschäften verbundenen Risiken regulieren (vgl. hierzu auch Deutsche Bundesbank 1996; Höfer/Jütten 1995 und Jacob 1995). Aus der Fülle der in den MaH niedergelegten Regulierungen seien hier nur einige *Schwerpunkte* hervorgehoben: So regeln die MaH vor allem die

- Verantwortung aller Geschäftsleiter für Organisation und Überwachung der Handelstätigkeit, die
- Qualifikation und Bezahlung sowie das Verhalten der in Zusammenhang mit dem Handel tätigen Mitarbeiter, die
- organisatorische Funktionstrennung von Handel, Abwicklung und Kontrolle, Rechnungswesen und Überwachung sowie das
- Risiko-Controlling und -management.

Risiko-Controlling und -management können als Kernstück der MaH bezeichnet werden. Das BAKred versteht unter *Risiko-Controlling* ein System zur Messung und Überwachung der Risikopositionen und zur Analyse ihres Verlustpotentials. Die Aufgaben des Risiko-Controlling sind organisatorisch einer Stelle zu übertragen, die vom Handel weisungsunabhängig ist. *Risikomanagement* wird vom Bundesaufsichtsamt entsprechend als System zur aktiven Steuerung der Risiken aufgefaßt, also als ein Instrument des Handels, des Portfolio Managements und der Geschäftsleitung. Die so definierten Systeme für Risiko-Controlling und Risikomanagement sind nicht mit I&K-Systemen identisch, I&K-Systeme sind vielmehr Bestandteil der umfassenderen Systeme (i. S. d.

BAKred) für Risiko-Controlling und Risikomanagement. Die MaH geben keine konkreten Strukturen für das Risiko-Controlling- und das Risikomanagementsystem vor, sondern sie überlassen den einzelnen Instituten die individuelle Ausgestaltung in einem bestimmten Rahmen. Zu den *Aufgaben des Risiko-Controlling* gehört insbesondere die Messung, Analyse und Überwachung der Risiken, die tägliche Risikomeldung, die Kontrolle der Handelsergebnisse, die Beteiligung an der Testphase für Geschäfte in neuartigen Produkten oder neuen Märkten sowie die Überprüfung und Weiterentwicklung der Risikoüberwachungssysteme.

Die MaH stellen hohe *Anforderungen* an das Risiko-Controlling hinsichtlich der Messung, Analyse und Überwachung der Risiken sowie der täglichen Risikomeldungen: Insbesondere die mit den Handelsgeschäften verbundenen Marktpreisrisiken sind täglich für alle Geschäftsbereiche der Bank weltweit, für Bankengruppen auf konsolidierter Basis, zu erfassen und zu quantifizieren. Die Ergebnisse sollen in eine umfassende Konzeption zur Risikoüberwachung und -steuerung eingehen, die auch die Erfassung und Analyse vergleichbarer Risiken aus Nichthandelsaktivitäten ermöglicht. Für die Quantifizierung der Marktpreisrisiken schreiben die MaH keine konkreten Verfahren vor. Grundsätzlich kommen hierfür die verschiedenen *Value-at-Risk-Ansätze* (VaR-Ansätze) in Betracht. Unter dem VaR versteht man den Marktwertverlust einer Risikoposition, der aufgrund der Veränderung von Risikofaktoren wie z.B. Zinssätzen mit einer vorzugebenden Wahrscheinlichkeit von z.B. 97,5 % während der Halteperiode der Position von z.B. 10 Tagen nicht überschritten wird. Dieser VaR ist ein durchaus interessantes Risikomaß, es zeigt aber nicht an, wie hoch der Verlust sein kann, wenn, z.B. mit einer Wahrscheinlichkeit von 2,5 %, der VaR überschritten wird. Diese Information erhält man nur aus der Wahrscheinlichkeitsverteilung für den Marktwertverlust der betroffenen Position, die von der Struktur der Position einerseits und von den Wahrscheinlichkeitsverteilungen der jeweils zu berücksichtigenden Risikofaktoren andererseits abhängt.

Die *VaR-Verfahren*, die bisher entwickelt worden sind, weisen sämtlich noch Schwächen auf, und es hat sich noch kein Verfahren abgezeichnet, das breite Akzeptanz findet. Die auf dem *Varianz-Kovarianz-Ansatz* und auf der Annahme von *Normalverteilungen* für die Risikofaktoren beruhende VaR-Berechnung ermöglicht zwar in eleganter Weise die Aggregation der positionsbezogenen VaR zu einem gesamtbankbezogenen VaR, sie unterschätzt aber das Risiko, weil sie von einer stabilen Varianz-Kovarianz-Matrix und Normalverteilungen für die Risikofaktoren ausgeht, die für extreme Werte der Risikofaktoren eine zu geringe Wahrscheinlichkeitsdichte aufweisen. *Simulationsverfahren* für die Ermittlung des VaR kommen zwar ohne einschränkende Annahmen aus, sie verursachen aber selbst bei Einsatz hochleistungsfähiger Rechnersysteme extrem lange Rechenzeiten, so daß gesamtbankbezogene Ergebnisse möglicherweise nicht täglich erzielt werden können. Zu den Anforderungen der MaH gehört auch, daß bei der Risikoanalyse auch Crash-Szenarien berücksichtigt werden, die insbesondere durch außergewöhnliche Marktpreisänderungen, Störungen in der Liquidität der Märkte und Ausfall großer Marktteilnehmer gekennzeichnet sind. Solche Szenarien lassen sich nur bei Einsatz von Simulationsverfahren berücksichtigen.

Im Mittelpunkt des Systemeinsatzgebiets Risiko-Controlling steht die Erfassung und Messung von Risiken, insbesondere Marktpreisrisiken. Die Verfahren, die hierbei angewandt werden, seien es Standard-Verfahren wie z.B. RiskMetrics von J. P. Morgan (1995) oder individuelle bankinterne Risikomodelle, erfordern zwingend den Einsatz komplexer I&K-Systeme.

Neuere Konzeptionen für die Banksteuerung folgen nicht mehr der traditionellen Trennung in Erfolgs- und Risiko-Controlling, sondern sie beruhen auf Kennzahlen wie

RORAC (Return on Risk-Adjusted Capital) oder RAROC (Risk-Adjusted Return on Capital), die Erfolg und Risiko einer Position zusammenführen. Mit ihrer Hilfe soll die Rendite auf den knappen Faktor Eigenkapital maximiert werden, um die Bankgeschäfte und Risikopositionen auf das Ziel des Shareholder Value auszurichten. Der *RORAC* setzt den Überschußertrag einer Risikoposition ins Verhältnis zu ihrem Risiko, ausgedrückt durch die Eigenkapitalunterlegung, die aus dem VaR der Position abgeleitet wird. Der Überschußertrag ist dabei definiert als erwarteter Gesamtertrag minus risikoloser Ertrag der Position (vgl. Steiner/Hirschbeck/Willinsky 1998).

Die Aufgabe des *Risikomanagement*, also die Disposition (Gestaltung) der Risiken liegt in der Verantwortung der Geschäftsleitung und der Portfolio Manager, und die Ausführung erfolgt durch den Handel, insbesondere durch Eingehung, Diversifizierung, Glattstellung und Abbau von Risikopositionen. Als Instrument schreiben die MaH hierzu die *Risikolimitierung* vor. Die Geschäftsleitung hat danach eine gesamtbankbezogene Verlustobergrenze sowie Globallimite jeweils für Adressenausfall- und Marktpreisrisiko (Handelslimite) festzulegen. Die laufende Handelstätigkeit hat nach dem Grundsatz »kein Geschäft ohne Limit« zu erfolgen: Handelsgeschäfte dürfen nur getätigt werden, wenn Limite existieren; Geschäfte sind unverzüglich auf die jeweiligen Limite anzurechnen, und jeder Händler ist zeitnah über die relevanten Limite und deren aktuelle Ausnutzung zu informieren. Die MaH schreiben nicht vor, was der Gegenstand der Limite ist, die Volumina oder der Risikogehalt der Risikoposition. Sinnvoll ist aber nur die Limitierung des Risikogehalts, z.B. in Form des VaR. Wird dies praktiziert, dann müssen Händler jederzeit erkennen können, wie hoch ihr Limit und ihre Limitausnutzung ist. Dies kann nur gewährleistet werden, wenn auch *in die Handelssysteme Funktionen integriert* werden, die nach denselben *Verfahren wie im Risiko-Controlling* den Risikogehalt der Risikopositionen eines jeden Händlers vor und nach Tätigung der einzelnen Handelsgeschäfte ermitteln, so daß die Händler während der Handelstätigkeit die risikobezogenen Konsequenzen der Geschäfte berücksichtigen und von weiteren Geschäften, die zu fortgesetzter Limitüberschreitung führen würden, Abstand nehmen können.

## 5.3.2 Funktionsweise der Systeme für den Funktionalbereich Controlling

Controlling ist eine Funktion, die der Steuerung eines Unternehmens in bezug auf bestimmte Ziele, insbesondere Erfolg und Risiko, dient. Hinsichtlich dieser Ziele haben sich Teilgebiete des Controlling herausgebildet, insbesondere Erfolgs-Controlling und Risiko-Controlling. Die Gesamtbanksteuerung ist eine auf das Systemeinsatzgebiet Gesamtbank ausgerichtete Controlling-Funktion, die die Konzepte und Verfahren von Erfolgs- und Risiko-Controlling umsetzt. Wie in Kap. 4.2.2 erläutert wurde, ist sie organisatorisch nicht im Controlling-Bereich, sondern im Treasury-Bereich angesiedelt, weil insbesondere für den Einsatz von Finanzinstrumenten für die zentrale Struktursteuerung (vgl. Abb. 4.2.2-1) die Nähe zum Handel und zu den Finanzmärkten erforderlich ist. Aus diesem Grund wurden die Systeme für das Risiko-Controlling in der vorliegenden Schrift in Zusammenhang mit der Gesamtbanksteuerung in Kap. 4.2.2.1 behandelt.

Für die dezentrale Geschäftssteuerung (vgl. Abb. 4.2.2-1), die primär von den zum Erfolgs-Controlling gehörenden Kalkulationsverfahren gebrauch macht, ist die Nähe zu Handel und Finanzmärkten nicht erforderlich, so daß die hiermit in Zusammenhang stehenden Aufgaben üblicherweise dem Funktionalbereich Controlling übertragen werden. Aus diesem Grund werden die Systeme für das Erfolgs-Controlling in der vorliegenden Schrift in Zusammenhang mit dem Funktionalbereich Controlling behandelt.

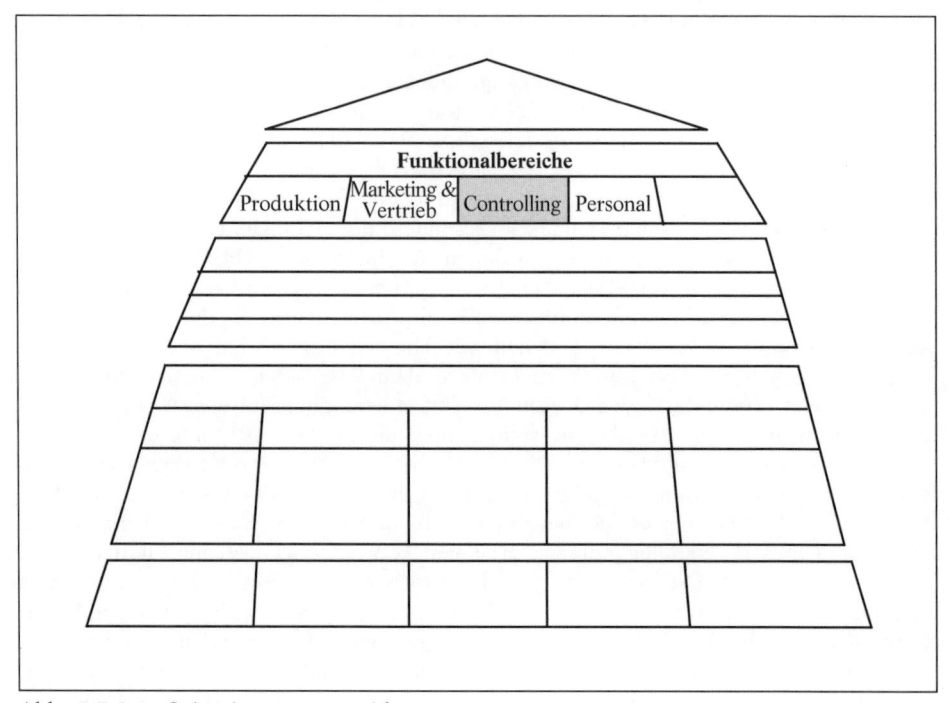

Abb. 5.3.2-1: Orientierungspyramide

Aufgrund der *Funktionstrennung von Risikomanagement und Risikokontrolle*, die das BAKred festgelegt und in den MaH spezifiziert hat, ist der Funktionalbereich Controlling auch für die Kontrolle (i.e.S.) des Marktrisikomanagement durch das Treasury verantwortlich. Zu diesem Zweck setzt er grundsätzlich dieselben Verfahren und Systeme ein, die auch im Treasury-Bereich zur Anwendung kommen. Auf diese Systeme muß im vorliegenden Kapitel nicht noch einmal eingegangen werden. Wegen der Funktionsintegration der Controlling-Systeme werden Systeme und Module für das Risiko-Controlling hier nur am Rande erwähnt. Bei der Wahrnehmung ihrer Controlling-Aufgaben sind Kreditinstitute nicht nur auf die Eigenentwicklung von Systemen angewiesen, sondern sie können auch Standard-Software einsetzen, die von Software-Häusern angeboten wird. Die Entscheidung über Eigenentwicklung oder Fremdbezug hängt nicht nur davon ab, ob Standard-Software die fachlichen Anforderungen zu niedrigeren Kosten erfüllen kann als eigenentwickelte Systeme, sondern auch von informationstechnischen Aspekten, insbesondere von der Kompatibilität der Standard-Software mit den in der Bank implementierten Systemen.

### 5.3.2.1 Standard-Software für das Erfolgs-Controlling

Angesichts der Vielfalt der insgesamt angebotenen Systeme ist es sehr schwierig, sich einen repräsentativen Überblick über das Gesamtangebot zu verschaffen, und selbst wenn dies gelänge, könnte der Überblick nur für kurze Zeit Gültigkeit beanspruchen. Leist/Winter (1998) erläutern das Angebot dreier Hersteller von Standard-Software, die (auch) für Bank-Controlling konzipiert ist, auf die im folgenden exemplarisch bezug genommen wird. Der größte der drei Hersteller, die SAP AG, strebt die Entwicklung vollständiger Software-Lösungen für verschiedene Branchen an. Die SAP-Software war ursprünglich auf die Industrie ausgerichtet. Später wurden auch ergänzende Software-Module für Banken entwickelt, z.B. *System SAP R/3 IS-B (Industry Solution-Bank)*. Zusätzlich wurden vorhandene Standard-Module für den Bankbereich erweitert wie z.B. SAP R/3 FI für die Finanzbuchhaltung. Andere Module des Systems R/3 sind branchenübergreifend verwendbar, beispielsweise das Modul Standard-Controlling (R/3 CO), das Kosten- und Erlösartenrechnung, Kostenstellenrechnung und -planung, Kostenträgerrechnung, Soll-Ist-Analyse etc. unterstützt. Besonders hervorzuheben ist aber das Modul IS-B, das nicht nur die zum Erfolgs-Controlling gehörenden Funktionen für Bankkalkulation und Bankergebnisrechnung bietet, sondern auch Funktionen für Risikoanalyse und Asset and Liability Management, die hier dem Treasury zugeordnet werden.

Der zweite der o. e. drei Hersteller, die Gilliardon Financial Software GmbH, bietet eine Vielzahl von Modulen für Kreditinstitute an, nicht nur für Geschäftsabwicklung und Beratungsunterstützung, sondern auch für das Controlling. Für die Anwendung der Marktzinsmethode steht das *Modul MARZIPAN* zur Verfügung, das die Produktkalkulation, die Konditionengestaltung und die Konkurrenzanalyse von Aktiv- und Passivprodukten unterstützt. Darüber hinaus ermöglicht es die Berechnung und Beurteilung von Einzelkonditionen, die Aufstellung von Konditionentableaus und die Berechnung von Einstandssätzen, die als Grundlage für die im Rahmen der Marktzinsmethode verwendeten Geld- und Kapitalmarktsätze benötigt werden. Ein weiteres Modul, das dieser Hersteller für das Risiko-Controlling, konkret für die Simulation von Zinsänderungen, anbietet, kommt für den Einsatz im Treasury-Bereich in Betracht.

Der dritte der erwähnten Anbieter, BOSS LAB SA, ein Unternehmen der Swiss Bank Corporation Group, bietet die *Standard-Software THE BOSS (Banking Operations Support System)* an, die auf ein Accounting und ein Environment Subsystem aufbaut und im Kern Funktionen für Controlling und Treasury bereithält. Im Rahmen des Subsystems Management Information System (MIS) ermöglicht das System BOSS eine Profitabilitäts- und Rentabilitätsanalyse, die den Beitrag von Produkten / Produktgruppen sowie Kunden / Kundengruppen zum Unternehmenserfolg anzeigt. Durch die Funktion Kostenanalyse können sämtliche Kosten auf Kostenträger verrechnet werden, und durch die Funktion Budgets können Budgets vergeben und im Zeitablauf angepaßt werden. Die übrigen Funktionen des BOSS-Systems unterstützen das Asset and Liability Management und Handelstransaktionen auf dem Devisenmarkt; sie sind für die Anwendung im Treasury-Bereich konzipiert.

### 5.3.2.2 Eigenentwickelte Systeme für das Erfolgs-Controlling

Während Standard-Software zwangsläufig durch die Anbieter bekanntgemacht werden muß, wird im Schrifttum über eigenentwickelte Systeme, die nur indirekten Kundengeschäftsbezug aufweisen und im bankinternen Bereich eingesetzt werden (vgl. Abb. 1.6.2.4-1), nur wenig berichtet. Dies gilt natürlich auch für eigenentwickelte Controlling-Systeme. Über ein breit angelegtes und auf einer Data Warehouse-Konzeption beruhendes System, dessen Controlling-Komponente schon implementiert ist und in der Praxis genutzt wird, informieren Schuller/Hackfort/Thomas (1997) und Schuller (1998). Weitere Komponenten befinden sich in der Entwicklung.

Bei der Konzipierung dieses Projektes ging man von der Zielvorstellung aus, daß alle Datenbestände, die im weitesten Sinne für die Banksteuerung benötigt werden, in einem Data Warehouse abgelegt und gepflegt werden sollen, so daß Anwendungssysteme für die verschiedenen Steuerungsfunktionen darauf zugreifen können (vgl. Anhang 2.5). Als Systemeinsatzgebiete der Steuerung (i. w. S.) werden Marketing und Vertrieb, Verkaufs-Controlling, Wirtschaftlichkeit, Ausfallrisiko und Treasury vorgesehen.

#### 5.3.2.2.1 Systemeinsatzgebiete der Steuerung

**a) Systemeinsatzgebiet Marketing und Vertrieb**

Unter dem Systemeinsatzgebiet Marketing und Vertrieb wird die Planung, Koordination und Kontrolle aller auf die aktuellen und potentiellen Märkte ausgerichteten Aktivitäten auf der Grundlage eines im Data Warehouse abgelegten Marketing-Datenbestandes subsumiert. Dabei geht es um die sechs Teilprozesse

- *Marketing-Jahresplanung*, die sich auf alle Marketing-Aktivitäten des Instituts bezieht, den
- *Unterjährigen Anstoß* zur Durchführung von Marketing-Aktionen, die
- *Vorkalkulation der Marketing-Aktionen* zur Abschätzung von Kosten, Nutzen, Erfolgsbeitrag und Ressourcenbedarf unter Berücksichtigung externer Daten für Marktpotential, Konkurrenzsituation etc., die
- *Vorbereitung und Durchführung* von Marketing-Maßnahmen auf der Grundlage der Plandaten, insbesondere die Selektion der Zielgruppe sowie die Festlegung des Vertriebsweges und die Bereitstellung der notwendigen Informationen für die entsprechenden Betriebseinheiten (Geschäftsstellen und Kundenbetreuer), die
- *Erfassung der Kundenreaktionen*, sowohl inhaltlich (getätigte Abschlüsse etc.) als auch formal (falsche Adressen etc.), und schließlich die
- *Erfolgskontrolle der Marketing-Maßnahmen* bezüglich Verkaufsergebnis (Anzahl der Abschlüsse, Abschlußvolumen, Erfolgsbeitrag), Kosten, Nutzen, Rücklaufquoten sowie Potentialausschöpfung im jeweiligen regionalen Teilmarkt.

Die Systemkonzeption für das Systemeinsatzgebiet Marketing und Vertrieb läßt erkennen, daß hier wichtige Aspekte des Database Marketing aufgegriffen werden (vgl. Kap. 5.2.2.3.2).

**b) Systemeinsatzgebiet Verkaufs-Controlling**

Das Systemeinsatzgebiet Verkaufs-Controlling als zweites Systemeinsatzgebiet der Steuerung hat die Aufgabe den dezentral tätigen Adressaten mit Gewinnverantwortung, z.B. Kundenbetreuern und Geschäftsstellenleitern, detaillierte Informationen zum Erfolgsbeitrag ihres Verantwortungsbereichs zur Verfügung zu stellen, so daß sie ihren Erfolgsbeitrag eigenständig analysieren sowie Erfolgspotentiale erkennen und ausschöpfen können. Erfolgsbeitrag und -vergleiche sollen die Adressaten in die Lage versetzen, im Sinne des *Selbst-Controlling* ihre Stärken und Schwächen zu erkennen und Maßnahmen zum Ausgleich von Leistungsdefiziten zu ergreifen (vgl. Kap. 5.3.1.4.1). Zu diesem Zweck müssen die Erfolgsbeiträge und ihre Komponenten, z.B. Zinskonditionenbeitrag, nach Kundengruppen, Produkten und Vertriebsstellen differenziert dargestellt werden, so daß die Adressaten mit Hilfe der OLAP-Technik (Online Analytical Processing, vgl. Anhang 2.5) die Erfolgsbeiträge genau der Kunden, für die sie verantwortlich sind, aus verschiedenen Perspektiven detailliert analysieren können.

Für die zentrale Steuerung des Instituts werden die Kundengeschäfte aggregiert, so daß man die Erfolgsbeiträge der Kundengruppen, strategischen Geschäftseinheiten und für die Gesamtbank in Form von Deckungsbeitragsrechnungen erhält, ergänzt um den Erfolgsbeitrag des Neugeschäfts einer vorzugebenden Periode. Darüber hinaus werden die Absatz- und Bestandsentwicklungen angezeigt, also das »Mengengerüst«, das man bei der Analyse der Erfolgsbeiträge benötigt.

### c) Systemeinsatzgebiet Wirtschaftlichkeitskontrolle

Für alle Organisationseinheiten, die zu bestimmten Bankleistungen Teilleistungen erbringen und dabei standardisierte Tätigkeiten ausüben, ist eine Wirtschaftlichkeitskontrolle vorgesehen. Dazu gehören die Vertriebseinheiten ebenso wie die mit der Geschäftsabwicklung befaßten Organisationseinheiten im Back Office, wobei sich das Problem der Erfassung und Bewertung der Leistung der Back Office-Stellen ergibt. Zur Kontrolle der Wirtschaftlichkeit wird eine *Kostenstellenrechnung* benötigt, die periodisch die tatsächlich an diesen Kostenstellen *angefallenen Betriebskosten* ermittelt. Zusätzlich ist eine prozeßorientierte Standardkostenrechnung erforderlich, die die *Standardbetriebskosten* der einzelnen Teilleistungen erfaßt, die auf der Kostenstelle erbracht werden. Die Abweichungen der Kostenstellen-Istkosten von den -Standardkosten können analysiert werden, um die Ursachen für die Überschreitung der Standardkosten zu erkennen.

### d) Systemeinsatzgebiet Ausfallrisiko

Für das Ausfallrisiko wird ein *Risikoergebnis* auf Gesamtbankebene und für die verschiedenen Vertriebseinheiten ermittelt, indem das Volumen der tatsächlich *eingetretenen Ausfallrisiken*, insbesondere die Abschreibungen und notwendigen Wertberichtigungen, mit den *kalkulatorischen Risikokosten* verglichen werden. Ein positives Risikoergebnis liegt dann vor, wenn das Volumen der tatsächlich eingetretenen Risiken kleiner ist als das Volumen der kalkulatorisch verrechneten Risikokosten. Diese Ermittlung des Risikoergebnisses wird ergänzt durch Kennzahlen, die z.B. die Verteilung des Forderungsbestandes auf Größen-, Laufzeit- und Risikoklassen, Branchen, Länder etc. erkennen lassen, so daß die zuständigen Entscheidungsträger gezielt Risiko-Limits und ein Mindestmaß für die Risikostreuung vorgeben können.

### e) Systemeinsatzgebiet Treasury und Handel

Dem Treasury-Bereich obliegt einerseits der Handel mit Zinstiteln, Aktien, Fremdwährungen, Derivaten und Edelmetallen und andererseits die Refinanzierung des Instituts und Steuerung der Marktpreisrisiken. Das Projektkonzept sieht vor, daß für die vom Treasury-Bereich disponierten Positionen die Basisdaten wie Buchwerte, Kurswerte, Verzinsung, Ertrags- und Risikokenngrößen etc. bereitgestellt werden.

Die Datenbestände, die für die einzelnen Systemeinsatzgebiete der Steuerung benötigt werden, werden zum Teil auch von Systemen verarbeitet, die der Steuerung anderer Systemeinsatzgebiete dienen. Die Ergebnisse, die die Steuerungssysteme für einzelne Systemeinsatzgebiete erzielen, werden teilweise auch in anderen Systemeinsatzgebieten der Steuerung genutzt. Daher spricht vieles dafür, die Daten, die für die wichtigsten Steuerungsbereiche benötigt werden, in einem Data Warehouse abzulegen und zu pflegen. Die *Datenintegration* (vgl. Kap. 1.3), die auf diese Weise erreicht wird, entfaltet ihren vollen Nutzen aber erst dann, wenn die Teilsysteme für alle Systemeinsatzgebiete implementiert sind. In dem oben genannten Anwendungssystem (vgl. Schuller/Hackfort/Thomas 1997 und Schuller 1998) ist bisher nur das Anwendungssystem für das Verkaufs-Controlling realisiert und wird auch in der Praxis eingesetzt.

### 5.3.2.2.2 Funktions- und Datenmodell für das Data Warehouse

Die gesamte Projektkonzeption beruht auf CMIM (Corporate Management Informations Model), einem Funktions- und Datenmodell zur Gesamtbanksteuerung von IBM, das über vordefinierte Funktionen, z.B. Erfassung der Produkterfolgsbeiträge, verfügt, für die die notwendigen Daten im Data Warehouse gespeichert werden müssen. Funktionen und Daten können entsprechend den individuellen Anforderungen des Instituts aus dem CMIM selektiert und dann ggf. verändert oder sogar ergänzt werden.

Die Nutzung des vorgefertigten Funktions- und Datenmodells von IBM, das allerdings noch angepaßt werden mußte, vollzog sich dabei *in fünf Schritten*: Nach der Auswahl der zu nutzenden Funktionen wurde unter Verwendung einer Assoziationsmatrix die Verbindung der Funktionen mit den Datengruppen (Business Entities) hergestellt. Das Ergebnis des zweiten Schrittes ist ein Entity-Relationship-Diagramm, das die verschiedenen miteinander in Beziehung stehenden Entitäten (Datengruppen) erkennen läßt. Anschließend wurden im dritten Schritt die zu den Entitäten gehörenden Attribute festgelegt, zur Entität Kunden-Konto-Bestand z.B. Attribute wie Durchschnittsbestand, Kundenzinsen und Marktzinsen. Es folgt in Schritt vier die Überleitung des logischen Datenbankmodells in die physische Datenbank. Dann kann im fünften Schritt die Versorgung der Datenbank-Tabellen mit den Daten des jeweiligen Kreditinstituts erfolgen, typischerweise durch Extrahierungsprogramme und einen Online-Änderungsdienst. Die Extrahierungsprogramme übernehmen die erforderlichen Daten aus den originären Kontodatenbeständen und aus dem Kundeninformationssystem, und spezielle Schnittstellenprogramme leiten die relevanten Daten aus betriebswirtschaftlichen Anwendungen wie z.B. der Kostenrechnung und aus externen Datenquellen wie z.B. der Bundesbankstatistik ins Data Warehouse über.

### 5.3.2.2.3 Funktionen und Berichte des Anwendungssystems Verkaufs-Controlling

Die zentrale Frage des Verkaufs-Controlling lautet: Welchen Erfolgsbeitrag erbringt welche Organisationseinheit mit welchen Kundengruppen und Produkten? Grundlegende Instrumente zur Beantwortung dieser Fragen sind die Verfahren der *Bankkalkulation*, insbesondere die Produkt-, Konto- und Kundenkalkulation sowie die Geschäftsstellenkalkulation, besser Vertriebsstellenkalkulation. Im Wertbereich beruhen die Verfahren auf der Marktzinsmethode und im Betriebsbereich auf der Standardeinzelkostenrechnung. Fixkosten werden nicht geschlüsselt, so daß die Ergebnisse als Deckungsbeiträge und nicht als Gewinnbeiträge zu verstehen sind. Mit diesen Instrumenten kann das Institut seine Erfolgssituation (Deckungsbeiträge) im Hinblick auf Vertriebsstellen, Kundengruppen und Produkte differenziert darstellen, wobei Detaillierungen bis zum einzelnen Kundengeschäft möglich sind. Die *Daten* sind *mehrdimensional gespeichert*, und der Benutzer kann im Sinne der OLAP-Technik wählen, unter welcher *Perspektive* (Organisationseinheit, Produkt-, Kundengruppe und Zeit) er die Erfolgsbeiträge mit ihren Erfolgs- und Bestandskomponenten dargestellt haben möchte. Aus jeder Perspektive sind die einzelnen Ertrags- und Kostenkomponenten, die in den Erfolgsbeitrag eingehen, wie z.B. Zinsen, Provisionen, Gebühren, Betriebskosten, kalkulatorische Kosten und Verrechnungsergebnisse detailliert sichtbar.

Ergänzend werden hierzu *Berichte* mit Beständen, Bestandsveränderungen, Stückzahlen etc. ausgegeben, woraus sich Anhaltspunkte für die Ursachen von Erfolgsveränderungen ergeben. Zusätzlich zu den Ist-Werten werden auch die zugehörigen Soll-Werte und die Zielerreichungsgrade sowie Veränderungen in vorzugebenden Zeiträumen angezeigt. Alle Informationen können mit Hilfe der *Drill Down-Technik* von der höchsten bis zur niedrigsten Verdichtungsstufe, dem Kundenkonto, in abgestufter Detaillierung angezeigt werden. Außerdem kann der Benutzer mittels *Drill Across-Technik* jederzeit die Perspektive wechseln, z.B. von der Geschäftsstelle (Organisationseinheit) zur Kundengruppe. Zu jeder aggregierten Information, also z.B. zur Kundengruppe, aber nicht zu Einzelkunden, sind Ergebnisse als *Zeitreihen* mit 36 Monatswerten gespeichert, die für beliebige Zeitintervalle innerhalb der 36 Monate aggregiert werden können.

Der Funktionsumfang des Anwendungssystems Verkaufs-Controlling zeichnet sich durch außerordentliche Breite und Tiefe aus. Er ist nur dadurch realisierbar, daß die Basisdaten und die durch Einsatz der Kalkulationsverfahren erzeugten Ergebnisse in einem Data Warehouse mehrdimensional gespeichert sind (vgl. Anhang 2.5). Funktionen für das Risiko-Controlling bietet das Anwendungssystem jedoch nicht.

Die Auswertungen des Anwendungssystems Verkaufs-Controlling können nicht nur am Bildschirm betrachtet, sondern auch in Form von Controlling-Berichten ausgegeben werden. Für alle Führungskräfte und Mitarbeiter, die im jeweiligen Institut als Benutzer des Systems in Betracht kommen, sind die *Zugriffsmöglichkeiten* durch individuelle Berechtigungen festgelegt. Wenn der Benutzer jeweils mit der Systemnutzung beginnt, werden ihm automatisch die Ist-Werte der hierarchisch höchsten Organisationseinheit angezeigt, für die er autorisiert ist. Der Zugriff auf die Daten von personenbezogenen Vertriebseinheiten, z.B. Kundenbetreuer, wird durch spezielle Autorisierungskennzeichen gesteuert.

Im Rahmen seiner Zugriffsmöglichkeiten kann der Benutzer seine *Controlling-Berichte inhaltlich weitgehend selbst gestalten*. So kann er die Perspektive für seine Auswertung wählen und mit Hilfe der Drill Across-Technik wechseln. Durch die Drill Down-Technik kann er die Auswertungstiefe bestimmen, und er kann im Rahmen des Datenhorizontes der gespeicherten Zeitreihen die Auswertungszeiträume beliebig festlegen. Durch eine komfortable Menüführung wird er an die Auswertungsmöglichkeiten herangeführt, und die Ausgabe der Ergebnisse erfolgt in Form von vorstrukturierten (standardisierten) Reports. Weitere Gestaltungselemente tragen zum Benutzungskomfort bei, z.B. die optische Hervorhebung signifikanter Abweichungen von den Werten vorher festgelegter Vergleichsgruppen, ein Schnelleinstieg zu den vom Benutzer regelmäßig benötigten Berichten und graphische Ausgabemöglichkeiten.

### 5.3.3 Bewertung der Systeme für den Funktionalbereich Controlling bezüglich der Effizienzkriterien

Controlling-Aufgaben haben nicht die Durchführung von Geschäftsprozessen mit Kunden zum Gegenstand, sondern *neue interne Prozesse*, die der *Steuerung* und *Entscheidungsunterstützung* von Mitarbeitern und Führungskräften der Bank bei der Durchführung der Bankgeschäfte dienen. Diese Aufgaben sind gem. Abb. 1.6.2-2 als neu aufzufassen, weil sie in der Praxis nur mit Hilfe von I&K-Systemen bewältigt werden können, denn zu den Anforderungen an Controlling-Systeme gehört typischerweise, daß sie große Datenbestände auswerten, komplexe Berechnungen durchführen, ihre Ergebnisse mit kurzen Antwortzeiten bereitstellen, ggf. per DFÜ übermitteln etc. Dieser Klassifikation steht nicht entgegen, daß einzelne Controlling-Verfahren wie z.B. die Produktkalkulation auf der Basis von Marktzinsmethode und Standardeinzelkostenrechnung im Prinzip manuell durchgerechnet werden können. Die Controlling-Aufgaben der Praxis kann man so aber nicht erfüllen, sondern nur durch Systemeinsatz, und deshalb handelt es sich um *neue Aufgaben*. Andere Controlling-Aufgaben, insbesondere Aufgaben aus dem Risiko-Controlling wie z.B. die Berechnung des VaR mit Hilfe von Simulationsverfahren, können nicht einmal im Prinzip manuell ausgeführt werden.

Als *Grundfunktionen*, die durch Controlling-Systeme erfüllt werden, kommen insbesondere Basisdaten-Administration, Steuerung und Entscheidungsunterstützung in Betracht. Insbesondere bei dem auf einem Data Warehouse beruhenden System für das Erfolgs-Controlling (vgl. Kap. 5.3.2.2) kommt der *Basisdaten-Administration* große Bedeutung zu, denn hier werden für die Zwecke des Controlling umfangreiche Datenbestände aus den Daten der Basisprozesse extrahiert, bereinigt, in einer Datenbank gespeichert, durch Kalkulationsergebnisse ergänzt und für Controlling-Auswertungen bereitgehalten. Die Grundfunktion der *Steuerung* wird dadurch ausgeübt, daß Controlling-Auswertungen, z.B. Erfolgsbeiträge, den unter Zielvereinbarung arbeitenden Adressaten, z.B. Kundenbetreuern, am Bildschirm o.ä. zur Verfügung gestellt werden, so daß diese ihren Zielerreichungsgrad erkennen und im Wege des Selbst-Controlling ggf. Leistungsdefizite durch erhöhte Anstrengungen ausgleichen können (vgl. Kap. 5.3.1.4.1). Systeme für das Erfolgs-Controlling, die auf einem Data Warehouse beruhen, das Controlling-Daten multidimensional speichert, erfüllen auch die Grundfunktion der *Entscheidungsunterstützung*, besonders hinsichtlich der Analyse und Bewertung, wenn der Benutzer mit Hilfe der OLAP-Technik (vgl. Anhang 2.5) besonders interessierende Ausschnitte aus dem Datenbestand in Tabellenform ausgeben und analysieren kann, um Ansatzpunkte für Maßnahmen, z.B. Marketing-Aktionen, zu erkennen.

Von den Effizienzkriterien kommt bei der Bewertung der Controlling-Systeme insbesondere das Kriterium Managementnutzen in Betracht, während die Kriterien Wirtschaftlichkeit und Wettbewerbsvorteile nur am Rande zu berücksichtigen sind.

* **Managementnutzen**

Für ein auf einem Data Warehouse beruhendes System für das Erfolgs-Controlling sind zahlreiche Dimensionen des Managementnutzens (vgl. Abb. 1.6.2.2-2) relevant, insbesondere die Entscheidungsprozeß-Effizienz (Nutzendimension 1) mit Transparenz des Ist-Zustandes (Nutzendimension 1.1), Analyse der Ursachen von Veränderungen und Abweichungen (Nutzendimension 1.3), Entscheidungsunterstützung (Nutzendimension 1.5) sowie Informationsbereitstellung (Nutzendimension 2). Das in Kap. 5.3.2.2 dargestellte System macht die Gewinn- und Verlustquellen des Kundengeschäfts in umfassender Weise und äußerst detailliert sichtbar (Nutzendimensionen 1.1.2 und 1.1.3). Dadurch stehen die Ausgangsdaten nicht nur für die Analyse von Mißerfolgsursachen und insbesondere Zielabweichungen (Nutzendimension 1.3) bereit, sondern auch für die Entscheidungsunterstützung, insbesondere für die Analyse (Nutzendimension 1.5.1) von Entscheidungsalternativen wie z.B. Marketing-Aktionen. Die Bereitstellung der Controlling-Informationen erfolgt schnell, aktuell und in einer für den Benutzer sehr komfortablen Form (Nutzendimensionen 2.1, 2.2 und 2.3). Zu den Kosten der Informationsbereitstellung (Nutzendimension 2.4) liegen keine Angaben vor. Insgesamt ist der Managementnutzen des Systems, insbesondere bezüglich der Entscheidungsprozeß-Effizienz, sehr hoch anzusetzen, und es überrascht nicht, daß sich das System in der betroffenen Bankengruppe, für die es entwickelt wurde und die es implementiert hat, einer hervorragenden Akzeptanz erfreut. Die Benutzer erwarten mit Recht, daß sie mit Hilfe des Systems Entscheidungen treffen und Maßnahmen ergreifen, die ihnen eine deutlich bessere Zielerreichung ermöglicht als es ohne Einsatz des Systems möglich wäre.

* **Wirtschaftlichkeit**

Das auf einem Data Warehouse beruhende System für das Erfolgs-Controlling ermöglicht neue interne Prozesse zur Bewältigung neuer Aufgaben. In diesem Fall kommt eine *Kostenersparnis* durch Umstellung von manuellen auf EDV-gestützte Prozesse nicht in Betracht, und es lassen sich hier auch keine zusätzlichen Erlöse erwirtschaften. Man kann die Betrachtung der Wirtschaftlichkeit eines Controlling-Systems natürlich so einzuengen versuchen, daß eine gegebene Controlling-Aufgabe zu möglichst niedrigen Kosten pro Jahr bewältigt werden soll. Dies ist aber insofern unrealistisch, als einerseits die Leistungen des Systems und somit die Aufgaben, die damit bewältigt werden können, von der während der Entwicklung des Systems sich abzeichnenden Architektur abhängen und im voraus nur als Mindestanforderung fixiert werden könnten, und daß andererseits üblicherweise auch keine Systemalternativen mit zuverlässigen Kostenschätzungen vorliegen, unter denen man rational wählen könnte. Besonders wünschenswert, leider aber auch besonders unrealistisch, wäre es, wollte man alternativen Systemarchitekturen mit ihren Kosten die Konsequenzen der damit jeweils verbundenen Verbesserung der Entscheidungsprozeß-Effizienz für die Erreichung der Unternehmensziele gegenüberstellen.

* **Wettbewerbsvorteile**

Controlling-Systeme sind gekennzeichnet durch indirekten Kundengeschäftsbezug und bankinternen Einsatzbereich (vgl. Abb. 1.6.2.4-1). Wettbewerbsvorteile sind mit Systemen dieser Art kaum zu erreichen (vgl. Kap. 1.6.2.4, Erläuterung zu Konstellation c)). Allenfalls wäre an Systeme für das Risiko-Controlling zu denken, die es einer Bank erlauben, die Risiken von neuen Derivaten, die von der Kundschaft nachgefragt werden, zuverlässiger zu messen, als dies den Konkurrenten möglich ist, so daß die betrachtete Bank diese Produkte anbieten und mit ihnen Erfolgsbeiträge erwirtschaften kann, die Konkurrenten jedoch nicht.

## 5.4 Systeme für den Funktionalbereich Personal

### 5.4.1 Funktionsweise von Personalinformationssystemen

Seit vielen Jahren schon werden EDV-Anwendungssysteme zur Unterstützung der bankbetrieblichen Personal- und Organisationsbereiche eingesetzt. Angesichts der Fülle und der Vielfalt an Aufgaben, die in der Praxis in diesen Bereichen laufend anfallen (vgl. Berthel 1997), decken diese Systeme zwar nur einen gewissen Teil der Aufgaben ab, sie sind aber gerade für Institute mit großer Mitarbeiterzahl und entsprechend großem Umfang an Routinetätigkeiten sehr hilfreich. Die Bedeutung der Institutsgröße für den Nutzen des Systemeinsatzes betonen auch Brinkmann und Honold (1997), die einerseits Genossenschaftsbanken bezüglich Anforderungen und Einsatzstand und andererseits Systemanbieter bezüglich Leistungsumfang der angebotenen Systeme befragt haben. Es zeigte sich, daß von den im Durchschnitt relativ kleinen Banken in der Stichprobe weniger als 20 % ein Personalinformationssystem einsetzten, daß die übrigen aber stark daran interessiert waren. Die Analyse der am Markt angebotenen Systeme führte zu vier Software-Häusern, die leistungsfähige Systeme mit einem breit angelegten Funktionsumfang anbieten, die den Anforderungen kleinerer Institute genügen.

**a) Anforderungen an ein Personalinformationssystem**

Die grundsätzliche Funktionsweise von Personalinformationssystemen soll im folgenden anhand eines Systems aus dem Sparkassenbereich (Personalinformationssystem DIALOGE) erläutert werden. Das Anforderungsprofil für dieses System umfaßt die Aspekte (vgl. Kreutz 1993)

- Einheitliche Datenbasis für alle personalwirtschaftlichen Anwendungen,
- Einbeziehung möglichst aller personalrelevanten Aufgaben eines Instituts,
- Unterstützung der administrativen Aufgaben des Personalbereichs wie z.B. Lohn- und Gehaltsabrechnungen, Erfassung der An- und Abwesenheitszeiten im Rahmen der Zeitwirtschaft sowie Erstellung von Bescheinigungen,
- Unterstützung der Personalplanung, Personalentwicklung und Personalkostenkontrolle,
- Umsetzung der personalwirtschaftlichen Ziele und Dokumentation der Zielerreichung sowie die
- Flexibilität gegenüber Veränderungen des personalwirtschaftlichen Informationsbedarfs.

**b) Grundstruktur des Systems**

Das Personalinformationssystem, das hier als Beispiel herangezogen wird, ist ein hostgestütztes System, das auf einer Datenbank für Personendaten und einer weiteren Datenbank für Stellendaten beruht. Abb. 5.4.1-1 ist zu entnehmen, welche Daten im Personalinformationssystem DIALOGE gespeichert sind.

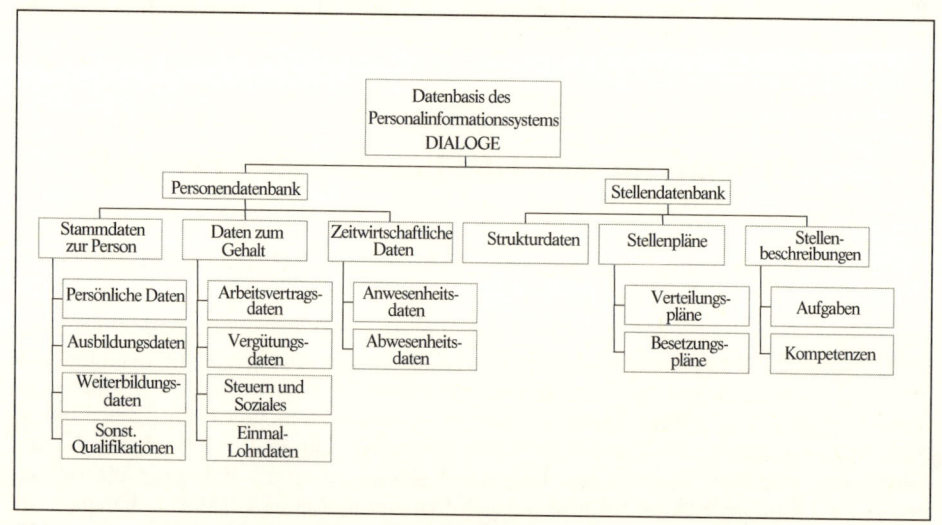

Abb. 5.4.1-1: Datenbestände des Personalinformationssystems DIALOGE
nach: Kreutz (1993)

Diese Datenbestände müssen laufend durch die jeweils zuständigen Stellen des Instituts gepflegt werden. Dabei sind rückwirkende Dateneingaben mit automatischer Nachverrechnung sowie Dateneingaben für künftige Gehaltsabrechnungen möglich. Die *benutzerfreundliche Oberfläche* sieht Menüsteuerung, Fenstertechnik, Plausibilitätsprüfungen und erklärende Hilfstexte vor. Die Auswertung der Datenbestände erfolgt entweder einzelfallbezogen durch Dialogabfragen oder bestandsbezogen durch Batch-Auswertungen.

### c) Sachfunktionen von Personalinformationssystemen

#### ca) Personalverwaltung

Unter Verwendung der Personen- und der Gehaltsdaten erstellt das System die Lohn- und Gehaltsabrechnungen für das Institut. Außerdem bietet es Unterstützung bei der Berechnung von Lohnzusatzleistungen wie beispielsweise der Kindergeldbearbeitung sowie beim Versand von Lohnsteuerkarten und Sozialversicherungsnachweisen.

#### cb) Erfassung der An- und Abwesenheitszeiten für die Personaleinsatzsteuerung

Angesichts der komplexen Arbeitszeitregelungen, die die Kreditinstitute praktizieren, beispielsweise variable Arbeitszeit, Gleitzeit, Schichtarbeit, Teilzeit und alle möglichen Kombinationen dieser Grundformen, ist eine Überwachung der Anwesenheitszeiten außerordentlich schwierig geworden. Aber hiermit nicht genug: Durch Urlaub, Krankheit, Dienstreisen, Weiterbildungsmaßnahmen etc. wird die Kontrolle der Anwesenheitszeiten weiter erschwert. Da es sich hier um einen Bereich mit erheblichem Konfliktpotential handelt, empfiehlt es sich dringend, die Zeiterfassung (vgl. Kreutz/Pützkuhl 1991) nur dann einzuführen, wenn vorher mit dem Betriebsrat eine Betriebsvereinbarung über die Arbeitszeitregelung abgeschlossen worden ist und auch die Anforderungen des Datenschutzgesetzes im System berücksichtigt worden sind. Die Eingabe der An- und Abwesenheitsdaten erfolgt über Zeiterfassungsterminals, bei den Anwesenheitsdaten durch die betroffenen Mitarbeiter selbst, und bei den Abwesenheitsdaten durch die mit dem jeweiligen Vorgang befaßten Stellen, bei Dienstreisen z.B. durch die Reisekostenstelle.

Die *Auswertungsmöglichkeiten* sind vielfältig: Durch Dialogabfragen kann man sich einzelfallbezogen das Urlaubskonto, das Abwesenheitskonto, die Fehlzeiten-Jahresstatistik und eine Statusanzeige für das Zeitkonto ausgeben lassen. Batch-Auswertungen geben darüber hinaus für frei definierbare Organisationseinheiten eine zusammengefaßte Darstellung der Zeitkonten, der Urlaubsplanung, der Urlaubslisten, Betriebsvergleichszahlen und Statistiken aus. Aktuell ist jeweils auch die Statusanzeige, die für die jeweilige Organisationseinheit die anwesenden Mitarbeiter, die fehlenden Mitarbeiter und ihre Abwesenheitsgründe, Mehrarbeitszeiten und Fehlzeiten erkennen läßt. Diese Auswertungen bilden die Grundlage für die *Personaleinsatzsteuerung* der strategischen Geschäftseinheiten sowie der übrigen Organisationseinheiten des Instituts.

Die Leiter der Organisationseinheiten haben mit Hilfe von PCs direkten Zugang zu den Datenbeständen, und sie können, hierauf aufbauend, ihre täglichen Dispositionen treffen. Angesichts der Arbeitszeitregelungen, die an sich schon häufig sehr komplex sind, und angesichts der individuellen Präferenzen der Mitarbeiter, insbesondere der Teilzeitmitarbeiter, leistet das Personalinformationssystem mit seiner mitarbeiterbezogenen Statusanzeige einen wichtigen Beitrag zur Personaleinsatzsteuerung. Da die relevanten Daten zentral auf einem Großrechner vorgehalten werden, von wo aus sie mit Hilfe von PCs abgerufen werden können, stehen die Sachfunktionen des Systems auch den Leitern der dezentralen Organisationseinheiten, z.B. Filialleitern, zur Verfügung.

### cc) Datenbank-Recherchen für die Personalentwicklung

Anhand eines konkreten Beispiels beschreibt Kreutz (1993) die Unterstützung, die das System bei der Personalentwicklung geben kann. Wenn bekannt wird, wann und wo eine *Nachfolgebesetzung* erfolgen muß, kann man eine Abfrage durchführen, um herauszufinden, wer für die zu besetzende Stelle, z.B. Geschäftsstellenleiter, in Betracht kommt. Voraussetzung hierfür ist natürlich, daß das *Eignungspotential* geeigneter Nachwuchskräfte für die zu besetzende Position vorher ermittelt und in das System eingespeichert worden ist. Auf die besondere Problematik der Erfassung von Fähigkeiten und Eigenschaften von Mitarbeitern und Nachwuchsführungskräften soll in diesem Zusammenhang nur hingewiesen werden. Die Abfrage ergibt einen Report mit Namen der in Betracht kommenden Mitarbeiter. Nun wird abgefragt, wo die einzelnen Kandidaten eingesetzt sind, und über welche *Qualifikationen* sie verfügen. Wird festgestellt, daß die Qualifikation eines Kandidaten, erworben durch Weiterbildungsmaßnahmen, noch nicht ausreicht, dann können, wenn der Kandidat unter Berücksichtigung seiner Beurteilungen über das notwendige *Potential* verfügt, *Personalentwicklungsmaßnahmen* wie z.B. ein zeitlich begrenztes Training on the job und off the job beschlossen werden. Beide Maßnahmen werden zeitlich eingeplant, die hierfür notwendigen Dokumente werden ausgegeben und die Umsetzungsentscheidungen werden bereits zu diesem Zeitpunkt aktuell dokumentiert und gespeichert. Wird zuerst die Weiterbildungsmaßnahme realisiert (Training off the job), dann erfolgt einige Zeit nach Abschluß der Maßnahme eine Zuordnung des Mitarbeiters zur *Personalreserve*. Es schließt sich eine Tätigkeit als Stellvertreter (im Beispiel stellvertretender Geschäftsstellenleiter) an (Training on the job). Die zukünftige Besetzung der Stelle wird planmäßig terminiert, und gleichzeitig wird festgelegt, wann der betroffene Mitarbeiter seine bisherige Stelle freimacht, so daß für die dann anstehende Besetzung ggf. Personalentwicklungsmaßnahmen eingeleitet werden können.

Einzelfallbezogene Personalentwicklungsmaßnahmen werden ausgelöst durch ein Reporting, das an bestimmten Stichtagen erfolgt und auch automatische Wiedervorlagen realisiert. Dadurch wird ein systematisches Vorgehen bei der Personalentwicklung ermöglicht. Abschließend sei aber noch einmal darauf hingewiesen, daß eine der *Grundvoraussetzungen* für die beschriebene Systemanwendung im Bereich der Personalentwicklung darin besteht, daß die Datenbankbestände neben den »harten« Personen- und Stellendaten auch aktuelle und sorgfältig erhobene »weiche« Daten zu Potential und Qualifikation der Mitarbeiter und zu den Anforderungen der zu besetzenden Stellen umfassen. Die Unterstützung der Personalentwicklung durch das Personalinformationssystem besteht allein darin, daß durch Datenbankauswertung für eine zu besetzende Stelle mit ihren Anforderungsmerkmalen Kandidaten mit dem erforderlichen Eignungspotential und der erforderlichen Qualifikation gefunden werden. Sind die »weichen« Daten zu den Stellenanforderungen einerseits und zu Eignung und Potential von Mitarbeitern andererseits fehlerbehaftet und/oder nicht aktuell, dann wird das System Kandidaten vorschlagen, die bei näherer Betrachtung für die jeweilige Stellenbesetzung doch nicht geeignet sind, was im Personalbereich zu unnötiger Mehrarbeit führen kann. Sorgfalt bei Erhebung und Eingabe der »weichen« Daten ist also die kritische Voraussetzung für den Einsatz des Systems im Rahmen der Personalentwicklung.

### cd) Datenbankauswertungen für Personalplanung, Organisation und Personalkosten-Controlling

Das Personalinformationssystem ermöglicht vielfältige Auswertungen des Personalbestandes (vgl. Hoffmann 1991), die für einzelne Organisationseinheiten und auch für das Gesamtinstitut durchgeführt werden können: Es entstehen *Übersichten nach den Krite-*

rien Schulausbildung, Alter, Eingruppierung in Tarifgruppen, Tätigkeiten, hierarchische Stellung, Lohn- und Gehaltsbestandteile sowie Personalkosten. Auf der Grundlage dieser Übersichten, die sämtlich auf Ist-Daten beruhen, kann *Personalplanung* betrieben werden, beispielsweise mit Zielrichtungen wie Personalumsetzung, Personalabbau etc., jeweils in Abhängigkeit von Vorgaben der strategischen Planung für den Funktionalbereich Personal. Es können dann personalwirtschaftliche Maßnahmen beschlossen und realisiert werden, die der *Erreichung der Plan-Personalstruktur* dienen. Periodisch kann die Plan- mit der Ist-Personalstruktur verglichen werden, und mögliche Abweichungen können analysiert werden. Auf der Basis der *Stellendatenbank* können jederzeit Ist-Stellenpläne ausgegeben werden, die einerseits zur Personalplanung gehören, und die andererseits für die Arbeit im Funktionalbereich Organisation genutzt werden können. Schließlich sind auch Auswertungen durchführbar, die eine *Personal-Ist-Kostenrechnung*, gegliedert nach Kostenstellen, Organisationseinheiten oder für das Gesamtinstitut beinhalten. Diese Informationen, ergänzt durch Plan-Personalkostenrechnungen, können durch die Funktionalbereiche Personal und Controlling genutzt werden.

### 5.4.2 Bewertung von Personalinformationssystemen bezüglich der Effizienzkriterien

Personalinformationssysteme ermöglichen *neue interne Prozesse* gemäß Abb. 1.6.2-1, die für *konventionelle Aufgaben* ablaufen. Diese Aufgaben werden als konventionell bezeichnet, weil es sie vor Einführung der Personalinformationssysteme schon gegeben hat, und weil sie, zumeist jedenfalls, manuell ausgeführt worden sind. Hierbei bestand der wesentliche Nachteil allerdings darin, daß nur ein geringes Maß an Aktualität realisiert werden konnte, weil sich die zugrunde liegenden Zustandsdaten, z.B. Abwesenheitszeiten, sehr kurzfristig ändern können. Personalinformationssysteme üben die folgenden Grundfunktionen aus: *Geschäftsabwicklung* bei der Lohn- und Gehaltsabrechnung; *Basisdaten-Administration*, hier für Personalstammdaten und Organisationsstammdaten wie Stellenpläne und hierarchische Strukturen sowie *Entscheidungsunterstützung* durch Analyse und Bereitstellung der personalwirtschaftlich und organisatorisch relevanten Basisdaten. Da es sich bei den Personalinformationssystemen um neue interne Prozesse handelt, kommt die Schaffung von Kundennutzen und Wettbewerbsvorteilen nicht in Betracht. Deshalb sollen diese Systeme nur in Hinsicht auf die Effizienzkriterien Managementnutzen und Wirtschaftlichkeit bewertet werden.

* **Managementnutzen**

Das betrachtete Personalinformationssystem unterstützt Personaleinsatzsteuerung, Personalentwicklung und Personalplanung. Mit diesen Sachfunktionen trägt es zu einer Verbesserung der Entscheidungsprozeß-Effizienz und der Informationsbereitstellung bei (vgl. Abb. 1.6.2.2-2). Im Zusammenhang mit der Entscheidungsprozeß-Effizienz verbessert das System allerdings nur die Transparenz des Ist-Zustandes (Nutzendimension 1.1), insbesondere hinsichtlich Relevanz der Informationen, Umfang, Detaillierung und Genauigkeit der Erfassung (Nutzendimensionen 1.1.1 bis 1.1.4). Die Verbesserungen, die das System hinsichtlich der genannten Nutzendimensionen bringt, hängen allerdings ausschließlich von Relevanz, Umfang, Detaillierung und Genauigkeit der Erfassung der *Daten* ab, die in den dem System zugrundeliegenden Datenbanken gespeichert sind. Nur dann kann das System den Ist-Zustand transparent machen. Sein wirklicher Beitrag zur Steigerung des Managementnutzens liegt daher eher in der Informationsbereitstellung, insbesondere in Geschwindigkeit, Aktualität, Form und Effizienz (Nutzendimensionen 2.1 bis 2.4). Sind bestens gepflegte Datenbestände vorhanden, dann kann das System, verglichen mit manuellen Referenzverfahren, viel schneller, aktueller und in beliebig gestaltbarer Form Auswertungen bereitstellen, die einerseits das Personalmanagement wirksam unterstützen, und die, zumindest teilweise, manuell gar nicht zeitgerecht erstellt werden könnten. Die Effizienz der Bereitstellung dieser Informationen nimmt mit der Größe, hier insbesondere der Personalzahl, des jeweiligen Kreditinstituts zu.

* **Wirtschaftlichkeit**

Mit Hilfe von Personalinformationssystemen werden neue interne Prozesse ausgeführt, die der Bewältigung konventioneller, also auch vor Einführung der EDV schon vorhandener Aufgaben dienen. Zur Ermittlung der Wirtschaftlichkeit müssen in diesem Fall die Gesamtkosten pro Jahr bei konventioneller Bearbeitung und bei Einsatz des EDV-Anwendungssystems verglichen werden. Für die systemgestützte Personalverwaltung, insbesondere die Lohn- und Gehaltsabrechnung, ist die Wirtschaftlichkeit der Systeme gewährleistet, es sei denn, es handelt sich um ganz kleine Institute. Für die übrigen Sachfunktionen, also Unterstützung der Personalentwicklung, der Personalplanung und der Personaleinsatzsteuerung, gilt dies ganz entsprechend, wenn man unterstellt, daß sie ohne die Verfügbarkeit von EDV-Systemen manuell ausgeführt worden wären. In Wirklichkeit gibt es hier natürlich einen Trade-off zwischen Managementnutzen und Wirtschaftlichkeit: Durch eine Steigerung der Leistungsfähigkeit von Systemfunktionen für das Personalmanagement, z.B. für die Personalentwicklung, steigt zwar der Managementnutzen, aufgrund der damit verbundenen Kostensteigerung vermindert sich aber die Wirtschaftlichkeit, die sich nur auf die Personalverwaltungsfunktionen bezieht. Ob jetzt die zusätzlichen Kosten pro Jahr für die Steigerung des Managementnutzens gerechtfertigt sind, kann nur subjektiv durch den einzelnen Manager als Empfänger der Auswertungen des Personalinformationssystems entschieden werden.

# 6 Systeme mit Schwerpunkt auf der strategischen Ebene

Aus naheliegenden Gründen bieten sich nur wenige Möglichkeiten, das strategische Management einer Bank durch den Einsatz von I&K-Systemen zu unterstützen. Es gibt nur gewisse Ansatzpunkte für den Systemeinsatz im Bereich der strategischen Analyse, die ja als Teilfunktion der strategischen Planung aufzufassen ist (vgl. Kap. 6.2). Ganz anders verhält es sich mit Systemen, die als Grundlage für neue Geschäftskonzeptionen dienen (vgl. Kap. 6.3). Sie unterstützen nicht das strategische Bankmanagement, sondern sie sind die Basis dafür, daß strategische Geschäftskonzeptionen realisiert werden können. Dabei handelt es sich insbesondere um Stützpunkte mit «Bedienter Selbstbedienung» (vgl. Kap. 6.3.1) und Direktbanken (vgl. Kap. 6.3.2), also Geschäftskonzeptionen, die es ohne I&K-Systeme gar nicht gäbe. Um das Verständnis dieser komplexen Sachverhalte zu erleichtern, folgt zunächst ein grundlegendes Kapitel zum strategischen Bankmanagement.

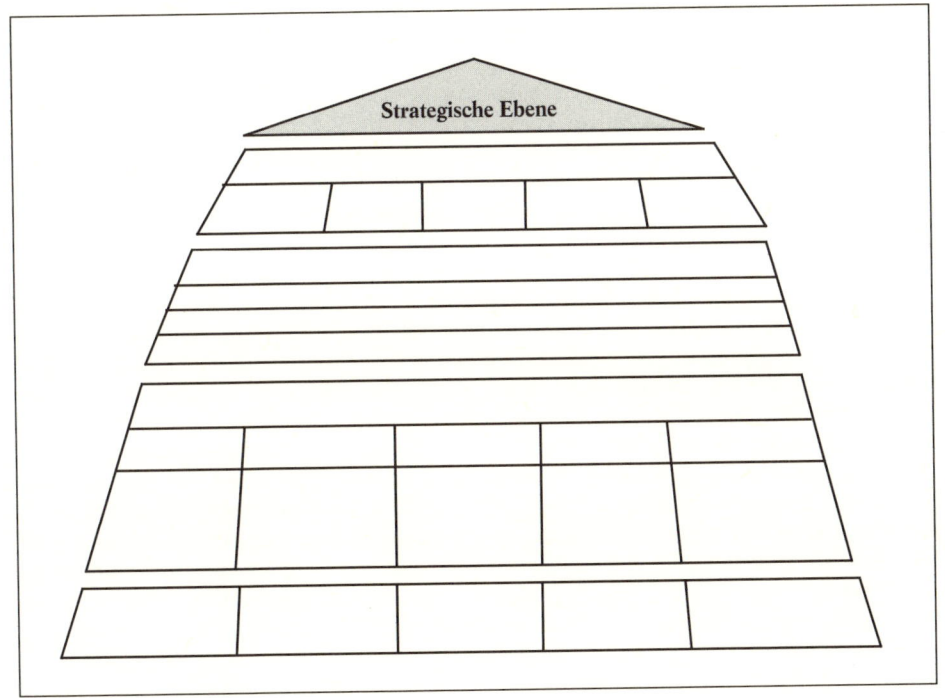

Abb. 6-1: Orientierungspyramide

## 6.1 Grundlagen des strategischen Bankmanagement

### 6.1.1 Einführung

Nicht nur große Übernahmen und Fusionen von Kreditinstituten zeigen an, daß der Bankenmarkt in Bewegung gekommen ist, sondern es sind auch weniger spektakuläre Vorgänge wie der Markteintritt branchenfremder Unternehmen, z.B. Supermarktketten, Airlines und Mineralölgesellschaften, Änderungen in den Verhaltensweisen der angestammten Bankkundschaft und auch neue Nutzungsmöglichkeiten der I&K-Technik, die sich auf die Wettbewerbssituation und damit auf Erfolgspotential und Überlebenschancen der Kreditinstitute auswirken. Veränderungen dieser Art können für die Institute Chancen, aber auch Risiken mit sich bringen, auf die sie mit geeigneten Strategien und strategisch orientierten Maßnahmen reagieren müssen.

#### 6.1.1.1 Operative und strategische Planung

In der operativen Planung geht man von vorhandenen *Erfolgspotentialen* aus und versucht, kurz- und mittelfristig Erfolg, Liquidität, Bilanzsumme etc. zu sichern. Dabei bezieht man sich auf harte Fakten wie Kosten, Erlöse, Volumina etc. Demgegenüber soll strategische Planung dazu beitragen, daß rechtzeitig neue Erfolgspotentiale für die Zukunft aufgebaut und gesichert werden. Analog zu einem Produktionspotential, das die Möglichkeit zur Produktion von Sachgütern gibt, bietet das Erfolgspotential die Möglichkeit, Erfolge zu erwirtschaften.

Zusätzlich zu den bewährten *Denk- und Verhaltensmustern* im operativen Bereich erfordert strategische Planung *Offenheit und Sensibilität* bei der Erkennung von Problemen, der Einschätzung der eigenen Stärken und Schwächen im Wettbewerb, bei der Wahrnehmung von Veränderungen im Kundenverhalten und in der Konkurrenzsituation, und sie erfordert *Kreativität und Kooperationsbereitschaft* bei Entwicklung und Durchsetzung von Strategien. Auch bezüglich der *Meßtechnik* und der Festlegung von *Meßkriterien* unterscheiden sich operative und strategische Planung: Auf der operativen Ebene werden alle wichtigen Vorgänge durch das Rechnungswesen quantitativ messend erfaßt und als Erfolg (Kosten und Erlöse), Geschäftsvolumen etc. abgebildet, während auf der strategischen Ebene nur noch qualitativ wertende Meßtechniken zur Verfügung stehen, um weiche Fakten wie Chancen und Bedrohungen, Abhängigkeiten, Synergien und Erfolgspotentiale zu erfassen. Auf der operativen Ebene werden *Ziele* wie Gewinn, Liquidität, Geschäftsvolumen etc. angestrebt, während auf der strategischen Ebene die Eigenkapitalbeschaffung, der Aufbau von Erfolgspotentialen, das Überleben des Instituts und der Shareholder Value von Bedeutung sind. Die *Unternehmenssteuerung* beeinflußt operativ primär die Erfolgskomponenten (Aufwendungen, Erträge etc.), während sich die Steuerung strategisch auf die Erfolgsursachen richtet. Der *Zeithorizont* für die operative Planung beträgt traditionell 1 Jahr, bedingt durch das Denken in Geschäftsjahren und Bilanzstichtagen, während man bei der strategischen Planung zunächst zeitlich nicht festgelegt ist und erst bei der Konkretisierung durch strategisch relevante Maßnahmen Zeitvorgaben – beispielsweise in Form sogenannter Milestones – macht.

Mag die operative Planung noch mit einem patriarchialischen Führungsstil verträglich sein, für die strategische Planung und ihre Umsetzung ist aus heutiger Sicht ein ausgeprägt partizipativer Führungsstil unbedingt notwendig, um einerseits die Offenheit und Sensibilität bei der Problemerkennung und andererseits die Kreativität und Kooperationsbereitschaft bei Entwicklung und Durchsetzung von Strategien zu unterstützen. In den vergangenen Jahren haben viele Entscheidungsträger ihr Denken neu orientiert: Sie haben die im operativen Bereich bewährten Denk- und Verhaltensmuster durch eine strategisch orientierte Mentalität ergänzt. Sie gehen typischerweise an die Problemstellungen, mit denen sie konfrontiert sind, in Abhängigkeit von der jeweiligen Problemebene (operativ oder strategisch) mit dem jeweils adäquaten Denk- und Verhaltensmuster heran.

### 6.1.1.2 Wesen der Strategie

Durch ihre Unternehmensstrategie legt eine Bank fest,

- in welchen Bereichen sie tätig sein und ihr Überleben und ihren Erfolg sichern will. (Dies erfordert mehr als die Angabe der Leistungsarten, die sie bereitstellen will, und der Märkte, in denen sie operieren will),
- was die Bank für die gesellschaftlichen Gruppen sein will (Kunden, Kapitalgeber, Mitarbeiter und sonstige Gruppen),
- welche Technologien, hier insbesondere I&K-Technologien, sie einsetzen will,
- welche Fähigkeiten sie entwickeln will, um dauerhafte Wettbewerbsvorteile zu schaffen und Synergieeffekte zu nutzen,
- wie die personellen und finanziellen Ressourcen zugeteilt werden und
- mit welchen Kriterien die Veränderung der Wettbewerbsposition der Bank gemessen werden soll.

Bei der Bestimmung der *zukünftigen Stellung der Bank* durch eine Strategie ist von besonderer Bedeutung, daß sie Leistungsarten anbieten kann, die die Bedürfnisse bestimmter Kundengruppen in den verschiedenen Märkten wirksam erfüllen und den Kunden im Vergleich zu den Konkurrenzangeboten einen erkennbaren Nutzen bieten. Seit das Shareholder Value-Konzept große Beachtung gefunden hat, wirkt es sich auch maßgeblich auf die gegenwärtige und zukünftige Stellung der Bank in ihrem Umfeld aus, ob sie in der Lage ist, ihren Eigenkapitalgebern eine risikoadäquate Rendite zu bieten, denn nur dann wird sie in der Lage sein, jederzeit das für ihre Expansion notwendige Eigenkapital am Kapitalmarkt zu erhalten. Nachdem sich die Verhältnisse am Arbeitsmarkt für Bankmitarbeiter sehr gewandelt haben, hat sich auch die Einschätzung der Bedeutung der Mitarbeiter für die zukünftige Stellung einer Bank im Wettbewerb stark verändert. Während früher argumentiert wurde, die zukünftige Stellung der Bank hinge u.a. auch davon ab, ob sie ihren Mitarbeitern sinnvolle und sichere Arbeitsplätze bei gerechter Entlohnung bieten und ihnen Selbstverwirklichung ermöglichen könne, ist längst zu beobachten, daß gerade die geringer qualifizierten Mitarbeiter, die einfachere Tätigkeiten ausgeführt haben, aufgrund von Rationalisierungsprozessen freigestellt werden oder von der Entlassung bedroht sind. Die zukünftige Stellung der Institute hängt dagegen maßgeblich davon ab, daß sie hoch qualifizierte Führungskräfte, Fachkräfte und Spezialisten, beispielsweise Wertpapier- und Derivathändler, Informatiker etc. gewinnen und halten können. An diesen Schnittstellen zwischen der Bank und ihrem Umfeld, insbesondere gegenüber Kunden und Wettbewerbern, Eigenkapitalgebern und Mitarbeitern treten *Chancen und Bedrohungen* auf, die die Bank nutzen kann bzw. abwehren muß. Zu diesem Zweck setzt sie Ressourcen ein, insbesondere personelle, finanzielle und technische *Ressourcen*, mit deren Hilfe sie sich von der Konkurrenz abheben und die geplante Stellung in ihrem Umfeld einnehmen kann. Die Zuteilung der

Ressourcen erfolgt im Hinblick auf die Schaffung von Wettbewerbsvorteilen gegenüber den Konkurrenten und die Erzielung von Synergieeffekten in den Tätigkeitsbereichen der Bank.

Typischerweise wird ein Kreditinstitut die Chancen und Bedrohungen zunächst nicht auf Gesamtbankebene analysieren und auch die Ressourcenallokation zunächst nicht auf Gesamtbankebene vornehmen, sondern strategische Geschäftsfelder als marktanalytische Einheiten bilden. Zu den strategischen Geschäftsfeldern (SGF) richtet die Bank strategische Geschäftseinheiten (SGE) ein, also Organisationseinheiten, die jeweils ein strategisches Geschäftsfeld bearbeiten. Diese SGEs erhalten Ressourcen und setzen sie ein, um ihre Beziehungen zum Umfeld so auszubauen, daß sich relative Wettbewerbsvorteile ergeben, also Wettbewerbsvorteile im Vergleich zum jeweils stärksten Konkurrenten, beispielsweise bei Produktinnovationen, bei der Personalentwicklung, bei der Marketing-Konzeption, bei Informationssystemen und bei der Unternehmenskultur. Die Ressourcen der SGEs werden also in ausgewählten, wichtigen Bereichen eingesetzt, von denen man annimmt, daß sie für den langfristigen Erfolg der Bank kritisch sind, von denen der Erfolg der Bank also maßgeblich abhängt. In diesen Bereichen können Einflußgrößen identifiziert werden, sogenannte *kritische (strategische) Erfolgsfaktoren*, die sich, wie in Kap. 6.1.1.3 beschrieben, auf den Erfolg auswirken, und deren Ausprägung durch Ressourceneinsatz gestaltet und im Hinblick auf die Wettbewerbsvorteile gestärkt werden kann.

Nach Möglichkeit werden die Ressourcen auch so eingesetzt, daß ein *Synergieeffekt*, auch als 2+2=5-Effekt bezeichnet, entsteht. Bezogen auf zwei kritische Erfolgsfaktoren spricht man dann von einem Synergieeffekt, wenn Ressourcen eingesetzt werden, um die Ausprägung der beiden kritischen Erfolgsfaktoren und damit ihre Wirksamkeit im Wettbewerb zu verbessern, und wenn durch die Stärkung des einen kritischen Erfolgsfaktors zugleich die Wirksamkeit der Stärkung des anderen kritischen Erfolgsfaktors gesteigert wird. Die Gesamtwirkung der Stärkung der beiden kritischen Erfolgsfaktoren ist dann also größer als die Summe der beiden Einzelwirkungen bei isolierter Betrachtung.

Für die *Messung des Erfolges von Strategien* kommen verschiedene Kriterien in Betracht: Aus der Sicht der Eigenkapitalgeber sind es insbesondere Rendite und Risiko des Eigenkapitals, die im Sinne des Shareholder Value-Ansatzes auch nach Unternehmensbereichen (SGEs) differenziert werden können. Aus der Sicht der Geschäftsleitung kommen Kriterien wie Umsatz- und Marktanteilswachstum, Eintritt in bestimmte, auch ausländische Märkte etc. hinzu. Neben der Geschäftsleitung können weitere Gruppen (Stakeholder) von Strategien betroffen sein. Aus der Sicht der Mitarbeiter und ihrer Vertreter in Betriebs- und Personalräten stellen sich die Auswirkungen von Strategien beispielsweise häufig als Beschäftigungsrückgang dar, insbesondere dann, wenn die Stoßrichtung von Strategien darauf ausgerichtet ist, die Eigenkapitalrendite durch Rationalisierungsmaßnahmen und eine damit einhergehende Verbesserung der Wirtschaftlichkeit zu steigern. Damit ist offensichtlich, daß die verschiedenen Ziele, die die beteiligten Stakeholder mit einer Strategie verbinden, konfliktär sein können. Bei der Lösung derartiger Zielkonflikte werden seit Jahren die Interessen der Mitarbeiter immer weniger und die der Eigenkapitalgeber immer stärker berücksichtigt, insbesondere dadurch, daß die Geschäftsleiter der Institute, die zur Finanzierung ihrer Expansion immer wieder auf den Zufluß von Eigenkapital angewiesen sind, von Kapitalmarktpartnern, insbesondere den international tätigen Analysten-Teams, an der Eigenkapitalrendite ihrer Häuser gemessen und hiermit auch in internationale Vergleiche einbezogen werden.

Bei *öffentlich-rechtlichen Kreditinstituten*, insbesondere Sparkassen und Landesbanken einerseits und *Genossenschaftsbanken* andererseits könnte man zur Erfolgsbeurteilung von Strategien ein Maß heranziehen, welches die *Erfüllung des Grundauftrages* mißt, also des öffentlichen Auftrags der öffentlich-rechtlichen und des Förderauftrags der genossenschaftlichen Institute. Hier sind aber Differenzierungen angebracht. Insbesondere die Landesregierungen, die maßgeblichen Einfluß auf eine Landesbank haben, verfolgen teilweise Expansions- und auch internationale Wirtschaftsförderungsziele, die kaum noch unter den öffentlichen Auftrag zu subsumieren sind. Darüber hinaus ist die *Quantifizierung* einer Erfüllung des öffentlichen Auftrages sehr schwierig, da beispielsweise eine bewußt expansivere Kreditvergabe gegenüber Existenzgründern aus der Sicht des Gewährträgers erwünscht sein und als Erfüllung des öffentlichen Auftrages angesehen werden kann, was typischerweise aber mit einer Steigerung der Kreditrisiken verbunden ist.

### 6.1.1.3    Grundlegende Begriffe

In Kap. 6.1.1.2 sind schon grundlegende Begriffe des strategischen Managements angeklungen, ohne daß sie dort ausführlich genug erläutert werden konnten. Hier sollen nun insbesondere die Begriffe kritische Erfolgsfaktoren, Erfolgspotential, strategisches Geschäftsfeld und strategische Geschäftseinheit konkretisiert werden.

**a) Kritische Erfolgsfaktoren und Erfolgspotential**

Auf den ersten Blick ist man immer wieder überrascht, daß Kreditinstitute, die an den Märkten in weitgehend gleichartiger Weise aufzutreten scheinen, ganz unterschiedliche Erfolge erzielen, gemessen z.B. an der Gewinn- oder Marktanteilsentwicklung. Es muß also Einflußgrößen geben, die bei der Abwicklung der Bankgeschäfte nicht sogleich sichtbar werden, die aber dennoch, gewissermaßen aus dem Hintergrund, die Erfolgsentstehung in den einzelnen Instituten steuern, und deren konkrete Ausprägung schließlich auch dazu herangezogen werden kann, die Unterschiede im Erfolg konkurrierender Institute zu erklären. Diese Einflußgrößen werden als kritische oder strategische Erfolgsfaktoren bezeichnet.

Im Rahmen des PIMS-Projektes (Profit Impact of Market Strategies) wurden seit Anfang der 70er Jahre umfassende Untersuchungen über Zusammenhänge zwischen unabhängigen strategischen Einflußgrößen und abhängigen Zielvariablen von Unternehmungen wie RoI (Return on Investment) und Cash Flow durchgeführt. Dabei wurde der Cash Flow definiert als Einnahmenüberschuß = Jahresüberschuß + Abschreibungen + Erhöhung der langfristigen Rückstellungen (vgl. Buzzell/Gale 1989). Diese Untersuchungen beruhen auf einer laufenden Zusammenarbeit der PIMS-Organisation mit ca. 240 Unternehmen weltweit, darunter 25 großen europäischen Unternehmen, die ihre Unternehmensdaten, typischerweise auf der Ebene der strategischen Geschäftseinheiten, in Form von Kennzahlen der PIMS-Organisation melden. Da die Initiatoren davon ausgehen, daß es – unabhängig von der Branche – kritische Erfolgsfaktoren gibt, die in allen Unternehmen einen Einfluß auf den Erfolg haben, ist das PIMS-Projekt branchenübergreifend angelegt. Dienstleistungsunternehmen, unter denen sich auch Kreditinstitute befinden, haben mit lediglich 4 % aller am PIMS-Projekt beteiligten Unternehmen eine vergleichsweise geringe Bedeutung.

Auf dieser empirischen Basis wurden statistische Analysen durchgeführt, insbesondere mit Hilfe der multiplen Regressionsanalyse. Insgesamt fand man 37 Einflußgrößen heraus, bei denen sich ein statistischer Zusammenhang zwischen den Ausprägungen dieser Größen und dem Erfolg, den die teilnehmenden Unternehmen in den einzelnen Geschäftsfeldern erzielt haben, nachweisen ließ. Auf der Grundlage der hypothetischen

Ursache-Wirkungs-Beziehungen führte diese Analyse zu unabhängigen (ursächlichen) Einflußgrößen, die in einem statistisch gesicherten Zusammenhang zu den abhängigen (bewirkten) Variablen stehen und die daher als *strategische Erfolgsfaktoren* aufgefaßt wurden. Beispielsweise sind hier zu nennen: Investitionsintensität, Produktivität, Marktanteil, Marktwachstum, Produkt- bzw. Dienstleistungsqualität, Innovation, Differenzierung von Wettbewerbern und vertikale Integration. Eine theoretische Grundlage für diese Analyse existiert jedoch nicht. Das PIMS-Projekt sucht induktiv nach allgemeinen Gesetzmäßigkeiten, die für alle Branchen und Geschäftsfelder gelten. Eine Analyse, die Daten aller Branchen einbezieht, führt zu einer Nivellierung der Ergebnisse, so daß spezielle Ergebnisse für Kreditinstitute nicht vorliegen können. Darüber hinaus lassen sich, auch für Kreditinstitute, rekursive Beziehungen beispielsweise zwischen dem Return on Investment (RoI) und dem Marktanteil postulieren, so daß die Hypothese einer unabhängigen, ursächlichen Einflußgröße »Marktanteil« nur schwer aufrechterhalten werden kann.

Zu den für Kreditinstitute spezifischen strategischen Erfolgsfaktoren sind in der Vergangenheit Untersuchungen durchgeführt worden, die teilweise konzeptionell orientiert sind (vgl. Benölken/Wings 1984/85 und Weigele 1983), aber auch einzelne empirische Untersuchungen wie z.B. die Untersuchung des Zusammenhanges zwischen Rentabilität und Marktanteil der Banken von Schuster (1981). Betrachtet man die Ergebnisse dieser Untersuchungen noch einmal vor dem Hintergrund der PIMS-Ergebnisse, dann gelangt man konzeptionell und leider nur in geringem Umfang empirisch gesichert zu folgendem Katalog von bankbezogenen strategischen Erfolgsfaktoren (vgl. Meyer zu Selhausen 1994a):

### aa) Strategische Erfolgsfaktoren der Marktattraktivität

- Marktpotential
- Konkurrenzsituation
- Wirtschaftliche, rechtliche und politische Rahmenbedingungen
- Kundenverhalten
- Rationalisierungspotential
- Erzielbarer Deckungsbeitrag (i. S. v. Preisdurchsetzbarkeit)

### ab) Strategische Erfolgsfaktoren der relativen Wettbewerbsstärke

- Kundenorientierung
  - Einfühlung in Bedürfnisse und Erwartungen von Kunden und Mitarbeitern
  - Ausrichtung von Personal, Organisation, Führung etc. auf Bedürfnisse und Erwartungen von Kunden und Mitarbeitern
- Kundennähe im Vertrieb
  - Räumliche Kundennähe
  - Personelle Kundennähe
  - Technische Kundennähe
- Leistungsangebot
  - Breite,
  - Tiefe
  - Qualität
- Image und Corporate Identity
- Personal
  - Qualifikation für Beratung, Verkauf, Abwicklung und Stabsfunktionen
  - Leistungsmotivation

- Effizienz der Führung und Steuerung
- Wirtschaftlichkeit der Leistungserstellung und -verwertung

Die *strategischen Erfolgsfaktoren der Marktattraktivität* sind dadurch gekennzeichnet, daß sie den Erfolg einer Bank in einem bestimmten Geschäftsfeld beeinflussen, daß sie aber durch die Bank selbst nicht beeinflußt werden können. Diese Erfolgsfaktoren markieren die Attraktivität eines Marktes für die betrachtete Bank, aber auch für Konkurrenten, die entweder in diesem Markt schon tätig sind oder einen Markteintritt erwägen. Von besonderer Bedeutung ist natürlich das *Marktpotential*, also die Anzahl der Kunden mit ihrem jeweiligen Nachfragepotential, die von der Bank auf diesem Markt erreicht werden können. Dieser Markt stellt sich dann als besonders attraktiv dar, wenn das Marktpotential hoch, die *Konkurrenzsituation* aber dadurch gekennzeichnet ist, daß gegenwärtig noch kein harter Wettbewerb mit den Konkurrenten besteht und daß weitere Konkurrenten am Markteintritt gehindert werden können. Die *wirtschaftlichen, rechtlichen und politischen Rahmenbedingungen*, die für einen Markt gelten, bestimmen die Attraktivität dieses Marktes sehr maßgeblich. Die Bedeutung dieser Rahmenbedingungen tritt aber bei inländischen Märkten nicht so deutlich hervor wie bei ausländischen, bei denen die Bank einen Markteintritt erwägt. Man denke beispielsweise nur an Schwellenländer oder Länder der Dritten Welt, deren instabile rechtliche und politische Rahmenbedingungen langfristige Planungen deutlich erschweren, wenn nicht unmöglich machen.

Das *Kundenverhalten* kommt darin zum Ausdruck, ob die Bankkunden bei einer Bank (Hausbank) oder bei mehreren Anbietern selektiv ihren Bankleistungsbedarf decken, ob sie kritisch, preisbewußt und mitwirkungsbereit sind, ob sie leicht zufriedenzustellen sind, oder ob sie schon bei geringer Unzufriedenheit Ansprüche gegenüber der Bank erheben etc. Das *Rationalisierungspotential* eines Marktes zeigt an, in welchem Umfang noch Möglichkeiten bestehen, durch Rationalisierungsmaßnahmen die Wirtschaftlichkeit der Produktion und des Vertriebs in diesem Markt noch weiter zu steigern. Ein hohes Rationalisierungspotential könnte Wettbewerber, insbesondere aus dem Ausland, anziehen, die sich zutrauen, durch Rationalisierungsmaßnahmen die Produktions- und Vertriebskosten nachhaltig zu senken, um zu niedrigen Preisen anbieten und dadurch im Wettbewerb gut bestehen zu können. Hierbei ist jedoch zu berücksichtigen, daß die Ausschöpfung des Rationalisierungspotentials stets auch von den jeweiligen Möglichkeiten und Fähigkeiten des Unternehmens selbst abhängt. Der *erzielbare Deckungsbeitrag* (unter Berücksichtigung der Risikokosten) hängt sowohl von der Konkurrenzsituation als auch vom Kundenverhalten und vom Rationalisierungspotential des betrachteten Marktes ab.

Die *strategischen Erfolgsfaktoren der relativen Wettbewerbsstärke* beschreiben die Fähigkeiten, also Stärken und Schwächen der betrachteten Bank selbst. Diese Fähigkeiten werden in Relation zum stärksten Wettbewerber bewertet. Die *Kundenorientierung* eines Instituts wird als ausgeprägt betrachtet, wenn es fähig ist, Bedürfnisse und Erwartungen seiner Kunden und auch seiner Mitarbeiter rechtzeitig und klar zu erkennen und seine Anstrengungen, insbesondere in den Bereichen Personal, Organisation, Führung etc. darauf auszurichten. Kundenorientierung soll, zunächst das Leistungsangebot übergreifend, zu Kundennutzen, Kundenzufriedenheit und schließlich zu Kundenbindung führen. *Kundennähe im Vertrieb* hat eine räumliche, eine personelle und eine technische Dimension. *Räumliche Kundennähe* wird durch Stützpunkte gewährleistet, die sich in geringer Entfernung zur Kundschaft befinden. Die *personelle Kundennähe* wird durch Kundenbetreuer erreicht, die die persönlichen Beziehungen zur Kundschaft, für die sie zuständig sind, pflegen können. Die *technische Kundennähe* beruht dagegen auf dem Benutzungskomfort der I&K-Systeme, mit deren Hilfe die Kundschaft mit der Bank kommuniziert. Ist der Zugang zu solchen Systemen weithin oder sogar überall verfügbar, erfordert er nur geringen Zeitaufwand und sind die Systeme einfach zu handhaben, um die gewünschten Ergebnisse zu erzielen, dann wird die Kundschaft dies als angenehm empfinden; hier kommt offenbar ein erhebliches Maß an technischer Kundennähe zum Ausdruck.

Daß das *Leistungsangebot* zu Wettbewerbsvorteilen führen kann, erscheint unmittelbar plausibel, dennoch ist gerade hier eine Relativierung angebracht: Besonders hohe Dienstleistungsqualität bringt zum Beispiel nur in solchen Geschäftsfeldern Wettbewerbsvorteile mit sich, in denen die Kunden hohe Qualität schätzen und auch bereit sind, hierfür einen vergleichsweise hohen Preis zu zahlen. Handelt es sich dagegen um anspruchslose Kunden, die sich zu niedrigem Preis mit einfachen Bankleistungen versorgen wollen, dann bringt eine hohe Qualität gerade keine Vorteile. *Breite, Tiefe und Qualität* des Leistungsangebots sind also genau auf das jeweilige strategische Geschäftsfeld abzustimmen, und nur dann, wenn diese Abstimmung gut gelingt, sind Wettbewerbsvorteile zu erwarten. *Image und Corporate Identity*, also das Bild, das sich Kunden und Nichtkunden von dem jeweiligen Institut machen, und das Selbstbild, das Mitarbeiter und Führungskräfte von diesem Institut haben, können durchaus Stärken im Wettbewerb mit sich bringen, wenn hierbei Attribute wie dynamisch, innovativ, kundenorientiert, entgegenkommend, freundlich etc. vorherrschen und die Ausprägungen dieser Attribute auch im laufenden Geschäft realisiert und der Kundschaft vor Augen geführt werden. Das *Personal* mit seiner *Qualifikation und Leistungsmotivation* für Beratung, Verkauf, Abwicklung und Stabsfunktionen kann maßgeblich zur Erringung von Wettbewerbsvorteilen beitragen, allerdings hier auch wieder nach Geschäftsfeldern differenziert.

Während die bisher erläuterten strategischen Erfolgsfaktoren der relativen Wettbewerbsstärke ihre Wirkungen mehr oder weniger differenziert in Abhängigkeit vom jeweiligen strategischen Geschäftsfeld entfalten, wirken die beiden verbliebenen Erfolgsfaktoren, die Effizienz der Führung und Steuerung und die Wirtschaftlichkeit der Leistungserstellung und -verwertung *geschäftsfeld-unabhängig*. Je effizienter die Instrumente zur *Führung und Steuerung* der betrachteten Bank sind, um so wirksamer wird die Bank die Erreichung der gesteckten Ziele vorantreiben. Die *Wirtschaftlichkeit der Leistungserstellung und -verwertung* wirkt sich in jedem Geschäftsfeld günstig aus, sei es dadurch, daß die Bankleistungen für preissensible Kunden zu niedrigen Kosten produziert und vertrieben werden können, oder sei es dadurch, daß in Geschäftsfeldern mit weniger preissensibler Kundschaft vergleichsweise höhere Margen erzielt werden können.

An dieser Stelle sei noch einmal hervorgehoben, daß die in dem obigen Katalog enthaltenen strategischen Erfolgsfaktoren inhaltlich nicht überschneidungsfrei definiert sind, daß zwischen einigen Erfolgsfaktoren Abhängigkeiten in Form von Ursache-Wirkungs-Beziehungen bestehen und daß die einzelnen Faktoren in unterschiedlichen strategischen Geschäftsfeldern teilweise auch eine unterschiedliche Wirkung bei gleicher Ausprägung haben können. So kann z.B. ein hohes qualitatives Niveau der Wertpapierberatung einer Bank eine wichtige Stärke im Wettbewerb um gehobene Privatkunden darstellen, während diese Fähigkeit im Geschäftsfeld der Mengenkunden weitgehend wirkungslos bleiben würde.

Die Erfolgsfaktoren mit ihren Ausprägungen bilden die Bausteine für die gesamte *Erfolgsposition*, die ein Institut in einem bestimmten Geschäftsfeld hat. Diese Bausteine dürfen aber nicht isoliert betrachtet werden. Die Erfolgsposition ist nicht die Summe der Ausprägungen der Erfolgsfaktoren, sondern sie hängt stark davon ab, ob die Ausprägungen gut aufeinander abgestimmt sind. So wäre es, um das obige Beispiel fortzuführen, weitgehend wirkungslos, wenn ein Institut leistungsfähige Informationssysteme zur Unterstützung der Wertpapierberatung entwickelte, ohne gleichzeitig bei den Beratern die Qualifikation und Motivation heranzubilden, diese Systeme im Beratungsgespräch einzusetzen und bestmöglich zu nutzen.

**b) Strategisches Geschäftsfeld und strategische Geschäftseinheit**
Ein strategisches Geschäftsfeld (SGF) ist ein Segment des marktbezogenen Aktivitätsfeldes eines Kreditinstituts: Es ist eine *Kundengruppe*, die zur Lösung ihrer Finanzprobleme bestimmte Elemente des gesamten *Leistungsprogramms* einer Bank nutzt und ggf. in einem *regional abgegrenzten Bereich* ihren Sitz hat. Diese regionale Abgrenzung ist sinnvoll, soweit die Kundschaft persönlich mit der Bank in Kontakt tritt; sie kann aber entfallen, wenn für derartige Kontakte ausschließlich die verschiedenen Kanäle der Telekommunikation genutzt werden. Die Kundengruppe steht also im Mittelpunkt des strategischen Geschäftsfeldes, und nicht die Produkte. Es gibt aber auch Kundengruppen, die bei einer Bank nur ein Produkt, ggf. mit wenigen Varianten in Anspruch nehmen, beispielsweise institutionelle Anleger, die mit einer Bank nur das Fondsgeschäft betreiben, oder Immobilienfinanzierungskunden. Im Vordergrund stehen also die Kunden mit ihren finanzwirtschaftlichen Problemen, wobei die Bankleistungen als Mittel zur Problemlösung eingesetzt werden.

Wenn ein Institut strategische Geschäftsfelder bildet, grenzt es diese nach *Kriterien* ab, die von den strategischen Erfolgsfaktoren abgeleitet sind. Es läßt sich einerseits vom Marktpotential leiten und zieht dabei auch traditionelle Marktsegmentierungskriterien heran, beispielsweise soziodemographische Kriterien bei Privatkunden-Geschäftsfeldern und Größe, Emissionsfähigkeit etc. bei Firmenkunden. Darüber hinaus muß das Kreditinstitut aber auch die Konkurrenzverhältnisse berücksichtigen, um nicht Geschäftsfelder für sich festzulegen, in denen es der vorhandenen Konkurrenz nicht standhalten kann. Außerdem wird es die Erfolgsfaktoren der relativen Wettbewerbsstärke prüfen und bei der Festlegung der Geschäftsfelder sicherstellen, daß die eigenen Stärken im Wettbewerb, dokumentiert durch günstige Ausprägungen der strategischen Erfolgsfaktoren, zur Geltung gebracht werden können. Die *Abgrenzung* der strategischen Geschäftsfelder muß einige *Anforderungen* erfüllen, damit die jeweiligen Geschäftsfelder erfolgreich bearbeitet werden können. Die erste Anforderung besteht darin, daß innerhalb eines Geschäftsfeldes möglichst homogene, und zu anderen Geschäftsfeldern möglichst heterogene Ausprägungen der Merkmale hinsichtlich der Kundenbedürfnisse, der Marktverhältnisse und der Kostenstruktur bestehen müssen. Außerdem sollen in jedem Geschäftsfeld eigenständige, von anderen Geschäftsfeldern unabhängige Marktaufgaben, -ziele und -strategien verfolgt werden können, wobei das Potential des einzelnen Geschäftsfeldes die Erzielung relativer Wettbewerbsvorteile grundsätzlich ermöglichen muß. Die Geschäftsfelder sollen voneinander so unabhängig sein, daß auch die Geschäftsfeldstrategien und -entscheidungen über Personal, Finanz- und Sachmittel sowie über Organisation, Kommunikation und Kontrollinstrumente unabhängig von anderen Geschäftsfeldern realisiert werden können. Diese grundsätzlich wünschenswerte *Unabhängigkeit der Geschäftsfelder* voneinander, insbesondere hinsichtlich der Erfolgserzielung, ist aber wegen der *Interdependenzen* zwischen den Geschäftsfeldern bei Leistungserstellung und -verwertung nicht vollkommen gewährleistet. Insgesamt ist die Forderung der Unabhängigkeit der Geschäftsfelder also eine Idealvorstellung, die zwar angestrebt werden sollte, die aber in der Praxis typischerweise nicht vollständig realisierbar ist.

Eine *strategische Geschäftseinheit* (SGE) ist eine organisatorische Einheit der Bank, die die Aufgabe übernimmt, ein strategisches Geschäftsfeld, das ihr zugeordnet wird, zu bewirtschaften. Zu ihren Aufgaben gehört z.B. die Erhebung des Marktpotentials, die Entwicklung einer Geschäftsfeldstrategie, der Einsatz personeller, finanzieller und sachlicher Ressourcen, die Aufstellung und Koordination operativer Pläne, z.B. für Marketing, Personalentwicklung etc., und die operative Durchführung dieser Pläne einschließlich der Kontrolle der Ergebnisse.

Im Idealfall operiert eine strategische Geschäftseinheit also wie eine Bank in der Bank: Sie bearbeitet ein weitgehend eigenständiges Marktsegment und hat keine Vorleistungsfunktion gegenüber anderen SGEs. Sie hat eine spezifische Marktaufgabe, die sich von der anderer SGEs klar unterscheidet; sie betätigt sich in einem Markt mit genau identifizierbarer Konkurrenz; sie entscheidet unternehmensintern weitgehend unabhängig über den Einsatz ihrer Ressourcen, und sie bleibt von den Aktivitäten anderer SGEs weitgehend unberührt. Die Leitung der SGE initiiert die Entwicklung einer Geschäftsfeldstrategie im Rahmen der genehmigten strategischen Nahzielkonzeption für die Gesamtbank, die aus der Gesamtbankstrategie abgeleitet wird.

Die Marktaktivitäten der SGEs sind weitgehend geschäftsfeldspezifisch. Die *Abwicklung für gleichartige Geschäftsvorfälle*, die in mehreren SGEs vorkommen, z.B. im Zahlungsverkehr, kann aber für mehrere SGEs zusammengefaßt und in einem gemeinsamen Back Office durchgeführt werden. Dadurch lassen sich Synergieeffekte erzielen, weil, im Vergleich zu einer getrennten Bearbeitung dieser Geschäftsvorfälle in den einzelnen SGEs, ein Ausgleich bei der Kapazitätsauslastung, Lerneffekte und Kostendegressionseffekte genutzt werden können.

### 6.1.1.4 Phasenmodell der strategischen Führung

Strategisches Management ist grundsätzlich ein kontinuierlicher, evolutionärer Prozeß, bei dem Ideen entwickelt, Analysen und Bewertungen vorgenommen, Maßnahmen durchgeführt und kontrolliert, neue Ideen entwickelt, neue Analysen durchgeführt werden usw. Idealtypisch kann man diesen Prozeß in fünf Phasen einteilen, die aber nicht immer nur von Phase eins bis Phase fünf linear durchlaufen werden, weil die Aktivitäten jeder Phase die Aktivitäten jeder anderen Phase beeinflussen können, so daß auch Rücksprünge im Phasenablauf vorkommen. Dennoch erscheint ein Phasenmodell hilfreich, um den komplexen Prozeß des strategischen Management transparent zu machen.

**Phase 1: Analyse der Ausgangsposition der Bank**
Die strategische Ausgangsposition einer Bank wird maßgeblich bestimmt durch externe und interne Sachverhalte, die zu Beginn eines Strategieprozesses durch Umwelt- und Unternehmensanalyse geklärt werden müssen. Hierbei kann man sich auf die strategisch besonders wichtigen Sachverhalte, konkretisiert durch Einflußgrößen konzentrieren, die als strategische Erfolgsfaktoren in Kap. 6.1.1.3 behandelt worden sind. Die *Umweltanalyse* bezieht sich daher primär auf die Märkte (Kundengruppen) und ihr Marktpotential, die die Bank bisher schon bedient hat, auf die dort anzutreffende Konkurrenzsituation, das Kundenverhalten und ggf. weitere Erfolgsfaktoren der Marktattraktivität. Diese Betrachtung läßt Chancen und Risiken der Märkte erkennen, die die Bank zu Beginn des Strategieprozesses bearbeitet.

Bei der *Unternehmensanalyse* richtet man den Blick, getrennt nach den einzelnen Märkten, auf die Stärken und Schwächen der Bank relativ zum stärksten Konkurrenten. Die Analyse erfolgt hier in bezug auf die strategischen Erfolgsfaktoren der relativen Wettbewerbsstärke, insbesondere Kundenorientierung, Kundennähe im Vertrieb, Leistungsangebot, Personal, Führung und Steuerung sowie Wirtschaftlichkeit. Der *Ausblick für die Bank* ergibt sich dann dadurch, daß man die Ergebnisse von Umwelt- und Unternehmensanalyse zusammenführt und insbesondere aufzeigt, wie die umweltbezogen gegebenen Chancen durch den Einsatz der Unternehmens-Ressourcen wahrgenommen werden können. Hierbei ist auch das *Leitbild* der Bank zu berücksichtigen, das auf den Wertvorstellungen der Geschäftsleitung und den gesellschaftlichen Verpflichtungen der Bank beruht, die sich ihrerseits aus dem Grundauftrag der jeweiligen Bank ergeben können. Geschäftsbanken, öffentliche Kreditinstitute (Sparkassen und Landesbanken) sowie Genossenschaftsbanken haben jeweils einen ganz spezifischen Grundauftrag, und daher unterscheiden sich diese Institutsgruppen auch sehr deutlich in bezug auf ihr Leitbild.

**Phase 2: Formulierung von Strategien**
Nach der Analyse der Ausgangsposition der Bank beginnt man mit der Formulierung von Strategien, die einerseits dazu beitragen sollen, die gewünschte Stellung der Bank in ihrer Umwelt zu realisieren und andererseits durch eine Legung von Erfolgspotentialen die Gewinnperspektiven auf Dauer verbessern sollen. Durch derartige Strategien wird in grundsätzlicher Form festgelegt, in welchen Geschäftsfeldern das Institut tätig sein soll, welche Ziele mit welchen Mitteln angestrebt werden sollen und welche Verhaltensnormen dabei eingehalten werden sollen. Solche Strategien sind zunächst zwangsläufig noch wenig konkret; sie geben nur eine grobe Stoßrichtung an und müssen im weiteren Verlauf im Detail ausgearbeitet werden.

Grundsätzlich kann man folgende *Strategieebenen* unterscheiden, für die Wettbewerbsstrategien entwickelt werden können:

- Die Ebene der strategischen Geschäftseinheiten, die
- Funktionalbereichsebene, die
- Gesamtbankebene, die
- Verbundebene, die
- Institutsgruppenebene und die
- Branchenebene.

Strategien auf der *Ebene der strategischen Geschäftseinheiten* (Geschäftsfeldstrategien) richten sich jeweils auf ein strategisches Geschäftsfeld, in dem die betrachtete Bank tätig ist. Strategien auf der *Funktionalbereichsebene* konkretisieren die Umsetzung von Geschäftsfeldstrategien durch Maßnahmen in den Funktionalbereichen der Bank wie z.B. Vertrieb, Organisation, Informatik etc. Geschäftsfeldstrategien werden auf Gesamtbankebene zusammengefaßt und koordiniert, so daß die Bank mit einer geschlossenen *Gesamtbankstrategie* auf den Märkten auftritt.

In Kap. 2.4 wurde schon erläutert, daß zu einem *Unternehmensverbund* bei Sparkassen und Genossenschaftsbanken die Unternehmen des jeweiligen Finanzverbundes gehören, bei einem Bankkonzern die konzernangehörigen Unternehmen. Strategien können auch auf der *Ebene eines derartigen Verbundes* ansetzen, beispielsweise zur Realisierung eines durch die Verbundunternehmen erbrachten Allfinanzangebotes oder zur Sicherung eines für den Verbund einheitlichen Marktauftritts durch einheitliche Marken, Farben, Logos und Slogans. Auch auf der *Ebene von Institutsgruppen* können Strategien realisiert werden. Als Institutsgruppen treten im deutschen Bankenmarkt insbesondere die Geschäftsbanken, organisiert im Bundesverband deutscher Banken e. V., die Sparkassen und Landesbanken, organisiert im Deutschen Sparkassen- und Giroverband e. V. und die Genossenschaftsbanken, organisiert im Bundesverband der Deutschen Volksbanken und Raiffeisenbanken e. V. auf. Hinzu kommen aber noch Spezialbanken, die sich teilweise auch als Institutsgruppe formiert haben, z.B. die privaten Hypothekenbanken im Verband deutscher Hypothekenbanken e. V. Während Verbundstrategien typischerweise darauf ausgerichtet sind, Erfolgspotentiale durch ein koordiniertes Auftreten von Unternehmen, die dem Verbund angehören, zu realisieren, richten sich Institutsgruppenstrategien primär gegen konkurrierende Institutsgruppen. Schließlich sind noch Strategien auf *Branchenebene* zu erwähnen, also Strategien, die das gesamte Kreditgewerbe verfolgt, wobei die Verbände der Institutsgruppen kooperativ zusammenwirken. Als Beispiele für strategische Aktivitäten auf dieser Ebene können nicht nur die Gründung von Gemeinschaftsunternehmen wie z.B. der GZS genannt werden, sondern auch Bemühungen um die Erhaltung des Vertrauens in die Sicherheit des deutschen Bankwesens durch kooperative Behebung von Liquiditätskrisen einzelner, auch konkurrierender Institute.

Aus der Sicht der einzelnen Kreditinstitute stehen natürlich Strategien auf der Ebene der strategischen Geschäftseinheiten und die Gesamtbankstrategie im Vordergrund. Daher haben Bankkonzerne mit klaren hierarchischen Strukturen größere Erfolgschancen in bezug auf eine einheitliche Umsetzung von Strategien als die Verbundsysteme der öffentlichen und genossenschaftlichen Institute, bei denen einerseits die Verbundebene nicht über ebenso klare und effiziente Führungsstrukturen verfügt und andererseits die häufig mit der Umsetzung von Verbundstrategien betrauten Verbände keine Weisungskompetenz gegenüber den Verbundunternehmen haben.

**Phase 3: Ausarbeitung von Funktionalstrategien**
Strategien können grundsätzlich nur operativ umgesetzt werden. Funktionalstrategien haben die Aufgabe, Geschäftsfeldstrategien durch Maßnahmen zu konkretisieren. Dabei tragen sie auch in Form von Rückkopplungen zur Modifizierung der Geschäftsfeldstrategien bei. In Übereinstimmung mit den umzusetzenden Geschäftsfeldstrategien enthalten sie *Richtlinien für die Formulierung von konkreten Aktionsplänen* für die an der Strategieumsetzung beteiligten bankbetrieblichen Funktionalbereiche. Als solche sind insbesondere zu nennen: Bankleistungsproduktion, Marketing und Vertrieb, Personal, Organisation und Informatik. Im Schrifttum wird die strategieorientierte Gestaltung der Bankorganisation teilweise besonders hervorgehoben. Dabei stehen die Strukturierung der strategischen Geschäftseinheiten, ihre Einordnung in die Aufbauorganisation, ihre Kompetenzen, ihre Anordnungsbefugnisse etc. im Vordergrund. Diese Hervorhebung führt dazu, daß die übrigen Funktionalstrategien relativ abgewertet werden, was jedoch im Gesamtzusammenhang der Umsetzung von Geschäftsfeld- und Gesamtbankstrategien nicht als angemessen erscheint.

**Phase 4: Durchführung der Strategien und Aktionspläne**
Diese Phase umfaßt eine kurz-, mittel- und langfristige Durchführungsplanung für die Maßnahmen, die zur Realisierung der Geschäftsfeldstrategien für die einzelnen Funktionalbereiche vorgesehen sind. Für die Durchführung der Aktionspläne werden Projekt-Teams gebildet, die aus Mitarbeitern bestehen, die den vom jeweiligen Aktionsplan berührten organisatorischen Bereichen angehören, die nur mit einem Teil ihrer Arbeitszeit im Team mitarbeiten und die nach erfolgter Umsetzung wieder mit voller Kapazität in ihre Bereiche zurückkehren.

**Phase 5: Kontrolle**
Strategieprojekte beanspruchen bei allen Beteiligten typischerweise sehr viel Zeit und Kraft über den ohnehin operativ erforderlichen Arbeitseinsatz hinaus. Daher liegt es nahe, daß nach einer mit großem Einsatz erfolgten Strategieumsetzung darauf verzichtet wird, den Erfolg der Umsetzung zu kontrollieren und insbesondere zu prüfen, ob

und inwieweit die mit der jeweiligen Strategie verfolgten Zielsetzungen erreicht worden sind, welche Modifikationen vorgenommen werden mußten, welche Initiativen steckengeblieben und nicht realisiert worden sind etc. Das ist insoweit verständlich, sachgerecht ist es jedoch nicht, denn die Gefahr ist groß, daß Strategien und Maßnahmenpläne, die über mehrere hierarchische Ebenen hinweg schrittweise konkretisiert werden mußten, nicht mehr wie ursprünglich geplant, sondern mehr oder weniger verzerrt umgesetzt werden. Das ist primär darauf zurückzuführen, daß bei der Konkretisierung immer wieder andere Mitarbeiter und Führungskräfte mitgewirkt haben, deren Kenntnisstand über die ursprünglich mit der Strategie verbundenen Intentionen von Ebene zu Ebene immer unschärfer geworden ist. Kontrollen können hier dazu beitragen, daß derartige Abweichungen zwischen der Durchführungsplanung und der tatsächlichen Durchführung gering gehalten werden.

## 6.1.2 Analyse und Prognose der Ausgangssituation einer Bank

Nachdem das Phasenmodell der strategischen Führung (vgl. Kap. 6.1.1.4) einen gewissen Überblick vermittelt hat, soll Phase 1 hier zunächst vertiefend betrachtet werden.

### 6.1.2.1 Leitbild

Im Unternehmensleitbild werden allgemein angestrebte Zustände des Instituts, seine Beziehungen zur Umwelt und generelle Verhaltensmuster für die Zielerreichung und den Ressourceneinsatz festgelegt. Das Leitbild ist eine Grundlage für die weitere Planungsarbeit und hat von allen Zielen die am längsten zugedachte Gültigkeit. Es wird selten schriftlich fixiert und ist damit intern nur schwer kommunizierbar; aus Vertraulichkeitsgründen wird es extern praktisch nie kommuniziert.

In vielen Instituten ist das Leitbild nicht von der Geschäftsleitung beschlossen worden, sondern es existiert nur implizit in den Vorstellungen der Führungskräfte und Mitarbeiter. Aber auch dann kann es durchaus eine gewisse Wirkung im laufenden Geschäft entfalten. Im Leitbild kommt beispielsweise zum Ausdruck, wie die Bank sich gegenüber den Interessen der Kapitalgeber und Mitarbeiter verhält, wie sie mit ihrer Macht umgeht und wie sie gegenüber dem Eingehen von Risiken eingestellt ist. Besondere Beachtung verdient in diesem Zusammenhang aber ihr Verhalten gegenüber den Kunden: Ihre Einstellung gegenüber dem Verbraucherschutzgedanken äußert sich insbesondere bei Beschwerden. Ihr Verhalten in der Krise des Kunden, insbesondere bei Insolvenzgefahr eines Firmenkunden, zeigt, ob sie bereit ist, gemeinsam mit Kunden derartige Situationen durchzustehen, auch wenn die Konkursgefahr beim Kunden zunimmt, oder ob sie im Grenzfall versucht, ihre Verlustgefahr zu mindern. Dies ist naturgemäß eine sehr kritische Situation im Bankgeschäft; sie offenbart aber einen ganz wichtigen Aspekt im Leitbild einer Bank.

### 6.1.2.2 Chancen/Risiken-Analyse

Bei der Chancen/Risiken-Analyse werden *externe Ursachen für Erfolg und Mißerfolg* einer Bank untersucht. Hierbei beschränkt man sich aber nicht auf eine Bestandsaufnahme, sondern man versucht die Einflußgrößen, die auf Erfolg und Mißerfolg der Bank einwirken, insbesondere also die strategischen Erfolgsfaktoren der Marktattraktivität, in die Zukunft zu projizieren, denn erst dann wird deutlich, welche Auswirkungen sie auf den zukünftigen Erfolg der Bank haben werden. Hierfür stehen keine objektiven Prognoseverfahren zur Verfügung; man kann aber subjektiv versuchen, sich abzeichnende Entwicklungen abzuschätzen, insbesondere dann, wenn die betrachteten Größen im Zeitablauf Trends unterliegen. Wenn eine Bank erwägt, ihre strategischen Geschäftsfelder anders abzugrenzen als bisher, dann muß die Chancen/Risiken-Analyse *zunächst unspezifisch* bleiben, denn sie kann ja noch nicht auf die strategischen Geschäftsfelder ausgerichtet werden, für deren Abgrenzung die Ergebnisse der Chancen/Risiken-Analyse erforderlich sind.

Grundsätzlich sollten sich die *Gegenstände* der Chancen/Risiken-Analyse an den strategischen Erfolgsfaktoren der Marktattraktivität orientieren. Gerade für die unspezifische Analyse gilt aber, daß sie offen bleiben muß gegenüber Fakten und Entwicklungen, die für die Bank relevant sein könnten, auch wenn ein möglicher Zusammenhang zur Attraktivität möglicher Geschäftsfelder noch nicht erkennbar ist. Die *Breite der Analyse* hängt von Größe und Struktur des jeweiligen Instituts ab: Sparkassen sowie Genossenschaftsbanken der Primärstufe werden sich zumeist auf ihren angestammten Inlandsmarkt und ihre angestammten Kundengruppen beschränken, während global operierende Großbanken grundsätzlich alle Wirtschaftsräume der Erde vollständig in ihre Analyse einbeziehen werden. Im Einzelfall bleiben also Regionen unberücksichtigt, die absehbar nicht für eine wirtschaftliche Betätigung durch das jeweilige Institut in Betracht kommen. Im folgenden werden, ohne Anspruch auf Vollständigkeit, wichtige *Felder für die Chancen/Risiken-Analyse* angesprochen, wobei nur Beispiele für die Gegenstände der Analyse genannt werden können. Es liegt in der Natur der Sache, daß Vollständigkeit hier nicht erreicht werden kann.

Ein erstes Analysefeld umfaßt *politische, gesellschaftliche, wirtschaftliche und technische Aspekte*. Die Entwicklung der nationalen, regionalen und internationalen Wirtschaftsordnung ist für das Bankgeschäft von großer Bedeutung. Als Beispiele seien hier nur die Entwicklung der Wirtschaftsordnung im früheren Ostblock und in der Volksrepublik China, regionale Wirtschaftskrisen, z.B. in Südostasien oder Südamerika, und die zu erwartende Entwicklung der betroffenen Volkswirtschaften, der Abbau der Handelshemmnisse und die Absenkung der Markteintrittsbarrieren etc. genannt. Ergänzend ist natürlich auch die konkrete wirtschaftliche Entwicklung in den einzelnen Regionen und Volkswirtschaften interessant, insbesondere Konjunktur, Wachstum, Beschäftigung, Inflation und mittel- und längerfristig der Strukturwandel, jeweils mit regionalen Differenzierungen. Die *gesellschaftliche Entwicklung* hat naturgemäß viele Facetten, von denen hier insbesondere die Bevölkerungsentwicklung, differenziert nach Anzahl, Struktur und insbesondere Altersaufbau, sowie der Wertewandel und die politische Stabilität, insbesondere die politische Konsensfähigkeit hervorgehoben werden sollen. Zu den *technischen Aspekten*, die in diesem Zusammenhang zu analysieren sind, gehört insbesondere die Entwicklung der für das Bankgeschäft relevanten Informationstechnik, insbesondere im Bereich des Internet und des damit in Zusammenhang stehenden Electronic Commerce, die Entwicklung der Multi-Media-Anwendungen und der Virtual Reality etc.

Das folgende Analysefeld, das die *Nachfrage nach Bankleistungen* zum Gegenstand hat, steht in engerer Beziehung zum Erfolgsfaktor Marktpotential als die zuvor behandelten politischen, gesellschaftlichen, wirtschaftlichen und technischen Aspekte. In den hoch entwickelten westlichen Volkswirtschaften ist in vielen Märkten, insbesondere Konsumgütermärkten, eine weitgehende *Marktsättigung* festzustellen. Da viele Bankleistungsarten nur einen sekundären Bedarf erfüllen, also in Abhängigkeit vom primären (güterwirtschaftlichen) Bedarf in Anspruch genommen werden, wirkt sich die Erreichung von Sättigungsgrenzen auf Gütermärkten auch auf das Bankgeschäft aus. Hiervon *unabhängig* ist allerdings die *Entwicklung der Geldvermögensbildung* der privaten Haushalte, die beispielsweise in Deutschland im Zeitablauf stetig angestiegen ist und ein großes Marktpotential für Anlageleistungen, Vermögensverwaltung, Risikomanagement und Altersvorsorge darstellt. Für Firmenkunden gilt ganz entsprechend, daß der (sekundäre) Bedarf an Bankleistungen von der (primären) Beschäftigung abhängt. Gerade in hoch entwickelten Volkswirtschaften ist die Investitionsneigung von Unternehmungen teilweise gering, und diese treten auch schon selbst als Kreditgeber auf, z.B. gegenüber anderen Unternehmen, die demselben Konzern angehören. Auch das Geldvermögen der Firmenkunden steigt stetig an, so daß sich für Banken hier mit dem Liquiditätsmanagement ein neues Betätigungsfeld eröffnet, soweit die Unternehmen diese Aufgaben im Wege des In-House Banking nicht selbst in die Hand nehmen. Unter *In-House Banking* versteht man im Prinzip, daß die Firmenkunden der Banken ihre zentralen Finanzabteilungen personell und technisch so ausstatten, daß sie Finanzdienstleistungen in möglichst großem Umfang selbst erstellen können und Bankleistungen nur noch im unbedingt notwendigen Ausmaß in Anspruch nehmen (vgl. hierzu Kap. 4.1.4). Die Veränderungen in der Struktur der Bankleistungsnachfrage dokumentieren sich außerdem in dem zunehmenden Trend zur Securitization, also darin, daß gerade bei bonitätsmäßig einwandfreien und möglicherweise mit einem guten Rating ausgestatteten großen Firmenkunden die Emission von Zinstiteln an die Stelle der Kreditaufnahme getreten ist. Institute, die als Kreditgeber noch in der Rolle des Finanzintermediärs tätig waren, übernehmen dann nur noch die Plazierung dieser Zinstitel; dadurch findet Intermediationssubstitution statt (vgl. Kap. 1.1).

Die Veränderung in der Struktur der Bankleistungsnachfrage, insbesondere bei großen Firmenkunden, zwingt die Institute immer wieder, ihr Erfolgspotential in der Zusammenarbeit mit ihrer Kundschaft zu überprüfen, neue und für die Kundschaft attraktive Bankleistungsarten zu entwickeln und ihre Ertragslage durch geeignete strategische Maßnahmen nach Möglichkeit zu stabilisieren. Im Gegensatz zu den großen und emissionsfähigen Firmenkunden hat sich die Bankleistungsnachfrage bei den Geschäftskunden und mittleren Firmenkunden verhältnismäßig wenig verändert.

Das *Kundenverhalten* steht in engem Zusammenhang zur Entwicklung des Marktpotentials und zur Struktur der Bankleistungsnachfrage. Aufgrund von Verbraucheraufklärung durch Medien, Verbraucherschutzorganisationen etc. sind gerade die Privatkunden, insbesondere Mengenkunden, aber auch gehobene Privatkunden, *kritischer und anspruchsvoller* geworden. Für alle Kundengruppen gilt, daß der *ökonomische Kenntnisstand* insgesamt sukzessive steigt und daß der Markt für Bankleistungen aufgrund von Veröffentlichungen in den Medien, durch Informationsdienste und durch Online-Dienste wie T-Online Classic und das World Wide Web des Internet für die Kundschaft *transparenter* geworden ist. Dies sind die Voraussetzungen dafür, daß die Bankkunden *preissensibel* reagieren und jeweils bei derjenigen Bank ihre Leistungen beziehen können, wo der Preis am niedrigsten ist. Ob und in welchem Ausmaß dies geschieht, hängt von den einzelnen Kundengruppen ab. Gut informiert, preissensibel und mitwirkungsbereit sind nicht nur die Mitarbeiter der Finanzabteilungen großer Firmenkunden, sondern auch Segmente der Privatkundschaft. Aufgrund der Tatsache, daß sich die standardisierten Bankleistungen, die von den verschiedenen Konkurrenten angeboten werden, in ihrem Leistungskern kaum unterscheiden, hat sich hierdurch eine erhebliche Verschärfung des Wettbewerbs ergeben.

Die *Konkurrenzsituation* ist ein weiteres wichtiges Feld für die Chancen/Risiken-Analyse. Natürlich gilt es hier zunächst, die *traditionellen Konkurrenten* zu identifizieren, ihre relative Wettbewerbsstärke in bezug auf den stärksten Konkurrenten festzustellen und dabei herauszufinden, welche Wettbewerbsinstrumente sie einsetzen, beispielsweise Qualität und Preis der Bankleistungen, Marketing-Instrumente, Kundengruppenorganisation, Dezentralisierung von Verantwortung und Motivierung der Mitarbeiter, Informationssysteme etc. In mehreren Kundensegmenten ist der Preisdruck, den die Kunden ausüben, offenbar sehr hoch. Dies gilt nicht nur, wie schon traditionell, für die Firmenkundschaft, sondern auch für das gut informierte, preisbewußte und mitwirkungsbereite Segment der Privatkundschaft. Für diese Privatkunden haben die traditionellen Konkurrenten in den vergangenen Jahren Discount Broker und Direktbanken (vgl. Kap. 6.3.2) errichtet, denen es aufgrund ihrer Kostenstruktur möglich ist, wenige ausgewählte und stark standardisierte Bankleistungen ohne Beratung zu einem, im Vergleich zum Filialbankgeschäft, besonders niedrigen Preis anzubieten. In Form des Unternehmensverbundes haben sich in Deutschland auch Financial Conglomerates gebildet, zu denen Banken, Versicherungen, Bausparkassen, Leasing-Unternehmen etc. gehören, und die als Verbund ein Allfinanz-Angebot realisieren können.

Von *Near-Banks* spricht man bei Finanzdienstleistern mit Bankstatus, die in Nischenmärkten aktiv sind, und die ein eng begrenztes Leistungsprogramm anbieten. Es sind insbesondere Autobanken, Kaufhausbanken und Supermarktbanken, die die enge Kundenbindung durch eine starke Marke des Herstellers oder Handelshauses nutzen, die von einem etablierten Vertriebsnetz Gebrauch machen, die Informationssysteme zur Rationalisierung der Geschäftsprozesse einsetzen und zu niedrigen Kosten anbieten. In wieweit es noch gerechtfertigt ist, bei Instituten mit Vollbanklizenz, beispielsweise den deutschen Autobanken, von Near-Banks zu sprechen, wird deren Produktangebot und Wettbewerbsverhalten in der nahen Zukunft zeigen. Besonders interessant sind in diesem Zusammenhang die Aktivitäten von Markenartikel-Unternehmen, die im Rahmen von Allianzen mit Banken auch Finanzdienstleistungen anbieten. In Großbritannien beispielsweise haben die Supermarktketten Tesco, Sainsbury und Safeway mit einfachen Finanzprodukten große Erfolge erzielt (vgl. Reber/Theilmann 1998).

Neben den Near-Banks werden auch die *Non-Banks* in die Konkurrenzanalyse mit einbezogen, die typischerweise zwar nur eine funktionale Spezialkompetenz haben und ein zum Bankgeschäft komplementäres Geschäft betreiben, die aber in das Bankgeschäft hineinwachsen können wie Kartenprozessoren, Netzdienstleister, Informationsdienste, für Dritte arbeitende In-House Banken und Software-Unternehmen. Insbesondere von Microsoft, aber auch von UPS, wird erwartet, daß sich diese Unternehmen auch als Anbieter von Finanzdienstleistungen betätigen werden.

Bei einer Chancen/Risiken-Analyse sollte schließlich auch untersucht werden, ob *Risiko-Akkumulationen* vorliegen, die für das Bankgeschäft relevant sind. Hierbei kann es sich um Branchen- und Länderrisiken handeln, die im Kreditgeschäft zu beachten sind, aber auch um Risiken, die das ganze Banksystem eines Landes oder sogar mehrerer Länder betreffen.

Die unspezifische Chancen/Risiken-Analyse ist, wie erwähnt, breit anzulegen. Die angesprochenen Analysefelder und die hierzu jeweils genannten Beispiele für die zu betrachtenden Analysegegenstände sind zwar als besonders wichtig anzusehen, eine abschließende und umfassende Darstellung der Analysegegenstände ist aber weder möglich noch beabsichtigt. Es sollte deutlich geworden sein, daß die Zielsetzung der Chancen/Risiken-Analyse darin besteht, die Attraktivität von Bankenmärkten und insbesondere die geschäftlichen Chancen, aber auch die gegebenen Risiken zu erkennen. Phantasie und Intuition sind auf der Seite der Analytiker erforderlich, um im Einzelfall keine wichtigen Analysegegenstände außer acht zu lassen.

Die unspezifische Chancen/Risiken-Analyse war zunächst recht frei strukturiert. Im nächsten Schritt werden, zuerst für die bestehenden strategischen Geschäftsfelder, *alter-*

native *Chancen/Risiken-Szenarien* entwickelt. Ein Szenario besteht grundsätzlich aus einer Menge von Umweltfaktoren, deren Werte konsistent gewählt sind, so daß das Szenario eine in sich stimmige Umweltkonstellation beschreibt, die sich in Zukunft grundsätzlich realisieren kann. Jedes Geschäftsfeld kann nun mit alternativen Chancen/Risiken-Szenarien konfrontiert sein. Dadurch erhält der Betrachter eine gewisse Vorstellung davon, wie sich das Geschäft in dem jeweiligen Geschäftsfeld in Zukunft weiterentwickeln wird. Die *Chancen/Risiken-Position des Geschäftsfeldes* ergibt sich dann, wenn man sich gedanklich einerseits das geschäftsfeldbezogene Chancen/Risiken-Szenario und andererseits das Stärken/Schwächen-Profil der Bank als zusammenwirkend vorstellt. Bei der Bestimmung dieser Chancen/Risiken-Position des Geschäftsfeldes sollte sich der Betrachter möglichst eng an den strategischen Erfolgsfaktoren orientieren, beim Chancen/Risiken-Szenario also an den strategischen Erfolgsfaktoren der Marktattraktivität und beim Stärken/Schwächen-Profil hauptsächlich an den strategischen Erfolgsfaktoren der relativen Wettbewerbsstärke.

### 6.1.2.3 Stärken/Schwächen-Analyse

Durch eine Stärken/Schwächen-Analyse wird im Prinzip eine Ist-Aufnahme in der betrachteten Bank durchgeführt. Dabei kann man im Ursachen- und auch im Wirkungsbereich ansetzen: Als Ursachen für den Erfolg der Bank sind grundsätzlich die strategischen Erfolgsfaktoren der relativen Wettbewerbsstärke zu betrachten, in bezug auf die eine Ist-Aufnahme durchgeführt wird, die schließlich zu einer Darstellung der Ergebnisse in Form eines Stärken/Schwächen-Profils führt. Im *Wirkungsbereich* erfaßt man dann die Auswirkungen der Erfolgsursachen, insbesondere geschäftsfeldbezogen die Beiträge zum Jahresüberschuß und zum Geschäftsvolumen, die durch eine Geschäftsfeldkurve dargestellt werden können (vgl. Abb. 6.1.2.3-1).

Bei der Ermittlung der *Geschäftsfeldkurve* ist zunächst von den bisher bestehenden strategischen Geschäftsfeldern auszugehen, selbst wenn diese ursprünglich nicht systematisch festgelegt worden sind. Für jedes Geschäftsfeld ermittelt man dann den Erfolgsbeitrag als Summe der Zins- und Provisionserlöse abzüglich Betriebskosten und Risikokosten. Zu diesem Erfolgsbeitrag ermittelt man dann die zugehörige Volumensgröße, traditionell die Summe der Kredite und Einlagen dieses Geschäftsfeldes (vgl. von Schimmelmann 1983). Aus der Sicht des Risikomanagement wäre allerdings eine risikoorientierte Bewertung der Erfolgsbeiträge der einzelnen Geschäftsfelder vorzuziehen, beispielsweise nach dem RORAC-Konzept, bei dem der Überschußertrag, der den risikolosen Ertrag übersteigt, dem Value-at-Risk des Geschäftsfeldes gegenübergestellt wird. Bildet man für jedes Geschäftsfeld den Quotienten von Überschußertrag und Value-at-Risk, und ordnet man die Geschäftsfelder nach absteigendem Wert dieses Quotienten, also vom höchsten bis zum niedrigsten Quotienten, dann erhält man die Geschäftsfeldkurve, wenn man diese Quotienten in eine Graphik einstellt und dabei den Value-at-Risk von Geschäftsfeld zu Geschäftsfeld kumulativ berücksichtigt.

In diese Graphik kann man ergänzend, als Gerade durch den Ursprung, die Zielsetzung der Bank eintragen. Dann wird deutlich, welche Geschäftsfelder die Zielsetzung übererfüllen und welche sie unterschreiten. Die Geschäftsfeldkurve zeigt Handlungsbedarf an, sie gibt aber keine Hinweise auf die Ursachen für nicht zufriedenstellende Ergebnisse.

Um die *Ursachen* für die Geschäftsfeldentwicklung zu erkennen, werden geschäftsfeldbezogene *Stärken/Schwächen-Profile* erarbeitet. Diese Ursachen können extern begründet sein, wenn einzelne Geschäftsfelder sich ungünstig entwickelt haben in bezug

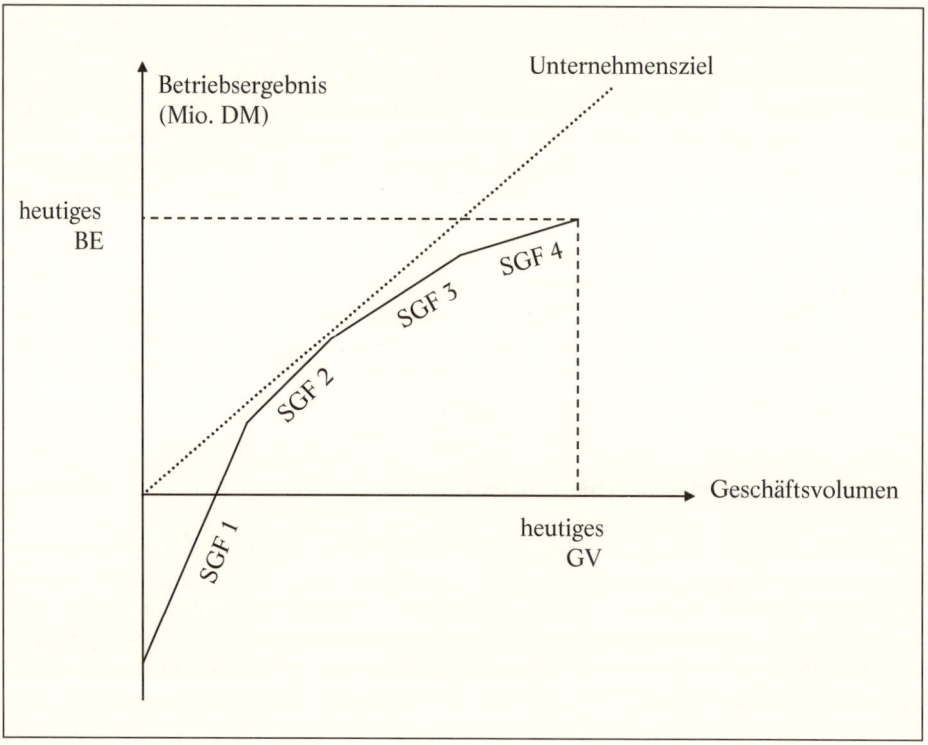

Abb. 6.1.2.3-1: Geschäftsfeldkurve

auf Marktpotential, Konkurrenzsituation etc., sie können aber auch intern bedingt sein, wenn das Institut nicht über die Stärken im Wettbewerb verfügt, um bestimmte Geschäftsfelder wirksam zu bearbeiten und/oder es einzelne Geschäftsfelder falsch abgegrenzt hat. Die Stärken/Schwächen-Analyse konzentriert sich grundsätzlich auf die *internen Ursachen*, und sie bezieht sich primär auf einzelne Geschäftsfelder und zusammenfassend auch auf die Gesamtbank. Bei der Suche nach den Ursachen insbesondere für Mißerfolge orientiert man sich an den Erfolgsfaktoren der relativen Wettbewerbsstärke. Für jedes Geschäftsfeld wird dabei festgestellt, wie die einzelnen strategischen Erfolgsfaktoren relativ zum stärksten Wettbewerber ausgeprägt sind. Das erfordert typischerweise *Operationalisierungen*: Für einen einzelnen Erfolgsfaktor, der nicht direkt beobachtet werden kann, werden beobachtbare und meßbare Indikatoren herangezogen, für die Kundennähe im Vertrieb beispielsweise die Niederlassungsdichte, die Anzahl der Kunden je Berater, die Anzahl der Kunden je Außendienstmitarbeiter etc. Auf diese Weise ist eine Fülle von Detailergebnissen zu erheben, relativ zum stärksten Wettbewerber zu bewerten und in ein Profil einzutragen. Wegen des Mangels an zuverlässigen Informationen, insbesondere hier über die Wettbewerbsstärke der Konkurrenten, ist dieser Bewertungsvorgang häufig nur intuitiv zu vollziehen, so daß sich erhebliche Bewertungsfehler einstellen können. Daher wird zumeist auch nur eine Ordinalskala mit Ausprägungen wie z.B. «schwach», «mittel», «stark» o.ä. verwendet.

Insbesondere für Zwecke der einfachen Darstellung der Geschäftsfelder eines Unternehmens in Form von Portfolios, deren Achsen nur mit Marktattraktivität einerseits und relativer Wettbewerbsstärke andererseits bezeichnet sind, haben Unternehmensberater schon früh versucht, die in Form eines Profils dargestellte relative Wettbewerbsstärke durch eine *Punktbewertung* der einzelnen Elemente, Multiplikation der Ausprägungen der einzelnen Elemente mit ihren Punktwerten und Addition zu einer Gesamtpunktzahl zu einem Gesamtmaß für die relative Wettbewerbsstärke einer Bank in einem bestimmten strategischen Geschäftsfeld zu kommen. Analog wurde auch jeweils ein Maß für die Marktattraktivität ermittelt. Dies ermöglicht zwar eine Portfolio-Darstellung (vgl. Kap. 6.1.3.3), die Gesamtmaße für die Marktattraktivität und die relative Wettbewerbsstärke sind aber mit noch größeren Fehlern behaftet als die in den Profildarstellungen enthaltenen bewerteten Ausprägungen der strategischen Erfolgsfaktoren. Die Punktgewichte der einzelnen Profilelemente können nur intuitiv festgelegt werden. Zusätzlich tritt bei der additiven Zusammenfassung der Punktbewertungen für die einzelnen Profilelemente die Substitutionalitätsproblematik auf, die darin besteht, daß die additive Zusammenfassung eine Austauschbarkeit von Erfolgsfaktor-Ausprägungen impliziert, die die Realität so typischerweise nicht adäquat abbildet.

### 6.1.2.4 Status Quo-Prognose und Anspruchsniveau

Die *Fragestellung* bei der Status Quo-Prognose lautet: Wie werden sich die bisher bestehenden strategischen Geschäftsfelder und damit auch die Gesamtbank bezüglich Erfolgsbeitrag, Risiko, Geschäftsvolumen, Marktanteil etc. weiterentwickeln, wenn die Bank einerseits keine eigenen strategischen Maßnahmen zur Schaffung und Verteidigung von Erfolgspotentialen trifft und sich andererseits alternative Chancen/Risiken-Szenarien realisieren? Wegen der Zeitverzögerungen, die zwischen Durchführung eigener strategischer Maßnahmen und dem Eintritt der Wirkungen vergehen, sind grundsätzlich Status Quo-Prognosen erforderlich. Die *Informationsgrundlage* für die Prognose der zu den Chancen/Risiken-Szenarien gehörenden Umweltaspekte, insbesondere Erfolgsfaktoren der Marktattraktivität, ist naturgemäß sehr schwach, insbesondere bezüglich der zu erwartenden Konkurrenzstrategien. Deshalb können die Prognosefehler verhältnismäßig groß sein. Dennoch ist es dringend erforderlich, daß die verantwortlichen Entscheidungsträger eine Status Quo-Prognose versuchen, um zu erkennen, von welcher Art die strategische Herausforderung ist, mit der sie konfrontiert sind. Konkret kann man das Problem der Status Quo-Prognose auch so formulieren: Wie steht die betrachtete Bank mit ihren Geschäftsfeldern in 10 Jahren im Wettbewerb, wenn sich das eine oder andere Chancen/Risiken-Szenario realisiert, die Bank selbst aber keinerlei strategisch relevante Maßnahmen ergreift?

Naturgemäß fällt es schwer, angesichts dieser Planungssituation Aussagen über die erwarteten Erfolgsbeiträge, Volumens- und Marktanteilsentwicklungen etc. zu machen. Dennoch erscheint es sinnvoll, wenigstens grundsätzlich das *strategische Anspruchsniveau* der Bank zu konkretisieren, ebenfalls in bezug auf Ziele wie Erfolgsbeitrag, Volumens- und Marktanteilsentwicklung. Je weiter das strategische Anspruchsniveau und die aufgrund der Status Quo-Prognose realisierbar erscheinenden Zielerreichungsgrade auseinanderfallen, man spricht in diesem Zusammenhang auch von einer *strategischen Lücke*, um so dringender ist der strategische Handlungsbedarf.

### 6.1.3 Formulierung von Bankstrategien

In Kap. 6.1.1.4 wurde schon kurz dargelegt, daß durch Strategien in grundsätzlicher Form festgelegt wird, in welchen Leistungsbereichen die Bank tätig sein soll, welche Ziele mit welchen Mitteln angestrebt und welche Verhaltensnormen dabei eingehalten werden sollen. Dabei kennzeichnen grundsätzliche Richtungen, meßbare Ziele und die zeitliche Abfolge der Hauptschritte eine Strategie. Grundsätzliche Richtungen, die eine Bank mit ihren Strategien einschlagen kann, werden insbesondere durch die Grundstrategien und die Wachstumsrichtungen vorgezeichnet.

Als *Grundstrategien* werden Differenzierung, Kostenführerschaft und die Nischenstrategie unterschieden. Verfolgt eine Bank die *Differenzierung* als Grundstrategie in einem bestimmten Geschäftsfeld, dann entscheidet sie sich, mehr zu investieren und eine höhere Dienstleistungsqualität zu bieten, um sich stärker von den Konkurrenten abzuheben und dadurch der Preiskonkurrenz auszuweichen. Folgt sie dagegen der Grundstrategie der *Kostenführerschaft* in einem Geschäftsfeld, dann wird sie rationalisieren, Kosten senken und die direkte Auseinandersetzung mit den Wettbewerbern auf der Ebene der Bankleistungen und ihrer Preise aufnehmen. *Nischenstrategien* kann man nach Leistungsangebot und/oder Kundenmerkmalen festlegen. Grundsätzlich bezeichnet eine Nische ein kleines Marktsegment, das sich aufgrund der besonderen Bedürfnisse und der Produktverwendung der Abnehmer mit eng begrenzten Ressourcen halten läßt.

In Geschäftsfeldern mit preissensibler Kundschaft verfolgen die Institute, mehr oder weniger ausgeprägt, eine Grundstrategie der Kostenführerschaft, insgesamt also in den Geschäftsfeldern der Firmenkundschaft und der preissensiblen Privatkundschaft. Für die nicht preissensible Privatkundschaft, insbesondere für anspruchsvolle gehobene Privatkunden, wird durchaus die Grundstrategie der Differenzierung praktiziert. Die Nischenstrategie kommt dagegen eher für kleinere Institute, z.B. Privatbanken, in Betracht, die in bezug auf Kunden und Leistungsangebot Nischen gefunden haben, die von den Großbanken nicht bearbeitet werden.

Eine weitere Grundsatzfrage bei der Formulierung von Strategien ist die Festlegung der *Wachstumsrichtung*. Man unterscheidet grundsätzlich Expansion, Verteidigung und Rückzug. Im einfachsten Fall erstrecken sich die *Expansionsbemühungen* einer Bank auf die Steigerung von Volumen, Marktanteil und Gewinn in einem gegebenen strategischen Geschäftsfeld. Von großer Bedeutung ist aber auch die Ausdehnung der Geschäftstätigkeit auf neue Kundengruppen und Produkte, z.B. durch Übernahme einer Investmentbank, oder die Expansion in Regionen, in denen die Bank noch nicht tätig war, z.B. in Europa, Nordamerika oder Südostasien. Als Maßnahmen kommen weniger der Ausbau des eigenen Vertriebssystems, sondern vielmehr Übernahmen, Fusionen und strategische Allianzen in Betracht. Die *Verteidigung* von Geschäftsfeldern gegenüber der Konkurrenz kann durchaus mit erheblichem Ressourceneinsatz verbunden sein, insbesondere dann, wenn Konkurrenten ihre Wettbewerbsposition stärken und die betrachtete Bank ihre zurückgegangene relative Wettbewerbsposition wieder verbessern muß. Grundsätzlich kommt aber auch der *Rückzug* aus Geschäftsfeldern in Betracht, beispielsweise dann, wenn die betrachtete Bank feststellt, daß sie mit den verfügbaren Ressourcen nicht die Stärken im Wettbewerb erreichen kann, die erforderlich sind, um auf Dauer in diesem Geschäftsfeld zu bestehen. Ein Rückzug kann aber auch angebracht sein, wenn man feststellt, daß der einem Geschäftsfeld zugrundeliegende Markt unattraktiv geworden und insbesondere der erzielbare Erfolgsbeitrag stark zurückgegangen ist.

## 6.1.3.1 Festlegung von strategischen Geschäftsfeldern

Nach den Kriterien «Geschäftspartner» und «Umfang des Bankleistungsangebots» lassen sich vier verschiedene *Geschäftsfeldkonzeptionen* unterscheiden. Als *Geschäftspartner* kommen einerseits Kunden in Betracht, insbesondere Privatkunden, Firmenkunden, institutionelle Anleger und auch andere Banken, mit denen die betrachtete Bank laufende Geschäftsverbindungen unterhält. Die Geschäftsfeldkonzeption für ein Geschäftsfeld, bei dem eine derartige Kundengruppe im Mittelpunkt steht, wird hier als *kundenbezogen* bezeichnet. Andererseits tätigt die Bank, konkret der Treasury-Bereich, Geschäfte in Wertpapieren, Devisen, Derivaten etc. an den verschiedenen Märkten mit Handelspartnern, mit denen die Bank typischerweise keine laufenden Geschäftsbeziehungen, insbesondere keine Kontoverbindungen unterhält. Die Konzeption für dieses Geschäftsfeld, das vom Treasury-Bereich bearbeitet wird, wird hier als *bankbezogen* bezeichnet.

Traditionell haben die Kreditinstitute ihren Kunden in den verschiedenen strategischen Geschäftsfeldern eine breite *Leistungspalette* angeboten, so daß die Kunden ihren Gesamtbedarf an Bankleistungen bei dem jeweiligen Institut befriedigen konnten. Die zugehörige Geschäftsfeldkonzeption wird hier daher als *gesamtbedarfsbezogen* bezeichnet. Hiervon sind *teilbedarfsbezogene* Geschäftsfeldkonzeptionen zu unterscheiden, die beispielsweise von Discount Brokern und Direktbanken realisiert werden, weil diese Institute ihren Vertrieb ausschließlich mit Hilfe von Kommunikationssystemen abwickeln und aus naheliegenden Gründen das gesamte Bankleistungsprogramm gar nicht anbieten können.

Die *Festlegung von kundenbezogenen strategischen Geschäftsfeldern* kann als *mehrstufiger Prozeß* betrachtet werden:

**Stufe 1: Regionale Bewertung**
Die regionale Bewertung umfaßt die Aspekte, die der einzelnen Kundengruppe regional übergeordnet sind. Die Frage, ob ein inländisches Institut im Inland tätig sein will, stellt sich so nicht, es sei denn, wenn eine Schließung, also ein Rückzug aus dem inländischen Markt, erwogen wird. Inländische regionale Differenzierungen werden insgesamt bei der Bestimmung der Marktpotentiale und der Erfolgsbeiträge der Kundengruppen miterfaßt (vgl. Stufen (3) und (7)). *Ausländische Regionen*, z.B. Staaten, Wirtschaftsräume etc. werden dagegen durch regionale Bewertung sorgsam gefiltert. Als *Kriterien* kommen hier die wirtschaftliche Entwicklung einschließlich Zahlungsbilanz, Währung, Handelsvolumen, Inflation etc., aber auch die Wirtschaftsordnung und die politische Stabilität in Betracht. Nur akzeptable Regionen werden der weiteren Analyse unterworfen.

**Stufe 2: Marktsegmentierung**
Bei der Segmentierung der zu betrachtenden regionalen Märkte nach *Kundengruppen* sind Merkmale von Kunden zu ermitteln, deren Erfolgsbeitrag besonders attraktiv ist. Hierfür stehen typischerweise aber kaum zuverlässige Daten zu Verfügung. Es liegt nahe, daß man bei einer derartigen Analyse nur Daten von Kunden verwendet. Dies bringt aber die Gefahr von Fehlschlüssen mit sich, weil schon im Inland davon auszugehen ist, daß Neukunden nur mit Zugeständnissen bei Konditionen etc. zu gewinnen sind, und weil der Rückschluß auf Erfolgsbeiträge von potentiellen ausländischen Kunden, die die Bank noch gar nicht kennt, mit noch größeren Fehlern verbunden ist.

**Stufe 3: Ermittlung des Marktpotentials für jedes attraktiv erscheinende Kundensegment**
Bevor sich ein Institut strategisch auf eine Kundengruppe in einer bestimmten Region ausrichtet, muß festgestellt werden, wie viele potentielle Kunden dieser Art überhaupt existieren, denn ein Markteintritt in eine neue Region, sei es mit eigenen Stützpunkten oder anderen Vertriebswegen (vgl. Kap. 5.2.1.1.1), verursacht Fixkosten. Daher gibt es beim Marktpotential im Prinzip einen Break-even point, der allerdings auch davon abhängt, in welchem Umfang einem Geschäftsfeld Ressourcen zugeordnet werden müssen.

**Stufe 4: Feststellung der relativen Wettbewerbsvorteile**
Für die betrachtete Kundengruppe ist nun zu prüfen, über welche Stärken und Schwächen das Institut relativ zu den stärksten Wettbewerbern verfügt. Hier muß sich zeigen, ob das Institut zunächst in der Ausgangsposition, später ggf. nach Zuteilung und Einsatz weiterer Ressourcen, die relativen Wettbewerbsvorteile haben wird, um bei der jeweiligen Kundengruppe erfolgreich im Wettbewerb zu bestehen.

**Stufe 5: Einplanung von Ressourcen für Entwicklung und Ausbau der notwendigen Stärken im Wettbewerb**
Es hängt vom Einzelfall ab, in welchen Bereichen die Bank zusätzliche Ressourcen einsetzen muß, um die für das vorgesehene Geschäftsfeld erforderlichen Stärken im Wettbewerb zu entwickeln. Im Marketingbereich könnten es beispielsweise Budgets für die Steigerung der Bekanntheit der Bank im jeweiligen Markt sein, im Personalbereich die Aufwendungen für die Heranbildung der erforderlichen Fach- und Führungskräfte, in der Informatik Budgets für die Entwicklung von Systemen für das Risikomanagement etc. Der Ressourcenbedarf für derartige Maßnahmen kann in dieser Planungsphase nur grob abgeschätzt werden.

**Stufe 6: Festlegung der Maßnahmen und ihrer zeitlichen Abfolge**
Die Einplanung von Ressourcen und die Festlegung von Maßnahmen zur Gewinnung der erforderlichen Wettbewerbsvorteile stehen in engem Zusammenhang. Die Konzipierung von Maßnahmen ist in dieser Planungsphase nur in groben Umrissen möglich.

**Stufe 7: Ermittlung der zu erwartenden Ergebnisse**
Die für eine in Aussicht genommene Kundengruppe zu erwartenden Ergebnisse hängen einerseits vom Marktpotential und Erfolgsbeitrag der Kundengruppe ab, andererseits aber auch von den relativen Wettbewerbsvorteilen, die die Bank für diese Kundengruppe erreichen kann. Diese und noch weitere Aspekte können die Ursache dafür sein, daß das erwartete Ergebnis nicht den Anforderungen entspricht, die die Bank mit einem neuen strategischen Geschäftsfeld verbindet.

Mit Stufe 7 ist der mehrstufige Prozeß für die Festlegung von strategischen Geschäftsfeldern zwar durchlaufen, wegen der Interdependenzen zwischen den einzelnen Stufen kommt der Prozeß damit aber noch nicht zwangsläufig zum Abschluß. Wenn in Stufe 5 zusätzliche Ressourcen eingeplant worden sind, dann sind die relativen Wettbewerbsvorteile neu zu bewerten, und das erfordert einen Rücksprung nach Stufe 4. Wenn die betrachtete Kundengruppe nach erneuter Bewertung nicht akzeptabel ist, wird für diese Kundengruppe endgültig kein Geschäftsfeld konzipiert und keine Geschäftseinheit eingerichtet. Im Ablauf des Planungsprozesses wird dann eine weitere Kundengruppe, die sich aus der Marktsegmentierung (Stufe 2) ergeben hat, bewertet, so daß der Prozeß für diese Kundengruppe mit Stufe 3 fortgesetzt wird. Wenn in dieser Weise alle Kundengruppen bewertet sind, kann über die noch zur Wahl stehenden SGF und ihre Strategien entschieden werden.

### 6.1.3.2 Geschäftsfeldstrategien

Wie oben schon erwähnt, wird durch eine Strategie nur in grundsätzlicher Weise festgelegt, in welchen Leistungsbereichen die Bank tätig sein soll, welche Ziele mit welchen Mitteln angestrebt und welche Verhaltensnormen eingehalten werden sollen. In diesem Sinne gibt die Strategie nur eine *Stoßrichtung* für die Bearbeitung eines strategischen Geschäftsfeldes an. Hierzu gehört naturgemäß die Festlegung der Grundstrategie, der Wachstumsrichtung und der Beiträge, die insbesondere die Funktionalbereiche wie Marketing, Organisation, Personal, Informatik etc. zu leisten haben.

### 6.1.3.3 Gesamtbankstrategie

Die Geschäftsfeldstrategien können nicht ganz unabhängig voneinander festgelegt werden, sondern nur nach einer gewissen *Koordination*, die im Rahmen der Gesamtbankstrategie vorgenommen wird. Diese Koordination ist schon wegen der Verteilung der Ressourcen der Bank auf die verschiedenen SGEs erforderlich, aber auch, um einen einheitlichen und geschlossen wirkenden Marktauftritt der Bank in den einzelnen strategischen Geschäftsfeldern zu gewährleisten. Als Beispiel hierzu sei nur der Eintritt der Bank in neue Märkte, z.B. in den Ländern des früheren Ostblocks, genannt, wo die Bank jeweils mehrere strategische Geschäftsfelder eröffnen kann. In der Unternehmensberatungspraxis sind in der Vergangenheit Verfahren entwickelt worden, um die Koordination der Geschäftsfeldstrategien im Rahmen der Gesamtbankstrategie zu unterstützen. Sie beruhen darauf, daß, wie in den Kapiteln 6.1.2.2 und 6.1.2.3 schon beschrieben, für jedes strategische Geschäftsfeld mit Hilfe von Punktbewertungsverfahren je ein Meßwert für die Marktattraktivität und die relative Wettbewerbsstärke ermittelt wird. Trägt man diese Meßwerte aller strategischen Geschäftsfelder einer Bank in ein Achsenkreuz ein, bei dem die Achsen mit «Marktattraktivität« und «Relative Wettbewerbsstärke« bezeichnet sind, dann ergibt sich das sogenannte *Ist-Portfolio* der Bank. Ausgehend von den strategischen Zielen der einzelnen SGEs, insbesondere in bezug auf die angestrebte Marktposition und den Erfolgsbeitrag, werden alternative Geschäftsfeldstrategien zur Verwirklichung dieser strategischen Ziele entwickelt und im Sinne der Entscheidungsvorbereitung beurteilt. Ergänzend zum Ist-Portfolio ergibt sich nun das *Ziel-Portfolio* der Bank, das für jedes SGE die Auswahl einer Strategie und die Allokation von Ressourcen, insgesamt also einen strategischen Plan der Bank impliziert, der beinhaltet, daß sich jedes strategische Geschäftsfeld aus der Ist-Position in die Ziel-Position bewegen soll, was man graphisch durch Pfeile darstellen kann.

Die *Portfolio-Methode* wirkt einfach, klar und schlüssig, und sie hat in der Wirtschaftspraxis weite Verbreitung gefunden. Dennoch muß man sich immer wieder die Fehlerquellen vergegenwärtigen, die man in Kauf nimmt, wenn man sich auf diese Methode verläßt. Oben wurde ja schon auf die nur scheinbar präzise und in Wirklichkeit weitgehend auf Intuition beruhende Bewertung der einzelnen strategischen Geschäftsfelder in bezug auf Marktattraktivität und relative Wettbewerbsstärke hingewiesen. Die Portfolio-Methode suggeriert nun zusätzlich, daß man die im Ist-Portfolio positionierten strategischen Geschäftsfelder *unabhängig* voneinander durch geeignete Geschäftsfeldstrategien umpositionieren kann, also in der Portfolio-Graphik in neue Positionen bringen kann. Wegen *banktypischer Interdependenzen zwischen strategischen Geschäftsfeldern* ist diese Implikation teilweise aber nicht gerechtfertigt. Solche Interdependenzen bestehen im Bereich der Leistungserstellung, wenn die Geschäftsabwicklung im Back Office für mehrere SGEs gemeinsam erfolgt, z.B. im Zahlungsverkehr, oder im Vertrieb, wenn bestimmte Vertriebswege, z.B. Stützpunkte, von mehreren SGEs gemeinsam genutzt werden. Die Unabhängigkeit ist auch dann nicht gegeben, wenn ein SGF, z.B.

Mengenkunden, eine *Zubringerfunktion* für ein anderes SGF, z.B. gehobene Privatkundschaft, ausübt. Liegen solche *Abhängigkeiten* vor, dann kann eine Bank beispielsweise nicht die Bearbeitung eines der betrachteten Geschäftsfelder einstellen, ohne bei anderen Geschäftsfeldern unerwünschte Nebenwirkungen auszulösen. Solche Vorgänge sind denkbar, sie müssen aber sorgfältig durchdacht werden. Die Portfolio-Methode ist dabei jedenfalls nicht hilfreich.

Gegen den Portfolio-Ansatz sind schon sehr früh *grundsätzliche Einwände* geltend gemacht worden (vgl. Büschgen 1983). Insbesondere wurde hervorgehoben, daß es für den Portfolio-Ansatz keine tragfähige theoretische Grundlage gibt, daß die Bewertungsverfahren für die einzelnen strategischen Erfolgsfaktoren und für die Zusammenfassung zu Hauptfaktoren für Marktattraktivität und relative Wettbewerbsstärke fragwürdig ist, weil unerwünschte Substitutionseffekte zwischen Erfolgsfaktoren nicht ausgeschlossen werden können, und weil es sogar zu einer Kompensation von Gewinnaussichten und Risiken kommen kann, die von einzelnen Erfolgsfaktoren repräsentiert werden. Hinzu kommt, daß die Position einzelner SGFs wegen der Abhängigkeiten von anderen SGFs nicht isoliert betrachtet und verändert werden kann.

Grundsätzlich muß die *Gesamtbankstrategie* darauf ausgerichtet werden, daß die Bank ein ausgewogenes Ziel-Portfolio erreicht, daß sich ihre SGEs also in attraktiven Märkten engagieren, daß Synergieeffekte zwischen den SGEs genutzt werden können, daß Ausgewogenheit zwischen Risiko und Gewinnerwartung entsteht und daß zusätzlich auch die Interdependenzen zwischen den SGFs berücksichtigt werden. Man gelangt dann zu einem strategischen Plan für die Gesamtbank, der in wohlabgestimmter Form vorsieht, welche Ressourcen den einzelnen SGEs zugewiesen und welche Maßnahmen in den einzelnen SGFs ergriffen werden sollen, um die strategischen Ziele der Bank zu erreichen. Die Maßnahmen sind dann durch die Funktionalbereiche zu realisieren, soweit es sich nicht um Übernahmen, Fusionen oder die Eingehung strategischer Allianzen handelt. Indirekt sind die Funktionalbereiche aber auch davon massiv betroffen.

## 6.2 Systeme für die strategische Analyse

### 6.2.1 Funktionsweise der Systeme für die strategische Analyse

#### 6.2.1.1 Identifizierung attraktiver Kundengruppen im Rahmen der Geschäftsfeldanalyse

Bei der Festlegung von strategischen Geschäftsfeldern (vgl. Kap. 6.1.3.1), die als mehrstufiger Prozeß erläutert wurde, trat in Stufe 2 die Frage der Marktsegmentierung auf, also das Problem der Abgrenzung von Kundengruppen. Hierbei sind die Merkmale von Kunden zu ermitteln, die besonders attraktive Erfolgsbeiträge bringen, und, wichtig für die Abgrenzung, natürlich auch die Merkmale von Kunden, die besonders hohe Verluste mit sich bringen. Gömmel (1983) hat schon sehr früh diesen Zusammenhang zwischen Kundenmerkmalen und Ergebnisbeitrag empirisch untersucht.

*Voraussetzung für die Identifizierung attraktiver Kundengruppen* ist natürlich ein System für Produkt-, Konto- und Kundenkalkulation, das im Wertbereich auf der Marktzinsmethode und im Betriebsbereich auf der Rechnung mit relativen Einzelkosten und Deckungsbeiträgen beruht (vgl. Kap. 5.3.2.2). Welche *Kundenmerkmale* nun relevant sind, um attraktive Kundengruppen zu identifizieren, steht zu Anfang der Analyse nicht fest, und hier führen auch theoretische Überlegungen kaum weiter. Man geht daher von gängigen Merkmalen aus, bei Privatkunden z.B. von Einkommen und Vermögen und bei Firmenkunden von Umsatz und Umsatzwachstum, und man kann dann prüfen, ob sich diese Merkmale bewähren, oder ob weitere Merkmale einzubeziehen sind. Gömmel (1983), der diesen Weg auch beschritten hat, war bei seiner Untersuchung mit einer überraschend hohen *Streuung der Erfolgsbeiträge* konfrontiert, weil mit zunehmender Attraktivität der Kunden auch das Risiko zunimmt, daß die Kundenbeziehungen aufgrund ungünstiger Konditionengestaltung und Produktinanspruchnahme mit wachsender Größe der Kunden hoch defizitär werden. Dies zeigt an, daß der Einfluß weiterer Merkmale geprüft werden muß, die diese Streuung der Erfolgsbeiträge möglicherweise erklären können. In der Untersuchung von Gömmel (1983) erwies sich die *Produktnutzung der Kunden* als sehr aufschlußreich. Besonders attraktiv waren Kunden, die nur wenige Produkte intensiv nutzten. Eine Intensivierung des Cross-Selling hätte die Erfolgsbeiträge dieser Kunden also eher belastet. Der Zahlungsverkehr war, isoliert betrachtet, defizitär. Aber die hohe Inanspruchnahme des Zahlungsverkehrs war ein gemeinsames Merkmal der attraktiven Kunden, was sich nur dadurch erklären läßt, daß der Zahlungsverkehr untrennbar mit anderen, ertragbringenden Produkten verbunden ist. Reine Wertpapierkunden waren erst bei sehr hohen Depotwerten attraktiv. Dies beruhte offenbar darauf, daß es für Wertpapieraufträge einen relativ hohen Break-even point gab, so daß die Kosten der Wertpapierverwahrung und -abwicklung erst bei sehr hohen Wertpapierumsätzen durch Provisionserträge ausgeglichen wurden.

Außer der Produktnutzung wurden von Gömmel (1983) *weitere Kundenmerkmale* betrachtet. Kunden, bei denen die Bank als *Hausbank* fungierte, waren attraktiver, aber auch riskanter als Kunden, für die die betrachtete Bank nur eine Nebenbankverbindung darstellte. *Bonitätsmäßig bessere Kunden* erwiesen sich als attraktiver, offenbar weil die tatsächlichen Bonitätsrisiken durch Risikokosten nicht ausgeglichen wurden. Die *Stellung im Beruf* hatte keinen besonderen Erklärungswert für den Erfolgsbeitrag von Privatkunden, weil dieses Merkmal offenbar mit dem Merkmal «Einkommen» um die Erklärung der Erfolgsbeiträge konkurrierte. Ähnlich verhielt es sich mit dem *Alter der Privatkunden*, da es offensichtlich in einer Konkurrenzbeziehung zum Merkmal «Vermögen» stand. Als Ergebnis der Analyse erhält man Kreuztabellen und Graphiken, die den Zusammenhang zwischen Kundenmerkmalen und Erfolgsbeiträgen erkennen lassen. Die Analysemöglichkeiten hängen grundsätzlich natürlich davon ab, welche Kundenmerkmale erfaßt sind und gepflegt werden, so daß sie zuverlässig für die Analyse zur Verfügung stehen. Besonders vorteilhaft ist es, wenn die Kundendaten in einem Data Warehouse (vgl. Anhang 2.5) gespeichert sind, auf das die Analysesysteme zugreifen können. Ob die von Gömmel gefundenen Ergebnisse heute noch gültig sind, kann nur anhand wiederholender Analysen entsprechender zeitnaher Daten beurteilt werden. An dieser Stelle ist aber der methodische Ansatz von großem Interesse, den Gömmel für seine Analyse gewählt hat.

Hat man attraktive Kundengruppen anhand weniger, aber aussagekräftiger Merkmale identifiziert, dann gilt es zu prüfen, wie diese Erkenntnis strategisch umgesetzt werden kann. Wenn beispielsweise die Art der Produktnutzung einen großen Einfluß auf die Erfolgsbeiträge hat, dann muß erwogen werden, wie vorhandene Kunden an diese für die Bank günstigere Art der Produktnutzung herangeführt werden können, und wie bei der Akquisition von Neukunden sichergestellt werden kann, daß möglichst viele von ihnen dem als besonders günstig erkannten Produktnutzungsmuster folgen. Einerseits kommen hier preistaktische Mittel in Betracht, insbesondere die Preisstaffelung, die so gestaltet wird, daß die Kunden von der Konzentration auf große Beträge, z.B. bei der

Kapitalanlage, spürbare Vorteile haben. Andererseits kann aber auch durch die Kundenberatung auf günstige Produktnutzungsmuster hingewirkt werden. Auf jeden Fall sollte sichergestellt werden, daß in Hinsicht auf Cross-Selling größte Zurückhaltung geübt und insbesondere der Abschluß von Kleingeschäften möglichst vermieden wird.

### 6.2.1.2 Kundenwanderungsanalyse im Retail Banking

### 6.2.1.2.1 Problemstellung

Der Marktanteil der Sparkassen, bezogen auf die Girokonten, die bei deutschen Kreditinstituten für *Privatkunden* geführt werden, ist zwar mit über 50 % außerordentlich hoch, er differiert je nach Bevölkerungsgruppe aber sehr stark. Beispielsweise sind die Sparkassen im Jugendmarkt sehr erfolgreich, während bei Kunden ab einem Alter von 25 Jahren der Marktanteil stark zurückgeht. Die Sparkassen verlieren ab dieser Altersklasse einen erheblichen Teil ihrer zunächst erfolgreich akquirierten Kundenverbindungen. Außerdem gelingt es ihnen im Vergleich zu den Großbanken nur in sehr begrenztem Maße, Privatkunden mit hohem Einkommen und Vermögen zu gewinnen und zu halten. Insbesondere aufgrund der zunehmenden Mobilität der Bevölkerung ist die Kundschaft einer Sparkasse ständig in Bewegung, und dies ist speziell für die Sparkassen ein Problem, denn sie können wegen des Regionalprinzips abwandernde Kundschaft am neuen Wohnsitz nicht mehr betreuen, sondern sie können nur noch versuchen, die Kunden an die Sparkasse am Zielort überzuleiten. Aus diesem Grunde ist die *externe Kundenwanderung* für Sparkassen ein besonders schwerwiegendes Problem, was analog auch für Genossenschaftsbanken gilt. In der folgenden Darstellung wird ausdrücklich auf Sparkassen Bezug genommen.

Neben der externen Kundenwanderung ist aber auch die *Dynamik innerhalb der Kundschaftsstruktur* eines Instituts von großer Bedeutung für die zukünftige Erfolgsentwicklung. Unter der Kundschaftsstruktur wird hier die qualitative und quantitative Zusammensetzung des Kundenbestandes aus einzelnen Zielgruppen verstanden. Traditionell wird die Zusammensetzung des Kundenbestandes stets zeitpunktbezogen betrachtet, so daß in Zukunft zu erwartende Veränderungen im Nachfrageverhalten der Kunden nicht sichtbar werden. In Wirklichkeit bewegen sich viele Kunden im Zeitablauf von Zielgruppe zu Zielgruppe: Aus akquirierten Kindern werden möglicherweise später gut verdienende und vermögende Privatkunden, aus Studenten können Nachfrager nach Baufinanzierungen werden, und ein Teil der Hauptbankkunden wird zu Nebenbankkunden, die ihren laufenden Zahlungsverkehr bei einem Konkurrenten abwickeln. Veränderungen dieser Art vollziehen sich kontinuierlich im Zeitablauf. Dadurch verändert sich auch die Kundschaftsstruktur kontinuierlich, die wiederum den Rahmen für den Erfolg einer Sparkasse in der Zukunft setzt. Jedes Institut, das derartigen Veränderungen seiner Kundschaftsstruktur unterliegt, muß versuchen, die Kundschaftsstruktur, soweit möglich, durch geeignete Maßnahmen in seinem Sinne mitzugestalten. Die Frage, bei welchen Zielgruppen dabei angesetzt werden soll, ist aber nicht trivial: Es müßten insbesondere die Zielgruppen akquiriert werden, die dem Institut lange als Kunden treu bleiben, und die dabei Stationen durchlaufen, in denen sie dem Institut hohe Erfolgsbeiträge einbringen, so daß sich insgesamt ein hoher Lebenszeit-Erfolgsbeitrag für die einzelnen Kunden einstellt.

### 6.2.1.2.2 Kundenwanderung als Markov-Modell

Das System zur Kundenwanderungsanalyse im Retail Banking, das im folgenden dargestellt wird, beruht auf der Konzeption eines Modells zur Erfassung der Kundenwanderung und zur prospektiven Bewertung von Privatkundenverbindungen, bezogen auf die gesamte Kundenlebenszeit (vgl. Meyer zu Selhausen 1989). In Zusammenarbeit mit dem Sparkassenverband Bayern und einer Pilotsparkasse wurde diese Modellkonzeption weiterentwickelt, an die Bedürfnisse der Praxis angepaßt und umfangreichen Praxistests unterworfen, wobei sich Ergebnisse eingestellt haben, die insbesondere für die Abgrenzung von strategischen Geschäftsfeldern im Privatkundengeschäft von großer Bedeutung sind (vgl. Meyer zu Selhausen/Riekeberg 1997a).

**a) Zustandsbelegungen und Übergangswahrscheinlichkeiten**
Um die Kundenwanderung modellmäßig erfassen zu können, müssen zunächst *Zustände* (Stationen) definiert werden, die von den Privatkunden durchlaufen werden. Grundsätzlich ist jedes Institut, das eine Kundenwanderungsanalyse durchführt und dieser Modellkonzeption folgt, bei der Definition der von den Kunden berührten Zustände frei. Es muß dabei aber berücksichtigen, daß, wie sich noch zeigen wird, der Datenbedarf für die Schätzung der Modellparameter mit einer Steigerung der Zustandsanzahl überproportional zunimmt. Daher muß abgewogen werden, bis zu welchem Detaillierungsgrad der stark steigende Aufwand für die Datenbeschaffung durch die Verfeinerung der Ergebnisse noch gerechtfertigt ist. Im vorliegenden Fall wurden 23 Kundenzustände und 8 Nichtkundenzustände definiert. *Kundenzustände* sind Zustände, in denen sich ein Kunde für eine gewisse Zeit befinden kann, z.B. als Kind, als jugendlicher Ausbildungskunde, als Girokunde mit niedrigem Einkommen und Vermögen, als Kleinsparer, Realkreditkunde, inaktiver Kunde etc. Dagegen handelt es sich bei den *Nichtkundenzuständen* um Zustände, in die die Kunden nach einer gewissen Verweildauer in Kundenzuständen übergehen, aus denen sie aber nicht wieder in Kundenzustände zurückkehren. Die Nichtkundenzustände dienen der *Erfassung der Abwanderungsgründe*, beispielsweise Wohnsitzwechsel, Unzufriedenheit oder Tod des Kunden.

Zur Verdeutlichung der *Kundenwanderung von Zustand zu Zustand* wird im folgenden beispielhaft ein möglicher Wanderungspfad eines Kunden, der als Kind von der Sparkasse akquiriert wurde, nachgezeichnet: Nach Abschluß der Schule studiert der junge Kunde in seiner Heimatstadt und braucht daher seine Bankverbindung nicht zu wechseln. Nach dem Studium beginnt er mit seiner Berufstätigkeit und bezieht ein mittleres Einkommen. Aus der Sicht der Sparkasse ist der Kunde zwar nach wie vor Privatkunde, allerdings haben sich sein Lebensumfeld und damit sowohl seine Bedürfnisse als auch sein Produktnutzungsverhalten geändert. Er hat eine Wanderung vom Zustand »Kind« über den Zustand »Erwachsener Ausbildungskunde« in den Zustand «Unselbständiger mit mittlerem Einkommen und niedrigem Vermögen« durchlaufen. Mit der Zeit steigt sein Einkommen erheblich an, und eine Erbschaft erhöht das Vermögen. Wieder verändern sich Bedürfnisse und Produktnutzungsverhalten deutlich und erfordern eine aktive Betreuung durch die Sparkasse. Damit ist der Kunde in den Zustand »Unselbständiger mit hohem Einkommen und hohem Vermögen« übergegangen. Verläßt er nach einigen Jahren aus beruflichen Gründen das Geschäftsgebiet der Sparkasse, wird er zum Nichtkunden oder, im besten Fall, zum Nebenbankkunden mit Schwerpunkt Kapitalanlage. Dies ist nur ein Beispiel für einen Wanderungspfad, den ein Kunde durchlaufen kann. Die ganze Vielfalt der in der Praxis vorkommenden Zustände muß zunächst systematisiert werden, so daß die Wanderungspfade für das Modell handhabbar werden.

Die *Definitionen der Kundenzustände* müssen überschneidungsfrei und erschöpfend sein, so daß jeder Kunde mit Hilfe eines Datenanalysesystems genau einem Zustand zugeordnet werden kann. Untersuchungseinheit ist dabei der Kunde und nicht der Haushalt, denn bei einer Betrachtung auf Haushaltsebene würde gerade die Dynamik im Bereich der jugendlichen Kunden nicht erfaßt werden können. Da die Belegung der Zustände und die Übergänge der Kunden von Zustand zu Zustand anhand von Kundendaten empirisch ermittelt werden müssen, was aufgrund des Arbeitsaufwandes nur mit Hilfe eines I&K-Systems möglich ist, können bei der konkreten Zuordnung der Kunden zu den einzelnen Zuständen nur objektive Kundendaten verwendet werden. Hierfür kommen vor allem das Produktnutzungsprofil, das Alter, diverse Kontoinformationen wie Umsatz auf Girokonto, das der Sparkasse bekannte Nettoeinkommen, das gesamte Anlagevolumen etc. in Betracht. Hinsichtlich des *Produktnutzungsprofils* gibt es markante Unterschiede bei den Privatkunden, insbesondere zwischen Hauptbank- und Nebenbankkunden sowie inaktiven Kunden. Da zu erwarten war, daß die Anwendung eines einheitlichen Zustandsrasters auf so unterschiedliche Zielgruppen nicht zu aussagekräftigen Ergebnissen führt, wurde ein EDV-gestütztes *Kundenklassifikationsverfahren* entwickelt und angewandt, das wertvolle Dienste bei der Zustandsdefinition, insbesondere für Nebenbankkunden, leistet (vgl. Meyer zu Selhausen/Riekeberg 1997b). Als *Hauptbankverbindungen* werden dabei die Kundenverbindungen klassifiziert, bei denen die Kunden ihren laufenden Bankleistungsbedarf, insbesondere den Zahlungsverkehr, über das Girokonto bei der Sparkasse abwickeln. *Nebenbankverbindungen* sind dagegen solche, bei denen umfangreiche Kapitalanlagen oder Finanzierungen, auch Immobilienfinanzierungen bestehen, ohne daß diese Kunden ihre laufenden Bankgeschäfte mit der Sparkasse abwickeln. *Inaktive Bankverbindungen* sind dadurch gekennzeichnet, daß die Kontoverbindungen nicht genutzt werden. Das sind beispielsweise Sparkonten mit Kleinstbeträgen oder kostenlos geführte Girokonten ohne Guthaben und Umsätze.

Die *Kundenzustände*, die in dem vorliegenden System für die Kundenwanderungsanalyse verwendet werden, lassen sich in folgende Gruppen einteilen: In der ersten Gruppe werden Kinder, Jugendliche und Personen in der Ausbildung erfaßt und sechs verschiedenen Zuständen zugeordnet. Zur zweiten Gruppe gehören alle unselbständig beschäftigten Kunden mit Hauptbankverbindung zur Sparkasse, die in Abhängigkeit von Nettoeinkommen und Finanzvermögen einschließlich Depotvolumen neun verschiedene Zustände belegen können. Realkreditkunden sind dabei gesondert erfaßt. Die dritte Kategorie besteht aus selbständigen natürlichen Personen, insbesondere Ärzten, Rechtsanwälten und Steuerberatern, die dem Zustand »Freiberufler« zugeordnet sind. Zur vierten Gruppe gehören inaktive Kunden, Kleinsparer mit einem Sparvolumen unter DM 3.000,- und Nebenbankkunden mit einem Schwerpunkt im Kredit- oder Anlagegeschäft. In der fünften Gruppe werden schließlich alle Realkreditkunden zusammengefaßt, wobei nach dem Einkommen der Kunden unterschieden und die Möglichkeit der Nebenbankverbindung mit Realkredit berücksichtigt wird. Insgesamt sind es 23 Kundenzustände, die so definiert sind, daß jeder Kunde genau einem dieser Zustände zugeordnet werden kann. Hinzu kommen 8 Nichtkundenzustände, in die die Kunden aus Kundenzuständen übergehen, aus denen sie aber nicht in Kundenzustände zurückkehren können (vgl. Riekeberg 1995).

Die *Zustandsbelegung* gibt nun an, wieviele Kunden eines Instituts sich zu einem bestimmten Zeitpunkt in jedem der einzelnen Zustände befinden. Zu Anfang, also zu t=0, sind die Nichtkundenzustände unbelegt. Bei der Zustandsbelegung handelt es sich zunächst also um absolute Häufigkeiten. Dividiert man nun, Zustand für Zustand, die absolute Häufigkeit der Kundenbelegung durch die Gesamtzahl aller in der Analyse befindlichen Kunden, dann ergibt sich je Zustand eine relative Häufigkeit (als Dezimalbruch), die z.B. aussagt, daß sich in einem bestimmten Zustand 17 % aller betrachteten Privatkunden befinden. Im Kontext von Markov-Modellen werden derartige relative Häufigkeiten für die Zustandsbelegung als Wahrscheinlichkeiten aufgefaßt, was ganz plausibel ist, weil ein Kunde, der zufällig aus der Stichprobe der analysierten Privatkunden ausgewählt wird, sich mit dieser Wahrscheinlichkeit in dem zugehörigen Zustand befindet, im Beispiel also mit einer Wahrscheinlichkeit von 0,17. Diese Wahrscheinlichkeiten für die Belegung von n Zuständen werden im Vektor der Zustandswahrscheinlichkeiten $\pi(t)$ mit n Elementen, auch als Zustandsvektor bezeichnet, dargestellt (vgl. Anhang 1.5):

$$\pi(t) = (\pi_1(t), \pi_2(t), ..., \pi_n(t))$$

Die Dynamik der Kundschaftsstruktur, konkret also das *Übergangsverhalten der Kunden von Zustand zu Zustand*, erfaßt man nun dadurch, daß man nach einem vorher festgelegten Zeitraum, z.B. 1 Jahr nach Ermittlung der ursprünglichen Zustandsbelegung, die analysierten Kunden noch einmal überprüft und dabei feststellt, in welchem Zustand jeder einzelne Kunde am Anfang des Jahres war, und in welchen er bis zum Ende des Jahres übergegangen ist. Für relativ viele Kunden sind diese beiden Zustände gleich, weil sie während des Jahres im Ausgangszustand geblieben sind. Es ergeben sich dabei absolute Häufigkeiten für die Wanderung der Kunden von Zustand zu Zustand, die in eine Tabelle mit 23 Zeilen und 31 Spalten eingestellt werden. Die Zeilen stehen dabei für die *Ausgangszustände* und die Spalten für die *Zielzustände*. Dividiert man jetzt die Elemente jeder Zeile dieser Tabelle, also die absoluten Häufigkeiten für den Zustandsübergang, durch die jeweilige Zeilensumme, dann ergeben sich relative Häufigkeiten für die Zustandsübergänge, die im Kontext der Markov-Prozesse als Übergangswahrscheinlichkeiten interpretiert und als die ersten 23 Zeilen in die Matrix der Übergangswahrscheinlichkeiten P (Übergangsmatrix) eingestellt werden. Die verbleibenden 8 Zeilen der Übergangsmatrix, die den 8 Nichtkundenzuständen zugeordnet sind, sind Nullzeilen mit der Ausnahme, daß die Matrixelemente, die den Verbleib der Nichtkunden in den Nichtkundenzuständen markieren, den Wert 1 aufweisen. Die Übergangsmatrix P (mit 31 Zeilen und Spalten) beschreibt also das Übergangsverhalten von Zustand zu Zustand durch Übergangswahrscheinlichkeiten.

Mit Hilfe des Zustandsvektors $\pi(0)$, erfaßt zu t = 0, und der Übergangsmatrix läßt sich nun modellmäßig die Zustandsbelegung in die Zukunft extrapolieren, indem man den Zustandsvektor $\pi(0)$ von rechts mit der Übergangsmatrix P multipliziert. Es ergibt sich der Zustandsvektor $\pi(1)$ für das Ende des vorher festgelegten Zeitintervalls, im vorliegenden Fall also nach 1 Jahr. Dieser Vorgang kann mehrfach wiederholt werden, um weitere Projektionen durchzuführen (vgl. Anhang 1.5).

$$\pi(1) = \pi(0) * P$$
$$\pi(2) = \pi(1) * P$$
$$\pi(3) = \pi(2) * P$$
$$\pi(t) = \pi(t-1) * P$$

Dabei zeigen die Zustandsvektoren $\pi(1)$, $\pi(2)$, $\pi(3)$, ... ganz konkret, wie sich der Anteil der Kunden in den einzelnen Zuständen nach 1, 2, 3, ... Jahren auf- und abbaut. Mit zunehmender Anzahl der betrachteten künftigen Perioden nimmt die Häufigkeit der Belegung der Nichtkundenzustände, z.B. wegen Tod oder Wechsel der Bankverbindung, zwangsläufig zu, denn aus den Nichtkundenzuständen gibt es keine Rückkehr in einen

Kundenzustand. Kunden, die das Institut vollständig verlassen haben und nach einer gewissen Zeit wieder Kunden des Instituts werden, werden in diesem Modell als Neukunden aufgefaßt.

Durch dieses Verfahren zur Erfassung der Kundenwanderung mit Hilfe von Zuständen, die die Kunden im Laufe der Zeit nacheinander einnehmen (Zustandsketten), besteht zwar nicht die Möglichkeit, die Wanderung eines individuellen Kunden zu prognostizieren. Statistische Aussagen über die Wanderungsbewegungen von Kunden, insbesondere in Form von Zustandsbelegungs- und Zustandsübergangswahrscheinlichkeiten, sind jedoch möglich. Sie sind völlig ausreichend, um Handlungsempfehlungen, z.B. für Marketing-Maßnahmen, zu geben, denn dabei stehen nicht individuelle Kunden im Vordergrund, sondern die Wanderungsbewegungen von zustandsbezogen definierten Zielgruppen.

**b) Lebenszeit-Erfolgsbeiträge**
Aus dem Zustandsvektor $\pi(0)$ und der Übergangsmatrix P lassen sich interessante Ergebnisse ableiten. Einerseits können statistische Aussagen über die *durchschnittliche Verweildauer der Kunden in den einzelnen Zuständen* in Abhängigkeit von dem bei der Akquisition eingenommenen Zustand getroffen werden. Zum andern ist es möglich, den Barwert des gesamten Erfolgsbeitrages eines Kunden, der beispielsweise als Jugendlicher akquiriert wurde, bezogen auf seine gesamte Zeit als Kunde der Sparkasse, zu errechnen. Erfolgsbeiträge dieser Art, die sich auf die gesamte Kundenzeit beziehen, werden hier als *diskontierte Lebenszeit-Erfolgsbeiträge* ermittelt, und sie spiegeln den Erwartungswert des Barwerts einer Kundenverbindung in Abhängigkeit vom Zustand des Kunden bei Akquisition wider (vgl. Anhang 1.5). Hierbei wird modellmäßig unterstellt, daß sich das Wanderungsverhalten der Kunden so vollzieht, wie es durch die Übergangsmatrix erfaßt wird, und daß sich dies auch in Zukunft nicht ändert. Diese Implikation der Modellstruktur ist zwar nicht ganz realistisch, denn ein Institut kann z.B. durch Marketing-Maßnahmen die Übergangswahrscheinlichkeiten beeinflussen. Dennoch besteht eine gewisse Analogie zur Status Quo-Prognose (vgl. Kap. 6.1.2.4), denn auch hier zeigen die Ergebnisse an, wie die weitere Entwicklung bei der Kundschaftsstruktur verlaufen würde, wenn die Sparkasse keine Marketing-Maßnahmen o.ä. ergreifen würde.

Eine weitere *Modellprämisse* besteht darin, daß die verschiedenen Erfolgsbeiträge, die die Kunden in den einzelnen Zuständen einbringen, im Zeitablauf konstant sind, denn sie werden in Wirklichkeit nominell wachsen. Für die Zwecke der Analyse wäre es wichtig, daß sie in ihren Relationen untereinander einigermaßen konstant bleiben. Die Lebenszeit-Erfolgsbeiträge können aus diesem Grund natürlich nicht in ihrer absoluten Höhe korrekt ermittelt werden, aber es wird für praktische Zwecke genügen, wenn sie wiederum in ihren Relationen untereinander zutreffend sind, so daß sie den Handlungsbedarf einigermaßen korrekt anzeigen, z.B. also, bei welchen Zielgruppen, definiert durch die Kundenzustände, unbedingt Marketing-Maßnahmen ergriffen werden müssen.

### 6.2.1.2.3 Anwendung des Markov-Modells in der Praxis

Das Modell für die Kundenwanderungsanalyse wurde in Zusammenarbeit mit dem Sparkassenverband Bayern und einer Pilotsparkasse weiterentwickelt und in der Praxis getestet. Dabei wurden jeweils im Abstand von 1 Jahr die Daten des gesamten Privatkundenbestandes sowie der Selbständigen und Freiberufler der Sparkasse (über 30.000 Kundenverbindungen) anonym erhoben. Um Abwanderungsgründe, Ziele und Bankwahlverhalten der Abwanderer untersuchen zu können, wurden, soweit möglich, zusätzlich alle ausscheidenden Kunden mit der Bankleitzahl ihrer neuen Kontoverbindung erfaßt. Das Bankwahlverhalten der Abwanderer im Zielgebiet ist aus der Sicht des Marketing naturgemäß besonders interessant. Um herausfinden zu können, ob die Wahl der neuen Bankverbindung, die Abwanderer nach einem Wohnsitzwechsel treffen, von der lokalen Konkurrenzsituation abhängt, wurden für alle Kreise und Gemeinden Deutschlands lokale Konkurrenzmaße in Form von Kennzahlen erhoben, die die Präsenz der Wettbewerber im lokalen Markt widerspiegeln. Dabei konnten Direktbanken allerdings nicht berücksichtigt werden. Die Kreise und Gemeinden wurden dann nach der Intensität des lokalen Wettbewerbs in zwei Klassen eingeteilt, die bei der Definition der Nichtkundenzustände berücksichtigt wurden, die für abwandernde Kunden (mit Wohnsitzwechsel) definiert worden sind (vgl. Riekeberg 1995). Die Ergebnisse, die mit dem Markov-Modell erzielt werden können, lassen die interne Kundenwanderung und die Abwanderung zu den Wettbewerbern deutlich erkennen. Dadurch kann sich das betroffene Institut vor allem auf die Kunden konzentrieren, die eine lange Verweildauer und einen hohen Barwert des Lebenszeit-Erfolgsbeitrages aufweisen. Gleichzeitig kann es aber auch Schwächen aufdecken, also Kundenzustände, von denen aus der Übergang in inaktive oder Nichtkundenzustände besonders auffällig ist, so daß hier gezielt Gegenmaßnahmen ansetzen können.

Die Durchführung von Kundenwanderungsanalysen ist nicht nur für Sparkassen interessant, sondern grundsätzlich für alle Kreditinstitute. Es überrascht nicht, daß Geschäftsleiter, die sich mit diesem Verfahren beschäftigt haben, sehr bald die Frage nach der *Generalisierbarkeit der Ergebnisse* stellen. Denn wenn die Ergebnisse verallgemeinert werden könnten, vielleicht sogar für das ganze Land und einen längeren Zeitraum, dann brauchte die Analyse nur einmal von Zeit zu Zeit durchgeführt zu werden, und alle Institute könnten die Ergebnisse nutzen. Wegen des doch ganz erheblichen Aufwandes und Zeitbedarfs, der mit der Analyse verbunden ist, ist das Interesse an der Generalisierbarkeit der Ergebnisse sehr verständlich. Hierzu ist aber anzumerken, daß die Ergebnisse jeweils nur die Situation des Instituts widerspiegeln, mit dessen Daten die Analyse durchgeführt worden ist. Jedes Institut hat aufgrund seines Umfeldes und seiner in der Vergangenheit praktizierten Geschäftspolitik eine individuelle Kundschaftsstruktur und -dynamik, und es würde zu Fehlentscheidungen führen, wenn es seinen Entscheidungen die Ergebnisse zugrunde legen würde, die für die individuelle Situation eines anderen Instituts ermittelt worden sind. Eine gewisse Möglichkeit für die Verallgemeinerung der Ergebnisse erscheint aber dann gegeben, wenn sie auf Institute beschränkt wird, die unter ähnlichen oder sogar gleichartigen Umfeldbedingungen arbeiten. In Kap. 3.3.1 wurde ein Verfahren zur Ermittlung eines Marktattraktivitätsindikators vorgestellt, mit dessen Hilfe Gruppen von Sparkassen (Betriebsvergleichsgruppen) gebildet werden können, die hinsichtlich wichtiger Umfeldbedingungen, insbesondere Marktpotential und Konkurrenzsituation, gleichartig sind (vgl. Meyer zu Selhausen/Riekeberg 1998). Wählt man aus jeder *Betriebsvergleichsgruppe* ein Institut aus, das diese Gruppe besonders gut repräsentiert, und führt man mit den Daten der Privatkundschaft dieses Instituts jeweils eine Kundenwanderungsanalyse durch, dann erscheint es vertretbar, daß die Ergebnisse dieser Kundenwanderungsanalyse für die betroffene Institutsgruppe verallgemeinert und näherungsweise auf die gruppenangehörigen Institute bezogen werden.

### 6.2.1.2.4 Analyse der Ergebnisse

Die Analyse der Ergebnisse kann grundsätzlich beim Zustandsvektor, bei der Übergangsmatrix und bei den Lebenszeit-Erfolgsbeiträgen ansetzen. Da die Daten, die für die Kundenwanderungsanalyse aufbereitet worden sind, in Form umfangreicher Datenbestände, entsprechend einer Datenbank, zur Verfügung stehen, wobei für jeden Kunden ein Datensatz mit allen relevanten Kundenmerkmalen gegeben ist, bietet sich eine Vielfalt von vertiefenden Analysen, weit über die primären Ergebnisse des Markov-Modells hinaus.

Der Zustandsvektor $\pi(0)$, der für den Ausgangszeitpunkt gilt, zeigt die Verteilung der Kunden auf die Kundenzustände. Schon hier können sich Auffälligkeiten ergeben, denen man nachgehen muß. Im vorliegenden Fall waren unerwartet viele Kunden im Zustand 1 (Kind unter 14 Jahren), im Zustand 17 (inaktive Kunden) und im Zustand 19 (Nebenbank-Anlagekunden). Aufgrund der Tatsache, daß auf den Datenbestand mit allen Kundenmerkmalen direkt zugegriffen werden kann, können die Kunden, die einen bestimmten Zustand belegen, z.B. die inaktiven Kunden, nach weiteren Merkmalen, z.B. Alter, aufgeschlüsselt und in Form von Tabellen und Graphiken dargestellt werden. Im Grenzfall können die Kunden, die einen bestimmten Zustand belegen, bezüglich vorzugebender Kombinationen von Merkmalsausprägungen selektiert und in Form von Namenslisten ausgegeben werden, so daß, wo dies angebracht ist, ganz individuell mit einer Intensivierung der Kundenbetreuung angesetzt werden kann.

Im Zusammenhang mit der Kundenwanderungsanalyse sind die *Übergangswahrscheinlichkeiten* naturgemäß von besonderem Interesse. Es empfiehlt sich, die Betrachtung der Ergebnisse auf die hohen Übergangswahrscheinlichkeiten zu konzentrieren. Da den Entscheidungsträgern, die sich mit den Ergebnissen befassen, die durchschnittlichen Erfolgsbeiträge, die die Kunden in den einzelnen Zuständen pro Jahr einbringen, bekannt sind, richtet sich das Interesse besonders auf die Übergänge von Zuständen mit hohen in Zustände mit niedrigen Erfolgsbeiträgen, in den Zustand »Inaktiver Kunde« oder gar in Nichtkundenzustände. Dabei kann man als Betrachter seine Fragen in zweierlei Formulierungen stellen, nach dem Ziel und nach dem Ursprung des Zustandsübergangs. So kann man z.B. bei den Freiberuflern prüfen, wieviel Prozent von ihnen im Verlauf eines Jahres inaktive Kunden und Nichtkunden geworden sind, und man kann bei den inaktiven Kunden feststellen, aus welchen Ausgangszuständen, insbesondere den hinsichtlich des Erfolgsbeitrages attraktiven Ausgangszuständen, die Kunden gekommen sind, die inaktiv geworden sind. Kunden, die im vorausgegangenen Jahr einen besonders interessierenden Übergang vollzogen haben, beispielsweise inaktiv geworden sind, können nach weiteren Merkmalen aufgeschlüsselt und im Grenzfall wiederum in Form von Namenslisten ausgegeben werden, wenn die Absicht besteht, hier mit Betreuungsmaßnahmen anzusetzen.

Zu jedem Kundenzustand wird der *Barwert eines Lebenszeit-Erfolgsbeitrages* ermittelt, der als Erwartungswert aufzufassen ist, und der für Kunden gilt, die bei Akquisition in dem Bezugszustand waren. Der Wert des Lebenszeit-Erfolgsbeitrages hängt einerseits von der Verweildauer des Kunden in den einzelnen Zuständen und andererseits vom jährlichen Erfolgsbeitrag ab, den die Kunden in den einzelnen Zuständen einbringen. Ein bestimmter Lebenszeit-Erfolgsbeitrag kann also auf ganz unterschiedliche Weise zustande kommen: Beispielsweise dadurch, daß ein jugendlicher Ausbildungskunde nach der Ausbildung als aktiver Girokunde mit niedrigem Einkommen und Vermögen seine Erwerbstätigkeit beginnt, dem Institut über viele Jahre treu bleibt und dabei verschiedene Zustände durchläuft. Der gleiche Lebenszeit-Erfolgsbeitrag kann aber auch erreicht werden, indem ein Nebenbank-Anlagekunde eine hohe und auch für das Institut ertragbringende Kapitalanlage tätigt und nach wenigen Jahren wieder abwandert.

Naturgemäß finden bei Entscheidungsträgern die Lebenszeit-Erfolgsbeiträge besondere Beachtung, sie sollten aber ergänzt werden durch die *Verweildauer*, die die Kunden, auch vom Akquisitionszustand aus gerechnet, in den einzelnen Zuständen verbracht haben. Im vorliegenden Fall war auffällig, daß gerade die Verweildauer in den besonders attraktiven Kundenzuständen tendenziell sehr kurz war. Gerade diese Kunden, die von baldiger Abwanderung bedroht sind, können aus dem Kundendatenbestand selektiert und einer intensiveren Kundenbetreuung zugeführt werden.

*Kundenabwanderungen* können aus Sicht des betroffenen Instituts vermeidbar oder unvermeidbar sein. Wenn beispielsweise jugendliche Kunden abwandern, um an einem anderen Ort ihren Bildungs- oder Ausbildungsweg fortzusetzen, ist eine Trennung von der regional gebundenen Sparkasse *unvermeidbar*. Entsprechendes gilt für Privatkunden, die aus beruflichen Gründen, wegen Eheschließung o.ä. umziehen, aber hier kann im Einzelfall die Möglichkeit bestehen, daß die Bankverbindung zwar als Hauptbankverbindung aufgegeben, bei Finanzierungs- oder Anlagebedarf aber als Nebenbankverbindung fortgeführt wird. Wenn die Abwanderung im Einzelfall wirklich unvermeidbar ist, kann die betroffene Sparkasse nur noch versuchen, diese Kunden an die Sparkasse im Zielgebiet überzuleiten. Zu *vermeidbaren Kundenabwanderungen* kommt es bei Versäumnissen, Fehlleistungen etc. der Sparkasse, die bei den Kunden zu Unzufriedenheit führen mit der Folge, daß sie die Bankverbindung auflösen.

Im vorliegenden Fall zeigte sich, daß eine Abwanderung aus den genannten Gründen häufig nicht sofort erfolgt, also von einem aktiven Kundenzustand in einen Nichtkundenzustand, sondern daß die Kunden ihre *aktive Bankverbindung inaktiv werden lassen* und »anstandshalber« oder unbewußt noch jahrelang aufrechterhalten, um sie dann irgendwann ganz aufzulösen. Das betroffene Institut kann die *vermeidbaren Abwanderungen* nur dann eindeutig erkennen, wenn sie *direkt*, also durch Übergang in einen Nichtkundenzustand, der für diese Fälle vorgesehen ist, erfolgen. *Indirekte Kundenabwanderungen*, bei denen vor der endgültigen Abwanderung der Zustand »Inaktiver Kunde« durchlaufen wird, können vermeidbar oder unvermeidbar sein, und das zeigt noch einmal, daß den inaktiven Kunden besondere Aufmerksamkeit zu schenken ist. Ein Teil von ihnen ist nur wegen Unzufriedenheit inaktiv und kann durch geeignete Betreuungsmaßnahmen möglicherweise wieder aktiviert werden.

### 6.2.1.2.5 Unterstützung bei der Abgrenzung strategischer Geschäftsfelder

Die Ergebnisse der Kundenwanderungsanalyse haben gezeigt, daß Haupt- und Nebenbankkunden, klassifiziert gemäß dem in Kap. 6.2.1.2.2, Abschn. a) angesprochenen Verfahren, eine ganz unterschiedlich strukturierte Bankleistungsnachfrage geltend machen, und es liegt nahe, daß sie nach unterschiedlichen Geschäftskonzepten betreut und möglicherweise sogar unterschiedlichen strategischen Geschäftsfeldern zugeordnet werden. Die Analyseergebnisse lassen auch erkennen, daß Nebenbankverbindungen in Hinsicht auf Lebenszeit-Erfolgsbeiträge sehr attraktiv sein können, so daß die Institute die Einrichtung von strategischen *Geschäftsfeldern für Nebenbank-Privatkunden* erwägen sollten. Dies ist ein erstes strategisch relevantes Ergebnis der Kundenwanderungsanalyse.

Für Hauptbankverbindungen, aber auch für Nebenbankverbindungen gilt natürlich, daß *strategische Geschäftsfelder nur dann eingerichtet* werden sollten, wenn das jeweilige Institut in der Lage ist, sich die erforderlichen Stärken im Wettbewerb zu verschaffen, also seine Erfolgsposition auszubauen, um solche Kunden auch zu halten. Die *Abwanderungswahrscheinlichkeiten* und Verweildauern, die mit Hilfe der Kundenwanderungsanalyse ermittelt worden sind, geben wichtige Hinweise auf das *Gefährdungspo-*

*tential*, und im Rahmen der strategischen Planung sind dann geeignete Maßnahmen zu konzipieren und ihre Erfolgsaussichten abzuschätzen, bevor die endgültige Entscheidung über die Einrichtung von strategischen Geschäftsfeldern getroffen werden kann.

Da Kunden im Zeitablauf eine Zustandskette durchlaufen, nehmen sie *Zustände* ein, die *verschiedenen Geschäftsfeldern zugeordnet* sein können. Die Ergebnisse der Kundenwanderungsanalyse decken daher auch die Kundenwanderung von Geschäftsfeld zu Geschäftsfeld auf. Hierbei kann man erkennen, welches Geschäftsfeld für andere Geschäftsfelder eine *Zubringerfunktion* hat und von welchen Geschäftsfeldern primär die Abwanderung erfolgt. Die Kundenwanderungsanalyse bietet konkret die Möglichkeit, *Abhängigkeiten zwischen den Privatkunden-Geschäftsfeldern*, die auf der Kundenwanderung beruhen, zu erfassen und bei der Entscheidung über Einrichtung und Positionierung von strategischen Geschäftsfeldern zu berücksichtigen. Dadurch können Fehlentscheidungen vermieden werden, die daraus resultieren, daß man Geschäftsfelder isoliert betrachtet und unabhängig voneinander im Portfolio, wenn dieser Ansatz verfolgt wird, umzupositionieren versucht.

### 6.2.2 Bewertung der Systeme für die strategische Analyse bezüglich der Effizienzkriterien

Die Systeme für die strategische Analyse unterstützen *neue interne Prozesse* für *neue Aufgaben* (vgl. Abb. 1.6.2-2), und sie üben dabei die Grundfunktion *Entscheidungsvorbereitung* mit den Teilfunktionen Analyse und Bewertung aus. Die Aufgaben, die von diesen Systemen wahrgenommen werden, sind neu in dem Sinne, daß sie nicht manuell, sondern nur mit Hilfe von I&K-Systemen bewältigt werden können. Von den Effizienzkriterien steht der Managementnutzen im Vordergrund, während Wirtschaftlichkeit und Wettbewerbsvorteile nur ergänzend herangezogen werden.

Die Systeme für die strategische Analyse, die der zielorientierten Abgrenzung strategischer Geschäftsfelder dienen, gehören zur Gruppe der Führungs- und Steuerungssysteme, die die Geschäftsleitung insbesondere in der Anregungs- und Suchphase des Entscheidungsprozesses unterstützen. Sowohl das System zur Identifizierung attraktiver Kundengruppen im Rahmen der Geschäftsfeldanalyse (vgl. Kap. 6.2.1.1) als auch das System für die Kundenwanderungsanalyse (vgl. Kap. 6.2.1.2) tragen in der Anregungsphase zu einer Bestandsaufnahme bezüglich Kundenbestand und Kundenverhalten bei, und in der Suchphase unterstützen sie die Geschäftsleitung bei der Abgrenzung von strategischen Geschäftsfeldern. Darüber hinaus zeigt das System für die Kundenwanderungsanalyse Ansatzpunkte für Marketing-Maßnahmen auf.

* **Managementnutzen**

Bei der Beurteilung der Systeme für die strategische Analyse kommt von den Dimensionen des Managementnutzens (vgl. Abb. 1.6.2.2-2) der Entscheidungsprozeß-Effizienz und insbesondere der Transparenz des Ist-Zustandes (Nutzendimension 1.1) die größte Bedeutung zu. Die Systeme leisten wichtige Beiträge dazu, daß der Ist-Zustand hinsichtlich Kundschaftsstruktur und Wanderungsverhalten, Produktnutzung und Erfolgsentstehung im Retail Banking transparent gemacht wird. Strategische Entscheidungen bezüglich der Abgrenzung von Geschäftsfeldern und bezüglich des Fokus auf bestimmte Kundengruppen etc. wurden und werden in der Praxis häufig noch weitgehend intuitiv getroffen. Mit Hilfe der Systeme für die strategische Analyse können Entscheidungsgrundlagen geschaffen werden, die es der Geschäftsleitung erlauben, empirisch abgesicherte strategische Entscheidungen zu treffen, so daß die Entscheidungsprozeß-Effizienz erhöht wird, was insbesondere in Form einer Steigerung der Zielerreichungsgrade zum Ausdruck kommt. Hinsichtlich der Transparenz des Ist-Zustandes sind Umfang und Detaillierung der Informationen sowie Genauigkeit der Erfassung und Bewertung von besonderem Interesse (Nutzendimensionen 1.1.2 bis 1.1.5). Naturgemäß hängt es sehr stark von Struktur, Umfang, Detaillierung und Aktualität der im Einzelfall zu analysierenden *Datenbestände* ab, wie die Ergebnisse, die mit Hilfe der Systeme für die strategische Analyse erzielt werden können, in Hinsicht auf diese Nutzendimensionen zu bewerten sind. Strategische Analysen werden nicht laufend, sondern zumeist nur sporadisch durchgeführt, wenn strategische Entscheidungen anstehen. Daher ist die Informationsbereitstellung hinsichtlich Geschwindigkeit, Aktualität, Form und Effizienz (Nutzendimensionen 2.1 bis 2.4) hier von untergeordneter Bedeutung.

* **Wirtschaftlichkeit**

Die Systeme für die strategische Analyse haben neue interne Prozesse für neue Aufgaben zum Gegenstand. In diesem Fall ist eine *Kostenersparnis* durch Umstellung von manuellen auf EDV-gestützte Prozesse nicht zu erzielen, weil diese Aufgabe vorher manuell gar nicht wahrgenommen werden konnte. Sie ist daher nicht als eine »gegebene Aufgabe« zu betrachten, die zur Steigerung der Wirtschaftlichkeit mit minimalem Aufwand, hier als Input bezeichnet, gelöst werden soll. Andererseits ist aber auch kein Aufwandsbudget für den Einsatz der Analyseverfahren »gegeben«, mit deren Hilfe Ergebnisse erzielt werden sollen, die dazu beitragen, daß bessere Entscheidungen getroffen und dadurch höhere Zielerreichungsgrade, hier als Output bezeichnet, realisiert werden können. In dieser Situation müßten die Entscheidungsträger eigentlich versuchen, durch Vergleich von alternativen Analysesystemen die Differenz Output minus Input zu maximieren, wenn Output und Input in derselben Maßeinheit, z.B. in Geldeinheiten, gemessen wären, so daß auch die Differenz definiert wäre. Dies ist aber nicht der Fall: Die Geschäftsleitung hat nur eine Nutzenerwartung hinsichtlich der Verbesserung der Entscheidungsprozeß-Effizienz, die in der Praxis aber nicht weiter konkretisiert werden kann. Hinzu kommt, daß regelmäßig keine alternativen strategischen Analysesysteme verfügbar sind, unter denen die Entscheidungsträger auswählen können, und daß auch der Aufwand für die Systeme im voraus bestenfalls nur näherungsweise bekannt ist. Daher ist in diesem Fall eine Wirtschaftlichkeitsanalyse nicht durchführbar.

* **Wettbewerbsvorteile**

Gemäß Abb. 1.6.2.4-1 handelt es sich bei strategischen Analysesystemen um Systeme mit indirektem Kundengeschäftsbezug im bankinternen Einsatzbereich; I&K-Systeme unterstützen von den strategischen Erfolgsfaktoren grundsätzlich nur die der relativen Wettbewerbsstärke, und von diesen ist in diesem Fall nur die Effizienz der Führung und Steuerung. Vorteile im Wettbewerb um Kunden werden mit diesen Systemen nicht erzielt. Es sind nur Wettbewerbsvorteile im weiteren Sinne denkbar, die darin bestehen, daß durch Systeme der strategischen Analyse die Entscheidungsprozeß-Effizienz und insbesondere die Zielerreichungsgrade verbessert werden, so daß sich eine nachhaltige Steigerung der Ertragskraft des jeweiligen Instituts und in der Folge auch eine Steigerung des Shareholder Value einstellt. Dies wäre ein Vorteil, der sich im Wettbewerb der Institute untereinander, insbesondere im Wettbewerb um die knappe Ressource Eigenkapital, auswirken kann.

## 6.3 Systeme als Grundlage für neue Geschäftskonzeptionen

Auf der Basisebene wurde unter anderem gezeigt, welche Bankgeschäfte mit kundenbedienten Automaten (vgl. Kap. 2.1.2) und mit Hilfe von bankbetrieblich nutzbaren Kommunikationssystemen (vgl. Kap. 2.1.3) abgewickelt werden können. Dabei wurde zumeist implizit unterstellt, daß diese Systeme von Kreditinstituten mit herkömmlicher Struktur eingesetzt werden, die ihre Leistungen primär über Stützpunkte vertreiben, und für die diese Systeme nur ergänzende Vertriebswege darstellen. Die *Bedeutung*, die den einzelnen bankbetrieblichen *Vertriebswegen* zukommt, kann man nach ganz unterschiedlichen *Kriterien* zu erfassen versuchen, z.B. nach der Anzahl der über die einzelnen Vertriebswege abgewickelten Geschäftsvorfälle, nach der Breite der auf den Vertriebswegen angebotenen Leistungspalette, nach dem betreuten Volumen, nach den getätigten Umsätzen, z.B. im Wertpapiergeschäft, und schließlich auch nach dem auf dem einzelnen Vertriebsweg erwirtschafteten Erfolgsbeitrag.

Für die ergänzenden systemgestützten Vertriebswege gilt generell, daß über sie nur ein ganz eingeschränktes Spektrum von einfachen und hoch standardisierten Leistungen vertrieben werden kann, daß hierbei auch hohe Postenzahlen zustande kommen wie z.B. bei GAA-Auszahlungen, daß aber die Volumina und Umsätze und insbesondere die Erfolgsbeiträge derzeit noch vergleichsweise gering sind. Aus Wettbewerbsgründen sahen sich die Institute genötigt, umfangreiche Investitionen zu tätigen, um auch die systemgestützten Vertriebswege nutzen zu können. Bei den meisten Instituten waren die auf Systemen beruhenden Vertriebswege nur eine Ergänzung, die umfangreiche Ressourcen bindet, die die Geschäftstätigkeit aber nicht wirklich verändert hat. Wirklich neue Geschäftskonzeptionen wurden auf der Grundlage von Systemen aber erst später und nur in Einzelfällen entwickelt und verwirklicht.

Im Mittelpunkt einer *Geschäftskonzeption* steht ein strategisches Geschäftsfeld mit einer Kundengruppe, der ein bestimmtes Leistungsprogramm angeboten wird. Eine strategische Geschäftseinheit übernimmt die Bearbeitung dieses SGF; sie entwickelt eine SGF-Strategie und setzt diese um. Die Funktionalbereiche der Bank, insbesondere Produktion, Marketing und Vertrieb, Personal, Organisation und Informatik, Controlling, Rechnungswesen etc. leisten Beiträge, so daß sich für das SGF eine ausgewogene und in sich stimmige Geschäftskonzeption ergibt, die eine erfolgreiche Bearbeitung des SGF verspricht. Bei den Geschäftskonzeptionen, die auf der Grundlage von Systemen entwickelt wurden, gerieten die *Systeme* mit allen ihren Aspekten zwangsläufig in die *Rolle von dominierenden Rahmenbedingungen*. Als Kunden, z.B. für Discount Broker und Direktbanken, kommen primär Privatpersonen in Betracht, die die dem Vertriebsweg zugrundeliegenden Systeme akzeptieren, also kennen, verfügbar haben und einsetzen, und die wirtschaftlich gut informiert und mitwirkungsbereit sind. Das Marktpotential dieser Kunden, insbesondere ihre Anzahl, wächst stark, und Marktforschungsergebnisse zeigen, daß sie über ein erhebliches Nachfragepotential verfügen. Die für den Vertrieb eingesetzten Systeme dominieren bei derartigen Geschäftskonzepten aber auch das Leistungsangebot: Den Kunden können auf der Grundlage der Systeme nur einfache und hoch standardisierte Bankleistungen angeboten werden, insbesondere einfache Zahlungsverkehrs-, Einlagen- und Wertpapierleistungen, und wegen der erforderlichen Bonitäts-, Sicherheiten- und Objektprüfungen sind die Grenzen für das Angebot von Kreditleistungen noch enger gesteckt. Dies mag genügen, um zu zeigen, wie stark die Geschäftskonzeptionen durch die Systeme, auf denen sie beruhen, dominiert werden.

Die in Kap. 6.3.1 behandelte «Bediente Selbstbedienung» stellt noch keine auf Systemen beruhende Geschäftskonzeption dar, sondern sie ist nur eine am Automateneinsatz orientierte Stützpunktkonzeption. Geschäftskonzeptionen auf der Grundlage von Systemen sind dagegen ganz eindeutig bei Direktbanken (vgl. Kap. 6.3.2) zu erkennen. Die virtuelle Bank (vgl. Kap. 6.4) stellt den Endpunkt einer Entwicklung dar, der in der Realität aber noch nicht wirklich erreicht ist.

### 6.3.1 Stützpunkte mit »Bedienter Selbstbedienung«

Großbanken herkömmlicher Prägung haben schon immer eine *Differenzierung ihrer Stützpunkte* praktiziert. Sie betreiben im Inland – der Sprachgebrauch ist von Haus zu Haus verschieden – eine Zentrale, je eine Hauptniederlassung für größere Regionen, Filialen in der Region jeder Hauptniederlassung und Zweigstellen im Bereich der einzelnen Filialen. In einem derartigen Stützpunktsystem ist die *Aufgabe der Kundenbetreuung abgestuft dezentralisiert*: Beispielsweise werden Mengenkunden von allen Zweigstellen bedient. Etwas anspruchsvollere Kunden, insbesondere gehobene Privatkunden sowie Geschäftskunden und mittlere Firmenkunden, werden von der jeweils nächstgelegenen Filiale betreut, wo stärker spezialisierte und höher qualifizierte Kundenberater, leistungsfähigere I&K-Systeme etc. zur Verfügung stehen. Diese Ressourcen werden in den Filialen konzentriert, weil sie in den Zweigstellen wegen eines zu geringen Marktpotentials an anspruchsvollen Kunden kapazitätsmäßig nicht sinnvoll ausgelastet werden könnten. Die Hauptniederlassungen übernehmen dann die Betreuung des Top-Segments der Privatkunden, der großen Firmenkunden und auch gewisser institutioneller Anleger, so daß die Zentrale sich im Kundengeschäft auf die großen international oder sogar global operierenden Firmenkunden, große und international orientierte institutionelle Anleger und auf Banken in ihrer Rolle als »Kunden« und als Korrespondenzbanken konzentrieren kann.

Das *Ausmaß der Aufgabendezentralisierung* hängt von Größe und Struktur des einzelnen Instituts ab. So können z.B. auch typische Aufgaben der Zentrale wie z.B. der Geld- und Devisen-, Wertpapier- und Derivathandel teilweise auf Hauptniederlassungen dezentralisiert werden, so daß diese einen Teil der großen Firmenkunden und der institutionellen Anleger besser betreuen können. In den Verbundsystemen der Sparkassen und Genossenschaftsbanken hängt die Dezentralisierung der Aufgabenwahrnehmung teilweise auch von der im Verbund festgelegten Arbeitsteilung ab. Durch die Dezentralisierung der Kundenbetreuung soll die Ausschöpfung der im Kundengeschäft vorhandenen strategischen Erfolgspotentiale verbessert werden. In engem Zusammenhang mit der Dezentralisierung der Kundenbetreuungsaufgaben steht die Dezentralisierung von Ressourceneinsatz, insbesondere Personal, von Entscheidungskompetenzen und Gewinnverantwortung. Bei der Abwicklung des Kundengeschäfts versuchen zahlreiche Institute dagegen eine gewisse Zentralisierung zu erreichen, z.B. in regionalen Service Centers, um die Wirtschaftlichkeit der Geschäftsabwicklung zu verbessern.

Die Kreditinstitute haben die *Differenzierung der Stützpunkte* nach Kundenbetreuungsaufgaben in der Vergangenheit nicht immer sehr konsequent betrieben. Manche Institute erwecken den Eindruck, daß sie allen ihren Kunden überall ihre gesamte Leistungspalette anbieten wollten. Seit man auch in der Kreditwirtschaft mehr und mehr der Konzeption des strategischen Management folgt, hat sich in dieser Hinsicht ein tiefgreifender Wandel vollzogen. Kundengruppen, die im Mittelpunkt der strategischen Geschäftsfelder stehen, wurden institutsindividuell sorgfältig abgegrenzt, und das jeweilige

Stützpunktsystem wurde, differenziert nach dem lokal vorhandenen Marktpotential, auf diese Kundengruppen ausgerichtet, denn Stützpunkte werden auch auf längere Sicht der Hauptvertriebsweg der Kreditinstitute bleiben. Die einzelnen Institute nehmen aber schon längst Modifikationen an ihren Stützpunktsystemen vor: Zusätzliche Stützpunkte werden kaum errichtet, es sei denn als neue Typen wie Shop-in-Shop oder Stützpunkte mit »Bedienter Selbstbedienung«. In den vergangenen Jahren hat sich die Zahl der Stützpunkte insgesamt in Deutschland zwar vermindert, zumeist jedoch durch Zusammenlegung infolge von Fusionen und weniger durch reguläre Schließung verlustbringender Stützpunkte. Bei Schließung ist offenbar zu befürchten, daß nicht alle Kunden auf andere Stützpunkte des betreffenden Instituts übergeleitet werden können, sondern daß ein erheblicher Teil von ihnen zur Konkurrenz abwandert.

#### 6.3.1.1 Systemeinsatz für Stützpunkte mit »Bedienter Selbstbedienung«

Von den neuen Stützpunkttypen hat insbesondere der Stützpunkt mit »Bedienter Selbstbedienung« (BSB) viel Beachtung gefunden. Dieser Typ kann nur auf der Grundlage von I&K-Systemen, die die für die Selbstbedienung vorgesehenen Automaten steuern, realisiert werden. Seine Errichtung erfordert aber mehr als nur Systemeinsatz, insbesondere hinsichtlich Kundengruppenabgrenzung, Mitarbeiterauswahl, Raumgestaltung und Marketing-Kommunikation. Daher ist für diesen Stützpunkttyp eine umfassende und ausgewogene Stützpunktkonzeption zu erarbeiten, die zwar ohne den zugrundeliegenden Systemeinsatz nicht denkbar wäre, bei der der Systemeinsatz aber auch nur einen von mehreren Bestandteilen darstellt.

Die ursprüngliche Konzeption für Stützpunkte mit »Bedienter Selbstbedienung« wurde schon Anfang der 90er Jahre von der Zuger Kantonalbank entwickelt (vgl. Rothlein 1993). Die Konzeption wurde von anderen Instituten aufgegriffen und an die jeweiligen Rahmenbedingungen angepaßt. Von diesen Projekten ist das der Sparkasse Schongau besonders gut dokumentiert (vgl. Horbach et al. 1995). Sowohl in der Kantonalbank als auch in der genannten Sparkasse war der *Ausgangspunkt für die Entwicklung der BSB-Konzeption* ein Strategieprojekt, bei dem die Kundengruppen abgegrenzt und die strategischen Geschäftsfelder so festgelegt wurden, daß sie mit den Stärken, die die Institute im Wettbewerb haben, erfolgreich bearbeitet werden können. Bei diesen Strategieprojekten wurde u.a. die Aufbauorganisation verändert, wodurch auch die Vertriebsorganisation berührt wurde. Die BSB-Konzeption wurde natürlich auf die Privatkunden ausgerichtet, wobei aber die Abgrenzung der Kundengruppen so vorgenommen wurde, daß die für das Konzept vorgesehenen Privatkunden der Kantonalbank über ein größeres Nachfragepotential verfügen als die der Sparkasse. Hinsichtlich der *Kundenerwartungen* sahen sich die Institute mit folgender Situation konfrontiert: Bei den Serviceleistungen des täglichen Bedarfs erwarten die Kunden, daß sie schnell, zu jeder Zeit, zuverlässig und preiswert bedient werden, während sie bei komplexen und beratungsintensiven Leistungen hohe Qualität, Diskretion und auch eine gewisse Erlebnisorientierung erwarten, ohne dem Preis so viel Beachtung zu schenken wie bei den Serviceleistungen. Diese Erwartungen kann man nach Zielgruppen noch weiter differenzieren, für die zu entwickelnde BSB-Konzeption mag diese Strukturierung aber genügen.

Allgemein wird immer noch von den Kreditinstituten beklagt, daß ihre im Kundenkontakt stehenden Mitarbeiter im Privatkundengeschäft 60 bis 80 % ihrer Zeit auf die Erbringung von Serviceleistungen verwenden, die in großem Umfang durch SB-Automaten erbracht werden könnten, während nur die restlichen 20 bis 40 % der Arbeitszeit für Beratung und aktiven Verkauf genutzt werden. Bei der Entwicklung ihrer BSB-Konzeption setzten sich die beteiligten Institute daher das *Ziel*, einerseits eine *Kostensenkung* durch Automatisierung und andererseits eine Verbesserung der *Kundenorientierung* durch eine Steigerung der Kundennähe und der Beratungsqualität zu erreichen. Zwischen Kundenorientierung und Kostensenkung besteht typischerweise ein Zielkonflikt, und der Kompromiß, der durch BSB-Konzeptionen erreicht werden kann, verdient besondere Aufmerksamkeit.

Die *Leitidee für die BSB-Konzeption*, wie sie von der Kantonalbank formuliert wurde, und der inzwischen viele Institute gefolgt sind, sieht folgende Schwerpunkte vor:

- **Ausbau der Selbstbedienung bei Serviceleistungen zur Kostensenkung**
Die Kunden werden mit den SB-Automaten nicht allein gelassen, sondern es stehen ihnen bei Bedarf Mitarbeiter zur Seite (»Bediente Selbstbedienung«), die den persönlichen Kontakt pflegen und Kundennähe vermitteln können.

- **Intensivierung von Beratung und Verkauf**
Die Mitarbeiter nutzen die Kundenkontakte, die sie bei der Selbstbedienung anbahnen, und sie leiten die Kunden bei Bedarf in einen Beratungsbereich, wo mit der gewünschten Diskretion Beratungsgespräche geführt werden können. Zentrales Merkmal ist dabei, daß die Mitarbeiter nicht warten, bis sie von Kunden angesprochen werden, sondern ihrerseits aktiv auf die Kunden zugehen sollen. Daher sieht das BSB-Konzept in bezug auf die räumliche Gestaltung des Stützpunktes auch keine Schalter oder Tresen vor, sondern eine offene, typischerweise mit frei im Raum angeordneten Stehpulten und Beratungsinseln gestaltete Innenarchitektur.

- **Kundenorientierte Dezentralisierung von Kompetenzen**
Die Berater haben Entscheidungskompetenzen in dem Umfang, der für Geschäftsabschlüsse mit den Privatkunden erforderlich ist.

- **Zentralisierung von Back Office-Tätigkeiten**
Tätigkeiten, die der Abwicklung der von den Beratern getätigten Geschäfte dienen, werden im Back Office zentralisiert, um Produktivitätsvorteile zu nutzen und dadurch Kosten zu senken. In BSB-Geschäftsstellen ist ein Back Office entweder gar nicht vorhanden oder räumlich und personell vom Kundenbereich vollständig getrennt.

Aus dieser Leitidee ergibt sich ein *Kundenbetreuungskonzept* für die BSB: Die hier eingesetzten Mitarbeiter gehen von sich aus auf die Kunden zu, die den Stützpunkt betreten; sie helfen ggf. bei der Bedienung der Automaten und halten persönlichen Kontakt zu den Kunden; sie versuchen möglichst auf einen Blick den Bedarf der Kunden zu erkennen und ggf. auch Beratungs- und Verkaufsgespräche anzubahnen. Die *räumliche Gestaltung* des BSB-Stützpunktes folgt einem Zwei-Zonen-Konzept: In der *Selbstbedienungszone* sind die Automaten täglich 24 Stunden verfügbar; diese Zone ist sachlich gestaltet. In der *Beratungszone*, die eine angenehme Atmosphäre ausstrahlt, können die Kunden diskret beraten werden. Typischerweise sind die zwei Zonen durch Raumteiler getrennt, die während der Beratungszeiten vollständig geöffnet werden können. Mit dem Angebot an Beraterkapazität richtet sich das Institut nach den Kundenbedürfnissen, so daß die Berater zu den Tageszeiten verstärkt präsent sind, wenn die Kunden hierfür Zeit haben und Beratung wünschen.

Die *Tätigkeit eines Kundenbetreuers* in einem BSB-Stützpunkt unterscheidet sich grundlegend von der eines Kundenbetreuers in einem herkömmlichen Stützpunkt. Er begrüßt und empfängt die Kunden, die den Stützpunkt betreten, und eröffnet ein Gespräch, um möglichst bald zu erkennen, ob der jeweilige Kunde Unterstützung an SB-

Geräten benötigt oder Beratung wünscht. Er ergreift die Initiative, geht offen auf die Kundschaft zu, er integriert das Angebot an SB-Geräten in das Kundengespräch und nimmt Beratungsaufgaben und Verkaufsmöglichkeiten wahr, so wie sie sich bieten. Er hat nicht mehr den gewohnten Arbeitsplatz mit Schreibtisch o.ä., und er kann sich auch nicht mehr »hinter irgendwelchen Barrieren verschanzen«. Er praktiziert nicht mehr das eher passive Verhalten von Beratern, die darauf warten, daß die Kunden auf sie zukommen – im Grenzfall auf sie warten, sondern er geht in einem offenen Raum aktiv auf die Kunden zu. Für die Bedienung der Kundschaft stehen keine Service-Mitarbeiter und Kassierer herkömmlicher Prägung bereit, sondern es ist nur noch ein automatischer Kassentresor (AKT) für größere Auszahlungen vorhanden, die am GAA nicht abgewickelt werden können.

Aus den Tätigkeiten läßt sich ein *Anforderungsprofil* für Mitarbeiter an BSB-Stützpunkten ableiten: Ein hohes Maß an Fachkompetenz ist erforderlich, weil diese Mitarbeiter weitgehend auf sich gestellt sind und daher das gesamte Leistungsangebot des Instituts, das für die Zielgruppen des BSB-Stützpunktes bestimmt ist, beherrschen müssen. Auch an die soziale Kompetenz werden hohe Anforderungen gestellt. Diese Mitarbeiter müssen selbstsicher, offen und kommunikationsfreudig sein; sie müssen sich voll für die Kundschaft engagieren und eine ausgeprägte Dienstleistungsmentalität in die Kundenbetreuung einbringen. Die Kantonalbank nennt 8 Hauptcharakteristika, die diese Mitarbeiter aufweisen müssen: Korrektes Auftreten, gute Umfangsformen, Flexibilität, kooperatives Teamverhalten, Beratungsengagement, Verkaufsinitiative, effizientes Arbeits- und Organisationsverhalten sowie eine hohe Unternehmensidentifikation.

Angesichts dieser Anforderungen, die an BSB-Mitarbeiter gestellt werden, überrascht es nicht, daß beide Institute berichten, daß sie die für diese Aufgaben in Betracht kommenden Mitarbeiter mit großer Sorgfalt ausgewählt und in genau auf diese Stellen ausgerichtete Personalentwicklungsmaßnahmen einbezogen haben. Die Sparkasse berichtet, daß das *Auswahlverfahren* aus Fachtest, Assessment Center und einem Einzelinterview bestand, so daß man sich bei jedem Mitarbeiter ein objektives Bild von der Fach- und Sozialkompetenz machen konnte. Aus den Bewerbern konnte dann ein Team für den BSB-Stützpunkt zusammengestellt werden. Für jedes Teammitglied konnten dann anhand der Ergebnisse aus dem Auswahlverfahren unter Berücksichtigung der jeweils vorliegenden Stärken und Schwächen individuelle *Personalentwicklungsmaßnahmen* festgelegt werden. Die Ausbildung und das Training des Teams umfaßten Abschnitte für Verhaltenstraining und Teamentwicklung, für Ausbildung an den SB-Geräten und Training »on the job«.

*Raumgestaltung und Inneneinrichtung* erfordern bei BSB-Stützpunkten noch mehr Sorgfalt als bei herkömmlichen Stützpunkten. Kunden, die den BSB-Stützpunkt betreten, gelangen zunächst in die Servicezone, wo die SB-Geräte aufgestellt sind. Die Beratungszone ist hiervon optisch klar erkennbar getrennt, der Übergang ist für Kunden und Mitarbeiter aber offen und frei. Die Beratungszone kann durch eine Glasschiebewand o.ä. geschlossen werden, wenn nachts nur noch die SB-Geräte zur Verfügung stehen und keine Mitarbeiter mehr anwesend sind.

Jedes Institut, das BSB-Stützpunkte einrichtet, kann das *Angebot an SB-Geräten* frei gestalten. Es wird dabei insbesondere die Geräte in ausreichender Zahl bereitstellen, an die die Kundschaft gewöhnt ist, und die mit hoher Frequenz genutzt werden, insbesondere also GAAs und Kontoauszugsdrucker. Naturgemäß wird das Institut bestrebt sein, sich fortschrittlich darzustellen und der Kundschaft eine möglichst breite Palette an SB-Geräten zu bieten. Typischerweise stehen für die Kunden außer den beiden genannten Gerätetypen noch Überweisungsterminals, Münzzähler, Münzrollenwechsler, Sortenwechsler, Einzahlungsterminals und gegebenenfalls Jugendsparautomaten zur Verfügung. Die genannte Sparkasse bietet ihren Kunden zusätzlich eine Kundenmietfachanlage, die sich im Tresorraum befindet und durch eine neue Erkennungstechnik (Geheimzahl und Fingerabdruck) von Kunden selbst bedient werden kann, allerdings nur während der Beratungszeit. Dieses Geräteangebot wird ergänzt durch ein Informationsterminal für Jugendliche und einen Malcomputer für Kinder. Die SB-Geräte sind mit einer übersichtlichen, leicht verständlichen und einheitlichen Bedieneroberfläche, soweit möglich in Touch-Screen-Technik, versehen, um für die Kunden die Bedienung so einfach wie möglich zu machen.

Da mit der Errichtung von BSB-Stützpunkten das Ziel verfolgt wird, die *Wirtschaftlichkeit* bei der Erbringung einfacher Bankleistungen zu verbessern, muß bei der Festlegung von Typ und Anzahl der zu installierenden SB-Geräte einerseits darauf geachtet werden, daß die Nutzungsfrequenz möglichst den Break-even point der Automaten überschreitet. Andererseits ist eine gewisse Vollständigkeit des Service-Angebotes erforderlich, weil am BSB-Stützpunkt keine herkömmlichen Service-Mitarbeiter zur Verfügung stehen. Im *internationalen Vergleich* hat sich gezeigt, daß die bankbezogenen Gewohnheiten der Privatkunden teilweise sehr unterschiedlich sind, was auch in der Bereitstellung von SB-Geräten zum Ausdruck kommt. So ist in Japan z.B. die Bargeldquote im Zahlungsverkehr viel höher als in Deutschland, und daher haben die Institute dort viel mehr und viel leistungsfähigere Ein- und Auszahlungsautomaten installiert (vgl. Ambros 1996). Und noch ein Aspekt wird am Beispiel des japanischen Automatenangebotes deutlich: Die immer weitergehende konstruktive Verfeinerung des Funktionsumfangs der Automaten seitens der Hersteller ist tendenziell mit einem »abnehmenden Grenznutzen« für die Kunden und steigenden Anschaffungskosten für die Institute verbunden. Als Beispiel seien hier nur die japanischen Einzahlungsautomaten genannt, die Sparbücher auch umblättern können sowie Ein- und Auszahlungsautomaten mit sog. intelligenten Geldkassetten, die nach einer Einzahlung durch Kunden unverzüglich die Geldscheine wieder an einen anderen Kunden ausgeben können und somit über einen längeren Zeitraum autark arbeiten. Diese Technik ist in Deutschland auf Grund der Bestimmung, daß Geld nach einer Einzahlung unbedingt manuell zu zählen ist, bevor es wieder an Kunden ausgegeben wird, noch nicht im Einsatz.

Die Kantonalbank hat in ihrem BSB-Stützpunkt auch ein interaktives *Multi-Media-System zur Beratungsunterstützung* installiert. Mit diesem System kann der Berater einerseits Kundeninformationen abrufen und Produktangebote erstellen, z.B. auch Bilder und Grundrisse von Immobilien zeigen und Finanzierungsvorschläge erarbeiten und ausdrucken. Die Beratung wird dadurch unterstützt, daß die Kunden mit Hilfe von Videos auf einen bestimmten Gegenstand, z.B. Bauen und Wohnen, eingestimmt werden. Nach einer Analyse der individuellen Kundenbedürfnisse, die Dateneingaben durch den Berater erfordern, gibt das System wie ein Fachexperte Empfehlungen aus. So werden z.B. in der Anlageberatung durch Fragen nach Investitionshöhe, Risikobereitschaft, Anlagepräferenzen und Renditevorstellungen des Kunden Anlagevorschläge entwickelt und ausgedruckt. Der Berater kann dann Simulationsrechnungen durchführen, Graphiken zeigen und Vergleiche anstellen und so sehr tief auf die individuellen Bedürfnisse des Kunden eingehen. Die Daten von getätigten Geschäftsabschlüssen werden an das Back Office übermittelt, das die Nachbearbeitung übernimmt. Dieses System unterstützt aber nicht nur die Beratung, sondern es bietet den Kunden auch *Informationen zur Selbstbedienung* beispielsweise in Form von Videos, Texttafeln, Bildern, Graphiken und Animationen, die Auskunft über Bankprodukte etc. geben, individuelle Berechnungen ermöglichen und Angebote ausdrucken.

Die BSB-Stützpunktkonzeption bringt für die Kunden folgende *Vorteile* mit sich: Lange Öffnungszeiten, insbesondere für die Servicezone, bedürfnisgerechte Betreuung durch die Mitarbeiter, Anonymität bei der Erledigung von Service-Transaktionen und Diskretion bei der Beratung sowie ein günstiges Preis-Leistungsverhältnis durch ein differenziertes Preismodell.

Die *Ziele der Bank*, insbesondere die Verbesserung der Kundenorientierung und der Wirtschaftlichkeit, werden dadurch erreicht, daß die Bank einerseits die Inanspruchnahme von Bankleistungen an SB-Geräten fördert, um Betriebskosten zu senken, und daß der normalerweise damit einhergehende Verlust an Kontaktmöglichkeiten zwischen Kunden und Beratern vermieden wird, weil die Mitarbeiter am BSB-Stützpunkt offen und gesprächsbereit auf alle Kunden zugehen und dabei feststellen, ob ein Beratungsgespräch gewünscht wird und möglicherweise auch Geschäftsabschlüsse getätigt werden können. Auf diese Weise werden die Kundenkontakte aufrechterhalten und sogar gepflegt, und es wird doch keine wertvolle Personalkapazität für die konventionelle Abwicklung einfachster Bankleistungen wie z.B. Auszahlungen verwendet.

Zur Eröffnung des BSB-Stützpunktes hat die Sparkasse zielgruppenorientiert umfangreiche Maßnahmen der *Marketing-Kommunikation* ergriffen. Dabei handelte es sich nicht nur um Werbung und Öffentlichkeitsarbeit für Kunden und Nichtkunden, sondern auch mit Zielrichtung auf die eigenen Mitarbeiter, die ja den eigenen Kunden den BSB-Stützpunkt empfehlen sollen. Darüber hinaus wurden alle Haushalte, für die der Stützpunkt interessant sein könnte, durch ein Mailing über das neue Angebot informiert, und es wurde sogar ein Logo für den BSB-Stützpunkt entwickelt und durchgängig eingesetzt, das der Kundschaft suggeriert, daß es sich bei dem BSB-Stützpunkt um eine eigene Geschäftskonzeption handelt, obwohl es in Wirklichkeit nur eine Stützpunktkonzeption ist.

### 6.3.1.2 Bewertung des Systemeinsatzes für Stützpunkte mit »Bedienter Selbstbedienung« bezüglich der Effizienzkriterien

Stützpunkte mit Bedienter Selbstbedienung beruhen nicht auf einer vollständig neuen Geschäftskonzeption, sondern nur auf einer neuen Vertriebskonzeption für das Retail Banking, die aus mehreren Komponenten besteht, einer spezifischen Raumgestaltung für die Stützpunkte mit Bedienter Selbstbedienung (BSB), einem neuen und auf die BSB abgestimmten Personaleinsatzkonzept und einem umfassenden Angebot an Systemen der Kundenselbstbedienung. Jede dieser Komponenten ist für die Vertriebskonzeption notwendig, sie sind sorgfältig aufeinander abzustimmen, und daher kann dieses Vertriebskonzept auch nur als Ganzes bewertet werden. Die bei der BSB eingesetzten Systeme der Kundenselbstbedienung ermöglichen *neue Geschäftsprozesse mit Kunden* zur Bereitstellung *konventioneller Bankleistungen* (vgl. Abb. 1.6.2-1), wobei die Grundfunktion der *Geschäftsabwicklung* im Vordergrund steht; die Grundfunktion der Beratungsunterstützung kommt grundsätzlich auch in Betracht, soweit kunden- oder mitarbeiterbediente Beratungsunterstützungssysteme eingesetzt werden. Als Effizienzkriterien sind daher Kundennutzen, Wirtschaftlichkeit und Wettbewerbsvorteile relevant.

* **Kundennutzen**

Zur Beurteilung der Vertriebskonzeption ist nicht nur die einzelsystembezogene Bewertung der Systeme für die Kundenselbstbedienung (vgl. Kap. 2.1.2.2) heranzuziehen, sondern es ist auch das Zusammenwirken der Komponenten dieses Vertriebskonzeptes zu betrachten. Der Kundennutzen der Systeme (vgl. Abb. 1.6.2.1-2) ergibt sich nicht nur aus Kap. 2.1.2.2, sondern es ist darüber hinaus auch zu berücksichtigen, daß die Retail-Kunden in BSB-Stützpunkten bei deutlich erweiterten Öffnungszeiten – im Automatenbetrieb von i.d.R. 24 Stunden am Tag – eine besonders breite Palette von SB-Automaten vorfinden (Nutzendimension 2.4), und daß ihnen zur Bedienungszeit ein Mitarbeiter zur Seite steht, wenn Schwierigkeiten bei der Bedienung der Automaten auftreten (Nutzendimension 10.2).

* **Wirtschaftlichkeit**

Das Institut, das die BSB-Stützpunkte betreibt, nimmt die Chance wahr, durch eine gewisse Kundenbetreuung auf eine Verbesserung der Akzeptanz und Nutzung der Automaten durch die Retail-Kunden hinzuwirken, so daß bei den Bankleistungen des täglichen Bedarfs mittelfristig der Anteil der kostengünstig über Automaten abgewickelten Geschäftsprozesse steigt, was zu einer Verbesserung der Wirtschaftlichkeit beiträgt. Dies setzt aber voraus, daß der Break-even point der Automaten überschritten und die Kosten der manuellen Bearbeitung abgebaut werden.

* **Wettbewerbsvorteile**

Die Systeme selbst sind in Hinsicht auf die Erzielung von Wettbewerbsvorteilen nicht anders zu beurteilen als in Kap. 2.1.2.2. Im Kontext der neuen Vertriebskonzeption ergibt sich jedoch ein wichtiger Sonderaspekt: Eine steigende Nutzung von Selbstbedienungsautomaten geht gewöhnlich mit einer Verminderung der Kundenkontakte hinsichtlich Frequenz und Intensität einher. Die BSB bietet die Möglichkeit, daß die in den BSB-Stützpunkten tätigen, speziell geschulten Bankmitarbeiter die Kundenkontakte pflegen, einerseits, soweit notwendig, durch Unterstützung bei der Automatennutzung, andererseits durch Gespräche, die zur Erkennung von Bankleistungsbedarf, zu Beratung und Verkauf von Bankleistungen führen. Der strategische Erfolgsfaktor, der durch die neue Vertriebskonzeption, nicht durch die Systeme, gestärkt wird, ist die *Kundenorientierung*, einerseits durch Einfühlung in Bedürfnisse und Erwartungen der Kunden und andererseits durch die Ausrichtung der Mitarbeiter auf die Erfüllung dieser Bedürfnisse und Erwartungen durch Beratung und Verkauf von Bankleistungen. Dadurch wird zugleich ein Beitrag zur Aufrechterhaltung einer persönlichen Kundenbindung geleistet.

## 6.3.2 Geschäftskonzeptionen von Direktbanken

### 6.3.2.1 Direkter und indirekter Vertrieb

Traditionell spricht man von direktem Vertrieb, wenn ein Hersteller seine Produkte direkt an den Endverbraucher verkauft, also ohne Zwischenschaltung von Handelsunternehmen. Indirekter Vertrieb von Bankleistungen kommt fast gar nicht in Betracht, weil Bankleistungen immateriell und damit nicht lagerfähig sind, weil sie kundenindividuell gestaltbar sind und weil Kunden als sogenannter externer Faktor in gewissem Maße bei der Leistungserstellung mitwirken. Es liegt also direkter Vertrieb vor, wenn Kreditinstitute ihre Leistungen über ihr eigenes Stützpunktnetz vertreiben. In gewissem Maße realisieren sie aber auch indirekten Vertrieb, wenn sie Finanzdienstleistungen anderer Unternehmen, beispielsweise Anteile von Investmentfonds oder Versicherungsleistungen über ihr Stützpunktnetz vermitteln. Die Bezeichnung Direktbank ist insofern etwas irreführend, als sie suggeriert, daß nur der Vertrieb von Bankleistungen über eine Direktbank Direktvertrieb sei. Direktbanken betreiben natürlich Direktvertrieb, aber über ihr eigenes Stützpunktnetz haben Banken schon immer ihre Leistungen direkt vertrieben.

### 6.3.2.2 Funktionsumfang von Direktvertriebseinheiten im Überblick

**a) Geschäftsabwicklung mit Hilfe von bankbetrieblich nutzbaren Kommunikationssystemen**

In Kap. 2.1.3 wird die Geschäftsabwicklung mit Hilfe von bankbetrieblich nutzbaren Kommunikationssystemen, insbesondere Telefon (Call Center), T-Online Classic und Internet behandelt. Diese Kommunikationssysteme bilden die Grundlage für ergänzende Vertriebswege, die ein Kreditinstitut nutzen kann. Die Konten und Depots der Privatkunden, die auf diesen Vertriebswegen ihre Aufträge erteilen, sind voll in das jeweilige Institut integriert, auch wenn für die Betreuung eines derartigen Vertriebsweges eine besondere institutsinterne Organisationseinheit geschaffen wurde wie z.B. ein Call Center für das Telephone Banking. Eine derartige Organisationseinheit ist als Direktvertriebseinheit zu betrachten, als Direktbank jedoch nicht, weil ihr keine Kundengruppe zugeordnet ist, die sie ausschließlich betreut. Das Leistungsangebot kann dabei auf einfachste Leistungsarten wie Kontostandsabfrage und Überweisungen beschränkt sein, so daß die Kundschaft hierdurch nur einen zusätzlichen Service erhält; von Vertrieb kann man in diesem Zusammenhang kaum sprechen. Manche Institute bieten mit Hilfe von Kommunikationssystemen aber auch ertragbringende Leistungen wie z.B. Wertpapiertransaktionen (Direct Broking) oder Konten für täglich verfügbare und geldmarktnah verzinste Einlagen (Money Market Accounts) an.

**b) Call Center als Verbundunternehmen**

Unter der Bezeichnung KontoDirekt sind z.B. im genossenschaftlichen FinanzVerbund Call Center geschaffen worden, die die Aufgabe haben, telefonisch eingehende Aufträge von Privatkunden verschiedener Genossenschaftsbanken entgegenzunehmen und an die Bank, die das Konto des jeweiligen Kunden führt, weiterzuleiten, so daß die Geschäftsabwicklung bei dieser Bank erfolgen kann. Diese Struktur wurde gewählt, weil der Betrieb eines eigenen Call Center für kleine genossenschaftliche Primärbanken zu aufwendig ist, weil den Kunden aber dennoch das Telephone Banking geboten werden sollte. Diese Call Center sind zwar selbständige Verbundunternehmen, sie übernehmen im Prinzip aber dieselben Funktionen wie die in eine Bank integrierten Call Center. Durch ein im Unternehmensverbund gemeinschaftlich betriebenes Call Center wird die Wirtschaftlichkeit der Leistungserstellung bei den Primärbanken nicht verbessert, weil diese die über Call Center eingehenden Kundenaufträge in ihre herkömmliche Geschäftsabwicklung integrieren müssen. Diesen Nachteil hat man bewußt in Kauf genommen. Als Alternative kam nur die Gründung einer verbundinternen Direktbank in Betracht, aber davon wurde im genossenschaftlichen FinanzVerbund abgesehen, weil die Primärbanken vermuteten, daß ihnen dadurch ein verbundinterner Konkurrent entstehen würde.

**c) In die Geschäftsprozesse der Mutterbank integrierte Direktvertriebseinheiten**

Riedl (1998) berichtet über die Direktvertriebseinheit einer Großbank, die einerseits ein rechtlich selbständiges Konzernunternehmen darstellt, und die andererseits in die Leistungserstellungsprozesse der Mutterbank voll integriert ist. Die Privatkunden der Bank können wählen, welche Bankleistungen sie herkömmlich, insbesondere über Stützpunkte der Bank in Anspruch nehmen, und für welche Leistungen sie die integrierte Direktvertriebseinheit nutzen wollen. In jedem Fall werden die Geschäfte über die bestehenden Konten und Depots, die die Bank für ihre Kunden führt, abgewickelt. Gut informierte, mitwirkungsbereite und preissensible Kunden, die die Direktvertriebseinheit nutzen, brauchen keine neuen Konten und Depots zu eröffnen, und sie brauchen daher auch nicht zu einer Direktbank abzuwandern. Für Leistungen, die bei der Direktvertriebseinheit in Anspruch genommen werden, fallen im Vergleich zur herkömmlichen Geschäftsabwicklung niedrigere Kosten an, und die Bank stellt hierfür auch niedrigere Preise in Rechnung. Bei diesem Geschäftskonzept findet keine Abwanderung von Kunden von der Mutterbank zu einer verbundangehörigen Direktbank statt, sondern die Mutterbank hat die Möglichkeit, Kunden, die nach dem Eindruck der Berater als abwanderungsgefährdet erscheinen, selektiv auf die integrierte Direktvertriebseinheit überzuleiten. Aufgrund dieser selektiven Vorgehensweise können Kunden, die attraktive Erfolgsbeiträge einbringen und zu einem Wechsel zu einer Direktbank geneigt sein könnten, weiterhin betreut und auch von einer Abwanderung abgehalten werden. Diese Geschäftskonzeption ist deutlich auf die Betreuung der Bestandskunden ausgerichtet und nicht auf die Gewinnung von Neukunden. Ihr liegt eine Defensivstrategie zugrunde.

### 6.3.2.3 Geschäftskonzeptionen von Direktbanken auf der Grundlage von I&K-Systemen

Direktbanken sind rechtlich und wirtschaftlich selbständige Kreditinstitute, die zumeist einem Unternehmensverbund angehören. Für ihre Kunden, ausschließlich Privatkunden, führen sie unter eigenem Namen die Konten und Depots, so daß sich aus Kundensicht das Bild ergibt, daß sie Produktion und Vertrieb ihrer Dienstleistungen selbst durchführen. Aus der Sicht der Direktbank ist das aber nur für den Vertrieb zwangsläufig, denn sie kann Teile der Leistungserstellung durch andere Kreditinstitute ausführen lassen. Ihren Kunden bieten die Direktbanken ein auf ihre Vertriebswege ausgerichtetes Programm von einfachen standardisierten Bankleistungen, die zumeist ohne Beratung über Kommunikationssysteme vertrieben werden. Die Strategie, die von den Direktbanken verfolgt wird, zielt offensiv auf die Gewinnung von Neukunden ab, eine Abwerbung von Kunden der jeweiligen Mutterbank läßt sich aber nicht ganz vermeiden.

#### 6.3.2.3.1 Breite des Leistungsprogramms von Direktbanken

Grundsätzlich kann man Direktbanken mit einem teilbedarfs- und einem gesamtbedarfsorientierten Leistungsangebot unterscheiden. Das *gesamtbedarfsorientierte Angebot* ist so konzipiert, daß die Zielgruppe ihre Bankleistungsnachfrage in vollem Umfang bei der gesamtbedarfsorientiert anbietenden Direktbank befriedigen kann. Die Differenzierung nach teilbedarfs- und gesamtbedarfsorientiertem Leistungsangebot erfolgt also aus Kundensicht. Mit diesem Angebot sollen die Kunden die Möglichkeit haben, ihre gesamten Bankgeschäfte bei dieser Direktbank abzuwickeln, so daß sie keine weiteren Bankverbindungen benötigen. Das *teilbedarfsorientierte Leistungsangebot* ist dagegen so konzipiert, daß die Kunden, die dieses Angebot bei einer Direktbank in Anspruch nehmen, auch weiterhin über mindestens eine andere Bankverbindung verfügen, und daß sie das Direktbankangebot nur ergänzend nutzen. *Discount Broker* sind als *Sonderform* unter den Direktbanken mit teilbedarfsorientiertem Leistungsangebot zu betrachten. In viel stärkerem Maße als die übrigen teilbedarfsorientiert anbietenden Direktbanken konzentrieren sie sich auf das Wertpapiergeschäft mit Privatkunden, die ihre Transaktionen zu besonders niedrigen Preisen durchführen möchten. Vergleichende Darstellungen lassen erkennen, daß sich die Direktbanken hinsichtlich ihres Leistungsangebotes und vieler weiterer Merkmale einander sehr stark angeglichen haben, und daß insbesondere auch die übrigen Direktbanken das Wertpapiergeschäft in Aktien, Renten und Optionsscheinen anbieten. Von diesen heben sich die Discount Broker aber durch besondere wertpapierbezogene Services ab, insbesondere durch sehr benutzerfreundliche Informationsangebote, individuell konfigurierte Testdepots etc. (vgl. Schmidt 1998).

#### 6.3.2.3.2 Telekommunikationstechnik als Determinante für Leistungsbereitschaft und Zielgruppen der Direktbanken

Zu den Marketing-Instrumenten der Leistungsbereitschaft gehören die Gestaltung der Vertriebswege, die Standortwahl, die Betriebsbereitschaft und die Lieferbereitschaft (vgl. Kap. 5.2.1.1). Von diesen Instrumenten ist für Direktbanken die Gestaltung der Vertriebswege auf der Grundlage von am Kundenstandort verfügbaren Kommunikationssystemen besonders wichtig, während die Standorte der Direktbanken von den Kunden gar nicht wahrgenommen werden. Die Betriebsbereitschaft einer Direktbank zeigt sich für die Kundschaft insbesondere durch die Erreichbarkeits- und Wartezeiten, und die Lieferbereitschaft spielt im Direktbankgeschäft eine ebenso untergeordnete Rolle wie im übrigen Bankgeschäft.

**a) Zielgruppen und Vertriebswege der Direktbanken**
Grundsätzlich können Direktbanken über Telefon und Fax, über Online-Systeme wie T-Online Classic und Internet, aber auch brieflich mit ihren Kunden kommunizieren. Die Auswahl der *Kommunikationskanäle als Vertriebswege*, deren sich eine Direktbank bedienen möchte, hängt einerseits von der Verbreitung der hierfür erforderlichen technischen Einrichtungen, von der Akzeptanz durch die Zielgruppe und von der Funktion ab, die die auszuwählenden Kommunikationskanäle im Direktgeschäft erfüllen sollen. Im Direktvertrieb ist derzeit die *telefonische Kommunikation* vorherrschend, weil fast jeder Haushalt über einen Telefonanschluß verfügt, und weil die Akzeptanz der Abwicklung von Bankgeschäften über das Telefon sehr hoch ist. Für Call Center, die hierzu erforderlich sind, stehen hoch entwickelte Systeme zur Verfügung, die die herkömmliche Telefontechnik mit der Computer-Technik verbinden (vgl. Kap. 2.1.3.1.1).

Wegen der vergleichsweise hohen Personalkosten, die durch Call Center verursacht werden, haben Direktbanken schon früh damit begonnen, ihren Kunden auch die *Online-Kommunikation* zu ermöglichen. Die Verbreitung und Akzeptanz von PCs mit Online-Anschluß ist aber viel geringer als die Verbreitung des Telefons. Angesichts der hohen Wachstumsraten, die bei den in den Haushalten installierten PCs mit Online-Anschluß zu beobachten sind, und aufgrund der als weitgehend angenommenen Kongruenz von privaten PC-Nutzern und direktbank-affinen Kunden forcieren viele Direktbanken die Online-Kommunikation mit ihren Kunden. Sie beabsichtigen damit, daß die auf diese Weise eingehenden Kundenaufträge direkt in eine geschlossene Vorgangskette eingehen und maschinell zu Kosten weiterverarbeitet werden können, die sehr viel niedriger sind als die Kosten der Geschäftsabwicklung bei telefonischer Kommunikation.

Nur aus Gründen der Vollständigkeit sei noch die *Kommunikation über Fax und Brief* erwähnt. Die briefliche Kommunikation zwischen den Kunden und ihrer Bank hat es immer schon gegeben; sie steht für alle Haushalte zur Verfügung, erweist sich aber als vergleichsweise umständlich, aufwendig und langsam. Den Nachteil einer zu geringen Kommunikationsgeschwindigkeit weist zwar die Kommunikation über Fax nicht auf, ihr Nachteil besteht aber in der geringen Verbreitung von Faxgeräten in privaten Haushalten.

Insgesamt kann man feststellen, daß sich praktisch keine Direktbank auf einen einzigen Kommunikationskanal beschränkt, weil es keinen Kanal gibt, der einerseits in allen Haushalten verfügbar und von allen Haushalten akzeptiert ist, und dessen Benutzung für die Bank andererseits zu niedrigen Kosten möglich ist. Um viele Haushalte erreichen zu können, bieten alle Direktbanken die telefonische Kommunikation an, und um die Kosten der Geschäftsabwicklung zu senken, forcieren sie die Online-Kommunikation. Die Möglichkeiten, die insbesondere die Internet-Kommunikation bietet, scheinen derzeit bei weitem noch nicht ausgeschöpft zu sein. Schmidt (1998) zeigt sehr eindrucksvoll, welchen Zusatznutzen z.B. ein Discount Broker seinen Kunden durch eine besonders benutzerfreundliche Ausgestaltung der Internet Sites bieten kann, konkret durch Informations-, Chart- und Portfolio-Funktionen. Aber auch bei der Immobilienfinanzierungsberatung kann die Internet-Kommunikation sehr wirksam sein, wenn z.B. Bilder und Grundrisse von Objekten gezeigt, Dokumente ausgetauscht und parallel hierzu telefonische Beratungsgespräche geführt werden. Dies erfordert derzeit technisch noch zwei Kommunikationskanäle, also Telefon- und Online-Anschluß; in Zukunft wird aber eine multimediale Beratung über das Internet möglich sein.

Die im Direktvertrieb eingesetzten Kommunikationssysteme determinieren sehr stark die *Zielgruppen*, die für den Direktvertrieb gewonnen werden können. Diese Kunden werden als gut informiert, aufgeschlossen gegenüber Innovationen, mitwirkungsbereit und preissensibel charakterisiert (vgl. Dahlhausen/Siebald 1995). Insbesondere Anleger, die sich eines Direct oder Dicount Broker bedienen, haben gute ökonomische Vorkenntnisse, sie kennen den Kapitalmarkt, die Börsen und die wichtigsten gehandelten Wertpapiere, und sie beziehen ihre Informationen aus der Fachpresse sowie Wirtschaftssendungen in Rundfunk und Fernsehen. Sie probieren bereitwillig etwas Neues aus und zeigen ihren Bekannten gern, daß sie »up to date« und bei den neuesten Entwicklungen »dabei sind«. Sie sind bereit, aktiv bei der Inanspruchnahme von Bankleistungen mitzuwirken, sie erwarten hierfür aber besonders günstige Preise, z.B. in Form von niedrigen Provisionen im Wertpapiergeschäft. Das Profil der Kundschaft unterscheidet sich zwar von Direktbank zu Direktbank in gewissem Maße, von den Direktbanken wird aber immer wieder herausgestellt, daß es sich hierbei um jüngere Kunden, insbesondere in der Altersgruppe zwischen 25 und 40 Jahren handelt, daß diese Kunden zumeist über einen höheren Schul- oder Universitätsabschluß verfügen, daß sie interessante berufliche Positionen haben und entsprechend auch über ein überdurchschnittliches Einkommen verfügen.

**b) Betriebsbereitschaft der Direktbanken**
Die Leistungsbereitschaft der Direktbanken ist auch durch ihre Betriebsbereitschaft gekennzeichnet, konkret durch die Erreichbarkeitszeit der Bank und die Wartezeit bei Kontaktaufnahme. Die *Erreichbarkeitszeit*, analog zur Öffnungszeit bei herkömmlichen Banken, ist bei den einzelnen Instituten durchaus unterschiedlich. Einige sind 24 Stunden am Tag und an den 7 Tagen der Woche erreichbar, andere konzentrieren sich auf die aus Kundensicht wichtigsten Stunden des Tages, etwa von 8.00 bis 22.00 Uhr, und einige sind auch nur von Montag bis Freitag oder Montag bis Samstag erreichbar. Eine umfangreiche Erreichbarkeitszeit, die aus Kundensicht hohe und attraktive Betriebsbereitschaft bedeutet, bringt für die im Kundenkontakt stehenden Mitarbeiter der Direktbanken insbesondere zu den Randzeiten und während der Nacht erschwerte Arbeitsbedingungen mit sich. Hier ist abzuwägen zwischen dem abnehmenden Grenznutzen einer Ausweitung der Erreichbarkeitszeiten aus Kundensicht und den zunehmenden Belastungen für die Bankmitarbeiter.

Bei der Kontaktaufnahme, sei es telefonisch oder online, können für die Kunden *Wartezeiten* entstehen, wenn die technischen Kapazitäten für die Annahme von telefonisch oder online eingehenden Aufträgen nicht ausreichen, um die Kundenaufträge auch in Spitzenzeiten sofort entgegennehmen zu können. In den Systemen bauen sich dann Warteschlangen auf, die nach dem Prinzip »first in first out« abgearbeitet werden. Grundsätzlich werden Wartezeiten die Zufriedenheit der Direktbankkunden belasten. Hier liegt ein Warteschlangenproblem vor, das hinsichtlich Ankunftsprozeß der Kundenkontaktwünsche und hinsichtlich der Bedienungszeiten stochastisch ist. Der Ankunftsprozeß läßt sich durch Wahrscheinlichkeitsverteilungen beschreiben, die jeweils nur für bestimmte Wochentage und Tageszeiten gelten, und der Bedienungsprozeß kann möglicherweise durch eine einzige Wahrscheinlichkeitsverteilung erfaßt werden. In Abhängigkeit von Typ und Parametern dieser Verteilungen kann es außerordentlich aufwendig sein, Systeme für die Auftragsannahme (per Telefon oder online) zu installieren, die jegliches Auftreten von Wartezeiten ausschließen. Andererseits muß die Bank bestrebt sein, ein klar definiertes Serviceniveau einzuhalten, das sich aus Kundensicht z.B. darin äußert, daß von 10 Anrufen nur 1 Anruf mit einer Wartezeit von über 10 Sekunden verbunden ist.

### 6.3.2.3.3 Leistungsangebot der Direktbanken

Die Anzahl von Bankprodukten, die für den Direktvertrieb ohne Beratung in Betracht kommen, ist nicht sehr groß, weil sie mehrere sehr einschränkende *Anforderungen* erfüllen müssen: Sie müssen stark standardisiert sein und dürfen keine individuelle Produkterklärung erfordern; sie müssen den Kunden aus dem traditionellen Bankgeschäft bekannt sein und ein für die Kunden klar erkennbares Nutzenprofil aufweisen (vgl. Pischulti 1996). Die hohe Standardisierung schließt weitgehend aus, daß für die Kunden, z.B. während eines Telefongesprächs, individuelle Problemlösungen entwickelt werden. Nur wenige Leistungsmerkmale wie z.B. der Anlagebetrag können variiert werden. Wenn direkt angebotene Produkte den Kunden erklärt werden müssen, dann kommt hierfür primär die telefonische Kommunikation in Betracht, was mit erheblichen Personalkosten verbunden sein kann, so daß diese Form der Erklärung und Beratung nur sinnvoll ist, wenn diese Produkte der Bank auch einen vergleichsweise höheren Erfolgsbeitrag einbringen. Ein Beispiel hierzu ist der Verkauf geschlossener Immobilienfonds durch die Advance Bank. Es ist damit zu rechnen, daß die Direktbanken in Zukunft auch das Internet nutzen werden, um Beratungsunterstützungssysteme zu bieten, die von der Kundschaft selbst bedient werden. Dabei ist es natürlich von Vorteil, wenn die Direktbankkunden die Produkte und ihren Nutzen schon aus dem traditionellen Bankgeschäft kennen.

Das Leistungsangebot der Direktbanken umfaßt Aktiv- und Passiv-Produkte, Wertpapiertransaktionen und teilweise auch Zahlungsverkehrsleistungen. Bei den Aktivprodukten, also *Kreditleistungen*, stellt sich für eine Direktbank in spezifischer Weise das Problem der Bonitätsprüfung. Zunächst gaben Direktbanken, insbesondere Discount Broker, nur *Lombardkredite* auf die bei ihnen geführten Wertpapierdepots, die nur zur Anschaffung von Wertpapieren durch die jeweilige Direktbank verwendet werden konnten. Dabei findet eine Bonitätsprüfung praktisch nicht statt, sondern nur eine laufende Überwachung der Wertentwicklung der vom Lombardkreditnehmer unterhaltenen Wertpapierdepots. Soweit Direktbanken *Privatkredite* geben, beispielsweise für die Finanzierung von Anschaffungen oder Urlaubsreisen, holen sie nicht nur Schufa-Auskünfte ein, sondern sie verwenden auch *Scoring-Modelle* (vgl. Kap. 4.1.1.1), um die Bonität der Kreditnehmer zu ermitteln. Als besonders schwierig erweist sich der Direktvertrieb von *Immobilienfinanzierungen*, weil dabei typischerweise die Feststellung des Beleihungswertes der als Realsicherheit dienenden Immobilien erforderlich ist. Direktbanken, die dieses Geschäft betreiben, verwenden typischerweise *Grundstückswerttabellen*, die ihnen auch ohne Objektbesichtigung einen Anhaltspunkt für die Werthaltigkeit der angebotenen Sicherheit geben. Dennoch erteilen sie Zusagen nur unverbindlich und leiten die Antragsunterlagen zur weiteren Bearbeitung an die Mutterbank oder an eine verbundangehörige Hypothekenbank weiter, die dann die endgültige Entscheidung treffen und mit dem Kunden die Geschäftsabwicklung durchführen kann.

Der Vertrieb der Passivprodukte ist vergleichsweise einfacher, weil eine Bonitätsprüfung entfällt. Grundsätzlich kommen *Einlagenprodukte* mit unterschiedlicher Fälligkeit, auch Sparpläne etc. in Betracht. Als besonders attraktiv haben sich Einlagen auf Konten herausgestellt, die täglich fällig sind und geldmarktnah verzinst werden. Dies ist ein Produkt, das traditionelle Filialbanken nicht angeboten haben, und das sich bei Discount Brokern geradezu aufdrängte, weil über solche Konten die Wertpapiergeschäfte bequem abgewickelt werden können. Nun brauchen die Kunden nicht mehr ständig zwischen einem laufenden Konto für die Wertpapierabwicklung und Termingeldkonten hin und her zu disponieren, was für die Bank mit erheblichen Betriebskosten verbunden wäre. Es wurde in Kap. 6.3.2.3.1 schon darauf hingewiesen, daß sich das Leistungsangebot der Direktbanken im Wertpapiergeschäft im Zeitablauf immer mehr angeglichen hat, so daß das Leistungsangebot der Discount Broker nur eine größere Tiefe und Spezialisierung aufweist, während die übrigen Direktbanken hinsichtlich der Breite des Leistungsangebots nachgezogen haben. Praktisch alle Direktbanken ermöglichen ihren Kunden die Anschaffung und Veräußerung von Aktien, Renten, Optionsscheinen und Investmentfonds-Anteilen. Sie unterscheiden sich aber hinsichtlich der Anzahl der in- und ausländischen Börsenplätze, hinsichtlich der Anzahl der insgesamt angebotenen Investmentfonds und auch hinsichtlich der Frage, ob Intraday Trading möglich ist.

Direktbanken, die sich als gesamtbedarfsorientiert verstehen, die also bestrebt sind, das gesamte Bankgeschäft ihrer Kunden an sich zu ziehen, müssen naturgemäß auch *Zahlungsverkehrsleistungen* anbieten. Hierzu gehört nicht nur die Durchführung von Überweisungen, sondern auch die Bereitstellung von ec-Karten und Kreditkarten. Annahme und Ausführung von Überweisungsaufträgen verursachen erhebliche Betriebskosten, denen i. d. R. aber keine Erlöse, auch nicht in Form von Kontoführungsgebühren, gegenüberstehen.

Nur einzelne Direktbanken versuchen ihren Kunden ein *gesamtbedarfsorientiertes Leistungsprogramm* zu bieten, so daß die Kunden alle ihre Bankgeschäfte über diese Direktbank abwickeln können. Hier stellt sich in ihrer ganzen Konsequenz die Frage, ob ein Bankkunde, der alle seine Bankgeschäfte über dieses Institut abwickelt, *vollkommen ohne den persönlichen Kontakt zu seiner Bank* auskommt. Kundenaufträge können telefonisch oder online entgegengenommen werden; Kontoauszüge, Scheckformulare etc. können brieflich zugestellt werden; wirklich problematisch ist für diese Institute jedoch die *Bargeldversorgung* der Kundschaft. Zur Lösung dieses Problems bieten sich verschiedene Möglichkeiten an: Entweder erhalten die Kunden einer Direktbank, die einem Bankkonzern angehört, gebührenfrei Bargeld an den GAAs der Mutterbank, oder die Direktbank betreibt ein eigenes Netz von GAAs, oder sie praktiziert eine Kostenerstattung bei Verfügungen ihrer Kunden an den GAAs anderer Institute. Es wird erwartet, daß als weitere Möglichkeit in Zukunft noch hinzukommt, daß Direktbankkunden ihre Geldkarte online an ihrem PC zu Lasten ihres Kontos aufladen können (vgl. Pischulti 1996).

Die Erstattung von Gebühren für Verfügungen an den GAAs anderer Banken führte dazu, daß sich insbesondere die Sparkassen mit ihrem landesweit umfangreichen GAA-Netz in die Rolle gedrängt sahen, daß sie, wenngleich sie Erlöse aus der Fremdnutzung ihrer GAAs erhielten, indirekt die Strategien der Direktbanken unterstützten, weil sie deren Kunden die Bargeldversorgung ermöglichten. Daraufhin hat die Sparkassenorganisation den Poolvertrag (Vereinbarung für das deutsche ec-Geldausgabeautomatensystem, vgl. Anhang 3) gekündigt und den angeschlossenen Sparkassen die Festsetzung der Gebühr für die Fremdnutzung ihrer GAAs freigestellt. Diesen *gruppenstrategischen Vorstoß* beantworteten die vier Großbanken mit der Bildung eines Pools in dem Sinne, daß sich die Kunden aller vier Großbankkonzerne an den GAAs aller vier Großbankkonzerne gebührenfrei mit Bargeld versorgen können. Durch diesen Schritt haben beide Institutsgruppen Gebühreneinnahmen verloren, und die Bedingungen für die Bargeldversorgung der Direktbankkunden haben sich grundlegend verbessert.

Es ist eine Grundsatzfrage für den Direktvertrieb von Bankleistungen, ob den Kunden eine *Beratung* geboten werden soll oder nicht. In technischer Hinsicht ist dies nicht nur bei telefonischer Kommunikation zwischen Kunde und Bank möglich, sondern im Prinzip auch auf der Basis von Beratungsunterstützungssystemen, die in die Internet-Kommunikation integriert und von den Kunden selbst bedient werden. Fast alle Direktbanken bieten ihre Leistungen aber ohne Beratung an. Nach den §§ 31 bis 37 WpHG müssen die Kreditinstitute Dienstleistungen in Wertpapieren mit der erforderlichen Sachkenntnis, Sorgfalt und Gewissenhaftigkeit erbringen. Sie müssen daher von ihren Kunden Angaben über ihre Erfahrungen und Kenntnisse in den beabsichtigten Wertpapiergeschäften, über ihre Geschäftsziele und über ihre finanziellen Verhältnisse verlangen und ihnen alle zweckdienlichen Informationen zukommen lassen. Auf diese Weise sollen sie die Voraussetzungen für eine *anleger- und objektgerechte Beratung* schaffen. Diese gesetzlichen Anforderungen können von Direktbanken nur eingeschränkt erfüllt werden, insbesondere von denen, die keine Beratung anbieten. Ihre Kunden sind zwar mitwirkungsbereit und überdurchschnittlich gut informiert, und sie nehmen ja auch bewußt das Risiko einer Tätigung von Wertpapiergeschäften ohne Beratung in Kauf. Dennoch könnten sie, wenn sie bei diesen Geschäften schwere Verluste erleiden, gegenüber der Direktbank Schadenersatzansprüche stellen. Daher versuchen die Direktbanken, die Haftung für derartige Schäden in ihren Geschäftsbedingungen oder in den Konto- und Depoteröffnungsverträgen auszuschließen. Ob ein derartiger Haftungsausschluß rechtlich Bestand haben wird, wird bezweifelt, solange hierzu keine höchst-richterliche Rechtsprechung vorliegt.

### 6.3.2.3.4 Preispolitik der Direktbanken

Die Leistungen der Direktbanken ohne Beratung sind hoch standardisiert, damit die Produktions- und Vertriebskosten niedrig gehalten werden können, und dadurch unterscheiden sich Leistungen, die denselben Zweck erfüllen, aus Kundensicht fast überhaupt nicht. Als Beispiel sei hier nur das Passivprodukt »Sichteinlage mit tagesgeldnaher Verzinsung« genannt. Praktisch alle Direktbanken bieten ein derartiges Produkt an, und sie bezeichnen es auch unterschiedlich, aber diese Anlagemöglichkeiten der verschiedenen Banken unterscheiden sich bei gleichem Anlagebetrag nur noch durch ganz geringfügig voneinander abweichende Habenzinssätze. Aufgrund des hohen *Standardisierungsgrades* der Direktbankprodukte, die aus Kundensicht jeweils denselben Zweck erfüllen, ergibt sich eine ausgeprägte *Homogenität* der Leistungsangebote. Für den Wettbewerb, nicht nur zwischen den Direktbanken, sondern auch zwischen Direktbanken und Filialbanken, ist es von entscheidender Bedeutung, daß aus Kundensicht hinsichtlich der Leistungsangebote und Preise ein hohes Maß an *Markttransparenz* herrscht. Ökonomisch vorgebildete, gut informierte und preissensible Kunden finden nun bei Direktbanken, mit denen sie telefonisch oder online kommunizieren, ideale Bedingungen vor, um Leistungen und Preise zu vergleichen und den für sie günstigsten Anbieter auszuwählen. Aufgrund der *Kostenstruktur*, die bei den Betriebskosten durch einen hohen Fixkostenanteil gekennzeichnet ist, insbesondere bei Vertrieb über Online-Systeme, kommt es, ähnlich wie bei den Fluglinien, zu einem ganz extrem ausgeprägten *Preiswettbewerb*. Die Direktbanken kommen immer mehr in Versuchung, die Preise zu senken, um Kunden zu gewinnen, weil *Kostenintransparenz* besteht, weil also die Fixkosten den Leistungen nicht verursachungsgerecht zugerechnet werden können und weil außerdem in vielen Fällen ein großer Teil der Fixkosten, z.B. die Kosten der Geschäftsabwicklungssysteme, durch die Mutterbank getragen werden.

In dieser Situation wäre es für die Direktbanken extrem wichtig, die *Kundenbindung* zu stärken und dem selektiven Einkaufen und dem damit verbundenen Bankwechsel durch die Kunden entgegenzuwirken. Mit den herkömmlichen Instrumenten können Direktbanken aber praktisch keine Kundenbindung erzielen, und die Kunden können Geschäftsabschlüsse, die sie tätigen wollen, jeweils dem Anbieter mit den günstigsten Konditionen zuweisen, wenn sie bei diesem schon Konten und Depots unterhalten. Eine gewisse *Wechselbarriere* ergibt sich dann, wenn sie Konten und Depots beim günstigsten Anbieter eröffnen müssen, bevor sie Geschäfte tätigen können. Aufgrund von Vorschriften der Abgabenordnung, des Geldwäschegesetzes, des Wertpapierhandelsgesetzes etc. muß bei der Konto- und Depoteröffnung ein umständliches und zeitraubendes Verfahren praktiziert werden, das viele Kunden doch nicht auf sich nehmen, nur um einem Anbieter z.B. Sichteinlagen zuzuweisen, die dieser, möglicherweise nur vorübergehend, 10 Basispunkte höher verzinst als seine Wettbewerber. Aus diesem Grund könnten Direktbankkunden erwägen, gleichzeitig Geschäftsbeziehungen zu einer Vielzahl von Direktbanken zu unterhalten. Damit würden sie sich aber der Gefahr aussetzen, sich bei ihren Dispositionen zu verzetteln.

In dieser Situation müssen die Direktbanken, um Gewinn zu erzielen, bestrebt sein, dem ohnehin hohen Ausmaß an *Markttransparenz entgegenzuwirken* und Intransparenz zu fördern. Hierzu bietet sich die Preispolitik an, und durch die Gestaltung der Betriebsbereitschaft, insbesondere der Erreichbarkeits- und der Wartezeiten (vgl. Kap. 6.3.2.3.2, Abschn. b)) ist eine gewisse Differenzierung möglich. Insbesondere die *Preismodelle* der Direktbanken sind teilweise so komplex, daß der einzelne Kunde nicht rational entscheiden kann, welche Direktbank für sein bankleistungsbezogenes Bedürfnisprofil insgesamt die günstigste ist. Hinzu kommt, daß Direktbankkunden in den Preisvergleich auch die Kommunikationskosten einbeziehen müssen, die ihnen entstehen, wenn sie telefonisch oder online mit ihrer Direktbank in Verbindung treten. Diese Kosten lassen sich aus Kundensicht nicht den Preisen für einzelne Bankleistungsarten zurechnen. Viel leichter ist es dagegen, die Direktbankangebote in bezug auf ein konkretes Geschäft zu vergleichen.

Von den *preispolitischen Maßnahmen* sind es insbesondere die Setzung von *Mindestpreisen* und die *Preisstaffelung*, die von den Direktbanken in verschiedenen Variationen und Kombinationen eingesetzt werden. Mindestpreise sind sinnvoll, um darauf hinzuwirken, daß Kleingeschäfte, wenn sie denn von den Kunden in Auftrag gegeben werden, möglichst zu kostendeckenden Preisen abgewickelt werden können. Ist die Preisbezugsbasis beispielsweise der Kurswert eines Wertpapiergeschäfts, dann empfiehlt sich die Berechnung einer Mindestprovision, weil die Betriebskosten der Geschäftsabwicklung praktisch überhaupt nicht von dieser Preisbezugsbasis abhängen. Viele Direktbanken praktizieren aber eine Variante des Mindestpreises und stellen den Kunden, z.B. bei Wertpapiergeschäften, eine volumensabhängige Provision und einen Festbetrag als Zuschlag in Rechnung. In diesem Beispiel kann der Provisionssatz dann volumensabhängig gestaffelt sein, d.h. schrittweise gesenkt werden, wenn der Kurswert bestimmte Grenzwerte überschreitet. Ähnlich verfährt man bei der Verzinsung von geldmarktnah verzinsten Sichteinlagen. Dem Mindestpreis entspricht hier der Zinsentgang für einen

Sockelbetrag bei der Einlage, der unverzinst bleibt, so daß Zinsen nur für Beträge oberhalb dieses Sockelbetrages gutgeschrieben werden, wobei der Zinssatz wiederum nach der Höhe des den Sockelbetrag überschreitenden Betrages gestaffelt sein kann. Andere Anbieter verzinsen den Gesamtbetrag derartiger Einlagen. Diese Beispiele mögen genügen, um zu zeigen, daß Direktbanken vielfältige Möglichkeiten haben, für ihr weitgehend homogenes Leistungsangebot ein gewisses Maß an Preisintransparenz herzustellen. An dieser Stelle sei aber auch angemerkt, daß die Direktbanken durch die Setzung von Mindestpreisen und durch die Preisstaffelung die Möglichkeit haben, Einfluß auf ihre *strategische Positionierung* zu nehmen, indem sie z.B. Kunden mit kleinen Anlagevolumina durch im Verhältnis hierzu hohe Mindestpreise abschrecken und andererseits Kunden mit großen Anlagevolumina durch im hohen Bereich niedrige volumensabhängige Preisbestandteile anlocken.

#### 6.3.2.3.5 Erstellung der durch Direktbanken vertriebenen Bankleistungen

Die Direktbanken haben nur zum Teil eigene Produktionskapazitäten für die Leistungsarten neu aufgebaut, die sie direkt vertreiben. Zumeist wurden nur I&K-Systeme entwickelt und installiert, die den Vertrieb und die Geschäftsabwicklung mit der Kundschaft unterstützen. Die sachbearbeitenden Tätigkeiten im Back Office, die eindeutig der Leistungserstellung zuzurechnen sind, werden nur teilweise von den Direktbanken und in vielen Fällen durch die Mutterbank oder sogar durch ein konzernfremdes Institut vorgenommen. Ein Markt für den *Fremdbezug von bankbetrieblichen Produktionsleistungen* besteht zwar noch nicht, dennoch sind gewisse marktliche Strukturen zu erkennen: In manchen Bankkonzernen kann die konzernangehörige Direktbank verhältnismäßig frei darüber entscheiden, ob sie Produktionsleistungen von der Mutterbank oder von dritten Unternehmen beziehen will. Sie wird diese Produktionsleistungen vom günstigsten Anbieter beziehen, sofern seitens der Mutterbank nicht doch ein gewisser Druck ausgeübt wird, um die eigene Kapazitätsauslastung zu verbessern. Die Leistungsarten, die für den Fremdbezug in Frage kommen, sind insbesondere die sog. *Transaction Services*, also Leistungsarten aus den Sparten Zahlungsverkehr, Wertpapierabwicklung und Wertpapierverwahrung sowie Kreditkarten-Abwicklung. Einzelne Institute haben Profit Center eingerichtet, deren Aufgabe es ist, Transaction Services nicht nur für das eigene Haus, sondern auch für andere Institute zu erbringen. Aufgrund von Economies of Scale bieten sie ihre Leistungen zu niedrigen Preisen an, so daß für kleinere Institute der Fremdbezug günstiger sein kann als die Eigenerstellung (vgl. Endres 1998). Zu den Instituten, die den Fremdbezug von Transaction Services praktizieren, gehören auch Direktbanken.

Die Frage, ob *Eigenerstellung oder Fremdbezug* stattfinden soll, stellt sich für eine Direktbank naturgemäß nur in bezug auf Bankleistungen, die sie wenigstens grundsätzlich auch selbst erstellen könnte. Schon bei der Immobilienfinanzierung, die durch eine Hypothekenbank erfolgen soll, wird deutlich, daß die Direktbank auch *Geschäftsvermittlung* betreiben muß, sei es innerhalb des Konzerns oder auch darüber hinaus, denn sie könnte sich schon rechtlich bedingt nicht zu einer gemischten Hypothekenbank entwickeln, weil die Errichtung dieses Institutstyps nicht mehr genehmigt werden kann. Ganz abgesehen hiervon wäre dieser Versuch natürlich auch ökonomisch nicht vertretbar. Grundsätzlich muß die Arbeitsteilung zwischen der Direktbank und ihren Partnern, denen sie Geschäfte im Auftrage ihrer Kunden vermittelt, so erfolgen, daß die Leistungen jeweils von dem Partner erbracht werden, der dies besonders kostengünstig leisten kann, und der hierfür besonders gut qualifiziert ist, so daß die Direktbank ihren Kunden Leistungen anbieten kann, die im Wettbewerb nicht nur bestehen können, sondern aufgrund ihres Preis-Leistungs-Verhältnisses für die Kundschaft attraktiv sind, so daß auch die Direktbank hierdurch Wettbewerbsvorteile nutzen kann. Entsprechendes gilt für den Fall, daß eine Direktbank auch den Abschluß von Versicherungen und Bausparverträgen vermittelt. Durch die Geschäftsvermittlung kommen Verträge zwischen Kunden und den Partnern der Bank, z.B. Versicherungen und Bausparkassen zustande. Diese Partner stellen für die Kunden eigenständige Finanzdienstleistungen bereit; sie rechnen mit den Kunden direkt ab, und sie regeln auch alle Vertragsangelegenheiten direkt mit den Kunden. Daher liegt hier seitens der Bank kein Fremdbezug vor.

Die Geschäftsbanken haben sich die Frage nach der *Leistungstiefe* lange Zeit nicht gestellt: Sie haben ganz selbstverständlich die Kapazitäten für die Produktion der von ihnen vertriebenen Bankleistungen auf- und ausgebaut und die damit verbundenen Fixkosten in Kauf genommen, um die Produktion ihrer Leistungen unter eigener Kontrolle zu haben. Dadurch konnten sie auf Nachfrageschwankungen aber nicht flexibel reagieren. Eine gewisse Arbeitsteilung wurde traditionell aber schon in den Verbundsystemen der Sparkassen und Genossenschaftsbanken praktiziert, denn sie lassen Teilleistungen im Wertpapier- und Auslandsgeschäft durch die jeweilige Landesbank bzw. die genossenschaftliche Zentralbank oder die Deutsche Genossenschaftsbank abwickeln. Durch die Gründung der Wertpapier-Servicebank AG, die die Geschäftsabwicklung für das Wertpapiergeschäft der Sparkassenorganisation übernehmen soll, wird deutlich, daß eine stärkere Zentralisierung der Geschäftsabwicklung im Wertpapiergeschäft angestrebt wird, um weitergehende Kostendegressionseffekte nutzen zu können, als dies bisher bei der Abwicklung über die jeweils zuständige Landesbank möglich ist. Solche Gemeinschaftsunternehmen sind aber auch für weitere Aufgaben der Geschäftsabwicklung denkbar.

Einzelne Direktbanken, insbesondere die Advance Bank AG, praktizieren den Fremdbezug von Produktionsleistungen von der Mutterbank oder konzernfremden Anbietern schon ganz ausgeprägt. Dadurch können ihre Kunden teilweise nicht erkennen, welcher Anbieter die einzelnen Leistungskomponenten erbracht hat. Sie gehen davon aus, daß es die Direktbank ist, und diese ist ja auch für die Qualität ihres Leistungsprogramms verantwortlich, auch für die Qualität der zugekauften Produktionsleistungen. In die *Wertschöpfungskette*, die mit der Erbringung einer Bankleistung für einen Kunden endet, können also mehrere Banken integriert sein, eine Vertriebsbank und eine oder sogar mehrere Produktionsbanken (vgl. Reimers-Mortensen/Disterer 1997). Die *Vertriebsbank* hält die Geschäftsbeziehung mit dem Kunden; sie bietet Bankleistungen an und erstellt auch gewisse Leistungskomponenten selbst. Andere Leistungskomponenten beschafft sie im Wege des Fremdbezuges von den *Produktionsbanken*, und sie integriert diese Komponenten in die Bankleistung, die der Kunde erhält. Entsprechend verfährt im Prinzip die Autoindustrie, die Komponenten, z.B. Anlasser, von Zulieferern bezieht und in ihre Fahrzeuge einbaut. Die begriffliche Unterscheidung von Produktions- und Vertriebsbanken hebt nur eine funktionsspezifische Differenzierung hervor: Es wird kaum Institute geben, die entweder nur Produktions- oder nur Vertriebsbank sind. Je nach Konfiguration der Wertschöpfungskette können sie aber die eine oder die andere Rolle spielen.

### 6.3.2.3.6 Marketing-Kommunikation der Direktbanken

*Vertrauen* ist die wichtigste Voraussetzung dafür, daß Kunden mit einer Bank Geschäfte abwickeln: Einleger vertrauen ihrer Bank Geld an, um dafür Erträge, z.B. Zinserträge, zu bekommen. Banken vertrauen ihren Kreditnehmern, denen sie nach der erforderlichen Bonitätsprüfung Geld zur Verfügung stellen, verbunden mit der Verpflichtung, vertragsgemäß Zins- und Tilgungszahlungen zu leisten. Wäre dieses Vertrauen aus Kundensicht nicht erforderlich, das Bekanntheit im Markt und ein Image voraussetzt, das Zuverlässigkeit, Leistungsfähigkeit etc. der Bank gegenüber dem Publikum signalisiert, dann könnte jeder *Internet Service Provider*, der über eine Banklizenz verfügt, als Direktbank auftreten. Einige Direktbanken versuchten zunächst, das Geschäft unter einem *Firmennamen* aufzunehmen, der ihre Zugehörigkeit zu einem Bankkonzern nicht erkennen ließ. Von diesem ausgeprägten Unabhängigkeitsstreben sind sie dann aber später abgewichen, so daß festzustellen ist, daß die konzernangehörigen Direktbanken in Deutschland gegenwärtig zwar unter eigenem Firmennamen auftreten, die Zugehörigkeit zu einem Bankkonzern aber durch einen Zusatz wie «ein Unternehmen der XY-Bank-Gruppe» signalisieren. Dadurch wird ein gewisser Image-Transfer von der Mutterbank auf die Direktbank bewirkt, die dann immer noch mit einer eigenen Marke und einem eigenen Logo, aber unter der Dachmarke der Mutterbank auftreten kann.

Direktbanken, die auf *Neukundengewinnung* ausgerichtet sind, müssen sich beim Markteintritt durch aufwendige Werbemaßnahmen im Markt bekanntmachen, und sie müssen auch im laufenden Betrieb in großem Umfang Werbung betreiben, denn sie wären andernfalls für ihre Kunden und potentiellen Kunden im Markt nicht wahrnehmbar, insbesondere nicht sichtbar. Grundsätzlich kommen alle wichtigen Werbemedien für Direktbanken in Betracht, mit denen sie ihre Zielgruppen erreichen. Die Print-Medien haben dabei besondere Bedeutung, weil sie sichtbare Elemente der Direktbank zeigen wie z.B. Firmennamen, Logo und Werbebotschaft, dargestellt durch graphische Elemente wie Schrifttype, Schriftzüge, Farben und Formate, die in den verschiedenen Medien einheitlich verwendet und über längere Zeit durchgehalten werden, so daß ein hoher Wiedererkennungswert aus der Sicht des Publikums gewährleistet ist. Anzeigen in Zeitungen und Zeitschriften bieten darüber hinaus die Möglichkeit, daß Antwort-Kupons gedruckt werden, die den Interessenten die Kontaktaufnahme mit der Bank erleichtern. Nur am Rande sei erwähnt, daß die Bank hierdurch auch die Möglichkeit zur Werbeerfolgskontrolle erhält. Im Gegensatz zu den auf Neukundengewinnung ausgerichteten Direktbanken sind die *integrierten Direktvertriebseinheiten*, deren Hauptaufgabe in der *Bestandskundenpflege* besteht, sehr zurückhaltend beim Einsatz von Instrumenten der Marketing-Kommunikation. Sie sind im Markt typischerweise nicht allgemein bekannt, sondern sie werden durch die Kundenberater denjenigen Kunden empfohlen, die im Beratungsgespräch zeigen, daß sie die typischen Merkmale von Direktbankkunden aufweisen und geneigt sind, tatsächlich zu einer Direktbank zu wechseln. Die integrierte Direktvertriebseinheit hat für solche Kunden die Aufgabe, sie als Kunden der Bank zu erhalten und ihnen selektiv die Inanspruchnahme von preisgünstigen Direktbankleistungen zu ermöglichen.

Die Tatsache, daß Direktbanken für die Kundschaft nicht sichtbar und insbesondere nicht durch Bankgebäude präsent sind, ist und bleibt ein Problem für Direktbanken. Aus diesem Grund sind einzelne Institute wie z.B. Charles Schwab schon wieder dazu übergegangen, in größeren Städten jeweils eine Geschäftsstelle zu unterhalten. Diese haben einerseits die Aufgabe, den Interessenten, die von der Bank schon ausführliches Informationsmaterial erhalten haben, eine möglichst unbürokratische Eröffnung ihrer Konten und Depots zu ermöglichen. Andererseits sollen sie, für Kunden und Nichtkunden sichtbar, die Direktbank im Markt als real existierendes Unternehmen repräsentieren, das Geschäftsstellen betreibt, Mitarbeiter beschäftigt und Service bietet, also für Interessenten erlebbar ist.

### 6.3.2.3.7 Strategische Aspekte des Direktbankgeschäfts

**a) Ausgangspunkt**
Zu Anfang der 90er Jahre wurde deutlich, daß ausländische Direktbanken wie z.B. der in den USA sehr erfolgreich operierende Discount Broker Charles Schwab möglicherweise bald in den deutschen Markt eintreten könnten. Um im Direktbankgeschäft Erfahrungen zu sammeln und bei einem Markteintritt ausländischer Anbieter im Inlandsmarkt schon mit einer eigenen Direktbank präsent zu sein, errichtete z.B. die Bayerische Hypotheken- und Wechsel-Bank AG die Direkt Anlage Bank AG als Discount Broker, und die Commerzbank folgte bald darauf mit der Gründung der comdirekt bank. In kurzer Zeit wurden zahlreiche weitere Direktbanken errichtet, so daß sich ein lebhafter Wettbewerb unter diesen Direktbanken entwickelt hat, die alle versuchten, mit ihrer Kundenzahl den Break-even point zu überschreiten. So gerieten sie alle in eine *Offensivstrategie*, was für das Kreditgewerbe insgesamt zur Folge hatte, daß man sich nicht nur gegenseitig die Kunden abwarb, sondern daß auch die Mutterbanken Kunden an die Direktbanktöchter verloren. Diese Intensivierung des Wettbewerbs hat dazu geführt, daß Direktbankkunden ihre Bankleistungen zu verhältnismäßig niedrigen Preisen erhalten, und daß den herkömmlichen Instituten dieses Geschäft sowie die damit verbundenen vergleichsweise höheren Margen entgehen. Hinsichtlich der Kunden, die von der Mutterbank zur konzernangehörigen Direktbank wechselten, wurde immer wieder von Kannibalisierung des Kundenbestandes der Mutterbank gesprochen, was aber nicht ganz zutreffend ist. Wenn der Bankenmarkt schon durch das Auftreten konkurrierender Direktbanken seine Struktur verändert hat, dann erscheint es aus der Sicht der einzelnen Konzernmutter durchaus sinnvoll, eine Direktbank zu betreiben, so daß die von der Mutterbank abwandernden Kunden wenigstens bei einem Institut innerhalb des Konzerns bleiben. Diese Strategie ist so lange sinnvoll, wie jeder von der Mutterbank zur Direktbanktochter abwandernde Kunde bei letzterer zumindest noch einen kleinen positiven Erfolgsbeitrag erbringt. Insofern liegt hier in bezug auf diese Kundengruppe eine *Defensivstrategie* vor. Eine Defensivstrategie gegenüber dem möglichen Markteintritt ausländischer Direktanbieter kam dagegen noch nicht zur Geltung, weil deren Markteintritt noch nicht erfolgt ist. Offenbar steht er für Charles Schwab aber bevor.

**b) Chancen und Risiken der Direktbanken**
Das *Marktpotential* der Direktbanken, gemessen durch die Anzahl der für das Direktbankgeschäft in Betracht kommenden Privatkunden, besteht aus den gut informierten, mitwirkungsbereiten und preissensiblen Privatkunden, die die Telefon- oder Online-Kommunikation für ihre Bankkontakte akzeptieren. Marktforschungsergebnisse zeigen an, daß derzeit ca. 20 % der Privatkunden nach wie vor ausschließlich am Stützpunkt ihrer Bank bedient werden wollen, daß weitere ca. 60 % ihre Bankgeschäfte sowohl am Stützpunkt ihrer Bank als auch über Telekommunikationsmedien abwickeln wollen, und daß die restlichen ca. 20 % bereit sind, ihre Geschäfte ausschließlich über Telekommunikationsmedien mit einer Direktbank zu tätigen.

Die *Konkurrenzsituation*, in der sich die Direktbanken befinden, ist einerseits durch den Wettbewerb der Direktbanken untereinander und andererseits durch die Konkurrenz zwischen Direktbanken und Filialbanken gekennzeichnet. Die Direktbanken, die keine Beratung anbieten, operieren in einem aus Kundensicht transparenten Markt, in dem sie weitgehend gleichartige (homogene) Leistungen anbieten, in dem die Nachfrager gut informiert, aktiv und preissensibel sind, und in dem Markttransparenz-Agenten tätig sind, die für die Nachfrager die günstigsten Angebote ermitteln. Markttransparenz-Agenten gibt es schon seit Jahrzehnten. Soweit sie konventionell arbeiten, führen sie

Preisvergleiche durch und veröffentlichen die Ergebnisse in Verbrauchermagazinen o.ä. Durch ihr Dienstleistungsangebot haben sie sich einen eigenen Markt geschaffen, indem sie andere Märkte für Konsumenten transparent machen. Im Internet bieten Markttransparenz-Agenten den Einsatz von Software-Agenten an, z.B. www.acses.com, die umfassend nach den günstigsten Angeboten von Waren und Dienstleistungen suchen, nachdem der Internet-Nutzer die Art des Produkts oder der Dienstleistung, die er sucht, spezifiziert hat (vgl. Scheuerer 1999).

Die Struktur des Marktes, in dem Direktbanken operieren, die keine Beratung anbieten, kommt dem theoretischen *Konstrukt des vollkommenen Marktes* der mikroökonomischen Theorie schon sehr nahe. Bemerkenswert ist dabei, daß die mikroökonomische Theorie für den vollkommen Markt die dauerhafte Entstehung von Gewinn, abgesehen von Windfall Profits, nicht vorsieht. Die Direktbanken, die keine Beratung anbieten, sind zwar bestrebt, bei ihren Kunden eine gewisse Kundenbindung, also Marktunvollkommenheiten, zu schaffen, jedoch mit wenig Erfolg. Der Wettbewerb wird primär als *Preiswettbewerb* ausgetragen, was bisher dazu geführt hat, daß diese Direktbanken nicht profitabel arbeiten. Die erzielbar erscheinenden Erfolgsbeiträge dieser Direktbanken sind also gering. Hinzu kommt, daß diese Institute auch kaum noch über ein bisher nicht genutztes *Rationalisierungspotential* verfügen. Aufgrund des Preiswettbewerbs müssen sie weiterhin bestrebt sein, ihre Betriebskosten auf das absolute Minimum zu senken, aber sie haben hierfür offenbar kaum noch Spielraum.

### c) Strategische Stoßrichtungen für Direktbanken

Direktbanken, die keine Beratung anbieten und den Wettbewerb primär als Preiswettbewerb austragen, verfolgen die *Grundstrategie der Kostenführerschaft*. Die *Wachstumsrichtung*, die sie realisieren möchten, ist ganz eindeutig die *Expansion* durch Neukundengewinnung. Ob das Wachstum ihrer Kundenzahl, primär zu Lasten der Filialbanken, ausreichen wird, um den Break-even point zu überwinden und Gewinn zu erzielen, bleibt aber fraglich.

Eine der in Deutschland tätigen Direktbanken bietet ihren Kunden nicht nur die gängigen *Direktbankleistungen mit Beratung*, sondern insbesondere auch komplexe Anlageleistungen und Zusatzleistungen an, und ihre Kunden zahlen dafür auch deutlich höhere Preise als die Kunden der Direktbanken ohne Beratung. Die Grundstrategie dieser Direktbank mit Beratung kann als *Differenzierungsstrategie* bezeichnet werden, und die Wachstumsrichtung, die diese Bank anstrebt, ist auch ganz eindeutig die *Expansion* durch Neukundengewinnung. Die Geschäftskonzeption, die diese Bank verfolgt, ist hinsichtlich Einkommen und Vermögen auf ein höher positioniertes Kundensegment ausgerichtet, aber auch mit dieser Konzeption hat die Bank bisher noch nicht die Gewinnzone erreicht.

Bankkonzerne, die unprofitable Direktbanken betreiben, werden diesen Zustand nicht auf Dauer hinnehmen, sondern versuchen, diese Verlustquellen zu beseitigen. Da die Schließung einer Direktbank mit einer Image-Belastung der Mutterbank verbunden wäre, ist damit zu rechnen, daß zwar einerseits das Direktbankangebot aufrechterhalten wird, andererseits aber Reorganisationsmaßnahmen mit dem Ziel ergriffen werden, Teile der bei Direktbanken entstehenden Betriebskosten abzubauen.

### d) Alternativen für eine strategische Neuausrichtung des Direktbankgeschäfts

Aus der Sicht der *Direktbanken* kam nur eine *Offensivstrategie* in Betracht, die auf die Gewinnung von Neukunden ausgerichtet ist, obwohl die *Mutterbanken*, von denen diese Institute errichtet worden sind, hiermit im Grunde eine *Defensivstrategie* verfolgt haben. Wenn es den Direktbanken nicht gelingt, auf Dauer in die Gewinnzone zu kommen, liegt es nahe, daß ihre jeweilige Mutterbank der ursprünglichen Defensivstrategie zur Geltung verhilft und ihrem Direktbankgeschäft eine neue strategische Ausrichtung gibt. In Betracht kommt insbesondere, daß die Mutterbank eine *Reintegration ihres Direktbankgeschäfts* vornimmt, so daß nur noch eine integrierte Direktvertriebseinheit verbleibt. Diese hätte die Aufgabe, als ergänzender Vertriebsweg den Teil des Kundenbestandes zu verteidigen, der aus Kundensicht die Vorteile des Direktvertriebs nutzen möchte und abwanderungsbereit ist.

In Zusammenhang mit einer *Neuorientierung des Stützpunktsystems* der Mutterbank könnte dem Direktvertrieb aber auch eine ganz andere Stoßrichtung gegeben werden. Die Kreditinstitute beklagen seit langem schon, daß ihr Vertrieb über ein im internationalen Vergleich sehr dichtes Stützpunktsystem zu aufwendig sei, und es wird eine Ausdünnung der Stützpunktsysteme diskutiert, ohne daß bisher tiefgreifende Veränderungen stattgefunden hätten. Einerseits wird eine *funktionsbezogene Differenzierung der Stützpunkte* betrieben, so daß sogenannte Kompetenzzentren entstehen, also Stützpunkte für Anlageberatung, Immobilienfinanzierung, Firmenkundenbetreuung etc., die in einem weitmaschigen Netz bestehen, weil die Kunden hier ohnehin nicht ihren täglichen Bedarf befriedigen. Andererseits gibt es *neue Stützpunkttypen* insbesondere für die Mengenkundschaft, Stützpunkte mit »Bedienter Selbstbedienung« (vgl. Kap. 6.3.1) und Bank-Shops in den großen Einkaufszentren, mit deren Hilfe den Mengenkunden Bankleistungen zu möglichst niedrigen Vertriebskosten geboten werden sollen. In diesem Zusammenhang könnten auch Direktbanken, möglicherweise nach einer Reintegration in die Mutterbank als Zwischenschritt und einer Wiederausgliederung und Neupositionierung, die Aufgabe übernehmen, das gesamte strategische Geschäftsfeld der Mengenkunden der Mutterbank zu bearbeiten, so daß die Mengenkunden von den dann bestehenbleibenden Stützpunkten überhaupt nicht mehr bedient würden.

### 6.3.2.4 Bewertung des Systemeinsatzes von Direktbanken bezüglich der Effizienzkriterien

Ebenso wie für Stützpunkte mit BSB ist auch für Direktbanken der umfassende Einsatz von I&K-Systemen von grundlegender Bedeutung. Ohne diesen Systemeinsatz wären Direktbanken nicht realisierbar. Die Frage nach der Effizienz der Systeme ist hinsichtlich der Direktbanken aber neu zu formulieren, einerseits für die Perspektive der Mutterbank, die eine Direktbank betreibt, und andererseits für die Direktbank selbst.

Führt man sich noch einmal die Entstehungsgeschichte der Direktbanken in Deutschland vor Augen (vgl. Kap. 6.3.2.3.7), dann wird deutlich, daß der Gründung dieser Institute durch die jeweilige *Mutterbank* eine *Defensivstrategie* zugrunde lag: Man wollte ausländischen Wettbewerbern zuvorkommen, von denen man erwartete, daß sie mit Direktbanken in den deutschen Markt eintreten würden. Man wollte also primär einer Bedrohung entgegentreten und erst sekundär – wenn überhaupt – neue Erfolgspotentiale aufbauen. Möglicherweise war die Defensivstrategie wirklich erfolgreich, denn der Markteintritt ausländischer Direktbanken ist bisher mit Ausnahme einzelner Institute, die gezielt beispielsweise Termingeldkonten anbieten, ausgeblieben. Der Preis, den die Mutterbanken für diesen Erfolg zahlen mußten, war aber ganz erheblich: Fast alle deutschen Direktbanken arbeiten auch Jahre nach ihrer Gründung noch mit Verlust, und, was möglicherweise noch viel tiefgreifender ist, sie haben dazu beigetragen, den Markt für das Retail Banking zu verändern, insbesondere die Produkte zu standardisieren und die Markttransparenz zu erhöhen, die Preisempfindlichkeit der Retail-Kunden zu steigern und die Margen zu verengen. Ob dieser Prozeß unausweichlich war, läßt sich auch ex post nicht klären. Die Frage nach der Effizienz des Systemeinsatzes, der mit dem Betrieb von Direktbanken untrennbar verbunden ist, läßt sich daher aus der Perspektive der Mutterbanken, die sich immer noch fragen, ob die Gründung einer Direktbank sinnvoll war, nicht beantworten.

Für die Geschäftsleitung einer Direktbank, die die Aufgabe hat, mit diesem Institut ein möglichst gutes (wenn auch noch negatives) Ergebnis zu erzielen, stellt sich die Frage nach der Effizienz des Systemeinsatzes in herkömmlicher Weise. Die Systeme, die primär der Kommunikation und der *Geschäftsabwicklung* (Grundfunktion) bei hoch standardisierten Kredit-, Einlage-, Wertpapier- und Zahlungsverkehrsleistungen dienen, ermöglichen *neue Geschäftsprozesse mit Kunden* bei der Erstellung *konventioneller Bankleistungen* (vgl. Abb. 1.6.2-2). Unter der Voraussetzung, daß ihre Nutzungsfrequenz den jeweiligen Break-even point überschreitet (vgl. Kap. 1.6.2.3), leisten die Systeme einen wichtigen Beitrag, um die *Wirtschaftlichkeit* von Produktion und Vertrieb der Direktbanken aufs Äußerste zu steigern. Dies ist von besonderer Bedeutung, weil die Direktbanken den Wettbewerb praktisch nur als Preiswettbewerb austragen. Bei bestimmten Bankleistungen, oder auch nur Teilleistungen davon, ergibt sich ein *Kundennutzen* (vgl. Abb. 1.6.2.1-2), der direktbank-spezifisch ist, insbesondere bezüglich der Aktualität der Geschäftstransparenz (Nutzendimension 1.1), der räumlichen und zeitlichen Verfügbarkeit der Leistungen (Nutzendimensionen 2.1 und 2.2), bezüglich Ort und Zeitraum der Auftragserteilung (Nutzendimensionen 3.1 und 3.2), bezüglich Bedienungszeit und Abwicklungszeit (Nutzendimensionen 4.1 und 4.2) sowie bezüglich Diskretion und Preis (Nutzendimensionen 9.1 und 11). Direktbankkunden nehmen aber auch *Nutzendefizite* in Kauf, insbesondere die Enge und Standardisierung des Leistungsprogramms und die Einschränkungen bei der Kunde-Bank-Kommunikation auf der Grundlage von Telekommunikationsnetzen.

Die primär der Geschäftsabwicklung dienenden Systeme der Direktbanken stehen in direktem Kundengeschäftsbezug, und sie werden bankintern eingesetzt (vgl. Abb. 1.6.2.4-1). Diese Systeme sind für die Direktbankkunden zwar mit zusätzlichem Kundennutzen hinsichtlich verschiedener Dimensionen verbunden, aber das bringt der einzelnen Direktbank *keine Wettbewerbsvorteile* ein, weil praktisch alle Direktbanken über derartige Systeme verfügen, die sich aus Kundensicht mit ihren Funktionen nur wenig unterscheiden.

## 6.4 Virtuelle Bank

### 6.4.1 Aspekte der Virtualität

Die Bezeichnung virtuell kommt häufig in Begriffsverbindungen vor wie z.B. (vgl. Klein 1997):

- virtual memory (virtuelle Speicherverwaltung im Computer),
- virtual reality (z.B. simulierter Flug über dem Grand Canyon),
- virtual products (vom Käufer online konfigurierbare Produkte),
- virtual processes (in I&K-Systemen ablaufende Geschäftsprozesse),
- virtual communities (nur in Kommunikationsnetzen existierende Gruppen wie z.B. Chat Groups) und
- virtual organizations (virtuelle Organisationen).

Hierbei steht der Ausdruck »virtuell« für «nicht wirklich, scheinbar oder der Anlage nach vorhanden«. Nach dieser Auffassung ist virtuell die Eigenschaft einer Sache, »die zwar nicht real, aber doch in der Möglichkeit existiert; Virtualität spezifiziert also ein konkretes Objekt über Eigenschaften, die nicht physisch, trotzdem ihrer Leistungsfähigkeit nach vorhanden sind« (vgl. Scholz 1997, S. 321). Diese *Definition* macht deutlich, daß es keine Virtualität an sich gibt, sondern immer nur in bezug zu einem konkreten Objekt. Aus der Sicht eines Unternehmens sind virtuelle Produkte, virtuelle Leistungsprozesse und virtuelle Organisationsformen von besonderer Bedeutung. In Kreditinstituten sind virtuelle Produkte und virtuelle Leistungsprozesse bei der kundenbezogenen Wertschöpfung sehr verbreitet, und physische Aktivitäten wie Transport und Bearbeitung von Dokumenten und Akten sind im Laufe der Zeit stark in den Hintergrund getreten. Die physischen Tätigkeiten wurden in großem Umfang durch elektronische Vorgänge ersetzt: Dokumente, Zahlungsmittel etc. werden elektronisch transportiert; Produkte werden elektronisch repräsentiert, z.B. Wertpapiere in Form von Wertschriften; die Bearbeitung von Produkten und Vorgängen im Vertrieb und im Back Office erfolgt elektronisch (vgl. Picot/Neuburger 1998).

Virtuelle Organisationsformen entstehen durch kundenproblemorientierte Vernetzung von standortverteilten Wirtschaftseinheiten, die an einem koordinierten arbeitsteiligen Wertschöpfungsprozeß beteiligt sind. Die Struktur einer virtuellen Organisation wird jeweils individuell durch die Struktur der Kundenbedürfnisse bestimmt, die einem Kundenauftrag zugrunde liegen. *Virtuelle Organisationsformen* gibt es für verschiedene Objekte wie beispielsweise

- virtuelle Mitarbeiter,
- virtuelle Teams und
- virtuelle Unternehmen.

*Virtuelle Mitarbeiter* sind nicht physisch in einem Unternehmen präsent, sondern sie sind der Möglichkeit nach verfügbar, wenn man sie z.B. über Telekommunikationsnetze in das betriebliche Geschehen einbeziehen kann. Dies ist in unterschiedlicher Form möglich, durch Teleheimarbeit oder alternierende Telearbeit, Satellitenbüros, Nachbarschaftsbüros, mobile Telearbeit etc. Unter *virtuellen Teams* versteht man die flexible und problemorientierte Zusammenführung interner Mitarbeiter und externer Partner für die Dauer eines Projektes zu einem Team. *Virtuelle Unternehmen* entstehen dann durch eine flexible, problem- und aufgabenbezogene Verknüpfung von Wirtschaftseinheiten mit jeweils unterschiedlichen Stärken zur Realisierung gemeinsamer Ziele; nach der einzelfallbezogenen Zielerreichung lösen sie sich möglicherweise wieder auf.

## 6.4.2 Virtuelle Unternehmen

Die Grundidee eines virtuellen Unternehmens geht auf Davidow/Malone (1993) und Mowshowitz (1994) zurück. Unter einem virtuellen Unternehmen versteht man ein Unternehmen, das zwar Leistungen erstellt, physisch im Extremfall aber nur in Form einer Koordinationsinstanz vorhanden ist. Aus institutioneller Sicht ist ein virtuelles Unternehmen typischerweise ein kooperatives, flexibles Netzwerk von rechtlich selbständigen Unternehmen, die Ressourcen gemeinsam nutzen und ihre jeweiligen Stärken in die gemeinsame Aufgabenerfüllung einbringen. Dabei verzichtet man weitgehend auf die Institutionalisierung zentraler Funktionen und hierarchischer Strukturen. Ein virtuelles Unternehmen hat durch die gemeinsame Nutzung von Kapazitäten größere Potentiale als ein traditionelles Unternehmen, es ist aber nur eine »Als-Ob-Organisation«, die ihre Funktionen ohne traditionelle Mittel wie z.B. persönliche Kommunikation erreicht. Ein virtuelles Unternehmen ist also eine flexible, die Autonomie der Akteure erhaltende und häufig befristete Organisationsform mit einem geringen Grad an Formalisierung. Für die Schaffung virtueller Strukturen ist der Einsatz der I&K-Technik unbedingt erforderlich, denn nur mit ihrer Hilfe kann man dezentrale Verantwortung mit zentraler Kontrolle, lokale Präsenz mit globaler Reichweite und Wettbewerb mit Kooperation verbinden (vgl. Klein 1997).

**a) Gestaltungsziele für virtuelle Unternehmen**
Zu den Gestaltungszielen für virtuelle Unternehmen gehören insbesondere

- Flexibilität,
- Wirtschaftlichkeit,
- Wettbewerbsvorteile sowie die
- Akquisition von zusätzlichem Geschäft.

Die *Flexibilität* soll das virtuelle Unternehmen befähigen, die Bedürfnisse seiner Kunden inhaltlich und zeitlich paßgenau zu befriedigen. Daher muß es auf Nachfrageschwankungen flexibel reagieren können, was in qualitativer und quantitativer Hinsicht durch eine gemeinsame Kapazitätsausnutzung innerhalb des virtuellen Unternehmens ermöglicht werden soll. Das virtuelle Unternehmen besteht aus einem Netzwerk real existierender Unternehmen, die ihre Produktionskapazität aufgrund der Vernetzung weit über ihre eigenen Kapazitäten hinaus steigern können, solange ihnen die Partnerunternehmen Teile ihrer Kapazitäten zur Verfügung stellen können. In diesem Sinne versteht Müller-Stewens (1997b) unter der Virtualisierung einer Organisation deren Flexibilisierung mit Hilfe *interorganisatorischer Wertschöpfungspartnerschaften*. Hier kommt eine Orientierung des virtuellen Unternehmens am Wertschöpfungsprozeß zum Ausdruck, der von den Partnern im Netzwerk gemeinsam zur Erfüllung eines Kundenauftrages realisiert wird. Diese Wertschöpfungspartnerschaften unterscheiden sich deutlich von den klassischen Hersteller-Lieferanten-Verhältnissen, die auf dauerhaften vertraglichen Bindungen beruhen und daher die Flexibilität der Partner einschränken.

Zu den Gestaltungszielen der virtuellen Unternehmen gehört auch die Verbesserung der *Wirtschaftlichkeit*. Im Rahmen der Wertschöpfungspartnerschaften im Netzwerk werden jeweils die Unternehmen an der Ausführung eines Kundenauftrages beteiligt, die die ihnen übertragenen Aufgaben aufgrund von Economies of Scale besonders kostengünstig erfüllen können, auch wenn hierbei zu berücksichtigen ist, daß bei virtuellen Unternehmen *Koordinationskosten* anfallen, die höher sein können als bei innerhalb eines konventionellen Unternehmens ablaufender Koordination der zu einem Kundenauftrag gehörenden Aktivitäten.

*Kernkompetenzen* sind unternehmensspezifische Fähigkeiten, die von den Wettbewerbern nur schwer imitiert werden können. Sie werden flankiert durch Komplementärkompetenzen, die dem Unternehmen Spezialisierungs-, Größen- oder Integrationsvorteile bringen. *Peripheriekompetenzen* sind für die Wettbewerbsposition des Unternehmens dagegen von untergeordneter Bedeutung, so daß sie nicht unternehmensintern bereitgehalten werden müssen. Das Unternehmen kann Leistungen, die nur Peripheriekompetenzen erfordern, auch im Wege des Fremdbezuges beschaffen (vgl. Picot/Reichwald/Wigand 1998). Virtuelle Unternehmen, die sich jeweils auf ihre Kernkompetenzen konzentrieren, tragen im Netzwerk jeweils zu einem Kundenauftrag die Teilleistungen bei, die sie besonders gut erbringen können, beispielsweise mit einer geforderten hohen Qualität, zu besonders niedrigen Kosten o.ä. Dies verschafft auch dem virtuellen Unternehmen *Wettbewerbsvorteile*. Das Zusammenwirken der Partner im Netzwerk trägt auch zur Akquisition von zusätzlichem Geschäft bei, weil die Partner nicht nur Aufträge im Netzwerk vergeben, sondern auch Aufträge von anderen Partnern im Netzwerk erhalten, die über eigene Kundenbeziehungen verfügen.

**b) Zur Einordnung: Konzepte für die Prozeßorganisation**
Das virtuelle Unternehmen als interorganisatorische Wertschöpfungspartnerschaft kann als ein spezielles Konzept der Prozeßorganisation betrachtet werden. Abb. 6.4.2-1 gibt einen breiten Überblick über die Konzepte der Prozeßorganisation.

| Ansätze | Was ist der Beitrag? | Wo sind die Grenzen? |
|---|---|---|
| Ansätze 1. Ordnung: Finetuning der Wertschöpfungsaktivitäten | | |
| Qualitäts-management | - systematische Prozeßsichtweise<br>- Teams garantieren die Integration<br>- Ermächtigung der Prozeßbeteiligten | - produktionstechnisch dominiert<br>- fokussiert auf Fehlerquotenreduktion<br>- eher inkrementale Verbesserungen |
| Kontinuierliche Verbesserung (Kaizen) | - Permanenz des Verbesserns<br>- auch Qualitätssprünge denkbar | - starke Ausrichtung an der Fertigung |
| Ansätze 2. Ordnung: Überprüfung der Prozesse am Wettbewerb | | |
| Benchmarking; Best Practice | - Einbezug der Konkurrenz<br>- Prozesse als Wettbewerbsvorteile | - man »läuft systematisch hinterher«<br>- begrenzte Beobachtbarkeit<br>- eher suboptimierend denn systemisch |
| Lean Production | - auf Flexibilität ausgerichtet<br>- kostenneutrale Anhebung der Leistung<br>- systemisch | - industrieller Fokus |
| Ansätze 3. Ordnung: Optimierung des Wertschöpfungsprozesses | | |
| Kunden-orientierung | - an Kundenbedürfnissen ausgerichtet<br>- Verbreiterung des Kundenkontakts<br>- Markt als zentrale Feedback-Instanz | - begrenzte Erfaßbarkeit<br>- Verzerrung bei »indirektem« Kunden |
| Business Process Reengineering | - radikale Veränderungen<br>- expliziter Hinzuzug Externer | - Ausrichtung an Strukturgrößen<br>- begrenzte Veränderbarkeit<br>- Verfügbarkeit neuer Fähigkeiten |
| Ansätze 4. Ordnung: Konfiguration der Wertschöpfungskette | | |
| Virtuelle Organisation | - Effizienz einer Marktkoordination<br>- Flexibilität über Partnerschaften<br>- Informationstechnol. als »Enabler« | - eingeschränkte Kontrolle<br>- Kooperationskompetenz |
| Netzwerk-Organisation | - permanentes Redesign<br>- Beherrschung nicht notwendig<br>- offen für neue Geschäfte | - indirekte Abhängigkeiten<br>- Funktionieren des Marktes<br>- Dilemma Konkurrenz/Kooperation |
| Hybride Organisation | - vereint unterschiedl. Prozeßarten<br>- »mass customization«<br>- kundenorientierte Organisation | - Integration der Prozesse |

Abb. 6.4.2-1: Konzepte zur Prozeßorganisation
nach: Müller-Stewens (1997a)

Müller-Stewens (1997a) hat hier zu den neueren Konzepten wie Qualitätsmanagement, kontinuierliche Verbesserung, Benchmarking und Best Practice, Lean Production, Business Process Reengineering, virtuelle Organisation etc. eine hilfreiche Kategorisierung vorgenommen. Er zeigt, daß bei Qualitätsmanagement und kontinuierlicher Verbesserung nur ein Finetuning der Wertschöpfungsaktivitäten vorgenommen wird, während Benchmarking und Best Practice sowie Lean Production nur eine Überprüfung der Prozesse am Wettbewerb beinhalten. Business Process Reengineering dient der Optimierung des Wertschöpfungsprozesses. Die *virtuelle Organisation*, die Netzwerk-Organisation und die hybride Organisation erscheinen in der hier besonders interessierenden Kategorie der *Konfiguration der Wertschöpfungskette*. Während die Ansätze in den ersten drei Kategorien auf unternehmensinterne Wertschöpfungsaktivitäten ausgerichtet sind, überschreiten die zur vierten Kategorie gehörenden Konzepte zur Prozeßorganisation die Grenzen des betrachteten Unternehmens, weil sie Wertschöpfungsketten konfigurieren, in die auch andere Unternehmen eingebunden sind.

### c) Charakteristika und Realisierungsprinzipien von virtuellen Unternehmen

Zu den Charakteristika von virtuellen Unternehmen gehören insbesondere die Modularität, die Heterogenität und die räumliche und zeitliche Verteiltheit (vgl. Picot/Reichwald/Wigand 1998). Die Grundbausteine der virtuellen Unternehmen sind *modulare Einheiten* (Einzelunternehmen) mit dezentraler Entscheidungskompetenz und Ergebnisverantwortung. Sie haben unterschiedliche Leistungsprofile bezüglich ihrer Stärken und Kompetenzen. Es ist gerade diese *Heterogenität*, die dazu beiträgt, daß sie sich im Netzwerk gut ergänzen und dem virtuellen Unternehmen als Ganzes Wettbewerbsvorteile verschaffen. Sie sind *räumlich verteilt angesiedelt*, und sie werden bei der Leistungserstellung *zeitlich verteilt tätig*.

Von den *Realisierungsprinzipien* der virtuellen Unternehmen sind insbesondere das Offen-Geschlossen-Prinzip sowie das Komplementaritäts- und das Transparenzprinzip zu nennen. Das *Offen-Geschlossen-Prinzip* beruht darauf, daß das virtuelle Unternehmen modular aufgebaut ist. Am Markt tritt es geschlossen auf, aus Kundensicht also als eine Wirtschaftseinheit, der man Aufträge erteilen kann. Im Innenbereich weist es aber offene und dynamische Strukturen auf, so daß es sich jeweils auftragsbezogen an die konkreten Kundenwünsche anpassen und die Netzwerkpartner in die Auftragsabwicklung einbeziehen kann, die hierfür aufgrund ihrer Stärken, insbesondere bezüglich Leistungsangebot und Kostenstruktur, am besten geeignet sind. Göransson/Schuh (1997) unterscheiden bei virtuellen Unternehmen stabile und dynamische Unternehmensnetzwerke. Das *stabile Netzwerk*, das einem virtuellen Unternehmen zugrunde liegt, umfaßt eine Anzahl von Unternehmen, die grundsätzlich zu einer Zusammenarbeit im Rahmen eines virtuellen Unternehmens bereit sind, und die möglicherweise auch schon im Sinne eines virtuellen Unternehmens zusammenwirken. *Dynamische Netzwerke* kommen dagegen kundenauftragsbezogen zustande: Wenn ein Kunde einem Netzwerkpartner einen Auftrag erteilt, den dieser nicht selbst in vollem Umfang ausführen kann, dann stellt er aus den Unternehmen, die zum stabilen Netzwerk gehören, ein dynamisches Netzwerk zusammen, das nur die Aufgabe hat, diesen Kundenauftrag zu erfüllen, und das sich danach wieder auflöst. Dieses dynamische Netzwerk ist in dem Sinne offen, daß es sich bei jedem Kundenauftrag als Wertschöpfungspartnerschaft neu konfiguriert, und daß die Mitarbeit der einzelnen Netzwerkpartner hierbei von vornherein nicht feststeht, sondern von deren spezifischen Fähigkeiten, Kapazitätsauslastungen und Kostenstrukturen abhängt. Aus Kundensicht präsentiert sich das virtuelle Unternehmen dagegen als ein geschlossenes Ganzes; der Kunde erteilt seinen Auftrag einem Unternehmen seines Vertrauens, das seinen spezifischen Anforderungen sehr gut gerecht zu werden scheint. Die tatsächliche maßgeschneiderte Struktur des dynamischen Netzwerkes zur Abwicklung seines Auftrages strukturiert sich dann aber erst im Prozeß der Auftragsbewältigung (vgl. Picot/Reichwald/Wigand 1998).

Das *Komplementaritätsprinzip* beruht auf der Heterogenität der Netzwerkpartner. Schon bei der Bildung des stabilen Netzwerkes ist darauf zu achten, daß die einzelnen modularen Einheiten, also rechtlich und wirtschaftlich selbständige Unternehmen, sich mit ihren unterschiedlichen Leistungsprofilen ergänzen, so daß komplementäre Kompetenzen im Netzwerk vorhanden sind, die für die Bildung kundenauftragsbezogener dynamischer Netzwerke in Betracht kommen. Durch das Zusammenwirken von heterogenen Unternehmen mit komplementären Kompetenzen entsteht eine Wertschöpfungspartnerschaft, bei der jeder Partner spezifische Aufgaben übernimmt, die er in Hinsicht auf Qualität, Kosten etc. besonders gut bewältigen kann, so daß der Kundenauftrag in seiner Gesamtheit bei gegebenen Qualitätsanforderungen zu einem besonders niedrigen Preis abgewickelt werden kann. Dadurch hat das virtuelle gegenüber traditionellen Unternehmen Wettbewerbsvorteile. Das *Transparenzprinzip* betrifft die räumliche Verteilung der Partner im dynamischen Netzwerk und die zeitliche Verteilung ihrer Aktivitäten. Aus Kundensicht ist das virtuelle Unternehmen eine Black Box, denn Kunden sehen von außen nur die Hülle des virtuellen Unternehmens. Für sie ist es nicht von Bedeutung, wo und wann die einzelnen Teilleistungen ihres Auftrages erbracht werden.

### d) Dimensionen der Virtualisierung von Organisationen

Wenn man die Virtualisierung von Organisationen als einen Prozeß auffaßt, dann kann man Dimensionen unterscheiden, in bezug auf die die Virtualisierung ein mehr oder weniger großes Ausmaß erreicht. Müller-Stewens (1997b) betrachtet als Dimensionen

- die Dauer der eingegangenen Wertschöpfungspartnerschaften,
- die Wertschöpfungstiefe,
- den Zentralisierungsgrad und
- die Integrationsintensität.

Es entspricht der Grundkonzeption des virtuellen Unternehmens, daß die kundenauftragsbezogen gebildeten Wertschöpfungspartnerschaften, also die dynamischen Netzwerke, nur auf *kurze Dauer* angelegt sind, nur für den einzelnen Kundenauftrag oder für wenige gleichartige, die hintereinander abgewickelt werden. Auf lange Dauer angelegte Partnerschaften, beispielsweise die auf Lieferverträgen beruhenden Partnerschaften zwischen Herstellern und ihren Zulieferern in der Automobilindustrie, entsprechen dagegen nicht der Vorstellung von einem virtuellen Unternehmen. Die *Wertschöpfungstiefe*, die ein Einzelunternehmen erreicht, das einen Kundenauftrag erhält, kann man durch den Anteil der Wertschöpfung messen, den dieses Einzelunternehmen bei der Realisierung des gesamten Kundenauftrages erzielt. Wenn dieses Einzelunternehmen also bestrebt ist, eine niedrige Wertschöpfungstiefe zu erreichen und sich weitgehend auf die Koordinationsfunktion zu beschränken, die im Netzwerk ausgeübt werden muß, damit ein umfangreicher und komplexer Kundenauftrag durch das Zusammenwirken mehrerer Einzelunternehmen erfüllt werden kann, dann wird es sich bemühen, viele andere Einzelunternehmen im Netzwerk zu finden, die mit Teilleistungen zur Erbringung der kundenauftragsbezogenen Gesamtleistung beitragen. Der *Zentralisierungsgrad*, den ein virtuelles Unternehmen erreicht, hängt davon ab, wieviel Eigenverantwortung den Beteiligten übertragen wird, welchen Funktionsumfang die koordinierenden Einzelunternehmen wahrnehmen und welche Managementinstrumente sie bei der Koordination einsetzen. Je stärker der Einfluß des den jeweiligen Kundenauftrag koordinierenden Einzelunternehmens ist, desto höher ist der Zentralisierungsgrad des virtuellen Unternehmens. Die *Integrationsintensität* zwischen dem koordinierenden und den Partnerunternehmen im Netzwerk kann im Einzelfall gering sein, wenn im Rahmen von sehr losen Partnerschaften im Prinzip nur die Schnittstellen zwischen den Partnerunternehmen definiert werden müssen. Sie ist aber erheblich höher, wenn der Kundenauftrag eine enge räumliche und produktionsprozeßbezogene Zusammenarbeit erfordert.

### e) Grundtypen von interorganisatorischen Wertschöpfungspartnerschaften

Unter Verwendung dieser Dimensionen kann man versuchen, gewisse Grundtypen von interorganisatorischen Wertschöpfungspartnerschaften herauszuarbeiten, die in der Realität aber nicht in reiner Form vorkommen werden. Auf folgende *Grundtypen* soll kurz eingegangen werden:

- Lieferantenvernetzung,
- Coopetition und
- Koordination.

Bei der *Lieferantenvernetzung*, die man z.B. in der Automobilindustrie antrifft, liegen dauerhafte Bindungen zwischen dem Hersteller und seinen Lieferanten vor, die durch mehr oder weniger flexibel gestaltete Lieferverträge begründet sind. Wegen der Dauerhaftigkeit und Eindeutigkeit der Bindungen entspricht die Lieferantenvernetzung nicht der Vorstellung von einem virtuellen Unternehmen, auch dann nicht, wenn im Einzelfall Entwicklungsaufgaben, die in Zusammenhang mit den zugelieferten Komponenten anfallen, vom Hersteller auf die Lieferanten verlagert werden. Bei der *Coopetition* betreiben Wettbewerber z.B. ein Gemeinschaftsunternehmen, das im Grenzfall über gar keine Produktionskapazitäten verfügt, um einen bestimmten Teil ihres Geschäfts gemeinschaftlich abzuwickeln. Bei ihren übrigen Geschäften treten die beteiligten Unternehmen am Markt aber als Wettbewerber auf. Im Falle der *Koordination* liegt ein Netzwerk vor, bei dem ein Unternehmen die Koordination der Wertschöpfungsaktivitäten im Netz übernimmt. Es konfiguriert die Partner des Wertschöpfungsprozesses, es koordiniert sämtliche Aktivitäten im Netzwerk, es beteiligt sich aber selbst kaum an der eigentlichen Leistungserstellung. Die Unternehmen im Netzwerk arbeiten kooperativ; Über- und Unterordnungsverhältnisse gibt es nicht. Dieser Grundtyp kommt dem virtuellen Unternehmen verhältnismäßig nahe, wenn die Konfiguration der Wertschöpfungspartnerschaften auf kurze Dauer angelegt ist.

### f) Voraussetzungen für die Funktionsfähigkeit von virtuellen Unternehmen

Die Funktionsfähigkeit von virtuellen Unternehmen hängt von zahlreichen Voraussetzungen ab, die insbesondere die

- Informations- und Kommunikationstechnik, die
- Qualifikation von Führungskräften und Mitarbeitern und die
- organisatorischen Regelungen

betreffen (vgl. Picot/Neuburger 1998). *Informations- und Kommunikationstechnik* muß eingesetzt werden, um jederzeit flexibel die Netzwerkpartner in die Koordination und in die Leistungserstellung selbst einbeziehen zu können. Global ausgerichtete Telekommunikationsnetze auf der Grundlage einheitlicher Standards sind erforderlich, um die Kommunikation zwischen dem Kunden einerseits und den Netzwerkpartnern andererseits zu bewältigen. Techniken wie EDI (Electronic Data Interchange), Internet, Mobilkommunikation, Satellitensysteme, Data Warehouse sowie Work Flow- und Work Place-Systeme ermöglichen eine standortverteilte Kommunikation und Koordination. Dabei ist zu beachten, daß beim Datenaustausch Medienbrüche unbedingt vermieden werden müssen, so daß die Partner Zugang zu den jeweils benötigten Daten haben, Daten problemlos übertragen und die Prozeßsteuerung unterstützen können.

In einem virtuellen Unternehmen sind auch an die *Qualifikation der beteiligten Führungskräfte und Mitarbeiter* besondere Anforderungen zu stellen, nicht nur bezüglich der Basisqualifikationen in bezug auf Fachwissen und die Fähigkeit, mit den neuen Informations- und Kommunikationstechniken umzugehen, sondern insbesondere in bezug auf Kommunikations- und Teamfähigkeit sowie auf soziale Kompetenz. Gerade bei virtuellen Unternehmen ist das *Vertrauen*, das die Netzwerkpartner zueinander haben, eine wichtige Grundlage für die Funktionsfähigkeit. Daher müssen Rahmenbedingungen geschaffen werden, damit sich dieses Vertrauen entwickeln kann, was durch Anreize unterstützt werden sollte. Im Bedarfsfall müssen auch Sanktionen gegenüber vertrauensbrüchigen Netzwerkpartnern durchgesetzt werden. Virtuelle Unternehmen erfordern bei Führungskräften und Mitarbeitern neue Verhaltensweisen, die folgende Aspekte betreffen: Die Selbständigkeit der Aufgabenwahrnehmung, die gegenseitige Bevorzugung innerhalb des Netzwerkes, den Ausschluß von Konkurrenten, die Vermeidung einer gegenseitigen Ausbeutung, Maßnahmen bei Nichtbeachtung der Regeln, Eintritt von Unternehmen in das Netzwerk und Austritt sowie die Beziehungen der Netzwerkpartner zu Dritten. Außerdem müssen die Netzwerkpartner *organisatorische Regelungen* treffen, z.B. Arbeitszeitregelungen, so daß die Partner jederzeit mit Hilfe der I&K-Systeme kommunizieren und Daten austauschen können.

**g) Netzwerkmanagement**
Bei virtuellen Unternehmen ist es insbesondere das Netzwerkmanagement, das im Vergleich zu traditionellen Unternehmen neue Aufgaben mit sich bringt. Göransson/Schuh (1997) untersuchen das Netzwerkmanagement zwar aus der Sicht der Industrie, es ergeben sich dabei aber zahlreiche wichtige Aspekte, die auch für den Dienstleistungssektor und insbesondere für virtuelle Finanzdienstleistungsunternehmen relevant sind. Zwei Gruppen von Aufgaben sind hier zu unterscheiden, einzelbetriebliches und überbetriebliches Netzwerkmanagement. Das *einzelbetriebliche Netzwerkmanagement* umfaßt das Kapazitäts- und Kompetenzmanagement. Die einem Netzwerk angehörenden Einzelunternehmen müssen ihre Kapazitätsauslastung laufend überwachen, und sie können dann bei freien Kapazitäten Aufträge aus dem Netzwerk hereinnehmen und bei Kapazitätsauslastung Aufträge an Netzwerkpartner vergeben. Die Kapazitätsauslastung hat aber nicht nur einen quantitativen, sondern auch einen qualitativen Aspekt, der die Anforderungen an die Kompetenz der Netzwerkpartner betrifft. Netzwerkpartner können auf andere Partner zugreifen, wenn ihnen für bestimmte Aufträge selbst die Kompetenz fehlt, und sie können anderen Partnern ihre Kompetenz zur Verfügung stellen, wenn dafür Bedarf besteht.

Für das *überbetriebliche Netzwerkmanagement* haben Göransson/Schuh (1997) folgende *Instanzen* definiert, denen sie jeweils ganz spezifische Aufgaben zuweisen:

- Netzwerk-Coach,
- Broker,
- Leistungsmanager,
- Auftragsmanager,
- Auditor und
- Kommunikationsmanager.

Der *Netzwerk-Coach* hat die Aufgabe, Aufbau, Pflege und Weiterentwicklung des stabilen Netzwerkes sowie dessen Infrastruktur sicherzustellen. Wenn Kunden zum ersten Mal mit dem Netz in Kontakt treten, dann treffen sie auf den *Broker*. In dynamischen Netzwerken können die Kunden einerseits externe Unternehmen oder Personen sein, andererseits aber auch andere Netzwerkpartner. Wendet sich ein Kunde mit einer Anfrage oder Ausschreibung an das Netzwerk, oder bietet das Netzwerk als Einheit Leistungen am Markt an, dann muß explizit eine für den Kundenkontakt zuständige Stelle bestehen, die die Rolle des Brokers spielt. Ist der Kunde dagegen ein Netzwerkpartner, dann wird die Rolle des Brokers von dem Einzelunternehmen des Netzwerkes übernommen, das dieser Kunde zuerst anspricht.

Die Rolle des *Leistungsmanagers* besteht darin, die Auftragskonfiguration, die Struktur und den Zeitplan des dynamischen Netzwerkes zusammenzustellen und das für den jeweiligen Auftrag notwendige Leistungsprogramm (in der Industrie z.B. Bauteile und Baugruppen, Dienstleistungen, Engineering, Inbetriebnahme, Service, Auftragsmanagement, Vertragsgestaltung etc.) festzulegen. Der *Auftragsmanager* ist dagegen für das überbetriebliche Projektmanagement zuständig. Wenn der Auftrag erteilt ist, übernimmt er die Zuständigkeit für die Durchführung des Auftrages. Er haftet gegenüber dem Kunden für die Leistungserstellung, und er organisiert daher die Auftragsabwicklung und das Risikomanagement.

Für die Sicherstellung der Leistungserbringung im Netz sind vertragliche Vereinbarungen zwischen den an der Leistungserstellung beteiligten Netzwerkpartnern notwendig. Hierfür ist der *Auditor* zuständig. Zusätzlich hat er aber auch Aufgaben zu übernehmen, die ein netzinternes Controlling und die netzinterne Kosten- und Leistungsrechnung sowie die Abrechnung mit dem Kunden zum Gegenstand haben. Schließlich muß in den beteiligten Netzwerk-Unternehmen jeweils auch mindestens ein Ansprechpartner für die Kooperation im Netzwerk festgelegt werden, der hier als *Kommunikationsmanager* bezeichnet wird. Er ist für Kommunikation, Planung und Leistungserbringung seines Unternehmens im Netzwerk verantwortlich, und er vertritt die Interessen seines Unternehmens gegenüber den Netzwerkpartnern.

Wenn das virtuelle Unternehmen nicht nur eine Vision bleiben, sondern in der Realität Funktionsfähigkeit erlangen soll, dann ist in jedem Einzelfall eine Vielzahl von Detailproblemen zu lösen. Dies hat der Beitrag von Göransson/Schuh (1997) aus industrieller Perspektive deutlich gemacht, es gilt aber ganz entsprechend auch für Dienstleistungsunternehmen wie z.B. Kreditinstitute.

### 6.4.3 Gibt es Kreditinstitute als virtuelle Unternehmen?

#### 6.4.3.1 Vertriebsbank als Netzkoordinator

Die Arbeitsteilung zwischen Vertriebs- und Produktionsbanken und die Beschränkung auf die Kernkompetenzen steht grundsätzlich allen Banktypen offen, nicht nur den Direktbanken, sondern auch den Filialbanken. Sie wurde aber bei den Direktbanken in Form von Lieferanten-Abnehmer-Beziehungen zuerst sichtbar, weil diese Institute angesichts der bestehenden Produktionskapazitäten für Bankleistungen keine zusätzlichen Kapazitäten schaffen wollten. Als Beispiele hierzu können die Advance Bank und die MLP Bank genannt werden. Die *Advance Bank* verfügt über Call Center in München und Wilhelmshaven; sie wickelt Zahlungsverkehrs- und Wertpapierleistungen über die Hamburgische Landesbank ab; sie nutzt ein Rechenzentrum in Schweinfurt, und sie bezieht Formulare und Karten vom Bankverlag bzw. von der GZS in Frankfurt. Die Bank selbst befindet sich in der Rolle einer Vertriebsbank, die das genannte Unternehmensnetzwerk koordiniert (vgl. Buhl/Visser/Will 1998). Als weiteres Beispiel kann die *MLP Bank* herangezogen werden: Für die Kontoführung nutzt sie das Rechenzentrum der SchmidtBank in Hof, mit dem sie durch eine Standleitung verbunden ist. Hier werden für die MLP Bank z.B. die Depots der MLP Vermögensverwaltung geführt. Finanzierungen werden in Kooperation mit anderen Instituten abgewickelt, und bei der Kreditkarten-Abwicklung bedient man sich eines der größten deutschen Kartenprozessoren. Der Vertrieb erfolgt über die Geschäftsstellen der MLP Finanzdienstleistungen AG, wo die Kunden in herkömmlicher Weise durch Berater betreut werden. Zusätzlich steht den Kunden, die eine MLP Eurocard besitzen, ein spezielles Call Center zur Verfügung (vgl. Stockmann 1998).

In beiden Fällen, bei MLP und bei der Advance Bank, wird eine weitgehende *Trennung von Produktion und Vertrieb* der Finanzdienstleistungen praktiziert. Jeweils besteht ein Unternehmensnetzwerk, das durch eine Vertriebsbank koordiniert wird. Diese sind *im strengen Sinne aber nicht als virtuelle Banken* zu betrachten, denn ihnen fehlt ein ganz wesentliches Merkmal des virtuellen Unternehmens: Sie betreiben keine kundenauftragsbezogene Konfiguration von Wertschöpfungsketten, die nur für kurze Zeit bestehen, im Grenzfall nur für einen einzigen Kundenauftrag, um eine inhaltlich und zeitlich maßgeschneiderte Befriedigung individueller Kundenbedürfnisse zu ermöglichen. Vielmehr bestehen zwischen den Partnern des jeweiligen Unternehmensnetzwerkes Lieferverträge mit längerer Bindungsdauer, jedenfalls weit über den einzelnen Kundenauftrag hinaus, die hauptsächlich auf die Abwicklung von Routineleistungen ausgerichtet sind. Diese Verträge begründen Lieferanten-Abnehmer-Beziehungen, wie man es seit langem aus der Industrie kennt. Im Wege des Fremdbezuges werden in der Industrie, z.B. in der Automobilindustrie, Komponenten beschafft, die zum Bestandteil der Endprodukte werden. Ganz entsprechend werden hier Produktionsleistungen fremdbezogen, die in die an Kunden vertriebenen Bankleistungen eingehen. Gleichwohl ist anzumerken, daß die in den beiden genannten Fällen praktizierte Trennung von Produktion und Vertrieb im Finanzdienstleistungssektor immer noch ein Novum darstellt.

### 6.4.3.2 Markt-Intermediär als Netzkoordinator

Stockmann (1998) vertritt die Auffassung, daß auch ein Markt-Intermediär der Netzkoordinator einer virtuellen Bank sein könnte. Er geht von der Vorstellung aus, daß dieser *Netzkoordinator wie ein unabhängiger Versicherungsmakler* arbeitet, den es ja auch im konventionellen Markt schon seit langem gibt. Die Aufgabe dieser Makler besteht darin, für ihre Kunden die Versicherungsleistungen unterschiedlicher Anbieter zu selektieren, zu bündeln und zu koordinieren. Entsprechend diesem Versicherungsmakler soll der Markt-Intermediär für den einzelnen Nachfrager ein Bündel von Produkten unterschiedlicher Finanzdienstleister zusammenstellen, das den Ansprüchen des Nachfragers bestmöglich gerecht wird. Beispielsweise könnte dieser Markt-Intermediär herausfinden, daß für einen bestimmten Kunden ein Girokonto bei einer Genossenschaftsbank oder Sparkasse, ein Cash-Konto bei einer bestimmten Direktbank und eine von einer Nichtbank emittierte Kreditkarte das bestmögliche Produktbündel darstellt. Ein derartiger Markt-Intermediär müßte bei seiner Kundschaft das Vertrauen aufbauen, daß er die *objektive Auswahl* der geeigneten Finanzdienstleister nicht nur verspricht, sondern auch tatsächlich durchführt. Er könnte dann mit Hilfe von *Software-Agenten* unter den Anbietern die Spezialisten mit der größten Kompetenz und dem besten Preis-Leistungs-Verhältnis auswählen. In dieser Rolle wäre der Markt-Intermediär als virtuelle Bank vorstellbar, in der Realität gibt es ihn aber noch nicht.

# 7 Die Ambivalenz der Auswirkungen von I&K-Systemen auf die Kreditwirtschaft

In der vorliegenden Schrift wurden I&K-Systeme behandelt, die verschiedenen Aufgabenebenen (Basisebene, operative und strategische Ebene) und Bezugseinheiten (Einzeldimension, strategisches Geschäftsfeld, Funktion und Strategie) zugeordnet werden können (vgl. Abb. 1.6.1-1). Dabei hat sich gezeigt, daß I&K-Systeme in vielen Bereichen eines Kreditinstituts eingesetzt werden, daß viele Produkte und Prozesse ohne den Systemeinsatz organisatorisch und wirtschaftlich gar nicht realisierbar wären, und daß die Systeme schließlich auch die Grundlage für Netzwerke darstellen, in die Bankkunden, Banken und ihre Korrespondenzbanken sowie dritte Unternehmen integriert sind. Entwicklung und Einsatz der I&K-Systeme haben das Profil der Kreditwirtschaft, insbesondere Produkte und Märkte, Konkurrenzsituation und das Erfolgspotential der Institute tiefgreifend verändert. Hier ist aber die Frage zu stellen, ob mit diesen I&K-Innovationen, die diese Veränderungen bewirkt haben, die erhofften *Wettbewerbsvorteile* erreicht werden konnten, ob nur Wettbewerbsnachteile vermieden wurden, oder ob sogar offene Flanken im Sinne einer potentiellen Verschlechterung der Wettbewerbsposition entstanden sind. Dieser Frage wird im folgenden unter der *Innovationsperspektive* nachgegangen (vgl. Meyer zu Selhausen/Stenke 1998). Jedes bankbetriebliche I&K-System stellt bei seiner Einführung entweder eine Innovation oder eine Imitation dar, und es soll geprüft werden, ob innovative Systeme geeignet sind, das Erfolgspotential eines Kreditinstituts nachhaltig zu stärken.

Über den *Begriff «Innovation»* und insbesondere die zur Abgrenzung der Neuartigkeit heranzuziehenden Bezugspunkte hat sich in der Literatur bisher noch keine einheitliche Auffassung durchgesetzt. Schrader (1996) unterscheidet in Abhängigkeit von der Sichtweise zwei Kategorien von Innovationen: Einerseits liegt eine Innovation vor, wenn ein Produkt oder eine Dienstleistung aus *Sicht der Anwender* bzw. Kunden neuartig ist; andererseits spricht man aus *Sicht eines Unternehmens* von einer Innovation, wenn diese Unternehmung ein für sie neuartiges Produkt anbietet bzw. ein neuer Prozeß in der Leistungserstellung, im Vertrieb oder intern bei Führung und Steuerung zur Anwendung kommt. Dabei ist nicht relevant, ob die Produkte und Prozesse schon von anderen Anbietern eingesetzt werden; für das betrachtete Unternehmen stellt die Einführung eine Innovation dar. Diese Abgrenzung soll nun durch den Aspekt der *Nutzungsmöglichkeit* (Exploitationsmöglichkeit) erweitert werden, was zur Unterscheidung von Markt- und Unternehmensinnovationen führt. Als *Marktinnovationen* werden solche Produkte und Prozesse verstanden, deren Realisierung für ein Unternehmen allein nicht möglich oder unwirtschaftlich ist. Die Einführung einer Marktinnovation erfordert also die Kooperation von mehreren Unternehmen, häufig auch Wettbewerbern, und die Nutzung (Exploitation) der Marktinnovation ist dann nicht mehr exklusiv dem Unternehmen, das die Initiative für die Einführung der Marktinnovation ergriffen hat, vorbehalten, sondern sie steht grundsätzlich allen Wettbewerbern offen. Dagegen können *Unternehmensinnovationen* von dem jeweiligen Unternehmen allein realisiert und auch genutzt werden. Sie bringen die Einführung neuartiger Produkte und Prozesse mit sich, die aus Kundensicht nicht immer zugleich auch Innovationen darstellen.

Zahlreiche I&K-gestützte Innovationen in der Kreditwirtschaft sind als *Marktinnovationen* zu betrachten. Bei der Entwicklung solcher Marktinnovationen steht nicht die Erzielung von nachhaltigen Wettbewerbsvorteilen für einzelne Institute im Vordergrund, weil diese Systeme ja branchenweit von allen Wettbewerbern genutzt werden können. Daher soll kurz betrachtet werden, welche Motive zur Entwicklung von Marktinnovationen führen, und ob nicht doch wenigstens Ansatzpunkte für die Stärkung der Wettbewerbsposition jeweils eines Instituts vorhanden sind. Viele Marktinnovationen in der Kreditwirtschaft beruhen auf der I&K-gestützten Realisierung *unternehmensübergreifender Vorgangsketten* mit dem Ziel, gemeinschaftlich die Geschäftsabwicklung zu rationalisieren. Die Realisierung einer unternehmensübergreifenden Vorgangskette erfordert eine System-Vereinheitlichung, also nicht nur die Schaffung eines brancheneinheitlichen Systemkerns, sondern auch, zumindest an den Schnittstellen, die Vereinheitlichung der zugehörigen unternehmensspezifischen Systemkomponenten und damit auch eine Kooperation der jeweils beteiligten Partner, Kreditinstitute, Kunden, Netzbetreiber etc. Die *Beispiele* für Marktinnovationen in der Kreditwirtschaft sind vielfältig. Im Zahlungsverkehr ist die Einführung von Electronic Cash-Systemen, Kreditkartensystemen, S.W.I.F.T. etc. als Marktinnovation zu betrachten. Durch die Teilnahme eines Instituts an diesen Systemen werden zwar einzelne strategische Erfolgsfaktoren wie «Wirtschaftlichkeit» oder «Qualität des Leistungsangebots» gestärkt. Einzelne Kreditinstitute können dadurch aber keine dauerhaften Wettbewerbsvorteile erzielen, weil die Systeme der ganzen Branche zur Verfügung stehen. Möglicherweise lassen sich aber durch *gruppeneigene Zahlungsverkehrssysteme* gewisse Wettbewerbsvorteile gegenüber den Instituten anderer Bankengruppen erreichen. Bei Marktinnovationen, die auf *bankneutralen Kommunikationssystemen* wie T-Online Classic oder dem Internet beruhen, kann das einzelne Institut zwar sein Angebot individuell gestalten und sich damit ein wenig von Wettbewerbern abheben, es hat aber keinen Einfluß auf das jeweilige Trägersystem selbst. Diese sind standardisiert und für die Teilnahme aller Wettbewerber offen. In gewisser Weise gilt dies auch für Systeme zur Orderabwicklung mit Börsen. Gestaltungsmöglichkeiten bestehen hier nur bei den institutseigenen Systemkomponenten, also nur bis zur Schnittstelle zu dem brancheneinheitlichen Systemkern.

An der Entwicklung einer Marktinnovation kann eine *Vielzahl von Akteuren* mit jeweils individuellen Zielsetzungen beteiligt sein, nicht nur Kreditinstitute und ihre Verbände, sondern auch Hardware-Hersteller, Software-Häuser, Netzbetreiber, Informationsdienste, Handelsunternehmen und ihre Verbände etc. An Marktinnovationen der Vergangenheit läßt sich zeigen, daß jeweils eine spezielle *Konfiguration von Akteuren* die Initiative ergriffen und die Entwicklung der Marktinnovation in eine bestimmte Richtung gebracht hat, wobei andere Akteure teilweise regelrecht in die Defensive geraten sind. Beim Aufkommen der *Bankautomaten* ging die Initiative offenbar von den Hardware-Herstellern aus, die aus eigenem Geschäftsinteresse die Kreditinstitute zur Einführung gedrängt haben. Ganz anders war der Fall bei der Einführung von *Btx (heute T-Online Classic)* gelagert: Die Bundespost stellte aus eigenem Geschäftsinteresse ein offenes Trägersystem bereit, das nicht nur von Kreditinstituten und ihren Kunden für Informations- und Transaktionsangebote genutzt werden sollte, sondern auch von Unternehmen anderer Branchen. Beim *Electronic Cash-System* haben die Kreditinstitute die Initiative ergriffen, offenbar primär, um den Zahlungsverkehr mit Privatkunden zu rationalisieren und um den in den deutschen Markt eindringenden ausländischen Kreditkartenunternehmen entgegenzutreten. Sie fanden Verbündete bei Netzbetreibern und Informationsdienstleistern, die eine Chance sahen, komplementäre Geschäftsinteressen zu realisieren, und der Handel, der aufgrund der verhältnismäßig hohen Kostenbelastung zunächst nur widerwillig oder gar nicht mitwirkungsbereit war, konnte mit dem

Argument gewonnen werden, daß die Kostenbelastung bei den stark expandierenden Kreditkartensystemen noch höher als bei Electronic Cash ist.

Marktinnovationen dieser Art können von Kreditinstituten nicht allein gestaltet werden, sondern es wirken dabei *auch andere Akteure mit eigenen Geschäftsinteressen* mit. Die Entwicklung dieser Marktinnovationen hat zum Teil so viel Eigendynamik gewonnen, daß sie sich in manchen Fällen dem Einfluß der Kreditinstitute weitgehend entzog. Bei den Marktinnovationen war es regelmäßig so, daß im eigenen Geschäftsinteresse handelnde Promotoren auftraten, die ihre Initiative bekanntmachten, so daß Partner, auch Kreditinstitute, die für die Marktinnovation gewonnen werden mußten, sich dieser Initiative nicht entziehen konnten, wobei die Auswirkungen auf die einzelnen Partner und ihre strategischen Erfolgspositionen regelmäßig zunächst völlig unklar waren. Die Entwicklung von Marktinnovationen war für die beteiligten Akteure gewissermaßen ein *Spiel mit wechselnden Rollen:* Einzelne Akteure sahen sich einmal in der Rolle des Promotors, bei der nächsten Initiative in der Rolle des Mitläufers und schließlich auch einmal in der Rolle des Getriebenen. Häufig werden I&K-gestützte Innovationen auch in Form von Standard-Software realisiert, und sie stehen daher der ganzen Branche zur Verfügung. Systeme dieser Art werden hier den Marktinnovationen zugeordnet.

Für den *Fremdbezug von Standard-Software* sprechen mehrere Gründe, insbesondere die Wirtschaftlichkeit und die Schnelligkeit der Systembereitstellung, Gründe also, die angesichts der häufig anzutreffenden Kapazitätsengpässe bei den institutseigenen Informatikbereichen großes Gewicht haben. Bei Fremdbezug von Standard-Software scheint eine dauerhafte Stärkung der Wettbewerbsposition eines einzelnen Instituts nicht möglich zu sein, auch nicht gegenüber branchenfremden potentiellen Wettbewerbern, deren Markteintritt erwartet wird. Lediglich bei einer *gruppeninternen Entwicklung von Standard-Software* besteht die Möglichkeit der Erzielung von Wettbewerbsvorteilen gegenüber gruppenfremden Instituten.

Im Gegensatz zu den Marktinnovationen werden I&K-Systeme, die *Unternehmensinnovationen* darstellen, von den einzelnen Instituten mit dem Ziel der Erreichung von Wettbewerbsvorteilen entwickelt, eingesetzt und exklusiv genutzt. Hierzu gehören auch die von Software-Häusern fremdbezogenen Systeme, soweit sie maßgeschneiderte, also auf die Bedürfnisse des jeweiligen Instituts ausgerichtete Problemlösungen bieten. Als *Einsatzgebiete* kommen für derartige Systeme neben der Erstellung von neuen Produkten insbesondere die Verbesserung der Kundenberatung und die Unterstützung des Bankmanagements in Betracht. *Neue Produkte* sind in der Regel nicht mit I&K-Innovationen gleichzusetzen, sondern sie werden vom I&K-Einsatz begleitet, so daß die I&K-Systeme gewisse Grundfunktionen wie z.B. die mit dem Produkt verbundene Geschäftsabwicklung übernehmen. Soweit *Beratungsunterstützungssysteme* als Unternehmensinnovation zu betrachten sind, stärken sie den strategischen Erfolgsfaktor «Qualität des Leistungsangebots», beispielsweise als Portfolio-Analysesysteme, als Expertensysteme für die Förderkreditberatung bei Geschäftskunden und mittleren Firmenkunden oder als Cash Management-Systeme und Risikomanagementsysteme für große Firmenkunden.

I&K-Systeme zur Unterstützung des Bankmanagements, die die Grundfunktion der Entscheidungsunterstützung wahrnehmen, zielen auf eine Verbesserung des strategischen Erfolgsfaktors «Effizienz der Führung und Steuerung» ab. In diesem Zusammenhang gilt derzeit das besondere Interesse der Entwicklung und Einführung von hauseigenen Risikomanagementsystemen, z.B. zur Ermittlung des Value-at-Risk und des Return on risk-adjusted capital.

*Institutsspezifische Systeme* können direkt oder indirekt die Wettbewerbsposition beeinflussen. Eine direkte Stärkung der Wettbewerbsposition ist durch Systeme im Kundengeschäft möglich, wenn das Kundenpotential für den Einsatz des jeweiligen Systems vorhanden und der Kundennutzen für die Kunden erkennbar ist. Systeme zur Entscheidungsunterstützung wirken dagegen indirekt auf die Wettbewerbsposition ein, indem sie z.B. die Steuerung effizienter machen, so daß z.B. höhere Erlöse bei geringeren Risikokosten erzielt werden. Allerdings besteht bei diesen institutsspezifischen Systemen eine erhebliche Imitationsgefahr, da für Software kein Patentschutz gegeben ist. Diese Gefahr ist um so geringer, je komplexer die erforderlichen Systeme sind und je anspruchsvoller die zu bewältigende Aufgabe ist. Denn mit zunehmendem Komplexitätsgrad sinkt einerseits die Zahl der Wettbewerber, die über die notwendigen Voraussetzungen verfügen, um derartige Systeme erfolgreich einsetzen zu können, und andererseits ist der Aufwand für eine Imitation erheblich größer.

Die *Auswirkungen des I&K-Einsatzes auf das Erfolgspotential* der Kreditinstitute sind *asymmetrisch:* Für einzelne Institute ist es sehr schwierig, aufgrund von I&K-gestützten Innovationen einen *Wettbewerbsvorteil* zu erreichen und diesen auch dauerhaft zu verteidigen. Dies erscheint allenfalls durch Unternehmensinnovationen und nur mit großem Aufwand in Teilbereichen möglich, so etwa durch den Einsatz hochleistungsfähiger komplexer Systeme zur Beratungs- und Entscheidungsunterstützung. Einzelnen Instituten können aber *Wettbewerbsnachteile* entstehen, wenn sie von der Kundschaft für selbstverständlich gehaltene Systeme nicht einsetzen. Dies ist insbesondere bei vereinheitlichten Systemen für unternehmensübergreifende Vorgangsketten der Fall, denn diese werden als Marktinnovation von vielen, insbesondere den großen Instituten getragen. Daher sind sie der Kundschaft bekannt und die Institute, die eine Marktinnovation zunächst nicht mitvollzogen haben, erleiden Wettbewerbsnachteile. Ihre relative Wettbewerbsstärke nimmt ab, wenn sie selbst passiv bleiben, während ihre Wettbewerber die Marktinnovation realisieren. Dadurch kann im Einzelfall eine Schwächung bei den strategischen Erfolgsfaktoren «Qualität des Leistungsangebots» und, eng damit verbunden, «Image» sowie «Wirtschaftlichkeit» verbunden sein. Die Institute sind also durch den technischen Fortschritt und die darauf basierende Marktinnovation gezwungen, I&K-Innovationen einzuführen, auch wenn sie dadurch zwar keine Wettbewerbsvorteile gegenüber den Konkurrenten erzielen können, aber zumindest Wettbewerbsnachteile verhindern.

Insbesondere die I&K-gestützten Marktinnovationen haben zu einer erheblichen *Veränderung des Bankenmarktes* beigetragen, vor allem hinsichtlich des Verhaltens der Marktteilnehmer. Durch T-Online Classic, das Internet und – für institutionelle Kunden und Firmenkunden – Informationsdienste wie z.B. Reuters stehen in großem Umfang Kapitalmarktinformationen, insbesondere Börsenkurse, zur Verfügung, teilweise sogar kostenlos. Der Informationsstand der Kundschaft hat sich erhöht und der Informationsvorsprung, den die Kreditinstitute gegenüber ihren Kunden hatten, ist weitgehend verschwunden. Parallel zur Verbesserung des Informationsstandes der Kundschaft hat sich die Markttransparenz erhöht. I&K-Systeme unterstützen die Einholung und den Vergleich von Angeboten konkurrierender Institute durch die Kundschaft, und es sind sogar – wie in Kap. 6.3.2.3.7 erläutert – unabhängige *Transparenzagenten* auf eigene Rechnung tätig, die zu einer weiteren Verbesserung der Transparenz auf dem Bankenmarkt beitragen. Hierdurch steigt die Verhandlungsmacht der Kunden, was sinkende Margen für die Institute zur Folge hat. Diese Entwicklung gilt aber nur in differenzierter Form für die verschiedenen Kundengruppen. Die großen Firmenkunden können die gestiegene Markttransparenz am besten nutzen und besonders günstige Preise aushandeln. Durch den I&K-Einsatz nimmt aber auch die *Aktionsfähigkeit der Kunden* am Banken- und Kapitalmarkt zu. Privatkunden und kleinere Firmenkunden können T-Online Classic und das Internet für ihre Zahlungsverkehrs- und Wertpapiertransaktionen nutzen. Sie erwarten dann aber gleichzeitig eine Verringerung ihrer Kosten. Große Firmenkunden können mit Hilfe von Cash Management-Systemen nicht nur international ihre Kontodaten abfragen und Verfügungen treffen. Diese Systeme stellen darüber hinaus auch Sonderfunktionen wie Pooling und Netting zur Verfügung, die es den Firmenkunden erlauben, ihren Bedarf an Bankleistungen insgesamt zu reduzieren. Beispielsweise können sie durch Netting, also den Ausgleich von Forderungen und Verbindlichkeiten innerhalb eines Konzerns, ihre Zahlungsverkehrstransaktionen reduzieren, was insbesondere bei Auslandszahlungen zu einer Kostensenkung auf der Kundenseite und einer Erlösschmälerung auf der Bankseite führt. Insgesamt wird durch I&K-Systeme, insbesondere auch durch Cash Management-Systeme, die Entwicklung des In-House Banking gefördert bzw. erst ermöglicht. Große Firmenkunden haben ihre Finanzabteilungen teilweise schon zu *In-House Banks* ausgebaut, die teils auch als Profit Center geführt werden. Sie sind bestrebt, in möglichst großem Umfang Finanzdienstleistungen für den Konzern selbst zu erstellen und den Fremdbezug von Banken möglichst zu vermeiden. So trägt der Einsatz von I&K-Systemen auch zur Verstärkung der *Disintermediation* bei. Im Geschäftsfeld der großen Firmenkunden werden die Kreditinstitute in ihrer traditionellen Funktion als Finanzintermediär zwischen Kapitalanbietern und -nachfragern weitgehend aus dem Markt gedrängt. Es bleibt abzuwarten, mit welcher Intensität sich die Disintermediation auch in anderen Geschäftsfeldern, z.B. dem der mittleren Firmenkunden, auswirken wird.

Darüber hinaus führen einige I&K-Innovationen wie z.B. die offenen Kommunikationssysteme dazu, daß die *Markteintrittsbarrieren* für neue Wettbewerber abgebaut werden. Mit Hilfe des Internet können einfache Bankleistungen weltweit von jedem Standort aus vertrieben werden, wodurch sich die Kosten des Eintritts in einen neuen regionalen Markt erheblich reduzieren. Dies eröffnet einerseits neue Chancen für inländische Institute auf ausländischen Märkten, andererseits wird aber auch der Markteintritt ausländischer Konkurrenten in den deutschen Markt erleichtert. I&K-gestützte Marktinnovationen können also in ihrer Gesamtheit sogar einzelne strategische Erfolgsfaktoren der Marktattraktivität beeinflussen und damit auch die Chancen und Risiken in einzelnen Geschäftsfeldern verändern. Dadurch wird sich die «Konkurrenzsituation» verschärfen, das «Kundenverhalten» wird sich verändern, insbesondere bei der großen Firmenkundschaft, und es wird zu einem Rückgang des «erzielbaren Deckungsbeitrages» bei den Kundenverbindungen kommen.

Der Einsatz der I&K-Technik hat das Profil der Kreditwirtschaft tiefgreifend verändert und wird in Zukunft zu weiteren Veränderungen führen. Nicht nur Produkte und Prozesse, sondern auch die Marktstrukturen, das Verhalten von Anbietern und Nachfragern, die Erfolgspotentiale und ansatzweise auch die Rolle der Kreditinstitute in der Volkswirtschaft sind Veränderungen ausgesetzt. Die *Auswirkungen des I&K-Einsatzes* haben sich als außerordentlich *ambivalent* erwiesen. In dieser Situation stellt sich naturgemäß nicht die Frage, ob der I&K-Einsatz wieder reduziert werden sollte, um die Rahmenbedingungen der «guten alten Zeit» wieder herzustellen. Vielmehr gilt es, die vielschichtigen und durchaus auch ambivalenten Auswirkungen des Fortschritts in der I&K-Technologie abzuschätzen und in die anstehende Modifikation oder sogar Redefinition der Rolle der Kreditinstitute in der Volkswirtschaft einzubringen.

# Anhang

## 1 Analyseverfahren

### 1.1 Diskriminanzanalyse

Die Multivariate Diskriminanzanalyse (MDA) ist ein Verfahren zur *Analyse von Gruppenunterschieden*, das es ermöglicht, zwei oder mehr Gruppen von Elementen (Fällen) simultan hinsichtlich einer Mehrzahl von Merkmalen (Variablen) zu untersuchen. Das soll hier am Beispiel der Kreditwürdigkeitsprüfung erläutert werden, die darauf ausgerichtet ist, Kreditnehmer bonitätsmäßig als »gut« oder »schlecht« zu klassifizieren. Die Anwendung der Diskriminanzanalyse erfordert, daß zunächst *Merkmalsausprägungen von Elementen* (im Beispiel Kreditnehmer) *mit bekannter Gruppenzugehörigkeit* (im Beispiel gut oder schlecht) vorliegen. Die Diskriminanzanalyse unterscheidet sich somit hinsichtlich ihrer Problemstellung grundsätzlich von gruppierenden Verfahren wie der Cluster-Analyse, die von ungruppierten Elementen ausgehen. Durch die Cluster-Analyse werden Gruppen erzeugt, durch die Diskriminanzanalyse dagegen vorgegebene Gruppen untersucht (vgl. Backhaus et al. 1996).

Das *Grundprinzip* der Diskriminanzanalyse besteht in der Zusammenfassung einer Mehrzahl von Variablen (Merkmalen) durch eine Linearkombination zu einer einzigen Variablen, dem Diskriminanzwert. Damit wird unterstellt, daß sich der Zusammenhang zwischen den einzelnen Merkmalsausprägungen und der abhängigen Variablen, im Beispiel der Bonität, linear abbilden läßt. Dieses Prinzip zur Reduktion von Daten erfolgt bei der Diskriminanzanalyse mit Hilfe der *Diskriminanzfunktion* (vgl. Fahrmeir et al. 1994; Keysberg 1989). Sie hat allgemein die folgende Form:

$$D = w_o + w_1 X_1 + w_2 X_2 + ... + w_j X_j + ... + w_p X_p \qquad (A\ 1.1\text{-}1)$$

wobei
D = Diskriminanzwert
$w_o$ = absolutes Glied
$w_j$ = Gewichte (Diskriminanzkoeffizienten) (j = 1, ..., p)
$X_j$ = Variable (Bonitätsmerkmale) (j = 1, ..., p)

Die Diskriminanzfunktion ist linear, weil die Variablen in der ersten Potenz stehen und additiv verknüpft sind.

Anhand des für ein Element ermittelten Diskriminanzwertes D wird entschieden, welcher Gruppe das zu beurteilende Element angehört. Dies geschieht in Abhängigkeit davon, ob der ermittelte Diskriminanzwert D über oder unter einem Grenzwert, dem *Cut-off Score*, liegt.

Im Zweigruppenfall (Beispiel) liegen der Spezifizierung der Diskriminanzfunktion zwei Stichproben mit guten und schlechten Kreditnehmern zugrunde. Um eine möglichst gute Trennung dieser beiden Gruppen anhand der Diskriminanzfunktion zu gewährleisten, müssen diese *Stichproben* bestimmte Anforderungen erfüllen. Eine möglichst gute Trennung bedeutet, daß die Fehler 1. und 2. Art möglichst gering gehalten werden. Der Fehler 1. Art entsteht dadurch, daß Kreditnehmer schlechter Bonität als gut beurteilt werden. Der Fehler 2. Art gibt den Prozentsatz von guten Kunden an, die fälschlicherweise als schlecht eingestuft werden. Als *Anforderungen*, die an die Stichprobe zu stellen sind, werden insbesondere genannt (vgl. Keysberg 1989):

- Aktualität,
- Homogenität,
- Repräsentativität und
- angemessener Stichprobenumfang.

*Aktualität* der Stichproben ist erforderlich, weil auf der Grundlage der Stichproben Entscheidungen über die Klassifikation von neuen, in den Stichproben nicht enthaltenen Elementen getroffen werden sollen. Im Beispiel wird anhand der abgeschlossenen Kreditverträge und der damit erhobenen Merkmale der Kreditnehmer ein Modell für Entscheidungen über Annahme und Ablehnung künftiger Kreditverträge entwickelt. Da sich die Bedeutung der Merkmale im Zeitablauf erheblich ändern kann, dürfen die herangezogenen Fälle nicht zu weit in der Vergangenheit zurückliegen.

*Homogenität* der Stichproben wird gefordert, um die Vergleichbarkeit der Elemente, im Beispiel Kreditfälle, zu gewährleisten. Dies ist erreicht, wenn die Datensätze der Stichproben demselben Ursachenzusammenhang entstammen.

*Repräsentativität* liegt vor, wenn von der Stichprobe auf die Grundgesamtheit geschlossen werden kann. Werden die Datensätze einer Stichprobe, im Beispiel die Daten der Kreditverträge einer bestimmten Art, nur in bestimmten Regionen oder Stadtteilen erhoben, so kann bezüglich der Bedeutung der einzelnen Merkmale keine allgemeingültige Aussage getroffen werden.

Bei der Festlegung der *Stichprobengröße* ist darauf zu achten, daß eine annähernd gleiche Anzahl von Elementen, im Beispiel von guten und schlechten Kreditnehmern, erhoben wird. Dies entspricht häufig nicht dem in der Praxis auftretenden Verhältnis der Elemente der beiden Gruppen, z.B. der guten und schlechten Kreditnehmer. Es ist aber notwendig, um die Aussagekraft beider Stichproben für die Bestimmung der Diskriminanzfunktion zu gewährleisten. Mit zunehmender Stichprobengröße steigt die Repräsentativität. EDV-technische Restriktionen stehen einem zunehmenden Stichprobenumfang nicht mehr entgegen.

Neben diesen sind weitere *formale Anforderungen* zu berücksichtigen, um eine möglichst große Aussagekraft der Diskriminanzfunktion zu erreichen. Sie resultieren aus den *Annahmen*, die bei der Entwicklung der MDA getroffen wurden (vgl. Keysberg 1989; Oser 1996 und Perlitz 1979). Dabei wird im wesentlichen unterstellt, daß

- die Normalverteilung der einzelnen Merkmale und die multivariate Normalverteilung für alle Merkmale zusammen in den einzelnen Gruppen,
- die Unabhängigkeit der Variablen (Merkmale) sowie
- die Gleichheit der Varianz-Kovarianz-Matrizen in den einzelnen Gruppen

gegeben ist.

Die Prüfung der Verteilungen der Merkmale auf Schiefe und Exzeß sowie der Kolmogorov-Smirnov-Anpassungstest lassen Aufschlüsse darüber zu, ob die Merkmale normalverteilt sind (vgl. Hüls 1995 und Sachs 1999).

Die *Prüfung auf Unabhängigkeit* der Variablen kann mit Hilfe der Korrelationsanalyse durchgeführt werden. In diesem Zusammenhang können die Merkmale auch auf ihre *Trennfähigkeit* überprüft werden. Als Verfahren hierzu stehen der graphische und der analytische Mittelwertvergleich sowie die Univariate Diskriminanzanalyse zur Verfügung. Bei dem *graphischen Verfahren* wird für jedes Merkmal ein Histogramm sowohl der »guten« als auch der »schlechten« Gruppe erstellt. Je stärker sich die Histogramme der beiden Gruppen unterscheiden, um so trennfähiger ist die jeweils betrachtete Variable. Obwohl die graphische Darstellung sehr anschaulich ist, gibt sie keine statistisch gesicherte Aussage darüber, ob sich die Mittelwerte der beiden Gruppen signifikant unterscheiden. Als *analytisches Verfahren* kann für den Mittelwertvergleich der t-Test herangezogen werden. Die Nullhypothese des t-Tests besagt, daß die arithmetischen Mittel der beiden Gruppen gleich sind. Dieser wird die Alternativhypothese, daß die arithmetischen Mittel verschieden sind, gegenübergestellt. Dieser Test setzt ebenfalls die Unabhängigkeit der Stichproben und die Normalverteilung der Grundgesamtheiten voraus. Zudem wird lediglich die univariate Trennfähigkeit einzelner Variablen getestet, die nicht mit der multivariaten Trennfähigkeit identisch ist. Diese Analyse, die die univariate Trennfähigkeit der Variablen sichtbar macht, ist als *Datenaufbereitung* für die Multivariate Diskriminanzanalyse zu verstehen.

Wenn die den Anforderungen entsprechenden Merkmale der Elemente festgelegt sind, können anhand der Stichproben die unbekannten Koeffizienten $w_j$ der Diskriminanzfunktion geschätzt werden. Dieser *Schätzvorgang* (vgl. Keysberg 1989), der als zentraler Bestandteil der Diskriminanzanalyse zu betrachten ist, erfolgt so, daß sich die beiden Gruppen, im Beispiel Kreditnehmer guter und schlechter Bonität, bezüglich des Diskriminanzwertes D bestmöglich unterscheiden. Dies ist gewährleistet, wenn die Streuung der Diskriminanzwerte zwischen den Gruppen maximiert und die Streuung in den Gruppen minimiert wird. Im Anschluß ist ein *Trennwert* zu bestimmen, anhand dessen die Elemente, im Beispiel die Kreditnehmer, den Gruppen, im Beispiel den Kreditnehmern mit guter und schlechter Bonität, zugeordnet werden. Die Bestimmung des Trennwertes ist dabei abhängig von der Gewichtung des Fehlers 1. und 2. Art. Damit ist die Entwicklung des Diskriminanzmodells beendet.

Bei der *Anwendung des Diskriminanzmodells* erhebt man für ein zu klassifizierendes Element, im Beispiel für einen neuen Kreditantrag, die Ausprägungen der im Modell enthaltenen Merkmale und setzt sie in das Diskriminanzmodell (A 1.1-1) ein, so daß der Diskriminanzwert D berechnet werden kann. Die *Klassifizierung* des Elements ergibt sich dann aus dem Vergleich des Diskriminanzwertes dieses Elements mit dem Cut-off Score. Im Beispiel wird der Kreditantrag als gut klassifiziert, wenn D größer ist als der Cut-off Score. Die Anwendung des Diskriminanzmodells ist rechentechnisch also sehr einfach.

Obwohl die oben genannten *Anwendungsvoraussetzungen i. d. R. verletzt* sind, erwies sich die lineare Diskriminanzanalyse für unterschiedliche Zusammensetzungen der Stichproben als sehr stabil und brachte beim Vergleich unterschiedlicher diskriminanzanalytischer Verfahren meist die besten Ergebnisse bezüglich der zur Beurteilung der Klassifikationsleistung relevanten *Kontrollstichprobe* (vgl. Fahrmeir et al. 1994; Hüls 1995 und Keysberg 1989). Für die Durchführung der MDA stehen Standardprogramme zur Verfügung.

## 1.2 Neuronale Netze

Sowohl Künstliche Neuronale Netze (KNN) als auch Expertensysteme (XPS) sind den *Verfahren der Künstlichen Intelligenz* zuzuordnen. Die Vorgehensweise beider Verfahren zur Lösung einer Problemstellung ist aber sehr unterschiedlich. Ausgangsbasis für die Entwicklung von KNN waren Untersuchungen biologischer Nervensysteme und Überlegungen, wie die kognitiven Phänomene Fühlen, Wahrnehmen, Erkennen, Denken, Sprechen und Bewußtsein beschrieben, erklärt und modelliert werden können. Der Aufbau von KNN und der Ablauf der Informationsverarbeitung orientieren sich daher an der Informationsverarbeitung von biologischen Nervensystemen.

Die *Informationsverarbeitung in biologischen Nervensystemen* kann stark vereinfacht wie folgt dargestellt werden: Reize der Außenwelt, wie z.B. ein Schlag auf die Kniesehne, wirken auf den Organismus ein und werden von Eingangszellen, auch Eingangsneuronen genannt, die mit der Außenwelt in Kontakt stehen (Rezeptorzellen), aufgenommen und in elektrische Impulse umgewandelt. Über Nervenbahnen werden diese Impulse an Nervenzellen innerhalb des Nervensystems zum zentralen Nervensystem weitergeleitet und verarbeitet. Vom zentralen Nervensystem werden die Signale wieder an Zellen weitergegeben (Effektorzellen) und rufen eine Reaktion des Organismus, wie z.B. das Vorschnellen des Schienbeins (Kniesehnenreflex), hervor. Dabei wird nicht jeder beliebige Reiz von den Neuronen weitergeleitet, sondern innerhalb einer Zelle muß ein bestimmtes Aktivierungsniveau überschritten werden. Erst wenn eine Zelle genügend stark aktiviert ist, gibt sie das Eingangssignal in Form eines Impulses über ihre Verbindungen zu anderen Neuronen innerhalb des Nervensystems weiter. In KNN wird die Informationsverarbeitung biologischer Nervensysteme nachgebildet.

Grundsätzlich können KNN auf ganz unterschiedliche *Problemstellungen* angewandt werden (vgl. Füser 1995, Lohrbach 1994 und Becker/Prischmann 1992). In Kreditinstituten konzentriert sich die Anwendung der KNN auf *Prognose- und Klassifikationsprobleme*. Anhand der Bonitätsprüfung mittels Bilanzkennzahlen, die ein Problem der Klassifikation von Unternehmen in »gute« und »schlechte« darstellt, soll das Verfahren der KNN erläutert werden. Dieses *Beispiel* wurde gewählt, um das Verfahren zu konkretisieren. Der Geltungsbereich der Ausführungen wird dadurch aber nicht eingeschränkt.

Die Anwendung der KNN setzt die Verfügbarkeit von *Stichproben* voraus. Unter einer Stichprobe wird hier eine größere Anzahl von z.B. 500 Datensätzen mit ihren für den Untersuchungszweck relevanten Merkmalen verstanden. Im obigen Beispiel sind dies Unternehmungen mit ihren Bilanzkennzahlen. *Signale*, wie sie in Form von unterschiedlichen Bilanzkennzahlen bestehen, werden dem Netz an den *Eingangsneuronen* präsentiert und so in das KNN aufgenommen. Die von den Eingangsneuronen erzeugten Ausgabesignale werden über *Verbindungen* zu Neuronen der *verborgenen Schicht* weitergeleitet und von diesen verarbeitet. Das Ausgabesignal dieser verborgenen Neuronen wird ebenfalls über Verbindungen zu den nachfolgenden Neuronen weitergeleitet. Im einfachsten Fall handelt es sich dabei um *Ausgabeneuronen*; in komplexen Netzen können aber weitere verborgene Schichten bestehen (vgl. Abb. A 1.2-1) (vgl. Rumelhart/Hinton/McClelland 1986 und Zell 1994).

Das Signal des Ausgabeneurons, das in einem bestimmten Intervall schwanken kann, wird als *Bonitätseinschätzung* des präsentierten Unternehmens interpretiert. Um dies zu gewährleisten, ist eine Reihe weiterer *Konkretisierungen* notwendig. Zum einen muß sichergestellt werden, daß die Eingangssignale geeignet codiert und innerhalb des KNN transformiert werden. Die *Codierung* ist vom Anwender bzw. Entwickler des KNN vorzunehmen und muß gewährleisten, daß alle Eingabesignale dieselbe Signalvariabilität besitzen (vgl. Zimmermann 1994). Die *Transformation* erfolgt in Analogie zum biologischen Vorbild. Dazu sind die oben beschriebenen Neuronen mit geeigneten Funktionen für die Signaltransformation zu versehen.

Im einfachsten Fall dienen die Eingabeneuronen lediglich der Signalaufnahme, so daß keine Transformation der Eingabesignale erfolgt. Über die Verbindungen, die mit unterschiedlichen *Gewichten* versehen sind, werden die Signale zur verborgenen Schicht weitergeleitet. Im Neuron in der verborgenen Schicht werden sämtliche eingehenden gewichteten Signale aufsummiert (*Propagierungsfunktion*). Die Summe der ge-

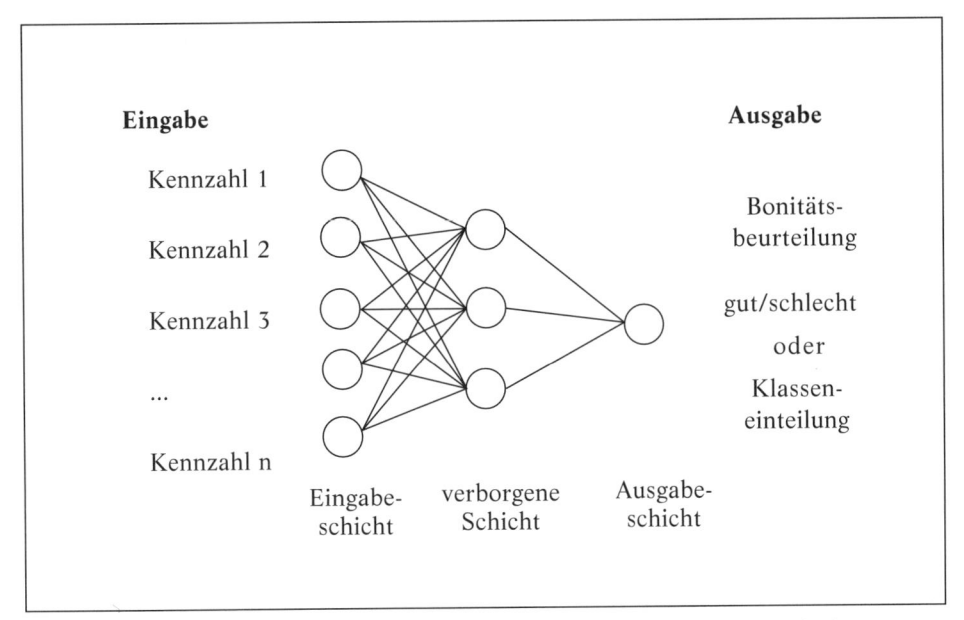

Abb. A 1.2-1: Künstliches Neuronales Netz mit nur einer verborgenen Schicht

wichteten Eingaben in ein Neuron wird auch als Nettoeingabe (net) bezeichnet. Diese Eingabe ist in Abbildung A 1.2-2 auf der Abszisse abgetragen. Mittels einer *Transformationsfunktion* wird festgelegt, ob und in welcher Form (hemmend oder aktivierend) die eingegangenen Signale an nachfolgende Zellen weitergereicht werden. Mit Hilfe dieser Transformationsfunktion wird die Nettoeingabe eines Neurons in den Ausgabewert des Neurons (a) umgewandelt. Weil die Transformationsfunktion differenzierbar sein muß, wird die Schwellenwertfunktion durch sigmoide Funktionen wie beispielsweise die logistische Funktion oder den Tangens Hyperbolicus (vgl. Abb. A 1.2-2) angenähert (vgl. Rumelhart/Hinton/McClelland 1986).

Dieser prinzipielle Ablauf gilt für sämtliche Neuronen in KNN, so daß auch innerhalb des Ausgabeneurons die gewichteten Signale summiert werden und zu einer Ausgabe des Neurons führen.

Sind die Gewichte innerhalb des KNN willkürlich eingestellt, so ist der resultierende Ausgabewert des Ausgabeneurons auch mehr oder weniger zufällig. In einem KNN, das den präsentierten Unternehmen möglichst fehlerfrei die richtige Bonitätsbeurteilung zuordnet, sind die Gewichte optimal eingestellt. Dieses *Einstellen der Gewichte* wird als Lernen bezeichnet und erfolgt in der *Lernphase*. Erst in der späteren *Anwendungsphase* wird mit konstanter Gewichtseinstellung die Bonität von Unternehmen beurteilt, mit deren Daten das KNN in der Lernphase noch nicht konfrontiert war.

Je nach Art des KNN erfolgt dieses Lernen überwacht, bestärkend oder unüberwacht. Beim *überwachten Lernen* wird dem KNN zu jedem Eingabemuster (im Beispiel Bilanzkennzahlen) das korrekte Ausgabemuster (im Beispiel Bonität) präsentiert. Der Vergleich von Ist- und Soll-Ausgabe wird benutzt, um die Gewichte des KNN einzustellen. Dies wird für eine Vielzahl von Datensätzen (im Beispiel Unternehmen) so lange wiederholt, bis die Gewichte des KNN so eingestellt sind, daß die jeweils gewünschte Ausgabe selbständig erzeugt wird. Ein typischer Vertreter dieser Art des Lernens ist das

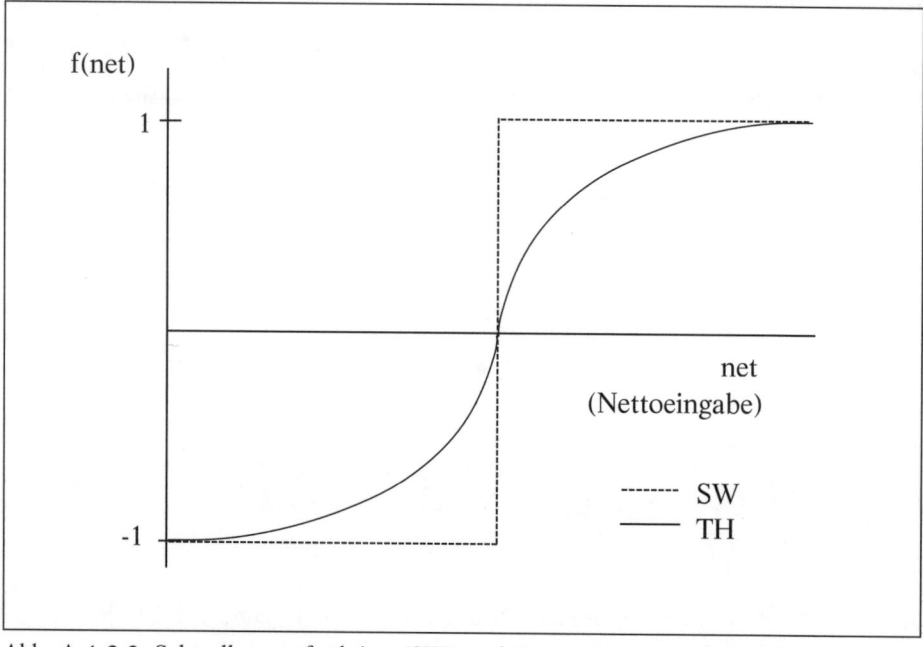

Abb. A 1.2-2: Schwellenwertfunktion (SW) und Tangens Hyperbolicus (TH)

*Multilayer-Perceptron* mit dem *Backpropagation-Algorithmus* (vgl. Rumelhart/Hinton/Williams 1986 und Zell 1994).

Beim *bestärkenden Lernen* wird zu jedem Eingabemuster der Beispieldatensätze nur angegeben, ob es richtig oder falsch klassifiziert wurde, es erfolgt aber keine exakte Gegenüberstellung von Soll- und Ist-Ausgabe wie beim überwachten Lernen. Beim *unüberwachten Lernen* werden dem KNN keine Soll-Ausgaben präsentiert. Die Klassifikation der Beispieldaten erfolgt mittels eines vorzugebenden Abstandsmaßes aufgrund der Ähnlichkeit der Eingabemuster. Diese Vorgehensweise ist mit der einer Cluster-Analyse (vgl. Anhang 1.4) zu vergleichen. Ein mögliches Abstandsmaß ist die Euklidische Distanz. Die Bedeutung, die einzelnen Kombinationen von Merkmalsausprägungen zuerkannt wird, wird vom KNN während der Lernphase selbst festgelegt. Der Zusammenhang zwischen Ein- und Ausgabemerkmalen, der beim Einsatz des überwachten und des bestärkenden Lernens zwingend notwendig ist, und der z.B. nur bei abgeschlossenen Kreditbeziehungen bekannt ist, wird für das unüberwachte Lernen nicht benötigt. Self Organizing Maps sind ein Beispiel für diese Art des Lernens.

Bei *Counterpropagation-Netzen* wird in Abhängigkeit von der Neuronenschicht sowohl überwachtes als auch unüberwachtes Lernen eingesetzt. Die Bezeichnung dieses Netztyps ergibt sich aus dem gegenläufigen Informationsfluß, der durch gleichzeitiges Präsentieren der Ein- und Ausgabemerkmale erfolgt. Somit erhält die interne Schicht während der Lernphase Informationen von beiden Seiten, was den Trainingsvorgang beschleunigt (vgl. Poddig 1992 und Zell 1994).

Es existiert eine Vielzahl unterschiedlicher *Lernverfahren*, denen Verfahren der nichtlinearen Optimierung zugrunde liegen, und die auf eine Anpassung der *Gewichte der Verbindungen* abstellen (vgl. Zimmermann 1994). Daneben gibt es eine Vielzahl von Verfahren, die die *Struktur des Netzes* beeinflussen. Man unterscheidet dabei Verfahren, die von minimalen Netzstrukturen ausgehen und Neuronen und Verbindungen hinzufügen (*Konstruktionsalgorithmen*) und Verfahren, die an relativ komplexen Strukturen ansetzen und einzelne Gewichte oder Neuronen mit ihren sämtlichen Verbindungen entfernen (*Ausdünnungsverfahren* oder Pruning-Algorithmen genannt). Ziel dieser Verfahren ist es, ein Netzwerk mit minimaler Komplexität zu erzeugen, das gerade noch in der Lage ist, die Zusammenhänge der zu lösenden Aufgabenstellung abzubilden.

Für die *Lernphase* werden *zwei Stichproben* benötigt, eine Lern- oder Trainingsstichprobe und eine Validierungs- oder Generalisierungsstichprobe. Diese sind als Stichproben aus der Menge aller existierenden Datensätze zu verstehen. Bei hoher Komplexität des KNN aufgrund von verborgenen Neuronen bzw. ganzen Schichten von verborgenen Neuronen und die dadurch bedingte Anzahl an Verbindungen, deren Gewichte einzustellen sind, können KNN die Zusammenhänge in der *Trainingsstichprobe* gut repräsentieren, so daß mit zunehmendem Lernfortschritt immer mehr Trainingsdatensätze richtig beurteilt werden. Diese im KNN durch Verbindungen und deren Gewichte repräsentierten Zusammenhänge sind aber nicht unbedingt auf eine ähnliche, d.h. dem gleichen Ursachenkomplex entstammende Stichprobe zu übertragen und damit nicht unbedingt generalisierbar. Dieser Zustand des KNN, konkretisiert durch die Verbindungen und ihre Gewichte, ist durch *Overlearning* entstanden, also dadurch, daß das KNN in der Lernphase zu spezifisch auf die Trainingsstichprobe eingestellt wurde. Um die Übertragbarkeit der Ergebnisse von der Trainingsstichprobe auf gleichartige, nicht in das Training einbezogene Daten zu gewährleisten, benötigt man eine *Generalisierungsstichprobe*. Anhand dieser Stichprobe werden keine Gewichtsänderungen vorgenommen, sondern sie wird dem KNN in der Lernphase lediglich parallel zur Trainingsstichprobe präsentiert, und die Klassifikationsquote dieser Stichprobe wird laufend gemessen. Zu Beginn des Lernvorgangs wird sich die Klassifikationsquote der Trainings- und der Generalisierungsstichprobe verbessern. Wenn das Overlearning einsetzt, verbessert sich nur noch die Klassifikationsquote der Trainingsstichprobe, und die der Generalisierungsstichprobe verschlechtert sich wieder. Dies ist der Zeitpunkt für den *Abbruch des Trainingsvorgangs*. Die Gewichte sind optimal eingestellt.

Wenn man das KNN jetzt auf eine dritte Stichprobe, die *Teststichprobe*, anwendet, kann man ermitteln, welche Ergebnisse, hier Klassifikationsquoten bei der Bonitätsprüfung, sich beim produktiven Einsatz des KNN einstellen werden. Dieses Testergebnis wird um so besser ausfallen, je weitergehend die *Anforderungen an das Datenmaterial* erfüllt sind, die analog auch für die Diskriminanzanalyse gelten (vgl. Anhang 1.1):

- Aktualität,
- Homogenität der Fälle,
- Repräsentativität und
- Angemessenheit des Stichprobenumfangs.

KNN müssen in Abhängigkeit von der Art des Anwendungsproblems in mehr oder weniger großen Zeitabständen *aktualisiert* werden. Das beginnt damit, daß man aus der Trainings- und aus der Generalisierungsstichprobe die veralteten Fälle, im Beispiel Unternehmungen mit ihren Bilanzkennzahlen, entfernt und aktuelle Fälle hinzufügt. Anschließend wird das KNN mit der veränderten Stichprobe wieder trainiert. Als Ergebnis stellen sich veränderte Gewichte und ggf. auch Verbindungen ein, die sich zunächst an einer Teststichprobe bewähren müssen, bevor das KNN wieder produktiv eingesetzt werden kann.

## 1.3 Expertensysteme

**a) Funktionsweise von Expertensystemen**

Ein *Expertensystem* (XPS) ist allgemein ein Programmsystem, in dem das Wissen zu einer eng begrenzten Anwendung, wie sie beispielsweise die Bonitätsprüfung im Konsumentenkreditgeschäft darstellt, gespeichert und angesammelt wird, das aus dem Wissen Schlußfolgerungen zieht und zu konkreten Problemen der speziellen Anwendung Lösungen anbietet (vgl. z.B. Picot/Reichwald 1991).

Die *Vorgehensweise von XPS* bei der Problemlösung orientiert sich am Problemlösungsverhalten menschlicher Experten. Wie geht ein Experte bei der Lösung eines genau umrissenen Problems vor, welche Fakten bezieht er ein, wie verknüpft er diese und zu welchen Schlußfolgerungen kommt er? Die Vorgehensweise ist gekennzeichnet durch Einbeziehen von Erfahrungswissen, kausalen Modellen, Intuition, situativer Anpassung und flexiblen Lösungsstrategien. XPS setzen voraus, daß das Anwendungsgebiet mit seinen Zusammenhängen begrifflich strukturiert ist. Die einzelnen Begriffe des Anwendungsgebiets werden dann in Form von Symbolen analog zu den Symbolen der menschlichen Sprache zueinander in Beziehung gesetzt und ihre Umformung erfolgt streng regelgebunden (vgl. Kurbel/Pietsch 1989). Diese abstrakte Definition wird deutlicher, wenn man die Komponenten eines Expertensystems, Wissensbasis, Inferenzmechanismus und Dialogstruktur (vgl. Abb. A 1.3-1) einzeln betrachtet.

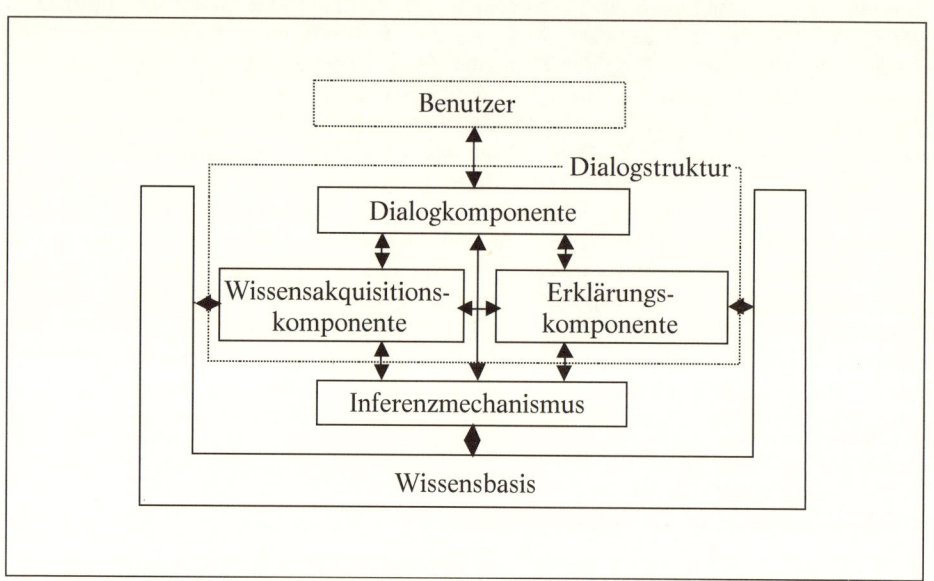

Abb. A 1.3-1: Komponenten eines Expertensystems
nach: Picot/Reichwald (1991), S. 337

Die *Wissensbasis* enthält die symbolische Repräsentation des problemspezifischen Wissens aus dem jeweiligen Anwendungsbereich in Form von Fakten und Regeln, semantischen Netzwerken oder Frames (vgl. Poddig 1992 und Gabriel/Frick 1991). Bei Verwendung von *Regeln* wird das Wissen des Experten in Form von Wenn-Dann-Beziehungen repräsentiert. Die Prämissen einer Regel (Wenn-Teil) lassen sich als Objekt-Attribut-Wert-Tripel interpretieren. Beim Zutreffen aller Prämissen einer Regel wird die

Konklusion (Dann-Teil) als wahr erkannt, die sich dann als neues, abgeleitetes Wissen weiterverarbeiten läßt. Die folgenden beiden Beispiele aus dem Bereich der Bonitätsprüfung im Konsumentenkreditgeschäft verdeutlichen die Repräsentation von Wissen in Form von Regeln (vgl. Bodendorf 1995):

IF Alter < 18
THEN Kreditwürdigkeit = Abbruch

IF Beruf = Beamter/Angestellter im öffentl. Dienst
    OR Beruf = selbständig
    AND Beschäftigungsdauer = lang
THEN Sicherheit der beruflichen Stellung = gut

Ein *Semantisches Netz* ist eine Art von Graph zur Strukturierung von Informationen. Es besteht aus Knoten und Kanten. Die *Knoten* beinhalten meist atomare Wissenseinheiten und sind über *Kanten*, die der Abbildung von Relationen dienen, mit anderen Knoten verbunden. Ein Semantisches Netz der Kreditwürdigkeit eines Antragstellers im Konsumentenkreditgeschäft mit den Einflußfaktoren Zahlungsmoral des Kunden, Bedienbarkeit des Darlehens und verfügbare Sicherheiten könnte dabei wie folgt aussehen (vgl. Abb. A 1.3-2):

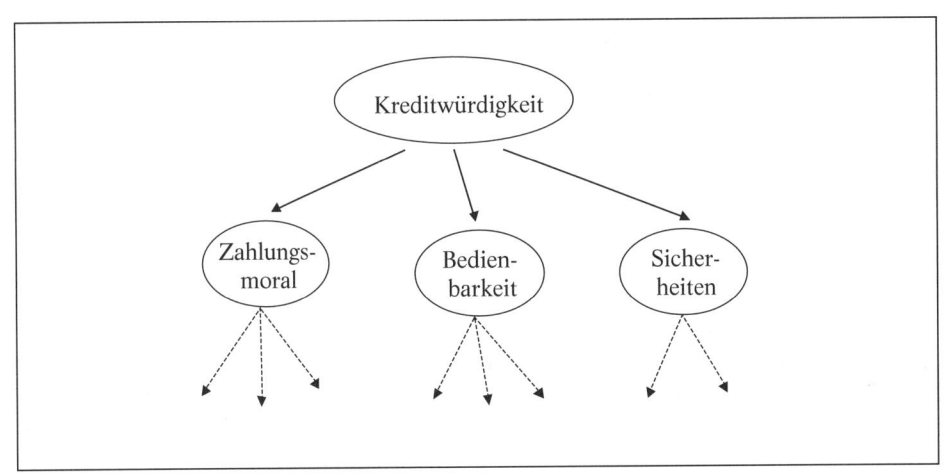

Abb. A 1.3-2: Semantisches Netz

In *Frames* wird ein Objekt ebenfalls durch einen Knoten als Objektbezeichner und eine Menge von Kanten, die das Objekt mit sogenannten Slots verbinden, repräsentiert. Die Slots können Eigenschaften der Objekte bezeichnen und enthalten in diesem Fall die entsprechenden Merkmalsausprägungen. Allgemeiner wird diese Form der Darstellung als objektorientierte Repräsentation bezeichnet. Für das obige Beispiel ergibt sich die Struktur gemäß Abb. A 1.3-3.

Der Übergang zwischen Frames und semantischen Netzen ist fließend. Faßt man den Objektbezeichner als einen Knoten, die Slot-Bezeichner als Relationen und die Slot-Inhalte als weitere Knoten auf, so erhält man ein semantisches Netz.

Der *Inferenzmechanismus* (vgl. Abb. A 1.3-1) stellt die logische Einheit dar, mit der nach einer festgesetzten, meist auf heuristischen Prinzipien beruhenden Problem-

```
┌─────────────────────────────────────────────────────┐
│                                                     │
│            ┌──────────────────────┐                 │
│            │ Objektbezeichner:    │                 │
│            │ Kreditwürdigkeit     │                 │
│            └──────────┬───────────┘                 │
│                       │                             │
│                       │                             │
│              ┌────────┴──Slot 1: Zahlungsfähigkeit  │
│              │                                      │
│              ├───────────Slot 2: Bedienbarkeit      │
│              │                                      │
│              └───────────Slot 3: Sicherheiten       │
│                                                     │
└─────────────────────────────────────────────────────┘
```

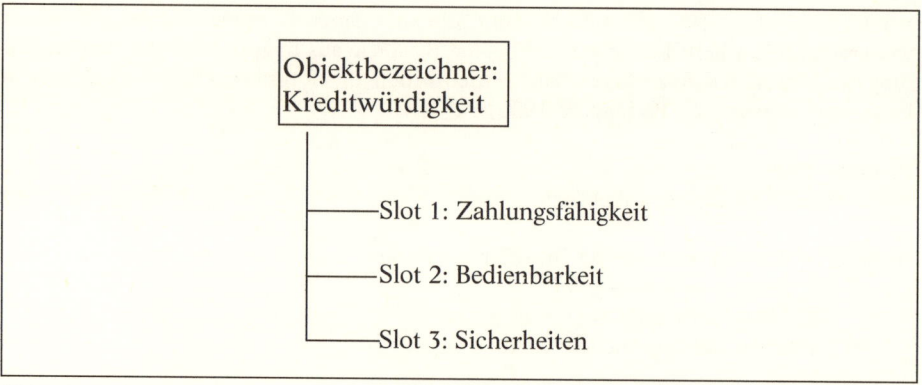

Abb. A 1.3-3 Frames

lösungsmethode Schlüsse aus dem in der Wissensbasis gespeicherten Wissen gezogen werden. Der Inferenzmechanismus enthält Anweisungen darüber, wie mit dem Wissen über das Anwendungsgebiet, das in der Wissensbasis gespeichert ist, umzugehen ist. Beispielhaft sei hier die Vorwärts- und Rückwärtsverkettung von Regeln genannt. Die *Vorwärtsverkettung* hat als Ausgangspunkt die Wissensbasis, die bestimmt, welche Regeln erfüllt sind und welche nicht, während die *Rückwärtsverkettung* von der Zieldefinition ausgehend die Wissensbasis nach Bedingungen für die Zielerreichung durchsucht (vgl. Siegert 1990 und Simeonoff 1988). Die Wissensbasis und der Inferenzmechanismus erfahren somit eine konsequente Trennung (vgl. Drexl/Pesch/Salewski 1995).

Die *Dialogstruktur* (vgl. Abb. A 1.3-1) gliedert sich in Dialogkomponente, Erklärungskomponente und Wissensakquisitionskomponente. Die *Dialogkomponente* legt die Darstellung des Expertensystems gegenüber dem Benutzer fest. Sie entspricht dem gebräuchlicheren Begriff der Benutzeroberfläche. Die *Erklärungskomponente* kommentiert und begründet die von der Problemlösungskomponente gelieferten Lösungen. In der dadurch gegebenen Nachvollziehbarkeit der Vorgehensweise zur Entscheidungsfindung wird ein großer Vorteil von Expertensystemen gegenüber anderen Verfahren gesehen. Die *Wissensakquisitionskomponente* unterstützt die Arbeit des Wissensakquisiteurs bei Erstellung oder Erweiterung der Wissensbasis durch Strukturierungshilfsmittel, Konsistenzprüfungen oder induktive Systeme (vgl. Hauschildt 1990). Eine kurze Systembeschreibung eines XPS für die Bonitätsprüfung findet sich bei Feller/Klos (1991), die konkret auf die Architektur, die Wissensbasis, die Inferenzstrategie und die Oberfläche eines in der Praxis eingesetzten XPS eingehen.

Als wesentliche *Schwierigkeiten*, die sich beim Aufbau eines Expertensystems ergeben, werden in der Literatur die folgenden genannt (vgl. Steiner/Wittkemper 1993):

1) Die relevanten Einflußfaktoren müssen bekannt sein.
2) Die Beziehungen zwischen den Einflußfaktoren und der abhängigen Variablen müssen exakt strukturierbar und formalisierbar sein.
3) Die Bedeutung der einzelnen Einflußfaktoren hinsichtlich ihres Einflusses auf die abhängige Variable muß exakt quantifizierbar sein.
4) Ein Überarbeiten der Wissensbasis und das Hinzufügen neuer Regeln ist sehr aufwendig und kann einen Neuaufbau des Expertensystems notwendig machen.

Auf den ersten Blick scheint die Aussage 1) trivial, da auch bei anderen Verfahren die relevanten Einflußfaktoren ermittelt werden müssen. Im Rahmen der Entwicklung einer

Diskriminanzfunktion oder eines KNN genügt es jedoch, die möglichen Faktoren zu benennen und ihre Relevanz für die abhängige Variable im Anschluß daran empirisch zu überprüfen (vgl. Hauschildt 1990 sowie Anhang 1.1 und 1.2). Die Aussagen 2) und 3) verdeutlichen die weiteren Schwierigkeiten, die mit der Entwicklung von Expertensystemen verbunden sind. Es genügt nicht, das Problemfeld zu strukturieren und mögliche Zusammenhänge aufzuzeigen, sondern die gesamte Komplexität des bearbeiteten Problems muß detailliert abgebildet werden. Zudem sind die Einflußfaktoren hinsichtlich ihrer Bedeutung exakt zu quantifizieren. Diese Ermittlung der Einflußfaktoren und ihrer Beziehungen untereinander ist mit hohem Aufwand verbunden. Im Rahmen einer Aktualisierung des Expertenwissens aufgrund veränderter Umweltbedingungen ist man erneut mit denselben Problemen konfrontiert, so daß sich die Aktualisierung des Expertensystems von einem Neuaufbau möglicherweise wenig unterscheidet.

Es existieren Ansätze wie z.B. Fuzzy Logic, die den Umgang mit *unscharfem Wissen* ermöglichen (vgl. Rommelfanger 1993; Zimmermann/Zysno 1982 und Kruse 1996). Diese Erweiterungen ändern am prinzipiellen Problem der Strukturierung des Aufgabengebiets, der Definition von Abhängigkeiten und der Bestimmung der Bedeutung einzelner Einflußfaktoren jedoch nichts.

**b) Einsatz von Expertensystemen in Kreditinstituten**

**ba) Nutzenerwartungen**
Die Promotoren der Expertensystem-Technik haben bei potentiellen Anwendern Erwartungen in bezug auf den Nutzen des Expertensystem-Einsatzes geweckt, bei Kreditinstituten insbesondere die Erwartung einer Verbesserung der Qualität von Bankleistungen und der Entscheidungsvorbereitung sowie der Wirtschaftlichkeit von Geschäftsprozessen. Diese Erwartungen haben sich bisher nur in Einzelfällen erfüllt, weil der erfolgreiche Einsatz von Expertensystemen von bestimmten Voraussetzungen abhängt.

**bb) Problemstellungen für Expertensysteme**
XPS sind nicht zur Lösung jeglicher Problemstellungen geeignet, sondern sie bieten sich bei *Problemstellungen* an, die durch folgende *Merkmale* gekennzeichnet sind (vgl. Brüna 1991):

- Das für eine Problemlösung erforderliche Wissen ist überschaubar.
- Das erforderliche Wissen ist gegenüber anderen Wissensgebieten abgrenzbar.
- Heuristisches Wissen ist für die Problemlösung notwendig, weil ein exakter Lösungsalgorithmus nicht existiert.
- Für die Wissensakquisition stehen qualifizierte menschliche Experten zur Verfügung.

Im Vergleich mit konventioneller Programmiertechnik stellen XPS höhere *Anforderungen* an Hard- und Software, Personalqualifikation etc., was auch mit vergleichsweise höheren Aufwendungen verbunden ist. Daher ist in jedem Einzelfall zu prüfen, ob eine Problemstellung, zu deren Lösung sich aufgrund der obigen Merkmale die Entwicklung eines XPS anbietet, mit konventioneller Programmiertechnik zu niedrigeren Kosten gelöst werden kann. Die Entscheidung hängt primär von der *Komplexität der Problemstellung* ab (vgl. Hirsch/Leins 1991): Die Systementwicklung in einer konventionellen Programmiersprache ist für kleine, *leicht algorithmisierbare Problemstellungen* einer XPS-Entwicklung überlegen, weil sie routinemäßig erfolgen kann und die Integration des konventionell erstellten Systems in die vorhandene Hard- und Software des Kreditinstituts keine besonderen Schwierigkeiten macht. Bei *komplexeren Problemstellungen*, die gerade noch mit konventioneller Programmiertechnik gelöst werden könnten, wobei der

Aufwand überproportional ansteigt (vgl. Abb. A 1.3-4), bieten sich schon XPS an. Aber es treten dann Schwierigkeiten bei der Implementierung des XPS auf dem Großrechner oder im Falle der Implementierung auf dezentralen Work Stations hinsichtlich der Datenintegration auf.

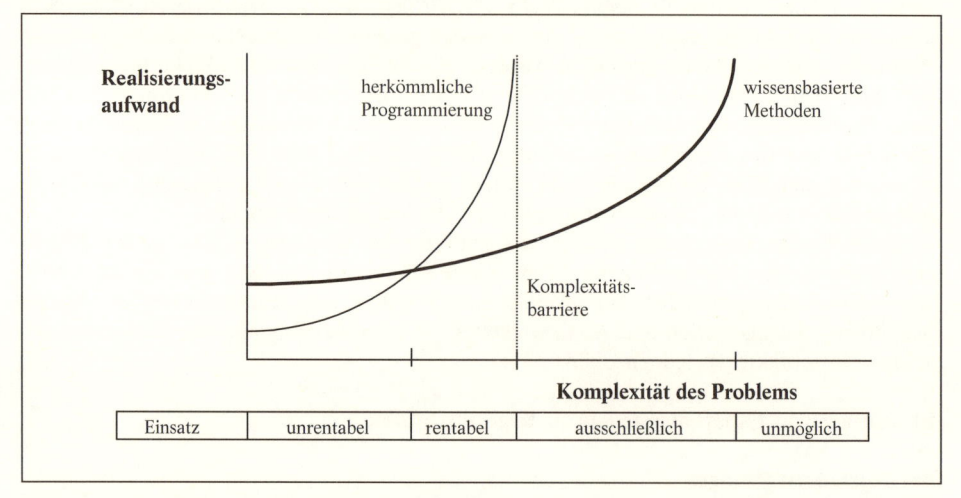

Abb. A 1.3-4: Einsatz von XPS in Abhängigkeit von Problemkomplexität und Aufwand
nach: Hirsch/Leins (1991)

Steigt die Problemkomplexität noch weiter, dann wird die *Komplexitätsbarriere* für konventionelle Programmiertechnik überschritten: Jetzt sind nur noch XPS einsetzbar, allerdings auch verbunden mit den Schwierigkeiten bei der Implementierung auf einem Großrechner oder auf Work Stations. Bei einer weiteren Komplexitätssteigerung stoßen dann aber auch XPS endgültig an ihre Grenzen.

**bc) Anwendungsgebiete für Expertensysteme in Kreditinstituten**
Bei der Auswahl von Anwendungsgebieten in Kreditinstituten haben sich die Promotoren der XPS-Technik naturgemäß vom *Nutzen dieser Technik* leiten lassen, der nach ihrer Erwartung in den verschiedenen Anwendungsgebieten realisierbar ist. Dabei wurde einerseits die Bedeutung der Anwendungsgebiete für die Institute und andererseits das spezifische Problemlösungspotential der XPS-Technik berücksichtigt. Es bilden sich die folgenden *Anwendungsschwerpunkte* heraus: Anlageberatung, Förderkreditberatung und Kreditwürdigkeitsprüfung. Diese Schwerpunkte zeigten sich bei empirischen Erhebungen im Jahre 1990 (vgl. Brüna 1991) sowie in den Jahren 1992 und 1994 (vgl. Rosenhagen 1995). Entwicklungstendenzen lassen sich bei diesen Erhebungen aber kaum ablesen, weil das Forschungsdesign recht unterschiedlich ist.

**bd) Praxiseinsatz von Expertensystemen**
Seit dem Anfang der 80er Jahre wird an XPS für Kreditinstitute gearbeitet, und seit ca. 1986 ist im Schrifttum über eine kaum noch überschaubare Vielzahl von XPS-Entwicklungsprojekten berichtet worden. Das vollzog sich bis etwa 1991. Die Artikel von Glasen (1994) und Schwarze/Rosenhagen (1993) enthalten u.a. auch je eine breit angelegte Bestandsaufnahme der Publikationen über XPS für Kreditwürdigkeitsprüfung und Kreditberatung. Unter diesen ist keine einzige nach 1991 erschienene Publikation. Die-

sen Befund könnte man so deuten, daß der Einsatz von XPS in Kreditinstituten inzwischen zur Selbstverständlichkeit geworden ist. Das trifft aber offenbar nicht zu, denn die Erhebung von 1994 (vgl. Rosenhagen 1995) hat ergeben, daß es von den befragten 100 größten deutschen Kreditinstituten nur 18 waren, die ein oder mehrere XPS in der Praxis einsetzten. Diese *geringe Anwendungsquote* steht nur scheinbar im Widerspruch zu der großen Anzahl von XPS, über die in der Literatur berichtet worden ist, denn es handelt sich hierbei in vielen Fällen nur um Prototypen, die in der Praxis nie zum produktiven Einsatz gekommen sind. Aus den Publikationen geht aber nicht immer klar hervor, ob das jeweils beschriebene XPS tatsächlich im Einsatz ist, oder ob es sich nur um einen Prototyp handelt (vgl. Schwarze/Rosenhagen 1993).

**be) Einsatzbarrieren**
Manche Institute haben, auch zusammen mit externen Beteiligten, XPS entwickelt, von denen nur einige in der Praxis eingesetzt werden. Ein Beispiel hierfür ist die Westdeutsche Landesbank, die in einem Bericht von 1992 zehn XPS aufführt, aber nur bei zwei XPS ausdrücklich angibt, daß sie in der Praxis eingesetzt und teilweise auch den Sparkassen zum Kauf angeboten werden (vgl. Westdeutsche Landesbank 1992). Prototypen werden von den Kreditinstituten u.a. auch deshalb entwickelt, weil man sich das zugehörige technische Wissen erarbeiten und für den Fall bereithalten möchte, daß kurzfristig doch XPS in der Praxis eingesetzt werden sollen.

Welche Bedingungen erfüllt sein müssen, wenn XPS produktiv genutzt werden sollen, hat sich in vielen Fällen erst bei Fertigstellung der Prototypen gezeigt, und daher sind viele XPS-Entwicklungsprojekte zu diesem Zeitpunkt beendet worden. Hirsch (1991) geht der Frage nach, warum es in Kreditinstituten so viele Prototypen und so wenige produktive XPS gibt. Er führt diesen Sachverhalt hauptsächlich auf *Schwierigkeiten bei der Integration von XPS* in die vorhandene DV-Infrastruktur und auf die Unsicherheit der Entscheidungsträger bei der Kosten-Nutzen-Analyse für XPS zurück. Bei der empirischen Untersuchung von Rosenhagen (1995) zeigten sich diese beiden Probleme auch als bedeutende Einsatzbarrieren, und zusätzlich nannten die Befragten hier noch, wenn auch mit geringerem Gewicht, die *Akzeptanz* des XPS durch die Mitarbeiter und Probleme bei der *Wissensakquisition*. Von diesen Einsatzbarrieren kommt den Schwierigkeiten bei der Integration der XPS in die DV-Infrastruktur der betrachteten Bank die größte Bedeutung zu. XPS sind zumeist ein Baustein, der in einen umfassenderen Prozeß, z.B. bei der Kreditsachbearbeitung, integriert werden muß. Gelingt es nicht, den reibungslosen Datenfluß zwischen dem Großrechnersystem und allen zu dem Prozeß gehörenden Teilsystemen sicherzustellen und den Datenzugriff zu gewährleisten, bleibt das XPS ein Fremdkörper, der von den Benutzern nicht akzeptiert wird, so daß das XPS seine spezifische Leistungsfähigkeit nicht zur Geltung bringen kann.

## 1.4  Cluster-Analyse

### a) Grundlagen und Anwendungsmöglichkeiten

Unter dem Begriff »Cluster-Analyse« werden *gruppenbildende Verfahren* verstanden. Aufgabe einer Cluster-Analyse ist es, eine Menge von n Objekten mehreren Klassen (Cluster) derart zuzuordnen, daß die Objekte, die einer Klasse zugeordnet werden, bezüglich eines oder mehrerer Kriterien möglichst ähnlich sind (Homogenität innerhalb der Klasse). Des weiteren soll die Ähnlichkeit der Klassen zueinander möglichst gering sein (Heterogenität der Klassen untereinander).

Cluster-Analysen finden vielfältige *Anwendungsmöglichkeiten*. So sind medizinische Fragestellungen ebenso denkbar wie Anwendungen im Bereich der Naturwissenschaften. In den Wirtschaftswissenschaften werden Cluster-Analysen unter anderem im Marketing z.B. zur Auswertung von Konsumentenbefragungen mit dem Ziel einer typisierenden Gruppenbildung eingesetzt. Diese Gruppenbildung kann dann die Grundlage für ein zielgruppenspezifisches Produktdesign, zielgruppenspezifische Absatzwege oder eine zielgruppenspezifische Kommunikation sein.

Um eine Cluster-Analyse durchführen zu können, benötigt man Daten der zu klassifizierenden Objekte. Typischerweise wird man p Merkmale an jedem Objekt der zu klassifizierenden Menge von Objekten erheben und in eine *Datenmatrix* eintragen. Diese Datenmatrix ist die Voraussetzung für die Durchführung einer Cluster-Analyse. *Quantitative Daten* können direkt in die Datenmatrix eingetragen werden; *qualitative Daten* müssen zunächst mittels geeigneter Skalierungsverfahren in quantitative Daten überführt werden. Liegen sehr viele Merkmale für jedes der n Objekte vor, bietet es sich an, zunächst eine *Faktorenanalyse* mit dem Ziel einer Merkmalsreduktion auf wenige latente (d.h. nicht direkt beobachtbare) Merkmale je Objekt durchzuführen.

## b) Klassifikationstypen

Ziel jedes Cluster-Analyse-Verfahrens ist die Einteilung einer Menge von n Objekten in m Klassen $K_1, ..., K_m$. Jede dieser Klassen enthält mindestens eines und im Extremfall enthält eine Klasse alle n Objekte. Bevor ein Cluster-Analyse-Verfahren durchgeführt werden kann, müssen zunächst der Klassifikationstyp und die Bewertungskriterien festgelegt werden. Außerdem muß entschieden werden, ob die Klassifikation exhaustiv oder nichtexhaustiv sein soll (vgl. Backhaus et al. 1996).

Als *Klassifikationstypen* kommen grundsätzlich Überdeckungen, Partitionen, Quasihierarchien und Hierarchien in Frage. Von einer *Überdeckung* spricht man, wenn sich einzelne Klassen einer Klassifikation zwar überschneiden, jedoch keine Klasse vollständig in einer anderen enthalten ist.

Betrachtet man die acht Objekte 1, 2,...,8, so könnte eine Überdeckung mit drei Klassen aus den Klassen $K_1 = \{1, 3, 4, 8\}$, $K_2 = \{2, 3, 4\}$ und $K_3 = \{5, 6, 7\}$ bestehen. Hierbei sind die Objekte 3 und 4 in den Klassen $K_1$ und $K_2$ enthalten. Diese Überdeckung ist exhaustiv, da alle acht Objekte mindestens einer Klasse zugeordnet werden konnten (vgl. Abb. A 1.4-1). Wenn nicht alle Objekte mindestens einer Klasse zugeordnet werden, so spricht man – unabhängig vom Klassifikationstyp – von einer nichtexhaustiven Klassifikation.

Eine *Partition* dagegen ist eine Klassifikation, bei der kein Objekt zu mehr als einer Klasse gehören darf. Unter Bezugnahme auf obiges Beispiel kann die Klassifikation mit den drei Klassen $K_1 = \{1, 2, 3\}$, $K_2 = \{4, 5, 6\}$ und $K_3 = \{7, 8\}$ als exhaustive Partition bezeichnet werden. Die Klassifikation mit den Klassen $K_1 = \{1, 3\}$, $K_2 = \{4, 6, 8\}$ und $K_3 = \{5, 7\}$ dagegen ist eine nichtexhaustive Partition, da das Objekt 2 nicht in der Klassifikation enthalten ist. Die Klassen einer Partition sind stets disjunkt, sie haben also keine gemeinsamen Objekte (vgl. Abb. A 1.4-1).

Überdeckungen und Partitionen geben die Strukturen der n Objekte einer Objektmenge häufig nur sehr unpräzise wieder. Aus diesem Grund wählt man häufig die feineren Klassifikationstypen Quasihierarchie und Hierarchie. Unter einer *Hierarchie* versteht man eine Klassifikation, die aus einer Folge von Partitionen gebildet wird, wobei die Klassen der Klassifikation Teilmengen der Hierarchie derart bilden, daß alle Klassen auf einer Stufe disjunkt sind und die Klassen über die verschiedenen Stufen hinweg vollständig in Klassen niedrigerer Stufen enthalten sind. Die unterste Stufe ist bei der Hierarchie diejenige Klasse, die alle n Objekte und auch alle untergeordneten Klassen

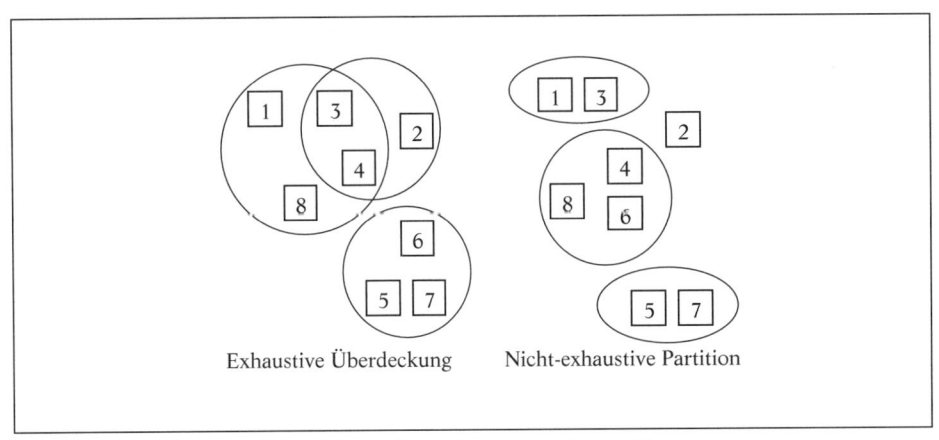

Abb. A 1.4-1: Klassifikationstypen: Überdeckung und Partition

enthält (vgl. Abb. A 1.4-2). Analog zur Definition einer Hierarchie ist eine *Quasihierarchie* eine Folge von Überdeckungen, (vgl. Hartung/Elpelt 1999).

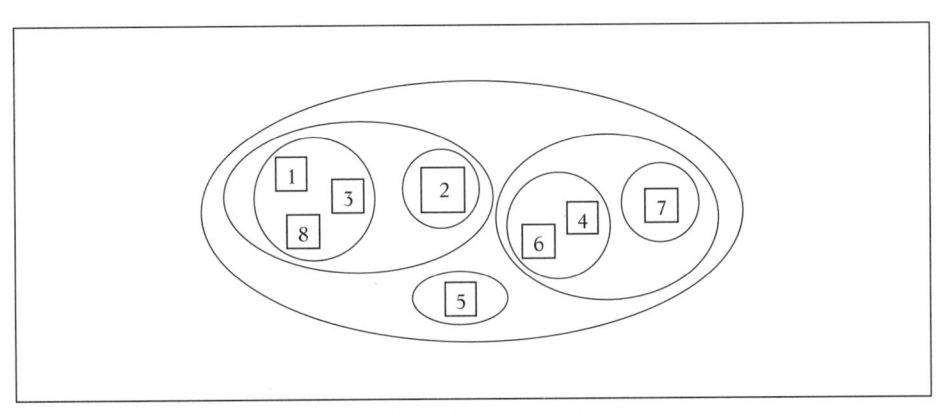

Abb. A 1.4-2: Klassifikationstyp: Exhaustive Hierarchie

Unabhängig vom Klassifikationstyp (Hierarchie oder Quasihierarchie) ist festzulegen, ob die Klassifikation exhaustiv oder nicht-exhaustiv sein soll. Diese Entscheidung hängt unter anderem davon ab, ob eine Festlegung der Anzahl der Klassen ex ante erforderlich ist, und wie groß diese Anzahl gewählt wird. Wird die Anzahl der Klassen zu gering gewählt, so besteht die Gefahr einer zu großen Heterogenität innerhalb der Klassen.

c) **Bewertungskriterien für die Güte der Klassifikation**
Man unterscheidet Maße für die Homogenität einer Klasse, Maße für die Heterogenität zwischen den Klassen und Maße für die Güte der Klassifikation (vgl. Hartung/Elpelt 1999 und Kaufmann/Pape 1996).

Bevor die Berechnung eines Maßes zur Bestimmung der *Homogenität* einer Klasse vorgenommen werden kann, ist der Begriff des *Distanzindex* zu klären. Ein Distanzindex ist ein Maß für die Ähnlichkeit zweier Objekte. Je ähnlicher zwei Objekte sind, desto kleiner soll der zugehörige Distanzindexwert sein. Als Distanzindices kommen beispielsweise $L_r$-Metriken, euklidische Metriken oder die empirische Mahalanobis-Distanz in Betracht (vgl. Kaufmann/Pape 1996). Die Werte eines Distanzindex sind die Elemente der Distanzmatrix. Eine Möglichkeit für die Berechnung eines *Maßes für die Bestimmung der Homogenität einer Klasse* besteht nun darin, die Summe der Distanzindexwerte einer Klasse zu berechnen und durch die Anzahl der Objekte der Klasse zu dividieren. Diese Normierung durch die Anzahl der Objekte der Klasse ist notwendig, weil sonst Klassen mit vielen Objekten schlechter beurteilt würden als Klassen mit wenigen Objekten. Ein Nachteil dieses Verfahrens ist, daß das Maß für Klassen mit nur einem Objekt nicht definiert ist.

Ein weiteres Maß zur Bestimmung der Homogenität einer Klasse ist die Distanz der beiden unterschiedlichsten Objekte einer Klasse – formal also das Maximum der Distanzindexwerte einer Klasse. Das ist ein sehr strenges Maß zur Bestimmung der Homogenität einer Klasse. Als dritte Alternative kann das Homogenitätsmaß berechnet werden. Diese Maßzahl ergibt sich als Minimum der Distanzindexwerte einer Klasse und kann gerade bei sehr vielen Objekten in einer Klasse, von denen zufällig zwei Objekte sehr ähnlich sind, zu Fehlbeurteilungen führen.

Bei der Definition von *Maßen für die Heterogenität der Klassen* muß unterschieden werden, ob Partitionen oder Überdeckungen beurteilt werden sollen, also ob die Klassen disjunkt sind oder nicht, wobei hier nur auf Heterogenitätsmaße disjunkter Klassen eingegangen werden soll. Grundsätzlich unterscheidet man complete linkage, single linkage, average linkage sowie centroid als Maße für die Heterogenität der Klassen. *Complete linkage* beurteilt die Verschiedenheit auf Grund des unähnlichsten Objektpaares, *single linkage* auf Grund des ähnlichsten Objektpaares sowie *average linkage* auf der Basis der durchschnittlichen Ähnlichkeit aller Objekte aus den zu beurteilenden Klassen. *Centroid* schließlich gibt die quadrierten euklidischen Distanzen zwischen den Mittelwertvektoren für alle p beobachteten Merkmale zweier zu vergleichender Klassen an.

*Maße für die Güte einer Klassifikation* basieren grundsätzlich auf Maßen zur Beurteilung der Klassenhomogenität und auf Maßen zur Beurteilung der Heterogenität zwischen den Klassen. Maße für die Güte einer Klassifikation ermöglichen nicht nur eine Aussage bezüglich der Heterogenität zwischen zwei Klassen oder der Homogenität innerhalb einer Klasse, sondern sind so gewählt, daß die Klassifikation als um so besser beurteilt wird, je homogener die Objekte innerhalb der Klassen und je größer die Heterogenität zwischen den Klassen ist. Auch diese Gütemaße zur Beurteilung einer Klassifikation müssen danach differenziert werden, ob Überdeckungen oder Partitionen beurteilt werden sollen. Ein mögliches *Gütemaß zur Beurteilung von Überdeckungen* ist die Summe der Homogenitätsmaße der Klassen abzüglich der Summe der Homogenitätsmaße aller Teilmengen von Objekten, die mehr als einer Klasse angehören. Dieses Gütemaß kann erweitert werden um Maße für die Heterogenität zwischen den Klassen. Beide Gütemaße sind jedoch nur dann berechenbar, wenn die Überdeckung aus mehr als einer Klasse besteht.

Die *Güte von Partitionen* ist abhängig von den gewählten Homogenitäts- und Heterogenitätsmaßen. Gebräuchlich ist ein Gütemaß, welches einerseits die Summe der Klassenhomogenitäten und andererseits den normierten Kehrwert des Maßes für die Heterogenität zwischen den Klassen verwendet und dadurch sowohl die Klassenhomogenität als auch die Heterogenität zwischen den Klassen berücksichtigen kann. Je niedriger dieses Gütemaß ist, um so besser ist die Güte der Partition. Eine ausschließliche

Berücksichtigung eines Homogenitätsmaßes bietet sich bei Partitionen nicht an, da in diesem Fall n einelementige Klassen stets eine gemäß dem Gütekriterium optimale Partition ergeben würden.

**d) Darstellung einer iterativen Ermittlung einer Partition**

Bei der Darstellung von cluster-analytischen Verfahren soll beispielhaft ein *iteratives Konstruktionsverfahren* für Partitionen (vgl. Abb. A1.4-3) erläutert werden, (vgl. Hartung/Elpelt 1999 sowie Backhaus et al. 1996). Dieses Verfahren geht grundsätzlich davon aus, daß ex ante eine Klassenanzahl m festgelegt wird. Zudem ist eine Festlegung der Maximalzahl einelementiger Klassen möglich.

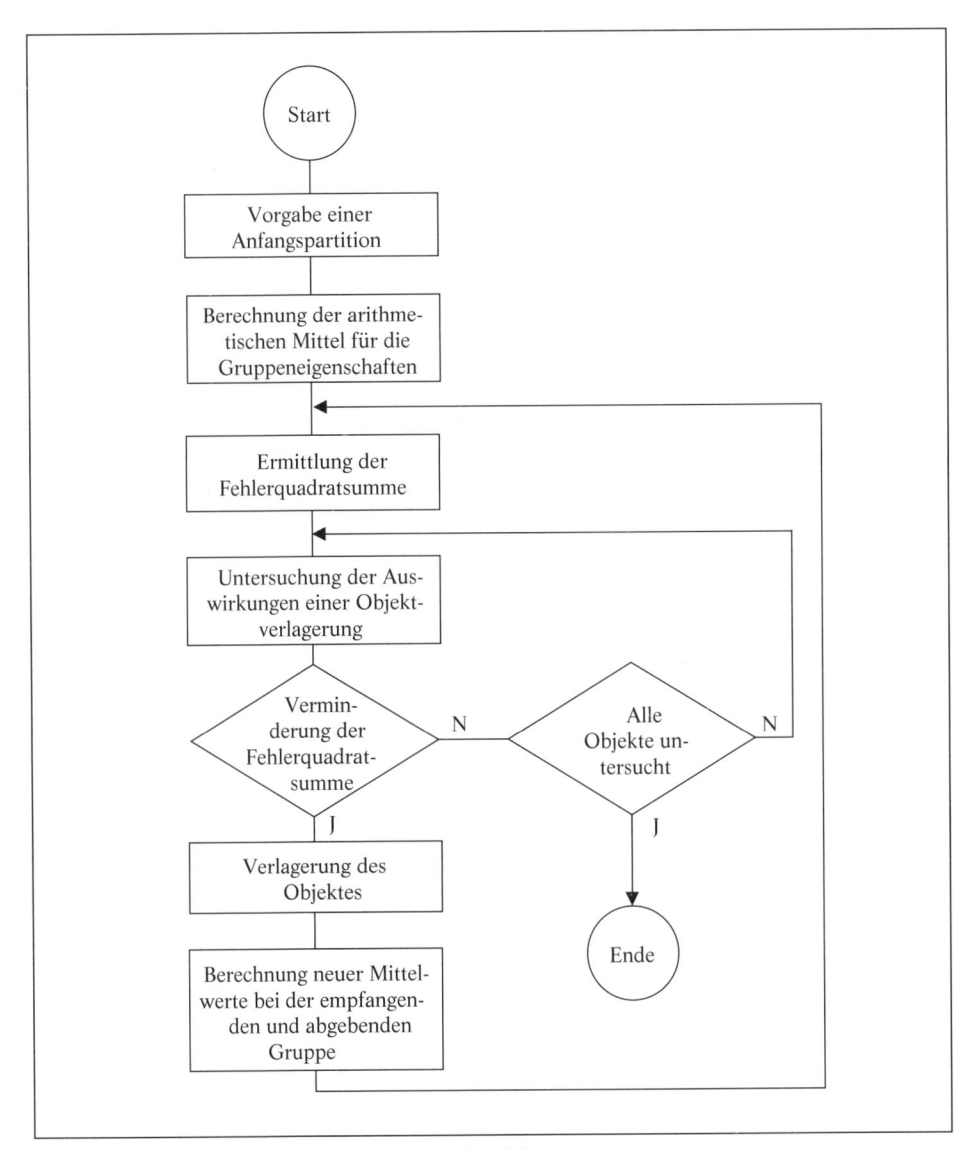

Abb. A 1.4-3: Iterative Ermittlung einer Partition

Zunächst wird zufällig eine *Anfangspartition* der n interessierenden Objekte mit m Klassen derart festgelegt, daß jeder Klasse zufällig ein Objekt (Zentralobjekt) zugeordnet wird und die verbleibenden n − m Objekte demjenigen Zentralobjekt einer Klasse zugeordnet werden, dem sie am ähnlichsten sind. Für diese Anfangspartition wird nun das Gütemaß bestimmt. Ausgehend von dieser Anfangspartition wird für jedes der n Objekte geprüft, ob sich die Güte der Partition bei einer Zuordnung dieses Objektes zu einer anderen Klasse *verbessert* oder nicht. Ist keine weitere Verbesserung (Verringerung) des Gütemaßes mehr möglich, ist diejenige Partition gefunden, die einem lokalen Optimum entspricht. Die Begrenzung der Anzahl der einelementigen Klassen ist erforderlich, da ansonsten die optimale Partition in n einelementigen Klassen besteht. Bei dieser Vorgehensweise kann ein *Abbruchkriterium* derart definiert werden, daß das Verfahren beendet wird, wenn die Verbesserung des Gütekriteriums einen vorgegebenen Grenzwert unterschreitet. Da mit diesem Verfahren lediglich lokale Optima ermittelt werden können, ist eine *mehrfache Durchführung der Partition* mit unterschiedlichen Zentralobjekten erforderlich. Diejenige lokal optimale Partition, deren Gütemaß im Vergleich minimal ist, sollte als bestmögliche Annäherung an das globale Optimum und damit als Ergebnis der Partition verwendet werden.

### e) Probleme bei der praktischen Anwendung der Cluster-Analyse

Dem Anwender bieten sich vielfältige Möglichkeiten zur Durchführung von Cluster-Analysen mit Hilfe von *Statistik-Software-Paketen*. Bamberg/Baur (1998) geben einen guten Überblick über gängige Programme mit allgemeinem Methodenspektrum wie z.B. SPSS oder STATGRAPHICS. Daneben sind Pakete wie z.B. CONCLUS zu erwähnen, die eine umfassende Sammlung von Programmen zur Cluster-Analyse enthalten (vgl. Bamberg/Baur 1998). Die Benutzung dieser Software setzt aber voraus, daß der Anwender sich eingehend mit der Cluster-Analyse vertraut gemacht hat, denn nur dann kann er kompetent die für die Datenaufbereitung und Ablaufsteuerung notwendigen Entscheidungen treffen und die Aussagekraft von Homogenitäts- und Heterogenitätsmaßen beurteilen.

Bevor eine Cluster-Analyse durchgeführt werden kann, sind mehrere *Entscheidungen* zu treffen. So muß zunächst in Abhängigkeit von der Anzahl der zu klassifizierenden Objekte festgelegt werden, ob die *Grundgesamtheit* oder lediglich eine *Stichprobe* aus der Grundgesamtheit aller Objekte klassifiziert werden soll, so daß, wenn nur eine Stichprobe klassifiziert worden ist, die übrigen Objekte der Grundgesamtheit entsprechend deren Ähnlichkeit mit den Zentralobjekten aus der Klassifikation der Stichprobe zugeordnet werden können. Bei der Festlegung der *Stichprobengröße* ist insbesondere darauf zu achten, daß die Stichprobe groß genug ist, damit in den einzelnen Klassen genügend Objekte enthalten sind und somit sichergestellt ist, daß die Stichprobe auch die verschiedenen Klassen der Grundgesamtheit repräsentativ abbildet. Eine weitere – der eigentlichen Cluster-Analyse vorangestellte – Entscheidung betrifft die Eliminierung von Ausreißern. Weiter sollen hoch korrelierte Merkmale oder Merkmale, die bei allen Objekten konstante Werte aufweisen, vermieden werden. Bei einer zu großen Anzahl von Merkmalen der Objekte und bei korrelierten Merkmalen ist gegebenenfalls eine *Faktorenanalyse* zur Gewichtung und zur Verbesserung der Vergleichbarkeit der Merkmale voranzustellen. In der Regel empfiehlt es sich, vor der Cluster-Analyse eine *Standardisierung der Merkmale* vorzunehmen, da unterschiedliche Skalierungen das Ergebnis stark verzerren. Des weiteren gilt auch für die Cluster-Analyse, daß unpräzise erhobene quantitative Daten, fehlerhafte Skalierungen qualitativer Daten sowie eine zu kleine Anzahl zu beurteilender Objekte zu fehlerhaften, unpräzisen oder nicht verwertbaren Ergebnissen führen können. Letztlich sind die gefundenen Klassifikationen auf Plausibilität und Interpretierbarkeit zu überprüfen.

## 1.5 Markov-Prozesse

Ein Markov-Modell ist ein mathematisches Modell zur Beschreibung eines stochastischen Prozesses. Man unterscheidet zwischen diskreten und kontinuierlichen Markov-Prozessen, einfach und mehrfach bedingten, endlichen und unendlichen sowie bewerteten und unbewerteten Prozessen. Im folgenden sollen zunächst die Grundprinzipien des Markov-Prozesses erläutert werden. Anschließend wird der diskrete, einfach bedingte, endliche und bewertete Markov-Prozeß dargestellt und an einem konkreten Beispiel erläutert.

### a) Grundprinzipien des Markov-Prozesses

Die beiden grundlegenden Begriffe des Markov-Prozesses sind der Zustand und der Übergang von einem Zustand in einen anderen Zustand. Der Markov-Prozeß befindet sich in einem bestimmten *Zustand*, wenn alle relevanten Variablen des betrachteten Systems die diesem konkreten Zustand zugeordneten Werte aufweisen. Ein *Übergang* liegt vor, wenn die betrachteten Variablen andere Werte annehmen, die einem anderen Zustand zugeordnet sind.

Howard (1965) hat zur *Illustration* das folgende *Beispiel* entworfen, das hier – etwas erweitert – wiedergegeben werden soll: Betrachtet wird ein Teich mit Seerosen, von denen eine bestimmte Anzahl von Blättern auf der Wasseroberfläche zu sehen sind. In diesem Teich, den Howard in seinem Beispiel als System bezeichnet, gibt es einen einzigen Frosch, der immer auf einem Seerosenblatt sitzt, wenn er nicht gerade von einem Blatt auf ein anderes springt. Dieser Frosch kann das System nicht verlassen; es kommen von außen aber auch keine weiteren Frösche hinzu. Die Seerosenblätter auf dem Teich sind von 1 bis n durchnumeriert. Der Zustand des Systems ergibt sich dann aus der Nummer desjenigen Blattes, auf dem der Frosch sitzt. Springt der Frosch auf ein anderes Blatt, so ändert sich der Zustand des Systems. Der Sprung des Frosches wird in diesem Beispiel als Übergang des Systems von einem Zustand in einen anderen aufgefaßt. Da die Anzahl der Blätter endlich ist und die Sprünge des Frosches zu äquidistanten Zeitpunkten erfolgen, liegt ein endlicher und diskreter Prozeß vor. Weil der Frosch nach jedem Sprung vergißt, von welchem Blatt er gekommen ist, ist für den nächsten Sprung zu einem anderen Blatt ausschließlich die momentane Position des Frosches relevant. In diesem Fall spricht man von einem einfach bedingten Prozeß. Könnte sich der Frosch erinnern, auf welchen Blättern er vorher gesessen hat und wäre dies für seine Entscheidung, auf welches andere Blatt er beim nächsten Mal springt, relevant, so wäre dies ein mehrfach bedingter Prozeß. Erfaßt man schließlich die unterschiedlichen Entfernungen zwischen den Blättern und addiert beispielsweise die innerhalb eines bestimmten Zeitraumes durch den Frosch zurückgelegten Entfernungen, dann liegt ein bewerteter Prozeß vor. Dieses illustrative Beispiel sollte nur das Grundprinzip eines Markov-Prozesses veranschaulichen. Es folgt nun eine Darstellung der Elemente, Strukturen und Abläufe von Markov-Prozessen in generalisierter Form (vgl. Ferschl 1970). Zur Veranschaulichung wird dabei immer wieder auf den Anwendungsfall »Kundenwanderungsanalyse im Retail Banking« (vgl. Kap. 6.2.1.2) Bezug genommen.

### b) Zustände und Zustandsklassen

Grundlegend für einen Markov-Prozeß ist zunächst die Definition von Zuständen, in denen sich das System befinden kann, wobei das System jeweils nur genau einen Zustand annimmt. Hieraus folgt, daß die Zustände einerseits erschöpfend und andererseits überschneidungsfrei definiert sein müssen. Die Gesamtheit aller definierten Zustände wird als Zustandsraum bezeichnet. Innerhalb des Zustandsraumes sind *drei Arten von Zuständen* zu unterscheiden:

- **Transiente Zustände:**
Zustände, die immer wieder erreicht und auch verlassen werden können.

- **Absorbierende Zustände:**
Zustände, die zwar erreicht, aber nicht wieder verlassen werden können.

- **Transitorische Zustände:**
Diese Zustände können zwar verlassen, aber nicht wieder erreicht werden. Es sind grundsätzlich transiente Zustände mit einem Erwartungswert der mittleren Rekurrenzzeit (Zeit bis zur Rückkehr in diesen Zustand) $\mu_t \to \infty$.
Diese Zustände können grundsätzlich einer der folgenden *Zustandsklassen* zugeordnet werden, die nicht disjunkt sein müssen:

- **Transiente Klasse $K_T$:**
Eine Klasse von Zuständen, die jederzeit von Zuständen anderer Klassen erreicht und wieder verlassen werden können.

- **Absorbierende Klassen $K_A$:**
Zustände, die zwar jederzeit von Zuständen anderer Klassen aus erreicht werden können, jedoch nicht wieder in Richtung dieser Zustände verlassen werden können.

- **Transitorische Klasse $K_V$:**
Eine Klasse von Zuständen, die zwar verlassen, aber nicht wieder erreicht werden können.

- **Ergodische Zustandsklassen $K_E$:**
Zustandsklassen, die jederzeit von Zuständen anderer Klassen aus erreicht, nicht jedoch in Richtung dieser Klassen verlassen werden können. Sie sind analog den absorbierenden Zuständen zu verstehen, wobei jedoch innerhalb einer ergodischen Klasse jederzeit ein Zustandswechsel möglich ist. Innerhalb eines Markov-Modells mit jeweils mehreren absorbierenden, transitorischen und transienten Zuständen bildet demzufolge die Menge aller transienten und absorbierenden Zustände, also die Vereinigungsmenge aller $K_T$ und $K_A$ eine rekurrente ergodische Klasse zur Klasse aller transitorischen Zustände. Grundsätzlich enthält jeder Markov-Prozeß zumindest eine ergodische Klasse. Prozesse mit genau einer ergodischen Klasse nennt man vollständig ergodische Prozesse.
Betrachtet man einen Markov-Prozeß mit n Zuständen $Z_i$ (i = 1, ..., n) zum Zeitpunkt t, so ergibt sich für jeden Zustand $Z_i$ eine *Zustandswahrscheinlichkeit* $\pi_i(t)$. Sie ist die Wahrscheinlichkeit dafür, daß sich der Prozeß zur Zeit t im Zustand i befindet. Die Wahrscheinlichkeiten für die Belegung der n Zustände werden als Zeilenvektor dargestellt:

$$\pi(t) = (\pi_1(t), \pi_2(t), \pi_3(t), ..., \pi_n(t)) \qquad \text{(A 1.5-1)}$$

Da die Liste der n Zustände des Markov-Prozesses erschöpfend definiert ist, gilt für beliebige t:

$$\sum_{i=1}^{n} \pi_i(t) = 1 \qquad \text{(A 1.5-2)}$$

Im konkreten Fall der Kundenwanderungsanalyse mit Hilfe eines Markov-Prozesses (vgl. Kap. 6.2.1.2) wird davon ausgegangen, daß viele Kunden während der Gesamtdauer ihrer Geschäftsverbindung mit der betrachteten Bank eine Vielzahl von persönlichen Entwicklungsstufen durchlaufen wie z.B. vom Auszubildenden oder Studenten über den Angestellten mit niedrigem Einkommen, den Angestellten mit höherem Einkommen zum Nichtkunden wegen Wechsels des Hauptwohnsitzes o.ä. In diesem Fall wird jede *Entwicklungsstufe der Kundenverbindung* als *Zustand* aufgefaßt. Die Entwicklung einer Kundenverbindung kann somit durch eine Folge von Zuständen beschrieben werden, die ein Kunde durchläuft. Da dieser Entwicklungsprozeß sowohl bei den einzelnen Bankkunden als auch bei der gesamten Kundschaftsstruktur im voraus nicht bekannt ist, sondern nur durch Wahrscheinlichkeiten beschrieben werden kann, handelt es sich um einen stochastischen Prozeß, der durch einen *diskreten, einfach bedingten Markov-Prozeß mit endlichem Zustandsraum* sinnvoll abgebildet werden kann. Dabei wird vereinfachend davon ausgegangen, daß Zustandsübergänge nur zu diskreten und äquidistanten Zeitpunkten stattfinden.

Als Zustände sind sowohl transitorische Zustände wie z.B. die Zustände »Kind« oder »Jugendlicher Kunde in Ausbildung« als auch transiente Zustände wie beispielsweise »Mengenkunde mit niedrigem Einkommen und niedrigem Vermögen« oder auch »Realkredit-Nebenbankkunde« möglich. Der absorbierende Zustand »Nichtkunde« ist aus methodischen Gründen erforderlich, da auch der Übergang in den Zustand »Nichtkunde« eine mögliche Alternative für den Kunden darstellt. Bei der Definition der Zustände ist darauf zu achten, daß der Zustandsraum *erschöpfend* und die Zustände des Zustandsraumes *überschneidungsfrei* definiert sind. Das erfordert im vorliegenden Fall, daß jeder Kunde auf Grund der Ausprägungen verschiedener Variablen wie beispielsweise Alter, Einkommen und Vermögen, Produktnutzungsverhalten oder weiterer, objektiver Merkmale genau einem Zustand zugeordnet werden kann.

Nach Festlegung des Zustandsraumes lassen sich zum Zeitpunkt t = 0 alle Kunden des betrachteten Instituts vollständig den n Zuständen $Z_i$ mit i = 1, ..., n zuordnen. Als Ergebnis erhält man den Vektor der absoluten Zustandshäufigkeiten zum Zeitpunkt t = 0. Durch Division der Elemente dieses Vektors durch die Gesamtzahl aller erfaßten Kundenverbindungen ergibt sich der Vektor der relativen Zustandshäufigkeiten. Diese relativen Anteile können auch als *Zustandswahrscheinlichkeiten* $\pi_i(t)$ aufgefaßt werden. Da alle Kunden genau einem Zustand zugeordnet werden können, ist die Summe aller Zustandswahrscheinlichkeiten gleich 1.

Die weitere Vorgehensweise soll anhand eines einfachen Beispiels erläutert werden, das auch die Kundenwanderungsanalyse zum Gegenstand hat, das aber gegenüber dem in Kap. 6.2.1.2 behandelten Anwendungsfall stark vereinfacht ist. Hierbei wird von einem Kreditinstitut mit 1000 Kunden ausgegangen. Der *Zustandsraum* dieses Instituts ist wie folgt definiert:

$Z_1$  Kind
$Z_2$  Jugendlicher Kunde
$Z_3$  Mengenkunde
$Z_4$  gehobener Privatkunde
$Z_5$  Realkreditkunde – Nebenbankverbindung
$Z_6$  Nichtkunde wegen Umzugs
$Z_7$  Nichtkunde wegen Abwanderung zur Konkurrenz

Alle Kunden dieses Instituts können in diesem Beispiel genau einem Zustand zugeordnet werden. Die Zustände $Z_6$ und $Z_7$ sind in der Ausgangssituation t = 0 zwar unbelegt, müssen jedoch in den Zustandsraum aufgenommen werden, da auch die Abwanderung eine Alternative für die Kunden darstellt. In der Ausgangssituation t = 0 wird folgende *Verteilung der Kunden* auf die Zustände angenommen:

| Zustand | Anzahl (absolut) | relative Häufigkeit |
|---|---|---|
| $Z_1$ | 200 Kunden | 0,2 |
| $Z_2$ | 150 Kunden | 0,15 |
| $Z_3$ | 500 Kunden | 0,5 |
| $Z_4$ | 100 Kunden | 0,1 |
| $Z_5$ | 50 Kunden | 0,05 |
| $Z_6$ | 0 Kunden | 0,0 |
| $Z_7$ | 0 Kunden | 0,0 |

Hieraus ergibt sich der *Zustandsvektor* $\pi(t)$ in der Ausgangssituation t = 0 mit

$$\pi(0) = (0{,}2 \quad 0{,}15 \quad 0{,}5 \quad 0{,}1 \quad 0{,}05 \quad 0{,}0 \quad 0{,}0) \tag{A 1.5-3}$$

Dieser Vektor beschreibt die Verteilung der 1000 Kunden auf die n = 7 Zustände zum Zeitpunkt t = 0

### c) Zustandsübergänge

Die Entwicklung der Kundschaftsstruktur des betrachteten Instituts kann nun durch eine Folge von Zustandsvektoren abgebildet werden. Dabei ist der tatsächliche Wanderungspfad des einzelnen Kunden unerheblich; dem Kreditinstitut ist er bei Aufnahme der Geschäftsbeziehung ohnehin nicht bekannt. In der Regel ist er nicht einmal dem Kunden selbst bekannt. Die Betrachtung eines individuellen Kunden ist daher weder möglich noch sinnvoll. Vielmehr werden alle Privatkunden eines Instituts oder eine ausreichend große Stichprobe als Gesamtheit betrachtet. Dann ist es möglich, durch Beobachtung aller Kunden in zwei benachbarten Zeitpunkten Gesetzmäßigkeiten für den Übergang der Kunden von einem Zustand i (i = 1, ..., n) in einen anderen Zustand j (j = 1, ..., n) zu erkennen. Hierzu wird für jeden erfaßten Kunden zu beiden Zeitpunkten der jeweilige Zustand bestimmt und gegebenenfalls der Zustandsübergang von i nach j festgestellt. Die kumulierte Anzahl der Zustandsübergänge von i nach j (absolute Übergangshäufigkeiten je Übergang von i nach j) wird im nächsten Schritt durch die Anzahl derjenigen Kunden dividiert, die sich in der Ausgangssituation im Zustand i befunden haben. Das Ergebnis sind relative Häufigkeiten für den Übergang von i nach j. Diese können auch als *Übergangswahrscheinlichkeiten* $p_{ij}$ mit

$$0 \leq p_{ij} \leq 1 \tag{A 1.5-4}$$

interpretiert werden. $p_{ij}$ gibt dabei die Wahrscheinlichkeit an, mit der ein Zustandsübergang von einem bestimmten Ausgangszustand i in den Zielzustand j erfolgt. Dabei kann das System auch im Ausgangszustand verbleiben (i = j). Die Wahrscheinlichkeiten $p_{ij}$ werden in einer quadratischen *Übergangsmatrix* mit n Zeilen und Spalten zusammengefaßt. Diese Matrix wird mit P bezeichnet und als konstant im Zeitablauf angenommen.

$$P = \begin{bmatrix} p_{11} & p_{12} & p_{13} & \cdots & p_{1n} \\ p_{21} & p_{22} & p_{23} & \cdots & p_{2n} \\ p_{31} & p_{32} & p_{33} & \cdots & p_{3n} \\ \vdots & \vdots & \vdots & \vdots & \vdots \\ p_{n1} & p_{n2} & p_{n3} & \cdots & p_{nn} \end{bmatrix} \quad \text{(A 1.5-5)}$$

Diese für alle Zustandsübergänge des Prozesses geltende Matrix P hat folgende *Eigenschaften*:

- Die Elemente $p_{ij}$ der Matrix P sind nichtnegative Zahlen.
- Die Zeilensummen betragen stets 1.

Die *Elemente* dieser Übergangsmatrix P geben die Wahrscheinlichkeit eines Zustandsübergangs in den Zustand j an, gegeben daß vorher der Zustand i belegt war. Bei den $p_{ij}$ handelt es sich also um bedingte Wahrscheinlichkeiten.

Die *empirische Erhebung der Übergangswahrscheinlichkeiten* läuft folgendermaßen ab: Aus dem Vektor der absoluten Zustandshäufigkeiten zum Zeitpunkt t = 0 ist bekannt, wieviele Kunden in der Ausgangssituation den Zuständen $Z_i$ jeweils zugeordnet worden sind. Nach Ablauf einer Periode (z.B. ein Jahr) werden alle Kunden, die zum Zeitpunkt t = 0 erfaßt worden sind, erneut den Zuständen $Z_i$ zugeordnet. Dabei stellt das Institut beispielsweise fest, daß von den 200 Kunden, die zum Zeitpunkt t = 0 dem Zustand $Z_1$ zugeordnet wurden, nur noch 150 Kunden weiterhin dem Zustand $Z_1$ angehören. 20 Kunden werden zu t = 1 dem Zustand $Z_2$ zugeordnet, 20 Kunden dem Zustand $Z_6$ und 10 Kunden dem Zustand $Z_7$. Diese absoluten Zustandshäufigkeiten zum Zeitpunkt t = 1 werden durch die Summe der Kunden dividiert, die zu t = 0 dem Zustand 1 zugeordnet worden sind. Hieraus ergeben sich relative Übergangshäufigkeiten, die als Übergangswahrscheinlichkeiten interpretiert werden. Analog stellt das Institut für alle weiteren Kunden, die sich zum Zeitpunkt t = 0 in den Zuständen 2 bis 5 befunden haben, die relativen Übergangshäufigkeiten fest. Die Übergangswahrscheinlichkeiten $p_{ij}$ werden in der Übergangsmatrix P zusammengefaßt:

$$P = \begin{bmatrix} 0{,}75 & 0{,}10 & 0{,}00 & 0{,}00 & 0{,}00 & 0{,}10 & 0{,}05 \\ 0{,}00 & 0{,}45 & 0{,}25 & 0{,}05 & 0{,}02 & 0{,}13 & 0{,}10 \\ 0{,}00 & 0{,}00 & 0{,}55 & 0{,}15 & 0{,}10 & 0{,}15 & 0{,}05 \\ 0{,}00 & 0{,}00 & 0{,}05 & 0{,}60 & 0{,}20 & 0{,}05 & 0{,}10 \\ 0{,}00 & 0{,}00 & 0{,}02 & 0{,}13 & 0{,}65 & 0{,}10 & 0{,}10 \\ 0{,}00 & 0{,}00 & 0{,}00 & 0{,}00 & 0{,}00 & 1{,}00 & 0{,}00 \\ 0{,}00 & 0{,}00 & 0{,}00 & 0{,}00 & 0{,}00 & 0{,}00 & 1{,}00 \end{bmatrix} \quad \text{(A 1.5-6)}$$

Bemerkenswert ist hierbei, daß die Übergangswahrscheinlichkeiten $p_{i1}$ = 0 für i > 1 und die Übergangswahrscheinlichkeiten $p_{i2}$ = 0 für i > 2 sind. Die Zustände $Z_1$ (Kind) und $Z_2$ (Jugendlicher) sind Zustände, die zwar verlassen, aber nicht wieder erreicht werden können (transitorische Zustände).

Der diskrete Markov-Prozeß unterstellt, daß die *Zustandsübergänge*, im Kundenwanderungsprozeß die Zustandsübergänge der Kunden, zu äquidistanten Zeitpunkten im Abstand von einer Periode von einem Zustand i in einen Zustand j erfolgen. Dabei können Zustandsübergänge von i nach j auch in der Weise erfolgen, daß i = j ist, so daß diese Kunden in ihrem Ausgangszustand i verbleiben. Der Zustandsvektor $\pi(1)$ ergibt sich dann aus der Multiplikation des Zustandsvektors π(0) mit der Übergangsmatrix P. Eine *Fortschreibung der Zustandsbelegung* ist dadurch möglich, daß man den jeweils neuen Zustandsvektor π(t) erneut mit P multipliziert. Dies kann beliebig oft wiederholt werden. Man erhält eine Folge von Zustandsvektoren π(t) mit t = 1, ..., T, die die Entwicklung der Zustandsbelegung im Verlauf der Übergänge erkennen läßt.

$$\pi(1) = \pi(0) * P \qquad \text{(A 1.5-7)}$$
$$\pi(2) = \pi(1) * P \qquad \text{(A 1.5-8)}$$
$$\pi(3) = \pi(2) * P \qquad \text{(A 1.5-9)}$$
$$\vdots$$

oder allgemein
:

$$\pi(t) = \pi(t-1) * P \qquad \text{(A 1.5-10)}$$

Mit zunehmender Anzahl der Zustandsübergänge wird der Anteil der Kunden in den transienten und transitorischen Zuständen sehr schnell kleiner, der Anteil der Kunden in den zu Anfang unbesetzten absorbierenden Nichtkundenzuständen steigt an, bis im Grenzfall für t → ∞ alle transienten und transitorischen Zustände unbesetzt sind. Langfristig befinden sich alle Kunden in einem der Nichtkundenzustände. Diese Zustände absorbieren also den Prozeß.

Für das Zahlenbeispiel mit dem Zustandsvektor π(0) (vgl. A 1.5-3) und der Übergangsmatrix P (vgl. A 1.5-6) ergeben sich die folgenden Zustandsvektoren π(1), π(2), π(3) und π(t) für t → ∞ (Werte z. T. gerundet):

$$\pi(1) = (0{,}150 \quad 0{,}088 \quad 0{,}319 \quad 0{,}149 \quad 0{,}106 \quad 0{,}125 \quad 0{,}065) \qquad \text{(A 1.5-11)}$$
$$\pi(2) = (0{,}113 \quad 0{,}054 \quad 0{,}207 \quad 0{,}155 \quad 0{,}132 \quad 0{,}217 \quad 0{,}123) \qquad \text{(A 1.5-12)}$$
$$\pi(3) = (0{,}084 \quad 0{,}036 \quad 0{,}138 \quad 0{,}144 \quad 0{,}139 \quad 0{,}287 \quad 0{,}173) \qquad \text{(A 1.5-13)}$$
$$\vdots$$

$$\pi(t) = (0{,}000 \quad 0{,}000 \quad 0{,}000 \quad 0{,}000 \quad 0{,}000 \quad 0{,}571 \quad 0{,}429) \text{ für } t \to \infty \quad \text{(A 1.5-14)}$$

Wenn der Zustandsvektor π(0) und die Übergangsmatrix P bekannt sind, läßt sich dieser *Prozeß in die Zukunft extrapolieren,* wobei mit zunehmender Anzahl der betrachteten Perioden die Zustandswahrscheinlichkeiten in den absorbierenden Nichtkundenzuständen $Z_6$ und $Z_7$ zwangsläufig zunehmen. Dieser Prozeß führt mit zunehmender Anzahl der Übergänge dazu, daß alle Kunden, die in der Ausgangssituation in den Zuständen $Z_1$ bis $Z_5$ waren, in die Zustände $Z_6$ oder $Z_7$ übergehen und dort verbleiben.

Mit diesem Verfahren kann grundsätzlich die dynamische Entwicklung der Kundschaftsstruktur eines Kreditinstituts dargestellt werden. Die einzelnen Werte $p_{ij}$ der Übergangsmatrix P können – eine hinreichende Anzahl an Kunden- und Nichtkundenzuständen und Zustandsübergängen vorausgesetzt – Aufschlüsse über typische Wanderungsbewegungen innerhalb der Kundschaftsstruktur geben (vgl. Kap. 6.2.1.2).

### d) Bewertete Markov-Prozesse

Die Analyse der Kundenwanderung mit Hilfe eines Markov-Prozesses, die zunächst nur eine Fortschreibung der Zustandsbelegung ermöglichte (vgl. Abschn. c)), soll nun weiterentwickelt werden, so daß auch die *ökonomischen Konsequenzen der Zustandsübergänge* erfaßt werden können. Im Anwendungsfall der Kundenwanderungsanalyse erfaßt das Bewertungsverfahren, in welche Zustände die Kunden übergehen, und es ordnet dem Aufenthalt der Kunden in diesen Zuständen den *Erfolgsbeitrag* zu, den die Kunden in diesen Zuständen gemäß Kundenkalkulation im Durchschnitt pro Periode einbringen. Mit Hilfe des bewerteten Markov-Prozesses ist es möglich, die Zustandsbelegung der gesamten Kundschaft in die Zukunft zu projizieren, wobei die in den jeweiligen Zuständen eingebrachten Erfolgsbeiträge erfaßt, diskontiert und für jeden Zustand, den ein Kunde in der Ausgangssituation eingenommen hat, zu einem Barwert zusammengefaßt werden (vgl. Riekeberg 1995). Nach diesem Überblick folgt nun eine detaillierte Darstellung des bewerteten Markov-Prozesses.

Aus der Kundenkalkulation kann grundsätzlich für jeden Übergang in einen Zustand i ein durchschnittlicher (statischer) Deckungsbeitrag pro Periode $se_i$ ermittelt werden. Es ist der Deckungsbeitrag, den die Kunden im Mittel einbringen, die sich für eine Periode in diesem Zustand befinden. Die Übergänge in die absorbierenden Zustände werden mit 0 bewertet. Die *statischen Deckungsbeiträge* $se_i$ werden zum Vektor SE zusammengefaßt:

$$SE = [se_1 \quad se_2 \quad se_3 \quad ... \quad se_n] \qquad (A\ 1.5\text{-}14)$$

Aus dem Vektor SE kann die *Bewertungsmatrix R* mit n Zeilen und Spalten abgeleitet werden. Sie enthält die Elemente $r_{ij}$ als Bewertung des Übergangs von i nach j. Im vorliegenden Fall sind die Zeilen der Bewertungsmatrix R jeweils identisch mit dem Zeilenvektor SE der statischen Deckungsbeiträge. Daher haben in jeder Spalte j der Bewertungsmatrix R alle Elemente $r_{ij}$ (i = 1, ..., n) denselben Wert. Dies berücksichtigt, daß der durch einen Übergang erzielte Deckungsbeitrag nur vom Zielzustand j, in dem der Kunde für eine Periode verweilen wird, abhängt, nicht aber vom Ursprungszustand i.

Der Zusammenhang zwischen den Elementen $se_i$ des Vektors der statischen Deckungsbeiträge SE und der Bewertungsmatrix R lautet daher:

$$se_i = e_i * R \qquad (A\ 1.5\text{-}15)$$

mit dem Einheitsvektor $e_i$ für i = 1, ..., n. Als Vektor $e_i$ wird ein Vektor bezeichnet, der in der i-ten Komponente eine Eins und in allen anderen Komponenten eine Null enthält. Die Vektoren $e_i$ für i = 1, ..., n bilden die kanonische Basis des Vektorraumes mit der Dimension n.

Es sei nun $de_i(u)$ definiert als der erwartete Deckungsbeitrag für die nächsten u Übergänge, wenn sich das System jetzt im Zustand i befindet. Unter Berücksichtigung der $r_{ij}$ der Bewertungsmatrix R gilt dann die folgende *rekursive Beziehung*:

$$de_i(u) = \sum_{j=1}^{n} p_{ij}\left[r_{ij} + de_j(u-1)\right] \qquad (A\ 1.5\text{-}16)$$

mit i = 1, ..., n und u = 1, ..., U

Nach einer einfachen Umformung erhält man

$$de_i(u) = \sum_{j=1}^{n} p_{ij} r_{ij} + \sum_{j=1}^{n} p_{ij} de_j(u-1) \qquad (A\ 1.5\text{-}17)$$

Setzt man

$$q_i = \sum_{j=1}^{n} p_{ij} r_{ij} \qquad (A\ 1.5\text{-}18)$$

so ergibt sich die rekursive Beziehung

$$de_i(u) = q_i + \sum_{j=1}^{n} p_{ij} de_j(u-1).$$  (A 1.5-19)

Die Größe $q_i$ kann man als den im nächsten Übergang von i aus erwarteten Deckungsbeitrag interpretieren. Die Elemente $q_i$ werden zum Vektor Q zusammengefaßt.

$$Q = \begin{bmatrix} q_1 \\ q_2 \\ q_3 \\ \vdots \\ q_n \end{bmatrix}$$  (A 1.5-20)

Unter der Annahme eines Markov-Prozesses mit mindestens einem absorbierenden Zustand, der mit einer von Null verschiedenen Wahrscheinlichkeit erreicht werden kann und einer Bewertung der Übergänge in absorbierende Zustände von 0 nähert sich für große u der Wert $de_i(u)$ asymptotisch einem Grenzwert an. Dieser Wert $de_i(u)$ für u → ∞ kann als *Erwartungswert des Lebenszeit-Deckungsbeitrages* einer Kundenverbindung, die sich zu Beginn der Kundenbeziehung im Zustand i befunden hat, interpretiert werden. Da der Index u = 1, ..., U die Anzahl der Übergänge repräsentiert, die zu den Zeitpunkten t = 1, ..., T erfolgen, gilt u = t und damit $de_i(u) = de_i(t)$.

Dieses Konzept ist nun noch um einen *Diskontierungsfaktor* zu erweitern. Es sei β der Gegenwartswert (Barwert) einer Geldeinheit, die nach Ablauf von einer Periode (ein Übergang) eingenommen wird.

$$\beta = \frac{1}{1+zi}$$  (A 1.5-21)

mit zi als Zinssatz (dezimal) für das Zeitintervall zwischen zwei Zustandsübergängen. Für einen von Null verschiedenen Zinssatz gilt $0 < \beta < 1$.

Die rekursive Beziehung

$$de_i(t) = q_i + \sum_{j=1}^{n} p_{ij} de_j(t-1)$$  (A 1.5-22)

kann um den Diskontierungsfaktor β erweitert werden. Es ergibt sich der *Erwartungswert des diskontierten Lebenszeit-Deckungsbeitrages* $dde_i(t)$ zu

$$dde_i(t) = q_i + \beta * \sum_{j=1}^{n} p_{ij} de_j(t-1).$$  (A 1.5-23)

Für das obige Zahlenbeispiel gibt der Vektor SE die Durchschnittswerte der statischen Deckungsbeiträge der Zustände $Z_i$ (in €) an:

$$SE = [-20 \quad -150 \quad 250 \quad 400 \quad 2200 \quad 0 \quad 0]$$  (A 1.5-24)

Aus dem Vektor SE ergibt sich die Bewertungsmatrix R:

$$R = \begin{bmatrix} -20 & -150 & 250 & 400 & 2200 & 0 & 0 \\ -20 & -150 & 250 & 400 & 2200 & 0 & 0 \\ -20 & -150 & 250 & 400 & 2200 & 0 & 0 \\ -20 & -150 & 250 & 400 & 2200 & 0 & 0 \\ -20 & -150 & 250 & 400 & 2200 & 0 & 0 \\ -20 & -150 & 250 & 400 & 2200 & 0 & 0 \\ -20 & -150 & 250 & 400 & 2200 & 0 & 0 \end{bmatrix}$$ (A 1.5-25)

Die Elemente $q_i$ des Vektors Q werden nach (A 1.5-18) berechnet:

$$Q = \begin{bmatrix} -30 \\ -59 \\ 417{,}50 \\ 692{,}50 \\ 1487 \\ 0 \\ 0 \end{bmatrix}$$ (A 1.5-26)

Als Kalkulationszinsfuß wird im Beispiel 8 % angenommen. Für β ergibt sich daher nach (A 1.5-21) ein Wert von 0,9259 (gerundet).

Aus der Übergangsmatrix P, dem Vektor Q und β ergeben sich für $dde_i(t)$ für $t \to \infty$ als Grenzwerte die diskontierten Deckungsbeiträge in Abhängigkeit vom Eintrittszustand i.

$dde_1$ = 429,75 €
$dde_2$ = 1742,16 €
$dde_3$ = 2933,89 €                       (A 1.5-27)
$dde_4$ = 3977,84 €
$dde_5$ = 5073,86 €

Dies sind die Erwartungswerte der diskontierten dynamischen Deckungsbeiträge in Abhängigkeit vom Eintrittszustand $Z_i$, dem der Kunde zugeordnet wurde, als er akquiriert wurde.

# 2 I&K-Grundlagen

## 2.1 EDIFACT

EDIFACT (Electronic Data Interchange for Administration, Commerce and Transport) ist die international eingeführte, standardisierte Sprache für den *elektronischen Datenaustausch*. Für die Standardisierung der Nachrichteninhalte sind die internationalen EDIFACT-Normen richtungsweisend. Diese Standards sind branchenübergreifend, damit sie im Leistungsverbund verschiedener Wirtschaftszweige eingesetzt werden können. Sie ermöglichen den weltweit einheitlichen Austausch von Handels-, Finanz- und Geschäftsdaten. Durch die Nutzung von EDIFACT wird es einem Unternehmen ermöglicht, Aufträge, Bestellungen, Rechnungen und Zahlungsverkehrsaufträge in einem einzigen

*Nachrichtenstandard* abzuwickeln. Die Bedeutung von EDIFACT für den Finanzdienstleistungssektor ergibt sich aus der Funktion der Kreditinstitute als Teil der Prozeßkette des geschäftlichen Informationsflusses bei Zahlungsverkehrstransaktionen. Die *Vorteile*, die der Einsatz von EDIFACT mit sich bringt, sind das Wegfallen von Konvertierungen zwischen verschiedenen Datenformaten bzw. das Entfallen einer erneuten manuellen Erfassung bei völliger Inkompatibilität von Nachrichtenstandards, die Vermeidung möglicher Informationsverluste, die durch die unterschiedlich zur Verfügung stehende Größe der Datenfelder in verschiedenen Nachrichtenstandards entstehen können, und generell der daraus resultierende Kostenvorteil. Die Umsetzung der Daten zwischen EDIFACT und unternehmenseigenen Inhouse-Formaten erfolgt durch sog. EDI-Konverter.

Das *Regelwerk* EDIFACT besteht aus vier Säulen:

- Syntax-Regeln als international genormte Grammatik für den Datenaustausch,
- international einheitliche Nachrichten(-typen) für branchenübergreifend vorstrukturierte Geschäftsvorgänge,
- Datenelemente und Segmente zur Darstellung und Strukturierung der Dateninhalte bei den Geschäftsvorfällen sowie
- Telekommunikationsnetze und -dienste für den Datentransfer.

Für jeden Geschäftsvorgang wurden eigene *Nachrichtentypen* entwickelt, beispielweise für Bestellungen und Rechnungen, darüber hinaus aber auch Nachrichtentypen für die reine Informationsübermittlung, z.B. für Transportnachrichten und Zahlungsmeldungen. Mit EDIFACT wurde ein internationaler Standard geschaffen, der branchenübergreifende Anforderungen erfüllt.

Da nicht alle branchenspezifischen Belange umgesetzt werden konnten, entwickelten einzelne Branchen sog. *EDIFACT-Subsets*. Diese sind in aller Regel EDIFACT-konform, also von der Syntax und den Segmentstrukturen her identisch. In der Kreditwirtschaft kommt EDIFACT insbesondere im Zahlungsverkehr mit Firmenkunden und Institutionellen zum Einsatz (vgl. Schulz 1999). Als spezifische Nachrichtentypen für Kreditinstitute wurden auf Basis von EDIFACT beispielsweise folgende *Zahlungsverkehrstransaktionen* realisiert und vom Zentralen Kreditausschuß (ZKA) verabschiedet:

- Zahlungsauftrag eines Kunden an ein Kreditinstitut,
- Belastungsanzeige eines Kreditinstituts an einen Kunden,
- Gutschriftsanzeige eines Kreditinstituts an einen Kunden,
- Bank-an-Bank-Zahlung,
- Lastschriftauftrag eines Kunden an ein Kreditinstitut,
- Rückleitung nicht eingelöster Lastschriften.

Am 07.09.1998 trat die »Vereinbarung über den beleglosen Datenträgeraustausch in der zwischenbetrieblichen Abwicklung des Inlandszahlungsverkehrs« in Kraft, in deren Rahmen die Einführung der *passiven EDIFACT-Fähigkeit* der deutschen Kreditinstitute ab dem 07.12.1998 festgelegt wurde. Das bedeutet, daß alle deutschen Kreditinstitute entweder selbst oder über eine von ihnen beauftragte Stelle in der Lage sein müssen, Zahlungsverkehrsaufträge im EDIFACT-Format entgegenzunehmen, umzusetzen und weiter zu verarbeiten. Im Gegensatz zu dieser passiven EDIFACT-Fähigkeit ist ein Institut, das sowohl Zahlungsverkehrsnachrichten im EDIFACT-Format entgegennehmen als auch selber EDIFACT-Nachrichten senden kann, aktiv EDIFACT-fähig.

## 2.2 Internet-Kommunikation

### a) Grundlegendes zum Internet

Als Internet wird die Verbindung aller Computer, die weltweit über ein bestimmtes Netzwerkprotokoll miteinander kommunizieren, bezeichnet. Dieses Protokoll, eigentlich eine ganze *Protokollfamilie*, besteht aus zwei Hauptelementen, dem Transmission Control Protocol (TCP) und dem Internet Protocol (IP), und wird kurz als TCP/IP bezeichnet. Charakteristisch für TCP/IP und damit das Internet sind *zwei wesentliche Eigenschaften*:

- TCP/IP kann auf einer Vielzahl von verschiedenen Rechnertypen vom Großrechner (Mainframe) bis hin zum PC eingesetzt werden, ist also unabhängig von der Hardware-Plattform.
- Die Spezifikationen von TCP/IP sind in frei zugänglichen Dokumenten beschrieben.

Aufgrund dieser *offenen Architektur* expandiert das Internet weltweit mit einer enormen Geschwindigkeit. Tatsächlich besteht das Internet aus einer Vielzahl von Teilnetzen, die auf unterschiedlichen Hierarchie-Ebenen im Netz von bestimmten Organisationen betreut werden. Auch wenn einzelne Organisationen spezifische Teilaufgaben innerhalb des gesamten Netzes wahrnehmen, existiert *keine zentrale Institution*, die für das Internet als Ganzes verantwortlich ist. Vielmehr entwickelt sich das Internet aufgrund der Initiative der verschiedenen Teilnehmer.

Diese *Teilnehmer* können in Abhängigkeit von ihrem jeweiligen Anwendungsschwerpunkt in *drei Gruppen* eingeteilt werden:

- **Nutzer (User)**

sind dadurch charakterisiert, daß sie das Internet und dessen Dienste zur Informationsbeschaffung und Kommunikation nutzen, ohne selbst eine Leistung, wie z.B. ein Informationsangebot, zur Verfügung zu stellen.

- **Anbieter (Content Provider)**

dagegen stellen im Internet Informations- und Kommunikationsplattformen (Server) bereit. Die entsprechenden Dienste und Daten werden von den Anbietern gepflegt und können von anderen Teilnehmern genutzt werden.

- **Service Provider**

schließlich ermöglichen den Zugang zum Internet. Von den reinen Internet Service Providern sind Online-Dienste, wie z.B. T-Online, zu unterscheiden. Deren Dienstleistung besteht in erster Linie darin, innerhalb eines eigenen Netzwerkes Informations- und Kommunikationsangebote zur Verfügung zu stellen. Der Internetzugang ist bei diesen Anbietern eine Zusatzleistung.

### b) Entwicklung des Internet

Ursprung des Internet ist ein Computernetz mit dem Namen ARPA-Net (*Advanced Research Projects Agency-Net*). Dieses Netz, das aus vier Computern bestand, wurde 1969 im Auftrag des US-Verteidigungsministeriums geschaffen, um die Rechner der militärischen Kommandozentralen auch nach Ausfall einzelner physischer Verbindungen noch im Rechnerverbund nutzen zu können. Im Jahre 1972 wurde dieses Netz erstmals öffentlich bekannt und für Organisationen aus dem wissenschaftlichen und öffentlichen Bereich zugänglich gemacht. Zu dieser Zeit wurde dann auch mit der Spezifizierung des TCP/IP begonnen, dessen Entwicklung ca. 10 Jahre später, also 1982, abgeschlossen war. Seitdem ist der Zugang zum Internet auch Privatpersonen und kommerziellen Organisationen möglich.

Das Internet wächst unaufhörlich, wie die folgenden Zahlen verdeutlichen: Im Jahr 1990 bestand das Internet aus ca. 3.000 lokalen Subnetzen mit ca. 200.000 eingebundenen Rechnern. Bereits 1992 betrug die Zahl der Computer 727.000, 1995 waren es dann über 6,6 Millionen (vgl. Maier/Wildberger 1995) und 1997 schätzt man allein in den USA ca. 35 Millionen Internet-Teilnehmer (vgl. Werner 1997). In Deutschland stellt sich die Situation 1997 wie folgt dar: Über 2 Millionen Menschen waren Kunden von kommerziellen Online-Diensten und damit potentielle Internet-Anwender (T-Online: 1,6 Millionen, AOL: 350.000, CompuServe: 370.500) (vgl. Herda 1997). Über das Deutsche Forschungsnetzwerk haben ca. weitere 2,35 Millionen Menschen Zugang zum Internet und allein der größte kommerzielle Internet Service Provider in Deutschland hatte 30.000 Firmen- und 20.000 Privatkunden (vgl. Bartmann/Wörner 1997).

### c) Organisatorische Struktur des Internet

Wie bereits ausgeführt gibt es *keine zentrale Aufsicht* über das Internet. Dennoch ist ein Minimum an Organisation nötig, um die Rechnerkommunikation innerhalb des Internet zu ermöglichen. Jeder Rechner, der direkt Bestandteil des Internet werden soll, benötigt eine *eindeutig identifizierbare Adresse*. Unter TCP/IP besteht eine Rechneradresse aus einer Folge von vier Zahlen zwischen 0 und 255, die jeweils durch einen Punkt getrennt sind, z.B. 129.187.91.121. Dabei kennzeichnen die einzelnen Zahlen bestimmte Subbereiche des Netzes. Theoretisch können somit mehr als 4 Mrd. Rechner eindeutig benannt werden.

Um den Teilnehmern die Identifikation einzelner Rechner im Internet zu erleichtern, werden insbesondere für Zentralrechner von Subnetzen (Server) einprägsamere Namen vergeben. Diese »*Domain Names*« werden nach bestimmten Konventionen so gebildet, daß der Anbieter und der zur Verfügung stehende Internet-Dienst aus der Bezeichnung ableitbar sind. Z.B. steht »www.bwl.uni-muenchen.de« für einen WWW-Server der Fakultät für Betriebswirtschaft der Universität München. Sowohl die IP-Adressen als auch die Domain Names werden von einer zentralen Stelle, nämlich dem InterNIC Registration Service (Network Solutions Inc.), vergeben.

Der *Internetzugang* wird über die sogenannten Service Provider ermöglicht. Hierbei existieren verschiedene Varianten: Beim *vollen Internetzugang* werden die Rechner, häufig sogar ganze Rechnernetze über einen Router und eine Standleitung mit dem Rechner des Service Provider verbunden; die beteiligten Rechner sind somit ein Teil des Internet. Beim *Dial-up Zugang* wird die Verbindung zum Server des Providers lediglich bei Bedarf über Modem und Telefonnetz hergestellt, so daß der Rechner des Nutzers nur zeitweise, bei aktiver Verbindung, Teil des Internet ist. Beim *Dial-in Zugang* dagegen wird der Rechner des Nutzers nie Bestandteil des Internet; der Benutzer loggt sich per Modem und Telefonleitung auf dem Server des Providers ein und kann dann auf diesem Server die vom Provider zur Verfügung gestellten Dienste nutzen.

### d) Internet-Dienste im Überblick

Durch die oben beschriebene offene Architektur von TCP/IP können Netzwerk-Applikationen für das Internet relativ einfach entwickelt werden. Diese Anwendungen werden als Dienste bezeichnet. Einfache Versionen der zur Nutzung der Dienste benötigten Programme (Client Software) werden häufig als *Public Domain-Programme* zur Verfügung gestellt, sind also kostenlos allgemein verfügbar. Client-Programme, die der Darstellung und dem Durchsuchen großer Informationsangebote z.B. im World Wide Web dienen, werden als *Browser* bezeichnet.

Einige der verbreitetsten *Anwendungen* werden im folgenden kurz beschrieben, wobei sich die Bedeutung der einzelnen Dienste im Zeitablauf verändert.

- **E-Mail**
Electronic Mail ermöglicht die Versendung elektronischer Briefe zwischen zwei Rechnern. In Analogie zum herkömmlichen Brief bestehen sie aus Adress- und Absenderinformationen sowie Briefinhalt. Der Vorteil liegt in der Geschwindigkeit der Nachrichtenübermittlung.

- **News Groups (Usenet)**
News Groups sind elektronische »schwarze Bretter«, die auf sogenannten News Servern zu bestimmten Themengebieten eingerichtet werden. Der Inhalt besteht aus Statements, Fragen und Antworten, sogenannten Postings, der teilnehmenden User. Sie stellen somit quasi ein Diskussionsforum dar.

- **Internet Relay Chat (IRC)**
IRC ermöglicht die Online-Kommunikation zwischen einer Gruppe von Usern, die sich auf einem sogenannten Channel befinden. Hierbei erfolgt eine Real-time-Kommunikation mittels Tastatur. IRC wird überwiegend zu privaten Zwecken genutzt. Es kann jedoch im Prinzip auch für Online-Konferenzen eingesetzt werden.

- **File Transfer Protocol (FTP)**
FTP ermöglicht den Transfer von Dateien von einem Rechner zum anderen. Mit diesem Dienst kann sich der Nutzer beispielsweise Shareware-Programme beschaffen oder Dokumente auf seinen PC herunterladen, die auf öffentlich zugänglichen FTP-Servern bereitgehalten werden.

- **Archie**
Archie ist ein Dienst, mit dessen Hilfe nach Dateien auf FTP-Servern gesucht werden kann. Auf speziellen Archie-Servern werden die Dateien, die auf FTP-Servern zur Verfügung stehen, in einer Datenbank erfaßt. Der Benutzer kann so recherchieren, auf welchem FTP-Server eine von ihm gesuchte Datei abgelegt ist.

- **Terminal-Emulation (Telnet)**
Mittels Telnet kann sich ein Anwender von seinem lokalen Rechner aus auf einem anderen Rechner anmelden und auf diesem Rechner arbeiten. So kann man sich beispielsweise auf Rechnern von Bibliotheken einwählen und die dort implementierten Recherche-Programme nutzen.

- **Gopher**
Gopher ist ein textorientiertes Informationssystem, bei dem die Informationen über hierarchisch strukturierte Menüpunkte abgerufen werden können. Dabei können die Menüpunkte Informationen von unterschiedlichen Gopher-Servern, die im Prinzip räumlich weltweit verteilt sein können, umfassen. Der Vorteil für den Benutzer liegt darin, daß er beim Aufruf der Menüpunkte nicht wissen muß, auf welchem Server die Informationen abgelegt sind, da der Dienst die Verbindung automatisch herstellt. Der Nachteil besteht in der Beschränkung auf hierarchisch strukturierte Informationen. Deswegen ist die Bedeutung dieses Dienstes auch stark zurückgegangen.

- **Veronica**
Bei Veronica handelt es sich um einen Suchdienst für Informationen, die auf Gopher-Servern abgelegt sind. Werden zu den abgefragten Schlüsselbegriffen Informationen ge-

funden, so erstellt Veronica eine Ergebnisseite im Gopher-Format, so daß der Anwender die entsprechenden Informationen sofort aufrufen kann.

- **Wide Area Information Servers (WAIS)**
WAIS ist ein Dienst, welcher die Volltextsuche in Dokumenten unterschiedlicher Formate über eine einheitliche Benutzerschnittstelle erlaubt. WAIS erstellt für jedes Dokument, in dem zumindest einer der Suchbegriffe gefunden wurde, einen Index der Güte der Übereinstimmung mit der Abfrage. Der Benutzer kann dann geeignete Dokumente durchsehen und ggf. die Suchabfrage verfeinern oder erweitern.

- **World Wide Web (WWW)**
Das World Wide Web ist der zukunftsträchtigste und benutzerfreundlichste Dienst im Internet, der zudem die Grundlage für die kommerzielle Nutzung des Internet darstellt. Grundsätzlich ist das WWW ein multimediales Informationssystem, in welches zusätzlich alle anderen Internet-Dienste integriert werden können. Das WWW besteht aus einer Vielzahl sogenannter Hypertext-Seiten unterschiedlichster Anbieter. Der Vorteil für den Nutzer besteht darin, daß er verschiedene Rechner und Dienste nutzt, ohne sich dessen bewußt sein zu müssen und ohne die einheitliche und benutzerfreundliche Oberfläche des WWW verlassen zu müssen.

Neben Text, Graphiken, Animationen, Videosequenzen und akustischen Informationen sind vor allem *Hypertext-Verbindungen*, sogenannte Links, wesentliche Elemente einer WWW-Seite. Eine Hypertext-Verbindung ist die Unterlegung eines bestimmten Begriffs oder einer Graphik mit dem Verweis auf ein weiteres Dokument, welches weitere, detailliertere Informationen zu dem entsprechenden Begriff enthält. Diese Links sind für den Benutzer optisch dadurch erkennbar, daß der Begriff farblich hervorgehoben ist. Die Verbindung wird durch einfachen Mausklick aktiviert, so daß sich der Benutzer ein hierarchisch strukturiertes Informationsangebot sehr einfach erschließen kann.

Hypertext-Links können jedoch nicht nur auf andere Dokumente verweisen, sondern können bei Aktivierung auch die Möglichkeit zur *Kommunikation mit dem Anbieter* der WWW-Seite eröffnen. Hierzu bestehen zwei Alternativen: Zum einen können *E-Mails an vordefinierte Empfänger* ausgelöst werden. Zum anderen besteht die Möglichkeit, *Formulare* zur Verfügung zu stellen, die der Kunde oder Interessent ausfüllt und dann an den Server des Anbieters sendet, wo sie weiterverarbeitet werden.

WWW-Seiten werden in der *Programmiersprache HTML* (Hyper Text Markup Language) erstellt. Für das WWW werden aber auch immer wieder Weiterentwicklungen spezifiziert. Eine dieser Ergänzungen ist *Java*, eine von Sun Microsystems entwickelte Programmiersprache, die insbesondere dazu geeignet ist, interaktive Anwendungen für das WWW, sogenannte Applets, zu erstellen. Wird ein Java-Applet aus einer WWW-Seite heraus aufgerufen, wird der ausführbare Programmcode in den Arbeitsspeicher des aufrufenden Rechners geladen und dort vom Java-Interpreter des WWW-Browsers ausgeführt. Die Bildschirmausgabe bzw. die Kommunikation mit dem Anwender erfolgt in einem speziellen Anzeigefenster.

### e) Internet und Intranet
Ein Intranet ist ein lokales Netzwerk einer Unternehmung, in dem die Internet-Protokolle und -Dienste genutzt werden (vgl. Mertens 1998). So können die Vorteile der Internet-Technologie, insbesondere die Plattformunabhängigkeit der Protokolle, auch innerhalb eines Unternehmens nutzbar gemacht werden. Ein Intranet ist dadurch gekennzeichnet, daß es sich um ein in sich geschlossenes Netz handelt, zu dem ausschließlich ein klar *definierter Nutzerkreis* Zugang hat. Dadurch wird der Zugriff von nicht berech-

tigten Externen auf unternehmensinterne Daten unterbunden. Dies kann erreicht werden, indem das Intranet entweder überhaupt keine oder eine durch Firewall-Systeme geschützte Anbindung an das weltweite Internet besitzt.

Ein *Firewall-System* besteht aus einem eigenständigen Computer mit entsprechender Software, der die Schnittstelle (Gateway) am Übergang zwischen Internet und Intranet bildet. Damit existiert nur eine Risikozone, auf die sich alle Sicherheitsmaßnahmen konzentrieren. Derzeit existieren drei unterschiedliche *Kontrollsysteme*, die in Kombination eingesetzt werden sollten, um einen maximalen Schutz gewährleisten zu können. *Paket-Filter* überprüfen die IP-Sende- und die IP-Empfangsadressen dahingehend, ob ein bestimmtes Datenpaket in das oder aus dem Intranet weitergeleitet werden darf. Diese Filter können durch gefälschte IP-Adressen vergleichsweise einfach umgangen werden. *Circuit Relay- und Application Relay-Systeme* hingegen gewähren insofern einen höheren Sicherheitsstandard, als diese die direkte Verbindung zwischen Internet und Intranet unterbrechen. Die zu übertragenden Informationen werden von den Systemen am Intranet-Gateway jeweils neu aufgebaut. Ein Circuit Relay setzt z.B. die IP-Adressen ausgehender Rechneranfragen in die IP-Adresse des Gateway-Rechners um, so daß die internen IP-Adressen, die zum Zugang in das Intranet berechtigen, Externen nicht bekannt werden.

**f) Sicherheit im Internet**
Sicherheit bei Datenfernübertragung im allgemeinen umfaßt vier Aspekte:

- **Integrität**

bezeichnet die Forderung nach Unversehrtheit der zu übertragenden Daten.

- **Vertraulichkeit**

bedeutet, daß der Zugriff auf die Daten nur derjenigen Person erlaubt wird, für die sie bestimmt sind.

- **Authentizität**

gewährleistet den Identitätsnachweis von Sender und Empfänger der Daten.

- **Verläßlichkeit**

bzw. Verbindlichkeit der Datenübertragung ermöglicht den (rechts-)verbindlichen Nachweis, daß bestimmte Daten von einem bestimmten Sender an einen bestimmten Empfänger übertragen wurden.

Bedingt durch die Technik der Datenübertragung auf Basis des TCP/IP werden Daten im Internet über eine Vielzahl von Rechnern geleitet. Bei einer Übertragung von unverschlüsselten Daten im Internet besteht theoretisch die Möglichkeit, daß die Daten auf diesen Rechnern gelesen, geändert oder gelöscht werden. Um eine sichere Datenübertragung im Internet zu gewährleisten, müssen die zu übertragenden Daten verschlüsselt werden. Als Verschlüsselungstechniken kommen grundsätzlich symmetrische und asymmetrische Kryptoverfahren zum Einsatz (vgl. Gralla 1999).

Bei einer *symmetrischen Verschlüsselung* verwenden Sender und Empfänger einen identischen Schlüssel zum Codieren bzw. Decodieren. Diese Vorgehensweise hat zwei Nachteile. Zum einen benötigt eine Gruppe von n Internet-Teilnehmern bereits n(n-1)/2 verschiedene Schlüssel, damit jeder mit jedem kommunizieren kann. Zum zweiten muß der Austausch der Schlüssel über ein sicheres Medium erfolgen. Derzeitiger Standard ist DES (Data Encryption Standard), ein Verfahren, welches seit 1973 im Auftrag der US-Regierung entwickelt wurde. Die Sicherheit des Verfahrens hängt maßgeblich von der Länge des verwendeten Schlüssels ab.

*Asymmetrische Verschlüsselungstechniken* beruhen dagegen auf einem Paar komplementärer Schlüssel. Jeder Teilnehmer verfügt über einen öffentlichen bzw. öffentlich bekannt gemachten Schlüssel (public key) und einen dazugehörigen geheimen Schlüssel (private key). Dabei kann eine Verschlüsselung, die mit Hilfe des einen Schlüssels vorgenommen wurde, immer nur durch den zugeordneten komplementären Schlüssel decodiert werden. Der Sender einer Nachricht codiert die Daten mit Hilfe des öffentlichen Schlüssels des Empfängers. Die Decodierung dieser Nachricht ist dann nur mit dem privaten Schlüssel des Empfängers möglich. Zudem kann der Absender die Nachricht noch mit seinem privaten Schlüssel codieren. Die Decodierung kann der Empfänger der Nachricht mit dem öffentlich bekannten Schlüssel des Senders vornehmen. Anhand dieser sog. digitalen Signatur (vgl. Anhang 2.3) kann gleichzeitig die Authentizität des Senders überprüft werden. Das bekannteste asymmetrische Verfahren, RSA (Rivest/Shamir/Adleman-Verfahren), basiert auf komplexen Rechenoperationen mit Primzahlen. Daher sind RSA-Verfahren deutlich langsamer als symmetrische Kryptographie-Lösungen.

Die *Bereitstellung der Schlüssel* kann auf unterschiedlichen technischen Wegen realisiert werden:

- **Hardware-Lösungen**

Der Rechner des Anwenders wird entweder mit einem zusätzlichen, in den Rechner integrierten Chip ausgestattet, der die Kryptierung vornimmt. Eine andere Lösung stellen sog. SmartCards dar (vgl. Schneider 1997). Die SmartCard ist eine scheckkartengroße Plastikkarte, die einen Mikroprozessor und einen Speicherchip beinhaltet, auf dem ein geheimer Schlüssel gespeichert ist. Ein Lesegerät im PC des Nutzers liest die persönliche Identifikationsnummer aus der SmartCard ein, identifiziert so den Benutzer, erzeugt auf Basis dieser Nummer einen Schlüssel und codiert damit die zu übertragenden Daten.

- **Software-Lösungen**

Die Software zur Verschlüsselung der Daten ist entweder auf dem Rechner des Anwenders gespeichert oder wird während der Internet-Verbindung auf den Rechner des Anwenders geladen, z.B. in Form von Java-Applets. Die derzeit speziell für das Home Banking angebotenen Lösungen, wie z.B. X*Presso der Firma Brokat Informationssysteme, verwenden 128 Bit lange Schlüssel. Die Verschlüsselungs-Software wird nach der Identifizierung des Users mittels PIN und evtl. TAN als Java-Applet vom Server der Bank zum PC des Kunden übertragen und zur Codierung der zu übertragenden Daten verwendet.

## 2.3 Digitale Signatur

Um über Verträge o.ä., die durch Datenübertragung im Internet zustande gekommen sind, einen rechtsgültigen Nachweis erbringen zu können, bedarf es einer technischen Lösung, die die Eigenschaften der manuellen Unterschrift, insbesondere Echtheit, Identität, Abschluß und Verifikation, aufweist (vgl. Pieper 1998). Mit dem Signaturgesetz (SigG v. 22. Juli 1997, Artikel 3 des Informations- und Telekommunikationsdienstgesetz) und der Verordnung zur digitalen Signatur (SigV v. 8. Oktober 1997) wurden die Anforderungen für die juristische Anerkennung von sog. digitalen Signaturen erfüllt.

Digitale Signaturen basieren auf *asymmetrischen Schlüsselverfahren* (vgl. Anhang 2.2, Abschn. f)). Eine Nachricht wird signiert, indem der Sender diese mit seinem privaten Schlüssel, über den nur er allein verfügt, verschlüsselt. Um die Nachricht entschlüsseln zu können, wird der öffentliche Schlüssel, der zu dem privaten Schlüssel des Senders gehört, benötigt. Um den Anforderungen des Signaturgesetzes zu genügen, muß sichergestellt werden, daß ein öffentlicher Schlüssel jeweils genau einem privaten Schlüssel und damit einer Person eindeutig zugeordnet werden kann. Dies erfolgt durch *Zertifizierungsstellen (Trust Center)*, die sogenannte Schlüsselzertifikate erstellen und verwalten (vgl. Bauer 1998).

Zu den *Aufgaben eines Trust Center* gehören insbesondere

- die *Identitätsprüfung* derjenigen Personen, die zertifizierte Schlüssel beantragen,
- die *Erzeugung der Schlüsselpaare*,
- die *Zertifizierung der öffentlichen Schlüssel* durch Erstellung eines Zertifikates, welches Informationen über den Inhaber, die Dauer der Gültigkeit sowie die Zertifizierungsstelle enthält,
- die *Personalisierung der privaten Schlüssel*, d.h. der private Schlüssel muß dem Inhaber übermittelt werden, und es dürfen keinerlei Kopien dieses Schlüssels existieren,
- die *Ausstellung von sog. Zeitstempeln*, worunter die digitale Bescheinigung einer Zertifizierungsstelle verstanden wird, daß ihr bestimmte Daten zu einem bestimmten Zeitpunkt vorgelegen haben, sowie
- die *Pflege und Verwaltung von Verzeichnissen*, mittels derer die öffentlichen Schlüssel und Zertifikate bekannt gemacht werden.

Das Signaturgesetz stellt i.V.m. der Signaturverordnung hohe Anforderungen an die Zuverlässigkeit und technische Sicherheit von Zertifizierungsstellen, um die Echtheit von digitalen Signaturen gewährleisten zu können. Zuständig für die praktische Umsetzung des Signaturgesetzes, insbesondere die Anerkennung von Zertifizierungsstellen, ist die Regulierungsbehörde für Telekommunikation und Post (RegTP). Die erste in Deutschland anerkannte Zertifizierungsstelle ist das Telekom Trustcenter.

## 2.4 HBCI- und SET-Standard

Auf Basis der grundsätzlichen Möglichkeiten zur Verschlüsselung von Daten im Internet (vgl. Anhang 2.2, Abschn. f)) wurden von verschiedenen Anbietern Standards für die sichere Datenübertragung erarbeitet. So haben beispielsweise die Kreditkartenorganisationen Visa und MasterCard im Rahmen des SET-Konsortiums den SET-Standard (Secure Electronic Transaction) für sichere Kreditkartenzahlungen im Internet entwickelt, und der ZKA hat speziell für die Verschlüsselung von Transaktionen zwischen Banken und deren Kunden Anfang der 90er Jahre mit der Spezifizierung des HBCI-Standards (Home Banking Communication Interface) begonnen.

**a) SET-Standard für Kreditkartentransaktionen**
SET ist ein internationaler, offener Standard, der von führenden Software-Herstellern wie Microsoft, IBM und Netscape unterstützt wird. Derzeit wird SET nur für Kreditkartenzahlungen im Internet eingesetzt. SET gewährleistet die *Vertraulichkeit* der Transaktion und die *Authentizität* von Kunden und Händlern. Die *Anonymität* der Zahlung wird insofern sichergestellt, als Bank und Händler nur jeweils die Daten einsehen können, die für sie bestimmt sind. Der Händler sieht also nur die Bestellung, nicht aber die genauen Informationen für den Zahlungsvorgang (z.B. Kreditkartennummer, Bankverbindung etc.), und die Bank erhält Informationen über den Betrag und den Zahlungsempfänger, nicht jedoch über die Ware selbst.

Zur *Verschlüsselung* von Internet-Nachrichten bei Kreditkartenzahlungen verwendet SET sowohl asymmetrische (RSA) als auch symmetrische (DES) Verfahren. Aus Effizienzgründen werden die zu übertragenden Daten aber nur dann asymmetrisch verschlüsselt, wenn eine digitale Signatur erforderlich ist. Wenn dies nicht der Fall ist, werden schneller ablaufende symmetrische Verfahren eingesetzt.

Um eine SET-Zahlungstransaktion durchführen zu können, sind von den Beteiligten (Banken, Händler und Käufer) folgende *Voraussetzungen* zu erfüllen (vgl. Judt/Bödenauer/Andlinger 1998):

- Ein *Käufer* muß eine Kreditkarte besitzen und auf seinem Rechner die benötigte Software, das sog. Cardholder Wallet, sowie ein asymmetrisches, zertifiziertes Schlüsselpaar, das sog. Cardholder Certificate, installiert haben. Das Zertifikat wird im einfachsten Fall von der kartenemittierenden Bank ausgestellt und garantiert die Authentizität des Kunden.
- Die *Händler* benötigen neben einem Kreditkarten-Akzeptanzvertrag ebenfalls spezifische Software und Schlüssel (Merchant Server und Merchant Certificate).
- Das abrechnende *Kreditinstitut* muß entweder selbst oder über eine beauftragte Institution über ein sog. Payment Gateway und ein Payment Gateway Certificate verfügen. Diese Software überprüft die Certificates von Käufern und Händlern, ent- und verschlüsselt Nachrichten und leitet sie an die jeweiligen Adressaten, z.B. die Autorisierungszentrale des Kreditkartenemittenten weiter.

Der *Ablauf einer Zahlung* läßt sich schematisch wie in Abb. A 2.4-1 darstellen.

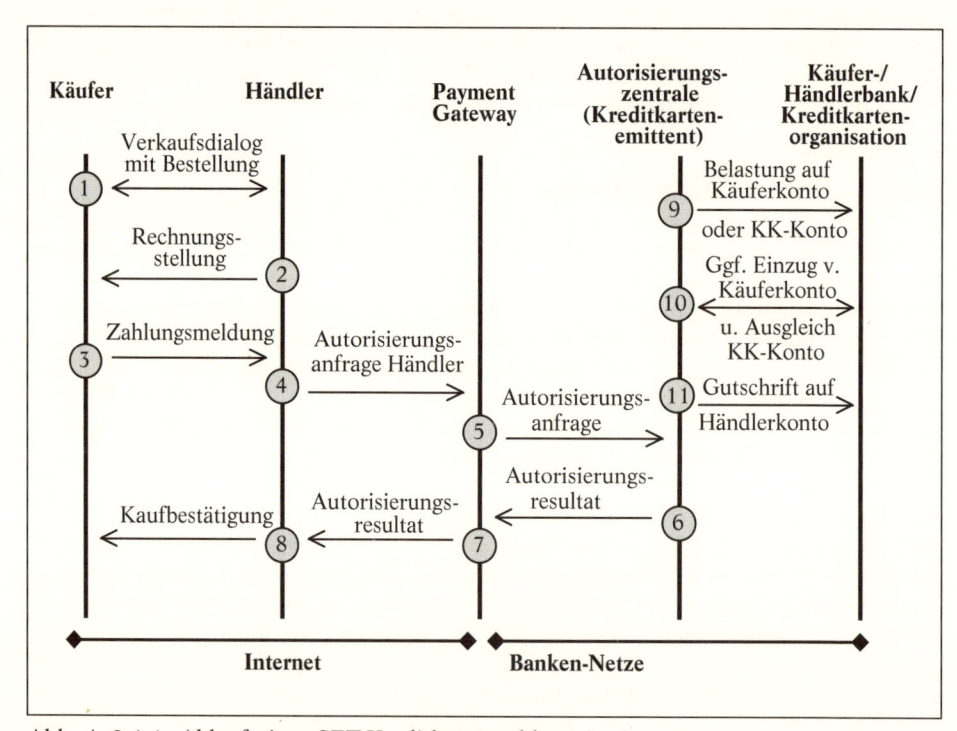

Abb. A 2.4-1: Ablauf einer SET-Kreditkartenzahlung im Internet

### 1) Verkaufsdialog mit Bestellung
Nachdem der Käufer bei einem Händler Ware bestellt und als Zahlungsart eine SET-Kreditkartenzahlung gewählt hat, wird das Cardholder Certificate an den Händler übermittelt.

### 2) Rechnungsstellung
Beim Händler wird der Transaktion eine eindeutige Transaktionsnummer zugewiesen und die Rechnung sowie das Merchant Certificate werden an den Käufer übermittelt.

### 3) Zahlungsmeldung
Beim Käufer wird nach Prüfung der Integrität der Daten nun eine Nachricht erstellt, die alle Auftrags- und Zahlungsinformationen enthält. Diese wird an den Händler übermittelt.

### 4) Autorisierungsanfrage des Händlers
Nach Prüfung beim Händler werden die Auftragsinformationen von den Zahlungsinformationen getrennt und letztere werden zur Autorisierung an das Payment Gateway weitergeleitet.

### 5) Autorisierungsanfrage des Payment Gateway
Das Payment Gateway generiert eine Autorisierungsanfrage an den Autorisierungsrechner der vertragspartnerabrechnenden Institution.

### 6)/7) Autorisierungsantwort
Die Autorisierungsantwort wird über das Payment Gateway an den Händler geleitet.

### 8) Kaufbestätigung
Bei positiver Autorisierungsantwort wird der Kauf bestätigt.

Der SET-Standard dient lediglich der sicheren Abwicklung derjenigen Teile einer Transaktion, die im Internet abgewickelt werden. Anschließend werden die Daten wie bei einer herkömmlichen Kreditkartenzahlung (vgl. Kap. 2.1.4.3.4) weiterverarbeitet (9 – 11).

### b) HBCI-Standard für Home Banking-Transaktionen
HBCI ist ein Standard für die Abwicklung von Transaktionen zwischen Kreditinstituten und deren Kunden, insbesondere den Privatkunden. Statt der bisher im ZKA-Standard vorgesehenen PIN/TAN-Autorisierung für Home Banking-Anwendungen werden Kryptographie-Verfahren und digitale Signaturen eingesetzt (vgl. Lederer 1998). In der HBCI-Version 2.1 von März 1999 sind sowohl symmetrische als auch asymmetrische Schlüssel vorgesehen. Der asymmetrische RSA-Schlüssel liegt derzeit in Form einer Software-Lösung (Diskette oder Festplatte), das symmetrische DES-Verfahren in Form einer Chipkarte vor. Von den beteiligten Spitzenverbänden der Kreditwirtschaft wird jedoch die technische Realisierung mittels einer ZKA-einheitlichen RSA-Signatur-Chipkarte angestrebt.

Bei der Spezifikation der Schnittstellen-Standards für HBCI wurden neben dem Sicherheitsaspekt folgende *Ziele* verfolgt:

- Multibankfähigkeit,
- Transportmedien- und Endgeräteunabhängigkeit,
- Internationalität sowie
- Offenheit für die Integration neuer Geschäftsvorfälle.

Im Rahmen von HBCI erfolgt eine *strikte Trennung* zwischen administrativen bzw. technischen Formaten zur Steuerung des Informationsaustausches und Formaten, die den Inhalt des Informationsaustausches betreffen (vgl. Tarach 1998).

Ein wesentliches *technisches Element* von HBCI sind Bank- und User-Parameterdateien. Die *Bankparameterdateien* (BPD) beinhalten Angaben darüber, welche Geschäftsvorfälle ein Kreditinstitut im Rahmen von HBCI ermöglicht. Aus den BPD der Institute bezieht die beim Kunden eingesetzte Home Banking Software die Informationen über die mit jeweils einem Kreditinstitut zulässigen Transaktionen. Die *User-Parameterdateien* (UPD) enthalten kundenspezifische Daten, die in einen allgemeinen und einen oder mehrere kontenbezogene Teile gegliedert sind und insbesondere das *Berechtigungsprofil* eines Kunden beinhalten. Auf Basis der UPD führt das Kreditinstitut die Berechtigungsprüfung für einzelne Transaktionen durch. Bei der Dialoginitialisierung durch den Kunden werden die Versionskennungen der jeweils aktuellen, beim Kunden gespeicherten BPD und UPD an das Kreditinstitut übermittelt. Die Parameterdateien werden nur dann neu übertragen, wenn bankseitig eine neue Version vorliegt.

Die *inhaltlichen Formate* spezifizieren die einzelnen Geschäftsvorfälle. Jeder Geschäftsvorfall stellt ein eigenes Nachrichtenformat dar. HBCI verwendet dazu eine eigene Syntax, die an EDIFACT (vgl. Anhang 2.1) angelehnt ist. Bisher sind alle Geschäftsvorfälle der derzeit üblichen Home Banking-Anwendungen spezifiziert, wie z.B. Überweisungen, Kontoinformationsabfragen, Depotaufstellungen. Auf Basis der technischen Formate können jederzeit neue inhaltliche Standardformate, also Geschäftsvorfälle, spezifiziert werden. Zudem besteht die Möglichkeit, daß einzelne Institute institutsindividuelle Geschäftsvorfälle definieren. Allerdings muß dann sichergestellt werden, daß die Home Banking Software der Kunden diese Vorfälle darstellen und verarbeiten kann.

## 2.5 Data Warehouse

Ein Data Warehouse wird *definiert* als eine Datenbank, in der unternehmensspezifische und externe, historische und damit unveränderliche Daten unterschiedlicher Quellen integriert, nach Sachzusammenhängen geordnet und zeitpunktbezogen gespeichert sind (vgl. Scheer 1996). Auf die Daten greifen Systeme zu, die die *Grundfunktion* der Entscheidungsunterstützung ausüben und als Executive-Informationssysteme (EIS) o.ä. bezeichnet werden.

### a) Redundante Datenspeicherung im Data Warehouse

Die *unternehmenspezifischen Daten* fallen bei der Abwicklung der Geschäftsprozesse auf der Basisebene, z.B. im Zahlungsverkehr und im Wertpapiergeschäft, an, und sie werden auch heute noch sehr häufig in hierarchischen Datenbanken und seltener in sequentiellen Dateien gespeichert. Insbesondere die *hierarchischen Datenbanken* haben sich für die Transaktionen auf der Basisebene bewährt: Ein großes Transaktionsaufkommen, das insbesondere Datenerfassungen und Abfragen mit sich bringt, wird durch Online Transaction Processing (OLTP) bewältigt, weil auf diese Weise (bei Verfügbarkeit hinreichender informationstechnischer Infrastruktur) eine große Zahl von Benutzern simultan arbeiten und mit kurzen Antwortzeiten bedient werden kann. Ein wichtiger Grund hierfür ist, daß bei einer Transaktion auf der Basisebene zumeist nur ein einziger Datensatz verändert werden muß, auf den gezielt zugegriffen werden kann.

Die Transaktionsdaten aus den Geschäftsprozessen auf der Basisebene können natürlich auch in *relationalen Datenbanken* abgelegt werden. Diese haben im Vergleich mit hierarchischen Datenbanken aber den großen Nachteil, daß dann mit viel längeren Antwortzeiten gerechnet werden muß. Einerseits können hier die spezifischen Vorteile, die sie z.B. durch Indexerstellung zur Beschleunigung von Tabellenverknüpfungen bei Abfragen etc. bieten, nicht genutzt werden (vgl. Mertens 1997). Andererseits sind hierarchische Datenbanken und sequentielle Dateien für ein Data Warehouse völlig ungeeignet, denn die Systeme zur Entscheidungsunterstützung, z.B. Marketing- und Controlling-Systeme, müssen umfangreiche Datenbestände nach vorzugebenden Kriterienkombinationen auswerten, und dafür ist die spezifische Stärke der hierarchischen Datenbank, die kurze Antwortzeit bei Zugriffen auf einzelne Datensätze, nicht relevant. Die relationale Datenbank kann dagegen mit Hilfe von Indizes zahlreiche Datentabellen verknüpfen, die inhaltlich in Zusammenhang stehen, physisch aber separat existieren und gepflegt werden können.

Damit ist deutlich geworden, daß hierarchische und relationale Datenbanken für die betreffende Aufgabe, Abwicklung von Geschäftsprozessen auf der Basisebene einerseits und Datenanalyse für Entscheidungsunterstützungssysteme andererseits, jeweils *spezifische Vor- und Nachteile* aufweisen. Es empfiehlt sich daher, die jeweiligen Vorteile zu nutzen und die Transaktionsdaten redundant zu speichern, in einer hierarchischen Datenbank oder sogar in sequentiellen Dateien für die Abwicklung der Transaktionen und in einer relationalen Datenbank für die in Zusammenhang mit Entscheidungsunterstützungssystemen erforderlichen Datenanalysen. Die Daten für diese relationalen Datenbanken werden aus den hierarchischen Datenbanken und ggf. auch aus sequentiellen Dateien, die die Transaktionsdaten enthalten, extrahiert und nach bestimmten Kriterien aufbereitet und strukturiert. Dadurch entsteht eine ganz spezifisch gestaltete relationale Datenbank, die auch als *Data Warehouse* bezeichnet wird.

Wie oben erwähnt, können in ein Data Warehouse auch *externe Daten* eingestellt werden, beispielsweise Daten von Informationsdiensten wie Reuters oder Bloomberg und sogar aus dem Internet. Die wichtigste Voraussetzung hierfür, das Vorliegen von Standarddatenformaten für die Übernahme der Daten, ist gegeben, beim Internet z.B. durch das HTML-Format.

Die *redundante Speicherung* von Transaktionsdaten im Data Warehouse bringt viele Vorteile mit sich: Transaktionsdaten und Data Warehouse können physisch getrennt gehalten werden, so daß Datenanalysen auf der Grundlage des Data Warehouse auf einem anderen Rechner und zu anderen Zeiten erfolgen können als die Durchführung der Transaktionen. Wollte man dagegen die Datenanalyse anhand des Transaktionsdatenbestandes durchführen, müßte man zunächst mit einem vergleichsweise viel höheren Entwicklungsaufwand für die Systeme rechnen, und im laufenden Betrieb käme es dann bei der Durchführung der Transaktionen zu einer massiven Verlängerung der Antwortzeiten, wenn gleichzeitig Datenanalysen ausgeführt würden. Bei redundanter Speicherung erfolgt die Datenanalyse dagegen unabhängig von den Transaktionen im laufenden Geschäft, und es müssen nur noch periodisch die für das Data Warehouse bestimmten Daten aus den Transaktionsdatenbeständen extrahiert werden, was zu belastungsarmen Zeiten, hauptsächlich nachts, geschehen kann.

Für das *Extrahieren* von Daten aus Transaktionsdatenbeständen und ihre Übertragung in Tabellen der relationalen Datenbank (Data Warehouse) gibt es Tools verschiedener Anbieter, z.B. »Data-Propagator« von IBM, »Warehouse Manager« von Prism, »Extract« von Evolutionary Technologies Incorporated und »Passport Workbench« von Carleton. Tools dieser Art übernehmen auch die Pflege von Warehouse-Metadaten (vgl. Mertens 1997).

## b) Aspekte des Data Warehouse-Konzeptes

Die obige Definition hat schon gezeigt, daß es sich bei einem Data Warehouse um eine Datenbank mit zahlreichen Spezifika handelt. Hervorzuheben sind insbesondere (vgl. Mertens 1997 und Behme 1998):

- **Speicherung nach Sachzusammenhang**

Transaktionsdaten, die funktions- oder prozeßorientiert gespeichert sind, müssen zunächst nach für das Data Warehouse relevanten Sachzusammenhängen, z.B. nach Kundengruppen- und Produktkriterien, umstrukturiert werden, bevor sie ins Data Warehouse übernommen werden können.

- **Vereinheitlichung**

Die Vorteile des Data Warehouse können nicht genutzt werden, wenn man die Transaktionsdaten einfach ins Data Warehouse kopiert. Die einzuspeichernden Daten müssen vielmehr einheitlich strukturiert, aufbereitet, bereinigt und von Inkonsistenzen befreit werden, bevor sie eingespeichert werden können.

- **Zeitbezug**

Transaktionsdaten werden mit dem Zeitpunkt der Transaktionsdurchführung gespeichert; bei der Datenanalyse auf der Grundlage eines Data Warehouse steht aber typischerweise die Zeitraumbetrachtung im Vordergrund, z.B. bei der Ermittlung der Umsätze einer bestimmten Kundengruppe bei bestimmten Produkten in einer bestimmten Periode. Im Einzelfall kann bei Bestandsgrößen auch eine Zeitpunktbetrachtung erfolgen, z.B. bei der Ermittlung des Darlehensbestandes zur Zeit t. Dieser *Bezugszeitpunkt* wird vom Benutzer des Analysesystems gesetzt, und er hat nichts zu tun mit dem Zeitpunkt, zu dem die Kunden unter Auslösung von Transaktionen ihre Darlehen in Anspruch genommen haben.

Die *Aktualisierungsintervalle* der Daten im Data Warehouse hängen von den Daten selbst und von ihrer Bedeutung für die vorgesehenen Datenanalysen ab. Grundsätzlich kommen jährliche, quartalsmäßige, monatliche, wöchentliche, tägliche oder stündliche Aktualisierungsintervalle in Betracht, die in einem vorab festgelegten Zeitraster praktiziert werden, wenn man von sofortiger Aktualisierung (real-time) absieht. Das Aktualisierungsintervall hängt von den Daten selbst ab, wenn sie nicht ständig generiert werden, sondern nur in bestimmten Intervallen wie z.B. Jahresabschlußdaten. Bei Daten, die jederzeit generiert werden können, wie z.B. Kundenadreßänderungsdaten, hängt das Aktualisierungsintervall dagegen von der Bedeutung ab, die die Benutzer der Aktualisierung des einzelnen Datenfeldes beimessen. Im allgemeinen dürfte eine maximal tägliche Aktualisierung für die meisten Datenfelder ausreichen.

Werden für einzelne Datenfelder Zeitreihen gespeichert, dann ist auch noch die Art der *Historisierung* festzulegen, insbesondere also die Intervalle, in denen der Inhalt der einzelnen Datenfelder in die Zeitreihen eingestellt wird.

- **Dauerhaftigkeit**

Nach der fehlerfreien Übernahme und ggf. nach abschließenden Korrekturen werden die Daten im Data Warehouse gespeichert und in der Regel nicht mehr verändert. Im Zeitablauf werden sie nicht gelöscht, sondern der Datenbestand vergrößert sich immer mehr, so daß sie, wenn der Speicherplatz im Data Warehouse nicht mehr ausreicht, entsprechend ihrer Priorität auf andere Speichermedien ausgelagert werden müssen.

## c) Data Warehouse-Architektur

Im Mittelpunkt der Data Warehouse-Architektur (vgl. Abb. A 2.5-1) steht die zentrale relationale Data Warehouse-Datenbank. *Extraktionsprogramme* greifen auf interne und externe Datenquellen zu. Die extrahierten Daten werden dann durch *Transformationsprogramme* einheitlich strukturiert, aufbereitet, bereinigt und von Inkonsistenzen befreit, und in dieser Form werden sie ins Data Warehouse übergeführt und eingespeichert.

Die *Meta-Datenbank* stellt Steuerungsinformationen bereit: Extrahierung und Transformation der Daten beruhen auf Definitionen, Regeln und Zuordnungen, die in der Meta-Datenbank abgelegt sind. Meta-Daten zeigen dem Endanwender, welche Daten vorhanden sind, wie sie genau definiert sind und wie er auf sie zugreifen kann. Die Meta-Datenbank enthält aber auch Steuerungsinformationen für die Data Warehouse-

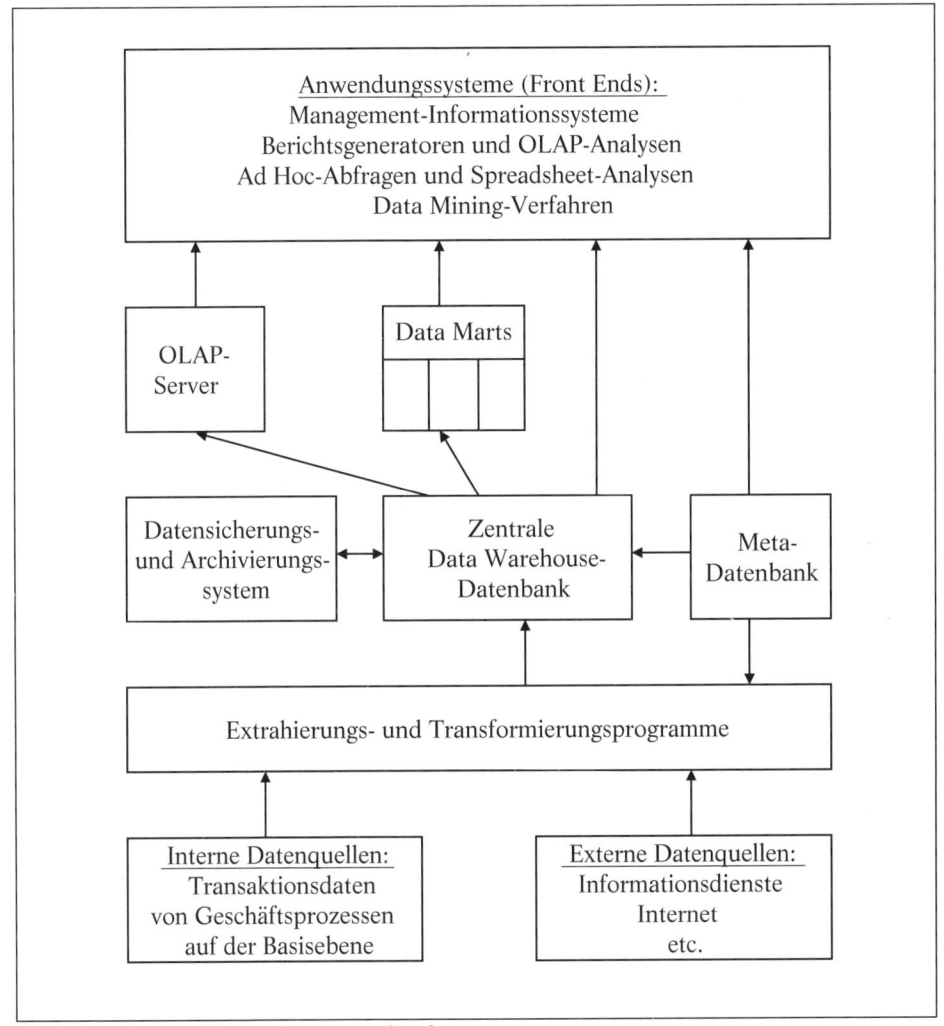

Abb. A 2.5-1: Data Warehouse-Architektur
    modifiziert nach: Behme (1998) und Hamm (1997)

Datenbankverwaltung. Dazu gehören z.B. die Verdichtungsstufen der Daten, z.B. monatliche, quartalsweise und jährliche Verdichtung, und ein Zeitplan für die Durchführung der Verdichtung. Die Meta-Datenbank stellt aber auch Steuerungsinformationen für die Informations-Distribution bereit. Insgesamt wird also mit Hilfe der Meta-Datenbank der gesamte Informationsfluß von den Quell- zu den Ziel-Datenbanken und Informationsadressaten gesteuert.

Zur Architektur eines Data Warehouse gehört auch ein *Datensicherungs- und Archivierungssystem*: Für den Fall, daß Programm- oder Betriebssystemfehler auftreten, müssen die Datenbestände des Data Warehouse regelmäßig mindestens auf der untersten Verdichtungsstufe gesichert werden. Da der Zeithorizont für die Datenbestände eines Data Warehouse mehrere Jahre beträgt und laufend zunimmt, kann das Datenvolumen eines unternehmensweiten Data Warehouse so umfangreich werden, daß eine Auslagerung der Daten auf kostengünstigere Speichermedien, z.B. Magnetbänder, sinnvoll ist.

*Anwendungssysteme (Front Ends)* können entweder direkt auf Daten des Data Warehouse zugreifen, oder sie können Datenbestände nutzen, die auf OLAP-Servers oder in Form von Data Marts bereitstehen. Insbesondere bei interaktiven Zugriffen sind die Antwortzeiten bei zentralen relationalen Data Warehouse-Datenbanken häufig inakzeptabel lang. Durch gezielte Voruntersuchungen kann man produkt-, kundengruppen- oder regionalspezifische Ausschnitte des zentralen Data Warehouse definieren und redundant in einer eigenen relationalen Datenbank, auch *Data Mart* genannt, speichern, so daß z.B. mit 20 % des gesamten Datenbestandes 80 % der laufenden Informationsbedürfnisse bei kurzen Antwortzeiten befriedigt werden können. Für Datenbestände, die einer mehrdimensionalen Betrachtungsweise unterzogen werden sollen, wurde das OLAP-Konzept (Online Analytical Processing) entwickelt, das in Abschn. f) näher erläutert wird.

Insgesamt kann man feststellen, daß die Geschäftsprozesse, die die Transaktionsdaten generieren, und das Data Warehouse, das die Transaktionsdaten nach der Transformation speichert, in einem *Wirkungskreislauf* stehen (vgl. Martin 1997): Die Transaktionsdaten der Geschäftsprozesse werden im Data Warehouse gespeichert. Auf die Daten des Data Warehouse greifen Analyseprogramme zu, mit deren Hilfe neue Aktionen, z.B. im Database Marketing, konzipiert und durchgeführt werden. Die Aktionen führen zu neuen Geschäftsprozessen und neuen Transaktionsdaten, die wiederum im Data Warehouse gespeichert werden und wieder neue Aktionen auslösen.

### d) Fachkonzept und Datenmodell

Konzeption und Anwendungsmöglichkeiten eines Data Warehouse wurden bisher nur im Überblick dargestellt. Betrachtet man den Aufbau eines Data Warehouse im Detail, dann stellen sich viele weitere Fragen, die mit der Entwicklung eines Fachkonzeptes und dann auch eines Datenmodells beantwortet werden müssen (vgl. Hamm 1997).

Das *Fachkonzept* soll zur Klärung von Fragen folgender Art beitragen:

- Was für ein *Informationsbedarf* soll mit dem Einsatz des Data Warehouse im Unternehmen grundsätzlich gedeckt werden?
- Wer sind die *Endanwender* für das Data Warehouse (Träger des Informationsbedarfs)?
- Welche *Hard- und Software* ist zusätzlich notwendig?
- Was sind die *Kosten* für Aufbau und laufenden Betrieb eines Data Warehouse, und welcher *Nutzen* wird davon erwartet?
- Welche *Anbieter* für zusätzliche Hard- und Software kommen in Betracht?
- Sollen *externe Berater* hinzugezogen werden?

Informationsbedarfsmeldungen von Fachabteilungen geben oft den Anstoß für den Aufbau eines Data Warehouse. Grundsätzlich ist dann aber eine systematische Informationsbedarfsanalyse im Unternehmen erforderlich, bei der nicht nur der Inhalt, sondern insbesondere auch die Dringlichkeit des Informationsbedarfs festgestellt wird, so daß für den Aufbau des Data Warehouse unter Berücksichtigung von Nutzen und Kosten Prioritäten gesetzt werden können, die das Projektmanagement erheblich erleichtern.

Ausgehend von einem sorgfältig erarbeiteten Fachkonzept ist dann ein *Datenmodell* zu entwickeln, das zur Klärung von Fragen in Zusammenhang mit der Datenbereitstellung beiträgt, wie z.B.

- welche Daten sind verfügbar?
- In welchen Quellen befinden sich diese Daten?
- Wie aktuell sind sie?
- In welchen Datenformaten liegen sie vor?
- Welche Beziehungen bestehen zwischen den einzelnen Datenbeständen?
- Welche externen Daten sind zusätzlich notwendig?
- Wer ist für die einzelnen Datenbestände verantwortlich?
- Welche Verdichtungen gibt es bei den einzelnen Datenbeständen?
- In welcher Form gibt es (Sicherungs-)Kopien der einzelnen Datenbestände?
- Wie, wann und in welchen Zyklen werden die einzelnen Datenbestände verändert?

Das Datenmodell legt die Voraussetzungen und Bedingungen fest, die gegeben sein müssen, damit die in das Data Warehouse einzustellenden Daten nach den für den Benutzer relevanten Kriterien aufbereitet sind. Es beschreibt also, wo welche Daten wann für wen und wie verfügbar gemacht werden sollen (vgl. Hamm 1997).

### e) Analyseverfahren für Data Warehouse-Datenbestände

Grundsätzlich kann man bei der Datenanalyse deskriptive und kausalanalytische Verfahren unterscheiden (vgl. Hamm 1997). Die meisten Verfahren zur Analyse von Data Warehouse-Datenbeständen sind rein *deskriptiv*. Sie stellen die Datenbestände (benutzerfreundlich) dar, heben Wichtiges hervor, vermitteln unterschiedliche Perspektiven etc., sie überlassen aber den Adressaten die Interpretation und Bewertung und tragen insbesondere nicht von sich aus zur Klärung und Sichtbarmachung von in den Daten steckenden Kausalzusammenhängen bei. Hierzu gehören die meisten Executive-Informationssysteme, Standard-Berichtsgeneratoren, OLAP-Analysen und Ad Hoc-Abfragen. Bei den Spreadsheet-Verfahren hängt die Klassifizierung davon ab, welche Analyseverfahren auf die Spreadsheet-Daten angewandt werden.

Als *kausalanalytische Verfahren*, die darauf ausgerichtet sind, in den Datenbeständen Muster und Ursache-Wirkungs-Beziehungen zu erkennen, kommen insbesondere Data Mining-Verfahren wie z.B. Datenvisualisierung, Induktionsverfahren, statistische Analysen und Neuronale Netzwerke (vgl. Anhang 1.2) in Betracht. Streng genommen kann man mit diesen Verfahren Kausalbeziehungen auch nicht zuverlässig erkennen, sondern man erhält, wie z.B. durch Korrelationsanalysen, statistisch (formal) begründete Hinweise auf Kausalzusammenhänge, denen zunächst auf der sachlogischen Ebene nachgegangen werden muß. Wenn auf dieser Ebene ein Kausalzusammenhang sachlogisch plausibel und theoretisch widerspruchsfrei begründet werden kann, spricht viel dafür, daß in der Realität ein Kausalzusammenhang zwischen den betrachteten Variablen tatsächlich besteht.

**f) Online Analytical Processing als Spezialverfahren für die Datenanalyse**

Komplexe Datenbankabfragen können bei einer relationalen Datenbank, und damit auch bei einem Data Warehouse, sehr lange, im Einzelfall sogar stundenlange *Laufzeiten* mit sich bringen. Umfangreiche Datenauswertungen sind daher mit einem Data Warehouse und der Abfragesprache SQL (Structured Query Language) praktisch nicht sinnvoll durchführbar. In Teilbereichen können jedoch OLAP-Systeme (Online Analytical Processing) hilfreich sein, wenn *mehrdimensionale Daten* (mit mehr als zwei Dimensionen) analysiert werden sollen. Dreidimensionale Daten kann man geometrisch durch einen Würfel veranschaulichen, bei dem in jeder Achsenrichtung eine Datendimension (ein Merkmal) abgetragen ist. (Eigentlich müßte man allgemein von einem Quader sprechen, denn das Bild des Würfels gilt streng genommen nur, wenn zu jeder Dimension (Merkmal) gleich viele Attribute (Merkmalsausprägungen) gehören. Im Schrifttum wird aber im allgemeinen Fall von einem Würfel gesprochen, und daher soll dieser Sprachgebrauch auch hier beibehalten werden). Jedes Datum läßt sich dann durch die Kombination seiner drei Merkmalsausprägungen, formal also durch ein Drei-Tupel, darstellen. Haben die betrachteten Daten mehr als drei, allgemein n Dimensionen, dann lassen sie sich durch einen Hyperwürfel darstellen, bei dem jede Merkmalskombination durch einen n-Tupel beschrieben wird.

*OLAP-Systeme* setzen derartige multidimensional strukturierte Daten voraus. Wird also die Anwendung der OLAP-Konzeption in Erwägung gezogen, dann sind für den zu analysierenden Datenbestand *Dimensionen* festzulegen, die auf alle Datensätze des Datenbestandes zutreffen, und die zueinander komplementär sind, so daß keine Dimension aus einer anderen Dimension hergeleitet werden kann. Mertens (1997) beschreibt als Beispiel einen siebendimensionalen OLAP-Datenbestand mit folgenden Dimensionen (Attribute, teilweise auch Attributshierarchien, in Klammern):

- Zeit                                              (Jahr, Quartal, Monat, Woche, Tag)
- Profit Center                          (Filialbereich, Filiale, Kundenbetreuer)
- Produkt                                  (Produktgruppe, Einzelprodukt)
- Kunde                                    (Kundengruppe, Zielgruppe)
- Ort                                          (Kontinent, Staat, Land, Kreis, Gemeinde, Straße, Haus)
- Datenart                                 (Soll, Ist, Plan)
- Betriebswirtschaftlicher Sachverhalt    (Kosten, Absatzmenge, Umsatz, Erfolgsbeitrag)

Als *Bericht* werden in der Regel zwei- oder dreidimensionale Darstellungen ausgegeben. Um aus einem siebendimensionalen Datenbestand einen zweidimensionalen Bericht zu extrahieren, müssen fünf, allgemein n-2 Dimensionen fixiert werden. So kann der Datenbestand aus verschiedenen *Perspektiven* betrachtet werden, wobei jeweils eine einzelne zweidimensionale Schicht herausgeschnitten wird. In diesem Zusammenhang spricht man auch von *Slice and Dice*: Die zweidimensionale Schicht (Tabelle) entspricht einer Scheibe (Slice), und die Drehung und Betrachtung des Datenbestandes aus verschiedenen Perspektiven entspricht der Drehbewegung eines Würfels (Dice). Eine OLAP-Abfrage könnte z.B. lauten: Wie hoch sind die Erfolgsbeiträge der einzelnen Kundengruppen bei den verschiedenen Produktgruppen (Darstellung als Tabelle), die unter folgenden Bedingungen (Attribute fixiert) erzielt worden sind?:

- Zeit: März 1999
- Profit Center: Kundenbetreuer
- Ort: Bayern
- Datenart: Ist-Zahlen
- Betriebswirtschaftlicher Sachverhalt: Erfolgsbeitrag

Die zu den einzelnen Dimensionen gehörenden *Attribute* können sich gegenseitig ausschließen wie z.B. Soll-, Ist- und Plandaten, oder sie können hierarchisch angeordnet sein wie z.B. Produktgruppe und Einzelprodukt. Sind sie *hierarchisch* angeordnet, dann muß vor der Abfrage festgelegt werden, auf welcher Hierarchieebene das jeweilige Attribut berücksichtigt werden soll.

Die *Antwortzeit* ist bei OLAP-Abfragen sehr viel kürzer als bei Abfragen auf relationalen Datenbanken. Mertens (1997) berichtet von Antwortzeiten im Sekundenbereich, wohingegen Abfragen auf relationale Datenbanken mehrere Stunden in Anspruch nehmen können. Dadurch ist es technisch möglich, daß in kürzester Zeit Alternativabfragen durchgeführt werden. Besonders ergiebig ist dabei die *Drill-Down-Technik*, bei der man einen feineren Detaillierungsgrad bei den Analyseergebnissen erzielen kann, indem man bei einer besonders interessierenden Dimension in der Attributhierarchie hinabsteigt, z.B. vom Filialbereich zur einzelnen Filiale, und die Abfrage wiederholt. Es ergeben sich dann detailliertere Informationen für einen kleineren Geltungsbereich.

OLAP-Systeme erreichen das vergleichsweise sehr günstige Antwortzeitverhalten nur aufgrund ihrer speziellen *Architektur* (vgl. Behme 1997, Thomsen 1997 und die dort angegebene weiterführende Literatur). Sie erfordert viel mehr Speicherplatz als relationale Datenbanken, weil die Daten vielfach redundant gespeichert werden müssen, und sie sind auch durch die Festlegung von Dimensionen relativ starr. Sie eignen sich sehr gut für einigermaßen abschließend strukturierte Problembereiche und können daher nur als Ergänzung zu relationalen Datenbanken betrachtet werden, sie sind dann aber wesentlich leistungsfähiger als diese (vgl. Mertens 1997). Als bankbetriebliche Anwendungsfelder kommen für OLAP-Systeme primär Controlling und Database Marketing in Betracht.

# 3   Abkommen und Richtlinien

## 3.1   Vereinbarung für das Deutsche ec-Geldausgabeautomatensystem

Die Vereinbarung i.d.F. vom 1.7.1993 sieht vor, daß die Kreditinstitute das deutsche ec-Geldausgabeautomatensystem betreiben und weiterentwickeln, und daß die angeschlossenen Institute die von ihnen betriebenen ec-Geldausgabeautomaten allen Karteninhabern institutsübergreifend zur Verfügung stellen (vgl. Gößmann 1997).

Das deutsche ec-Geldausgabeautomatensystem ist Bestandteil des Europay-Geldautomatensystems. Die von den angeschlossenen Instituten betriebenen ec-Geldautomaten sind für die Benutzung der im Rahmen des grenzüberschreitenden ec-Geldautomatensystems und des CIRRUS-Systems zugelassenen Karten zur Verfügung zu stellen.

Anforderungen an die Systeme und die Verfahren sind in den Anhängen zu den Richtlinien für das Deutsche ec-Geldausgabeautomatensystem einheitlich geregelt. Dort sind die Spezifikationen für die Geräteausstattung, Bedienerfreundlichkeit und Sicherungsmaßnahmen festgelegt.

## 3.2   Abkommen betreffend den Überweisungsverkehr

**a) Abkommen über die Umwandlung beleghaft erteilter Überweisungsaufträge in Datensätze und deren Bearbeitung (EZÜ-Abkommen)**

Das EZÜ-Abkommen i.d.F. vom 15.7.1994 (vgl. Gößmann 1997) wurde ersetzt durch das »Abkommen zum Überweisungsverkehr«, das zum 16.4.1996 in Kraft getreten ist (vgl. Abschn. c)).

Im EZÜ-Verfahren werden beleghaft erteilte Überweisungsaufträge auf EDV-Medien erfaßt und im Verrechnungsverkehr zwischen Kunden beleglos abgewickelt. Überweisungen, die auf einen Betrag auf DM 1.000,- und darüber lauten, sind vom erstbeauftragten Institut im EZÜ-Verfahren auszuführen. Überweisungen unterhalb dieser Betragsgrenze können von erstbeauftragten oder zwischengeschalteten Kreditinstituten in das EZÜ-Verfahren überführt werden.

Nach diesem Abkommen soll jeweils das erstbeauftragte Institut die Umwandlung vornehmen, so daß von hier an die Abwicklung des Überweisungsauftrages bis auf das Konto des Endbegünstigten beleglos durchgeführt werden kann.

Die Verpflichtung zur Ausführung im Elektronischen Zahlungsverkehr (EZV) gilt nicht für

- Zahlungsaufträge ins Ausland und aus dem Ausland,
- Aufträge an die Deutsche Bundesbank zu telegraphischen Überweisungen,
- Überweisungen, bei denen Auftraggeber und Empfänger Kreditinstitute sind.

Das erstbeauftragte Kreditinstitut hat die richtige Datenerfassung durch geeignete Kontrollen sicherzustellen. Zur Datenweiterleitung sind die Daten in Satz- und Dateiaufbau nach besonderen Spezifikationen der »Richtlinie für den beleglosen Datenträgeraustausch« zu formatieren.

**b) Abkommen über die Umwandlung beleghaft erteilter Überweisungen (Gutschriftsträger) mit prüfziffergesichertem Verwendungszweck in Datensätze mittels Codierzeilenlesung und deren weitere Bearbeitung (BZÜ-Abkommen)**

Das BZÜ-Abkommen i.d.F. vom 19.1.1993 (vgl. Gößmann 1997) wurde ersetzt durch das »Abkommen zum Überweisungsverkehr«, das zum 16.4.1996 in Kraft getreten ist (vgl. Abschn. c)).

Im BZÜ-Verfahren werden Daten der Codierzeile der Gutschriftsträger aus Überweisungs-/Zahlscheinbelegen, die in Belegform eingereicht werden, auf EDV-Medien erfaßt und im Verrechnungsverkehr zwischen Kreditinstituten beleglos weitergeleitet. Kreditinstitute sind berechtigt, im Rahmen dieses Verfahrens ausschließlich die Daten aus der Codierzeile der Belege zu erfassen und beleglos weiterzuleiten. Das erstbeauftragte Kreditinstitut prüft, ob die im vorbeschrifteten Überweisungs-/Zahlschein für die Ausführung im BZÜ-Verfahren bestimmten Daten verändert sind. Insoweit veränderte Gutschriftsträger dürfen nicht in das BZÜ-Verfahren übergeleitet werden.

Das erstbeteiligte Kreditinstitut hat aufgrund der speziellen Textschlüsselkennzeichnung vor Überführung der jeweiligen Zahlung in den BZÜ eine Prüfzifferkontrolle der im Mehrzweckfeld der Codierzeile enthaltenen Daten durchzuführen. Das erstbeteiligte Kreditinstitut ist für die vollständige und unveränderte Erfassung der betreffenden Daten der Codierzeile verantwortlich.

**c) Abkommen zum Überweisungsverkehr**

Im Jahr 1984 schlossen die Spitzenverbände des Bankgewerbes das EZÜ-Abkommen, dessen Ziel es war, die beleglose Abwicklung beleghaft erteilter Zahlungsverkehrsaufträge auf eine rechtlich gesicherte Grundlage zu stellen.

Mit Wirkung vom 16.4.1996 wurden EZÜ- und BZÜ-Abkommen zum einheitlichen Abkommen zum Überweisungsverkehr zusammengefaßt. Wesentliche Bedeutung des Abkommens liegt in der Festlegung der Pflichten der beteiligten Kreditinstitute (vgl. Gößmann 1997).

Das Abkommen trat zeitlich gestaffelt in Kraft. Folgende zentrale Punkte technischer Regelungen sind hierbei zu nennen: Das erstbeauftragte Kreditinstitut muß die in Belegform eingereichten Überweisungen/Einzahlungen in Datensätze umwandeln und beleglos weiterleiten. Seit 1.6.1997 muß jede Überweisung oder Einzahlung in Datensätze umgewandelt werden. Als Sanktion gegen den Verstoß der Umwandlungspflicht sieht das Abkommen vor, daß Überweisungen, die entgegen der EZÜ-Pflicht nicht umgewandelt wurden, an das Einreicherinstitut zurückgegeben werden können. Seit 1.7.1997 sind beleghafte Überweisungen im Interbankenverkehr nicht mehr möglich.

Seit 2.1.1998 ist das erstbeauftragte Kreditinstitut verpflichtet, die richtige Erfassung der Kontonummer des Empfängers durch Prüfzifferberechnung zu prüfen. Während das EZÜ-Abkommen eine Prüfung nicht vorschreiben konnte, weil das erstbeauftragte Institut die Kontonummersystematik des endbegünstigten Kreditinstituts nicht kannte, sieht Nr. 2 Abs. 3 jetzt vor, daß jedes Institut seine Prüfziffersystematik bei der Bundesbank hinterlegen kann. Ist dies geschehen, muß das erstbeauftragte Institut eine Plausibilitätskontrolle vornehmen. Diese Regelung dient vor allem einer Reduzierung der Fehlerquoten und hat Auswirkungen auf die Haftungsteilung zwischen umwandelndem und endbegünstigtem Institut.

Wesentliche Neuerung des Abkommens ist die geänderte *Haftungsregelung*: Diese ist durch Haftungsverteilung nach Sphären geregelt.

**Fallgruppe 1: Fehlerhafte Dateneingabe durch den Kunden bei vollständiger und unveränderter Erfassung der Daten durch das Institut**
Der Fehler resultiert ausschließlich aus der Sphäre des Kunden, so daß weder das erstbeauftragte noch die in die Weiterleitung eingeschalteten Banken haften müssen.

**Fallgruppe 2: Überweisung enthält unrichtige Bankleitzahl**
Für Schäden aus falscher Leitwegsteuerung haftet zunächst das erstbeauftragte Institut, weil es die Bankleitzahl auf Richtigkeit prüfen kann und der Fehler aus seiner Sphäre resultiert. Ausnahmsweise haftet für Fehlleistungen jedoch das nach der unrichtigen Bankleitzahl endbegünstigte Institut, wenn ein nicht berechtigter Empfänger eine Gutschrift erhält, und dieser Fehler bei einer hypothetischen Kontoanrufsprüfung aufgefallen wäre. Aus Gründen einfacher Abwicklung ist daneben eine Haftungsteilung vorgesehen: Zu einem Drittel haftet das erstbeauftragte, zu zwei Dritteln das empfangsbegünstigte Institut. Hierdurch sollen Auseinandersetzungen zwischen den beteiligten Instituten vermieden werden.

**Fallgruppe 3: Unrichtige und/oder unvollständige Datenerfassung und Weiterleitung**
Zunächst haftet dasjenige Institut, das Daten unrichtig erfaßt oder Daten unvollständig oder verändert weiterleitet, für die von ihm verursachten Fehler. Im Gegensatz zum EZÜ-Abkommen ist die Haftungsregelung differenzierter. Als Ausnahme der o.g. Regelung sieht Nr. 5 Abs. 3 eine Haftungsteilung vor. Ein Drittel wird dem verursachenden, zwei Drittel dem empfangenden Institut zugerechnet, da das endbegünstigte Institut eine Kontoanrufsprüfung vornehmen müßte. Im Wege einer Rückausnahme verbleibt es wiederum bei der alleinigen Haftung des den Fehler verursachenden Instituts, wenn dieses die Möglichkeit zur Plausibilitätsprüfung in bezug auf die Kundennummer gehabt hätte und der Fehler durch einen Kontonummer-Namen-Vergleich zu erkennen gewesen wäre.

### d) Abkommen über Bildschirmtext (Btx – Abkommen)
Kern des Abkommens i.d.F. vom 15.7.1984 ist das Btx-Sicherungskonzept, das eine Absicherung des Benutzerzugangs zu kontobezogenen Btx-Anwendungen bewirken soll (vgl. Gößmann 1997).

Für den Zugang zu kontobezogenen Bildschirmtext-Anwendungen muß der Kunde neben seiner Konto- oder Depotnummer ein persönliches Btx-Kennwort, die Btx-PIN

(Personal Identification Number) und, sofern für die Auftragserteilung erforderlich, zusätzlich eine Transaktionsnummer (TAN) eingeben. Das *Btx-Sicherungskonzept* spezifiziert:

- **Anforderungen an die Btx-PIN:**
Diese muß fünfstellig sein und darf nicht am Bildschirm angezeigt werden.

- **Anforderungen an die TAN:**
Diese müssen sechsstellig sein; sind nur einmal verwendbar und müssen außerhalb des Btx-Systems an den Kunden übermittelt werden.

- **Beschreibung TAN-pflichtiger Btx-Anwendungen:**
Grundsätzlich sind alle nicht auf reine Informationsbeschaffung gerichteten Aufträge der Kunden sowie die Aufhebung einer automatisch erzeugten Sperre und Änderungen der PIN TAN-pflichtige Geschäfte.

- **Regelungen zur Sperre bei Eingabe falscher PIN:**
Eine dreimalige falsche PIN-Eingabe erzeugt eine automatische Sperre, die nur vom kontoführenden Institut oder, sofern vorgesehen, durch den Kunden selbst aufgehoben werden kann.

- **Regelungen zur Sperre bei Eingabe falscher TAN:**
Eine dreimalige falsche TAN-Eingabe in Folge erzeugt eine automatische Sperre. Die noch nicht verbrauchten TAN des Kunden werden gesperrt und der Kunde schriftlich benachrichtigt. Eine Aufhebung der Sperre ist in der Regel nur durch das kontoführende Institut möglich.

- **Verfahren zur Aufhebung einer durch die Eingabe einer falschen PIN automatisch erzeugten Sperre:**
Bei Vorliegen einer automatisch erzeugten Sperre durch Eingabe einer falschen PIN soll der Kunde durch Eingabe der korrekten PIN und korrekter TAN wieder unbeschränkten Btx-Zugang erhalten.

### 3.3 Abkommen über den Lastschriftverkehr (Lastschriftabkommen)

Die heute übliche Abwicklung des Lastschriftverfahrens beruht auf dem nach Einarbeitung des EZL-Abkommens neugefaßten Lastschriftabkommen. Dieses Abkommen ist seit 12.12.1995 in Kraft; zum gleichen Zeitpunkt traten die »Abkommen über den Lastschriftverkehr« vom 17.4.1989 i.d.F. vom 7.4.1993 und das »Abkommen über die Umwandlung beleghaft erteilter Lastschriften in Datensätze und deren Bearbeitung (EZL-Abkommen) außer Kraft (vgl. Gelder 1997).

Im Rahmen des Lastschriftverfahrens wird zugunsten des Zahlungsempfängers über ein Kreditinstitut (erste Inkassostelle) von dem Konto des Zahlungspflichtigen bei demselben oder einem anderen Kreditinstitut (Zahlstelle) der sich aus der Lastschrift ergebende Betrag eingezogen, und zwar aufgrund

- einer dem Zahlungsempfänger von dem Zahlungspflichtigen erteilten schriftlichen Ermächtigung (*Einzugsermächtigung*) oder
- eines der Zahlstelle von dem Zahlungspflichtigen zugunsten des Zahlungsempfängers erteilten schriftlichen Auftrags (*Abbuchungsauftrag*).

Zur Durchführung des Lastschriftverfahrens überführt die erste Inkassostelle beleghafte Lastschriften ausnahmslos in die Beleglosigkeit, leitet die Lastschriften dann beleglos an die Zahlstelle weiter und fordert den Lastschriftbetrag im Rahmen ihres Giroverhältnisses zur Zahlstelle bei dieser an. Der ersten Inkassostelle obliegt die richtige Datenerfassung. Es ist Sache der Zahlstelle zu prüfen, ob das Schuldnerkonto ausreichende Deckung aufweist, und ob ihr, falls die Lastschrift nicht als Einzugsermächtigungs-Lastschrift gekennzeichnet ist, ein Abbuchungsauftrag erteilt worden ist.

Im Lastschriftabkommen sind außerdem die Verfahrensweisen bei Lastschriftrückgaben geregelt. Einzelheiten über die Rückgabe, Rückrechnung und Eilnachricht sind in den »Ergänzenden Bestimmungen für die beleglose Rückgabe und Rückrechnung nicht eingelöster bzw. wegen Widerspruchs des Zahlungspflichtigen zurückzugebender Lastschriften« und »Ergänzenden Bestimmungen für die Rückgabe und Rückrechnung nicht eingelöster bzw. wegen Widerspruchs des Zahlungspflichtigen zurückzugebender Lastschriften« in den Anlagen 1 und 2 zu diesem Abkommen geregelt.

## 3.4 Abkommen betreffend den Scheckverkehr

### a) Abkommen über das beleglose Scheckeinzugsverfahren (BSE-Abkommen)

Der Scheck ist inhaltlich eine gesetzlich formalisierte, abstrakte und unbedingte Zahlungsanweisung. Der Scheckaussteller weist die bezogene Bank an, einen bestimmten Betrag zu Lasten seines Kontos an den Inhaber oder an die Order des Schecknehmers zu zahlen oder mit ihm zu verrechnen.

Gegenstand des Abkommens über das beleglose Scheckeinzugsverfahren (BSE-Abkommen) i.d.F. vom 3.3.1993 (vgl. Nobbe 1997) sind in DM ausgestellte Inhaber- und Orderschecks sowie Zahlungsanweisungen zur Verrechnung, die auf Kreditinstitute im Inland gezogen, auf Beträge bis zu einem Betrag von unter DM 5.000,- ausgestellt und deren Daten (Scheck-Nr., Konto-Nr., Betrag, Bankleitzahl, Textschlüssel) von dem in das beleglose Scheckeinzugsverfahren überleitenden Kreditinstitut auf EDV-Medien erfaßt worden sind.

Das überleitende Kreditinstitut ist berechtigt, die Datenerfassung anhand der codierten Daten in der Codierzeile der Schecks und Summenbelege vorzunehmen. Der einzelne Scheck wird vom erstbeauftragten Institut entsprechend den handels- und steuerrechtlichen Vorschriften archiviert, so daß er bei Reklamationen überprüft werden kann, während der Scheckeinzug mit Hilfe des Datensatzes vorgenommen wird.

Die Institute verpflichten sich, die mit dem BSE-Verfahren verbundenen Aufträge im Einzugs-, Anforderungs- und Rückrechnungsverfahren unverzüglich auszuführen. Die erste Inkassostelle prüft die Papiere auf formelle Ordnungsmäßigkeit im Sinne des Scheckgesetzes. Für die zwischenbetriebliche Weiterleitung sind die Daten in Satz- und Dateiaufbau nach den Spezifikationen der Richtlinie für den beleglosen Datenträgeraustausch zu formatieren.

### b) Abkommen über die Rückgabe nicht eingelöster Schecks und die Behandlung von Ersatzstücken verlorengegangener Schecks im Scheckeinzugsverkehr

Das Abkommen i.d.F. vom 7.4.1993 regelt im Rahmen des Scheckeinzugsverkehrs die Rückgabe nicht eingelöster Schecks sowie die Ausstellung, Annahme und Behandlung von Ersatzstücken für verlorengegangene Schecks. Das Abkommen findet auch Anwendung auf solche Schecks, die auf ausländische Währung lauten. Es gilt nicht für Schecks, die von Kreditinstituten im Ausland auf Kreditinstitute im Inland gezogen sind (vgl. Nobbe 1997).

Das Abkommen begründet Rechte und Pflichten nur zwischen den beteiligten Kreditinstituten. Schecks, die nicht eingelöst werden, sind von dem bezogenen Kreditinstitut spätestens an dem auf den Tag der Vorlage folgenden Geschäftstag, mit dem Vorlegungsvermerk versehen, an die erste Inkassostelle zurückzuleiten.

Gehen einzelne Schecks oder eine Schecksendung verloren und steht der Verlust nach der Überzeugung des Kreditinstituts, das die Einzugsschecks als letztes abgesandt hat oder bei dem sie verlorengegangen sind, einwandfrei fest, so zieht die Verluststelle die entsprechenden Beträge gegebenenfalls über ihre Vorstelle von der ersten Inkassostelle durch Einzugsermächtigungs-Lastschriften ein. Die Kreditinstitute ermächtigen sich gegenseitig, diese Beträge mittels Lastschrift einzuziehen. Eine Rückgabe der Lastschrift wegen Widerspruchs oder aus anderen Gründen im Sinne des Abkommens über den Lastschriftverkehr ist nicht möglich.

### 3.5 Abkommen betreffend Datenträgeraustauschverfahren

**a) Bedingungen für die Beteiligung von Kunden am beleglosen Datenträgeraustausch mittels Magnetbändern (Magnetband-Clearing-Abkommen)**

Im beleglosen Datenträgeraustausch mit Magnetbändern nimmt die Bank zur Vereinfachung des Zahlungsverkehrs Magnetbänder mit Ausführungsaufträgen für Überweisungen und Lastschriften entgegen und liefert Magnetbänder mit eingegangenen Buchungsposten aus.

Im Magnetband-Clearing-Abkommen i.d.F. vom 2.1.1976 sind die Bedingungen für den Datenträgeraustausch mittels Magnetbändern festgelegt. Magnetbänder müssen in Satz- und Dateiaufbau und in den Spezifikationen bestimmten Angaben entsprechen, die in der Anlage zu diesem Abkommen beschrieben sind. Jeder logischen Datei ist ein Auftrag in Form eines Magnetband-Begleitzettels beizufügen. Dieser erfüllt gleichzeitig die Funktion eines Sammelüberweisungs- oder Einziehungsauftrages über die Gesamtsumme aller Überweisungen oder Lastschriften und wird vom Kunden verbindlich unterschrieben (vgl. Gößmann 1997).

Kunde und Bank sind zu bestimmten, in der Anlage aufgeführten Kontrollmaßnahmen verpflichtet. Über Ausführungstermine sowie Konditionen für die Beteiligung des Kunden am Datenträgeraustausch werden gesonderte Vereinbarungen getroffen. Ergänzend gelten die Allgemeinen Geschäftsbedingungen der Kreditinstitute.

**b) Bedingungen für die Beteiligung von Kunden am beleglosen Datenträgeraustausch mittels Disketten (Disketten-Clearing-Abkommen)**

Analog zum Magnetband-Clearing-Abkommen regelt das Disketten-Clearing-Abkommen i.d.F. vom 2.1.1976 die Bedingungen für die Beteiligung von Kunden am Zahlungsverkehr durch beleglosen Datenträgeraustausch mittels Disketten (vgl. Gößmann 1997).

### 3.6 Richtlinien und Bedingungen betreffend den Zahlungsverkehr

**a) Richtlinien für einheitliche Zahlungsverkehrsvordrucke**

Die Richtlinien für einheitliche Zahlungsverkehrsvordrucke enthalten die folgenden Vorschriften:

- Gemeinsame Vorschriften für einheitliche und neutrale Zahlungsverkehrsvordrucke, z.B. bezüglich Papierspezifikationen, Format, drucktechnischen Anforderungen,
- Besondere Vorschriften, bei denen insbesondere Gebrauchsformen, Vordruck und Blattgestaltung geregelt sind, für
  - Überweisungsvordrucke,
  - Scheckvordrucke,
  - Lastschriftvordrucke,
  - neutrale Zahlungsverkehrsvordrucke und
  - Summenbelegvordrucke.

**b) Richtlinien für eine einheitliche Codierung von zwischenbetrieblich weiterzuleiten den Zahlungsverkehrsbelegen**

In den »Richtlinien für eine einheitliche Codierung von zwischenbetrieblich weiterzuleitenden Zahlungsverkehrsbelegen« i.d.F. von 1990 werden Vorschriften zur Codierung festgelegt. Geregelt werden Umfang der Codierung, Behandlung der Angaben in der Codierzeile, Beweisregelung und Haftungsfragen.

**c) Bedingungen für die beleglose Erteilung von Auslandszahlungsaufträgen**

Die »Bedingungen für die beleglose Erteilung von Auslandszahlungsaufträgen« legen Einzelheiten des Datenträgeraustauschs zwischen Kunde und Bank fest.

Die Datenträger müssen in Satz- und Dateiaufbau und in den Spezifikationen den in den Anlagen dieser »Bedingungen« festgelegten Bestimmungen entsprechen.

Der Kunde soll pro Datenträger nur eine logische Datei erstellen. Vor Anlieferung eines Datenträgers an das Kreditinstitut ist eine Aufzeichnung mit dem vollständigen Inhalt des Datenträgers zu erstellen. Bei Anlieferung ist ein Begleitzettel beizufügen. Das Kreditinstitut gibt den Originaldatenträger und ein eventuell erhaltenes Duplikat nach Bearbeitung zurück.

In den Anlagen zum Abkommen sind Aufbau und Spezifikationen der Datenträger genau bestimmt.

## 3.7 Einheitliche Richtlinien und Gebräuche für Dokumenten-Akkreditive

Als »Dokumenten-Akkreditiv« oder »Standby Letter of Credit« werden alle Vereinbarungen bezeichnet, wonach eine im Auftrag und nach den Weisungen eines Kunden oder im eigenen Interesse handelnde Bank gegen vorgeschriebene Dokumente

- eine Zahlung an einen Dritten oder dessen Order zu leisten oder vom Begünstigten gezogene Wechsel zu akzeptieren und zu bezahlen hat oder
- eine andere Bank zur Ausführung einer solchen Zahlung oder zur Akzeptierung und Bezahlung derartiger Wechsel ermächtigt oder
- eine andere Bank zur Negoziierung ermächtigt,

sofern die Akkreditiv-Bedingungen erfüllt sind.

Die Richtlinie enthält allgemeine Regeln und Begriffsbestimmungen und stellt Regeln zu Form und Anzeige von Akkreditiven sowie zu Haftung und Verantwortlichkeit auf. Ein weiterer Teil ist den Bestimmungen zu den einzelnen Dokumenten gewidmet.

## 3.8 Einheitliche Richtlinien für Inkassi

Die aufgeführten Regeln und Begriffsbestimmungen sowie die nachfolgenden Artikel gelten für alle Inkassi im Sinne dieser Richtlinie i.d.F. vom Juni 1978 und sind für alle Beteiligten bindend, sofern nicht ausdrücklich anderweitige Vereinbarungen getroffen worden sind oder nicht nationale, staatliche oder örtliche Gesetze und/oder Verordnungen entgegenstehen, von denen nicht abgewichen werden darf.

Inkasso im Sinne dieser Richtlinie bedeutet die Bearbeitung von nachstehend definierten Dokumenten durch Banken aufgrund erhaltener Weisungen, um

- Akzeptierung und/oder gegebenenfalls Zahlung zu erlangen oder
- Handelspapiere gegen Akzeptierung und/oder gegebenenfalls Zahlung auszuhändigen oder
- Dokumente unter anderen Bedingungen auszuhändigen.

Dokumente im Sinne der Richtlinie sind dabei Zahlungspapiere und/oder Handelspapiere. Unter Zahlungspapieren werden Wechsel, Solawechsel, Schecks, Zahlungsquittungen oder andere ähnliche zum Erlangen von Zahlungen dienende Dokumente verstanden. Unter Handelspapiere fallen Rechnungen, Verladedokumente, Dispositions- oder andere ähnliche Dokumente sowie alle weiteren Dokumente, die keine Zahlungspapiere darstellen.

Die Richtlinie für Inkassi enthält neben allgemeinen Regeln und Begriffsbestimmungen Vorschriften für Haftung und Verantwortlichkeit, Zahlung und Akzeptierung. Weiterhin enthält die Richtlinie für den Fall der Nichtakzeptierung oder Nichtzahlung Regeln hinsichtlich des Protests und der Befugnisse einer Notadresse. Darüber hinaus enthält die Richtlinie Aufstellungen der Länder, in denen die Richtlinie von den Banken kollektiv und einzeln anerkannt wird.

## 3.9 Abkommen über den Einzug von Wechseln und die Rückgabe nicht eingelöster und zurückgerufener Wechsel (Wechselabkommen)

Das Wechselabkommen, in Kraft getreten am 1.10.1987, regelt den vereinfachten Einzug von Wechseln, den Rückruf von Wechseln, die Rückgabe nicht eingelöster und zurückgerufener Wechsel. Es gilt nicht für Wechsel, die im Ausland zahlbar sind. Das Abkommen begründet Rechte und Pflichten nur zwischen den beteiligten Kreditinstituten.

Beim *Wechseleinzug* ist die erste Inkassostelle verpflichtet zu prüfen, daß es sich um einen formell ordnungsgemäßen Wechsel handelt, und daß der Einreicher durch eine ordnungsmäßige Indossamentkette im Sinne von Artikel 16 Wechselgesetz legitimiert ist sowie ihr den Wechsel durch Indossament ohne einschränkenden Zusatz übertragen hat. Führt die erste Inkassostelle diese Prüfung nicht ordnungsgemäß aus, so hat sie den in der Einzugskette nachfolgenden Instituten sowie der letzten Inkassostelle einen aus der Verletzung ihrer Pflichten entstandenen Schaden zu ersetzen.

Bei einem *Wechselrückruf* sind sämtliche Wechseldaten zu übermitteln. Der Wechselrückruf erfolgt entweder auf dem Inkassoweg oder unmittelbar der letzten Inkassostelle gegenüber.

Wechsel, die *nicht bezahlt* werden, sind von dem Kreditinstitut, bei dem sich der Wechsel befindet, unmittelbar an die erste Inkassostelle zurückzusenden. Die erste Inkassostelle ist verpflichtet, nicht eingelöste Wechsel zurückzunehmen, und zwar gleichgültig, auf welchem Weg sie vorgelegt worden sind. Zurückgenommene Wechsel, mit Ausnahme zurückgerufener Wechsel, dürfen nicht erneut zum Einzug in den Verkehr gebracht werden. Einzelheiten über die Rückgabe und Rückrechnung regeln die »Ergänzenden Bestimmungen für die Rückgabe und Rückrechnung nicht eingelöster oder zurückgerufener Wechsel«.

## 3.10 Home Banking-Abkommen

Das Home Banking-Abkommen vom 1.10.1997 wurde zwischen den Spitzenverbänden des deutschen Bankgewerbes geschlossen, um den Kunden der Kreditinstitute die Abwicklung von Bankgeschäften im Wege des elektronischen Dialogs (Home Banking) mit allen Kreditinstituten *multibankfähig* zu ermöglichen.

Für die Verfahren zur Datenübertragung und Dialogabsicherung sowie für die zum Einsatz kommenden Datenformate und Inhalte gelten die in den Anlagen niedergelegten »Richtlinien für die Bereitstellung des Home Banking Computer Interface (HBCI) der deutschen Kreditwirtschaft« und die dazugehörige »Schnittstellenspezifikation Home Banking Computer Interface (HBCI)«. Die Schnittstellenspezifikation stellt einen offenen Standard dar, der interessierten Software-Entwicklern auf Anfrage bereitgestellt wird.

Die Kommunikation auf Basis dieser Spezifikation ist von allen Kreditinstituten, die ihren Kunden den Datenaustausch im Rahmen des Home Banking ermöglichen, unabhängig von einem gegebenenfalls parallelen Einsatz anderer Verfahren anzubieten. Die Vertragspartner stellen sicher, daß jedes Kreditinstitut, das einem Kunden den Datenaustausch im Rahmen des Home Banking ermöglichen will, dieses Abkommen nebst Anlagen anerkennt.

Ziel des Abkommens ist es, die Schnittstellenspezifikation um weitere Geschäftsvorfälle zu ergänzen, die von allen angeschlossenen Kreditinstituten auf einheitlicher multibankfähiger Basis angeboten werden.

# 4 Cash Management-Systeme

| Systemname | Strukturtyp | Anbieter |
|---|---|---|
| 1. BMI | (2) | Barclays Bank |
| 2. CAMDISPO | (1) | GMI Ges. für Mathematik und Informatik, Aachen |
| 3. CERG | (3) | Cerg Finance, Schwalbach |
| 4. CONCEPT | (3) | Concept Financial Software, Zürich |
| 5. CMFC | (3) | Financial Software, Hannover |
| 6. DB DIALOG | (2) | Deutsche Bank |
| 7. FIMAS | (3) | ADB Außen- und Devisenhandels-Beratungs-Ges., München |
| 8. FINDISPO | (3) | GMI Ges. für Mathematik und Informatik, Aachen |
| 9. GFAI CMS | (3) | GfaI Ges. für angewandte Informatik, Brüttisellen |
| 10. ICMS | (2) | Ecosoft, München |
| 11. LIPLAN | (3) | Unternehmensberatung Dahmen, Heinsberg-Randerath |
| 12. MONETA | (2) | Hanse Orga, Hamburg |
| 13. MULTICASH | (2) | Omikron Systemhaus, Köln |
| 14. SAP TWS | (3) | SAP, Walldorf |
| 15. TMP | (3) | Beyers & Partners, Brüssel |
| 16. TRANSCASH | (2) | Trinkaus und Burkhardt, Düsseldorf |
| 17. TREASURER-PC | (3) | Fides Informatik, Zürich |

Strukturtypen: (1) Reines Kommunikationssystem
(2) Kombiniertes CMS (mit Kommunikationsteil und Planungs- und Dispositionsteil)
(3) Reines Planungs- und Dispositionssystem

Abb. A 4-1: In Deutschland vertriebene Cash Management-Systeme
Quelle: Eistert (1994)

| Merkmale | Kombinierte CMS | Reine Planungs- und Dispositionssysteme |
|---|---|---|
| Liquiditäts-planung | 6 | 9 |
| Skontrierung | 5 | 9 |
| Geldanlage- und Geldaufnahme-management | 4 | 9 |
| Pooling | 3 | 8 |
| Netting | 2 | 3 |
| Währungs-management | 5 | 7 |
| Liquiditäts-kontrolle | 5 | 10 |

Abb. A 4-2: Anzahl von Cash Management-Systemen je Zusatzfunktion
Quelle: Eistert (1994)

Grundlage: Die von Eistert untersuchten CMS: 6 kombinierte CMS und 10 reine Planungs- und Dispositionssysteme

| Kommunikationsnetzwerk | Systemnamen |
|:---:|:---:|
| T-Online Classic | CAMDISPO<br>DB DIALOG<br>MONETA<br>MULTICASH |
| Datex P | BMI<br>CAMDISPO<br>CONCEPT<br>DB DIALOG<br>ICMS<br>MONETA<br>MULTICASH<br>TRANSCASH |
| Mark III | BMI<br>MULTICASH |

Abb. A 4-3: Durch die CMS nutzbare Kommunikationsnetzwerke
Quelle: Eistert (1994)

# 5 Derivativ-Systeme

| Stand Jan 94 | Devon Futures System | Devon Derivatives System | Devon Securities System | Devon Forex System |
|---|---|---|---|---|
| Finanzinstrumente | Börsengehandelte Optionen und Futures, OTC-, Aktien- Index-, Renten- und Bond-Optionen | Swaps, Swaptions FRAs, Caps/Floors, FX Optionen, Zinsoptionen, Bondoptionen, Commodity-Produkte, Futures | Renten, Bundesanleihen, Eurobonds, Commercial Papers, Bond Futures | Devisen Spot, Devisen Termine, Devisen Swaps Geldmarktinstrumente wie Eurodepots, Callgelder, Festgelder |
| Bezeichnung Front Office | Devon 5 (Devon Exchange Window) | Devon 3 (neues Trading Tool) | Devon 8 | Devon 9 |
| Bezeichnung Back Office | Devon 6 (vormals Devon Force) | Devon 2 (Version 2.34C) | Devon 1 | Devon 9 |
| Betriebssysteme | VMS, UNIX (DEC, HP, IBM, SUN) | PC, VMS, UNIX (DEC, HP, IBM, SUN) | PC, VMS, UNIX (DEC, HP, IBM, SUN) | UNIX |
| Datenbanksysteme | Ingres | SQL Shadowing auf Sybase | Sybase | Sybase |
| Integrations-, Orderrouting- und Informationsplattform | | Devon Connect | | |

Abb. A 5-1: Das Devon-System im Überblick
Quelle: Sungard Capital Markets (1994c)

| Modul | Unterstützte Finanzinstrumente |
|---|---|
| Devon Swaps | Interest Rate and Currency Swaps |
| Devon Options | OTC Interest Rate and Debt Options |
| Devon Bonds | Bonds, FRNs and Repos |
| Devon FRAs | FRAs with Loans and Deposits, Spot and Forward FX as hedges |
| Devon Futures | Exchange Traded Futures and Options |
| Devon FX | OTC FX Options, Spot and Forward FX as hedges |
| Devon LOR Exotics | Barrier, Lookback, Average Price, Compound Options |
| Devon Equity | Underlying Stocks and Shares |
| Devon Warrants | OTC Equity Options and Warrants |
| Devon Commodity | Underlying Commodity Positions |
| Devon DQL | Report and Interface Writer |
| Devon SQL | Fully functional SQL implementation of the database using Sybase Server engine |
| Devon 3 | An advanced Front Office module for trading interest rate derivatives and global risk management |

Abb. A 5-2: Die Module des Devon Derivatives System
Quelle: Sungard Capital Markets (1994b)

# Abkürzungsverzeichnis

| | |
|---|---|
| ADAC | Allgemeiner Deutscher Automobil-Club e.V. |
| AG | Aktiengesellschaft |
| AGB | Allgemeine Geschäftsbedingungen |
| AKKORD | Matching-Teilsystem von S.W.I.F.T. |
| AKT | Automatischer Kassentresor |
| AKV | Deutscher Auslandskassenverein AG |
| ALM | Asset Liability Management |
| AO | Abgabenordnung |
| APS | Aktiv-Passiv-Steuerung |
| ARPA-Net | Advanced Research Projects Agency-Net |
| AVS | Auslands-Verbund-System |
| BAKred | Bundesaufsichtsamt für das Kreditwesen |
| BBankG | Bundesbankgesetz |
| BdB | Bundesverband deutscher Banken e.V. |
| BDSG | Bundesdatenschutzgesetz |
| BEAVIS | Beschwerdeanalyse-, Verwaltungs- und Informationssystem |
| BIC | Bank Identification Code |
| BOBL-Future | Future auf eine idealtypische mittelfristige Schuldverschreibung der BRD oder der Treuhandanstalt mit einer Laufzeit von 4.5 bis 5.5 Jahren und einem Kupon von 6 %; die Kontraktgröße beträgt Euro 100.000,- |
| BÖGA | Börsengeschäftsabwicklung |
| BOSS-CUBE | Börsen-Order-Service-System |
| BPD | Bankparameterdatei |
| BRADI | Branchendienst |
| BRD | Bundesrepublik Deutschland |
| BRS | Belegloser Reisescheckeinzug |
| BSB | Bediente Selbstbedienung |
| BSE | Belegloser Scheckeinzug |
| Btx | Bildschirmtext |
| BUND-Future | Future auf eine idealtypische langfristige Schuldverschreibung der BRD mit einer Laufzeit von 8.5 bis 10.5 Jahren und einem Kupon von 6 %; die Kontraktgröße beträgt Euro 100.000,- |
| Buxl-Future | Future auf eine idealtypische langfristige Schuldverschreibung der BRD mit einer Laufzeit von 20 bis 30.5 Jahren und einem Kupon von 6 %; die Kontraktgröße beträgt Euro 100.000,- |
| BVR | Bundesverband der Deutschen Volksbanken und Raiffeisenbanken e.V. |
| BZÜ | Abkommen über die Umwandlung beleghafter Überweisungen in Datensätze |
| CAD | Computer-Aided Design |
| CAM | Computer-Aided Manufacturing |

| | |
|---|---|
| CAMDISPO | Cash Management-System |
| CAP | Computer-unterstützte Arbeitsplanung |
| CAPM | Capital Asset Pricing Model |
| CASCADE | Central Application für Settlement, Clearing and Depositary Expansion |
| CBS | Kreditsachbearbeitungssystem des Genossenschaftsverbundes |
| CD-ROM | Compact Disk-Read Only Memory |
| CEDEL | Centrale de Livraison de Valeurs Mobiliérs, Luxembourg |
| CHAPS | Clearing House Automated Payment System |
| CHIPS | Clearing House Interbank Payment System |
| CIB | Computer-Integrated Banking |
| CIM | Computer-Integrated Manufacturing |
| CIRRUS | Datenübertragungsnetzwerk von Mastercard International für GAAs und MFTs |
| CMIM | Corporate Management Informations Model |
| CMS | Cash Management-System |
| CONF-Future | Future auf eine idealtypische langfristige Anleihe der schweizerischen Eidgenossenschaft mit einer Laufzeit von 8 bis 13 Jahren und einem Kupon von 6 %; die Kontraktgröße beträgt 100.000,- CHF |
| CRM | Customer Relationship Management |
| CSB | Computer-unterstützte Sachbearbeitung |
| CTI | Computer Telephone Integration |
| | |
| DAX | Deutscher Aktienindex |
| DBM | Database Marketing |
| DES | Data Encryption Standard |
| DFÜ | Datenfernübertragung |
| DGAP | Deutsche Gesellschaft für Ad hoc-Publizität mbH |
| DG HYP | Deutsche Genossenschafts-Hypothekenbank AG |
| DIALOGE | Personalinformationssystem |
| DSGV | Deutscher Sparkassen- und Giroverband e.V. |
| DTA | Datenträgeraustausch |
| DTB | Deutsche Terminbörse |
| DV | Datenverarbeitung |
| | |
| EAF | Euro Access Frankfurt |
| EAF | Elektronische Abrechnung mit File-Transfer |
| EBIL | Einzelbilanzanalyse |
| EBS | Electronic Broking Service |
| ec | eurocheque |
| ECSDA | European Central Securities Depositories Association |
| edc | european debit card |
| edd | electronic direct debit |
| EDI | Electronic Data Interchange |
| EDIFACT | Electronic Data Interchange for Administration, Commerce and Transport |
| EDS | Electronic Data Systems Corporation, Dallas/Texas |
| EDV | Elektronische Datenverarbeitung |
| EDVA | EDV-Anlage |

| | |
|---|---|
| EFA | Eigene FinanzAnalyse |
| EHS | Elektronisches Handelssystem |
| EIS | Executive Information System |
| EKI | Elektronische Kontoinformation |
| ELS | Elektronischer Schalter |
| ELV | Elektronisches Lastschriftverfahren |
| E-Mail | Electronic-Mail |
| EMZ | Elektronischer Massenzahlungsverkehr |
| EPS-Net | European Payment Systems-Net |
| EPSS | European Payment Systems Services |
| EU | Europäische Union |
| Eurex | European Exchange Organization |
| EURIBOR | Euro Interbank Offered Rate |
| EUROEXPERT | Expertensystem zur EU-Förderprogrammberatung |
| EWI | Europäisches Währungsinstitut |
| EWWU | Europäische Wirtschafts- und Währungsunion |
| EXES/I | Expertensystem für die Beleihungswertermittlung bei Immobilien |
| EXPERTEX | Expertensystem zur China-Markt-Beratung |
| EZB | Europäische Zentralbank |
| EZL | Elektronischer Zahlungsverkehr mit Lastschriften |
| EZÜ | Elektronischer Zahlungsverkehr für Individualüberweisungen |
| | |
| FBF | Fördergesellschaft für Börsen und Finanzmärkte in Mittel- und Osteuropa mbH |
| FDAX | DAX-Future |
| FILIP | Finanzplanung mit integrierter Liquiditätsplanung |
| FIPLA/LIPLA | Finanzplanung/Liquiditätsplanung |
| Forex | Foreign Exchange |
| FOX | Finnish Stock Index |
| FRA | Forward Rate Agreement |
| FRN | Floating Rate Note |
| FTAM | File Transfer, Access and Management |
| FTP | File Transfer Protocol |
| FWB | Frankfurter Wertpapierbörse |
| FX | Foreign Exchange |
| | |
| GAA | Geldausgabeautomat |
| GE | Geldeinheiten |
| GENO-FBS | Genossenschaftliches Finanz-Beratungs-System |
| GENO-STAR | Genossenschaftlicher Staatshilfen-Ratgeber |
| Gfs | Gillardon financial software |
| GIS | Genossenschaftlicher Informations Service |
| GSE | Großbetragsscheckeinzug |
| GuV | Gewinn und Verlust |
| GZS | Gesellschaft für Zahlungssysteme mbH |
| | |
| HBCI | Home Banking Communication Interface |
| HERMEScompact | Bürokommunikationssystem |
| HTML | HyperText Markup Language |
| Hypofix | Darlehenszusagesystem der DG HYP |

| | |
|---|---|
| IBAN | Internationale Bankkontonummer |
| IBOS | Inter-Bank-On-Line-System |
| ID | Identification |
| IFT | Interbranch File Transfer |
| I&K | Information & Kommunikation |
| IKBA | Interaktive Kunden-Bilanz-Analyse |
| INFONET | Datenübertragungsnetzwerk |
| IP | Internet Protocol |
| IRC | Internet Relay Chat |
| ISB | Industry Solution Bank |
| ISDN | Integrated Services Digital Network |
| ISMA TRAX | Automatisches Clearing-System des Derivat-Systems |
| ISO | International Standards Organization |
| IT | Information Technology |
| IVR | Interactive Voice Response |
| | |
| JCB | Japanese Credit Bureau |
| | |
| KAD | Kontoauszugsdrucker |
| KBS | Kunden-Beobachtungssystem |
| KIWI | Kreditentscheidungsunterstützung auf Wissensbasis |
| KNN | Künstliches Neuronales Netz |
| KONDAN | Kontodatenanalyse |
| KWG | Kreditwesengesetz |
| | |
| LAN | Local Area Network |
| Liffe | London International Financial Futures Exchange |
| LIMA | Link-Manager |
| LZB | Landeszentralbank |
| | |
| MaH | Mindestanforderungen an das Betreiben von Handelsgeschäften |
| MAI | Marktattraktivitäts-Indikator |
| MARZIPAN | System für die Anwendung der Marktzinsmethode |
| Matif | Marché à terme international de France |
| MDA | Multiple Diskriminanzanalyse |
| MDAX | Midcap Deutscher Aktienindex |
| MFT | Multifunktions-Terminal |
| Minitel | Multifunktionales Telefon |
| MIS | Management Information System |
| MISS | Member Integration System Server |
| MONETA | Cash Management-System |
| MRM | Marktrisikomanagement |
| MS | Microsoft |
| MULTICASH | Cash Management-System |
| | |
| NASDAQ | National Association of Securities Dealers Automated Quotation |
| NIK | Nationale Interlinking-Komponente |
| | |
| OLAP | Online Analytical Processing |
| OLGA | Online-Geschäftsabwicklung |

| | |
|---|---|
| OLTP | Online Transaction Processing |
| ONDA | Online-Dauerprogramm |
| OTC | Over the Counter |
| | |
| PAS | Portfolio-Analyse-System |
| PC | Personal Computer |
| pdf | portable document format |
| PIMS | Profit Impact on Market Strategies |
| PIN | Persönliche Identifikations-Nummer |
| POS | Point of Sale |
| POZ | POS ohne Zahlungsgarantie |
| PPS | Produktionsplanungs- und -steuerungssystem |
| PVBP | Price Value of a Basis Point |
| | |
| RAPM | Risk-Adjusted Profitability Measure |
| RAROC | Risk-Adjusted Return on Capital |
| RDAC | Remote Data Access |
| RegTP | Regulierungsbehörde für Telekommunikation und Post |
| REXP | Deutscher Rentenindex-Performance |
| ROI | Return on Investment |
| RORAC | Return on Risk-Adjusted Capital |
| RSA | Rivest/Shamir/Adleman |
| RTGS | Real-Time Gross Settlement |
| RUVIS | R+V-Informations-System |
| R+V | Raiffeisen- und Volksbanken |
| | |
| Sagittaire | Automated Clearing House, Paris |
| SALOME | Sal. Oppenheim Marketing-Entwicklung |
| SAP R/3 CO | SAP R/3 Standard-Controlling |
| SAP R/3 FI | SAP R/3 Finanzbuchhaltung |
| SAP R/3 IS-B | SAP R/3 Industry Solution-Bank |
| SB | Selbstbedienung |
| SBG | Schweizerische Bankgesellschaft |
| Schatz-Future | Future auf eine idealtypische kurzfristige Schuldverschreibung der BRD oder der Treuhandanstalt mit einer Laufzeit von 1.75 bis 2.25 Jahren und einem Kupon von 6 %; die Kontraktgröße beträgt Euro 100.000,- |
| Schufa | Schutzgemeinschaft für allgemeine Kreditsicherung mbH |
| SEAQ | Stock Exchange Automated Quotation |
| SEC | Securities Exchange Commission |
| SET | Secure Electronic Transaction |
| S-Finanzverbund | Sparkassen-Finanzverbund |
| SGE | Strategische Geschäftseinheit |
| SGF | Strategisches Geschäftsfeld |
| SIC | Swiss Interbank Clearing |
| SIMA | System zur integrierten Marktüberwachung |
| SMAX | Small Cap Exchange |
| SMI | Swiss Market Index |
| SMS | Short Message Service |
| SQL | Structured Query Language |

| | |
|---|---|
| STATBIL | Statistische Bilanzanalyse |
| SW | Schwellenwertfunktion |
| S.W.I.F.T. | Society for World-wide Interbank Financial Telecommunication |
| | |
| TAN | Transaktionsnummer |
| TARGET | Trans-European Automated Real-Time Gross Settlement Express Transfer (nicht zu verwechseln mit dem TARGET-System zur Analyse des Betrachterverhaltens von Website-Besuchern) |
| TCP | Transmission Control Protocol |
| TED | Tender Electronics Daily |
| Telekom | Deutsche Telekom AG |
| Telnet | Terminal-Emulation: Virtuelles Terminal, Basisdienst im Internet |
| TH | Tangens Hyperbolicus |
| THE BOSS | The Banking Operations Support System |
| TIPA | Transferts Interbancaires des Paiements Automatisés |
| TIPANET | Transferts Interbancaires des Paiements Automatisés-Net |
| TOC | T-Online Classic |
| TOFF | Trading Options and Financial Futures |
| T-Online | Online-Informationsdienst der Deutschen Telekom |
| TPF | Ticker Plant Frankfurt |
| TRUST | True Settlement |
| | |
| UPD | User-Parameterdatei |
| UUB | Unternehmer- und Unternehmensbeurteilung |
| | |
| VALUES-API | Virtual Access Link Using Exchange Services – Application Programming Interface |
| VaR | Value-at-Risk |
| VLU | Voice Logging Unit |
| VNA | Vinkulierte Namensaktien |
| VRU | Voice Response Units |
| vwd | Vereinigte Wirtschaftsdienste GmbH |
| | |
| WAIS | Wide Area Information Servers |
| WGZ | Westdeutsche Genossenschafts-Zentralbank eG |
| WMS | Wertpapier-Management-System |
| WpHG | Wertpapierhandelsgesetz |
| WSS | Wertpapier-Service-System |
| WVS | Wertpapier-Verbund-System |
| WWW | World Wide Web |
| | |
| Xemac | Exchange Electronic Management of Collateral |
| Xeos | Electronic off-exchange dealing system for warrants |
| Xetra | Exchange Electronic Trading |
| XIOS | Exchange Information and Ordermanagement System |
| XPS | Expertensystem |
| | |
| ZKA | Zentraler Kreditausschuß |
| ZV | Zahlungsverkehr |
| ZV-DFÜ | Zahlungsverkehrs-Datenfernübermittlung |

# Literaturverzeichnis

Ambros, H. (1996): Kundenselbstbedienung – Internationale Entwicklungstrends, in: Österreichisches Bankarchiv 11/1996, S. 855 – 860
Backhaus, K., Erichson, B., Plinke, W., Schuchardt-Ficher, Chr., Weiber, R. (1996): Multivariate Analysemethoden – Eine anwendungsorientierte Einführung, 8. Aufl., Berlin et al. 1996
Bader, S. (1997): Neue Perspektiven für den elektronischen Handel – Das Börsenhandelssystem XETRA erschließt den Banken neue Geschäftsmöglichkeiten, in: geldinstitute 9/1997, S. 10 – 12
Bahr, E.-O., Ciach, N. (1995): Mit MAWIS aktive und sympatische Kundenansprache, in: Betriebswirtschaftliche Blätter 12/1995, S. 606 – 607
Bals, L. (1985): Computerunterstützte Sachbearbeitung der Westfälisch-Lippischen Sparkassenorganisation, in: Betriebswirtschaftliche Blätter 10/1985, S. 398 – 406
Bamberg, G., Baur, F. (1998): Statistik, 10. Aufl., München, Wien 1998
Bankers Trust New York, ed. (1995a): RAROC and Risk Management – Quantifying the Risks of Business, Brochure, New York August 1995
Bankers Trust New York, ed. (1995b): RAROC 2020 – A Comprehensive Risk, Brochure, New York 1995
Barczewski, T., Rust, H. J., Weber, R., Zygan, H. (1996): A Fuzzy System for Credit Analysis in a German Credit Insurance Company, in: Zimmermann, H.-J., ed., Eufit '96, Fourth European Congress on Intelligent Techniques and Soft Computing, Proceedings, Vol. III, Aachen 1996, S. 2215 – 2218
Bartmann, D., Wörner, G. (1997): Erfolgsfaktoren für die Präsenz im Internet, in: Die Bank 4/1997, S. 222 – 226
Bauer, A. (1998): Trust Center – Banken als »Paßbehörde«, in: Betriebswirtschaftliche Blätter 10/1998, S. 463 – 464
Baumheuer, R., Piel, H. (1995): DV-Unterstützung für das Auslandsgeschäft, in: Bankinformation und Genossenschaftsforum 9/1995, S. 16 – 21
Bechtel, E. W. (1997): GENO-FBS – die technisch-organisatorische Lösung, in: Bankinformation und Genossenschaftsforum 10/1997, S. 4 – 7
Becker, H. D. (1997): Spiel ohne Grenzen – TARGET schafft die technische Basis für eine europaweit einheitliche Geldpolitik, in: geldinstitute 4-5/1997, S. 55 – 57
Becker, J., Prischmann, M. (1992): Anwendungen konnektionistischer Systeme, Arbeitsbericht Nr. 9 des Instituts für Wirtschaftsinformatik, Universität Münster, Münster 1992
Becker, T. (1997): Bank 24 – Reicht ein Standort aus?, in: bank und markt 10/1997, S. 27 – 29
Behme, W. (1997): OLAP: Ein neuer Standard für Managementunterstützungssysteme, in: Das Wirtschaftsstudium 6/1997, S. 544 – 546
Behme, W. (1998): Das Data Warehouse-Konzept, in: Das Wirtschaftsstudium 2/1998, S. 148 – 150
Benölken, H., Wings, H. (1984/1985): Strategisches Bank-Controlling, in: Die Bank, I: 12/1984, S. 579 – 581, II: 1/1985, S. 19 – 24, III: 2/1985, S. 78 – 79, IV: 3/1985, S. 143 – 147

Berthel, J. (1997): Personal-Management – Grundzüge für Konzeptionen betrieblicher Personalarbeit, 5. Aufl., Stuttgart 1997

Biank, W. (1993): Bedarfsgerechte Abwicklung des Überweisungsverkehrs, in: bank und markt 10/1993, S. 26 – 30

Biegert, W. (1997): GENO-FBS – Systemorientierte Beratungs-Alternative im Firmenkundengeschäft, in: Bankinformation und Genossenschaftsforum 10/1997, S. 31 – 36

Birkelbach, J. (1995): Den Markt im Griff – Börsen- und Analysesoftware im Überblick, in: geldinstitute 7-8/1995, S. 50 – 59

Birkelbach, J. (1998): Cyber Finance – Finanzgeschäfte im Internet, 2. Auflage, Wiesbaden 1998

Bitz, M. (1999): Finanzdienstleistungen, München, Wien 1999

Blitz, J. (1999): Das nationale und internationale Clearing von Wertpapiergeschäften, in: Moormann, J., Fischer, T., Hrsg., Handbuch Informationstechnologie in Banken, Wiesbaden 1999, S. 511 – 520

Bodendorf, F. (1995): Expertensysteme im Kreditgewerbe, in: Gerke, W., Steiner, M., Hrsg., Handwörterbuch des Bank- und Finanzwesens, Band 6 der Enzyklopädie der Betriebswirtschaftslehre, 2. Aufl., Stuttgart 1995, S. 542 – 551

Bois, K. H. (1993): Händler mit großem Erfolg eingestimmt, in: Betriebswirtschaftliche Blätter 4/1993, S. 165 – 166

Borghardt, J. F. (1997): Bank GiroTel – Externe Dienstleister erzielen keine Kundenbindung, in: bank und markt 10/1997, S. 25 – 26

Braatz, F., Brinker, U., Friederich, H.-J. (1999): Alles über Zahlungsverkehr mit Karten, Neuwied, Kriftel/Ts. 1999

Braue, C., Hille, L. (1997): Xetra – Elektronisches Handelssystem am Finanzplatz Deutschland, in: Die Bank 3/1997, S. 140 – 145

Breckling, J., Mertinitz, K. (1998): Entwicklung eines neuen Kernsystems für »Wertpapier-Mitteilungen« und »Deutsche Börse AG« zur Verwaltung von Wertpapierstamm- und Termindaten, in: Weinhardt, C., Meyer zu Selhausen, H., Morlock, M., Hrsg., Informationssysteme in der Finanzwirtschaft, Berlin et al. 1998, S. 419 – 429

Breuer, R.-E. (1993): Das Effektengeschäft, in: Kloten, N., Stein, J. H. v., Hrsg., Obst/Hintner: Geld-, Bank- und Börsenwesen, 39. Aufl., Stuttgart 1993, S. 525 – 575

Brinkmann, R., Honold, J. (1997): EDV-gestützte Personalinformationssysteme bei Volks- und Raiffeisenbanken, in: bank und markt 7/1997, S. 32 – 35

Brixner, U. (1992): TIPA-Net – Dolmetscher für nationale Clearing-Systeme – Ein Zahlungssystem europäischer Genossenschaftsbanken für den Binnenmarkt, in: Bankinformation und Genossenschaftsforum, 7/1992, S. 17 – 20

Bruhn, M. (1997): Messung und Sicherstellung der Dienstleistungsqualität im Kreditgewerbe – Ansatzpunkte eines umfassenden Qualitätsmanagements im Finanzdienstleistungssektor, in: Kredit und Kapital, Teil I: 3/1997, S. 412 – 444 und Teil II: 4/1997, S. 605 – 629

Brüna, M. (1991): Expertensysteme in Kreditinstituten – Realisation eines Systems zur Analyse von Produktabsatzzahlen in einer Sparkasse auf Basis einer Voruntersuchung, Frankfurt am Main et al. 1991

Budäus, D., Gerum, E., Zimmermann, G., Hrsg. (1988): Betriebswirtschaftslehre und Theorie der Verfügungsrechte, Wiesbaden 1988

Buhl, H. U., Visser, V., Will, A. (1998): Virtualisierung des Bankgeschäfts, in: Weinhardt, C., Meyer zu Selhausen, H., Morlock, M., Hrsg., Informationssysteme in der Finanzwirtschaft, Berlin et al. 1998, S. 73 – 89

Bühler, Wilh. (1991): Modelltypen der Aufbauorganisation von Kreditinstituten, in: Stein, J. H. v., Terrahe, J., Hrsg., Handbuch Bankorganisation, Wiesbaden 1991, S. 103 – 142

Bühler, Wilh. (1993): Kundenzufriedenheit im Privatkundengeschäft, in: Die Bank 9/1993, S. 511 – 519

Bülow-Kämpfer, P., Krüger, J. (1997): Mehr Power durch Workflow-Management, in: Betriebswirtschaftliche Blätter 9/1997, S. 421 – 424

Büschgen, H. E. (1983): Strategische Planung im marktorientierten Bankbetrieb, in: Die Bank 6/1983, S. 260 – 271

Büschgen, H. E. (1998): Bankbetriebslehre: Bankgeschäfte und Bankmanagement, 5. Aufl., Wiesbaden 1998

Buzzell, R. D., Gale, B. T. (1989): Das PIMS-Programm – Strategien und Unternehmenserfolg, Wiesbaden 1989

Cramer, J. (1987): Der Berater und »seine EDV« – ein Beispiel aus dem Privatkundengeschäft, in: bank und markt 11/1987, S. 7 – 12

Dahlhausen, V., Siebald, R. (1995): Discount-Broking in den USA und in Deutschland, in: bank und markt 4/1995, S. 28 – 33

Davidow, W. H., Malone, M. S. (1993): Das virtuelle Unternehmen: der Kunde als Co-Produzent, Frankfurt am Main, New York 1993

Deppe, H.-D. (1978): Eine Konzeption wissenschaftlicher Bankbetriebslehre in drei Doppelstunden, in: Deppe, H.-D., Hrsg., Bankbetriebliches Lesebuch, Stuttgart 1978, S. 3 – 98

Deutsche Bank, Hrsg. (1996): db-treasury network, Broschüre, Frankfurt am Main 1996

Deutsche Börsen, Hrsg. (1993): Jahresbericht 1993

Deutsche Bundesbank (1996): Mindestanforderungen an das Betreiben von Handelsgeschäften der Kreditinstitute, in: Monatsberichte der Deutschen Bundesbank 3/96, S. 55 – 64

Deutsche Bundesbank (1999): Im Umlauf befindliche gültige eurocheque-Karten nach Bankengruppen, in: Bankenstatistik, Oktober 1999, S. 91

Deutsche Bundesbank, Hrsg. (1993): Elektronische Öffnung der Deutschen Bundesbank, Externe Spezifikation, Version 2.4 vom 20. Februar 1993

Deutsche Sparkassen-Datendienste, Hrsg. (1997): HERMEScompact 1.2 – Der Standard für innovative Bürokommunikation, Broschüre, o.O., 5/1997

Devin, B. (1999): Deutschland im internationalen Umfeld, in: Braatz, F., Brinker, U., Friederich, H.-J., Hrsg.: Alles über Zahlungsverkehr mit Karten, Neuwied, Kriftel/Ts. 1999, S. 103 – 133

Dickertmann, D., Feucht, R. (1997): Zahlungskarten: Erscheinungsformen, Funktionen und Bewertung aus einzelwirtschaftlicher Sicht, in: Das Wirtschaftsstudium 1/1997, S. 65 – 70

Doh, R. (1997): Ein lückenloses Bild vom Kunden, in: Bank Magazin (ORGA-Spezial) 11/1997, S. 14 – 16

Döring-Katerkamp, U. (1996): Internet: Neue Wege zum Kunden, in: Die Bank 9/1996, S. 548 – 551

Döring-Katerkamp, U., Bauer, R. (1997): Kommunikations-Reengineering beim Internet Banking, in: Die Bank 7/1997, S. 437 – 440

Dorner, H. (1991): Das Kreditkartengeschäft, Frankfurt am Main 1991

Dorner, H. (1992): Elektronisches Zahlen, Frankfurt am Main 1992

Drewes, G. (1996): Marketing-Informationssysteme in Banken – Der Einsatz der Informationstechnologie im operativen Marketing für die breite Privatkundschaft, Bergisch Gladbach und Köln 1996

Drexl, A., Pesch, E., Salewski, F. (1995): Zur Bedeutung der Modellbildung für die Entwicklung wissensbasierter Systeme, in: Zeitschrift für Betriebswirtschaft 10/1995, S. 1135 – 1153

Duwendag, D. (1993): Das Geld und seine Aufgabe – Geldfunktionen, Geldmenge, Geldwert, in: Kloten, N., Stein, J. H. v., Hrsg., Obst/Hintner: Geld-, Bank- und Börsenwesen, 39. Aufl., Stuttgart 1993, S. 3 – 45

Effert, D. (1993): Alles im Fluß – Phone Banking in der Praxis: Bestandsaufnahme und Analyse für den deutschsprachigen Raum, in: geldinstitute 11-12/1993, S. 28 – 37

Ehrenberg, D., Böhmer, G., Fasold, U.-G. (1994): EXES/I – ein wissensbasiertes System zur Immobilienschätzung, in: Sparkasse 2/1994, S. 80 – 82

Eichwald, B. (1994): Mit GIS online an den Finanz- und Kapitalmärkten, in: Bankinformation und Genossenschaftsforum 2/1994, S. 14 – 16

Eilenberger, G. (1997): Bankbetriebswirtschaftslehre – Grundlagen, Internationale Bankleistungen, Bank-Management, 7. Aufl., München, Wien 1997

Einem, H. v., Steinmeyer, H. (1997): Neue Kooperation für Entwicklung von S-Buchen, in: Betriebswirtschaftliche Blätter 11/1997, S. 512 – 513

Eisfeld, C. (1935): Kontenanalyse im Dienste der Kreditbeobachtung, in: Die Sparkasse 17/1935, S. 333 – 345

Eistert, T. (1994): Cash Management Systeme – Funktionen, Strategien, Marktüberblick, Wiesbaden 1994

Endres, M. (1998): Mit Transaction Services zur »Produktionsbank«? in: bank und markt 6/1998, S. 17 – 20

Erxleben, K., Baetge, J., Feidicker, M., Koch, H., Krause, C., Mertens, P. (1992): Klassifikation von Unternehmen – ein Vergleich von Neuronalen Netzen und Diskriminanzanalyse, in: Zeitschrift für Betriebswirtschaft 11/1992, S. 1237 – 1262

Fahrmeir, L., Frank, M., Hornsteiner, U. (1994): Bonitätsprüfung mit alternativen Methoden der Diskriminanzanalyse, in: Die Bank 6/1994, S. 368 – 373

Feidicker, M. (1992): Kreditwürdigkeitsprüfung – Entwicklung eines Bonitätsindikators, Düsseldorf 1992

Feller, H., Klos, H. (1991): Bonitätsprüfung mit KIWI bei der Berliner Bank AG, in: Intelligente Software-Technologien, 2/1991, S. 29 – 31

Ferschl, F. (1970): Markovketten, in: Beckmann, M. J., Künzi, H. P., Hrsg., Lecture Notes in Operations Research and Mathematical Systems, Band 35, Berlin et al. 1970

Fischer, O. (1978): Der geschäftspolitische Bereich als Gegenstand der wissenschaftlichen Bankbetriebslehre, in: Deppe, H.-D., Hrsg., Bankbetriebliches Lesebuch, Stuttgart 1978, S. 205 – 235

Flesch, J. R. (1995): Discount Broking – Neue Bausteine noch in diesem Herbst, in: Bankinformation und Genossenschaftsforum 10/1995, S. 18 – 20

Folz, W., Bacher, U. (1995): KontoDirekt – Die Schwäche zur Stärke machen, in: Bankinformation und Genossenschaftsforum 10/1995, S. 22 – 28

Francioni, R. (1997): Der Betreuer im Neuen Markt, in: Die Bank 2/1997, S. 68 – 71

Franke, J. (1998): Eurex: Der neue europäische Derivatemarkt, in: Österreichisches Bankarchiv 12/1998, S. 903 – 904

Fuchs, K. (1998): Internet-Trends und Bankpolitik im Privatkundengeschäft, in: Österreichisches Bankarchiv 12/1998, S. 925 – 941

Furubotn, E. G., Pejovich, S., eds. (1974): The Economics of Property Rights, Cambridge, Mass. 1974

Füser, K. (1995): Neuronale Netze in der Finanzwirtschaft – Innovative Konzepte und Einsatzmöglichkeiten, Wiesbaden 1995

Gabele, E., Hochrein, M. (1992): Mikrocomputergestütztes Portfoliomanagement festverzinslicher Wertpapiere, in: Die Bank 3/1992, S. 164 – 168

Gabriel, R., Frick, D. (1991): Expertensysteme zur Lösung betriebswirtschaftlicher Problemstellungen, in: Zeitschrift für betriebswirtschaftliche Forschung 6/1991, S. 544 – 565

Ganz, M., Güntzer, M. M., Jungnickel, D., Noltsch, G. (1998): Effizientes Real-Time Gross Settlement in der Wertpapierabwicklung, in: Die Bank 2/1998, S. 94 – 97

Gelder, A. van (1997): Lastschriftverkehr, in: Schimansky, H., Bunte, H.-J., Lwowski, H.-J., Hrsg., Bankrechts-Handbuch, Band 1, München 1997, §§ 56 – 59

Gerhard, S. (1997): GENO-FBS als Unterstützungsinstrument für das Kreditrating, in: Bankinformation und Genossenschaftsforum 10/1997, S. 42 – 46

Gerke, W. (1993): Computerbörse für den Finanzplatz Deutschland, in: Die Betriebswirtschaft 6/1993, S. 725 – 748

Gesellschaft für Zahlungssysteme, Hrsg. (1993): Geschäftsbericht 1992, Frankfurt am Main 1993

Gesellschaft für Zahlungssysteme, Hrsg. (1999): Geschäftsbericht 1998, in: http://www.gzs.de/de/info/geschaeft-euroqueque.html vom 14.12.1999

Gierl, H., Kurbel, T. M. (1997): Möglichkeiten zur Ermittlung des Kundenwertes, in: Link, J., Brändli, D., Schleuning, C., Kehl, R. E., Hrsg., Handbuch Database-Marketing, Ettlingen 1997, S. 175 – 189

Gies, W. (1991): Bessere Interpretation der Betriebsvergleichsergebnisse durch Marktstrukturdaten, in: Betriebswirtschaftliche Blätter 3/1991, S. 148 – 150

GILLARDON financial software, Hrsg.(1997/98): Banksteuerung im Barwertkonzept – Kalkulation, Disposition, Controlling – (Produktbeschreibung für MARZIPAN/Batch, VARAN, CASHVER, sDis und GuV-Planer), Broschüren, Bretten 1997/98

Glasen, F. (1994): Wissensbasierte Systeme für die Kreditwürdigkeitsprüfung, in: Kredit und Kapital 1/1994, S. 100 – 134

Gomber, P. (1998): OptiMark – ein neues Handelssystem in den USA, in: Die Bank 11/1998, S. 682 – 684

Gömmel, M. (1983): Erfahrungen mit der Bildung strategischer Geschäftsfelder in einer mittelgroßen Bank, in: Krümmel, H.-J., Rudolph, B., Hrsg., Strategische Bankplanung, Frankfurt am Main 1983, S. 182 – 205

Goodman, J. A., Malech, A. R., Marra, T. R. (1987): Beschwerdepolitik unter Kosten/Nutzen-Gesichtspunkten – Lernmöglichkeiten aus den USA, in: Hansen, U., Schoenheit, I., Hrsg., Verbraucherzufriedenheit und Beschwerdeverhalten, Frankfurt am Main 1987, S. 165 – 202

Göransson, A., Schuh, G. (1997): Das Netzwerkmanagement in der virtuellen Fabrik, in: Müller-Stewens, G., Hrsg., Virtualisierung von Organisationen, Stuttgart 1997, S. 61 – 81

Gößmann, W. (1997): Überweisungsverkehr, in: Schimansky, H., Bunte, H.-J., Lwowski, H.-J., Hrsg., Bankrechts-Handbuch, Band 1, München 1997, §§ 52 – 55

Götze, W. (1998): An der Börse vorbei: Optionsscheine im Internet, in: Bank Magazin 10/1998, S. 42 – 44

Gralla, P. (1999): So funktioniert das Internet – ein visueller Streifzug durch das Internet, 3. Aufl., München 1999

Gutenberg, E. (1983): Grundlagen der Betriebswirtschaftslehre, Band 1: Die Produktion, 24. Aufl., Berlin et al. 1983

Hahn, O. (1991): Struktur der Bankwirtschaft, Band I: Banktypologie und Universalbanken, Berlin 1991, Band II: Spezialbanken und internationale Banken, 2. Aufl., Berlin 1991

Hamm, J. (1997): Data Warehouse: Fundierte Datenbasis für effizientes Marketing, in: Link, J., Brändli, D., Schleuning, C., Kehl, R. E., Hrsg., Handbuch Database Marketing, Ettlingen 1997, S. 103 – 114

Hartmann, J. (1997): Entwicklung eines Scoring-Modells zur Kundenqualifizierung und Zielgruppenbestimmung, in: Link, J., Brändli, D., Schleuning, C., Kehl, R. E., Hrsg., Handbuch Database Marketing, Ettlingen 1997, S. 191 – 202

Hartmann, W. (1998): Auswirkungen der Einführung des Euro auf den Zahlungsverkehr, in: Bankinformation und Genossenschaftsforum 9/1998, S. 4 – 6

Hartmann-Wendels, T., Pfingsten, A., Weber, M. (1999): Bankbetriebslehre, 2. Aufl., Berlin et al. 1999

Hartung, J., Elpelt, B. (1999): Multivariate Statistik, 6. Aufl., München 1999

Hauschildt, J. (1980): Zielsysteme, in: Grochla, E., Hrsg., Handwörterbuch der Organisation, 2. Aufl., Stuttgart 1980, Sp. 2419 – 2430

Hauschildt, J. (1981): Die Zielkonzeption im Rahmen bankbetrieblicher Geschäftspolitik, in: Bitz, M., Hrsg., Bank- und Börsenwesen, Band 2: Geschäftspolitik der Banken, München 1981, S. 3 – 18

Hauschildt, J. (1988): Vorgehensweise und Ergebnisse der statistischen Insolvenzdiagnose, in: Hauschildt, J., Hrsg., Krisendiagnose durch Bilanzanalyse, Köln 1988, S. 115 – 134

Hauschildt, J. (1990): Methodische Anforderungen an die Ermittlung der Wissensbasis von Expertensystemen, in: Die Betriebswirtschaft 4/1990, S. 525 – 537

Heemann, K. (1994): Bei Anruf Geld, in: FOCUS 10/1994, S. 226 – 232

Heinen, E. (1991): Industriebetriebslehre als entscheidungsorientierte Unternehmensführung, in: Heinen, E., Hrsg., Industriebetriebslehre – Entscheidungen im Industriebetrieb, 9. Aufl., Wiesbaden 1991, S. 1 – 71

Herda, S. (1997): Sprung ins Netz der Netze, in: Computer & Co, Das Multimedia Magazin 9/1997, S. 26 – 27

Hielscher, U. (1985): Electronic Banking, in: Zeitschrift für Betriebswirtschaft 5/1985, S. 477 – 493

Hielscher, U. (1993): Börsen und Börsengeschäfte, in: Kloten, N., Stein, J. H. v., Hrsg., Obst/Hintner: Geld-, Bank- und Börsenwesen, 39. Aufl., Stuttgart 1993, S. 1128 – 1188

Hill, W., Fehlbaum, R., Ulrich, P. (1994): Organisationslehre, Band I: Ziele, Instrumente und Bedingungen sozialer Systeme, 5. Aufl., Bern, Stuttgart 1994

Hille, L., Braue, C. (1999): Wertpapierhandelsprozesse und elektronischer Börsenhandel, in: Moormann, J., Fischer, T., Hrsg., Handbuch Informationstechnologie in Banken, Wiesbaden 1999, S. 493 – 510

Hintze, S., Warg, M. (1998): Management von Marktrisikopositionen in der HypoVereinsbank, in: Die Bank 9/1998, S. 530 – 535

Hirsch, A. (1991): KI in der Bank? in: Intelligente Software-Technologien 2/1991, S. 4

Hirsch, A., Leins, H. (1991): Kommerzielle KI, in: Intelligente Software-Technologien 2/1991, S. 13 – 17

Hoch, D. (1992): Voraussetzungen für die erfolgreiche Implementierung moderner Management-Informationssysteme, in: Hichert, R., Moritz, M., Hrsg., Management-Informationssysteme – Praktische Anwendungen, Berlin et al. 1992, S. 117 – 126

Höfer, B., Jütten, H. (1995): Mindestanforderungen an das Betreiben von Handelsgeschäften, in: Die Bank 12/1995, S. 752 – 756

Hoffmann, H. (1991): PEP bringt »PEP« in die Personalplanung, in: Betriebswirtschaftliche Blätter 8/1991, S. 389 – 391

Horbach, A., Kratschmar, D., Lutzenberger, F., Siepmann, R., Witt, E. (1995): Vertriebseffizienz mit Zwei-Zonen-Konzept steigern, in: Betriebswirtschaftliche Blätter 2/1995, S. 68 – 71

Howard, R. A. (1965): Dynamische Programmierung und Markovprozesse, Zürich 1965

Hüls, D. (1995): Früherkennung insolvenzgefährdeter Unternehmen, Düsseldorf 1995
Hüppin, F.-C. (1995): Database Marketing im Retail-Banking, Bern, Stuttgart, Wien 1995
Huß, M. (1989): RISK – Risikoinventur und -steuerung im Kreditgeschäft der Bayerischen Vereinsbank AG, in: Baetge, J., Hrsg., Bilanzanalyse und Bilanzpolitik, Düsseldorf 1989, S. 306 – 329
IBOS, ed. (1994): IBOS Executive Overview, Brochure, March 1994
Ingerling, R. (1980): Das Credit-Scoring-System im Konsumentenkreditgeschäft, Berlin 1980
Jacob, K.-D. (1995): Die neuen Mindestanforderungen an das Betreiben von Handelsgeschäften der Kreditinstitute, in: Sparkasse 10/1995, S. 479 – 481
Jacobs, J., Weinrich, G. (1997): Scoring im GENO-Bereich, in: Bankinformation und Genossenschaftsforum 10/1997, S. 18 – 24
Jetter, T. (1988): Cash Management Systeme, Wiesbaden 1988
Judt, E., Bödenauer, W., Andlinger, P. (1998): SET als Internet-Zahlungsprozedur, in: Österreichisches Bankarchiv 10/1998, S. 773 – 777
Jueterbock, D. (1988a): Zehn Jahre S.W.I.F.T.-Netzwerk – ein Meilenstein der Automation?, in: Die Bank 5/1988, S. 269 – 275
Jueterbock, D. (1988b): S.W.I.F.T. II für die 90er Jahre, in: Die Bank 6/1988, S. 329 – 335
Kalefeld, K. (1991): Expertensystem im flächendeckenden Einsatz, in: geldinstitute 4/1991, S. 24 – 27
Kammer, J.-F. (1990): Konzernclearing, internationales, in: Handwörterbuch Export und internationale Unternehmung, Stuttgart 1990, Sp. 1174 – 1182
Kaufmann, H., Pape, H. (1996): Clusteranalyse, in: Fahrmeir, L., Hamerle, A., Hrsg., Multivariate statistische Verfahren, 2. Aufl., Berlin, New York 1996, S. 437 – 535
Keller, B., Krüger, S., Wagner, U. (1999): Zusatzanwendungen bei Chipkarten: vor allem als elektronischer Fahrschein, in: Karten 1/1999, S. 31 – 34
Keysberg, G. (1989): Die Anwendung der Diskriminanzanalyse zur statistischen Kreditwürdigkeitsprüfung im Konsumentenkreditgeschäft, Köln 1989
Kiebler, W., Kalbhenn, R. (1998): Cyber Cash – sicheres Bezahlen im Internet, in: Meyer zu Selhausen, H., Hrsg., Jahresbericht aus dem Seminar für Bankwirtschaft 1997/98, München 1998, S. 36 – 42
Kilgus, E. (1995): Grundlagen der Strukturgestaltung von Banken, in: Stein, J. H. v., Terrahe, J., Hrsg., Handbuch Bankorganisation, 2. Aufl., Wiesbaden 1995, S. 67 – 106
Kirsch, W., Klein, H. K. (1977): Management-Informationssysteme, Stuttgart et al. 1977
Klein, S. (1997): Zur Rolle moderner Informations- und Kommunikationstechnologien, in: Müller-Stewens, G., Hrsg., Virtualisierung von Organisationen, Stuttgart 1997, S. 43 – 59
Klingler, A. (1985): Die elektronische Bank, in: geldinstitute 6/1985, S. 6 – 8
Klingler, A. (1986): Neue Dimensionen im Bankgeschäft, in: geldinstitute 5/1986, S. 42 – 46
Klug, W. (1996): DV-Anbindung einer Bausparkasse im Großbankkonzern – das Beispiel der Deutsche Bank Bauspar AG, in: Der Langfristige Kredit 9/1996, S. 256 – 260
Knödler, G. (1994): Neuer Vertriebsweg mit größerem Kundennutzen, in: Bankinformation und Genossenschaftsforum 2/1994, S. 32 – 35
Kohls, H., Marciwiak, K. (1987): Unternehmer- und Unternehmensbeurteilung – ein praxisbezogener Bewertungsversuch, in: Betriebswirtschaftliche Blätter 10/1987, S. 468 – 476

Köllhofer, D., Sprißler, W. (1993): Informationswesen und Kontrolle im Bankbetrieb, in: Kloten, N., Stein, J. H. v., Hrsg., Obst/Hintner: Geld-, Bank- und Börsenwesen, Stuttgart 1993, S. 782 – 910

Krause, C. (1993): Kreditwürdigkeitsprüfung mit neuronalen Netzen, Düsseldorf 1993

Krcmar, H., Schwabe, G. (1991): Entwicklungstrends bei Cash Management Systemen – Cash Management als Teil des Electronic Banking und Cash Management Systeme als Strategische Informationssysteme von Banken, in: Krcmar, H., Hrsg., Cash Management Systeme, Studien zur Wirtschaftsinformatik, Nr. 1, Stuttgart 1991, S. 1 – 10

Kreutz, P. (1993): Personal EDV-gestützt führen, in: Betriebswirtschaftliche Blätter 9/1993, S. 438 – 441

Kreutz, P., Pützkuhl, U. (1991): Zeiterfassung für flexible Arbeitszeit, in: Betriebswirtschaftliche Blätter 8/1991, S. 384 – 385

Krüger, J., Bussmann, O. (1997): Von null auf 100 in weniger als fünf Jahren, in: Betriebswirtschaftliche Blätter 3/1997, S. 121 – 127

Krümmel, H.-J. (1964): Bankzinsen – Untersuchung über die Preispolitik von Universalbanken, Köln et al. 1964

Krummel, U. (1997): Workflow im Büro auf dem Vormarsch, in: Betriebswirtschaftliche Blätter 5/1997, S. 238 – 240

Kruse, R. (1996): Fuzzy-Systeme – Positive Aspekte der Unvollkommenheit, in: Informatik-Spektrum, 19/1996, S. 4 – 11

Kukielka, H. (1997): Branchenvergleich und Bilanzanalyse mit GENO-FBS, in: Bankinformation und Genossenschaftsforum 10/1997, S. 8 – 11

Kulartz, H. J., Diekamp, K. (1997): GENO-FBS als Finanzplanungs- und Simulationsinstrument, in: Bankinformation und Genossenschaftsforum 10/1997, S. 12 – 16

Kurbel, K., Pietsch, W. (1989): Expertensystem-Projekte – Entwicklungsmethodik, Organisation und Management, in: Informatik-Spektrum 12/1989, S. 133 – 146

Kuschel, J. (1998): Electronic Commerce – eine allgemeine Übersicht, in: Bankinformation und Genossenschaftsforum 9/1998, S. 22 – 24

Lambrecht, A. R. (1992): OSI/FTAM in der Elektronischen Öffnung der Deutschen Bundesbank, in: geldinstitute 7-8/1992, S. 14 – 19

Lambrecht, A. R., Landvogt, P. (1990): EAF-Zulassungstests, Organisation und Sicherheit, in: bank und markt 6/1990, S. 38 – 40

Lange, T. A. (1994): Strategien im Telefon-Banking, in: Banking & Finance 1/1994, S. 6 – 11

Lebsanft, E. (1991): Den Computer Kredite beurteilen lassen? in: geldinstitute 1-2/1991, S. 18 – 23

Lederer, A. (1998): Internetbanking mit HBCI, in: Bankinformation und Genossenschaftsforum 9/1998, S. 30 – 38

Leist, S., Winter, R. (1998): Component-Based Banking – Modularisierung der Informationsverarbeitung in Banken als Grundlage virtueller Geschäftskonzepte, in: Weinhardt, C., Meyer zu Selhausen, H., Morlock, M., Hrsg., Informationssysteme in der Finanzwirtschaft, Berlin et al. 1998, S. 121 – 138

Link, J., Hildebrand, V. G. (1997a): Grundlagen des Database Marketing, in: Link, J., Brändli, D., Schleuning, C., Kehl, R. E., Hrsg., Handbuch Database Marketing, Ettlingen 1997, S. 15 – 36

Link, J., Hildebrand, V. G. (1997b): Ausgewählte Konzepte der Kundenbewertung im Rahmen des Database Marketing, in: Link, J., Brändli, D., Schleuning, C., Kehl, R. E., Hrsg., Handbuch Database Marketing, Ettlingen 1997, S. 159 – 173

Lohrbach, T. (1994): Einsatz von Künstlichen Neuronalen Netzen für ausgewählte betriebswirtschaftliche Aufgabenstellungen und Vergleich mit konventionellen Lösungsverfahren, Göttingen 1994

Loistl, O., Lingemann, C. (1993): Software für Futures und Options, München, Wien 1993

Lüneborg, K. (1981): Konstruktion und Tests statistischer Verfahren im Rahmen der Kreditwürdigkeitsprüfung anhand der Jahresabschlüsse kleiner und mittlerer Unternehmen, Diss., Bochum 1981

Lutter, J. (1992): Berliner Bank mit »KIWI«, in: Die Bank 4/1992, S. 231 – 233

Lux, I. (1992): Expertensystem für die Fachberater in Europa-Fragen, in: Betriebswirtschaftliche Blätter 4/1992, S. 217 – 220

Lux, I., Mückenhaupt, H. (1992): Das Expertensystem EUROEXPERT, in: Intelligente Software-Technologien 4/1992, S. 52 – 55

Maier, G., Wildberger, A. (1995): In 8 Sekunden um die Welt – Kommunikation über das Internet, Bonn et al. 1995

Mang, F., Pinkl, J. (1999): Internet Banking, in: Bank Magazin 4/1999, S. 90 – 92

Martin, A. (1998): Karten – Funktionen, Kundenbindung, Design, in: Bankinformation und Genossenschaftsforum 9/1998, S. 8 – 13

Martin, W. (1997): Data Mining zwischen Wunsch und Wirklichkeit – eine kritische Betrachtung, in: Scheer, A.-W., Hrsg., Organisationsstrukturen und Informationssysteme auf dem Prüfstand, Heidelberg 1997, S. 221 – 238

Maurerer, A. (1998): Euro bringt neuen Schub für Karten, in: Betriebswirtschaftliche Blätter 5/1998, S. 224 – 228

Mertens, P. (1997): Data-Warehouse – Chancen und Gefahren, in: Betriebswirtschaftliche Blätter 9/1997, S. 440 – 444

Mertens, P. (1998): Zukunft oder nur Episode der EDV, in: Betriebswirtschaftliche Blätter 3/1998, S. 101 – 106

Mertens, P., Griese, J. (1988): Industrielle Datenverarbeitung, Band 1: Administrations- und Dispositionssysteme, 7. Aufl., Wiesbaden 1988

Meyer, B: (1998): Mit RUVIS-PVO zum aktiven Versicherungsvertrieb – Programm zur Vertriebsoptimierung (PVO) nutzt neue Möglichkeiten des Datenverbundes, in: Bankinformation und Genossenschaftsforum 12/1998, S. 37 – 38

Meyer, C. (1999): Value at Risk für Kreditinstitute, Wiesbaden 1999

Meyer, L. (1993): Die Technik von Voice Response und Spracherkennung, in: geldinstitute 2/1993, Beilage Direct-Banking, S. VI

Meyer zu Selhausen, H. (1988): Erfassung und Steuerung des Zinsänderungsrisikos einer Bank mit Hilfe eines Modells der Aktiv-Passiv-Koordination, in: Kredit und Kapital 4/1988, S. 556 – 591

Meyer zu Selhausen, H. (1989): Prospektive Lebensdauer-Kalkulation von Kundenverbindungen – Ansatzpunkte für Akquisition, Kundenbetreuung und Geschäftsfeldstrategie, in: Zeitschrift für Bankrecht und Bankwirtschaft 2/1989, S. 77 – 84

Meyer zu Selhausen, H. (1991): Ermittlung robuster Strategien für die Steuerung des Zinsrisikos einer Universalbank, in: Zeitschrift für Bankrecht und Bankwirtschaft 3/1991, S. 137 – 146

Meyer zu Selhausen, H. (1992a): Electronic Cash, in: Wirtschaftsinformatik 6/1992, S. 635 – 638

Meyer zu Selhausen, H. (1992b): Informationssysteme für das Bank-Controlling, in: Spremann, C., Zur, E., Hrsg., Controlling – Grundlagen, Informationssysteme, Anwendungen, Wiesbaden 1992, S. 229 – 260

Meyer zu Selhausen, H. (1994a): Strategisches Informationsmanagement in Kreditinstituten, in: Popp, W., Hrsg., Strategieplanung der Universalbanken: Soll und Ist, Bern et al. 1994, S. 85 – 130

Meyer zu Selhausen, H. (1994b): Trägt die Computerbörse zur Steigerung der Volatilität bei? in: Die Betriebswirtschaft 3/1994, S. 421 – 423

Meyer zu Selhausen, H., Riekeberg, M. (1997a): Kundenwanderungsanalyse in Sparkassen, in: Sparkasse 8/1997, S. 363 – 366

Meyer zu Selhausen, H., Riekeberg, M. (1997b): Automatisches Verfahren zur Klassifikation, in: Betriebswirtschaftliche Blätter 9/1997, S. 424 – 428

Meyer zu Selhausen, H., Riekeberg, M. (1998): Geschäftsgebiete bewerten mit dem MAI, in: Betriebswirtschaftliche Blätter 10/1998, S. 486 – 491

Meyer zu Selhausen, H., Stenke, K. (1998): Die Ambivalenz der Auswirkungen von IT-Innovationen auf die Kreditwirtschaft, in: Franke, N., Braun, C.-F., Hrsg., Innovationsforschung und Technologiemanagement: Konzepte, Strategien, Fallbeispiele, Berlin et al. 1998, S. 387 – 396

Michalek, M., Uthe, J. (1999): Europay International: Produkte – Produkte und Dienstleistungen für den weltweiten Zahlungsverkehr, in: Braatz, F., Brinker, U., Friederich, H.-J., Hrsg.: Alles über Zahlungsverkehr mit Karten, Neuwied, Kriftel/Ts. 1999, S. 76 – 80

Morgan, J. P. (1997): Fourifteen, Value-at-Risk software for use with RiskMetrics, Internet Download vom 20.6.1997, http://www.jpmorgan.com/RiskManagement/415.htm

Morgan, J. P., Hrsg. (1995): Five questions about RiskMetrics, Brochure, New York February 1995

Morgan, J. P., Hrsg.: RiskMetrics – Technical Document, Internet http://www.riskmetrics.com/research/techdocs/index.cgi

Morschbach, M. (1988): Corporate Identity Programme für Banken, in: Zeitschrift für das gesamte Kreditwesen 4/1988, S. 138 – 142

Mowshowitz, A. (1994): Virtual Organization: A Vision of Management in the Information Age, in: The Information Society 4/1994, S. 267 – 288

Müller, K. (1997): GENO-FBS in der täglichen Bankpraxis, in: Bankinformation und Genossenschaftsforum 10/1997, S. 37 – 39

Müller, R.-J. (1997): Bonitätsprüfung mit Hilfe Künstlicher Neuronaler Netze – ein Erfahrungsbericht, Vortragsunterlage 1997

Müller, W. (1998): Zufriedenheit von Firmenkunden: Die Servicequalität entscheidet, in: bank und markt 2/1998, S. 26 – 30

Müller-Stewens, G. (1997a): Auf dem Weg zur Virtualisierung der Prozeßorganisation, in: Müller-Stewens, G., Hrsg., Virtualisierung von Organisationen, Stuttgart 1997, S. 1 – 21

Müller-Stewens, G. (1997b): Grundzüge einer Virtualisierung, in: Müller-Stewens, G., Hrsg., Virtualisierung von Organisationen, Stuttgart 1997, S. 23 – 41

Niehaus, H.-J. (1987): Früherkennung von Unternehmenskrisen, Düsseldorf 1987

Niehoff, W., Westerhaus, C. (1997): TARGET: Zahlungsverkehrssystem für die Europäische Währungsunion, in: Die Bank 3/1997, S. 162 – 167 und 4/1997, S. 240 – 246

Niklasch, H.-W. (1999): Fragen an die Zukunft der Kreditkarte, in: Betriebswirtschaftliche Blätter 9/1999, S. 429 – 430

Nobbe, G. (1997): Scheckverkehr, in: Schimansky, H., Bunte, H.-J., Lwowski, H.-J., Hrsg., Bankrechts-Handbuch, Band 1, München 1997, §§ 60 – 63

Oppenheim, SAP, Hrsg. (1996): Marktrisikomanagement, Broschüre, o.O.,1996

Oser, P. (1996): Einsatz der Diskriminanzanalyse bei Kreditwürdigkeitsprüfungen – Zugleich ein Beitrag zum Risikomanagement von Banken, in: Betriebs-Berater 7/1996, S. 367 – 375

Otten, H. (1994): Hypofix und IBB und wie es zukünftig weitergehen soll – Die Baufinanzierung im genossenschaftlichen FinanzVerbund, in: Bankinformation und Genossenschaftsforum 2/1994, S. 25 – 27

o.V. (1994): Telefon Banking, in: Deutsche Sparkassenzeitung 30/1994, S. 7
o.V. (1997a): Die T-Online-Konten – Was sie kosten, was sie können, in: com! 6/1997, S. 28 – 30
o.V. (1997b): T-Online-Software 2.0 – Jetzt läuft's problemlos, in: com! 9/1997, S. 8 – 9
o.V. (1998a): »Wir müssen Maestro als Marke entwickeln«, in: Karten 1/1998, S. 12 – 17
o.V. (1998b): Private Banken, private Netze – Telekommunikation für alternative Vertriebskonzepte, in: geldinstitute 11-12/1998, S. 46 – 47
o.V. (1999a): Risk Software Survey 1998, in: Risk 1/1999, S. 68 – 80
o.V. (1999b): Aspect Telecommunications – Customer Interaction Center als Schnittstelle für die Kundenbindung, in: bank und markt 4/1999, S. 40 – 41
o.V. (1999c): Vantive – Vom Call Center zum Kontaktzentrum, in: bank und markt 4/1999, S. 41 – 42
Paeßens, A., Wentzel, W. (1991): Computerunterstützte Sachbearbeitung mit dem Programmpaket Nike, in: bank und markt 3/1991, S. 28-29
Papenheim, M. (1982): Kundeninformationssystem in Marketing, Werbung und Kundenberatung, in: Betriebswirtschaftliche Blätter 11/1982, S. 408 – 413
Papenheim, M. (1983): Daten eines Kundeninformationssystems, in: Betriebswirtschaftliche Blätter 2/1983, S. 48 – 53
Pausenberger, E., Völker, H. (1985): Praxis des internationalen Finanzmanagement, Wiesbaden 1985
Peppel, E. (1999): Maßnahmen der Kartenorganisationen zur Mißbrauchsbekämpfung, in: Braatz, F., Brinker, U., Friederich, H.-J., Hrsg.: Alles über Zahlungsverkehr mit Karten, Neuwied, Kriftel/Ts. 1999, S. 149 – 155
Perlitz, M. (1979): Empirische Bilanzanalyse, in: Zeitschrift für Betriebswirtschaft 9/1979, S. 835 – 849
Perridon, L., Steiner, M. (1999): Finanzwirtschaft der Unternehmung, 10. Aufl., München 1999
Picot, A., Neuburger, R. (1998): Virtuelle Organisationsformen im Dienstleistungssektor, in: Bruhn, M., Meffert, H., Hrsg., Handbuch Dienstleistungsmanagement – Von der strategischen Konzeption zur praktischen Umsetzung, Wiesbaden 1998, S. 513 – 533
Picot, A., Reichwald, R. (1991): Informationswirtschaft, in: Heinen, E., Hrsg., Industriebetriebslehre – Entscheidungen im Industriebetrieb, 9. Aufl., Wiesbaden 1991, S. 245 – 394
Picot, A., Reichwald, R., Wigand, R. T. (1998): Die grenzenlose Unternehmung, 3. Aufl., Wiesbaden 1998
Pieper, R. (1998): Rationalisierungspotential durch digitale Signaturen, in: Bankinformation und Genossenschaftsforum 3/1998, S. 34 – 35
Pischulti, H. (1996): Produktpolitik bei Direktbanken – ein systematischer Überblick, in: bank und markt 5/1996, S. 13 – 16
Poddig, T. (1992): Künstliche Intelligenz und Entscheidungstheorie, Wiesbaden 1992
Prast, R. (1991): Neue Techniken im Zahlungsverkehr und in der Kundenselbstbedienung, in: Stein, J. H. v., Terrahe, J., Hrsg., Handbuch der Bankorganisation, Wiesbaden 1991, S. 389 – 408
Preuß, M., Theyssen, G. (1993): Internationaler Zahlungsverkehr, in: Kloten, N., Stein, J. H. v., Hrsg., Obst/Hintner: Geld-, Bank- und Börsenwesen, 39. Aufl., Stuttgart 1993, S. 640 – 672
Priewasser, E. (1998): Bankbetriebslehre, 6. Aufl., München, Wien 1998
Projektgruppe am WSI (1974): Grundelemente einer Arbeitsorientierten Einzelwirtschaftslehre – Ein Beitrag zur politischen Ökonomie der Unternehmung, Köln 1974

Pulm, J. (1998): Produkt- und Vertriebspolitik im Internetbanking, in: bank und markt 4/1998, S. 26 – 30

Rapp, A. (1998): Tendenzen und Visionen im Internetbanking, in: bank und markt 3/1998, S. 10 – 15

Rau, R. (1991): PC-Modelle für Zinssimulationen, in: Betriebswirtschaftliche Blätter 3/1991, S. 115 – 119

Reber, C., Theilmann, O. (1998): Finanzdienstleistungen von Non- und Near-Banks – Die neue Konkurrenz der Banken, in: Bank Magazin 8/1998, S. 10 – 12

Rehkugler, H., Schmidt-von Rhein, A. (1993): Kreditwürdigkeitsanalyse und -prognose für Privatkundenkredite mittels statistischer Methoden und Künstlicher Neuronaler Netze – Eine empirisch-vergleichende Studie, Bamberger Betriebswirtschaftliche Beiträge Nr. 93/1993, Bamberg 1993

Reichherzer, M., Martin, G. (1976): ONDA – On-Line-Dauerprogramm für Realzeit-Verarbeitung in Geldinstituten, Siemens-Schriftenreihe data praxis, München 1976

Reimann, E. (1997): Fehlschläge vermeiden – Wie sich Banken erfolgreich im Internet positionieren, in: geldinstitute 4-5/1997, S. 88 – 90

Reimers-Mortensen, S., Disterer, G. (1997): Strategische Optionen für Direktbanken, in: Die Bank 3/1997, S. 132 – 139

Reinhold, M., Hachinger, H. (1997): Schneller und sicherer in der Kreditbearbeitung, in: Betriebswirtschaftliche Blätter 5/1997, S. 233 – 235

Relin, A., Voss, K. H. (1980): Informations- und Datenverarbeitung in Banken, Grafenau/Württ. 1980

Reuter, A. (1994a): Unternehmens-, Konto- und Bilanzanalyse, in: Betriebswirtschaftliche Blätter 7/1994, S. 347 – 354

Reuter, A. (1994b): PC-Programme machen Risiken »kalkulierbar«, in: Betriebswirtschaftliche Blätter 8/1994, S. 408 – 414

Reuter, A. (1996): Kredit-Rating und Kreditrisiko-Analyse, in: Betriebswirtschaftliche Blätter 7/1996, S. 321 – 326

Reuter, A., Schleppegrell, J. (1987): Portfolio-Analyse im Firmenkundengeschäft, in: Betriebswirtschaftliche Blätter 12/1987, S. 608 – 609

Reuter, A., Wagemann, R. (1996): Plädoyer für den Einsatz eines Ratingsystems, in: Betriebswirtschaftliche Blätter 6/1996, S. 290 – 292

Reuter, A., Welsch, F. (1993): Wie sich frühzeitig Kreditrisiken erkennen lassen, in: Betriebswirtschaftliche Blätter 2/1993, S. 48 – 51

Reuter, A., Zickfeld, H. (1993): Unternehmertypus ist bei Prognosen miteinzurechnen, in: Betriebswirtschaftliche Blätter 2/1993, S. 55 – 61

Riedl, M. (1998): Multioptionaler In-House-Vertrieb statt Direktbank? in: Meyer zu Selhausen, H., Hrsg., Jahresbericht aus dem Seminar für Bankwirtschaft 1997/98, München 1998, S. 43 – 50

Riekeberg, M. (1995): Migrationsbedingte Kundenabwanderung bei Sparkassen, Wiesbaden 1995

Riffer, V., Wicke, G. (1998): Sichere Zahlungssysteme im Electronic Commerce, in: Wirtschaftswissenschaftliches Studium 8/1998, S. 415 – 419

Rodewald, B. (1991): Der Zahlungsverkehr als Schlüssel zum Privatkundengeschäft der Zukunft, in: Bankinformation und Genossenschaftsforum 6/1991, S. 26 – 30

Rommelfanger, H. (1993): Fuzzy-Logik basierte Verarbeitung von Expertenregeln, in: Operations Research Spektrum 15/1993, S. 31 – 42

Rosenhagen, K. (1995): Kreditgeschäft mit System – viel Theorie, wenig Erfahrung, in: bank und markt 3/1995, S. 24 – 28

Rosenhagen, K. (1996): Prüfung der Kreditwürdigkeit im Konsumentenkreditgeschäft mit Hilfe neuronaler Netze, Hannover 1996

Rossa, M. (1991): Das In-House Banking, in: Zeitschrift für das gesamte Kreditwesen 11/1991, S. 512 – 518

Roßbach, P., Braun, T. (1998): Stand und Perspektiven des Internet-Banking, in: Sparkasse 11/1998, S. 515 – 521

Rossen, J. (1997): Möglichkeiten und Grenzen des Scoring in GENO-FBS bei der Bonitätsbeurteilung, in: Bankinformation und Genossenschaftsforum 10/1997, S. 25 – 30

Rothacker, H. (1991): Treasury Management einer Bank in den 90er Jahren, in: Die Bank 4/1991, S. 191 – 197

Rothlein, A. (1993): Futura 2000 – die neue Geschäftsstellenstrategie einer Schweizer Bank, in: bank und markt 4/1993, S. 27 – 31

Rumelhart, D. E., Hinton, G. E., McClelland, J. L. (1986): A General Framework for Parallel Distributed Processing, in: Rumelhart, D. E., McClelland, J. L., eds., Parallel Distributed Processing – Explorations in the Microstructure of Cognition, Vol. 1: Foundations, Cambridge/Mass. 1986, pp. 45 – 76

Rumelhart, D. E., Hinton, G. E., Williams, R. J. (1986): Learning Internal Representations by Error Propagation, in: Rumelhart, D. E., McClelland, J. L., eds., Parallel Distributed Processing – Explorations in the Microstructure of Cognition, Vol. 1: Foundations, Cambridge/Mass. 1986, pp. 318 – 362

Sachs, L. (1999): Angewandte Statistik, 9. Aufl., Berlin et al. 1999

Salzborn, L. (1999): Call Center im Kartengeschäft: mit Computertelefonie den Service verbessern, in: bank und markt 6/1999, S. 24 – 26

SAP, Hrsg. (1997a): System R/3: Treasurymanagement, Broschüre, Walldorf 5/1997

SAP, Hrsg. (1997b): System R/3: Risikoanalyse / Asset Liability Management, Broschüre, Walldorf 5/1997

Schanz, G. (1977): Grundlagen der verhaltenstheoretischen Betriebswirtschaftslehre, Tübingen 1977

Schanz, G. (1997): Wissenschaftsprogramme der Betriebswirtschaftslehre, in: Bea, F. X., Dichtl, E., Schweitzer, M., Hrsg., Allgemeine Betriebswirtschaftslehre, Band 1: Grundfragen, 7. Aufl., Stuttgart 1997, S. 81 – 192

Schappert, O. (1998): Integrierte Call Center als Trumpf, in: Betriebswirtschaftliche Blätter 8/1998, S. 398 – 403

Schaufelbühl, K. (1992): Aufbau von Management-Informationssystemen, in: Hichert, R., Moritz, M., Hrsg., Management-Informationssysteme – Praktische Anwendungen, Berlin et al. 1992, S. 35 – 46

Schaumlöffel, B. (1991): Neue Wege zur Zinsprognose, in: Betriebswirtschaftliche Blätter 3/1991, S. 111 – 115

Scheer, A.-W. (1990a): CIM Computer Integrated Manufacturing – Der computergesteuerte Industriebetrieb, 4. Aufl., Berlin et al. 1990

Scheer, A.-W. (1990b): Computer Integrated Manufacturing (CIM), in: Kurbel, K., Strunz, H., Hrsg., Handbuch der Wirtschaftsinformatik, Stuttgart 1990, S. 47 – 68

Scheer, A.-W. (1996): Data Warehouse und Data Mining, in: Information Management 1/1996, S. 74 – 75

Scheer, A.-W. (1997): Wirtschaftsinformatik – Referenzmodelle für industrielle Geschäftsprozesse, 7. Aufl., Berlin et al. 1997

Scheuerer, J. (1999): Schnäppchen jagen mit 007 – Im Dienste seiner Majestät des Verbrauchers fahnden Agenten-Programme im World Wide Web nach den günstigsten Preisen, in: com!online 3/1999, S. 48 – 51

Schierenbeck, H. (1999): Ertragsorientiertes Bankmanagement, Band 1: Grundlagen, Marktzinsmethode und Rentabilitäts-Controlling, Band 2: Risiko-Controlling und Bilanzstruktur-Management, 6. Aufl., Wiesbaden 1999

Schierenbeck, H., Hölscher, R. (1998): BankAssurance – Institutionelle Grundlagen der Bank- und Versicherungsbetriebslehre, 4. Aufl., Stuttgart 1998

Schimmelmann, W. v. (1983): Strategische Geschäftsfeldkonzeptionen in Banken, in: Krümmel, H.-J., Rudolph, B., Hrsg., Strategische Bankplanung – Konzepte, Erfahrungen und Perspektiven der langfristigen Unternehmensplanung bei Banken, Frankfurt am Main 1983, S. 165 – 181

Schlottke, M. (1994): Herausforderungen für die Informationsverarbeitung – DV-Anwendungen in Partnerbanken der R+V, in: Bankinformation und Genossenschaftsforum 2/1994, S. 28 – 30

Schmidt, K. M. (1998): Discount-Broking und Internet – eine ideale Symbiose, in: bank und markt 3/1998, S. 25 – 27

Schmidt, R. H. (1988): Neuere Property Rights-Analysen in der Finanzierungstheorie, in: Budäus, D., Gerum, E., Zimmermann, G., Hrsg., Betriebswirtschaftslehre und Theorie der Verfügungsrechte, Wiesbaden 1988, S. 239 – 267

Schneider, D. (1994): Allgemeine Betriebswirtschaftslehre, 3. Aufl., 2. Nachdruck, München et al. 1994

Schneider, G. (1993): Home-Banking – Computer am Telefon, in: Banking & Finance 5-6/1993, S. 14 – 17

Schneider, M., Brückner, T. (1998): Ganzheitliches Management der Datenflüsse, in: Betriebswirtschaftliche Blätter 2/1998, S. 87 – 90

Schneider, R. (1997): Digitale Signatur per SmartCard, in: geldinstitute 1-2/1997, S. 88 – 89

Schneider, S. (1999): Bleibt Bargeld »Marktführer«?, in: geldinstitute 11-12/1999, S. 82 – 84

Schnurr, C. (1997): Kreditwürdigkeitsprüfung mit Künstlichen Neuronalen Netzen – Anwendung im Konsumentenkreditgeschäft, Wiesbaden 1997

Schöchle, S. (1993): Kartengebundene Zahlungssysteme in Deutschland, 4. Aufl., Hamburg 1993

Scholz, C. (1997): Strategische Organisation – Prinzipien zur Vitalisierung und Virtualisierung, Landsberg/Lech 1997

Schrader, S. (1996): Innovationsmanagement, in: Kern, W., Hrsg., Handwörterbuch der Produktionswirtschaft, 2. Aufl., Stuttgart 1996, Sp. 744 – 758

Schreiber, D., Zimmermann, K. (1996): Effizientes Beschwerdemanagement durch EDV-Unterstützung, in: Die Bank 11/1996, S. 664 – 667

Schrick, K. (1997): Advance Bank – Call Center mit Beratungsansatz, in: bank und markt 10/1997, S. 20 – 23

Schuller, W. (1998): S-Datawarehouse – die Informationsquelle zur dezentralen Steuerung, in: Weinhardt, C., Meyer zu Selhausen, H., Morlock, M., Informationssysteme in der Finanzwirtschaft, Berlin et al. 1998, S. 443 – 457

Schuller, W., Hackfort, P., Thomas, W. (1997): Ziel ist ein integriertes Steuerungssystem, in: Betriebswirtschaftliche Blätter 9/1997, S. 433 – 439

Schulz, A. (1999): Abwicklung des Zahlungsverkehrs im Firmenkundengeschäft, in: Moormann, J., Fischer, T., Hrsg., Handbuch Informationstechnologie in Banken, Wiesbaden 1999, S. 227 – 240

Schuster, L. (1981): Die Abhängigkeit der Rentabilität vom Marktanteil der Banken, in: Rühli, E., Thommen, J. P., Hrsg., Unternehmensführung aus finanz- und bankwirtschaftlicher Sicht, Stuttgart 1981, S. 225 – 237

Schuster, L. (1991): Aufbauorganisation von Kreditinstituten und Kreditinstitutsgruppen in ausgewählten Ländern, in: Stein, J. H. v., Terrahe, J., Hrsg., Handbuch der Bankorganisation, Wiesbaden 1991, S. 201 – 263

Schwarze, J., Rosenhagen, K. (1993): Expertensysteme in der Kreditwürdigkeitsprüfung, in: Wirtschaftswissenschaftliches Studium 6/1993, S. 306 – 310

Siegert, H. (1990): Wissensbasierte Systeme im Bankbereich, in: Die Bank 4/1990, S. 197 – 202

Simeonoff, P. (1988): Expertensysteme in der Kreditwirtschaft, Mythos oder schon Realität? in: Österreichisches Bankarchiv 2/1988, S. 147 – 149

Slavik, A. (1999): Euroumstellung – Chancen für die elektronische Geldbörse, in: Bank Magazin 10/1999, S. 88 – 89

Stein, J. H. v. (1984): Zur Weiterentwicklung der Kreditbeurteilung, in: Betriebswirtschaftliche Blätter 6/1984, S. 218 – 222

Stein, J. H. v., Kirschner, M. (1993): Bestimmungsfaktoren der Kreditgewährung, in: Kloten, N., Stein, J. H. v., Hrsg., Obst/Hintner: Geld-, Bank- und Börsenwesen, 39. Aufl., Stuttgart 1993, S. 360 – 413

Stein, J. H. v., Ziegler, W. (1984): The prognosis and surveillance of risks from commercial credit borrowers, in: Journal of Banking and Finance, Vol. 8, No. 2, June 1984, pp. 249 – 268

Steiner, M., Hirschbeck, T., Willinsky, C. (1998): Risikobereinigte Rentabilitätskennzahlen im Controlling von Kreditinstituten und ihr Zusammenhang mit der Portfoliotheorie – Eine vergleichende Analyse unter der Annahme normalverteilter Renditen, in: Weinhardt, C., Meyer zu Selhausen, H., Morlock, M., Hrsg., Informationssysteme in der Finanzwirtschaft, Berlin et al. 1998, S. 361 – 384

Steiner, M., Wittkemper, H.-G. (1993): Neuronale Netze – Ein Hilfsmittel für betriebswirtschaftliche Probleme, in: Die Betriebswirtschaft 4/1993, S. 447 – 463

Stenke, K. (1993): Der Einsatz von Zinsterminkontrakten zur Steuerung des Zinsänderungsrisikos eines Kreditinstituts im Rahmen eines Modells für das Aktiv-Passiv-Management, München 1993

Stockmann, C. (1998): Die virtuelle Bank: Eine Begriffserklärung, in: Weinhardt, C., Meyer zu Selhausen, H., Morlock, M., Hrsg., Informationssysteme in der Finanzwirtschaft, Berlin et al. 1998, S. 91 – 104

Stolz, C., Schmitz-Esser, V. (1997): Cybermarket: Konkurrenz für Banken und Börsen? in: Die Bank 5/1997, S. 297 – 300

Stückler, R., Stechmeyer-Emden, K. (1998): Entwicklung eines integrierten Softwarepakets, in: Betriebswirtschaftliche Blätter 12/1998, S. 585 – 589

Süchting, J., Paul, S. (1998): Bankmanagement, 4. Aufl., Stuttgart 1998

Sungard Capital Markets, ed. (1992): Devon Securities – Front Office Overview, (Devon 8), Brochure, o.O., 1992

Sungard Capital Markets, ed. (1993a): The Devon Futures System – Front Office Overview, (Devon 5), Brochure, o.O., September 1993

Sungard Capital Markets, ed. (1993b): The Devon Futures System – Back Office Overview, (Devon 6), Brochure, o.O., November 1993

Sungard Capital Markets, ed. (1994a): Devon Connect for EBS – A Functional Overview, Brochure, o.O., June 1994

Sungard Capital Markets, ed. (1994b): The Devon Derivatives System Overview – Trading Decision Support and Operations Control, Brochure, o.O., January 1994

Sungard Capital Markets, ed. (1994c): Unternehmensprofil, Broschüre, o.O., Februar 1994

Sungard Capital Markets, ed. (o.J.): Devon Securities – Back Office Overview, Operations, Settlements and Accounting for Securities, (Devon 1), Brochure, o.O., o.J.

Tarach, S. H. (1998): HBCI – Was kann ein eigener Standard leisten? in: bank und markt 3/1998, S. 32 – 35

Terrahe, J. (1992): Was Handel und Banken bei electronic cash trennt, in: Die Bank 6/1992, S. 312 – 315

Than, J. (1993): Depotgeschäft, in: Kloten, N., Stein. J. H. v., Hrsg., Obst/Hintner: Geld-, Bank- und Börsenwesen, 39. Aufl., Stuttgart 1993, S. 586 – 603

Thanner, W. (1986): Die Analyse der Kontokorrentverbindung als Instrument zur Risikofrüherkennung im Firmenkundengeschäft der Banken, Hohenheim 1986

Thießen, F. (1998): Elektronische Zahlungsmittel im Vormarsch, in: Betriebswirtschaftliche Blätter 5/1998, S. 217 – 222

Thomas, K. (1985): Aussagen quantitativer Kreditnehmeranalysen, in: Krümmel, H. J., Rudolph, B., Hrsg., Innovationen im Kreditmanagement, Frankfurt am Main 1985, S. 196 – 204

Thomsen, E. (1997): OLAP-Solutions – Building Multidimensional Information Systems, Wiley: New York 1997

Tretter, T. G. A., Stegmann, C. (1998): Integration eines Risikomanagementsystems in bestehende DV-Strukturen, in: bank und markt 10/1998, S. 16 – 22

Ulrich, H. (1970): Die Unternehmung als produktives soziales System, 2. Aufl., Bern 1970

Ulrich, H. (1978): Der systemorientierte Ansatz in der Betriebswirtschaftslehre, in: Schweitzer, M., Hrsg., Auffassungen und Wissenschaftsziele der Betriebswirtschaftslehre, Darmstadt 1978, S. 270 – 291

Unser, M., Oehler, A. (1998): Das Börsenhandelssystem XETRA, in: Wirtschaftswissenschaftliches Studium 9/1998, S. 463 – 468

Voigtländer, D., Holz, A. (1998): Auf dem Weg zur Börse der Zukunft, in: Bankinformation und Genossenschaftsforum 3/1998, S. 26 – 30

Wächter, K. (1998): Kommunikationspolitik einer Großsparkasse im Internet, in: bank und markt 3/1998, S. 16 – 18

Walkhoff, H. (1993): An der Kasse mit Karte zahlen liegt im Trend, in: Betriebswirtschaftliche Blätter 4/1993, S. 162 – 164

Walkhoff, H. (1995): Die Barrieren fallen in Europa zusehends, in: Betriebswirtschaftliche Blätter 5/1995, S. 234 – 236

Walkhoff, H. (1998): Perspektiven im Zahlungsverkehr, in: Sparkasse 12/1998, S. 566 – 570

Weigele, O. M. (1983): Strategische Unternehmensplanung in Universalbanken, Wien 1983

Weinhardt, C., Krause R., Schleth, J. P., Bilitewski, E. (1997): Banken, neue Medien und virtuelle Strukturen, in: Zeitschrift für Betriebswirtschaft, Ergänzungsheft 2/1997, S. 1 – 31

Weithofer, M. (1997): Treasury-Systeme europäischer Großbanken – Eine empirische Erhebung, in: Österreichisches Bankarchiv 7/1997, S. 533 – 540

Werner, A. (1997): Ohne Probleme rund um die Welt, in: Süddeutsche Zeitung Nr. 247 vom 27.10.1997, Beilage SZ-Technik, S. III

Westdeutsche Landesbank, Hrsg. (1992): Expertensysteme in der WestLB, Broschüre, Düsseldorf September 1992

Weyhenmeyer, H. (1992): »Gute Zahlungswünsche '92« – Zwischenbilanz aus der Sicht des Handels, in: Karten 1/1992, S. 7 – 12

Wilbert, R. (1991): Kreditwürdigkeitsanalyse im Konsumentenkreditgeschäft auf der

Basis Neuronaler Netze, in: Zeitschrift für Betriebswirtschaft 12/1991, S. 1377 – 1393

Wild, K.-D. (1995): Neuronale Netze im Rentenmanagement, in: Der Langfristige Kredit 23/1995, S. 780 – 783

Wittig, P. (1997): Rechtliche Aspekte des Database Marketing, in: Link, J., Brändli, D., Schleuning, C., Kehl, R. E., Hrsg., Handbuch Database Marketing, Ettlingen 1997, S. 849 – 861

Wößner, D. (1994): EDV-unterstütztes Produktangebot der DG Bank und der Zentralbanken, in: Bankinformation und Genossenschaftsforum 2/1994, S. 11 – 13

Zell, A. (1994): Simulation Neuronaler Netze, Bonn et al. 1994

Zimmermann, H. G. (1994): Neuronale Netze als Entscheidungskalkül, in: Rehkugler, H., Zimmermann, H. G., Hrsg., Neuronale Netze in der Ökonomie – Grundlagen und finanzwirtschaftliche Anwendungen, München 1994

Zimmermann, H.-J., Zysno, P. V. (1982): Ein hierarchisches Bewertungssystem für die Kreditwürdigkeitsprüfung im Konsumentenkreditgeschäft, in: Die Betriebswirtschaft 3/1982, S. 403 – 417

# Stichwortverzeichnis

**Affinity Card** 133, s. a. Kreditkarten
**AKKORD-Teilsystem** 120, s. a. S.W.I.F.T.
**Aktionsdaten** 376,
  s. a. Database Marketing, Daten
**Allfinanz** 191
**Anlageobjekte**
– Analyse 195
– Bewertung 195
**Anlagevorschläge**, Systeme 237
**Anspruchsniveau**, strategisches 431
**APS-System** 330,
  s. a. Gesamtbanksteuerung
**Arbeitsabläufe**, ganzheitliche integrierte 27
**Arbitrage**
– Geschäftsmöglichkeiten 295
– Handel 164
**Asset Liability Management** 315,
  s. a. Gesamtbanksteuerung
**Auditor** 478, s. a. Virtuelles Unternehmen, Instanzen für das überbetriebliche Netzwerkmanagement
**Aufgaben**
– bankinterne 66
– Dezentralisierung 449
– ebenen für Informationssysteme 28 f.
**Auftragserteilung**, Art der,
  s. Kundennutzen, Dimensionen
**Auftragsmanager** 478,
  s. a. Virtuelles Unternehmen, Instanzen für das überbetriebliche Netzwerkmanagement
**Auktionsprinzip** 163, s. a. Börse
**Ausfallrisiko** s. Bonitätsrisiko
**Auslands-Verbund-System** (AVS) 189,
  s. a. unternehmensverbund-bezogene Systeme
**Außerbörsliche Geschäfte** 166, 170,
  s. a. Wertpapierhandel
**Automaten**, kundenbediente 78 ff.
**Automatic Trading Machine** 164,
  s. a. Xentric-Produktreihe
**Autorisierungszentrale** 82, 126,
  s. a. Electronic Cash und Geldausgabeautomat
**AVS** s. Auslands-Verbund-System

**Back Office** 284 ff., s. a. Derivativ-System
**Backpropagation-Netz** 255,
  s. a. Neuronale Netze, Netztypen

**Backtesting** 337, s. a. Value-at-Risk
**Bankbetriebswirtschaftslehre**
– explikative Theorie 4
– neoinstitutionalistische Theorie 4
– Wissenschaftsprogramme 4
**Bankbuch** (Non-Trading Book) 316,
  s. a. Bank-Controlling, Industry Solution Bank
**Bank-Controlling** s. a. Controlling
– Banking Operations Support System (THE BOSS) 402, s. a. Controlling, Erfolgs-Controlling
– Eigenentwickelte Systeme für das Erfolgs-Controlling 401 ff.
– Grundlagen 389 ff.
– SAP R/3 FI 401
– SAP R/3 IS-B 401, s. a. Industry Solution Bank (ISB)
– Standard-Software 401
**Banking Operations Support System** (THE BOSS) s. Bank-Controlling
**Bankkarte** 82, s. a. Karten
**Bankleistungen** s. a. Leistungsarten
– Besonderheiten 15 f.
– Charakterisierung 15 ff.
  – konventionelle 50
  – neue 51, 385
– Internet 99
– Property Rights-Konfiguration 16 ff.
– Sortiment
  – Breite 352
  – Tiefe 352
**Bankmanagement**, strategisches 414 ff.
**Bankverbindung**
– Haupt- 440
– inaktive 440
– Neben- 440
**Barwert** 298 ff.
– analyse 317, 331 f.
– Basis Point Value 332, s. a. PVBP
– betrachtung 333
**Basisdaten-Administration** 51,
  s. a. Grundfunktionen der EDV-Anwendungssysteme
**Basis Point Value** s. Barwert
**Baufinanzierung** 192, s. a. Kredit
**Bauwertermittlung** 207, s. a. Immobilien
**BEAVIS** 369 ff., s. a. Beschwerdeanaylse-, Verwaltungs- und Informationssystem

**Bediente Selbstbedienung** 449,
   s. a. BSB-Stützpunkt
**Beleglesverfahren** 109,
   s. a. Zahlungsverkehr
**Beleihungswertermittlung** s. a. Immobilien
– Expertensystem 207
– Subsysteme 208
**Benutzerfreundlichkeit** s. Kundennutzen, Dimensionen
**Beratung**
– Firmenkunden 258 ff., 274 ff.,
   – China-Markt-Beratung 262,
      s. a. EXPERTEX
   – EU-Förderprogramm 262 ff.,
      s. a. EUROEXPERT
   – Europa-Beratung 260
   – Expertensysteme 261 ff.
   – Finanzierungsprogramm-Beratung 259 f.
   – Finanz- und Liquiditätsplanung (FILIP und FIPLA/LIPLA) 247 f.
   – Genossenschaftlicher Staatshilfen-Ratgeber (GENO-STAR) 259 f.
   – Genossenschaftliches Finanz-Beratungs-System (GENO-FBS) 246
   – Investitionsförderung 261
   – Kunden-Treasury-System 277
   – Unternehmensberatungsleistungen 258
– kundenproblem-orientierte 236
– Mengenkunden 231 f.
– Privatkunden, gehobene 234 ff.
– Qualität s. Kundennutzen, Dimensionen
**Beratungsunterstützung** s. a. Grundfunktionen der EDV-Anwendungssysteme
– produktbezogene
   – Modellrechnungen für Standardprodukte 231
   – Produktvarianten 231
– prozeßbezogene
   – Analysegespräch 232
   – Beratungsgespräch 232
**Beschwerde**
– analyse-, Verwaltungs- und Informationssystem (BEAVIS) 369 ff.
– Bearbeitungsstandards 372
– Managementsystem 369 ff.
– statistische Analyse 368
– Ursachen 371
– Zufriedenheit 371
**Betriebsbereitschaft** 351, s. a. Marketing, Instrumente
**Betriebskosten** 39, s. a. Unternehmenszielelement Erfolg

**Betriebsvergleich**
– regionsbezogene Systeme 211 ff.
– unternehmensverbund-bezogene Systeme 219 ff.
– Vergleichsgruppen 221
**Bezugseinheit** 31 ff., s. a. Strukturpyramide
– Einzeldimension 32
– Funktion 34
– Strategie 34
– Strategisches Geschäftsfeld 33
**Bilanz-**
– analyse, statistische 245,
   s. a. Bonitätsanalyse
– Datenbank 244
**Bilanzstruktursimulation** 314, 327 ff.,
   s. a. Gesamtbanksteuerung
**Bilanzstrukturmanagement** 315 ff.,
   s. a. Gesamtbanksteuerung
**Bodenwertermittlung** 207, s. a. Immobilien
**BÖGA-System** (Börsengeschäftsabwicklung) 162, s. a. Börsensysteme
**Börse**
– Auktionsprinzip 163
– Clearing
   – Abwicklungsfunktionen eines Clearing House 169
   – Institutionen am Euromarkt 166
   – Settlement-Matching 166
   – System, automatisches 292
   – Teilnehmer 169
– Computer-Börse 155
– Designated Sponsors 177
– Erfüllungsrisiko 171
– Handelsüberwachung 178,
   s. a. Börsensysteme
– Intermediäre 172
– im funktionellen Sinne 170
– Market Maker-Prinzip 163, 168
– Markt
   – liquidität 176 f.
   – transparenz 177
– Real-time Settlement 166
– Transaktionskosten 178
– Volatilität 177 f.
**Börsen-**
– funktionen 155
– kapazität 164
– systeme 160 ff.
   – Börsen-Order-Service-System – Computer-Unterstütztes-Börsenhandels- und Entscheidungssystem (BOSS-CUBE) 162 ff.
   – Central Application for Settlement, Clearing and Depositary Expansion (CASCADE) 162 ff.

- Exchange Electronic Management of Collateral (Xemac) 167
- Geschäftsabwicklung mit BÖGA 162 ff.
- Online-Geschäftsabwicklung (OLGA) 162
- System zur integrierten Marktüberwachung (SIMA) 178
- Ticker Plant Frankfurt (TPF) 163
- Trading Options and Financial Futures System (TOFF) 168
- Xetra 164 ff.
- Xetra Observer (Handelsüberwachung) 178
- zugang, standortunabhängiger 164

**Bond Futures Window** 295, s. a. Derivativ-System, Dealing Windows

**Bonifikation** 133 f., s. a. Kreditkarten

**Bonität** 43, s. a. Unternehmensziel, mit begrenztem Zielausmaß

**Bonitäts-**
- analyse
  - Branchenvergleich (BRADI) 244 f.
  - Credit-Scoring-Modell 227 f.
  - Einzelbilanzanalyse (EBIL) 244
  - Expertensysteme 229, 256, 494 ff.
  - Expertensystem KIWI 230 f.
  - Expertensystem Lending Advisor 256 ff.
  - Finanz- und Liquiditätsplanung (FILIP und FIPLA/LIPLA) 247 f.
  - Genossenschaftliches Finanz-Beratungs-System (GENO-FBS) 242 ff.
  - Interaktive Kunden-Bilanz-Analyse (IKBA) 244 f.
  - Kontodatenanalyse (KONDAN) 250
  - Neuronale Netze 228, 489 ff.
  - Rating-Modul 243
  - Statistische Bilanzanalyse (STABIL) 246
  - Strategische Diagnose 252 f.
  - Unternehmer- und Unternehmensbeurteilung (UUB) 250 f.
  - Zukunftsorientierung 240
- indikatoren s. Bonitätsmerkmale
- indizes 251
- klasse 253
- merkmale 226 f., 243 f.
- risiko 379, 403

**Bonus-Malus-System** 306, s. a. Gesamtbanksteuerung, Geschäftssteuerung, dezentrale

**BOSS-CUBE** 162, s. a. Börsensysteme

**BRADI** (Branchendienst) 244 f., s. a. Branchenvergleich

**Branchen-**
- prognosen 251
- vergleich 244 f., s. a. Bonitätsanalyse

**Break-even point** 65 f., s. a. Effizienzkriterien für EDV-Anwendungssysteme, Wirtschaftlichkeit

**Broker** 477, s. a. Virtuelles Unternehmen, Instanzen für das Netzwerkmanagement

**BSB-Stützpunkt** (Bediente Selbstbedienung) 449 ff.
- Beratungszone 451
- Multi-Media-System 453
- Selbstbedienungszone 451

**Bürokommunikationssysteme** 344 f., s. a. Workflow-System

**Bundesdatenschutzgesetz** 377 f.

**Business Process Reengineering**, Ist-Analyse 152, s. a. Workflow-System

**Call Center** 89 ff., s. a. Telephone Banking

**CAMDISPO** 269, s. a. Cash Management-System, Systemangebot und Anhang 4-1

**CASCADE-System** 162 ff., s. a. Börsensysteme

**Cash Management-System** (CMS) 267 ff.
- Cash Pool, zentraler 272
- Devisenkursrisiko 273
- Konzentrationskonto 268
- Multi-Bank 268
- Netting 272
- Pooling 271
- Single-Bank 268
- Strukturtypen 270
- Systemangebot 269 f.
- Währungsmanagement 273
- Zielvorstellungen 268
- Zusatzfunktionen 271
- Zusatznutzen 278

**CashRegister** 136, s. a. CyberCash

**CBS** (Kreditsachbearbeitungssystem des Genossenschaftsverbundes) 242, s. a. Kreditbearbeitungssystem

**Chancen/Risiken-Analyse** 47, 425 ff., s. a. Strategische Analyse

**Charge Cards** 80, s. a. Karten

**China-Markt-Beratung mit EXPERTEX** 262, s. a. Expertensysteme

**Chip-Karte** 128, s. a. Karten

**Clearing** 122, 169, s. a. Börse und Zahlungsverkehr

**Cluster-Analyse** 499 ff.
- Ähnlichkeit von Objekten 221
- Merkmale 221
- Objekte 221

**CMIM** s. Corporate Management Informations Model

**CMS** s. Cash Management-System

**Co-Branding** 133, s. a. Kreditkarten

**Communication Gateways** 293, s. a. Derivativ-System

**Computer-Börse** 155, s. a. Börse

**Computer-Integrated Banking** (CIB) 27

**Computer-unterstützte Sachbearbeitung** (CSB) 149 f., 344

**Controlling** 389 ff.
- Berichte 405
- Erfolgs-Controlling 397
- Fremd-Controlling 393
- Gewinnsteuerung 393
- Grundlagen 389 ff.
- Kompetenzbezogenheit 395
- Komponentensteuerung 393
- Selbst-Controlling 393
- Systeme 399 ff., s. a. Bank-Controlling
- Systemeinsatzgebiete 396
- und Entscheidungsprozeß 391
- Unternehmenssteuerung 390

**Corporate Identity** 354, s. a. Marketing, Instrumente
- Ausdrucksformen
  - Unternehmenserscheinungsbild 355
  - Unternehmenskommunikation 355
  - Unternehmensverhalten 355
- Spiegelbild: Corporate Image 355

**Corporate Image** 355

**Corporate Management Informations Model** (CMIM) 404, s. a. Data Warehouse, Funktions- und Datenmodell

**Correspondent Central Banking Model** 115, s. a. TARGET

**Counterpropagation-Netz** 255, s. a. Neuronale Netze, Netztypen

**Credit Card** 80, s. a. Karten, Kreditkarte

**Credit-Scoring-Modell** 227 f., s. a. Bonitätsanalyse

**CSB** s. Computer-unterstützte Sachbearbeitung

**CyberCash** 135 ff.
- Anmeldeverfahren 137
- CashRegister 136
- Kreditkartenverfahren 138
- Lastschriftverfahren 138
- System 135
- Trust Center 135
- Verschlüsselung 139
- Wallet 136

**CyberCoin** 136 ff.
- Micropayment-Verfahren 136
- Schattenkonto 138
- Transaktion 138
- Verfahren 137

**Darlehensbearbeitung** 148 ff., s. a. Kredit

**Data Warehouse** 524 ff.
- Datenintegration 186
- Einsatzgebiete
  - Meldewesen 186
  - Risikomanagement 186
- Funktions- und Datenmodell 404
- OLAP-Technik (Online Analytical Processing) 530 f.
- Schnittstellenproblematik 187

**Database Marketing** 373 ff.
- Daten
  - Aktionsdaten 376
  - Datenbestand 375
  - Datenschutzrecht 377 f.
  - Grunddaten 376
  - Potentialdaten 376
  - Reaktionsdaten 376
- Produktnutzung 379
- Profitabilität 379
- Prozeß
  - Exception Monitoring 381
  - Individualisierung 374
  - Kundenbetreuung 381 f.
  - Kundenbewertung 378
  - Kundenselektion 378 f.

**Daten-**
- aktualisierung, Frequenz der 200
- aufbereitungsverfahren 227
- bankauswertung 314
- banksystem 25
- horizont 240
- integration 25, s. a. Systemintegration
- modell 25
- pool 186

**db-treasury network** 274 ff., s. a. Kunden-Treasury-System

**Dealing Windows** 295 f., s. a. Derivativ-System

**Debit Card** 80, s. a. Karten

**Defensivstrategie** 467, s. a. Direktbank

**Depot** s. a. Wertpapierverwaltung
- buchführung 159
- geschäft 156
- Personendepotbuch 159
- Sachdepotbuch 159
- Wertpapierverwahrung 156
- Wertpapierverwaltung 156

**Derivative Instrumente** s. a. Finanzinstrumente, Handel durch Derivativ-System unterstützt 286 ff.
- Derivative Instrumente und zugrundeliegende Stamminstrumente 286
- Software-Angebot 289

**Derivativ-System** (Handelssystem) 290 ff.
- Communication Gateways 293
- Dealing Windows 295 f.
- Grundfunktionen 288
- Inbound Gateways 291
- Informationsplattform 291
- Matching 297
- Outbound Gateways 291
- Risikomanagement 298 f.
- Teilsystem Connect 290
- Teilsystem Derivatives
  - Finanzinstrumente 294
  - Funktionen 294
- Teilsystem Futures
  - Back Office 296 ff.
  - Finanzinstrumente 295
  - Front Office 295 ff.
- Teilsystem Securities
  - Back Office 292 ff.
  - Finanzinstrumente 291
  - Front Office 291
  - Grundfunktionen 293

**Designated Sponsors** 177, s. a. Börse
**Deutsche Börse AG** 160 ff.
**Devon-System** 290, s. a. Derivativ-System
**Diagnose**, strategische s. Bonitätsanalyse und Strategische Diagnose
**DIALOGE** 408 ff., s. a. Personalinformationssystem
**Dialogverarbeitung** 26
**Direct Clearing Member** 169, s. a. Börse, Clearing, Teilnehmer
**Direktbank** 455 ff.
- Bargeldversorgung 461
- Bestandskundenpflege 466
- Betriebsbereitschaft 459 f.
- Chancen und Risiken 467 f.
- Defensivstrategie 467
- Erreichbarkeitszeit 459
- Geschäftskonzeptionen 457 ff.
- Geschäftsvermittlung 464
- Kostenstruktur 462
- Kundenbindung 463
- Leistungsangebot 457, 460 ff.
  - Eigenerstellung 464 f.
  - Fremdbezug 464 f.
- Marketing-Kommunikation 465 f.
- Markttransparenz 462
- Neukundengewinnung 466
- Offensivstrategie 467
- Preispolitik 462 ff.
- Strategische Stoßrichtungen 468 f.
- Vertriebswege 458

**Direktvertriebseinheit** 456
**Discount Broker** 191, 457
**Diskriminanz-**
- analyse, multivariate 227, 254, 487 ff.
- funktion 228, 487

**Dispositions-**
- sicherheit für Kunden 54, s. a. Kundennutzen, Dimensionen
- sicherheit für Wertpapierkunden 175
- systeme mit Zusatzfunktionen 271

**Diversifikationseffekte** 335, s. a. Value-at-Risk
**Dreiparteiensystem** 130, s. a. Kreditkarte
**Drill Across-Technik** 405, s. a. OLAP-Technik
**Drill Down-Technik** 405, s. a. OLAP-Technik
**Duales Steuerungsmodell** 304, s. a. Gesamtbanksteuerung
**Duration** 332, s. a. Barwertanalyse

**EBIL** s. Einzelbilanzanalyse
**EBS** s. Electronic Broking Service
**E-Business** s. Electronic Business
**ec-Karte** 79 ff., s. a. Karten
**E-Commerce** s. Electronic Business
**edd-Verfahren** s. electronic direct debit-Verfahren
**EDV-Anwendungssystem**
- Akzeptanz 28
- Effizienzkriterien 46 ff.
- Einsatzgebiet
  - funktionalbereichs-bezogen 343 ff.
  - gesamtbankbezogen 182 ff.
  - geschäftseinheits-bezogen 223 ff.
  - kundenbezogen 179 ff.
  - produktbezogen 74 ff., 195 ff.
  - regionsbezogen 211 ff.
  - strategiebezogen 436 ff.
  - unternehmensverbund-bezogen 188 ff., 219 ff.
- Grundfunktionen 44 f.
- Kundengeschäftsbezug 69
- Sachfunktionen 44
- Wirkungsvoraussetzungen 28

**EFA-System** s. Eigene FinanzAnalyse
**Effektengiroverkehr** 156, s. a. Wertpapierverwaltung
**Effizienz**, akquisitorische 215, s. a. MAI-System

**Effizienzkriterien** für EDV-Anwendungssysteme 46 ff.
- Kundennutzen 52
- Managementnutzen 57
- Wettbewerbsvorteile 68
- Wirtschaftlichkeit 63

**Eigene FinanzAnalyse** (EFA) 232, s. a. Beratungsunterstützung, prozeßbezogene

**Einsatzgebiete von EDV-Anwendungssystemen** s. EDV-Anwendungssysteme

**Einzelbilanzanalyse** (EBIL) 244, s. Bonitätsanalyse

**Einzeldimension** 32, s. Bezugseinheit

**EKI** s. Elektronische Kontoinformation der LZB

**Electronic Broking Service** (System für die Händler-Kommunikation) 285

**Electronic Business** 134 ff.
- CyberCash 135 ff.
- Electronic Mall 134
- Internet
  - Geld 142
  - Zahlungen 135
- Teleshopping 134

**Electronic Cash** 124
- Autorisierungszentrale 126
- Betreibernetze 126
- Händlerakzeptanz 128
- Lastschriftverfahren, elektronisches 128
- PIN-Benutzung 144
- POZ-System 128
- Systembeteiligte 124
- Verfahrensvarianten 128
- Vertragswerk 125

**electronic direct debit-Verfahren** (edd-Verfahren) 136, s. a. CyberCash

**Elektronisch**
- Börse s. Computer-Börse
- Kontoinformation (EKI) der LZB 112
- Lastschriftverfahren 128, s. a. Electronic Cash, Verfahrensvarianten
- Schalter (ELS) der LZB 112
- Handelssystem 155

**ELS** s. Elektronischer Schalter der LZB

**ELV** s. Elektronisches Lastschriftverfahren

**Emissionsmarkt** 2, s. a. Primärmarkt

**Entscheidungs-**
- prozeß
  - effizienz s. Managementnutzen, Dimensionen
  - phasenbezogene Controlling-Funktionen 391
  - phasenbezogene Systemunterstützung 58
- unterstützung s. Grundfunktionen der EDV-Anwendungssysteme

**Erfolg** 38 ff., s. a. Unternehmenszielelement

**Erfolgs-Controlling** 397, s. a. Controlling

**Erfolgsfaktoren**, strategische/kritische s. Strategische Erfolgsfaktoren

**Ertragswertermittlung** 207, s. a. Immobilien

**EU-Förderprogramm** 261, s. a. Beratung, Firmenkunden

**Eurex Deutschland** 167 ff.
- Clearing House 169
- Garantiefunktion 169
- Instrumente 168 f.
- TOFF-System (Trading Options and Financial Futures System) 168, s. a. Börsensysteme

**Eurocard** 83, s. a. Karten und Kreditkarten

**EUROEXPERT** 261, s. a. Expertensysteme

**Europa-Beratung** 260 ff., s. a. Beratung, Firmenkunden

**European Clearinghouse** 167, s. a. Eurex Deutschland, Clearing House

**EvoPron Renten** 204, s. a. Zinsprognose, Systeme

**Exception Monitoring** 381, s. a. Database Marketing, Prozeß

**Exchange Electronic Management of Collateral** (Xemac) 164, s. a. Börsensysteme

**Exchange Information and Ordermanagement System (XIOS)** 164

**EXES/I** 207, s. a. Expertensysteme

**Expertensysteme** 494 ff.
- EUROEXPERT (EU-Förderprogramm-Beratung) 261
- EXES/I (Beleihungswertermittlung) 207
- EXPERTEX (China-Markt-Beratung) 262
- Fuzzy Logic 258, s. a. Theorie der unscharfen Mengen
- GENO-STAR (Genossenschaftlicher Staatshilfen-Ratgeber) 259 ff.
- Inferenzmechanismus 257, 495 f.
- KIWI (Kreditentscheidungsunterstützung auf Wissensbasis) 230
- Lending Advisor (Bonitätsprüfung von Firmenkunden) 256
- Wissens-
  - akquisition 208
  - repräsentation 208

**EXPERTEX** 262, s. a. Expertensysteme

**Externe Meldungen** 182 ff.
- Datenbankauswertungen 183
- Erstellung 186

**Feinsteuerung** 305, s. a. Gesamtbanksteuerung
**Festverzinsliche Wertpapiere** 291, s. a. Finanzinstrumente, Handel durch Derivativ-System unterstützt
**Festzins-** s. a. Gesamtbanksteuerung, Gap-Analyse
- altgeschäft, Zinsergebnis 324
- äquivalente 324
- block, geschlossener 319
- überhang 319
- zahler-Swap 322

**Finanzierungsprogramm-Beratung** 259, s. a. Beratung, Firmenkunden
**Finanzinstrumente**, Handel durch Derivativ-System unterstützt
- Festverzinsliche Wertpapiere 291
- Floating Rate Notes 291
- Forward Rate Agreements 286
- Futures 286
- Geldmarktinstrumente 291
- Optionen 286

**Finanz-**
- intermediation, Theorie der 1 ff.
- planung mit integrierter Liquiditätsplanung (System FILIP) 248, s. a. Beratung, Firmenkunden und Bonitätsanalyse
- planung/Liquiditätsplanung (System FIPLA/LIPLA) 247, s. a. Beratung, Firmenkunden und Bonitätsanalyse
- terminbörsen 167

**Firmenkunden**
- Geschäftskunden und mittlere Firmenkunden 239 ff.
- große Firmenkunden 264 ff.
- Unternehmensberatungsleistungen 258 ff.

**Floating Rate Notes** 291, s. a. Finanzinstrumente, Handel durch Derivativ-System unterstützt
**Förderauftrag** 36, s. a. Unternehmensziele, Grundauftrag
**Forward Rate Agreements** 286, s. a. Finanzinstrumente, Handel durch Derivativ-System unterstützt
**Fremd-Controlling** 393, s. a. Controlling
**Front Office** 283 ff., s. a. Derivativ-System
**Führungsebenen** 29, s. a. Aufgabenebenen von Informationssystemen
**Funktionalbereiche** 343 ff.
**Funktionalbereichs-bezogene Systeme** 343 ff.
**Funktionalstrategie** 424, s. a. Strategie, Bankstrategien

**Funktionsintegration** 26, s. a. Systemintegration
**Futures** s. Finanzinstrumente, Handel durch Derivativ-System unterstützt
**Fuzzy Logic** 258, s. a. Expertensysteme

**Gap-Analyse** 317 ff., s. a. Gesamtbanksteuerung
**Gebührentransparenz** 123, s. a. Zahlungsverkehr
**Geldausgabeautomat** 82 f.
**Geldkarte** 129, s. a. Karten
**Geldmarktinstrumente** s. Finanzinstrumente, Handel durch Derivativ-System unterstützt
**Gemeinnützigkeitsprinzip** 35, s. a. Unternehmensziele, Grundauftrag
**General Clearing Member** 169, s. a. Börsen, Clearing, Teilnehmer
**GENO-FBS** s. Genossenschaftliches Finanz-Beratungs-System
**Genossenschaftlich**
- Informations Service (GIS) 198, s. a. Wertpapieranalyse, Systeme
- Staatshilfen-Ratgeber (GENO-STAR) 259 ff., s. a. Expertensysteme und Beratung, Firmenkunden
- Finanz-Beratungs-System (GENO-FBS) s. Bonitätsanalyse

**GENO-STAR** s. Genossenschaftlicher Staatshilfen-Ratgeber
**Gesamtbank-**
- bezogene Systeme 182 ff.
- steuerung 304 ff.
  - APS-System 330
  - Asset Liability Management 315
  - Aufgabe 304
  - Bilanzstrukturmanagement 315 ff.
  - Bilanzstruktursimulation 327 ff.
  - Duales Steuerungsmodell 304
  - Feinsteuerung, aktionsorientierte 305
  - Gap-Analyse 318 ff.
  - Geschäftssteuerung, dezentrale 305
  - Globalsteuerung, potentialorientierte 305
  - Historische Simulation 333 ff.
  - Margenbarwert 314
  - Methodische Ansätze 306
  - Monte-Carlo-Simulation 309
  - Optimierungsmodelle 330
  - Return on Risk-Adjusted Capital (RORAC) 311, 332, 399
  - Risikoanalyse 315 ff.

- Risk-Adjusted Profitability Measurement (RAPM) 311
- Risk-Adjusted Return on Capital (RAROC) 311, 332, 399
- Risk-Return-Steuerung 310, 316
- Steuerungsbereiche 304
- Struktursteuerung, zentrale 305
- Summen-Cash-Flow 314
- Super Cash-Flow 304
- Systeme 312 ff.
- What-if-Analysen 307 f.
- Ziele 304
- Zinsbindungsbilanz 314, 321
- strategie 436, s. a. Strategie, Bankstrategien

**Geschäfts-**
- abwicklung 44, s. a. Grundfunktionen der EDV-Anwendungssysteme
- dokumentation 44, s. a. Grundfunktionen der EDV-Anwendungssysteme
- einheiten, strategische 223 ff., 417 ff.
- einheitsbezogene Systeme 223 ff.
- feld, strategisches 33, 417 ff.
- konzeption, neue 448
- kunden und mittlere Firmenkunden s. Strategische Geschäftseinheit
- stellenquote 215 f., s. a. MAI-System
- steuerung, dezentrale 305, s. a. Gesamtbanksteuerung
- und Markttransparenz s. Kundennutzen, Dimensionen

**Gewinnsteuerung** 393, s. a. Controlling
**Gfs-System** (Gillardon financial software) 313
**GIS** s. Genossenschaftlicher Informations Service
**Global Risk Management** s. S.W.I.F.T.
**Globalsteuerung**, potentialorientierte 305, s. a. Gesamtbanksteuerung
**Großkundenbetreuung** (SALOME-System) 382 f., 388, s. a. Marketing
**Grundauftrag** 49, s. a. Unternehmensziele
**Grunddaten** 376, s. a. Database Marketing, Daten
**Grundfunktionen der EDV-Anwendungssysteme** 44 ff.
- Basisdaten-Administration 44
- Beratungsunterstützung 44
- Entscheidungsunterstützung 45
- Geschäftsabwicklung 44
- Geschäftsdokumentation 44
- Steuerung 45

**Grundstrategien** 432, s. a. Strategie

**Handel**
- Eigengeschäfte 281
- Kundengeschäfte 281
- Mindestanforderungen an das Betreiben von Handelsgeschäften (MaH) 283
- ordergetriebener 165

**Handels-**
- buch (Trading Book), s. a. Bank-Controlling, Industry Solution Bank
- plattform, vollelektronische 164
- system
  - Derivativ-System 290 ff.
  - OptiMark 165
  - Xetra 164 f.
- überwachung
  - SIMA (System zur Integrierten Marktüberwachung) 178, s. a. Börsensysteme
  - Xetra Observer 178

**Hauptbankverbindung** 440, s. a. Bankverbindung
**Hedging**, Geschäftsmöglichkeiten 295, s. a. Derivativ-System
**HERMEScompact** 344 f., s. a. Bürokommunikationssysteme
**Home Banking** 88 ff., 96, 347, s. a. Vertriebswege, bankeigene
**Hypofix-System** (Darlehenszusagesystem) 192, s. a. unternehmensverbundbezogene Systeme 188 ff.

**IBOS** s. Inter-Bank-On-Line-System
**IKBA** s. Interaktive Kunden-Bilanz-Analyse
**Immobilien**
- Bauwertermittlung 207
- Beleihungswert 206
- bewertung, Systeme 206 ff.
- Bodenwertermittlung 207
- Ertragswertermittlung 208

**Inaktive Bankverbindung** 440, s. a. Bankverbindung
**Index Window** 295, s. a. Derivativ-System, Dealing Windows
**Individualisierung**
  s. a. Database Marketing, Prozeß
- Kommunikation 374
- Leistungsangebot 374

**Industrie-Clearing** 265
**Industry Solution Bank** (ISB) 315 ff., s. a. Gesamtbanksteuerung, Systeme
- bankspezifische Komponenten 316
- Laufzeitbänder 321
- Risikofaktoren 333
- Risikosteuerung 318
- Selektionskriterien der Analyse 317

- VaR-Report 338
- Zielgrößen 316

**Inferenzmechanismus** 257, s. a. Expertensysteme

**Informations-**
- bereitstellung 63, s. a. Effizienzkriterien, Managementnutzen, Dimensionen
- broker 198, s. a. GIS-System
- dienste, professionelle Anwender 197, s. a. Wertpapieranalyse
- Service, genossenschaftlicher (GIS) 198, s. a. Wertpapieranalyse, Systeme
- system-Pyramide 29
- verteilsystem TPF (Ticker Plant Frankfurt) 163, s. a. Börsensysteme

**In-House Banking** 265, 427, 485

**Instituts-**
- verbund, mehrstufiger 189, s. a. Unternehmensverbund
- werbung 355, s. a. Marketing, Instrumente

**Integration** s. Systemintegration

**Interaktive Kunden-Bilanz-Analyse** (IKBA) 244 f., s. a. Bonitätsanalyse

**Inter-Bank-On-Line-System** (IBOS) 266 f., s. a. Zahlungsverkehr, Systeme für den Auslandszahlungsverkehr
- Bankenclub 266
- Funktionen 266
- Gebühren 267
- Multipoint to Multipoint Network 267
- System 266

**Interbranch File Transfer Service** 120, s. a. S.W.I.F.T.

**Internet** 515 ff.
- Banking 99
- Emissionen 171
- Geld 134 ff.
- Kommunikation 362, 385, 515 ff.
- Kundensegment 101
- Sicherheitsanforderungen 100
- Zahlungen 135
- Zahlungssysteme 135

**Investitionsförderung** 262, s. a. Beratung, Firmenkunden

**ISB-System** s. Industry Solution Bank

**Ist-Portfolio** 435, s. a. Strategie

**IT-Einsatz**, Effizienzkriterien 46 ff.

**I&K**
- System, Synonyma 23
- Technik 5, 23

**Kapitalallokation** 339, s. a. Value-at-Risk, Eigenkapitalallokation

**Karten** 79 ff.

- Bankkarte 82
- Charge Card 80
- Chip-Karte 81, 128
- Debit Card 80
- ec-Karte 79, 82
- Eurocard 83
- Geldkarte 79, 129
- Kreditkarte 80, 130 ff.
- Sicherungsverfahren 81

**Kassamarkt**, Börsensysteme 163

**Kaufpotential** 379, s. a. Database Marketing, Kundenbewertung

**KBS** s. Kunden-Beobachtungssystem

**KIWI** s. Kreditentscheidungsunterstützung auf Wissensbasis

**Kommunikations-**
- instrumente 354 ff., s. a. Marketing, Instrumente
- manager 478, s. a. Virtuelle Bank, Instanzen für das überbetriebliche Netzwerkmanagement
- systeme, ubiquitäre 348

**Kompetenzbezogenheit** 395, s. a. Controlling

**Komponentensteuerung** 393, s. a. Controlling

**KONDAN** s. Kontodatenanalyse

**Konkurrenz-**
- analyse, regional 212 ff.
- situation, regionaler Teilmarkt 214

**Kontoauszugsdrucker** 85, s. a. Automaten, kundenbediente

**Kontodatenanalyse** (KONDAN) 248 ff., s. a. Bonitätsanalyse
- Anwendbarkeit 250
- Bonitätsurteil 250

**KontoDirekt** 190, 456, s. a. Direktvertriebseinheit

**Konzentrationskonto** 268, s. a. Cash Management-System

**Konzernlösung** 28, s. a. Unternehmensverbund

**Kooperation** s. Unternehmenskooperation

**Kooperationslösung** 38, s. a. Unternehmensverbund

**Korrespondenzbanken** 114, s. a. Zahlungsverkehr

**Kosten des Kunden** s. Kundennutzen, Dimensionen

**Kostenersparnis des Kunden** s. Kundennutzen, Dimensionen

**Kostenvergleichsrechnung** 63, s. a. Effizienzkriterien für EDV-Anwendungssysteme, Wirtschaftlichkeit

**Kredit**
- anzeigen 184
- Baufinanzierung 192
- bearbeitungssystem (CBS) 242
- CSB-System 149 ff.
- Darlehensbearbeitung 148 ff.
- entscheidungsunterstützung auf Wissensbasis (KIWI), s. a. Bonitätsanalyse und Expertensysteme
    - Einsatzbarrieren 230
    - Erfolg 230
    - Systemkonzeption 230
- geschäft, Basisprozesse 148 ff.
- informationssysteme 239 ff.
- karten 130 ff.
    - Affinity Card 133
    - Co-Branding 133
    - Dreiparteiensystem 130
    - Emittentenverträge 146
    - Gesellschaft 131
    - Legitimationsprüfung 131
    - Nutzenkomponenten 145
    - Serviceleistungen 133
    - SET-Standard 140, 521 ff.
    - Sicherungsverfahren 144
    - system 130
    - Versicherungsleistungen 132
    - zahlung, Ablauf 130
- limit 249, s. a. Kontodatenanalyse
- nehmer, **ein** Kreditnehmer gem. § 19 II KWG 183 ff.
- überwachungssystem 248, s. a. Kunden-Beobachtungssystem (KBS)
- vergabe, Gestaltungsspielraum 240
- würdigkeitsprüfung s. Bonitätsanalyse

**Kunden-**
- ansprache, Web-Site-Besuche 365
- Beobachtungssystem (KBS) 248, s. a. Kreditüberwachungssystem
- bewertung 378, s. a. Database Marketing, Prozeß
- bezogene Systeme 179 ff.
- bindungserfolg, Analyse 371, s. a. Beschwerdemanagementsystem
- dossier, elektronisches 381, s. a. Database Marketing, Kundenbetreuung
- geschäftsbezug s. a. Effizienzkriterien für EDV-Anwendungssysteme, Wettbewerbsvorteile
    - direkt 68 ff.
    - indirekt 68 ff.
- gruppen
    - Abgrenzung 239
    - attraktive 436, s. a. Strategische Analyse
    - Kriterien 239
- informationssystem
    - Datensystematik 180
    - Nutzbarkeit 180
    - Merkmale s. Database Marketing, Daten
- nutzen 52 ff., s. a. Effizienzkriterien für EDV-Anwendungssysteme
    - Dimensionen 54 ff.
    - Individualität 52
    - Subjektivität 52
    - Transparenz 54
    - Zusatznutzenprofil 53
- selektion 378 f., s. a. Database Marketing, Prozeß
- Treasury-System 274, 278, 280
- wanderungsanalyse 438 ff., s. a. Strategische Analyse
    - Kundenzustände 439 f.
    - Lebenszeit-Erfolgsbeiträge 442
    - Nichtkundenzustände 439
    - Übergangswahrscheinlichkeiten 439 f.

**Künstliche Neuronale Netze**
s. Neuronale Netze

**Kybernetik** 8 f., s. a. Systemansatz, Grundbegriffe

**Lastschriftverfahren**, elektronisches 128, s. a. Electronic Cash

**Least Cost Call Routing-System** 92, s. a. Telephone Banking

**Legalität** 43, s. a. Unternehmensziel, mit begrenztem Zielausmaß

**Legitimationsprüfung** 131, s. a. Kreditkarten

**Leistungs-**
- angebot
    - gesamtbedarfsorientiert 457
    - teilbedarfsorientiert 457
- arten s. a. Bankleistungen
    - konventionelle 50, 143
    - neue 51, 143
- gestaltung 352
- kennzahlen 276
- manager s. Virtuelles Unternehmen, Instanzen für das überbetriebliche Netzwerkmanagement
- programm
    - Ausgleich 353
    - Bereinigung 353
    - Erweiterung 353
- prozesse, virtuelle 471, s. a. Virtuelles Unternehmen

**Leitbild** s. Unternehmensleitbild

**Leitwegsteuerung** 112, s. a. Zahlungsverkehr
**Lending Advisor** 256, s. a. Bonitätsanalyse und Expertensysteme
**Lieferbereitschaft** 351, s. a. Marketing, Instrumente
**Liquidität** 41, s. a. Unternehmensziel, mit begrenztem Zielausmaß
**Liquiditäts-**
– kontrolle
  – extern 274
  – intern 274
– sicherung
  – situativ 41
  – strukturell 41

**MaH** (Mindestanforderungen an das Betreiben von Handelsgeschäften) 283 f.
– Risiko-Controlling 284
– Risikomanagement 284
**MAI-System** (Marktattraktivitäts-Indikator-System) 213 f.
– Geschäftsstellenquote 215 f.
– Konfrontationsmaß 216
– Konkurrenzsituation 214 f.
– Marktattraktivitäts-Indikator 216 f.
– Marktpotential 213
– Medianstandardisierung 216
– Sensitivitätsanalyse 217 f.
– Steueraufkommen 214
– Wettbewerber-Konzentration 215
**Managementnutzen** 57 f., s. a. Effizienzkriterien für EDV-Anwendungssysteme
– Dimensionen 62 f.
– Individualität 61
– Subjektivität 61
**Margenbarwert** 314, s. a. Gesamtbanksteuerung
**Mark-to-Market**
– Prinzip 169
– Bewertung 331
**Market Maker-Prinzip** 163, 168, s. a. Börse
**Market Window** 295, s. a. Derivativ-System, Dealing Windows
**Marketing**
– Datenbank, Kundenbetreuung 381
– Großkundenbetreuung 382 ff.
– Instrumente 346 ff.
– Kommunikation, Internet 361
– Media-Selektion 373, 388
**Markov**
– Kundenwanderungsanalyse 438 ff.
– Modell 442
– Prozesse 505 ff.

**Markt-**
– attraktivität 217, 418 ff.
– attraktivitäts-Indikator 216
– eintrittsbarrieren 485
– innovation 481
– Intermediär 479, s. a. Virtuelle Bank
– leistungswerbung 356,
  s. a. Marketing, Instrumente
– liquidität 176 f.
– potential, regionales
  – analyse 212 ff.
  – Indikatoren 213
– preisrisiken 398
– transparenz 177, s. a. Börse
– wert
  – änderungen 307, 331
  – der Bank, rechnerischer 304
  – orientierung 314
  – Reagibilität 333
– zinsmethode (Modul) 401
**MARZIPAN** s. Marktzinsmethode
**Matching** 297, s. a. Derivativ-System
**MDA** s. Multivariate Diskriminanzanalyse
**Media-Selektion** 373, 388, s. a. Marketing
**Meldewesen**, externes 183,
  s. a. gesamtbank-bezogene Systeme
**Mengenkunden** 224,
  s. a. Strategische Geschäftseinheit
**Micropayment-Verfahren** 136,
  s. a. CyberCoin
**Mindestanforderungen an das Betreiben von Handelsgeschäften** (MaH) 283 f.
**Modellrechnungen** 231, s. a. Beratungsunterstützung, produktorientiert
**MONETA** 270, s. a. Cash Management-System und Anhang 4-1
**Monte-Carlo-Simulation** 309, s. a. Gesamtbanksteuerung und Value-at-Risk
**MULTICASH** 269, s. a. Cash Management-System und Anhang 4-1
**Multifunktions-Terminal** 83,
  s. a. Automaten, kundenbediente
**Multipoint to Multipoint Network** 267,
  s. a. IBOS-System
**Multivariate Diskriminanzanalyse** 228, 254, 487 ff.,
  s. a. Diskriminanzanalyse

**Near-Banks** 428, s. a. Strategische Analyse, Chancen/Risiken-Analyse
**Nearest-Neighbor-Verfahren** 246,
  s. a. Bonitätsanalyse, Statistische Bilanzanalyse
**Nebenbankverbindung** 440,
  s. a. Bankverbindung

**Netting** 272, s. a. Cash Management-
  Systeme
**Netzkoordinator** 479, s. a. Virtuelle Bank
**Netzwerk-Coach** s. Virtuelles Unternehmen,
  Instanzen für das überbetriebliche
  Netzwerkmanagement
**Netzwerkmanagement** 477,
  s. a. Virtuelles Unternehmen
**Neuronale Netze**
– Anwendungen
  – Kreditwürdigkeitsprüfung 228
  – Zinsprognose 201 ff.
– Netztypen
  – Backpropagation 255
  – Counterpropagation 255
– Verfahren 489 ff.
  – Gewichtungsfaktoren 204
  – Schwellenwert 204
  – Struktur 205
  – Trainingsdatensatz 205
**Nichtkundenzustände** 439, s. a. Kunden-
  wanderungsanalyse
**Nischenstrategie**, teilbedarfsbezogene 383,
  s. a. Grundstrategien
**Non-Banks** 428, s. a. Strategische Analyse,
  Chancen/Risiken-Analyse
**Non-Clearing Members** 169, s. a. Börse,
  Clearing, Teilnehmer
**Novität von Bankleistungen/Aufgaben**
  55 ff., s. a. Effizienzkriterien für
  EDV-Anwendungssysteme
**Nutzungsfrequenz** 64, s. a. Effizienz-
  kriterien für EDV-Anwendungssysteme,
  Wirtschaftlichkeit

**Objektintegration** 289, s. a. Systemintegra-
  tion
**Öffentlichkeitsarbeit** 355, s. a. Marketing,
  Instrumente
**Offensivstrategie** 467, s. a. Direktbank
**Office Banking** 347, s. a. Vertriebswege,
  bankeigene
**Offline**
– Verfügungsrahmen 128,
  s. a. Electronic Cash
– Zahlungen 128
**OLAP-Technik** (Online Analytical Pro-
  cessing) 530 f., s. a. Data Warehouse
– Drill Across-Technik 405
– Drill Down-Technik 405
**OLGA** s. Online-Geschäftsabwicklung
**ONDA-System** (On-Line-Dauerprogramm)
  74, s. a. Schalterterminalsystem
**Online-Geschäftsabwicklung** (OLGA) 162,
  s. a. Börsensysteme

**Optimierungsmodell** 330,
  s. a. Gesamtbanksteuerung
**Optionen** s. Finanzinstrumente, Handel
  durch Derivat-System unterstützt
**Optionsscheinhandel**, außerbörslicher
  172 ff.
– offenes System 174
– Xeos-System 173
**Order Routing-System** 164,
  s. a. Börsensysteme
**Organisationsformen**, virtuelle
  s. Virtuelles Unternehmen
**OTC** (Over the Counter)-Markt 167
**Outbound Telephone Banking** 92,
  s. a. Telephone Banking

**Parkettbörsen** s. Präsenzbörsen
**Payment Gateway Server** 136,
  s. a. CyberCash
**Persönliche Identifikations-Nummer** (PIN)
  80
**Personal-**
– einsatzsteuerung 409
– entwicklung 410
– informationssystem 407
  – DIALOGE 408
  – Grundstruktur 408
  – Sachfunktionen 409
– Ist-Kostenrechnung 411
– reserve 410
**Personendepotbuch** 159, s. a. Depot
**Pooling** 271,
  s. a. Cash Management-Systeme
**Portfolio-**
– Analyse 236, s. a. Strategische Diagnose
  252
– Handel 164
– Management-System 197, s. a. Wertpa-
  pieranalyse
– Methode 435, s. a. Gesamtbankstrategie
**Position Window** 296, s. a. Derivativ-
  System, Dealing Windows
**Potentialdaten** 376,
  s. a. Database Marketing, Daten
**POZ-System** 128,
  s. a. Electronic Cash-System
**Präsenzbörsen** 155, s. a. Börse
**Preis**
– der Bankleistungen s. Kundennutzen,
  Dimensionen
– politik 353
– politische Mittel 354
– spaltung 354
– staffelung 353
– taktische Mittel 353

**Present Value** 298
**Price Value of a Basispoint** (PVBP) 332,
s. a. Basis Point Value
**Pricing** 298, s. a. Derivativ-System
**Pricing Window** 296, s. a. Derivativ-
System, Dealing Windows
**Primärmarkt** 2, 170, s. a. Emissionsmarkt
**Privatkunden**, gehobene 234 ff.,
s. a. Strategische Geschäftseinheit
**Produkt-**
– bezogene Systeme 74 ff., 195 ff.
– nutzung 379, s. a. Database Marketing
– nutzungsprofil 440, s. a. Kundenwande-
rungsanalyse
**Produktions-**
– bank 465, s. a. Direktbank, Leistungs-
angebot
– faktoren 18
**Profitabilität** 379, s. a. Database Marketing
**Property Rights-Konfiguration** 16 ff.,
s. a. Bankleistungen
**Prozesse**, bankbetriebliche 23
– Regelung 22
– Steuerung 22
**Prozeßtyp** s. a. Effizienzkriterien für
EDV-Anwendungssysteme
– Neue Geschäftsprozesse mit Kunden
50 f.
– Neue interne Prozesse 51 f.
**PVBP** s. Price Value of a Basispoint

**Qualitäts-**
– defizite 368, s. a. Beschwerdemanage-
mentsysteme
– management
– Grundlagen 366
– Phasenkonzepte 367
**Quote Window** 296, s. a. Derivativ-System,
Dealing Windows

**Rangzahl**, modifizierte 220,
s. a. Betriebsvergleich, unternehmens-
verbund-bezogene Systeme
**RAROC** s. Risk-Adjusted Return on
Capital
**RAROC 2020** 277, s. a. Beratung, Firmen-
kunden, Kunden-Treasury
**Rating-Modul** 243, s. a. Bonitätsanalyse
**Reaktionsdaten** 376, s. a. Database
Marketing, Daten
**Real-Time Gross Settlement** (RTGS)
114, 166, s. a. TARGET-System und
Börsensysteme
**Real-Time Settlement** 166,
s. a. Börse

**Referenz-**
– leistungsart 53, s. a. Kundennutzen
– verfahren 62
**Regelungsmaßnahmen** 22, s. a. Prozesse,
bankbetriebliche
**Regionsbezogene Systeme** 211 ff.
**Regression**
– Koeffizient 204 f.
– Mehrgleichungsmodell 202
**Remote Access** 117, s. a. TARGET-System
**Retail Banking** 373 f., 438 ff.
**Return on Risk-Adjusted Capital** (RORAC)
311, 332, 399,
s. a. Gesamtbanksteuerung
**Reziprozität**, Prinzip der 110,
s. a. Zahlungsverkehr
**Risiko**
– Akkumulation 428
– analysesystem R/3 276, 315 ff.
– Controlling 397
– Aufgaben des Risikomanagements
398
– Marktpreisrisiken 398
– faktoren 307
– indizes 251, s. Bonitätsanalyse
– limitierung 399
– management 299, 315 ff.
– managementfunktionen des Kunden-
Treasury-Systems
– Analyse 275
– Identifizierung 275
– Kontrolle 275
– Management 275
– Monitoring 275
– Steuerung 275
– maße, analytische 299
– steuerung
– dynamische 316
– statische 316
– verbund 185, s. a. Kreditnehmer,
ein Kreditnehmer nach § 19 II KWG
**Risk-Adjusted Profitability Measurement**
(RAPM) 311, s. a. Gesamtbanksteue-
rung
**Risk-Adjusted Return on Capital** (RAROC)
311, 332, 399,
s. a. Gesamtbanksteuerung
**RiskMetrics** 277, s. a. Value-at-Risk
**Risk-Return-** s. a. Gesamtbanksteuerung
– Ansatz 310
– Steuerung 316
**Risk Window** 296, s. a. Derivativ-System,
Dealing Windows
**RORAC** s. Return on Risk-Adjusted
Capital

**RTGS** s. Real-Time Gross Settlement
**R&V-Informationssystem** (RUVIS) 192,
  s. a. unternehmensverbundbezogene Systeme

**Sachdepotbuch** 159, s. a. Depot
**SALOME** (Sal. Oppenheim Marketing-Entwicklung) 384, s. a. Marketing, Großkundenbetreuung und Verkaufskommunikation
**Schalterterminalsysteme** 74 ff.,
  s. a. ONDA-System
**Schattenkonto** 138, s. a. CyberCoin
**Schlußnoten** 162, s. a. Börsensysteme, BÖGA
**Schnelligkeit** s. Kundennutzen, Dimensionen
**Schutzwürdiges Interesse** 378,
  s. a. Database Marketing, Datenschutzrecht
**Scores** 379, s. a. Database Marketing, Kundenbewertung
**Secure Electronic Transaktion** s. SET-Standard
**Sekundärmarkt** 2, 170, s. a. Zirkulationsmarkt
**Selbst-Controlling** 393, 402,
  s. a. Controlling
**Sensitivitätsanalyse**
– Marktattraktivitäts-Indikator 217
– Zinsprognose 202
**SET-Standard** (Secure Electronic Transaction) 140, 521 ff., s. a. Kreditkarten
**Settlement-Matching** 166, s. a. Börse, Clearing
**Shadow Accounting** 297, s. a. Derivativ-System
**Sicherheit** s. Kundennutzen, Dimensionen sowie Unternehmensziele mit begrenztem Zielausmaß
**Sicherungsverfahren** 81, s. a. Karten
**SIMA** s. System zur Integrierten Marktüberwachung
**Simulation**, s. a. Value-at-Risk
– historische 33
– Monte-Carlo 309
**Simulationsszenario** 334, s. a. Szenario
**S-Inter Pay-System** 116, 122, s. a. Zahlungsverkehr, Systeme im Auslandszahlungsverkehr
**Sparkasse**
– öffentlicher Auftrag 220
– Präsenz 220
– Ranking 219
– Unternehmensziele 221

**Stärken/Schwächen-Analyse** 47, 429 f.,
  s. a. Strategische Analyse
**Stammdaten-Administration**, kundenbezogene 179, s. a. kundenbezogene Systeme
**Standortwahl** 349, s. a. Marketing, Instrumente
**Statistische Bilanzanalyse** (STABIL) 246,
  s. a. Bonitätsanalyse
**Status Quo-Prognose** 431, s. a. Strategisches Bankmanagement, Grundlagen
**Steuerung** 45, s. a. Grundfunktionen der EDV-Anwendungssysteme
**Steuerungs-**
– aspekte, organisatorische 392, s. a. Bank-Controlling, Grundlagen
– geschäfte, fiktive 340, s. a. Gesamtbanksteuerung, Gap-Analyse und Bilanzstruktursimulation
– informationen, hierarchisch abgestufte 390, s. a. Bank-Controlling, Grundlagen
– instrumente 392, s. a. Bank-Controlling, Grundlagen
– maßnahmen 22, s. a. Prozesse, bankbetriebliche
– modell, duales 304, s. a. Gesamtbanksteuerung
– relation 392, s. a. Bank-Controlling, Grundlagen
**Strategie**
– Bankstrategien 432 ff.
  – Funktionalstrategie 424
  – Gesamtbankstrategie 435
  – Geschäftsfeldstrategie 435
– bezogene Systeme 436 ff.
– ebenen 423
– Erfolgsmessung 416
– Grundstrategien 432 ff.
  – Kostenführerschaft 432
  – Differenzierung 432
  – Nischenstrategie 383, 432
– Ist-Portfolio 435
– Wachstumsrichtungen
  – Expansion 432
  – Rückzug 432
  – Verteidigung 432
**Strategische(s)**
– Analyse
  – Chancen/Risiken-Analyse 425 ff.
  – Stärken/Schwächen-Analyse 429 ff.
  – Systeme 436 ff.
  – Unternehmensleitbild 425
– Bankmanagement
  – Ausgangssituation 425 ff.
  – Begriffe, grundlegende 417 ff.
  – Grundlagen 414 ff.

- Phasen 422 ff.
- Diagnose 252, s. a. Bonitätsanalyse
- Erfolgsfaktoren
  - Marktattraktivität 418 f.
  - Relative Wettbewerbsstärke 47, 418 f.
- Geschäftseinheit 421
  - bankbezogene 224, 283
  - Firmenkunden, große 264 ff.
  - Geschäftskunden und mittlere Firmenkunden 239 ff.
  - kundenbezogene 224
  - Mengenkunden 224 ff.
  - Privatkunden, gehobene 234
  - Systeme 223 ff.
  - Treasury 280 ff.
- Geschäftsfeld 421, 433 f., s. a. Strategisches Bankmanagement, Grundlagen

**Streß-Szenario** 334, s. a. Szenario
**Strukturpyramide** 33
**Struktursteuerung**, zentrale 305, s. a. Gesamtbanksteuerung
**Stützpunkte**, s. a. Vertriebswege, bankeigene
- Definition 347
- Differenzierung 449

**Suchphase** 59 ff., s. a. Entscheidungsprozeß
**Summen-Cash Flow** 314, s. a. Gesamtbanksteuerung
**Super Cash Flow** 304, s. a. Gesamtbanksteuerung
**Swap** s. Finanzinstrumente, Handel durch Derivativ-System unterstützt
**S.W.I.F.T.**
- Beteiligte 117
- Funktionen 119
- Geschäftsabwicklung 120
- Global Risk Management 120
- Interbranch File Transfer 120
- Nachrichtenarten 119
- Nachrichtentexte 120
- System 117
- Systemarchitektur 118
- Ziele 117

**System-**
- ansatz, Grundbegriffe 7 ff., s. a. Kybernetik
  - aktives System 8
  - Anpassung 12
  - betrachtung 7 ff.
  - Determinismus 9
  - dynamisches System 8
  - eigenschaften 8

- geschlossenes System 8
- Komplexität 9
- Kybernetik 9
- passives System 8
- Regelung 12
- Regelungsprozeß 10
- Schwingungen 11
- statisches System 8
- Steuerung 12
- struktur 7
- Subsystem 7
- Supersystem 7
- Systembegriff 7
- verhalten 8
- Wirkungskette, geschlossene 11
- Ziel eines Systems 9
- Zweck eines Systems 9
- begriff 24
- einsatzgebiet 33, s. a. EDV-Anwendungssystem, Einsatzgebiete
- integration 24 ff.
  - Datenintegration 25 ff.
  - Funktionsintegration 25 ff.
  - Objektintegration 289
- zur Integrierten Marktüberwachung (SIMA) 178, s. a. Börsensysteme

**Szenario** s. a. Value-at-Risk
- Marktzins- 329
- Standard- 329
- Streß- 334
- technik 201
- wahrscheinliches 334
- worst-case 334

**Tai-Pan** 5.0 s. a. Wertpapieranalyse
- Chart-Modul 199
- Depot-Modul 200
- DFÜ-Modul 200
- Filter-Modul 199
- Listen-Modul 199
- Stammdaten-Modul 200

**TARGET-System** 114 ff., s. a. Zahlungsverkehr, Systeme im Auslandszahlungsverkehr
- Correspondent Central Banking Model 115
- Real-Time Gross Settlement (RTGS) 114 f.
- Remote Access 117

**Telephone Banking** 89 ff.
- aktives 91
- Call Center 89 ff.
- Kommunikationsmodus 90
- Least Cost Call Routing-System 92
- Mengenkunden 91

- outbound 92
- passives 91
- Privatkunden, gehobene 93

**Termin-**
- geschäfte, Erfüllungsrisiken 163
- markt, Börsensysteme 167 ff.
- zinssätze 201

**THE BOSS-System** s. Banking Operations Support System

**Theorie unscharfer Mengen** 257, s. a. Expertensysteme, Fuzzy Logic

**Ticker Plant Frankfurt** 163, s. a. Börsensysteme

**TIPA** s. a. TIPANET
- Format 122
- Länder 122

**TIPANET** s. a. Zahlungsverkehr, Systeme im Auslandszahlungsverkehr
- Abwicklungskosten 123
- System 166, 122

**TOC** s. T-Online Classic

**TOFF-System** (Trading Options and Financial Futures) 168, s. a. Börsensysteme für den Terminmarkt

**T-Online Classic** 93 ff.
- Grundfunktionen 99
- Komfortable Benutzeroberflächen 97 f.
- Nutzungsmöglichkeiten für Bankgeschäfte 96 f.
- Sicherungskonzept 96

**T-Online-System**
- Beteiligte 94
- Grundkonfiguration 95
- Zugang 94

**TPF** s. Ticker Plant Frankfurt

**Trainingsdatensatz** 205, s. a. Neuronale Netze

**Transaction Services** 464, s. a. Direktbank, Leistungsangebot, Fremdbezug

**Transaktionsautomaten**, sonstige 84

**Transaktionskosten** 178, s. a. Börse

**Treasury**
- bankbezogenes Geschäftsfeld 283
- Gesamtbanksteuerung 304 ff.
- Handelssysteme 283 ff.
- Kernfunktionen 280 f.

**Trust Center** 135, s. a. CyberCash

**Unternehmens-**
- beratungsleistungen 258, s. a. Firmenkunden, Geschäftskunden sowie Beratung, Firmenkunden
- erscheinungsbild 355, s. a. Corporate Identity

- innovation 481, 483
- kommunikation 355, s. a. Marketing, Instrumente und Corporate Identity
- kooperation 31, s. a. Unternehmensverbund
- leitbild 425, s. a. Strategische Analyse
- steuerung 390, s. a. Controlling, Grundlagen
- strategie 415, s. a. Strategisches Bankmanagement, Grundlagen
- verbund
  - bezogene Systeme 188 ff., 219 ff.
  - Definition 31
  - Konzernlösung 31
  - Kooperationslösung 38
- verhalten 355, s. a. Corporate Identity
- ziel 34 ff., 390
  - abstimmung 395
  - bankbetrieblich 38
  - beziehungen 35
  - elemente 38 f.
  - Grundauftrag 35 f., 49
  - konflikt 40
  - mit begrenztem Zielausmaß 40 ff.
  - strategische Vorentscheidung 37

**Unternehmer- und Unternehmensbeurteilung** (UUB) 250, s. a. Bonitätsanalyse

**Unternehmertypologie** 250, s. a. Unternehmer- und Unternehmensbeurteilung

**Unternehmung als System**
- Begriffe 13
- Dimensionen 13
- Struktur des Systems Unternehmung 14
- Subsysteme 13
- Umweltsystem 13

**UUB** s. Unternehmer- und Unternehmensbeurteilung

**Value-at-Risk** 309, 332 ff., s. a. Gesamtbanksteuerung
- Aggregation 335
- Analyse 317
- Ansätze 398, s. a. Controlling, Grundlagen
- Backtesting 337
- Barwertbetrachtung 333
- Diversifikationseffekte 335
- Eigenkapitalallokation 339
- Report 338
- RiskMetrics 316
- Simulation
  - historische 333 ff.
  - Monte-Carlo 309

- Simulationsszenarien s. Szenario
- Varianz-Kovarianz-Ansatz 309, 333, 336 f., 398
- Verfahren 332 ff., 398

**Verbund** s. Unternehmensverbund

**Verfügbarkeit der Leistungen** s. Kundennutzen, Dimensionen

**Verfügungsrecht** 16 ff., s. a. Bankleistungen, Property Rights-Konfiguration
- Ausgestaltung 18
- bedingtes 17
- Bewertung 18
- Bonität 18
- Marktwert 18, 22
- Transfer 17
- unbedingtes 17

**Verkaufs-**
- Controlling 402, 404, s. a. Controlling
- förderung s. a. Marketing, Instrumente
  - kundenbezogene 356
  - mitarbeiterbezogene 356
- kommunikation s. a. Marketing, Instrumente
  - briefliche 357
  - Online- 357
  - persönliche 357
  - telefonische 357
- potential 379, s. a. Database Marketing, Kundenbewertung

**Vermögensstrukturberatung** 236, s. a. Beratung, Privatkunden, gehobene

**Vertriebs-**
- bank 465, s. a. Direktbank, Leistungsangebot, Fremdbezug
- wege s. a. Marketing, Instrumente
  - Automaten 347
  - bankeigene 346 ff.
  - bankfremde 349
  - Kommunikationssysteme 347 ff.
  - Stützpunkte 347

**Virtuelle**
- Bank 478 f.
  - Markt-Intermediär 479
  - Netzkoordinator 479
  - Vertriebsbank 478
- Organisationsformen 471, s. a. Virtuelles Unternehmen
- Produkte 471, s. a. Virtuelles Unternehmen

**Virtuelles Unternehmen**
- Funktionsfähigkeit 476
- Instanzen für das überbetriebliche Netzwerkmanagement
  - Auditor 477 f.
  - Auftragsmanager 477 f.
  - Broker 477 f.
  - Kommunikationsmanager 477 f.
  - Leistungsmanager 477 f.
  - Netzwerk-Coach 477 f.
- Leistungsprozesse, virtuelle 471
- Netzwerk
  - dynamisch 474
  - stabil 474
- Netzwerkmanagement 477
- Organisationsformen, virtuelle 471
- Produkte, virtuelle 471
- Zentralisierungsgrad 475

**Volatilität** 177, s. a. Börse

**Volatilitäts-**
- strukturkurve 298
- szenarien 329

**Vorentscheidung**, strategische 37, s. a. Unternehmensziele

**Vorgangskette**
- geschlossene 25
- grenzüberschreitende 123

**Wachstum** 40, s. a. Unternehmenszielelement

**Währungsmanagement** 273, s. a. Cash Management-Systeme

**Wallet** 136, s. a. CyberCash

**Wenn-Dann-Prognosen** 201, s. a. Zinsprognosemodell

**Wertpapier-**
- analyse
  - fundamentale 198
  - Kursangebot 196
  - Systeme 196, 198
  - Tai-Pan 5.0 199
  - technische 198
- arten 154
- Basisprozesse 154 ff.
- handel
  - außerbörslicher 166, 170 f.
  - im Internet 170, 171
  - Phasen 172
  - Primärmarkt 154, s. a. Emissionsmarkt
  - Sekundärmarkt 154, 170, s. a. Zirkulationsmarkt
  - systeme, elektronische 155
- leihe 167
- Management-System (WMS) 160, s. a. Wertpapierverwaltung
- orderübermittlung 164
- Service-System (WSS) 159, s. a. Wertpapierverwaltung
- Verbund-System 190, s. a. unternehmensverbund-bezogene Systeme 188 ff.

- verwahrung 166
- verwaltung 156 ff.
  - auf Weisung der Kunden 157
  - Effektengiroverkehr 156
  - ohne Weisung der Kunden 156
  - System 156,
    s. a. Wertpapier-Service-System

**Wettbewerbs-**
- korrekturfunktion 220
- stärke, relative 47, 418 f., s. a. Erfolgsfaktoren strategische
- strategieebenen 423, s. a. Strategieebenen
- vorteile 68 ff., s. a. Effizienzkriterien für EDV-Anwendungssysteme 46 ff.

**What-if-Analysen** s. a. Industry Solution Bank (ISB-System), Risikosteuerung
- Gestaltung 308
- Marktwertrisiko 307

**What-if-Simulation** 299, s. a. Derivativ-System, Risikomanagement

**Wirkungsvoraussetzungen von EDV-Anwendungssystemen**
- Führungskonzeption 28
- Kundenpotential 28
- Personalqualifikation 28

**Wirtschaftlichkeit** 63 ff., s. a. Effizienzkriterien für EDV-Anwendungssysteme

**Wirtschaftslichkeitskontrolle** 403,
  s. a. Bank-Controlling, Eigenentwickelte Systeme für das Erfolgs-Controlling

**Wissens-**
- akquisition 208, s. a. Expertensysteme
- repräsentation 208, s. a. Expertensysteme

**Wissenschaftsprogramm**
- entscheidungsorientiert 6
- systemorientiert 6

**WMS** s. Wertpapier-Management-System

**Workflow-System** 151, 344
- Anforderungskatalog 152
- Business Process Reengineering, Ist-Analyse 152
- geschäftsprozeß-orientiert 344
- Komponenten 151
- Soll-Konzeption 152
- Ziele 152

**Worst-Case-Szenario** 334, s. a. Szenario

**WSS** s. Wertpapier-Service-System

**WVS** s. Wertpapier-Verbund-System

**Xemac** s. Exchange Electronic Management of Collateral

**Xentric-Produktreihe** 164, s. a. Xetra, Anbindung der Marktteilnehmer

**Xeos-System** 172,
  s. a. Optionsscheinhandel

**Xetra**
- Anbindung der Marktteilnehmer 164,
  s. a. Xentric-Produktreihe
- Handel, Ablauf 165
- Handelszeit 165
- Marktliquidität 176
- Observer 178, s. a. Börsensysteme

**XIOS** s. Exchange Information and Ordermanagement System

**Zahlungsverkehr**
- bargeldlos 105
- Belegleseverfahren 109
- beleglos 111
- Clearing 122
  - Bankengruppen 122
  - Währungsumrechnung 123
- Gebührentransparenz 123
- Korrespondenzbanken 114
- Leitwegsteuerungen 112
- Prinzip der Reziprozität 110
- Systeme im Auslandszahlungsverkehr
  - IBOS 266 f.
  - S-Inter-Pay 116, 122
  - TARGET 114 ff.
  - TIPANET 122 ff.

**Ziele** s. Unternehmensziele

**Zielkunden**, namentlich identifizierte 379,
  s. a. Database Marketing, Kundenselektion

**Ziel-Portfolio** 435, s. a. Gesamtbankstrategie

**Zielvereinbarungsprozeß** 394,
  s. a. Controlling, Grundlagen

**Zins-**
- bindungsbilanz 314, 321, s. Gesamtbanksteuerung, Gap-Analyse
- Futures s. Finanzinstrumente, Handel durch Derivativ-System unterstützt
- prognose-
  - Einflußgrößen 202
  - modell 203
  - Systeme 201 ff.
  - Trefferquote 206
  - Zinsniveau-Indikator 202
- risiko, Messung 322, s. a. Gesamtbanksteuerung, Gap-Analyse
- strukturkurve 298, 320
- überschuß 314, 328, s. a. Gesamtbanksteuerung, Bilanzstruktur-Simulation

**Zirkulationsmarkt** 2,
  s. a. Sekundärmarkt

**Zusatznutzenprofil** 53, s. a. Kundennutzen